"No existe, y apenas parece posible que jamás exista,
un código obligatorio en que se hallen recopilados
los preceptos y las prohibiciones del Derecho
Internacional (...)
Para suplir la falta de este código, se hace necesario
explorar é ilustrar las reglas del Derecho Internacional"
(Andrés Bello, *Principios de Derecho Internacional*, I,
Madrid, 1883)

"La visión de la esfera internacional como espacio social único ha sido suplantada por una
comprensión del mundo fragmentada, o caleidoscópica, que crea nuevas configuraciones
espaciales y temporales donde lo particular y lo universal se vuelven completamente confusos"
(Martii Koskenniemi, *Il mite civilizzatore delle nazioni.
Ascesa e caduta del diritto internazionale 1870-1960,*
Bari, Editori Laterza, 2012)

ÍNDICE GENERAL

ÍNDICE GENERAL

A Mariela, como siempre.

A mis alumnos de la Universidad Católica Andrés Bello,

de la Universidad del Salvador (USAL, Buenos Aires)

y de la Universidad de Buenos Aires.

TÍTULO SEGUNDO
NORMAS BÁSICAS DEL DERECHO INTERNACIONAL

PRELIMINAR A LA PRIMERA Y SEGUNDA EDICIÓN

El presente Código de Derecho Internacional (Discurso preliminar y normas básicas) nace de una larga reflexión y de muchas jornadas, casi tres décadas incluso, dedicadas a la enseñanza en la Facultad de Derecho de la Universidad Católica Andrés Bello. De suyo, pues, encuentra adecuada explicación o justificación en las páginas que recogen a su índice y contenidos.

Ha sido escrito, sin embargo, con cierta aprehensión. Conscientes como somos de lo riesgoso de redactar – combinando el rigor jurídico con la pedagogía - para quienes apenas se inician en el estudio de esta apasionante disciplina, no pudimos obviar la angustia igual que, por cierto, acompañó hasta el término de sus días al entrañable maestro y amigo Juan Carlos Puig: quien nunca quedó satisfecho con la edición del primer volumen de su extraordinario texto sobre el Derecho de la comunidad internacional; tanto que, dejó elaboradas y sin publicar las páginas del volumen que le seguía.

Puig fue un catedrático de excepción, con inmejorable capacidad para el uso de los recursos didácticos para la enseñanza – y a profundidad - del Derecho internacional - y también con mejor experiencia para la escritura comprensible. Pero siempre se lamentó de no haber logrado incluir, dentro de su numerosa obra escrita, la edición de lo que consideraba un verdadero "manual". Mal podíamos, entonces, asumir sin más la responsabilidad de este denunciado vacío.

Inicialmente nos propusimos algo más elemental: reunir en un solo libro los tratados y acuerdos internacionales en vigor y otras normas relativas a lo que, de conjunto, identificamos de columna vertebral del Derecho de gentes: el régimen de las obligaciones jurídicas internacionales.

Sin embargo, las palabras introductorias o de presentación, a la reunión de textos que nos habíamos propuesto en tanto que guía para la enseñanza y el estudio del Derecho internacional público en nuestra Alma Mater, derivaron al ser escritas en un discurso más amplio e integral sobre la materia; pero, como tal discurso, eso sí, quedó desprovisto de las exigentes y farragosas notas de pié de página e incluso de la ordenación que reclamaría todo texto o libro para la enseñanza sistemática del Derecho, en sus distintas vertientes o especialidades.

Así que, el discurso o la explicación coloquial en cuestión y que conforma la primera parte de este Código de Derecho Internacional, es una suerte de introducción que busca facilitar el encuentro primero o la aproximación a los temas jurídicos internacionales, sin pretender sustituir, en modo alguno, la necesaria y obligante lectura de los libros o ensayos que, con mejor experticia docente, han sido preparados al efecto por profesores extranjeros y nacionales. Quizá sea dicho discurso, probablemente y antes bien, la mera promesa o el anuncio de lo que, más adelante, podría constituirse en la base del desafío que dejara pendiente, en su criterio que no compartimos, nuestro querido Puig.

Finalmente, debemos decir que este primer "ensayo de manual" no hubiese sido posible, tampoco, de no haberse planteado por el colegiado de nuestra Cátedra la idea de avanzar colectivamente en la escritura de distintos capítulos relacionados con el programa académico de Derecho internacional público que dictamos en la Facultad de Derecho. De allí, entonces, mi obligada gratitud y el reconocimiento que hago presente a los colegas y amigos entrañables, Adolfo Salgueiro, jefe de la Cátedra, Reinaldo Chalbaud Zerpa, y Jorge Álvarez.

A.A.

SOBRE LA TERCERA EDICIÓN Y UN AGRADECIMIENTO

Han pasado 45 años desde que iniciara, formalmente, mi actividad docente sobre Derecho internacional en la Universidad Católica Andrés Bello (UCAB). Guiado por un entrañable amigo y compañero, Juan Carlos Puig, excanciller de Argentina, con quien compartiera tareas en la fundación del Instituto de Altos Estudios de América Latina de la Universidad Simón Bolívar (USB) – y realizase, ademas, periodos académicos de enseñanza en la Universidad Central de Venezuela, a su pedido le hice suplencias en esta que me llevaron a sumarme a su escuela de pensamiento, la del trialismo, que aprendió de su maestro, el celebre jurista alemán Werner Goldschmidt (1910-1987).

Venía yo de tener andadura, los primeros años, como profesor en áreas especializadas, a saber, de Derecho de la integración económica en el Instituto de Estudios Superiores de Administración (IESA), y de Derecho Internacional Económico y Derecho del Comercio Internacional en la misma UCAB y la USB. Pero en las décadas más recientes, animado desde la elaboración de mi tesis doctoral, el estudio de la responsabilidad internacional del Estado por violaciones de derechos humanos se ha vuelto centro de mis clases de doctorado en mi Alma Mater y en la Universidad de Buenos Aires y la Universidad del Salvador, la USAL argentina, a la que continúo ligado intelectualmente.

La relación anterior, lejos de abundar sobre mi quehacer y a la manera de una hoja de vida impertinente, tiene como propósito fijar el contexto o problema que me ha significado la preparación de esta nueva edición de mi Código de Derecho Internacional. A partir de 1989 y en el curso de los treinta años que se cumplieron el pasado 2019, ha tenido lugar una verdadera ruptura epistemológica global, que metafóricamente explicada le pone fin o término a la realidad del poder político sobre los espacios jurisdiccionales de los Estados y de la misma comunidad internacional de los Estados. Es consecuencia del ingreso de la Humanidad a la tercera revolución industrial, la digital, y desde el momento en que ocurre la pandemia universal en 2020, a la aceleración de la cuarta revolución industrial, la de la inteligencia artificial. Una y otra rompen la relación del tiempo con el espacio geopolítico o material, e intentan hacer del cosmos y sus cosmovisiones tiempos sin espacios y virtuales, además de sujetos a lo vertiginoso o instantáneo, provocando ello una suerte de deconstructivismo social que trastorna la idea de lo nacional y, como consecuencia, la de la efectividad de la realidad alrededor de la que se construye el Derecho, sobre todo el Derecho internacional o de gentes a lo largo de la modernidad.

Imaginar otras categorías constitucionales, en lo global y lo doméstico, que sean interpretativas de esas realidades inéditas, es un desafío presente y descomunal que nos interpela a los juristas y a quienes hayan decidido formarse en las áreas del Derecho internacional, tal y como lo ha planteado con indiscutible autoridad Luigi Ferrajoli, filósofo florentino del Derecho, en distintas de sus elaboraciones.

¿Cuánto de lo dado y lo enseñado hasta hoy por quienes somos profesores quedará en pie? No lo sabemos. Sí sabemos que la historia solapa sus tiempos y no los corta en seco, de la noche a la mañana. Mas resulta obligante considerar lo evidente, al objeto de que el Derecho internacional y su estudio no queden como oficio de antropólogos mientras se impone desde afuera la dinámica de unas fuerzas inéditas e innovadoras, capaces de repartir potencia e imponer otros cánones a sus recipiendarios. El reciente debate que suscitaran las denominadas plataformas digitales una vez como le suspendieron sus cuentas al último presidente norteamericano, cabeza de una de las potencias mundiales, aislándole sin que pudiese resistirse, es indicativo de lo anterior y su agonal actualidad. La reacción del secretario de la ONU, advirtiendo sobre la necesidad de una regulación de las redes digitales a nivel internacional, prueba que el mundo jurídico ha quedado a la zaga en el plano de la globalización.

Sobre estas cuestiones, estimulantes y que para no pocos son hijas de la ciencia ficción – recién el Parlamento Europeo ha comenzado a legislar sobre la responsabilidad de los robots – apenas podemos alertar e invitar a que se debatan sin complejos y libres de ataduras dogmáticas, por los profesores y sus estudiantes. Eso sugerimos en el capítulo que, a la manera de un epílogo, hemos incorporado a nuestro Código de Derecho Internacional, luego de una relectura amplia y doctrinal sobre la materia que nos ocupa.

Sobre los demás temas del libro, sin saltos en el vacío hemos realizado actualizaciones y complementos, conscientes, repito, de que las instituciones del Derecho internacional se verán incididas por los cambios señalados y en curso, resultantes del nuevo orden global y «epocal» en construcción. Cuando menos, cabe estar alertas, con espíritu crítico y, además, con apertura intelectual. No obstante, si la dimensión sociológica del mundo llegara a ser otra y otros sean acaso los elementos de su dimensión normativa descriptivos, al cabo, aquella y esta, incluso bajo el imperio imaginado de las grandes plataformas digitales y la robótica, mal podrán impedir o habrá que impedirles que la dimensión Justicia se vea prosternada. Toda declinación trialista, en suma, habrá de resolverse conforme al principio ordenador de la dignidad de la persona humana: pro homine et libertatis. El ser humano sigue siendo, quiérase o no, el príncipe de la Creación y la ciencia.

Hago constar mi muy sentido agradecimiento al profesor doctor Adalberto Urbina Briceño, Jefe de Cátedra en la UCAB, mi destacado discípulo y más tarde mi asistente, por su generoso y dedicado apoyo al leer cuidadosamente las páginas de este libro, revisándolas, sugiriéndome correcciones o enmiendas, por lo que pasa a ser también suyo. De los yerros u omisiones la responsabilidad es sólo mía.

Condado de Broward, 14 de mayo de 2021

A.A.

TÍTULO PRIMERO

INTRODUCCIÓN AL DERECHO INTERNACIONAL CONTEMPORÁNEO

LA COMUNIDAD INTERNACIONAL Y SU DERECHO

I. Sociedad y Derecho Internacional

Toda sociedad, en opinión de *Recasens Siches*, se expresa en el conjunto de las formas, de las interacciones, y de los procesos racionales que se dan entre los hombres: los unos con los otros y cada uno "con" y "dentro" la comunidad de la que forman parte.

O como diría el escritor y filósofo *Umberto Eco*, trátase de una realidad que traspasa a la especie del Adán solitario y bestial, que fragua en la dimensión ética y que apenas se inicia "cuando entran en escena los demás". "Cualquier ley, por moral o jurídica que sea, regula siempre relaciones interpersonales, incluyendo las que se establecen con quien las impone", según *Eco*.

Si esta idea la proyectamos desde lo local, desde lo nacional y más allá del conocido ámbito de cada Estado soberano, podremos apreciar cómo, de manera directa o indirecta, los seres humanos –en tanto que individuos o mediando instituciones u órganos para su representación o integración política– se relacionan de un modo estable con otros grupos nacionales o entornos estatales distintos de los suyos.

Existen, en consecuencia, vínculos de trascendencia e importancia social que se dan entre actores o sujetos diversos –prioritariamente los Estados, sus organizaciones internacionales y en ciertos ámbitos materiales los mismos individuos– y que son específicos de esa sociedad o comunidad de contornos llamados trasnacionales, internacionales o universales.

Ubi societas ibi jus, dice el proverbio latino: Donde hay sociedad existe Derecho. Lo dice mejor *Agnes Lejbowicz*, en su *Philosophie du droit international* (París, PUF, 1999): "El Derecho [en nuestro caso el Derecho Internacional] nos propone una cierta lectura de la sociedad (internacional... y) tiene por cometido consagrar sus gestos fundamentales, dándole una base (de estabilización a la misma) y las indicaciones para su funcionamiento".

En suma,

> la idea de comunidad, de sociedad, para diversos fines, es lo que ha hecho nacer al Derecho, creado por los principios y las costumbres, desde el hombre considerado individualmente, hasta la evolución progresiva de la tribu, del pueblo, de la Nación y del Estado, en sus crecientes relaciones y necesidades, según lo ajusta con sencillez pedagógica Simón Planas Suárez, quizás el más acabado estudioso venezolano del Derecho Internacional de principios del siglo XX.

Objeto y actualidad del Derecho Internacional

La descripción, la ordenación, o la regulación de tales relaciones mediante normas prescriptivas, prohibitivas o permisivas –como lo observa *Prosper Weil*– es, justamente, el objeto que define al Derecho Internacional. Pero esto es así sólo a raíz de la modernidad, pues la idea aristotélica del Derecho, luego heredada por la antigua Roma, no admitía la existencia de un Derecho en sentido propio para las relaciones entre ciudades –léase Estados, en la actualidad– o entre ciudadanos de ciudades diversas, dada su naturaleza esencialmente política.

Así que *dikaion politikon*, que traduce desde el latín al *ius civile*, sólo podía ejercerse dentro de la ciudad, dotada como estaba de juez, de instituciones y de procedimientos que lo hacían realizable.

La comunidad y sociedad internacionales contemporáneas, por descentralizadas y fuertemente dependientes de la idea de la soberanía del Estado – que sufre trastornos, como cabe reconocerlo, al apenas iniciarse el siglo XXI y por obra de la globalización - no han contado para lo general o en lo universal, es cierto, con una autoridad superior a los Estados ni con instituciones o procedimientos similares a aquellos que dentro del Estado aseguran la realización de su propio Derecho en los planos de la legislación, de la administración de justicia o del gobierno. De modo que el Derecho que los rige internacionalmente y desde sus inicios, con sus modulaciones y avances progresivos, tiene una tonalidad propia, es atípico, lo que no significa que falte en aquéllas el Estado de Derecho.

Es verdad que, sólo recientemente, la ONU, en 2012, reúne a los Jefes de Estado y de Gobierno del mundo en un evento (Reunión de Alto Nivel sobre el Estado de Derecho en los planos nacional e internacional) que congrega a 193 Estados y en el que el Secretario General, Ban-Ki-moon advierte a éstos que «No podemos permitir que los intereses políticos socaven la justicia». A la vez les precisa que mediante la consolidación del Estado de Derecho es como podrán reafirmarse los tres pilares de las Naciones Unidas: la paz, el desarrollo, y los derechos humanos.

En la Declaración que adoptan el 24 de septiembre de 2012 y aprueba la Asamblea General, mediante la Resolución A/Res/67/1, los Estados se encargan de reafirmar su reconocimiento y adhesión al Derecho internacional como a su carácter vinculante e indiscutible.

Algunos párrafos de esta merecen su transcripción textual:

- Reconocemos que el estado de derecho se aplica a todos los Estados por igual y a las organizaciones internacionales, incluidas las Naciones Unidas y sus órganos principales, y que el respeto y la promoción del estado de derecho y la justicia deben guiar todas sus actividades y conferir previsibilidad y legitimidad a sus acciones.
- Reafirmamos el deber de todos los Estados de arreglar sus controversias internacionales por medios pacíficos, como la negociación, la investigación, los buenos oficios, la mediación, la conciliación, el arbitraje y el arreglo judicial u otros medios pacíficos de su elección.
- Reafirmamos que los derechos humanos, el estado de derecho y la democracia están vinculados entre sí, se refuerzan mutuamente y forman parte de los valores y principios fundamentales, universales e indivisibles de las Naciones Unidas.
- Reconocemos también que las reglas y normas internacionales tienen características comunes que se reflejan en la gran diversidad de experiencias nacionales en el ámbito del estado de derecho. En este sentido, destacamos la importancia de fomentar el intercambio de prácticas nacionales y del diálogo inclusivo.
- Reconocemos que los mecanismos oficiosos de justicia, cuando son compatibles con las normas internacionales de derechos humanos, tienen un papel positivo en la solución de controversias.
- Ponemos de relieve la importancia del estado de derecho como uno de los elementos principales de la prevención y solución de conflictos y el mantenimiento y la consolidación de la paz, destacamos que la justicia, incluida la justicia de transición, es un componente fundamental de la paz sostenible en los países en situaciones de conflicto y posteriores a un conflicto.
- Nos comprometemos a asegurar que no se tolere la impunidad por el genocidio, los crímenes de guerra y los crímenes de lesa humanidad, ni por las violaciones del derecho internacional humanitario y las violaciones graves de las normas de derechos humanos, y que tales violaciones se investiguen debidamente y reciban las sanciones apropiadas, lo que incluye hacer comparecer ante la justicia a los autores de cualquier delito, mediante mecanismos nacionales o, cuando proceda, mecanismos regionales o internacionales, de conformidad con el derecho internacional, y, con ese fin, alentamos a los Estados a que fortalezcan los sistemas e instituciones judiciales nacionales.

- Reconociendo el papel que le incumbe en virtud de la Carta de las Naciones Unidas de adoptar medidas colectivas eficaces para mantener y restablecer la paz y la seguridad internacionales, alentamos al Consejo de Seguridad a que continúe asegurando que las sanciones sean cuidadosamente focalizadas y en apoyo de objetivos claros, y que se formulen con cuidado a fin de minimizar la posibilidad de que produzcan consecuencias adversas, y que se mantengan y perfeccionen los procedimientos claros e imparciales.
- Reconocemos la positiva contribución de la Corte Internacional de Justicia, principal órgano judicial de las Naciones Unidas, mediante, entre otras cosas, sus decisiones sobre las controversias entre Estados, y el valor de su labor de promoción del estado de derecho; reafirmamos la obligación que tienen todos los Estados de cumplir las decisiones de la Corte Internacional de Justicia en las causas en que son parte; y exhortamos a los Estados que aún no lo hayan hecho a que consideren la posibilidad de aceptar la jurisdicción de la Corte Internacional de Justicia de conformidad con su Estatuto. Además, recordamos la facultad de los órganos competentes de las Naciones Unidas de solicitar opiniones consultivas a la Corte Internacional de Justicia.
- Encomiamos la labor que realiza la Comisión de Derecho Internacional para fomentar el estado de derecho a nivel internacional mediante el desarrollo progresivo del derecho internacional y su codificación.
- Estamos convencidos de que la buena gobernanza a nivel internacional es fundamental para fortalecer el estado de derecho y destacamos la importancia de que prosigan los esfuerzos orientados a revitalizar la Asamblea General, reformar el Consejo de Seguridad y fortalecer el Consejo Económico y Social de conformidad con las resoluciones y decisiones pertinentes.
- Reafirmamos que los Estados deben cumplir todas las obligaciones que les incumben con arreglo al derecho internacional y destacamos la necesidad de fortalecer el apoyo a los Estados, a solicitud de estos, para que den cumplimiento en el ámbito nacional a sus obligaciones internacionales respectivas.

El orden internacional de los Estados

Los mismos Estados, por consiguiente, concertando sus soberanías y de suyo limitándolas o transformándolas, y regidos por los principios del consenso mutuo, de la reciprocidad y de la *pacta sunt servanda* –obligación de honrar y de servir de buena fe lo pactado (*Competencia en materia de Pesquerías*, CIJ, 1974)– siguen siendo, de ordinario y en modo simultáneo, colegisladores y ejecutores de las normas internacionales que los obligan y, a la vez, son los encargados de resolver directamente, por vía de la negociación o mediante la actuación de terceros que ellos voluntariamente aceptan o escogen, las controversias que pudiesen suscitarse a propósito de la aplicación o interpretación de las susodichas normas del Derecho Internacional.

Sin embargo, ningún Estado, tampoco la doctrina ni la jurisprudencia de nuestro tiempo –incluso conscientes de las carencias institucionales que acusa la llamada comunidad o sociedad internacional– ponen en duda, como lo revela la Declaración señalada supra, la existencia y la autoridad de un ordenamiento jurídico que regula las relaciones entre los mismos Estados y que es típico, con perfil propio:

> Es distinto del derecho interno –como bien lo sostiene *Michel Virally*– porque funciona en un marco sociológico y político radicalmente diferente. Sin embargo, también procede de él en directo, pues toma sus conceptos fundamentales y su técnica (a veces la más erudita) adaptándola a sus necesidades.

Pero, lo que es más importante, dada su evolución, hoy hace sentir sus efectos, igualmente, sobre el orden interno de los Estados, sujetándolo, incluso, en sus ámbitos de validez material y constitucional, prefiriendo o sobreponiendo a este, incluso, la tutela universal de los intereses relacionados con los principios de Humanidad y *pro homine et libertatis*. Es lo manifiesto, lo actual, por obra, además, de las tendencias hacia globalización.

Ellas, quiérase o no, diluyen la importancia de los espacios territoriales y jurisdiccionales como fundamentos para la organización del poder de los Estados y de sus relaciones internacionales, sometiéndoles ahora, progresivamente, a las reglas del tiempo y de la inmediatez digital. Lo que plantea repensar las categorías dadas por nuestra disciplina en su tránsito, como ayer, hacia otro estadio o realidad, dada la misma emergencia de las sociedades civiles, no pocas veces atomizadas, tanto en lo interno como en lo internacional. Ellas, como las Ong's que pretenden subsumirlas, qué duda cabe, vienen adquiriendo potencia como repartidoras de conductas de las que, inevitablemente, se hacen recipiendarios los Estados y sus organizaciones multilaterales.

Reconocimiento del Derecho Internacional

La mayoría de los textos constitucionales elaborados luego de la Segunda Guerra Mundial son consistentes, por ende, al predicar el reconocimiento y la adecuación o conformidad del derecho interno de los Estados a las prescripciones que provienen del Derecho Internacional.

De manera particular, la Constitución de Alemania (1949) dispone que "las normas generales del Derecho de Gentes constituyen parte integrante del Derecho federal, tendrán primacía sobre las leyes y crearán derechos y deberes de modo inmediato para los habitantes del territorio federal" (artículo 25).

A su vez, la Constitución del Reino de los Países Bajos (1972) establece que "cuando lo exija el desarrollo del orden jurídico internacional, podrá un tratado apartarse de los preceptos de la Constitución" (artículo 63); y, de igual modo, "las normas legales vigentes en el Reino no serán aplicables cuando su aplicación no sea compatible con estipulaciones de algún tratado que obliguen a terceros y que se hayan concertado, ora antes, ora después, de elaborarse dichas normas" (artículo 66).

La vigente Constitución de Venezuela (1999), por su parte, aun siendo histórica e ideológicamente regresiva, pues afirma que "las relaciones internacionales de la República responden a los fines del Estado en función del ejercicio de la soberanía" (artículo 152), no fue capaz de omitir la obligación de la República de promover y favorecer "la integración latinoamericana y caribeña, en aras de avanzar hacia la creación de una comunidad de naciones, y de atribuir a las organizaciones supranacionales, para estos fines, las competencias necesarias" (artículo 153).

Asimismo, en materia de respeto y garantía de los derechos humanos, dicha Constitución acepta la jerarquía constitucional sobre el orden interno "de los tratados, pactos y convenios internacionales suscritos y ratificados por la República" (artículo 23).

II. La comunidad jurídica de los Estados soberanos y su transición

Denominaciones y definición

En una primera aproximación al estudio de la disciplina o rama del Derecho que llamamos Derecho Internacional –expresión que debemos al inglés *Jeremías Bentham* (1780)– y que, según los enfoques distintos u orientaciones conceptuales o metodológicas aportados por la doctrina, se le ha titulado también como Derecho de Gentes: bajo inspiración del *ius gentium* romano y así referida por los padres fundadores (*Francisco de Vitoria*, 1480-1546 y *Hugo Grocio*, 1583-1645), Derecho Internacional Público, Derecho de la comunidad internacional, Derecho transnacional, Derecho de las relaciones internacionales, Derecho común de la humanidad, Derecho de los Estados, o Derecho estatal mundial entre otras muchas denominaciones, lo que importa observar es que el mismo, en su núcleo originario y en su "tonalidad real" según las palabras del juez *M. Bedjaoui*, se refiere al conjunto de normas o de reglas que rigen las relaciones entre los Estados. O como lo precisa *Tulio Scovazzi*, tal Derecho no tendría sentido si llegase a faltar su presupuesto fundamental: la existencia de una pluralidad de Estados soberanos. De modo que, el ordenamiento internacional continúa estando sujeto, en lo esencial, a la idea de la relación jurídica paritaria entre Estados soberanos, es decir, independientes los unos de los otros (*par in parem non habet imperium*).

No huelga agregar que dicha definición tiene un propósito pedagógico y basta al efecto. Sin embargo, no agota o no obvia el debate al respecto, dado lo ya indicado, a saber, las diferentes explicaciones que se dan acerca del Derecho internacional por parte de la doctrina; sea para delimitarlo de otras realidades o disciplinas, o atendiendo a sus fuentes, como lo señala *Forcada Barona* (El concepto del derecho internacional público en el umbral del siglo XXI, 1999), lo que lleva a la formulación de definiciones formales, sea apreciando el contenido específico o concreto de las normas internacionales, haciendo dominar una perspectiva material. En el primer caso cabe definirlo como el derecho de la sociedad o la comunidad internacional, o como el conjunto de normas positivadas por los poderes normativos de la comunidad internacional o por los tratados o la costumbre internacional con independencia de sus sujetos. En el segundo, cabe las definiciones que dicen sobre la normas que "rigen las relaciones entre Estados" (*Lotus*, CPJI, 1927), o sobre el conjunto de normas relacionadas con los valores comunes a los Estados, o para sus relaciones de coexistencia y cooperación, tanto entre ellos como con organizaciones internacionales u otros sujetos – el mismo individuo– y con vistas a relaciones más complejas (R. Higgins, J.A.Carrillo Salcedo, etc.).

Sea lo que fuere, se denomina a esta disciplina como Derecho Internacional, como Derecho Internacional Público o como Derecho Público Internacional, para distinguirle del equívocamente llamado Derecho Internacional Privado.

Este último es, en esencia, un método normativo que, de ordinario, consagran las leyes nacionales para la solución de las colisiones o conflictos que sus normas de Derecho Privado puedan encontrar con otras leyes extranjeras equivalentes y al momento de ser aplicadas. En otras palabras, dadas las relaciones civiles o comerciales sostenidas entre dos o más individuos y contentivas de algún elemento de extranjería, cada Estado vinculado, al conocer de las mismas, puede decidir aplicar su propia ley territorial u otra extranjera; una vez como constata que los sujetos de la respectiva relación tienen nacionalidades o domicilios diversos o han estipulado un contrato o realizado un acto jurídico en un territorio que no es el suyo o cuyos efectos han de realizarse en el mismo.

Un ejemplo de lo dicho puede darse cuando un venezolano intenta contraer matrimonio con una japonesa en territorio norteamericano. Así, la autoridad civil competente para celebrar el susodicho matrimonio tendrá que determinar, a priori, cuál ley o cuáles leyes ha de aplicar en la materia y a su vez: la ley civil venezolana, la japonesa, o la americana.

Soberanía estatal y sus límites internacionales

La jurisprudencia internacional ha sido reiterativa respecto de la idea del Estado soberano. Así, el juez Max Huber, en su sentencia arbitral sobre el caso *Isla de Palmas* (1928) afirmó que "la soberanía, en las relaciones entre Estados, significa independencia (...) es decir, derecho de ejercer [en el respectivo Estado y por él mismo], con exclusión de los otros Estados, sus funciones estatales". Lo que significa, en igual orden, como lo precisa la Corte Internacional de Justicia en el *Caso relativo a la soberanía sobre Pedra Branca* (2008) que: "resulta crucial la gran importancia que la soberanía sobre el territorio y la estabilidad y certidumbre de dicha soberanía tienen en el derecho internacional y en las relaciones internacionales".

Por su parte, la Corte Permanente de Justicia Internacional, en su citado *dictum* sobre el caso *Lotus (1927),* nacido de la colisión entre el buque francés de dicho nombre y el turco Bouz-Kourt cerca de las costas de Turquía, afirmó que "la limitación primordial que impone el Derecho Internacional a cada Estado es la de excluir –salvo la existencia de una regla permisiva en contrario– todo ejercicio de su potencia sobre otro Estado".

Ello no impide que dicha soberanía pueda ser eventualmente transferida de uno a otro Estado, como lo indica la misma CIJ en el citado caso *Pedra Branca*, al señalar que:

> En ocasiones, se puede transferir la soberanía sobre un territorio bajo determinadas circunstancias como resultado de la ausencia de reacción por parte del Estado que tiene la soberanía ante al comportamiento del otro Estado que actúa en calidad de soberano o ante manifestaciones concretas del ejercicio de soberanía territorial por parte del otro Estado. Dichas manifestaciones de muestra de soberanía son susceptibles de reacción si no pueden oponerse al Estado en cuestión. La ausencia de reacción por parte de un Estado puede significar su consentimiento. Esto equivale a decir que el silencio otorga, pero únicamente en caso de que la conducta del otro Estado haga necesaria una reacción.

Luego, la Corte Internacional de Justicia, en sus sentencias sobre el *Estrecho de Corfú* (1949), sobre el *Derecho de Asilo* (1951), y sobre *el Derecho de paso en el territorio indú* (1960), fue igualmente precisa al afirmar que "entre Estados independientes, el respeto a la soberanía territorial es una de las bases esenciales de las relaciones internacionales"; para lo cual es importante tener presente que "la frontera estatal define los límites territoriales de la soberanía del Estado" (*Delimitación marítima en el Mar Negro*, CIJ, 2009).

El Derecho Internacional, por consiguiente, no es sólo la expresión sistemática y doctrinal –dentro de las varias perspectivas intelectuales al respecto y que se explican más adelante– de una serie normativa referida a la conducta de un grupo social determinado y/o a sus valores o símbolos integradores o predominantes, sino que, antes bien, está originalmente anudado a una realidad concreta: la del Estado y el ejercicio de su soberanía, que detenta y ejerce en nombre y por cuenta de su pueblo; cuyas limitaciones – las de la soberanía del Estado – no han de suponerse, como lo precisa la misma Corte en el anterior caso.

El no reconocimiento de otro superior al Estado (*superiorem non recognoscens*), vale decir, la prédica de la señalada independencia de éste y de su posición de paridad frente a los demás Estados, sin mengua de que la realidad evidencie diferencias inexcusables entre todos (políticas, geográficas, poblacionales, económicas) que han determinado la lucha –sobre todo de los países en desarrollo– por tratamientos jurídicos diferenciales y compensatorios, quedó consagrado como principio en el texto de la Carta de San Francisco: "La Organización [de las Naciones Unidas] está basada en el principio de la igualdad soberana de todos sus miembros" (artículo 2,1).

La Carta por ende, también ajusta dentro de la norma en cuestión la consiguiente prohibición, sea a los demás Estados "de recurrir a la amenaza o al uso de la fuerza contra la integridad territorial o la independencia política de cualquier Estado", sea a la propia ONU de no "intervenir en los asuntos que son esencialmente de la jurisdicción interna de los Estados" (artículos 2,4 y 2,7).

Lo anterior, por consiguiente, excluye el predicado de la idea de la soberanía absoluta del Estado, por limitado como se encuentra por un orden internacional público mínimo consagrado por la referida Carta (artículos 1 y 2) al proscribir el mencionado uso de la fuerza, obligar a la solución pacífica de las controversias y exigir de los Estados el respeto y la garantía de los derechos humanos. El juez *Cançado Trindade*, en voto que emite en providencia dentro el caso *Inmunidades jurisdiccionales del Estado* (CIJ, 2011), recuerda bien, por consiguiente, que:

> La idea de la soberanía absoluta del Estado, que condujo a la irresponsabilidad y la supuesta omnipotencia del Estado, y no impidió sucesivas atrocidades contra seres humanos (como la masacre de Distomo del 10 de junio de 1944), llegó a ser con el paso del tiempo enteramente carente de fundamento.

Sin perjuicio de anterior, salvo en los casos en queda comprometida la responsabilidad penal internacional e individual de funcionarios del Estado – u otros individuos - quienes sean señalados como violadores de derechos humanos, cuyo sometimiento a los tribunales competentes nacionales – a través del mecanismo de la jurisdicción universal que éstos ejerzan– o, subsidiariamente, ante los tribunales internacionales respectivos, al Estado como tal le sigue protegiendo en principio de inmunidad de jurisdicción: no puede ser sometido a la jurisdicción de tribunales extranjeros, distintos de los nacionales, como lo señala claramente la Corte de La Haya:

> La Corte comienza por averiguar si el derecho internacional consuetudinario se ha desarrollado hasta el punto en que un Estado carece de derecho a la inmunidad en el caso de violaciones graves de los derechos humanos o del derecho aplicable a los conflictos armados. Después de examinar la práctica internacional y de los Estados, la Corte concluye que, en virtud del derecho internacional consuetudinario en su forma actual, un Estado no queda privado de la inmunidad por el hecho de que se le acuse de violaciones graves

de la normativa internacional sobre derechos humanos o del derecho aplicable a los conflictos armados. Para llegar a esa conclusión, la Corte hace hincapié en que únicamente se ocupa de la inmunidad del Estado mismo frente a la competencia de los tribunales de otros Estados; en el presente no se discute la cuestión de saber si, y en caso afirmativo en qué medida, la inmunidad se podría aplicar en actuaciones penales contra un funcionario del Estado" (*Inmunidades jurisdiccionales del Estado*, CIJ, 2012).

Subsidiariedad del Estado y de la comunidad internacional

Sin embargo, bueno es tener presente que los Estados, como sujetos primarios y lo que es más importante, lo repetimos, como hacedores y destinatarios a la vez –por vía de los consensos y también por razones imperativas que ellos aceptan como válidas comúnmente– del ordenamiento jurídico que les preside en sus relaciones recíprocas y como expresiones temporales y modernas de la organización política de nuestras sociedades, son un producto histórico y social, por ende, condicionado y condicionante, negado a los dogmas.

Piénsese de nuevo, en este orden, que el hombre –varón o mujer– ha proyectado desde siempre su vertiente social de modos distintos y cada vez más complejos: entornos concentrados o difusos, autónomos o encadenados a otros –funcional o jerárquicamente– según la evolución de sus necesidades temporales o intelectuales. Tanto que, así como aquél se realiza de modo ascendente y progresivo, primero en la familia, luego en el gremio y más tarde en el municipio, en los partidos políticos y en el propio Estado, éste, a su vez, ha decantado en federaciones de Estados, en organizaciones internacionales de Estados, en comunidades integradas regionalmente, etc.; por lo que cabe no olvidar dos referencias importantes:

1. La forma como el Derecho ha expresado el ser y la esencia de cada una de tales instancias de mediación social nunca ha sido uniforme, sin perjuicio de los elementos de identidad común que las relacionen en mayor o en menor grado; y
2. Una vez como el hombre –varón o mujer– logra trasponer las fronteras de lo doméstico y de su localidad, entre las vías o medios para su encuentro o fusión con el entorno "totalizante": la Humanidad o el género humano, el Estado viene a ser, es y sigue siendo su vía de expresión social y política más importante; pero sólo es una, lo repetimos, entre las muchas expresiones sociales e históricas fraguadas por el mismo hombre, como útil para su realización en el ámbito último de consistencia universal y planetaria.

No sin razón, entonces y ya desde 1612 el jesuita *Francisco Suárez* (*Tractatus de legibus ac Deo legislatores*) afirmaba que

> si bien cada ciudad, república o reino es en sí mismo comunidad perfecta y compuesta de sus miembros, no obstante, cualquiera de ellos es también miembro del universo formado por todo el género humano; pues nunca aquellas comunidades son aisladamente de tal modo autosuficientes, que no necesiten de alguna ayuda mutua o socorro (...). Por esta razón necesitan de algún Derecho por el cual sean dirigidas y ordenadas rectamente en este genero de comunicación y sociedad.

La Corte Internacional de Justicia, mucho después, hubo de prevenir en su Opinión Consultiva sobre la *Reparación de los daños sufridos al servicio de las Naciones Unidas* (1949) que "en el curso de su historia, el desarrollo del Derecho Internacional ha sido influido por las exigencias de la vida internacional".

De allí que, tratándose del ordenamiento que ocupa nuestro estudio y de su sujeto o actor esencial, sea pertinente la apreciación del jurista español *Pastor Ruidruejo*: "El modo como el sistema jurídico internacional capta la realidad del Estado (...) es un tanto diferente a como lo hace el propio Derecho interno, público o privado de ese mismo Estado".

Diríamos nosotros, en síntesis, que, sin perjuicio de quienes todavía consideran al Estado –de espaldas a la realidad social e histórica de nuestro tiempo y junto a *Hegel*– como "la más alta encarnación del espíritu objetivo", el pensamiento jurídico e internacional contemporáneo no alberga dudas sobre la vigencia y la validez de un orden jurídico particular –no por ello diferente e impermeable– que se aplica a las relaciones complejas propias de la comunidad mundial y más allá de los ámbitos que reivindica como suyos el llamado orden interno de los Estados.

Y tales relaciones, según las tendencias dominantes, hoy pueden comprender e iniciarse en el estrato primario de los individuos y al margen de sus respectivas adscripciones de índole nacional o territorial, para culminar *transitoriamente* en la ahora llamada familia de las naciones o sociedad de los Estados, como lo anota *Phillips Jessup*. El Estado –señala la iusfilósofo *Agnés Lejbowics*, Profesor a Besançon– ya "no es el centro estable de autorreflexión de la sociedad".

De modo que, si bien el Estado, dentro de la comunidad internacional global en cierne, expresa un sistema parcial en cuanto a "saberes" y a Derecho, no por lo mismo ha perdido el poder mediante el cual le confiere un destino común a la sociedad: aun cuando lo haga de manera formal. Caso contrario no sería en lo adelante, como lo cree *Monique Chemillier-Gendreau*, el *"maitre des décisions essencielles"*.

Pero lo importante es cuanto reflexiona *Lejbowicz*: el Estado es una obra humana y, en tanto que tal, es inacabada y susceptible de transformación, muy a pesar del pesimismo de Chemillier, quien afirma que "en el mundo, tal cual es en su transformación actual (...) el Derecho Internacional se presenta más como una suerte de comodín tardío y a menudo tocado por la mala fe y sólo construido para legitimar regulaciones extrajurídicas"; pues habría perdido, por obra de las citadas fuerzas desreguladoras de la globalización, su capacidad anticipatoria de las conductas y de los valores sociales y, si necesario, su función reparatoria y represiva.

Adquiere fuerza de tesis, en este sentido, lo explicado por Luigi Ferrajoli (Razones jurídicas del pacifismo, 2004):

> "De aquí se ha seguido una progresiva pérdida de relieve de los Estados, que se han revelado demasiado grandes para las cosas pequeñas y demasiado pequeños para las cosas grandes. Hecha excepción de algunas pocas potencias, el Estado nacional está perdiendo su autosuficiencia y exclusividad normativa en el plano jurídico, su soberanía en el plano político, su centralidad en lo económico. La crisis está determinada por la revolución en curso de las comunicaciones, la economía, la política y el derecho, un fenómeno que ha derribado las viejas fronteras estatales en todas estas dimensiones de la vida social, generando problemas dramáticos, ahora ya de forma irreversible supraestatales... [como el terrorismo, el narcotráfico, el hambre, las enfermedades, las perturbaciones ecológicas planetarias]. Se trata de problemas en gran parte irresueltos, a los que sólo puede hacerse frente mediante un cambio de paradigma del derecho como técnica de limitación de poderes y de garantía de la paz y de los derechos humanos".

Carácter atípico o rudimentario de la comunidad internacional de los Estados

En el estadio actual, salvo las nuevas y muy firmes tendencias –igualmente rechazadas por no pocos Estados– hacia la institucionalización del orden jurídico internacional sobre bases heterónomas (v.g. el establecimiento de la Corte Penal Internacional y otras instancias similares: el Tribunal Penal Internacional Ad Hoc para la ex Yugoslavia y el Tribunal Penal Internacional Ad Hoc para Rwanda, como la actuación de los sistemas regionales de protección de Derechos Humanos), lo cierto es que, según lo hemos dicho, en el plano de la formulación de las normas, todavía predomina el mencionado criterio del consenso entre las soberanías, sin el cual la institucionalidad señalada mal podría haberse originado, más allá de sus insuficiencias actuales.

Lo dijo así, la Corte Permanente de Justicia Internacional en 1927, a propósito del Caso *Lotus* (Francia *vs.* Turquía): "Las reglas de Derecho que vinculan a los Estados proceden de la voluntad de ellos mismos". Mas, como oportunamente lo previene *Monica Pinto*, destacada jurista argentina, es cierto que "la voluntad de los Estados es determinante en la creación normativa internacional, pero ello no autoriza a sostener que el producto de su actividad [que igualmente se conoce en los ámbitos locales] sea un conjunto informe y maleable de reglas".

En igual sentido, *Frederick De Martens*, en su muy célebre *Tratado de Derecho Internacional* (I, París, 1883), reparando en el fundamento nuestra disciplina y acerca del cual haremos referencia histórica y detallada más adelante, ha dicho lo siguiente:

> Si uno se sitúa en el ángulo de la autocracia del Estado, se comprende el rechazo y la inamistad que de ordinario separaron a las naciones que vivieron aisladas y volcadas sobre sí mismas; pero uno no puede imaginarse a uno solo de los Estados modernos reducidos a su existencia primitiva (...). [L]a necesidad de una vida internacional pacífica y organizada, deriva de la necesidad de las relaciones

internacionales. El orden y el Derecho, en esta esfera, por consiguiente, están fundados sobre la *comunidad internacional* y no sobre la soberanía de los Estados.

Aun así, en el plano de la administración de la justicia internacional, las cortes y árbitros internacionales sólo pueden pronunciarse sobre los hechos ilícitos internacionales una vez como ambas partes o Estados en controversia o en situación de litigio hayan aceptado la jurisdicción obligatoria o vinculante de los respectivos jueces.

El Estatuto de la Corte Internacional de Justicia es ilustrativo al respecto. En su artículo 35 precisa, claramente, que dicho Tribunal sólo está abierto "a los Estados parte" y conocerá de "los litigios que las partes le sometan". Tanto que, como lo indica en su artículo 36 siguiente, "los Estados parte (...) podrán declarar en cualquier momento que reconocen como obligatoria *ipso facto* y sin convenio especial, respecto a cualquier Estado que acepte la misma obligación, la jurisdicción de la Corte en todas las controversias de orden jurídico (...)".

En cuanto a la función ejecutiva interestatal, aún domina el criterio primitivo de la autotutela: los mismos Estados han de proveer, cada uno por sí mismo, a la realización y cumplimiento de las obligaciones internacionales. El Consejo de Seguridad de la ONU, suerte de mecanismo de gobierno dispuesto para el mantenimiento de la paz y la seguridad internacionales, acusa falencias operativas que, originadas en la necesidad de acuerdos sin veto por quienes son sus miembros permanentes, han impedido el despliegue de su autoridad en los términos previstos por la misma Carta de la ONU.

Los artículos 24 y 27 de la citada Carta de San Francisco, señalan, en efecto, que para asegurar la *"acción rápida y eficaz"* de la ONU en el mantenimiento de la paz y seguridad internacionales, el Consejo de Seguridad actuará en nombre de todos los Estados miembros. Pero, salvo en las decisiones sobre procedimientos, éste deberá decidir con *"el voto afirmativo de nueve Miembros, incluidos los votos afirmativos de todos los miembros permanentes"*, a saber: China, Francia, Rusia, Gran Bretaña, y Estados Unidos de América.

III. Dimensiones metodológicas del ordenamiento jurídico internacional

Las exigencias de método y los límites temporales de un curso sobre Derecho Internacional imponen el tratamiento preferente de su dimensión normativa, lo que no excluye abordar – lo hacemos más abajo – el debate doctrinario o intelectual que ello suscita a lo largo de la historia y aún, incluso como planteamiento pedagógico.

No huelga observar, empero, que mal se podrá comprender e interpretar dicho ordenamiento y el objeto de su regulación: la comunidad o sociedad internacional de los Estados, sin prevenir acerca de las desviaciones que pueden suscitarse, lo repetimos nuevamente, en razón de la distinta tipicidad histórica y material de tal comunidad en su relación con la naturaleza de nuestras sociedades estatales, nacionales o internas.

De lo contrario, bien podríamos concluir en la negación de la existencia del Derecho Internacional: por carente de instituciones permanentes y similares a las de los Estados o capaces de favorecer su realización más allá de la voluntad soberana de éstos o, como alguna vez lo indicara *Raymond Aron*, por no satisfacer el Derecho Internacional los criterios orgánicos y funcionales a que responden los derechos internos. O, en la peor de las circunstancias, llegaríamos a concebir la idea no siempre exacta de que la vida internacional en su conjunto es un caos, a la manera de *El Leviatán* (*Hobbes).*

Como se dijo, pues, dada su naturaleza y orígenes, y en razón de su carácter cada vez más abierto –antes dirigido hacia una comunidad internacional de Estados homogénea, reducida, descentralizada y hoy, por el contrario, universal, plural y culturalmente compleja– como de sus muchas ataduras éticas y sociológicas, el Derecho Internacional en tanto que ordenamiento o sistema de normas y en su fragua técnico-jurídica, ahora como nunca antes –insiste *Pastor Ruidruejo*– reclama de su ascenso hacia el plano de los valores para luego descender hacia la realidad social que le contiene y en la cual se aplica.

Así las cosas, para abordar el conocimiento del Derecho Internacional, resulta necesario y no solo pertinente también describir y explicar en qué consiste la comunidad internacional o la sociedad de los Estados desde el ángulo de la experiencia real y en su evolución, por una parte; y, por la otra, se requiere visualizar ora los principios de referencia meta-temporales o axiológicos que le sirven de fundamento, ora las normas o prescripciones técnico-jurídicas específicas que describen u ordenan las relaciones dentro de tal comunidad o sociedad trasnacional; ello, a pesar de la "cierta atonía metodológica" que acusa nuestra disciplina bajo el "pragmatismo" en boga, como lo reseña *Forcada Barone* y en razón de considerarse la cuestión algo abstracta o por imponer la remisión hacia otras disciplinas –regularmente incomprensibles para los juristas– en búsqueda de apoyos para resolver.

Una aproximación doctrinal y dogmática a la materia objeto de nuestro estudio es, pues, metodológica y sustantivamente indispensable, tanto como el conocimiento de sus antecedentes históricos, que se explican sucintamente –los últimos– más adelante.

Método trialista

Sin perjuicio, pues, de una explicación más detenida acerca de la teoría del Derecho Internacional, cabe recordar que el Derecho, como acertadamente lo recuerda *Recasens* bajo inspiración de la doctrina tridimensional alemana de la experiencia jurídica (*Emil Lask, Gustav Radbruch, Werner Goldschmidt*) y que tuvo calificados elaboradores e intérpretes latinos (*Francois Geny, Miguel Reale, Luis Legaz y Lacambra, Juan Carlos Puig*), "no es un valor puro, ni es forma con ciertas características especiales, ni es simple hecho social con notas particulares.

Derecho es una obra humana social (hecho) de forma *normativa* destinada a la realización de valores". Y, tratándose del Derecho Internacional, así como lo apunta con lucidez *Puig*, ello es manifiesto por cuanto "la comunidad internacional actual es por demás compleja y dinámica", en sostenida transición, en razón de lo que cualquier intento de unilateralización del fenómeno jurídico internacional desembocaría inevitablemente en un conocimiento defectuoso, unitario o sectario".

No es del caso explicar, en esta sede, el llamado método "trialista": cuya elaboración doctrinal y aplicación al Derecho Internacional correspondiera a los juristas *Golschmidt* y *Puig*, y a cuyo efecto un operador jurídico puede y debe traspasar la mera especulación unidimensional (ora sociológica, ora estimativa o valorativa, sea normativa) acerca del fenómeno jurídico internacional, para luego integrar sus diversas dimensiones en términos prácticos.

Nos interesa precisar, eso sí, que el "tridimensionalismo" en tanto que concepción y el "trialismo" como postura teórica, pretende superar las limitaciones acusadas, fundamentalmente, por las doctrinas positivistas, las iusnaturalistas y sus distintas combinaciones, para el entendimiento cabal y particular del ordenamiento jurídico internacional.

No huelga mencionar, en este sentido y siguiendo a *Scovazzi*, que tal fue el entendimiento de uno de los primeros teóricos del Derecho Internacional, el italiano *Alberico Gentile* (1552-1608), quien al separar la *societas gentium* internacional de la *civitas* o sociedad nacional, definió al Derecho de Gentes en línea tridimensional: como "el resultado de una combinación de varios elementos, a saber, la costumbre, la razón natural, y el consenso de las gentes".

El *positivismo*, según lo sostiene *Puig*, tuvo un esplendor extraordinario durante el siglo XIX y fue apto para interpretar realidades históricas estables o institucionalmente afirmadas, como las correspondientes a los Estados. Las distorsiones entre la fenomenología social y las normas técnico jurídicas no eran, por consiguiente, de mucha significación.

Anteriormente, también el *iusnaturalismo* fue capaz de apuntalarse como doctrina suficiente para la interpretación del mundo medieval y parte del moderno, dada la preeminencia del elemento religioso en la resolución de situaciones cruciales; pero declinó en la misma medida en que sus categorías, por "pantónomas" absolutas, se mostraron de difícil realización en sociedades cada vez más laicas y dominadas por el racionalismo. No en vano el Derecho de Gentes o Derecho Internacional, que emerge en los albores de la modernidad, tuvo como primeros exégetas al dominico *Francisco de Vitoria* y al jesuíta *Francisco Suárez* (1548-1617), representantes de la Escuela Teológica española o corriente iusnaturalista católica.

El fetichismo voluntarista, normativista o técnico jurídico o la mera dogmática religiosa, por consiguiente, difícilmente podían aprehender la totalidad de los criterios que gobiernan al mundo de nuestros días; mundo de Estados y de hombres que se ve presionado por factores de potencia e impotencia que giran alrededor de visiones realistas o utilitarias y que, a su vez, en un amplio sector, igualmente se ve compelido por reclamos atinentes a la idea de Justicia, entendida, dentro de la línea de *Goldschmidt,* como un ente ideal exigente pero limitado por necesidades humanas; fraccionable, que permite valorar las conductas humanas en modo de apreciarlas como enaltecedoras o potenciadoras de la existencia o favorecedoras de su degradación o impotencia.

De tal suerte, la norma internacional contemporánea, a la luz de esta perspectiva, no debe resultar de un simple voluntarismo o de aproximaciones ideales absolutas; tendrá que alcanzar con sus recursos técnico jurídicos, antes bien, una descripción fiel de ese binomio social y ético de tanto peso y dado el carácter inestable, movible o "transicional" de la comunidad mundial: integrándolo a la realidad jurídica para que sus normas puedan asegurar su efectividad y la adhesión espontánea y pacífica de sus hacedores y destinatarios principales: los Estados.

"Critical legal studies"

En un intento por superar los modelos clásicos iusnaturalista y positivista como sus sincretismos varios, pasada la Segunda Gran Guerra del último siglo, la práctica del Derecho internacional opta por obviar las justificaciones teóricas de éste y se hace pragmática. Ante ello reacciona luego, según *Forcada Barona*, la denominada Nueva Corriente, inscrita en la escuela norteamericana de estudios jurídicos críticos (CLS); la que a su vez es contestada desde la vertiente española, pues, según el citado autor, "su trabajo... está imbuido de una intensa... componente teórica cuya potencialidad práctica última es la de subvertir radicalmente el contenido y el carácter [jurídico] de nuestra disciplina".

La perspectiva pragmática, dice *Purvis* ("Critical Legal Studies in Public International Law", *Harvard International Law Journal*, vol. 32), "como filosofía enfatiza en los procedimientos institucionales, el progreso funcional o la especificidad doctrinal centrada en las reglas [del Derecho internacional], mientras niega la relevancia de la abstracción coherente" o meramente teórica. En otras palabras, el estudio de la disciplina se ha de centrar en su contenido sustantivo, en lo particular en el "derecho válido", separándolo de la política o del comportamiento de los Estados, afincándolo sobre las ideas del consenso alcanzado entre éstos, los principios generales del Derecho, los valores materiales comunes compartidos por la comunidad internacional, el Derecho imperativo (*ius cogens*) no disponible por los mismos Estados, etc. La tarea del jurista, lo explica *Forcada* al referirse a tal metodología, consiste en separar el Derecho de lo que no es, acudir a sus fuentes normativas, y determinar si un comportamiento estatal –obviamente, describiendo los hechos– está o no ajustado al Derecho.

La Nueva Corriente como modelo o método, cuya cabeza es *David W. Kennedy* (Primitive Legal Scholarship", Harvard Int'l L. J., vol. 27, 1986 y "A New Stream of International Law Scholarship", 7 Wisconsin Int'l L. J. 1,1988), critica la ambigüedad de esa corriente pragmática. Considera que al asumir ésta, de modo particular, el paradigma liberal dominante (la soberanía del Estado como fundamento del Derecho internacional, los Estados como sujetos y objetos de la vida internacional a la vez que atomizados como los individuos dentro de la sociedad, cuyas decisiones y valores son los que ellos mismos deciden y defienden en un momento concreto) y al declararse neutral y apolítica frente a hipotéticos sistemas de valores objetivos y superiores, incurre en una falsa pretensión. Sostiene que intenta, apenas, postular reglas de juego dentro de las que diferentes teorías compiten por su influencia, como lo dice *Martti Koskennieni* (From Apology to Utopia: The Structure of International Legal Argument, Cambridge, 2005).

El argumento de la Nueva Corriente y sus exponentes es que el liberalismo, de suyo, por una parte, es una ideología que tal y como lo precisa Purvis excluye las concepciones alternativas con las que puedan chocar sus predicados [como valores que son objetivos] o que incluso puedan cambiarle sus mismas reglas de juego. Y por la otra, al afirmar su neutralidad, lo comenta *Koskenniemi*, el jurista debe sortear dos tareas muy difíciles: probar la normatividad válida y de Derecho internacional, con independencia de sus propios intereses y opiniones, y demostrar la vinculación de ésta con comportamientos reales de los Estados para que no se le acuse de subjetividad. Pero ello sería imposible, conforme a la crítica en cuestión, ya que si se revela sustancialmente indeterminado el Derecho internacional –por reducido a reglas de juego– al término cualquier comportamiento estatal que se imponga puede ser defendido como correcto y conforme a Derecho, a la vez que el paradigma liberal, en igual orden, obliga a mantener la separación entre la creación y la verificación de las reglas jurídicas, para no arriesgar la tarea de concreción de la propia norma. Y lo cierto es, que al tener que juntar, metodológicamente, ambos procesos, el de creación y el de verificación normativas, junto al Derecho aparecen la política y la moral como referentes integradores.

La Nueva Corriente, en consecuencia, se impone como tarea obviar los contenidos del Derecho internacional o el debate sobre la validez o no de sus normas, para preferir el análisis del discurso o la retórica subyacente en la argumentación del Derecho internacional. Su objetivo, inspirado en las elaboraciones de la izquierda marxista y sin que por ello deba calificarse de tal a esa corriente –así, la Escuela de Francfort, de la que hace parte el filósofo alemán Jürgen Habermas– es descubrir las ideas y argumentos, las posturas ideológicas y estructuras subyacentes en la doctrina internacional, ocultas tras el discurso jurídico habitual, sosteniendo "que la ideología es la base sobre la que el derecho y la política se construyen".

Los Estudios Críticos Legales, como experiencia académica norteamericana que data de los años '70 pasados, aspira, en suma, desmitificar el análisis legal para imponer, como lo señalan sus seguidores, la transparencia en los procesos legales y que ganen apoyo en la ciudadanía socialmente responsable. El derecho internacional y la política internacional no pueden, al efecto y según dicha perspectiva, mantenerse en compartimientos estancos. Y las esencias objetivas, tanto iusnaturalistas y positivistas, rechazadas por el siglo XX, para la Nueva Corriente y propias del pensamiento moderno, quedan para los anaqueles de la historia. Como lo refiere *Koskenniemi*, "todos los análisis jurídicos, incluido el suyo, son subjetivos, es decir, políticos y sesgados"; lo que no acepta sin más la actual doctrina española, según *Forcada Barona*, que previene sobre los riesgos de dicha escuela, pero acepta, no obstante, que la abierta relación que se propone entre el Derecho internacional y la política internacional o de los Estados también propulsa la relevancia de nuestra disciplina. Evita que a los juristas se les confine en labores burocráticas al servicio de quienes en la práctica hacen las negociaciones, delimitan las competencias de los Estados, resuelven sobre sus controversias, y favorecen a diario la convivencia global.

IV. Fundamentos doctrinales históricos del Derecho Internacional

La jurisprudencia norteamericana del siglo XIX debatió acerca del fundamento de este conjunto normativo que llamamos Derecho Internacional, asignándole, en línea de inspiración similar a la de *Christian Wolf* (vid. *infra*), bien un origen o contenido ético u ontológico, bien convencional, producto de la voluntad soberana y/o concurrente de los Estados, tal y como lo presenta el mencionado *dictum* del Caso *Lotus*. En el Caso de *La Jeune Eugenie* (1822), buque mercante detenido en las costas del África por otro navío de la armada norteamericana y señalada su tripulación de servir a la trata de esclavos, se estableció, en efecto, que "el Derecho Internacional puede ser deducido, en primer término, de los principios generales del Derecho y de la Justicia, aplicables tanto a las relaciones entre individuos como a las relaciones entre naciones, o, en segundo lugar, en aquellas cuestiones indiferentes o dudosas, de los usos consuetudinarios y observancias de las naciones civilizadas, o también, finalmente, del Derecho convencional o positivo que regula las relaciones entre Estados.

A su vez, en el Caso *El Antílope* (1825), relativo a la captura por un corsario venezolano llamado "Arraganta" de distintos buques: norteamericano, portugueses y, finalmente, el español de nombre "El Antílope", para sustraerle los esclavos que transportaban y que luego naufragó aquel en las costas de Brasil, dijo el Tribunal Supremo de los Estados Unidos que

> cualquiera que pueda ser la respuesta de un moralista a esta cuestión, un jurista debe buscar solucionarla apelando a aquellas reglas de conducta que están sancionadas por los usos, los actos de los Estados y el consentimiento general de aquella parte del universo en el cual él se considera integrado y a cuyo Derecho se ha apelado.

Se trata, sin embargo, de un asunto cuyo debate actual carecería de sentido, pues, apreciado en sus justos términos puede concluirse que cada tesis sostenida al respecto, por la jurisprudencia o por la doctrina en el curso del tiempo, ha respondido a un contexto histórico e ideológico específico o reflejado un ángulo particular de aproximación a la misma realidad jurídica internacional. O bien, que unas y otras tesis hacen parte o son referibles a dimensiones parciales de una misma realidad compleja, como lo precisa la teoría tridimensional atribuída a *Goldschmidt* y a *Reale* y desarrollada por *Puig*; para no dejar a un lado la afirmación de *Roberto Ago*, antiguo Presidente de la Corte Internacional de Justicia y a cuyo tenor, piénsese lo que se quiera pensar, el orden jurídico internacional es hoy "una realidad objetiva, pues su existencia se constata dentro de la historia".

Así, la idea de que existe un "orden dado", producto de un plan divino revelado al hombre o descubierto por él mediante la razón y sobrepuesto al "orden fabricado" por la acción humana inmediata, cubrió buena parte de las elaboraciones teóricas durante los siglos XVI y XVII: tiempo del Renacimiento.

Iusnaturalismo católico

Las enseñanzas teológicas del Padre *Vitoria*, dominico (1480-1546) que hemos citado y a quien se le reconoce su condición de pionero del Derecho Internacional, y las del jesuita *Francisco Suárez* (1548-1617), son emblemáticas de la primera corriente, conocida como *iusnaturalista católica*. En esencia, predicaron la aplicación de los principios clásicos y medievales de la moral cristiana y del derecho natural a la realidad de su tiempo y dentro de un concepto en el que Vitoria, sin prefigurar una suerte de *civitas maxima* para el orbe, señalaba, eso sí, la existencia de una familia de pueblos unidos por el vínculo común de la naturaleza humana social y cuyo origen no es contractual (*quod naturalis ratio inter omnes gentes constituit*).

Hugo Grocio y el *ius naturae e gentium*

Luego, tales tesis fueron seguidas y ampliadas por el llamado *iusnaturalismo racionalista*, encabezado por el ya comentado maestro holandés *Hugo Grocio* (1583-1642) o Hugue Cornes van Groot, fundador de la ciencia del Derecho Internacional, quien en todo caso estimuló la primera bifurcación entre el Derecho natural y el llamado Derecho positivo, establecido ora por los hombres (*ius civile*) o por los Estados (*ius gentium*), haciendo posible que sus seguidores –como *Wolff*– optasen por la corriente ecléctica.

Suárez escribe, en efecto, ya lo dijimos, que

> si bien cada ciudad, república o reino (...) es también miembro del universo formado por todo el género humano; ...(y) necesitan de algún Derecho (...) aun cuando en gran parte no se haga esto por la razón natural, mas no suficiente e inmediatamente en cuanto a todo, (...) pudieron ser introducidos por el uso de las mismas naciones algunos Derechos especiales.

El Derecho Internacional pasaría a ser, ciertamente, un Derecho voluntario, pero anclado en el Derecho natural "dado" –es decir, el que la recta razón demuestra conforme a la naturaleza social del hombre– e inspirado en principios revelados por Dios e integrados en la misma naturaleza humana. Tanto es así que *Grocio* lo llama *Ius naturae e gentium* a pesar de que, en su consideración, llega a asumir casi como dogma la precisión supuestamente matemática de esas verdades que la razón extrae de otras axiomáticas y evidentes, las del Derecho natural, alejándose de la Escolástica tomista y vitoriana, que destaca el carácter contingente de la acción humana racional capaz aprehender las verdades divinas, por ser ésta, justamente, de carácter humano.

Bellum omnium contra omnes

Podría agregarse, además, que así como los teólogos españoles fueron tributarios de sus convicciones y de la influencia todavía presente del pensamiento medieval confesional a inicios de la modernidad, que coincide con el nacimiento sustantivo de nuestra disciplina, la visión iusnaturalista trasciende desde su ámbito ideal hacia otro mundano, que bien expresa, hurgando en una supuesta condición primitiva o animal del hombre y de los pueblos, la obra del filósofo inglés *Thomas Hobbes* (1588-1679), *El Leviatán.*

> En esta guerra de todos –escribe Hobbes– contra todos, también se sigue esto: que nada puede ser injusto. No hay lugar en ellas para la noción de bondad y maldad, justicia e injusticia. Donde no existe un poder común, no hay ley; donde no hay ley tampoco existe injusticia. En la guerra, la fuerza y la astucia son las dos virtudes cardinales (...) Así es la pobre condición en que la mera Naturaleza ha colocado al hombre, aunque con una posibilidad de salir de ella, que consiste en parte en las pasiones y en parte en su Razón. Las pasiones que inclinan al hombre hacia la paz son: el temor a la muerte, el deseo de aquellas cosas que son necesarias para un vivir desahogado, y una esperanza de que por su propia industria pueda obtenerlos. Y la Razón sugiere artículos de paz adecuados, con base a los cuales los hombres puedan llegar a un acuerdo.

El acuerdo entre naciones soberanas

Los siglos XVIII y XIX vienen a ser, si se quiere y como lo advirtiéramos, el momento del Estado; tanto como el siglo XX pretendió ser el de las organizaciones internacionales.

Quizá inspirado o antecedido por el italiano *Alberico Gentile* (1551-1608), para quien el fundamento del Derecho de Gentes, sin desmedro del Derecho natural: sólo válido para el estado de naturaleza pero no para el estado de sociedad y por lo tanto distinto del Derecho positivo, residiría en el acuerdo entre las naciones, fue *Johan Jacob Moser* (1701-1785) más claro al afirmar esta tendencia estatalista con su *Ensayo sobre el Derecho de gentes europeo más reciente respecto de la guerra y de la paz, basado principalmente en los actos públicos de las potencias europeas y en otros acontecimientos* (1777-1780). De él bien se dice que fue el primero en proyectar "una teoría de la experiencia pura en Derecho Internacional" y que, en cierto modo, inaugura el suizo *Emmerich de Vattel* (1714-1767) –pionero al escribir en lengua distinta del latín– y quien en su obra sobre *Le droit des gens* "manifestó además su neta preferencia por el uso de ejemplos concretos tomados de la práctica moderna".

Moralidad internacional

En todo caso, vino a ser el jurista británico *John Austin* (1790-1859), "iniciador de la filosofía analítica del derecho", quien con sus *Lecturas sobre jurisprudencia o de filosofía del derecho positivo* señaló que sólo las normas emitidas por el monarca poseen carácter jurídico: "Mandamiento, deber y sanción son términos ligados inseparablemente (...)". De modo que, con tal postura y dada la ausencia de un monarca capaz de sujetar a todas las naciones, las reglas positivas del orden internacional tendrían apenas un valor moral. La juridicidad plena quedaría situada, como era de entenderse, en el Estado y en su voluntad soberana, reflejándose en tal concepción, inevitablemente, la realidad que dominaría la escena internacional hasta comienzos del siglo XX, en que las circunstancias provocadas por la Primera y la Segunda Guerra Mundial cambian dicho panorama; ello, a pesar de que juristas de la talla de *Carnelutti* sostuviesen, en 1940, dada la ausencia de carácter estatal en la comunidad internacional, que "el Derecho Internacional es todavía más bien una aspiración que una realidad".

Entre la teoría de la autolimitación o proyección externa de la soberanía y la teoría de la voluntad común (*vareingbarung*)

A fin de cuentas, el epígono intelectual de esa "sociedad internacional" moderna dominada por la idea absoluta de la soberanía del Estado y que perfila como Derecho sólo a aquel que emerge de su potestad unilateral, lo es *G.W. Friedrich*

Hegel, quien inspira luego la obra de *Georg Jellinek* (1851-1911) sobre la "autolimitación" de la voluntad del Estado, en tanto que fundamento del Derecho Internacional.

En su obra *Principios de la filosofía del Derecho*, escrita en Berlín en 1821 como producto de sus lecciones sobre Derecho natural y ciencia política, *Hegel* dice que "el Estado es la realidad efectiva de la idea ética, el espíritu ético como voluntad sustancial revelada, clara para sí misma, que se piensa y se sabe y cumple aquello que sabe precisamente porque lo sabe". Luego, agregaba que "el Derecho político externo surge de las relaciones entre Estados autónomos. Por consiguiente, lo que es en y por sí recibe de él la forma del deber ser, porque depende de diferentes voluntades que sea efectivamente real".

En esencia, el célebre pensador, si es cierto que apuntalaba el fundamento de un posible Derecho Internacional en la voluntad del Estado haciendo de este mera proyección exterior de su orden interno absoluto, no por ello rechazó la idea de un orden que, si bien seguiría siendo subsidiario de la soberanía estatal, pudiese sostenerse sobre la "voluntad común de los Estados"; tesis, esta última, que hicieron propia *Dionisio Anzilotti* en su *Teoria generale della responsabilitá dello stato nel diritto internazionale* (1902), quien hace reposar el ordenamiento jurídico internacional sobre el deber de cumplimiento de los pactos (*pacta sunt servanda*), y el alemán *Heinrich Triepel* (1868-1946), al advertir que los tratados prueban la coincidencia de las voluntades estatales del mismo modo en que la costumbre internacional la muestra de un modo tácito. Para *Hegel*, sin embargo, "el pueblo es, en cuanto Estado, el espíritu en su racionalidad sustancial y en su realidad inmediata, y por lo tanto el poder absoluto sobre la tierra. Como consecuencia de ello un Estado tiene frente a otro autonomía soberana".

Kant y el renacimiento iusnaturalista

No podría dejar de señalarse, en el trazado de esta pincelada sobre el pensamiento jurídico internacional durante la modernidad, que a pesar de *Hegel* y de su época, ambos quizá dieron opacidad a otra reflexión anterior e inmediata y, si no distinta, matizada por un enfoque iusnaturalista que ha logrado ser revalorizado en el siglo XX.

Me refiero a la óptica kantiana de las relaciones internacionales. *Enmanuel Kant* (1724-1804), en efecto, advirtió que los Estados, como personas morales, vivían o coexistían en un plano de libertad natural no contenida que se caracterizaría por el estado de guerra continua. Así eran las cosas, en efecto y en la realidad de dicho tiempo histórico.

De modo que para *Kant,* el Derecho Internacional o de gentes, que bien debería llamarse Derecho de los estados, no podía configurarse plenamente hasta tanto los Estados, siguiendo la misma trama de la necesidad que impulsó a los individuos a constituirse por obra de la razón en Estados, hiciesen otro tanto constituyendo una unión de Estados (*Staatenverein*) o un Estado de los pueblos (*Völkerstaat, civitas gentium*). Así, él se transformó, quizá sin proponérselo, en el precursor conceptual de la experiencia de las organizaciones internacionales contemporáneas, que sin diluir a la sociedad de los Estados y a sus relaciones de coexistencia, ha contenido a sus soberanías ajustándolas a la idea de la convivencia, o sea, de la existencia y según las exigencias de una comunidad internacional garantizada por el orden público universal, vinculante y sobrepuesto a los propios Estados.

La teoría pura del Derecho o teoría normativista

Hans Kelsen (1881-1973), avanzando sobre una perspectiva de carácter técnico jurídico y dogmático sostuvo a inicios del siglo XX el principio de la unidad de todo el Derecho, obviando la tradicional distinción u oposición entre el Derecho nacional o del Estado y el Derecho Internacional. Al efecto, refiere la existencia de una norma hipotética o de base que ha de situarse en el vértice de la pirámide normativa y a partir de la cual se construye la totalidad del edificio normativo y se definen las jerarquías entre sus normas.

En un primer tiempo *Kelsen* sitúa la llamada norma fundamental o de base (*grundnorm*) en el derecho interno, admitiendo que el Derecho Internacional encuentra su fuente de validez en aquél. En tanto que, posteriormente y a raíz de la Segunda Gran Guerra, acepta que la norma hipotética se habría desplazado hacia el Derecho Internacional, a partir del cual y de sus normas encontraría su validez el Derecho del Estado.

Mónica Pinto afirma que *Alfred Verdross* (1890-1980), austriaco como *Kelsen* y seguidor del mismo,

> le aporta un ingrediente de derecho natural al entender que la norma fundamental del Derecho Internacional positivo es la que sostiene que los Estados deben comportarse según lo prescriben los principios generales del derecho y las normas del derecho convencional y consuetudinario que sobre la base de aquéllos se establezcan. En una palabra, levanta el principio de buena fe como fundamento de la validez del Derecho Internacional, coincidiendo en cierta forma con Anzilotti.

El iusnaturalismo realista o escuela sociológica

No pocos autores, entre ellos *Juan Carlos Puig*, refieren el *eternel retour* de la escuela de Derecho natural para describir su renacimiento durante el siglo de las grandes guerras, en especial por obra del Holocausto. Y de allí que, quizá transitando desde la postura positivista de *León Duguit* (1859-1928), afirmada en la idea de la solidaridad social como fundamento del Derecho Internacional, *Georges Scelle* (1878-1961), catedrático que fuera de la Universidad de París-Sorbona, haya sostenido que el Derecho como exigencia social responde a las necesidades de los individuos. O como lo diría *Nicolas Politis* (1872-1942) según Pinto: "el Derecho Internacional encuentra su fundamento de validez en la conciencia jurídica de los pueblos".

Uno u otro que sea el fundamento otorgado por obra de la ciencia o por imperativo de la historia al Derecho Internacional, lo único cierto es que su existencia y efectividad, dentro de las características que le son propias, ningún Estado la ha puesto en duda. Unas veces dominado por las tendencias realistas que se cruzan dentro del campo de los intereses nacionales en contraposición, otras veces cuestionado para lograr su reconducción hacia el territorio de los valores, lo evidente es que los distintos sujetos del Derecho Internacional pugnan porque sus normas describan y alcancen, con toda solemnidad, hasta sus peores tropelías Vale, pues, en repetición de cuanto hemos dicho al inicio de estas lecciones, lo escrito por *Mónica Pinto*:

"El Derecho Internacional es un producto histórico, surge de la necesidad de los Estados de relacionarse y su vigencia [en tanto que expresión normativa] está asegurada por esa misma necesidad"; que, en todo caso, ha de reflejar, en procura de su efectividad, las necesidades –materiales o éticas– de quienes le otorgan al Estado su consistencia real: los individuos.

Sea lo que fuere, los internacionalistas de nuestro tiempo - señala *Koskenniemi* - parten de una visión *post-positivista ecléctica*, pues al final consideran al Derecho internacional como normas y no como el proceso dentro del que éstas se crean o modifican o hacia lo que apuntan, es decir, las consensuadas por los Estados. Pero ello, en una idea que les permite blindarse frente al inútil o acaso complejo debate teórico entre positivistas – que apuntan básicamente al comportamiento estatal - e iusnaturalistas – que hacen privar valores inasibles o abiertos, por sobre las normas – poniendo de relieve los criterios de "consenso, principios generales de derecho, valores materiales comunes o *ius cogens*, con los que se garantiza la no-disponibilidad total [o arbitraria] del ordenamiento [jurídico internacional] en manos de sus sujetos y, por tanto su carácter normativo.

Se trata, según el autor y su exégeta, *Forcada Barona*, de diferenciar el Derecho de lo que no es o de lo que es política. Y al diferenciarse entre "el análisis normativo de las normas de Derecho internacional y el análisis descriptivo de los hechos", aquél, de ordinario, se hace en forma pragmática, obviando la especulación teórica, afirmándolo en datos objetivos; que, si bien implican una suerte de eventual remisión a los referentes positivistas o valorativos, antes buscan probar y demostrar, concretamente, las normas internacionales que en la realidad reconocen en su existencia los Estados y a las que acuden regularmente para legitimar sus comportamientos o que obedecen "la mayor parte del tiempo". El carácter ecléctico de dicha postura, que implica para la doctrina española (*M. Pérez González*, 1990) una "liberación teórica", es tal por cuanto el jurista puede, en esa tarea objetiva, unas veces tomar elementos de la experiencia social, del iusnaturalismo, del mundo de los derechos humanos, del positivismo, etc.

V. Comunidad internacional y Derecho Internacional a la luz de la historia

En cuanto a la realidad social internacional, susceptible de descripción y/o de regulación por las normas del Derecho Internacional, es pertinente observar que la misma no ha sido en su estructura y evolución o en sus valores dominantes la misma a través de los tiempos. Sus reflejos en el ordenamiento jurídico internacional no pueden visualizarse, como lo hemos observado anteriormente, como una constante.

Un hecho, en todo caso, es esencial tenerlo presente. Las relaciones entre pueblos y naciones distintos y el recurso a formas de entendimiento que son típicas de la práctica diplomática y que hacen parte del moderno Derecho Internacional, data desde los mismos inicios de la civilización. Tanto que puede citarse, a manera de ejemplo y como antecedente remoto, el tratado concluido y suscrito sobre una tabla de oro entre Ramses II, faraón de Egipto y el Rey de los Hititas, Hattusili II, en el año 1.278 a.C, con el objeto de establecer "buenas relaciones de paz y de amistad" entre ellos.

Pero no significa que tal práctica, aun afincada sobre la existencia cierta de entidades políticas distintas, haya tenido como soporte la aceptación por los monarcas respectivos de un orden sobrepuesto o equidistante a las potestades ejercidas por ellos en sus esferas de gobierno y fundado en la idea del reconocimiento solidario entre comunidades políticas, distintas y partes iguales de un orden jurídico común (*ius commune*).

La autarquía del mundo antiguo

En los tres milenios previos a nuestra era y hasta la caída del Imperio Romano, lo menciona *Quoq Dinh*, "el mundo conocido estuvo dominado por la tendencia a la autarquía y el aislamiento de los pueblos". No se daba, pues, la base o condición de reconocimiento recíproco de la existencia por cada entidad política de otras entidades políticas distintas de la propia, que es inherente al Derecho Internacional y a su existencia.

Los griegos, es cierto, recrearon entre sus Estados-ciudades una suerte de comunidad internacional aproximada a la que más tarde tendría por objeto el Derecho Internacional clásico, pero nunca alcanzó estabilidad y finalmente tales ciudades fueron conquistadas por Alejandro Magno y luego por los romanos.

Durante la antigüedad romana no se admitía, fuera de Roma y de su Derecho Civil, relación social de coexistencia o de convivencia con núcleos humanos distintos o extranjeros; lo cual no significa, repetimos, que estuvieren ausentes las relaciones entre éstos. El Imperio, en su calidad de Estado universal –al menos en teoría– no admitía, por ejemplo, relación paritaria con los otros pueblos o comunidades políticas que de hecho existían para la época. La vocación imperial hacía imposible la sociabilidad, que se funda en la coexistencia, en la convivencia y, en un grado mayor, en la idea de solidaridad entre partes y entre pares.

El *ius gentium* romano

El Derecho Romano sólo se aplicaba a los ciudadanos romanos y en cuanto a los extranjeros se les sometía, mediante la acción del Pretor Peregrino, a las reglas del denominado *Ius Gentium*; que no era otra cosa que un conjunto de normas de equidad no escritas, dispuestas para resolver los conflictos o el necesario tratamiento de los mismos extranjeros en su relación con los romanos, a quienes sí se le aplicaban de modo exclusivo y excluyente las normas del *Ius Civile*.

En el plano formal, sin embargo, durante la antigüedad romana se suscribieron tratados con otros pueblos o comunidades "políticas" diferentes a las del Imperio; pero ellas eran o el producto del vasallaje o de la confrontación armada o constituían una excepción dentro de la regla dominante de la unidad y expansión romanas. El Derecho y las normas que pudiesen haber descrito tal situación, en modo alguno, entonces, podrían asemejarse a lo que actualmente conocemos como Derecho Internacional y que, de manera general y sin mengua de sus novísimas tendencias, describe relaciones y conductas entre entidades políticas iguales en soberanía como los Estados, en su condición de sujetos preeminentes del orden jurídico y transnacional conocido hasta ahora.

Diarquía y "feudalización" medievales

Del mundo medieval, cuyos orígenes sitúa la historia en el año 476 y luego de la caída del Imperio Romano de Occidente, puede afirmarse otro tanto.

Durante la Alta Edad Media tiene lugar un proceso de transición sin identidades, que bien describe el catedrático hispano de historia medieval *Manuel Riu*, al observar la profunda transformación que sufría Europa entre los siglos III a V d.C.: "Un cambio que arrancaba de la base misma de la solidaridad humana, aunque presentara signos diversos".

> Entre los pueblos germánicos, por ejemplo, se manifestaba en las relaciones mutuas de los distintos grupos, que estaban pasando de la vinculación familiar tradicional (*sippe*) a las asociaciones intertribales y a las grandes confederaciones, para acabar alcanzando una organización estatal. Mientras tanto, en las provincias romanas la ausencia o ineficacia de la protección que el Estado debía ejercer sobre el individuo, a cambio de la opresión fiscal, llevaba cada vez más a la creación de vinculaciones artificiales de carácter local (el régimen de *patronato*), concluye *Riu*.

El trasiego o migración de los bárbaros germánicos hacia distintos puntos de Europa dio lugar, sin embargo, a la realización de pactos o el reconocimiento legal de las situaciones de hecho provocadas por parte de los dirigentes de los territorios invadidos.

Más tarde, sin embargo, la célebre *Respublica o Civitas Christiana*, integrada por los reinos europeos del oeste, se encontró sujeta a la vocación competitiva de mando universal entre el Papa y el Emperador del Sacro Imperio Romano Germánico; se dio una suerte de estructura compuesta, una vez superado el caos inicial de la Baja Edad Media a partir del siglo VIII d.C., caracterizada por la presencia de sociedades políticas inestables, cuya centralización del poder se veía dificultada por el mismo principio de la territorialidad del poder.

Por una parte, los monarcas controvertían con sus poderosos súbditos y aquellos, a su vez, hacían lo posible para desprenderse de sus sujeciones a la diarquía dominante, que sólo se desmorona al conservar ambos referentes –el Papa y el Emperador– apenas una autoridad moral u honoraria.

Se afirma, en tal sentido, que a partir del siglo IX se inicia el proceso conocido como "feudalización", implicante del cambio de la vieja dirección política unitaria o imperial a otra de carácter plural, dispersa –léase descentralizada– y escalonada. Tanto que, a manera de ejemplo, en el caso de los reinos cristianos hispanos se recuerda que ningún Rey podía imponer su imperio sobre los demás, aun cuando se mantuviese la idea del citado *imperium*, que fuera trasladado de León a Navarra y luego heredado por los Reyes de Castilla a partir de 1037.

Alfonso VI, justamente, se tituló como Emperador de España sin dominarla. "A ese imperio –leemos a *Riu* – se opone la fragmentación de los reinos, cuyos *reguli* rigen partes distintas del país, con sus comités o *nobiles* como auxiliares, consejeros y gobernadores". Era un hecho, dado el deterioro del poder centralizador y el problema de las invasiones, la particularización de la búsqueda de protección y paz por todas las capas sociales, vasallos e incluso hombres libres.

No puede dejar de señalarse, a todo evento, que durante el Medioevo y de modo particular en su período más floreciente –la Alta Edad Media– se consolidó un sistema de relaciones entre las distintas monarquías cristianas y se dieron, incluso, relaciones entre el Emperador Romano de Occidente, *Carlo Magno* y el Emperador bizantino *Nicéforo I,* y entre el Califa de Bagdad, *Harun El Rashid,* con el primero; si bien los acuerdos concluidos con autoridades políticas de fe diferente a la cristiana eran tachados entonces como *impia foedera*. De allí, que parte de la doctrina haya intentado situar en este tiempo los verdaderos orígenes de la comunidad jurídica internacional.

El dominio de los canonistas

Empero, al margen de la debatida autoridad universal compartida entre el Papa y el Emperador: aquel fundado en la tesis teológica que defendía la soberanía papal tanto en el ámbito religioso como temporal y éste quien, sin negar el origen divino del poder, consideraba, eso sí, que los reinos eran provincias del Imperio, lo cierto es que el papado, afirmado en la universalidad de su Derecho Canónico, ejerció poderes jurisdiccionales sobre los príncipes cristianos.

Así, por ejemplo, en 1155 el Papa *Hadrien IV* autorizó a *Enrique II* de Inglaterra conquistar Irlanda; el pontífice Eugenio IV, mediante las bulas *Rex Regnum* de 1436 y 1443, consagró los derechos de los Reyes de Portugal sobre Guinea y la costa africana central y meridional; en tanto que el Papa *Alejandro VI*, en 1493, dicta distintas bulas (*Inter caetera, Eximie devotionis, Piis fidelium y Dudum siquidem*) que aseguraban la donación y dominio político de las tierras descubiertas en el Nuevo Mundo.

Vía la Iglesia Católica y la obra de los canonistas, pues, fraguaron las siguientes instituciones de interés para el Derecho Internacional de nuestro tiempo: la mediación y el arbitraje papal vinculantes para los casos de conflictos; la llamada moralización de la guerra (*bellum iustum*) o justicia de la conquista: entre otros casos, cuando era impedida la prédica del Evangelio mediante el ataque a los misioneros o a los convertidos, perturbándoseles la práctica de la fe; la legitimación de las represalias, como medio de sanción de las acciones injustas; la *Tregua de Dios* o suspensión temporal de las hostilidades; la *Paz de Dios*, consistente en el reconocimiento de la neutralidad de los edificios eclesiásticos y de la inviolabilidad de los sacerdotes y peregrinos: punto de apoyo histórico a la contemporánea inviolabilidad de los agentes diplomáticos y de las sedes de las representaciones de los Estados en el exterior; la afirmación del *ius commnunicationis* o régimen de la navegación, vinculado a la idea de libertad y dominio de los mares, a objeto de facilitar la expansión política hacia otros continentes situados más allá del mar: el Nuevo Mundo; la emergencia, en fin y según la Escuela de Salamanca (*Suárez* y *Vitoria*), de la *consuetudine*, como índice del consenso común de la mayor parte de las "gentes" acerca del carácter obligatorio de la misma frente a todas las gentes.

En suma, superada la unidad universal e integradora del poder imperial romano y también la relativa desconcentración de dicho poder durante el mundo medieval: si bien sujeto éste a la autoridad universal del papado y del Imperio, desde finales del medioevo e inicios de la modernidad es cuando emerge, entre los siglos XIII y XVI y quizá sobre la experiencia incipiente de la *Respublica Christiana*, la llamada sociedad de los Estados y la afirmación de la soberanía de éstos sobre sus propios territorios: *Summa potestas* y *plenitudo potestas*.

La citada escuela iusnaturalista de los teólogos españoles pudo concebir así, por vez primera, a la comunidad internacional como una comunidad de Estados independientes, otorgándole soporte teórico y por vez primera al Derecho Internacional que nos ocupa; lo que dará lugar, por consiguiente, a que el Derecho que rige a tal comunidad –distinto del que rige en el ámbito estatal– *Vitoria* lo llame *ius gentium* al igual que los romanos, pero aclarando que no corresponde éste a la definición de Gayo: "el que la razón natural establece entre todos los hombres" (*inter omnes homines*), sino el que rige entre las naciones (*inter omnes gentes*).

Mucho más tarde, en 1650, el jurista de origen inglés *Richard Zouche* (1589-1660), para evitar cualquier confusión acerca de la revisión vitoriana del *ius gentium* romano, prefiere referirse nominalmente al *ius inter gentes*, que equipara al *ius fetiale* igualmente romano. En tanto que *Wolf* (1676-1756), ya citado, alemán, más luego y con vistas al contenido material del comentado *ius gentium*, lo divide entre *ius gentium necessarium* –referido al derecho natural aplicado– y *ius gentium positivum*, que a su vez divide entre *ius gentium voluntarium*, *ius gentium pactitium*, y *ius gentium consuetudinarium*, abriéndole sólido y anticipado fundamento a las fuentes principales del Derecho Internacional Contemporáneo: los tratados y la costumbre internacionales, los actos unilaterales de los Estados, entre otras.

Desde la Reforma hasta la Paz de Westfalia

El movimiento de la *Reforma* contribuye decididamente a la fractura de las ataduras religiosas del mundo medieval y a la consagración del principio de la libertad religiosa; los grandes descubrimientos y la intensificación de las relaciones comerciales con ultramar permiten fracturar la impermeabilidad de la comunidad de los Estados cristianos y su visión internacional –estructural y jurídica– de corte eurocéntrico; y, finalmente, las elaboraciones doctrinales de *Jean Bodin* (1530-1596) permiten fundar la idea del Estado soberano como expresión única e indivisible del poder del príncipe o del poder pueblo.

No huelga citar, en este orden y junto al historiador *Quentin Skinner* (*The foundations of modern political thought: The age of reformation*, 1978), la influencia cierta de la teoría política luterana sobre el fomento y la legitimación del surgimiento de las monarquías unificadas y absolutistas. Así, sobre la base de la doctrina pluralista de la obediencia pasiva, se sostiene que tanto como "el poder del Rey debe extenderse para juzgar todas las causas –eclesiásticas (...) y temporales– y que su poder mismo debe ser absoluto", igualmente "no hay nadie ante quien el Rey sea responsable"; tesis que, embrionariamente y a partir del siglo XVI, fue contrariada por los teóricos católicos de la *Contra Reforma* y como una suerte de pioneros de la idea moderna de la soberanía popular: "Todos los gobernantes –como dice *Filmer* en su *Patriarca*– estarán sujetos a las censuras y prevenciones de sus súbditos".

Sin embargo, al margen de la progresividad que este fenómeno del nacimiento del Estado moderno advierte en el plano histórico de su consolidación, sólo a partir de los Tratados de Westfalia, suscritos –entre Francia y Suecia, por una parte y, por la otra, el Emperador y los príncipes alemanes– en Müster y Osnabrück en 1648, que marcan el fin de la Guerra de los Treinta Años, es cuando se afirma el nacimiento y reconocimiento de la primera y moderna sociedad internacional de Estados independientes; minándose de modo definitivo la pretendida autoridad universal del Papa y del Emperador.

La sola liquidación del Imperio Romano Germánico daría lugar, en efecto, a 355 Estados soberanos e independientes. Luego de lo cual, afirma *Pinto*, "el Derecho Internacional será entendido como el conjunto de normas que rigen las relaciones entre ellos"; si bien, como lo registra la historia del Derecho Internacional y en el criterio de *Lascombe*, los inicios de dicho Derecho, marcados por la experiencia antigua, determinan el desarrollo del llamado Derecho diplomático y consular, que llega a ser, en la práctica, el único Derecho Internacional hasta 1815.

VI. El "equilibrio de fuerzas" y la moderna comunidad internacional de los Estados

La comunidad o sociedad de Estados centralizados nacida de la Paz de Westfalia a mediados del siglo XVII, se sustentó –dada su naturaleza horizontal, voluntaria y, según lo dicho, descentralizada–, en el principio del "equilibrio de las fuerzas" entre sus integrantes: principio ordenador orientado asegurar la paz internacional mediante acuerdos entre los Estados que compiten por el poder y que pueden, eventualmente, ser víctimas del crecimiento desmesurado de alguno de ellos. A cuyo efecto, entonces, de darse una ruptura en el equilibrio internacional propuesto y convenido, cada Estado tenía no sólo el derecho sino el deber de apoyar y de auxiliar, mediante el uso legítimo de la fuerza, al tercer Estado afectado por el desequilibrio.

Tal comunidad internacional, empero, tuvo su indiscutible fundamento en la idea de la soberanía del Estado encarnada en los monarcas (*L'état, c'est moi*), amén de transitar sin solución de continuidad y sin sufrir alteraciones en su esencia hacia el tiempo de las grandes revoluciones de finales del siglo XVIII. Y, en tal orden, la noción de la soberanía, perfeccionada desde antes por *Bodin*, descubre la necesidad de un asiento territorial donde ejercerse y hacerse inmune a la jurisdicción de otros

Estados; provocando el necesario debate sobre el establecimiento de los límites territoriales y, previamente, sobre los modos o formas de adquirir el territorio: privilegiándose así la conquista.

En lo particular, la Revolución Americana y la Revolución Francesa le dieron un soporte distinto a la soberanía del Estado haciéndola reposar en la nación, en el pueblo y, de suyo, proyectaron sus efectos sobre la totalidad de los espectros institucional y político del siglo XIX y buena parte del siglo XX. Tanto que, la idea de las libertades públicas, como límites a la actuación del Estado, nutrió luego al principio de Derecho Internacional contemporáneo que afirma el deber de respeto por los Estados y la protección internacional de los Derechos Humanos.

Legitimismo y No-intervención

El paso de la comunidad de Estados monárquicos, asida sobre las ideas del legitimismo y de la intervención con fines de restauración del *statu quo* respaldada por la Santa Alianza (1815): suerte de germen del fenómeno de las conferencias internacionales, hacia otra comunidad conformada por Estados-naciones y regida por el principio ordenador de las nacionalidades: de origen revolucionario, afirmado en la doctrina italiana de Mancini, apenas provocó la multiplicación de los Estados miembros de la emergente sociedad internacional. Fue el caso de los Estados nacidos de la independencia de las Américas y, en su momento, los que fueran producto de la reformulación del nuevo mapa europeo establecido por el célebre Congreso de Viena de 1815.

En este último caso, la reformulación del mapa de la comunidad de los Estados monárquicos a partir del elemento ordenador de las nacionalidades, hizo cristalizar –como lo recuerda *Puig*– distintos procedimientos para la creación de Estados:

> por secesión, cuando una nacionalidad se separa de un Estado del cual forma parte para formar un Estado distinto (caso de Grecia); por anexión, cuando un Estado nacional se apodera de regiones habitadas por personas de su misma nacionalidad (la anexión de los Estados pontificios); por fusión, cuando varios Estados de una misma nacionalidad resuelven formar uno solo (el caso de Alemania).

El movimiento expansivo del Derecho Internacional –conocido entonces como Derecho Internacional Público de Europa (según, la obra de *Heffter*, 1875)– por virtud de las mutaciones y ampliaciones del mapa geográfico de los Estados, tuvo lugar de un modo natural en tanto y en cuanto tocaba a nuevos Estados insertos en el orbe de la cultura occidental y cristiana.

> Esta primera descolonización –a menudo ignorada como lo apunta *Lascombe*– hace que el Atlántico no sólo se separe en Estados soberanos e independientes, sino que la sociedad internacional misma pasa a ser bicontinental y, con una veintena de Estados nuevos –obra del desmoronamiento de los imperios español y portugués– dobla el número de sus partes integrantes.

El predominio jurídico europeo sobre la expansión y universalización del Derecho Internacional fue tal, sin perjuicio de las relaciones mantenidas por Europa con Estados pertenecientes a culturas distintas de la suya, que la doctrina esgrimida para entonces por el internacionalista *Lorimer* daba cuenta de tres orbes conceptuales distintos de sociedad: la civilizada, que gozaba de plenitud de derechos conforme al Derecho Internacional en vigor; la bárbara, con reconocimiento político parcial y beneficiaria sólo de las normas positivas o pacticias; y la salvaje o incivil, sin reconocimiento de su subjetividad, apenas acreedora de los principios humanitarios y, cuyos territorios –en modo de legitimar el histórico proceso de expansión colonial– se consideraron *terra nullius,* disponibles por la potencia civil ocupante.

Turquía –la llamada Sublime Puerta– hizo parte del Concierto Europeo de las naciones a raíz del Tratado de París de 1856 –por vía convencional o autónoma– por meras razones prácticas o de conveniencia política: el interés de las potencias europeas para impedir la ruptura del equilibrio internacional de las fuerzas, dada la guerra de Crimea nacida del ataque de Rusia al Imperio otomano.

Entre tanto, por oposición al Derecho Internacional eurocéntrico y legitimista, América intenta marcar un paso distinto al afirmar por si sola las bases de un nuevo Derecho Internacional regional, consagrando el principio de la No-intervención y el rechazo de la conquista como forma de adquisición territorial que estuviera fundada en el concepto de la tierra sin dueño (*terra nullius).*

La Doctrina Monroe de 1823 fue el punto de ignición al que sigue, en 1826, la suscripción a instancias de Simón Bolívar y dentro del Congreso Anfictiónico de Panamá, del *Tratado de Unión, Liga y Confederación Perpetuas*, cuyo artículo 29 consagra el modelo político republicano como fundamento del naciente sistema interamericano de naciones:

> Si alguna de las Partes variase esencialmente sus formas de gobierno, quedará, por el mismo hecho, excluida de la Confederación, y su Gobierno no será reconocido, ni ella readmitida en dicha Confederación, sino por el voto unánime de todas las partes que la constituyeren entonces.

Empero, dos siglos antes y hasta inicios del mismo siglo XX, lo cierto es que la comunidad jurídica internacional conoció el llamado régimen de las *capitulaciones*: nombre derivado de la conformación en capítulos de los respectivos tratados –de origen medieval– suscritos con naciones extraeuropeas y conforme a los cuales la potencia dominante sustraía de la correspondiente jurisdicción nacional cualquier causa que pretendiese instaurarse contra sus súbditos. Fue célebre, en este orden, el pacto concluido en 1535 entre Solimán, Emperador de Turquía y el Rey de Francia, representado por su Embajador Jean de la Forêt, a cuyo efecto "la jurisdicción consular francesa se ejercitaría –en Turquía– en las causas civiles y penales relativas a ciudadanos franceses".

El colonialismo, como parte de la política de expansión europea hacia el mundo africano, asiático y americano encontró su reafirmación en los Congresos de Berlín de 1884 y de Bruselas de 1890, durante los que, si bien se proscribe el comercio de esclavos, no sólo se recuerda el criterio ordenador internacional del equilibrio del poder, sino que, como lo ajusta *Mónica Pinto*, se reitera la "efectividad de la ocupación en las tierras sin dueño".

El signo jurídico culminante de dicha política –lo recuerda *Scovazzi*– fue, en el plano de lo normativo, el Acta General de la Conferencia de Berlín de 1885, a cuyo tenor el clásico establecimiento de colonias en los territorios descubiertos dio paso a la figura de los *protectorados*; que ya no sólo comportaban la tradicional extensión de la soberanía de la potencia sobre el territorio reivindicado, antes bien se ejercitaba en lo sucesivo una injerencia de la potencia colonial sobre determinados asuntos internos de la nación protegida y en cuanto al manejo de sus relaciones internacionales con terceros países.

Fueron emblemáticos, de esta modalidad de relación jurídica colonial, el protectorado ejercido por Francia sobre Túnez, mediante acuerdos de 1881 y de 1883 que mantuvieron su vigencia hasta 1956. Y también, el tratado de Waitangi suscrito en 1840 entre 45 de los jefes de las tribus maorí de Nueva Zelandia y Gran Bretaña, mediante el cual esta potencia podía colonizar el territorio neozelandés a cambio de respetar las estructuras sociales tribales y permitir el uso libre de los recursos naturales por las poblaciones indígenas.

Efectos de la soberanía estatal en el ordenamiento jurídico internacional y funciones del Derecho Internacional clásico

González Campos y sus colegas, describen en su obra las consecuencias del advenimiento histórico de la soberanía de los Estados y la conformación de esa sociedad paritaria de Estados soberanos que, al agotarse el tiempo medieval, le sirvió de presupuesto social originario al Derecho Internacional moderno.

> En primer lugar, que al coexistir una pluralidad de Estados soberanos en la sociedad internacional, sin ninguna instancia de poder superior, necesariamente se produce una radical descentralización del poder político en este grupo social. En segundo término, la soberanía potencia una fuerte concentración del poder político en el interior de cada Estado, lo que lleva a las monarquías absolutas a eliminar los poderes inferiores antes existentes en los Reinos. Y la consecuencia última [fue] la sujeción de los hombres, en cuanto súbditos o nacionales, a los diferentes Estados, careciendo así de protagonismo en las relaciones internacionales.

Como podrá apreciarse, lo dicho rige hoy a buena parte de la estructura internacional conocida y, por consiguiente, determina al Derecho Internacional que le describe o que provee a la ordenación de relaciones dentro de la misma. Es evidente, y valga el comentario marginal, la marcada fragmentación que aún acusa el Derecho Internacional contemporáneo, tanto en lo material –donde se constata una gama muy diversa y diferenciada de temas vinculados a la vida estatal como interestatal y que hacen parte de su objeto– cuanto en lo relativo a sus distintos procedimientos o condiciones de elaboración normativa. De allí que *David Ruzié* apunte, desde la doctrina, que el Derecho Internacional pasa a ser, regularmente, el resultado de un *tour de force*, es decir, "la expresión de relaciones de fuerza y la convergencia de intereses entre los Estados"; lo que hace compleja "la creación de reglas generales".

Ahora bien, el Derecho Internacional moderno y entonces en cierne, sostenido sobre la idea de la coordinación entre sus sujetos: los Estados, no podía más que contener dos funciones esenciales, a saber: (1) asegurar los derechos y deberes recíprocos de los Estados soberanos, poseedores de una amplia libertad de actuación soberana, y (2) delimitar, al efecto, las competencias de éstos a partir de la exclusividad de ejercicio soberano que les correspondía a cada uno dentro de su propio territorio y con relación a sus nacionales; para así impedir que cualquier Estado pretendiese invadir la esfera soberana de otro Estado. Pero, todas a una, tales funciones y sus garantías se afirmaban sobre una idea dominante desde la misma fundación del Derecho Internacional y que bien describe *Pinto*: "Cada Estado reposa en su propio poderío. El uso de fuerza para la solución de conflictos es lo usual".

La jurisprudencia establecida en 1927 por la antigua Corte Permanente de Justicia Internacional en el *Caso Lotus*, citado anteriormente y originado en el abordaje que realizara un buque francés de dicho nombre sobre el vapor turco Bozkourt en alta mar, fue consistente, por cierto, con la señalada visión que acerca del Derecho Internacional y sus funciones dominaron para la época reseñada. Luego de sostener, en efecto, que "el Derecho Internacional rige las relaciones entre Estados independientes" y que sus reglas "proceden de la voluntad de éstos, manifestada en convenciones o en usos aceptados generalmente" como vinculantes en Derecho y establecidos para regular las relaciones de coexistencia de tales comunidades independientes, la sentencia señaló de manera terminante –según lo adelantáramos *supra*– que "las limitaciones a la independencia de los Estados no pueden presumirse".

En otras palabras, los límites a la libertad de los Estados sólo pueden ser determinados "en cada caso a partir de reglas prohibitivas" expresamente fijadas por el señalado Derecho Internacional y previamente aceptadas por los mismos. Como se verá más adelante, tal premisa adquirió relatividad con el surgimiento contemporáneo de las llamadas normas imperativas o de orden público internacional (*ius cogens*).

El Derecho Internacional clásico, por lo mismo, apenas alcanzaba a regular relaciones diplomáticas y comerciales entre los Estados y proveer lo relativo al llamado Derecho de la guerra. Y no más.

Empero, si cabe alguna sistematización del período que corre entre el Congreso de Viena de 1815 y la Primera Guerra Mundial, en 1914, conocido como de "eclosión del Derecho Internacional", cabe destacar, siguiendo al mismo *Lascombe*, que tocó a tres materias o asuntos fundamentales:

(a) La aparición del fenómeno de las conferencias internacionales, en cuyo seno se advierte la incorporación de nuevos Estados y se inicia el proceso normativo para la humanización de la Guerra (Convención de Ginebra de 1864, relativa a la protección de los heridos; Conferencias de La Haya de 1899 y 1907); (b) la toma de conciencia acerca de la interdependencia entre los Estados y la necesidad de institucionalizar los mecanismos de cooperación entre ellos (así, la creación de la Unión Internacional Telegráfica, en 1865, y de la Unión General de Correos –luego conocida como Unión Postal Internacional– en 1874); (c) la emergencia de reglas relativas a la navegación marítima y para la "afirmación de la libertad de los mares" como principio de Derecho Internacional: exceptuándose al mar territorial, medido entonces sobre una línea de base del territorio terrestre y hasta 3 millas (según el disparo del cañón). Se consideró, en efecto, que el mar era *res communis* y de allí la igual extensión de tal libertad y su garantía en otros estrechos o canales de paso internacional (Canal de Suez, en 1888, y Canal de Panamá, en 1901).

VII. Fracaso de la comunidad descentralizada de los Estados: hacia la dominación del Derecho Internacional

La inevitable yuxtaposición de los Estados, respaldada por la idea de la soberanía nacional, la superioridad de la voluntad estatal y sus efectos disolventes sobre cualquier forma de institucionalidad hacia el exterior, creó, sin embargo, una carencia que no hizo posible en la práctica el mantenimiento de la paz y de la estabilidad dentro de la comunidad internacional clásica.

La guerra y sus reconocidas legitimidad y legalidad eran coetáneas al principio ordenador de tal comunidad descentralizada de los Estados, a su vez, fuente de su inestabilidad.

Las Conferencias de La Haya

Así que, finalizando el siglo XIX e inicios del siglo XX, sin perjuicio de los intentos de codificación de las leyes de la guerra y la neutralidad por la citada Convención de Ginebra (1864) o la Declaración de San Petesburgo (1868), fue necesaria la convocatoria de la Primera y Segunda Conferencias Internacionales de Paz, con sede en La Haya.

En 1899, a instancias del Zar de Rusia, Nicolás II, se intentaron fijar determinados límites a la discrecionalidad soberana de los Estados en lo relativo al *ius ad bellum*; estableciéndose en las tres convenciones allí adoptadas un reglamento para la solución pacífica de los conflictos internacionales, otro sobre la guerra terrestre y, el último, sobre la conducción de las hostilidades entre los Estados.

"La protección de los combatientes –lo señala *Pinto*– se combina con la restricción en el empleo de ciertas armas y la propuesta de alternativas pacíficas para la solución de controversias". Allí nace, pues, la Corte Permanente de Arbitraje, con sede en La Haya.

Luego, en 1907, se buscó avanzar en dichas materias y en especial la relativa al *Ius in bello*, haciéndose las revisiones del caso; tanto que, de las trece convenciones aprobadas, once se referían a esta materia (apertura de la hostilidades, leyes y costumbres de la guerra terrestre, transformación de naves de comercio en buques de guerra, guerra marítima y colocación de bombas submarinas, derechos y deberes de los neutrales, establecimiento de una Corte Internacional de Presas, etc.).

Poco se avanzó en este camino hacia el establecimiento de algunas pautas centralizadoras del orden internacional, que hubiesen podido moderar la tendencia fratricida entre los Estados y que alcanzó su mayor expresión durante la 1ª y 2ª guerras mundiales.

Charles Fenwick fue acertado al criticar las Conferencias de La Haya. En el fondo, ellas aceptaron la legalidad internacional de la guerra y su carácter como procedimiento legal para la solución de las controversias internacionales. Y lo que fue crucial, en modo alguno reemplazaban o atenuaban, cuando menos, la capacidad soberana e individual de los Estados en situaciones de conflicto. El éxito de las mismas, en efecto, hubiese requerido algún grado de centralización internacional y de transferencia hacia un poder colectivo de la comunidad de los Estados de la capacidad necesaria para decidir sobre los actos de beligerancia o de proveer a la defensa del Estado víctima de una agresión ilegítima.

La Sociedad de las Naciones

El mantenimiento de la paz y de la seguridad internacionales, dentro de una comunidad paritaria de Estados en yuxtaposición, seguiría siendo, sin embargo, el *desideratum*. El flagelo de la guerra entre colectividades, en efecto, acompañaba a la Humanidad desde sus inicios; si bien, con el nacimiento y la centralización del Estado moderno, la idea del monopolio de la fuerza armada tomaría curso y haría sentir sus iguales consecuencias, tarde o temprano y por vía de la subsidiariedad, en el plano internacional.

La Sociedad de las Naciones, creada una vez concluye la Primera Guerra Mundial mediante el pacto que aprobara el 28 de abril de 1919 la Conferencia de Paz realizada entre las potencias vencedoras y los vencidos (Alemania, Austria, Bulgaria y Hungría), no logró proveer, en todo caso, sobre la institucionalidad internacional indispensable para la consecución de la señalada finalidad. Antes bien, hipotecada por el principio de la soberanía absoluta de los Estados, apenas logró consagrar una suerte de "moratoria de la guerra". El Pacto en cuestión no prohibió expresamente la guerra en todas sus hipótesis, sino que intentó limitarla a una suerte de procedimiento:

a. Los Estados quedaron obligados a resolver sus conflictos por la vía arbitral o judicial o mediante apelación al Consejo de la Sociedad de las Naciones, no pudiendo acudir a éstos a la guerra sino tres meses después de que dichas instancias se hubiesen pronunciado (artículo 12).

b. La guerra quedaba prohibida, por ende era ilícita contra el Estado que hubiese decidido sujetar sus controversias a arreglo arbitral o judicial (artículo 13,4).

c. Igualmente quedaba prohibida la guerra contra el Estado que se hubiese sometido a la decisión del Consejo de la Sociedad, siempre que aceptara, finalmente, su pronunciamiento.

El Pacto Briand-Kellog de 1928: nominado Tratado General de Renuncia a la Guerra y que tiene su antecedente en el Pacto Occidental o Tratados de Locarno, vino a provocar –junto al Acta General de Arbitraje adoptada el mismo año por la Sociedad de las Naciones– una ruptura verdadera en la regla de oro de las relaciones jurídicas dentro de la comunidad internacional clásica de Estados soberanos.

A pesar de la falta de respaldo a dicho Pacto por una estructura institucional capaz de asegurarle en su efectividad: tanto que por lo mismo sobrevino la Segunda Gran Guerra, no puede desestimarse que su adopción por 65 Estados quienes condenaron "recurrir a la guerra para la solución de las controversias internacionales, y renuncia[ron] a ella como instrumento de política nacional en sus relaciones mutuas", significó una inflexión en los criterios ordenadores de la relaciones internacionales vigentes desde 1648 y una apuesta por la voluntad de que los conflictos internacionales se resolviesen por medios pacíficos. La señalada prohibición de la guerra, por implicar ésta una situación jurídica formal y específica de beligerancia entre Estados de suyo no conllevó, empero, a una renuncia expresa por tales sujetos de las otras modalidades de uso de la fuerza jurídicamente admitidas a nivel internacional (ej.: las represalias).

La Sociedad de las Naciones, sin mengua de lo anterior, logró legarle a la posteridad su Corte Permanente de Justicia Internacional, nacida en 1920 y que, sin solución de continuidad, heredó la actual Corte Internacional de Justicia, con igual sede en La Haya.

Además, junto a las organizaciones técnicas precedentes y propiciadoras de la cooperación internacional institucionalizada, el tiempo que marca el inicio de la dominación por el Derecho Internacional y de "domesticación de la sociedad internacional" (1919-1945), le da vida a la Comisión Internacional de Navegación Aérea y a la Organización Internacional del Trabajo (OIT), instituidas por el Tratado de Versalles de 1919.

La Carta de San Francisco

La Segunda Guerra Mundial y sus letales circunstancias hicieron posible tanto la prohibición general del uso de la fuerza como la emergencia de las estructuras institucionales necesarias para su garantía colectiva. Y también señala, si no el declive de la dominación o domesticación por el Derecho Internacional de las relaciones entre los Estados, sí el cuestionamiento de muchos de sus principios ordenadores clásicos por parte de los Estados en desarrollo que alcanzan su independencia durante el período que arranca en 1945 y que algunos citan como finalizado en 1989, con la caída del Muro de Berlín.

Un Nuevo Orden se construye progresivamente y en el curso de la misma guerra, como lo atestigua la Carta del Atlántico suscrita en 1941 entre Estados Unidos y Gran Bretaña, que da cuenta del compromiso para impulsar junto a la citada renuncia al uso de la fuerza y la consiguiente regulación internacional de los armamentos, también la autodeterminación de los pueblos y dentro de los Estados, no admitiéndose ni los incrementos ni los cambios territoriales impuestos; la reinstalación de los Estados nacionales en sus fronteras originales; el acceso de los Estados en términos de igualdad al comercio y la libertad de comunicaciones, entre otros objetivos.

Así, en 1942 se firma la Declaración de las Naciones Unidas contra el Eje, teniendo lugar el inicio de las negociaciones de la Carta de la ONU y, contemporáneamente, las relativas al establecimiento de un sistema internacional para el aseguramiento de la estabilidad económica y financiera entre los Estados: que dio lugar a los célebres acuerdos de Bretton Woods, que en el mismo año de la firma de la Carta de San Francisco o Carta de la ONU según lo indicado, dieron lugar al nacimiento del Fondo Monetario Internacional y del Banco Internacional para la Reconstrucción y Fomento o Banco Mundial.

En todo caso y en cuanto a lo esencial, luego de 1945, en efecto, con la creación de la Organización de las Naciones Unidas y sin dejar de proclamarse "est[ar] basada en el principio de la igualdad soberana de todos sus miembros": los Estados (artículo 2,1 de la Carta de San Francisco), aquélla obligó a poner en práctica "medidas colectivas eficaces" (artículo 1,1 *ejusdem*) vinculantes tanto para los miembros como para los no miembros de dicha organización (artículo 2,6 *ejusdem*). Todo ello, con el objeto de "preservar a las generaciones venideras del flagelo de la guerra que dos veces [durante el siglo XX] han infringido a la Humanidad sufrimientos indecibles" y de "reafirmar la fe en los derechos fundamentales del hombre, en la dignidad y el valor de la persona humana, en la igualdad de derechos de hombres y mujeres y de las naciones grandes y pequeñas" (*Preámbulo*).

Tanto fue así que, en 1946 y sobre la experiencia de los Tribunales Militares de Nüremberg y del Lejano Oriente, que juzgaron a los criminales de guerra, la ONU hace propios y vinculantes para la comunidad internacional emergente, mediante Resolución de la Asamblea General, los principios establecidos por dichas jurisdicciones y conocidos como los *Principios de Nüremberg*. En lo particular, cabe destacar que ante la tesis opuesta por los criminales de guerra nazis, en cuanto a que quienes ejecutan un acto de Estado "no son personalmente responsables, y se encuentran protegidos por la doctrina de la soberanía del Estado", el Tribunal respondió lo siguiente: "Los crímenes contra el Derecho Internacional se cometen por hombres, y no por entidades abstractas, y sólo castigando a las personas que cometan tales crímenes se pueden hacer cumplir las disposiciones del Derecho internacional" (*Proceso de Nüremberg, Noviembre 1945-Octubre 1946, Judgment*, Tomo I, pp. 234-235).

El cambio cualitativo en la estructura de la comunidad internacional y sus reflejos sobre el Derecho Internacional posbélico no podían hacerse esperar. La ONU, que duda cabe, si bien recibe como patrimonio particular la experiencia de la anterior Sociedad de las Naciones, nada tendría que ver con los intentos de centralización gubernativa internacional que se realizaron desde los inicios del siglo XIX: primero con la Santa Alianza, luego con el llamado Concierto Europeo y, más tarde, con la creación –a la manera de secretarías técnicas de los Estados– de la Unión Telegráfica Internacional (1865) y de la Unión Postal Universal (1874).

Todavía más.

Tiene lugar con el sistema "onusiano" la afirmación de un *orden público internacional*, que por afirmado en "intereses comunes" e imperativos para la estabilidad y seguridad del mismo orden emergente mal pueden vulnerar los Estados mediante acuerdos en contrario, fundados en sus potestades soberanas. A diferencia de sus predecesoras, la ONU alcanzó a desbordar así las competencias originales que le asignaran mediante tratado sus Estados parte, detentando como organización internacional lo que la doctrina calificaría, más tarde, como "competencias implícitas", vale decir, todas las necesarias para el logro de los principios y propósitos que dieron lugar a su nacimiento: la llamada competencia funcional (Asunto de la *Reparación de daños sufridos al servicio de Naciones Unidas*, CIJ, 1949).

Adquiere la ONU, por ende, una personalidad o subjetividad jurídica propia, objetiva, y distinta de la de los Estados, no simplemente delegada y, eso sí, indispensable para ejercer en lo sucesivo la tutela de intereses comunes y colectivos: no solo individuales del conjunto de quienes son sus actuales miembros. De allí que *Scovazzi* diga y afirme, sin ambages, que "el hecho de que los Estados miembros le hayan encomendado determinadas competencias a las Naciones Unidas (...) determina una correspondiente reducción de las esferas que corresponden esencialmente a la competencia interna o a la jurisdicción doméstica" de aquellos; ámbito único, este último, dentro del cual no puede intervenir la propia Organización (artículo 2, 7 de la Carta de San Francisco).

La ONU, en suma, tal y como lo afirmó la Corte Internacional de Justicia en 1949 y a propósito del caso indicado de la *Reparación de daños sufridos al servicio de Naciones Unidas*, "son un sujeto de Derecho Internacional y pueden tener derechos y deberes internacionales (...) tienen la capacidad de sostener sus derechos presentando reclamaciones internacionales".

La Carta de la ONU precisa claramente sus propósitos, que hacen parte del conocido derecho imperativo, en su artículo 1:

> 1. *Mantener la paz y la seguridad internacionales*, y con tal fin: tomar medidas colectivas eficaces para prevenir y eliminar amenazas a la paz, y para suprimir actos de agresión u otros quebrantamientos de la paz; y *lograr por medios pacíficos, y de conformidad con los principios de la justicia y del Derecho Internacional, el ajuste o arreglo de controversias* o situaciones internacionales susceptibles de conducir a quebrantamientos de la paz;
>
> 2. *Fomentar entre las naciones relaciones de amistad* basadas en el respeto al principio de la igualdad de derechos y al de la libre determinación de los pueblos, *y tomar otras medidas adecuadas para fortalecer la paz universal.*
>
> 3. Realizar la cooperación internacional en la solución de problemas internacionales de carácter económico, social, cultural o humanitario y en el *desarrollo y estímulo del respeto a los derechos humanos y a las libertades fundamentales* de todos, sin hacer distinción por motivos de raza, sexo, idioma o religión [*omissis*].

No puede dejar de observarse, en cuanto a lo anterior, que la fuerza institucional otorgada por los Estados a Naciones Unidas y que viene a determinar, teóricamente, un cambio cualitativo en la estructura de la comunidad internacional con sus reflejos consiguientes en el Derecho Internacional contemporáneo quedó severamente hipotecada con los bombardeos atómicos sobre Hiroshima y Nagasaki en el mismo año de 1945 y, más tarde, en 1950, con la Guerra de Corea.

El primer hecho provocó una ruptura en la solidaridad y equilibrios que comprometían a los vencedores de la guerra y "repartidores supremos" del orden internacional posbélico, promoviendo la carrera nuclear que sólo vino a ser contenida – relativamente, en lo normativo - en 1968, con la firma del Tratado de No Proliferación de Armas Nucleares. La conflagración coreana, a su vez, dada la ausencia deliberada de la Unión Soviética del seno del Consejo de Seguridad de la ONU y en protesta por la representación que de China llevaba Taiwán, concitó la parálisis de dicho órgano de "gobierno", columna vertebral del sistema de seguridad colectiva.

Para sortear tal situación, sin embargo, los demás "miembros permanentes" del Consejo decidieron declarar la ruptura de la paz internacional que significaba la guerra en cuestión, señalando, con su Resolución 82 de 1950, que la ausencia rusa no implicaba veto alguno al principio del voto afirmativo de los miembros permanentes requerido por la Carta de la ONU para dicha decisión; ya que quien no está presente, no vota ni afirmativa ni negativamente. La Asamblea General, no obviando la problemática así planteada y en una suerte de modificación "revolucionaria" –por vía de interpretación– del texto de San Francisco asume para sí competencias en la materia, dictando la célebre Resolución 377 (V) o Resolución *Unión Pro Paz*, que reza así:

> Si el Consejo de Seguridad, por falta de unanimidad entre sus miembros permanentes, deja de cumplir con su responsabilidad primordial de mantener la paz y la seguridad internacionales en todo caso en que resulte haber una amenaza a la paz, un quebrantamiento de la paz o un acto de agresión, la Asamblea General examinará inmediatamente el asunto, con miras a dirigir a los miembros recomendaciones apropiadas para la adopción de medidas colectivas, inclusive, en caso de quebrantamiento de la paz o acto de agresión, el uso de Fuerzas Armadas cuando fuere necesario, a fin de mantener o restaurar la paz y seguridad internacionales.

Dicha circunstancia, a buen seguro, dio lugar durante la inauguración del período histórico de la bipolaridad Este-Oeste o Guerra Fría y por iniciativa de los Estados Unidos, a la instauración y el fortalecimiento de los sistemas de seguridad colectiva regional –americano y europeo occidental– contenidos, sucesivamente, en el Tratado Interamericano de Asistencia Recíproca (1947) y en el Tratado del Atlántico Norte u OTAN (1949).

En la actualidad, dada la caída del Muro de Berlín, la desaparición de los vestigios de la guerra fría y la extensión hacia los países de Europa oriental de las libertades y la práctica de la democracia, Europa, de conjunto, se ha dado un sistema de seguridad colectivo propio bajo el nombre de Organización para la Seguridad y la Cooperación en Europa (OSCE), mediante la Declaración de la Cumbre de Budapest (1994); ello, sin dejar de reconocer como antecedente de esta memorable iniciativa el Acta de la Conferencia sobre la Seguridad y Cooperación Europeas, adoptada en 1975 en Helsinki y que aproximó en el ámbito de los derechos humanos a Estados Unidos y la Unión Soviética, junto a sus aliados o afines.

La cooperación internacional institucionalizada y los grandes temas de la agenda mundial contemporánea

"Más allá de coexistir los Estados, además, cooperan", anota *Antonio Boggiano*. De allí, justamente, el ya señalado fenómeno contemporáneo de las organizaciones internacionales – cuyas primeras manifestaciones tienen lugar durante el siglo XIX – y que, como en el caso de la Organización de las Naciones Unidas, "están destinadas a ejercer funciones y a gozar de derechos que no se podrían explicar si acaso la organización no poseyese en larga medida de personalidad internacional y, en consecuencia, de capacidad para actuar por ella misma y en el plano internacional (Asunto de la *Reparación de daños sufridos al servicio de Naciones Unidas*, CIJ, 1949).

No por azar, como lo refiere recién el juez internacional *Cançado Trindade* a propósito de la ONU y dada su personalidad jurídica independiente de los Estados, "[sus] resoluciones... (tanto las de la Asamblea General como las del Consejo de Seguridad) se aprueban en nombre de la propia Organización (y no solo en nombre de los Estados que hayan votado a favor de ellas); por lo tanto, resultan válidas para todos los Estados Miembros de las Naciones Unidas" (Voto disidente, Caso *Obligaciones respecto de las negociaciones sobre la cesación de la carrera de armamentos nucleares y el desarme nuclear: Islas Marshall c. India*, CIJ, 2016

Nacen las organizaciones internacionales, en efecto, de tratados suscritos por los Estados que, de tal modo, por lo general, las dotan de órganos con voluntad jurídica propia y distinta a la de ellos, y les otorgan una legislación marco para la consecución de los propósitos y objetivos que las justifican, en aras del interés de la comunidad internacional en su conjunto.

"El advenimiento de las organizaciones internacionales ha ayudado a poner fin a la inversión de los fines del Estado y la expansión de la personalidad jurídica internacional acarreó la expansión de la responsabilidad internacional" por hechos internacionalmente ilícitos, tanto del mismo Estado como de las mismas organizaciones internacionales, según lo refiere *Cançado* (Opinión separada en la Opinión Consultiva sobre la *Conformidad con el Derecho internacional de la Declaración unilateral de independencia relativa a Kosovo*, CIJ, 2010). Tienen, por ende, una capacidad jurídica internacional indiscutible.

El estudio del fenómeno de las organizaciones internacionales ha dado lugar, por ende, a la llamada teoría general de las organizaciones Internacionales y a la rama especializada del Derecho Internacional conocida como Derecho de las organizaciones internacionales.

La Comisión de Derecho Internacional de la ONU, dentro de sus tareas de codificación y por consiguiente, se ha ocupado de la elaboración de una convención especial para regir la cuestión de los tratados relativos a las relaciones de dichos sujetos de Derecho internacional (*Convención de Viena de 1986 sobre el Derecho de los tratados entre Estados y organizaciones internacionales o entre organizaciones internacionales*) y para disponer sobre el régimen de responsabilidad al que han de quedar sometidos por comportamientos que sean constitutivos de hechos internacionalmente ilícitos (*Proyecto de artículos sobre la responsabilidad internacional de las organizaciones internacionales por hechos internacionalmente ilícitos*, CDI, 2011).

La sola consideración del universo de las organizaciones internacionales de vocación universal y vinculadas al Sistema de las Naciones Unidas, que tiene sus órganos principales (Asamblea General, Consejo de Seguridad, Consejo Económico y Social, Secretaría General, Corte Internacional de Justicia, Consejo de Administración Fiduciaria) da cuenta, por sí sola, de la amplitud de los asuntos encomendados, dentro del marco de la cooperación internacional, a la competencia progresiva del orden jurídico común a los Estados y funcionalmente "administrado" por las organizaciones internacionales.

Dentro de las mismas cabe mencionar como organismos especializados los siguientes:

Organización Internacional del Trabajo (OIT)

Organización de las Naciones Unidas para la Educación, la Ciencia y la Cultura (UNESCO)

Organización de las Naciones Unidas para la Alimentación y la Agricultura (FAO)

Organización Mundial de la Salud (OMS)

Organización de las Naciones Unidas para el Desarrollo Industrial (ONUDI)

Organización Internacional para la Propiedad Intelectual (OMPI)

Grupo Banco Mundial: Banco Internacional para la Reconstrucción y el Desarrollo (BIRD), Asociación Internacional de Fomento (AIF), Corporación Financiera Internacional (CFI)

Fondo Monetario Internacional (FMI)

Fondo Internacional de Desarrollo Agrícola (FIDA)

Organización para la Aviación Civil Internacional (OACI)

Organización Mundial de Turismo (OMT)

Organización Meteorológica Mundial (OMM)

Unión Postal Universal (UPU)

Unión Internacional de Telecomunicaciones (UIT)

Organización Marítima Internacional (OMI)

Como Fondos y Programas de la ONU, pueden citarse estos:

Programa de las Naciones Unidas para los Asentamientos Humanos (ONU-Hábitat)

Programa Mundial de Alimentos (PMA)

Programa de las Naciones Unidas para el Desarrollo (PNUD)

Programa de las Naciones Unidas para el Medio Ambiente (PNUMA)

Fondo de Población de las Naciones Unidas (UNFPA)

Fondo de las Naciones Unidas para la Infancia (UNICEF)

Y como organismos conexos del mismo Sistema de la ONU, son de enunciar, entre otros:

Agencia Internacional para la Energía Atómica (AIEA)

Autoridad Internacional de los Fondos Marinos (AIFM)

Organización Internacional para las Migraciones (OIM)

Organización Internacional del Comercio (OMC)

Organización para la Prohibición de las Armas Químicas (OPAQ)

En el ámbito regional, la Organización de los Estados Americanos (OEA), que reúne a 35 Estados y constituye, desde 1948, el principal foro político, jurídico y social del Hemisferio, que posee órganos principales (Asamblea General, Reunión de Consulta de Ministros de Relaciones Exteriores, Consejo Permanente, Consejo Interamericano para el Desarrollo Integral,

Comité Jurídico Interamericano, Comisión Interamericana de Derechos Humanos, Secretaría General), en su estructura refleja otras áreas de cooperación fundamentales entre los Estados, como las que tienen a su cargo los siguientes organismos especializados, entre otros:

Comité Interamericano para la Reducción de Desastres Naturales (CIRDN)

Centro de Estudios de Justicia de las Américas (CEJA)

Fundación Panamericana para el Desarrollo (FPD)

Junta Interamericana de Defensa (JID)

Comisión Interamericana de Telecomunicaciones (CIT)

Comisión Interamericana de Puertos (CIP)

Comisión Interamericana para el Control del Abuso de Drogas (CICAD)

Comité Interamericano contra el Terrorismo (CIT)

Cabe destacar, sin perjuicio de lo anterior, que los temas dominantes alrededor de los cuales avanza, sin pausa y sin tregua, la solidaridad internacional y el reclamo de una mayor centralización orgánica por parte de las organizaciones internacionales intergubernamentales (IGOS): dando lugar a la necesidad perentoria de una garantía jurídica común de los Estados y frente a los mismos, son fundamentalmente los relativos al reconocimiento y la protección internacional de los Derechos Humanos y, dentro de éstos, de manera interdependiente y como derechos de segunda y de tercera generaciones, el desarrollo económico y social, la protección del medio ambiente en beneficio de las actuales y de las futuras generaciones.

a) Derechos Humanos, democracia y Estado de Derecho

En el ámbito propio de la protección internacional de los derechos humanos, cabe destacar no solo el fortalecimiento de los mecanismos institucionales universales (Consejo de Derechos Humanos y Comité de Derechos Humanos creado por el Pacto Internacional de Derechos Civiles y Políticos) y regionales (Corte Europea, Corte y Comisiones Interamericanas y Africanas de Derechos Humanos) previstos al efecto y la obligatoriedad de cumplimiento y ejecución de sus mandatos por los Estados, tal y como lo destaca, a manera de ejemplo, la jurisprudencia de la Corte Interamericana citada:

> [...] la obligación de cumplir lo dispuesto en las decisiones [del] Tribunal corresponde a un principio básico del Derecho Internacional, respaldado por la jurisprudencia internacional, según el cual los Estados deben acatar sus obligaciones convencionales internacionales de buena fe (pacta sunt servanda) y, como ya ha señalado [la] Corte y lo dispone el artículo 27 de la Convención de Viena sobre el Derecho de los Tratados de 1969, aquellos no pueden, por razones de orden interno, dejar de asumir la responsabilidad internacional ya establecida (Caso *Castañeda Gutman vs. México, supervisión de cumplimiento de sentencia*, Resolución de la Corte Interamericana de Derechos Humanos de 28 de agosto de 2013, Considerando cuarto).
>
> Los Estados Parte en la Convención deben garantizar el cumplimiento de las disposiciones convencionales y sus efectos propios (*effet utile*) en el plano de sus respectivos derechos internos. Este principio se aplica no sólo en relación con las normas sustantivas de los tratados de derechos humanos (es decir, las que contienen disposiciones sobre los derechos protegidos), sino también en relación con las normas procesales, tales como las que se refieren al cumplimiento de las decisiones de la Corte. Estas obligaciones deben ser interpretadas y aplicadas de manera que la garantía protegida sea verdaderamente práctica y eficaz, teniendo presente la naturaleza especial de los tratados de derechos humanos (Caso *Castañeda Gutman*, cit., Considerando quinto).

Es realidad indiscutible la emergencia y cristalización progresiva de principios y de subjetividades jurídicos sobre la materia, reconocidos a la luz del Derecho Internacional contemporáneo:

- El derecho a la libre autodeterminación de los pueblos (artículos 1,2 y 55 de la Carta de la ONU; Resoluciones 1514/XV y 1541/XV de la Asamblea General de la ONU, 1960);
- El derecho de las minorías nacionales y su protección penal (v.g. Convenio para la represión y sanción del delito de genocidio, 1948; Resolución 47/135 de la Asamblea general de la ONU, 1992);

- La subjetividad jurídico internacional del individuo, sea nacional o extranjero (Protección diplomática y *locus standi* ante las instancias internacionales de protección política, prejudicial o judicial, de conformidad con la Declaración Universal de Derechos Humanos, 1948; los Pactos Internacionales de Derechos Civiles y Políticos, y de Derechos Económicos, Sociales y Culturales, 1966; los Convenios regionales);
- Los principios de universalidad, interdependencia, indivisibilidad, y progresividad de los derechos humanos (Declaración y el Programa de Acción de Viena, adoptados por la Conferencia Mundial sobre Derechos Humanos, 1993; Corte IDH, Caso *Cantoral Benavides vs. Perú*, Sentencia del 18 de agosto de 2000, párrafo 99);
- La responsabilidad penal individual por crímenes internacionales (Tribunales Penales Internacionales para la ex Yugoslavia y para Ruanda, 1993 y 1994; y Corte Penal Internacional creada por el Estatuto de Roma, 1998);
- La "seguridad colectiva" de la democracia y del Estado de Derecho, como necesarios a la protección internacional de los Derechos Humanos, tal y como la prescribieran la Declaración y el Programa de Acción de Viena citados, la Agenda o Código de Conducta para la Democratización (1996) que fuera obra de Boutros Boutros-Galli como Secretario General de la ONU, así como el conjunto de resoluciones de la Asamblea general disponiendo, desde 1988 (Resolución 43/157 de 8 de diciembre de 1988) hasta el presente, el principio de "elecciones periódicas y honestas" por parte de los Estados.

Es de decir, al efecto, que el compromiso con la democratización se funda en la consideración de la misma democracia como "un valor universal basado en la voluntad libremente expresada de los pueblos de determinar su propio sistema político, económico, social y cultural" (Resolución A/Res/64/155 del 18 de diciembre de 2009). Sin duda alguna, según la exigencia planteada por el artículo 28 de la Declaración Universal de Derechos Humanos en su relación con los artículos 19 (Libertad de expresión), 21 (Libertad de reunión), 22 (Libertad de asociación) y 25 (Derecho al voto y a elecciones libres): "Toda persona tiene derecho a que se establezca un orden social e internacional en el que los derechos y libertades protegidos en esta Declaración se hagan plenamente efectivos".

Los Estados, por lo demás, se comprometieron en la Declaración del Milenio (Resolución A/Res/55/2 de 13 de septiembre de 2000) a "promover la democracia y fortalecer el imperio del Derecho; reconocer expresamente "que los derechos humanos, el estado de derecho y la democracia están vinculados entre sí, se refuerzan mutuamente y forman parte de los valores y principios fundamentales, universales e indivisibles de las Naciones Unidas" (Declaración sobre el Estado de Derecho en los planos nacional e internacional, Resolución A/Res/67/1 del 30 de noviembre de 2012); y empeñarse en lograr que la democracia, la buena gobernanza, y el Estado de Derecho sean los "elementos esenciales del desarrollo sostenible" (Transformar nuestro mundo: Agenda 2030 para el Desarrollo Sostenible, Resolución A/Res/70/1 del 21 de octubre de 2015).

b) Descolonización, desarrollo económico y social y Justicia social internacional

Por su parte, el desarrollo económico y social, atado en buena parte y desde la firma de la Carta de la ONU al referido derecho a la autodeterminación de los pueblos, no solo política sino también económica, hizo cuna al principio de la llamada "soberanía económica"; susceptible de concretarse no solo en el ámbito del respectivo territorio nacional sino también, en lo material, en la noción de "soberanía permanente sobre los recursos naturales" y en la idea del Nuevo Orden Económico Internacional, que hicieron parte de la agenda mundial de los años '70.

No es impertinente observar, por lo mismo, que el movimiento de descolonización de África y de Asia durante el siglo XX, apoyado en el ejercicio del mencionado derecho a la *autodeterminación de los pueblos* marcó una tendencia muy firme, orientada al cuestionamiento por los Estados emergentes y en vías de desarrollo del orden jurídico internacional en vigor y su necesaria adecuación a los principios de la equidad y de la Justicia social internacionales.

Mohammed Bedjaoui, actual Juez de la Corte Internacional de Justicia, ha dedicado buena parte de su obra jurídica al estudio del reclamado Nuevo Orden Económico Internacional, pedido, justamente, por los Estados de reciente independencia, que da origen al llamado Derecho Internacional del desarrollo, distinto del conocido Derecho Internacional económico –referido a las simples regulaciones o transacciones internacionales sobre los factores de producción: bienes, servicios y personas– por cuanto intenta fundarse sobre los principios de no reciprocidad, diferenciación de tratamiento entre los Estados según su desarrollo (trato desigual compensatorio) y tratamiento preferencial. Se trata en su momento, en efecto, de una propuesta de reformulación de los principios del Derecho Internacional clásico, permitiendo la fragua de un Derecho de naturaleza finalista: la lucha contra el subdesarrollo, en virtud de lo cual, en el ámbito de lo normativo, se ha de fortalecer –en línea distinta al contractualismo y al voluntarismo dominantes en la materia– ora valor prescriptivo de las Resoluciones de la

Asamblea General de Naciones Unidas, ora la significación de los elementos éticos y morales (las denominadas reglas para-jurídicas) para la construcción de las normas objetivas de tal Derecho al servicio de las finalidades.

Por su parte, desde la dimensión estimativa, *Rafael Caldera* propone la idea de la *Justicia social internacional* en su escrito sobre "El Bien Común Universal y la Justicia Social Internacional", conferencia que luego transforma en texto para la Revista del Instituto Venezolano de Derecho Social. El autor nos ofrece un repaso a profundidad, tanto conceptual como contextual e histórico de esos presupuestos que, para 1975 y según él, demandan de cada Estado y de la comunidad internacional de los Estados ordenar conductas propias y ajenas para la realización mediante el Derecho de los imperativos de la Justicia, con vistas al bien común.

Así, refiriéndose a la Justicia Social Internacional como fundamento ético jurídico del Nuevo Orden Internacional, en texto que publica antes en Madrid (*Justicia social internacional y nacionalismo latinoamericano*, Madrid, 1973), inspirado en las enseñanzas pontificas y teniendo en mente la misma Declaración de Filadelfia adoptada en 1944 por la OIT, explica que tal idea – de suyo muy antigua– logra receptarse con buena fortuna y no sin polémicas que aún no cesan en una mayoría de países; sobre todo con la emergencia del Derecho social y del trabajo, que es el primer ordenamiento que trasvasa la clásica idea de la justicia conmutativa e igualitaria o del *do ut des*, y al paso modera o modula la noción del Estado liberal de Derecho a partir de la industrialización. Al destacar que la idea de la Justicia social pone en debate la teoría tradicional de las obligaciones –a cuyo tenor sólo quien hace un daño a otro está obligado a repararlo– para darle sustento, mediante la idea de la solidaridad, a la noción de la sociedad civil y de la sociedad política, dándoles su teleología, también Caldera da un paso adelante para observar y lamentar su ausencia o falta de realización – la de la Justicia Social Internacional y el Bien Común Universal – dentro de los cánones que obligan al conjunto de los Estados. La juzga, hasta el final de sus días, "de una urgencia dramática". Y señala que como desafíos del presente: (1) formar conciencia en los pueblos subdesarrollados para que sus dirigentes y los detentadores del poder acepten que el desarrollo es integral y no solo económico; (2) formar conciencia en los países desarrollados para que reconozcan que su mejor situación les obliga a remover los obstáculos que le impiden a los países en desarrollo realizar su prioritario deber.

Son testimonios de significación normativa en el campo que nos ocupa, entre otros, los siguientes instrumentos: la Declaración relativa a la soberanía permanente sobre los recursos naturales (Resolución 1803/XVII de la Asamblea General de la ONU, 1962); la Declaración sobre la concesión de la independencia a los países y pueblos coloniales (Resolución 1514/XV de la Asamblea General de la ONU, 1969); la Declaración sobre el establecimiento de un Nuevo Orden Económico Internacional (Resolución 3201/S VI de la Asamblea General de la ONU, 1974); la Carta de derechos y deberes económicos de los Estados (Resolución 3281/XXIX de la Asamblea General de la ONU, 1974). Ellos, en su conjunto, fijan distintos, novísimos y muy numerosos principios jurídicos internacionales en fragua, que pueden resumirse en los siguientes:

a. Que la sujeción de pueblos a subyugación, dominación o explotación extranjeras violan los Derechos Humanos y la Carta de la ONU.
b. Que los pueblos tienen derecho a la libre determinación.
c. Que la falta de preparación política, social o educativa no excusa el retraso de la independencia de los pueblos.
d. Que los pueblos y las naciones tienen derecho a la soberanía permanente sobre sus recursos naturales.
e. Que los Estados en desarrollo tienen derecho a una cooperación internacional fundada en la equidad.
f. Que los pueblos y naciones tienen derecho a recibir asistencia internacional, sin condicionamientos políticos ni militares.
g. Que el desarrollo y la libre elección de un sistema económico y social propio son derechos de los pueblos.
h. Que la justicia social internacional debe fomentarla la comunidad de los Estados.
i. Que las hegemonías o esferas de influencia están inter-nacionalmente proscritas.

j. Que los fondos marinos y oceánicos fuera de la jurisdicción nacional constituyen Patrimonio Común de la Humanidad.

Dentro de dicho contexto de crítica al Derecho Internacional vigente, además, se abrieron espacio, (1) el criterio normativo a cuyo tenor los Estados de reciente independencia mal deben reconocer la fronteras que les fueron impuestas durante la dominación, pudiendo reclamar sus fronteras originales (*uti possidetis iuris*), y (2) el principio de la "igualdad compensatoria", contrapuesta a la igualdad soberana entre los Estados y en beneficio de los países de menor desarrollo, quienes, en el seno de la ONU y a tal efecto, se han agrupado junto a sus intereses bajo el nombre de Grupo de los 77.

Hoy, sin embargo, dada la nueva realidad provocada por la caída del Muro de Berlín y en paralelo al célebre G-7 que reúne a las potencias industrializadas, ha surgido el novel grupo de "países en transición hacia una economía de mercado", integrado por los Estados que hicieron parte de la Europa Oriental y de modelos de economía estatal y planificada.

Lo cierto es, en todo caso, que la Asamblea General de la ONU ha situado la materia del desarrollo económico y social y del reclamo por la inserción de los países en vías de desarrollo, dentro del marco dominante liberal que gobierna las relaciones económicas internacionales y que tiene como denominador común los siguientes instrumentos más recientes:

- Resolución 41/128 de la Asamblea General (1986) contentiva de la "Declaración sobre el derecho al desarrollo", que es considerado "derecho humano inalienable" de todo ser humano y de los pueblos, y que incluye el derecho a libre determinación y a la soberanía permanente sobre todas las riquezas y recursos naturales.
- Resolución S-18/3 de la Asamblea General (1990) contentiva de la "Declaración sobre la cooperación económica internacional y, en particular, la reactivación del crecimiento económico y del desarrollo de los países en desarrollo", que prescribe, por un lado, la obligación de la comunidad internacional de "apoyar con firmeza los esfuerzos de los países en desarrollo para resolver sus problemas" y, por otro lado, consagra que "cada país es responsable de sus propias políticas económicas y de desarrollo, de acuerdo con su condición y su situación concretas, y responsable de la vida y del bienestar de todos sus ciudadanos".

Sin perjuicio de tales propósitos, lo real es que los mismos encuentran como límite inevitable de actualidad el cuadro institucional que, desde el punto de vista jurídico, fija la novísima Organización Internacional del Comercio (OMC) creada en 1994 y a cuyos estatutos corren anexas, entre otras, las previsiones del denominado GATT 1994, heredero del Acuerdo General de Aranceles Aduaneros y Comercio de 1947, fundamento de los principios de libre comercio –desmantelamiento de las tarifas aduanales y demás barreras al comercio– y de la no discriminación de trato comercial –con base en la cláusula de la nación más favorecida– entre los distintos Estados o naciones.

No obstante, reunidos más de 150 Jefes de Estado en la histórica Cumbre del Desarrollo Sostenible, en septiembre de 2015, adoptaron la Agenda 2030 antes citada, donde constan los objetivos del desarrollo (17 objetivos y 169 metas) a ser alcanzados – si bien no son de realización jurídica ipso iure sino en la medida de las capacidades de los Estados – y que son herederos de los Objetivos de Desarrollo del Milenio (ODM), renovados en cuanto a los que no fueron completados.

La Agenda 2030, en orden a sus distintos contenidos (lucha contra la pobreza, atención a países más vulnerables, educación de calidad, salud y aumento de la esperanza de vida, compartir la riqueza y combatir la desigualdad de ingresos, modificar las modalidades insostenibles de producción y consumo, inclusión de migrantes, etc.) hace una precisión relevante para nuestra disciplina, a saber, que los Estados que la han adoptado reafirmaron su "adhesión al derecho internacional y [pusieron] de relieve que la Agenda se implementará de manera compatible con los derechos y obligaciones de los Estados en virtud del derecho internacional".

Empero, busca hacer imperar, al efecto, más que una visión clásica una perspectiva pragmática de cumplimiento. Si bien señalan éstos –los Estados– que se trata de impulsar "el camino hacia el desarrollo sostenible, acometiendo de forma colectiva [no conjunta o en común] la tarea de lograr el desarrollo mundial y una cooperación en la que todos salgan ganando", por una parte se comprometen a tener "en cuenta las diferentes realidades, capacidades y niveles de desarrollo de cada país y respetando sus políticas y prioridades nacionales" y por la otra, se instan a sí mismos para que "se abstengan de promulgar y aplicar unilateralmente medidas económicas, financieras o comerciales que no sean compatibles con el derecho internacional y la Carta de las Naciones Unidas y que impidan la plena consecución del desarrollo económico y social, particularmente en los países en desarrollo".

c) Medio ambiente, cambio climático y protección de la atmósfera

La protección del medio ambiente, objeto de la cooperación jurídica internacional y derecho humano fundamental internacionalmente protegible, ha dado lugar a tres principios ordenadores básicos:

1. **La prohibición de contaminar** el territorio de otro Estado o espacios situados más allá de la jurisdicción nacional y en lo particular, como norma de derecho consuetudinario, no causar ni consentir daños ambientales transfronterizos, tal y como lo precisa la CIJ en su jurisprudencia actual (*Causa relativa a las plantas de celulosa en el río Uruguay,* 2010):

   "[E]l Estado está obligado a utilizar todos los medios de que dispone a fin de evitar que las actividades que se lleven a cabo en su territorio, o en cualquier espacio que esté bajo su jurisdicción, causen un daño significativo al medio ambiente de otro Estado. Esta Corte ha establecido que dicha obligación "forma parte ya del corpus de normas internacionales en materia de medio ambiente" (Legalidad de la amenaza o el empleo de armas nucleares, Opinión consultiva, I.C.J. Reports 1996 (I), pág. 242, párr. 29).

2. **El deber de prevención**, como regla consuetudinaria, que "tiene su origen en la diligencia debida ("due diligence") por el Estado en su territorio. Se trata de "la obligación de todo Estado de no permitir a sabiendas que su territorio sea utilizado para realizar actos contrarios a los derechos de otros Estados" (*Canal de Corfú: Reino Unido vs. Albania, Fondo,* Sentencia, I.C.J. Reports 1949, pág. 22); lo que reitera la CIJ en la citada *Causa relativa a las plantas de celulosa en el río Uruguay.*

3. **La obligación de la cooperación internacional** para la prevención y la protección de daños al medio ambiente y su armonización con el concepto del desarrollo sustentable (*Sentencia –Eslovaquia vs. Hungría– sobre el Proyecto Gabcikovo-Nagymaros,* CIJ, 1997), aspectos sobre los que se repite de nuevo en la causa mencionada antes:

   "La Corte estima que es mediante la cooperación que los Estados de que se trata pueden gestionar en común los riesgos de daño al medio ambiente que pudieran generar los proyectos iniciados por uno u otro de ellos, de manera de prevenir el daño en cuestión, mediante la ejecución de las obligaciones de procedimiento y de fondo previstas por el Estatuto de 1975. Sin embargo, mientras que es muy frecuente que las obligaciones de fondo estén concebidas en términos generales, las obligaciones de procedimiento son más circunscritas y específicas a fin de facilitar la aplicación del Estatuto de 1975 mediante una concertación permanente entre las partes interesadas".

   "La Corte ha subrayado, a este respecto, en su providencia de 13 de julio de 2006, que tal utilización debería permitir un desarrollo sostenible que tenga en cuenta "la necesidad de garantizar la protección continua del medio ambiente del río, así como el derecho al desarrollo económico de los Estados ribereños" (Plantas de celulosa en el Río Uruguay, Argentina vs. Uruguay, Medidas provisionales, Providencia de 13 de julio de 2006, I.C.J. Reports 2006, pág. 133, párrafo 80).

   "La Corte considera que para lograr un óptimo y racional aprovechamiento es preciso encontrar un equilibrio entre, por un lado, los derechos y necesidades de las Partes en lo tocante a la utilización del río para fines económicos y comerciales, y, por otro lado, la obligación de proteger al río contra todo daño al medio ambiente que puedan causar dichas actividades.

4. **El principio de la responsabilidad común** pero diferenciada, fundada en la idea a cuyo tenor los países industrializados, habiendo usufructuado en mayor grado el capital ecológico planetario, deben asumir a su cargo un costo mayor en la búsqueda de los equilibrios ecológicos globales (Principio 7 de la Declaración de Río, 1992).

Los instrumentos principales, contentivos de los principios o normas declarativas y prescriptivas sobre la materia, son los siguientes:

- *Declaración de Estocolmo*, adoptada por la Conferencia de las Naciones Unidas sobre el Medio Humano, de 1972, que reúne los 26 principios para la conservación del ambiente y la consagración del derecho humano fundamental "a un medio de calidad" para llevar una vida digna y asegurarla a "las generaciones presentes y futuras"

- *Carta Mundial de la Naturaleza* (Resolución 37/7 de la Asamblea General de la ONU, 1982)
- *Declaración de Río de Janeiro*, adoptada por la Conferencia de las Naciones Unidas sobre el Medio Ambiente y el Desarrollo, de 1992, que insiste en la idea del "desarrollo sustentable", mediante la conciliación de la protección del ambiente y el proceso de desarrollo, la reformulación de los patrones de consumo, la erradicación de la pobreza y el fomento de políticas demográficas apropiadas

En el ámbito convencional, a la vez, cabe tener presentes los siguientes instrumentos:

- *Convención de Viena para la protección de la capa de ozono* (1985), dispuesto en virtud de los efectos que el deterioro de dicha capa ejerce sobre la vida humana y ambiental, debido al aumento de la radiación ultravioleta de origen solar, y a objeto de fijar obligaciones diferenciadas entre países desarrollados y en desarrollo orientadas a la reducción de las sustancias que dañan a la capa de ozono.
- *Protocolo relativo a las sustancias que destruyen la capa de ozono* (Montreal, 1987; Londres, 1990; Copenhagen, 1992; Montreal, 1997).
- *Convención Marco de las Naciones Unidas sobre el cambio climático* (Nueva York, 1992); que obliga, más allá de la falta de certidumbre científica al respecto, a la previsión, prevención y reducción por los Estados de las causas del cambio climático, en beneficio de las generaciones presentes y futuras y dentro del contexto del principio del desarrollo sustentable.
- *Protocolo de Kyoto* (1997), a cuyo tenor los países desarrollados y aquellos en transición hacia una economía de mercado no deben exceder de un límite en las emisiones de gas que provocan el efecto "sierra", haciendo posible la comercialización de las mismas.
- *Convenio sobre la diversidad biológica* (Río de Janeiro, 1992), cuyo objeto es la conservación, en beneficio de las necesidades alimentarias y de la salud de la población mundial, de la diversidad biológica de las especies, entre las especies y de los ecosistemas; la utilización sostenible de sus componentes; y la participación justa y equitativa de todos los Estados en los beneficios que se deriven de la utilización de los recursos genéticos mediante la biotecnología.
- *Acuerdo de París* (París, 2015), aprobado por la Conferencia de las Partes Contratantes de la Convención sobre el Cambio Climático (Decisión 1. CP.21 de 29 de enero de 2016), en cuyo texto, conformado por 29 artículos, se prevé como objeto, en lo particular en el artículo 2, lo siguiente:

> [R]eforzar la respuesta mundial a la amenaza del cambio climático, en el contexto del desarrollo sostenible y de los esfuerzos por erradicar la pobreza, y para ello: a) Mantener el aumento de la temperatura media mundial muy por debajo de 2 ° C con respecto a los niveles preindustriales, y proseguir los esfuerzos para limitar ese aumento de la temperatura a 1,5 ° C con respecto a los niveles preindustriales, reconociendo que ello reduciría considerablemente los riesgos y los efectos del cambio climático; b) Aumentar la capacidad de adaptación a los efectos adversos del cambio climático y promover la resiliencia al clima y un desarrollo con bajas emisiones de gases de efecto invernadero, de un modo que no comprometa la producción de alimentos; y c) Situar los flujos financieros en un nivel compatible con una trayectoria que conduzca a un desarrollo resiliente al clima y con bajas emisiones de gases de efecto invernadero.

> No huelga señalar, por último, que la Comisión de Derecho Internacional ha establecido, en 2017, un Grupo de Trabajo a objeto que estudie la cuestión de la protección del medio ambiente en relación con los conflictos armados, con base en los principios que formulara para su codificación la Relatora Especial sobre la materia. E igualmente, ha considerado un conjunto de directrices sobre la *protección de la atmósfera*, evitando interferir con las negociaciones políticas en la materia como "las relativas al cambio climático, la disminución del ozono y la contaminación atmosférica transfronteriza a larga distancia"; no obstante, lo cual, precisa en éstas conceptos esenciales, fija la obligación que al respecto existe, señala principios y previene sobre la armonización de las distintas normas internacionales relativas a la materia:

> **Directriz 1. Términos empleados.** A los efectos del presente proyecto de directrices: a) Se entiende por "atmósfera" la envoltura de gases que circunda la Tierra; b) Se entiende por "contaminación atmosférica" la introducción o liberación en la atmósfera por el hombre, directa o indirectamente, de sustancias que contribuyan a producir efectos nocivos que se extiendan más allá del Estado de

origen, de tal naturaleza que pongan en peligro la vida y la salud humanas y el medio ambiente natural de la Tierra; c) Se entiende por "degradación atmosférica" la alteración por el hombre, directa o indirectamente, de las condiciones atmosféricas, con efectos nocivos sensibles de tal naturaleza que pongan en peligro la vida y la salud humanas o el medio ambiente natural de la Tierra.

Directriz 3. Obligación de proteger la atmósfera. Los Estados tienen la obligación de proteger la atmósfera ejerciendo la debida diligencia en la adopción de medidas apropiadas, de conformidad con las normas aplicables del derecho internacional, para prevenir, reducir o controlar la contaminación atmosférica y la degradación atmosférica.

Directriz 5. Utilización sostenible de la atmósfera. 1) Dado que la atmósfera es un recurso natural con una capacidad de asimilación limitada, su utilización debe llevarse a cabo de manera sostenible. 2) La utilización sostenible de la atmósfera conlleva la necesidad de conciliar el desarrollo económico y la protección de la atmósfera.

Directriz 6. Utilización equitativa y razonable de la atmósfera. La atmósfera debe ser utilizada de manera equitativa y razonable, teniendo en cuenta los intereses de las generaciones presentes y futuras.

Directriz 9. Interrelación entre las normas pertinentes. 1) Las normas de derecho internacional relativas a la protección de la atmósfera y otras normas pertinentes de derecho internacional, incluidas, entre otras, las normas del derecho mercantil internacional y el derecho internacional de las inversiones, del derecho del mar y del derecho internacional de los derechos humanos, deben ser, en la medida de lo posible, identificadas, interpretadas y aplicadas a fin de dar lugar a un solo conjunto de obligaciones compatibles, acordes con los principios de armonización e integración sistémica, y con miras a evitar los conflictos [Omissis].

VIII. Los desafíos de la globalización

En el ángulo del siglo en ciernes, signado como se encuentra por la idea de la mundialización de las relaciones económicas y comerciales y de la información telemática, la realidad de los Estados soberanos y yuxtapuestos se viene reduciendo –pierden su centralidad– dentro del marco de la llamada "aldea humana" global, tanto como pierden dentro de ésta, asimismo, parte de sus fuerzas institucionales las propias organizaciones internacionales intergubernamentales de carácter clásico.

Se abren paso y reclaman subjetividades de mayor fuerza y plenitud tanto el individuo como los conglomerados económicos trasnacionales (BINGOS) y también las organizaciones no gubernamentales (INGOS); y emergen junto con ellas inéditas ideas o categorías jurídicas, como las de Humanidad, Patrimonio Común de la Humanidad y Solidaridad Digital. Aquélla, para indicar al sujeto final, objeto y también consecuencia de las relaciones transnacionales y del orden mundial en emergencia, que predica el parentesco y unidad en la diversidad del género humano; la siguiente –desde mediados del siglo XIX y hasta los inicios del siglo XX– para hacer referencia, según las palabras de Andrés Bello, al "patrimonio indivisible de la especie humana", inapropiable por las soberanías estadales o por cualquier persona natural o jurídica; y la última, que consta en la *Declaración de Principios de la Cumbre Mundial sobre la Sociedad de la Información*, de 12 de diciembre de 2003, para recordar que, junto a la defensa de los Derechos Humanos, de la democracia y del "buen gobierno", la construcción de una sociedad de la información incluyente, que elimine la brecha en el uso de las tecnologías de la información y de la comunicación (TIC) requiere "nuevas modalidades de solidaridad, asociación y cooperación entre los gobiernos y demás interesados, es decir, el sector privado, la sociedad civil y las organizaciones internacionales".

La virulenta acción criminal desplegada por el terrorista musulmán Osama Bin Laden el 11 de septiembre de 2001, sobre el World Trade Center de Nueva York y el Pentágono en Washington, iconos del muy señalado poder global norteamericano, dio al traste, según parece y sin solución de continuidad, con el orden jurídico internacional de los "Estados soberanos"; ese que nació de la Paz de Westfalia en 1648 y que, con atenuaciones distintas pero sin fracturas en sus bases esenciales, prorrogaron *sine die* y hasta finales del siglo XX la Sociedad de las Naciones y la Organización de las Naciones Unidas.

Afirmarlo no es una exageración.

En tal instante, fugaz pero traumático, se concertaron con carácter inédito el acto suicida de un "grupo rebelde" no estatal y fundamentalista (noción, siguiendo a *Thomas Mayer*, que alude a

movimiento de exclusión arbitrario, una tendencia opuesta, aunque inherente, al proceso de apertura general del pensamiento, a la toma de iniciativas, una tendencia enemiga de las formas de vida particulares y sociales que caracterizan a la modernidad; frente a

> ello, el fundamentalismo pretende ofrecer, en la medida en que condena toda alternativa, certezas absolutas, sostén firme, auxilio permanente y orientación incuestionable),

provisto de indiscutible poder efectivo y manifiesto propósito desestabilizador del orden internacional vigente, por una parte y, por la otra, su transmisión en tiempo real por las señales de televisión hacia todo el planeta; causando ambas realidades, en especial la última, un efecto demoledor e inhibitorio sobre la conciencia humana universal, nada comparable con el alcanzado por las guerras de agresión habidas entre los Estados durante el curso de los últimos siglos.

Todo esto mostró, sin ambages, los signos característicos y propulsores de un nuevo tiempo, mejor aún de una civilización distinta y en emergencia, cuyas líneas no podemos discernir todavía con exactitud. Algunos afirman que se trata de un claro movimiento de repliegue y declinación histórica del poder de los Estados soberanos, que nos devolverá hacia la antesala a la modernidad. En otras palabras, estaríamos recreando el tiempo medieval junto a sus testimonios de localismo, de fragmentación y de dispersión social y cultural, y volverían por sus fueros los miedos que hicieron posible sea la entronización del dogmatismo religioso, sea la ausencia de un orden común laico, asegurado mediante fórmulas civiles y colectivas, como lo observa *Jean Dolumeau.*

Otros hablan, antes bien, de la sustitución del viejo régimen mundial de los Estados por uno distinto que se levantaría y predicaría ese choque o cruce de civilizaciones del que nos habla *Hungtington* y que, en el mejor de los casos, sin que signifique el agotamiento total del sistema de los Estados, reduciría la portada de éstos a meras sociedades políticas intermedias entre el hombre y la Humanidad totalizante: nuevo escenario que reivindicaría ante el hecho político e institucional la dignidad inmanente de éste, proveyendo a la defensa de su "patrimonio común".

Lacombe, por su parte, sugiere, con lente más agudo, que con

> la dislocación del bloque comunista y el regreso hacia la concepción occidental del Derecho por parte de los países de la Europa del Este, se estaría favoreciendo el renacimiento de una sociedad internacional planetaria en el que un solo tipo de relaciones internacionales (el tipo occidental, como en el tiempo clásico) estaría encontrando su posición dominante, sin que pueda encontrar contradicción como hasta ahora en el mundo en desarrollo.

Antes bien, la verdadera oposición a dicho tipo parecería surgir en los países islámicos más radicales, ya que, la misma aproximación entre Israel y Palestina, parecería estar favoreciendo una brecha favorable a las tesis occidentales.

Lo cierto es, sin embargo, que en el presente podemos apreciar:

- El desdibujarse las fronteras políticas, nacionales y culturales por obra misma de la mundialización de las comunicaciones, junto a su efecto reductor del espacio físico y las abstracciones jurídicas que han separado a los seres humanos; en otras palabras, estaríamos asistiendo a la transformación del mundo en una auténtica *humanae civitas*: la llamada "aldea global".
- La consiguiente fragilidad de la añeja idea de la soberanía –"después de Dios, nada hay de mayor sobre la tierra que los príncipes soberanos: (...) quien(es) no puede(n) hacer de un súbdito su igual sin que su poder desaparezca (...)"– idea que luego dio fundamento y razón de ser a los Estados, sirvió de soporte a la predicada igualdad política entre éstos: *par in parem non habet imperium*, y sujetó la movilidad e identidad de los individuos declarándolos parte no escindible del mismo Estado y capaces sólo en la medida que éste se los permitiese.
- Finalmente y de suyo, la ruptura de los lazos de articulación e integración social hasta ahora conocidos por el hombre y expresados "hegelianamente" en el propio Estado y en sus instituciones: hombre, pues, moralmente huérfano en lo adelante y, eso sí, sobreabundante, desbordado por la información de masas.

  En otro libro nuestro (*La democracia del siglo XXI y el final de los Estados*, Editorial Cyngular, 2014) referimos cuando explica al respecto, sobre tal telón de fondo, Jean-Marie Guéhenno, al escribir en 1995 sobre el fin de la democracia y argüir que 1989, antes que cerrar el tiempo iniciado en 1945, superada la Segunda Gran Guerra, o en 1917, con la instalación del comunismo en Rusia, le pone fin a la era de los Estados-naciones, se clausura aquello que se institucionalizó gracias a 1789. Y dice bien que la nación no tiene más definición que la histórica, es el lugar de una historia común, de comunes desgracias y de comunes alegrías, pero a fin de cuentas es el lugar.

Lo cierto es que en el tiempo de las relaciones globales que marcha con ritmo creciente, el territorio y la proximidad territorial pierden importancia, declinan ante el tiempo y su velocidad de vértigo: las realidades mudan a cada segundo. El mundo se hace más abstracto e inmaterial, señala Guéhenno, para luego ajustar que la nación está amenazada como espacio natural y del control político. Y su observación no deja ser pertinente, en medio de la cruda realidad que dice tener ante sí. Habla de "libanización" del mundo, pues las comunidades se convierten en fortalezas y prisiones, a un punto tal que las líneas punteadas que separan a los Estados surgen al interior de cada Estado: la localidad cultural, étnico originaria, ambientalista, de género, neo-religiosa, comunal, sin que por ello mengüe la actividad relacional, incluso global, pero, eso sí, entre individuos semejantes por necesidades, huérfanos ahora de patria de bandera, o en su indignación común y no entre diferentes, aun siendo compatriotas.

No huelga observar, en esta línea de pensamiento, que la precedente y milenaria civilización de la materia y la transformación de ésta por obra de la acción manual o técnica del hombre para su uso tanto social como económico, dio lugar, cuando menos en Occidente, a las filiaciones culturales, geográficas o ideológicas que luego determinarían o explicarían el poder interno e internacional de los Estados y sus ejercicios hasta reciente fecha. La validez de sus postulados y las formas que fue capaz de recrear, desde ya no encuentran asidero cómodo en la predicada Edad de la Inteligencia Artificial o de la globalización "tecnotrónica" que ahora y en lo adelante, de un modo fatal, nos acompaña.

No por azar la Asamblea General de la ONU, al conmemorar en 1995 el cincuentenario del nacimiento de la organización y luego de advertir en el Preámbulo de su Resolución 50/6 que "la rapidez y la amplitud de las transformaciones del mundo contemporáneo hacen prever un futuro sumamente complejo y sembrado de dificultades", tuvo a bien recordar lo que habrá de ser su determinación histórica y el desafío práctico y moral de nuestro tiempo: "Reorientar a la Organización a fin de que preste mayores servicios a la Humanidad".

El sentido de esta enmienda crucial, ciertamente, no quedó diluido en el texto de la señalada resolución de la ONU, puesto que en sus cuatro grandes títulos fija como guía de sus propósitos y objetivos de cooperación aquellos directamente vinculados a la "razón humana" y no a la clásica "razón de Estado": la paz, fundada en la idea del desarrollo económico y social de los pueblos; el desarrollo económico, social y ambiental, como entorno unitario indispensable para el bienestar de la Humanidad y la estabilidad internacionales; el valor universal de la persona humana y su igualdad de derechos, más allá de las particularidades nacionales o de los patrimonios históricos, culturales o religiosos; la sujeción de los Estados y de sus relaciones a los principios de respeto al Estado de Derecho, de solución pacífica de las controversias, de primacía ordenadora del Derecho Internacional humanitario, y de protección del Derecho al desarrollo y de los Derechos Humanos y de las libertades fundamentales.

Sea por exceso, sea por defecto, en suma, la persona humana vuelve a ser centro y referencia del orden global: tanto como lo fue para el espíritu y la filosofía renacentistas cuando "se rebaja el cielo hasta la tierra". El hombre es –o vuelve a ser al igual que en la Ilustración– "Dios en la tierra", lo dice *Johannes Hirschberger*. De modo que, el hombre con su fardo de derechos: sus *Derechos Humanos*, hoy guía y condiciona, incluso pecando de inflacionario y arriesgando la esencia misma de las prerrogativas inherentes a su dignidad, la totalidad del discurso acerca del poder y del Derecho y en cuanto a las relaciones que se dan entre todos los actores y sujetos del drama mundial contemporáneo.

Las mencionadas Declaración del Milenio del 2000, la Declaración sobre el Estado de Derecho en los planos nacional e internacional de 2012 y la Agenda 2030 de 2015, todas a una emanadas de la ONU, reflejan a cabalidad el proceso de ruptura epistemológica que tiene lugar a nivel global y abren caminos para su reconducción en el campo institucional y del Derecho. Se funda, ese proceso de transición política y jurídica en valores fundamentales que, como reza la primera de dichas declaraciones, son esenciales para las relaciones internacionales en el siglo XXI:

- **La libertad.** Los hombres y las mujeres tienen derecho a vivir su vida y a criar a sus hijos con dignidad y libres del hambre y del temor a la violencia, la opresión o la injusticia. La mejor forma de garantizar esos derechos es contar con gobiernos democráticos y participativos basados en la voluntad popular.

- **La igualdad.** No debe negarse a ninguna persona ni a ninguna nación la posibilidad de beneficiarse del desarrollo. Debe garantizarse la igualdad de derechos y oportunidades de hombres y mujeres.
- **La solidaridad.** Los problemas mundiales deben abordarse de manera tal que los costos y las cargas se distribuyan con justicia, conforme a los principios fundamentales de la equidad y la justicia social. Los que sufren, o los que menos se benefician, merecen la ayuda de los más beneficiados.
- **La tolerancia.** Los seres humanos se deben respetar mutuamente, en toda su diversidad de creencias, culturas e idiomas. No se deben temer ni reprimir las diferencias dentro de las sociedades ni entre éstas; antes bien, deben apreciarse como preciados bienes de la humanidad. Se debe promover activamente una cultura de paz y diálogo entre todas las civilizaciones.
- **El respeto de la naturaleza.** Es necesario actuar con prudencia en la gestión y ordenación de todas las especies vivas y todos los recursos naturales, conforme a los preceptos del desarrollo sostenible. Sólo así podremos conservar y transmitir a nuestros descendientes las inconmensurables riquezas que nos brinda la naturaleza. Es preciso modificar las actuales pautas insostenibles de producción y consumo en interés de nuestro bienestar futuro y en el de nuestros descendientes.
- **Responsabilidad común.** La responsabilidad de la gestión del desarrollo económico y social en el mundo, lo mismo que en lo que hace a las amenazas que pesan sobre la paz y la seguridad internacionales, debe ser compartida por las naciones del mundo y ejercerse multilateralmente. Por ser la organización más universal y más representativa de todo el mundo, las Naciones Unidas deben desempeñar un papel central a ese respecto.

En el campo de la seguridad internacional en tiempos de globalización, de modo particular cabe mencionar dos aspectos de importancia, a saber, (1) la constatación de que es imprescindible fortalecer los mecanismos institucionales de solución de controversias, lo que se advierte en el crecimiento de éstos y en el convencimiento paulatino de los Estados en cuanto a que la realidad del Derecho internacional como garantía de paz y del desarrollo no puede cristalizar en defecto de los mecanismos que la hagan posible. A la antigua Corte Internacional de Justicia, hasta los años '90 se han unido sucesivamente los Tribunales europeos sobre integración económica y derechos humanos, como los americanos: el Tribunal Andino de Justicia y la Corte Interamericana de Derechos Humanos. Y hoy se cuentan y suman el Tribunal Internacional del Derecho del Mar, la Corte Penal Internacional y los Tribunales Ad Hoc para Ruanda y la ex Yugoslavia, el Centro Internacional de Arreglo de Diferencias (CIADI) del Banco Mundial y el Órgano de Solución de Diferencias (OSD) de la Organización Mundial del Comercio. (2) La necesidad de que dichos tribunales, a través de su jurisprudencia, mediante la interpretación de los tratados respectivos y su aplicación a los hechos de que conozcan, favorezcan el pasó de una sociedad internacional centrada en la idea de la soberanía de los Estados y la cooperación entre éstos hacia otra que le abre juego a nuevos sujetos del Derecho internacional y a causas que progresivamente han de tener como centralidad el principio *pro homine et libertatis*, léase la forja de un Estado de Derecho internacional. La experiencia en el campo judicial de los derechos humanos ha sido anticipatoria al respecto.

La doctrina (Juan Germán Burgos S., *El Derecho internacional en el contexto de la globalización*, 2011) es consciente de las limitaciones que aún pesan en la materia y las expresa así:

> Los procesos de globalización, más en unas dimensiones que en otras, han afectado el derecho internacional público. De un lado, una parte de los conflictos generados al interior de aquella, se vienen conociendo y afrontando por instituciones del derecho internacional. Es así como los conflictos en torno del comercio internacional o de las inversiones internacionales se vienen asumiendo parcialmente a través de instancias como el CIADI y el OSD de la OMC. Por su parte, los conflictos en torno de los derechos humanos como referente hoy por hoy universal de limitación de los Estados y particularmente del accionar para su defensa por parte de los individuos, vienen siendo conocidos desde los ámbitos políticos de la ONU, hasta las distintas cortes de derechos humanos. El tránsito de estos conflictos en instancias como las mencionadas, está sin embargo limitado. A los mecanismos de solución de controversias generados por el derecho internacional y descritos anteriormente, solo pueden entrar aquellos conflictos que el mismo derecho internacional reconoce como tales y en igual sentido solo pueden acceder aquellos sujetos reconocidos por el mismo, en concreto, los estados, las

> organizaciones internacionales y en menor medida los individuos y/o las empresas. Esto significa que otro tipo de conflictos tales como el impacto de la globalización económica en los derechos humanos, el medio ambiente o el desarrollo, no cuentan con cauces formales para la solución de conflictos, quedándose en el ámbito ante todo político o social internacional. En tal sentido, las organizaciones sociales, los pueblos y otro tipo de sujetos tampoco tienen acceso a solucionar judicial o cuasi-judicialmente estos temas por fuera de sus fronteras.

No obstante, dos fórmulas vienen resolviendo la última deficiencia señalada, en el ámbito político, v.gr en el Consejo de Seguridad de la ONU, cerrado y exclusivo de los Estados, se viene poniendo en práctica la llamada Fórmula Arria, a través de la cual, dicho órgano se reúne informalmente para escuchar a representantes de la sociedad civil o víctimas de atentados de derechos humanos o guerras, con el objeto de ampliar perspectivas para su mejor decisión. Y en el ámbito judicial internacional se acepta la fórmula de los *amicus curiae* o amigos de la Corte, facilitándose la posibilidad de que otros sujetos distintos de los Estados (individuos, universidades, las ONG) puedan acompañar escritos que complementen los debates en estrados y con vistas a las sentencias que puedan ser dictadas.

Finalmente, a los desafíos que plantea la globalización en el campo del Derecho internacional la comunidad de los Estados, por perder su centralidad y al desdibujarse inevitablemente sus fronteras, suma también los peligros, en lo particular, en relativo a la movilidad inusitada y transfronteriza que adquiere la criminalidad, como el terrorismo, el narcotráfico, la corrupción. El antiguo Secretario General de la ONU, Kofy A. Annan, resume el fenómeno así:

> Uno de los contrastes más marcados que existen en el mundo actual es el abismo entre lo civil y lo incivil. Cuando digo "lo civil" quiero decir la civilización: los siglos acumulados de conocimientos que sientan las bases del progreso. Cuando digo "lo civil" también quiero decir la tolerancia: el pluralismo y el respeto con los que aceptamos a los diversos pueblos y nutrimos de ellos nuestras fuerzas. Y, por último, quiero decir la sociedad civil: los grupos de ciudadanos, empresas, sindicatos, profesores y periodistas, los partidos políticos y demás grupos que desempeñan una función esencial en el funcionamiento de toda sociedad. Por el contrario, alineadas contra esas fuerzas constructivas, cada vez en mayor número y con armas más potentes, se encuentran las fuerzas de lo que denomino la "sociedad incivil". Se trata de terroristas, criminales, traficantes de drogas, tratantes de personas y otros grupos que desbaratan las buenas obras de la sociedad civil. Sacan ventaja de las fronteras abiertas, de los mercados libres y de los avances tecnológicos que tantos beneficios acarrean a la humanidad. Esos grupos prosperan en los países con instituciones débiles y no tienen escrúpulos en recurrir a la intimidación o a la violencia. Su crueldad es la verdadera antítesis de lo que consideramos civil. Son poderosos y representan intereses arraigados y el peso de una empresa mundial de miles de millones de dólares; pero no son invencibles.

A la sazón, la ONU, en 2000, alcanzó adoptar la llamada Convención de Palermo o Convención de las Naciones Unidas contra la Delincuencia Organizada Transnacional, que, junto a sus correspondientes Protocolos, impulsa la acción cooperativa y conjunta de los Estados a objeto de que luchen, a escala planetaria, contra los crímenes de asociación delictiva, corrupción, lavado de dineros, obstrucción de la justicia, trata de personas y mujeres, tráfico ilícito de migrantes, fabricación y tráfico ilícito de armas de fuego y municiones. Una sola norma de aquélla es ilustrativa de su claro propósito global (artículo 7,2):

> Los Estados Parte considerarán la posibilidad de aplicar medidas viables para detectar y vigilar el movimiento transfronterizo de efectivo y de títulos negociables pertinentes, con sujeción a salvaguardias que garanticen la debida utilización de la información y sin restringir en modo alguno la circulación de capitales lícitos. Esas medidas podrán incluir la exigencia de que los particulares y las entidades comerciales notifiquen las transferencias transfronterizas de cantidades elevadas de efectivo y de títulos negociables pertinentes.

IX. Las estructuras internacionales y su descripción normativa

A objeto de sistematizar la evolución operada dentro de la comunidad internacional en su paso desde la modernidad clásica hacia nuestra contemporaneidad, a modo de recapitulación y con el fin de concretar sus efectos concretos en el plano normativo, *Pastor Ruidruejo* observa que el Derecho Internacional, desde sus inicios hasta 1945, era liberal (regulaba las relaciones de competencia entre los Estados); descentralizado, pues sus normas esencialmente consuetudinarias resultaban de la voluntad unilateral y concurrente de los Estados; y oligocrático (la falta de instituciones centralizadoras del orden internacional hacía posible que sus reglas fuesen, en la práctica, producto de la imposición de los Estados más poderosos).

Priva en el mismo, en efecto, una estructura jurídica de carácter horizontal, que provee a la regulación de las relaciones de coexistencia entre Estados soberanos e iguales y que tiene por fundamento el poder soberano de cada uno de éstos.

Dicha estructura, a partir del siglo XIX y comienzos del siglo XX fue dando paso, sin perder su presencia, a otra que tuvo como principio ordenador el de la cooperación y, seguidamente, el logro de ciertos objetivos comunes entre los Estados, formalizados de forma cada vez más creciente a través de tratados y acuerdos; realizados éstos, al principio, mediante un sistema de consultas y de reuniones y, luego, con el apoyo de instituciones internacionales permanentes, pero que en nada afectaban la visión horizontal dominante de la comunidad de los Estados.

Luego de 1945, la sociedad internacional horizontal conserva su presencia pero fija una concepción si no distinta, antes bien, complementaria y vertical del Derecho Internacional. Dicha visión, renovada, apunta a los principios de solidaridad y de protección de intereses esenciales para la existencia de la misma comunidad internacional en su conjunto. Emerge así, dentro de aquélla, una tendencia hacia la humanización y socialización internacionales: reconoce la protección internacional de los Derechos Humanos como un cometido que no puede ser encapsulado en las fronteras soberanas del Estado; media un cierto grado de institucionalización gubernamental universal, al admitirse que las organizaciones internacionales puedan ejercer competencias políticas y normativas que implican algún grado de limitación del poder soberano de los Estados, esencialmente en lo atinente al mantenimiento de la paz y de la seguridad internacionales; y, finalmente, asume, por obra de las mismas organizaciones internacionales, una importante cuota de democratización para sus decisiones, normativas o prescriptivas.

Comunidad y sociedad internacionales

Puig realiza una aproximación intelectual similar a la que hacen *Pastor Ruidruejo* y también *González Campos* y sus colegas hispanos. Pero apela, al efecto, a la célebre distinción hecha por la sociología de las relaciones internacionales entre los conceptos de comunidad y de sociedad: "Son comunidades –dice *Puig*– aquellas agrupaciones en que los lazos que unen a sus miembros son predominantemente naturales, espontáneos; sociedades, aquellas agrupaciones en que predomina el elemento racional, esto es, lo que quieren conscientemente todos o algunos de sus miembros".

Derecho Internacional y Derecho estatal mundial

En este orden, el autor en cuestión observa que el Derecho Internacional clásico o primitivo, propio de la "comunidad" internacional, se caracterizó por la ausencia de órganos centralizados para la acción legislativa, gubernativa, o resolutiva de los conflictos: "supone un régimen de coordinación"; sus destinatarios, los Estados, deben proveer por sí mismos a su "seguridad individual"; si sufren alguna agresión o daño por acción u omisión de un tercer Estado, el hecho ilícito del último deriva en su "responsabilidad colectiva" al igual que acontecía con las relaciones entre las comunidades tribales o arcaicas; y, finalmente, dada su esencia comunitaria, su sujeto o el destinatario de sus normas o prescripciones es el Estado y sólo él, como expresión colectiva y política de la organización social y no el individuo o la persona humana, cuyo destino y sujeción depende, al igual que en los clanes o las tribus del respectivo orden interno o doméstico. No se realiza, por ende, el principio supremo y ordenador de la Justicia.

El Derecho Internacional contemporáneo o Derecho de la sociedad internacional, que en su fase más pronunciada podría derivar en un Derecho estatal mundial [hoy se hablaría, quizás del Derecho de la Globalización], según *Puig* se afirma en la idea de la cooperación y en la preservación de los intereses "comunes" a las partes: los Estados y en más amplia perspectiva la propia Humanidad o género humano. Cuenta, para las materias que les son propias o pertinentes, con órganos centralizados (ONU, Unión Europea, OEA, OUA, etc.) de legislación, ejecución, y de administración de justicia; la seguridad del orden internacional respectivo no reposa, como antes, en la acción o iniciativa individual y soberana del Estado: la "seguridad colectiva" y el monopolio colectivo del poder punitivo tienden a constituir la regla; la responsabilidad por las acciones u omisiones trasgresoras del orden internacional establecido propende a la personalización o individualización de los sujetos o responsables (v.g. los juicios contra los criminales de guerra en Nüremberg (1945) y en La Haya (1998), sin comprometer la responsabilidad del Estado como expresión nacional y colectiva.

Respecto de lo último es significativa la conclusión que hace la Corte Internacional de Justicia (*Inmunidades jurisdiccionales del Estado, Alemania vs. Italia e intervención de Grecia*, Fallo de 3 de febrero de 2012):

> La Corte concluye que el derecho internacional consuetudinario sigue exigiendo que se confiera inmunidad a un Estado en las actuaciones judiciales por actos lesivos presuntamente cometidos en el territorio de otro Estado por sus fuerzas armadas y otros órganos del Estado en el curso de un conflicto armado. Añade que esta conclusión encuentra confirmación en los fallos del Tribunal Europeo de Derechos Humanos.

No obstante, en el mismo fallo, uno de los jueces precisa lo que es una tendencia que se afirma también progresivamente en la materia:

> La protección de las víctimas de los crímenes internacionales frente a la denegación de justicia no puede constituir una violación del derecho internacional. Esa excepción a la inmunidad de jurisdicción, de acuerdo con el Magistrado Yusuf, armoniza el derecho sobre la inmunidad del Estado con la creciente ponderación normativa que la comunidad internacional atribuye a la protección de los derechos humanos y del derecho humanitario y a la realización del derecho a un recurso efectivo para las víctimas de crímenes internacionales.

Lo que es más importante, buscaría el Derecho Internacional contemporáneo la realización del llamado principio supremo de justicia, al aceptar que más allá del Estado, el individuo o la persona humana tiene también derechos que pueden ser protegidos y reclamados en su realización por el propio individuo y en el plano internacional (así, la Comisión y la Corte Interamericanas de Derechos Humanos). Ya no tiene el individuo, como en el pasado, necesidad de apelar o usar del recurso a la "protección diplomática" ofrecida por el Estado de su nacionalidad, a fin de salvaguardar sus derechos como extranjero ante los hechos ilícitos de terceros Estados que puedan afectarlo directamente.

En términos prácticos, la evolución del ordenamiento jurídico internacional, a tenor de los elementos sociales y estructurales que le sirven de referencia, es un dato incuestionable. Así, por ejemplo, pueden observarse, dentro del marco sistemático del conocido Derecho Internacional, la emergencia y especificidad del ya citado Derecho de las organizaciones internacionales –que trasvasa la mera relación paritaria y de coordinación entre los Estados– y también, de manera más reciente y desde mediados del siglo XX, la consolidación del Derecho comunitario o de la integración regional. Este último, en lo particular, viene a ser propio de realidades en las que el Estado fisura su impermeabilidad soberana y traslada parte de sus competencias a órganos de carácter supranacional (v.g. la Unión Europea y, en menor grado, el Pacto Andino o Comunidad Andina de Naciones).

X. El concepto del Derecho Internacional: Síntesis

A título de síntesis de las consideraciones precedentes, históricas, doctrinales y normativas acerca del ordenamiento jurídico objeto de nuestro estudio, cabe señalar que el Derecho Internacional, expresión debida a *Jeremías Bentham* (1780) y, con mejor propiedad, llamado desde antiguo Derecho de gentes por *Hugo Grocio* (1425) y por *Francisco de Vitoria* (1539), expresa el conjunto de principios y de normas o prescripciones que definen, dan contenido, describen y/o regulan las relaciones entre los Estados, o entre éstos y aquellos otros miembros de la comunidad jurídica internacional, trasnacional, mundial o global, a quienes les es reconocida capacidad para adquirir derechos y deberes garantizados o protegidos por dicho ordenamiento.

El Tribunal Permanente de Justicia Internacional, en su citada sentencia del Caso *Lotus* (1927) y con la finalidad de señalar, según lo indicáramos *supra*, que las limitaciones a la soberanía del Estado no deben presumirse sino que deben constar expresamente, afirmó lo que vale en términos clásicos, es decir, que: "El Derecho Internacional rige las relaciones entre Estados independientes"; luego de lo cual ajustó que

[l]as reglas jurídicas que vinculan a los Estados proceden, pues, de la voluntad de éstos; voluntad manifestada a través de acuerdos o en los usos aceptados de modo general que consagran principios jurídicos y establecidos con el fin de regular la coexistencia de estas comunidades independientes o con el objeto de la prosecución de fines comunes.

Empero, como lo advierte la jurisprudencia arbitral en el Caso de *Isla de Palmas*, no todas las relaciones que se dan más allá del ámbito nacional o interno de cada Estado son susceptibles de ser comprendidas o estar sujetas al Derecho Internacional: "el Derecho Internacional como todo Derecho, tiene por objeto asegurar la coexistencia de intereses diversos dignos de protección".

Al margen de su debatida mayor o menor eficacia, o de las dificultades que a ciertos sectores de la doctrina –ya superados– les plantea el aceptar la validez y vigencia de ese conjunto de principios y de reglas conocido como Derecho Internacional, que ora intentaría regir dentro de una comunidad o sociedad de Estados cuyas instituciones revelarían una fuerte debilidad si se les compara con aquellas que hacen parte del mismo Estado y sujetas a su Derecho Interno o nacional, o que, ora pretendería sobreponerse –sin que ello fuese teóricamente admisible– a la soberanía de cada Estado, lo cierto es que hoy en día nadie y ningún Estado, en lo particular, se atreve a afirmar la inexistencia de tal orden normativo.

Antes bien, lo habitual es que los Estados lo declaren como Derecho propio o que los distintos actores de la sociedad internacional –y no sólo los Estados– reclamen, constantemente, su acatamiento o aplicación o que se fijen las responsabilidades por las violaciones que tienen lugar de las normas que integran a este sistema jurídico, o que denuncien la necesidad imperiosa de su actualización y/o democratización.

El Derecho Internacional forma parte del Derecho de los Estados Unidos y puede ser investigado y aplicado por los tribunales de justicia, dentro del ámbito de su propia competencia, tantas cuantas veces la solución a dar a una cuestión jurídica dependa de su aplicación,

decía el Juez Gray en su *dictum* acerca del Caso *Paquete Habana* y *Lola* (1900), relativo a la captura de dos barcos pesqueros por los buques de guerra norteamericanos que bloqueaban las costas de Cuba durante la guerra hispano-norteamericana de 1828.

Demás está señalar que, en virtud de su innegable servidumbre histórica, el Derecho Internacional ha evolucionado sustancialmente desde su estadio más rudimentario y primitivo, dominado por la coexistencia de los Estados y la afirmación de un Derecho espontáneo, flexible o comunitario, huérfano de toda centralización institucional y en el que se hacía espacio preferente la costumbre, hacia otro estadio socialmente más integrado y que cuenta con una mayor sistematización normativa, afirmada en práctica y lo doctrinal.

En dicho estadio de sociedad comienzan a privar, en efecto y como lo explicaran *González Campos* y *Puig*, la formalización de los consensos entre los Estados y las nacientes organizaciones internacionales, la determinación previa de intereses comunes y la emergencia paulatina de mecanismos institucionales para la preservación y garantía internacionales de las reglas del Derecho, mayoritariamente contempladas en tratados o convenios internacionales o en las decisiones y resoluciones adoptadas por los propios Estados dentro del marco de las instituciones multilaterales.

XI. Propósito del estudio y contenidos del Derecho Internacional

Proporcionar una visión de conjunto acerca de este Derecho de la comunidad internacional o de los Estados, que no descuide la realidad social que le justifica y garantiza en su realización y que, menos aún, postergue los valores o principios de Justicia que han fraguado en el curso de la historia de los pueblos y de las naciones señalándoles el rumbo y los propósitos de sus relaciones recíprocas como entidades políticas (la igualdad, la equidad, la paz, la cooperación, la proscripción del uso de la fuerza, el derecho al desarrollo, la regulación pacífica de los conflictos, la No-intervención, la autodeterminación de los pueblos, el respeto a la dignidad de la persona humana, la democracia y el Estado de Derecho, etc.), será el objeto y cometido del discurso o lecciones que introducen los párrafos anteriores: conocer y comprender, en suma, los fundamentos y el contenido del actual

Derecho Internacional como de sus correspondientes instituciones, por vía de los principios y de las normas básicas que le otorgan su especificidad y autonomía científicas.

En efecto, dada la extensión de esta disciplina y su fuerte expansión como especialización actual, la primera enseñanza hace énfasis necesario en lo que es común y característico, a saber, la fenomenología normativa, sin perjuicio de estudiarla – cabe repetirlo - a la luz de las dimensiones varias ya explicadas que acusa el Derecho internacional. Así, han de abordarse la formación de las disposiciones que integran esa suerte de código que le da cuerpo al mismo Derecho que nos ocupa; el incumplimiento de las normas internacionales o estudio del comportamiento de los Estados que puede dar lugar a la cristalización de hechos internacionalmente ilícitos con el consiguiente nacimiento de responsabilidades exigibles a éstos; y al término, la solución pacífica de las respectivas controversias.

El Derecho Internacional contemporáneo como disciplina académica debe estudiar, en suma, los principios y las normas que regulan las relaciones entre los Estados y, entre estos y los otros sujetos a quienes les ha sido reconocida capacidad plena o relativa, incluso por voluntad de los mismos Estados, para adquirir derechos y deberes protegidos o garantizados internacionalmente, incluso frente a los mismos Estados.

En lo particular deben recordarse y tenerse presentes, junto a los Estados y como sujetos por excelencia del ordenamiento jurídico internacional contemporáneo, a las organizaciones internacionales que los Estados forman (v.g. la Organización de las Naciones Unidas, el Consejo de Europa, la Organización de los Estados Americanos, la Organización para la Unidad Africana, etc.), a la Iglesia Católica, a los grupos rebeldes o movimientos de liberación a quienes les haya sido reconocido un estatuto de beligerancia, según rezan la mayoría de los manuales sobre nuestra disciplina; y también y progresivamente a las empresas transnacionales y, en casos que adquieren hoy carácter imperativo, a la persona humana y las organizaciones No gubernamentales o de la sociedad civil que se encargan de su defensa.

En voto particular (*Fallo N°. 2867 dictado por el Tribunal Administrativo de la OIT con motivo de la demanda presenta contra el Fondo Internacional de Desarrollo Agrícola*, CIJ, Opinión Consultiva de 1° de febrero de 2012), el juez Cancado Trindade, refiriéndose, al efecto, a la incipiente aparición de las personas físicas como sujetos de derecho internacional, dotados de capacidad jurídica internacional, y sus llamamientos a que se respete el principio de la igualdad de armas en los litigios administrativos internacionales [visto que la CIJ revisa en vía consultiva las decisiones del Tribunal Administrativo de la Organización Internacional del Trabajo, referidos a los litigios de ésta con el personal a su servicio], expresa lo siguiente:

> A la personalidad jurídica internacional de las partes debe corresponder su capacidad jurídica plena para hacer valer sus derechos ante la Corte [Internacional de Justicia]. Además, su participación pública en el procedimiento ante la Corte reconoce el derecho a la libertad de expresión de las propias partes en litigio, al concederles la oportunidad de actuar como verdaderos sujetos de derecho. Esto proporciona a quienes se sienten víctimas y buscan justicia una forma de reparación, al contribuir directamente, con su participación, a la paciente reconstrucción y determinación de los hechos por la propia Corte... [Omissis] [y] dado que esta Corte ha de desempeñar sus funciones frente a los más grandes retos de nuestro tiempo, ha de reconocer por fin, en su condición de Corte Internacional de Justicia, que las personas físicas son sujetos de derecho internacional, del *jus gentium* de nuestro tiempo.

PRINCIPIOS Y NORMAS DEL DERECHO INTERNACIONAL

SEGUNDA PARTE

XII. La voluntad estatal como fuente de Derecho

El Derecho Internacional, lo hemos dicho y repetido, expresa el conjunto sistemático de principios y de normas referidos a la comunidad o sociedad internacional.

Los primeros, en tanto y en cuanto se refieran a los denominados principios constitucionales o estructurales, que son de construcción contemporánea y han de ser separados de los conocidos "principios generales de Derecho de las naciones civilizadas", expresan, como bien lo apunta *González Campos*, "ciertos valores jurídicos fundamentales que informan" al Derecho Internacional en su totalidad o a un sector específico del mismo.

Enunciación de las fuentes

La norma jurídica internacional, en lo particular, formaliza de manera lógica y organizada –mediante la descripción y la reglamentación– las distintas pautas de conducta que son relevantes para la comunidad o sociedad internacional de los Estados y, de ordinario, se expresan o derivan de las distintas fuentes del Derecho Internacional, a saber:

- los tratados o acuerdos internacionales, es decir, "las convenciones internacionales, sean generales o particulares, que establecen reglas expresamente reconocidas por los Estados" (Artículo 38.1.a del Estatuto de la CIJ);
- "la costumbre internacional como prueba de una práctica generalmente aceptada como derecho" (Ídem, Artículo 38.1.b);
- "los principios generales de derecho reconocidos por las naciones civilizadas" (Ib. artículo 38.1.c);
- los actos unilaterales de las organizaciones internacionales y que, de ordinario, asumen la forma de resoluciones, recomendaciones, declaraciones, normas de procedimiento interno, directivas, opiniones consultivas, sentencias, etc., siendo expedidos por aquéllas con fundamento en los tratados internacionales que las han instituido;
- los actos unilaterales y autónomos de los Estados, destinados a producir efectos jurídicos vinculantes a nivel internacional, (Caso del *Estatuto Jurídico de Groenlandia Oriental*, CPJI/1933) y que pueden expresarse en notificaciones, reconocimientos, protestas, renuncias, promesas, etc.

En cuanto a todo lo anterior han de tenerse presentes, sin embargo, algunas premisas delineadas parcialmente desde la primera parte de estas apuntaciones.

En primer término, no ha de olvidarse que los Estados como sujetos necesarios y a la vez necesitados del Derecho Internacional siguen siendo, en lo fundamental, hacedores y destinatarios de sus normas de conducta. De donde, la autonomía de la voluntad concordante continúa siendo, para lo general, la fuente productora de las normas internacionales, convencionales y consuetudinarias:

> Las reglas de Derecho que atan a los Estados en sus relaciones proceden de la voluntad de los mismos, manifestada en convenciones o en usos generalmente aceptados como consagratorios de principios de Derecho, establecidos para reglamentar la coexistencia de estas comunidades políticas independientes o para la consecución de fines comunes (Caso *Lotus*, CPJI, 1927).

Aquellas, las convenciones, como lo indica el artículo 2.a de la Convención de Viena sobre Derecho de los Tratados, por resultantes de "un acuerdo internacional celebrado por escrito entre Estados y regido por el Derecho Internacional, ya conste en un instrumento único o en dos o más instrumentos conexos y cualquiera que sea su denominación particular".

Estos, los usos o la costumbre, según lo sostiene la jurisprudencia internacional, en tanto que práctica estatal "constante y uniforme aceptada como derecho" (*Asunto del Derecho de asilo*, CIJ, 1950); vale decir, como adecuación o conformación de la conducta estatal, "en términos generales" a una regla reconocida (*Actividades militares y paramilitares en Nicaragua*, CIJ, 1986) o, en términos similares, como "práctica prolongada y continua entre dos Estados, práctica aceptada por ellos como reguladora de sus relaciones (...) [y, por ende], base de derechos y obligaciones recíprocas" (*Derecho de paso por el territorio indio*, CIJ, 1960).

No es impertinente recordar, en orden a lo anterior y más allá del tema de la autonomía de la voluntad de los Estados, lo que es esencial, por cierto, a las normas consuetudinarias según la jurisprudencia internacional:

> No tiene sentido buscar dentro del Derecho Internacional consuetudinario un cuerpo de reglas detalladas. Dicho derecho [consuetudinario] comprende en realidad un conjunto restringido de normas destinadas a asegurar la coexistencia y la cooperación vital de los miembros de la comunidad internacional, alrededor de los cuales se añade una serie de reglas consuetudinarias en las que la presencia de la *opinio juris* de los Estados se prueba por vía de la inducción, partiéndose de una práctica suficientemente plena y convincente, y no por vía de una deducción y partiendo de ideas a priori o preconstituidas (*Delimitación de la frontera marítima en el Golfo de Maine*, CIJ, 1984).

La doctrina más reciente, representada por *R.J. Dupuy*, se ha ocupado, además, de discernir entre la señalada costumbre tradicional o prudente, es decir, esa que proviene de una práctica que deriva en Derecho, y la recién denominada costumbre salvaje o revolucionaria (*coutume sauvage*), que a partir de una evidente necesidad jurídica –quizá reflejada, a manera de ejemplo, en una Resolución de la Asamblea General de la ONU– propicia una práctica reiterada que perfecciona la formación de la respectiva norma consuetudinaria.

Pero basta en cuanto a la costumbre y como expresión de la misma voluntad de los Estados, en fin, la simple sucesión de una serie de actos –lo repetimos– voluntarios, realizados con la intención de crear una norma; es imprescindible, lo recuerda *Vocino*, que exista "la convicción de que es obligatorio seguirla". Y tales costumbres, en la práctica y en suma, pueden ser *introductivas* de normas, *abrogatorias* de otras –quizá en desuso– o *interpretativas* cuando aclaran el sentido de normas existentes, ora consuetudinarias, ora convencionales.

Cabe indicar, en igual orden y como complemento de esta breve referencia a las señaladas fuentes convencionales y consuetudinarias del ordenamiento jurídico internacional, que los llamados principios generales de Derecho, de ordinario también surgen y/o se deducen de la comparación metodológica de los sistemas jurídicos más importantes y representativos de las distintas civilizaciones, como productos evidentes de actos estatales autonormadores, a fin de complementar o colmar las lagunas normativas internacionales.

En fin, cabe añadir la similar significación que como expresión del voluntarismo estatal tiene esa fuente normativa, contemporáneamente revalorizada y en creciente desarrollo, constituida por los actos unilaterales: estatales y de las organizaciones internacionales. Actualmente son objeto de una cuidadosa codificación por la Comisión de Derecho Internacional de la ONU; pero, por lo pronto, podemos observar que tales actos unilaterales asumen la forma de actos auto-normativos: en los casos en que el Estado o la organización internacional, al dictarlos, se imponen a sí mismos obligaciones jurídicas de cara a los demás Estados miembros u otros actores de la comunidad internacional y sujetos de su Derecho (*Caso de los Ensayos nucleares franceses*, CIJ, 1974); o bien, asumen la forma de actos hetero-normativos: cuando el respectivo sujeto del Derecho Internacional no solo crea, por acto propio, derechos a favor de los otros sujetos –o Estados– sino que pretende con el mismo imponerle obligaciones a éstos. Los ejemplos más precisos e indiscutibles de esta última modalidad serían los actos emanados de órganos internacionales como la Asamblea General o el Consejo de Seguridad de la ONU y que, no pocas veces, pueden adoptar medidas que trascienden al ámbito de la recomendación para transformarse en verdaderas decisiones vinculantes vis-a-vis los Estados y susceptibles de ser ejecutadas (*Ciertos gastos de Naciones Unidas*, CIJ, 1962).

Moderación de la voluntad estatal y pluralidad de fuentes normativas

La voluntad estatal, con todo ello, no trasciende a la norma jurídica internacional a un punto tal de impedir su cristalización o de sujetarla a una maleabilidad o inseguridad permanentes. "Una vez cristalizada la norma, ella se independiza de la voluntad de los Estados, se objetiviza", como lo recuerda la doctrina con *Pinto*. Y tanto es así que, si el Estado no adecua luego su conducta a la norma que fraguó de su voluntad en concurrencia con la de otro Estado (*Pacta sunt servanda*), debe responder ante éste por el hecho ilícito que constituya su conducta y ha de repararle, por consiguiente, los daños que le ocasione con la misma.

Así lo ha dicho claramente y de modo reiterado la misma jurisprudencia internacional: "La responsabilidad es corolario necesario de derechos. Todos los derechos de orden internacional tienen como consecuencia una responsabilidad internacional" (*Reclamaciones británicas en la zona española de Marruecos*, UNRIAA, 1925); "toda violación, por un Estado, de cualquier obligación, sea cual fuere su origen, da lugar a la responsabilidad del Estado" (*Rainbow Warrior*, UNRIAA, 1990).

Por otra parte, la señalada voluntad estatal, base para la formación de las normas internacionales y también fundamento del consentimiento que cada Estado expresa para obligarse conforme al contenido material de dichas normas, determina como inexorable y dada la descentralización dominante en la comunidad internacional, que una misma norma pueda obligar a varios Estados a partir de fuentes diversas. Así, unos Estados quedarán obligados por medio de tratados, en tanto que otros lo estarán por vía de la costumbre internacional, sin mengua de que terceros, probablemente, queden también vinculados por aplicación de los principios generales de Derecho.

Por último, cabe anotar que la fuerza de la autonomía de la voluntad estatal y la consiguiente superposición de los intereses nacionales o particulares por encima de los intereses más complejos y comunes de la comunidad internacional, también ha encontrado como elemento moderador a la expansión y desarrollo sobrevenidos de la codificación multilateral del Derecho Internacional; y, de modo puntual, a la actividad normativa que tiene lugar en el seno "parlamentario" de las organizaciones internacionales gubernamentales, conforme a las reglas de creación del Derecho establecidas por sus correspondientes tratados institucionales.

Es el caso, a manera de ejemplos, de la ONU, de la OEA y, en un grado más avanzado, de la Unión Europea: cuya centralización orgánica ha permitido la elaboración y promulgación de "normas comunitarias" propias del fenómeno de la integración regional, reveladoras de intereses que desbordan a los propios y particulares del Estado nacional y provistas de una fuerza vinculante supranacional que se hace valer, como tal, tanto en el ámbito de la ejecución normativa como de la solución de controversias que plantee su no cumplimiento.

En suma, si el Derecho Internacional es esencialmente voluntarista, vale decir, producto de la voluntad concurrente entre dos o más Estados, de donde no se les pueden imponer, por lo general, reglas de Derecho que éstos no hayan consentido, tal voluntad tiene por límite la misma existencia del Derecho Internacional y su protección de la anarquía. De modo que, un número determinado de principios jurídicos orientados a la limitación de tal voluntad han sido progresiva y voluntariamente aceptados por los propios Estados como necesarios a la estabilidad de sus relaciones y otros han sido impuestos por la comunidad internacional en su conjunto, como indispensables al mantenimiento de su existencia.

Así, por ejemplo, se habla del principio de respeto a lo pactado o de la buena fe en cuanto al cumplimiento de las obligaciones (*pacta sunt servanda*), y se admite la vigencia de un orden público internacional o *ius cogens*, como el que impone a los Estados, luego de la prohibición del uso de la fuerza, el deber de resolver pacíficamente sus controversias; como también se admite la vigencia de una suerte de ordenamiento constitucional heterónomo, que nace a partir del desarrollo normativo impulsado por las organizaciones internacionales y de acuerdo a sus respectivos tratados convenios, marco.

No por azar, *Boggiano* recuerda con precisión la crisis del voluntarismo estatal que ha lugar con los tratados institutivos de organizaciones internacionales:

> El tratado internacional [obra de la voluntad de los Estados] que constituye una organización internacional, establece relaciones jurídicas entre los Estados constituyentes y también entre los Estados y la organización, que es un nuevo sujeto de Derecho Internacional [*omissis*]. Como *tratado* se rige por la Convención de Viena de 1969. Como *constitución*, crea un nuevo sujeto

y no solo eso. "Las relaciones que nacen de esta dualidad tratado-constitución suelen generar, [así] tensiones de intereses entre estados y la organización", dado, por ejemplo, el "control de constitucionalidad del derecho derivado" que queda planteado con relación al tratado constitutivo en cuestión; lo que mejor se entiende a la luz del artículo 103 de la Carta de San Francisco:

> En caso de conflicto entre las obligaciones contraídas por los Miembros de las Naciones Unidas en virtud de la presente Carta y sus obligaciones contraídas en virtud de cualquier otro convenio internacional, prevalecerán las obligaciones impuestas por la presente Carta.

El Derecho de los Tratados

Sin mengua de todo lo anterior cabe comentar que el tratado o acuerdo, es decir, la norma convencional, constituye la fuente por excelencia de las obligaciones en el Derecho Internacional contemporáneo. No es del caso y escaparía a los límites de esta introducción, explicar el régimen jurídico a que se encuentra sometida esta fuente principal de Derecho Internacional.

Empero, bástenos con referir que la Convención de Viena sobre Derecho de los Tratados (1976) es el instrumento de base que codifica o recoge *in extensu* las prescripciones generalmente aceptadas en la materia y que de modo particular, sin perjuicio de la voluntad de los Estados ni del orden público internacional, proveen sobre la capacidad, el poder o la facultad jurídica de los Estados –y también de las organizaciones internacionales– "para celebrar tratados en forma general o para celebrar determinada clase de tratados"; en cuanto al procedimiento de conclusión, léase concertación, elaboración o celebración de los mismos; sobre su validez, reglas de interpretación y en cuanto a los efectos jurídicos de lo pactado; y, finalmente, sobre su revisión o su terminación.

La Convención de Viena sobre Derecho de los Tratados entre Estados y organizaciones internacionales o entre organizaciones internacionales de 1986, prevé, a su vez, acerca de las normas especiales que rigen cuando una de las partes sea una organización internacional.

De manera general, pues, deben tenerse presente y no olvidarse algunos aspectos esenciales sobre el nacimiento, desarrollo y extinción de las obligaciones internacionales convencionales.

a) Concepto

En el plano de lo nominal, poco importa el nombre que lleve la respectiva concertación de voluntades entre dos o más sujetos de Derecho Internacional a objeto de regular sus relaciones jurídicas. Llámesele tratado, convenio, acuerdo, pacto, *modus vivendi*, protocolo, lo importante es que se trate, como lo dice la Convención de Viena de 1976, de "un acuerdo celebrado por escrito entre Estados y regido por el Derecho Internacional, ya conste en un instrumento único o en dos o más instrumentos conexos" (artículo 2, a).

La eficacia *ratione personae* de todo tratado tiene lugar y surte sus efectos jurídicos (*vinculum iuris*), por lo mismo, entre los sujetos del mismo tratado, vale decir, entre los Estados que son sus partes o contrayentes, tal y como lo confirma el artículo 26 de la Convención. De modo que, la citada eficacia de un tratado tiene lugar, como principio y en primer término, según lo dice con autoridad *Adolfo Maresca* (*Il diritto dei tratatti* (Milano, Giuffré, 1971): "ante los Estados mismos, y no para sus órganos ni para los individuos que son sus ciudadanos". En segundo lugar, el tratado no es oponible a terceros Estados que no hayan expresado su consentimiento en obligarse por los términos del mismo; se trataría, en el caso del tercer Estado, de un hecho jurídico extraño (*res inter alios acta*).

Los artículos 34 a 36 de la Convención expresan, pues, claramente, lo que a manera de principio consagrara el juez *Max Huber* como el "efecto relativo de los tratados" (Sentencia arbitral del Caso *Isla de Palmas*, 1928), al prescribir que "un tratado no crea ni obligaciones ni derechos para un tercer Estado sin su consentimiento"; regla ésta (*pacta tertiis nec nocent nec prosunt*) repetida también en 1933 (Sentencia arbitral del Caso *Forêts du Rhodope central*) y que a tenor de la Convención manda que el consentimiento en cuestión sea escrito tratándose de obligaciones o tácito si el tratado es atributivo de derechos.

b) Capacidad y autoridad para la adquisición de derechos y de obligaciones convencionales

En segundo lugar, cabe discernir entre la capacidad para celebrar tratados, que como tal corresponde sólo al sujeto de Derecho Internacional correspondiente (v.g. el Estado) y la autoridad o el poder de representación que, de acuerdo al Derecho Interno del respectivo sujeto, corresponde a la autoridad en quien reside la señalada facultad de representación.

Por lo mismo, la Convención recuerda que para "la adopción o la autenticación del texto de un tratado, o para manifestar el consentimiento del Estado en obligarse por un tratado" (artículo 7) la persona que representa al Estado debe presentar "adecuados plenos poderes"; exigencia que puede omitirse en los casos de aquellas personas quienes, por razón de la práctica aceptada entre los Estados negociadores de un tratado, se les considere como representantes de aquellos, o quienes, en virtud de sus funciones públicas, se les considera como poseedores *ipso iure* de los indicados plenos poderes.

c) Conclusión o celebración de los tratados

En lo atinente a las etapas propias a la celebración de un tratado internacional, cabe señalar que históricamente y luego de la correspondiente negociación de su texto, antes se distinguía simplemente entre el momento de la firma y el momento de la ratificación; considerándose que esta última fase tenía un carácter formal, visto que el mandante del plenipotenciario respectivo se limitaba a revisar si éste se había o no excedido en las instrucciones recibidas para la negociación y posterior firma del acuerdo.

Luego del siglo XIX, por el contrario, y como lo recuerda *Clive Parry*,

> los Estados comprendieron que era necesario esperar un lapso, después de la etapa de la firma, en el cual se pudiera evaluar la compatibilidad de los términos de un tratado nuevo con el conjunto de sus compromisos y de su política, y se pudiera lograr la legislación necesaria para ponerlo en vigor.

Las formas de manifestación por un Estado del consentimiento para obligarse según sus términos, pues, son en la actualidad muy variadas y dependen de lo acordado entre los Estados negociadores y dispuesto en el texto del respectivo tratado. Así que, según lo indica el artículo 11 de la Convención,

> el consentimiento de un Estado en obligarse por un tratado podrá manifestarse mediante la firma, el canje de instrumentos que constituyan un tratado, la ratificación, la aceptación, la aprobación o la adhesión, o en cualquier otra forma que se hubiere convenido.

Importante es destacar, en todo caso, que sean cuales fueren las etapas que hayan de transitarse para que dos o más Estados negociadores de un tratado deriven en Estados contratantes del mismo y al final, cuando entre en vigor, sean sus Estados partes, el hecho de que un tratado no haya sido objeto aún de ratificación por un Estado con vista a quedar obligado por sus términos, no implica que el tratado negociado y adoptado, pendiente de su firma o que firmado se encuentre pendiente de su ratificación, carezca de valor jurídico alguno. La Convención prescribe bien, en su artículo 18, que en espera de manifestar su intención para obligarse o en espera de que entre formalmente en vigor, cada Estado está en la obligación de "abstenerse de actos en virtud de los cuales se frustren el objeto y fin de un tratado".

Un Estado, en todo caso, no está obligado a obligarse por todos los términos de un tratado y de allí que, como lo ha dispuesto el Derecho Internacional general y según lo prescribe la propia Convención de Viena, si el tratado no lo prohíbe, dispone lo contrario o fija condiciones especiales al respecto, el mismo puede formular reservas a parte o partes de su texto: se trata de un *derecho que subsiste* y que los Estados pueden ejercer, incluso en ausencia de normas expresas que lo autoricen (*Reservas a la Convención para la prevención y la represión del crimen de genocidio*, CIJ, 1948). En otras palabras, "al momento de firmar, ratificar, aceptar o aprobar un tratado o adherirse al mismo" (artículo 19), el Estado puede declarar "no encontrarse dispuesto a aceptar alguna disposición determinada o de pretender alguna otra variación en su favor", siempre que tal declaración, y sin mengua de las eventuales condiciones para su formulación, "no sea incompatible con el objeto y el fin de tratado".

Pero, lo que sí es absoluto como principio cardinal del Derecho Internacional es que "todo tratado en vigor obliga a las partes y debe ser cumplido de buena fe" (*Pacta sunt servanda*), tal y como lo recuerda el artículo 26 de la Convención. Y en virtud de ello, como lo establece el artículo 27 *ejusdem*, "una parte no podrá invocar las disposiciones de su derecho interno como justificación del incumplimiento de un tratado", sin perjuicio del derecho del Estado a alegar vicio de su consentimiento, cuando la norma convencional internacional viole de manera "manifiesta" una norma "fundamental" del Derecho Interno estatal (artículo 46) o cuando el representante del Estado, al consentir en nombre y por cuenta de este, viole una restricción de sus poderes conocida por los demás Estados con anterioridad (artículo 47).

d) Fenomenología convencional

Los tratados, que en su aplicación se rigen por los principios de irretroactividad (artículo 28), territorialidad (artículo 29), prevalencia del tratado posterior (artículo 30 y 59) e integralidad de su texto (artículo 44), no pecan, sin embargo, de intangibilidad; salvo en lo relativo a las normas que, contenidas en el tratado del caso, deriven o se transformen en normas de orden público internacional (*ius cogens*).

Por lo mismo, los tratados y acuerdos internacionales son susceptibles de enmienda o modificación (artículos 39 a 42) y también pueden quedar afectados de nulidad por vicios en el consentimiento otorgado por el Estado y dentro de los límites *supra* señalados, o por error sobre "un hecho o una situación cuya existencia" se hubiese dado por supuesta; por dolo, expresado en la conducta fraudulenta de otro Estado negociador; por corrupción del o por coacción sobre el representante de un Estado; por amenaza o uso de la fuerza contra el Estado; por violación de normas imperativas o de *ius cogens* (artículos 48 a 53).

Ahora bien, si la nulidad de un tratado determina la pérdida de toda la fuerza jurídica vinculante de sus normas y la consiguiente eliminación de los efectos que se hayan producido bajo su amparo, salvo, por lo general, en el caso de los actos ejecutados de buena fe por un Estado parte (artículo 69), pueden darse otros supuestos que preservan los efectos o las consecuencias jurídicas obligacionales alcanzados por el tratado, sin mengua de que un Estado o los Estados partes del mismo se eximan de "la obligación de seguir cumpliendo" en adelante.

Un Estado, pues, si así lo permite el tratado del que sea parte y conforme a las disposiciones establecidas en él, puede denunciarlo o retirarse del mismo (artículo 56), como también puede tener lugar la terminación del señalado tratado conforme a sus disposiciones o "en cualquier momento, por consentimiento de todas las partes" (artículo 55). También puede un tratado ser objeto de suspensión en la aplicación de sus normas mediante el consentimiento de sus partes y con relación a todas ellas o a alguna de ellas (artículo 57), sin perjuicio de que, en el caso de los tratados multilaterales, dos o más partes de éstos puedan acordar suspender, en sus relaciones mutuas, la aplicación de sus normas; si ello lo permite el tratado o si no lo prohíbe y a condición de que no se afecten los derechos de los otros Estados ni se afecte el objeto y finalidad del respectivo tratado (artículo 58).

De lo que sí no cabe duda es de que todo tratado fenece o termina por la celebración de un tratado posterior sobre la misma materia, que afecte a iguales ámbitos de su validez (personal, temporal, espacial): *lex posteriori derogat priori*; por violación grave de sus normas, como igualmente lo han señalado la jurisprudencia judicial y consultiva internacionales consagrándolo como un derecho que siempre se presume (*Prises d'eau à la Meuse*, CPJI, 1937, *Consecuencias jurídicas para los Estados de la presencia continua de África del Sur en Namibia*, CIJ, 1971, *Proyecto Gabcikovo-Nagymaros*, CIJ, 1997); por imposibilidad de subsiguiente cumplimiento y dada "la desaparición o destrucción definitivas de un objeto indispensable para el cumplimiento del tratado"; por ruptura de relaciones diplomáticas y consulares indispensables para la aplicación del tratado; por contravención sobrevenida de una "nueva norma imperativa de Derecho Internacional" (artículos 59 a 61, 63 y 64).

Un cambio fundamental en las circunstancias existentes al momento de celebración de un tratado internacional (*rebus sic stantibus*) podría, finalmente, ser alegada por un Estado o por varios Estados como supuesto para la terminación (*caducité*) o suspensión de un tratado o para el retiro de él, siempre y cuando tales circunstancias hayan sido "base esencial del consentimiento de las partes" o "modifiquen radicalmente el alcance de las obligaciones" asumidas por obra de dicho tratado; a menos que se trate de tratados sobre establecimiento de fronteras (intangibles por su naturaleza y sin mengua de que puedan estar afectados de nulidad) o cuando se determina que el Estado que alega el cambio de circunstancias ha sido autor de las mismas por violación del tratado o de una obligación internacional contraída por aquel y relacionada con éste (artículo 62).

La jurisprudencia ha dicho, al respecto, que "los cambios de circunstancias que deben ser considerados como fundamentales y vitales son aquellos que ponen en peligro la existencia o el desarrollo vital de una de las partes"; de donde

> el cambio debe entrañar una transformación radical de la portada o alcance de las obligaciones [previstas por el tratado] que estén pendientes de su ejecución. Debe haber hecho más pesadas tales obligaciones, de suerte tal que su ejecución derive en esencialmente diferente a cuanto estaba previsto para ejecutarlas (*Competencia en materia de pesquerías*, CIJ, 1974).

e) Exégesis o interpretación de los tratados

Un último aspecto cabe referir respecto de los tratados y que, quizás, es el más importante dentro de su fenomenología jurídica: la interpretación de sus términos y origen de la mayoría de las controversias internacionales entre los Estados.

A primera vista podría suponerse, como lo dictan los principios generales del Derecho Interno de los Estados, que los tratados han de entenderse e interpretarse a la luz de su texto, objetivamente apreciado y conforme haya sido la intención de las partes. De ordinario, si pensamos en la norma de interpretación contenida en nuestro Código Civil, es dable afirmar que a la norma "debe atribuírsele el sentido que aparece evidente del significado propio de las palabras según la conexión de ellas entre sí y la intención" de su autor o legislador.

Las características propias de la sociedad o comunidad internacional de los Estados, afectada por servidumbres históricas, políticas y sociológicas innegables e inseparables de su misma realidad y presionada, cada vez más, por exigencias valorativas, determinan un grado tal de fluidez y de progresividad en el desarrollo de su ordenamiento jurídico, que mal puede encerrarse o anclarse al sentido estático de la literalidad. Por lo demás, no debe olvidarse que los Estados son autores y a la vez destinatarios de las normas del Derecho Internacional y que las mismas, incluso pecando de ambigüedad o de términos poco precisos, no por ello quedan afectadas por la incertidumbre. Antes bien, la misma dinámica de las relaciones internacionales entre los Estados y de su praxis diplomática le otorga al Derecho Internacional un haz de precisión inestimable; pero que sólo puede ser descubierto o apreciado mediante métodos complejos de interpretación.

Por lo mismo, todo tratado no solo debe interpretarse conforme a la regla de la buena fe, propia de la *pacta sunt servanda* y según lo indica el artículo 31 de la Convención de Viena. Se trataría, en otras palabras, de la exigencia de "justa interpretación": que no cambie el carácter del tratado y que precisa la jurisprudencia internacional al pedir que "dado que los artículos de un tratado forman un todo, debe ser interpretados conjuntamente" (*Prises d'eau à la Meuse*, CPJI, 1937).

Así las cosas, todo tratado ha de interpretarse, en primer lugar, "conforme al sentido corriente que haya de atribuirse a los términos del tratado"; más, como lo observa *Perry*, el sentido corriente no debe entenderse como el común o vulgar, porque las palabras de todo instrumento jurídico bien pueden tener un sentido especial o técnico e incluso, tomadas literalmente las expresiones de un mismo instrumento, unas y otras pueden chocar entre sí. De modo que, como lo indica la regla de la Convención, la interpretación de buena fe y conforme al sentido corriente de los términos de un tratado, ha de hacerse en el contexto de dichos términos (es decir, con vistas al texto mismo del tratado, a su preámbulo y anexos, a todo acuerdo o instrumento relacionado con él o con su celebración, y atendiendo, igualmente, a todo acuerdo ulterior de las partes para interpretar o aplicar el tratado o a toda práctica ulterior seguida por ellas al respecto), y por encima de todo, "teniendo en cuenta los intérpretes y los responsables de aplicar el tratado) su objeto y fin".

Las interpretaciones literal, contextual, histórica y teleológica se juntan y suman e interactúan en modo de precisar el verdadero sentido de los tratados y de ajustarlos a la dinámica y flexibilidad que es inherente a la vida de relación, de coexistencia y/o de convivencia entre los Estados. Tanto que, a diferencia de cuanto ocurre, por lo general, en los derechos internos de los países de experiencia jurídica latina, la interpretación de los tratados internacionales admite, incluso, el recurso a medios complementarios, como "los trabajos preparatorios del tratado y a las circunstancias de su celebración, para confirmar el sentido resultante de la interpretación" realizada o "para determinar el sentido cuando la interpretación" del caso continúe siendo ambigua u oscura, o "conduzca a un resultado manifiestamente absurdo o irrazonable" (artículo 32).

La costumbre internacional y su identificación

La costumbre, señalada en segundo orden por el artículo 38 del Estatuto de la CIJ, es la fuente original e histórica, por excelencia, del Derecho internacional.

Puede afirmarse, incluso, que el derecho escrito o convencional producto de la codificación acometida, sea por los institutos científicos que se ocupan de nuestra disciplina, sea por los organismos internacionales – es el caso de la Comisión de Derecho Internacional (CDI) de la ONU – tiene lugar, de ordinario, a partir de las normas vigentes del derecho internacional general o consuetudinario – de *lex lata* – sin perjuicio de que, no pocas veces, las proyecte en su evolución necesaria, de *lege ferenda*.

La definición de dicha fuente es simple, al entendérsela como la práctica llevada a cabo por los sujetos del Derecho internacional y aceptada, por ellos mismos, como general y jurídicamente vinculante.

a) Su reforzamiento contemporáneo

Hasta comienzos del siglo XX, cuando tienen lugar las codificaciones de las denominadas leyes de la guerra y la neutralidad internacional, la costumbre en propiedad domina como norma de derecho internacional en casi todas las áreas; lo que se explica, entre otras razones, en la idea de la soberanía absoluta del Estado y su resistencia a ser compelida por obligaciones solemnes y escritas sobrepuestas de un modo imperativo, con validez sobre su derecho nacional y propias competencias.

Quizás por la misma razón indicada, bajo presión de las tendencias contemporáneas hacia la globalización, que hacen evidente sea la ineficacia progresiva, sea la insuficiencia de las normas formales sustantivas que expresen al "derecho de la comunidad internacional" en cierne y en su conjunto - como las contenidas en el Estatuto de Roma que establece la Corte Penal Internacional, de 2012 - la CDI decide, por ende, incluir a la costumbre en su programa de trabajo.

En efecto, en 2012, se designa al jurista británico *Sir Michael Wood*, como Relator Especial para lo relativo a la codificación de las normas para la identificación del Derecho internacional consuetudinario, quien aporta dos datos que juzga de importantes sobre la actualidad de la cuestión:

(1) que "a pesar del considerable aumento del número de tratados, y de su alcance cada vez mayor, el derecho internacional consuetudinario sigue siendo una importante fuente del derecho internacional. El ideal de un derecho completamente codificado que haga innecesario el derecho internacional consuetudinario, aunque fuera deseable, dista mucho de ser una realidad"; y

(2) que hoy "hay menos objeciones ideológicas al papel del derecho internacional consuetudinario. Parece estarse reactivando el interés por la formación del derecho internacional consuetudinario, estimulado en parte por los intentos, a veces bastante controvertidos, de los tribunales nacionales de ocuparse de la cuestión".

El asunto, sin embargo, no deja de ser ahora complejo e incluso inédito en sus manifestaciones objetivas y subjetivas.

Según el mismo Relator Especial y los miembros de la CDI, cabe tener presente que "la formación del derecho internacional consuetudinario debe verse en el contexto de un mundo compuesto por casi 200 Estados y con numerosas y variadas organizaciones internacionales, tanto regionales como universales"; lo que afecta, ahora, la homogeneidad asociativa de la comunidad internacional y dado el incremento expansivo, cabe ajustarlo, de las materias distintas que son objeto de su competencia.

Lo anterior dificulta, no cabe duda, la generalización de las prácticas y el consenso para asegurarlas en su fuerza vinculante; al menos en cuando se requiere para que la costumbre internacional se afirme frente a la particularidad que revisten los acuerdos, tratados o convenios escritos. Pero, a la vez, la ampliación de las comunicaciones en redes y la inmediatez digital que impone la misma globalización crea realidades y prácticas en avalancha por los Estados y sus gobiernos, tanto como en la misma formación que de la *opinio iuris* éstas requieren para derivar en verdaderas y precisas normas de derecho consuetudinario; la que se hace manifiesta, en especial, a través de la intensa actividad de las organizaciones internacionales, mediante declaraciones de principios o de aspiraciones de reforma (*opinio necessitatis*).

Aun más, si bien lo que cuenta es la práctica con la convicción de su obligatoriedad jurídica por parte de los sujetos de Derecho internacional, en primer orden, los Estados, lo novedoso es que los comportamiento de éstos, como tales y en el seno de la mismas organizaciones multilaterales, responden más al eco que reciben de las desvertebrada sociedades de nuestro tiempo que a una rígida visión ortodoxa fundada en el llamado interés nacional o la misma idea de la soberanía del Estado como Leviatán (*In extensu*, sobre el fenómeno político señalado, vid. nuestro libro *Calidad de la democracia y expansión de los derechos humanos*, MDC, 2018).

Hay factores que, en todo caso, promueven o bien lentifican el proceso de formación de la costumbre, como puede constatarse, sucesivamente, en dos pronunciamientos de la Corte Internacional de Justicia, uno para romper con el voluntarismo del Estado en materia de reservas a los tratados, otro para fisurar el principio que impide alegar la inmunidad de jurisdicción, por éste, en casos de violaciones de derechos humanos:

"La Asamblea General y las partes contratantes han querido que la Convención sobre el Genocidio sea una convención de alcance claramente universal. De hecho, se aprobó el 9 de diciembre de 1948 mediante una resolución que fue aprobada por la unanimidad de sesenta y seis Estados. [...]. La Convención fue claramente adoptada con un propósito claramente humano y civilizador. [...]. De ello se desprende que en una convención de este tipo no es posible hablar de ventajas o desventajas individuales de los Estados, ni de un exacto equilibrio contractual entre sus derechos y obligaciones. [...]. Por estos motivos, con respecto a la Convención para la Prevención y la Sanción del Delito de Genocidio, la Corte opina que en el caso de que un Estado deposite un instrumento de ratificación o adhesión que contenga una reserva formulada en el momento de la ratificación o adhesión, ya sea en el momento de la firma seguida de la ratificación, el Estado que ha formulado y mantenido una reserva a la cual una o más partes en el Convenio se oponen, y otras partes no lo hacen, puede ser considerado parte en el Convenio si dicha reserva es compatible con el objeto y propósito de este último. No puede ser de otra manera" (*Réserves a la Convention pour la prévention et la répression du crime de génocide / Avis Consultatif*, CIJ, 1951).

"A la luz de estas diversas declaraciones, la Corte concluye que no se puede decir que la inclusión del Artículo 12 en la Convención [de la ONU sobre Inmunidad Jurisdiccional de los Estados y sus bienes] apoya el argumento de que el derecho internacional consuetudinario no reconoce la inmunidad del Estado en los procedimientos relacionados con actos que resulten en la muerte, lesiones corporales o daños materiales ocurridos en el territorio del Estado del foro por las fuerzas armadas y órganos asociados del otro Estado en el contexto de un conflicto armado" (*Immunités jurisdictionnellles de l'État / Allemagne vs. Italie, Grece intervenant*, CIJ, 2012).

Asimismo, hay factores que frenan la citada dinámica de la costumbre internacional, como ocurre con el llamado *objetor persistente*, siendo un ejemplo la declaración de Gran Bretaña frente a los tratados norteamericanos-mexicanos de 1848 y 1853, por los que México pierde parte de su territorio y en los que se estipula – en el primero, el Tratado Guadalupe-Hidalgo - un mar territorial de 9 millas: "Las terceras partes no pueden tener un causa justificada de queja", dice aquélla, para destacar, obviamente, que se trata sólo de una obligación bilateral que por, ende, mal compromete para ella el sacrosanto principio de la libertad de los mares.

b) La doctrina clásica

La costumbre internacional ha sido objeto de tratamiento por los padres fundadores del derecho internacional moderno como disciplina sistemática.

Piénsese en las obras de Hugo Grocio (*Le droit de la guerre et de la paix*, Paris, 1687), Samuel Pufendorf (*De iure naturae et Gentium*, Francoforti, 1683), Christian de Wolf (*Principes de droit de la nature et de gens*, Amsterdam, 1758), en especial la del filósofo y diplomático suizo Emer de Vatell (*El derecho de gentes o principios de la ley natural*, Madrid, 1822), que escribe la suya ponderando críticamente a las anteriores; tanto como éste ilumina la obra que, entre nosotros, sale de la pluma de don Andrés Bello, editada en Santiago de Chile y Caracas (*Principios de derecho de jentes*, Caracas, 1837).

Vattel, sin demeritar el puesto preeminente de Grocio considera que corresponde a Wolff el haberle dado especificidad al Derecho consuetudinario que estudiamos. "Se le llama Derecho de gentes natural, respecto a su origen, y necesario con referencia a su fuerza obligatoria. Este derecho es común a todas las naciones; y aquella que en sus acciones no le respete, violará el derecho común de todos los pueblos", dice el autor, quien es el primero que mejor elabora teóricamente a la costumbre internacional para distinguirla de los pactos:

> Hay otra especie de derecho de gentes, que los autores llaman arbitrario, porque proviene de la voluntad o del consentimiento de las naciones. Los Estados, lo mismo que los particulares, pueden adquirir derecho y contraer obligaciones por compromisos expresos, por pactos y tratados; de donde resulta un derecho de gentes convencional, particular a los contrayentes. Las naciones pueden además ligarse por un consentimiento tácito, sobre lo cual se funda todo lo que han introducido las costumbres entre los pueblos, y forma la costumbre de las naciones o el derecho de gentes consuetudinario.

A lo que agrega:

> Es evidente que este derecho solo puede imponer obligaciones a las naciones que han adoptado sus máximas por un largo uso; y por eso es un derecho particular, lo mismo que el derecho convencional. El uno y el otro derivan toda su fuerza del derecho natural [al que considera Derecho internacional general o universal], que prescribe a las naciones la observancia de sus compromisos tácitos o expresos; debiendo también este mismo derecho natural [o los principios generales, que serían los de Derecho internacional, según el autor] reglar la conducta de los Estados con referencia a los tratados que concluyen, y a las costumbres que adoptan.

En todo caso, el jurista y diplomático suizo sitúa como propio del Derecho gentes a los principios en cuestión citados, que actualmente podríamos ubicarlos en la vertiente del llamado *ius cogens* o derecho imperativo o como parte del llamado orden público internacional, al decir aquel que "el pormenor de los diferentes tratados y de las diversas costumbres de los pueblos, pertenece a la historia [sería lo mudable, lo ajustable de los principios generales y su relación con la naturaleza propia de las cosas], y no a un tratado sistemático del derecho de gentes". Éste, en lo particular, según él, como Derecho de gentes natural y "ciencia particular" debe entenderse reducido a la "aplicación justa y razonada de la ley natural a los negocios y a la conducta de las naciones o de los soberanos".

Bello, quien sobre la obra de sus antecesores igualmente elabora su mencionado manual para los americanos, aborda el tema de la costumbre, pero sin separarla de los principios del Derecho natural, como lo hace Vattel. Deslinda claramente las realidades que se valoran jurídicamente a la luz de éste y las que se le separan o morigeran por obra de la razón y de la circunstancia histórica o el contexto en el que aquéllas toman asiento.

Así, luego de repetir parte de lo dicho por el señalado autor como de precisar que el Derecho de gentes necesario habla a la conciencia y el voluntario se afinca en la idea del consentimiento de la parte, *Bello* realiza un ejercicio dinámico, práctico y no abstracto, entre el uno y el otro. Señala, así, que

> una nación, por ejemplo, está obligada en el fuero de su conciencia a franquear sus puertos al comercio de las otras, siempre que de ello no le resulte daño, como regularmente no le resulta, sino más bien utilidad y ventaja; pero si por razones buenas o malas determinase prohibir todo comercio extranjero, las otras naciones deberían someterse a ello; y si apelasen a la violencia o la amenaza para compelerla a que le permitiese, le harían grave injuria.

El ejemplo permite colegir que, admitido que el Derecho natural o primitivo, que es universal y común, procede de la naturaleza de las cosas y del hombre, tiene por fundamento la razón o la equidad natural y debe de iluminar la voluntad de los pueblos al ser inmutable, no obstante, el llamado Derecho de gentes arbitrario, como lo llama el autor: por ser especial, convencional o positivo, formado por convenciones expresas o tácitas [es el caso de la costumbre], puede modificar o corregir al anterior. "Tiene por base la independencia de las naciones, en virtud de la cual puede cada una usar libremente de su juicio y a arreglar a él su conducta en todas las cosas que no son de obligación perfecta", dice Bello. Esta, en lo particular, legitima su vindicación por la fuerza, al ser externa, en tanto que la imperfecta o interna, no puede realizarse sin el consentimiento de la parte obligada.

En tal orden, luego de señalar que el "Derecho consuetudinario es el que saca su valor y firmeza de la costumbre, esto es, de lo que se practica entre dos o más naciones sobre alguna materia", ajusta que su carácter obligante "nace de un contrato tácito, en que por el mismo hecho de adoptar voluntariamente una práctica nos empeñamos a regirnos por ella". Pero obliga sólo a las naciones que observan tal práctica, "si se refiere a cosas indiferentes o que la ley natural no ordena ni prohíbe" – en caso contrario obligaría a todas como Derecho general – y no tienen carácter irrevocable. Puede cambiarse o modificarse la costumbre, tanto como puede cada parte reservarse "la facultad de terminar[la] cuando quiere, dando noticia a la otra con la anticipación necesaria para no causarle daño".

En suma, para el ilustre venezolano, dentro del marco del Derecho de gentes voluntario, en el que caben los pactos y las costumbres, si bien aquellos pueden ser ilegítimos según los principios del Derecho natural o la conciencia y éstas ser lo opuesto de lo inocente y razonable, "no dejan por eso de mirarse como válidas entre las naciones; porque la independencia de los contratantes sería quimérica, si los otros se arrogasen la facultad de llamarlos a cuenta y dirigir su conducta". Cambiando lo cambiable, en efecto, el derecho introducido por los pactos y la costumbre es al derecho primitivo de gentes [o natural y necesario o universal] "lo que el código civil de cada pueblo es a los preceptos y prohibiciones de la ley natural", agrega.

La razón que pesa en el ánimo del maestro Bello cuando realiza tal discernimiento sobre el Derecho de gentes no implica, de suyo, su apartamiento de la perspectiva iusnaturalista racionalista que describe Vattel y que asume como propia; sino que constata, luego de observar las realidades de la Europa y la América de su tiempo, que "desgraciadamente quedan todavía muchos casos en que por la vaguedad de las leyes naturales se necesitan de reglas específicas que sirvan para evitar las controversias y dirimirlas". Entiende que la ausencia de un código que recopile los preceptos y prohibiciones del derecho primitivo o natural y del convencional consuetudinario, produce incertidumbres "que los estados poderosos no dejan nunca de interpretar a su favor".

A tal falta de precisión, justamente, algunos autores contemporáneos, como el mexicano Manuel Becerra R. (*Derecho internacional público*, UNAM, 1997 y *Las fuentes contemporáneas de derecho internacional*, UNAM, 2017), señalan a la costumbre como "una de las fuentes más cuestionadas por la doctrina"; lo que valoramos, en tanto que afirmación, sólo en cuanto a la necesidad de su adecuación metodológica a las nuevas realidades, pues, remitiendo a su maestro Antonio Gómez Robledo, también admite con éste, Becerra, que "es la fuente más antigua" y que "conserva todavía su antiguo rango".

A finales del siglo XIX, Fiodor o Frédéric de Martens (*Traité de droit international*, Tome I, Paris, 1883), luego de citar las tesis positivistas que ya se afirman con preferencia, señala, en primer término, que las relaciones internacionales de la antigüedad se fundan en la costumbre, como necesidad impuesta a la regularidad de estas. Y repitiendo a Wolff concreta que el derecho internacional resultado de las costumbres (*Ius Gentium consuetudinarium*), se funda sobre el consentimiento "tácito y supuesto" de las naciones. Mas critica a este autor por no precisar claramente la diferencia que intenta establecer entre dicho derecho consuetudinario y el que llama derecho positivo voluntario fundado sobre "el consentimiento presunto de los pueblos", formantes de una *civitas gentium máxima* o de la ficción de un "imperio universal".

Saluda, aun así, la confluencia metodológica que advierte en el jurista holandés Bynkerschœk, quien, al fundir la escuela positivista con la filosófica y crear como pionero una escuela científica, sustenta al Derecho internacional, primeramente, en las costumbres (*usus*), luego en la tradición (*mores majorum*), y en tercer lugar en el consentimiento de los pueblos (*consensus populorum*), que encuentra su expresión sea en los pactos, sea en la misma costumbre como en los "moœrs".

Uso y práctica más el *consensus* darían lugar, entonces, al carácter jurídicamente vinculante de la costumbre internacional.

Llama usos internacionales, de tal modo, a las reglas establecidas por las relaciones internacionales que tienen por soporte su aplicación constante y uniforme a circunstancias idénticas. Y es por esas costumbres que luego se desarrolla, según *Martens*, el derecho internacional relativo a los tratados y a las embajadas; como así ocurre con las cuestiones marítimas o las relativas al derecho de la guerra que han sido codificadas por escrito. Incluso refiere que, en el campo del Derecho internacional privado, su más importante principio, el del *locus regit actum*, proviene su fuerza del mismo uso.

De modo que, para el jurista ruso:

> la observación de los usos internacionales por todos los Estados demuestra la reciprocidad de intereses entre éstos como naciones civilizadas y su común respeto por el Derecho, que son los fundamentos – la reciprocidad y el respetar el uso como derecho – del Derecho internacional contemporáneo.

En síntesis, si se revisa la cuestión de la costumbre, desde Aristóteles – con su *ethos* y su *nomos* – pasando por la escuela española con Francisco Suárez y los autores antes mencionados, su carácter jurídico e internacional se entiende como la práctica universal e histórica llevada a cabo por las naciones, constatada en las obras de la doctrina, y fundada en su racionalidad, en la llamada "correcta razón"; lo que en la actualidad puede entenderse como la *opinio iuris sive necessitatis*, es decir, como el elemento psicológico que lleva a cada Estado, más allá de lo que se ha señalado como su consentimiento tácito o la resultante de voluntades tácitas concurrentes entre los Estados, a asumir la práctica correspondiente como respuesta a su convencimiento de que responde a un imperativo del Derecho. Así lo explica, con claridad, Fernando Enrique Toledo T. ("La opinio iuris como elemento psicológico de la costumbre", PUC, Santiago de Chile, 1990).

c) El reconocimiento de la costumbre

La costumbre internacional alcanza su reconocimiento formal durante las célebres Conferencias de La Haya de 1899 y 1907 que codifican al llamado derecho internacional de la guerra. Las convenciones y declaraciones allí adoptadas se refieren de modo repetitivo a "las leyes y costumbres de la guerra".

Todavía más, en el preámbulo de la Convención relativa a las leyes y costumbres de la guerra terrestre, textualmente, las Altas Partes Contratantes declaran que, en defecto de las normas escritas pactadas, deberán aplicarse "los principios del derecho de gentes, como resulta de los usos establecidos entre naciones civilizadas, de las leyes de la humanidad y los dictados de la conciencia pública", léase, las normas que resultan de los usos y de convicción de ser imperativos según el mismo derecho de gentes. Y esa, justamente, es la previsión que luego recoge la Convención adoptada en esa misma oportunidad, en materia de Presas y en defecto de la Corte Permanente que no se alcanza a establecer, cuyo artículo 7 señala lo siguiente:

> Si la cuestión jurídica litigiosa estuviese prevista en un convenio vigente entre el beligerante apresador y la potencia que sea parte en el litigio o a la cual pertenezca el súbdito litigante, el tribunal se atendrá a las disposiciones de este convenio. A falta de estas estipulaciones, el tribunal aplicará las normas del Derecho internacional. [...].

Sobre la base de dicho antecedente, una vez como se constituye la Corte Permanente de Justicia Internacional, a la que sucede la actual Corte Internacional de Justicia, el estatuto de una y de otra, con igual texto en su artículo 38-1, concretan lo antes dicho en la fórmula siguiente:

> La Corte, cuya función es decidir conforme al derecho internacional las controversias que le sean sometidas, deberá aplicar: (a) las convenciones internacionales, sean generales o particulares, que establecen reglas expresamente reconocidas por los Estados litigantes; (b) la costumbre internacional como prueba de una práctica generalmente aceptada como derecho; (...).

Se pregunta la doctrina, aun así, sobre esa redacción vigente y su consistencia. En efecto, cabe responder si la costumbre es la prueba de una práctica aceptada como derecho por los Estados, o es la prueba de la práctica y de la convicción de su fuerza jurídica las que la determinan como tal y en su expresión normativa. Creemos que, a tenor de los trabajos de codificación que avanza hoy la CDI y por su misma razón de ser, la tesis válida es la última, como se verá más adelante.

A propósito de su **Conclusión 1** adoptada, que reza sobre "la manera en que han de determinarse la existencia y el contenido de las normas de derecho internacional consuetudinario", el Relator Especial, en sus comentarios, precisa que:

> (...) la identificación de una norma de derecho internacional consuetudinario requiere que se investiguen dos cuestiones distintas, aunque conexas: si hay una práctica general y si esa práctica general es aceptada como derecho (es decir, va acompañada de la *opinio iuris*. En otras palabras, es preciso examinar lo que los Estados hacen realmente y tratar de entender si reconocen una obligación o un derecho de actuar de ese modo. Esta metodología, el enfoque "basado en dos elementos", fundamenta los proyectos de conclusión y cuenta con un amplio apoyo de los Estados, la jurisprudencia y la doctrina. Sirve para garantizar que el ejercicio de identificación de normas de derecho internacional consuetudinario solo dé lugar a la determinación de normas que existen realmente.

La perspectiva indicada se apoya, a todo evento, en la jurisprudencia de la CIJ, en lo particular, en los casos siguientes:

Inmunidades jurisdiccionales del Estado, CIJ, 2012), *Plataforma continental*, CIJ, 1985), y *Plataforma Continental del Mar del Norte*, CIJ, 1969), rezando la primera como sigue:

> La Corte examina seguidamente la práctica de los Estados que plasma en los fallos de los tribunales nacionales con respecto a la inmunidad del Estado en relación con los actos de las fuerzas armadas. (...). La Corte observa que esa práctica va acompañada de *opinio juris*, como lo demuestran las posiciones adoptadas por los Estados y la jurisprudencia de varios tribunales nacionales que han dejado en claro que consideraban que el derecho internacional consuetudinario exigía la inmunidad.

La metodología, sin variar los extremos, parece haber indicado otro orden, según la misma CIJ en el asunto *Actividades militares y paramilitares en Nicaragua y contra Nicaragua (Nicaragua v. Estados Unidos de América*, 1986), como puede observarse:

> La Corte tenía que examinar seguidamente cuales eran las normas de derecho consuetudinario aplicables al presente litigio. A ese efecto, tenía que examinar si una norma consuetudinaria existía en la *opinio juris* de los Estados, y convencerse de que estaba confirmada por la práctica.

La cuestión es abordada por la doctrina, a cuyo tenor, en la interacción de los elementos de la costumbre señalados: a) el objetivo o *diuturnitas*, o repetición constante de un comportamiento por el sujeto del Derecho internacional y b) el subjetivo u *opinio iuris*, o convencimiento por dicho sujeto de que su comportamiento es necesario, por ende, obligatorio, es cuando ha lugar a la formación, por defecto, de la costumbre. O sea, "faltando una regla jurídica preexistente" (vid. Augusto Sinagra y Paolo Bargiacchi, *Lecciones de derecho internacional público*, Abeledo-Perrot, 2013). Y agregaríamos nosotros, precisando, que es por ausencia de una regla anterior acaso escrita, pues la nueva puede también corregir o modificar a otra norma consuetudinaria que la precede, por ende, que sí existe.

Ante quienes sostienen que el comportamiento, expresado en la práctica diplomática (peticiones, notas, manifestación de puntos de vista, exigencias), en actos internos de los órganos constitucionales del Estado, o en actos materiales del mismo Estado, bajo el convencimiento de que tal comportamiento es el conforme a Derecho, es decir, referible a una norma preexistente, los autores optan por la última versión. Señalan que la costumbre nace a falta de una regla; pues la primera interpretación – el comportamiento que se realiza por creerse que lo manda una norma – está basado en un error de perspectiva: Se cree que existe la norma que, en efecto, no existe. Es el comportamiento a que da lugar su falta, como hecho sucesivo y repetido, el que crea la norma consuetudinaria.

En favor de la primera idea abona el *Caso de la Plataforma Continental del Mar del Norte*, citado infra.

Se trataría, en suma y antes bien, de un comportamiento "concordado", "coincidente" con otros comportamientos idénticos, los que determinan la formación de la costumbre una vez como se asumen bajo el convencimiento – la *opinio iuris* como elemento constitutivo de la norma consuetudinaria – de su obligatoriedad; en el ánimo psicológico del sujeto de Derecho internacional de asumirlo como socialmente debido frente a los demás sujetos del mismo orden y que amerita "imponerse a todos como jurídicamente vinculante".

La norma consuetudinaria tendría, entonces, en su proceso de formación, un momento de cristalización, a saber, una vez como los comportamientos concordados, coincidentes con otros comportamientos idénticos entre los Estados o los distintos sujetos de Derecho internacional se asumen como necesarios jurídicamente y de suyo vinculantes para estos.

Son de aclarar, sin embargo, dos cosas: Una, que ocurrida la práctica concordada y su asunción como obligatoria en el tiempo – que puede ser breve o largo, pero no instantáneo – y cristalizando, así, la norma, una vez aceptada por la generalidad de los sujetos de Derecho internacional, la repetición sucesiva o posterior de ese comportamiento por parte de éstos o de los otros sujetos que no han concurrido con su *opinio iuris* a formarla, tiene lugar, aquí sí, con fundamento en la norma ya existente. Y ello aclara los términos de la jurisprudencia mencionada y debatida.

Otra, que aquellos Estados o sujetos de Derecho internacional que no han participado del proceso de formación de la norma consuetudinaria, se obligan por la costumbre internacional incluso no habiéndola querido, pero aceptándola como parte de la misma dinámica social internacional; excepción hecha de las llamadas costumbres regionales o particulares y espacialmente o personalmente limitadas, o de los conocidos Estados objetores persistentes, con comportamientos contrarios a los asumidos por los otros sujetos del Derecho internacional.

No huelga observar que el criterio voluntarista, desde siempre, apunta a la negación del Derecho internacional mediante el reclamo del consentimiento individual por parte de cada Estado, sin que ello demerite, como lo creemos, la idea del necesario consentimiento tácito que de suyo implica la *opinio iuris* como elemento de la costumbre.

Sea lo que fuere, como lo hacen Sinagra y Bargiacchi, cabe referir por su relevancia y al respecto la sentencia que, bajo protesta de sus propios juristas, dicta la Suprema Corte de los Estados Unidos el 1° de marzo de 2005 (*Caso N° 03/633, Roper vs. Simmons*). Ella señala, justamente, que hay normas consuetudinarias universalmente aceptadas y que valen con independencia del consentimiento del Estado, o de que el mismo Estado sea o no parte de un tratado, como aquella que, por fundada en los valores de la moral o decencia universal, prohíben aplicar la pena de muerte a los menores.

El texto original de los jueces americanos reza así:

> El peso abrumador de la opinión internacional contra la pena de muerte juvenil no lo controlamos aquí, pero proporciona una confirmación respetada y significativa de la determinación de la Corte de que la pena es una pena desproporcionada para los infractores menores de 18 años. Ver, por ejemplo, Thompson, supra, en 830–831, y N. 31. Los Estados Unidos son el único país en el mundo que continúa otorgando una sanción oficial a la sanción juvenil. No disminuye la fidelidad a la Constitución ni se enorgullece de sus orígenes al reconocer que la afirmación expresa de ciertos derechos fundamentales por parte de otras naciones y pueblos subraya la centralidad de esos mismos derechos dentro de nuestro propio patrimonio.

Esta consideración resulta pertinente, pues la propia Comisión Interamericana de Derechos Humanos, la usa para soportar su Informe de fondo N° 25/05, de 7 de marzo de 2005, en el *Caso Toronto Markkey Patterson vs. USA*. No por azar el artículo 38.1 del Estatuto de la CIJ, al referirse a la "prueba de una práctica generalmente aceptada como derecho", de suyo indica que la misma se acepta, incluso no compartiéndola todos.

d) Lo sustantivo en la codificación de la costumbre internacional

El Proyecto de conclusiones sobre la identificación del derecho internacional consuetudinario, adoptado por la Comisión de Derecho Internacional el 25 de mayo de 2018, en sus partes centrales y relevantes reza así:

Conclusión 2 (Sobre los elementos constitutivos de la costumbre).

Para determinar la existencia y el contenido de una norma de derecho internacional consuetudinario, es necesario cerciorarse de que existe una práctica general aceptada como derecho (*opinio iuris*).

En sus comentarios, la CDI precisa que tal derecho "es un derecho no escrito" – al que se le llama de distintas maneras: costumbre, costumbre internacional, derecho internacional consuetudinario, derecho de gentes, derecho internacional general – y que sigue siendo fuente del Derecho internacional público, según el Estatuto de la Corte Internacional de Justicia (artículo 38, 1) que a su vez refleja los dos elementos constitutivos señalados. Y que, para identificarlos, hay suficiente material en la doctrina y la jurisprudencia.

Destaca, por ende, que hay dos cuestiones distintas pero conexas que han de investigarse para identificar la norma de derecho internacional general o consuetudinaria, no bastando sólo una, a saber, (1) si hay una práctica general, y (2) si esa práctica general es aceptada como derecho; pues son esos los elementos constitutivos de la costumbre internacional, tal como lo confirma la propia Corte Internacional de Justicia:

> El elemento esencial a este respecto parece necesario enfatizar esto, es que, incluso si tal actitud hubiera sido mucho más frecuente por parte de los Estados que no son partes en la Convención, estos actos, aun tomados en conjunto, no serían en sí mismos suficientes para constituir la opinio juris, porque para lograr este resultado, se deben cumplir dos condiciones. Los actos no solo deben ser una práctica constante, sino que también deben declarar, por su naturaleza o la forma en que se llevan a cabo, de que esta práctica se hace obligatoria por la convicción de la existencia de una regla de derecho. La necesidad de tal convicción, es decir, la existencia de un elemento subjetivo está implícita en la noción misma de *opinio juris sive necessitatis*. Por lo tanto, los Estados interesados deben sentir que están cumpliendo con lo que equivale a una obligación legal" (*Plataforma continental del Mar del Norte*, CIJ, 1969).
>
> Por lo tanto, la Corte debe, de conformidad con el Artículo 38, párrafo 1 (b) del Estatuto, determinar la existencia de "una costumbre internacional como prueba de una práctica general aceptada como Derecho" (…) y, en caso afirmativo, cuál es su alcance y extensión. Con este fin, aplicará los criterios que ha declarado en repetidas ocasiones, lo que hace posible identificar una norma de derecho internacional consuetudinario. Como ha quedado claro (…), una "práctica efectiva" acompañada de una opinio juris se requiere en particular para que exista tal norma (*Inmunidades jurisdiccionales del Estado*, CIJ, 2012).

Conclusión 5 (Sobre el comportamiento del Estado como práctica del Estado).

La práctica del Estado consiste en el comportamiento del Estado, ya sea en el ejercicio de sus funciones ejecutiva, legislativa, judicial o de otra índole.

Cabe señalar que, según la **Conclusión 4** la práctica a la que se refiere la formación de la costumbre es la de los Estados, es decir, la del Estado en su unidad, que comprende a todos los órganos de sus poderes públicos y no excluye, en algunos casos, cuando sea pertinente, la práctica de las organizaciones internacionales; pero si excluye la de actores distintos de éstos.

La práctica puede ser variada en sus formas, verbal o escrita, o como inacción, siendo varios los ejemplos que cita la **Conclusión 6**, a saber y sin que medien jerarquías:

> los actos y la correspondencia diplomáticos; el comportamiento en relación con las resoluciones aprobadas por una organización internacional o en una conferencia intergubernamental; el comportamiento en relación con los tratados; el comportamiento en el ejercicio de funciones ejecutivas, incluido el comportamiento en operaciones "sobre el terreno"; los actos legislativos y administrativos; y las decisiones de los tribunales nacionales.

Lo crucial es, de suyo, que ha de tratarse de una práctica internacionalmente conocida, no confidencial y menos expresada de cara a lo nacional con indiferencia de su conocimiento por los demás Estados. Como lo advierte la **Conclusión 8**, la práctica pertinente ha de ser "general, suficientemente extendida y representativa, además de constante" aun cuando no lo sea totalmente; no siendo relevante la duración de esta sino su generalidad. Si varia la práctica, pierde su peso, en efecto, y al valorarse ha de hacerse sobre su conjunto, como lo indica la **Conclusión 7**.

Acerca de la práctica de los Estados y sus características, en modo de valorarlas y determinar, sucesivamente, su congruencia con el predicado normativo consuetudinario que se sostenga, cristalizado como derecho, la jurisprudencia internacional también es precisa, como puede constatarse, luego de fijar su premisa en el caso *Actividades militares y paramilitares en Nicaragua y contra Nicaragua*, a cuyo tenor "examinar cuáles son las normas de derecho internacional consuetudinario aplicables [...] tiene que dirigir su atención a la práctica y la *opinio iuris* de los Estados".

Veamos, pues, lo establecido sobre la práctica:

> El Tribunal considera que no es apropiado dar demasiada importancia a las pocas incertidumbres o contradicciones, aparentes o reales, que el Gobierno del Reino Unido pensó que podría plantear sobre la práctica noruega. Se explican de forma bastante natural teniendo en cuenta la diversidad de hechos y situaciones a lo largo del largo período desde 1812, y no pueden alterar las conclusiones alcanzadas por la Corte (*Affaire des pêcheries*,CIJ, 1951).
>
> Aunque solo haya transcurrido un corto período de tiempo de la práctica, ello no necesariamente constituye en sí mismo un impedimento para la formación de una nueva regla de derecho internacional consuetudinario a partir de una norma puramente convencional en su origen; pero sigue siendo indispensable que en ese período de tiempo, aunque breve, la práctica de los Estados, incluidos los particularmente interesados, hubiera sido frecuente y prácticamente uniforme, en el sentido de la disposición invocada, y que se ha manifestado de tal manera como para establecer un reconocimiento general de que una norma de derecho o una obligación jurídica está en juego (*North Sea Continental Shelf Cases,* CIJ, 1969).
>
> Sin embargo, la práctica, aunque todavía es escasa debido a la relativa novedad de la cuestión, basta para demostrar que cada caso concreto es finalmente diferente de los otros, que es un unicum, y que los criterios más apropiados y el método o la combinación de métodos más apta para asegurar un resultado de acuerdo con las indicaciones dadas por el Derecho, a menudo se puede determinar solo en relación con el caso específico y las características que presenta. Por lo tanto, no se pueden cumplir las condiciones para la formación de principios y reglas de carácter consuetudinario que den prescripciones precisas sobre temas como los que acabamos de mencionar (*Affaire de la délimitation de la frontière maritime dans la région du golfe du Maine*, CIJ, 1984)
>
> No se puede esperar que en la práctica de los Estados la aplicación de las normas en cuestión [las normas consuetudinarias relativas a la prohibición del uso de la fuerza y la No Intervención] sea perfecta, en el sentido de que los Estados se abstendrían, con total constancia, del uso de la fuerza o la intervención en los asuntos internos de otros Estados. El Tribunal no considera que, para el establecimiento de una norma consuetudinaria, la práctica correspondiente deba ajustarse de manera totalmente estricta a la norma. Considera suficiente, para inferir la existencia de normas consuetudinarias, que la conducta de los Estados sea, de manera general, conforme a esta y que ellos mismos consideren "conductas no conformes con la norma en cuestión como violaciones y no como manifestaciones del reconocimiento de una nueva norma. Sí un Estado actúa de manera aparentemente irreconciliable con una norma reconocida, pero defiende su conducta invocando excepciones o justificaciones contenidas en la misma norma, de ello resulta su confirmación en lugar de su debilitamiento, ya sea que la actitud de ese Estado pueda o no justificarse sobre esa base (*Affaire des activités militaires et paramilitaires au Nicaragua et contre celui-ci*, CIJ, 1986).
>
> La Corte ha examinado cuidadosamente la práctica de los Estados, incluida la legislación nacional y las pocas decisiones de los tribunales nacionales superiores, como la Cámara de los Lores o el Tribunal de Casación francés. No se pudo inferir de esta práctica la existencia, en el derecho internacional consuetudinario, de ninguna excepción a la regla de inmunidad de jurisdicción penal y la inviolabilidad de los ministros extranjeros en ejercicio (*Affaire relative au mandat d'arrêt du 11 abril 2000,* CIJ, 2002).
>
> [...] Teniendo en cuenta la decisión sobre el caso Margellos, el dictamen formulado en esa sentencia de 2009 y la decisión del Gobierno griego de no permitir la ejecución de la sentencia Distomo por el mismo motivo de Grecia: negativa que este Gobierno defendió ante el Tribunal Europeo de Derechos Humanos en el caso de Kalogeropoulou y otros v. Turquía [...]: el Tribunal concluye que la práctica seguida por el Estado griego, en su conjunto, contradice, en lugar de apoyar, el argumento de Italia (*Immunités jurisdictionnelles de l'État / Allemagne vs. Italia, Grece, intervenant*, CIJ, 2012).

Conclusión 9 (Requisito de la aceptación de la práctica como derecho)

> 1. El requisito, como elemento constitutivo del derecho internacional consuetudinario, de que la práctica general sea aceptada como derecho (*opinio iuris*) significa que la práctica en cuestión ha de seguirse con el convencimiento de la existencia de una obligación jurídica o un derecho. 2. La práctica general aceptada como derecho (*opinio iuris*) debe distinguirse del simple uso o el simple hábito.

La práctica general del Estado, para ser aceptada como norma de derecho internacional general o consuetudinario, ha de ser una práctica o comportamiento que el mismo Estado despliega bajo la convicción de que estaba jurídicamente obligado a ello o por un derecho que considera tiene en razón del mismo Derecho consuetudinario, pero que cabe demostrar objetivamente.

Esa práctica, además, no debe ser aquella que se admita como jurídicamente vinculante por ser el mero cumplimiento de obligaciones que se desprenden de los tratados y acuerdos internacionales que vinculan al Estado de que se trate o a su Derecho interno; caso distinto, aquí sí, del que ocurre cuando se da cumplimiento a obligaciones convencionales de la que este no es parte. No obstante, determinar si la práctica en cuestión se acepta por el Estado que se considera obligado (*opinio iuris*) a su comportamiento, sea activo u omisivo, según la CDI "ha de verse respecto de los Estados que siguen la práctica pertinente y los que están en condiciones de reaccionar ante ella; se debe demostrar que han considerado que la práctica se ajusta al derecho internacional contemporáneo.

La prueba de aceptar como Derecho la práctica correspondiente ha de probarse de formas varias, y en el caso, como reza la **Conclusión 10** de la CDI, la aceptación o el rechazo por el Estado de la predicada norma de derecho internacional consuetudinario puede hacer lugar por medio de

> "las declaraciones públicas hechas en nombre de los Estados; las publicaciones oficiales; los dictámenes jurídicos gubernamentales; la correspondencia diplomática; las decisiones de las cortes y tribunales nacionales; las disposiciones de los tratados; y el comportamiento en relación con las resoluciones aprobadas por una organización internacional o en una conferencia intergubernamental".

De ordinario, las leyes o los tribunales nacionales prescriben o aplican directamente normas del derecho internacional consuetudinario, como, a manera de ejemplo, lo hace la Suprema Corte de Justicia de la Nación mexicana el 4 de septiembre de 2001, al declarar que si bien las normas jurídicas adoptada por la Conferencia Internacional sobre Meridianos, celebrada en Washington, D.C. en 1884, no dieron lugar a la formación de un tratado internacional, los mexicanos, desde la Constitución de 1917 han aplicado las mismas para sus husos horarios a partir del Meridiano de Greenwich y ello consta en los Decretos presidenciales dictados al efecto.

Del mismo modo, se considera que la reacción o la omisión de reacción ante una práctica de otros Estados a lo largo del tiempo y dentro de plazos razonables, sobre todo en situaciones en las que es esperable dicha reacción y pueda hacerla el Estado y no la hizo, puede ser tomada como testimonio de que dicho comportamiento lo considera el ajustado o conforme al Derecho internacional general o consuetudinario.

La jurisprudencia de la CIJ es precisa en cuanto al señalado elemento de la costumbre internacional como Derecho, tal y como puede constatarse de seguidas:

> Finalmente, el gobierno de Colombia ha citado un gran número de casos especiales en los cuales, de hecho, el asilo diplomático ha sido otorgado y respetado. Pero no se ha establecido que la supuesta regla de calificación unilateral y definitiva haya sido invocada o que, si en ciertos casos se ha invocado, se haya aplicado, aparte de las estipulaciones convencionales, por los Estados que otorgaron asilo como un derecho que les pertenece, y respetados por los Estados territoriales como su deber, y no solo por razones de oportunidad política (*Affaire du droit d'asile*, CIJ, 1950).
>
> El elemento esencial, a este respecto, parece necesario enfatizarlo, es que, incluso si hubiesen sido mucho más frecuentes por parte de los Estados que no son partes en la Convención, sus actos, aun tomados en conjunto no serían en sí mismos suficientes para constituir la opinio juris; porque para lograr este resultado, se deben cumplir dos condiciones. No solo los actos deben ser una práctica constante, sino que también deben demostrar, por su naturaleza o por la manera en que se realizan, la convicción de que esa práctica deviene en obligatoria por la existencia de una regla de Derecho (*North Sea Continental Shelf Cases*, CIJ, 1969).
>
> Con respecto al comportamiento mencionado anteriormente, el Tribunal debe señalar, sin embargo, que, como se recordó en los casos de la Plataforma Continental del Mar del Norte, para que surja una nueva norma consuetudinaria, los actos correspondientes no solo deben "representar una práctica constante", sino que también deben estar vinculados a una *opinio juris sive necesitatis*. O los Estados que actúan de esta manera u otros Estados que están en condiciones de reaccionar deben haberse comportado de una manera que refleje "la convicción de que esta práctica se hace obligatoria por la existencia de una regla de derecho. [...] (*Affaire des activités militaires et paramilitaires au Nicaragua et contre celui-ci*, CIJ, 1986).
>
> En ciertas circunstancias, la soberanía sobre un territorio puede pasar a otro Estado en ausencia de una reacción de la persona que la sostuvo ante la conducta de ese otro Estado que actúa como soberano, es decir, según los términos utilizados por el Juez Max Huber en el caso de la Isla de Palmas, ante manifestaciones concretas del ejercicio de la soberanía territorial (Isla de Palmas / Países Bajos vs. Estados Unidos de América, 4 de abril de 1928, RGDIP, XLII, 1935, pp. 164 y 165). Tales manifestaciones pueden requerir una

respuesta, en ausencia de las cuales se oponen al Estado en cuestión. La ausencia de una reacción bien puede ser la aquiescencia. La noción de aquiescencia: "Equivalente al reconocimiento tácito de conducta unilateral que la otra parte puede interpretar como consentimiento" (Delimitación de la frontera marítima en el área del Golfo de Maine, CIJ, 1984). En otras palabras, un silencio también puede ser elocuente, pero solo si el comportamiento del otro estado requiere una respuesta (*Affaire relative a la souverainete sur Pedra Branca*, CIJ, 2008).

e) La interacción de la costumbre con las otras fuentes del derecho internacional, para su identificación

La Comisión, al abundar sobre los medios para la identificación de la costumbre internacionales, sea de las prácticas, sea de la *opinio iuris*, en sus **Conclusiones 11 a 14**, determina lo que, en su entendimiento, es el alcance de las otras fuentes normativas, como los tratados, las resoluciones de las organizaciones internacionales, la jurisprudencia internacional, y la misma doctrina.

Lo esencial, sin embargo, es tener presente la relación e importancia al respecto de los tratados y acuerdos internacionales, visto que las normas de éstos, para los que no son sus Estados parte, pueden reflejar normas de derechos internacional consuetudinario que los obliguen, tanto como pueden haber sido el producto de una codificación de dichas normas, por existentes como costumbres internacionales, o las han hecho cristalizar como tales. Tanto como los mismos tratados pueden haber dado origen a prácticas de los Estados aceptadas como derecho. Lo mismo ocurre, *mutatis mutandi*, con las resoluciones de las organizaciones internacionales.

En lo particular, el texto de la Comisión señala que, la coincidencia de una norma contenida y repetida en varios tratados internacionales puede sugerir, mediando las pruebas correspondientes, la existencia de una verdadera norma de derecho internacional general o consuetudinario. No por azar, incluso, la Convención de Viena sobre Derecho de los Tratados (1969) predica como posibilidad, en su artículo 38, que "una norma enunciada en un tratado llegue a ser obligatoria para un tercer Estado como norma consuetudinaria de derecho internacional reconocida como tal".

En cuanto a la jurisprudencia y la doctrina, para tal cometido de identificar una norma de derecho internacional consuetudinario, la CDI los reputa de medios de carácter auxiliar.

La Corte Internacional de Justicia, en suma, en decisión contenciosa, acerca de lo antes tratado, ha referido lo siguiente:

> Es bastante obvio que la sustancia del derecho internacional consuetudinario debe buscarse principalmente en la práctica real y en la *opinio juris* de los Estados, aunque las convenciones multilaterales pueden desempeñar un papel importante en el registro y la definición de las reglas derivadas de la costumbre e incluso desarrollarlas. De hecho, las Partes en el presente caso han debatido ampliamente sobre el alcance que se atribuye a la práctica estatal en la delimitación de la plataforma continental, [...]. Sin embargo, es innegable que, habiendo sido adoptada por la abrumadora mayoría de los Estados, la Convención de 1982 es de gran importancia, por lo que, incluso si las Partes no la invocan, corresponde claramente al Tribunal examinar la medida en que cualquiera de sus disposiciones pertinentes vincule a las Partes como norma de derecho internacional consuetudinario (*Plateau continental / Jamahiriya arabe libyenne vs. Malte*, CIJ, 1985).

f) La objeción persistente y la costumbre particular

Finalmente, el tema de la costumbre y su relación con el Estado que la objeta reiteradamente sea porque desarrolla una práctica o comportamiento distinto del general y vinculante, sea porque la práctica que se realiza no le alcanza dada su portada particular, ora porque rechaza tanto la práctica como la *opinio iuris* durante el período de formación de la norma consuetudinaria respectiva, ha sido abordado por la CIJ y aún se debate o aclara por la doctrina y la codificación.

Los últimos autores que mencionamos, en lo puntual, rechazan la objeción persistente como susceptible de enervar la validez del Derecho internacional general o consuetudinario y citan, a manera de ejemplo, la tentativa de Sudáfrica y la actual Zimbabwe (antes Rodesia) de no sentirse obligadas por la norma general prohibitiva del apartheid. Creemos, sin embargo, que en el supuesto se trata de una objeción inadmisible, no debida a una norma consuetudinaria sino a un principio de orden público internacional o de Derecho imperativo.

La CDI, sin embargo, fija la regla de la siguiente manera y con claridad:

Conclusión 15 (Objetor persistente)

1. Cuando un Estado haya objetado a una norma de derecho internacional consuetudinario mientras esta se encontraba en proceso de formación, esa norma no será oponible a ese Estado siempre que mantenga su objeción. 2. La objeción ha de ser expresada claramente, ser comunicada a los demás Estados y ser mantenida de manera persistente. 3. La presente conclusión se entiende sin perjuicio de toda cuestión relativa a normas imperativas de derecho internacional general (ius cogens).

Como fallos emblemáticos sobre la cuestión, pueden citarse los siguientes:

Es generalmente característico de una regla o de una obligación puramente convencional que la facultad de introducir reservas unilaterales sea admitida dentro de ciertos límites; pero ese no puede ser el caso en el caso de las reglas y obligaciones de la ley general o consuetudinaria que, por su propia naturaleza, deben aplicarse por igual a todos los miembros de la comunidad internacional y, por lo tanto, no pueden estar subordinadas a un derecho de exclusión ejercida de manera unilateral y a voluntad por cualquiera de los miembros de la comunidad internacional para su propio beneficio (*Caso de la Plataforma Continental del Mar del Norte*, CIJ, 1969).

Por lo tanto, la Corte no puede aceptar que el Gobierno de Colombia haya demostrado la existencia de tal costumbre. Suponiendo que esta costumbre existiera entre ciertos Estados solo en América Latina, no podría oponerse al Perú que, lejos de adherirse a él por su actitud, al contrario, lo repudió al abstenerse de ratificar los Convenios. de Montevideo, de 1933 y 1939, el primero en incluir una regla sobre la caracterización del delito de asilo diplomático (*Caso del derecho del Asilo*, CIJ, 1950).

Dos aspectos quedan de relieve a la luz de lo transcrito, a saber: por lo general, el que un Estado se autoexcluya – mediante una objeción persistente – de la vigencia de normas de derecho internacional general, no procede, salvo supuestos muy limitados. En tanto que, la no aceptación por un Estado de una costumbre particular – o acaso regional o local – que se pretende le vincule u obligue, requiere demostrarse que el mismo la aceptado.

La última conclusión de la CDI es precisa:

Conclusión 16 (Derecho internacional consuetudinario particular)

1. Una norma de derecho internacional consuetudinario particular, ya sea regional, local o de otra índole, es una norma de derecho internacional consuetudinario que solo se aplica entre un número limitado de Estados. 2. Para determinar la existencia y el contenido de una norma de derecho internacional consuetudinario particular, es necesario cerciorarse de que existe una práctica general entre los Estados interesados que es aceptada por ellos como derecho (*opinio iuris*) entre esos Estados.

En su razonamiento, la Comisión recuerda que "es indiscutible que pueden existir normas de derecho internacional consuetudinario de carácter no general", que las llama particulares para evitar se las confunda con usos o costumbre locales sin relevancia jurídica. Y agrega, que la propia Corte de La Haya se ha referido al derecho internacional consuetudinario "particular del sistema jurídico interamericano" (*Affaire des activités militaires et paramilitaires au Nicaragua*, cit., párr. 199) o "limitado en sus efectos al continente africano, como previamente había ocurrido con la América hispana" (*Différend frontalier / Burkina Faso vs. République du Mali*, 1986, párr. 21), a "una costumbre local" (*Droits des ressortissants des Etats-Unis d'Amérique au Maroc /France vs. Etats-Unis d'Amérique*, 1952, pág. 200 y *Droit de passage sur territoire indien / Portugal c. Inde*, 1960, pág. 39) y al derecho internacional consuetudinario "de carácter regional" (*Différend relatif à des droits de navigation et des droits connexes /Costa Rica vs. Nicaragua*, 2009, párr. 34)".

XIII. El régimen de las normas jurídicas internacionales

Las normas jurídicas internacionales derivadas de la voluntad expresa o tácita de los Estados o emanadas de éstos en el seno de las organizaciones intergubernamentales, "[teniendo] por objeto prescribir a los sujetos de [dicho] Derecho obligaciones de hacer o de no hacer, o de acordar a tales sujetos autorizaciones de hacer o de no hacer, o de habilitar a los órganos ejecutores del mismo Derecho para el ejercicio de ciertos poderes conforme a un procedimiento determinado" (*J. Salmon, Dictionnaire de droit international public*), merecen, en cuanto a su estudio, que repitamos lo siguiente: el Derecho Internacional, en lo esencial y de un modo general, resulta de las fuerzas de potencia y de impotencia que se cruzan y convergen entre los Estados quienes acomodan recíprocamente sus intereses (*Competencia en materia de pesquerías*, CIJ/1974);

en otras palabras, cristalizan las normas de Derecho Internacional sobre la base del acuerdo y consentimiento mutuos entre aquellos dando lugar a las reglas consuetudinarias o a las reglas contenidas en los tratados.

Sin embargo, esta sencilla aproximación no satisface el análisis de los cambios cualitativos que hemos anotado y que han tenido lugar en el tránsito histórico de la comunidad internacional desde el plano de la mera yuxtaposición de los Estados soberanos, dominada por las ideas de diferencia y de mera cooperación (así, el *dictum* de la CIJ sobre el *Personal diplomático y consular de los Estados Unidos en Teherán*, 1980) hacia otro asociativo, de mayor cooperación e integración alrededor de los intereses comunes que atan a los Estados y también a la sociedad internacional en su conjunto, aún más en tiempos de globalización. Lo hemos dicho, con anterioridad, al citar por vía de ejemplo la contradicción que hoy se suscita entre la voluntad clásica y arbitraria de los Estados, al convenir normas internacionales, y la omnipresencia del "orden constitucional" que ha fraguado con la emergencia de las organizaciones internacionales y del que también da cuenta, con vistas a los problemas de la jerarquización normativa *in genere*, la misma Convención de Viena sobre Derecho de los Tratados, en su artículo 130, parágrafo 1.

Normas de *ius cogens* y obligaciones *erga omnes*

En consecuencia, junto a las tradicionales normas dispositivas (*ius dispositivum*) que establecen conductas o comportamientos obligatorios para y entre los Estados, han emergido las llamadas normas imperativas (*ius cogens*), cuyo origen, si bien se considera es anterior al siglo XX e incluso encuentra raíces en el antiguo Derecho romano, de modo particular en el Digesto de Justiniano, que introduce el concepto del *iure cogente*: "el derecho público no puede modificarse por pactos privados", y tiene expresiones en los autores del derecho natural del siglo XVII como Grocio, que lo refieren como un derecho inmutable: "la ley natural es tan inalterable que ni Dios mismo puede modificarla", en propiedad es obra del tiempo que sigue a la Segunda Guerra Mundial, a partir de 1945. Cede allí, sobre el mal absoluto que había imperado, la idea de un orden público mundial que se sobrepone al voluntarismo de los Estados y encuentra como denominador común a la protección universal de los derechos del hombre.

Estas normas, por ende, no puede ser modificadas por la mera voluntad de los Estados y, de suyo, *mutatis mutandi* pueden adscribirse a tal categoría los principios constitucionales o estructurales del Derecho Internacional; constituyen normas de "orden público" internacional y tienen la característica de prescribir obligaciones esenciales que constituyen una excepción al principio básico del consentimiento de los Estados, principio éste que fuera reiterado en el Caso de la *Plataforma continental del mar del Norte* (CIJ, 1969).

Pero, además, trátase de normas que tienen efectos, por su propia naturaleza y portada, *erga omnes*: respecto de todos o frente a todos los Estados y demás sujetos de Derecho internacional; sin que pueda predicarse como absoluto que todas las normas de efectos *erga omnes* puedan reputarse como normas de derecho imperativo o de *ius cogens*.

Bástenos recordar cuanto dice al respecto la jurisprudencia establecida por la Corte Internacional de Justicia en el Caso *Barcelona Traction* (1970):

> Debe hacerse una distinción esencial entre las obligaciones de un Estado respecto de la comunidad internacional en su conjunto y las obligaciones respecto de otro Estado (...). Por su propia naturaleza, las primeras obligaciones conciernen a todos los Estados. Habida cuenta de la importancia de los derechos en cuestión, cabe considerar que todos los Estados tienen un interés legítimo en su protección; se trata de [normas contentivas de] obligaciones *erga omnes*.

Del *obiter dictum* señalado puede inferirse, claramente, que el juzgador se refiere, sin expresarlo, a las normas de ius cogens, por integrarlas dos elementos esenciales: uno, estar contraídas ante toda la comunidad internacional en su conjunto, y dos, protegen valores fundamentales – derechos esenciales - en cuya protección tienen interés todos los Estados. De donde puede desprenderse la posibilidad de obligaciones de derecho internacional general, erga omnes, a las que le falte el último elemento.

De tal modo, que cabe clasificar a las normas internacionales de acuerdo con su grado de obligatoriedad, en normas dispositivas, modificables o excluibles en su aplicación por voluntad de las partes, y en normas imperativas (de *ius cogens* y efectos *erga omnes*, según el Derecho Internacional), que prohíben o excluyen los acuerdos en contrario, bajo riesgo de que sean tachados por sus nulidades absolutas.

En otras palabras, como lo dispone la misma Convención de Viena sobre Derecho de los Tratados en su artículo 53, se trataría de "una norma aceptada y reconocida por la comunidad internacional de los Estados en su conjunto como norma que no admite acuerdo en contrario y que solo puede ser modificada por una norma ulterior de Derecho Internacional general que tenga el mismo carácter"; de donde "es nulo todo tratado que, en el momento de su celebración, esté en oposición con una norma imperativa de Derecho Internacional general".

Dentro de tales normas imperativas cita la propia Corte de La Haya las relativas, a manera de ejemplo, al llamado Derecho Internacional humanitario, puesto que las mismas se imponen a todos los Estados, hayan o no ratificado sus instrumentos internacionales y dado que constituyen principios cuya aplicación es imperativa, resultando inadmisible o inexcusable todo caso o supuesto de violación (*Licitud de amenaza o del empleo de armas nucleares*, CIJ, 1996). Y también cuentan "los principios y normas que conciernen a los derechos fundamentales de la persona humana" (Caso *East Timor*, CIJ, 1995; *Aplicación de la Convención sobre prevención y castigo del crimen de genocidio: Excepciones preliminares*, CIJ, 1996).

La norma de *ius cogens* es, así, una norma de carácter general, lo cual nos permite distinguirla de las normas particulares del Derecho Internacional, en vista de que la primera se aplicaría a todos los Estados que componen la comunidad internacional. Sin embargo, cabe observar que no toda norma general o universal, por sí sola, tiene carácter imperativo. La universalidad, en principio, alude al elemento extrínseco de la norma.

Los Estados, en efecto, suscriben tratados o acuerdos bilaterales o multilaterales, que aun siendo tales y dada la portada de estos, pueden quedar situados en el ámbito del particularismo. En tanto que, pueden ser partes de normas internacionales de aplicación general, algunas de las cuales –dada su mayor generalidad, amén de su reconocimiento como "esenciales" al ordenamiento internacional en su conjunto– pueden tener carácter imperativo.

La norma de *ius cogens* permite, a diferencia de cuanto acontecía y se aceptaba dentro de la comunidad internacional clásica, la llamada *actio popularis*: cualquier Estado con interés legítimo y no solo la víctima de la violación de la respectiva norma puede actuar y reclamar la restitución del orden violentado (*Barcelona Traction*, CIJ, 1970).

Tal norma representa una excepción, en efecto, al régimen de autotutela –la víctima reclama y exige al violador directamente– que es propio de la comunidad internacional de yuxtaposición; pero también, más que una excepción, se diferencia de la tutela centralizada u organizada de actualidad –como la califica *González Campos*– y que ejercen, dentro de la sociedad internacional de cooperación, algunos órganos de las instituciones internacionales como el Consejo de Seguridad de la ONU.

Siendo, entonces, que de las normas imperativas o de *ius cogens* se desprenden obligaciones con efecto *erga omnes*, es decir, se dirigen a todos los Estados, cualquiera de ellos puede reclamar el incumplimiento independientemente de que sea o no la víctima o el afectado. Sin perjuicio, claro ésta, de que la acción de reclamación pueda ser canalizada a través de medios o mecanismos de la tutela institucional existentes (ONU, OEA, tribunales internacionales, etc.).

Cabe observar que la Comisión de Derecho Internacional de la ONU trabaja en la codificación de las normas de *ius cogens*, sobre la base de las relaciones elaboradas a partir de 2015 por el profesor Dire Tladi, de la Universidad de Pretoria, quien resume la cuestión en varios proyectos de conclusión, referidos a su naturaleza, a sus fuentes normativas variadas como los siguientes:

Conclusión 3

Naturaleza general de las normas de jus cogens

1. Se entiende por normas imperativas de derecho internacional (jus cogens) las normas de derecho internacional general aceptadas y reconocidas por la comunidad internacional de Estados en su conjunto, que no admiten modificación, suspensión o abrogación. 2. Las normas de jus cogens amparan los valores fundamentales de la comunidad internacional, son jerárquicamente superiores a otras normas de derecho internacional y son de aplicación universal.

Conclusión 4

Criterios relativos al ius cogens

Para identificar una norma como norma de ius cogens es necesario demostrar que la norma en cuestión cumple dos criterios: a) Debe ser una norma de derecho internacional general; y b) Debe ser aceptada y reconocida por la comunidad internacional de Estados en su conjunto como norma que no admite acuerdo en contrario.

Conclusión 5

Normas de ius cogens como normas de derecho internacional general

1. Una norma de derecho internacional general es aquella que tiene un ámbito de aplicación general. 2. El derecho internacional consuetudinario es la base más común para la formación de las normas de ius cogens del derecho internacional. 3. Los principios generales del derecho, en el sentido del artículo 38 1) c) del Estatuto de la Corte Internacional de Justicia, también pueden servir de base para las normas de ius cogens del derecho internacional. 4. Una norma establecida en un tratado puede reflejar una norma de derecho internacional general capaz de adquirir la categoría de norma de ius cogens del derecho internacional general.

Conclusión 7

Comunidad internacional de Estados en su conjunto

1. La aceptación y el reconocimiento de la comunidad de Estados en su conjunto es el elemento pertinente para la identificación de las normas de ius cogens. Por consiguiente, lo pertinente es la actitud de los Estados. 2. Si bien las actitudes de los agentes distintos de los Estados pueden ser pertinentes al evaluar la aceptación y el reconocimiento de la comunidad internacional de Estados en su conjunto, no pueden, por sí mismas, constituir aceptación y reconocimiento por la comunidad internacional de Estados en su conjunto. Las actitudes de otros agentes pueden ser pertinentes permitiendo establecer un contexto y evaluar las actitudes de los Estados. 3. La aceptación y el reconocimiento por una gran mayoría de Estados son suficientes para la identificación de una norma como norma de ius cogens. No se requieren la aceptación y el reconocimiento por todos los Estados.

Conclusión 10

Nulidad de un tratado que entre en conflicto con una norma imperativa de derecho internacional general (ius cogens)

1. Es nulo todo tratado que, en el momento de su celebración, entre en conflicto con una norma imperativa de derecho internacional general (ius cogens). Dicho tratado no crea derecho ni obligación alguna. 2. Un tratado existente se convierte en nulo y termina si entra en conflicto con una nueva norma imperativa de derecho internacional general (ius cogens) que surja después de la celebración del tratado. Las partes en dicho tratado quedan exentas de toda otra obligación de seguir cumpliendo el tratado. 3. Para evitar el conflicto con una norma imperativa de derecho internacional general, una disposición de un tratado debe interpretarse, en la medida de lo posible, de manera que la haga compatible con una norma imperativa de derecho internacional general (ius cogens).

Conclusión 15

Consecuencias de las normas imperativas de derecho internacional general (ius cogens) para el derecho internacional consuetudinario

1. Una norma de derecho internacional consuetudinario no surge si entra en conflicto con una norma imperativa de derecho internacional general (ius cogens). 2. Una norma de derecho internacional consuetudinario que no tenga carácter de ius cogens deja de existir si surge una nueva norma imperativa de derecho internacional general (ius cogens) que entra en conflicto con ella. 3. Habida cuenta de que las normas imperativas de derecho internacional general (ius cogens) obligan a todos los sujetos de derecho internacional, la norma del objetor persistente no es aplicable.

Conclusión 24

Lista no exhaustiva de normas imperativas de derecho internacional general (ius cogens)

Sin perjuicio de la existencia de otras normas imperativas de derecho internacional general (ius cogens), los ejemplos más ampliamente reconocidos de normas imperativas de derecho internacional general (ius cogens) son los siguientes: a) la prohibición de la agresión o el uso agresivo de la fuerza; b) la prohibición del genocidio; c) la prohibición de la esclavitud; d) la prohibición del apartheid y la discriminación racial; e) la prohibición de los crímenes de lesa humanidad; f) la prohibición de la tortura; g) el derecho a la libre determinación; y h) las normas básicas del derecho internacional humanitario.

Normas universales y normas regionales: normas generales y normas particulares

Hemos explicado con anterioridad cómo el Derecho Internacional clásico, de origen europeo, se fue extendiendo progresivamente y por obra de los descubrimientos en la modernidad y del movimiento descolonizador contemporáneo, dando lugar a una comunidad internacional que hoy comprende a todos los Estados de los distintos continentes.

Sin embargo, en el contexto de los principios de igualdad soberana entre los Estados, son una realidad recogida por el ordenamiento internacional las diferencias de naturaleza cultural, ideológicas, geográficas, poblacionales, económicas, ambientales, que privan entre los mismos y que han tenido influencia determinante en el contenido y en la pluralidad de las normas jurídicas correspondientes; por estar referidas, en efecto, a situaciones o a identidades propias, plurales y distintas.

Así, puede apreciarse cómo, bajo el paraguas de unas reglas de vocación y contenido universales, v.g. las relativas a los propósitos y principios de la ONU, existen otras que han dado lugar a "particularismos" de distinto orden y que, no pocas veces, han moderado o modificado las primeras.

Se reconoce, en este orden, la existencia de derechos internacionales regionales (americano, europeo, africano) que han facilitado la fragua de principios jurídicos y de desarrollos normativos ingentes y específicos y que, luego, han sido aceptados o han influido en la comunidad internacional en su conjunto. Así, el *uti possidetis iuris* como principio para la determinación de las fronteras de los Estados de reciente independencia con base a sus fronteras coloniales o precedentes, que ha sido originario y específico del Derecho Internacional americano desde el siglo XIX y que, luego, fue acogido pacíficamente por la jurisprudencia universal como principio general del ordenamiento jurídico; ello, con el objeto de "evitar que la independencia y la estabilidad de los nuevos Estados no sea puesta en peligro" (*Diferencia fronteriza Burkina-Faso vs. Mali*, CIJ,1986).

Asimismo, la señalada diferencia en los niveles de desarrollo económico entre los Estados ha dado lugar a la especificidad de un conjunto de principios y de normas jurídicos internacionales relativos a los llamados países en desarrollo. Tal es el caso, por ejemplo, de las normas contenidas en la *Carta sobre derechos y deberes económicos de los Estados* (Resolucion 3281 de la Asamblea General de la ONU de 12 de diciembre de 1974), cuyo artículo 8, al prescribir el deber de todos los Estados de cooperar para el establecimiento de relaciones económicas internacionales racionales y equitativas, señala que si bien ello debe lograrse "en armonía con las necesidades e intereses de todos los países", deben tenerse en cuenta y de modo particular a los países en desarrollo. Igualmente, el artículo 14 *ejusdem* dispone que si "todo Estado tiene el deber de cooperar para promover una expansión y liberalizacion sostenidas y crecientes del comercio mundial", las medidas que se adopten al respecto deben "lograr beneficios adicionales para el comercio internacional de los países en desarrollo".

En todo caso, no sobra recordar lo que es principio general de Derecho: el Derecho Internacional particular priva sobre el Derecho Internacional general o universal, salvo que se encuentre en oposición con los denominados principios o normas estructurales, constitucionales o imperativas (*ius cogens*); en tanto y en cuanto, como lo hemos ya señalado, estas últimas normas implican una suerte de derogación al rol o principio del consentimiento o de la autonomía de la voluntad de los Estados como fundamento del Derecho Internacional. La Carta de San Francisco (1945), v.g. reconociendo la contraposición o complementariedad entre las normas universales y regionales o particulares, y al referirse en su capítulo VII a los "acuerdos regionales" los admite al señalar que ninguna disposición de la Carta los prohíbe. Empero, recuerda que las normas de éstos han de ser compatibles con los propósitos y principios de las Naciones Unidas (artículo 52,1), amén de advertir que en los asuntos relativos al mantenimiento de la paz y la seguridad internacionales, "no se aplicarán medidas coercitivas en virtud de acuerdos regionales o por organismos regionales sin autorización del Consejo de Seguridad" (artículo 53,1).

Inexactitud e infidelidad normativas

Seguidamente, dentro del contexto o dimensión normativo, debemos decir que *Puig* advierte sobre los problemas que plantean la infidelidad y la inexactitud normativas en el Derecho Internacional, señalando que la infidelidad tiene lugar cuando la norma correspondiente "no refleja en forma correcta lo querido" por sus hacedores: los Estados, en tanto que la inexactitud puede producirse cuando la consecuencia prevista en la misma –una vez como se cumple su presupuesto– "en la realidad no se cumple".

De allí, pues, la reclamada exigencia de un sistema de interpretación propia del Derecho Internacional que, escapando a los límites de la literalidad formal y escrituraria que caracteriza a la mayoría de los Derechos internos de origen latino, avance tal y como establece el artículo 31 de la Convención de Viena sobre Derecho de los Tratados hacia otro que, junto al análisis de los términos de la norma en cuestión y según el sentido corriente de éstos, tenga en cuenta entre otros elementos los señalados *supra*: la buena fe en los intérpretes; el contexto que rodea a la norma respectiva: preámbulo, texto y anexos del tratado que comprende a la norma motivo de la interpretación y los demás acuerdos o instrumentos distintos relacionados con la misma; su objeto y finalidad; toda norma ulterior; toda práctica ulterior seguida por los autores y destinatarios de la norma; cualquier otra forma pertinente de Derecho Internacional aplicable en las relaciones entre los sujetos o partes de la respectiva norma.

Integración, determinación y jerarquización de las normas internacionales

Toda norma de Derecho Internacional cuenta, asimismo, con ámbitos de vigencia diferenciados y en expansión. Tiene un objeto material (v.g. la fijación de límites entre distintos territorios soberanos, la solución de controversias entre los Estados, la exigencia a éstos de respeto a la democracia y a los Derechos Humanos, etc.), sus respectivos sujetos (v.g los Estados, las organizaciones internacionales, según los casos el mismo individuo), debe aplicarse dentro de un espacio geográfico (universal, regional, multilateral o bilateral) y en un tiempo concretos (v.g. el término de vigencia de un tratado o acuerdo internacional).

Lo dicho es fundamental no olvidarlo por otra razón que interesa al aspecto normativo o técnico jurídico, como lo es la integración, la determinación, y la jerarquización de una norma internacional a los fines de su aplicación en supuestos específicos.

a) Integración normativa

La integración de la norma alude a los medios o procedimientos establecidos para su creación y consiguiente vigor: v.g si acaso cristalizó debidamente como costumbre o si fraguó por la vía convencional y formal cumpliendo todos los requisitos para la vigencia del tratado o acuerdo internacional respectivo.

No huelga tener presente, al respecto, lo señalado repetidamente: que el Derecho Internacional nace básicamente de o se construye sobre normas consuetudinarias –mal fijadas o imprecisamente determinadas– y normas convencionales –de ordinario limitadas en sus ámbitos de validez y de vigencia.

Por lo demás, lo recuerda bien *Ruzié*, "una importante evolución se manifiesta, entonces, en las condiciones de elaboración" del Derecho Internacional contemporáneo, sobre todo bajo influencia de los países en desarrollo. En efecto, una suerte de progresividad marca la construcción e integración del ordenamiento jurídico internacional.

De ordinario, a la elaboración de los tratados y convenios internacionales precede la adopción de principios en forma de Declaraciones: v.g. la Declaración universal de Derechos Humanos (1948) precedió a los Pactos internacionales de derechos civiles y políticos, y de derechos económicos, sociales y culturales (1966).

Al mismo *derecho declaratorio*, como llama *Ruzié*, emanado de los organismos internacionales, como la ONU, no pocas veces le antecede alguna manifestación o declaración particular de algún grupo de Estados y que estaría en el origen de lo que calificara *René-Jean Dupuy* como costumbre salvaje (*cou-tume sauvage*) y revolucionarias, que se imponen en lo inmediato y de espaldas al carácter reiterado o largo de su práctica.

Finalmente, según el contenido de determinadas resoluciones expedidas por los organismos internacionales, que desbordan a lo meramente declarativo e intentan fijar derechos o reglas de conducta dirigidas y que buscarían obligar paulatinamente a los Estados, algunos han advertido en las mismas una suerte de derecho programático o incitador el *soft law* –derecho en nacimiento o flexible– del que hablan los anglosajones y que se anticipa a las conductas que pueden ser susceptibles de regulación formal y convencional (ej.: la Declaración de Estocolmo sobre el Medio Ambiente, 1972; la Carta Mundial de la Naturaleza, 1982; o la Declaración de Río sobre el Medio Ambiente y el Desarrollo, 1992).

b) Determinación normativa

La determinación de la norma internacional para los fines de su aplicación plantea varios asuntos esenciales:

1. Saber con precisión de su existencia, dada la pluralidad admitida de las fuentes del Derecho Internacional y la complejidad de las pruebas que se requieren para demostrar, en lo particular, la existencia de las normas consuetudinarias (práctica estatal + *opinio iuris*);
2. Concretar el contenido de la norma en cuestión, para saber si es aplicable al supuesto fáctico considerado u objeto de controversia;
3. Fijar los alcances personales de la norma, vale decir, considerar si es o no aplicable y, por ende, vinculante para el Estado o Estados que se suponen vinculados a la misma en calidad de sujetos;
4. Fijar, asimismo, sus alcances temporales y espaciales, en modo de saber si se encuentra en vigor y sobre los límites geográficos a que pueda estar condicionada en cuanto a su aplicación;
5. Saber si la norma en cuestión concurre o se solapa con otras normas de Derecho Internacional susceptibles de aplicación concurrente o preferente;
6. Y, finalmente, analizar si la norma del caso es o no auto ejecutiva, es decir, si necesita o no para su aplicación de otras normas complementarias, internacionales o de Derecho Interno, a fin de que pueda adquirir su vigencia efectiva o ser funcionalmente operativa dentro de la realidad social y jurídica correspondiente.

En cuanto a las denominadas *evidences* que han de encontrarse "como prueba de una práctica generalmente aceptada como derecho" (artículo 38.1.b del Estatuto de la Corte Internacional de Justicia), bástenos señalar con *González Campos* que los medios al respecto pueden resumirse en cuatro grupos principales, a saber:

A. La correspondencia diplomática entre los Estados, en la que se afirme o niegue que determinado comportamiento es conforme a Derecho;

B. Los actos de Derecho Interno (administrativos, judiciales o legislativos) relativos a las relaciones internacionales;

C. Las decisiones judiciales o arbitrales internacionales, en las que conste la aplicación de normas consuetudinarias; y

D. Los documentos adoptados por las Comisiones encargadas de codificar y desarrollar el Derecho Internacional.

c) Jerarquización normativa

Finalmente, en cuanto a la denominada jerarquización normativa y acerca de la cual avanzamos su idea con anterioridad, ella se refiere a la escala que la norma correspondiente tiene dentro del ordenamiento internacional: es un principio fundacional o una norma de orden público o de derecho imperativo (*ius cogens*), es una norma consuetudinaria o convencional de carácter general o particular (universal o regional), hace parte de los principios generales del Derecho, priva o no en su relación con las otras normas del Derecho Interno de un Estado, etc.

El análisis y la interpretación del artículo 38 del Estatuto de la Corte Internacional de Justicia es propicio para un mejor entendimiento respecto de la indicada jerarquización normativa en el Derecho Internacional.

El texto de la norma en cuestión es el siguiente:

> 1. La Corte cuya función es decidir conforme al Derecho Internacional las controversias que le sean sometidas, deberá aplicar:
>
> a) las convenciones internacionales, sean generales o particulares, que establecen reglas expresamente reconocidas por los Estados litigantes;
>
> b) la costumbre internacional como prueba de una práctica generalmente aceptada como derecho;
>
> c) los principios generales de derecho reconocidos por las naciones civilizadas;
>
> d) las decisiones judiciales y las doctrinas de los publicistas de mayor competencia de las distintas naciones como medio auxiliar para la determinación de las reglas de derecho, sin perjuicio de lo dispuesto en el artículo 59 [La decisión de la Corte no es obligatoria sino para las partes en litigio y respecto del caso que ha sido decidido].
>
> 2. La presente disposición no restringe la facultad de la Corte para decidir un litigio *ex aequo et bono*, si las partes así lo convinieren.

Así las cosas, cabe preguntarse si la disposición transcrita fija o no un orden jerárquico de aplicación de las fuentes que enuncia o si, por el contrario, las sitúa en un mismo nivel o en un estadio de indeterminación jerárquica, en modo tal de que sea la Corte quien resuelva al respecto.

Por lo pronto hemos de observar que, ora las decisiones judiciales, ora la doctrina de los publicistas, son "medios auxiliares" para la determinación de la regla de Derecho que deba ser aplicada para la solución de toda controversia jurídica internacional.

Y, si se trata de los principios generales de Derecho, aun cuando no se le asignan en el texto del artículo 38 mencionado un carácter secundario auxiliar o supletorio de las otras fuentes de Derecho Internacional enunciadas y, por ende, se les reconoce en su autonomía, lo cierto es que la jurisprudencia los ha invocado –tratándose tanto de los principios comunes a los ordenamientos internos como de los principios generales de Derecho Internacional– como fuente supletoria: unas veces "para confirmar el razonamiento judicial" y otras como guía para "la interpretación o aplicación de las normas" convencionales o consuetudinarias.

Dinh, en efecto, reconociendo que algunos autores voluntaristas sin negarles su carácter jurídico cuestionan, eso sí, el carácter directamente aplicable de los principios generales del Derecho y recordando, además, que en no pocos casos de la jurisprudencia arbitral han sido aplicados de manera directa sin que nadie haya cuestionado el valor de los respectivos *dicta*, finalmente concluye que para la mayoría de los autores "la utilidad y el recurso a los principios generales de derecho se reduce a colmar ciertas lagunas del derecho consuetudinario o convencional, o a evitar los impases de las lagunas jurídicas aparentes".

En este orden, la cuestión de la jerarquía o preferencia en la aplicación de las fuentes normativas del Derecho Internacional queda circunscrita al tratado ("acuerdo internacional celebrado por escrito entre Estados y regido por el Derecho Internacional", cuyo régimen jurídico de base está contenido en la Convención de Viena sobre Derecho de los Tratados, de 23 de mayo de 1969) y su relación con la costumbre ("reglas (...) cuya presencia en la *opinio juris* de los Estados se prueba por vía de inducción y partiendo del análisis de una práctica suficientemente cristalizada y convincente y no por vía de deducción partiendo de ideas preconstituidas *a priori*": *Delimitación de la frontera marítima en la región del Golfo de Maine*, CIJ, 1984).

Pues bien, ya aclarado que los Estados no pueden acordar sobre normas jurídicas que resulten contrarias a los valores superiores o principios estructurales del ordenamiento internacional, para el resto continúa privando el criterio del consentimiento expreso o tácito de éstos como vía para la formación del Derecho Internacional. Y, en este orden, la doctrina se ha planteado si acaso la fuente convencional debe preferirse a la consuetudinaria o viceversa al momento de ser determinadas las obligaciones internacionales de los Estados y en la resolución de las controversias que éstas puedan suscitar.

Si se revisan los antecedentes del artículo 38 del Estatuto de la CIJ y, en lo puntual, se da lectura al texto del artículo 7 de la Convención de La Haya que estableció en 1907 la Corte Internacional de Presas, puede apreciarse a primera vista que el mismo señala de modo expreso que "si la cuestión de derecho a ser resuelta está prevista por una convención en vigor (...), la Corte deberá conformar sus decisiones a la misma convención"; mas, en defecto de ésta, agrega la norma, la Corte debe aplicar "las reglas de Derecho Internacional (...) generalmente reconocidas", en otras palabras, invoca la costumbre y, sucesivamente, los "principios generales de la justicia y de la equidad".

Al contrario de esta fórmula, es fácil constatar que el artículo 38 *in comento* se limita a enunciar las fuentes ("las convenciones internacionales, sean generales o particulares (...); la costumbre como prueba de una práctica generalmente aceptada como derecho; (...) los principios generales de derecho reconocidos por las naciones civilizadas; (...)", etc.) sin ordenarlas con propósitos de jerarquización.

De allí que, apoyada la doctrina y la jurisprudencia en el igual consentimiento que da soporte tanto a la fuente convencional como a la fuente consuetudinaria concluya que "el principio es que, para las fuentes no existe jerarquía en Derecho Internacional". O, como lo ha afirmado la Corte de la Haya:

> no existe razón para pensar que, desde el momento en que el Derecho Internacional consuetudinario está conformado por reglas idénticas a aquellas del derecho convencional, aquel se encuentre suplantado por éste hasta el punto de que no se le reconozca existencia propia (*Actividades militares y paramilitares en Nicaragua*, CIJ, 1986).

En conclusión, podríamos decir, entonces, que cuando la costumbre y el tratado se oponen o entran en conflicto, si los ámbitos de validez (personal, material, temporal, y espacial) de una y de otro coinciden la controversia así planteada deberá resolverse conforme al principio *lex posteriori derogat priori*. No debe sorprender, pues, que una norma consuetudinaria sobrevenida a un tratado lo sustituya, aun cuando desde un punto de vista formal se encuentre en vigor, y viceversa.

En cuanto a las decisiones de los organismos internacionales, no mencionadas como fuente por el artículo 38 del Estatuto de la Corte de La Haya, bástenos saber por ahora que las mismas tienen como fundamento el tratado o acuerdo fundacional del respectivo organismo. De ordinario, al establecer éste las potestades normativas de los órganos competentes para ejecutar las obligaciones pactadas por los Estados partes, definen la fuerza vinculante de los actos de aquéllos y la jerarquía que les corresponde con relación a sus varios dentro de la misma organización.

A manera de ejemplo, tómese cuenta del artículo 249 (antiguo artículo 189) del Tratado de la Unión Europea, adoptado en Maastricht en 7 de febrero de 1992 y reformado por el Tratado de Amsterdam de 2 de octubre de 1997:

> Para el cumplimiento de su misión, el Parlamento Europeo y el Consejo conjuntamente, el Consejo y la Comisión adoptarán reglamentos y directivas, tomarán decisiones y formularán recomendaciones o emitirán dictámenes, en las condiciones previstas en el presente tratado.
>
> El reglamento tendrá un alcance general. Será obligatorio en todos sus elementos y directamente aplicable en cada Estado miembro.
>
> La directiva obligará al Estado miembro destinatario en cuanto al resultado que deba conseguirse, dejando, sin embargo, a las autoridades nacionales la elección de la forma y de los medios.
>
> La decisión será obligatoria en todos sus elementos para todos sus destinatarios.
>
> Las recomendaciones y los dictámenes no serán vinculantes.

XIV. Los principios del Derecho Internacional

En el plano de los principios del Derecho Internacional mencionados por el artículo 38.1.c *ejusdem*, cabe observar que éstos deben ser entendidos como principios comunes, abstracciones, esfuerzos de síntesis y de generalización realizadas con la finalidad de que se apliquen dentro del orden jurídico para garantizar su plenitud y también su "coherencia interna", como lo indica *González Campos* o bien su coherencia extrínseca, vale decir, entre el mismo orden internacional y los distintos derechos internos de los Estados, apreciados en su unidad o relación sistemática (*Sorensen*).

Ellos, dado el caso, llenan las lagunas o vacíos normativos a partir de la lectura e interpretación del conjunto, sea de los mismos principios o de las normas contenidas en los distintos ordenamientos internos de los Estados (*in foro domestico*), sea de las propias normas previstas en los tratados o en las costumbres internacionales.

Principios generales de Derecho y principios de Derecho Internacional

Es pertinente precisar, por lo mismo, que los mencionados principios deben ser considerados ora como "principios generales de derecho" según el tenor original y arcaico del artículo 38.1.c del Estatuto de la CIJ citado: principios comunes y generales a los distintos Derechos nacionales ("derechos civil, romano-germánico, *common law*, musulmán", etc.); ora como "principios generales de Derecho Internacional" –a la luz del desarrollo jurisprudencial alcanzado por la disposición convencional en cuestión.

Aquellos, pues, referidos como "principios (...) reconocidos por las naciones civilizadas", expresan la idea según la cual –lo apunta el maestro austríaco *Verdroos*– deben tener una base objetiva en la conciencia jurídica concordante de los pueblos y no se limitan exclusivamente a los conocidos principios procesales sino que median otros sustantivos (igualdad de las partes, reciprocidad en las obligaciones, irretroactividad de las normas, carga de la prueba en el pretendiente, indisposición de derechos por quien no es su titular, contradicción, fuerza mayor como causa de irresponsabilidad, etc.).

Los principios generales de Derecho Internacional, por su parte, aun cuando no tuvieron cabida, lo repetimos, en la exégesis original del señalado artículo 38 del Estatuto de la Corte Internacional de Justicia, ella se refirió luego a los mismos como principios comunes derivados de las normas convencionales o consuetudinarias internacionales, principios generales de Derecho Internacional (*Lotus*, CPJI, 1927), pudiendo citarse como tales y hoy en día a la *pacta sunt servanda* o buena fe en el cumplimiento de las obligaciones contraídas (*Competencia en materia de pesquerías*, CIJ, 1974); el *uti possidetis iuris* (*Fronteras marítimas entre Guinea-Bissau y Senegal*, Sentencia Arbitral 1989); la libertad de comercio; la igualdad de tratamiento y los derechos adquiridos (*Oscar Chinn*, CPJI, 1934); la especialidad de las organizaciones internacionales (*Licitud de la amenaza o el empleo de armas nucleares*, CIJ/1996); la regla de la proximidad territorial (*Canal de Beagle*, Sentencia arbitral, 1978); la soberanía de los Estados sobre sus recursos naturales (*Texaco vs. Libia*, Sentencia arbitral, 1977); el agotamiento de los recursos internos (*Anglo-Iranian Oil Company*, CIJ/1951-1952); el "estoppel" (*Plataforma Continental del Mar del Norte*, CIJ, 1969, *Delimitación de la frontera marítima en el Golfo de Maine*, CIJ, 1984, *Actividades Militares y Paramilitares en Nicaragua*, CIJ,1984, *Electrónica Sicula*, CIJ, 1989).

P.M. Dupuy ha precisado la portada de estos principios de una manera pedagógica:

> A diferencia de la categoría precedente (los principios generales de derecho), (...) son propios al Derecho Internacional. Sus orígenes son diversos, pero, en lo esencial, son producto de la acción conjugada del juez internacional y de la diplomacia normativa de los Estados (...). La característica común a estos principios es su alto nivel de abstracción y su extrema generalización, siendo en efecto la cristalización –a partir de las reglas [internacionales: convencionales o consuetudinarias] correspondientes– de una fórmula simple (...).

El "Derecho de la Carta": principios constitucionales, estructurales o superiores del Derecho Internacional

En todo caso, lo que importa tener presente es que dentro del contexto de tales principios generales de Derecho Internacional, deben ser incluidos los llamados "principios constitucionales o estructurales" del Derecho Internacional y que, a diferencia de todos los anteriores, que son más propios ora de una comunidad internacional de yuxtaposición de Estados soberanos, ora de una sociedad fundada en las ideas de cooperación e interdependencia, corresponden mejor aún a una sociedad internacional institucional, proclive a la protección de intereses comunes y no solo de intereses conjuntos o particulares a los Estados y cuyo elemento integrador es la solidaridad.

Se trata, en efecto, de una categoría que escapa a la idea de subsidiariedad o de servidumbre a los tratados o costumbres internacionales, sujetándolos en sus desarrollos prescriptivos correspondientes. En otras palabras, como bien lo señaló la CIJ (*Reservas a la Convención para la Prevención y Represión del Crimen de Genocidio*, 1951): "son principios reconocidos por las naciones civilizadas como obligantes para los Estados más allá de todo vínculo convencional" y, por consiguiente, son "fundamentales", "esenciales", "cardinales" al mismo ordenamiento internacional (*Actividades militares y paramilitares en Nicaragua y contra ésta*, CIJ, 1986).

En esencia y de un modo general, responderían con propiedad a este concepto la suma de los propósitos y principios contenidos en la Carta de San Francisco (1945), desarrollados luego como "Derecho de la Carta" en los *Principios de Derecho Internacional referentes a las relaciones de amistad y a la cooperación entre los Estados de conformidad con la Carta de las Naciones* (Resolución 2625/XXV de la Asamblea General de 24 de octubre de 1970), y luego reafirmados en la *Declaración con motivo del Cincuentenario de las Naciones Unidas* (Resolución 50/6 de la Asamblea General de 24 de octubre de 1995), a saber:

1. El principio de que los Estados en sus relaciones internacionales se abstendrán de recurrir a la amenaza o al uso de la fuerza contra la integridad territorial o la independencia política de cualquier Estado, o en cualquier otra forma incompatible con los propósitos de las Naciones Unidas.
2. El principio de que los Estados arreglarán sus controversias internacionales por medios pacíficos de tal manera que no se pongan en peligro ni la paz y la seguridad internacionales ni la justicia.
3. El principio relativo a la obligación de no intervenir en los asuntos que son de la jurisdicción interna de los Estados, de conformidad con la Carta.
4. La obligación de los Estados de cooperar entre sí, de conformidad con la Carta.
5. El principio de la igualdad de derechos y de la libre determinación de los pueblos.
6. El principio de la igualdad soberana de los Estados.
7. El principio de que los Estados cumplirán de buena fe las obligaciones contraídas por ellos, de conformidad con la Carta.

Huelga señalar, dentro de éstos, al primer principio –si así cabe titularlo– que le fijó un sentido teleológico a la ONU, a la sociedad internacional nacida de la Segunda Guerra Mundial y que, contemplado primeramente en la Declaración Universal de Derechos Humanos (1948), se ha proyectado con mayor fuerza de cara al tiempo de globalización y posguerra fría que nos acompaña, y ha sido magistralmente enunciado en el documento cincuentenario arriba citado:

> 10. Si bien es necesario tener presente la importancia de las particularidades nacionales y regionales y de los diversos patrimonios históricos, culturales y religiosos, todos los Estados, cualquiera que sea su sistema político, económico y cultural, tienen la obligación de *promover y de proteger todos los derechos humanos y libertades fundamentales*, cuyo carácter universal no admite dudas (...).

XV. La equidad

Entender el significado exacto de la equidad, como fuente del Derecho internacional, hace necesario volver sobre su elaboración conceptual por la filosofía del Derecho, en especial la aristotélica.

De vuelta a Aristóteles

Alrededor de la llamada teoría de la equidad, Aristóteles – el estagirita – ensambla las distintas manifestaciones de su idea del Derecho: gobierno de las leyes; jurisdicción o aplicación prudencial de las leyes a los casos particulares; continuidad de la práctica institucional del Derecho; carácter argumentativo y justificativo de la racionalidad de dicha práctica; por último, contextualización moral y política de la institución jurídica, tal y como lo explica *Jesús Vega* ("La actualidad de la equidad de Aristóteles: Doce tesis antiformalistas sobre el derecho y la función judicial", CEFD, 29, 2014). A la vez, resuelve la antinomia clásica entre iusnaturalistas y positivistas, asumiendo el filósofo griego una concepción tridimensional del Derecho desde una perspectiva constitucional, es decir, como una práctica cuyo énfasis reside en la argumentación y la razón práctica, conectando el derecho con la moral y con la política.

Tres precisiones, según Aristóteles, conviene tener presentes en la cuestión. Una, la idea de que la equidad tiene que ver con la justicia, con el género de lo justo, "pero [que] es sin embargo mejor que la justicia"; lo que quiere decir que la equidad no está más allá o es diferente de la justicia, sino que, teniéndose presente a la justicia conforme a la ley (justicia legal), la justicia con equidad corrige a la anterior. Otra que, siendo la ley siempre deficitaria por universal, es decir, por tomar en cuenta lo más corriente y para todos no puede hacerlo recta o cabalmente en lo particular, errando sin que ello le sea imputable ni a la ley ni al legislador. Y la última, que en la práctica corresponde al juez dicha corrección, el subsanar la insuficiencia, aplicando un juicio de equidad, o sea, resolviendo según "aquello que el legislador mismo habría establecido en su ley si hubiera conocido el caso".

Aristóteles resume, señalando que la equidad es lo "mejor que una clase de justicia [la justicia legal]; no que la justicia absoluta, pero sí que el error producido por el carácter absoluto de la ley"; por lo que ilustra su idea con una imagen adecuada: "Tratándose de lo indefinido, la regla es también indefinida, como la regla de plomo de los arquitectos lesbios, que se adapta a la forma de la piedra y no es rígida".

La exégesis de las obras del filósofo griego relacionadas con la equidad (*Ética a Nicómaco* y *Retórica*) precisa, en suma, refiriéndose a la epieíkeia (talante del hombre bueno y honrado), que, al aplicarse ella a los juicios públicos o particulares, opera como una rectificación de la ley hecha en favor de la justicia, lo que equivale a la misma equidad, que hasta puede llegar a ser indulgencia. El predicado consta en su Ética: "Toda ley es universal y hay casos en los que no es posible tratar las cosas rectamente de un modo universal".

En este orden cabe añadir que, la idea de la igualdad también se le hace presente al hablar de la justicia como virtud – término medio entre dos extremos: la generosidad como intermedia entre la prodigalidad y la tacañería – ya que, a través de la ley, ha lugar al enlace o al tránsito de la ética a la política; es excelencia en acción para maximizar los valores. "Lo justo es lo legal o lo igual", dice Aristóteles al concretar la idea de la justicia universal y contraponerla con la justicia particular: distributiva y correctiva. Se distribuye, en efecto y en principio, de modo igual, pero para evitar la injusticia en la igual distribución entre los desiguales se aplica el criterio de la proporcionalidad; en tanto que, cuando al distribuir de modo igual o conmutativo se causa un daño, procede en justicia su corrección, que puede ser proporcional.

En síntesis, como lo postula un autor de origen mexicano, *Enrique Serrano Gómez* (*La insociable sociabilidad*, Anthropos, Barcelona, 2004), para quien la equidad es un principio de justicia basado en la recta razón (Ídem, "Teoría aristotélica de la justicia", Isonomía 22, México, 2005): "En la medida que en ningún contexto social se puede tener una certeza sobre la validez de las normas vigentes en él, se requiere que la justicia legal sea complementada con la equidad, entendida como la continua corrección de la legalidad de acuerdo con las exigencias de la experiencia" y con vistas – agregaría acaso el propio Aristóteles – a una finalidad guiada por la honradez, a saber, lograr algo mejor y bueno, superior a la justicia legal.

No se olvide que, a diferencia de Tomas Hobbes, autor de El Leviatán, que propone el convivir, el estagirita pide "vivir bien", conforme a una concepción del bien común fijada en la constitución política y señalada como su finalidad última y superior.

Ex aequo et bono y equidad secundum legem

El estatuto de la Corte Internacional de Justicia (CIJ), así las cosas, al enunciar las fuentes que permiten decidir conforme al Derecho internacional las controversias que sean sometidas ante ella, dispone en el artículo 38, numeral 2 que "la presente disposición no restringe la facultad de la Corte para decidir un litigio ex aequo et bono, si las partes así lo convinieren".

No existen precedentes, ni en la Corte Permanente de Justicia Internacional (CPJI) que la antecede, ni en aquélla, acerca de la aplicación expresa de dicha disposición; lo que sí ha ocurrido varias veces en el caso de la justicia arbitral.

Se trata, por lo visto, de una regla de excepción, como lo declara la CPJI en el *Caso de las Zonas Francas de la Alta Saboya y el País de Gex* (CPJI, 1930):

> "Considerando que, por lo tanto, las deliberaciones de la Corte deben servir de base para la solución a que se refiere el párrafo primero del artículo 2 del Acuerdo especial; de hecho, aun suponiendo que no sea incompatible con el Estatuto de la Corte, las Partes le otorgan la facultad de llegar a un acuerdo que no tenga en cuenta los derechos que reconoce y que solo atendería consideraciones de pura oportunidad, tal poder, de naturaleza absolutamente excepcional, debe ser el resultado de un texto positivo y claro, que no está en el compromiso".

Dicha regla, en este orden, puede interpretarse como la posibilidad del juez, previa la señalada autorización de las partes, de anular o excluir de su aplicación una norma de Derecho cuando resulte inequitativa, injusta, según el adagio summum jus summa injuria; a cuyo efecto se debe sentenciar estatutariamente, es decir, creando Derecho, como ocurre en 1938, excepcionalmente, con la decisión sobre la guerra de Chaco entre Bolivia y Paraguay (RSA, vol.III, 1817), cuyo fundamento es el artículo 2 del Tratado de Paz, Amistad y Fronteras suscrito entre dichos estados:

> "La línea fronteriza en el Chaco entre Bolivia y Paraguay (Paraguay y Bolivia) será determinada por los presidentes de las siguientes Repúblicas: Argentina, Brasil, Chile. Los Estados Unidos de América, el Perú y el Uruguay, en su calidad de árbitros de equidad [justos], que, actuando ex aequo et bono, formularán su decisión arbitral".

El propio estatuto de la Corte permite, además, en su artículo 38 citado, aplicar a la resolución de las controversias de que conozca los "principios generales del Derecho", una vez agote las capacidades integradoras de los tratados y la costumbre internacional, y contándose dentro aquellos, según parte de la jurisprudencia, la equidad.

La misma podría entenderse, por consiguiente, como una suerte de apelación a la equitas de los romanos, cuyo propósito es moderar los rigores o colmar las insuficiencias del derecho, solventando sus lagunas o silencios dada la novedad de las circunstancias, tal y como sucede con el arbitraje en el célebre *Caso de la Fundición de Trail entre Estados Unidos y Canadá* (RSAUN, 1938-1941).

No existen para entonces normas sobre contaminación ambiental transfronteriza y los árbitros, innovando, acuden a la analogía tanto como revisan sentencias de derecho interno – de la Corte de los Estados Unidos y de los tribunales suizos - relativas al tema, en los términos en que se los autoriza la convención que organiza el arbitraje:

> "El tribunal debe considerar el derecho y la práctica internacionales, así como la legislación y la práctica de los Estados Unidos en cuestiones comparables, y debe tener en cuenta el deseo de las partes en la Convención de llegar a una solución equitativa para todas las partes involucradas".

Los jueces, al final, reconociendo que, desde Canadá, sin que ella pueda controlar los factores climáticos, se producen emanaciones sulfurosas desde su fábrica de plomo que dañan las tierras agrícolas norteamericanas, le obligan a adoptar todas las medidas bajo su control para poner final a los daños causados, sin aceptar la tesis norteamericana de que lo mismo significaba un atentado a la integridad del territorio del Estado afectado.

La equidad puede, en igual orden, como concepto normativo aludir a la equity anglosajona, cuyo propósito vendría a ser o servir de regla de interpretación – antes que de anulación o exclusión del Derecho como lo sugiere el ex aequo et bono - según lo que sea razonable, equitativo, honesto; ello, por cuanto toda regla de derecho debe ser, en principio, equitativa, a la vez que debe ser interpretada equitativamente. No por azar, se la ha considerado –a la equidad– como principio general de Derecho internacional. Las explicaciones del juez Hudson (*Caso del Uso de las Aguas del Río Mosa*, CPJI, 1937) son al respecto iluminadoras:

> "Las reglas conocidas como principios de equidad han sido consideradas durante mucho tiempo como una parte del derecho internacional y, como tales, aplicadas por tribunales internacionales. Una distinción clara entre ley y equidad, como lo estipulan ciertos Estados en la administración de justicia, no debería encontrar un lugar en la jurisprudencia internacional; incluso en algunos sistemas jurídicos nacionales ha habido una fuerte tendencia a fusionar la ley y la equidad. Algunos tribunales internacionales están expresamente autorizados por el compromiso que gobierna sus actividades a aplicar "ley y equidad". En una disposición de esta naturaleza, un tribunal especial de la Corte Permanente de Arbitraje dijo, en 1922, que "la mayoría de los juristas internacionales parecen estar de acuerdo en que estas palabras deben entenderse como principios generales del Derecho, apartados de cualquier sistema particular de jurisprudencia. En los últimos años, muchos tratados de arbitraje han establecido que se apliquen a las controversias "que en razón de su naturaleza hacen permisible una decisión que aplique los principios del Derecho o la equidad al ser juzgadas". Que el tratado de arbitraje se refiera a la aplicación del "Derecho o la equidad" o la justiciabilidad de la disputa dependa de la posibilidad de aplicar "Derecho o equidad", puede estar sugiriendo que se considere a la equidad como parte de la ley. El Tribunal no ha sido expresamente autorizado por su Estatuto a aplicar los principios de equidad considerados independientemente de los principios de la ley. El Estatuto no ordena expresamente que la Corte aplique el derecho internacional, pues, como se ha dicho en varias ocasiones, el Tribunal es un tribunal de derecho internacional. El artículo 38 del Estatuto prescribe expresamente la aplicación de los "principios generales de derecho reconocidos por las naciones civilizadas", y más de una nación, en su ordenamiento jurídico, da cabida a los principios de equidad. El reconocimiento por el Tribunal de la imparcialidad como parte del derecho internacional no está de ninguna manera restringido por la facultad especial que se le confiere (para decidir ex aequo et bono si las partes están de acuerdo). Debemos, por tanto, concluir que, en virtud del artículo 38 del Estatuto, si no es independiente de este artículo la Corte tiene cierta libertad para considerar los principios de equidad como parte del derecho internacional que debe aplicar".

En otras palabras y resumiendo, la idea del *ex aequo et bono* podría señalar a la equidad *contra legem*, en defecto del Derecho, lo que aún no tiene antecedentes en la jurisprudencia, si bien la autoriza el Estatuto de la CIJ; la equidad *praeter legem*, es decir cuando viene a llenar o colma lagunas dentro del Derecho; la equidad *secundum o propter legem*, como base para la interpretación justa de la norma de Derecho, a la que se refiere el juez Hudson, también llamada equidad *infra legem*, regularmente aplicada por la jurisprudencia sobre el Derecho internacional del mar: "la norma jurídica será aplicada, pero imprimiéndole un contenido equitativo", señala Robayo Galvis.

Con sus variantes, las perspectivas anteriores las ofrecen autores como Michel Virally ("L'équité dans le droit : à propos des problèmes de délimitation maritime", en la obra colectiva *Le droit international à l'heure de sa codification*. Etudes en l'honneur de Roberto Ago, Milan, Dott. A. Giuffrè Editore, 1987, vol. II) y Dominique Carreau (et Fabrizio Marella, *Droit international*, Pedone, Paris, 2012).

Equidad y justicia

Precisado lo anterior, no huelga nos detengamos un instante en lo relativo a las señaladas relaciones de la equidad con el Derecho, Ello puede sugerir tautología, pues el artículo 38, numeral 2 del estatuto de la Corte Internacional de Justicia, que es una norma de Derecho, es la que autoriza al juez a decidir *ex aequo et bono* las controversias que le sean sometidas, o a hacerlo con apego en los principios generales del Derecho, conforme al numeral 1 ejusdem. Se trata, en concreto, de resolver cuanto le preocupa o sugiere Dominique Carreau, es decir, que la importancia de la noción, usada de modo creciente por la Corte de La Haya, se sitúe en medio de dos vías que se cruzan, una, la de juzgar conforme a Derecho, otra, la de aplicar el viejo principio de Salomón.

Téngase presente que, dada la decisión de la CIJ de 18 de diciembre de 2020 declarándose competente para conocer de la reclamación guyanesa contra Venezuela por el Laudo arbitral de 1899, y la posibilidad de que decida, en la hipótesis de aceptar la nulidad del Laudo de 1899, sobre la demarcación territorial entre ambas naciones, quedando las cosas en "el estado en que se hallaba la controversia en los orígenes" – visto que el Acuerdo precisa que ha de tratarse de "soluciones satisfactorias para el arreglo práctico de la controversia" – resultan pertinentes las siguientes consideraciones.

No se olvide que, la Corte Internacional de Justicia, en el caso de la Delimitación de la plataforma continental entre Túnez y la Jamahiriya Árabe Libia (CIJ, 1982), afirma que "en la historia de los sistemas jurídicos, el término equidad se ha utilizado para referirse a varios conceptos jurídicos, y la equidad se ha opuesto a menudo a las rígidas reglas de la ley positiva, cuyo rigor debe atenuarse para que se haga justicia".

La posibilidad de excluir la norma de Derecho y en su defecto decidir de acuerdo a la equidad, parecería rechazarla, en efecto, la misma Corte de La Haya en su sentencia de La plataforma continental del Mar del Norte (1969), al señalar que "no se trata de aplicar la equidad simplemente como una representación de la justicia abstracta, sino de aplicar una norma de derecho que prescribe el uso de principios equitativos de conformidad con las ideas que siempre han inspirado el desarrollo del régimen jurídico de la plataforma continental ... ". La cuestión o esta perspectiva la precisa, de modo directo, el juez ad hoc Evensen al señalar que "aunque la equidad formaba parte del Derecho internacional, no podía operar en un vacío jurídico" (*Caso Túnez vs. Jamahiriya Árabe Libia*, 1982, cit.).

Sin embargo, como luego lo aclara la misma Corte en fallo posterior sobre la Delimitación marítima en el Golfo de Maine (1984), dictado bajo la dirección del juez Roberto Ago, se trata de "la aplicación de criterios equitativos, es decir, criterios tomados de la equidad pero que, si se los llama principios "o" criterios, como la Cámara lo considera preferible por motivos de claridad, no son en sí mismos principios y normas de derecho internacional".

En otras palabras, tratándose de la materia que aborda la Corte, su criterio es que resulta erróneo buscar en el Derecho internacional general reglas que el mismo no provee, a cuyo efecto, como reza su decisión, lo que corresponde es "que la delimitación no se lleve a cabo unilateralmente y que se lleve a cabo en todos los casos mediante la aplicación de criterios equitativos y mediante el uso de métodos prácticos capaces de garantizar dada la configuración geográfica de la región y las otras circunstancias relevantes del caso, un resultado justo".

M. Virally, mencionado, subraya asímismo que el Estatuto de la Corte pide del juez sentencias ex aequo, pero a la vez et bono; de donde ambos términos son inseparables, dentro de la mejor perspectiva aristotélica. Ha de resolver conforme a la equidad, pero su decisión ha de ser buena, razonable, proclive al apaisement (apaciguamiento, normalización) de las relaciones entre las partes en controversia. Se trata de decidir con sentido de clausura, o sea, dando por finalizada la controversia de un modo sustantivo y no solamente formal.

> "La equidad se usa a menudo como sinónimo de justicia, lo que no hace fácil su definición. De ordinario el juez (o el árbitro) administra justicia. Sus decisiones deben ser correctas. Y, en la mayoría de los casos, la justicia surge de la aplicación exacta de la ley, a la que ambas partes están igualmente sujetas y que debe regular sus comportamientos. De donde la exclusión del Derecho sería una injusticia hacia la parte que le era fiel, en beneficio de quien no la respeta. De allí que, en cuanto a su uso más común, la equidad ha de entenderse como una intuición directa de lo que está bien o mal en una situación particular", señala el autor.

Advierte éste, a la vez, que la expresión, por su raíz, a menudo se usa como sinónimo de igualdad, lo que apareja consecuencias concretas sobre la particularidad de la situación en la que se aplica. La equidad requiere, así, que las cosas iguales sean tratadas como iguales, y las desiguales de un modo desigual, con lo que una decisión en equidad, por tener que ver con la otra idea que le es necesaria, la de proporcionalidad, vale sólo para el caso concreto juzgado o decidido, sin que pueda extenderse su solución a otros casos.

Ambas perspectivas, la de Hudson por una parte y la de Ago, por la otra, recogidas ambas en la explicación de Virally, ya el Instituto de Derecho Internacional, en 1937, bajo relación que presenta Eugène Borel, las sistematiza mediante una resolución sobre la competencia del juez internacional para aplicar la equidad, disponiendo lo siguiente:

1. Que la equidad es inherente, normalmente, a una sana aplicación del derecho, y que, al juez internacional, tanto como el juez nacional, se le debe pedir tomarla en cuenta en una medida compatible con el resto del derecho.
2. Que el juez internacional tiene que encontrarse autorizado por el derecho en vigor para dictar su sentencia en equidad, a menos que reciba una autorización clara y expresa de las partes en sentido contrario.

Un ejemplo preciso, que sirve de experiencia adecuada acerca de lo anterior, lo representa, como lo creemos, la norma, que es de Derecho, contenida en el llamado Acuerdo de Ginebra o Acuerdo para resolver la controversia entre Venezuela y el Reino Unido de Gran Bretaña e Irlanda del Norte sobre la frontera entre Venezuela y Guayana Británica (hoy Guyana), de 17 de febrero de 1966, que funda en Derecho – las disposiciones del citado Acuerdo – la posibilidad de resolver «al margen del Derecho» estricto.

En efecto, arguyéndose por la parte venezolana la nulidad del Laudo arbitral de 1899, que fija la frontera geográfica entre ambas entidades políticas y dada la contención así planteada, se acordó, sean cuales fueren los medios para la solución (de suyo la solución judicial por ante la CIJ), "buscar soluciones satisfactorias para el arreglo práctico de la controversia", a la vez que "completo", tal y como lo prescriben los artículos I y IV del señalado instrumento normativo internacional.

La equidad en la jurisprudencia sobre delimitaciones

De dos maneras puede proceder la Corte Internacional de Justicia al aplicar la equidad en sus sentencias, ora conforme a la disposición ex aequo et bono, lo que se le ha impedido hasta el presente como lo indicásemos antes, ora como método para colmar el Derecho, o de conciliación e interpretación de las normas del derecho internacional, en modo de alcanzar una "solución justa" para ambas partes, como lo revela su jurisprudencia. La última perspectiva la muestran, de modo preferente, sus decisiones sobre delimitaciones de fronteras.

A diferencia de las delimitaciones terrestres, que ordinario cuentan con títulos y sus tradiciones facilitando su resolución de pleno derecho, no ocurre lo mismo con las delimitaciones marítimas; lo que ha llevado, incluso al derecho escrito, como el que consta en el artículo 83 de la Convención de Montego Bay (Convención de las Naciones Unidas sobre el Derecho del Mar, 1982) a afirmar la idea de las soluciones prácticas y equitativas al respecto, desplazando a la misma regla la "equis distancia" que venía evolucionando en la materia pero que puede terminar siendo inequitativa:

> "1. La delimitación de la plataforma continental entre Estados con costas adyacentes o situadas frente a frente se efectuará por acuerdo entre ellos sobre la base del derecho internacional, a que se hace referencia en el artículo 38 del Estatuto de la Corte Internacional de Justicia, a fin de llegar a una solución equitativa. 2. Si no se llegare a un acuerdo dentro de un plazo razonable, los Estados interesados recurrirán a los procedimientos previstos en la Parte XV. 3. En tanto que no se haya llegado al acuerdo previsto en el párrafo 1, los Estados interesados, con espíritu de comprensión y cooperación, harán todo lo posible por concertar arreglos provisionales de carácter práctico y, durante este período de transición, no harán nada que pueda poner en peligro u obstaculizar la conclusión del acuerdo definitivo. Tales arreglos no prejuzgarán la delimitación definitiva. 4. Cuando exista un acuerdo en vigor entre los Estados interesados, las cuestiones relativas a la delimitación de la plataforma continental se determinarán de conformidad con las disposiciones de ese acuerdo".

Esta "legalización de la equidad", no obstante, no la hace perder su naturaleza o entidad propia, pues Ago ya se encarga de precisar –lo mencionamos supra– que se ha de hablar de criterios de equidad y no de principios de equidad, que arriesgan ser confundidos con los principios del Derecho, en su parecer. Pero, incluso así, parte de la doctrina invocada observa que, a lo largo de su jurisprudencia – la relativa a delimitaciones – la CIJ ha venido aplicando una equidad infra legem, no contra legem, y que las insatisfacciones de algunas de las partes en los casos conocidos, una vez sentenciados, tienen lugar por confundir éstas equidad con igualdad o proporcionalidad o por asimilarla a la norma contenida en el artículo 38 del Estatuto de la Corte, que autoriza el dictado de sentencias ex aequo et bono, es decir, separadas del derecho.

Así las cosas, la CIJ ha tratado y aplicado la equidad en el Caso de la delimitación de la plataforma continental entre Libia y Túnez (CIJ, 1982) y en el Caso relativo a la plataforma continental (*Jamahiriya Árabe Libia vs. Malta* (CIJ, 1985).

En el primero, la Corte, teniendo en cuenta que debe darle un espacio preponderante para decidir a la equidad, pero reconociendo no estar autorizada en el mismo para estatuir ex aequo et bono, le otorga a ella, no obstante, una portada laxa que casi la lleva a ser aplicada – como lo dice el juez Evensen – sobre "un vacío jurídico" inaceptable:

> "La equidad de un principio debe ser apreciada según su utilidad para alcanzar un resultado equitativo. Todos los principios no son en sí mismos equitativos: es la equidad de la solución lo que le confiere dicha cualidad", señala la Corte, con lo que, según su criterio, "cada litigio relativo a la plataforma continental debe ser resuelto en función de criterios que le sean propios, pues no se puede elaborar una construcción abstracta para ser generalmente aplicados como principios y reglas relativos a la plataforma continental".

En el segundo caso, no obstante, la CIJ sí señala reglas al respecto:

> "el principio de que no puede intentarse rehacer la geografía; el principio de no invasión por una parte de las zonas pertenecientes a la otra; el principio del respeto debido a todas las circunstancias pertinentes; el principio de que "equidad no implica necesariamente igualdad" y de que no puede tratarse de justicia distributiva".

Progresivamente, como lo advierte la doctrina, la CIJ, al apelar a la equidad como método de interpretación de las normas de derecho internacional sobre la materia, ha ido sistematizando las fases de esa metodología, así:

> (1) *Identificación de las "circunstancias pertinentes"* (especiales, las denomina la Convención de Ginebra de 1958 sobre la plataforma continental) o caracterización de la situación del área a delimitar y que ha de someterse a un análisis jurídico; debiendo aquellas ser detalladas a la vez que "pertinentes", es decir, no limitarse sólo a las que puedan interesar a un geógrafo o un geólogo sino incluir también las de orden histórico o de otro orden, a manera de ejemplos; circunstancias que la propia CIJ (Delimitación marítima en el Mar Negro, 2009) define como los hechos o realidades que necesariamente deben tenerse en cuenta en el proceso de delimitación, en la medida que incidan en la obtención de un resultado equitativo, como por ejemplo, en primer término, las propiamente geográficas (Configuración de las costas y su longitud y proporcionalidad, existencia de rocas o islas o elevaciones, geo-morfología) y otras, como la economía y los recursos naturales, la economía tradicional, la posición socio-económica del Estado, la presencia de otros Estados que no hacen parte directa de la controversia, la seguridad y defensa). Así lo enuncia Wilfredo Robayo Galvis ("La equidad como elemento fundamental de los procesos de delimitación marítima en la jurisprudencia de la Corte Internacional de Justicia", Derecho del Estado, 38, Universidad Externado de Colombia, 2017).
>
> (2) *Determinación de los efectos y del peso de cada circunstancia* en el conjunto, pues todas son pertinentes, pero no idénticamente importantes, y que han de referirse a estándares, que por cierto no ha fijado aún la jurisprudencia.
>
> (3) *Completar con el razonamiento en equidad*, es decir, constatar que la identificación de las circunstancias y la fijación de sus pesos respectivos conduce a un resultado equitativo, ya que cada una de las dos primeras operaciones puede mostrarse como tal, pero no ser equitativa al mirar el conjunto. La técnica o el razonamiento práctico de la equidad, excluye, sin mengua de su carga de subjetivismo y por buscarse lo equitativo, toda arbitrariedad en la resolución del respectivo caso.

Mirándose la práctica jurisprudencial de la CIJ, las operaciones de delimitación judicial de ordinario parten de un primer trazado provisional que se guía por algunos de los principios de equidad antes citados (no penetración en la prolongación natural de un Estado, división por igual de las áreas de superposición, inexistencia de un método obligatorio de delimitación, no remodelación total de la geografía, no equivalencia entre equidad e igualdad/proporcionalidad) y que luego se contrasta con las enunciadas circunstancias pertinentes y relevantes; dejando para el final el análisis llamado de "desproporcionalidad": El juez determina si advierte o no una "desproporción marcada" (CIJ, Disputa territorial y marítima entre Colombia y Nicaragua, 2012), lo que no significa que aplique un criterio de proporcionalidad como sinónimo de equidad.

Lo importante de considerar es que en lo relativo a las delimitaciones de los espacios marítimos, e incluso en los terrestres, cada delimitación es especial o particular. No rige para ellas una regla de fondo constante y cerrada que haya sido establecida hasta ahora por el Derecho internacional o la jurisprudencia, salvo en lo atinente a los límites exteriores de los espacios marítimos (mar territorial, zona económica exclusiva, plataforma continental). De allí la recurrencia frecuente a la equidad, como cabe repetirlo. Lo que no quiere decir que no existan normas – que las hay – sobre las operaciones de delimitación, cosa distinta de la determinación o trazado de una línea de delimitación particular. Hay, en efecto, soporte normativo para definir "títulos" que puede invocar cada parte y estimar su valor, según el comportamiento histórico de esa parte ante situaciones hecho o toleradas por ella: aquiescencia o estoppel (*Caso concerniente al Templo de Preah Vihear*, CIJ, 1962), sobre los acuerdos formales o informales que haya realizado con la otra parte al respecto y sus validaciones conforme al Derecho de los tratados, lo que no siempre es tarea fácil.

XVI. Codificación internacional

En cuanto al estudio de los principios y normas que hacen parte y dan textura al Derecho Internacional, cabe referir brevemente la tarea crucial que cumple, para una precisa determinación de los mismos, su codificación. Y no huelga introducir, por vía preliminar, algún comentario general sobre esta actividad en el mundo del Derecho.

Orígenes de la codificación

Como se sabe, fue en el ámbito interno de los Estados donde se inaugura a partir del siglo XVIII la llamada racionalización y ordenación de las normas jurídicas, en modo tal que el Derecho ofrezca estabilidad, seguridad y certidumbre jurídicas. Y así, por consiguiente, el conjunto anárquico de disposiciones de todo orden y procedencia que regulaban los distintos aspectos de la vida cotidiana dio origen a los célebres códigos civil, mercantil, penal, procesales, etc.

La exigencia de generalidad y abstracción de las normas, escritas y dispuestas para que pudiesen traspasar el tiempo y los particularismos humanos, fue punto de reflexión para la metodología de la ciencia del Derecho.

En el caso de Alemania, tal y como lo recuerda a título de ejemplo *Winfried Hassemer*, del Instituto de Filosofía del Derecho de la Universidad de Munich, desde los inicios del siglo XX "la codificación se constituye en la condición básica de la actuación judicial". Y, en una tendencia hoy cuestionada y que comienza a superarse, "de manera más o menos exacta y visible grandes cuerpos legales prescriben al juez las normas según las cuales ha de decidir los casos que ante él se presenten".

> [L]as decisiones jurídicas particulares –como lo recuerda *Hassemer*, antes de señalar que en la actualidad los jueces comienzan a crear Derecho con sus propias decisiones– son pronosticables de antemano, puesto que fluyen de la norma jurídica que ya ha sido formulada con anterioridad.

El juez subsume cada caso en la norma precisa codificada, que nace de una labor conjunta entre la teoría del Derecho y la metodología jurídica.

Significado de la codificación internacional

En el campo jurídico internacional, teniéndose presente la naturaleza de la comunidad de los Estados soberanos y, por lo mismo, sin que se aspire a una fijación general y universal, exacta e inmutable de cada norma jurídica y sobre el modo de su eventual interpretación y aplicación a casos reales, la codificación adquiere una significación y necesidad de mayor relieve y advierte, paralelamente, severas dificultades para su realización. Ello, dado que la fuente normativa tradicional y de mayor arraigo en el Derecho Internacional ha sido la consuetudinaria, el Derecho no escrito; o la circunstancia anotada, de que corresponde a los Estados –hacedores y destinatarios de las normas y de ordinario con intereses tanto contrapuestos como complejos de ajustar recíprocamente– acordar o convenir sobre el texto o tratado de codificación en el que se recojan los resultados de la labor codificadora, reduciéndose, por ende, la generalidad de su aplicación.

Al margen de los esfuerzos de sistematización de las normas jurídicas internacionales realizados a partir del siglo XIX por juristas de trayectoria, por conferencias internacionales especializadas –como las Conferencias de La Haya– y por institutos privados que reúnen a estudiosos y académicos de la materia –como el Instituto de Derecho Internacional o el Instituto Hispano Luso Americano de Derecho Internacional–, lo cierto es que la labor codificadora toma cuerpo y estabilidad durante el siglo XX y luego de finalizada la Segunda Guerra Mundial.

La profunda transformación operada dentro del seno de la comunidad internacional de los Estados y el avance progresivo hacia su institucionalización, y asimismo la inserción de un número significativo de nuevos Estados independientes provistos de exigencias y de reclamos por un Nuevo Orden afincado en la idea de la Justicia, en lo particular aquellos que emergieron de la descolonización –africanos, asiáticos, caribeños angloparlantes–, fue determinante para el impulso renovado de la codificación internacional. Ya no se trataba sólo de la certeza y seguridad de las normas internacionales en vigor y de su mayor o menor abstracción y generalidad; era indispensable ajustar las reglas del orden clásico y paritario de los Estados soberanos a la emergencia de un mundo distinto, signado por nuevos peligros, diversos actores y una más compleja realidad social subyacente, desbordante de las ficciones propias a la soberanía, igualdad e independencia formal de todos y cada uno de los Estados, como sujetos y miembros por excelencia de la comunidad internacional.

La Comisión de Derecho Internacional

La Carta de San Francisco, en su artículo 13.1.a, por consiguiente, estableció como función específica de la Asamblea General de la ONU "impulsar el desarrollo progresivo del Derecho Internacional y su codificación"; la cual, acto seguido, estableció la célebre Comisión de Derecho Internacional integrándola con miembros calificados en la materia e independientes de sus Gobiernos, amén de representativos de los diversos sistemas o civilizaciones jurídicas del mundo. El Estatuto de la CDI fue aprobado, así, mediante la Resolución 174/II de la Asamblea General de la ONU, el 21 de noviembre de 1947.

La CDI tiene a su cargo, desde entonces y a la luz de las realidades internacionales sobrevenidas, la función de (1) codificar, es decir, de sistematizar y de precisar las normas de Derecho Internacional que resultan de la práctica conocida de los Estados y de la doctrina y jurisprudencia internacionales dominantes; y, (2) de contribuir, mediante la elaboración de proyectos de acuerdos o convenios internacionales específicos, al desarrollo progresivo del Derecho en aquellas áreas o temas propios a la comunidad internacional carentes de regulaciones o cuyas normas no se han desarrollado suficientemente.

Roberto Ago, ya fallecido y antiguo Presidente de la Corte Internacional de Justicia, fue uno de los miembros más relevantes de la CDI y, en lo particular, autor de la mayoría de los informes que dieran lugar a la redacción de artículos que codifican el régimen sobre la responsabilidad internacional de los Estados por hechos internacionalmente ilícitos. Dada la preocu-pación expresada por algunos Estados en cuanto a las labores de la CDI, que en ejercicio de sus funciones podría estar tentada a traspasar su neta función codificadora para transformarse en una suerte práctica de órgano legislativo internacional, Ago tuvo la lucidez y la valentía de observar que la codificación impone, necesariamente y a la luz de la realidad internacional vigente, tres operaciones fundamentales:

(a) Definir las normas internacionales en vigor;

(b) Adaptarlas a las necesidades actuales; y

(c) Ayudar a crear aquellas normas necesarias para ordenar las relaciones internacionales en los campos donde la práctica de los Estados ha sido insuficiente, o donde ésta no ha llegado a cristalizar como costumbre internacional vinculante.

Hasta el momento, la CDI ha contribuido con sus trabajos a la fragua de diversos tratados y acuerdos internacionales, y también de Proyectos de artículos que tocan la columna vertebral del sistema jurídico internacional y que cubren también áreas cruciales de su competencia.

El Comité Jurídico Interamericano

En el ámbito regional de las Américas, la Carta de la OEA, luego de su reforma en 1967, dispuso, en su artículo 52 y en el Capítulo XV (artículos 104 a 110), la existencia del Comité Jurídico Interamericano como uno de sus órganos. A diferencia de la CDI, el mencionado Comité de la OEA "representa al conjunto de los Estados miembros" y queda integrado por once juristas nacionales, quienes asumen, entre sus funciones "promover el desarrollo progresivo y la codificación del Derecho Internacional".

Textos fundamentales

A manera de síntesis, podrían citarse como instrumentos que, luego de la Primera y Segunda Guerras Mundiales hasta el presente han codificado los principios y normas del Derecho Internacional universal y regional, en sus aspectos fundamentales, los siguientes:

a) Principios y normas constitucionales

Universales

Artículo 2 de la Carta de San Francisco (1945).

Confirmación de los principios de Derecho Internacional reconocidos por el Estatuto del Tribunal de Nüremberg (Resolución ONU 95/I,1946).

Principios de Derecho Internacional reconocidos por el Estatuto del Tribunal de Nüremberg y sus sentencias (CDI/1950).

Declaración sobre la inadmisibilidad de la intervención en los asuntos internos de los Estados y protección de su independencia y soberanía (Resolución ONU 2131/XX, 1965).

Declaración sobre los principios de Derecho Internacional referentes a las relaciones de amistad y a la cooperación entre los Estados de conformidad con la Carta de las Naciones Unidas (Resolución ONU 2625/XXV,1970).

Declaración de la Conferencia de las Naciones Unidas sobre el medio humano (1972).

Principios de cooperación internacional en la identificación, detención, extradición y castigo de los culpables de crímenes de guerra, o de crímenes de lesa humanidad (Resolución ONU 3074 /XXVIII, 1973).

Declaración sobre la inadmisibilidad de la intervención y de la injerencia en los asuntos internos de los Estados (Resolución ONU 36/103, 1981).

Declaración de Naciones Unidas sobre el medio ambiente y el desarrollo (1992).

Declaración con motivo del cincuentenario de las Naciones Unidas (Resolución ONU 50/6, 1995).

Regionales

Protocolo adicional relativo a No-intervención (1933).

Artículo 3 de la Carta de la OEA (1948), reformada por el Protocolo de Washington (1992).

Fortalecimiento de los principios de No-intervención y autodeterminación de los pueblos y medidas para garantizar su observancia (Resolución OEA 78-II-0/72, 1972).

b) Formación del Derecho Internacional convencional

Universales

Convención de Viena sobre Derecho de los Tratados (1969).

Convención de Viena sobre Derecho de los Tratados entre Estados y organizaciones internacionales o entre organizaciones internacionales (1986).

Regionales

Convención sobre tratados (1928).

Normas sobre reservas a los tratados multilaterales interamericanos y reglas para la Secretaría General como depositaria de tratados (Resolución OEA 888-XVII-0-87, 1987).

Procedimiento para la corrección de errores en tratados y convenciones de las cuales la Organización de los Estados Americanos es depositaria (Resolución OEA 1484-XXVII-O/97, 1997).

Procedimientos para la elaboración y adopción de instrumentos jurídicos interamericanos en el ámbito de la Organización de los Estados Americanos (Resolución OEA 1634-XXIX-O/99, 1999).

c) Sujetos de derechos y de obligaciones internacionales

• Estatuto del Estado y sucesión de los Estados

Universales

Proyecto de declaración sobre derechos y deberes de los Estados (Resolución ONU 375/IV, 1949).

Carta de derechos y deberes económicos de los Estados (Resolución ONU 3281/XXIX,1974).

Convención de Viena sobre la sucesión de Estados en materia de tratados (1978).

Convención de Viena sobre la sucesión de Estados en materia de bienes, archivos y deudas de Estado (1983).

Resolución 16 sobre la sucesión de Estados en materia de tratados internacionales de Derechos Humanos (Comisión de Derechos Humanos/ONU, 1994).

Proyecto de artículos sobre la nacionalidad de las personas naturales en relación con la sucesión de Estados (Resolución ONU A/55/153, 2000)

Convención de las Naciones Unidas sobre las inmunidades jurisdiccionales de los Estados y de sus bienes (2004).

Regionales

Convención sobre derechos y deberes de los Estados en casos de luchas civiles (1928).

Convención sobre derechos y deberes de los Estados (1933)

Proyecto de Convención Interamericana sobre inmunidad de jurisdicción de los Estados (CJI, 1983).

Protocolo a la Convención sobre derecho y deberes de los Estados, en caso de luchas civiles (1957)

• Estatuto de las organizaciones internacionales

Universales

Carta de las Naciones Unidas (1945).

Regionales

Carta de la Organización de los Estados Americanos (1948), reformada mediante los Protocolos de Buenos Aires (1967), Cartagena de Indias (1985), Washington (1992), y Managua (1993).

• Estatuto del individuo

(I) DERECHOS HUMANOS

Universales

Declaración universal de Derechos Humanos (Resolución ONU 217/III, 1948).

Pacto internacional de derechos económicos, sociales y culturales (1966).

Pacto internacional de derechos civiles y políticos y Protocolo Facultativo (1966).

Segundo Protocolo facultativo al Pacto internacional de derechos civiles y políticos, destinado a abolir la pena de muerte (1989).

Declaración sobre el derecho y deber de los individuos, los grupos y las instituciones de promover y proteger los Derechos Humanos y las libertades fundamentales universalmente reconocidos (Resolución ONU 53/144, 1998).

Regionales

Declaración americana de los derechos y deberes del hombre (XXX/1948).

Convención americana sobre Derechos Humanos (1969).

Protocolo de San Salvador, adicional a la Convención americana sobre Derechos Humanos en materia de derechos económicos, sociales y culturales (1988).

Protocolo adicional a la Convención americana sobre Derechos Humanos, relativo a la abolición de la pena de muerte (1990).

(2) Nacionalidad

Universales

Artículos sobre la nacionalidad de las personas naturales en relación con la sucesión de Estados (Resolución ONU 55/153, 2000).

Regionales

Convención sobre nacionalidad (1933).

(3) Extranjería

Convención sobre la condición de los extranjeros (1928).

(4) Asilo y extradición.

Convención sobre asilo (1928).

Convención sobre asilo político (1933).

Convención sobre extradición y cláusula opcional (1933).

Convención sobre asilo diplomático (1954).

Convención sobre asilo territorial (1954).

Convención interamericana sobre extradición (1981).

d) Relaciones diplomáticas

Universales

Convenio de Londres sobre privilegios e inmunidades de las Naciones Unidas (1946).

Convención de Viena sobre relaciones diplomáticas (1961).

Convención de Viena sobre relaciones, privilegios e inmunidades consulares (1963) y Protocolos facultativos.

Convención de Nueva York sobre las misiones especiales (1969).

Convención sobre la prevención y castigo de crímenes contra personas internacionalmente protegidas, incluidos los agentes diplomáticos (1973).

Convención de Viena sobre la representación de los Estados en sus relaciones con las organizaciones internacionales de carácter universal (1975)

Regionales

Convención sobre funcionarios diplomáticos (1928).

Convención sobre agentes consulares (1928).

Acuerdo sobre privilegios e inmunidades de la Organización de los Estados Americanos (1949).

e) Responsabilidad internacional y protección diplomática

- Responsabilidad de los Estados

Universales

Responsabilidad de los Estados por hechos internacionalmente ilícitos (Resolución ONU 56/83, 2002).

Proyecto de artículos sobre prevención del daño fronterizo resultante de actividades peligrosas y de Principios sobre la asignación de la pérdida en caso de daño transfronterizo resultante de actividades peligrosas (Resolución ONU A/RES/62/68, 2007).

Regionales

Postulados americanos (CJI, 1961).

Cláusulas Murdock (CJI, 1965).

• Responsabilidad penal del individuo y persecución del terrorismo y la delincuencia trasnacional

Universales

Acuerdo de Londres para la persecución y castigo de los grandes criminales de guerra de las potencias europeas del Eje y sobre el Estatuto del Tribunal Militar Internacional de Núremberg (1945).

Extradición y castigo de criminales de guerra (Resolución ONU 3/I, 1946).

Convención para la prevención y sanción del delito de genocidio (1948).

Convención sobre la imprescriptibilidad de los crímenes de guerra y de los crímenes de lesa humanidad (1968).

Convención sobre la prevención y castigo de crímenes contra personas internacionalmente protegidas, incluidos los agentes diplomáticos (1973).

Principios de cooperación internacional en la identificación, detención, extradición y castigo de los culpables de crímenes de guerra y crímenes de lesa humanidad (Resolución ONU 3074/XXVIII, 1973).

Convención internacional contra la toma de rehenes (1979)

Declaración sobre medidas para eliminar el terrorismo Internacional (Resolución ONU 49/60, 1994).

Proyecto de Código de Crímenes contra la Paz y la Seguridad de la Humanidad (CDI/1996).

Convención internacional para la represión de los atentados terroristas cometidos con bombas (1997).

Estatuto de Roma de la Corte Penal Internacional (1998).

Convención internacional para la represión de la financiación del terrorismo (1999).

Convención de las Naciones Unidas contra la delincuencia organizada trasnacional (2000).

Protocolo contra el tráfico ilícito de migrantes, que complementa la Convención de las Naciones Unidas contra la delincuencia organizada (2000).

Protocolo para prevenir, reprimir y sancionar la trata de personas, que complementa la Convención de las Naciones Unidas contra la delincuencia organizada (2000).

Resolución 1373 del Consejo de Seguridad de las Naciones Unidas, sobre el terrorismo (2001).

Convención de las Naciones Unidas contra la corrupción (2003).

Resolución 1540 del Consejo de Seguridad de las Naciones Unidas, sobre agentes no estatales con armas nucleares, químicas o biológicas y sus sistemas vectores (2004).

Convenio internacional para la represión de los actos de terrorismo nuclear (2005).

Regionales

Convención para prevenir y sancionar actos de terrorismo (1971).

Convención interamericana contra la corrupción (1996).

Convención interamericana contra el terrorismo (2002).

• Protección diplomática

Proyecto de artículos sobre la protección diplomática (CDI/ 2006).

f) Prevención y solución pacífica de controversias

Universales

Convención de La Haya para la solución pacífica de controversias internacionales (1907).

Acta General de Arbitraje o para el arreglo pacífico de las diferencias internacionales (1928) y Restitución de su eficacia inicial (Resolución ONU 268 A/III, 1949).

Estatuto de la Corte Internacional de Justicia (1945).

Modelo de reglas sobre el procedimiento arbitral (CDI, 1958).

Convenio de Washington sobre arreglo de controversias en materia de inversiones entre Estados y nacionales de otros Estados (BIRF/1965).

Reglamento de la Corte Internacional de Justicia (1978).

Declaración de Manila sobre el arreglo pacífico de las controversias (Resolución ONU 37/10, 1982).

Declaración sobre la prevención y la eliminación de controversias y de situaciones que puedan amenazar la paz y la seguridad internacionales y sobre el papel de las Naciones Unidas en esa esfera (Resolución ONU 43/51, 1988).

Estatuto del Tribunal Internacional del Derecho del Mar (1982)

Normas Modelo de las Naciones Unidas para la conciliación de controversias entre Estados (Resolución 50/50, 1996).

Reglamento del Tribunal Internacional del Derecho del Mar (1997)

Regionales

Tratado para evitar o prevenir conflictos entre los Estados americanos (Tratado Gondra, 1923).

Tratado general de arbitraje interamericano (1929).

Convención general de conciliación interamericana (1928). y Protocolo adicional (1933).

Tratado antibélico de No agresión y conciliación (Pacto Saavedra Lamas, 1933).

Tratado interamericano sobre buenos oficios y mediación (1936).

Tratado relativo a la prevención de controversias (1936).

Convención para coordinar, ampliar y asegurar el cumplimiento de los tratados existentes entre Estados americanos (1936).

Tratado americano de soluciones pacíficas de controversias (1948).

g) Prohibición de la fuerza y mantenimiento de la paz

Universales

Resolución Unión Pro Paz 377/V (ONU,1950).

Deberes de los Estados en caso de ruptura de hostilidades (Resolución ONU 378/V, 1950).

Declaración sobre el fortalecimiento de la seguridad internacional (Resolución ONU 2734/XXV, 1970).

Definición de la agresión (Resolución ONU 3.314/XXIX, 1974).

Declaración sobre el mejoramiento de la eficacia del principio de la abstención de la amenaza o de la utilización de la fuerza en las relaciones internacionales (Resolución ONU 42/22, 1987).

Regionales

Convención sobre derechos y deberes de los Estados en casos de luchas civiles (1928) y su Protocolo (1957).

Tratado interamericano de asistencia recíproca (1947) y Protocolo de reformas (1975).

Declaración sobre la seguridad de las Américas (2003).

SUJETOS DEL DERECHO INTERNACIONAL
EL ESTADO Y SU GOBIERNO.
EL INDIVIDUO Y LA HUMANIDAD

TERCERA PARTE

El Derecho Internacional tiene como objeto y sujetos, a la vez, a los Estados, y rige o estatuye las normas para el manejo de sus relaciones recíprocas, resolviendo cuestiones o indicando caminos para la solución de controversias así como para la realización de los propósitos compartidos o que les son comunes; siendo aquellos, al mismo tiempo y por lo general, hacedores y destinatarios de dichas normas.

Preliminar

Desde sus orígenes, a diferencia de lo que ocurre en el Derecho Interno o dentro del ordenamiento de cada Estado, el ordenamiento de la comunidad jurídica internacional sólo atribuye capacidad para adquirir derechos y obligaciones a los Estados, sin que se admita pluralidad alguna en el campo de las subjetividades. Así ha sido hasta mediados del siglo XX.

Tal perspectiva intenta sostenerse aún, mediando incluso la existencia de las organizaciones internacionales, como la actual ONU, sucedánea de la Sociedad de las Naciones, o la OEA, en el plano regional, sucedánea de la antigua Unión Panamericana, a las que durante largo tiempo se les niega una personalidad jurídica originaria, considerándose que sus existencias y competencias están sujetas a la voluntad plural y concurrente de los mismos Estados que las forman y conforme a sus tratados marco constitutivos .

Para la Corte Internacional de Justicia, al sujeto del Derecho internacional, para ser tal se le exige cumplir con dos condiciones concurrentes, a saber, (1) capacidad para ser titular de derechos y de obligaciones internacionales y (2) hacerlos valer o exigir de un modo efectivo, a través de los mecanismos de solución de controversias internacionales previstos. Eso, *mutatis mutandi*, lo hace constar dicho tribunal en su célebre Opinión Consultiva sobre la *Reparación por daños sufridos al servicio de las Naciones Unidas* (IJC, 11 de abril de 1949), a cuyo tenor se permite extenderla a las organizaciones internacionales:

> "Los sujetos de Derecho, dentro de un sistema jurídico, no son necesariamente idénticos en cuanto a su naturaleza y la extensión de sus derechos; [lo que] depende de las necesidades de la comunidad internacional... El desarrollo del derecho internacional, en el curso de la historia, ha sido influenciado por las exigencias de la vida internacional, y el crecimiento de las actividades colectivas de los Estados ha hecho surgir ejemplos de acción ejercidos en el plano internacional por ciertas entidades que no son Estados. Tal desarrollo lleva, en junio de 1945, a la creación de una organización internacional cuyos propósitos y principios constan en la Carta de las Naciones Unidas. Y para atender esos fines, es indispensable que la Organización tenga personalidad internacional".

No obstante, en 1996, la misma Corte, a propósito de su Opinión Consultiva sobre la *Utilización de armas nucleares por un Estado durante un conflicto armado* (IJC, 8 de julio de 1996), precisa, al respecto que, siendo los tratados constitutivos de las organizaciones internacionales de un tipo particular:

> "Plantean problemas de interpretación específicos en razón, sobre todo, de ... la naturaleza misma de la organización creada, los objetivos que le asignan sus fundadores, [y] los imperativos vinculados al ejercicio efectivo de sus funciones".

De donde, según la Corte y a tenor de su opinión:

> "las organizaciones internacionales son sujetos de Derecho internacional que no gozan, como los Estados, de competencias generales... [y las que poseen tienen] límites en función de los intereses comunes cuya promoción se les haya encomendado".

De modo que, siendo los Estados los sujetos originarios del Derecho internacional, incluso con limitaciones como las señaladas, es evidente el crecimiento y la pluralidad de las subjetividades. Ellas incluyen, a las organizaciones internacionales – que no siendo un Estado o Super Estado son "un sujeto de Derecho internacional, con capacidad de ser titular de derechos y deberes internacionales y capacidad para hacerlos valer mediante reclamaciones internacionales – con limitaciones especiales; además, según la propia jurisprudencia internacional, se citan a los pueblos en su derecho a disponer de ellos mismos alcanzando la independencia y organizándose como Estados tanto como poniéndole término a sus sujeciones coloniales (CIJ, Caso *Diferencias fronterizas entre Burkina Faso y Mali*, 22 de diciembre de 1986, y Caso *Timor Oriental* – Portugal vs. Australia, 30 de julio de 1995) y a los movimientos insurgentes, beligerantes o de liberación nacional, luego del reconocimiento de observador ante la ONU dado a la Organización para la Liberación de Palestina (CIJ, Opinión Consultiva sobre la *Aplicación de la obligación de arbitraje en virtud del acuerdo de sede de la Organización de las Naciones Unidas*, 26 de abril de 1988), reconociéndoseles determinada capacidad jurídico internacional provisoria durante los conflictos que los abarquen. Antes la misma ONU reconoce a la SWAPO (Organización del Pueblo del África del Sudoeste) como auténtica representante del pueblo de Namibia y al Frente Polisario – sucesor del Movimiento para la Liberación del Sahara – como representante el pueblo Saharaui, en 1975.

Siendo realidad actual la heterogeneidad, en grados diversos, de las subjetividades en el Derecho internacional, ellas alcanzan a otros casos – enunciados por Paz Andrés Sáenz de Santa María, catedrática hispana – como el de la Santa Sede, distinta del Estado de la Ciudad del Vaticano, que reviste de capacidad jurídico internacional a la Iglesia Católica; y, en grado muy limitado, el a los pueblos indígenas – la ONU ha dictado una Declaración sobre los derechos que les benefician, el 13 de septiembre de 2007, y que la OEA repite el 15 de julio de 2016 – o el de las minorías nacionales, como grupos étnicos, culturales o religiosos, a quienes se les reconoce el derecho a reivindicar sus identidades, tal y como lo disponen el Pacto Internacional de Derechos Civiles y Políticos (artículo 27) y la Declaración de la ONU sobre los derechos de las personas pertenecientes a minorías nacionales o étnicas, religiosas o lingüísticas, de 18 de septiembre de 1992.

Mayor relevancia junto al Estado como sujeto originario tiene, sin embargo, el reconocimiento jurídico internacional de la subjetividad de la persona humana, que niega parte de la doctrina y encuentra sus primeros anclajes en los juicios de Nuremberg y de Tokio, que la hacen sujeto pasivo de responsabilidades penales internacionales individuales, y las Declaraciones sobre derechos humanos de la ONU y la OEA, ambas de 1948, que le permiten oponer dichos derechos a los propios Estados exigiéndoles responsabilidad internacional por sus violaciones y haciendo mutar la naturaleza de los tratados internacionales que la protegen. Se rompe, así, con el carácter esencialmente sinalagmático de estos. Y, al paso, bajo un criterio de subsidiariedad comienza a proyectarse la misma persona humana, sea en las organizaciones No gubernamentales – beneficiarias de estatutos consultivos en sede de las organizaciones internacionales – sea en las empresas transnacionales o personas jurídicas de naturaleza privada internacional.

En uno u otro caso, todavía no son ambas beneficiarias o titulares de una amplia gama de derechos o destinatarias de normas jurídicas internacionales, pero la paulatina incidencia universal – como sociedad civil internacional – de las primeras, sobre los procesos de formación de dichas normas, en el plano de la opinión pública, es evidente, y abarca a todos los ámbitos materiales que inciden sobre la relación de las personas naturales con el Estado. En cuanto a las últimas, las empresas trasnacionales, es amplia la normatividad jurídica internacional que les permite acceder a la protección de los mecanismos arbitrales internacionales para resolver controversias sobre sus inversiones extranjeras (Acuerdos sobre promoción y protección recíproca de inversiones, Centro Internacional para el Arreglo de Diferencias – CIADI – adscrito al Banco Mundial, etc.). Incluso, hoy día, hasta la Corte Permanente de Arbitraje de La Haya.

Tratamiento aparte, como organización no gubernamental, merece el Comité Internacional de la Cruz Roja, dado su carácter excepcional y su rol protagónico en la implementación del denominado Derecho internacional humanitario o de humanización – si cabe el contrasentido – de los conflictos armados y otras situaciones de violencia, conforme al contenido de los Acuerdos de Ginebra de 1949 y sus Protocolos de 1977 y 2006, cuyos textos conceden a CICR el derecho a ofrecer sus servicios a las partes en los conflictos, protegiendo y asistiendo a las víctimas.

Hacia un nuevo y distinto ecosistema jurídico: La globalización digital

La realidad mundial contemporánea, en vías de decantación y a la espera de otras categorías más apropiadas a la Era naciente de la globalización o Edad de la Inteligencia Artificial: la del dominio de la conectividad y su inmediatez por sobre los espacios territoriales o geopolíticos conocidos e incluso en cuanto a las relaciones de estos espacios con los tiempos, desde ya pone en entredicho la efectividad de los mismos Estados o de sus expresiones colectivas para el ejercicio de sus competencias; viéndose comprometido, igualmente, el ordenamiento jurídico al que aún se sujetan estos como experiencias subjetivas y objetivas.

Ello, en apariencia, le abre puertas tanto como le otorga una mayor materialidad a la subjetividad jurídico internacional del individuo, a la persona humana, a sus expresiones asociativas, y a su realidad omnicomprensiva, la Humanidad, como hacedor y realizador directo y dominante que comienza a ser dentro del ecosistema global y de redes digitales naciente. Incluso se debate, en sede internacional y desde ahora, sobre la autonomía y eventual responsabilidad - léase, subjetividad – de los robots o máquinas inteligentes, que daría lugar, según los términos sugestivos de Juan Antonio Travieso (apud. Hortensia Gutiérrez Posse, Coordinadora, *Derecho internacional público*, Buenos Aires, UBA, 2012, pp. 165-181) habría de llamarse el Derecho internacional 2.0.

En el caso de la Humanidad como sujeto de Derecho internacional, además de ser una novedosa e igual realidad jurídica, ya receptada normativamente, que le hace titular de una suerte de patrimonio común y que, como tal sujeto de derecho engloba al género humano o al conjunto de todos los individuos, probablemente absorba luego a los que, de modo inédito, se vuelven progresivamente internautas y/o ciudadanos digitales, requeridos con urgencia de protección y garantías también glovales, y en orden a lo ya indicado.

Hace 30 años, en efecto, cae el muro de Berlín. Predica la llegada del "posliberalismo" (Javier Tusell, El País, 10 de abril de 2001): No habría más piedras filosofales y se acepta que son recónditos los caminos por los que recorre la naturaleza del hombre.

No hay más continuidad histórica ni enlaces entre etapas, sino fractura con el pasado y todos sus conceptos, según aparenta. Sus primeras manifestaciones son el agotamiento del Estado y la república modernos: odres que atan a las gentes y las distribuyen en el espacio territorial, alrededor de las ideas de la nación – obra del tiempo y su decantación en el plano de la cultura y los valores – y la ciudadanía, ofreciéndoles acotamientos, seguridad, fundados ambos en la necesaria "amistad civil" y/o en el interés común, protegido bajo los fueros de las Constituciones y el Derecho internacional.

Sobreviene en la coyuntura la insurgencia de fundamentalismos sociales dispersos y atomizados en todo el planeta, no solo en Occidente (movimientos transnacionales ambientalistas, indigenistas, LGBT, neoreligiosos, tribus urbanas, grupos afrodescendientes, etc.) con la consiguiente vuelta a los enclaves primitivos, a los nichos sociales como suertes de cavernas platónicas que como desprendimientos del Estado o de su fractura a lo interno y en su base social reclaman el derecho a la diferencia y a la de sus integrantes con relación a los otros, mirándose cada una en sus propias sombras. Mas, lo vertebral es que todo ello ocurre animado, sobre todo, por la llegada de la cuarta revolución industrial, la de la digitalización y la interconectividad, que rompe la relación humana con el espacio y de este con el tiempo, desdibujándose ambos bajo la inmediatez, la instantaneidad, la velocidad de vértigo en la práctica de la experiencia comunicacional humana virtual.

Media, así, un desafío que bien describe *Luigi Ferrajoli*, teórico y filósofo del Derecho florentino (*Principia Iuris: Teoría del derecho y de la democracia* (2. Teoría de la democracia). Trotta. Madrid, 2012):

> "De aquí se ha seguido una progresiva pérdida de relieve de los Estados, que se han revelado demasiado grandes para las cosas pequeñas y demasiado pequeños para las cosas grandes. Hecha excepción de algunas pocas potencias, el Estado nacional está perdiendo su autosuficiencia y exclusividad normativa en el plano jurídico, su soberanía en el plano político, su centralidad en lo económico. La crisis está determinada por la revolución en curso de las comunicaciones, la economía, la política y el derecho, un fenómeno que ha derribado las viejas fronteras estatales en todas estas dimensiones de la vida social, generando problemas dramáticos, ahora ya de

forma irreversible supraestatales... [como el terrorismo, el narcotráfico, el hambre, las enfermedades, las perturbaciones ecológicas planetarias]. Se trata de problemas en gran parte irresueltos, a los que sólo puede hacerse frente mediante un cambio de paradigma del derecho como técnica de limitación de poderes y de garantía de la paz y de los derechos humanos".

El mundo de la inteligencia artificial, la biotecnología, la robótica, la nanotecnología, en lo particular las redes sociales y el Internet se anuncian ahora como los sustitutivos de la plaza pública. Y en la medida en que las redes diluyen los viejos lazos de la ciudadanía estatal fronteriza y cultural, de seguidas procuran una reorganización o reingeniería alrededor de los "ismos", particularismos, chauvinismos, nacionalismos, y de los semejantes, separándolos de los diferentes. Las realidades objetivas y/o materiales ceden ante aquellas, más líquidas o fluidas y, de consiguiente, se privilegia al imaginario, a lo subjetivo, a la experiencia instantánea atemporal. Cada hombre, varón o mujer – copio los giros de César Cansino y de Noah Harari – se hace *Homo Twitter* o ciudadano digital y hasta busca asumirse y verse situado para lo sucesivo en otra escala superior, la del *Homo Deus, ex machina.*

Urge, entonces, una clara comprensión de este ecosistema por parte de los actores académicos, jurídicos, políticos, religiosos, y de quienes hacen vida en los medios de comunicación social tradicionales, si se trata de o aspiran a recomponer el ágora mínima y restablecer el necesario tejido social contemporáneas, los enlaces básicos que hagan posible la convivencia futura y su gobernabilidad del mundo bajo los cánones del Derecho. ¿Acaso de una juridicidad virtual *ex novo*, de un Derecho global o digital? ¿No más el Derecho de la comunidad internacional, o el derecho internacional, o el Derecho estatal mundial como lo conocemos?

Acaso será imprescindible, luego, la elaboración de otras categorías constitucionales adecuadas a ese cosmos emergente e inédito, como lo pide y recomienda el mismo Ferrajoli, y a la vez salvar los valores éticos y permanentes de la libertad, anudados a la naturaleza inmodificable del ser humano.

Robótica y democracia

Que la Cortina de Hierro se haya derrumbado en 1989, hace 30 años, no es lo relevante. Tampoco lo es el esfuerzo para abandonar la tierra y conquistar el espacio que cristaliza con la llegada del hombre a la luna hace 60 años; ni la posibilidad que se hace cierta, en 2019, transcurridos 30 años, de viajar desde Pekín hasta Nueva York en dos horas con el I-Plane chino. A los fines que importan al Derecho internacional, su vigencia y efectividad, se trata mejor lo antes dicho. Estamos ante una Era distinta que trasvasa a la historia – que no es lineal, por ser humana – y que incluso anuncia desde ahora su próximo paso, hacia la quinta revolución industrial, la de la singularidad tecnológica, la del posible traslado final de la conciencia humana hacia una máquina.

Así como a Martti Koskenniemi le preocupa que el ascenso y caída del Derecho internacional como el suave civilizador de las naciones entre 1870 y 1960 (Il mite civilizzatore delle nazioni, Bari, Editori Laterza, 2017), lamentándose que a partir del último año hayan dejado de representar sus epígonos en la doctrina a "la conciencia jurídica del mundo civil" y que poco contribuyen estos "a los destinos progresivos del mundo", esta vez se aprecia que sus bases de sustentación histórica material, espacial y temporal pueden quedar comprometidas bajo realidades signadas por la intemporalidad, la instantaneidad y la virtualidad.

El asunto de marras es complejo, no solo fascinante. Tiene que ver, entre otros elementos y cabe insistir en ello, con una realidad hasta ayer objeto de la ciencia-ficción que se nos vuelve cruda y muda. El Parlamento Europeo nos la describe recién en una de sus variantes, para mostrarnos los efectos invasivos y metastásicos sobre la política y el acontecer humano – de suyo sobre el mundo jurídico doméstico e internacional - del entorno digital y las llamadas redes inteligentes (*Normas de Derecho civil sobre robótica*, Resolución 2015/2103-INL de 16 de febrero de 2017):

"Desde el monstruo de Frankenstein creado por Mary Shelley al mito clásico de Pigmalión, pasando por el Golem de Praga o el robot de Karel Čapek —que fue quien acuñó el término, los seres humanos han fantaseado siempre con la posibilidad de construir máquinas inteligentes, sobre todo androides con características humanas"; ... "existe la posibilidad de que a largo plazo [¿?] la inteligencia artificial llegue a superar la capacidad intelectual humana", reza el texto.

Seguidamente, el mismo Parlamento, adopta su *Resolución sobre una política industrial global europea en materia de inteligencia artificial y robótica* (Resolución 2018/2088 INI del 12 de febrero de 2019, previniendo que:

"...el uso malintencionado o negligente de la inteligencia artificial podría constituir una amenaza para la seguridad digital, la seguridad física y la seguridad pública, ya que podría utilizarse para llevar a cabo ataques a gran escala, muy selectivos y muy eficientes contra servicios de la sociedad de la información y máquinas conectadas, para lanzar campañas de desinformación y, en general, para reducir el derecho de las personas a la autodeterminación".

A renglón seguido señala que:

"el uso malintencionado o negligente de la inteligencia artificial también podría conllevar riesgos para la democracia y los derechos fundamentales; [y pide] a la Comisión que proponga un marco que penalice las prácticas de manipulación de la percepción cuando los contenidos personalizados o las fuentes de noticias provoquen sentimientos negativos y una deformación de la percepción de la realidad que podrían tener consecuencias negativas (por ejemplo, resultados electorales o percepciones distorsionadas sobre cuestiones sociales como la migración)".

De modo que, entre otros tantos aspectos, el órgano parlamentario europeo, buscando impulsar un cambio tecnológico planetario centrado en el ser humano, agrega que:

"...deben establecerse normas éticas para garantizar el desarrollo de una inteligencia artificial centrada en el ser humano, la rendición de cuentas y la transparencia de los sistemas algorítmicos de toma de decisiones, así como unas normas claras en materia de responsabilidad y equidad;... Señala que este marco ético de referencia debe basarse en los principios de beneficencia, no maleficencia, autonomía y justicia, así como en los principios consagrados en el artículo 2 del Tratado de la Unión Europea y en la Carta de los Derechos Fundamentales de la Unión Europea, como la dignidad humana, la igualdad, la justicia y la equidad, la no discriminación, el consentimiento informado, la vida privada y familiar y la protección de datos, así como en otros principios y valores inherentes al Derecho de la Unión, como la no estigmatización, la transparencia, la autonomía, la responsabilidad individual, y la responsabilidad social, sin olvidar las actuales prácticas y códigos éticos".

Y considera:

"que Europa debe desempeñar un papel preponderante a escala mundial implantando exclusivamente una inteligencia artificial que incorpore principios éticos; subraya[ndo] que, para lograr este objetivo, debe garantizarse la gobernanza de la ética en la inteligencia artificial a distintos niveles; recomienda a los Estados miembros que pongan en marcha organismos de seguimiento y supervisión ética de la inteligencia artificial y que alienten a las empresas activas en el desarrollo de inteligencia artificial a instaurar un consejo de ética y a elaborar directrices éticas para los diseñadores de inteligencia artificial;...".

El caso es que el mundo de la inteligencia artificial se ha instalado a cabalidad y trastorna todos los paradigmas políticos, culturales y jurídicos de la Humanidad en su conjunto.

Las amenazas y los tropiezos, sin embargo, pueden no ser fatales o trágicos, como las que señala el Euro-parlamento y tampoco en sus consecuencias. Al cabo, el hombre, varón o mujer, es aún el mismo; antes, eso sí, de que se imponga la denominada ley de rendimientos acelerados o del ordenador que se mejora por sí mismo sin que lo entiendan ya sus usuarios, a quienes fusiona dentro de su realidad hiper tecnológica (Daniela Kutschat Hanns, "Cuerpotecnología: Una cuestión de interfaz", en la obra colectiva de Ileana Hernández García, *Estética, ciencia y tecnología: Creaciones electrónicas y numéricas*, Bogotá, Editorial Pontificia Universidad Javeriana, 2005).

XVII. Orígenes, elementos constitutivos y formas del Estado

El Estado, como expresión tradicional que es de la organización política de la sociedad o "sociedad políticamente organizada" según la tesis sociológica de *Max Weber*, sitúa sus orígenes en el momento mismo en que la división plural del mundo medieval llega a su final. El poder político, durante dicho tiempo, se encuentra repartido hacia el interior entre los señores feudales, la Iglesia, las corporaciones o estamentos, y hacia el exterior permanece entonces limitado por la diarquía formada por el Papa y el Emperador, según lo anotásemos con anterioridad.

De modo que, sin mengua de la experiencia primaria y anterior que nos ofrece Inglaterra, la unidad política alcanzada v.g. por las Repúblicas italianas del renacimiento determinaron la emergencia y la afirmación histórica del Estado, una vez como se dieron en éste las características que bien explica, en términos contemporáneos, la obra monumental de *Carré de Malberg* (*Teoría general del Estado*) en 1922.

Ahora bien, interesa constatar que la comunidad o sociedad internacional contemporánea es, en esencia, una comunidad o sociedad de base interestatal: su ordenamiento jurídico tiene por sujetos primarios u originarios al Estado y a todos y cada uno de los Estados poseedores del atributo de la soberanía.

Ser un "sujeto en un sistema de Derecho" o ser una "persona jurídica según las reglas de ese sistema" –lo recuerda bien la obra de *Sorensen*– implica: (a) tener deberes y, por ende, ser responsable por cualquier acción u omisión contraria a lo previsto por el sistema; (b) capacidad para reclamar los derechos que se tengan, no bastando que sean reconocidos; (c) capacidad, por lo mismo, para establecer relaciones vinculantes con los otros sujetos reconocidos por el mismo sistema de Derecho.

No se explicaría, entonces, la comunidad o sociedad internacionales hasta ahora conocidas sin los dichos Estados y sin perjuicio de que, a tenor de lo afirmado por el TIJ (*Reparación de daños sufridos al servicio de Naciones Unidas*, 1949), como igualmente lo dicta la experiencia y se reseña antes, se tenga presente que el Estado no es el único sujeto del Derecho Internacional contemporáneo:

> El desarrollo del Derecho Internacional a lo largo de su historia ha sido influenciado por las exigencias de la vida internacional y el aumento progresivo de las actividades colectivas de los Estados ha hecho surgir ejemplos de acción en el plano internacional por ciertas entidades que no son Estados.

Incluso así y a propósito de la subjetividad jurídico internacional originaria del Estado, cabe interrogarse si la sola enunciación o precisión real de sus características o elementos constitutivos de suyo resuelve o no los asuntos varios que éste –el Estado– plantea desde el punto de vista jurídico o normativo para el mismo Derecho Internacional.

Lo único cierto, por ahora, es que "el concepto de Estado en el sentido del Derecho de Gentes no está definido por ningún instrumento jurídico o tratado internacional". Pero queda a salvo la escueta interpretación que al respecto fija la Comisión de Derecho Internacional (CDI) en su exégesis del proyecto de artículos sobre la responsabilidad internacional de los Estados por hechos internacionalmente ilícitos:

Este es una entidad organizada real, una persona jurídica con plena capacidad para actuar en derecho internacional... se entiende el Estado como sujeto de derecho internacional. De conformidad con muchos ordenamientos los órganos del Estado consisten en distintas personas jurídicas (ministerios u otras entidades), que tienen derechos y obligaciones por los que sólo ellos pueden ser procesados y son responsables. A los efectos del derecho internacional de la responsabilidad de los Estados la posición es diferente. El Estado se trata como una unidad, pues es reconocido como una sola persona jurídica por el derecho internacional (CDI, 2001, pp. 52-53)

Dimensión sociológica

El Estado, cuyo estudio jurídico daría lugar al conocido Derecho público o Derecho del Estado (*Staatsrecht*) por oposición al Derecho privado ofrece así y a la luz de la historia y de la realidad, según el mismo Carré, tres elementos constitutivos o fundamentales, a saber:

1. La existencia de una "agrupación social" o comunidad humana autónoma y pública, que se sobrepone a las formas de agrupación social particular o privadas y que lleva por nombre a la nación que le da su contenido: "La nación es, pues, el conjunto de hombres y de poblaciones que forman un Estado y que son la sustancia humana del Estado".
2. El territorio, como superficie de tierra –*lato sensu*– y como elemento que permite que la nación realice, en la práctica, su unidad y su independencia, haciendo posible el ejercicio de la potestad estatal excluyendo la de terceros: el

imperium, que no el simple dominio, a fin de cuentas. "El Estado ejerce su potestad –lo dice Carré– no solamente sobre un territorio, sino sobre un espacio [superficie, subsuelo, capa atmosférica, aguas que bañan al territorio]; espacio que, ciertamente, tiene por base determinante el territorio mismo".

3. "Finalmente, y por encima de todo, el establecimiento, en el seno de la nación, de una potestad pública que se ejerce autoritariamente sobre todos los individuos que forman parte del grupo nacional" y que

   > debe su existencia, precisamente, a una determinada organización del cuerpo nacional, organización por la cual, en primer término, se encuentra realizada de modo definitivo la unidad nacional, y cuyo fin esencial es también crear en la nación una voluntad capaz de tomar por cuenta de aquélla todas las decisiones que precisa la gestión de sus intereses generales; (...).

Dimensión normativa

A tal definición sociológica y política del Estado algunos autores oponen o, mejor aún, agregan otra que, según ellos, mejor mostraría su perspectiva o dimensión normativa: el Estado vendría a ser, así, la "personificación del orden jurídico interno", conforme a la tesis del maestro *Hans Kelsen* y para quien el territorio no es sino el campo de aplicación, *ratione loci*, del ordenamiento jurídico; en tanto que la población vendría a ser su campo de aplicación *ratione personae*. Y en lo relativo al Gobierno, desde el punto de vista normativo, no cabría entenderlo sino como la organización de los poderes o de los niveles más elevados de la propia jerarquía normativa e institucional en tanto y en cuanto serían los que le otorgan contextura al ordenamiento jurídico mismo, según la descripción que realiza con claro sentido pedagógico *Denis Alland*, Profesor de la Universidad de París.

En línea con lo anterior, *Julio Barberis*, jurista argentino, antiguo juez internacional y autor de la obra *Los sujetos del derecho internacional actual (1984)*, afirma que el Estado se expresa como la comunidad constituida por un orden jurídico determinado. De donde el mismo se fundaría en las ideas de:

- Centralización, es decir, existencia de órganos encargados de precisar el Derecho interno, de aplicarlo y hacerlo ejecutar coactivamente.
- Validez del señalado orden jurídico interno dentro de un espacio determinado: justificándose, así, el señalado territorio del Estado como uno de los elementos de la estatalidad y visto en su perspectiva tridimensional: la superficie terrestre, el subsuelo hasta cierta profundidad, y el espacio suprayacente hasta cierta altura.
- Validez personal de tal ordenamiento, pues se aplicaría a los hombres y al conjunto de ellos reunidos en sociedad, haciéndose evidente la población como elemento propio de la estatalidad.
- Validez temporal del orden estatal, caracterizado por su estabilidad y su ausencia de provisionalidad.
- Autonomía o independencia de tal orden, pues no dependería, para su eficacia, de otro orden jurídico equivalente ni de otro sujeto del Derecho Internacional. O, como lo apunta el juez *Dionisio Anzilotti*, en palabras recogidas por *Barberis*:

  > La independencia así entendida es, en el fondo, la condición normal de los Estados (...); puede ser calificada tanto como soberanía (*suprema potestas*) o como soberanía exterior, si se comprende por ello que el Estado no tiene sobre sí ninguna otra autoridad, salvo la del Derecho Internacional (*Voto salvado en el Asunto del Régimen Aduanero entre Alemania y Austria,* CPJI, 1931).

Dimensión valorativa desde la Justicia

Es una afirmación de Perogrullo decir que todo Estado, sujeto de Derecho internacional, tiene una Constitución, porque al cabo está constituido de una forma o manera determinada, y esa Constitución, como tal, lo recuerda *German J. Bidart Campos* ("Estado y Constitución", México, UNAM, Instituto de Investigaciones Jurídicas, 1993); es un fenómeno social a la vez que político y jurídico, no es solo un conjunto normativo, "sino un conjunto de comportamiento o conductas integrantes del mundo jurídico. Ella implica un plan o programa. No por azar, el autor mencionado, refiriéndose a la dimensión valorativa del Estado (la valoración – axiología - por el valor justicia – dikelogía - de la vida como expresión sociológica y de la lógica, como expresión normativa), recuerda que "La política no es únicamente la que hacen los gobernantes desde el Poder, ni la que desarrollan los gobernantes por retener el Poder y los hombres por alcanzarlo (política como lucha o disyunción), sino el quehacer mancomunado y solidario de la empresa común. El Estado es una empresa política, un régimen en movimiento, en dinamismo, que transcurre y se desarrolla día a día". A lo que agrega que:

> En primer lugar, la existencia del Estado —de un Estado concreto—, en cuanto ordena la convivencia, realiza un mínimo de justicia. En segundo lugar, un régimen nunca es ni totalmente justo ni totalmente injusto. No es lo primero porque la justicia humana es siempre fraccionada y limitada, y contiene injusticias necesariamente; es más justo o menos justo, pero no integralmente justo. La justicia como valor tiene una versión histórica y concreta que jamás es perfecta. Pero tampoco es totalmente injusto, porque por lo menos al organizar al Estado ya contiene una dosis de justicia..., cada Estado es un intento de aproximarse a la justicia, de dar solución en un régimen a la convivencia de los hombres; los hombres, como destinatarios del valor, y la realidad social y política como base de realización del valor, nos muestran a la política y al derecho transidos de valor, y apuntando a él como a su fin ("La estructura tridimensional del Estado", *Revista de Estudios Políticos*, N°149, 1966).

Durante la modernidad, superado el absolutismo, la Constitución organiza el poder, reconoce un conjunto de derechos civiles y políticos, divide al poder y ofrece un área de libertad al individuo y la sociedad, en sus vertientes liberal o social, propia la última del llamado Estado de bienestar. Pero al cabo, si el Estado y la Constitución han de proporcionar "una convivencia en bienestar, con liberad y con justicia es imposible que ese Estado y esa Constitución se desentiendan" de la idea del bien común público. La Constitución, en suma, de suyo el Estado no puede dejar a la sociedad y a sus integrantes a la deriva o despreocuparse de las injusticias.

Lo cierto es que, en la actualidad, encontrándose los Estados sujetos a las normas de orden público internacional relacionadas con la protección y garantía universal de derechos humanos, a cuyo efecto, los tratados internacionales sobre la materia han sido constitucionalizados – hechos parte del denominado bloque de la constitucionalidad que le da forma y contenidos al Estado fijándole sus finalidades – el Estado, en sus manifestaciones de poder y como garante de los derechos de la persona humana, se encuentra obligado a la realización constate de la Justicia; es decir, mediante los conocidos controles de constitucionalidad – verificar que sus actos sean congruentes con los mandatos constitucionales - y asímismo de convencionalidad – constatar que su actos se ajustan a la Constitución y las leyes y estos a sus obligaciones internacionales, toda interpretación o duda al respecto ha de resolverse conforme al principio *pro homine et libertatis*.

El ejemplo paradigmático consta en el preámbulo y artículos de la Convención Americana de Derechos Humanos, que integra el bloque constitucional de sus Estados parte y les obliga, en cuanto a sus actos de gobierno, sean judiciales, legislativos o ejecutivos, a servir siempre a los derechos humanos dentro del cuadro de la democracia como derecho totalizante. Su texto reza así:

"Reafirmando su propósito de consolidar en este Continente, dentro del cuadro de las instituciones democráticas, un régimen de libertad personal y de justicia social, fundado en el respeto de los derechos esenciales del hombre;

Artículo 29. Ninguna disposición de la presente Convención puede ser interpretada en el sentido de: a) Permitir a alguno de los Estados partes, grupo o persona, suprimir el goce y ejercicio de los derechos y libertades reconocidos en la Convención o limitarlos en mayor medida que la prevista en ella; b) Limitar el goce y ejercicio de cualquier derecho o libertad que pueda estar reconocido de acuerdo con las leyes de cualquiera de los Estados Partes o de acuerdo con otra convención en que sea parte uno de dichos Estados; c) Excluir otros derechos y garantías que son inherentes al ser humano o que se derivan de la forma democrática representativa de gobierno, d) Excluir o limitar el efecto que puedan producir la Declaración Americana de Derechos y Deberes del Hombre y otros actos internacionales de la misma naturaleza;

Artículo 32. 2. Los derechos de cada persona están limitados por los derechos de los demás, por la seguridad de todos y por las justas exigencias del bien común, en una sociedad democrática".

XVIII. Consecuencias jurídicas de la estatalidad

Así las cosas, podríamos preguntarnos: ¿basta o no la constatación de la existencia de los elementos del Estado para derivar las consecuencias jurídicas que vendrían atadas o que serían la respuesta a su existencia como persona o sujeto del Derecho Internacional? Y también, tal y como lo hace *Alland*, vale preguntar si es el Estado quien le precede y le otorga su consistencia al Derecho Internacional o acaso ¿es éste el que le da u otorga al propio Estado su personalidad jurídica internacional, vale decir, su capacidad o competencia para realizar actos jurídicos internacionales o para hacer valer los derechos que le confiere la propia norma internacional?

Finalmente, el tratamiento jurídico del Estado "como personalización del orden jurídico nacional", o bien "como persona moral creada por el orden jurídico interno en tanto que colectividad territorial con competencia general y distinta de las otras personas jurídicas instituidas por el mismo orden" citado, ¿tiene acaso igual validez o significación como tal para el Derecho Internacional?

El debate doctrinal planteado en tales términos no es, en modo alguno, baladí. La aproximación a la idea del Estado por una u otra vía, la sociológica o la normativa, tiene una incidencia importante en la comprensión final del asunto que, acerca de este sujeto originario o principal del Derecho de Gentes: el Estado, plantea la institución de su "reconocimiento" internacional y la determinación del régimen o el estatuto a que este se encontraría sometido a tenor de las mismas normas jurídicas internacionales.

Principio de la efectividad

Por lo pronto cabe referir la síntesis o conciliación doctrinaria que de las vías indicadas propone el mismo *Alland*. Él sugiere, como primera opción, la identificación de una regla jurídica que permita recoger o constatar lo factual, la realidad misma de la existencia del Estado a partir de sus elementos sociológicos o constitutivos; con lo cual el llamado "principio de la efectividad" sería la base de validez –para el Derecho Internacional– de los derechos internos o nacionales correspondientes. Pero cabría aquí, entonces, el clásico alegato a cuyo tenor el Derecho Internacional no sería otra cosa que una mera prolongación de la soberanía del mismo Estado, carente, por lo mismo, de contextura científica y sistemática propias.

En otras palabras, si la "efectividad" o la realidad factual del Estado como orden normativo sirve de soporte a las consecuencias jurídicas esperadas dentro del ordenamiento internacional, de suyo y en lo relativo al Estado, a su formación y a la determinación de su capacidad para adquirir derechos y obligaciones internacionales [o de "su poder jurídico –su competencia, según *Ruzié*– para conocer de un asunto, tomar una decisión, realizar un acto, cumplir una acción], el Derecho Internacional tendría apenas una función normativa marginal o supletoria.

Principio de la indiferencia

Así surge, como necesaria, la segunda opción planteada por *Alland* e inscrita en la jurisprudencia de la precedente Corte Permanente de Justicia Internacional, cuyo *dictum* fundado en el principio de la indiferencia no ha perdido su vigor: "De cara al Derecho Internacional (...) las leyes nacionales son simples hechos" (*Alta-Silesia Polonesa*, CPJI 1926), o como lo amplía y mejor precisa la Corte Interamericana de Derechos Humanos, en voto razonado del juez Vio Grossi (*Caso Gelman vs. Uruguay*, 2011):

> el Estado incurre en responsabilidad internacional por todo hecho que le sea atribuible y que constituya una violación de una de sus obligaciones internacionales y a tales propósitos se considera hecho del Estado según el Derecho Internacional, en especial, la costumbre internacional, el comportamiento de todo órgano del Estado, ya sea que ejerza funciones legislativas, ejecutivas, judiciales o de otra índole.

El Derecho Internacional –antes que consagrar,– se limitaría a observar la aparición, los cambios o mutaciones y la desaparición factual de los ordenamientos jurídicos nacionales, para luego extraer las consecuencias inherentes y específicas al Derecho Internacional, reparando más en lo institucional y sin detenerse en lo inasible o mutable de los elementos constitutivos del Estado.

El autor francés *in comento* recuerda, de modo pertinente, que esta última postura permitiría distinguir el fenómeno jurídico de lo estatal de otras entidades o subjetividades relativas del Derecho Internacional y que, *mutatis mutandi*, también cuentan con territorio: si bien mínimo o estable; una población e incluso una modalidad de gobierno; pero cuyos ordenamientos jurídicos interiores o son distintos a los de los Estados (caso de la *Santa Sede*) o son rudimentarios o poco eficaces (caso de los insurgentes o movimientos de liberación nacional).

Teniendo a la vista el texto de la *Convención de Montevideo o Convención sobre Derechos y Deberes de los Estados*, adoptada en 1933 por la Séptima Conferencia Internacional Americana, lo cierto y lo que puede constatarse es que, a manera de ejemplo, el ordenamiento internacional regional reclama para la existencia del Estado como persona jurídica internacional la presencia fáctica de sus elementos constitutivos, pero no los considera suficientes ni determinantes al efecto.

El artículo 1 de dicha Convención dice lo siguiente:

> El Estado como persona de Derecho Internacional debe reunir los siguientes requisitos: I. Población permanente. II. Territorio determinado. III. Gobierno. IV. Capacidad para entrar en relaciones con los demás Estados.

En criterio de *Carrillo Salcedo*, por consiguiente,

> el Derecho Internacional exige tres requisitos para que exista un Estado: un territorio, una población y un gobierno capaz de mantener el control efectivo de su territorio y de encargarse de las relaciones internacionales con otros Estados. Pero estos elementos han de presentar ciertos caracteres y estar organizados de cierta manera, exigencias éstas que se expresan en la noción de *soberanía* que, en definitiva, es el criterio básico del concepto de Estado en Derecho Internacional.

Lo dice claramente y asimismo la jurisprudencia arbitral más reciente:

> El Estado es definido, comúnmente, como una colectividad que se compone de un territorio y de una población sometidos a un poder político organizado; (...) se caracteriza por la soberanía (*Comisión de Arbitraje de la Conferencia para la Paz de Yugoslavia*, 1991).

XIX. Los elementos de la estatalidad y su valoración por el Derecho Internacional. La injerencia humanitaria

El territorio y la competencia territorial

En cuanto al territorio como elemento constitutivo de la estatalidad: "espacio dentro del cual se encuentra establecida la población o como lugar sobre el cual ejerce el Estado su autoridad [o competencia territorial] de manera exclusiva" y, sin plantearnos lo relacionado con el debate acerca de su naturaleza jurídica (territorio como patrimonio; territorio como objeto de la autoridad estatal; territorio como elemento constitutivo del Estado; territorio como área de la jurisdicción estatal; territorio como esfera sobre la que el Estado ejerce su autoridad, su competencia o jurisdicción "frente a todas las personas y a todas las cosas que en él se encuentren"), existe, sí, una concordancia en cuanto que el mismo comprende "todas las áreas terrestres, incluyendo las del subsuelo; las aguas –ríos nacionales, lagos y mar territorial nacional (hasta una distancia máxima de 12 millas)– y el espacio aéreo sobre la tierra y el mar territorial".

Para el Derecho Internacional el Estado ejerce sobre su territorio una competencia general, exclusiva y plena (*Asunto del Estrecho de Corfú*, CIJ, 1949) que le permite legislar, administrar la justicia, y adoptar todas las medidas necesarias para asegurar en dicho territorio la ejecución de sus leyes y sentencias, de cara a toda persona o cosa que se encuentre situada dentro del mismo (*locus regim*)

Sin embargo caben, entre otras, ciertas limitaciones a tal competencia territorial: (a) La obligación jurídico internacional que exige del Estado territorial respeto a los derechos de los extranjeros, asegurados por medio de tratados y en cuya defensa puede acudir el Estado de nacionalidad mediante la institución de la protección diplomática, como aquél que impide a todo Estado expropiarles sus bienes sin que medien razones de interés público u obviando las indemnizaciones del caso; (b) el respeto a las inmunidades territoriales –de jurisdicción o de ejecución– de las que gozan ciertas entidades o personas naturales: el Estado, las organizaciones internacionales, o los órganos de dichos sujetos, a propósito de los bienes públicos que posean en el Estado de que se trate o con motivo de las funciones diplomáticas, consulares o internacionales desempeñadas por ellos conforme a las reglas establecidas por los tratados internacionales en la materia.

Vale señalar, empero, lo esencial a los fines de considerar al territorio en su incidencia para la configuración jurídica del Estado y a la luz del Derecho Internacional "que posea un núcleo cierto"; sin que sea relevante ni su mayor ni su menor extensión –piénsese en el Estado de la Ciudad del Vaticano, la república de San Marino, Liechtenstein, Malta, o San Cristóbal y Nieves en el Caribe oriental– y tampoco que se encuentre plenamente delimitado (*Delimitación de la plataforma continental del Mar del Norte*, CIJ, 1969) o libre de cualquier controversia territorial con terceros Estados.

El territorio de Venezuela y sus límites

Las fronteras de Venezuela son aquellas que quedaran establecidas e hicieran parte de la Capitanía General de Venezuela, tal y como lo reafirman las Constitución de Cúcuta de 1821 de la Gran Colombia y la de la misma Venezuela de 1830, que en su artículo 5 dispone:

> "El territorio de Venezuela comprende todo lo que antes de la transformación política de 1810 se denominaba Capitanía General de Venezuela".

No obstante, la exacta y precisa determinación y el reconocimiento de sus límites no ha tenido lugar de un modo concluyente a diferencia de cuanto sucede con Brasil, que se resuelve, de una vez por todas, con el Tratado de límites y navegación fluvial de 1859 (*Documentos relativos a la cuestión de límites y navegación fluvial entre el Imperio del Brasil y la República de Venezuela*, Caracas, 1859, y *Memoria ofrecida a la consideración de los Honorables Senadores y Diputados al próximo Congreso y a toda la República sobre el Tratado de Límites y Navegación Fluvial ajustado y firmado por los Plenipotenciarios del Brasil y de Venezuela el 5 de mayo de 1859*, Caracas, 1860), renunciando Brasil a cualquier pretensión sobre las cuencas de los ríos Orinoco y Esequibo, y Venezuela sobre la cuenca del Amazonas, exceptuando parte del Río Negro.

Abonaba en su favor, la existencia previa del Tratado de Madrid de 1750, llamado Tratado de Permuta, suscrito entre las Coronas de España y Portugal, a cuyo tenor se confirma que son parte de la Capitanía General de Caracas – lo confirma el mapa construido de Orden Real por el Tte. General don Francisco de Requena (1796) los territorios situados al oeste del río Esequibo y al sur de la denominada Guayana Holandesa – rezando así: "Y por lo que mira a la cumbre de la cordillera, que ha de servir de raya entre el Marañón y Orinoco, pertenecerán a España todas las vertientes que caigan al Orinoco, y a Portugal, las que caigan al Marañón o Amazonas".

Como se sabe, a propósito de toda delimitación de una frontera –como signo de paz, de independencia y también de seguridad, según la opinión de Charles Rousseau (*Droit international public*, Paris, Dalloz, 1970)– los Estados involucrados pueden convenir en una línea fronteriza nueva, artificial (astronómica o geométrica) o natural (división de las aguas: a orillas del río o de la mar, el medio de un lago o de un río o su línea de mayor profundidad: thalweg; o bien las cumbres o el pie de los montes) o, como alternativa, aceptar una línea o límite histórico preexistente como el llamado *uti possidetis*, a manera de ejemplo; sin perjuicio de la aplicación innovadora del principio de la "equidad de la delimitación" que desplaza al de la "equidistancia" para la realización de las delimitaciones marítimas: temática que adquiere actualidad y relevancia jurídica internacional durante los años '60 y '70 del pasado siglo, a partir de las convenciones adoptadas por la Conferencia

Internacional de Ginebra sobre Derecho del Mar en 1958 (mar territorial y zona contigua, plataforma continental, pesca y alta mar).

A tenor del *uti possidetis iuris* y de la doctrina jurídico internacional a la que diera lugar, por consiguiente, las nacientes repúblicas americanas declararon que sus fronteras son las mismas que correspondieron a las divisiones administrativas y coloniales establecidas por la metrópolis española. Pero, aun proclamado y acogido como principio de Derecho internacional por las dichas naciones, desde cuando se declaran emancipadas a partir de 1810, el *uti possidetis* no evitó las controversias sobre límites terrestres entre Venezuela y Colombia. Tanto que, luego de que Venezuela no aceptara el Tratado Pombo-Michelena de 14 de diciembre de 1833 (*Informe del Secretario de Relaciones Exteriores de la Nueva Granada al Congreso Constitucional de 1850*, Bogotá, pp. 9-10 y *Títulos de Venezuela en sus límites con Colombia*, Vol. II, Caracas, 1870, pp. 16 y ss.) que le aseguraba su soberanía sobre la plenitud de la península de la Goajira, fue necesario resolver la cuestión mediante el Laudo Arbitral que dicta la Reina Regente del Reino de España, María Cristina, el 16 de marzo de 1891. Como tal arbitraje, justamente, representa o expresa uno de los procedimientos que junto a los tratados y las decisiones judiciales internacionales permite concretar las delimitaciones y hacer que las líneas trazadas sean, en lo posible, "precisas (sin fórmulas vagas), exactas, y completas".

Incluso así subsistieron problemas a propósito de las operaciones de demarcación, es decir, de ejecución de la delimitación y el posterior amojonamiento según los términos del susodicho Laudo; de modo que fue necesario otro arbitraje del Consejo Federal Suizo, logrado con su sentencia de 24 de marzo de 1922 y con las distintas cuanto sucesivas sentencias pronunciadas por la Comisión de Expertos Árbitros para la demarcación (1922-1924) designados con base en dicho Laudo; tarea compleja que sólo encontró punto final con el Tratado sobre demarcación de fronteras y navegación de los ríos comunes, suscrito en Cúcuta el 5 de abril de 1941.

Al presente no se han resuelto, a pesar de todo ello, otros aspectos con Colombia, inherentes o propios a las mismas tareas de ejecución que compromete toda delimitación de fronteras, y que imponen tanto el levantamiento cuidadoso y detallado de cartas geográficas como el trazado in situ de los límites pactados y sus amojonamientos sobre el terreno, con el apoyo, de ordinario, de Comisiones mixtas de demarcación generalmente integradas por expertos en la materia (geógrafos, ingenieros, abogados, etc.).

Un ejemplo lo constituye la cuestión o controversia pendiente para la delimitación de las áreas marinas y submarinas entre ambos países; cuya raíz u origen reside, básicamente, en diferencias de interpretación acerca de los términos del señalado Laudo de 1891 y su necesaria traslación a las cartas geográficas del caso o al mismo territorio en lo particular, por cuanto hace a lo dispuesto para la línea de frontera determinada por la regente María Cristina en la Sección 1ª., así:

> Vengo a declarar que la línea de frontera en litigio entre la República de Colombia y los Estados Unidos de Venezuela, queda determinada en la forma siguiente: Sección 1ª. Desde los Mogotes llamados los Frailes, tomando por punto de partida el más inmediato a Juyachi en derechura a la línea que divide el valle de Upar de la Provincia de Maracaibo y Río de La Hacha, por el lado de arriba de los montes de Oca, debiendo servir de precisos linderos los términos de los referidos montes, por el lado del valle de Upar y el Mogote de Juyachi por el lado de la serranía y orillas de la mar.

Cabe registrar, finalmente y en cuanto a las delimitaciones marítimas nuestras, como lo explica con su experiencia y experticia de especialista la jurista venezolana Angelina Jaffe ("La delimitación de las áreas marinas y submarinas venezolanas en el mar Caribe y océano Atlántico", 2005), uno, el carácter pionero que asumen Gran Bretaña y Venezuela al decidir avanzar hacia la llamada "última frontera", una vez como firman el 26 de febrero de 1942 el Tratado de Paria, "primer tratado de delimitación marítima que excedía el límite clásico del mar territorial [las tres millas calculadas por el disparo de un cañón] y representa el "primer acuerdo de delimitación de las zonas submarinas situadas bajo el mar territorial" entre Venezuela y Trinidad (Naciones Unidas, *Manual de delimitación de fronteras marítimas*, Nueva York, 2001); dos, que "entre 1978 y 1990, Venezuela ha celebrado tratados de delimitación marítima con los Estados Unidos de América, Reino de los Países Bajos, República Dominicana, Francia y Trinidad y Tobago. Cabe destacar el rol decisivo que en este proceso le correspondió al iuspublicista venezolano Isidro Morales Paúl como negociador y experto en derecho del mar", fundados tres de ellos en "principios equitativos", uno en "precisos y equitativos" a través de "una línea media modificada" (USA), y otro, igual al anterior, pero combinando "líneas mediana, no-equidistante y mediana modificada" (Trinidad y Tobago).

Los límites con Guyana en perspectiva histórica

En lo relativo a los límites de Venezuela con la actual República Cooperativa de Guyana, como se sabe, el territorio conocido como la Guayana Esequiba, situado a partir de las márgenes occidentales del Río Esequibo – nombre debido al explorador español Juan de Esquivel (P. Félix María de Vegamián, *El Esequibo: Frontera de Venezuela*, Madrid, 1968) – y constante de 159.500 km2 perteneció a España, por ende a Venezuela como sucesora, por virtud de las Bulas de Alejandro VI (1493) y del reconocimiento de las costas venezolanas que hicieran en 1499 los tenientes de Colón: incluidas las del territorio Esequibo, y dada la posesión exclusiva que aquella, además, mantuvo "por más de un siglo después de haber descubierto a Guayana". Alonso de Ojeda, en efecto, toma posesión formal de unos mil kilómetros que recorre antes de llegar al Golfo Triste o de Paria. Y en 1591 es fundado un fuerte español en la confluencia entre los ríos Esequibo, Cuyuni y Mazaruni (J.Rodway, *Historia de la Guayana Británica*, Georgetown, 1891), mientras al finalizar el siglo Domingo de Vera Ibargüen somete a los indios rebeldes del río Esequibo.

Durante el siglo XVII, así como los españoles siembran yuca en el río señalado, desalojan repetidas veces a los holandeses que buscaban establecerse en el río Corenquín al este del Esequibo, Martín de Oquendo, vecino de Santo Tomé de Guayana cumple encomiendas en el Mazaruni. Y logrando establecerse los holandeses en la zona este del río Esequibo, España les reconoce esos establecimientos en el Tratado de Münster (1648). A la sazón, en 1713, Inglaterra se compromete mediante tratado, el de Utrecht, a respetar la integridad de los territorios españoles en América.

La Real Cédula expedida por el Rey de España el 5 de mayo de 1768 describiendo a la provincia de Guayana (*Alegato de Venezuela: Contestación al Libro Azul Británico*, Caracas, Imprenta Nacional, 1896), posesión suya, indica que limita al sur con el río Amazonas y al Este con el océano Atlántico, así:

> "Mi Virrey, Gobernador y Capitán General de el Nuevo Reino de Granada, y Presidente de mi Real Audiencia de la ciudad de Santa Fe. Don Joseph Iturriaga, Gefe de Escuadra de mi real armada, dispuso que la Comandancia General de las nuevas fundaciones del bajo y alto Orinoco y río Negro que exercia, quedase, como lo esta por su fallecimiento, a cargo del Gobernador y Comandante de Guayana. He conformadome con esta disposición, y hallando conveniente a mi real servicio que subsista invariable hasta nueva resolución mía, la expresada agregación al propio Gobernador y Comandante de Guayana, como más inmediato a los citados Parages, y que, por lo mismo hasta ahora ha estado encargado de la escolta de Misiones destinada a ellos; de suerte que quede reunido en aquel mando (siempre con subordinación a ese Capitán General) el todo de la referida Provincia, cuyos términos son: por el Septentrión el bajo Orinoco lindero meridional de las Provincias de Cumaná y Venezuela; Por el Occidente el alto Orinoco, el Casiquiari, y el río Negro: Por el Mediodía el río Amazonas: Y por el Oriente el Océano Atlántico; he venido en declararlo así, y expediros la presente mi real cédula, en virtud de la cual os mando comuniqueis las órdenes convenientes a su cumplimiento a los Tribunales, Gobernadores y oficinas a quienes corresponda su observancia y noticia, que así es mi voluntad, y que de esta mi real cédula se pase al mi Concejo de las Indias para los efectos a que pueda ser conducente en el copia rubricada del Infranscrito mi Secretario de Estado y del Despacho de Indias. — Dada en Aranjuez a cinco de mayo de mil setecientos sesenta y ocho. Yo el Rey".

Seguidamente, su Intendente General para Venezuela, don José de Abalos, en las instrucciones de ocupación de 4 de febrero de 1779, expresamente señala lo siguiente:

> "La colonia holandesa del Esequibo y demás de los Estados generales en aquella costa, se hallan por lo común en las márgenes de los ríos con inmediación a la orilla del mar, sin penetrar mucho en el interior del país, y por lo mismo a las espaldas del Esequibo y demás posesiones holandesas, corriendo por el oriente hasta la Guayana francesa y por el sur hasta el río de las Amazonas, está el terreno desembarazado de parte de ellos, y sólo ocupado por los indios gentiles y crecida población de negros fugitivos, esclavos de los holandeses; procurarán los comisionados ocupar dichos terrenos como pertenecientes a la España, su primera descubridora, y no cedidos después ni ocupados en el día por ninguna otra potencia ni que tenga título para ello, avanzando en la ocupación cuanto fuere posible hasta tocar con la Guayana francesa; y entendiéndose también cuanto puedan por la parte del Sur, hasta llegar a los límites de la Corona de Portugal... La ocupación de los terrenos en todos aquellos países se ha de tener como parte de la misma Provincia de Guayana, y a nombre del Gobernador comandante de ella como su jefe y cabeza, por disposición y nombramiento de S.M."

(Memorándum de 28 de marzo de 1896, enviado por el ministro de relaciones exteriores de Venezuela, P. Ezequiel Rojas, al Secretario de Estado de Estados Unidos, Richard Olney).

Sin embargo, Holanda primero y luego Gran Bretaña, como sucesora (Tratado de Londres, 1814), en violación del Tratado de Münster (1648) que sellara la paz de Wetsfalia y reconociera en beneficio de la primera potencia mencionada –previa confirmación española– unos pequeños establecimientos (Esequibo, Demerara y Berbice) en la zona oriental del Río Esequibo, arbitrariamente y de hecho comenzaron a mover sus límites hacia el señalado oeste del Esequibo.

El ministro plenipotenciario Francisco Antonio Zea (1821), el plenipotenciario José Rafael Revenga (1822), Manuel José Hurtado (1824) y Pedro Gual (1825), en nombre de Simón Bolívar y la Gran Colombia, le hacen saber a la Corona sin que medie su rechazo que la frontera venezolana en la Guayana alcanza hasta el río Esequibo.

Zea, en nota que dirige a Lord Castlreagh, Primer Ministro de Gran Bretaña, el 20 de febrero de 1821 a fin de definir los límites de la Gran Colombia le señala que en su frontera oriental "termina en el Esequibo, siendo la ribera izquierda de este río la frontera con la Guayana holandesa".

En texto que Zea le transmite sucesivamente a Revenga y éste a los ingleses – dícese que no la entregó (vid. *Historia oficial de la discusión entre Venezuela y la Gran Bretaña sobre sus límites en la Guayana*, Nueva York, Louis Weiss & Co., 1896) - reza lo siguiente (cfr. Alegato de Venezuela, cit., p- 38):

> "Séame lícito, sin embargo, llamar particularmente la atención de usted al artículo 2 del Proyecto de Tratado en punto de límites. Los ingleses poseen en el día la Guayana Holandesa, por cuya parte son nuestros vecinos. Convenga usted, tan exactamente como sea posible, sobre fijar la línea divisoria de uno y otro territorio según los últimos tratados entre España y Holanda. Los colonos de Demerara y Bérbice tienen usurpada una gran porción de tierra que según aquéllos nos pertenece, del lado del río Esequibo. Es absolutamente indispensable que dichos colonos o se pongan bajo la protección y obediencia de nuestras leyes, o que se retiren a sus antiguas posesiones. Al efecto se les dará el tiempo necesario según se establece en el proyecto".

El 16 de agosto de 1824, el ministro Hurtado le señala a la Corona británica, con motivo de reconocer ella a la Gran Colombia, que los límites de la Nueva Granada y de Venezuela expresan que ese "bello y rico país se extiende por la Mar del Norte desde el río Esequibo, o confines de la provincia de Guayana, hasta el río de las Culebras que la separa de Guatemala".

Entre 1835 y en 1843, el naturalista prusiano Robert Hermann Schomburgk fija por cuenta de la Sociedad Geográfica de Londres, dos líneas de demarcación arbitrarias y unilaterales:

1) La línea Schomburgk original de 1835, que en términos generales respeta como límites británicos con Venezuela –sustrayéndole a ésta 4.920 km2– las márgenes occidentales del Río Esequibo se inserta hasta el río Moroco, desde el este hacia el oeste; límites aceptados por la misma Gran Bretaña al reconocer a la Gran Colombia en 1824 a raíz de la gestión del mencionado Hurtado, tal como consta en el artículo 2 del Tratado de Reconocimiento:

> "la reconoció como Nación libre, soberana e independiente, compuesta de las provincias y territorios expresados en su Constitución y demás leyes posteriores, a saber: Margarita, Guayana, Cumaná, Barcelona, Caracas, Carabobo, Barquisimeto, Barinas, Apure, Mérida, Trujillo, Coro y Maracaibo y otros cualesquiera territorios é islas que puedan corresponderle".

2) La pseudo-línea Schomburgk de 1840, montada sobre el Sketch Map contenido en los Parliamentary Papers, que usurpa a Venezuela el territorio occidental del Río Esequibo hasta una extensión de 141.930 km2, es trazada de norte a sur partiendo desde la desembocadura del río Amacuro hasta el monte Roraima. Dicha línea fue luego levantada por el propio naturalista en otro mapa de su autoría y elaborado por iguales órdenes británicas, dando lugar a la fijación hecha por el mismo de postes sobre el territorio usurpado en 1841. Todos los mapas británicos se ajustan a dicha línea hasta 1886.

La protesta no se hizo esperar. Recibiéndose noticias constatadas por el buque venezolano "Restaurador" de que el invasor, con el pretexto de explorar, fijó en las bocas de Amacuro y Barima la bandera inglesa ese año de 1841, haciendo exaltar la indignación nacional, se enviaron al lugar unos comisionados: Santiago Rodríguez y Juan José Romero, y a Londres a Rafael M. Baralt. El gobernador de la colonia inglesa, Henry Light – nada sabía en apariencia el cónsul británico en Caracas, señor Daniel F. O'leary – se excusa señalando que las marcas no implicaban que estaban ellos ocupando el territorio venezolano; sólo levantaban un mapa topográfico con vistas a una futura delimitación mediante una "presunción de derecho" que ellos se abrogaban unilateralmente. Así se inicia, como lo refiere F. Gonzalez Guinan (Historia contemporánea de Venezuela, 1954), "una cuestión territorial, que el tiempo y las intrigas habían de agrandar y enmarañar". El doctor Andrés E. Level, perspicaz ante las intenciones inglesas hubo de decir que los ingleses no buscaban tanto "apropiarse una porción de territorio, sino una totuma de agua del Orinoco".

Había mediado, sin saberse para la época, una traición imperdonable del prócer de la Independencia y edecán preferido del Libertador Simón Bolívar, O'leary. Ahora en funciones consulares en Caracas, en medio de la crisis diplomática suscitada por los hechos, escribe el 4 de agosto al gobernador de la Guayana británica en los términos siguientes (cit. P.J. Lara Peña, Controversia sobre la Guayana Esequiba, Caracas, Academia de Ciencias Políticas y Sociales, 1981):

> "Quizás no haya en el Continente Sud Americano una posesión más valiosa. Domina la boca principal del Orinoco y en consecuencia el comercio del noble río y sus grandes Tributarios el Apure y el Meta, que unen el occidente de la República y las Provincias Orientales de Nueva Granada. En un período futuro, los poseedores de la Guayana que bordea el Orinoco, dominarán a toda Venezuela y ejercerán una gran influencia en Nueva Granada; pero a su vez ellos vendrán a estar controlados por cualquier potencia marítima que esté en posesión de Punta Barima. Gran Bretaña que es ya señora de Trinidad y Guayana Británica parece que necesita del Barima para completar sus posesiones en esta parte del mundo".

Llegado 1843, el Secretario de Relaciones Exteriores informó al Congreso que la cuestión se había resuelto satisfactoriamente, pues el gobierno inglés al reconocer la justicia del reclamo venezolano, a través de Lord Aberdeen "había ordenado al gobernador de la Guayana británica la remoción de las marcas puestas en el territorio por aquel comisionado" suyo, el señor Schomburgk, atendiendo a las quejas en Londres del señor Alejo Fortique. Este le había propuesto a la Corona como límite, para resolver, el río Esequibo y la contrapropuesta era fijarlo en el río Moroco, pero Fortique falleció. Lord Hamilton Aberdeen es el autor de la última alternativa, que formula en 1844

En 1850, Gran Bretaña se comprometió a no "ocupar ni usurpar el territorio disputado", según reza la nota del Encargado inglés en Caracas, R. H. Wilson, a lo que respondiera el canciller Vicente Lecuna haciéndole promesa en iguales y exactos términos; con el error garrafal venezolano de no haber determinado dicho territorio en esa circunstancia, al punto que Gran Bretaña protestaría luego la construcción prevista de un tren entre Ciudad Bolívar y El Dorado (Antonio Alamo Ybarra, Fronteras de Venezuela con la Guayana Inglesa, Discurso de incorporación, Caracas, Academia de Ciencias Políticas y Sociales, 1938).

Lo cierto es que los británicos, en carta que dirigen a Estados Unidos en 23 de marzo de 1869 (Lara Peña, cit.) expresan, textualmente, que: "Existe un llamado país de Venezuela, que actualmente se debate en medio de la mayor anarquía, y cuyas «autoridades menores» no pueden siquiera considerarse como sujetos de Derecho internacional". A renglón seguido, sin ambages, hacen constar su "interés de adquirir parte del territorio" venezolano.

En 1886 recibe el presidente Guzmán Blanco noticias del nuevo intento inglés de reclamar parte de la Guayana venezolana, a cuyo efecto un comisario con dos buques y armas se había apostado en Amacuro y Barima para impedir los negocios de los comerciantes transeúntes y levantando en dicho sitio una bandera inglesa; lo que negó de plano como realidad el Encargado de Negocios inglés en Caracas, señor Wilson. En reunión que sostuvo Guzmán Blanco, acompañado de su Canciller, con F. R. Saint John, ministro residente de Su Majestad Británica, le recordó que la propia Legación, en misiva que le dirigiera Sir Robert Ker Porter a Venezuela el 26 de mayo de 1836 le solicitaba permiso a su gobierno para instalar un faro en Punta Barima, dejando fuera de toda duda la soberanía nacional en dicho territorio.

3) Seguidamente, sin más, modificaron otra vez sus aspiraciones territoriales los ingleses hasta 167.830 km2., incluyendo a la población de El Dorado y moviendo fraudulentamente la ahora denominada «línea expandida» de Schomburgk, constante en un mapa atribuido a un tal Hebert que publicara el Foreign Office en 1887 y que afirma este haberlo informado a Modesto Urbaneja, Agente de Venezuela en Londres. Hasta que avanzaron luego en su usurpación, desde esa fecha hasta 1889, comprometiendo 203.310 km2 de territorio venezolano, incorporando a la población de Upata cercana al río Orinoco

y mediante la que se llamaría "línea de la máxima expansión" británica (Arturo Sosa A., "Los límites con Guyana: Injusticia y arreglo práctico", Caracas, Revista SIC, 1981).

Hacia el despojo arbitral del Esequibo

Ya a partir de 1885 los ingleses se hacen beligerantes al controvertir la soberanía venezolana, fijando sus pretensiones entre los ríos Amacuro y Barima citados, cuestionando las concesiones que allí otorgara Venezuela a la Compañía Manoa, propiedad de Cyrenius C. Fitzgerald, explotador de oro en la zona de El Callao. Hijo de irlandés y madre gaditana, este es amigo del presidente Guzmán Blanco y bajo la presidencia de Joaquín Crespo ve autorizado su contrato por las Cámaras Legislativas para constituir dicha empresa – la forma en New York con accionistas de dicha plaza – y para explotar sobre el territorio deltano indiscutido enlazándolo con ferrocarril con el Territorio Federal Yuruari, justamente el situado al este del Esequibo. Pero sus trabajadores son llevados ante la justicia criminal de Judelie, en el río Esequibo, bajo autoridad inglesa, acusándoles de desplegar actividades ilegales sobre su jurisdicción.

En 1886 recibe el presidente Guzmán Blanco noticias del nuevo intento inglés de reclamar parte de la Guayana venezolana, a cuyo efecto un comisario con dos buques y armas se había apostado en Amacuro y Barima para impedir los negocios de los comerciantes transeúntes y levantando en dicho sitio una bandera inglesa; lo que negó de plano como realidad el Encargado de Negocios inglés en Caracas, señor Wilson. En reunión que sostuvo Guzmán Blanco, acompañado de su Canciller, con F. R. Saint John, ministro residente de Su Majestad Británica, le recordó que la propia Legación, en misiva que le dirigiera Sir Robert Ker Porter a Venezuela el 26 de mayo de 1836 le solicitaba permiso a su gobierno para instalar un faro en Punta Barima, dejando fuera de toda duda la soberanía nacional en dicho territorio.

Seguidamente, sin más, modificaron otra vez sus aspiraciones territoriales los ingleses moviendo fraudulentamente la línea modificada de Schomburgk en un mapa atribuido a un tal Hebert que publicara el Foreign Office en 1887 y que afirma este haberlo informado a Modesto Urbaneja, Agente de Venezuela en Londres. Avanzaron en su usurpación colonial hasta cerca de Upata, a pocos kilómetros del Orinoco, en la que se llamaría "línea de la máxima reclamación".

El presidente Guzmán Blanco decidió romper relaciones con Gran Bretaña en 1887 y, en 1888, el gobernador de la colonia inglesa de Demerara, procedió a designar un comisario suyo con autoridad en Barima, por lo que Venezuela renueva sus protestas hechas el primer año citado y en el último, lo hace ante el Cuerpo Diplomático acreditado en Caracas, el 29 de octubre. Su Canciller, Nicanor Borges, disgustado con el presidente J. P. Rojas Paúl por la discrecionalidad con la que maneja el poder, le renuncia.

El presidente Grover Cleveland (1837-1908) de Estados Unidos, en aplicación de la Doctrina Monroe, asume la defensa de la causa venezolana logrando la firma de un Tratado de Arbitraje en 1896 que a sus instancias firma Venezuela, una vez concluidos los estudios documentales ordenados por el Congreso norteamericano a una comisión que designara al efecto; luego de lo cual se dictó en 1899 el Laudo arbitral correspondiente. El mismo salva para el país las bocas del Orinoco y le devolvió apenas 5.000 millas de la extensión disputada, sufriendo una amputación o pérdida de derechos territoriales considerable.

Los precedentes y el desarrollo del arbitraje que concluyen con la entrega de una parte importante del territorio venezolano que codició Inglaterra por razones de poder y claramente no le pertenecía – era incluso pequeña en comparación con sus posesiones coloniales en otras partes del mundo – son, al efecto, testimonios palmarios de la percepción eurocéntrica aún dominante en el Derecho internacional; por ende, domina la imposibilidad de que se obtuviese un laudo de carácter jurídico.

Si bien mediaba desde 1827 la citada doctrina Monroe, esbozada por Estados Unidos para impedir otras expansiones coloniales europeas en América, era el momento en que los ingleses pugnaban por sostener sus dominios en la India, Sudan,

Egipto y mantenían controversias con los rusos sobre Afganistán. Y rusos, ingleses y americanos serán, al término, quienes decidan en un laudo en el que Venezuela no tiene juez en el tribunal arbitral y ni abogado propio.

Se trata de una pugna entre potencias, al punto que la defensa nuestra la dirige el jurista egresado de la Universidad de Stanford y expresidente de Estados Unidos, Benjamín Harrison y, en la otra banda, junto a los jueces americanos e ingleses preside el internacionalista ruso Fiódor – Friedrich Frommhold - Martens (1845-1909). Y no es ocioso precisar, dadas las manipulaciones que ha sufrido dicha historia en el presente, que fue Venezuela la que, advirtiendo su debilidad, apela a la ayuda norteamericana, analizada con lo cualidad por el venezolano Alirio Ugarte Pelayo, presidente de la Cámara de Diputados, hacia 1965, en pleno debate con el Reino Unido por el atropello que nos había irrogado:

> "Si no somos tan mezquinos como para desconocer cuanto en la actitud de los Estados Unidos de entonces pudo inspirarse en la espontánea resolución de defender al débil, tampoco seremos tan ingenuos, para pasar por alto las motivaciones de orden material que en la intimidad de los hechos contribuyeron igualmente a definir la vigorosa conducta norteamericana. Se trata en todo caso de un nexo de gratitud que asocia familiarmente el nombre de nuestro país al de los Estados Unidos en la memoria de dos de los hombres más relevantes de su época [Cleveland y Harrison]".

Basta con constatar, pues, la concepción que del Derecho internacional tiene el juez Martens y ha elaborado ampliamente, para entender mejor la razón de lo ocurrido, a saber, que no siendo Venezuela ante sus ojos un sujeto beneficiario del Derecho internacional poseerla por las potencias era un derecho: *"Il suffit de faire ici une seule observation: virtuellement, le droit international n 'est pas appliquable à tout le genre humain"* (vid. "La Russie et l'Angleterre dans l'Asie Centrale" (Extrait de la Revue de Droit International et de Législation comparée) Paris, 1879; idem, Federico Martens, Rusia e Inglaterra en Asia Central, traducción y preliminar de Héctor Gros Espiell, Caracas, Presidencia de la República, 1981).

El señalado juez presidente y profesor de la Universidad de San Petersburgo, para el momento de su actuación es eje intelectual de importancia – había sido el asesor legal del Canciller imperial - sobre los debates entre rusos e ingleses por las "fronteras científicas" y políticas en lo relativo a la "cuestión de Asia", como consta documentalmente (Josef Popowsky, The rivals Powers in Central Asia, London, Constable, 1893). Estaba sellado desde antes, entonces, el destino que tendría el Laudo de 1899 impuesto a los jueces de minoría, los americanos, bajo riesgo de que la voracidad territorial llegase hasta las bocas del Orinoco como se los anunciara Martens antes de decidir. He aquí su razonamiento intelectual de "jurista":

> "Tout le monde convient qu'à mesure que l'Europe devient trop étroite pour permettre le libre essor de toutes les forces intellectuelles et matérielles qu'une activité dévorante accumule journellement au sein des nations civilisées, les relations de celles -ci avec l'Orient et même avec l'Afrique doivent se développer progressivement. De plus, on est d'accord que la mission des nations européennes est précisément d'inculquer aux tribus et peuples de l'Orient les idées du droit, et de les initier aux principes éternels et bienfaisants qui ont mis l'Europe à la tête de la civilisation et de l'humanité" (Martens, Revué de droit..., cit.).

Lo cierto es que tal perspectiva ya tenía eco en los abogados británicos ante el Tribunal arbitral constituido en París, presidido por Martens y que inicia sus sesiones el 23 de enero de 1899. Recordando las crueldades cometidas por los venezolanos en los indios del territorio disputado, arguyen "la que podría llegar a ser aquella feraz comarca aislándola de una atmósfera de revoluciones y sometiéndola a la progresiva colonización inglesa". De donde el expresidente norteamericano y abogado de Venezuela hubo de replicar con indignación lo siguiente:

> "La primera consideración que saco de esto, señor presidente, es que no puede permitirse a uno de los reclamantes en una disputa territorial aducir que, por razón de su mayor fuerza, riqueza, población, industria y espíritu de empresa, es más capaz que otra Nación que apropiarse y usar un territorio. En otras palabras, señor presidente, que una Nación que, gracias a Dios, no vive ahora en una atmósfera de revolución, sino que al través de muchos siglos ha llegado hasta su presente noble estado como una de las grandes naciones de la tierra, después de centurias de internas disensiones y guerras revolucionarias como la Gran Bretaña insinúa, según lo hizo el Procurador General en su último argumento, que Venezuela ha vivido en una atmósfera de revolución; esas consideraciones, señor presidente, esa tentativa de formar juicio sobre el mérito comparativo de leyes y administración de Rusia, Estados Unidos, o de la Gran Bretaña, o de Venezuela, están completamente fuera de toda observación que pueda dirigirse a la inteligencia de un jurado internacional como medio de arreglar una disputa de límites" (A. Álamo Ybarra, cit.).

Ese fue, al final, el contexto que predominó en el dictado de laudo y sus debates. Viciado de nulidad en forma palmaria y contraviniendo las más elementales enseñanzas de la doctrina y jurisprudencia internacionales, no obstante, al Laudo se le intenta sostener en su fuerza y bajo protesta continua venezolana. El mismo 9 de diciembre de 1899, luego de que el agente de Venezuela J.M. de Rojas, el expresidente norteamericano Harrison, Severo Mallet-Prevost, y la opinión pública nacional lo protestasen en el octubre anterior, el ministro de relaciones exteriores venezolano le hace saber al británico que puede rebatirle sobre injusticia palmaria del Laudo. En 1900, la Consultoría Jurídica de la cancillería emite un dictamen arguyendo que no hay duda sobre la invalidez de este. Y en 1903, abogados venezolanos ante el Tribunal de La Haya protestan el arbitraje del despojo.

Bajo amenaza inglesa, "al ceder por las buenas lo que por la fuerza se nos quería arrebatar", los 150.000 km2 que se le despojan a Venezuela – derecho de navegación en el río Barima y el Amacuro que desaguan en las bocas del Orinoco y un distrito aurífero cuya línea divisoria pasará por el borde septentrional del Cuyuní, con punto de partida en Punta Playa – una comisión técnica de límites traza la demarcación entre 1900 y 1905. Venezuela se encuentra sola y ya sin apoyo norteamericano, exigiéndole Gran Bretaña a este hacer respetar el laudo, y obligado en los hechos a impedir que la demarcación se llevase por delante otro trecho del territorio nacional. Tanto es así, que mediando la gestión del canciller Pedro Itriago Chacín, esta hubo de devolver una vasta y extensa comarca situada en el Monte Roraima, en 1932.

En 1944, Diógenes Escalante, el presidente del Congreso, Manuel Egaña, y el diputado José Antonio Marturet, piden al presidente Isaías Medina accionar para que se revisa el Laudo. Las realidades de la primera y segunda gran guerra mundiales que involucraran a los ingleses y les impedían atender otros negocios, se habían superado.

Publicado como fue en 1949 y luego de su muerte, el célebre memorando que dictara el abogado Mallet-Prevost citado, consejero legal de Venezuela ante el Tribunal Arbitral, Venezuela supo a cabalidad de los hechos de corrupción y de la colusión de voluntades habida entre los árbitros británicos Charles Russel of Kilowen y Richard Henn Collins y el árbitro presidente ruso Martens, quien ejerciera luego presiones sobre los árbitros norteamericanos Melville Weston Fuller y David Josiah Brewer.

> "Cuando revelé – narra Mallet-Prevost - al General Harrison lo que acababa de pasar, este se levantó indignado y caminando de un lado a otro, calificó la conducta de Gran Bretaña y Rusia en términos que es para mí inútil repetir. Su primera reacción fue la de pedir a Fuller y a Brewer que presentaran una opinión disidente, pero cuando se calmó y estudió el asunto desde un punto de vista práctico, me dijo: «Mallet Prevost, si algún día se supiera que estuvo en nuestras manos conservar la desembocadura del Orinoco para Venezuela y que no lo hicimos, nunca se nos perdonaría. Lo que Martens propone es inicuo, pero no veo como Fuller y Brewer puedan hacer otra cosa que aceptar".

Unos y otros, en efecto, dictaron una sentencia arbitral sin motivación, incurriendo en ultra petita, obra, al efecto, de un "compromiso de carácter político" que hizo a un lado las razones del Derecho, validándose así la orientación de la pseudo línea Schomburgk para concretar el señalado despojo territorial a Venezuela.

Rómulo Betancourt, un año antes, en 1948, durante la IX Conferencia Interamericana de Bogotá critica que se «haya dejado persistir el dominio de potencias colonizadoras sobre vastas porciones del hemisferio», y de modo directo advierte ante los delegados presentes sobre:

> «el derecho de ciertas naciones de América a obtener determinadas porciones de territorio hemisférico, que en justicia le puedan corresponder; ni renunciamos los venezolanos, llegado el caso de una serena revalorización histórica y geográfica de lo americano, pudieran hacer valer en pro de sus aspiraciones territoriales sobre zonas hoy en tutelaje colonial y que antes estuvieron dentro de nuestro propio ámbito geográfico»".

En 1951, Luis Emilio Gómez Ruiz exige ante la IV Reunión de Consulta de Cancilleres Americanos la rectificación de la injusticia de Laudo y realizándose la X Conferencia Interamericana en Caracas, Ramón Carmona F., reserva por Venezuela sus derechos en la Guayana Esequiba, que a su ratifica, en 1956, José Loreto Arismendi.

Fue en 1962, sin embargo, luego de que el embajador Carlos Sosa Rodríguez denunciase ante la IV Comisión de la Asamblea General de la ONU la nulidad del Laudo, el canciller venezolano Marcos Falcón Briceño invoca formalmente dicha nulidad ante la Comisión Política Especial de dicha organización, a cuyo efecto el delegado británico no pudo menos de reconocer que "fue resultado de un compromiso". Allí se avanza para que "los tres gobiernos [Venezuela, Gran Bretaña, y Guyana] examinaran la documentación en poder de todas las partes y relativa al asunto", lamentando Venezuela que los ingleses sólo ofreciesen el examen de sus propios archivos.

De tal forma que, el 5 de noviembre de 1963, Falcón Briceño, en reunión que celebra en Londres con R.A. Butler, le hace entrega de un *Aide Memoire* haciéndole ver que, hechas las investigaciones, "Venezuela tiene pruebas concluyentes de que sufrió un perjuicio moral y legal en cuanto que fue engañada y privada de su legítimo territorio por el Laudo de 1899". Le destaca, entre otros elementos, que Gran Bretaña ocultó al tribunal la línea *Schomburgk* restringida y oficial, revelando ante este una línea forjada por ella en el mismo mes de julio de 1899 e impuesta por sus jueces y abogados mediante presión del presidente del tribunal. Y le agrega que, además, así como el tribunal excedió en sus poderes, Venezuela firmó el Tratado de Arbitraje de 1897 que diera origen al tribunal arbitral "bajo coacción moral", "engañada en cuanto al significado de la cláusula de prescripción", y sólo fue en 1899 cuando supo de la correspondencia oficial y secreta relacionada con el acuerdo de arbitraje.

Así las cosas, en 1964, en Londres, se produce un examen tripartito de la cuestión, que resume de manera concreta el memorándum preparado sobre la perspectiva de Venezuela por Hermann González Oropeza, S.J. y Pablo Ojer, S.J, y reitera alguno de los elementos de juicio anteriores así:

1. Venezuela tuvo que aceptar el Tratado de Arbitraje de 1897 bajo presión indebida por parte de los Estados Unidos y la Gran Bretaña, los cuales negociaron las bases del compromiso con exclusión del Gobierno venezolano, al cual se le dieron explicaciones que lo indujeron a error.

2. Venezuela fue de tal manera preterida que Estados Unidos y Gran Bretaña acordaron desde el comienzo de la negociación que ningún jurista venezolano habría de formar parte del Tribunal de Arbitraje.

3. Aun cuando sustanciales reservas venezolanas al Tratado no fueron tomadas en cuenta por los más directos negociadores de este, Venezuela interpretó el compromiso arbitral en el sentido de que la decisión del Tribunal debía ser de estricto derecho.

4. El llamado Laudo del 3 de octubre de 1899 es nulo. Esta nulidad se fundamenta:

a) En la falta de motivación de la decisión.

b) En que los árbitros no tuvieron en cuenta, para dictar su fallo, las reglas de derecho aplicables y, en particular, el principio del Utis Possidetis Juris; tampoco hicieron esfuerzo alguno de investigación en lo que concierne a los territorios que pertenecían, sea a los Países Bajos, sea al Reino de España, para la época de la llamada adquisición (Art. III del Tratado de Arbitraje).

c) En que los árbitros no decidieron cómo debía computarse el plazo de 50 años de prescripción, ni lo aplicaron según lo acordado en el Tratado de Arbitraje.

d) Sin que estuvieran facultados para ello por el compromiso arbitral, los árbitros establecen y reglamentan en su sentencia la libre navegación de dos ríos fronterizos, y por cierto en contra de Venezuela.

e) El hecho de que el llamado Laudo fue efecto de un compromiso diplomático explica que los árbitros no tomaran en cuenta las reglas de derecho contenidas en el Tratado Arbitral. Los documentos contemporáneos, mientras revelan que los árbitros eran conscientes de ello, confirman el hecho al que califican de "componenda y farsa."

5. Los representantes de Gran Bretaña presentaron al Tribunal de Arbitraje mapas a los que se atribuían decisiva importancia, los cuales habían sido adulterados en el Colonial Office.

6. La línea del llamado Laudo había sido preparada en el Colonial Office en el mes de julio de 1899, o sea con varios meses (la antelación respecto de la sentencia). Esta línea de frontera fue impuesta a los árbitros americanos por el presidente del Tribunal, el profesor ruso de Martens, por medio de la coacción.

7. Venezuela nunca ha dado asentimiento al llamado Laudo del 3 de octubre de 1899. La participación de Venezuela en la demarcación de la frontera revistió un carácter puramente técnico. A ello fue forzado el país por circunstancias para él insuperables. Tanto el Gobierno como el pueblo venezolano, en cuanto y como les fue posible, protestaron el llamado Laudo de 1899.

El Acuerdo de Ginebra

De consiguiente, el 17 de febrero de 1966, como obra sucesiva de los cancilleres Marcos Falcón Briceño, durante el gobierno de Rómulo Betancourt (1959-1964) e Ignacio Iribarren Borges, durante el gobierno de Raúl Leoni (1964-1969) se suscribe el Acuerdo de Ginebra ("Acuerdo para resolver la controversia entre Venezuela y el Reino Unido de Gran Bretaña e Irlanda del Norte sobre la frontera entre Venezuela y Guayana Británica") a partir de la declaración venezolana sobre el carácter "nulo e írrito" del Laudo arbitral de 1899, comprometiéndose las partes: Venezuela, Gran Bretaña y la Guayana Británica una vez independizada, a encontrar, conforme al artículo I, "soluciones satisfactorias para el arreglo práctico de la controversia".

Sin haber entrado en vigor, ya Venezuela había formulado su primera reclamación a Gran Bretaña y su colonia de Guyana, al advertir en 1965 que esta había otorgado unas concesiones petroleras, dos de las cuales afectaban al territorio en reclamación y a la plataforma continental correspondiente. El ministro de relaciones exteriores venezolano, así las cosas, el 24 de mayo de 1965 declara que "no reconoce las concesiones otorgadas" haciendo la debida reserva. Y 16 de septiembre siguiente, Ignacio Iribarren Borges precisa, dado lo ocurrido, que lo señalado "tiene idéntica aplicación a cualquiera otras concesiones del mismo origen que tenga por objeto a aquel territorio".

El 26 de mayo de 1966 el canciller Iribarren envía al ministro de relaciones exteriores de Guyana, la nota de reconocimiento de Venezuela al nuevo Estado, reservando sus derechos de manera precisa:

> "...Venezuela reconoce como territorio del nuevo Estado el que se sitúa al Este de la margen derecha del río Esequibo, y reitera ante el nuevo país y ante la comunidad internacional, que se reserva expresamente sus derechos de soberanía territorial sobre toda la zona que se encuentra a la margen izquierda del precitado río; en consecuencia, el territorio de la Guayana Esequiba sobre el cual Venezuela se reserva expresamente sus derechos soberanos, limita al Este con el nuevo Estado de Guyana, a través de la línea media del río Esequibo, tomado éste desde su nacimiento hasta su desembocadura en el Océano Atlántico".

La mala fe guyanesa llevó al fracaso de la Comisión Mixta que funcionara entre 1966 y 1970, encargada de encontrar dichas "soluciones satisfactorias" a la controversia pendiente que, "debe, por consiguiente, ser amistosamente resuelta en forma que resulte aceptable para ambas partes", a tenor de lo previsto en Preámbulo y los artículos III y IV del acuerdo; el esfuerzo posterior de distención bilateral –destinado a crear un clima de entendimiento entre las partes para reanudar las negociaciones y sin ceder Venezuela en sus derechos– que implicara el Protocolo de Puerto España suscrito el 18 de junio de 1970 durante el primer gobierno de Rafael Caldera (1969-1973) y su no renovación a partir del 18 de junio de 1982 por el gobierno de Luis Herrera Campíns (1979-1984), estimando llegado el momento para valorar los comportamientos de Gran Bretaña y Guyana, estudiar la vía más adecuada al interés nacional dentro de las previstas en el Acuerdo de Ginebra a fin de encontrar "una solución satisfactoria para el arreglo práctico de la controversia", se estrellaron nuevamente contra la tozudez y el rechazo guyanés.

Observa bien *Juan Carlos Rey* ("Del golfo de Venezuela al Esequibo: una exploración de alternativas", Caracas, EJV, Revista de Estudios Políticos, N°0, 1981), respecto de lo anterior y que al caso es constitutivo de una abierta violación de las obligaciones que le impone el Acuerdo de Ginebra, lo siguiente:

> "Guyana ha percibido la situación como puramente conflictiva o suma-cero: estando en posesión de la totalidad del territorio Esequibo, al que considera bajo su absoluta soberanía, cualquier tipo de acuerdo negociado que implique renunciar a alguna porción del mismo es considerado como pura pérdida, por lo que no está dispuesta a entrar en un diálogo en lo que lo único que quedaría por discutir es la magnitud de la misma; en otras palabras: prefiere no negociar a negociar. Al aferrarse a la "cuestión previa" de la validez del Laudo de 1899, Guyana rechaza, al menos en esta etapa, el principio de negociación como medio de solución de controversia".

No obstante, la firme protesta, en cada oportunidad, de los intentos de Guayana por desarrollar actividades concesionadas en el territorio bajo reclamación como lo fuera la formulada en 1980 y 1981 rechazando la construcción de la represa del Alto Mazaruni y su financiamiento por el Banco Mundial, ha permitido el sostenimiento de su precariedad posesoria al menos hasta el año 2004.

En el artículo IV del Acuerdo de Ginebra, textualmente se expresa lo siguiente:

> "Dichos Gobiernos escogerán sin demora uno de los medios de solución pacífica previstos en el Artículo 33 de la Carta de las Naciones Unidas... el Gobierno de Venezuela y el Gobierno de Guyana [si] no hubieren llegado a un acuerdo con respecto a la elección de uno de los medios de solución previstos..., referirán la decisión sobre los medios de solución a un órgano internacional apropiado que ambos Gobiernos acuerden, o de no llegar a un acuerdo sobre este punto, al Secretario General de las Naciones Unidas. Si los medios así escogidos no conducen a una solución de la controversia, dicho órgano, o como puede ser el caso, el Secretario General de las Naciones Unidas, escogerán otro de los medios estipulados en el Artículo 33 de la Carta de las Naciones Unidas, y así sucesivamente, hasta que la controversia haya sido resuelta, o hasta que todos los medios de solución pacífica contemplados en dicho Artículo hayan sido agotados".

En tal orden, en el último año del gobierno de Herrera Campíns ofrece Venezuela a Guyana la negociación directa o encomendar la cuestión al Secretario General de la ONU; pero no aceptándola esta, que prefiere referirla a la Corte Internacional de Justicia, a la Asamblea General o al Consejo de Seguridad de la ONU, por iniciativa del primero y su Canciller, José Alberto Zambrano Velazco, es llevada directamente al patrocinio del Secretario General de la ONU conforme a lo dispuesto en el artículo IV, numeral 2 del Acuerdo. Este ya había aceptado intervenir en el desarrollo del Acuerdo de Ginebra si se le llegase a solicitar, desde 1966. La gestión de Zambrano Velasco quedará consignada en una obra de su autoría titulada *Our historic claim* (1982) y desde entonces, se encomienda la cuestión a un Buen Oficiante elegido por aquél y aceptado por las partes sin que se haya alcanzado resultado alguno.

La tesis de Zambrano Velasco, sea cuales fueren los medios adoptados conforme al Acuerdo de Ginebra, es que la "controversia territorial pendiente" ha de ser resuelta de modo que esta quede amistosa y pacíficamente resuelta para ambas partes" (18-6-82), mientras que Guyana ha esgrimido, desde el principio que esa condición previa impuesta por Venezuela ha impedido la solución, que a su juicio ha de comenzar por revisar la cuestión de la nulidad o no del Tratado 1897 y del Laudo Arbitral de 1899. La tesis venezolana ha sido la de abordar toda la temática "en conjunto" como obligación que impone el Acuerdo de Ginebra:

> "Venezuela ha estado dispuesta a considerar todos los problemas implicados en esta materia, sean estos políticos, marítimos, culturales, económicos o sociales, y a no limitarse al mero examen de la nulidad del inexistente Laudo de 1899, como parece pretender Guyana. Venezuela considera que un arreglo práctico no es posible sin abordar esta temática en su conjunto y que toda conducta distinta constituye una solución satisfactoria, tal como fue convenido" (Declaración del Ministerio de Relaciones Exteriores de 2 de mayo de 1981 sobre las consecuencias de no prorrogar el Protocolo de Puerto España).

Sucesivamente, situada la cuestión en las manos del Secretario General de la ONU, al que se dirige el canciller venezolano – agotados los tres meses previstos en el artículo IV, contados a partir del 18 de junio de 1982 – mediante comunicación de 6 de octubre de 1982 le refiere formalmente el asunto a Javier Pérez de Cuellar, para entonces titular del alto cargo de Naciones Unidas. Guyana, invitada por Venezuela ("vería con agrado que el gobierno de Guyana hiciese por su parte una gestión similar"), no sin protestas previas lo acepta posteriormente. Así, son designados como representantes especiales del Alto Funcionario de Naciones Unidas Sir Alister McIntire de Grenada y antiguo Secretario General del CARICOM, el Embajador Oliver Jackman de Barbados, el catedrático jamaiquino Norman Girvan, y el diplomático noruego Dag Halvor Nylander, el último, en 2017, sin que ninguno obtuviese resultados al buscar "una solución satisfactoria para el arreglo práctico de la controversia". De tal modo que, el 23 de diciembre de 2016, el Secretario General de la ONU, Ban Ki-moon, advierte a las partes que, si los Buenos Oficios no dan resultado en el curso de un año, al término enviará la controversia a la Corte Internacional de Justicia.

La Corte Internacional de Justicia interviene

El 31 de enero de 2018, Antonio Guterres, sucesor de Ban Ki-moon, bajo protesta venezolana por no haberse agotado todos los medios previstos en el artículo 33, decide que las partes han de trasladar el conocimiento del diferendo territorial al señalado Tribunal de La Haya y así lo señala en la misiva que dirige al presidente guyanés David Arthur Granger el 30 anterior, en los términos que siguen:

> "De acuerdo con el marco definido por mi predecesor, he analizado la evolución del procedimiento de buenos oficios durante 2017. Como resultado, he cumplido con mi responsabilidad dentro de dicho marco y, sin que se hayan realizado avances significativos hacia un pleno acuerdo sobre la solución de la controversia, elegí la Corte Internacional de Justicia como el próximo medio para lograr este objetivo".

Venezuela, en comunicado oficial del Ministerio de Relaciones Exteriores, el 31 de enero mismo señala que lo así decidido por el secretario de la ONU "sobrepasa el carácter sucesivo de los medios de solución pacífica que establece el acuerdo de Ginebra como metodología establecida para alcanzar una solución aceptable, práctica y satisfactoria de la controversia". No obstante, Guyana, omitiendo lo señalado en su demanda ante la Corte hace ver de un modo fraudulento que la ratificación venezolana sobre la validez del Acuerdo de Ginebra señalada, de suyo implica que ratifica lo decidido por el secretario de la ONU.

Así, bajo instancia de Guyana consignada ante la Secretaría de la Corte el 29 de marzo de 2018, titulada Sentencia arbitral de 3 de octubre de 1899 (Guyana c. Venezuela) y haciendo entrega de su memoria dentro del plazo establecido (19 de noviembre de 2018); mediando escrito venezolano del 18 de junio anterior en el que se le informa que "carecía manifiestamente de competencia para conocer del asunto y que había decidido no participar en el procedimiento" - lo que ratifica el 12 de abril de 2019 y, no obstante, consignando el siguiente 28 de noviembre "un memorándum" para ayudarla "a cumplir su deber en virtud del Artículo 53, párrafo 2, de su Estatuto - en sentencia de 18 de diciembre de 2020 la Corte Internacional de Justicia se declara competente para conocer en los términos que siguen:

> 1) Par douze voix contre quatre,
>
> Dit qu'elle a compétence pour connaître de la requête déposée par la République coopérative du Guyana le 29 mars 2018 dans la mesure où elle se rapporte à la validité de la sentence arbitrale du 3 octobre 1899 et à la question connexe du règlement définitif du différend concernant la frontière terrestre entre la République coopérative du Guyana et la République bolivarienne du Venezuela;
>
> 2) A l'unanimité, Dit qu'elle n'a pas compétence pour connaître des demandes de la République coopérative du Guyana qui sont fondées sur des faits survenus après la signature de l'accord de Genève.

En el texto de su sentencia lamenta el tribunal la decisión venezolana de no tomar parte en el procedimiento y ante lo dicho precisa, con fundamento en sus precedentes (*Activités militaires et paramilitaires au Nicaragua et contre celui-ci* (Nicaragua c. Etats-Unis d'Amérique), fond, arrêt, C.I.J. Recueil 1986, p. 23, par. 27, se référant notamment à *Essais nucléaires* (Australie c. France), arrêt, C.I.J. Recueil 1974, p. 257, par. 15; *Compétence en matière de pêcheries* (République fédérale d'Allemagne c. Islande), compétence de la Cour, arrêt, C.I.J. Recueil 1973, p. 54, par. 13), que la no comparecencia de una parte ante ella comporta consecuencias negativas para una buena administración de Justicia. Hace constar que tal contumacia no afectaría en modo alguno la validez de su sentencia y agrega en el texto de su fallo, además, que "a la parte que se abstiene de comparecer no le será admitido aprovecharse luego de su ausencia".

Analizado el fallo de la Corte, son dos, en efecto, los únicos puntos resolutorios sobre su competencia, pudiendo observarse que la unanimidad, que incluye al voto de la jueza ad hoc designada por Guyana, Hilary Charlesworth (Australia), es con relación al conocimiento por ella de los hechos anteriores a 1966, es decir, los que concluyen con la firma del Acuerdo de Ginebra, y "no a hechos posteriores como lo sostenía aventuradamente Guyana".

Y un hecho resulta relevante, sin bien escapa a lo así decidido pero que matiza la complejidad de la cuestión que ahora tendrá en sus manos la Corte Internacional de Justicia con relación al fondo de la cuestión mencionada: la validez o no del Laudo arbitral, y en subsidio la resolución del diferendo fronterizo. Guyana, en efecto, ya ha hecho un acto de disposición unilateral sobre el territorio en reclamación al conceder derechos de explotación petrolera en las áreas marinas y submarinas de la Guayana Esequiba, en el llamado Bloque Strabroeck, extendiendo este sobre las aguas territoriales indiscutidas de Venezuela en el Delta Amacuro, que le permiten su salida al océano Atlántico. Lo ha entregado a manos de las empresas transnacionales petroleras Exxon Mobile, Hess, y la petrolera china CNPC, habiendo anunciado la primera, en 2015, haber encontrado importantes yacimientos de hidrocarburos. La revista Guyana Times recoge el 21 de diciembre de 2018 la declaración del gobierno guyanés a cuyo tenor pagarán los honorarios de abogados que cause la controversia, con el bono de 18 millones de dólares que le fuera entregado por Exxon.

Los votos separados de la señalada sentencia, muestran la complejidad de los distintos asuntos abordados en la ocasión o los que deberá abordar la Corte al momento de conocer el fondo.

a) El Juez *Peter Tomka*, advierte que el Acuerdo de Ginebra se refiere a la solución de una cuestión fronteriza no resuelta entre las partes, admitiendo que dentro de la misma se encuentra la cuestión de la nulidad o no del Laudo arbitral de 1899; y advierte a la Corte que si se llegase a declarar nulo, así como la Corte necesitaría de probanzas y nuevos argumentos para resolver sobre la delimitación de la frontera, la cuestión quedaría igual que al principio, a saber, que el Secretario de la ONU tendría que volver a indicar a través de cual medio se habría de resolver dicha controversia subsidiaria.

b) El juez francés *Ronny Abraham*, por su parte, sin cuestionar la competencia del secretario de la ONU para señalar la vía judicial como apropiada para resolver la controversia, si considera que la competencia de la Corte sólo se puede fundar en la aceptación de esta por ambas partes, sin que pueda presumirse la misma por virtud de la autorización dada por estas al alto funcionario de Naciones Unidas. Y cita ejemplo la posibilidad de que este hubiese optado por la vía arbitral, que obligaba, para ser puesta en práctica, de un acuerdo previo entre las partes conviniendo sobre la conformación del respectivo tribunal y sobre la materia a ser decidida y la extensión de su competencia. Todavía más cuanto que, en el proceso de selección y agotamiento de los medios se estima, en el Acuerdo de Ginebra, como posibilidad, que ninguno de ellos ponga fin inmediato a la controversia ("hasta que la disputa se haya resuelto o se hayan agotado todos los medios"), obligando ello, entonces, a seguir ejercitando esas vías. La Corte, por el contrario, acepta su competencia sin el expreso consentimiento de la contraparte y suponiéndolo ya dado, obviando al efecto tal expresión del Acuerdo y suponiendo que su segunda parte no existe o carece de efecto útil: "hasta que se hayan agotado todos los medios". Si las partes hubiesen tenido esa intención, según el voto, el texto del Acuerdo sería otro, invirtiendo sus términos: "hasta que la disputa se haya resuelto", y punto.

c) El juez marroquí *Mohamed Bennouna* considera que la ausencia de Venezuela hace más exigente que la Corte verifique su consentimiento a la competencia de esta, sin deducirlo. Supone, al igual que Abraham, que el señalamiento de que puedan agotarse los medios sin que se haya resuelto la controversia, como posibilidad que abre el texto del Acuerdo de Ginebra, impide a la Corte, sin más, darla por concluida restándole todo efecto útil a esa posibilidad, aceptada por las partes. De modo que, si concluye que el Laudo es nulo, no podrá impedir la Corte que sean las partes las que deban proveer para arreglar consensualmente su diferendo fronterizo, y por el contrario ella ha abierto la posibilidad de decidir, subsidiariamente, sobre la resolución del diferendo fronterizo. Precisa, además, que no existe ningún precedente internacional en el que las partes hayan confiado a un tercero dar por ellas su consentimiento para un arreglo judicial, que en el caso de la Corte y su jurisprudencia es requisito insalvable para que se declare competente para conocer. Advierte a sus colegas, finalmente, sobre la fuerte carga política del asunto por venir de un componente de colonización.

d) El juez *Kirill Gervorgian*, ruso, indica que estando de acuerdo con la Corte en cuanto a que no puede conocer de hechos posteriores a la entrada en vigor del Acuerdo de Ginebra, como lo propone Guyana en su demanda, mal puede conocer sobre la nulidad del Laudo y, eventualmente, de la delimitación fronteriza, en ausencia de un consentimiento "cierto, inequívoco, e indiscutible" de la contraparte, Venezuela. No puede hacerlo sobre presunciones, todavía más constando que esta se ha opuesto reiteradamente a esa posibilidad en todos sus asuntos territoriales y siendo manifiesta su ausencia en estrados. Cuestiona que fije un precedente como el actual, sin tradición alguna en la misma Corte, tratando de encontrar el consentimiento del caso sobre la base de un tratado que ni siquiera la menciona, mucho menos contiene una cláusula de compromiso entre las partes respecto del arreglo judicial. Siendo ello más preocupante si se considera que "en el contexto de esta controversia, debería haberse tenido en cuenta que el caso involucra intereses nacionales del orden más alto, como los derechos sobre grandes extensiones de territorio". Lo que es más importante, aborda el tema del objeto y fin del Acuerdo de Ginebra para subrayar que el mismo, expresamente indica que debe ser resuelto amistosamente y de una manera aceptable para ambas partes; a cuyo efecto invoca la jurisprudencia de la Corte en caso reciente de Ucrania vs. Rusia, a cuyo tenor al hablarse de soluciones amistosas en un tratado ha de entender la Corte que las mismas exigen que sean los Estados interesados quienes se avengan al respecto. Subraya que la incorporación del secretario de la ONU en los mecanismos del Acuerdo, dada la naturaleza y el objeto y fines de este, es la propia de un órgano de conciliación encargado de ayudar a las partes hasta que logren entenderse. Eso lo confirma, según el juez, la propia declaración del Canciller de Venezuela, uno de los firmantes del acuerdo, ante el Congreso, el 17 de marzo de 1966: ""[l] a única función confiada al Secretario General de las Naciones Unidas [era] indicar a las partes los medios de solución pacífica de controversias. . . proporcionada en el Artículo 33".

e) El juez italiano *Giorgio Gaja*, en su declaración, que no califica de voto disidente, reflexiona sobre la opción de recurrir al arreglo judicial como medio para resolver y considera que, en el caso, el consentimiento resulta de la determinación de un tercero. Señala que mal puede entenderse, según el Acuerdo de Ginebra, que las Partes, al confiar la selección del medio apropiado al Secretario General, hayan expresado anticipadamente su voluntad común de someter su disputa a la Corte. Precisa que ellas están obligadas a dar su consentimiento a la Corte, cualquiera que sea la forma que adopte tal consentimiento. Ajusta a su argumentación lo que ve como posibilidad, a saber, que, si la contraparte no consiente en la competencia de la Corte el medio judicial fracasaría; pero al cabo, esa posibilidad siempre existe en caso de que las partes no estén de acuerdo en implementar el medio escogido por el Secretario General de la ONU, tal y como ocurrió con los buenos oficios y haciéndose útil la expresión del párrafo 2 del artículo IV del Acuerdo: "y así hasta que se resuelva la controversia".

f) El juez *Patrick Lipton Robinson* de Jamaica, por el contrario, observa que la norma del párrafo 2 del artículo IV no puede analizarse aisladamente dentro del Acuerdo de Ginebra, sin entender que este fija un conjunto sistemático y progresivo que parte de una Comisión Mixta que ha de resolver; que caso de no hacerlo ella en el término previsto ha informar a las partes para que escojan un medio de solución apropiado dentro de los previstos en el artículo 33 de la Carta de la ONU; y que caso de no lograr ese objetivo, de común acuerdo referirán la "decisión" – no el pedido de una recomendación – a un órgano internacional, o al secretario de la ONU. Pero no alcanzándose este, al final, una de las partes puede pedir que tal "decisión" la haga por ellos el secretario de la ONU, con plena facultad al haberse agotado el proceso previsto a lo largo de su normativa por el Acuerdo. Todavía más cuanto que, dentro de tales medios se contemplan al arbitraje y la solución judicial, capaces por su naturaleza de resolver la controversia de un modo definitivo, resultando falaz otra interpretación destinada a mantenerla sine die.

Si cabe una síntesis breve, puede decirse que los votos separados coinciden en la identificación de varias cuestiones que chocan con lo decido por la Corte: (1) La ausencia de un consentimiento "cierto, inequívoco, e indiscutible" por Venezuela en cuanto a la solución judicial, lo que se complica, aún más, dado que (2) "el consentimiento resulta de la determinación de un tercero", que en el caso, está llamado a fungir (el Secretario de la ONU) como "un órgano de conciliación encargado de ayudar a las partes"; (3) pierde así, su "efecto útil" la norma del Acuerdo de Ginebra a cuyo tenor se pide sostener la búsqueda de una solución práctica hasta que se hayan agotado todos los medios: "y así hasta que se resuelva la controversia"; y que (4), de declararse nulo el Laudo por parte de la Corte "la cuestión quedaría igual que al principio".

Quedando al margen, dado lo decidido por la Corte, las tres primeras cuestiones, sí es de observar y tener muy presente que, la argumentación del juez Tomka, en cuanto a la posibilidad de que una decisión de la Corte regrese las cosas al estado en que se encontraban antes del Laudo de 1899, encuentra claro asidero en lo que expone a manera de interpretación auténtica, si bien unilateral, el canciller Iribarren Borges ante el Congreso de Venezuela una vez firmado el Acuerdo de Ginebra:

> "El ser declarada, ya por convenio entre las partes, o por decisión de una autoridad competente internacional prevista en el Acuerdo, la nulidad del Laudo de 1899, la cuestión se retrotrae al estado en que se hallaba la controversia en sus orígenes".

Ello, en efecto y según lo decidido por la mayoría de la Corte, es una posibilidad abierta, al plantearse decidir ella como eventual "cuestión conexa" a la nulidad del Laudo, sobre el diferendo entre las partes acerca de la frontera terrestre.

Pero lo esencial, en nuestro criterio, reside en lo que apunta el canciller venezolano textualmente e interpretando al Acuerdo de Ginebra, a saber, que por "decisión" de una autoridad competente internacional puede haber lugar a "la nulidad del Laudo".

Y eso de la "decisión", que la subraya en su voto el juez Robinson como hipótesis en caso de que el proceso del artículo IV no logre el objetivo de resolver sobre una solución práctica, y que este considera que no se trata de una "recomendación", al término sitúa al secretario de la ONU en un plano distinto del que corresponde a un conciliador como lo cree el juez Gervorgian. Aún más, si se sostiene como posibilidad que, decidido como fue por dicho órgano internacional el referir el asunto a la Corte Internacional de Justicia, cabía esperar que las partes así lo aceptasen previamente, ese ángulo queda resuelto, en nuestro criterio – ello abona en favor de la decisión de mayoría – con la otra interpretación crucial que hace del acuerdo su firmante, el canciller Iribarren Borges en la ocasión antes señalada.

Luego de explicar que, habiéndole ofrecido a Guyana como alternativa al momento de redactarse el artículo IV, que la elección de los medios de solución previstos en el artículo 33 de la Carta de San Francisco quedase en manos del Secretario General de la ONU – al que el mismo Iribarren le asigna como única función "ir señalando a las partes, para que estas los utilicen" – la misma rechazó tal posibilidad pidiendo que fuese la Asamblea General en su defecto. Venezuela, antes bien, consideraba inconveniente dejar en manos de un órgano político y deliberante, acostumbrado a las dilaciones, un asunto tan delicado. La Corte, para Iribarren Borges, ofrecía la ventaja de ser un "órgano permanente y exento de inconvenientes". De allí que, al interpretar el alcance del artículo IV del Acuerdo in comento discierne en dos instantes separados como procesos, el de alcanzar a través de medios diplomáticos la "solución satisfactoria" previa y, de no ser posible, el de revisar el Laudo de 1899 a través de medios adjudicativos, como ha ocurrido. Lo explica así, meridianamente:

> "Por último, de acuerdo con los términos del artículo 4°, el llamado Laudo de 1899, en el caso *de no llegarse antes* a una solución satisfactoria para Venezuela, *deberá ser revisado* por medio del arbitraje o del recurso judicial" (Cursivas nuestras)".

La población

La voz población, del latín populus, populare, pueblo, poblar, expresa el acto de poblar, de dotar de habitantes a un territorio, pero en la perspectiva que nos interesa indica más bien al conjunto de habitantes de un país o territorio, política, administrativa o socialmente determinado, con sentido de permanencia. *Charles Rousseau* insiste en lo último, al observar que se trata del "conjunto de individuos que se hayan unidos al Estado por un vínculo jurídico y político, al que habitualmente le dan el nombre de nacionalidad, y que se caracteriza por su permanencia y continuidad" (apud. Hugo Llanos, *Teoría y práctica del derecho internacional* (El Estado como sujeto de derecho internacional), Santiago de Chile, Editorial Jurídica, 2006).

Acerca de la población vale acotar que la práctica internacional no repara en la llamada identidad nacional o cultural o en las dimensiones de aquella, exigiendo, eso sí y para que aquélla concurra a la configuración de la estatalidad, la presencia de un núcleo de base poblacional vinculado al respectivo Estado por la nacionalidad; vínculo éste que determina, a la vez, el ejercicio por el Estado nacional de cierto grado de competencia personal sobre sus nacionales o sobre los bienes de éstos que se encuentren en el extranjero y sin perjuicio de la competencia territorial plena que puede ejercer sobre ellos el otro Estado que les acoge. Todo lo cual, de suyo, suscita conflictos de competencia que son resueltos, de ordinario, por las normas del Derecho Internacional.

El otorgamiento de la nacionalidad o los criterios para su obtención hacen parte del dominio reservado del Estado (*Decretos de nacionalidad en Túnez y Marruecos*, CPJI, 1923). Empero, para los fines jurídicos internacionales se reclama del principio de la efectividad, de la mayor efectividad, o de la llamada nacionalidad real o de hecho, en lo particular cuando tienen lugar problemas de doble nacionalidad (*Canevaro: Italia vs. Perú*, Corte Permanente de Arbitraje, 1912) o de adquisición de nacionalidad (*Nottebohn*, CIJ, 1955) que sean incidentes sobre las relaciones jurídicas entre los Estados.

Mariño Menéndez, por cierto, nos previene respecto de otro aspecto no menos importante: la estabilidad poblacional. Y recuerda, al respecto, el juicio o valoración que fuera introducido por la jurisprudencia internacional y a cuyo tenor, así como el sedentarismo no es una regla absoluta, "el nomadismo en una situación de ausencia de límites territoriales (...) puede ser una prueba de la inexistencia del Estado" (*Sentencia sobre el Sahara Occidental*, CIJ, 1975).

No huelga agregar que, en la práctica, la población de un Estado la conforman nacionales y extranjeros, que pertenecen a otra nación habiéndose establecido en este, a cuyo efecto es pertinente discernir que unos y otros gozan de iguales derechos, los fundamentales, los que le son reconocidos a todos por su condición de hombres, miembros de la especie humana; que por lo general y por lo dicho discriminan, aquí sí, en el campo de los derechos políticos o de ciudadanía. Los últimos corresponden a los nacionales y en algunos supuestos pueden ejercerlos – como sujetos activos o pasivos de voto – los extranjeros, conforme a las previsiones constitucional del mismo Estado. Todos a uno, sin embargo, quedan sujetos al imperio de las leyes civiles (Eduardo Calcaño, *Derecho internacional*, Caracas, 1897).

El Gobierno

Por último, en cuanto al Gobierno como elemento u organización política del Estado no es ocioso traer a colación lo que afirma, al respecto, la vieja literatura jurídica (así, Marqués de Olivart, *Tratado y notas de derecho internacional público*,

Madrid, Manuel Murillo, Tomo I, 1887), cuando recuerda lo esencial para los fines del Derecho internacional: "más necesario es aún para que pueda ejercer su voz y su voto en la asamblea que forman todas las naciones, que este poder público se concrete en persona o corporación determinada que personificando al Estado sea su órgano en la vida internacional. Poco le importan… al derecho internacional la forma con la que desarrolla el Estado el ejercicio de su soberanía: mientras exista verdaderamente un poder público que pueda cumplir con seriedad sus deberes internacionales, nada les interesa a las demás naciones que sea monárquica o republicana, absoluta o limitada la forma política del Estado extranjero".

Así las cosas, siendo exacto lo anterior, con sus matizaciones importantes en el campo del Derecho internacional americano y europeo contemporáneos, señala la doctrina en forma pacífica que representan al Estado el Jefe de Estado, el Jefe de gobierno y/o el ministro de asuntos exteriores, quienes a tenor del artículo 7 de la Convención de Viena sobre derechos de los tratados, en virtud de sus funciones y sin necesidad de presentar plenos poderes "comprometen al Estado en todos los actos que acompañan al proceso de celebración de tratados; circunstancia esta que, por lo mismo, les dota de amplias inmunidades e inviolabilidad cuando se encuentren fuera del territorio del Estado" para el manejo de las relaciones internacionales (Víctor M. Sánchez, *Derecho internacional público*, Barcelona, Huygens Editorial, 2010, p. 164).

La Comisión de Derecho Internacional, en su informe anual de 1999 (Párr. 19, p. 166) remite a la jurisprudencia concordante de los tribunales nacionales para citar como "indicadores del Estado: un territorio definido, una población permanente, *un gobierno y la capacidad de establecer relaciones oficiales con otros Estados y de desempeñar las obligaciones que normalmente acompañan la participación oficial en la comunidad internacional*" (Cursivas nuestras). Por lo que, si bien es a los funcionarios indicados u otros plenipotenciarios a quienes corresponde representar y obligar al Estado en el plano internacional, el cumplimiento o incumplimiento de las obligaciones jurídicas internacionales del Estado pesa sobre mismo, *in totus*, como sujeto capaz de Derecho internacional, no así sus órganos. Empero, es la acción u omisión de cualesquiera de estos (judicial, legislativo, ejecutivo), sea en el nivel central del gobierno o como partes de un Estado federal, la susceptible de comprometer la responsabilidad internacional del Estado por hechos internacionalmente ilícitos.

La tesis dominante en cuanto al gobierno como elemento constitutivo del Estado y de cara a la dirección de las relaciones jurídicas internacionales que, regularmente corresponde al Poder Ejecutivo y en algunos casos la comparte con el Parlamento, sigue siendo, lógicamente, la de su estabilidad y efectividad en el ejercicio del poder (*Sahara* Occidental, CIJ, 1975); ello, en modo tal que pueda ser reconocido expresa o tácitamente por la comunidad internacional de los Estados y en su autoridad para representar al Estado con legitimidad y para el ejercicio de su capacidad como sujeto de derechos y obligaciones internacionales.

Formas constitucionales del Estado

Al respecto, no son pocos los asuntos suscitados por distintas experiencias y que provocan debates acerca de la personalidad jurídica internacional en razón de las distintas formas constitucionales e históricas asumidas por el Estado. La doctrina recuerda, al efecto, los casos de las uniones personales y de las uniones reales: la primera, originada por la unión de dos Estados soberanos alrededor de un monarca único –Gran Bretaña y Hanover entre 1714 y 1837– sin que los Estados respectivos abdicasen a sus soberanías; la segunda, la unión o fusión real de Austria y Hungría integrando ambas el Imperio Astro-Húngaro que desapareció con la Segunda Guerra Mundial.

En la actualidad, el caso más importante lo representan los Estados Federales, que reúnen en su seno a varios Estados –Estados Unidos de América, es quizá el ejemplo más emblemático– y donde la autoridad federal central tiene encomendada constitucionalmente la dirección de las relaciones exteriores. Desde el punto de vista jurídico internacional no cabe duda que el sujeto de Derecho es el Estado Federal y su Gobierno le representa o tiene la autoridad para adquirir derechos y obligaciones internacionales en nombre y por cuenta de la Federación; no así sus distintos Estados miembros o federados, aun poseyendo los elementos constitutivos de la estatalidad: territorio, población y gobierno.

Fueron una excepción, sin embargo, Ucrania y Bielorrusia como miembros de la ex URSS y a las que les fueran reconocidas, por el mismo estatuto constitucional de la Unión Soviética "algún grado de personalidad internacional" y por ende han sido miembros, a título propio, de las Naciones Unidas.

Son evidentes, pues, las mayores y menores dificultades que pueden introducir los ordenamientos constitucionales de los Estados Federales con vistas a la mayor o menor capacidad de inserción de éstos en las relaciones jurídicas internacionales. Es el caso, por ejemplo, de las obligaciones internacionales que pretenda asumir éste en nombre de la Federación y sobre materias o asuntos que, de acuerdo con la respectiva Constitución Federal, estén reservados a los Estados miembros de la Federación. Piénsese, así, en lo relativo a la pena de muerte en los Estados Unidos de América y en la proscripción que de ésta dispone, con sujeción al criterio de la progresividad, el Pacto Internacional de Derechos Civiles y Políticos. De modo que, suscrito o adoptado cualquier tratado internacional al respecto por USA, de suyo su cumplimiento en el orden interno ofrecerá trastornos evidentes.

La potestad estatal o soberanía y la injerencia humanitaria

No huelga señalar, a la luz de los elementos constitutivos de la estatalidad comentados, que lo jurídicamente relevante para el Derecho Internacional junto a la señalada unidad del Estado y "por el hecho mismo de su organización", es la llamada potestad estatal o soberanía, como lo plantea *Carré* y a la que hiciéramos breve referencia *supra*.

Para el Derecho Internacional tal potestad se concreta en la facultad que tiene el Estado tanto para "velar por los intereses generales y permanentes de una comunidad humana asentada sobre un territorio", como para asumir, en su calidad de Estado soberano, derechos y obligaciones jurídicas internacionales; potestad que ha de ser para los fines jurídicos internacionales señalados, según lo ya dicho, eficaz, efectiva, no meramente nominal.

Los denominados Estados dependientes (así, el Principado de Mónaco, quien decidiera ejercer, en 1918, sus derechos de soberanía en conformidad con los intereses de Francia), a manera de ejemplo adicional y reuniendo los requisitos o elementos de todo Estado –como el caso citado de los Estados miembros de una Federación– y ejerciendo su soberanía hacia el interior no por ello tienen o alcanzan a ejercerla en lo internacional. Mónaco, no obstante, se zafa de su situación al incorporarse, progresivamente Estado como miembro en distintos organismos multilaterales, como la ONU (1993), el Consejo de Europa (2004) e incluso la OEA (2010) en calidad de Observador Permanente.

Caben, pues, algunas breves precisiones en cuanto a la soberanía del Estado y su aprehensión por el Derecho Internacional.

Si bien ella fue originalmente concebida como *summa in cives ac subditos legibusque soluta potestas*, nunca fue absoluta. Estaba sujeta o contenida por el Derecho divino o de gentes desde antiguo. De donde, hoy como nunca antes, la misma existencia del Derecho Internacional y su objeto supone un claro cuestionamiento de la idea de la plenitud soberana en modo de hacer posible el ajuste, recíproco, entre los Estados, de sus relaciones de coexistencia y/o de convivencia.

Ahora bien, dada la estructura formal y jurídica de la comunidad o sociedad internacional, de suyo se puede apreciar que la soberanía, como concepto, incide más en la noción de igualdad o paridad "jurídica" entre todos los Estados; y también en la idea de independencia, es decir, de plenitud de poder por el Estado tanto en lo relativo a su jurisdicción interior y en aquellos asuntos que corresponden a lo propiamente doméstico como en su capacidad y posibilidad de inserción exterior, sin imposiciones arbitrarias o extrañas a su misma soberanía: *par in parem non habet imperium*.

a) Independencia e igualdad soberana, competencia soberana y soberanía territorial

Tiene la soberanía para el Derecho Internacional, así, tres aspectos distintos pero inseparables en su valoración jurídica por parte de la comunidad internacional de los Estados: el externo, jurídicamente llamado "independencia", conforme al cual cada Estado determina sus relaciones con los demás Estados libre de presiones o controles por algún tercer Estado u otros Estados; el interno, o "derecho o la competencia exclusivos del Estado para determinar el carácter de sus propias instituciones, asegurar y proveer lo necesario para el funcionamiento de ellas, promulgar leyes según su propia selección y asegurar su respeto"; y el territorial, o la llamada soberanía territorial, concerniente a la autoridad ejercida por cada Estado sobre las personas, las cosas que se encuentren en su territorio y que han de respetar los demás Estados como fundamento del mismo ordenamiento jurídico internacional.

La Resolución 2625 de la ONU dice, por lo mismo, que:

> Todos los Estados gozan de igualdad soberana. Tienen iguales derechos e iguales deberes y son por igual miembros de la comunidad internacional, pese a las diferencias de orden económico, social, político o de otra índole.
>
> En particular, la igualdad soberana comprende los elementos siguientes:
>
> a) Los Estados son iguales jurídicamente;
>
> b) Cada Estado goza de los derechos inherentes a la plena soberanía;
>
> c) Cada Estado tiene el deber de respetar la personalidad de los demás Estados;
>
> d) La integridad territorial y la independencia política del Estado son inviolables;
>
> e) Cada Estado tiene el derecho a elegir y a llevar adelante libremente su sistema político, social, económico y cultural;
>
> f) Cada Estado tiene el deber de cumplir plenamente y de buena fe sus obligaciones internacionales y de vivir en paz con los demás Estados.

b) El principio de No-intervención y la injerencia o intervención de Humanidad

La consecuencia de tal igualdad e independencia de los Estados no es otra que la prohibición dirigida por el Derecho Internacional a los otros Estados de *No-intervención* en los asuntos internos del Estado concernido. Lo dice, asimismo, la citada Resolución del organismo universal:

> Ningún Estado o grupo de Estados tiene derecho a intervenir directa o indirectamente, y sea cual fuere el motivo, en los asuntos internos o externos de ningún otro. Por lo tanto, no solamente la intervención armada, sino también cualquier otra forma de injerencia o de amenaza atentatoria de la personalidad del Estado, o de los elementos políticos, económicos y culturales que lo constituyen, son violaciones del Derecho Internacional.
>
> Ningún Estado puede aplicar o fomentar el uso de medidas económicas, políticas o de cualquier otra índole para coaccionar a otro Estado a fin de lograr que subordine el ejercicio de sus derechos soberanos y obtener de él ventajas de cualquier orden. Todos los Estados deberán también abstenerse de organizar, apoyar, fomentar, financiar, instigar o tolerar actividades armadas, subversivas o terroristas encaminadas a cambiar por la violencia el régimen de otro Estado, y de intervenir en las luchas interiores de otro Estado.
>
> El uso de la fuerza para privar a los pueblos de su identidad nacional constituye una violación de sus derechos inalienables y del principio de no intervención.
>
> Todo Estado tiene el derecho inalienable a elegir sus sistema político, económico, social y cultural, sin injerencia en ninguna forma por parte de ningún otro Estado.
>
> Nada en los párrafos precedentes deberá interpretarse en el sentido de afectar las disposiciones pertinentes de la Carta relativas al mantenimiento de la paz y la seguridad internacionales.

Algunas precisiones caben, sin perjuicio de lo anterior, en cuanto a la soberanía e independencia de los Estados y acerca del deber de No-intervención que se desprende de esta última cualidad, importante para la dimensión externa de la soberanía, según las normas del Derecho Internacional.

No obviamos referir al margen y en lo inmediato, sin embargo, que el principio de No-intervención, sujeto como se encuentra al criterio de la No-intervención en los asuntos internos del Estado y admitido que no pocos de tales asuntos se han ido desplazando hacia los ámbitos propios del Derecho Internacional y de sus competencias, se plantea, no sin críticas de distinto género, la legitimidad de la llamada intervención humanitaria o protección humanitaria: "una especie de deber de injerencia –*le devoir d'ingerence*– en el interior de un país cuando una parte de su población es víctima de persecución", según lo afirmara el presidente galo *François Miterrand* en 1991.

Citada por *Consuelo Ramón Chornet* (*¿Violencia necesaria? Intervención humanitaria en Derecho Internacional*, Madrid, Editorial Trotta, 1995), la profesora *E. Pérez-Vera* dice, inspirándose en *Fauchille*, que la "intervención de humanidad" o por razones de Humanidad constituye

> la institución jurídica que, en el marco de la comunidad internacional de los Estados, trata de proteger a todo individuo, cualquiera que sea su nacionalidad, sus derechos fundamentales, es decir, aquellos que le pertenecen en cuanto que hombre, antes incluso de que forme parte de una sociedad política

como el Estado. Y supone, de suyo, "una injerencia activa de un Estado o de un grupo de Estados en los asuntos internos de otro estado, con vistas a imponerle el respeto de los derechos fundamentales del individuo". A su vez y de modo puntual, pero con una significación más amplia, la "protección de humanidad" incluiría cualquier "presión ejercida por el gobierno de un país sobre el de otro, a fin de obtener de éste una conducta conforme a las leyes de humanidad".

Por lo pronto, sin perjuicio de la significación que tiene, como punto de partida, la Resolución 688/91 del Consejo de Seguridad de la ONU pidiendo de la comunidad internacional su apoyo y que reclamara de Irak aceptar el acceso a su territorio de organizaciones humanitarias y asegurar la asistencia humanitaria; no obviando, además, los cambios cualitativos que recién se aprecian luego de las actuaciones del mismo Consejo de Seguridad que le llevaran a establecer los Tribunales Penales Internacionales para la ex Yugoslavia y para Ruanda, lo cierto es que la Corte Internacional de Justicia –igualmente sin contrariar el reconocimiento que ha hecho de la existencia obligaciones de *ius cogens* y de un orden público internacional– con su sentencia sobre el *Caso Barcelona Traction* (1970), aún parecería atada al criterio que estableció en el asunto del *Canal de Corfú* (1949) y que, *mutatis mutandi*, ratificó con su otra sentencia sobre las *Actividades militares y paramilitares en Nicaragua* (1986):

> El pretendido derecho de intervención no puede ser entendido sino como la manifestación de una política de fuerza, política que, en el pasado, dio lugar a graves abusos y que no podría encontrar lugar alguno en el Derecho Internacional, cualesquiera que sean las deficiencias actuales de la organización internacional.

c) La responsabilidad de proteger (R2P)

Con vistas a lo anterior y a mayor abundamiento, cabe decir que la protección de las poblaciones bajo riesgo, desde 1945, es el desiderátum normativo de las Naciones Unidas, a pesar de su posterior secuestro por el principio *status pro* o soberanista. La doctrina que, en igual orden, ha sido llamada de la "intervención democrática", esgrimida por el presidente de los Estados Unidos en 2003 antes de su intervención militar a Irak, analizada cuidadosamente por Jean d'Aspremont (*L'etat non democratique en droit international*, Paris, Pedone, 2008), viene de antigua data. Es de origen revolucionario francés y la anima la idea medieval y escolástica de la «causa justa».

c.1. Desde la injerencia humanitaria hasta la responsabilidad de proteger

No obstante, proscrito como fue el uso de la fuerza por el Derecho internacional sucesivo a la 2ª gran guerra del siglo XX, y admitido sólo en los supuestos de legítima defensa o cuando lo autoriza el Consejo de Seguridad de la ONU con apego a las normas que rigen sus competencias, la admisión, en lo puntual, de la denominada «intervención prodemocrática» sigue siendo motivo de un acre debate. Son severas las reservas por parte de la comunidad internacional y la doctrina al respecto.

De modo que, en corrección de ese camino y mirando el propósito final legítimo esbozado: "la protección de las poblaciones en riesgo", como lo explica Roberto Garretón, quien fue relator de la ONU para el Congo, surge luego otra idea que toma mejor espacio, a saber, la de la «intervención o injerencia de Humanidad o humanitaria», que en la práctica no es totalmente extraña a la precedente; pero que pone el énfasis en lo esencial, a saber, que más allá de la ocurrencia de una violación al principio de la democracia – en vías de cristalizar aún a nivel universal y ya cristalizado a nivel regional interamericano – atiende más a las consecuencias, es decir, a la violación generalizada y sistemática de derechos humanos por estados que, de suyo, no son democráticos.

El choque de perspectivas fue sostenido hasta la caída del Muro de Berlín, cuando los Estados fundamentalmente socialistas se apalancaban sobre el principio de No intervención en los asuntos internos de cada Estado, incluyendo dentro de éstos sus particulares visiones acerca de la democracia y los derechos humanos. No ha cedido totalmente, incluso con apoyo de la Cruz Roja Internacional, pero se ha abierto un camino prometedor y en elaboración, luego de que el fundador de Médicos sin Frontera y canciller francés, Bernard Kouchner, denunciase la "teoría arcaica de la soberanía de los Estados, sacralizada en la protección de matanzas" (Vid. Garretón, "Il concetto de la responsabilitá di proteggere", en *Dialogo interculturale e diritti umani*, IIJM, Bologna, 2008, pp. 501 y ss.).

Tal distinción, sin embargo, comienza a ser admitida en el mundo occidental, no obstante que la polémica continúa; pues se critican las intervenciones, incluso las autorizadas por el Consejo de Seguridad en Somalia o en Bosnia, o sin su autorización, en Kosovo por la OTAN, ahora por sus resultados prácticos, pero también, cuando se decide no intervenir como en Rwanda y ocurre lo peor: "los responsables de que la ONU no haya impedido ni detenido el genocidio son, en particular, el Secretario General, la Secretaría, el Consejo de Seguridad, la UNAMIR y el conjunto de los Estados miembros", reseña el Informe de la Comisión Independiente que investigo dicho genocidio en 1994.

Mas grave lo será, más tarde, la titulada primera guerra mundial en África, cuando Rwanda y Uganda agreden al Zaire y después al Congo. El pueblo y sus autoridades no entendieron nunca que la ONU no protegiese a su población en 1996 y 1998, recuerda Garretón.

Koffi Annam, por lo mismo, en 1999 se pregunta: Si la intervención humanitaria es, en realidad, un ataque inaceptable a la soberanía ¿cómo deberíamos responder a situaciones con las de Rwanda y Srebrenica, y a las violaciones graves y sistemáticas de derechos humanos que transgreden todos los principios de nuestra humanidad común? Hoy se trata de Siria y de Venezuela.

Aun así, las justificaciones de las intervenciones ocurridas abundan en razones políticas y morales, pero no todavía en las jurídicas, que siguen siendo huidizas, como en los casos de la invasión a Panamá (1989), o en los de Haití (1994) y Sierra Leona (1997), orientados a restablecer gobiernos democráticamente elegidos. Por cierto, como hecho relevante para el asunto que nos ocupa, media en el último una autorización del respectivo gobierno reconocido internacionalmente como legítimo y la del Consejo de Seguridad para Haití.

La resolución in comento, la 940 de 31 de julio de 1994, es concluyente, respecto de la intervención prodemocracia:

> "Actuando con arreglo al Capítulo VII de la Carta de las Naciones Unidas, autoriza a los Estados Miembros a integrar una fuerza multinacional bajo mando y control unificados y, dentro de ese marco, a recurrir a todos los medios necesarios para facilitar la partida de Haití de los dirigentes militares, de conformidad con el Acuerdo de Governors Island, el pronto regreso del Presidente legítimamente electo y el restablecimiento de las autoridades legítimas del Gobierno de Haití, así como a establecer y mantener un entorno seguro y estable que permita la aplicación del Acuerdo de Governors Island, en la inteligencia de que el costo de esta operación temporaria será sufragado por los Estados Miembros que participen en ella".

Pero como lo plantea, de modo pertinente, el otro autor a quien cito, D'Aspremont, sólo los casos de Panamá y de Irak, suscitan aún la controversia, al mediar en los demás una fuente de legitimidad indiscutible.

Sea lo que fuere, cabe tener presente que, incluso sosteniéndose el debate en la doctrina, la norma de orden público internacional que prohíbe el uso de la fuerza la relaciona con supuestos específicos, a saber, como atentado contra la integridad [o inviolabilidad] territorial o la independencia política de un Estado; de donde se colige que una intervención – obviemos la democrática – como la relativa a la protección humanitaria sin fines de anexión territorial o en un país carente de toda independencia política y material, cuyo territorio se encuentra violentado, puede adquirir, sin lugar a dudas, visos de legitimidad y de legalidad. Cosa diferente es el debate político y oportunista al respecto.

c.2. Los trabajos de la ICISS y su adopción por la ONU

Es la Comisión Internacional sobre Intervención y Soberanía de los Estados (ICISS), en 2001, copresidida por el ex canciller de Australia Gareth Evans y el asesor del secretario de la ONU, Mohamed Sahnoun, la que deja atrás el debate sobre la intervención y la injerencia, con sus implicaciones, sean democratizadoras o humanitarias, fijando un parteaguas e intentando consagrar como principio, luego acogido por la ONU en 2005 y aún bajo debate, a saber, el de la Responsabilidad de Proteger.

En el citado documento de 2005, adoptado por la Cumbre Mundial (Doc. A/RES/60/1, 24 de octubre de 2005), textualmente dice en sus párrafos 138 y 139:

> 138. Cada Estado es responsable de proteger a su población del genocidio, los crímenes de guerra, la depuración étnica y los crímenes de lesa humanidad. Esa responsabilidad conlleva la prevención de dichos crímenes, incluida la incitación a su comisión, mediante la adopción de las medidas apropiadas y necesarias. Aceptamos esa responsabilidad y convenimos en obrar en consecuencia. La comunidad internacional debe, según proceda, alentar y ayudar a los Estados a ejercer esa responsabilidad y ayudar a las Naciones Unidas a establecer una capacidad de alerta temprana.
>
> 139. La comunidad internacional, por medio de las Naciones Unidas, tiene también la responsabilidad de utilizar los medios diplomáticos, humanitarios y otros medios pacíficos apropiados, de conformidad con los Capítulos VI y VIII de la Carta, para ayudar a proteger a las poblaciones del genocidio, los crímenes de guerra, la depuración étnica y los crímenes de lesa humanidad. En este contexto, estamos dispuestos a adoptar medidas colectivas, de manera oportuna y decisiva, por medio del Consejo de Seguridad, de conformidad con la Carta, incluido su Capítulo VII, en cada caso concreto y en colaboración con las organizaciones regionales pertinentes cuando proceda, si los medios pacíficos resultan inadecuados y es evidente que las autoridades nacionales no protegen a su población del genocidio, los crímenes de guerra, la depuración étnica y los crímenes de lesa humanidad. Destacamos la necesidad de que la Asamblea General siga examinando la responsabilidad de proteger a las poblaciones del genocidio, los crímenes de guerra, la depuración étnica y los crímenes de lesa humanidad, así como sus consecuencias, teniendo en cuenta los principios de la Carta y el derecho internacional. También tenemos intención de comprometernos, cuando sea necesario y apropiado, a ayudar a los Estados a crear capacidad para proteger a su población del genocidio, los crímenes de guerra, la depuración étnica y los crímenes de lesa humanidad, y a prestar asistencia a los que se encuentren en situaciones de tensión antes de que estallen las crisis y los conflictos.

Tales previsiones, téngase ello muy presente, fueron validadas por el propio Consejo de Seguridad de la ONU en 2006, al acoger el Informe del Secretario General de 2005 y cuando "4. Reafirma las disposiciones de los párrafos 138 y 139 del Documento Final de la Cumbre Mundial 2005 respecto de la responsabilidad de proteger a las poblaciones del genocidio, los crímenes de guerra, la depuración étnica y los crímenes de lesa humanidad" (Resolución 1674).

Las propuestas de uso de la fuerza que tienen lugar con relación a Sudán (2006), Myanmar (2008) y Zimbabwe (2008), son antecedentes claves respecto de la nueva e innovadora perspectiva.

Sanamente interpretada la norma, según la especialista Cecilia Añaños Meza ("La responsabilidad de proteger en Naciones Unidas y la doctrina de la responsabilidad de proteger", *Anuario Mexicano de Derecho Internacional*, vol. 10, 2010, pp. 199-244), "de acuerdo a la letra del párrafo citado arriba, la "responsabilidad de proteger" es el reconocimiento de los Estados de su deber primario de proteger a su propia población frente al genocidio, crímenes de guerra, depuración étnica y crímenes de lesa humanidad, y del deber subsidiario de la comunidad internacional para evitar o impedir su realización. La misma se irradia en tres áreas de responsabilidad: de prevenir, reaccionar, y reconstruir".

Se trata, en suma, de una obligación de prevención y detención de los crímenes señalados, no tanto como la de fijar las responsabilidades que conforme al derecho internacional sobre responsabilidades de los Estados o la penal internacional puedan colegirse, como de facilitar la acción preventiva, es decir, la acción multilateral; que, obliga a la comunidad internacional, cabe también precisarlo, no a la acción militar o de fuerza legítima en lo inmediato y como única alternativa, sino al agotamiento de todas las vías que permite el mismo Derecho internacional antes de optar por el medio último, el de la reacción.

c.3. La soberanía como deber y obligación: Un proceso por etapas

Lo que sí es del todo claro es que la noción adoptada por la Asamblea General y ratificada por el Consejo de Seguridad, plantea una revisión de la idea de la soberanía, más acorde con el orden público internacional "onusiano" – como lo confirma la autora – y al entendérsela, para lo sucesivo, como deber y obligación, la de proteger; y como derecho condicional, sujeto al respeto de los derechos humanos y del que depende la responsabilidad colectiva de protección, reacción, y reconstrucción.

Es la línea de interpretación que, en cuanto a la soberanía, como cabe recordarlo, inaugura la OEA con el caso de Nicaragua en 1979 citado y cristaliza casi tres décadas más tarde.

Dos perspectivas acerca del R2P, en su fase de reacción – la que todavía plantea tesis encontradas para su realización – se encuentran sobre la mesa. Dos exégesis buscan fijar sus límites. Una, la adoptada por la Asamblea General, que acepta la intervención militar humanitaria dentro de los cánones ortodoxos de la Carta de San Francisco, es decir, remitiéndola al Consejo de Seguridad, y la otra, la planteada por la CIISE, fuente de la primera, pero que afirman, de lege ferenda, "la responsabilidad internacional colectiva de proteger", incluso y en especial cuando se paraliza la acción del Consejo de Seguridad.

El asunto clave y a resolver, prima facie, necesariamente, es la de definir lo que se entiende como presupuesto para la reacción, a saber, la de la situación extrema, y acerca de quien la evalúa o no para hacer posible, como solución extrema, la reacción en defecto o por agotamiento de la responsabilidad preventiva.

El Informe de ICISS, del que hace recensión Garretón, fija varios criterios, que habrán de ser considerados, al término, en el caso de Venezuela que nos ocupa:

1) Las causas o la causa justa que demanda la reacción.

2) La intención correcta en el eventual interventor, la coalición internacional.

3) La efectividad de la acción militar como último recurso y agotados los otros.

4) La proporcionalidad de los medios a ser empleados.

5) La posibilidad cierta de alcanzar el objetivo planteado.

6) La legitimidad del órgano que adopta la decisión.

En cuanto al último aspecto, cabe discernir acerca de lo siguiente, que la actuación reactiva del caso puede encontrar su legitimidad – apartando las alternativas de decisión foránea antes explicadas – en la misma fuente de la soberanía que, dicho ello en términos coloquiales, requiere ser intervenida: sea porque lo demanda su gobierno legítimo conforme a las normas constitucionales que lo obligan, sea porque lo pide la misma población expresándose mediante consulta.

Al fin y al cabo, lo que puede concluirse es que la Responsabilidad de Proteger, no es ya una herejía para el Derecho internacional dada su corrección y evolución conceptual a partir de la idea inicial de la intervención o injerencia democrática o humanitaria. La protección de humanidad no puede situarse más como asunto exclusivo de la jurisdicción doméstica. La línea de controversia que subsiste es netamente política, con pretensiones de fisurar el ámbito de lo normativo, y se reduce al choque entre quienes, inspirados en el ideario liberal, fundamentan sus argumentos en la idea pro homine et libertatis, base del régimen internacional de derechos humanos, y quienes, en otra banda, sostienen la premisa Status pro. Éstos, en lo particular, siguen mirando al orden jurídico internacional en términos clásicos y propios del tiempo anterior a la Segunda Gran Guerra del siglo XX, que predica la exclusividad del Estado como su sujeto y destinatario por excelencia; misma que intentan sacar de sus cenizas el socialismo del siglo XXI en plena era de la globalización.

c.4. La hipótesis aún no trabajada, la del Estado criminal

Un aspecto sí resulta innovador, cabe tenerlo presente, pues desborda las consideraciones anteriores y acaso obligue a un replanteamiento distinto desde la óptica del Derecho internacional explicada.

El peculado o el robo de los dineros públicos o sus desviaciones o la comisión de delitos comunes por funcionarios del Estado, que abusan de sus posiciones y perturban la función pública trasvasando los marcos de la legalidad, han estado allí presentes, desde el tiempo secular, como supuestos materiales que se desplazan hacia el ámbito de competencias del Derecho internacional, aun cuando lo sea con el propósito de coordinar la actuación entre los Estados. Es el caso de la Convención de las Naciones Unidas contra la Corrupción (Resolución 58/4 de 2003), que entrara en vigor en diciembre de 2005. Al efecto, "la prevención de la corrupción y la lucha contra ella no son más dos asuntos que competen exclusivamente a los Estados", por desbordarlos en sus efectos y en búsqueda de impunidad y al multiplicarse como una suerte de Hidra venenosa (José A. Burneo Labrín, "Corrupción y derecho internacional de los derechos humanos", Derecho, PUCP, 63)

Esta vez, sin embargo, es el Estado y su organización pública, de un modo general y en colusión entre los poderes constituidos los que ahora propician o se ven secuestrados para la ejecución de crímenes por una novedosa razón de Estado: la del Estado criminal; ello, dentro de un contexto de relajamiento, a la vez, de los espacios jurisdiccionales del mismo Estado con relación a los otros Estados, desdibujándose las fronteras y sus límites.

Desde el tiempo de las guerras o intervenciones militares localizadas, estadales, unas veces con propósitos territoriales y de expansión o de mera agresión o como respuesta a agresiones de terceros Estados, ahora pasamos a la lucha contra las fuerzas del terror y la criminalidad organizada y deslocalizada, que amenazan con inusitada impunidad.

Los delincuentes se sientan ahora en las escribanías del Estado para delinquir desde ellas, sin pudor, usando y abusando de los resortes de la globalización. Deliberan en el territorio del Estado soberano, abiertamente, con las leyes en la mano, para organizar y decidir desde este sobre sus crímenes trasnacionales y a la vista de todos. No es necesario citar ejemplos. Se conocen y se padecen en América Latina. Venezuela, en América Latina, se ha hecho emblema.

¿Cabe, entonces, el debate, de suyo novedoso, sobre la intervención prodemocrática o la de Responsabilidad de Proteger (R2P), por oposición al principio de la No intervención, sujetos ambos a una racionalidad política espacial, territorial, soberana, ante agresiones típicamente criminales, deslocalizadas territorialmente y más propias de una racionalidad policial, en la práctica extrañas al fenómeno del multilateralismo, léase a la actuación de la organizaciones internacionales, como la ONU y la OEA?

¿Cómo enfrentar, es la pregunta, a los fenómenos criminales del terrorismo y el narcotráfico o de la trata de personas, auxiliados estos por los espacios abiertos y cuyos responsables luego se cubren tras el manto de Estados narcos o mafiosos?

Por lo pronto, el Derecho internacional se ha limitado a registrar los hechos, hacerlos constar en distintas declaraciones colectivas de los Estados, pero no más allá; salvo en el caso, que cabe saludar con optimismo y aun cuando quede reducido a supuestos concretos que escapan a la novedosa caracterización anterior y de conjunto: la del Estado criminal, de las previsiones de la Convención de las Naciones Unidas contra la Delincuencia Organizada, conocida como la Convención de Palermo, adoptada en 2.000.

XX. Competencia y personalidad jurídico internacional del Estado

Retomando el hilo de nuestra exposición tenemos que, desde el punto de vista jurídico y en orden a la relevancia que tiene el Estado para el ordenamiento jurídico internacional, menester es tener presente que así como el Derecho Internacional no se explica sin la presencia de Estados soberanos yuxtapuestos, aquél no sería lo que es si no fuese capaz de sujetar las mismas soberanías estatales determinando las competencias que –incluso mediante fórmulas prohibitivas– puede ejercer o desempeñar cada Estado para la realización de los fines de la comunidad internacional en su conjunto.

Y tales competencias las despliega cada Estado, según lo ya visto, sobre su territorio, su población y en el desempeño de su potestad pública.

Pastor Ruidruejo lo explica mejor apelando a la jurisprudencia, al decir que:

> cuando el Derecho Internacional atribuye competencias a los Estados puede imponerle además criterios o límites respecto al ejercicio de las mismas, es decir, reglamentando su ejercicio. Por ejemplo, el Derecho Internacional confiere competencia a los Estados para regular la nacionalidad de la comunidad humana asentada en su territorio, pero cabe que en este punto los Estados hayan asumido obligaciones convencionales que limitan el ejercicio de aquella competencia (...). Por el contrario, cuando el Derecho Internacional se circunscribe a atribuir competencias a los Estados sin señalarles cortapisas o imponerle criterios respecto al ejercicio de las mismas, esto es, sin reglamentar este ejercicio, se habla de competencias discrecionales, o exclusivas, o asuntos de jurisdicción interna,

como ocurre con la orientación de las políticas migratorias, que pueden ser más o menos liberales según el Estado de que se trate.

Saber o no saber cuándo una materia entra o no en el ámbito de las competencias propias o exclusivas de un Estado soberano dependerá, según lo dicho, del estadio y evolución de las relaciones jurídicas internacionales.

La Unión Europea, a manera de ejemplo, se ha hecho de un cúmulo de competencias sobre las actividades de las personas naturales o sobre asuntos económicos, comerciales, financieros, o migratorios, que en el pasado eran naturales y consustanciales a la jurisdicción interna de cada uno de sus Estados miembros; y nadie afirma, por ello, que éstos hayan renunciado a los atributos de sus soberanías. Lo que ocurre, en síntesis, es que ella es mejor apreciada en su perspectiva funcional o finalista y, por ende, es descrita con más atinada propiedad bajo la figura de la «competencia» que le es otorgada al Estado, según los casos, ora por el Derecho Interno, ora por el Derecho Internacional.

Dos temas centrales, se le plantean y son objeto de regulación por parte del Derecho Internacional, y hacen directa relación con los efectos del ejercicio de la competencia o jurisdicción personal estatal, a saber: (a) el de los alcances de la legislación nacional, en particular, la legislación penal; y (b) el concerniente a la protección diplomática que todo Estado puede ejercer en beneficio de sus nacionales en el extranjero.

a) Efectos extraterritoriales de la ley

Todo Estado tiene la potestad indiscutible de legislar y dictar órdenes normativas con relación a sus nacionales, fundándose en el título de fidelidad (*lien d'allégeance*) que reside implícito en la nacionalidad, incluso –y bajo las premisas o límites fijados por el Estado huésped o de residencia– si aquellos residen en el exterior. Todavía más, el ordenamiento jurídico internacional no prohíbe al Estado ejercer su autoridad para perseguir penalmente, sea con base en el criterio de la extraterritorialidad o el de la jurisdicción universal previstos por sus leyes, sea conforme al criterio específico de la nacionalidad o de la competencia personal y su tuición más allá del territorio nacional, cuando alguno de sus nacionales ha incurrido en la comisión de hechos punibles o cuando ha sido su víctima; pero, lo repetimos, tal ejercicio no puede realizarse en detrimento de la soberanía del Estado huésped o de residencia del extranjero, y dado lo cual, regularmente, los Estados concernidos suscriben tratados de asistencia o de cooperación judicial y administrativa, para resolver así las diferencias que puedan plantearse al respecto.

Un ejemplo emblemático, al respecto, lo representa el caso de quienes se benefician de inmunidades en calidad de órganos de las relaciones exteriores de un tercer Estado y a cuyo efecto logran sustraerse, en ciertas hipótesis, de la competencia personal –legislativa, judicial o ejecutiva– del Estado que les acoge; en cuyo caso el Estado de nacionalidad o que les envía o acredita como tales representantes diplomáticos debe juzgarlos, en su propio territorio, por los delitos que éstos hayan cometido en el extranjero.

En igual orden y en el supuesto de la denominada competencia personal activa, fundada sobre la nacionalidad del delincuente, el Estado de nacionalidad puede también, a manera de ejemplo, negarse a la extradición de su nacional hacia otra jurisdicción penal extranjera. Pero surge, entonces, la obligación jurídica internacional del Estado de nacionalidad de juzgar, conforme a sus leyes, al delincuente del caso. Y, asimismo, el Estado de nacionalidad puede perseguir a los delincuentes extranjeros cuando las víctimas sean sus propios nacionales, sobre todo si el extranjero del caso ingresa al territorio del Estado concernido (*Lotus: Francia vs. Turquía,* CPJI, 1927).

b) La protección diplomática

Nos interesa precisar, eso sí, la significación que, dentro de tal contexto, acusa el instituto de la protección diplomática y que bien ha descrito la Corte Permanente de Justicia Internacional en distintas de sus sentencias (*Mavrommatis*, 1924/ *Ferrocarril Penevezys-Saldutiskis*, 1939):

> Es un principio elemental de Derecho Internacional el que autoriza a todo Estado de proteger sus nacionales cuando son víctimas de actos contrarios al Derecho Internacional cometidos por otro Estado, cuando aquellos no hayan podido obtener satisfacción por las vías ordinarias (...) Haciéndose parte y causa a favor de uno de sus súbditos, poniendo en movimiento y a su servicio la acción diplomática o la acción judicial internacional, dicho Estado hace valer su propio derecho (...) Y tal derecho no puede ser ejercido, necesariamente, sino a favor de su nacional, ya que, en ausencia de acuerdos particulares, es el vínculo de la nacionalidad entre el Estado y el individuo el que fundamenta el derecho del Estado a la protección diplomática.

En este orden, una vez como el particular endosaba su cuestión al Estado de su nacionalidad, este último procedía a reclamar internacionalmente lo que fuere viable, disponiendo al efecto de los mecanismos diplomáticos, adjudicativos (arbitrales o judiciales internacionales), o de autotutela previstos por el mismo Derecho internacional. Mas la Comisión de Derecho Internacional de la ONU, al codificar las reglas sobre la materia, aprobando en 2006 el Proyecto de artículos sobre la protección diplomática elaborados, sucesivamente, por los relatores Mohamed Bennouna (Marruecos) y John Dugard (Suráfrica) no podía menos que expresar, en el artículo 1 de su Proyecto y con mayor propiedad técnico-jurídica lo siguiente:

> La protección diplomática consiste en la invocación por un Estado, mediante la acción diplomática o por otros medios de solución pacífica, de la responsabilidad de otro Estado por el perjuicio causado por un hecho internacionalmente ilícito de ese Estado a una persona natural o jurídica que es un nacional del primer Estado con miras a hacer efectiva esa responsabilidad.

Puig, al estudiar la protección diplomática hace un comentario de no poca importancia acerca de su naturaleza, afirmando que, si bien dicho instituto presupone el ejercicio de un derecho propio al Estado de nacionalidad, en la práctica representa una suerte de mecanismo jurisdiccional embrionario dispuesto para la salvaguarda de los derechos del individuo extranjero. Y lo cierto es que, hoy en día, sin perjuicio de la prorrogada utilidad del instituto de la protección diplomática, el reconocimiento de la subjetividad jurídico internacional del individuo junto a la existencia de tratados internacionales que le salvaguardan en sus Derechos Humanos o fundamentales sin distinciones de origen, ha hecho posible que el mismo individuo pueda, incluso, querellarse contra el Estado de su nacionalidad demandando le indemnice en defecto del Estado extranjero responsable, cuando aquel, al decidir no proteger a su nacional por razones de oportunidad o de conveniencia públicas, le cause un perjuicio irreparable (Gschwind *vs.* Confederación Suiza, Tribunal Federal Suizo, ADPILC, 1931-32).

El proyecto de artículos *in comento* abunda de manera suficiente en los requisitos que deben mediar para el ejercicio legítimo por un Estado de la protección diplomática de sus nacionales, a saber: (a) el vínculo de la nacionalidad y su carácter efectivo, continuo y no fraudulento, o el vínculo de la residencia tratándose de los apátridas; (b) el agotamiento previo, por el individuo cuya protección se pretenda, de los recursos internos que le ofrece el Estado extranjero ante el que se pretenda ejercer una reclamación; cuestión que aborda antes la misma CDI y la Asamblea General de la ONU, al adoptarse los Artículos sobre Responsabilidad del Estado por Hechos Internacionalmente Ilícitos (Resolución AG/56/83 de 12 de diciembre de 2001), cuyo artículo 44 reza así:

"La responsabilidad del Estado no podrá ser invocada:

a) Si la reclamación no se presenta de conformidad con las normas aplicables en materia de nacionalidad de las reclamaciones;

b) Si la reclamación está sujeta a la norma del agotamiento de los recursos internos y no se han agotado todas las vías de recurso internas disponibles y efectivas".

Pero no debe olvidarse, además, ese otro requisito que diera lugar a la *teoría o doctrina de las manos limpias*, conforme a la cual, el individuo que intenta una reclamación por vía del endoso de su causa hacia el Estado de su nacionalidad y quien le protege, "no debe ser, razonablemente, objeto de reproche en su conducta personal", es decir, "la víctima demandante no debe haber contribuido, mediante la comisión de un hecho ilícito, a provocar la medida del Estado extranjero que se cuestiona" (Sentencia arbitral de A. Desjardin, Caso *M. Ben Tillet: Reino Unido vs. Bélgica*, 1898).

Cabe, respecto de lo anterior, hacer, sino correcciones, algunas observaciones de actualidad, esbozadas, precisamente, por el último relator de la CDI sobre la materia, a saber:

a. "No es en la actualidad el único instrumento de derecho internacional que puede invocar un individuo cuyos derechos personales o de propiedad han sido infringidos ilegalmente en el exterior por un gobierno extranjero"; dado que puede invocar los tratados bilaterales de protección de inversiones o los relativos a la protección internacional de derechos humanos.

b. "Hoy el individuo puede invocar numerosas normas de derecho internacional que lo protegen de su propio gobierno y, en el extranjero, de gobiernos extranjeros. Por lo tanto, la Comisión de Derecho Internacional tenía dudas acerca de si todavía era necesario justificar la protección diplomática fundándose en la ficción de que la comisión de un perjuicio a un nacional constituía un perjuicio para el Estado".

c. "En el proyecto de artículos adoptado en la segunda lectura se formuló la recomendación de que los Estados "[c]onsiderar[an] debidamente la posibilidad de ejercer la protección diplomática, especialmente cuando se haya producido un perjuicio grave" (artículo 19)"; matizándose así la tesis tradicional, conforme a la que se trata de un derecho propio del Estado, que puede o no ejercer a su discreción y según su conveniencia.

d. "La Comisión de Derecho Internacional adoptó una disposición por la que permitía a los Estados ejercer la protección diplomática respecto de los apátridas y los refugiados que tuvieran "residencia habitual" en el Estado que presenta la reclamación (artículo 8)".

e. "Hubo acuerdo general acerca de que debían agotarse los recursos internos excepto cuando no existiera un recurso interno razonable. Sin embargo, se discutió la cuestión de si debían agotarse los recursos internos cuando no existía una relación pertinente entre la persona que había sufrido el perjuicio y el Estado responsable de ese daño. Hubo acuerdo en que no era necesario agotar los recursos internos cuando el perjuicio había sido causado por un daño ambiental transfronterizo —como cuando se sintieron en Escandinavia efectos radiactivos de la planta nuclear de Chernobyl— o cuando se derribó un avión que había entrado accidentalmente en el espacio aéreo de un Estado".

f. "En principio una sociedad debe ser protegida por el Estado de la nacionalidad de la sociedad y no por el Estado o los Estados de la nacionalidad de sus accionistas". [A cuyo efecto,] la Comisión de Derecho Internacional adoptó el criterio del lugar de constitución de la sociedad pero al mismo tiempo reconoció que en ciertas circunstancias factores que demostraran la existencia de una "conexión estrecha y permanente" con una sociedad podrían prevalecer sobre el criterio del lugar de constitución".

"Si bien los artículos sobre protección diplomática no se han plasmado en un tratado, no cabe duda de que hoy son considerados la reafirmación definitiva de las normas de derecho internacional consuetudinario sobre el tema, lo que surge de la forma en que fueron citados por la Corte Internacional de Justicia en la causa Diallo (Causa *Ahmadou Sadio Diallo* (República de Guinea c. República Democrática del Congo), excepciones preliminares, fallo, Informes de la C.I.J., 2007, pág. 582, párrs. 39 y 91 a 94)".

La doctrina de la personalidad del Estado

En orden a lo anterior, es decir, en cuanto a los efectos que suscita en el Estado el atributo de su soberanía, resulta pertinente analizar y volver a referirnos a eso que la doctrina llama "personalidad del Estado", vale decir, capacidad para adquirir y ejercer, por obra del ordenamiento jurídico, derechos y obligaciones; lo que, en cierta forma, nos devuelve también hacia el debate sobre la noción del Estado y su correcta definición jurídica.

Carré de Malberg recuerda, al respecto, que para la literatura jurídica alemana la personalidad estatal significa que "la organización estatal de un país tiene por consecuencia engendrar un ser jurídico enteramente distinto no solamente de los individuos *ut singuli* que componen la nación, sino aun del cuerpo nacional de los ciudadanos". En otras palabras, si bien la nación es indispensable al Estado como elemento de su formación, constituido el Estado este pasa a ser una expresión real, "sujeto de sus propios derechos", tanto que no personificaría sino que desbordaría a la misma nación.

Dicha tesis, lo recuerda el eminente teórico y jurista galo, ha pugnado, empero, con aquella otra visión que propulsara la Revolución Francesa:

> Al proclamar que la soberanía, es decir, la potestad característica del Estado, reside esencialmente en la nación, la Revolución consagró implícitamente, en efecto y en la base del Derecho francés, la idea capital de que los poderes y los derechos de los cuales el Estado es sujeto no son otra cosa, en el fondo, sino los derechos y los poderes de la nación misma.

Dentro de tal contexto caben, sin embargo, distintas modalidades o modulaciones: desde aquélla que le niega personalidad jurídica al Estado al considerarle una simple apariencia que cubre los derechos que corresponden de manera colectiva a los ciudadanos, dentro del cúmulo de formas que éstos adoptan subsidiariamente para la gestión de sus intereses, hasta otra a cuyo tenor, afincándose en los elementos de la realidad y en tesis defendida por *Duguit*, "el Estado es simplemente el individuo o los individuos investidos de hecho del poder, o sea los gobernantes".

Carré media en la diatriba para decir lo elemental:

> la voluntad estatal no es, desde el punto de vista de las realidades absolutas, más que la voluntad particular de ciertos individuos. Mas ello no hace desaparecer el hecho, positivo y capital, de que en virtud del estatuto de la comunidad, la voluntad del grupo está constituida, no ya por las voluntades individuales de todos sus miembros, sino por la voluntad de algunos de ellos, y vale sin embargo jurídicamente como voluntad colectiva de todos.

Y este hecho –lo repite dicho autor– "innegable y esencial, de la unidad del Estado, no puede expresarse por la ciencia del derecho sino con ayuda del concepto de personalidad".

Así que, en síntesis, lo que cabe recordar para nuestros fines es que cuando dentro de un ordenamiento jurídico –como el Derecho Internacional– se hace alusión a la idea de la personalidad jurídica, busca destacarse que tal ordenamiento atribuye derechos y obligaciones a determinada persona, sea individual, sea moral; de donde cabe ajustar o subrayar que todo ordenamiento atribuye derechos y obligaciones a distintas personas y en grados diferentes, según sean sus posiciones de cara al mismo ordenamiento. Lo dice la jurisprudencia internacional: "Los sujetos de derecho, en un sistema jurídico, no son necesariamente idénticos en cuanto a su naturaleza o a la extensión de sus derechos" (*Asunto de la reparación de daños sufridos al servicio de Naciones Unidas,* CIJ, 1975).

Barberis, entonces, concluye por su parte en lo siguiente: "El Derecho sólo confiere personalidad a un ente atribuyéndole derechos o deberes, pero no diciendo que es un sujeto de Derecho". Y lo cierto es que el Derecho Internacional otorga subjetividad plena al Estado, reconoce competencias institu-cionales a las organizaciones internacionales, y tutela ciertos derechos y exige determinadas obligaciones, en supuestos específicos, a otros sujetos como el individuo o la persona humana.

Síntesis

En orden a todo lo anterior cabe precisar algunos datos fundamentales:

- El Estado existirá o no en términos reales según concurran o no a su constitución determinados elementos: él no es una evidencia natural como el ser humano.
- La organización de sus elementos y su efectiva realización en el ámbito interior le otorgan al Estado su característica esencial: la soberanía.
- Para la comunidad jurídica internacional tal constatación puede provocar consecuencias relevantes y jurídicamente valiosas, en tanto y en cuanto el Estado y su soberanía, como hechos, respondan a las apreciaciones que acerca de ellos propone y prescribe el Derecho Internacional; mas, dada la estructura esencialmente voluntarista de la misma comunidad internacional, la realidad estadal reclama de su igual apreciación por parte de cada uno de los otros Estados, y de allí la importancia del "reconocimiento del Estado".
- El Estado, en suma, es y existe como tal con independencia del ordenamiento jurídico internacional; mas, será y existirá para el ordenamiento internacional y proyectará sobre el mismo su soberanía (soberanía exterior), en tanto y en cuanto éste, sobre la base de los hechos, la constatación de la soberanía e independencia del respectivo Estado, le haya otorgado significación jurídica en lo internacional.

XXI. Reconocimiento de los Estados

El reconocimiento internacional viene a ser, pues, un acto por medio del cual un sujeto o, de manera sucesiva o concurrente (colectiva), varios sujetos de Derecho Internacional –a saber, los Estados– establecen la existencia de una situación de hecho, reconduciéndola hacia el plano de lo jurídico.

En lo particular y en lo atinente al asunto bajo estudio, el reconocimiento de un Estado consiste en la constatación hecha por otro u otros Estados de "la existencia sobre un territorio determinado de una sociedad humana políticamente organizada, independiente", y en la voluntad de éstos de considerar al primero como miembro de la comunidad internacional y de construir con él relaciones jurídicas internacionales.

Recientemente, mediante dos declaraciones expedidas en Bruselas en diciembre de 1991, los Estados miembros de la Comunidad Europea fijaron las directrices que pondrían en práctica para el reconocimiento –condicionado por cláusulas "democratizadoras"– de los Estados nacidos de la antigua Unión Soviética y de la ex Yugoslavia. En el mismo mes y año fueron reconocidas de un modo colectivo las 8 nuevas repúblicas provenientes de la ex URSS junto a Tayikistán y Kirguistán. Alemania, a su vez, aun cuando tenía previsto reconocer a las repúblicas emergidas de la antigua Yugoslavia durante el mes de enero del año siguiente, decidió reconocer en el mismo mes de diciembre señalado a Eslovenia y a Croacia.

Doctrinas

Dos teorías han pugnado, históricamente, para la interpretación del acto de reconocimiento de un Estado, aun cuando, en esencia, se trata de un acto jurídico generalmente unilateral, discrecional, de contenido político, de efectos inmediatos sólo sobre el Estado que otorga el reconocimiento y que, por lo mismo, trátase de un acto relativo.

Para unos, en efecto, el reconocimiento tiene efectos meramente declarativos o de constatación del hecho reconocido (reconocimiento de un Estado, reconocimiento de un Gobierno, reconocimiento de una situación de beligerancia, etc.) en modo de asignarle consecuencias jurídicas; en tanto que, para otros, los efectos del reconocimiento han de asumirse como jurídicamente constitutivos, vale decir, le darían relevancia o significación jurídica al hecho mismo. De modo que el Estado existiría jurídicamente y para el Derecho Internacional en tanto y en cuanto haya sido objeto de reconocimiento.

Dos maneras caben, en nuestro criterio, para analizar las posturas anteriores. Una, admitiendo que la naturaleza declarativa del acto de reconocimiento de un Estado supone que el Estado reconocido sigue siendo y existiendo como tal al margen de su reconocimiento; y el Estado que reconoce no hace otra cosa que "autorregularse": asume la obligación unilateral de no oponerse "a" ni de cuestionar "la" actuación soberana del Estado reconocido. Otra, mencionada por el mismo *Alland*, apunta a sostener –con base en la "doctrina de intersubjetividad", propia de las relaciones jurídicas internacionales– que el reconocimiento suscita efectos constitutivos, dada la oponibilidad recíproca que en adelante se daría entre el Estado reconocido y los Estados que le reconocen, de sus iguales condiciones de soberanía e independencia y con los efectos normativos que ellas aparejan.

Sin embargo, el catedrático francés recuerda que algunos autores tachan como alineada con la tesis declarativa a esta última aproximación, dado que el efecto jurídico del reconocimiento carece de valor *erga omnes*, es decir, apenas es oponible a los Estados que otorgaron el reconocimiento, pero no a los terceros, dada la relatividad del acto de reconocimiento.

Normas convencionales

La Convención de Montevideo, en todo caso, juega en línea contraria al reconocimiento como acto constitutivo y es precisa al disponer en su artículo 3 (que luego repite textualmente el artículo 13 de la Carta de la OEA), que:

> La existencia política del Estado es independiente de su reconocimiento por los demás Estados. Aun antes de reconocido el Estado tiene el derecho de defender su integridad y su independencia, proveer a su conservación y prosperidad y, por consiguiente, de organizarse como mejor lo entendiere, legislar sobre sus intereses, administrar sus servicios y determinar la jurisdicción y competencia de sus tribunales. El ejercicio de estos derechos no tiene otros límites que el ejercicio de los derechos de otros Estados conforme al Derecho Internacional.

El artículo 4 *ejusdem* e *in fine* admite, a su vez y sin perjuicio de lo anterior, que

> *los derechos de* [cada Estado y en relación con la igualdad de sus derechos y de sus capacidades para ejercitarlos] no dependen del poder de que disponga para asegurar su ejercicio, sino del simple hecho de su existencia como persona de Derecho Internacional.

De donde, tímidamente, el reconocimiento de su personalidad y al margen de su naturaleza o alcances doctrinalmente controversiales, casi es admitida como condición previa, necesaria o cuando menos formal o procesal, al despliegue y desarrollo de sus relaciones jurídicas internacionales.

El reconocimiento colectivo de un Estado, como práctica internacional sobrevenida y propia de las organizaciones internacionales, ha influido en todo caso en la introducción de un nuevo sesgo para el análisis, más objetivo desde el punto de vista normativo y menos subjetivo como acontece de ordinario, en lo relativo al reconocimiento de los Estados.

Carrillo Salcedo, empero y a manera de ejemplo, insiste en la idea según la cual la admisión de un Estado en una organización internacional como la ONU de suyo no equivale a su reconocimiento, dado que las organizaciones internacionales no serían autoridades superiores a los Estados y tampoco existiría, hasta ahora, un mecanismo institucional de reconocimiento de los Estados. Pero admite la fuerza creciente que adquiere el "reconocimiento de situaciones jurídicas" por parte de las organizaciones intergubernamentales mundiales y con valor casi constitutivo, citando como ejemplo los reconocimientos dados a ciertos Movimientos de Liberación Nacional. De donde *Alland*, por su parte y en buena hora, contesta con la idea a cuyo tenor la admisión de un Estado en una organización internacional plantea una suerte de reconocimiento implícito, con igual valor al carácter implícito que tiene el reconocimiento de un Estado por otro cuando ambos, sin mediar el acto formal de reconocimiento, mantienen relaciones jurídicas bilaterales.

La Convención de Montevideo, por cierto, se refiere puntualmente a las formas del reconocimiento de un Estado, en su artículo 7:

> "El reconocimiento del Estado podrá ser expreso o tácito. Este último resulta de todo acto que implique la intención de reconocer al nuevo Estado".

La práctica lo que sí muestra es una suerte de desarrollo normativo más amplio en el campo del no reconocimiento de Estados; no reconocimiento que, sin mediar un mandato jurídico expreso, de suyo se ha venido dando en los supuestos de Estados fantasmas (*États-fantoches*) y que resultan de la simple constatación de su artificialidad, de su ficción o de la manipulación que de las realidades políticas pueda hacer un tercer Estado para fines inconfesables, como el reconocimiento otorgado por Turquía al "Estado chipriota turco".

Hemos de mencionar como más propias del régimen normativo del no-reconocimiento, pues, las disposiciones que se fundan en el principio de no-reconocimiento de situaciones fundadas sobre un hecho internacionalmente ilícito (*ex injuria jus non oritur*).

El Consejo de Seguridad de la ONU, en 1965, por ejemplo, exigió a los Estados miembros de las Naciones Unidas, no reconocer al régimen racista minoritario de Rhodesia del Sur, con fundamento en el principio de la autodeterminación de los pueblos. Y en 1975, se opuso al reconocimiento del conjunto de territorios autónomos "bantustantes", como Transkei, creados en el marco de la lucha contra el *apartheid* en África del Sur.

Igualmente, la anexión que de Kuwait hiciera Irak careció de validez y era nula, tanto que el Consejo de Seguridad de la ONU instó a su no reconocimiento, en 1990, dado que, por una parte, el artículo 2.4 de la Carta de San Francisco prohíbe "recurrir a la amenaza o al uso de la fuerza contra la integridad territorial o la independencia política de cualquier Estado" y, por la otra, la Resolución 2.625 que contiene la "Declaración de principios de Derecho Internacional referentes a las relaciones de amistad y de cooperación entre los Estados", establece, sin ambages, que:

> (...) El territorio de un Estado no será objeto de ocupación militar derivada del uso de la fuerza en contravención de las disposiciones de la Carta. El territorio de un Estado no será objeto de adquisición por otro Estado derivada de la amenaza o uso de la fuerza. No se reconocerá como legal ninguna adquisición territorial derivada de la amenaza o el uso de la fuerza (...).

Nada diferente de lo anterior, así cabe apuntarlo, dice la Convención de Montevideo *supra* citada, en su artículo 11:

> Los Estados contratantes consagran en definitiva como norma de su conducta, la obligación precisa de no reconocer las adquisiciones territoriales o de ventajas especiales que se realicen por la fuerza, ya sea que esta consista en el uso de armas, en representaciones diplomáticas conminatorias o en cualquier otro medio de coacción efectiva. El territorio de los Estados es inviolable y no puede ser objeto de ocupaciones militares ni de otras medidas de fuerza impuestas por otro Estado, ni directa ni indirectamente, ni por motivo alguno, ni aun de manera temporal.
>
> Respecto de lo último, no huelga tener presente la denominada Doctrina Stimson, que a partir de 1932 propugna el no reconocimiento de los Estados nacidos en contravención de los principios de la antigua Sociedad de las Naciones. La tesis, esgrimida por el Secretario de Estado norteamericano, Henry L. Stimson en nota que dirige a los gobiernos de China y Japón y cuya tesis luego acoge la Asamblea de dicha organización universal, al efecto:
>
> propugnó el desconocimiento por parte de la comunidad internacional de los Estados surgidos de tratados o situaciones internacionales violatorios de los principios de la Sociedad de las Naciones. Lo cual contradecía la teoría generalmente aceptada de que los Estados existen por sí mismos, independientemente de que sean reconocidos por los demás entes políticos o por la comunidad internacional, cuando reúnen todos sus elementos constitutivos: pueblo, territorio, poder político y soberanía (Rodrigo Borja, *Enciclopedia de la política*, México, FCE, 2012).

XXII. Modificaciones de los elementos constitutivos del Estado y sus efectos jurídicos

Los elementos constitutivos del Estado, los que de conjunto y venido su reconocimiento expreso o tácito afirman su personalidad jurídica internacional, pueden sufrir cambios o transformaciones con el curso del tiempo. Y con ello pueden concitar distintos efectos a la luz del Derecho Internacional y en lo relativo al mismo territorio y a su población como al gobierno de cada Estado.

Se dan así en el ámbito territorial, por ejemplo y excluida por razones obvias la figura de la *terra nullius* apropiable por cualquier Estado, hipótesis de cambios territoriales debidos a la anexión de una parte o de todo el territorio de un Estado por otro (casos de Alsacia y Lorena, provincias francesas absorbidas por Alemania, en 1870 y más tarde regresadas a Francia, en 1919); la desintegración del mismo territorio y su derivación en varios nuevos Estados soberanos (casos de Yugoslavia, o el de Checoslovaquia y su división entre la República Checa y la Eslovaca, en 1993), junto a la eventual limitación de los espacios territoriales y soberanos del Estado predecesor (caso de Rusia una vez desintegrada la URSS); la integración de un Estado junto a otros en una comunidad supranacional distinta (proceso que se advierte en la Unión Europea) o la formación entre ellos de un Estado nuevo, sea federal o no (caso de la República de Tanzania, nacida de la unificación, en 1964 y en pleno período descolonizador, de Tanganica y Zanzíbar, o la más reciente reunificación de Alemania, en 1990, luego de la caída del muro de Berlín).

De todas estas hipótesis nacen, según lo muestran la doctrina y la jurisprudencia internacionales, diversos problemas atinentes a la llamada "sucesión de Estados", es decir, a la situación de los tratados internacionales que han obligado al Estado predecesor, o sobre sus deudas públicas y bienes, o acerca de los derechos adquiridos por los particulares, etc., que pueden sufrir trastornos una vez como asume el ejercicio soberano territorial otro Estado en calidad de sucesor.

La sucesión de Estados

O' Conell, citado en el manual de *Sorensen*, se refiere a la sucesión de Estados como "la situación de hecho que se produce cuando un Estado es sustituido por otro en un territorio determinado", en tanto que la normativa internacional relacionada con dicha materia la califica como "la sustitución de un Estado por otro en la responsabilidad [léase conducción o dirección] de las relaciones internacionales de un territorio". Así que, "el problema legal que debe ser dilucidado –en opinión de *James* y *Mugerwa*– es: ¿hasta qué punto se opera una transmisión de los derechos y obligaciones del Estado viejo al nuevo", es decir, entre el Estado predecesor y el Estado sucesor.

El régimen jurídico sobre la sucesión de Estados está contemplado, fundamentalmente y sin perjuicio de las normas del Derecho Internacional general, en los siguientes instrumentos:

- Convención de Viena sobre la sucesión de Estados en materia de tratados (1978).
- Convención de Viena sobre la sucesión de Estados en materia de bienes, archivos y deudas del Estado (1983).
- Resolución 55/153 de la Asamblea General de la ONU (2001) sobre nacionalidad de las personas naturales en relación con la sucesión de Estados.

a) Sucesión de Estados en materia de tratados

Las reglas generales sobre la sucesión de Estados en materia de tratados están construidas sobre tres situaciones distintas y bien definidas, como sigue:

(a) En el supuesto de sucesión sea respecto de una parte del territorio de un Estado por otro Estado, sea respecto de cualquier territorio cuyas relaciones internacionales hayan estado confiadas a un tercer Estado, los tratados que vinculen al predecesor dejan de estar en vigencia para el sucesor, en tanto que los tratados que obliguen a este último regirán en el territorio de que se trate; hecha salvedad de que la aplicación de los tratados del sucesor a ese territorio sea incompatible con el objeto y fin del tratado en cuestión o que cambie radicalmente las condiciones de su ejecución (artículo 15). Rige, así, el llamado *principio de movilidad del ámbito territorial del tratado*, descrito por *Pastor Ruidruejo* y consagrado, *in extensu*, por el artículo 29 de la Convención de Viena sobre Derecho de los Tratados así: "29. *Ámbito territorial de los tratados*. Un tratado será obligatorio para cada una de las partes por lo que respecta a la totalidad de su territorio, salvo que una intención diferente se desprenda de él o conste de otro modo".

(b) Tratándose de Estados de reciente independencia, la regla es que éstos no están obligados a mantener en vigor a los tratados precedentes y vinculados al territorio del Estado independizado (artículo 16); lo que no implica aceptación plena del *principio de la tábula rasa*, dado que el Estado de reciente independencia no pierde el derecho de ser parte en los tratados de su Estado predecesor. De modo que, si se está en presencia de tratados multilaterales, bastaría la notificación de sucesión a las demás partes o sus depositarios para que el sucesor haga constar su calidad como tal; salvo que medien impedimentos por razón del objeto y finalidad o por las condiciones de ejecución del tratado en cuestión o que, por disposición establecida en el mismo tratado o dado el número reducido de sus Estados partes, "deba entenderse que la participación de cualquier otro Estado en el tratado requiere del consentimiento de todas las partes" en él (artículo 17). Es cuanto acontece, en lo particular, con los tratados bilaterales, cuya continuidad dependerá de una suerte de renovación en el consentimiento por ambas partes, entre éstas el Estado sucesor, que debe ser expresa o bien tácita, si acaso las partes se han "comportado de tal manera que deba entenderse que han convenido en ello" (artículo 24).

(c) En los casos de unificación, porque "dos o más Estados se unan y formen de ese modo un Estado sucesor", o de separación de Estados, "porque una parte o partes del territorio de un Estado se separen para formar uno o varios Estados, continúe o no existiendo el Estado predecesor", rige el *principio de continuidad de los tratados*. Las excepciones a la unificación o a la separación de Estados proceden, según dicha regla, si "los Estados interesados [no] convienen otra cosa", "si se desprende del tratado o consta de otro modo que la aplicación del tratado respecto del Estado sucesor sería incompatible con el objeto y fin del tratado o cambiaría radicalmente las condiciones de su ejecución"; debiendo agregarse, en el supuesto en que el Estado predecesor sobreviva a las separaciones de su territorio original, que tampoco regiría el principio de continuidad de un tratado si consta que "se refiere sólo al territorio que se ha separado del Estado predecesor" (artículos 31 a 35).

No huelga ajustar a lo señalado y por su importancia, algunos otros principios o normas rectoras en la materia y a las que hace mención expresa la Convención de Viena respectiva.

El régimen de sucesión de Estados es aplicable, por una parte, sólo cuando la sucesión del caso tenga lugar con apego a las disposiciones del Derecho Internacional, dado que, como bien se dice en la Resolución 2625 (XXV) de la Asamblea General de la ONU, que contiene la "Declaración sobre los principios de Derecho Internacional referentes a las relaciones de amistad y a la cooperación entre los Estados":

> El territorio de un Estado no será objeto de ocupación militar derivada del uso de la fuerza en contravención de las disposiciones de la Carta. El territorio de un Estado no será objeto de adquisición por otro Estado derivada de la amenaza o el uso de la fuerza.

Por otra parte, con vistas al mantenimiento de la estabilidad en las relaciones internacionales y a su elemental seguridad jurídica, las normas de la Convención de Viena son precisas al mantener, con ocasión de una sucesión de Estados, la intangibilidad de los tratados relativos a fronteras y límites o usos del territorio del Estado. La sucesión, así, no afecta las fronteras establecidas convencionalmente ni los derechos u obligaciones vinculados al régimen de éstas (artículo 11). Como tampoco afecta "las obligaciones relativas al uso de cualquier territorio, o las restricciones en su uso", sea en beneficio de cualquier territorio de un Estado extranjero, grupo de Estados o de todos los Estados, o sea del uso o restricciones de uso territorial que afectando a terceros Estados beneficien al Estado sucesor (artículos 11 y 12).

Dos matizaciones caben, en cuando a lo último. De un lado, la excepción que a la regla de la continuidad de los tratados sobre fronteras o uso del territorio se deriva de la no vigencia de "las obligaciones derivadas de tratados del Estado predecesor que prevean el establecimiento de bases militares extranjeras en el territorio al cual se refiere la sucesión de Estados (artículo 12); y del otro lado, la polémica obligación de Derecho Internacional general que asegura el "principio de la soberanía permanente de cada pueblo sobre sus riquezas y recursos naturales": consagrado –para los casos de Estados de reciente independencia o a propósito de la salvaguarda de los *derechos adquiridos* por particulares– tanto por la Convención de Viena sobre la sucesión de Estados en materia de bienes, archivos y deudas del Estado (artículo 15), como por la Carta de Derechos y Deberes Económicos de los Estados.

b) Sucesión de Estados en cuanto a bienes, archivos y deudas

En cuando a los bienes, archivos y deudas del Estado, para los fines sucesorales, la Convención de Viena respectiva parecería discernir, para el caso específico de los bienes, cuatro reglas fundamentales que implican, todas a una, el *principio de no compensación* (artículo 11) por el respectivo "paso de los bienes" desde el Estado predecesor al Estado sucesor, así:

(a) La primacía del consentimiento o acuerdo entre el Estado predecesor y el Estado sucesor, en la hipótesis de que una parte del territorio de un Estado sea transferida a otro Estado; en cuyo defecto, en el caso de los bienes inmuebles situados en esa parte del territorio transferida, estos pasarían al sucesor *ope legis*, y tratándose de bienes muebles, pasarían a éste los vinculados a la actividad del predecesor en la parte de territorio transferida (artículo 14).

(b) La transferencia *ipso jure* de los bienes inmuebles –situados en el territorio o fuera de él y que sean bienes del Estado predecesor o que este haya contribuido a su creación– al Estado sucesor, tratándose de Estados de reciente independencia. Y, en el caso de los bienes muebles, pasarán al sucesor en el momento mismo de la sucesión, siempre y cuando estén vinculados a la actividad del Estado predecesor sobre el territorio del nuevo Estado independiente o que pertenezcan a aquél, o que haya contribuido el mismo a su creación. En la hipótesis, si media un consentimiento entre el Estado predecesor y el Estado sucesor a fin de reglar la sucesión estatal de modo distinto a las citadas previsiones, la voluntad de estos Estados no podrá infringir el *principio de la soberanía permanente de cada pueblo sobre sus riquezas y recursos naturales* (artículo 15).

(c) La transferencia de los bienes *ipso jure* y sin compensación, también opera en la materia "cuando dos o más Estados se unan y formen de ese modo un Estado sucesor o cuando tenga lugar la sola separación de parte o partes del territorio de un Estado para formar uno o varios Estados sucesores. Sin embargo, en la última hipótesis, en defecto de un acuerdo entre el Estado predecesor y el Estado sucesor, los bienes inmuebles situados en el territorio sucedido o los muebles vinculados a él, pasarán a este último; y los demás bienes muebles se repartirán entre las partes, equitativamente.

(d) En el supuesto de disolución de un Estado que dé lugar a la formación de dos o más Estados sucesores, rige, otra vez, el *principio del consentimiento* entre las partes o sucesores; y de faltar éste, los inmuebles pasarán al respectivo sucesor según el *principio de la territorialidad o ubicación* de los mismos y los muebles según el *principio de vinculación por la actividad* de éstos al respectivo territorio. En tanto que, los inmuebles situados fuera del territorio y pertenecientes al Estado predecesor disuelto o los bienes muebles distintos de los señalados, se distribuirán entre los sucesores según el *principio de la equidad*.

De entre los bienes objeto de la sucesión, la Convención de Viena separa y otorga especificidad a los archivos del Estado, en modo de fijar reglas particulares al respecto y dado que, como lo señala *Pastor Ruidruejo*, median en cuanto a estos bienes específicos los criterios generales de *indivisibilidad* de los archivos estatales y su posible *reproducción*.

Así que, a manera de ejemplos hipotéticos y bajo el mismo *principio de no compensación*, salvo acuerdo en contrario entre las partes, cuando tenga lugar el traspaso o la transferencia de una parte del territorio de un Estado, el Estado predecesor, en defecto de un acuerdo con el Estado sucesor, deberá pasar a éste los archivos necesarios y normales para su administración y los relativos al territorio; incluyéndose, en cuanto a éstos, los medios de prueba que guarden relación con los títulos sobre límites y fronteras y sin perjuicio de que el Estado sucesor, a expensas del Estado predecesor, le suministre copia o reproducciones de los archivos transferidos y vinculados al territorio sucedido (artículo 27).

En las unificaciones de Estado, rige como norma precisa y simple la del traslado de los archivos de los Estados precedentes al Estado sucesor (artículo 29). En tanto que, si se trata de un Estado de reciente independencia, caben varios supuestos (artículo 28):

(a) Los archivos relativos al territorio durante su dependencia y que hubiesen pasado a la condición de archivos del Estado predecesor, pasarán al Estado sucesor; debiendo incluirse las pruebas disponibles en los archivos del Estado predecesor que guarden relación con los títulos territoriales, las fronteras, o que sean indispensables para aclarar el sentido y alcance de los archivos transferidos.

(b) Pasarán al sucesor, asimismo, los archivos del Estado predecesor necesarios para la administración normal del territorio sucedido.

(c) Pasarán al Estado sucesor, igualmente, los demás archivos del Estado predecesor distintos de los anteriores, pero que conciernan "de manera exclusiva o principal" al territorio objeto de la sucesión.

(d) Los archivos del Estado predecesor no contemplados en los supuestos anteriores, sólo podrían ser objeto de transferencia mediante un acuerdo con el Estado sucesor.

En lo relacionado con los archivos de un territorio una o varias de cuyas partes se separen para formar uno o varios Estados distintos, rige la *regla del acuerdo o consentimiento* entre el Estado predecesor y el Estado o Estados sucesores. Y, en defecto de esta, regirán las reglas regulares del caso:

d.1) transferencia de los archivos normales y necesarios para la administración del territorio separado o que conciernan al mismo;

d.2) trasferencia de las pruebas que guarden relación con los títulos del territorio separado, sus fronteras, o que importen para la adecuada interpretación de los archivos traspasados (artículo 30).

El consentimiento para la sucesión de Estado en el señalado caso de separaciones territoriales, según la Convención de Viena, no podrá menoscabar el llamado "derecho de los pueblos de esos Estados al desarrollo, a la información sobre su historia y a su patrimonio cultural".

Finalmente, cuando tenga lugar la disolución de un Estado dando lugar a dos o más Estados sucesores, los archivos del Estado disuelto pasarán al Estado sucesor respectivo en la parte que sea requerida para la administración normal de su territorio o que concierna directamente a él. El resto de los archivos será distribuido según la *regla de la equidad*, sin perjuicio:

(a) de la obligación a cuyo tenor "cada Estado sucesor proporcionará al otro Estado o a los otros Estados sucesores la mejor prueba disponible" que guarde relación con los títulos territoriales o las fronteras del territorio en cuestión o necesaria para la interpretación de los archivos sucedidos;

(b) y sin mengua del señalado "derecho de los pueblos de esos Estados al desarrollo, a la información sobre su historia y a su patrimonio cultural".

La Convención referida prescribe lo necesario, por último, para el tratamiento de las deudas del Estado en los casos de sucesión; entendiéndose por éstas las contraídas "para con una organización internacional o para con cualquier otro sujeto de Derecho Internacional" y cuyo nacimiento, como tal obligación, haya tenido lugar "de conformidad con el Derecho Internacional". Empero, en la misma no se mencionan a las deudas del Estado con particulares y tampoco se incluyen dentro de ellas las adquiridas con sujeción a las normas del Derecho Interno de algunos de los Estados acreedores o deudores o según las reglas de la *lex mercatoria*. Debe tratarse, pues, de deudas atribuibles al Estado como sujeto de Derecho Internacional y a tenor de lo dispuesto en el artículo 33 de la Convención de Viena.

Aun cuando, según una sentencia arbitral de 1925 dictada por el árbitro *E. Borel* acerca de la deuda del Imperio Otomano, se niega que el Derecho Internacional positivo y general reconozca el principio de transferencia de deudas en "una porción correspondiente" a la deuda pública de un Estado cuyo territorio haya sufrido alguna desmembración, la práctica internacional no ha sido consistente al respecto.

A pesar de que la Convención de Viena correspondiente fue adoptada, incluso, por una votación dividida de la conferencia internacional que le dio vida, sus disposiciones generales prevén el siguiente estatuto:

(a) Sus reglas no prejuzgan sobre los derechos y deberes de los acreedores (artículo 36).

(b) Cuando es trasferida una parte del territorio de un Estado a otro Estado, rige la regla del consentimiento y, en su defecto, la de proporcionalidad según la equidad (artículo 37).

(c) Las deudas del Estado predecesor no pasan al Estado de reciente independencia, salvo acuerdo en contrario entre las partes y sin mengua del principio de la soberanía permanente de cada pueblo sobre sus riquezas y sus recursos naturales (artículo 38).

(d) En la unificación de Estados, la deuda de los predecesores pasa en su totalidad al Estado unificado (artículo 39).

(e) Cuando tiene lugar la separación de una o varias partes de un territorio, salvo convención en contrario entre el sucesor o sucesores y el Estado predecesor, rige la regla de la proporcionalidad equitativa (artículo 40).

(f) En la disolución de un Estado para formar dos o más Estados sucesores, "la deuda de Estado del Estado predecesor pasará a los Estados sucesores en proporciones equitativas" y habida cuenta de "los bienes, derechos e intereses que pasen al Estado sucesor" de que se trate (artículo 41).

c) Efectos de la sucesión de Estados en materia de nacionalidad

Un último aspecto cabe referir, a propósito de la sucesión de los Estados y que tiene vínculo directo con su elemento poblacional. Me refiero a los efectos que sobre la nacionalidad de los habitantes de un Estado puede tener la dicha sucesión entre Estados.

El antiguo Tribunal Permanente de Justicia Internacional, en sentencia que más tarde repite el Tribunal de Justicia de las Comunidades Europeas (*Caso Micheletti,* 1992), fue preciso al sentenciar que "en el estado actual del Derecho Internacional (...) las cuestiones de nacionalidad están comprendidas en principio en la esfera de la competencia exclusiva del Estado" (*Caso de los decretos de nacionalidad promulgados por Túnez y Marruecos*, 1923); sin mengua de que el mismo Derecho Internacional de los Derechos Humanos hoy consagre y tutele internacionalmente el derecho de toda persona a tener o a no ser privado arbitrariamente de una nacionalidad, e intente al respecto reducir, mediante acción internacional, los casos de apatridia (artículo 15 de la Declaración Universal de Derechos Humanos, 1948 y Convenio de la ONU para reducir los casos de apatridia, 1961). O que, para los fines de realizar o aplicar el Derecho Internacional, como en los supuestos de protección diplomática de ciudadanos extranjeros, haga valer, sin mengua de la señalada competencia estatal, un criterio operativo para los fines jurídicos internacionales, a saber, el principio de la nacionalidad efectiva.

Hemos de tener presente, eso sí, que conforme a las reglas adoptadas por la Asamblea General de Naciones Unidas (Resolución 55/153 *cit. supra*, 2001) y fundadas en los indicados principios del Derecho Internacional de los Derechos Humanos, la persona afectada por una sucesión de Estados tiene derecho de optar por la nacionalidad ora del Estado predecesor, ora del Estado sucesor (artículo 1). De modo que, media la obligación de los Estados involucrados en la sucesión de asegurar tal derecho a la nacionalidad e impedir los casos de apatridia (artículos 4 y 6), dictando las leyes que sean necesarias al efecto.

Así que, la primera norma o la norma transversal a las reglas del caso, es la de presunción de la nacionalidad que, con base en el *ius soli* y en beneficio de la persona de que se trate, corresponda al Estado que se suceda en el ejercicio de la soberanía sobre el territorio objeto de sucesión (artículo 5).

Caso distinto es el de las personas residentes en el exterior, quienes tengan la nacionalidad del Estado de residencia o de un tercer Estado, en cuyo caso el Estado sucesor no está obligado a otorgarles su nacionalidad, salvo que exista riesgo de apatridia (artículo 8). E igual ocurre si las personas en cuestión tienen la nacionalidad de alguno de los Estados involucrados en la sucesión, en cuyo caso el Estado sucesor concernido puede pedirles la renuncia de su otra nacionalidad como condición para otorgarles la propia (artículo 9).

A todo evento, las reglas del caso buscan impedir los fenómenos de doble nacionalidad entre las personas invo-lucradas ora con el Estado predecesor o con los Estados sucesores, exigiéndosele a éstas la renuncia a una de ellas como condición para recibir y asegurarse la otra (artículo 10).

En uno u otro caso de los mencionados, lo cierto es que las reglas establecidas por la ONU aseguran que, sea cual sea la decisión definitiva en materia de nacionalidad y según las normas generales referidas, privarán algunos principios que mal podrán ser puestos de lado por los Estados involucrados en la sucesión, a saber:

(a) Principio del consentimiento de la persona afectada (artículo 11).

(b) Principio de la unidad familiar (artículo 12).

(c) Principio de territorialidad en beneficio del nacido después de la sucesión (artículo 13).

(d) Principio de no discriminación (artículo 15).

(e) Principio de trato no arbitrario y respeto del derecho de opción por la nacionalidad del Estado sucesor o de los otros Estados involucrados (artículo 16).

(f) Principio de estabilidad de la nacionalidad, hasta que se ejerza el derecho de opción (artículo 26).

La situación de los *residentes habituales* es igualmente regulada por la Resolución de Naciones Unidas, al disponer la preservación de sus derechos, a un punto tal que se les debe permitir regresar al territorio de su residencia habitual si con motivo de la sucesión de Estado se hayan visto obligados a abandonarlo (artículo 14).

Sin perjuicio de las normas generales enunciadas, las reglas sobre nacionalidad en consonancia con las hipótesis distintas de sucesión de Estado son las siguientes:

(a) Sin perjuicio del derecho de opción de la persona afectada, el Estado predecesor puede retirarle su nacionalidad a quienes se encuentren en la parte de territorio transferida al Estado sucesor y que hayan recibido la nacionalidad de éste (artículo 20).

(b) En los casos de unificación de Estados, quienes tenían la nacionalidad del Estado predecesor recibirán la nacionalidad del Estado sucesor (artículo 21).

(c) Cuando se formen dos o más Estados sucesores a raíz de la disolución de un Estado, cada uno de éstos y según el respectivo territorio otorgará su nacionalidad a quienes ostentaban la nacionalidad precedente, sin mengua del derecho de opción de la persona afectada (artículos 22 y 23).

(d) Cuando una o varias partes de un territorio dan lugar a Estados sucesores, sin que desaparezca el Estado predecesor, aquellos deberán otorgar su nacionalidad a quienes residan en sus territorios, salvo que la persona afectada ejerza su derecho de opción (artículos 24 y 26).

d) Efectos de la sucesión de Estados en materia de responsabilidad

Aun cuando la cuestión permanece bajo análisis de la Comisión de Derecho Internacional, la misma avanza con vistas a una codificación fundada en la práctica de los Estados e incluso de *lege ferenda*, con base en los trabajos encomendados al Relator Pavel Šturma (República Checha) al objeto de precisar normas que, sin perjuicio de las ya establecidas sobre *Responsabilidad del Estado por Hechos Internacionalmente Ilícitos* citada supra, puedan ser aplicadas "a los efectos de una sucesión de Estados en relación con la responsabilidad del Estado por hechos internacionalmente ilícitos"; ello, para el caso de que no exista "una solución diferente acordada por los Estados de que se trate", según reza el texto en estudio.

Sea lo que fuere, en espera de su conclusión, los trabajos respectivos señalan que "El proyecto de artículos se ocupa de normas que se inscriben en dos ámbitos del derecho internacional, a saber, el derecho de la responsabilidad del Estado y el derecho de la sucesión de Estados. Tiene por objeto aclarar las relaciones entre ellos, en particular si la sucesión de Estados tiene efectos en la responsabilidad del Estado por hechos internacionalmente ilícitos, y en qué medida".

Los cambios de Gobierno y el principio de continuidad del Estado

Los cambios de Gobierno, en otro orden, no deberían provocar ningún género de reacción legítima dentro del ámbito jurídico internacional, en razón del principio fundamental que dice sobre la "independencia política" de los Estados e incluso por virtud del "principio de continuidad del Estado", cuyo ejemplo más reciente lo ofrece la Federación de Rusia, continuadora de la personalidad internacional de la antigua URSS; principio de continuidad cuya excepción la representa, v.gr., el instituto jurídico de la sucesión de Estados en materia de tratados o de bienes públicos que hemos estudiado.

En cuando a la independencia del Estado, recuérdese por lo pronto que la Resolución 2625 de la ONU es precisa al respecto y en distintos de sus párrafos:

> Todo Estado tiene el derecho inalienable a elegir su sistema político (...), sin injerencia en ninguna forma por parte de ningún otro Estado.

> [T]odos los pueblos tienen derecho a determinar libremente, sin injerencia externa, su condición política (...).
>
> Todos los Estados gozan de igualdad soberana. (...) e) Cada Estado tiene el derecho a elegir y a llevar adelante libremente su sistema político (...).

Y en cuanto al principio de continuidad del Estado, séanos suficiente, a pesar de las protestas en su contra por los antiguos gobiernos comunistas, precisar que el mismo significa que

> la personalidad jurídica [del Estado] no se ve afectada por los cambios sobrevenidos en su organización constitucional o debido a la extensión de su territorio y en virtud de lo cual conserva la red de sus derechos y obligaciones internacionales como tal, sólo a reserva del respectivo cambio que pueda haberse operado en el campo de aplicación territorial correspondiente.

Nguyen Quoq D., junto a *Dallier* y *Pellet* ha dicho desde la doctrina, por tanto, que:

> No hay lugar, en razón de eventuales transformaciones revolucionarias, a un nuevo reconocimiento del Estado. Los Estados sobreviven a sus gobiernos, como lo dice el Protocolo de Londres de 1831, nacido de la crisis belga de 1830. El Estado antiguo subsiste en virtud del principio de continuidad del Estado, y continúa éste, por ende, atado a las obligaciones internacionales anteriores. El reconocimiento adquirido por un Estado no puede ser revertido ni cuestionado.

El reconocimiento de gobiernos

Téngase en cuenta que la acusada independencia de los Estados como miembros de la comunidad jurídica internacional – "todo Estado tiene el derecho inalienable a elegir su sistema político (...), sin injerencia en ninguna forma por parte de ningún otro Estado", según reza la Resolución de Naciones Unidas 2625 – no ha impedido el desarrollo de ciertas doctrinas y sus aplicaciones prácticas por razones esencialmente políticas y en hipótesis en las que ocurren modificaciones de sus gobiernos; cuando son, ora el producto del ejercicio de la fuerza o la ruptura del respectivo hilo constitucional, ora en los casos en que una insurgencia armada predica la efectividad y continuidad de su control sobre determinados territorios de un Estado.

Se conocen, incluso, situaciones de reconocimiento recibidos por gobiernos en el exilio que, considerados legítimos por los Estados que los reconocen, han sido expulsados del ejercicio del poder material mediante distintos actos de fuerza.

En 1907 emerge, con deseos de su ordenación jurídica progresiva, la conocida Doctrina Tobar, obra del secretario ecuatoriano de Relaciones Exteriores, preconizando el no reconocimiento internacional de los gobiernos nacidos de revoluciones – es la realidad latinoamericana que domina durante el siglo XIX – hasta tanto no quedase demostrado que contaban con el asentimiento y la confianza populares; doctrina que, seguidamente, fue asumida como propia por los Estados Unidos desde los mismos inicios del siglo XX.

> "...la manera más eficaz de poner término a los cambios violentos de gobierno inspirados en la ambición consiste en que los Estados se nieguen a reconocer a los gobiernos transitorios, nacidos de las revoluciones, hasta que demuestren que gozan del apoyo de sus países", se lee en una carta que Carlos R. Tobar dirige al embajador de Bolivia en Bruselas.

Pero, más tarde, en 1959, la reacción continental contra los gobiernos de facto con independencia de sus filiaciones ideológicas se hace espacio en Santiago de Chile, durante la V Reunión de Consulta de Ministros de Relaciones Exteriores en la que nace, bueno es subrayarlo, la Comisión Interamericana de Derechos Humanos. La protección universal de éstos insurge como principio que sujeta y contiene a las soberanías de los Estados. Allí vuelven por sus fueros, en plenitud y mejor elaboradas, la citada Doctrina Tobar y su sucedánea, la Doctrina Betancourt, en alusión al expresidente venezolano (1945-1947) que luego ratifica este en 1959 durante su segundo mandato, pero enfatizando, a diferencia de la Doctrina Tobar, el no reconocimiento de los gobiernos dictatoriales o totalitarios generalmente nacidos de golpes de Estado militares o de desviaciones, incluso en regímenes que han sido el producto de la voluntad popular.

Al apenas asumir el poder, casualmente como obra de una revolución cívico-militar, la del 18 de octubre de 1945 que destrona al gobernante militar electo en segunda instancia por el Congreso de la República de Venezuela, General Isaías Medina Angarita, en procura de alcanzar la elección universal, directa y secreta de los gobernantes afirma *Betancourt* como presidente de la Junta que:

> "(...) el único incidente diplomático confrontado hasta ahora ha sido el de la brusca salida del país del representante del gobierno dominicano (...) Este proceder del personero de la dictadura del señor Trujillo nos ha impedido la satisfacción de romper relaciones con un régimen en torno del cual debe tender América un riguroso cerco profiláctico. Los Gobiernos libres no pueden mantener relaciones diplomáticas con los victimarios de la libertad".

Sucesivamente, al comentar la ruptura de sus relaciones con España, siendo reciente la finalización de la Segunda Gran Guerra y el establecimiento de la Organización de las Naciones Unidas (ONU), Betancourt como mandatario de facto argumenta que

> "(...) al llegar al gobierno (...) rompimos relaciones con el gobierno de Francisco Franco porque conceptuamos que sí la recién concluida guerra de pueblos se había librado para erradicar definitivamente de la faz del planeta las concepciones totalitarias de política y administración, gobiernos democráticos y decentes que habían suscrito el pacto de las Naciones Unidas no podían mantener relaciones diplomáticas con esa excrecencia del fascismo que desgobierna Madrid".

Al año siguiente, desde Guatemala, dibuja la concepción democrática por la que trabaja y que trasciende al hecho electoral necesario, como puerta de ingreso inexcusable a la experiencia de la democracia y en términos próximos a los que luego acoge la mencionada Declaración de Santiago de Chile.

Dice, así, Betancourt que

> "Mientras haya un solo pueblo americano en donde no exista libertad cabal para la prensa y la alternabilidad de los mandatarios libremente elegidos; mientras alguna de las libertades esenciales del ciudadano sea regateada a un solo pueblo de América, no se habrá ganado la paz, permanecerá latente el peligro de que se reaviven los focos del totalitarismo".

De modo que, al inaugurarse la conocida república civil y democrática de partidos en 1959, el presidente Betancourt, ahora electo por el voto popular y directo, intima a la OEA respeto de su planteamiento histórico en los términos que siguen y constan en su discurso inaugural:

> "Solicitaremos cooperación de otros Gobiernos democráticos de América para pedir, unidos, que la Organización de Estados Americanos excluya de su seno a los Gobiernos dictatoriales porque no sólo afrentan la dignidad de América, sino también porque el Artículo 1 de la Carta de Bogotá, acta constitutiva de la OEA establece que sólo pueden formar parte de este organismo los Gobiernos de origen respetable nacidos de la expresión popular, a través de la única fuente legítima de poder que son las elecciones libremente realizadas. Regímenes que no respeten los derechos humanos, que conculquen las libertades de sus ciudadanos y los tiranicen con respaldo de las políticas totalitarias, deben ser sometidos a riguroso cordón sanitario y erradicados mediante la acción pacífica colectiva de la comunidad jurídica internacional".

Así las cosas, más allá de la reconocida ausencia de mecanismos hemisféricos inmediatos y efectivos para la defensa de la democracia y salvo en el citado caso de agresión que hice posible las actuaciones interamericanas en República Dominicana (1959) y en Perú (1962), se declaró en Santiago de Chile que "la existencia de regímenes antidemocráticos viola la Carta [de la OEA] en sus principios".

Es de observar, a todo evento, que en 1930, por oposición a la tesis de Tobar y en la línea de indiferencia democrática que renueva México en pleno siglo XXI, bajo el mandato de Andrés Manuel López Obrador, el secretario mexicano de Relaciones Exteriores, Genaro Estrada, dando origen a otra de su propio nombre, Doctrina Estrada, afirma que

> "México no se pronuncia sobre la cuestión del reconocimiento, porque ello sería una práctica ofensiva que, además de atentar contra la soberanía de otras naciones, hace que los asuntos internos de éstas puedan ser objeto de apreciaciones en un sentido o en otro por parte de otros gobiernos".

Debido a ello el Estado habría de limitarse a mantener o romper sus relaciones diplomáticas sin que implique aprobación o rechazo del gobierno concernido.

En 1969, sin embargo, toma cuerpo bajo los nombres de los presidentes Díaz Ordaz de México y Rafael Caldera, de Venezuela, la tesis del pluralismo democrático. A su tenor los gobiernos que representaban mantendrían relaciones con otros gobiernos de distinto signo u orientación pensando más en los efectos negativos que una ruptura de relaciones podría tener sobre los pueblos, y no como apoyo o en detrimento de los gobiernos reconocidos.

En la actualidad, después de la adopción en 2001 de la Carta Democrática Interamericana, a partir de la hipótesis que se concreta en Venezuela luego de las elecciones presidenciales de 2018, declaradas fraudulentas e inválidas y en ausencia de un presidente legítimamente electo, la comunidad internacional – al término unos 60 países – le retiran su reconocimiento a Maduro y lo otorgan al presidente de la Asamblea Nacional y Encargado del Poder Ejecutivo, atendiendo a lo dispuesto por la Constitución.

De consiguiente, hasta tanto se celebren elecciones democráticas e internacionalmente observadas, no se demora o posterga el acto de reconocimiento como lo planteara Tobar ni se excluye al gobierno de Venezuela del seno de la OEA según el dictado de la Doctrina Betancourt, sino que, se mantiene en lo adelante una dualidad o paralelismo temporal que se ha de resolver con base en la ejemplaridad y sus consecuencias esperadas: un gobierno de facto no reconocido que detenta el control material del poder y con las armas, y otro legítimo, residente en un parlamento democráticamente elegido, sin otros poderes reales que los de la representación del Estado en los escenarios internacionales donde ha sido reconocido. Y con un cometido, alcanzar una transición que posibilite las condiciones de realización de unas elecciones generales libres y competitivas. Así, el Consejo Permanente de la Organización de los Estados Americanos (OEA), mediante su resolución 1117 del 10 de enero de 2019, invocando la Carta Democrática Interamericana – la obligación de los gobiernos de promover y defender el "derecho a la democracia" – textualmente acuerda

> "1. No reconocer la legitimidad del período del régimen de Nicolás Maduro a partir del 10 de enero de 2019".

De seguidas, varios Estados miembros de la OEA e integrantes del denominado Grupo de Lima, a saber y a través de sus gobiernos, los de Argentina, Brasil, Canadá, Chile, Colombia, Costa Rica, Guatemala, Honduras, Panamá, Paraguay y Perú, formalmente expresan, el 23 de enero siguiente que

> 1. Reconocen y expresan su pleno respaldo al presidente de la Asamblea Nacional Juan Guaidó quien ha asumido en la fecha como presidente encargado de la República Bolivariana de Venezuela, en atención a las normas constitucionales y ante la ilegitimidad del régimen de Nicolás Maduro.
>
> 2. Apoyan el inicio del proceso de transición democrática en Venezuela en el marco de su Constitución, a fin de realizar nuevas elecciones, en el más breve plazo, con la participación de todos los actores políticos y con las garantías y estándares internacionales necesarios para un proceso democrático.

XXIII. Inmunidades del Estado

Un último aspecto, que mal podemos obviar en su estudio y a propósito de la personalidad jurídico internacional del Estado, es el relativo a las inmunidades que le reconoce y asegura tanto a él como a sus órganos el Derecho Internacional contemporáneo.

Con independencia de los orígenes mediatos de las mismas, referidos a la antigua inmunidad personal atribuida a los Soberanos e incluso, distinguiéndola de las prerrogativas de inmunidad e inviolabilidad que desde antiguo corresponden en lo personal a los órganos de las relaciones exteriores de los Estados con el objeto de facilitarles sus tareas diplomáticas o consulares (véanse las Convenciones de Viena sobre Relaciones Diplomáticas y sobre Relaciones Consulares, 1961 y 1963, respectivamente; la Convención sobre Misiones Especiales, 1969; y la Convención de Viena sobre representación de los Estados en sus relaciones con las organizaciones internacionales, 1975), el instituto jurídico de las inmunidades del Estado es de fecha reciente y encuentra su desarrollo sólo a partir del siglo XIX.

La inmunidad de jurisdicción

Ha sido la inmunidad de jurisdicción, concebida en términos absolutos, un producto originario del sistema del *common law*, es decir, de la jurisprudencia nacional inglesa y americana (*Schooner Exchange vs. McFaddon and others,* 1812), que ha encontrado en los principios de igualdad y de soberanía estatales el fundamento de esa inmunidad que gozarían los Estados extranjeros y cuyos actos de Gobierno mal pueden, por ende, ser conocidos por los tribunales nacionales de terceros Estados sin afectarles en su señalada soberanía e incluso, como lo recuerda *Mariño Menéndez*, en sus dignidades como tales.

En 1991, la Comisión de Derecho Internacional de la ONU adoptó por vía de codificación un proyecto de artículos al respecto, que más tarde decanta en la actual *Convención de las Naciones Unidas sobre las Inmunidades Jurisdiccionales de los Estados y de sus Bienes* (Resolución 59/38 de 16 de diciembre de 2004), cuyo artículo 5 expresa lo siguiente:

> "Todo Estado goza, para sí y sus bienes, de inmunidad de jurisdicción ante los tribunales de otro Estado, según lo dispuesto en la presente Convención".

En el Caso del *Derecho de asilo* (Colombia *vs.* Perú), sentenciado en 1950, la Corte Internacional de Justicia da una definición clara acerca de la inmunidad, como principio, en los términos siguientes:

> "Una protección contra la aplicación regular de las leyes y la jurisdicción de los tribunales legalmente constituidos (...) implica de hecho el equivalente de una inmunidad".

De modo que si, en efecto, la inmunidad de jurisdicción del Estado, en cuanto a su naturaleza jurídica y como regla de Derecho Internacional consuetudinario, puede ser considerada como "una situación jurídica subjetiva de la que es titular todo Estado y que éste puede invocar ante los tribunales de cualquier otro", cabe observar que se trata, como lo recuerda *Mariño*, de "una institución que cumple su función en el Derecho procesal y no en el Derecho sustantivo". Se trata, según lo ajusta *González Campos*, de un principio de carácter procesal que opera como excepción, provocando la incompetencia de los tribunales estatales para juzgar a otros sujetos de Derecho Internacional –ya sean Estados u organizaciones– (*inmunidad de jurisdicción*), e impidiendo la ejecución de la decisión en el caso de que el procedimiento se hubiere llevado a cabo (*inmunidad de ejecución*).

De allí que, a menudo y en términos prácticos, la inmunidad de jurisdicción se utilice para señalar o indicar los obstáculos que pueden oponerse al ejercicio por el juez de un Estado de su poder jurisdiccional. Tanto que, la misma doctrina, *lato sensu*, se ha encargado de señalar que la inmunidad de jurisdicción implica: (a) la imposibilidad de atribuir competencia al juez de un Estado para conocer de litigios relacionados con la aplicación de las leyes internas de otro Estado extranjero o de una organización internacional, como las concernientes al ejercicio de la función pública; y (b) la excepción de inadmisibilidad que puede ser opuesta a una demanda que de ordinario entraría dentro de las competencias del juez respectivo, pero acerca de la que mal podría conocer por razón de la calidad de la persona beneficiaria de la inmunidad o en virtud de la materia objeto de la controversia.

El debate acerca de esta cuestión reside hoy no tanto en lo relativo a la validez de suyo indiscutible del principio en estudio, por tener su asidero en las nociones de soberanía e independencia de los Estados, *par in parem non habet imperium*, cuanto en la extensión de la señala inmunidad; vale decir, sobre su carácter absoluto o relativo.

La jurisprudencia nacional e internacional y las normas codificadas o en vigor del Derecho Internacional, apuestan por el carácter restringido de la inmunidad de jurisdicción de los Estados, dada la misma estructura de la actual comunidad internacional y la paulatina afirmación de la interdependencia entre los Estados, sobre todo en el campo de la economía, el comercio y las inversiones. No siendo de extrañar, en la actualidad, que los Estados mediante su consentimiento, por razones de reciprocidad, o por obra del mismo orden público internacional afirmado luego de 1945, admitan que su soberanía, antes que soberanía absoluta y arbitraria, comienza a derivar en una suerte de competencia estatal reglada, según lo hemos dicho; competencia estatal que, según la explicación que nos da *González Campos*, implica no sólo su regulación por parte del mismo Derecho Internacional en su despliegue –y a la manera de poderes estatales reglamentados– sobre el territorio del mismo Estado, sobre las personas situadas en espacios internacionales, o a propósito de las relaciones del Estado con los otros Estados. Antes bien,

> en sentido normativo, los poderes que el ordenamiento [internacional] reconoce al Estado pueden ser resumidos en la participación [de éste] en el proceso de creación normativa y en la participación en el proceso de aplicación o realización del derecho [internacional].

Así que, mediando sólo diferencias metodológicas –visto que algunos textos normativos parten de la enumeración de los supuestos en que no sería admisible la inmunidad, mientras que otros hacen la descripción en positivo– lo cierto es que todos coinciden, inspirados en la doctrina francesa construida dentro del sistema de Derecho Romano desde el siglo XIX, en restringir la inmunidad, de un modo general, a los denominados actos de soberanía o de *jure imperii*, rechazándola para los actos de *jure gestionis*, comerciales o de gestión privada realizados por los Estados. Con lo cual se aceptaría, como lo recuerda el mismo *Mariño* y a manera de fundamento de la inmunidad, la idea de la *doble personalidad* del Estado.

Quizá, sin embargo, la indicada distinción entre los actos realizables por el Estado no sea suficiente para dilucidar todos los problemas atinentes al régimen de sus inmunidades; visto que, por acto de soberanía, no pocos Estados, según sus propias normas constitucionales, entienden los más diversos y triviales, señalando incluso como propios del Estado aquellos que de ordinario realizan los particulares; de donde ha surgido una distinción complementaria que, a los fines de precisar la distinción entre actos de Gobierno y actos comerciales, pide "tener en cuenta la *naturaleza del acto*", o bien "retener el criterio del *objeto o fin del acto*" respectivo.

La codificación internacional antes mencionada, es decir, el *Proyecto de la CDI* transformado en *Convención,* se pronuncia por la fusión, *prima facie*, de los criterios antes expuestos, en los siguientes términos:

> Para determinar si un contrato o una transacción es una "transacción mercantil" [*omissis*] se atenderá principalmente a la naturaleza del contrato o de la transacción, pero se tendrá en cuenta también su finalidad si así lo acuerdan las partes en el contrato o la transacción o sí, en la práctica del Estado que es parte en uno u otra, tal finalidad es pertinente para determinación del carácter no mercantil del contrato o de la transacción.

Y, siendo que es posible que todo Estado, apelando a su criterio discrecional, pueda considerar como no comercial un acto que de suyo sí lo es, la normativa internacional citada no sólo precisa qué es o ha de entenderse como "transacción mercantil" (artículo 2.1) a los fines de que se rechace o no la alegada inmunidad (compraventa de bienes o prestación de servicios; préstamos o transacciones financieras; otros contratos o transacciones que sean de naturaleza mercantil, industrial o relativas al arrendamiento de obra o servicios, con exclusión del contrato de trabajo), sino que también determina, a renglón seguido y como excepciones precisas a la dicha inmunidad, tanto la mediación de formas de consentimiento expreso o tácito por el Estado a través de sus declaraciones – acuerdo internacional, contrato escrito, en el proceso mismo – o de sus actuaciones procesales en el foro respectivo, incluyendo las demandas reconvencionales (artículos 7 a 9), cuanto una serie de actos en los que no cabe o procede, bajo ningún respecto, la susodicha excepción de inmunidad de jurisdicción (artículos 10 a 17), a saber:

> (a) Las transacciones con una persona natural o jurídica extranjera, que las propias normas del Derecho Internacional privado refieran a la competencia de una jurisdicción nacional.
>
> (b) Los contratos de trabajo entre un Estado y una persona natural, ejecutados en el foro respectivo y salvo excepciones.
>
> (c) Las indemnizaciones pecuniarias en caso de muerte o lesiones a una persona, o de daño o pérdida de bienes tangibles, cuando el acto u omisión del Estado se ha realizado total o parcialmente en el territorio del otro Estado, o el autor del acto se encontraba en el mismo para dicho momento.
>
> (d) Los derechos relativos a la propiedad, posesión o uso de bienes.
>
> (e) Los procesos relativos a la propiedad intelectual e industrial.
>
> (f) Los procesos relativos a la participación del Estado extranjero en una sociedad u otra colectividad [de Derecho privado] con personalidad jurídica propia o sin ella.
>
> (g) Los procesos relativos a la explotación de buques propiedad del Estado extranjero o explotados por él y destinados a fines distintos de los de servicio público no comercial.
>
> (h) Los efectos de un convenio arbitral con persona natural o jurídica extranjera.

Mayor complejidad adquiere, fuera de lo anterior, el choque entre la perspectiva clásica que se afinca en el Estado y sus atributos como sujeto por excelencia del Derecho internacional y la perspectiva contemporánea, de orden público internacional, que obliga a la tutela internacional de la persona en casos de violaciones graves de sus derechos humanos; ante los que aquél opone su inmunidad cuando ve exigida su responsabilidad ante los tribunales de un tercer Estado, por resultarle imposible a la víctima acudir a la jurisdicción del mismo Estado responsable o por ser aquél el del territorio donde ocurrieron los hechos.

Sensiblemente, la Corte Internacional de Justicia, en el Caso de las Inmunidades jurisdiccionales del Estado (Alemania vs. Italia, Grecia interviniente) de 3 de febrero de 2012, se pronuncia a modo de un galimatías y para beneficio del Estado, no obstante que señala que su pronunciamiento en modo alguno purifica la ilicitud de las violaciones de derechos humanas ocurridas:

> "En el estado actual del derecho internacional consuetudinario, un Estado no se encuentra privado de la inmunidad por la sola razón de ser acusado de violaciones graves al derecho internacional de los derechos humanos o al derecho internacional de los conflictos armados. Formulando esta conclusión, la Corte tiende a resaltar que se pronuncia únicamente sobre la inmunidad de jurisdicción del Estado ante los tribunales de otro Estado; la cuestión de saber, a contrario sensu, en qué medida la inmunidad puede aplicarse en el marco de procesos penales iniciados contra un representante del Estado no se presenta en el caso objeto de análisis... Además, tal como lo precisó la Corte, en el contexto de la inmunidad de jurisdicción de los representantes del Estado en materia penal, el hecho de que la inmunidad pueda ser obstáculo para el ejercicio de la competencia judicial en un caso dado no tiene incidencia en la aplicabilidad de las reglas materiales de derecho internacional (*Orden de detención del 11 de abril de 2000* (República Democrática del Congo c. Bélgica), sentencia, C.I.J. Recueil 2002, p. 25, par. 60; ver igualmente *Ciertas cuestiones de asistencia mutua en materia penal* (Djibuti c. Francia), sentencia, C.I.J. Recueil 2008, p. 244, par. 196). Al respecto, la Corte resalta que la cuestión de saber si un Estado puede gozar de la inmunidad frente a las jurisdicciones de otro Estado es completamente distinta de aquella de saber si la responsabilidad internacional de este Estado está comprometida y si ello acarrea una obligación de reparación, le incumbe".

La inmunidad de ejecución

En cuanto a la inmunidad de ejecución, que debe entenderse en su fundamento aneja a la inmunidad de jurisdicción, por lo general constituye un principio absoluto: "Si un Estado –en atención a su soberanía e independencia– no podía quedar sometido a la jurisdicción interna de otro, mal podía aceptarse la ejecución compulsiva sobre sus bienes de las sentencias dictadas en contra suya", lo recuerda *González Campos*.

La Convención sobre la materia, sin embargo, dispone, por una parte, excepciones al principio señalado (artículos 18 y 19) y, luego y a todo evento, señala una serie de bienes que, bajo ningún respecto, pueden ser reputados de afectados para fines mercantiles (artículo 21), así:

Excepciones al principio antes o después del fallo:

(a) Cuando el Estado haya consentido expresamente en la adopción de tales medidas.

(b) Cuando el Estado haya asignado o destinado bienes a la satisfacción de la demanda objeto del proceso.

(c) Cuando se ha determinado que los bienes se utilizan específicamente o se destinan a su utilización por el Estado para fines distintos de los fines oficiales no comerciales y que se encuentran en el territorio del Estado del foro, pero sólo relación a las medidas coercitivas posteriores al fallo.

Bienes no comerciales:

(a) Bienes y cuentas correspondientes a órganos de las relaciones exteriores de un Estado (misiones diplomáticas, consulares, especiales, ante organismos internacionales, etc.).

(b) Bienes militares o utilizados para fines militares.

(c) Bienes del Banco Central o de otra autoridad monetaria del Estado.

(d) Patrimonio cultural del Estado y sus archivos que no sean objeto de venta.

(e) Bienes de exposiciones científicas, culturales o históricas que no sean objeto de venta.

No huelga agregar, finalmente, que la *Convención sobre las inmunidades jurisdiccionales de los Estados y de sus bienes,* previene, en línea con lo dicho, acerca del uso eventual que se pueda hacer del término Estado a fin de extenderlo, por vía de una ficción legal y para fines particulares del mismo Derecho Internacional, a colectividades territoriales desprovistas de personalidad jurídica internacional.

Al efecto, la normativa en cuestión señala que:

> A los fines de los artículos presentes (...): b) el término Estado designa: i) El Estado y sus diversos órganos de Gobierno; ii) los elementos constitutivos de un Estado federal o las subdivisiones políticas del Estado, que estén facultados para realizar actos en el ejercicio de la autoridad soberana y actúen en tal carácter; iii) los organismos o instituciones del Estado u otras entidades, en la medida en que estén facultados para realizar y realicen efectivamente actos en ejercicio de la autoridad soberana del Estado; iv) los representantes del Estado cuando actúen en tal carácter.

XXIV. El individuo como sujeto del derecho internacional

Más allá de la reflexión teórica o de los problemas metodológicos que concitan las relaciones entre el Derecho internacional y el Derecho interno de cada Estado, sujetando aquél a los Estados y éste a los individuos sujetos a su jurisdicción, el nudo gordiano a desatar , cubierto tras el debate conceptual acerca de la idea de la soberanía y de su eventual derivación en una idea de competencias regidas por el Derecho, no es otro que el advenimiento – ya evidente e indiscutible - de la subjetividad jurídico internacional del individuo.

Fue el reconocimiento progresivo de los derechos humanos y el establecimiento a favor de la persona humana de garantías inmediatas por parte del Derecho internacional, el ariete que más allá de los otros asuntos integrantes del denominado "orden público internacional" (prohibición del uso de la fuerza entre los Estados y solución pacífica de controversias) trastocó - antes que a la idea clásica de la soberanía - la estructura relacional de Estados: sitos, hasta la culminación de la Segunda Gran Guerra del siglo XX, en una condición de impermeabilidad jurídica los unos con relación a los otros y todos frente a las expresiones normativas de vocación supranacional.

Junto al señalado reconocimiento universal de los derechos humanos y la posibilidad de que toda persona o individuo pueda ser beneficiaria de un locus standi internacional cierto, inmediato y efectivo, ha sido la exigencia de responsabilidades penales internacionales – a los Estados y a los individuos con prescindencia de sus nacionalidades - por la comisión de crímenes internacionales, el elemento que ha determinado los mayores desajustes y controversias en las relaciones de coordinación e integración entre el ordenamiento de la comunidad internacional y los ordenamientos internos de los Estados.

De suyo, si se atiende a la experiencia de los derechos nacionales o internos en sus evoluciones históricas, es fácil constatar que el tránsito hacia el perfeccionamiento de lo normativo en consonancia con el fortalecimiento del respectivo tejido social vino marcado por el abandono de las ideas de la responsabilidad colectiva entre clanes o tribus y la afirmación del principio de la responsabilidad individual. Asimismo, significó dicho cambio la sustitución del régimen u orden normativo familiar por otro colectivo, sobrepuesto e institucional, para los asuntos que se consideraron de interés para el orden público general.

Mal podrá comprenderse, pues, el statu quo que hoy influye sobre las relaciones entre el Derecho internacional y el Derecho interno del Estado y que incide en la determinación de las normas de uno u otro Derecho aplicables para la exigencia de responsabilidades penales internacionales, que no sea mediante el trazado previo de los elementos normativos y sociológicos subyacentes.

El derecho internacional formal

El Derecho internacional formal y en vigor, sin embargo, no ha prescindido aún del Estado soberano como sujeto o destinatario de sus normas y colegislador por excelencia de estas, como lo advirtiéramos supra. A buen seguro ello no ocurrirá en lo inmediato, a pesar de las tendencias federalistas y centralizadoras que toman cuerpo, con no poca fricción, en espacios como el que actualmente ocupa la Unión Europea y que predican la idea de una "ciudadanía común" (cf. Tratado de la Unión Europea, reformado por el Tratado de Amsterdam, de 2 de octubre de 1997), trasvasando la noción de ciudadanía alrededor de la cual y en último término se han explicado las relaciones antitéticas o de cooperación entre el Derecho internacional de los Estados y el Derecho nacional o interno.

Sin mengua de las limitaciones que introdujo la Carta de San Francisco de 1945, cuando igualmente y en su tiempo fijó distintas prescripciones de orden público internacional (Cf. artículos 1 y 2) para frenar o contener dentro de un ámbito determinado de "competencias" la voluntad soberana y concurrente de los Estados, éstos no han dejado de suponerse detentadores de la condición reconocida desde antiguo por Jean Bodin a los monarcas y que la ley ha estatuido: "Nulla obligatio consistere potest, quae a voluntate promittentis statum capit, razón necesaria que muestra evidentemente que el rey no puede estar sujeto a sus leyes" (Jean Bodin, *Los seis libros de la República* [1576], Madrid, Tecnos, 2000, p.53).

El alegato de la soberanía del Estado ha servido desde entonces y todavía sirve, en algo, como fundamento de las célebres inmunidades que benefician a Jefes de Estado y a representantes diplomáticos señalados de la comisión de eventuales hechos ilícitos situados o con efectos más allá de sus respectivas jurisdicciones nacionales. El debate judicial tenido en España y en Gran Bretaña acerca de la eventual responsabilidad penal internacional del expresidente chileno y Senador Vitalicio Augusto Pinochet, por crímenes de lesa humanidad que habrían sido ejecutados durante su mandato, es muy emblemática al respecto. Bien recuerda, en su desenlace, la confusión que advirtiera el propio Bodino entre la idea de la soberanía y el mismo Príncipe, a un punto tal que, objetivada en el Estado supuso la igual confusión entre éste y sus gobernantes, pues sólo a través de estos el Estado cobraría realidad.

Auto tutela y protección diplomática

La imposibilidad de trasponer la idea de la soberanía y, a la vez, 'fisurar' el sistema de base interestatal sobre el cual fue construido el orden internacional moderno, explica, así, la presencia de dos instituciones jurídicas anómalas – por primitivas o artificiales - que ayudaron a resolver buena parte de las controversias entre los Estados y el problema de los individuos víctimas de daños causados por la acción u omisión de Estados extranjeros.

En el primer caso, provocada una violación al Derecho internacional, el Estado víctima podía acudir legítimamente a medidas de autotutela, incluidas las represalias u otras de carácter bélico, que le permitiesen obtener la reparación debida. Y de ordinario, alcanzada la misma por vía de la fuerza o de la negociación, lo cierto es que no mediaba una suerte de declaración previa sobre la ilicitud o no de la acción u omisión estatal que dio lugar al daño reclamado por el otro Estado: *par in parem non habet imperium*, lo repetimos.

Tratándose de los individuos víctimas de daños causados por Estados extranjeros, el Derecho internacional optó resolver tal situación mediante el mecanismo tradicional de la "protección diplomática" – analizada *supra* – y que, paradójicamente, sólo en fecha reciente alcanza su codificación. Cada Estado asumía como propia la defensa de sus nacionales y entendía que un daño causado a éstos se presumía o consideraba irrogado al mismo Estado y en uno de sus componentes fundamentales.

No admitiéndose – sin rechazársela expresamente – por vía principio y durante parte de la modernidad, pues, la tesis que dice sobre la exigibilidad formal y conforme al Derecho internacional de la responsabilidad internacional del Estado por daños ocasionados a otro Estado o a sus nacionales, todo conflicto por violación de los tratados o de la costumbre internacional era reconducido, por lo regular, hacia formas transaccionales: que omitían, como ya lo observáramos, el debate de fondo sobre la licitud o ilicitud de las acciones u omisiones estatales comprometidas. Y concluían, eso sí, en el establecimiento de reparaciones de estrecho contenido civil o reparatorio, aun cuando se hiciesen presentes algunas modalidades punitivas impuestas por el Estado víctima con mayor poder de persuasión o negociación para asegurarse el correspondiente cumplimiento de lo que hoy y a tenor del Derecho común se conoce como la obligación internacional secundaria o de responsabilidad.

Crímenes internacionales vs. responsabilidad del Estado: Un dilema pendiente

Dentro de tales limitaciones estructurales y normativas, sin mengua del célebre *dictum* de la antigua Corte Permanente de Justicia Internacional en el asunto *Usine de Chorzow* (1927) a cuyo tenor "es un principio de Derecho internacional que toda violación de un compromiso internacional implica la obligación de reparar de una forma adecuada" (Hague PCIJ, Series A, Judgements, Nendeln/Liechtenstein, Kraus Reprint, 1970, vol. 2, N. 9-16/1927-1928, p. 21 y vol. 3, N. 17-24/1928/1930, p. 29), fueron necesarios, por ende, más de cincuenta años de debates y de trabajos de codificación en la Comisión de Derecho Internacional (CDI) de la ONU para que se lograse, cuando menos, un Proyecto de artículos sobre la Responsabilidad del Estado por Hechos Internacionalmente Ilícitos, adoptado en 9 de agosto de 2001 por la Asamblea General de la ONU.

Empero, con todo y sus bondades, el "Proyecto de artículos sobre la responsabilidad del Estado por hechos internacionalmente ilícitos" llega matizado por algunos elementos regresivos que dan cuenta y son testimonio de la tensión todavía en curso, que sigue oponiendo la soberanía estatal y sus predicados normativos al ordenamiento jurídico internacional en su evolución.

Roberto Ago, antiguo presidente de la Corte de La Haya, fallecido, Relator de la CDI, advirtió a tiempo sobre la necesidad de traspasar la base interestatal y voluntarista de las relaciones jurídicas entre los Estados: que de modo magro había aceptado el señalado principio de reparación – al mejor estilo civilista - de los daños derivados de violaciones al Derecho internacional.

Ago fue partidario de provocar una suerte de desdoblamiento en los hechos ilícitos internacionales, con propósitos moralizadores y en modo de introducir la categoría de los crímenes internacionales junto a las modalidades para su represión o castigo. A diferencia de los "delitos internacionales", Ago sostuvo que los crímenes expresan acciones u omisiones que transgreden la conciencia jurídica de los Estados y de la Humanidad, y que revelan gravedad por afectar "intereses colectivos acrecentados" (Cf. nuestro libro, *Derechos humanos y responsabilidad internacional del Estado*, Caracas, UCAB/Monte Ávila Latinoamericana, 1997, p. 122).

El crimen internacional, por consiguiente y en su especificidad, habría de reunir varias características, como se aprecia en el texto del artículo 19 del Proyecto de artículos que fuera aprobado por la CDI en primera lectura (1996): a) gravedad del hecho ilícito; b) violación de importancia esencial para los intereses de la comunidad internacional; c) violación grave y esencial reconocida como crimen por la comunidad en su conjunto; y d) violación en gran escala, cuando se trata de salvaguardar al ser humano.

A fin de equilibrar el texto final del Proyecto, dada la eliminación del célebre artículo propuesto por Ago, la CDI incorporó un capítulo particular a la segunda parte del mismo (capítulo III, artículos 40 y 41), provocando una división de opiniones entre sus miembros, a saber: los partidarios de mantener el capítulo transaccional por la razón anotada y quienes - caso de mantenerse el capítulo - exigían precisar el concepto de violaciones graves al Derecho internacional ampliando sus consecuencias y, en lo específico, consagrar la llamada actio popularis o el derecho de todo Estado a reclamar por la violación del caso que fuere; los otros, quienes sostenían que debía eliminarse el capítulo dado que el Derecho internacional vigente no ha sido proclive a tal distinción entre violaciones graves o no graves y tampoco era conveniente, pues las hipótesis podrían ser muchas y muy compleja la definición de las consecuencias y de las eventuales contramedidas adoptables por cualquier Estado de cara a una violación grave.

La CDI, en conclusión, decidió mantener el capítulo de marras y para ello sustituyó la expresión violación grave por violación a normas imperativas del Derecho internacional, tal y como las definen tanto el célebre dictum de la Corte Internacional de Justicia en el asunto *Barcelona Traction Light and Power Company* [Belgique c. Espagne], CIJ, exceptions préliminaires, 24 juillet 1964 et fond, 5 février 1970) como la Convención de Viena sobre Derecho de los Tratados, en su artículo 53:

> "Una norma imperativa de derecho internacional general es una norma aceptada y reconocida por la comunidad internacional de Estados en su conjunto como norma que no admite acuerdo en contrario y que solo puede ser modificada por una norma ulterior de derecho internacional general que tenga el mismo carácter".

En todo caso, el capítulo así sostenido aludió como lo hizo a violaciones graves y sistemáticas de normas imperativas y no a violaciones circunstanciales.

Las consecuencias reconducibles a las violaciones del derecho imperativo, *ius cogens* u orden público internacional, empero, terminaron siendo en el Proyecto de artículos adoptado de corte meramente reparatorio, en otras palabras, de estirpe civilista y más próximas a los hechos ilícitos internacionales que son propios al sistema paritario de Estados soberanos; salvo una remisión imprecisa que el numeral 3 del artículo 41 del proyecto hace a "toda otra consecuencia que una violación (de tal especie) ...pueda generar según el Derecho internacional".

En la CDI, bueno es advertirlo, siempre privó el criterio de que en el Derecho internacional general vigente las medidas punitivas contra los Estados eran jurídicamente insostenibles.

Responsabilidad internacional penal del individuo

a) Sus antecedentes

Si cabe rendir cuenta de algunos antecedentes remotos acerca de la responsabilidad internacional del individuo, v.g. el proceso instaurado por 27 jueces del Sacro Imperio Romano Germánico contra Peter Von Hagenbach, por crímenes de guerra (1474), o la condena a muerte de Conradino de Hohenstaufen (Nápoles, 1268) por desencadenar una "guerra injusta"; o el intento contenido en el Tratado de Versalles de juzgar al término de la Primera Guerra Mundial y "por ofensa suprema contra la moral internacional y la santidad sagrada de los tratados" a Guillermo II de Hohenzollern, ex emperador de Alemania, lo cierto y veraz es que el punto de inflexión histórica y sociológica que hizo posible la subjetividad y la responsabilidad internacional de los individuos, con efectos normativos y estructurales, tiene lugar a partir de la Segunda Guerra Mundial y por obra del Holocausto.

La doctrina en boga, sin embargo, advertía con Hans Kelsen (Derecho y paz en las relaciones internacionales, México, FCE, 1986, pp. 117 ss.) que el individuo, de ordinario, puede ser sujeto de hechos ilícitos internacionales, pero no responsable internacionalmente. La razón era elemental, visto que desde antes y aun mediando el reconocimiento por el Derecho internacional general de los delicta iuris gentium (la piratería, la trata de esclavos, el comercio de estupefacientes, los actos contra personas internacionalmente protegidas, o el terrorismo), tales delitos son tipificados y castigados conforme a las reglas del Derecho interno del Estado, quien, de no cumplir sus obligaciones institucionales e internacionales al respecto, en contra partida respondería como tal Estado – que no los individuos y en el ámbito internacional - de su conducta u omisión internacionalmente ilícita.

Puede decirse, en este orden, que el Derecho internacional de la posguerra no reconoció en lo inmediato la subjetividad jurídico internacional plena del individuo, dada la prorrogada preeminencia del sistema interestatal. Pero es de observar que la Carta de San Francisco de 1945 consagró como fin y propósito de la ONU – vale decir como norma imperativa o de orden público - el respeto a los derechos humanos. Luego, en 1948, la Asamblea General 'onusiana' adoptó, en interpretación de su texto fundacional, la Declaración Universal de Derechos Humanos, donde el individuo, por vez primera, es reconocido como sujeto pasivo y directo de la atribución de derechos por parte del ordenamiento jurídico internacional.

El Acuerdo de Londres de 8 de agosto de 1945 (suscrito, entre otros, por Francia, Reino Unido, Estados Unidos de América, URSS, India, Yugoslavia, Honduras, Panamá, Paraguay, Uruguay y Venezuela) ordenó, a su vez, el procesamiento de los criminales de la Segunda Guerra Mundial e instituyó, al efecto, el Tribunal Internacional Militar conocido como

Tribunal de Núremberg. En 1946 ocurre otro tanto, al crearse el Tribunal Militar Internacional para el Extremo Oriente, en Tokio.

En 1948, seguidamente, fue adoptada en Nueva York la Convención para la prevención y sanción del delito de genocidio, cuyo artículo 1 dispuso que "el genocidio, ya sea cometido en tiempo de paz o en tiempo de guerra, es un delito de derecho internacional que ellas – las Partes Contratantes – se comprometen a prevenir y a sancionar". El individuo, además de titular de derechos devino así en depositario de deberes y obligaciones internacionales, internacional y nacionalmente exigibles.

b) Derechos humanos vs. soberanía del Estado

No queda duda, por lo visto, en cuanto a que la persona humana, incluso en el campo restringido de la protección y garantía de derechos humanos, ha obtenido el reconocimiento de su personalidad o capacidad jurídica internacional. Se le han abierto espacios - incluso dentro de un régimen cuya estructura esencial no ha cambiado hasta el presente - a fórmulas que 'fisurando' la impermeabilidad de la soberanía permiten en la actualidad y hacen posible, o siquiera prometen resolver el tema de la impunidad por acciones u omisiones que, debido a la gravedad que las acompañan, afectan a la conciencia humana universal y minan las bases de la convivencia pacífica entre todos los pueblos.

La Cámara de Primera Instancia del Tribunal Penal Internacional para la ex Yugoslavia, en decisión de 2 de octubre de 1995, no pudo haber sido más consistente y consecuente con lo señalado, al declarar (*Affaire Tadic* -Procureur vs. Dusko Tadic -, apud. Blaise Tchikaya, Mémento de la jurisprudence du droit international public, Hachette, Paris, 2001, p 144) lo que es principio regulador de la doctrina de los tribunales penales internacionales:

> "Ce serait une parodie du droit et une trahison du besoin universal de justice que le concept de souveraineté de l'Etat puisse être soulevé avec succès à l'encontre des droits de l'homme" [par. 58].

No podría dejar de reconocerse, sin embargo, que las experiencias de Núremberg y del Medio Oriente, al igual que las más recientes: los Tribunales Penales Internacionales ad hoc para la antigua Yugoslavia y para Ruanda, creados por el Consejo de Seguridad de la ONU en 1993 y en 1994, respectivamente, expresan hasta esta hora una tendencia parcial y localizada de cara a un orden internacional aún mediatizado por el voluntarismo estatal. Lo que no desdice que aquél haya variado de un modo favorable y sustantivo hacia su transformación y el fortalecimiento de su heteronomía durante el período previo de entreguerras y el posterior a la Segunda Guerra Mundial.

El sistema de coexistencia de Estados (inorgánico), no cabe duda, derivó en un sistema de cooperación interestatal orgánico (ONU, OEA, Consejo de Europa); la idea primitiva de la responsabilidad internacional colectiva (sufriendo por igual y juntos las consecuencias de la represión tanto el Estado como sus gobernantes y nacionales) dio paso a la responsabilidad internacional individual; la seguridad individual internacional (autotutela) derivó en un régimen de seguridad colectiva universal y regional (Consejo de Seguridad, OTAN, TIAR, etc.); y, finalmente, el orden que por interestatal desconocía el principio supremo de Justicia y enclaustraba al individuo tras las rejas de la soberanía y de la jurisdicción nacional – fuese o no civilizada, justa o equitativa – pugna con un orden jurídico internacional que intenta proveer en favor del individuo y de sus derechos fundamentales.

c) Nullum crimen nulla poenae sine lege

Las jurisdicciones internacionales penales más recientes - los Tribunales para la ex Yugoslavia y para Ruanda - todavía suscitan, empero y como cabe destacarlo, interrogantes de difícil solución y respuesta en el ámbito de lo normativo, a pesar de que a diferencia de los Tribunales de Núremberg y del Medio Oriente: hijos que fueran del voluntarismo soberano, nacieron de actos "institucionales" dispuestos por la Organización de las Naciones Unidas con apego a las previsiones del Título VII de la Carta de San Francisco.

A título de ejemplo puede mencionarse el relativo al principio general de derecho penal nullum crimen nulla poenae sine lege, que mejor expresa la Declaración Universal de Derechos Humanos (1948) en su artículo 11, numeral 2:

> "Nadie será condenado por actos u omisiones que en el momento de cometerse no fueren delictivos según el derecho nacional o internacional".

En su informe al Consejo de Seguridad relativo a la creación del susodicho Tribunal para la ex Yugoslavia, el Secretario General de la ONU afirmó, en tesis novedosa, que el cuerpo legal a cuyo alrededor se definiría la competencia material del órgano jurisdiccional en cuestión "comprende a la vez derecho convencional y derecho consuetudinario"; observando, en tal sentido, que "las normas de derecho internacional humanitario... sin duda alguna forman parte del derecho consuetudinario, de tal modo que no se plantea[ría] el problema de que algunos Estados pero no todos se hayan adherido a determinadas convenciones" (v. Manuel Pérez González, "La responsabilidad internacional de sujetos distintos de los Estados", en la obra de Manuel Diez de Velasco, *Instituciones de derecho internacional público*, Madrid, Tecnos, p. 729)

Por otra parte, a propósito del juzgamiento de crímenes que se caracterizan "por su especial gravedad y por la particular repulsa que su comisión inspira en la conciencia de la comunidad internacional jurídicamente organizada", cabe citar el inevitable y complicado cruce que se produce, para el efectivo juzgamiento de los mismos y dado el estado actual de evolución del Derecho internacional, entre la jurisdicción penal nacional internacionalizada (de cuya participación requieren los Tribunales Penales Internacionales y que está sujeta de manera preferente a los criterios jurídicos internos y soberanos) y la jurisdicción penal internacional, producto de un cambio estructural y de concepciones jurídicas que se miran directamente en la idea de la Humanidad.

d) Codificación del derecho internacional penal

A propósito de la responsabilidad penal internacional individual y su juzgamiento, fundada en una contravención criminal (teoría de la culpa) que apareja consecuencias aflictivas o sancionatorias, cabe mencionar que la antigua Sociedad de las Naciones conoció de un proyecto de creación de una Alta Corte de Justicia Internacional diferente de la ya existente Corte Permanente de Justicia Internacional: hoy Corte Internacional de Justicia con sede en La Haya. Su objeto, en lo formal, quiso ser el procesamiento y castigo de los imputados por crimines previstos en las Convenciones de La Haya de 1899 y 1907 relativas al Derecho de la guerra y en las célebres Convenciones de Ginebra de 1864 y 1906. Pero tal proyecto fue rechazado, quedando en su lugar una recomendación para el debate futuro y en la idea de que la jurisdicción penal internacional propuesta fuese una sala o departamento de la CPJI.

Más tarde, a raíz de las acciones "terroristas" ejecutadas en Marsella en 1934, la Sociedad adoptó en 1937 el tratado institutivo de un Tribunal Penal Internacional que aplicaría las normas contenidas en el Convenio para la prevención y represión del terrorismo. Ambos instrumentos no entraron en vigencia.

Al margen del llamado Derecho sustantivo ginebrino (Derecho de Ginebra o Derecho internacional humanitario), integrado por los Convenios de 1949 y sus Protocolos Adicionales de 1977 u otros de igual entidad, es de observar que la codificación o adopción de normas sobre tipos criminales internacionales e imputables al individuo o para la garantía contra la impunidad de tales crímenes, con todo y las dificultades amén de las falencias estructurales internacionales referidas, ha sido tarea sostenida de la comunidad internacional en el curso de los últimos 55 años.

Los Acuerdos de Londres (1945) que dieron lugar al Tribunal de Nûremberg y cuyos principios aplicó más tarde, en 1948, el Tribunal del Extremo Oriente, consagraron tres categorías de crímenes internacionales: contra la paz (preparación, desencadenamiento y prosecución de una guerra de agresión, etc.), contra la guerra (asesinatos, malos tratos o deportación, para trabajos forzados de la población civil o de prisioneros de guerra, etc.), contra la Humanidad (asesinato, exterminio, reducción a esclavitud, deportación de poblaciones civiles o persecuciones por razones discriminatorias), incluidas la conspiración y el complot; aun cuando la exigencia de responsabilidades por la comisión de éstos, según lo dicho, supusiese una violación flagrante del principio *nullum crimen nulla poenae sine lege.*

El Tribunal de Núremberg intentó demostrar, en todo caso, que no hacía otra cosa que aplicar normas ya codificadas de Derecho internacional general, refiriendo en lo específico las prescripciones del Pacto Briand-Kellog, también conocido como Pacto de Paris o Tratado de Renuncia a la Guerra como instrumento de política nacional, suscrito el 27 de agosto de 1928.

El Derecho de Núremberg fue confirmado por la Asamblea General de la ONU mediante su Resolución 95, de 11 de diciembre de 1946, y que de paso encomendó a la Comisión de Derecho Internacional su respectiva codificación y la preparación de un proyecto de Código Internacional de delitos contra la paz y la seguridad de la Humanidad.

Junto al denominador común comentado: como lo ha sido la remisión que la mayoría de tales instrumentos internacionales hacen a la legislación interna de los Estados para que aseguren la tipificación de los respectivos crímenes internacionales y su sanción penal in foro doméstico, cabe observar la cristalización de normas internacionales específicas: como las – supra citadas – relativas a la prevención y sanción del delito de genocidio (1948), sobre la imprescriptibilidad de los crímenes de guerra y de los crímenes de lesa humanidad (1968), y sobre la represión del terrorismo, entre otros.

Los problemas para prevenir la impunidad de cara a estas formas de aplicación indirecta del Derecho internacional y dada la ausencia, hasta muy reciente fecha, de una jurisdicción penal internacional permanente, no han sido pocos, a saber: el asunto relativo a la naturaleza y a los límites de la llamada jurisdicción "universal" de los tribunales penales nacionales, o el relativo a la aplicación del principio aud dedere, aut iudicare (o extradita a otro Estado que quiera y pueda juzgarlo o enjuicia al criminal), los que eventualmente puede prestarse para los abusos.

Sin embargo, en orden a los esfuerzos internacionales para regularizar la descripción normativa de los crímenes internacionales por el mismo Derecho internacional y de modo coetáneo proveer a su final juzgamiento por instancias judiciales internacionales apropiadas y permanentes, debe observarse que fueron los trabajos de codificación emprendidos por la CDI la base a partir de la cual fue posible la final adopción, firma y posterior entrada en vigor del Estatuto de Roma de la Corte Penal Internacional (CPI), aprobado por la Conferencia Diplomática de Plenipotenciarios de las Naciones Unidas el 17 de julio de 1998, luego corregido el 10 de noviembre de 1998 y el 12 de julio de 1999.

La CDI, en efecto, dio inicio a sus labores de codificación en la materia en 1948 bajo el impulso de la entonces aprobada Convención sobre el Genocidio y a propósito de la exigencia que le realizara en 1947 la Asamblea General de la ONU (Resolución 177-II), para que formulase los principios reconocidos por la Carta y por el Estatuto de Nüremberg. Así, trabajó en dos rieles distintos: uno relativo a la codificación del derecho sustantivo penal internacional (Proyecto de Código de Crímenes contra la Paz y la Seguridad de la Humanidad), y otro destinado a fijar el perfil de la jurisdicción internacional (Estatuto del Tribunal Penal Internacional) que sería competente para conocer de los crímenes internacionales que hubiesen sido tipificados.

El Código de crímenes contra la paz y la seguridad de la Humanidad

En 1996, entre tropiezos y una vez como fuese requerida por la Asamblea General de la ONU, la CDI logró – mediando la relatoría del senegalés Doudou Thiam - aprobar en su seno un "Proyecto de Código de Crímenes contra la Paz y la Seguridad de la Humanidad" constante de 20 artículos, que recogen como tipos específicos el crimen de agresión (artículo 16), el crimen de genocidio (artículo 17), los crímenes contra la Humanidad (artículo 18), los crímenes contra el personal de las Naciones Unidas y el personal asociado (artículo 19), y los crímenes de guerra (artículo 20). Estos, en su conjunto y salvo el caso de los crímenes contra el personal de la ONU, más tarde coincidirán rationae materiae con el ámbito de validez material fijado en el Estatuto de Roma.

Importa destacar, en tal orden, que el Proyecto de Código deja constancia expresa de la necesidad de una jurisdicción penal internacional competente para juzgar los crímenes señalados, si bien invoca para el inter regno la obligación de los Estados de adoptar las medidas necesarias para establecer su jurisdicción sobre tales crímenes, con excepción del crimen de agresión dada su específica naturaleza internacional y por comprometer relaciones jurídicas interestatales. Sin embargo, el artículo 8 del mencionado proyecto admite, por vía de excepción, que la jurisdicción nacional respectiva conozca de la responsabilidad individual de sus propios nacionales cuando resulten señalados por la comisión de este último crimen.

El Proyecto, además, consagra de modo expreso el principio de la responsabilidad internacional penal del individuo señalando sus supuestos (artículo 2), la cual queda comprometida incluso en los casos en que el imputado de la comisión de los crímenes internacionales tipificados haya actuado bajo órdenes de un gobierno o de un superior jerárquico (artículo 5), y sin que pueda eximirse de su responsabilidad criminal alegando su condición de funcionario público e incluso de Jefe del Estado (artículo 7).

No huelgan como es obvio y aparecen por lo mismo destacadas en el Proyecto, las garantías judiciales a las que tiene derecho todo individuo procesado por crímenes contra la paz y seguridad de la Humanidad, a saber, las relativas al debido proceso (artículo 11) y a los principios del non bis in idem (artículo 12) y de irretroactividad (artículo 13). Y, en cuanto a las eventuales circunstancias eximentes o atenuantes de la responsabilidad, el texto del proyecto remite a los principios generales del Derecho (artículos 14 y 15).

Si cabe algún juicio de valor y estructural respecto de la codificación reseñada, podríamos decir que privilegia conceptualmente la idea de la jurisdicción penal internacional admitiendo como una fatalidad transitoria la aplicación indirecta de sus reglas por las jurisdicciones nacionales. No prejuzga sobre la responsabilidad que puede recaer sobre los mismos Estados con ocasión de los crímenes internacionales codificados, pero la sola mención que el Proyecto hace al respecto abre, ciertamente, tal posibilidad.

Es ilustrativa, en este orden y en tanto que apunta hacia la institucionalización del sistema internacional por sobre el régimen de coordinación interestatal y voluntarista, la norma mencionada supra y a cuyo tenor un Jefe de Estado no puede invocar su condición de tal para eximirse de responsabilidad penal individual e internacional.

Estatuto de Roma de la Corte Penal Internacional

No existe duda alguna en cuanto a que, sea el agotamiento de la bipolaridad internacional, sea el efecto que la misma ejerció sobre la retracción del sistema internacional clásico de los Estados soberanos, ambas hipótesis le abrieron espacios propicios a la cristalización de la actual y novísima Corte Penal Internacional (CPI), con sede en La Haya; que desde ya funciona compuesta de 18 magistrados a dedicación exclusiva, elegidos mediante votación secreta realizada por la Asamblea de los Estados Partes del Estatuto y quienes – a tenor de la norma convencional respectiva - reúnen aparte de las exigencias de moralidad, imparcialidad e integridad personal, "las condiciones requeridas para el ejercicio de las más altas funciones judiciales en sus respectivos países" (artículo 36 del Estatuto).

El proyecto de la CDI, como lo hemos observado, pesó en su estructura sobre el diseño final del Estatuto de Roma que rige a la Corte, pero éste creó equilibrios a los condicionamientos estatales voluntaristas y políticos que, en suma de cuentas, pudieron – con efectividad no menospreciable - haber neutralizado la actuación de esta jurisdicción internacional en cierne y que mucho hablan acerca de la dinámica adquirida por las relaciones entre el Derecho internacional y el Derecho de los Estados. Lo que es más importante, la CPI despejó desde sus inicios el lastre que pesaba sobre la transparencia y justicia de las actuaciones acometidas por sus precedentes, ora los Tribunales de Nüremberg y del Medio Oriente, ora por los más recientes de la Ex Yugoslavia y Ruanda: "La Corte – en efecto – tendrá competencia únicamente respecto de crímenes cometidos después de la entrada en vigor del... Estatuto" (artículo 11)

El catedrático español Alejandro Rodríguez Carrión, en su ensayo intitulado "Una evaluación no necesariamente crítica del Estatuto de la Corte Penal Internacional" (en la obra colectiva La criminalización de la barbarie: La Corte Penal Internacional, Madrid, Consejo General del Poder Judicial, 2000, pp. 483 y ss.), no se ahorra palabras al evaluar lo acontecido:

> "La adopción del Estatuto de la CPI, en Roma, el 17 de julio de 1998, es un dato de relevancia indiscutible para cualquier persona mínimamente preocupada por el desarrollo de valores y pautas de comportamiento general y universal... El Estatuto tiene errores y deficiencias técnicas, por supuesto, pero menores y menos inaceptables que las de la CDI (cuyo proyecto era más respetuoso con las exigencias de los Estados) ... Con ello no se entienda que la Conferencia de Roma fue una alegre e irreflexiva reunión de representantes estatales ansiosos por conseguir un golpe propagandístico de esperanza mediante la precipitada aprobación del Estatuto... El establecimiento de un nuevo órgano judicial en el escenario internacional es siempre una buena noticia jurídica y política. Los Estados se muestran reacios a la aceptación de mecanismos de arreglo pacífico, cuya solución, a más de jurídicamente obligatoria, se realiza en el seno de un órgano con la misión de aplicación imparcial del Derecho, sin la toma en consideración de elementos políticos más respetuosos con las necesidades e intereses estatales... La CPI, pese a las ilusiones y horrores que se han mostrado con algo parecido al ensañamiento, es un gran paso para la Humanidad. Y lo es por una serie de razones de simpleza casi sonrojante: en primer lugar, porque es un impulso más en la construcción de un Derecho internacional tan preocupado por satisfacer las exigencias mínimas de los Estados, sus sujetos primordiales, como por acercar las normas jurídicas a sus destinatarios reales últimos: el ser humano y la salvaguarda de sus valores esenciales".

a) Pro homine et libertatis

Al margen de esta apreciación, lo cierto es que la nueva Corte Penal Internacional, dado su carácter permanente y casi universal amén de sus competencias y las condiciones para su ejercicio, postula la inequívoca cristalización de la subjetividad jurídico internacional del individuo, con incidencias claras sobre las relaciones entre el Derecho internacional y el Derecho del Estado. Asegura, por otra parte, la realización del principio de la legalidad penal cuya falencia tanto se acuñó y criticó a propósito de las jurisdicciones penales internacionales ad hoc conocidas hasta hoy, al prescribir los artículos 22, 23 y 24 del Estatuto, como reglas, el nullum crimen sine lege, nulla poenae sine lege y la irretroactividad ratione personae.

Ello, por sí solo, si marca una verdadera inflexión en la estructura voluntarista clásica del ordenamiento jurídico internacional también eleva los valores de la persona humana y su salvaguarda situándolos, más allá de las formas y exigencias propias al Derecho internacional y al Derecho interno del Estado, en el corazón del orden mundial en emergencia o transición.

Por otra parte, le abre rendijas a la "juridificación" de las actuaciones políticas del Consejo de Seguridad de la ONU: preocupación o deseo que otrora y durante el período de entre guerras manifestara Hans Kelsen (Op.cit., pp. 177 y ss.) a propósito del debate sobre las características propias a la Sociedad de las Naciones y las que habría de tener una nueva organización intergubernamental del planeta finalizada como fuese la 2ª. Gran guerra y con vistas a la puesta en marcha del sistema de seguridad colectiva. Lo dicho resulta del mismo texto del Estatuto de la CPI, sin mengua de que el propio Consejo de Seguridad bien podría frenar, en determinados casos, la misma actuación de la Corte (Cf. artículos 2, 5.2, 13.b, 16 ejusdem), neutralizándola.

b) Contrapesos entre la jurisdicción internacional y las jurisdicciones nacionales

Es manifiesta la servidumbre o reenvío que la CPI hace en favor de las jurisdicciones nacionales de los Estados, dando la impresión de fragilidad en su fortaleza y sugiriendo que, como tal y a pesar de su saludada presencia como expresión de una más acabada institucionalidad del orden jurídico internacional, no sería otra cosa que un "juego de ilusión". Pero cabe observar, mejor aún, la existencia de un sistema de sanos contrapesos que revierte el carácter complementario de las competencias de la CPI con relación a las jurisdicciones de los Estados y que bien se aprecia de la mera lectura y concordancia de los artículos 1 y 17.1, literales a) y b) del Estatuto:

> Artículo 1. La Corte será una institución permanente, estará facultada para ejercer su jurisdicción sobre personas respecto de los crímenes más graves de trascendencia internacional [omissis] y tendrá carácter complementario de las jurisdicciones penales nacionales [omissis]".

Artículo 17.1. La Corte [omissis] resolverá la inadmisibilidad de un asunto cuando: a) El asunto sea objeto de una investigación o enjuiciamiento por un Estado [omissis] salvo que éste no esté dispuesto a llevar a cabo la investigación o el enjuiciamiento o no pueda realmente hacerlo; b) El asunto haya sido objeto de investigación por un Estado que tenga jurisdicción sobre él y éste haya decidido no incoar acción penal contra la persona de que se trate, salvo que la decisión haya obedecido a que no esté dispuesto a llevar a cabo el enjuiciamiento o no pueda realmente hacerlo; [omissis].

c) Ni plenitud institucional ni derechos plenos: Dos falencias estatutarias

Dos elementos finales, sin embargo, dejan algún sabor amargo en el análisis de las líneas maestras del Estatuto de Roma y muestran la tensión todavía en curso entre la plenitud institucional del ordenamiento jurídico internacional y las reservas que opone la soberanía del Estado, en uno y otro caso con detrimento de los derechos humanos.

Uno, la circunstancia de que se haya excluido como elemento o criterio de conexión para el establecimiento de la competencia de la Corte el supuesto en el que las víctimas sean nacionales de un Estado parte. En efecto, los artículos 12 y 13 del Estatuto prevén como condiciones previas para el ejercicio de la competencia de la Corte, que el crimen internacional se haya cometido en el territorio de un Estado parte o que los imputados de tales crímenes sean nacionales de un Estado parte. A todo evento, conforme a lo dispuesto en dichos artículos, tal carencia podría quedar solventada con una iniciativa del Consejo de Seguridad de la ONU requiriendo de la Corte su actuación con fundamento en el Título VII de la Carta de San Francisco.

Otro, la manifiesta vulneración que sufre el derecho al debido proceso en perjuicio de quien sea juzgado como criminal de guerra, dado que, de carecer éste de un defensor, la Corte se lo proveerá de modo condicional: "siempre que el interés de la justicia lo exija" (Artículo 67.1.d del Estatuto).

A manera de epílogo cabe señalar que la verdadera fisura que sufre el sistema impermeable y clásico de las soberanías estatales, por obra del Estatuto de Roma de la Corte Penal Internacional, reside en la prescripción que obliga a la Corte y por igual a las jurisdicciones penales nacionales a ejercer sus competencias plenas. Asimismo, el alegato del subordinado de haber recibido instrucciones superiores o el ejercicio de un cargo oficial (sea Jefe de Estado o de Gobierno, miembro de un gobierno o parlamento, representante elegido o funcionario público, jefe militar con relación a las fuerzas que actúan bajo su mando), no impide, incluso mediando el beneficio de las inmunidades previstas por el derecho interno o nacional para tales cargos oficiales, el juzgamiento de la responsabilidad penal internacional de dicho individuo y su consiguiente castigo. Y tampoco servirá de elemento alegable para que se pida en su favor una reducción de las penas establecidas (artículos 27, 28 y 33 ejusdem).

XXV. La democracia como derecho humano del individuo y de los pueblos

Lo cierto desde el ángulo normativo interamericano y haciendo constar que las disposiciones regionales del caso no reflejan el *status* del Derecho Internacional general, es que el Preámbulo de la Carta de la OEA reitera lo que ha sido, *lato sensu* y dentro del marco de la progresividad, principio ordenador del sistema desde su fundación: la idea de que la solidaridad americana y la buena vecindad no puede alcanzarse ni puede tener otro propósito que "consolidar en este Continente, dentro del marco de las instituciones democráticas, un régimen de libertad individual y de justicia social, fundado en el respeto de los derechos esenciales del hombre".

En otras palabras, la prédica democrática no se resolverá, en adelante, por obra del simple antagonismo o de la polaridad entre sistemas distintos como lo había sido hasta el presente: legitimidad monárquica *vs.* legitimidad republicana, democracia *vs.* totalitarismos; antes bien, la democracia habrá de ser entendida, progresivamente y hacia el futuro, como el orden o continente dentro del cual, y únicamente, es posible asegurar el respeto a los derechos esenciales del hombre, incluido su mismo derecho a la democracia, que deja de ser mera forma del Estado o su organización.

Así lo confirma, por su parte, la misma Carta en su artículo 13, al disponer lo siguiente: "Cada Estado tiene el derecho a desenvolver libre y espontáneamente su vida cultural, política y económica. En este libre desenvolvimiento el Estado respetará los derechos de la persona humana y los principios de la moral universal".

La Declaración Americana de los Derechos y Deberes del Hombre, adoptada durante dicha Conferencia, al interpretar de manera auténtica –como de suyo lo hace– a la Carta de Bogotá es consistente, pues, al respecto:

> Artículo XVIII. Los derechos del hombre están limitados por los derechos de los demás, por la seguridad de todos y por las justas exigencias del bienestar general y del desenvolvimiento democrático.

Y la Carta Democrática Interamericana de 2001, a la que nos referiremos de seguidas, prescribe en su artículo 1:

> "Los pueblos de América tienen derecho a la democracia y sus gobiernos la obligación de promoverla y defenderla".

La lectura contextual huelga. La Carta de Bogotá no deja de reiterar lo que ya era previsión indeclinable del Sistema Interamericano desde sus orígenes: el principio de la No-intervención, explicitado desde 1933 por la citada Convención sobre Derechos y Deberes de los Estados y que, en lo relativo a la cuestión que nos atañe, tiene como una de sus derivaciones la potestad de cada Estado para "organizarse como mejor lo entendiere", tal y como lo dicta el artículo 9 de la señalada Carta. Mas, el absoluto que predicaba tal disposición ahora queda sujeto no solo al clásico respeto por cada Estado del derecho igual de los otros Estados y conforme al Derecho Internacional, sino a la preservación de lo que es esencia de la solidaridad continental: "la organización política de los Estados sobre la base del ejercicio efectivo de la democracia representativa", según reza el artículo 5, literal d) *ejusdem*.

En otras palabras, dentro de la democracia y la garantía de su ejercicio efectivo, entendida en su inherente carácter representativo, cada Estado, lo repetimos, puede "organizarse como mejor lo entendiere".

La disposición más tarde incorporada a la Carta reformada de la OEA, en su artículo 2, literal b) no deja márgenes de duda en cuanto al equilibrio y límites que encuentra el principio clásico de No-intervención en su relación con la vigencia de la democracia y su preservación; en adelante propósito esencial e indiscutible del organismo hemisférico. Y, en efecto, luego de establecer en su Preámbulo igualmente reformado que "la democracia representativa es condición para la estabilidad, la paz y el desarrollo de la región", prescribe que:

> Artículo 2. La Organización, para realizar los principios en que se funda y cumplir sus obligaciones regionales de acuerdo con la Carta de las Naciones Unidas, establece los siguientes propósitos esenciales: (*omissis*) b) Promover y consolidar la democracia representativa dentro del respeto al principio de no intervención (*omissis*).

La necesidad del equilibrio crítico mencionado entre el señalado principio de No-intervención y el propósito hemisférico de promover y consolidar la democracia representativa, se entiende mejor una vez como se constata que, junto a la previsión que acerca de este último aspecto incorporara el Protocolo de Cartagena de Indias (1985), el mismo ajustó el artículo 1 de la Carta original agregando expresamente que:

> (*omissis*). La Organización de los Estados Americanos no tiene más facultades que aquellas que expresamente le confiere la presente Carta, ninguna de cuyas disposiciones la autoriza a intervenir en asuntos de la jurisdicción interna de los Estados miembros.

Y en igual línea, el Protocolo en cuestión incorporó un nuevo literal al artículo 3 de la Carta relativo a los principios, para insistir, de seguidas a la norma clásica según la cual la solidaridad de los Estados Americanos requiere de su organización política "sobre la base del ejercicio efectivo de la democracia representativa", que:

> e) Todo Estado tiene derecho a elegir, sin injerencias externas, su sistema político, económico y social, y a organizarse en la forma que más le convenga, y tiene el deber de no intervenir en los asuntos de otro Estado. (*omissis*).

No por azar y por obra del equilibrio comentado, evidentemente limitativo del absoluto soberano, la Declaración Americana reconoce como derecho de toda persona, legalmente capacitada, "participar en elecciones populares, secretas, genuinas, periódicas, libres; así como tomar parte del Gobierno, directamente o por medio de representantes" (artículo 20).

En suma de todo lo anterior, no es especulativo observar y hacer constar, a todo evento, que mal podrá entenderse el significado crítico e histórico de las previsiones de la Carta de Bogotá y de la Declaración Americana, en lo relativo al tema que nos ocupa, de no tenerse presente que surgen dentro del nuevo contexto y orden mundiales determinados por la Carta de San Francisco de 1945.

Esta, en efecto, no sólo crea a la Organización de las Naciones Unidas marcando el tránsito desde la vieja sociedad paritaria, relacional y de yuxtaposición entre Estados soberanos hacia otra de corte institucional mayor, signada por la ideas de cooperación y de progresiva centralización orgánica; antes bien, logra perfilar y definir una suerte de orden público internacional (mantenimiento de la paz y seguridad internacionales, proscripción del uso de la fuerza, protección internacional de los derechos humanos) que mal puede verse trastocado, en adelante, por el voluntarismo o los acuerdos en contrario de los Estados.

La Convención de Viena sobre Derecho de los Tratados (1969), prescribe y recuerda, en doble banda y a la sazón, que el Estado "no podrá invocar las disposiciones de su Derecho Interno como justificación del incumplimiento de un tratado" (artículo 27) y que, asimismo, "es nulo todo tratado que, en el momento de su celebración, esté en oposición con una norma imperativa de Derecho Internacional general" (artículo 53).

El Protocolo de Washington y la Resolución 1080

Entre 1987 y 1992, cuando es adoptado el Protocolo de Washington que reforma la Carta de la OEA, su Asamblea General no deja dudas en cuanto a que la democracia representativa caracteriza adecuadamente los fines y propósitos del Sistema Interamericano.

Así, en 1991, tanto el Compromiso de Santiago (*Compromiso con la democracia y renovación del Sistema Interamericano*) como la Resolución 1080 para el fortalecimiento de la democracia representativa, no sólo mantienen una particular sintonía con el objetivo institucional alcanzado. Antes bien, sus previsiones, anticipadoras de la Reforma de la Carta de la OEA que tendría lugar luego, en 1992, con el Protocolo de Washington, fueron evaluadas en los siguientes términos por el diplomático mexicano *Ismael Moreno Pino*, su severo crítico:

> Se trata, sin duda, de una resolución [la Resolución 1080-XXI-O-91 de 5 de junio de 1991] de muy particular importancia ya que es un eslabón más de la tendencia, al parecer irresistible, de encomendar a la Organización la tutela de la democracia representativa como forma de gobierno de todos y cada uno de sus Estados miembros. (*omissis*). [Junto] con el antes referido Protocolo de Washington viene a constituir un parteaguas en lo que a los objetivos y al funcionamiento de la Organización se refiere: en lo sucesivo, materias tales como la legitimidad del ejercicio del poder público o el funcionamiento de los procesos políticos internos, parecen haber sido arrancados de lo que tradicionalmente constituía el dominio reservado de los Estados, o corren al menos el riesgo de serlo.

El Compromiso de Santiago, adoptado por la Asamblea General en el día precedente en que se hiciera otro tanto con la Resolución 1080, no matiza las razones políticas ineludibles que hicieran posible el giro señalado dentro del Sistema Interamericano y a propósito de su militante defensa de la democracia representativa como "la forma de gobierno de la región". En efecto todos los Gobiernos presentes en la Asamblea habían sido "democráticamente elegidos" y tenían conciencia clara, ante el fin de la Guerra Fría, del avance cierto pero no garantizado hacia un orden mundial "más abierto y democrático", fundado en "la revitalización de la diplomacia multilateral y de las organizaciones internacionales".

La declaración realizada por los Ministros de Relaciones Exteriores y Jefes de Delegación de los Estados Americanos, por consiguiente, hizo expresa la determinación de sus gobiernos "de adoptar un conjunto de procedimientos eficaces, oportunos y expeditos para la asegurar [ya no sólo] la promoción [sino también] la defensa de la democracia representativa, de conformidad con la Carta de la OEA". No les quedaba duda, por ende, de que el instrumento jurídico fundamental del Sistema les habilitaba para una acción colectiva "eficaz y útil" en la materia.

La Declaración de Santiago, por lo demás, puso de relieve un intento germinal e inédito a fin de trascender hacia la conceptualización del modelo democrático representativo cuya defensa obligaba en su actuación al Sistema Interamericano. Así, más allá de la voluntad de "fortalecer la democracia representativa como expresión de la legítima y libre manifestación de la voluntad popular" (legitimidad formal), los Estados miembros adoptantes de la Declaración hicieron manifiesta la relación entre la democracia representativa con el deber de "intensificar la lucha solidaria y la acción cooperadora contra la pobreza crítica" y de "promover la observancia y defensa de los derechos humanos", de modo particular, la "participación política de grupos étnicos minorados o minoritarios" (legitimidad de desempeño).

Dentro de dicha línea de pensamiento y acto seguido, la Resolución 1080, una vez como predica que "la democracia representativa es condición indispensable para (...) la paz (...) de la región", despejando así cualquier duda acerca de la fuerza jurídica de la acción colectiva regional; y, en igual orden, al afirmar como necesario "darle efectiva aplicación al principio consignado en la Carta de que la solidaridad de los Estados americanos (*omissis*) requiere la organización política de los mismos sobre la base de la democracia representativa", decidió fijar un procedimiento concreto y abrirle espacio a las medidas hemisféricas necesarias para la garantía de la democracia en los Estados miembros, en los términos siguientes:

> La Asamblea General, (*omissis*), RESUELVE: 1. Instruir al Secretario General que solicite la convocación inmediata del Consejo Permanente en caso de que se produzcan hechos que ocasionen una interrupción abrupta o irregular del proceso político institucional democrático o del legítimo ejercicio del poder por un gobierno democráticamente electo en cualquiera de los Estados miembros de la Organización, para, en el marco de la Carta, examinar la situación, decidir y convocar una reunión *ad hoc* de ministros de relaciones exteriores, o un período extraordinario de la Asamblea General, todo ello dentro de un plazo de 10 días. 2. Expresar que la reunión *ad hoc* de ministros de relaciones exteriores o el período extraordinario de sesiones de la Asamblea General tenga por objeto analizar colectivamente los hechos y adoptar las decisiones que estime apropiadas, conforme a la Carta y al Derecho Internacional.

Destaca como esencial en dicha Resolución, en efecto, la atribución al órgano institucional de la OEA: su Secretario General, que no a los Estados miembros de manera individual o colectiva, de la "iniciativa" para evaluar *prima facie* la existencia o no del presupuesto normativo –interrupción abrupta o irregular del proceso político institucional democrático o del legítimo ejercicio del poder por un gobierno democráticamente electo– que hace posible la actuación colectiva del Sistema y la adopción de las medidas de reconducción pertinentes; con lo cual se fortalece, en términos jurídico normativos y políticos a la organización internacional, léase al régimen institucional por encima del régimen paritario de yuxtaposición de soberanías.

La Reforma de la Carta de la OEA mediante el Protocolo de Washington, más allá del valor prescriptivo y anticipatorio que tuvo en la materia la Convención Americana de Derechos Humanos (1969) y que expresa un Derecho Internacional particular o limitado, es el punto de inflexión cierto que cambia de raíz el equilibrio entre los regímenes orgánico e institucional y de yuxtaposición de Estados soberanos que coexisten en el Sistema Interamericano, para dar lugar a otro de carácter heterónomo y en lo relativo a la defensa de la democracia representativa.

El artículo 9 de la Carta así enmendada fija como tesis el ejercicio efectivo de la democracia como obligación jurídica internacional y no como simple condición para la participación de los Estados miembros en ciertos actos de carácter regional; afirma la interrupción de la democracia como un hecho ilícito internacional; y, en suma, declara a la democracia representativa como parte definitiva del Derecho Internacional de las Américas, dejando de ser la misma, en lo adelante, asunto de la jurisdicción exclusiva e interna de los Estados. El texto de la disposición citada es más que concluyente:

> Un miembro de la Organización cuyo gobierno democráticamente constituido sea derrocado por la fuerza podrá ser suspendido del ejercicio del derecho de participación en las sesiones de la Asamblea General, de la Reunión de Consulta, de los Consejos de la Organización y de las Conferencias Especializadas, así como de las comisiones, grupos de trabajo y demás cuerpos que se hayan creado.
>
> a) La facultad de suspensión solamente será ejercida cuando hayan sido infructuosas las gestiones diplomáticas que la Organización hubiera emprendido con el objeto de propiciar el restablecimiento de la democracia representativa en el Estado afectado.
>
> b) La decisión sobre la suspensión deberá ser adoptada en un período extraordinario de sesiones de la Asamblea General, por el voto afirmativo de los dos tercios de los Estados miembros.
>
> c) La suspensión entrará en vigor inmediatamente después de su aprobación por la Asamblea General.

d) La Organización procurará, no obstante, la medida de suspensión, emprender nuevas gestiones diplomáticas tendientes a coadyuvar al restablecimiento de la democracia representativa en el Estado miembro afectado.

e) El miembro que hubiere sido objeto de suspensión deberá continuar observando el cumplimiento de sus obligaciones con la Organización.

f) La Asamblea General podrá levantar la suspensión por decisión adoptada con la aprobación de dos tercios de los Estados miembros.

g) Las atribuciones a que se refiere este artículo se ejercerán de conformidad con la presente Carta.

El alcance de la reforma introducida por el Protocolo de Washington no puede leerse de una mejor manera que a través de la declaración que formulara México a propósito de la misma:

> [E]l Gobierno de México reitera su vocación y compromiso con la democracia dentro del más estricto apego a los principios de no intervención y autodeterminación de los pueblos"; [en cuanto, asimismo apunta que] "no es aceptable que se den al organismo regional poderes supranacionales e instrumentos de intervención en los asuntos internos de nuestros Estados"; [y en cuanto concluye que] "no es por la vía del aislamiento, suspensión o exclusión, que se puede coadyuvar a la preservación y fortalecimiento de la democracia en nuestro continente.

Los comentarios al respecto, pues, huelgan.

La Carta Democrática Interamericana

El 11 de septiembre de 2001, fecha emblemática que, en cierta forma, fijó término de un modo dramático y de manos del terrorismo internacional al tiempo clásico e internacional de los Estados soberanos, fue adoptada en la ciudad de Lima la Carta Democrática Interamericana.

Su texto, obra del consenso, codifica y es, a su vez, una interpretación auténtica de las normas convencionales y consuetudinarias que, en el marco del Derecho Internacional interamericano han determinado el progresivo y final traslado de la promoción y defensa de la democracia desde el ámbito reservado y soberano de los Estados hacia el ámbito de competencias internacional.

Dado el carácter de estos apuntes, no avanzaremos en el análisis de la naturaleza jurídica y de los efectos vinculantes del instrumento que contiene a la CDI y que, sin lugar a duda y como expresión normativa, es una clásica Resolución de la OEA, en tanto que organización internacional intergubernamental.

Bástenos señalar, sin embargo y junto a la jurisprudencia internacional contemporánea, que las resoluciones adoptadas por las organizaciones internacionales, de ordinario y en principio consideradas sin fuerza jurídica vinculante, hoy en día y según los casos poseen una fuerza prescriptiva que no admite discusión; ora porque sea cual fuere el carácter de la respectiva resolución, al ser dictada en sede de una organización internacional y en ejercicio de sus competencias normativas, han de ser acatadas, cuando menos, con fundamento en el principio de la buena fe; ora porque al ser adoptadas de conformidad a los mismos fines y principios de la Carta de la respectiva organización internacional, sus Estados miembros sí están obligados a acatarla; sea porque declaran o confirman (*opinio juris*), mediante el asentimiento unánime o claramente mayoritario de los Estados, normas consuetudinarias en vigor; sea porque desarrollan o precisan, más allá de su reiteración los principios y normas de la Carta institucional correspondiente.

La Sentencia dictada por la Corte Internacional de Justicia en el *Caso relativo a las actividades militares y paramilitares en Nicaragua y contra ella*, de 27 de junio de 1986, no deja espacio para las dudas:

> El efecto de un consentimiento en el texto de tales resoluciones –se refería la Corte a la célebre Resolución 2625 sobre los principios de Derecho Internacional concernientes a las relaciones de amistad y cooperación entre los Estados– no puede ser interpretado como una simple reiteración o una simple especificación del compromiso convencional asumido en la Carta [piénsese en la Carta de la OEA y su Protocolo de Washington]. Por el contrario, puede ser interpretado como una adhesión al valor de la regla o de la serie de reglas declaradas por la resolución y tomadas en sí misma.

La Carta, tal y como lo reconoce la novísima "Declaración de Santiago sobre la democracia y confianza ciudadana: Un nuevo compromiso de gobernabilidad para las Américas", adoptada en Asamblea General de 2003, viene a "constitu[ir] el principal referente hemisférico para la promoción y defensa de principios y valores democráticos compartidos en las Américas al inicio del siglo XXI".

Seis capítulos encierran el texto de la Carta Democrática Interamericana y dan cuenta de su contenido, que es, según lo ya dicho, una suerte de resumen de la evolución de la doctrina y de las normas sobre la democracia en el Derecho Internacional de las Américas. En orden sucesivo, la Carta se refiere y fija, en los artículos 1 a 6 de su capítulo I (*La democracia y el sistema interamericano*), el concepto de la democracia que asume como propio el Sistema Interamericano y que califica el artículo 1 – cabe repetirlo - como "derecho de los pueblos de América".

El artículo 3 de la Carta Democrática, en lo particular, define los elementos esenciales de la democracia representativa y el artículo 4 fija los componentes fundamentales de su ejercicio. No hay democracia, pues, fuera de los elementos esenciales que la definen y le otorgan su contenido; pero, como tal democracia, y de existir en sus elementos esenciales, estos y ella fallan o sufren alteraciones cuando su ejercicio no responde a los componentes señalados, a saber:

a) Elementos esenciales de la democracia representativa

(a) Respeto a los Derechos Humanos y las libertades fundamentales.

(b) Acceso al poder y su ejercicio con sujeción al Estado de Derecho.

(c) Celebración de elecciones periódicas, libres, justas y basadas en el sufragio universal y secreto como expresión de la soberanía del pueblo.

(d) Régimen plural de partidos y de organizaciones políticas.

(e) Separación e independencia de los poderes públicos.

b) Componentes fundamentales del ejercicio de la democracia

(a) Transparencia de las actividades gubernamentales.

(b) Probidad de los Gobiernos.

(c) Responsabilidad de los gobernantes en la gestión pública.

(d) Respeto a los derechos sociales.

(e) Libertad de expresión y de prensa.

El aparte *in fine* del artículo 4, referido a los componentes del ejercicio democrático, agrega otros, pero al señalarlos como igualmente fundamentales indica que lo son "para la democracia"; de donde podría colegirse que los mismos pueden tomarse, ora como elementos definitorios de la democracia, de su estructura y contenido, ora como componentes de su ejercicio efectivo, a saber:

(a) La subordinación constitucional de todas las instituciones del Estado a la autoridad civil legalmente constituida.

(b) Respeto al Estado de Derecho de todas las entidades y sectores de la sociedad.

c) *Democracia, Derechos Humanos y combate de la pobreza*

En el capítulo II (*La democracia y los derechos humanos*), que corre desde los artículos 7 a 10 *ejusdem*, la Carta ratifica el carácter que tiene el respeto a los Derechos Humanos y a las libertades fundamentales como elemento esencial de la democracia; y hace constar el *locus standi* del que gozan de manera directa e inmediata los individuos, en el plano internacional, para lograr el amparo directo e inmediato de sus derechos más allá de la personalidad clásica y envolvente de los Estados.

Los artículos 11 a 16 que hacen parte del capítulo III (*Democracia, desarrollo integral y combate a la pobreza*), fijan, de manera prescriptiva, la interdependencia entre la democracia y su ejercicio con el desarrollo económico y social, considerando dentro de dicho espectro la incidencia de la democracia en la conservación del ambiente y el papel clave que juega la educación en la lucha para la superación de la pobreza y la exclusión, por ende, en el fortalecimiento de las instituciones democráticas.

d) Hipótesis para la aplicación de la Carta

El capítulo IV (*Fortalecimiento y preservación de la institucionalidad democrática*) desarrolla cuidadosamente, desde el artículo 17 hasta el artículo 22, los medios y procedimientos dispuestos por la Carta a objeto de que el Sistema Interamericano cumpla –en distintos grados y niveles, frente a las diversas hipótesis posibles y a través de sus órganos o mecanismos de acción colectiva– sus tareas ora de asistencia, ora de preservación, sea de normalización o sea de restablecimiento de la institucionalidad democrática.

La primera hipótesis es la del Estado, en el que se encuentra bajo "riesgo su proceso político institucional o su legítimo ejercicio del poder". Se trata, a primera vista, de circunstancias que, de no ser contenidas a tiempo, podrían derivar tanto en una inhibición práctica de la experiencia democrática como su eventual fractura. El juicio de valor, por ende, corresponde al propio Estado y sólo él puede medir la necesidad de la "asistencia para el fortalecimiento y preservación de la institucionalidad democrática"; para lo cual puede recurrir su respectivo Gobierno sea al Secretario General, sea directamente al Consejo Permanente.

La segunda hipótesis hace referencia a las "situaciones que pudieran afectar el desarrollo del proceso político institucional democrático o el legítimo ejercicio del poder". En otras palabras, se estarían dando circunstancias que, sin estar atadas a una probable o eventual alteración o ruptura del ordenamiento constitucional y de la democracia, dificultan su desempeño, su ejercicio efectivo. En cuyo caso, el Secretario General o el Consejo Permanente, en conocimiento de cómo se encuentren de dichas situaciones, sea cual fuere la vía de su conocimiento, pueden disponer de "visitas y otras gestiones" en y ante el Estado concernido y previa la autorización de su Gobierno.

De acuerdo a las resultas de la "apreciación colectiva" de la situación del caso, el Consejo Permanente "podrá adoptar decisiones dirigidas [bien] a la preservación de la institucionalidad democrática [afectada, o bien] a su fortalecimiento".

La tercera hipótesis se da ante la llamada "alteración del orden constitucional que afecte gravemente [el] orden democrático". Se supone, en efecto, la presencia de un Estado democrático cuyo ordenamiento responde, en el plano formal, a los elementos esenciales de la democracia representativa, pero que, en la práctica, son abiertamente desconocidos o despreciados; se produce, en efecto, la falencia plena del ejercicio democrático aun cuando el Gobierno señalado predique mantenerse dentro de sus cánones.

Ante las "alteraciones del orden constitucional", cualquier Estado miembro o el Secretario General pueden tomar la iniciativa de la convocatoria, con la urgencia del caso, del Consejo Permanente, quien realiza sin más una apreciación colectiva de la situación y "puede adoptar las decisiones que estime convenientes".

Las mismas, de suyo, no podrán ser otras y en la instancia del Consejo Permanente que las diplomáticas, entre otras los "buenos oficios" ante el Estado y Gobierno denunciados "para promover la normalización de la institucionalidad democrática". Y, de ser infructuosas dichas gestiones, la Asamblea General podrá adoptar "las decisiones que estime apropiadas" y que, conforme a lo dispuesto en los artículos 19 y 20 de la Carta pueden, según los casos y no necesariamente de forma progresiva, jugar con opciones varias:

(a) Reiteración en las gestiones diplomáticas.

(b) Otras medidas pertinentes que puedan derivarse de la Carta de la OEA, de la propia Carta Democrática Interamericana, o del Derecho Internacional en general.

(c) Suspensión al Estado de su derecho de participación en la OEA.

En la cuarta y última hipótesis, constitutiva de la clásica "ruptura del orden democrático" y que, a tenor de la misma Carta Democrática Interamericana ahora podría involucrar tanto el llamado *coup d'État* tradicional como la ruptura por el Estado o Gobierno concernidos con los elementos esenciales de la democracia representativa, procede la actuación inmediata y sin solución de continuidad de la Asamblea General de la OEA. Ésta, sin perjuicio de cualquier gestión diplomática en curso e infructuosa, "tomará la decisión de suspender a dicho Estado Miembro del ejercicio de su derecho de participación en la OEA [con efectos inmediatos y] con el voto afirmativo de los dos tercios de los Estados Miembros".

La pérdida, por un Estado miembro de la OEA, de su derecho de participar en las distintas instancias –sesiones de la Asamblea General, de la Reunión de Consulta, de los Consejos de la Organización y de las conferencias especializadas, de las comisiones, grupos de trabajo y demás órganos de la organización– del Sistema Interamericano, en modo alguno constituye una liberalidad. En otras palabras, a tenor de la misma CDI, cuando un Gobierno decide ponerse de espaldas a la democracia representativa y su ejercicio, pierde sus derechos pero nunca queda liberado de sus deberes para el Sistema, quien le exigirá en todo momento y circunstancias su debido cumplimiento.

Así lo predica, de un modo concluyente, el artículo 21 *ejusdem* al disponer que "el Estado Miembro (...) deberá continuar observando el cumplimiento de sus obligaciones como miembro de la Organización, en particular en materia de derechos humanos"; por algo que, en el estado actual de desarrollo del Derecho Internacional contemporáneo, es incontrovertible: Los Derechos Humanos, en tanto que elementos esenciales de la democracia y ésta, por indispensable para el ejercicio efectivo de los primeros, hacen parte del orden público internacional y de él derivan obligaciones de *ius cogens* con efectos *erga omnes*, que tocan a la comunidad internacional en su conjunto y que ésta asegura de manera colectiva y con apego a los tratados internacionales en vigor.

e) La observación electoral

Finalmente, los capítulos V (*La democracia y las misiones de observación electoral*), artículos 23 a 25, y VI (*Promoción de la cultura democrática*), artículos 26 a 28 de la Carta Democrática Interamericana, disponen lo necesario para que tanto los Estados miembros como la OEA, dentro del marco de sus respectivas competencias y responsabilidades, hagan lo necesario para la realización y garantía de "procesos electorales libres y justos" y para la creación, con apoyo de la sociedad civil, de las condiciones y de las prácticas necesarias para alcanzar la gobernabilidad democrática.

XXVI. La Humanidad como sujeto y su patrimonio común

Sobre la cuestión señalada, la de la Humanidad, sujeto del Derecho internacional y síntesis del género humano que adquiere relevancia como categoría y potencial sujeto, dado lo antes explicado, cabe aproximarse con prudencia y con base en algunos elementos de juicio que aporten luces sobre una materia en rápida gestación, llena de legítima utopía y capaz de subvertir el orden de todo lo conocido; pero no por ello ajena al mundo del Derecho internacional: cuando menos para el Derecho que algunos concebimos como algo más que una síntesis entre lo probable y lo posible, antes bien como un proceso vivo que no se hereda sino que se conquista en el camino hacia perfectibilidad.

La noción misma de Humanidad: ¿es una simple categoría moral, expresión totalizante del género humano a la manera de una sociedad civil universal, o bien es un nuevo estadio, en vías de personalización y como parte de las formas subsidiarias de organización política que se da la misma sociedad civil para su efectiva inserción en los espacios que desbordan a lo nacional o doméstico?

La reflexión no parece ociosa.

La Humanidad como categoría ordenadora vendría a ser la cristalización eminente de la fraternidad. Además, por constituir una suerte de resumen de los deberes de solidaridad del hombre y de todos los hombres, de suyo es la que mejor expresa la personalización de éste y la de todos y, por ende, la que actúa como elemento regenerador de la espiritualidad del orden existente en unión de todas sus expresiones institucionales.

Así las cosas, si la Humanidad es o llega a ser para las relaciones internacionales – en lo social y en el plano de lo normativo – objeto e incluso sujeto de las mismas, lo que sí no puede olvidarse es que aquella, por su naturaleza, dada su connotación ideológica en el mismo ámbito de la lengua y como novísimo presupuesto formal o categoría del orden jurídico mundial que se nos anuncia, siempre aludirá a la condición o naturaleza humana: la que es y la debe ser.

Hombre y Humanidad expresan los extremos o caras de una misma realidad: la persona humana. Ésta es plenitud en su esencia natural y también carencia permanente, que busca colmarse, según lo observamos, en la idea de la perfectibilidad. Por lo mismo, la Humanidad sugiere la idea de un hombre necesitado de la alteridad y de su constante justificación en los otros y ante los otros, para junto a los otros y con los otros transitar desde su relatividad hacia lo que es el alfa y omega de cualquier existencia humana.

No podríamos obviar, en todo caso, que Emer de Vatell, en la edición de su obra *Le droit des gens ou principes de la loi naturelle* (Leiden, Tome premier, 1758), ya se había referido a la "sociedad universal del género humano ... es una consecuencia necesaria de la naturaleza del hombre, [y que] todos en cualquier estado que se hallen están obligados á cultivarla y á cumplir con sus deberes". En esta línea de aproximación se inscriben, a nuestro entender, las prescripciones de la Carta de San Francisco (1945) y de la Declaración de Estocolmo sobre el Medio Ambiente (1972) cuando se refieren en sus Preámbulos respectivos al "bien de la Humanidad".

La Declaración Universal de Derechos del Hombre (1948), por su parte, antes de mencionar los "actos de barbarie ultrajantes para la conciencia de la Humanidad" cita a la "familia humana" cuyos miembros poseen derechos iguales e inalienables. El Convenio de La Haya sobre las leyes y costumbres de la guerra terrestre ya mencionaba como soporte de sus mandamientos, para 1899, "los intereses de la Humanidad".

Lo interesante, en orden al punto que nos ocupa, es cuanto abona *P-M. Dupuy* al comentar que entiende a la Humanidad, sí, como una manera de percibir al conjunto de la población humana; pero, agrega, que la Humanidad es parte de la sucesión de etapas que en su desarrollo institucional coexisten y se sobreponen en el nivel planetario: una, la sociedad internacional, en la que interactúan estados soberanos asidos a sus propios intereses; la comunidad internacional, que traspasa idea unitaria y envolvente del Estado para descubrir, más allá de éste, identidad de intereses entre los distintos pueblos que hacen parte de la gran red mundial de las naciones; y, finalmente, la Humanidad, que *"si elle désigne, comme la communauté, la solidarité des peuples en dépit de la persistance des identités et des rivalités étatiques, elle y ajoute une dimensión transtemporelle, en englobant les générationes passées, présentes, mais aussi futures"*.

Ahora bien, admitido lo anterior quedaría pendiente de saber si la Humanidad, en tanto que referencia obligada para la renovación del ordenamiento jurídico internacional de nuestros días, ha adquirido o puede adquirir su propia personalidad moral; o, en vía no antagónica, asumir como suya la personalidad e identidad de cada persona humana, cuando a propósito de sus derechos fundamentales actúa o pretende desde los ángulos de la alteridad, de la sociabilidad necesaria, o en defensa de los derechos colectivos o intereses difusos cuyo menosprecio puede socavar las bases de sus derechos primarios o secundarios.

Carrillo-Salcedo, sin dejar de advertir que la noción de referencia, la de Humanidad, es prueba de la tendencia humanizadora que vive el Derecho internacional y al afirmar, seguidamente, que aquella *"commence à trouver place, ancore imprecise, dans le domaine du droit"*, observa, en cuanto a la Humanidad –comunidad humana única en la afirmación de P.M Dupuy– y a su pretendido patrimonio común, el carácter todavía incierto de éste y la falta de personalidad jurídica de la primera; lo que le impediría hacer valer por sí misma sus comentados y alegados derechos. Pero, admitido por el mismo Carrillo que la Humanidad es una suerte de "mito profético" y, reconocido por él que *"la communauté internationale s'efforce de développer les implications juridiques, à la fois normatives et institutionelles, de la notion d'humanité en droit international"*, no es sacrílego reconvenirlo parcialmente en sus tajantes afirmaciones.

No podemos dejar de plantearnos –sin admitirla sin más– la hipótesis de una Humanidad que, siendo expresión totalizadora del género humano, bien asemeje a una suerte de sociedad civil universal, quizá incapaz de ser sujeto de Derecho por carente de politización. Sería ésta, sin lugar a duda, una reflexión muy cara a las tesis que sitúan a la sociedad civil en un plano ora inferior ora yuxtapuesto al del Estado o al de las organizaciones intergubernamentales, correspondiéndole a aquel o su colectivo, por ser –como lo diría Hegel- la expresión acabada de la organización política, la capacidad plena para adquirir derechos y obligaciones en nombre y por cuenta de aquella.

Pero la tesis de marras, sin embargo, mal se colige con el fundamento humanizador citado por el mismo Carrillo y con la cultura de los derechos humanos dominante en el presente, por admitirse que éstos son anteriores y superiores a la misma sociedad política. Y aun aceptando que la señalada reflexión acerca de la actuante impersonalidad de la Humanidad tenga todavía alguna validez, lo que si no cabe negar es que existe un proceso perceptible de emancipación paulatina dentro de la sociedad civil –nacional y universal– hasta un punto tal que, por obra y razón de la misma sociedad civil y de las tendencias mundiales hacia la globalización, tiene lugar un severo cuestionamiento integral de la experiencia pública, estatal, internacional y democrática moderna, cuando menos dentro orbe de Occidente.

Por lo pronto, entonces, lo único que podemos señalar a la altura de la evolución alcanzada por la materia en cuestión es que si individuo y Humanidad son en efecto dimensiones de una misma realidad: la de la persona humana, nada se opone a que ésta ejerza directamente y por cuenta de aquella los derechos e intereses colectivos que son propios al género humano. No nos dejaríamos provocar, por cierto, por las tesis sedicentes que acusan de disparate a los llamados derechos colectivos: que, como nos lo recuerda López Calera, "son derechos cuyo titular no es el individuo, un sujeto individual, sino un grupo o conjunto de individuos". Tal proposición exigiría, por ende, tener presente que la naturaleza y el alcance de las pretensiones y satisfacciones obtenidas por la persona humana en ejercicio de una acción reivindicativa en nombre y por cuenta de la Humanidad, sean consistentes con la preservación y salvaguarda de derechos totalizantes, por pertenecer éstos a aquella –la Humanidad- en tanto que expresión síntesis del género humano.

Sea lo que fuere, existe una diversidad de aproximaciones o descripciones normativas incluso ambiguas, difusas, tímidas, e incluso regresivas que constan en las distintas declaraciones y tratados internacionales relacionados con el patrimonio de la denominada Humanidad (V.gr. unos citan el interés común de la Humanidad, en tanto que otros a los derechos pertenecientes a toda la Humanidad; a la incumbencia de toda la Humanidad; al patrimonio natural; al patrimonio universal; a los bienes que presentan interés como elementos del patrimonio mundial de la Humanidad; al bien común de la Humanidad; o, en fin, al mismo patrimonio común de la Humanidad, etc.). Además, como puede constatarse, a manera de ejemplos, en el Tratado de Christiana de 1912, el Tratado de la Artártida, el Tratado sobre el espacio ultraterrestre de 1967, hasta llegar a la Convención de Montego Bay sobre Derecho del Mar de 1982, se refieren hipótesis "garantistas" igualmente diversas que dicen sobre: La apertura de dichos espacios a las iniciativas de "los súbditos de cualquier Estado"; la prohibición de su reivindicación por cualquier Estado o por cualquiera persona natural o jurídica; su carácter inalienable; su evidente disposición para los fines de la paz (neutralidad) o del desarrollo. Y, en cuanto a los beneficios o las afectaciones de tales derechos o intereses por obra de su explotación, las normas de referencia unas veces consideran, según lo dicho, la libertad de iniciativa económica y científica de los súbditos; otras hablan de su directa correspondencia con la Humanidad, o citan la especial atención que se debe a los Estados en desarrollo o a los pueblos sin autonomía o el beneficio, sin distinciones, en favor de los Estados pero en razón del "mejoramiento del género humano". Incluso, como fórmula terminal, otras normas predican la conservación y posterior trasmisión del susodicho patrimonio a las generaciones futuras.

En resumen, determinar los efectos jurídicos del reconocimiento internacional de la Humanidad y la consiguiente garantía de un derecho humano a un patrimonio jurídico de la Humanidad, exigirá siempre purgar cuidadosamente el sentido matriz que, con el curso del tiempo, el Derecho internacional le viene otorgando a la noción de Humanidad: "que es comunidad y universalidad en la práctica de la solidaridad entre los hombres". De ser así, su potencial patrimonio o derechos, a ser internacionalmente garantizados, por ser común, en la perspectiva de una noción que es muy antigua como la de la comunidad patrimonial, a) expresaría una suma de derechos correspondientes a distintos sujetos o partes; b) tal patrimonio común, por referirse a la Humanidad, le pertenecería sólo a ella en calidad unipersonal e impersonal como sujeto síntesis dentro del ordenamiento actual; c) perteneciéndole a la Humanidad el susodicho patrimonio común, que por ser *res communis* de suyo no pertenece a nadie en lo particular, bien podría ser capaz de usarlo o de gozarlo en beneficio propio o de terceros; y d) como tal sujeto hipotético de Derecho, la Humanidad debería ser capaz, entonces, de ejercer pretensiones pero también de asumir las cargas y las responsabilidades de las primeras.

La doctrina predica (Sompong Sucharitkul, "Evolution continue d'une notion nouevelle le patrimoine commun de l'Humanité", Golden Gate University School of Law, 2007), al respecto, que luego de que la Humanidad como "institución" logre "adaptarse y establecer un equilibrio entre intereses múltiples" necesariamente, por lo pronto enuncia como haberes del patrimonio común los siguientes:

> el universo, el cosmos, el sol, la luna, las estrellas y demás cuerpos celestes, los espacios atmosféricos superiores en torno a la tierra, los territorios de las regiones polares, los fondos marinos más allá de la jurisdicción nacional y las zonas de alta mar y el espacio aéreo sobre las mismas. A este patrimonio celeste y terrestre se añade el patrimonio espiritual consistente en los derechos humanos fundamentales y en todos los derechos humanitarios que pueden invocarse, así como el patrimonio cultural formado por la propiedad intelectual e industrial y algunos bienes culturales que son el testimonio de la historia de la civilización.

De manera puntual, cabe decir que, así como la Unión Internacional de Telecomunicaciones oblicuamente declara como parte de tal patrimonio a las frecuencias o llamado espectro radio eléctrico y la órbita de los satélites geoestacionarios por ser "recursos naturales limitados que deben utilizarse en forma eficaz y económica, ..., para permitir el acceso equitativo a esta órbita y a esas frecuencias a los diferentes países o grupos de países" (Convenio Internacional de Telecomunicaciones, Torremolinos, 1973), la UNESCO de ordinario lo hace con sus declaraciones sobre el patrimonio cultural y natural del mundo (Convención sobre la protección del patrimonio mundial, cultural y natural, 1972) y el llamado patrimonio inmaterial (Convención para la salvaguardia del patrimonio cultural inmaterial, 2003). Pero en el caso de estos, si bien, en la parte preambular de la primera convención citada se refiere que "el deterioro o la desaparición de un bien del patrimonio cultural y natural constituye un empobrecimiento nefasto del patrimonio de todos los pueblos del mundo" y, en la segunda, se dice sobre "la voluntad universal y la preocupación común de salvaguardar el patrimonio cultural inmaterial de la humanidad", en las prescripciones correspondientes se afirma la patrimonialidad del Estado o los grupos e individuos. En aquel, es obligación del Estado dentro del cual reside o se encuentra localizado tal patrimonio cultural o natural de protegerlo, y dado el caso pedir la cooperación internacional necesaria. De modo particular, en este, se recuerda que son parte de la cultura inmaterial "los usos, representaciones, expresiones, conocimientos y técnicas -los instrumentos, objetos, artefactos y espacios culturales que les son inherentes- que las comunidades, los grupos y en algunos casos los individuos reconozcan como parte integrante de su patrimonio cultural". De modo que, más allá de establecerse un régimen mundial y normativo de protección, en modo alguno, como se aprecia, implica ello un desplazamiento patrimonial de tales bienes desde los Estados o los individuos hacia la Humanidad.

RELACIONES ENTRE EL DERECHO INTERNACIONAL Y EL DERECHO INTERNO DE LOS ESTADOS. EL CONTROL DE CONVENCIONALIDAD.

CUARTA PARTE

XXVII. Relación funcional y adecuación del orden estatal al orden internacional en transición y viceversa

Debido a la *pacta sunt servanda*, que en la opinión de *Anzilotti* (*Cours de droit international*, [1929], París, Panthéon Assas, rééd. 1999) es el principio normativo –metajurídico, axiomático y sobre todo fundamental– sobre el que reposa el orden jurídico internacional y que, de modo particular, explica la fuerza obligatoria del derecho internacional general (léase costumbre internacional) y de los tratados, los Estados deben ejecutar de buena fe los compromisos que hayan adquirido conforme a los mismos.

Sin embargo, la aplicación o eficacia y el consiguiente cumplimiento de las prescripciones dispuestas por las normas jurídicas internacionales, sea para la emergencia o formulación de otras normas equivalentes, sea para la realización material de sus contenidos, de ordinario reposa en manos de los propios Estados. En consecuencia, se plantea una situación que ha sido objeto de un amplio debate teórico superado por la ciencia del Derecho internacional y que puede resumirse de la siguiente manera: El ordenamiento internacional no se cumple en lo abstracto y sobre ámbitos de validez indeterminados, distintos de aquellos sobre los cuales ejercen su jurisdicción soberana los Estados.

Téngase presente que, si cierto es que en sus orígenes el Derecho internacional contaba con áreas de competencia muy residuales y estrictamente vinculadas a las relaciones entre los Estados, en la actualidad no pocas materias que han sido propias del llamado "dominio reservado" estatal son compartidas o se han desplazado hacia la esfera de competencia del Derecho internacional.

Asimismo, los Estados, quienes son los sujetos por excelencia del Derecho de la comunidad internacional, tanto en lo interno como en lo internacional actúan por medio de sus distintos órganos (legislativo, ejecutivo y judicial) a los fines de dar cumplimiento y de servir adecuadamente las obligaciones que han contraído frente a los otros Estados o ante la señalada comunidad internacional en su conjunto.

Todo Estado, al proceder como tal en ejercicio de su soberanía y, admitido su "desdoblamiento funcional": que le lleva a realizar como propias competencias internacionales en virtud de las carencias orgánicas que aún acusa la comunidad internacional, igualmente, al actuar en calidad de ente responsable de la aplicación descentralizada del Derecho internacional dentro de su propia jurisdicción, permanece atado a las disposiciones de su Derecho; y a la vez, por las razones anotadas, mal puede hacer abstracción de los pactos o acuerdos internacionales que le vinculan, alegando la eventual incompatibilidad entre las normas de éstos y aquéllas que hacen parte de su propia legislación.

"La eficacia real [del Derecho internacional, lo dice bien *Justo Pastor Ruidruejo* en su *Curso de derecho internacional público y organizaciones internacionales*, publicado por Tecnos en Madrid, en 2001] (...) depende en muy amplia medida de la fidelidad con que los Derechos nacionales se conformen a las normas internacionales y les den efecto".

Al expresar su consentimiento para obligarse jurídicamente dentro de la comunidad internacional, el Estado ordinariamente lo hace dentro de los límites establecidos por su Constitución y a través de los órganos que ésta señala como responsables para el manejo de sus relaciones internacionales o el cumplimiento de las prescripciones establecidas por el

Derecho internacional. Luego, una vez contraídas las respectivas obligaciones internacionales, cada Estado parte debe servir lo pactado y realizarlo según lo previsto v.g. en el tratado o acuerdo internacional en cuestión, cuyas consecuencias prácticas no sólo se proyectan hacia el ámbito internacional de validez correspondiente, sino que, regularmente, inciden con sus mandatos en el propio ámbito espacial interno de cada Estado, de ordinario sujeto a las reglas del Derecho nacional.

Al margen de las especulaciones teóricas, pues, la relación entre uno y otro ordenamiento: el interno de cada Estado y el internacional es inevitable y antes bien se presenta como necesaria, por lo mismo generadora de eventuales conflictos y de antagonismos que reclaman ser resueltos de manera satisfactoria y funcional apelando a mecanismos de jerarquización o de complementariedad internormativas, entre otros.

Se plantea como exigencia indispensable, entonces, la relación, coordinación, integración, adecuación o sincronía entre los dictados del Derecho internacional y los del Derecho interno de cada Estado, en virtud, como lo apunta *Julio González* Campos (*Curso de derecho internacional público*, Madrid, Civitas,2002), del principio "de la coherencia en la actividad jurídica y el comportamiento del Estado en una y otra esfera" de su actividad: los Estados son autores del ordenamiento internacional y mediante el concurso de sus soberanías han hecho válidas sus prescripciones; a su vez, son creadores de sus propios Derechos internos.

Guy Isaac (*Manual de derecho comunitario general*, Barcelona, Ariel, 1985), quien fuera Rector de la Universidad de Toulouse, observa en tal orden que "el derecho internacional no regula, por él mismo, las condiciones en las cuales las normas contenidas en los tratados deben integrarse en el orden jurídico de los Estados para ser aplicadas allí por sus órganos (...); deja esa materia en manos de cada Estado que la regula, por lo tanto, soberanamente, en función de la concepción de las relaciones entre el Derecho internacional y el derecho interno a la que se sume".

El asunto en cuestión y sus soluciones doctrinales conocidas no resuelven, sin embargo, la mayor complejidad que adquiere esta materia dentro de la comunidad internacional contemporánea, caracterizada por la pluralidad de los ordenamientos jurídicos necesitados de interrelación y/o jerarquización a nivel global: el Derecho internacional (los tratados, la costumbre internacional, los principios generales de Derecho), los Derechos internos de los Estados, el Derecho interno de las organizaciones internacionales intergubernamentales, el Derecho comunitario o de la integración e inclusive la llamada *lex mercatoria*: constituida por las reglas privadas que aplican, con real efectividad y a nivel transnacional, los operadores económicos, comerciales y financieros.

Todavía más. En el ámbito de lo social e internacional que sirve de insumo a las distintas descripciones normativas y sistemáticas enunciadas, se advierten, más allá de éstas, los signos característicos propulsores de un nuevo tiempo jurídico que mal puede dejar de mencionarse, cuando menos.

Luigi Ferrajoli, teórico florentino del Derecho y estudioso como el que más del Derecho de los derechos humanos destaca (*Razones jurídicas del pacifismo*, Madrid, Editorial Trotta, 2004) la emergencia factual y corriente, en esta hora de globalización, de "instancias de autonomía política fundadas en reivindicaciones localistas y comunitarias nacionalistas, étnicas o religiosas, entendidas como factores de identidad cultural". Y advierte que lo común a una u otra tendencia, sea la globalizadora, sea la que multiplica los localismos, es la "crisis del Estado nacional", por ende, la advertida fragilidad de sus rieles de transmisión: los poderes públicos centrales, los partidos políticos, y la misma idea de la soberanía.

Demasiado grande y complejo sería el Estado, afirma dicho autor, como para ocuparse y entender la vida y los problemas del hombre y de la mujer comunes: quienes hoy vuelven de regreso hacia sus "patrias de campanario", según la lúcida y muy añeja expresión de Miguel de Unamuno (*La dignidad humana*, Madrid, Espasa-Calpe, 1967). En contrapartida, dicho Estado se mostraría débil e ineficaz como nunca antes para su más elemental cometido: el mantenimiento del orden dentro del Derecho, que no sea apelando a la resurrección de los autoritarismos.

La consecuencia no sería otra para Ferrajoli que "la superación de las soberanías a través de la refundación del sistema de fuentes y de la dislocación (también) al plano internacional de las instancias tradicionalmente estatales de garantías constitucionales".

Mas lo válido y permanente sin mengua de la acusada transición estructural y como podrá observarse sigue siendo la idea de subsidiariedad, por consustancial a la vocación natural de los hombres. Ella, como lo creemos, rige como una suerte de vector de las distintas formas sociales, políticas y jurídicas que éstos – los mismos hombres– se dan – llámenseles o no Estados, llámesele o no al orden normativo precedente o al sucedáneo o al "orden público" en cierne: internacional, global o mundial – hasta que logran en plenitud la alteridad que les es inherente y acceden desde la unicidad de la persona hacia el plano final de su unidad dentro del género: léase Humanidad.

Así que, ante el aparente absurdo que puedan sugerir órdenes sociales y normativos que coexisten en diversidad – como el internacional en medio su complejidad normativa creciente y los nacionales o estaduales – y que han de interactuar o integrarse funcionalmente guiados por la idea mencionada de la subsidiariedad, lo que si cabe como premisa es la irrazonabilidad, en la transición, de un vaciamiento pretendido o la simple servidumbre de un orden en beneficio del otro.

En todo caso, hecha esta salvedad, veamos lo que nos dice con sus limitaciones la doctrina tradicional en lo relativo a las relaciones entre el Derecho internacional y el Derecho interno del Estado.

XXVIII. Aproximaciones doctrinales y normativas

Monismo, dualismo y eclepticismo

En la vieja línea de argumentación doctrinal se sitúa el célebre debate entre los autores monistas y dualistas: éstos, sosteniendo desde finales del siglo XIX e inicios del siglo XX y bajo la inspiración de Triepel como del mismo Anzilotti la neta separación y autonomía de los dos sistemas normativos, el internacional y el interno, dadas sus diferencias en cuanto a las fuentes normativas, a sus sujetos o destinatarios, a sus garantías y al contenido mismo de las respectivas disposiciones; aquellos, por el contrario, afirmando durante el siglo XX y junto a Hans Kelsen y George Scelle el principio de la unidad o bien de la coexistencia funcional – según la versión ecléctica – de los dos sistemas jurídicos mencionados o, en los términos de Adolfo Maresca (*Il diritto dei trattati*, Giuffré Editore, Milano, 1971), del *reenvío* o remisión que uno de tales sistemas puede efectuar hacia el otro en modo de solventar sus recíprocas oposiciones normativas.

Los dualistas reparan, justamente, en un dato inequívoco: el distinto proceso de formación de las normas internacionales en su relación con las normas del Derecho interno o nacional. Las primeras se originan en la autonomía, es decir, en el consenso recíproco de las soberanías estatales, en tanto que las segundas, antes bien, tienen un carácter heterónomo o autoritario, ya que nacen de la voluntad unilateral del Estado. Aquéllas, además, tienen como destinatarios de sus prescripciones a los mismos Estados y como objeto las relaciones entre éstos; en tanto que las últimas sujetan a los individuos regulándoles en sus relaciones recíprocas y en sus relaciones con el Estado a cuya jurisdicción soberana se encuentren sometidos.

Tras la filosofía dualista reside como idea dominante la soberanía del Estado y su impermeabilidad, lo cual es comprensible. Sus progenitores fueron testigos de una realidad distinta de la que conocemos, entonces caracterizada por la yuxtaposición de soberanías dentro de un régimen internacional simplificado, netamente relacional, sin sujeciones o ataduras de ninguna especie.

Por ende, la norma de Derecho internacional mal puede antagonizar con la norma de Derecho interno, pues la primera obliga a los Estados en sus relaciones recíprocas y más allá de sus respectivas jurisdicciones nacionales; en tanto que, dentro del orden interno, los órganos del Estado se limitan a cumplir y aplicar las normas emanadas de su propia legislación. Y para que una norma internacional pueda aplicarse dentro del orden interno de cada Estado, a luz de esta óptica resulta natural su previa transformación en norma de Derecho interno.

Si hacemos de lado la tesis sociológica de *Scelle*, que predica el monismo jurídico como consecuencia del monismo "intersocial": pues todo ordenamiento jurídico se explicaría "en" y tendría como destinatario final el ser humano, cabe decir que el monismo normativista sostiene, por su parte, la unidad e integralidad de todo el ordenamiento jurídico y la aplicabilidad directa del Derecho internacional dentro del Derecho interno. Ambos Derechos, dentro de esta perspectiva, se encuentran compenetrados e interconectados, ya que la obligatoriedad y validez de toda norma jurídica depende o está sujeta a su validación por otras normas superiores o de mayor jerarquía, dentro de una cadena o pirámide en cuyo extremo o vértice estaría situada la llamada "norma fundamental" o de base.

No debe olvidarse que, sin perjuicio de su origen teórico y de su naturaleza metodológica, la "norma fundamental" fue ubicada inicialmente por Kelsen dentro del Derecho interno del Estado, en virtud de las mismas razones históricas que tanto influyeran en Triepel y su dualismo.

Antes de las grandes guerras del siglo XX, en efecto, al construir su teoría sobre la norma fundamental (*grundnorm*) y sostener con ella la unidad sistemática del Derecho, afirmó el padre de la Teoría Pura que el vértice de la pirámide normativa se encontraba situado en el Derecho interno de cada Estado, para sugerir o indicar que en los actos concurrentes de distintas soberanías estatales encontraba su fundamento originario el Derecho internacional o de gentes.

Luego de las conflagraciones mencionadas como de las elaboraciones de los miembros de la Escuela de Viena con Verdross a la cabeza, sucedido el Holocausto como elemento sociológico determinante de la estimativa o de los fundamentos ideológicos del Nuevo Orden que quedaría inscrito en la Carta de San Francisco, adoptada en 1945, no tuvo reservas Kelsen para producir un cambio de enfoque y declarar que la *grundnorm* se situaba, en lo adelante, en el Derecho internacional: fuente de validez, por lo mismo, de todo el orden normativo subsidiario, es decir, del mismo Derecho interno de los Estados y de sus llamadas –en lo sucesivo– esferas de competencia.

De un monismo con primacía del orden interno pasa Kelsen a defender un monismo con primacía del Derecho internacional, en virtud del tránsito que apreció desde la conocida sociedad internacional de coexistencia entre soberanías paritarias hacia otra de carácter institucional, afincada sobre la idea de la permeabilidad de las soberanías frente al *orden público internacional* emergente y a la garantía multilateral de los derechos humanos.

La comunidad internacional previa al mundo de las Guerras Mundiales y nacida de la Paz de Westfalia en 1648, era, lo repetimos, de base esencialmente relacional.

El Estado y su soberanía en acción determinaban el curso del entendimiento jurídico. De allí que, partiéndose de tal primitivismo estructural y de la descentralización plena en el ejercicio del poder punitivo, la responsabilidad internacional por acciones u omisiones contrarias a lo pactado entre los Estados fuese entendida y reclamada como colectiva; en tanto que la seguridad del orden constituía problema de cada Estado y a ella había de proveer cada uno de ellos libremente, de manera individual y según las formas que juzgase pertinentes cualquier arbitrio soberano unilateral.

La guerra y la auto tutela como medio de solución de controversias jurídicas y políticas, eran partes inherentes al orden político y jurídico internacional conocido y dominante. Las secuelas de la primera y segunda guerra mundiales provocaron, empero, por vía de los hechos un escenario diferente, sin que por ello quedase suplantado en su totalidad el régimen precedente y sus repartos de conducta internacionales.

Los constructores del Nuevo Orden posbélico asumieron así que el mantenimiento de la paz internacional entre los Estados no podía ser ajeno a la seguridad y a la estabilidad del mismo ordenamiento mundial que tales Estados, en ejercicio de sus soberanías, se habían dado. Procuraron eliminar dentro de él y a propósito de las materias más sensibles para la vida de la comunidad internacional en su conjunto, las tendencias hacia la disgregación y el auto-aniquilamiento jurídicos, propio al cruce de los intereses antagónicos de soberanías estatales en yuxtaposición.

De tal forma emergió con la Carta de San Francisco ese *orden público* mínimo y necesario para el logro del objetivo dicho y que en lo sucesivo sería garantizado por la comunidad internacional de los Estados en su conjunto. En el plano de lo normativo, tiene lugar, por ende, el nacimiento de las llamadas obligaciones *erga omnes* y también las de *ius cogens*, cuya tuición institucional asumirían originariamente los órganos políticos de la Organización de las Naciones Unidas: su Asamblea General y el Consejo de Seguridad.

No por azar, pues, la Carta de 1945, a contrapelo de los principios dominantes durante la sociedad internacional relacional de los Estados e incluso en línea contraria a las reglas clásicas del consentimiento mutuo y de la reciprocidad: fuentes legitimadoras del Derecho internacional clásico, hizo valer la emergente heteronomía jurídico institucional no solo frente a los Estados partes del estatuto "onusiano" sino también ante Estados no miembros de la ONU, tal y como lo revelan, a manera de ejemplos, los artículos 50 y 107 del documento estatutario "onusiano".

Reconocida esta realidad o circunstancia, lo que cabe y que mal puede hacerse por vía de un corolario totalizante, apriorístico y dogmático, es discernir en cuanto a los asuntos que, interesando a la cosa pública y aun desplazados hacia los fueros normativos del Derecho internacional, integran o no el núcleo de la heteronomía normativa, es decir, le dan contenido al llamado *orden público internacional* o que, por el contrario, medran todavía a disposición del consentimiento o de la voluntad unilateral de los Estados.

Pero aun lográndose este objetivo metodológico, ello no sería suficiente para una adecuada aplicación e interpretación de las normas internacionales dentro del orden interno de cada Estado.

Como cabe apreciarlo, el asunto no es tan simple como podría considerarlo cualquier jurista o estudioso que se aproxime a los temas propios del Derecho internacional contemporáneo, sea para asumirlo *in totus*, sea para rechazar la autoridad de sus predicados. Ni se reduce tampoco a lo que, de ordinario, nos preocupa: la integración o la jerarquización de fuentes internacionales en su relación con el Derecho interno, dentro de un contexto en el que aquellas aumentan y se diversifican según las mismas necesidades internacionales.

No cabe duda, en todo caso, en cuanto a que son tres los paradigmas o dogmas que se integran, a partir de 1945, en el núcleo original del *orden público internacional* de la posguerra y alrededor de los cuales tiene lugar la alegada primacía kelseniana del Derecho internacional sobre el Derecho interno de cada Estado: (1) La prohibición del uso de la fuerza como medio de solución de controversias internacionales, que no sea la colectiva e institucional o la que se explique en el ejercicio de la legítima defensa; (2) La obligación de los Estados de acudir a los medios pacíficos –diplomáticos o adjudicativos– para solución de las controversias internacionales; y (3) el respeto a los derechos humanos y las libertades fundamentales.

Doctrina y jurisprudencia contemporáneas

Más allá de toda abstracción doctrinal, lo cierto es que la comunidad o sociedad internacional de nuestro tiempo muestra el creciente grado de interrelación material que tiene lugar entre los ámbitos externos e internacionales y aquellos que son propios a la vida doméstica de cada uno de los Estados. Y han sido éstos, por lo mismo, quienes de común acuerdo y en sede internacional han aceptado el principio de la superioridad o supremacía del Derecho internacional. Tanto que, como lo apunta *Cesáreo Gutiérrez Espada* (*Derecho internacional público*, Trotta, Madrid, 1995):

1) Los Estados están obligados a introducir en su legislación interna las modificaciones necesarias para asegurar la ejecución de los compromisos internacionales válidamente contraídos;

2) Los Estados, tal y como lo han aceptado expresamente en el plano internacional, no pueden invocar su legislación interna para hacerla prevalecer postergando la aplicación de una norma jurídica internacional;

3) Los Estados no pueden modificar mediante actos de su Derecho interno las normas del Derecho internacional.

Las disposiciones de los artículos 27 y 46 de la Convención de Viena sobre Derechos de los Tratados son consistentes a este respecto:

> "Una parte no podrá invocar las disposiciones de su derecho interno como justificación del incumplimiento de un tratado. Esta norma se entenderá sin perjuicio de los dispuesto en el artículo 46", [según el cual] "1. El hecho de que el consentimiento de un Estado en obligarse por un tratado haya sido manifestado en violación de una disposición de su derecho interno concerniente a la competencia para celebrar tratados no podrá ser alegado por dicho Estado como vicio de su consentimiento, a menos que esa violación sea manifiesta y afecte a una norma de importancia fundamental de su derecho interno. 2. Una violación es manifiesta si resulta objetivamente evidente para cualquier Estado que proceda en la materia conforme a la práctica usual y de buena fe".

La jurisprudencia internacional, tanto la arbitral (Caso *Alabama*, 1872; Caso *Montijo*, 1875; Caso *Georges Pinson*, 1928) como aquélla de la antigua Corte Permanente de Justicia Internacional, ratificada más tarde por su sucesora, la Corte Internacional de Justicia al "recordar el principio fundamental de Derecho internacional de la prevalencia de éste sobre el Derecho interno" (Opinión consultiva sobre la *Aplicabilidad de la obligación de arbitraje en virtud de la sección 21 del Acuerdo de 26 de junio de 1947 relativo a la sede de la ONU*, CIJ,1988), ha defendido sin ambages la tesis contenida en la señalada Convención de Viena. Sus *dicta* no dejan lugar para las dudas:

> "Un Estado que ha contraído válidamente obligaciones internacionales está obligado a introducir en su legislación las modificaciones que sean necesarias para asegurar la ejecución de los compromisos contraídos(...)". "Es un principio generalmente reconocido del Derecho de gentes que, en las relaciones entre las Potencias contratantes de un tratado, las disposiciones de una ley interna no pueden prevalecer sobre las del tratado" (Caso del *Intercambio de poblaciones griegas y turcas*, CPJI, 1925).

Síntesis crítica: Hacia el principio ordenador de la coherencia funcional

En resumen, podemos decir que la tesis dualista supuso la ausencia de posibles conflictos entre el Derecho internacional y el Derecho interno, en razón de tener – ambos - objetos distintos y dado que, una vez transformada la norma internacional en interna la misma se integraba jerárquica y ordenadamente dentro de la pirámide normativa nacional. Por consiguiente, las normas internas no podían ser para las normas internacionales otra cosa que simples <<hechos>> y viceversa.

La evolución de la comunidad internacional, como lo hemos avanzado, marcó una tendencia irrefrenable hacia el solapamiento de ambas realidades: la interna y la internacional, sin perjuicio del criterio –todavía en vigor pero relativo– que predica el carácter meramente fáctico acusado por el Derecho interno en su evaluación desde el ángulo del Derecho internacional (Caso de los *Intereses alemanes en la Alta Silesia-Polonesa*, CPJI,1926). La Corte Interamericana de Derechos Humanos ha dicho también que las circunstancias del Derecho interno representan para el Derecho internacional de los Derechos Humanos meros hechos o supuestos fácticos, sujetos a su ponderación o significación jurídica por la norma internacional correspondiente (*Opinión Consultiva OC-13: Ciertas atribuciones de la Comisión Interamericana de Derechos Humanos*). En extremos opuestos, ora reenvía no pocas veces al propio Derecho interno del Estado para alcanzar la efectividad de sus mandatos judiciales interamericanos (*Caso El Caracazo, Reparaciones, 2002*), ora, excepcionalmente, se ha atrevido a pronunciarse sobre la nulidad de actos del Derecho interno (*Caso Castillo Petruzzi, 1999*).

El monismo, por su lado, igualmente sostuvo la imposibilidad de tal controversia intranormativa al suponer la ya mencionada unidad de todo el sistema jurídico: interno e internacional y la fácil resolución de sus eventuales disparidades por medio de la jerarquización de las normas en orden a sus mayores o menores proximidades a la norma fundamental, hipotética o de base. De allí que en su versión monista con primacía del Derecho internacional, al Derecho internacional se le consideró haciendo parte, sin más, del Derecho interno del Estado.

La realidad constitucional comparada demuestra, a su vez, que si bien la tendencia doctrinal y la práctica contemporánea dominantes son contestes y predican el indicado principio de primacía del Derecho internacional, no por ello los Estados han dejado de condicionar la efectividad de sus relaciones jurídicas dentro de la comunidad internacional a ciertas exigencias que han impuesto, en suma, una relación "funcional" y coherente (*principio de la coherencia funcional*) entre ambos ordenamientos, dando lugar a distintas soluciones o alternativas.

No se olvide, en este orden, lo que *mutatis mutandi* precisa Nguyen Quoc Dinh en su obra revisada (*Droit international public*, Paris, LGDJ, 1999): La primacía del Derecho internacional sobre el Derecho interno, salvo excepciones (propias del Derecho comunitario y próximas al Derecho internacional de los derechos humanos en su progresividad) no ha llegado hasta el punto en que el primero pueda declarar la nulidad de las normas nacionales de los Estados que le contradigan: sólo se contenta, por ahora, con reclamar del Estado cuyo ordenamiento interno no haya sido objeto de adaptación al Derecho internacional o cuando sus órganos no aplican o desaplican la normativa internacional que les obliga, su responsabilidad por hecho internacionalmente ilícito; exigiéndole, en consecuencia, reparar los daños causados por la acción u omisión que le sea imputable desde el punto de vista internacional.

Por consiguiente, cuando el Estado aplica dentro de su jurisdicción su propio Derecho en defecto y en contraposición del Derecho internacional, quizás y según lo que disponga su Constitución procede "legalmente" a la luz de la perspectiva jurídica interna, en tanto que, desde la perspectiva internacional no procedería "ilegalmente" sino "ilícitamente"; dado que la normatividad interna, según lo apuntado, tiene para el Derecho internacional la condición de simple hecho y sólo eso.

La enseñanza, en conclusión, no se hace esperar.

Así como la tesis dualista y monista fueron el producto necesario de la conciliación histórica y propias a su tiempo, e igualmente, tanto como la tesis pragmática o ecléctica advirtió la necesidad de promover la primacía del Derecho internacional asegurándole a los Estados un espacio de maniobra y reclamando de éstos, en contraprestación, coherencia en la actividad jurídica y en sus comportamientos, no parece exagerado postular la insuficiencia de tales tesis para la adecuada comprensión de la realidad internacional en curso (Globalización sin gobernabilidad vs. ingobernabilidad y crisis del Estado-Nación) y para la fidelidad de las descripciones normativas que le tengan por objeto.

Mas allá del Estado y de su acusado avance hacia la "desestructuración" y sean cuales fueren las falencias de la emergente tendencia hacia lo mundial, lo constante, ahora como antes, sigue siendo la presencia del hombre como fin y sujeto del orden, el reclamo del respeto a su dignidad como tal, y la diversificación de las formas sociales subsidiarias que este crea y recrea, como Ser uno y único, para su encuentro con los otros en el ámbito de las carencias y su fusión final en la idea de Humanidad. Traducido o descrito este paradigma en términos normativos, significa no otra cosa que la cristalización del principio ordenador *pro homine et libertatis*.

De modo que, sometidas las relaciones entre el Derecho internacional y el Derecho del Estado a un proceso de reconstrucción por obra del tiempo nuevo, la coherencia funcional como principio habría de significar, cuando menos y en un primer trazado, el reconocimiento de ciertos datos objetivos:

1) La norma internacional nace de un acto concursal de voluntades soberanas, tanto como la norma nacional deriva de un acto de soberanía; de donde, siendo el Estado autor y descriptor de ambos repartos de conducta, su comportamiento ha de ser congruente en una y otra esfera de la actividad normativa.

2) La insuficiencia institucional del orden internacional contemporáneo impone su desdoblamiento funcional a manos del Estado, vale decir, el reenvío necesario de las normas de aquel hacia las normas del Derecho interno para que las primeras puedan realizarse cabalmente.

3) Dado el papel funcional y estratégico del orden del Estado para los fines internacionales, el orden internacional ha de operar con relación al mismo según el criterio de la subsidiariedad, y cuando se le sobrepone por razones atinentes al orden público internacional debe preservarlo de los riesgos de vaciamiento.

4) La validez e imperio del orden público internacional reclama de su delimitación estricta y de su realización por el Estado conforme a los medios de que éste dispone.

5) El Estado, en su labor exegética y operacional para la integración, relación, coordinación o sincronía entre las normas internacionales e internas ha de guiarse por la regla de la buena fe (*pacta sunt servanda*), mediante un traslado de conceptos desde el orden internacional hacia el orden interno en el que medie la sana crítica y con vistas al objeto de las normas relacionadas.

6) En todo caso, ante situaciones de duda provocadas por la relación necesaria entre las normas internacionales y los predicados del Derecho interno, como de la eventual oposición –tratándose de la protección y garantía supranacional de los derechos humanos– entre derechos que merecen igual tuición, de manera razonada el juez nacional ha de apelar al método del balancing: optando por la solución que menos afecte el núcleo pétreo de ambos derechos en oposición aparente, en hipótesis concretas, atendiendo a la justas exigencias del Bien Común en una sociedad democrática, y con vistas, por encima de todo, al principio fundacional *pro homine et libertatis*.

XXIX. Procedimientos de inserción del Derecho internacional en el Derecho interno

Siendo que la mayoría de los Estados han aceptado en sede internacional la primacía del Derecho de gentes (Vid. Preámbulo de la Carta de San Francisco/1945, Convenciones de Viena sobre Derecho de los Tratados/1969 y 1986, Resolución 2625 de la Asamblea General de la ONU, 1970) pero, en la práctica, se han asegurado –como lúcidamente lo observa Antonio Cassese ("Modern Constitutions and international law", *Recueil des Cours de la Académie de Droit International de La Haye*, 192 (1985-III)– un explicable "margen de maniobra" (*leeway*) en protección de sus intereses nacionales; cabe observar que, de manera independiente a la postura teórica que se considere haya asumido cada Estado a la luz de su respectiva Constitución, lo que interesa y debemos saber, pues, son las vías u opciones distintas a través de las cuales, conforme al texto constitucional de que se trate, el Derecho internacional alcanza su efectividad o aplicación plenas en el ámbito del Derecho interno.

La tarea del intérprete o del responsable de la ejecución de los mandatos contenidos en las normas jurídicas internacionales y dirigidos al Estado (para ser aplicados por sus órganos), por ende, debe situarse –tal y como lo escribe Benedetto Conforti (*Lezioni di diritto internazionale*, Napoli, Editoriale Scientifica, 1994)– "en la descripción de cómo, en un determinado ordenamiento estatal, vienen aplicadas y coordinadas las distintas categorías de normas internacionales con aquellas internas"; pues, sólo apreciando cada procedimiento particular de integración internormativa podrá aquél establecer, de cara al orden interno del Estado, cada uno de los efectos de la norma internacional integrada (forma de recepción, jerarquía de la norma recibida, aplicación directa o indirecta): sin perjuicio, volvemos a repetirlo, de que la debida o indebida aplicación de ésta por el Estado pueda provocar su responsabilidad internacional por hecho internacionalmente ilícito.

Así las cosas, la doctrina italiana sobre la materia ha identificado dos procedimientos particulares construidos a partir de las tesis dualista y monista comentadas: el procedimiento clásico o de transformación y el procedimiento extraordinario o de reenvío.

La transformación normativa

El primero supone que una norma jurídica proveniente de una fuente de Derecho internacional muta y es reformulada como norma de derecho interno, según los términos previstos por el legislador nacional del respectivo Estado, para que pueda ser aplicada por los órganos del Estado. Poco importará a los fines de su aplicación por el órgano correspondiente del Estado, entonces, que la norma en cuestión haya tenido como soporte otra de origen internacional y su jerarquía será, a fin de cuentas, la que le corresponda dentro del conjunto de las normas que hagan parte de la respectiva pirámide normativa interna: constitucionales, legales, reglamentarias, etc.

El reenvío o recepción automática

A su vez, el procedimiento extraordinario de reenvío: proceso previo que se conoce como recepción, incorporación o adopción del Derecho internacional en el Derecho interno, tiene lugar cuando el órgano depositario de la potestad normativa nacional (constitucional, legislativa, reglamentaria), por exigencia o por remisión que hacia él hace el Derecho internacional o por derivación de un mandato constitucional concreto se limita a la observancia de la norma internacional – consuetudinaria o convencional– tal y como fue formulada en sede internacional por sus Estados partes. Es lo que se conoce como "recepción automática" de los tratados internacionales.

En tal caso, el intérprete o el responsable de la aplicación de la norma internacional así integrada al Derecho interno, deberá recurrir en su análisis a las pautas fijadas por el propio Derecho internacional para la adecuada determinación de la validez (temporal, espacial, personal, y material) de la norma en cuestión y a los fines de su adecuado cumplimiento.

Práctica constitucional comparada

La opción por una u otra tesis doctrinal, o por uno u otro procedimiento, así debemos prevenirlo, no es, en la práctica actual y revisadas las Constituciones de los Estados maniquea o extrema. El dualismo y su procedimiento de transformación de la norma internacional en interna ~~hoy~~ admite que el tratado internacional valga *qua* tratado en el orden interno, sin dejar de ser lo que es en propiedad y en su naturaleza como fuente de Derecho internacional, pero sujeta su eficacia al acto formal de recepción dictado por el Derecho interno. El monismo, a su vez, sin abandonar su defensa de la unidad "sistémica" del Derecho y de la primacía del Derecho internacional sobre el Derecho interno, no cuestiona la existencia de fórmulas constitucionales de recepción o de reenvío –que no de transformación– de las normas internacionales a objeto de asegurar sean eficaces en el ordenamiento interno del Estado.

En términos precisos y a la luz del Derecho constitucional comparado de los Estados pueden apreciarse, pues, distintos modelos o fórmulas de inserción o de recepción del Derecho internacional dentro del Derecho interno o nacional, según la explicación – *mutatis mutandi* - de Pastor Ruidruejo:

1) La aceptación de la obligatoriedad del Derecho internacional, sujeta a alguna exigencia formal – expedición de una ley, por ejemplo - del Derecho interno;

2) La incorporación automática del Derecho internacional en el Derecho interno;

3) La incorporación automática de aquél junto a la declaratoria de su preeminencia sobre el Derecho interno del Estado;

4) La proclamación explícita dentro del Derecho interno de ciertas reglas o normas de Derecho internacional.

Es pertinente observar que las modalidades o soluciones señaladas varían dentro del Derecho constitucional comparado según se trate de la recepción o integración al Derecho interno ora de la costumbre, ora de los tratados o acuerdos internacionales, y también inciden en la jerarquía varia o diversa que puede alcanzar una u otra fuente normativa para su posterior aplicación dentro del ámbito jurisdiccional del Estado, privilegiando la aplicación del Derecho internacional sobre el derecho interno; aplicándolo como parte del mismo y en paridad normativa, sea con la Constitución, sea con la ley; sobreponiéndolo ora a la Constitución, ora a la ley misma. Quedan a salvo, sin embargo, los casos de países en los que hay ausencia de normas constitucionales al respecto, como el caso de Gran Bretaña, donde priva la tesis enunciada por Blackstone en 1765: *International law is part of the law of the land*, y a cuyo efecto, los tratados cuya aprobación hace parte de las prerrogativas de la Corona, son incorporados automáticamente al Derecho inglés, en tanto que, los otros, como los relativos a derechos humanos, requieren de una ley aprobatoria.

Algunas disposiciones constitucionales específicas, tomadas del derecho extranjero, pueden sernos muy ilustrativas acerca de los supuestos mencionados con anterioridad, a saber:

Estados Unidos de América (1787)

Artículo II. Sección II. 1. El Presidente [*omissis*]. **2.** Tendrá facultad, con el consejo y consentimiento del Senado, para celebrar tratados, con tal de que den su anuencia dos tercios de los Senadores presentes, [*omissis*].

Artículo VI. 2. Esta Constitución, y las leyes de los Estados Unidos que se hagan con arreglo a ella, y todos los tratados celebrados o que se celebren bajo la autoridad de los Estados Unidos, serán la suprema ley del país y los jueces de cada Estado estarán obligados a observarlos, a pesar de cualquier cosa en contra que se encuentre en la Constitución o las leyes de cualquier Estado.

Francia (1958)

Preámbulo [1946]. [*Omissis*] La República francesa, fiel a sus tradiciones, se adapta a las reglas del Derecho público internacional. [*Omissis*].

Artículo 52. El Presidente de la República negociará y ratificará los tratados. Será informado de toda negociación encaminada a la concertación de un acuerdo internacional no sujeto a ratificación.

Artículo 53. No podrán ser ratificados ni aprobados sino en virtud de una ley los tratados de paz, los tratados de comercio, los tratados o acuerdos relativos a la organización internacional, los que impliquen obligaciones financieras para la Hacienda Pública, los que modifiquen disposiciones de naturaleza legislativa, los relativos al Estado de las personas y los que entrañen cesión, canje o accesión territorial.

No surtirán efectos sino después de haber sido ratificados o aprobados. [*Omissis*]

Artículo 54. Si el Consejo Constitucional, requerido por el Presidente de la República, por el Primer Ministro, por el Presidente de cualquiera de las dos asambleas o por sesenta diputados o por sesenta senadores, declara que un compromiso internacional contiene una cláusula contraria a la Constitución, la autorización para ratificar o aprobar el referido compromiso internacional sólo podrá otorgarse previa revisión de la Constitución.

Artículo 55. Los tratados o acuerdos debidamente ratificados o aprobados tendrán, desde el momento de su publicación, una autoridad superior a las leyes, a reserva , para cada acuerdo o tratado, de su aplicación por la otra parte.

España (1978)

93. Mediante ley orgánica se podrá autorizar la celebración de tratados por los que se atribuya a una organización o institución internacional el ejercicio de competencias derivadas de la Constitución [*omissis*].

94.1. La prestación del consentimiento del Estado para obligarse por medio de tratados o convenios requerirá la previa autorización de las Cortes Generales, en los siguientes casos: (a) Tratados de carácter político; (b) tratados o convenios de carácter militar; (c) tratados o convenios que afecten la integridad territorial del Estado o a los derechos y deberes fundamentales establecidos en el Título I; (d) Tratados o convenios que impliquen obligaciones financieras para la Hacienda Pública; (e) Tratados o convenios que supongan modificación o derogación de alguna ley o exijan medidas legislativas para su ejecución. **2.** El Congreso y el Senado serán inmediatamente informados de la conclusión de los restantes tratados o convenios.

95.1. La celebración de un tratado internacional que contenga estipulaciones contrarias a la Constitución exigirá la previa revisión constitucional.

96.1. Los tratados internacionales válidamente celebrados, una vez publicados oficialmente en España, formarán parte del ordenamiento interno. Sus disposiciones sólo podrán ser derogadas, modificadas o suspendidas en la forma prevista en los propios tratados o de acuerdo con las normas generales de Derecho internacional.

Alemania (1949)

Artículo 24.1. La Federación podrá transferir mediante ley competencias soberanas a instituciones interestatales.

Artículo 24.3. Para la regulación de litigios internacionales, la Federación se adherirá a convenios sobre una instancia de arbitraje internacional de carácter general, amplio y obligatorio.

Artículo 25. Las normas generales del Derecho internacional forman parte del Derecho federal. Tales normas tienen primacía sobre las leyes y generan inmediatamente derechos y obligaciones para los residentes en el territorio federal.

Artículo 59.1. El Presidente federal representa a la Federación en el ámbito del Derecho internacional. En nombre de la Federación firma los acuerdos o tratados con otros Estados.[*omissis*]. **2.** Los tratados que regulen relaciones políticas de la Federación o que se refieran a materia de legislación federal requieren del acuerdo o el concurso de las competentes en cada caso para la legislación, en forma de ley federal. Respecto de acuerdos o convenios de carácter administrativo se aplicarán correspondientemente las disposiciones sobre la Administración federal.

Artículo 100.2. Si en litigio jurídico, fuese dudoso si una norma de derecho internacional forma parte del derecho federal y si crea directamente derechos y deberes para los individuos (art. 25), el tribunal deberá recabar el pronunciamiento del Tribunal Federal Constitucional.

Holanda (1983)

Artículo 60 [*1972/Vigencia provisoria*]. El Rey concluirá o autorizará la conclusión de los tratados con otros Estados o con organizaciones de Derecho internacional público, y en la medida en que el tratado lo requiera, será sancionado por el Rey. Los tratados se comunicarán tan pronto como sea posible a los Estados Generales y no entrarán en vigor mientras no hayan sido ratificados por éstos.

Los jueces no tendrán competencia para enjuiciar la constitucionalidad de los tratados.

Artículo 91.1. El Reino no quedará vinculado por tratados, ni éstos se denunciarán sin la previa aprobación de los Estados Generales. La ley determinará los casos en que no se requiera tal aprobación. [*Omissis*]. 3. Cuando un tratado contenga disposiciones contrarias a la Constitución, las Cámaras no podrán dar su aprobación más que con los dos tercios al menos de los votos emitidos.
Artículo 92. Mediante tratado o en virtud de un tratado podrán atribuirse competencias legislativas, administrativas y judiciales a organizaciones de derecho internacional público, [*Omissis*].

Artículo 93. Las normas de los tratados y las resoluciones de las organizaciones de derecho internacional público con efectos vinculantes generales por su contenido, tendrán fuerza obligatoria a partir de su publicación.

Artículo 94. Las disposiciones legales en vigor en el Reino no serán aplicadas si su aplicación no fuese compatible con las normas de los tratados, o las resoluciones de las organizaciones de derecho internacional público, con efectos vinculantes generales.

Artículo 120. El juez no puede juzgar sobre la constitucionalidad de las leyes y de los tratados.

Argentina (1994)

Artículo 27. El Gobierno federal está obligado a afianzar sus relaciones de paz y comercio con las potencias extranjeras por medio de tratados que estén en conformidad con los principios de Derecho público establecidos en esta Constitución.

Artículo 31. Esta Constitución, las leyes de la Nación que en su consecuencia se dicten por el Congreso y los tratados con las potencias extranjeras son la ley suprema de la Nación.

Artículo 75. Corresponde al Congreso: **22.** Aprobar o desechar tratados concluidos con las demás naciones y con las organizaciones internacionales y los concordatos con la Santa Sede. Los tratados y concordatos tienen jerarquía superior a las leyes. La Declaración Americana de los Derechos y Deberes del Hombre; la Declaración Universal de Derechos Humanos; la Convención Americana sobre Derechos Humanos; el Pacto Internacional de Derechos Económicos, Sociales y Culturales; el Pacto Internacional de Derechos Civiles y Políticos y su Protocolo Facultativo; [omissis]; en las condiciones de su vigencia tienen jerarquía constitucional, no derogan artículo alguno de la primera parte de esta Constitución y deben entenderse complementarios de los derechos y garantías por ella reconocidos".

Colombia (1991)

Artículo 224. Los tratados, para su validez, deberán ser aprobados por el Congreso. Sin embargo, el Presidente de la República podrá dar aplicaciones provisional a los tratados de naturaleza económica y comercial acordados en el ámbito de organismos internacionales. En este caso tan pronto como un tratado entre en vigor provisionalmente, deberá enviarse al Congreso para su aprobación. Si el Congreso no lo aprueba, se suspenderá la aplicación del tratado.

Chile (1980)

Artículo 32. Son atribuciones especiales del Presidente de la República [*omissis*]. **17.** [omissis]; concluir, firmar y ratificar los tratados que estime convenientes para los intereses del país, los que deberán ser sometidos a la aprobación del Congreso conforme a lo prescrito en el artículo 50, n° 1. [*Omissis*]

Artículo 50.-Son atribuciones exclusivas del Congreso: **1.** Aprobar o desechar los tratados internacionales que le presentare el Presidente de la República antes de su ratificación. La aprobación de un tratado requerirá, en cada Cámara, de los quórum que corresponda, en conformidad al artículo 63, y se someterá, en lo pertinente, a los trámites de una ley.

El Presidente de la República informará al Congreso sobre el contenido y el alcance del tratado, así como de las reservas que pretenda confirmar o formularle.

El Congreso podrá sugerir la formulación de reservas y declaraciones interpretativas a un tratado internacional, en el curso del trámite de su aprobación, siempre que ellas procedan de conformidad a lo previsto en el propio tratado o en las normas generales de derecho internacional.

Las medidas que el Presidente de la República adopte o los acuerdos que celebre para el cumplimiento de un tratado en vigor no requerirán de nueva aprobación del Congreso, a menos que se trate de materias propias de ley. No requerirán de aprobación del Congreso los tratados celebrados por el Presidente de la República en el ejercicio de su potestad reglamentaria.

Las disposiciones de un tratado sólo podrán ser derogadas, modificadas o suspendidas en la forma prevista en los propios tratados o de acuerdo a las normas generales de Derecho Internacional.

Corresponde al Presidente de la República la facultad exclusiva para denunciar un tratado o retirarse de él, para lo cual pedirá la opinión de ambas Cámaras del Congreso, en el caso de tratados que hayan sido aprobados por éste. Una vez que la denuncia o el retiro produzca sus efectos en conformidad a lo establecido en el tratado internacional, éste dejará de tener efecto en el orden jurídico chileno.

En el caso de la denuncia o el retiro de un tratado que fue aprobado por el Congreso, el Presidente de la República deberá informar de ello a éste dentro de los quince días de efectuada la denuncia o el retiro.

El retiro de una reserva que haya formulado el Presidente de la República y que tuvo en consideración el Congreso Nacional al momento de aprobar un tratado, requerirá previo acuerdo de éste, de conformidad a lo establecido en la ley orgánica constitucional respectiva. El Congreso Nacional deberá pronunciarse dentro del plazo de treinta días contados desde la recepción del oficio en que se solicita el acuerdo pertinente. Si no se pronunciare dentro de este término, se tendrá por aprobado el retiro de la reserva.

De conformidad a lo establecido en la ley, deberá darse debida publicidad a hechos que digan relación con el tratado internacional, tales como su entrada en vigor, la formulación y retiro de reservas, las declaraciones interpretativas, las objeciones a una reserva y su retiro, la denuncia del tratado, el retiro, la suspensión, la terminación y la nulidad del mismo.

En el mismo acuerdo aprobatorio de un tratado podrá el Congreso autorizar al Presidente de la República a fin de que, durante la vigencia de aquél, dicte las disposiciones con fuerza de ley que estime necesarias para su cabal cumplimiento, siendo en tal caso aplicable lo dispuesto en los incisos segundo y siguientes del artículo 61, ... *[Modificado por Ley 20.050 de 2005]*

XXX. Tratados *self executing* y tratados incompletos

Para el mejor estudio y comprensión de las relaciones entre el Derecho internacional y el Derecho interno de los Estados es pertinente considerar otros aspectos de no menor importancia. Uno tiene que ver con la diversidad de las fuentes normativas con las que cuenta el Derecho internacional y la circunstancia cierta de que la mayoría de las Constituciones de los distintos Estados, al prescribir la recepción o integración a sus Derechos internos de las normas internacionales, de ordinario hacen mención sino exclusiva sí preferente de los tratados y acuerdos internacionales según lo ya visto; postergándose tácitamente a la costumbre internacional o no mencionado, a manera de ejemplo, ni las formas de integración ni los efectos que pueden alcanzar en su aplicación dentro del Derecho interno, a saber, los principios generales de Derecho, los actos normativos de las organizaciones internacionales, los actos unilaterales de los Estados, etc.

El otro asunto tiene que ver con el reenvío que las normas de cada uno de dichos Derechos –el internacional y el interno– no pocas veces realizan hacia el otro, dentro del cuadro de complementariedad y de permeabilidad recíprocas que les ha sido impuesto por la sociedad internacional contemporánea, y con el objeto específico de alcanzar plenitud y efectividad como ordenamientos, ora de la sociedad internacional, ora de la sociedad local o nacional.

El primer asunto lo abordaremos, *in extensu* y de un modo práctico, al analizar la Constitución bolivariana de 1999 y al describir los principios y reglas que ella dispone en cuanto a las manidas relaciones entre el Derecho internacional y el Derecho interno venezolano. Mas, el tema o asunto siguiente tiene que ver, específicamente, con el carácter auto-ejecutivo o no de las normas internacionales en su cumplimiento y consiguiente aplicación por los respectivos órganos de cada Estado.

La doctrina internacional establece una clara distinción entre los llamados tratados *self-executing* y sus contrarios; debiendo entenderse por aquellos, según la opinión de S.Bastid (*Les traités dans la vie internationale*, Paris, Economica, 1985), los tratados cuyas disposiciones o normas son suficientemente precisas y detalladas, a un punto tal que pueden ser directamente aplicadas por los tribunales nacionales e invocadas en su favor por los individuos sin necesidad de una norma de ejecución interna que sea complementaria.

Eduardo Jiménez de Aréchaga (*El derecho internacional contemporáneo*, Madrid, Tecnos, 1980) no deja de apreciar, por ende y refiriéndose, en lo particular, a los tratados de derechos humanos: "Tienen en principio carácter ejecutable por sí mismos (*self executing*) y por lo tanto pueden ser exigidos en forma directa e inmediata ante los tribunales locales". Queda a salvo, sin embargo, la discrepancia doctrinal de Thomas Buerghental, ex Presidente de la Corte Interamericana de Derechos Humanos, planteada durante su curso en la Academia de Derecho Internacional de La Haya y quien, a buen seguro, influido por las limitaciones al respecto de la práctica norteamericana, arguye que la circunstancia de que un tratado sea o no auto ejecutable depende de lo que establezca el derecho interno y no el derecho internacional, a cuyo efecto observa:

> En todo caso pueden admitirse normas de un tratado que sean 'directamente aplicables' (*directly applicable*). Estas normas de derecho internacional deben interpretarse en el sentido de que imponen a los Estados la obligación de convertirlas, a través de su derecho interno, en autoejecutables (*self-executing*).

Se considerarían tratados no ejecutivos o impedidos de su inmediata aplicación por el juez nacional, por su parte y v.g. aquellos que, aun incorporados al Derecho interno mediante las reglas constitucionales del caso: receptoras o transformadoras, contienen normas prescriptivas de obligaciones generales dirigidas al propio Estado o poder político y sólo exigibles a éste desde las instancias internacionales.

Ejemplo de los primeros, salvedad hecha del criterio de *Buerghental*, serían los tratados internacionales sobre derechos humanos, en lo particular sus normas sobre reconocimiento de libertades y derechos fundamentales específicos (derecho a la vida, a la integridad personal, a la libre expresión, etc.). En cuanto a los tratados o normas internacionales carentes de efectos directos y con las reservas que igualmente caben a la luz de la doctrina más reciente, podría mencionarse el Pacto Internacional de Derechos Económicos, Sociales y Culturales (1966), cuyo artículo 2.1 dispone lo siguiente:

> Cada uno de los Estados partes en el presente Pacto se compromete a adoptar medidas, tanto por separado como mediante la asistencia y la cooperación internacionales, especialmente económicas y técnicas, hasta el máximo de los recursos de que disponga, para lograr progresivamente, por todos los medios apropiados, inclusive, en particular, la adopción de medidas legislativas, la plena efectividad de los derechos aquí reconocidos.

En esta última hipótesis, como cabe apreciarlo, la norma internacional reenvía o remite a la norma de derecho interno para alcanzar su plenitud y ser susceptible de determinación; tal y como acontece, igualmente, con la previsión del artículo V de la Convención para la prevención y la sanción del delito de genocidio (Nueva York, ONU/1948), que pide a los Estados establecer mediante sus legislaciones las sanciones penales eficaces para castigar a las personas culpables de dicho delito.

Puede darse una hipótesis inversa, sin embargo, cuando la norma de Derecho interno reenvía a las disposiciones internacionales en modo de completar las suyas: v.g. el Código de Procedimiento Civil de Venezuela, que al plantearse la necesidad de resolver los posibles conflictos o colisiones entre sus normas y las contenidas en otras leyes nacionales extranjeras, ordena al juez atender primero a los tratados públicos de Venezuela con el Estado respectivo y, en defecto de éstos, aplicar lo que dispongan sobre la materia las leyes de la República (artículo 8).

XXXI. Relaciones entre el Derecho Internacional y el Derecho Interno venezolano

Antecedentes

El régimen constitucional venezolano fue en sus orígenes abiertamente partidario de la tesis monista con primacía del Derecho internacional sobre el Derecho interno y, además, proclamó la llamada incorporación automática de las normas internacionales dentro del acervo jurídico doméstico.

La fórmula anglosajona a cuyo tenor "el Derecho de gentes hace parte de la legislación nacional" consta, en efecto, en los textos fundamentales de 1864, 1881, 1893, 1901, 1904 y 1909. A partir de 1914 hasta 1961 desaparece dicha disposición y se mantiene un silencio respecto de la cuestión; siendo interpretado tal silencio, por un sector de la doctrina patria, como prueba del desplazamiento constitucional sobrevenido hacia la concepción dualista.

El artículo 154 de la Constitución de 1999, cuya redacción original consta en los artículos 105 de la Constitución de 1947 y 128 de la Constitución de 1961, fija el procedimiento práctico de inserción [¿transformación o recepción?] del Derecho internacional en nuestro Derecho interno, en los términos siguientes:

> Los tratados celebrados por la República deben ser aprobados por la Asamblea Nacional antes de su ratificación por el Presidente o Presidenta de la República, a excepción de aquellos mediante los cuales se trate de ejecutar o perfeccionar obligaciones preexistentes de la República, aplicar principios expresamente reconocidos por ella, ejecutar actos ordinarios en las relaciones internacionales o ejercer facultades que la ley atribuya expresamente al Ejecutivo Nacional.

Seguidamente, el artículo 155 *ejusdem* agrega que:

> En los tratados, convenios o acuerdos internacionales que la República celebre, se insertará una cláusula por la cual las partes se obliguen a resolver por las vías pacíficas reconocidas en el derecho internacional o previamente convenidas por ellas, si tal fuere el caso, las controversias que pudieren suscitarse entre las mismas con motivo de su interpretación o ejecución si no fuere improcedente y así lo permita el procedimiento que deba seguirse para su celebración.

La primera de las normas referidas, como podrá observarse, establece el concurso de dos de los poderes públicos constituidos –Ejecutivo y Legislativo– a objeto de que la República pueda expresar, válidamente, su consentimiento para obligarse jurídicamente en el ámbito internacional. La misma relativiza, por cierto, la sujeción absoluta en que se encontraba el Poder Ejecutivo con relación al antiguo Senado de la República –desde la Constitución de 1811– en cuanto a su potestad para "concluir tratados y negociaciones con otras potencias o Estados extraños a esta Confederación".

En todo caso, corresponde al Presidente de la República en propiedad "[D]irigir las relaciones exteriores de la República y celebrar y ratificar los tratados, convenios o acuerdos internacionales" (artículo 236-4), en tanto que la Asamblea Nacional se reserva "[a]utorizar el empleo de misiones militares venezolanas en el exterior o extranjeras en el país"; "autorizar el nombramiento [*omissis*] de los jefes o jefas de misiones diplomáticas permanentes"; aprobar por ley los tratados o convenios internacionales que celebre el Ejecutivo Nacional, salvo las excepciones consagradas en [la] Constitución" (artículo 187, numerales 11, 14 y 18, respectivamente).

Inserción de otras fuentes distintas a los tratados

Para comentar los efectos y la naturaleza jurídica del "acto" aprobatorio de los tratados y acuerdos internacionales a que hace referencia nuestra Constitución, vale tener presente que en ésta nada se dice directamente – como lo previniéramos *supra* - sobre la incorporación o inserción dentro del Derecho interno de las fuentes del Derecho internacional distintas de los tratados, a saber: la costumbre internacional, los principios generales de Derecho, las resoluciones de los organismos internacionales, etc.

En cuanto a los principios, puede afirmarse que la Constitución vigente reenvía hacia el Derecho internacional al reconocer expresamente algunos de éstos de un modo expreso; de donde se infiere que les atribuye jerarquía constitucional. Pero trátase, en el caso y de un modo parcial, de principios generales de Derecho internacional, como puede constatarse de la lectura *in extensu* tanto del Preámbulo como del artículo 152 de nuestro texto fundamental:

> *Preámbulo*. El pueblo de Venezuela [*omissis*] con el fin supremo de refundar la República para establecer una sociedad democrática [*omissis*]; que consolide los valores de la libertad, la independencia, la paz, la solidaridad, el bien común, la integridad territorial; [*omissis*]; promueva la cooperación pacífica entre las naciones e impulse y consolide la integración latinoamericana de acuerdo con el principio de no intervención y autodeterminación de los pueblos, la garantía universal e indivisible de los derechos humanos, la democratización de la sociedad internacional, el desarme nuclear, el equilibrio ecológico y los bienes jurídicos ambientales como patrimonio común e irrenunciable de la humanidad; [*omissis*], decreta la siguiente Constitución (...).

Artículo 152. Las relaciones internacionales de la República responden a los fines del Estado en función del ejercicio de la soberanía y de los intereses del pueblo; ellas se rigen por los principios de independencia, igualdad entre los Estados, libre determinación y no intervención en sus asuntos internos, solución pacífica de los conflictos internacionales, cooperación, respeto a los derechos humanos y solidaridad entre los pueblos en la lucha por su emancipación y el bienestar de la humanidad. La República mantendrá la más firme y decidida defensa de estos principios y de la práctica democrática en todos los organismos e instituciones internacionales.

Respecto de las resoluciones de los organismos internacionales (V.gr. la ONU o la OEA), dado que éstos son creados y establecidos por tratados-marco que les autorizan a ejercer –por vía de sus órganos estatutarios– distintas potestades normativas, podría sostenerse –como lo hace Edmundo Vargas Carreño ("La recepción del derecho interno en el ordenamiento jurídico venezolano", *Estudios sobre la Constitución: Libro homenaje a Rafael Caldera,* UCV, Caracas, 1979, III)– que al tratarse de instrumentos contentivos de normas derivadas de un tratado preexistente, pueden ser insertadas en el orden interno sin necesidad de aprobación legislativa.

Bastaría, de ser así, el acto administrativo del Ejecutivo ordenando su publicación en la Gaceta Oficial. Mas quedaría por aclarar si acaso estas resoluciones internacionales, recibidas mediante un acto administrativo de Derecho interno, asumen la jerarquía normativa de éstos y como tales habrían de ser aplicadas como disposiciones de rango sublegal.

En lo relativo a la costumbre internacional y a diferencia de cuanto disponen no pocos textos constitucionales extranjeros: V.g. el artículo 10, 1 de la Constitución de Italia (*"L'ordinamento giuridico italiano si conforma alle norme del diritto internazionale generalmente riconosciute"*), la Constitución venezolana omite cualquier referencia explícita.

Apenas podría argüirse que habiéndose recibido dentro del Derecho interno el Estatuto de la Corte Internacional de Justicia (1945) y al mencionar éste – en su artículo 38 - como fuente principal del Derecho internacional a "la costumbre internacional como prueba de una práctica generalmente aceptada como derecho", de suyo dicha fuente hace parte indiscutible y vinculante del Derecho nacional. Pero podría replicarse que la disposición respectiva se refiere a las controversias internacionales que deba conocer el Tribunal de La Haya y no a los supuestos en que, a manera de ejemplo, debe conocer el juez nacional.

Sin embargo, en medio de las señaladas carencias normativas constitucionales, el hecho de que la Constitución vigente admita de manera puntual, por ejemplo, la subjetividad jurídica internacional del individuo, al reconocerle su derecho de petición ante los órganos internacionales creados para la protección de derechos humanos (artículo 31), o reenvíe a los medios de solución pacífica de controversias reconocidos por el Derecho internacional (artículo 155), en cierto modo propende a la integración de determinadas normas del Derecho internacional consuetudinario en el Derecho interno y con un evidente rango constitucional.

Al margen de estas especulaciones sólo podemos decir que el constituyente patrio resuelve de manera directa y expresa apenas sólo lo relativo a la inserción o recepción de los tratados internacionales dentro de nuestro sistema jurídico.

Reconstrucción del debate doctrinal Puig-Toro

En sus estudios acerca del artículo 128 de la Constitución de 1961, cuyo texto no se separa de manera sustancial del contenido en el artículo 154 de la Constitución de 1999, Fermín Toro Jiménez (*Derecho internacional público*, UCV, Caracas, 1982, I) y Vargas Carreño: uno afirmando el carácter "transformador" de los tratados en leyes nacionales por virtud de la aprobación parlamentaria a que se encuentran sujetos y el otro, sosteniendo el carácter accesorio de la ley aprobatoria de los tratados internacionales con relación a estos últimos, concluyen en unidad acerca del rango legal de la normas internacionales incorporadas en el Derecho interno.

Es esta, en esencia, la tendencia que fijó la jurisprudencia de nuestro máximo tribunal en su sentencia sobre la nulidad de la Ley Aprobatoria del Tratado de Extradición de 1922, celebrado entre Venezuela y los Estados Unidos de América (29-4-65), al observar que, sea que se considere a la ley especial aprobatoria de un tratado internacional un acto de transformación normativa, sea que se le repute de mero formulismo "accesorio, cuya finalidad es controlar o fiscalizar el acto principal que es el tratado", en la definitiva el tratado tiene fuerza de ley. Por ende, es equivalente, según esta tesis, a las otras leyes nacionales, cuyas relaciones de validez y jerarquía se encuentran gobernadas por el principio *lex posteriori derogat priori*.

En uno u otro caso creemos con Juan Carlos Puig ("Derecho de la comunidad internacional, derecho interno y justicia social internacional", en *Estudios sobre la constitución*, cit.) y con vistas al texto constitucional de 1961, que la tesis dualista venezolana, promotora de la idea de la transformación de los tratados en leyes nacionales a los fines de su válida aplicación en lo doméstico, no es históricamente consistente ni jurídicamente adecuada a la tendencia constitucional dominante: que predica la primacía del Derecho internacional dentro del Derecho interno del Estado, por una parte; y, por la otra, no explican sus defensores algunas circunstancias normativas que surgen de la detenida lectura de la Constitución y que, a nuestro entender, abonan en favor de la tesis monista con primacía del Derecho internacional, cuando menos sobre las normas internas de rango legal.

Puig, a propósito de su debate doctrinal con Toro Jiménez, recuerda que el señalado silencio de nuestras Constituciones a partir de 1914 y luego de haberse aceptado en Constituciones anteriores la incorporación automática al Derecho interno de las normas del Derecho internacional general, en modo alguno puede suponer *a priori* un cambio de posición en nuestro constituyente; ello, por la sencilla razón de que antes de 1914 otras Constituciones igualmente sostuvieron la primacía del Derecho interno sobre el internacional. Así que, el silencio en cuestión podría ser interpretado en favor de una u otra postura.

Vale, en este orden, la aguda reflexión que introduce Gutiérrez Espada al referirse al silencio que guardan "la gran mayoría de los sistemas internos" a propósito de la jerarquía y recepción de los tratados. Dice, en efecto, que las Constituciones que se basan "en el llamado principio de equivalencia: tratado igual a la ley interna (México, Uruguay, Estados Unidos, Italia, Alemania, Portugal Turquía...)" de suyo aceptan que una ley posterior que contradiga el tratado prevalece, bajo riesgo de que el Estado comprometa su responsabilidad por hecho internacionalmente ilícito". Las que le otorgan rango supralegal (Francia, Grecia, España, Bélgica, Holanda...), por su lado, evitan riesgos de responsabilidad internacional dado que los tratados prevalecen sobre las leyes nacionales anteriores y posteriores. Y concluye, en cuanto a las Constituciones que guardan silencio o "cautelosa prudencia", que las mismas expresan sin más "el deseo [del Estado] de no comprometerse de antemano a hacer prevalecer sus tratados sobre su legislación nacional".

Así las cosas, prefiere Puig limitarse al análisis del artículo constitucional 128 – artículo 154 de la Constitución de 1999 – dentro de su propio contexto normativo. Y al efecto lanza sobre la mesa distintas preguntas que, por si solas, dejan en entredicho la argumentación dualista de la doctrina patria, la defensa del procedimiento de "transformación" y la misma tesis jurisprudencial que sitúa a los tratados en un rango igual al de las leyes internas, para los fines de su aplicación:

a) ¿Cómo puede el legislador venezolano – se pregunta el citado jurista argentino – pretender la sobreestimación de su acto de aprobación de los tratados y otorgarle fuerza de ley interna regular, cuando es probable que la vigencia de las normas de dicho instrumento internacional esté sujeta a la concurrencia de otros actos soberanos extranjeros que pueden no realizarse?

A manera de ejemplo, están las Disposiciones finales de la Convención de Viena sobre Derecho de los Tratados (1969), que *mutatis mutandi* aparecen insertas en la mayoría de los tratados y acuerdos internacionales:

> La presente Convención estará abierta a la firma de todos los Estados Miembros de las Naciones Unidas [*Omissis*][;] está sujeta a ratificación [*Omissis*][;] quedará abierta a la adhesión de todo Estado [*Omissis*] [y] entrará en vigor el trigésimo día a partir de la fecha en que haya sido depositado [en poder del Secretario General de la ONU] el trigésimo quinto instrumento de ratificación o de adhesión.

b) ¿Cómo dicha ley aprobatoria del tratado internacional respectivo, que hace de éste ley de la República y le sitúa en su mismo rango jerárquico de aplicación, puede verse privada de validez y de efectividad por un acto soberano extranjero?: v.g. el retiro o la denuncia por el Estado contraparte de un tratado o convenio internacional bilateral?

La mencionada Convención de Viena prevé, justamente, distintas formas de terminación de los tratados y de suspensión de su aplicación que, una vez previstas en el tratado particular del que se trate o por sobrevenir una norma imperativa de derecho internacional general contraria a lo ya pactado, pueden hacerse efectivas con independencia de la voluntad soberana e individual de alguno de los Estados partes (Cf. artículos 54 a 64 *ejusdem*)

c) Si la ley aprobatoria del tratado internacional en cuestión expresa la voluntad de la soberanía popular (representada en el parlamento) de hacer de dicho tratado una ley nacional, ¿cómo puede la Constitución admitir que el Presidente de la República puede negarse a firmar o diferir *sine die* el acto de promulgación de la ley aprobatoria en cuestión por razones de pertinencia u oportunidad?

d) Finalmente, si en verdad el Derecho internacional carece de efectos directos o automáticos sobre el ordenamiento jurídico venezolano y apenas puede alcanzar eficacia mediante su transformación en ley nacional, ¿cómo se explica que la misma Constitución admita que determinados tratados – v.g. los llamados tratados ejecutivos – puedan ejecutarse internamente, de manera inmediata y sin necesidad de una ley aprobatoria?

El planteamiento de la Constitución de 1961

A la luz del texto constitucional de 1961, cuyo artículo sobre la aprobación de los tratados internacionales *in comento* tiene su equivalente –lo dijimos– en la Constitución de 1999, es posible sostener que nuestro sistema jurídico acoge, en cuanto a las relaciones entre el Derecho internacional y el Derecho interno y dentro de un esquema de dualismo moderado o atenuado, el procedimiento extraordinario o de reenvío explicado *supra* y no así el procedimiento ordinario o de transformación.

La ley aprobatoria de los tratados internacionales, dados los elementos de reflexión precedentes y las preguntas que suscitan tiene como naturaleza un carácter más formal que sustantivo. Es tal ley, si se quiere, el acto que expresa la cuota parte de voluntad que corresponde al legislador venezolano – y que debe ser completada con el acto ejecutivo correspondiente– para la formación del consentimiento del Estado a fin de que éste se pueda obligar válidamente en el plano jurídico internacional. Con lo cual el tratado en cuestión vale como tratado, conserva intacta su naturaleza, con independencia de que el constituyente le haya situado en un rango legal o supralegal dentro de la pirámide normativa interna.

La circunstancia de que algunas leyes internas remitan a los tratados y acuerdos internacionales y les otorguen primacía frente a sus propios dictados en el momento que deban ser aplicados, dice lo contrario de cuanto concluyese la jurisprudencia de la Corte Suprema de Justicia previamente mencionada.

Las normas constitucionales de los artículos 108 y 129 de nuestra penúltima Constitución junto a su Preámbulo, además, abonan en favor de este criterio renovado, al expresar la voluntad de la República para cooperar con las demás naciones; reconocer o hacer suponer que tal compromiso no es posible cumplirlo sin el respeto de la *pacta sunt servanda*; remitir o reenviar directamente al Derecho internacional y a sus procedimientos de solución pacífica de controversias, por otra parte, los casos en que la República deba hacer frente a litigios por el cumplimiento de los tratados internacionales que le obliguen.

XXXII. La Constitución venezolana de 1999

Sin perjuicio de la reconstrucción interpretativa que, con apoyo Puig, hemos realizado en beneficio de la tesis monista con primacía del Derecho internacional sobre el Derecho interno venezolano o, cuando menos, de un dualismo funcional moderado, ora por ser la más consistente con la interpretación contextual de la Constitución de 1961, ora por reflejar tanto las tendencias doctrinales y jurisprudenciales en boga como la estructura de la sociedad internacional contemporánea, mal podríamos obviar algunas dudas o preocupaciones sobrevenidas que nos suscita la Constitución de 1999.

El artículo 154 relativo a la aprobación parlamentaria de los tratados internacionales, como lo dijimos *supra*, replantea casi textualmente el contenido del artículo 128 de la Constitución de 1961.

La variante del artículo 154 y la reivindicación de la autonomía soberana del Estado

No huelga comentar, en este orden, que la Constitución de 1961 reclamaba de un acto legislativo especial (*ley especial*) para la aprobación de los tratados, en tanto que la Constitución de 1999 exige una ley a secas (artículo 187,18°); lo que podría sugerir la pérdida de la relativa primacía alcanzada por los tratados frente a las leyes ordinarias por virtud del principio jerarquizador que sobrepone las leyes especiales a las generales (*specialia derogant generalia*). Los dualistas, por ende, podrán afirmar ahora que los tratados, a la luz del novísimo ordenamiento constitucional, poseen valor equivalente a una ley.

Todavía más, podrían agregar que, aun admitiéndose la autonomía jurídica y particularidad de los tratados internacionales con relación a las leyes, en caso de contradicción entre aquellos y éstas habrían de preferirse las normas específicas del Derecho interno, por virtud de lo prescrito en el artículo 152 constitucional:

> Las relaciones internacionales de la República responden a los fines del Estado en función del ejercicio de la soberanía y de los intereses del pueblo [*omissis*].

La manifiesta reivindicación que de la soberanía y de su peso determinante –en una suerte de versión neohegeliana– realiza el constituyente venezolano, con vistas a la inserción de nuestro Estado en el ámbito de las relaciones jurídicas internacionales, casi que predica una regresión ora hacia el viejo modelo dualista, ora hacia el monismo con primacía del Derecho interno sobre el Derecho internacional.

La integración latinoamericana: Una excepción

En la suma de contradicciones conceptuales que se advierten en la Constitución venezolana vigente, otra de sus normas, por el contrario, sugiere la posibilidad de la adaptación del Derecho interno al Derecho internacional hasta quedar enervada la señalada soberanía en favor de potestades normativas supranacionales, con eventual efecto directo *in foro domestico*. El artículo 153 *ejusdem* dispone, en efecto, lo siguiente:

> La República promoverá y favorecerá la integración latinoamericana y caribeña en aras de avanzar hacia la creación de una comunidad de naciones, defendiendo los intereses [*omissis*] de la región. [*Omissis*]. Para estos fines, la República podrá atribuir a organizaciones supranacionales, mediante tratados, el ejercicio de las competencias necesarias para llevar a cabo estos procesos de integración [*omissis*].

Tratados sobre derechos humanos

La Constitución de 1999 plantea una innovación susceptible de sugerir la clara –aun cuando particularizada– adhesión venezolana al principio de primacía del Derecho internacional sobre el Derecho interno, cuando en su artículo 23 proclama que:

> Los tratados, pactos y convenciones relativos a derechos humanos, suscritos y ratificados por Venezuela, tienen jerarquía constitucional y prevalecen en el orden interno, en la medida en que contengan normas sobre su goce y ejercicio más favorables a las establecidas en esta Constitución y en las leyes de la República, y son de aplicación inmediata y directa por los tribunales y demás órganos del Poder Público.

La simple lectura de la disposición en cuestión nos permite apreciar, cuando menos en lo atinente a los tratados sobre derechos humanos, que ley aprobatoria requerida por el artículo 154 constitucional no tiene, por lo visto, efectos "transformadores" del Derecho internacional y opera como un simple acto (ley formal) de "recepción" del Derecho internacional dentro del Derecho interno: por la sencilla razón de que mal podría un acto de rango legal "transformar" a un tratado sobre derechos humanos en norma de rango "constitucional".

En igual orden, la preeminencia constitucional reconocida de los tratados sobre derechos humanos de suyo impide que el legislador pueda limitar o impedir en su desarrollo progresivo, mediante actos de Derecho interno, el contenido de aquellos instrumentos.

Además, los tratados de derechos humanos vienen reputados de auto ejecutivos (*self executing*), es decir, su aplicación dentro del orden interno no amerita –salvo la exigencia de la ley formal de recepción o el reclamo del ***principio del mayor favor***– de actos complementarios de Derecho interno (legislativos o reglamentarios) que hagan posible su aplicación por los órganos del poder público.

Carlos Ayala Corao ("La jerarquía constitucional de los tratados relativos a derechos humanos y sus consecuencias", en la obra colectiva *Derecho internacional de los derechos humanos*, México, Instituto de Investigaciones Jurídicas de la UNAM, 2002), quien colaboró en la redacción del artículo 23 constitucional, reseña con propiedad las consecuencias de la indicada constitucionalización de los tratados de derechos humanos sosteniendo que, junto al señalado *principio del mayor favor* ó *pro homine*: que manda preferir sobre la normas constitucionales a las normas sobre derechos humanos más favorables contenidas en los tratados, éstos, además, quedan incorporados *in totus* al "bloque de la Constitución".

Es decir, tal y como lo entendemos, las normas sobre derechos humanos provenientes de los tratados, salvo la excepción precedente, serían normas constitucionales propias y no solo tendrían la jerarquía de tales. Menciona Ayala, por lo mismo, que tal incorporación de los tratados al bloque constitucional los hace constitucionalmente "rígidos"; pues "una vez incorporado un tratado relativo a derechos humanos [al Derecho interno] ..., el mismo sólo podrá ser denunciado – en los casos en que proceda conforme al derecho internacional – siguiéndo[se] para ello los procedimientos de enmienda o reforma constitucional".

Así las cosas, podría decirse que la norma del 23 constitucional en cuestión se inscribe claramente en la línea monista, a la que adhiere el *supra* comentado procedimiento extraordinario de reenvío o de recepción automática. Sin embargo, el otorgamiento de una "jerarquía" o equivalencia constitucional expresa a los tratados sobre derechos humanos por parte del constituyente patrio, puede, dadas las señaladas ambigüedades que han hecho presa de la Constitución de 1999, ser interpretada como una suerte de mutación de las normas originalmente internacionales en normas constitucionales internas. Y el efecto sería perverso.

Si bien los tratados de derechos humanos prevalecen, lo repetimos, sobre el resto del ordenamiento jurídico interno, el sostener que sus normas, por ser de rango constitucional, asumen la naturaleza de normas de derecho interno, puede impulsar a los órganos del poder público responsables de su aplicación al desarrollo de tendencias conservadoras o restrictivas de sus contenidos.

Sin que nos sumemos, sin más, a la moderna *teoría de la competencia*, que recuerda que el Derecho interno no puede privar sobre el Derecho internacional – antes que por motivos de mera jerarquía formal – por virtud de la especificidad de las materias que son propias a éste, sí debemos recordar que las normas internacionales resultan de un concurso plural de voluntades soberanas; por lo mismo, mal debe una acción soberana unilateral desvirtuar o modificar sus contenidos sin que sobrevenga la inmediata violación o ruptura de las obligaciones internacionalmente contraídas.

Por lo mismo, la jurisprudencia constitucional italiana más reciente (1993) ha tenido el cuidado –en la hipótesis de una contradicción sobrevenida entre una legislación interna posterior y las prescripciones de un tratado internacional precedente y vinculante– de armonizar y adecuar por vía de interpretación a la primera con los contenidos preferentes de éste.

Se sabe, por lo demás, que el criterio de la progresividad interpretativa es propio al Derecho internacional de los derechos humanos y que, asimismo, por virtud de lo dispuesto en los artículos 31 y 32 de la Convención de Viena sobre Derecho de los Tratados, las normas internacionales no están atadas a los cánones de la textualidad o literalidad interpretativa que domina, v.g. a nuestro Derecho interno o nacional.

Posición de la Sala Constitucional del TSJ

La Sala Constitucional del Tribunal Supremo de Justicia de Venezuela, en Sentencia 1.013 de 12 de junio de 2001, una vez como interpreta el contenido de los artículos 57 (libertad de expresión) y 58 (derecho a la información) constitucionales y luego de una denuncia interpuesta ante la Comisión Interamericana de Derechos Humanos por incompatibilidad de dicha interpretación con las disposiciones de los artículos 13 y 14 del Pacto de San José (*Convención Americana de Derechos Humanos*), dio lugar a un pronunciamiento de la Sala Plena del máximo tribunal, en 25 de julio de 2001 que no reclama de mayores análisis y donde se hace constar:

> "que [sus] decisiones ... no están sometidas a ninguna revisión por parte de instancias internacionales, porque ellas constituyen ejercicio pleno de [la] soberanía y se dictan conforme a[l] ordenamiento jurídico [interno]"; y que, además, "...los tratados, pactos o convenciones relativos a los derechos humanos, suscritos y ratificados por Venezuela, ..., tienen jerarquía constitucional y por tanto su interpretación jurídica corresponde a la Sala Constitucional de[l] Alto Tribunal".

La Sala Constitucional confirmó luego esta orientación en su Sentencia 1.942 de 15 de junio de 2003, a cuyo tenor:

> Si un organismo internacional, aceptado legalmente por la República, amparara a alguien violando derechos humanos de grupos o personas dentro del país, tal decisión tendría que ser rechazada aunque emane de organismos internacionales protectores de los derechos humanos. Es posible que si la República así actúa, se haga acreedora de sanciones internacionales, pero no por ello los amparos o los fallos que dictaran estos organismos se ejecutarán en el país, si ellos resultan violatorios de la Constitución de la República y los derechos que ella garantiza. [omissis]. La Sala considera que, por encima del Tribunal Supremo de Justicia y a los efectos del artículo 7 constitucional, no existe órgano jurisdiccional alguno, a menos que la Constitución o la ley así lo señale, y que aun en este último supuesto, la decisión que se contradiga con las normas constitucionales venezolanas carece de aplicación en el país, y así se declara.

A modo de profundización, dicha Sala Constitucional, en su Sentencia 1.939 de 18 de diciembre de 2008 dictada a propósito de un fallo de la Corte Interamericana de Derechos Humanos que declara responsable por hecho internacionalmente ilícito al Estado de Venezuela, por la decisión de destituir a distintos jueces de la jurisdicción administrativa interna al margen de la normativa convencional interamericana (*Caso Apitz y otros*), consagra en su beneficio una suerte de potestad unilateral para declarar el carácter ejecutable o no de las decisiones judiciales internacionales dentro del orden interno venezolano.

La Sala, por otra parte, extrema su consideración al punto de recomendarle al Poder Ejecutivo la denuncia de la Convención Americana de Derechos Humanos, por considerar que de sus normas, las únicas constitucionalmente reconocibles son las que consagran derechos humanos más favorables, pero no aquéllas de carácter adjetivo que confieren autoridad a la Comisión y a la Corte Interamericanas de Derechos Humanos para interpretar y aplicar con carácter vinculante para el Estado las mismas normas de la Convención señalada. Y a objeto de sostener que las sentencias internacionales, para ser válidas y ejecutables dentro del Derecho nacional deben responder a "un estándar mínimo de adecuación del fallo al orden constitucional interno", hace suya, *mutatis mutandi*, la decisión similar que expidió, durante la dictadura peruana del presidente Alberto Fujimori, la Sala Plena del Consejo Supremo Militar del Perú, a propósito de otra sentencia dictada por la Corte Interamericana (*Caso Castillo Petruzzi y otros*):

"[E]l poder judicial "es autónomo y en el ejercicio de sus funciones sus miembros no dependen de ninguna autoridad administrativa"...; ...pretenden desconocer la Constitución política del Perú y sujetarla a la Convención Americana de Derechos Humanos en la interpretación que los jueces de dicha Corte [Interamericana de Derechos Humanos] efectúan *ad-libitum* en esa sentencia; ...el fallo cuestionado, dictado por el Tribunal Supremo Militar Especial adquirió la fuerza de cosa juzgada "no pudiendo por lo tanto ser materia de un nuevo juzgamiento por constituir una infracción al precepto constitucional"; ... "en el hipotético caso que la sentencia dictada por la Corte Interamericana fuera ejecutada en los términos y condiciones que contiene, existiría un imposible jurídico para darle cumplimiento bajo las exigencias impuestas por dicha jurisdicción supranacional", pues "sería requisito ineludible que previamente fuera modificada la Constitución" y ..."la acepción y ejecución de la sentencia de la Corte [Interamericana] en este tema podría en grave riesgo la seguridad interna de la República".

Según la Sala Constitucional, por consiguiente:

> [L]a ejecución de la sentencia de la Corte Interamericana de Derechos Humanos del 5 de agosto de 2008, afectaría principios y valores esenciales del ordenamiento constitucional de la República Bolivariana de Venezuela y pudiera conllevar a un caos institucional en el marco del sistema de justicia, al pretender modificar la autonomía del Poder Judicial constitucionalmente previsto y el sistema disciplinario instaurado legislativamente...[y] pretende desconocer la firmeza de las decisiones de destitución que recayeron sobre los ex jueces de la Corte Contencioso Administrativa; [dado lo cual se] declara inejecutable el fallo de la Corte Interamericana de Derechos Humanos.

La conclusión que se desprende de la perspectiva jurisprudencial comentada es manifiesta: Los tratados de derechos humanos son normas constitucionales y no son, meramente, normas de jerarquía constitucional; por ende, al interpretar los contenidos de dichos tratados el Tribunal Supremo lo hace de acuerdo a sus propios cánones interpretativos, considerándolos parte integrante del Derecho interno, y resuelve sobre ellos con base en su autoridad excluyente como exclusiva para interpretar y decidir sobre la colisión de normas constitucionales de igual jerarquía, dentro de éstas las contenidas en los tratados internacionales. Se trata, pues, de una concepción dualista ortodoxa, que bien se inscribe en la dogmática de señalado artículo 152 de la Constitución venezolana: "Las relaciones internacionales (...) responden a los fines del Estado en función del ejercicio de la soberanía (...)".

Con su última dicta, qué duda cabe, la Sala incluso desborda la lógica funcional o de equilibrio entre los órdenes jurídicos internacional y nacional que predica la teoría dualista sobre la materia, incluso cuando el orden internacional queda sujeto a su transformación y escrutinio constitucional previo como norma de derecho interno para ser válidamente aplicado. Sitúa al orden constitucional venezolano, antes bien, en un plano de impermeabilidad frente al Derecho internacional y hasta lo considera tributario del orden interno; a un punto de exigir que las normas de aquél, aun siendo la obra de la concurrencia plural de varias y distintas soberanías estatales, se adecuen a los postulados superiores de propio ordenamiento venezolano si aspiran a tener validez y efectividad dentro de su cuerpo y no a la inversa; todo lo cual resulta de las enseñanzas que la Sala Constitucional toma de fallos anteriores suyos (1.077/2000 y 1.309/2001) que en síntesis dicen así:

> El derecho es una teoría normativa puesta al servicio de la política que subyace tras el proyecto axiológico de la Constitución... y la interpretación debe comprometerse... con la mejor teoría política que subyace tras el sistema que se interpreta o se integra y con la moralidad institucional que le sirve de base axiológica... [L]os estándares para dirimir el conflicto entre los principios y las normas deben ser compatibles con el proyecto político de la Constitución... y no deben afectar la vigencia de dicho proyecto con elecciones interpretativas ideológicas que privilegien los derechos individuales a ultranza o que acojan la primacía del orden jurídico internacional sobre el derecho nacional en detrimento de la soberanía del Estado.

Tal postura, manifiestamente regresiva, propia del tiempo germinal del Estado Nación y contraria a la idea como a la existencia sucesiva y el reconocimiento modernos de una comunidad o de una sociedad internacional entre los Estados, no hace buena ni acoge, en fin, la otra tesis jurídica elemental que, a manera de ejemplo, cita Gutiérrez Espada como específica de la doctrina y jurisprudencia constitucional españolas:

> [L]os tratados internacionales sobre derechos humanos jugarán en nuestro ordenamiento proporcionando a los órganos del Estado, y a la hora de aplicar e interpretar los derechos y libertades establecidos en la Constitución, criterios interpretativos. [Omissis]. Piénsese, por ejemplo, en el Convenio de Roma del Consejo de Europa (1950), vinculante para nuestro país. No sólo el Convenio se limita a establecer una relación de los derechos del hombre como ya hace, y no peor desde luego, nuestra Constitución, sino que además instituye órganos de control: la Comisión y el Tribunal Europeo de Derechos Humanos. Éste, en particular ha ido generando toda una jurisprudencia en la aplicación e interpretación de los derechos establecidos en el Convenio. Pues bien, esa jurisprudencia de un órgano creado por el Convenio proporciona también criterios interpretativos para los órganos internos.

XXXIII. Control de convencionalidad y diálogo jurisprudencial sobre la democracia

Introducción

La cuestión del llamado control de convencionalidad, a la luz de la jurisprudencia de la Corte Interamericana de Derechos Humanos y la que a su vez elaboran los tribunales constitucionales domésticos y del diálogo sostenido entre aquella y estos, como de las elaboraciones de la doctrina, revela un avance teórico y práctico encomiables. Ello es así más allá de que la situación de los derechos humanos y de la democracia en las Américas – en los planos de su respeto por los Estados y la tutela interamericana efectiva - no sea la más prometedora.

Su esbozo pionero lo hace el juez *Sergio García Ramírez* con el propósito de perfilar mejor, con sus debidos cuidados, la naturaleza del citado órgano jurisdiccional encargado de la protección regional internacional de derechos humanos. Lo hace así con vistas a que la misma Corte, al juzgar el comportamiento de los Estados parte a propósito de las violaciones de derechos humanos que le sean atribuidas, tenga conciencia de su papel y del contenido imperativo de la Convención Americana de Derechos Humanos que la crea; sea por hacer parte ésta del orden público internacional como por integrar, a su vez, el denominado bloque de la constitucionalidad en las jurisdicciones internas. Y como lo dice la misma Corte en repetidas oportunidades, ello en modo alguno la erige como cuarta instancia sobre la pirámide judicial de los Estados pues su jurisdicción es más compleja.

No por azar, la Corte ha dicho claramente que "es consciente de que las autoridades internas están sujetas al imperio de la ley y, por ello, están obligadas a aplicar las disposiciones vigentes en el ordenamiento jurídico. Pero cuando un Estado es parte de un tratado internacional como la Convención Americana, todos sus órganos, incluidos sus jueces, también están sometidos a aquél, lo cual les obliga a velar por que los efectos de las disposiciones de la Convención no se vean mermados por la aplicación de normas contrarias a su objeto y fin" (Corte IDH, *Caso de Cabrera García y Montiel Flores*, Sentencia de 26 de noviembre de 2010, párr. 225)

La Corte no tutela así un sistema paralelo o meramente sobrepuesto al de los Estados o en competencia con los mismos, sino que, forjado sobre la soberanía concurrente de éstos ancla la normativa interamericana sobre derechos humanos en los principios del citado orden público para fisurar o modelar con sus postulados y al mismo tiempo tanto al orden internacional en su base contractualista clásica como a los ordenamientos internos de los propios Estados.

García Ramírez, en efecto, se propone lo que antes y en su momento también hacen la misma Corte y el hoy fallecido juez Rodolfo Piza Escalante al referirse al rol de la Comisión Interamericana de Derechos Humanos, la que al igual la Corte es órgano competente para conocer del cumplimiento por los Estados de los términos de la Convención.

A propósito del *Caso de Viviana Gallardo* (Corte IDH, Decisión de 13 de noviembre de 1981, Voto, párr. 4) y al tratar sobre el derecho de toda persona de llevar un caso ante la Comisión, sea o no sea una víctima, indica Piza, salvando su voto y a la vez en criterio que acoge la Corte, que "este esquema es importante para comprender la estructura de la jurisdicción [interamericana] … aun cuando lo haya sido [en su invocación] por la Comisión Interamericana, la cual nunca tiene el rol de parte sustancial, actora ni demandada, sino siempre la de parte *sui generis*, puramente procesal, auxiliar de la justicia, a la manera de un «ministerio público» del sistema" de protección de derechos humanos.

García Ramírez, en el *Caso de los Trabajadores cesados del Congreso peruano* (Corte IDH, Sentencia de 24 de noviembre de 2006, Voto, párr.4), afirma que: "En otras ocasiones he cotejado la función de los tribunales internacionales de derechos humanos con la misión de las cortes constitucionales internas. Estas tienen a su cargo velar por el Estado de Derecho a través del juzgamiento sobre la subordinación de actos de autoridades a la ley suprema de la nación".

Sin mengua de que en esas ocasiones no se le califica como tal a dicho instituto – control de convencionalidad - el mismo juez Piza, describiendo luego la actividad jurisdiccional de la Corte en la *Opinión Consultiva sobre la Constitución*

Política de Costa Rica, observa que: "No ha de sustituirse a las autoridades nacionales competentes, con olvido del carácter subsidiario del mecanismo internacional de garantía colectiva instaurado por el Convenio. Las autoridades nacionales siguen siendo libres de elegir las medidas que estimen apropiadas en las materias regidas por el Convenio". Y a renglón seguido agrega lo que importa, a saber, que "el control del Tribunal no se refiere sino a la conformidad de estas medidas con las exigencias del Convenio" (Corte IDH, OC-4/1984, párr. 10).

En uno u otro caso, lo importante a destacar reside en la precisión del pleno de la Corte en cuanto a que, el juez nacional, "al elegir las medidas" que refiere Piza ha de hacerlo ajustado al *corpus iuris interamericano*.

Se hace presente, ahora sí y en consecuencia, la cuestión del control de convencionalidad que han de realizar tanto la Corte – sea en propiedad y a propósito de los casos contenciosos que conoce, sea de manera preventiva y como orientación al emanar sus opiniones consultivas[1] – como los jueces nacionales y que, al no representar la actuación de dicha Corte una corrección piramidal o de instancia sobre lo decidido en el plano doméstico por los Estados parte de la Convención, provoca, mejor aún, el llamado «diálogo jurisprudencial» entre jurisdicciones – la internacional o convencional, anclada en los tratados de derechos humanos, con las domésticas o constitucionales y viceversa – a objeto de lograr no sólo la plenitud de la propia Convención Americana sino una decisión que responda a lo que señala el artículo 29 de ésta sobre su interpretación, es decir, que

1) No sea limitativa de los derechos humanos, sino en la medida convencionalmente aceptada;

2) no sea excluyente de otros derechos que la Convención no contempla, pero sí la Constitución o leyes del respectivo Estado;

3) sea reconocedora de todo derecho que no estando contemplado normativamente pueda aceptarse conforme a los criterios de inherencia a lo humano, derivado de la democracia, o contemplado en las declaraciones internacionales sobre derechos humanos por entenderse como interpretaciones auténticas de la Convención.

El diálogo jurisprudencial, resultado de los controles de convencionalidad interamericano y nacionales, en efecto y por lo visto, representa un eslabón apropiado, una sede privilegiada para la resolución de los grandes problemas que plantean como desafíos el respeto a la dignidad humana y su prelación ontológica frente a lo normativo, la renovación de la experiencia democrática en medio de un ambiente de desencanto, y un régimen apropiado de garantías jurídicas susceptible de darle gobernabilidad a las fuerzas disolventes de lo social y de lo político-territorial que, con velocidad inusitada, pugnan en los espacios trasnacionales y buscan relativizar al hombre y su existencia.

Precisiones conceptuales

Carlos Ayala Corao, quien estudia la cuestión a profundidad pone de relieve el significado teleológico del citado control y el diálogo que éste procura, afirma que su resultado es "un enriquecimiento mutuo en la construcción de soluciones equivalentes [entre distintas jurisdicciones] acordes a los principios del derecho democrático". Lo que, al paso y como lo señala el autor, permite la forja y hace evidente "una nueva concepción democrática de la soberanía, que podemos denominar una *soberanía de los derechos*, la cual limita al poder de los Estados desde una doble fuente: la constitucional y la internacional, como objeto y propósito de proteger universalmente a la persona humana".[2]

Se ha de tener presente, en tal orden, que "cuando un Estado ha ratificado un tratado internacional como la Convención Americana, sus jueces, como integrantes del aparato u órganos del Estado también están sometidos a ella, lo que les obliga

1 "El propósito central de la función consultiva es obtener una interpretación judicial sobre una o varias disposiciones de la Convención o de otros tratados concernientes a la protección de los derechos humanos en los Estados americanos. En este orden de ideas, las Opiniones Consultivas cumplen, en alguna medida, la función propia de un control de convencionalidad preventivo". Corte IDH. *Titularidad de derechos de las personas jurídicas en el Sistema Interamericano de Derechos Humanos (Interpretación y alcance del artículo 1.2, en relación con los artículos 1.1, 8, 11.2, 13, 16, 21, 24, 25, 29, 30, 44, 46, y 62.3 de la Convención Americana sobre Derechos Humanos, así como del artículo 8.1 A y B del Protocolo de San Salvador)*. Opinión Consultiva OC-22/16 de 26 de febrero de 2016. Párr. 26

2 Carlos Ayala Corao, *Del diálogo jurisprudencial al control de convencionalidad*, Editorial Jurídica Venezolana, Caracas, pp. 7 y 18

a velar porque los efectos de las disposiciones de la Convención no se vean mermadas por la aplicación de leyes contrarias a su objeto y fin, y que desde un inicio carecen de efectos jurídicos" (Corte IDH, *Caso Almonacid Arellano*, Sentencia de 26 de septiembre de 2006, párr. 124).

De modo que el control de convencionalidad, entonces, es la herramienta que concreta el cumplimiento por el Estado de sus obligaciones internacionales en el plano del Derecho interno. Como lo aclara Claudio Nash[3], es la concreción de una garantía hermenéutica, es decir, que los derechos humanos internacionalmente consagrados sean conformes en sus núcleos y alcances – amplio goce y limites restrictivos – con las obligaciones de respeto y garantía asumidas por cada Estado, según las previsiones de la Convención Americana y las interpretaciones auténticas que de estos realizan sus órganos de aplicación, la Comisión y la Corte Interamericanas.

b) Reglas del control de convencionalidad y sus efectos

No basta, por ende, que el Estado, al cumplir sus obligaciones de respeto y garantía adecue, desaplique o expulse las leyes inconformes o dicte las necesarias, pues al cabo lo que importa es que sus órganos, dentro del marco de sus competencias, apliquen "las normas de origen interno de forma tal que sean compatibles con las obligaciones internacionales del Estado y le den efectividad a los derechos consagrados interna e internacionalmente".[4]

Las reglas de la Corte, respecto de la obligación de cada Estado parte de "adecuar su derecho interno a la Convención, contenida en el artículo 2 de la misma" y que ha de cumplir de buena fe (*pacta sunt servanda*), garantizando que sus respectivas actuaciones tengan efectos reales (*effet utile*), señalan que se trata de "un principio básico del derecho sobre la responsabilidad internacional de los Estados" (Corte IDH, *Caso Herzog y otros Vs. Brasil*, Excepciones Preliminares, Fondo, Reparaciones y Costas, Sentencia de 15 de marzo de 2018, párrs. 311 y 312).

A renglón seguido precisan que:

(a) No basta que el Estado inaplique una norma contraria a la obligación internacional asumida, sino que media "una obligación legislativa de suprimir toda norma violatoria a la Convención y, en segundo lugar, porque el criterio de las cortes internas puede cambiar, decidiéndose aplicar nuevamente una disposición que para el ordenamiento interno permanece vigente" (*Caso Almonacid*, cit., párr. 121). De modo que, sin más, el Estado ha de "dejar sin efecto disposiciones legales contrarias a la Convención" (Corte IDH, *Caso Norín Catrimán y otros (Dirigentes, Miembros y Activista del Pueblo Indígena Mapuche) Vs. Chile*, Supervisión de Cumplimiento de Sentencia. Resolución de la Corte Interamericana de Derechos Humanos de 28 de noviembre de 2018. Párr. 64);

(b) ha de adecuar la legislación interna "dentro de un plazo razonable, [y] … de conformidad con los parámetros establecidos en esta Sentencia" (Corte IDH, *Caso Mendoza y otros Vs. Argentina*, Excepciones Preliminares, Fondo y Reparaciones, Sentencia de 14 de mayo de 2013, párr. 121);

(d) y cuando no se hace necesaria la modificación legislativa para la adecuación a las obligaciones internacionales, ha de interpretar el Estado sus propias normas de modo coherente con "los principios establecidos por la jurisprudencia del tribunal" (Corte IDH, *Caso Colindres Schonenberg Vs. El Salvador*, Fondo, Reparaciones y Costas, Sentencia de 4 de febrero de 2019, párr. 130) y según la Convención (eficacia interpretativa):

> "Es necesario que la aplicación de las normas o su interpretación, en tanto prácticas jurisdiccionales y manifestación del orden público estatal, se encuentren ajustadas al mismo fin que persigue el artículo 2 de la Convención" (Corte IDH, *Caso Radilla Pacheco vs. México*, Sentencia de 23 de noviembre de 2009. Párr., 338).

Advierte la Corte, en subsidio,

3 Corte IDH, *Control de convencionalidad*, Cuadernillo de Jurisprudencia N°7, San José de Costa Rica, 2019, p.4

4 Loc.cit.

> "la relevancia de la debida interpretación de la legislación y aplicación del control de convencionalidad, a la luz de la jurisprudencia de la Corte y estándares internacionales aplicables" (Corte IDH. *Caso Comunidad Garífuna de Punta Piedra y sus miembros Vs. Honduras.* Excepciones Preliminares, Fondo, Reparaciones y Costas. Sentencia de 8 de octubre de 2015. Párr. 211).

La Convención, una vez integrada al bloque de la constitucionalidad por sus Estados parte[5] es un estatuto que rige las obligaciones de éstos en el campo de los derechos humanos de las personas sujetas a su jurisdicción. Su violación, por ende, de no producirse el debido y oportuno restablecimiento del orden convencional vulnerado, ni otorgarse, cuando proceden, las reparaciones a las víctimas por comportamiento imputables a los Estados, éstos comprometen su responsabilidad internacional por hechos internacionalmente ilícitos, conforme al artículo 63,1 en concordancia con los artículos 1 y 2 *ejusdem* que fijan - los últimos - las obligaciones de respeto y de garantía de los derechos humanos reconocidos.

"[C]onforme al derecho internacional, cuando un Estado es parte de un tratado internacional, como la Convención Americana, dicho tratado obliga a todos sus órganos, incluidos los poderes judicial y legislativo por lo que la violación por parte de alguno de dichos órganos genera responsabilidad internacional para aquel", recuerda la Corte, antes de agregar, por consiguiente, que:

> "estima de necesario que los diversos órganos del Estado realicen el correspondiente control de convencionalidad, también sobre la base de lo que señale en ejercicio de su competencia no contenciosa o consultiva, la que innegablemente comparte con su competencia contenciosa, el propósito del sistema interamericano de derechos humanos, cual es, la protección de los derechos fundamentales de los seres humanos (Corte IDH. *La institución del asilo y su reconocimiento como derecho humano en el Sistema Interamericano de Protección (interpretación y alcance de los artículos 5, 22.7 y 22.8, en relación con el artículo 1.1 de la Convención Americana sobre Derechos Humanos).* Opinión Consultiva OC-25/18 de 30 de mayo de 2018. Párr.58).

Es consciente, por lo antes dicho, que todos a uno, los Estados parte de la Convención quedan atados en el ejercicio de sus competencias dispuestas por el Derecho interno al cumplimiento de las obligaciones que la misma establece y al efecto hace "primar [dicho] control de convencionalidad, que es función y tarea de cualquier autoridad pública y no solo del Poder Judicial" (Corte IDH, *Caso Gelman*, Sentencia de 24 de febrero de 2011, párr. 239). De suyo, no impone un modelo de control específico, concentrado o difuso, judicial, legislativo o ejecutivo, sino que reclama de su existencia, la del control de convencionalidad, al recordar, v.gr. que: "si bien… reconoce la importancia de estos órganos como protectores de los mandatos constitucionales y los derechos fundamentales [se refiere a los Tribunales Constitucionales], la Convención Americana no impone un modelo específico para realizar un control de constitucionalidad y convencionalidad. En este sentido, la Corte recuerda que la obligación de ejercer un control de convencionalidad entre las normas internas y la Convención Americana compete a todos los órganos del Estado, incluidos sus jueces y demás órganos vinculados a la administración de justicia en todos los niveles" (Corte IDH, *Caso Liakat Ali Alibux Vs. Surinam*, Excepciones Preliminares, Fondo, Reparaciones y Costas, Sentencia de 30 de enero de 2014, párr. 124).

Las obligaciones internacionales de los Estados en materia de derechos humanos han de entenderse, en suma, en su fuerza prescriptiva o normativa y no como programas o aspiraciones. Por lo mismo, receptadas como sean tales obligaciones dentro del ordenamiento jurídico interno, quien ejerce el control de constitucionalidad – declara la conformidad de las normas y acaso las adecua en su interpretación o las expulsa por inconstitucionales – ha de cumplimentar a la vez o a renglón seguido el debido control de convencionalidad (Corte IDH, *Caso Boyce y otros vs. Barbados*, Sentencia de 20 de noviembre de 2007, párrs. 77 y 78).

> "En otras palabras, los órganos del Poder Judicial deben ejercer no sólo un control de constitucionalidad, sino también "de convencionalidad" *ex officio* entre las normas internas y la Convención Americana, evidentemente en el marco de sus respectivas competencias y de las regulaciones procesales correspondientes. Esta función no debe quedar limitada exclusivamente por las manifestaciones o actos de los accionantes en cada caso concreto, aunque tampoco implica que ese control deba ejercerse siempre, sin considerar otros presupuestos formales y materiales de admisibilidad y procedencia de ese tipo de acciones" (Corte IDH, *Caso Trabajadores Cesados del Congreso (Aguado Alfaro y otros) Vs. Perú*, Excepciones Preliminares, Fondo, Reparaciones y Costas, Sentencia de 24 de noviembre de 2006, párr. 128). "Es necesario, que las interpretaciones constitucionales y legislativas… se adecúen a los principios establecidos en la jurisprudencia de este Tribunal", sostiene la misma Corte Interamericana de un modo preciso (*Caso Radilla Pacheco*, cit., párrs. 114 y 115).

5 Ayala, op.cit., 90

c) La tarea hermenéutica

En su tarea hermenéutica y de adecuación del derecho interno al derecho internacional de derechos humanos, a través del control de convencionalidad, los órganos del Estado competentes han de ser conscientes de lo advertido por la Corte, en cuanto a que "varios tribunales nacionales de la más alta jerarquía han entendido que la jurisprudencia internacional es fuente de derecho, si bien con distintos alcances, y han utilizado los *obiter dicta* y/o las *ratio decidendi* de dicha jurisprudencia para fundamentar o guiar sus decisiones e interpretaciones" (*Caso Gelman*, cit., párr. 86). La prevención no es ociosa, por cuanto si bien es cierto que la jurisprudencia que resulta de la función contenciosa de la Corte obliga de manera directa y estricta a los Estados parte llamados a estrados, evadir su doctrina otro Estado parte que ha de aplicar la Convención alegando no sentirse vinculado por la misma, le expone a un comportamiento que puede ser constitutivo de su responsabilidad internacional por hecho internacionalmente ilícito.

Ha declarado la Corte, ante hipótesis como la señalada, que si bien "el Estado ha reconocido ante esta instancia internacional que una interpretación diferente de la figura de la prescripción en acciones civiles de reparación en casos de crímenes de lesa humanidad constituye una violación de derechos reconocidos en la Convención... [l]a consecuencia necesaria de la posición del Estado es que interpretaciones judiciales actuales o futuras inconsecuentes con ese criterio serían contrarias a la Convención y, por ende, comprometerían la responsabilidad del Estado" (Corte IDH. Caso Órdenes Guerra y otros Vs. Chile. Fondo, Reparaciones y Costas. Sentencia de 29 de noviembre de 2018. Párr. 133).

Es conteste la misma en cuanto a que en la aplicación que hacen los jueces nacionales de las normas de la Convención Americana, ellos las interpretan o adecuan a concretos supuestos de hecho guiándose por la jurisprudencia de la Corte Interamericana. Se trata de un camino que se recorre en doble vía, de manera dinámica y bajo el criterio de la subsidiariedad, según lo describe la Corte Interamericana con amplitud y lo destaca Ayala Corao:

> "[E]n el sistema interamericano, existe un control dinámico y complementario de las obligaciones convencionales de los Estados de respetar y garantizar los derechos humanos, conjuntamente entre las autoridades internas (primariamente obligadas) y las instancias internacionales (en forma complementaria), de modo que los criterios de decisión, y los mecanismos de protección, tanto los nacionales como los internacionales, puedan ser conformados y adecuados entre sí. Así, la jurisprudencia de la Corte muestra casos en que se retoman decisiones de tribunales internos para fundamentar y conceptualizar la violación de la Convención en el caso específico; en otros casos se ha reconocido que, en forma concordante con las obligaciones internacionales, los órganos, instancias o tribunales internos han adoptado medidas adecuadas para remediar la situación que dio origen al caso; ya han resuelto la violación alegada; han dispuesto reparaciones razonables, o han ejercido un adecuado control de convencionalidad. En este sentido, la Corte ha señalado que la responsabilidad estatal bajo la Convención solo puede ser exigida a nivel internacional después de que el Estado haya tenido la oportunidad de reconocer, en su caso, una violación de un derecho, y de reparar por sus propios medios los daños ocasionados" (*Caso Colindres Schonenberg*, cit., párr. 75).

Finalmente, el modelo del juicio de convencionalidad como *baremo de compatibilidad y de cumplimiento* por cada Estado parte y por su iniciativa, responde a claros principios que se desprenden del Derecho internacional y enuncia la propia Corte:

> "Los jueces y órganos vinculados a la administración de justicia en todos los niveles, están en la obligación de *ejercer ex officio* un "control de convencionalidad" entre las normas internas y la Convención Americana, evidentemente *en el marco de sus respectivas competencias* y de las regulaciones procesales correspondientes. En esta tarea, los jueces y órganos vinculados a la administración de justicia *deben tener en cuenta no solamente el tratado, sino también la interpretación que del mismo ha hecho la Corte Interamericana*, intérprete última de la Convención Americana" (Corte IDH, *Caso López Lone y otros Vs. Honduras*, Excepción Preliminar, Fondo, Reparaciones y Costas, Sentencia de 5 de octubre de 2015, párr. 307; Corte IDH, *Caso Comunidad Garífuna de Punta Piedra y sus miembros Vs. Honduras*, Excepciones Preliminares, Fondo, Reparaciones y Costas, Sentencia de 8 de octubre de 2015, párr. 346; Corte IDH, *Caso Órdenes Guerra y otros Vs. Chile*, Fondo, Reparaciones y Costas, Sentencia de 29 de noviembre de 2018, párr. 135).

Ayala Corao, innovando, analiza luego dicha cuestión del control de convencionalidad desde la perspectiva de su fruto, es decir, del mencionado diálogo jurisprudencial que, como experiencia es el relevante para el propósito que interesa y es susceptible de provocar la relación de la jurisdicción interamericana con los jueces nacionales en el campo de los derechos humanos y de la democracia como su odre, propiciando sus revalorizaciones.

Ello implica para cada juez la posibilidad de transitar – lo recuerda Ayala – por el camino de distintas técnicas, como: "la interpretación conforme, la interpretación vinculante, la interpretación orientadora, la norma interpretada, la cosa juzgada internacional, la interpretación vinculante y el bloque de la constitucionalidad".[6] Y agrega, para sintetizar lo conceptual y luego de referirse a los fundamentos jurídicos y la naturaleza del control de convencionalidad como al contenido de los artículos 1 y 2 de la Convención Americana, que:

> "El control de convencionalidad consiste entonces en una obligación que corresponde a todos los órganos del poder público del Estado, tanto a nivel nacional como en sus niveles inferiores de distribución político territorial (estados, provincias, regiones, municipios u otros), con independencia de la responsabilidad internacional del Estado nacional", según el tenor del artículo 28 ejusdem. Y "de allí que todos los actos y actividades del Estado estén sometidos a este control, comenzando con la propia Constitución y las leyes, los actos administrativos, las sentencias y en general, todos los demás actos estatales".[7]

d) La bidireccionalidad del diálogo, supuesto del agotamiento de los recursos internos

Esa tarea del control de convencionalidad, según el acertado criterio del autor, no se detiene en las paredes de la oficina de cada juez o que, acaso, pueda ser de interés para fines jurídicos comparatistas. El diálogo entre jurisdicciones que se suscita como "control de la arbitrariedad judicial" supone una exigente labor consciente y de razonamiento que – al anclar las normas y la doctrina internacionales dentro de los espacios constitucionales domésticos – busca influenciar, en reciprocidad y bidireccionalidad, el accionar de las otras jurisdicciones; ello, con vistas a una progresiva homologación de las distintas jurisprudencias.[8] Se trata, por referirse a un control sobre el cumplimiento de obligaciones internacionales en materia de derechos humanos, de una cuestión muy sensible, quizás la vertebral, dentro de la experiencia democrática; lo que no la hace ajena a las mismas tensiones y conflictos propios de la democracia. Por ende, de hace pertinente, dado el caso, la preocupación que la misma Corte Interamericana hace presente en uno de sus fallos y a cuyo tenor "resulta preocupante la intimidación y presión que podrían enfrentar los operadores de justicia que, desde sus respectivas competencias, pretendan efectuar un control de convencionalidad" (Corte IDH, *Caso Miembros de la Aldea Chichupac y comunidades vecinas del Municipio de Rabinal, Caso Molina Theissen y otros 12 Casos Guatemaltecos Vs. Guatemala*, Medidas Provisionales y Supervisión de Cumplimiento de Sentencia, Resolución de la Corte Interamericana de Derechos Humanos de 12 de marzo de 2019, párr. 45).

El diálogo jurisprudencial que provoca el control de convencionalidad y se plantea entre los órganos principales de la Convención Americana y los Estados parte, ocurre por vía de un desdoblamiento funcional y de modo particular con los jueces nacionales, obligados estos a la realización de los términos de aquella en lo atinente a la tutela judicial efectiva que cristaliza como derecho el artículo 25 (Protección Judicial) convencional; pero hace posible también, a fin de cuentas, la igual realización del principio de agotamiento de los recursos internos del Estado como condición para que tenga lugar la actuación de los órganos de la señalada Convención, poniendo en marcha el estatuto sobre la responsabilidad internacional de los Estados por hechos internacionalmente ilícitos.

Hoy, favorecido ese diálogo por las facilidades del mundo digital y los reclamos por una mejor calidad en las democracias y la democratización de los espacios globales, al término se espera que ocurra una convergencia progresiva, escalonada, y multidireccional, de similar ida y de vuelta entre las jurisdicciones varias a que dé lugar la forja progresiva de un derecho común universal, anclado en la ética de la persona humana. Su fundamento, lo precisa Ayala, ha de ser entonces la misma democracia, sus valores, a saber, los que se desprenden de "los atributos esenciales de la dignidad de la persona humana".[9]

6 Ayala, op.cit., p. 114
7 Ídem, p. 119
8 Íbid, p. 23
9 Íb., p. 219

Control y diálogo sobre la democracia

En mi libro sobre *Calidad de la democracia y expansión de los derechos humanos*, refiero que más allá del accionar político que sigue en pie para el sostenimiento de la libertad, la vigencia del estado de Derecho, y la garantía de los derechos fundamentales de la persona humana, el verdadero desafío o reclamo actual y que parece avanzar es el de la reinvención de la democracia; como si se tratase, incluso, de algo inédito –especie de utopía– para las generaciones del presente y con vistas al porvenir.

Dado ello me pregunto y he preguntado si ¿se trata, acaso, de una apuesta o, mejor un planteamiento que, de entrada, no descarta, sino que obliga a poner sobre la mesa de la crítica abierta al dogma de las formas y contenidos de la democracia tal y como se las entiende a lo largo de la modernidad y pide verificar sus consistencias con las realidades distintas, sobrevenidas, que muestra el siglo en curso y son propias a lo inevitable?[10]

No dudo en señalar que a través del diálogo jurisprudencial que auspicia el control de convencionalidad, cuando menos a la luz de la Convención Americana y, por aplicación de esta, los términos de la Carta Democrática Interamericana, guiada la actividad judicial por el principio de la progresividad acaso puedan encontrarse las respuestas necesarias en jurisprudencia que ya se nos muestra en escorzo.

Dos vías particulares y a la vez estrechamente vinculadas son susceptibles de hacer caminos y realizar el propósito anterior: una es el control de convencionalidad de la democracia y, la otra, el control de convencionalidad democrática.

a) Control de convencionalidad de la democracia

Destaca como novedad la aplicación que de los términos de la Carta Democrática Interamericana viene haciendo la Corte Interamericana en virtud de distintos casos sometidos a su conocimiento y a objeto de darle contenido al ordinal d) del artículo 29 de la Convención, a cuyo tenor "Ninguna disposición de la presente Convención puede ser interpretada en el sentido de: … excluir o limitar el efecto que puedan producir la Declaración Americana de Derechos y Deberes del Hombre y otros actos internacionales – a la sazón la Carta Democrática Interamericana – de la misma naturaleza".

La Declaración de Santiago de Chile, adoptada por la Quinta Reunión de Consulta de Ministros de Relaciones Exteriores de la OEA, en la misma oportunidad en que nace la Comisión Interamericana de Derechos Humanos y tiene como su primer presidente al eximio escritor y exmandatario venezolano Rómulo Gallegos, define una pauta sustantiva sobre la democracia que debe considerarse doctrina pionera en el hemisferio occidental y ha de ser ponderada por los operadores jurídicos.

La democracia, como sistema o régimen y como derecho que cabe a los gobiernos asegurarlo, se entiende, tal y como reza la Declaración, como sujeción a la ley mediante la independencia de los poderes y la fiscalización de los actos del gobierno por órganos jurisdiccionales del Estado; surgimiento de los gobiernos mediante elecciones libres; incompatibilidad con el ejercicio de la democracia o el ejercicio del poder sin plazo determinado o con manifiesto propósito de perpetuación; deber de los gobiernos de sostener un régimen de libertad individual y justicia social fundado en el respeto a los derechos humanos; protección judicial eficaz de los derechos humanos; contrariedad con el orden democrático de la proscripción política y sistemática; ejercicio de la libertad de prensa, información y expresión en tanto que condición esencial para la existencia del mismo sistema democrático; en fin, desarrollo de estructuras económicas que aseguren condiciones justas y humanas de vida para los pueblos.

En tal orden, progresivamente se forja en las Américas un verdadero modelo jurídico de seguridad colectiva de la democracia –primero de orden jurisdiccional y en adición de carácter político y diplomático, ajeno a la fuerza o, mejor aún,

10 Asdrúbal Aguiar, *Calidad de la democracia y expansión de los derechos humanos*, Miami, Miami Dade College / Editorial Jurídica Venezolana International, 2018, p.21

fundado en la fuerza del Derecho, garantista de los derechos de la persona humana– que encuentra sus manifestaciones más actuales en la Convención Americana de Derechos Humanos y en la Carta Democrática Interamericana (2001).

Aquélla, de modo preciso señala en su Preámbulo que los derechos humanos valen y tienen entidad más allá de los Estados parte y sus gobiernos y que su respeto y garantía sólo es posible dentro del cuadro de las instituciones democráticas. Y en sus artículos 29.c y 32.2 dispone que los derechos humanos han de interpretarse –para determinar sus núcleos pétreos y posibles límites o deberes– a la luz de lo que es inherente a la forma democrática representativa de gobierno y conforme a las justas exigencias del bien común en una democracia.

De acuerdo a sus disposiciones convencionales y mediante el asentimiento soberano de los Estados parte en la Convención, éstos, al efecto, le confían a los órganos convencionales de interpretación y aplicación – la Comisión y la Corte Interamericanas de Derechos Humanos – la competencia de velar, subsidiariamente, por el derecho a la democracia – léase, *in totus*, el derecho a los derechos humanos y sus garantías – una vez como es vulnerado por los propios órganos de los Estados o cuando éstos se muestran incapaces de proveer a su adecuada tutela, declarándolos al efecto internacionalmente responsables por hechos internacionalmente ilícitos.

La Carta Democrática Interamericana, adoptada como resolución y mediante consenso por los Estados miembros de la OEA, preterida por los gobiernos quienes ahora la incumplen o la desconocen, pero que la usan para sancionar a sus "enemigos ideológicos", es la obra de una larga maduración sobre los predicados de la misma democracia según el entendimiento que de ella tienen la doctrina política y judicial regional más autorizadas. Se trata, como lo precisan las reglas del Derecho y la jurisprudencia internacionales constantes[11], de un instrumento jurídicamente vinculante por ser interpretación auténtica sea de la Carta de la misma OEA o Pacto de Bogotá, sea de la citada Convención Americana.

La Carta Democrática, no muy distante del ideal democrático que prende durante la empresa constitucional pionera y de emancipación americanas, mirándose en su precedente – la citada Declaración de Santiago – discierne entre la democracia de origen, atada a elementos esenciales, y la democracia de ejercicio, que predica la efectividad de su ejercicio y como derecho humano de las personas y los pueblos. Por lo demás, encomienda a los órganos políticos de la OEA: su Asamblea General, el Consejo Permanente, y/o el Secretario General, el despliegue de acciones de intensidad diversa y creciente – dentro de las que predominan las gestiones diplomáticas y los buenos oficios – hasta alcanzar sea el fortalecimiento y preservación de la democracia, sea su normalización institucional, o bien su restablecimiento en los Estados donde se haya visto vulnerada.

Es un dato de la realidad que, a lo largo de la última década del siglo pasado y las casi dos décadas del corriente, la democracia vive otra crisis profunda como lo he mencionado y parece reclamar de otras "normas institucionales y constitucionales" propias a la globalización[12], pero esta vez, según algunos, dentro de la misma democracia y, según otros, fuera de ella, manipulando sus formas o vaciándolas de contenido.

No por azar, el citado ex presidente de la Corte Interamericana de Derechos Humanos y jurista mexicano, Sergio García Ramírez, en sus aportes postreros a la doctrina del Alto Tribunal de las Américas previene sobre lo que observa preocupado y a la espera de que lleguen a consolidarse pronto los paradigmas constitucionales y democráticos del porvenir. Habla sobre las nuevas formas de autoritarismo presentes en la región y al efecto dice que "para favorecer sus excesos, las tiranías clásicas que abrumaron a muchos países de nuestro hemisferio invocaron motivos de seguridad nacional, soberanía, paz pública. Con ese razonamiento escribieron su capítulo en la historia... Otras formas de autoritarismo, más de esta hora, invocan la seguridad pública, la lucha contra la delincuencia (o la pobreza, cabe añadirlo), para imponer restricciones a los derechos y justificar el menoscabo de la libertad. Con un discurso sesgado, atribuyen la inseguridad a las garantías constitucionales y, en suma, al propio Estado de Derecho, a la democracia y a la libertad" (Corte IDH, *Caso Escher y otros*, Sentencia de 6 de julio de 2009, Voto, párr.13), concluye.

11 Véase, Asdrúbal Aguiar, *Digesto de la democracia* (Jurisprudencia de la Corte Interamericana de Derechos Humanos 1987-2014), Editorial Jurídica Venezolana, Caracas, 2014

12 Luigi Ferrajoli, *Razones jurídicas del pacifismo, Madrid, Editorial Trotta, 2004, pp. 93-94; ídem, Principia iuris: Teoría del Derecho y de la democracia*, vol. 2: Teoría de la democracia, Editorial Trotta, 2011

Pues bien, a partir de 2008 hasta el presente, en ejercicio de su control de convencionalidad y atendiendo a la democracia y sus instituciones, en casos emblemáticos – Corte IDH, *Anzualdo Castro* (Sentencia de 22 de septiembre de 2009), *Manuel Cepeda Vargas* (Sentencia de 26 de mayo de 2010), y *Gelman* (Sentencia de 24 de febrero de 2011) – el criterio de los jueces se expresa alrededor de los derechos propios al juego democrático que no pueden enervar los Estados parte ni sus correspondientes órganos de Justicia, citando al efecto que ante los derechos políticos, la libertad de expresión y el derecho de asociación, se "hace necesario analizarlos en su conjunto"; acerca del límite de las mayorías en la democracia arguye lo esencial, a saber que "la protección de los derechos humanos constituye un límite infranqueable a la regla de las mayorías, es decir, a la esfera de lo «susceptible de ser decidido» por parte de las mayorías en instancias democráticas"; sobre las nuevas formas de autoritarismo y el sobreviniente "derecho penal del enemigo", a lo ya dicho supra por el juez García Ramírez añade que el último – de espaldas a la democracia – se viene construyendo "para sancionar, con disposiciones especiales, a los adversarios"; y analizando el rol de la oposición democrática, precisa la Corte que sin ella "no es posible el logro de acuerdos que atiendan a las diferentes visiones que prevalecen en una sociedad" libre y por ende "debe ser garantizada por los Estados".

El principio democrático de la división de poderes, en lo particular el de la independencia de la judicatura, son abordados por la Corte a partir de 1997 a fin de situarles, al primero, como característica del Estado democrático, y al segundo, como uno de los objetivos de la referida separación o especialización en las funciones del Estado y como garantía que beneficia a la persona humana y sus derechos. Seguidamente, ajusta lo esencial en cuanto al último, a saber, que "el ejercicio autónomo [de los jueces, como parte del derecho al debido proceso] debe ser garantizado por el Estado, sea en su faceta institucional, esto es, en relación con el Poder Judicial como sistema, sea en conexión con su vertiente individual, cabe decir, con relación a la persona del juez", como lo prescribe en el *Caso Reverón Trujillo* (Corte IDH, Sentencia de 30 de junio de 2009, párr. 67).

Empero, nos interesa subrayar, más allá de lo indicado, que en paralelo a la conducta omisiva de los órganos políticos de la OEA y la prosternación que los gobiernos de los Estados parte en la Convención hacen de la Carta Democrática Interamericana – invocándola retóricamente y declarándola incluso ineficaz o acaso inútil arguyéndose casi siempre el principio de la No intervención – lo cierto es que, en sede jurisdiccional, a partir de los recientes *Casos de la Corte Suprema de Justicia y del Tribunal Constitucional vs. Ecuador* (Corte IDH, Sentencias de 23 de agosto de 2013 y 28 de agosto de 2013, respectivamente), avanza la Corte a profundidad sobre la cuestión democrática y su control de convencionalidad, apelando normativamente a la Carta mencionada.

Señala textualmente, ante "el cese masivo de jueces, particularmente de Altas Cortes" que "constituye no solo "un atentado contra la independencia judicial sino también contra el orden democrático", provocando su "desestabilización" (*Tribunal Constitucional*, cit., párrs. 170 y 178); a cuyo efecto, de modo innovador le da carácter operativo y vinculante a la Carta Democrática. Entiende, por lo mismo, que ha lugar a una "violación multi frontal" de la Convención Americana, sea a las normas que consagran derechos, sea al contexto democrático que las encierra, tal y como lo precisa el voto concurrente del juez Eduardo Ferrer Mc-Gregor P. (Ídem, Voto, párr. 68).

La enseñanza no se hace esperar. Al tratarse del control de convencionalidad que ejercen los jueces nacionales, parece llegada la hora de que al balancear la aplicación de sus leyes y hacer valer los contenidos de la Convención Americana por virtud de la misma y en los supuestos en que proceda, asuman la obligación de invocar, interpretar y aplicar con criterio de progresividad las normas de la Carta Democrática, por fundada en el emergente derecho humano a la democracia; de proveer a su desarrollo doctrinario por vía del mismo diálogo jurisprudencial, y de constatar su eventual violación por los demás órganos del Estado sobre cuyos actos o comportamientos se pronuncien, a tenor de lo dispuesto en el literal d), artículo 29: "Ninguna disposición en la presente Convención puede ser interpretada en el sentido de: … excluir o limitar el efecto que puedan producir... otros actos internacionales de la misma naturaleza [que la Declaración Americana de Derechos y Deberes del Hombre]. Es lo que cabe describir, apropiadamente, como el control de convencionalidad de la democracia.

No por azar, el antes citado juez afirma en el *Caso de Cabrera García y Montiel Flores* (cit., párr. 88), que: "En definitiva, la trascendencia de la nueva doctrina sobre el "control difuso de convencionalidad" es de tal magnitud, que probablemente en ella descanse el futuro del Sistema Interamericano de Protección de los Derechos Humanos y, a su vez, contribuirá al desarrollo constitucional y democrático de los Estados nacionales de la región. La construcción de un auténtico "diálogo jurisprudencial" – entre los jueces nacionales y los interamericanos –, seguramente se convertirá en el nuevo referente jurisdiccional para la efectividad de los derechos humanos en el siglo XXI. Ahí descansa el porvenir: en un punto de convergencia en materia de derechos humanos para establecer un auténtico *ius constitutionale commune* en las Américas".

b) Control democrático de convencionalidad

En el mismo sentido, como reverso, sin incurrir en una perogrullada adquiere pertinencia institucional el control democrático de convencionalidad, sea por la Corte, sea por los jueces nacionales, como una suerte de mandato que se deriva de la misma Convención y, aquí sí, en forma directa.

La cuestión la plantea, por vez primera, el Juez De Rouaix Rengifo, en 1999, dentro del *Caso Castillo Petruzzi* (Corte IDH, Sentencia de 30 de mayo de 1999, Voto), al destacar que "el tema de la vinculación de la protección de los derechos humanos a un contexto político e institucional democrático tendría... que ser objeto de desarrollo jurisprudencial antes de que pudieran emitirse condenas específicas de violación de la Convención Americana".

Para ello se funda en las citadas previsiones convencionales que atan a toda la Convención desde su Preámbulo, fijan el marco para su interpretación, y marcan el contenido y límite de los derechos humanos reconocidos y mudados en deberes, remitiendo a las justas exigencias de la democracia.

A partir de allí, tema que apenas señalo de pasadas en estas páginas, he afirmado el carácter transversal del derecho humano a la democracia – identificado por la doctrina como parte de los que integran las nuevas generaciones de derechos – e integrador del plexo de todos los derechos que los Estados se obligan a respetar y garantizar convencionalmente a fin de asegurar el principio de la dignidad humana.

Textualmente, tanto en mi discurso de ingreso a la Academia de Buenos Aires en 2007[13] como en mi libro citado a pie de página sobre *El derecho a la democracia* (2008), afirmo que "la democracia, desde su dimensión normativa internacional tamiza – como hermenéutica – las competencias constitucionales y organizativas de los Estados y de sus gobiernos. Empero, más allá de expresarse como modelo formal del gobierno representativo, según la Carta Democrática Interamericana y las líneas jurisprudenciales de la Corte Interamericana, es ahora y en lo adelante, conceptualmente, un verdadero derecho humano transversal: derecho humano de base que determina el contexto en defecto del cual los mismos derechos humanos carecen de sentido o lo pierden [o ven vaciados sus núcleos pétreos]; y ajusta determinándolo, por ende, el sentido último de la organización constitucional y del funcionamiento mismo de la democracia como garantías de éstos".

Este asunto o cuestión que hoy interpela, a modo de conclusión, no es sólo el deber que invoca De Rouaix por parte de quienes tienen la obligación de realizar el control de convencionalidad, sea en el ámbito interamericano, sea en el doméstico, sino la significación que tiene dicho ejercicio de constatación fáctica y hermenéutica por sus consecuencias directas, según lo dicho. Ello es así tanto para el desarrollo de una doctrina más actual sobre la cuestión de la tríada Democracia/Estado de Derecho/ Derechos Humanos, como en el ámbito específico de la responsabilidad de los Estados y la comunidad internacional en su conjunto.

Como lo sabemos, el artículo 63 de la Convención dispone que: "Cuando decida que hubo violación de un derecho o libertad protegidos en esta Convención, la Corte – léase también el juez nacional – dispondrá que se garantice al lesionado en el goce de su derecho o libertad conculcados". En la práctica demanda esto no sólo la restitución formal del derecho enervado

13 Asdrúbal Aguiar, *El derecho a la democracia en la jurisprudencia interamericana*. Buenos Aires, Academia Nacional de Derecho y Ciencias Sociales de Buenos Aires, La Ley, 2007 (Luego inserto en los Anales, Año LI, Segunda Época, Número 44, 2006); ídem, *El derecho a la democracia*, Caracas, Editorial Jurídica Venezolana, 2008

por parte del Estado concernido, sino, a la luz de la reflexión anterior, la creación por éste y como exigencia de la comunidad internacional de un contexto democrático e institucional apropiado que haga posible tal restitución por ser el reflejo de la dignidad humana vulnerada.

Además, como la norma convencional mencionada, de seguidas prevé que ha de disponerse "asimismo, si ello fuera procedente, que se reparen las consecuencias de la medida o situación que ha configurado la vulneración de esos derechos y el pago de una justa indemnización a la parte lesionada", viene de suyo que tales consecuencias e indemnizaciones pueden agravarse si las violaciones constatadas son la obra de los comportamientos claramente antidemocráticos del Estado parte, entre otros, a manera de ejemplo, de violaciones sistemáticas o generalizadas de derechos humanos como política oficial. Lo que de suyo no significa, en modo alguno que constatada la aparente solidez democrática de un Estado pueda colegirse que, por lo mismo y sin más se le ha de presumir como que respeta y garantiza los derechos humanos. La Corte Interamericana aclara, por ende, que tales parámetros – democracia, derechos humanos, estado de derecho – se retroalimentan, incluso como límites al poder de las mayorías en la democracia:

> "La sola existencia de un régimen democrático no garantiza, per se, el permanente respeto del Derecho Internacional, incluyendo al Derecho Internacional de los Derechos Humanos, lo cual ha sido así considerado incluso por la propia Carta Democrática Interamericana. La legitimación democrática de determinados hechos o actos en una sociedad está limitada por las normas y obligaciones internacionales de protección de los derechos humanos reconocidos en tratados como la Convención Americana, de modo que la existencia de un verdadero régimen democrático está determinada por sus características tanto formales como sustanciales, por lo que, particularmente en casos de graves violaciones a las normas del Derecho Internacional de los Derechos, la protección de los derechos humanos constituye un límite infranqueable a la regla de mayorías, es decir, a la esfera de lo "susceptible de ser decidido" por parte de las mayorías en instancias democráticas, en las cuales también debe primar un "control de convencionalidad" [...], que es función y tarea de cualquier autoridad pública y no sólo del Poder Judicial. En este sentido, la Suprema Corte de Justicia ha ejercido, en el *Caso Nibia Sabalsagaray Curutchet*, un adecuado control de convencionalidad respecto de la Ley de Caducidad, al establecer, inter alia, que "el límite de la decisión de la mayoría reside, esencialmente, en dos cosas: la tutela de los derechos fundamentales (los primeros, entre todos, son el derecho a la vida y a la libertad personal, y no hay voluntad de la mayoría, ni interés general ni bien común o público en aras de los cuales puedan ser sacrificados) y la sujeción de los poderes públicos a la ley"[...] " (*Caso Gelman*, cit., párr. 239)

Concluyo este apartado, entonces, haciendo presente una consideración de Whitehead que comparto a cabalidad y sirve para el ejercicio del control judicial en materia de derechos humanos:

> "La democratización debe entenderse como un proceso de final abierto. La democracia es «esencialmente discutible» no sólo porque nuestros valores puedan diferir, o porque nuestros conceptos políticos puedan carecer de validación lógica o empírica final, sino también porque nuestra cognición política es en sí misma crítica y reflexiva".[14]

García Ramírez nos recuerda, en suma, que "conviene redefinir el quehacer de los Estados en esta hora, que es tiempo de tensiones; redefinir para progresar, no para regresar. Cabría reflexionar sobre su estrategia en el proceso, si se conviene en que el gran propósito del Estado democrático es la protección de los derechos humanos" (Corte IDH, *Opinión Consultiva OC-20/2009*, Voto, párr. 74), finaliza.

Teoría de la coherencia funcional

Si damos cuenta de la actual estructura funcional del sistema internacional en el ámbito de los derechos humanos, la Convención Americana – de la misma forma en que se lo plantea el Estatuto de Roma de la Corte Penal Internacional – apela al criterio de la subsidiariedad de la jurisdicción internacional de derechos humanos con relación a los ordenamientos nacionales; de donde la retroalimentación en doble vía que sugiere el diálogo jurisprudencial entre jurisdicciones tiene un límite, a saber, el adecuado cumplimiento o no por el Estado parte de sus obligaciones convencionales y su valoración a la luz del principio *pro homine et libertatis*.

14 Laurence Whitehead, *Democratización, teoría y experiencia*, FCE, México, 2011, p. 35, apud. Aguiar, *Calidad de la democracia ...*, op.cit., p.220

Cabe observar, a todo evento, que al afirmarse la primacía de los tratados de derechos humanos o al hablarse, mejor aún, de "la intersección del derecho nacional y el derecho internacional de los derechos humanos" y de "una articulación de tal binomio de fuentes mediante su retroalimentación y complementariedad", una lectura apresurada de esos términos, así como los refiere Víctor Bazán[15], podría sugerir equivocadamente una suerte de resurrección, para los fines del diálogo jurisprudencial en cuestión, de las viejas tesis dualistas que demandan la coordinación o concertación entre ambas esferas del Derecho a objeto de hacerlas eficaces y haciendo privar a todo evento la actividad jurídica nacional, como punto de anclaje y de devolución del Derecho internacional.

Y si nos seguimos por lo que también plantea la Corte Interamericana al referirse al diálogo jurisprudencial, en cuanto al deber por parte del juez nacional de realizar los términos de la Convención a la luz del citado "corpus iuris" y de las interpretaciones auténticas que hace la primera – como lo confirma ella en el *Caso Almonacid Arellano* (cit. supra) – puede reducirse el planteamiento a la mera reafirmación de la tesis monista con primacía del Derecho internacional sobre el Derecho interno de los Estados[16], tal y como lo confirma la misma Corte: "La afirmación anterior no implica que los sistemas de enjuiciamiento penal por jurados queden al arbitrio del diseño estatal o que la legislación interna tenga preeminencia sobre los requerimientos convencionales, sino que el diseño de los ordenamientos procesales debe responder a los postulados de garantía que exige la Convención Americana" (Corte IDH. *Caso V.R.P., V.P.C. y otros Vs. Nicaragua*. Excepciones Preliminares, Fondo, Reparaciones y Costas, Sentencia de 8 de marzo de 2018, párr. 225); lo que al cabo también desfigura el sentido funcional y teleológico del citado diálogo jurisprudencial con vistas a lo esencial: ganar la batalla de los derechos humanos – como lo plantea García Ramírez – "en el ámbito interno, del que es coadyuvante o complemento, no sustituto, el internacional".[17]

Incluso podría pensarse, a la luz del señalado diálogo y el planteamiento anterior de la complementariedad del sistema interamericano, que asimismo – su postulación genérica – puede entenderse como la postergación de la fuerza del monismo con primacía del Derecho internacional, esbozado por Hans Kelsen para dar cuenta del orden público internacional mínimo que ata las competencias de los Estados y les exige, junto a otros deberes u obligaciones de *ius cogens*, el respeto y la garantía universal de los derechos de la persona humana en el plano de su jurisdicción interna; lo que le resta sentido o utilidad al diálogo jurisprudencial comentado.

No se olvide que la Cámara de Primera Instancia del Tribunal Penal Internacional para la ex Yugoslavia, en decisión de 2 de octubre de 1995, en el *Affaire Tadic* declara que: "*Ce serait une parodie du droit et une trahison du besoin universel de justice que le concept de souveraineté de l'Etat puisse* être *soulevé avec succès à l'encontre des droits de l'homme* [par. 58]".[18]

En consecuencia, cabe tener muy presente que la tesis dualista supuso en su momento, la ausencia de posibles conflictos entre el Derecho internacional y el Derecho interno, debido a tener ambos ordenamientos objetos distintos, y dado que la misma, una vez transformada la norma internacional en interna se integra jerárquica y ordenadamente dentro de la pirámide normativa nacional. Por consiguiente, las normas internas no pueden ser para las normas internacionales otra cosa que simples hechos y viceversa.

La evolución de la comunidad internacional actual marca, antes bien, una tendencia irrefrenable hacia el solapamiento de ambas realidades: la interna y la internacional, confundiéndose sus espacios sin perjuicio del criterio –todavía en vigor, pero relativo– que predica el carácter meramente fáctico acusado por el Derecho interno en su evaluación desde el ángulo del Derecho internacional (*Caso de los Intereses alemanes en la Alta Silesia-Polonesa*, CPJI,1926), según lo dicho.

15 Víctor Bazán y Claudio Nash (Editores), *Justicia constitucional y derechos fundamentales: El control de convencionalidad*, KAS/Universidad de Chile, Santiago de Chile, 2011, p.19

16 "El poder judicial debe ejercer una especie de «control de convencionalidad» entre las normas jurídicas internas que aplican en los casos concretos y la Convención Americana sobre Derechos Humanos. En esta tarea, el Poder Judicial debe tener en cuenta no solamente el tratado, sino también la interpretación que del mismo ha hecho la Corte Interamericana, intérprete última de la Convención Americana", reza el fallo citado (Parr.124)

17 Corte IDH, *Caso Trabajadores cesados del Congreso*, Sentencia de 24 de noviembre de 2006, Voto, párr. 11

18 Asdrúbal Aguiar, *Código de derecho internacional*, UCAB, Caracas, 2009, p. 382

La Corte Interamericana de Derechos Humanos ha dicho, es verdad, que las circunstancias del Derecho interno representan para el Derecho internacional de los Derechos Humanos meros hechos o supuestos fácticos, sujetos a su ponderación o significación jurídica por la norma internacional correspondiente (Corte IDH, *Opinión Consultiva OC-13*, párr. 34). En extremos opuestos, ora reenvía no pocas veces al propio Derecho interno del Estado para alcanzar la efectividad de sus mandatos judiciales interamericanos (Corte IDH, *Caso El Caracazo*, Reparaciones, Sentencia de 29 de agosto de 2002, párr. 143,1), ora, excepcionalmente, se ha atrevido a pronunciarse sobre la nulidad de actos del Derecho interno (Corte IDH, *Caso Castillo Petruzzi*, Sentencia de 30 de mayo de 1999, párr. 226,13).

El monismo, por su lado, sostiene la imposibilidad de tal controversia intra normativa al suponer la ya mencionada unidad de todo el sistema jurídico: interno e internacional y la fácil resolución de sus eventuales disparidades por medio de la jerarquización de las normas en orden a sus mayores o menores proximidades a la norma fundamental, hipotética o de base. De allí que, en su versión monista, con primacía del Derecho internacional, al Derecho internacional se le considera haciendo parte, sin más, del Derecho interno del Estado.

La realidad constitucional comparada demuestra, a su vez, que si bien la tendencia doctrinal y la práctica contemporánea dominantes son contestes y predican el indicado principio de primacía del Derecho internacional, no por ello los Estados han dejado de condicionar la efectividad de sus relaciones jurídicas dentro de la comunidad internacional a ciertas exigencias que han impuesto, en suma, una relación "funcional" y coherente (principio de la coherencia funcional) entre ambos ordenamientos, que hace lugar a distintas soluciones o alternativas.

No se olvide, en este orden, lo que *mutatis mutandi* precisa Nguyen Quoc Dinh en su obra revisada (*Droit international public*, Paris, LGDJ, 1999): La primacía del Derecho internacional sobre el Derecho interno, salvo excepciones (propias del Derecho comunitario y próximas al Derecho internacional de los derechos humanos en su progresividad) no ha llegado hasta el punto en que el primero pueda declarar la nulidad de las normas nacionales de los Estados que le contradigan: sólo se contenta, por ahora, con reclamar del Estado cuyo ordenamiento interno no haya sido objeto de adaptación al Derecho internacional o cuando sus órganos no aplican o desaplican la normativa internacional que les obliga, su responsabilidad por hecho internacionalmente ilícito; exigiéndole, en consecuencia, reparar los daños causados por la acción u omisión que le sea imputable desde el punto de vista internacional.

Por consiguiente, cuando el Estado aplica dentro de su jurisdicción su propio Derecho en defecto y en contraposición del Derecho internacional, quizás y según lo que disponga su Constitución procede legalmente a la luz de la perspectiva jurídica interna, en tanto que, desde la perspectiva internacional no procedería ilegalmente sino ilícitamente; dado que la normatividad interna, según lo apuntado, tiene para el Derecho internacional la condición de simple hecho y sólo eso.

La enseñanza, en conclusión, otra vez no se hace esperar.

Así como la tesis dualista y monista fueron el producto necesario de una conciliación histórica y son propias a su tiempo, e igualmente, tanto como la tesis pragmática o ecléctica advierte la necesidad de promover la primacía del Derecho internacional asegurándole a los Estados un espacio de maniobra y reclamando de éstos, en contraprestación, coherencia en la actividad jurídica y en sus comportamientos, no parece exagerado postular la insuficiencia de tales tesis para la adecuada comprensión de la realidad internacional hoy en curso (*Globalización sin gobernabilidad vs. ingobernabilidad y crisis del Estado-Nación*) y para la fidelidad de las descripciones normativas que le tengan por objeto.

De allí que, dejando atrás el clásico debate sobre las relaciones entre el Derecho internacional y el Derecho interno de los Estados, en mi *Código de Derecho Internacional* (Caracas, UCAB, 2ª. Edición, 2009) propongo, siguiendo la inspiración del internacionalista hispano González Campos – relativa a la denominada coherencia extrínseca "entre el mismo orden internacional y los distintos derechos internos de los Estados"[19] – y como interpretación y actualización de las relaciones

19 Ídem, p. 144

entre ambos ordenamientos en el ámbito de los derechos humanos, un planteamiento que mejor se adecúa a los dictados de la Convención Americana.

Su preámbulo precisa – lo hecho dicha supra – que es su propósito "consolidar... dentro del cuadro de las instituciones democráticas, un régimen de libertad personal y de justicia social, fundado en el respeto de los derechos esenciales del hombre". Y su artículo 29, en sus ordinales b) y c) prescribe una expansión de tales derechos, en doble vía, en el plano internacional, acudiendo al principio de los llamados "derechos inherentes al ser humano o que se deriven de la forma democrática representativa de gobierno", y en el plano del Derecho interno – con fuerza convencional – "cualquier derecho o libertad que pueda estar reconocido de acuerdo con las leyes" u otros tratados de los que es parte el Estado concernido.

Más allá del Estado y de su acusado avance hacia una "desestructuración" y sean cuales fueren las falencias de la emergente tendencia hacia lo mundial global, lo constante ahora como antes sigue siendo la presencia del hombre como fin y sujeto del orden, el reclamo del respeto a su dignidad como tal, y la diversificación racional de las formas sociales subsidiarias que este crea y recrea como Ser uno y único, para su encuentro con los otros en el ámbito de las carencias y su final fusión en la idea del género humano o la Humanidad.

Traducido o descrito este paradigma en términos normativos, significa no otra cosa que la cristalización del principio ordenador *pro homine et libertatis* ya mencionado. De modo que, sometidas a tensión las relaciones entre el Derecho internacional y el Derecho interno del Estado a un proceso de reconstrucción por obra del tiempo nuevo, la coherencia funcional como principio habría de significar, como lo indicásemos supra (Síntesis crítica: Hacia el principio ordenador de la coherencia funcional), que el juez nacional y el internacional han de regirse, al aplicar el Derecho y de manera razonada, dentro del respectivo contexto, por el principio ordenador y teleológico de la primacía de la dignidad de la persona humana.

CRISIS DE LAS RELACIONES JURÍDICAS INTERNACIONALES ENTRE LOS ESTADOS

La ruptura o el incumplimiento de las obligaciones prescritas por el Derecho Internacional sean cuales fueren sus fuentes normativas o, dicho de otro modo, la inevitable existencia de diferencias o de situaciones conflictuales –jurídicas o de oposición de intereses– entre los Estados, concita de suyo la llamada crisis o, mejor aún, la realización sustantiva del sistema jurídico que ocupa nuestra atención; e impone, por lo tanto, la necesidad de su reintegración o de su real concreción: "la norma internacional cumple su función cuando provee a la composición de los conflictos".

Lo cierto es que, tradicionalmente y como lo muestra la experiencia, los Estados han proveído la resolución de sus diferencias o situaciones que les oponen en el ámbito de los derechos o de los intereses, por vía pacífica o por mediante el uso de la fuerza.

Si seguimos a *Norberto Bobbio*, uno de los íconos del pensamiento jurídico contemporáneo y agudo analista de la obra de *Hans Kelsen*, podremos advertir que no cabe reducir el Derecho a la fuerza como tampoco considerar a la fuerza como un simple añadido que desde el plano instrumental garantiza la citada realización del Derecho. Ha de entenderse, eso sí y en el marco de cuanto pensamos, que el ordenamiento jurídico como sistema organizado de normas, dispuestas para la convivencia social, alcanza plenitud en la idea del reconocimiento y de la responsabilidad ante el hecho ilícito; es la llamada emergencia de las obligaciones secundarias de cumplimiento y/o reparación en defecto de las obligaciones primarias no atendidas o cumplidas cabal u oportunamente por sus destinatarios.

Consiguientemente o de modo coetáneo se comprende la necesidad de la regulación o administración de la fuerza –la llamada sanción en el ámbito del Derecho– para que tenga lugar el cumplimiento esperado de unas u otras obligaciones en las hipótesis en que medie desconocimiento, rebeldía o contumacia por el agente y responsable de la acción u omisión que las provoca y da lugar al hecho ilícito.

El Derecho Internacional, a pesar de su señalada imperfección o, en nuestro criterio, de su particular manera de organizar y reglamentar las relaciones dentro de la sociedad de los Estados y que por estar formada de Estados soberanos es típicamente descentralizada, poco institucional, no es extraño, sin embargo, a la señalada fenomenología de la crisis del Derecho por incumplimiento o desconocimiento de sus normas. Ello es inherente al Derecho mismo como ciencia y como disciplina.

Hasta un pasado no muy remoto, el Derecho Internacional como sistema orgánico de normas tenía un carácter simple: apenas se expresaba en normas primarias, dispuestas por los mismos Estados para el mantenimiento de sus relaciones de amistad y de cooperación.

Ante el eventual incumplimiento por éstos de los mandatos o acuerdos previstos o establecidos en dichas normas, se operaba u ocurría un salto en el vacío. El Estado afectado o víctima de una violación por otro Estado de las normas internacionales consuetudinarias que les obligaban o las pactadas entre ambos, no tenía otra opción que el uso de la fuerza como medio para resolver sus controversias y lograr la restitución v.g. de sus derechos soberanos o de sus expectativas o intereses legítimos afectados.

El juicio de valor acerca de la licitud o ilicitud internacional de la conducta o el comportamiento del Estado imputado como responsable de la violación reclamada, carecía entonces de significación jurídica internacional; se le reducía a una apreciación generalmente parcial o unilateral por parte del mismo Estado víctima o afectado que, de ordinario, hace (mejor "hacía") uso, como cabe repetirlo, del recurso a la violencia.

Actualmente, aún presente una institucionalidad jurídico internacional "flexible" o suave, por descentralizada y preferentemente horizontal en la forma de integrarse o proveer a las relaciones entre sus sujetos, son estos mismos – los Estados – quienes, como hacedores de las normas a las que se sujetan, proveen de igual modo a su realización. No cabe duda, por consiguiente, en cuanto a que las crisis normativas producto de choques de intereses entre éstos o por el desconocimiento del mismo ordenamiento internacional, encuentran cauces precisos de solución pacífica conforme a prescripciones específicas del ordenamiento internacional, incluso atada, generalmente, a las del avenimiento consensual.

Ahora bien, que la reacción fáctica o de poder –sea cual fuere su modalidad y en línea con la reflexión de *Bobbio*– pueda tener lugar de manera descentralizada, unilateral, y por acción de uno de los Estados comprometidos en las crisis de una relación jurídica, o bien sea la consecuencia de un pronunciamiento institucional internacional u orgánico acerca de la licitud o ilicitud de la conducta de un determinado Estado, en nada afecta la clara juridicidad o las posibilidades de realización del Derecho Internacional. Se trata, en efecto, de la existencia y aceptación contemporánea de un régimen jurídico internacional propio y vinculante que provee acerca de los hechos ilícitos internacionales y su determinación, sobre los medios para resolver las controversias que tales hechos provocan, y acerca de las sanciones que, dada la especificidad del propio Derecho Internacional, resulten consistentes con la realidad social e internacional que le es subyacente.

Dos límites, a título de normas de Derecho Internacional general y con fuerza imperativa o de *ius cogens*, encuentran las relaciones jurídico-obligacionales de los Estados cuando transitan hacia el campo de la responsabilidad internacional por hechos internacionalmente ilícitos o de las sanciones internacionales que a estos hechos se coligen: la prohibición del uso de la fuerza y la obligación de los Estados de resolver pacíficamente sus controversias internacionales.

La Carta de San Francisco dice, al efecto, lo siguiente:

> Artículo 2. Para la realización de los Propósitos [de las Naciones Unidas], la Organización y sus miembros procederán de acuerdo con los siguientes Principios:
>
> 1. Los miembros de la Organización, a fin de asegurarse los derechos y beneficios inherentes a su condición de tales, cumplirán de buena fe las obligaciones contraídas por ellos de conformidad con esta Carta.
>
> 2.Los miembros de la Organización arreglarán sus controversias internacionales por medios pacíficos de tal manera que no se pongan en peligro ni la paz ni la seguridad internacionales ni la justicia.
>
> 3. Los miembros de la Organización, en sus relaciones internacionales, se abstendrán de recurrir a la amenaza o al uso de la fuerza contra la integridad territorial o la independencia política de cualquier Estado, o en cualquier otra forma incompatible con los Principios de las Naciones Unidas.

Lo dicho no supone, lógicamente, la total proscripción del uso de la fuerza en el ámbito de las relaciones jurídicas internacionales y su eventual aceptación por el Derecho Internacional. Lo que ocurre, en efecto, es el abandono que ha tenido lugar, desde la perspectiva del Derecho, del régimen de autotutela y su sustitución –lo decíamos mucho antes– por un sistema de seguridad colectiva internacional donde el monopolio de la fuerza como respaldo o –según algunas opiniones– como elemento del mismo Derecho lo pierden los Estados y lo asume, en nombre y por cuenta de todos ellos, la comunidad internacional en su conjunto y conforme a los términos previstos por el Título VII (artículos 39 a 51) de la Carta de las Naciones Unidas.

Los artículos 41 y 42 son más explicativos al respecto:

> Artículo 41. El Consejo de Seguridad podrá decidir qué medidas que no impliquen el uso de la fuerza armada han de emplearse para hacer efectivas sus decisiones [para mantener o restablecer la paz internacionales], y podrá instar a los miembros de las Naciones Unidas a que apliquen dichas medidas, que podrán comprender la interrupción total o parcial de las relaciones económicas y de las comunicaciones ferroviarias, marítimas, aéreas, postales, telegráficas, radioeléctricas, y otros medios de comunicación, así como la ruptura de relaciones diplomáticas.

Artículo 42. Si el Consejo de Seguridad estimare que las medidas de que trata el artículo 41 pueden ser inadecuadas o han demostrado serlo, podrá ejercer, por medio de fuerzas aéreas, navales o terrestres, la acción que sea necesaria para mantener o restablecer la paz y la seguridad internacionales. Tal acción podrá comprender demostraciones, bloqueos y otras operaciones ejecutadas por fuerzas aéreas, navales o terrestres de Miembros de las Naciones Unidas.

XXXIV. El hecho ilícito internacional y sus consecuencias

Es amplia la jurisprudencia arbitral y la emanada de la Corte de La Haya que declara hasta la saciedad como "principio de Derecho Internacional [léase como concepción general de Derecho] que toda violación de un compromiso internacional implica la obligación de reparar de una forma adecuada" (*Usine de Chorzow*, CPJI, 1928) y, por lo tanto, es susceptible de poner en juego la responsabilidad internacional del autor del respectivo acto o hecho ilícito. La propia Corte ha dicho que la reparación, por ser el complemento indispensable de toda contravención jurídica, no disminuye en su imperatividad por la falta de previsión expresa en el texto de la norma infringida.

Sin embargo, no han sido pocas las dificultades encontradas por la doctrina y por quienes han asumido las tareas de codificación internacional tanto privada como pública, para construir una teoría uniforme acerca de la responsabilidad internacional por hechos internacionalmente ilícitos. Así lo muestra, claramente, el tiempo transcurrido entre 1924, cuando la Sociedad de las Naciones se impone la responsabilidad de abordar el diseño de un articulado al respecto, hasta el año 2001, en el que la Asamblea General de la ONU, mediante su Resolución 56/83, "toma nota de los artículos sobre la responsabilidad del Estado por hechos internacionalmente ilícitos, presentados por la Comisión de Derecho Internacional" (AREHII).

Razones de orden teórico y también aprehensiones de naturaleza política han abonado, que duda cabe, el tránsito tortuoso del hecho ilícito internacional y de la responsabilidad que se desprende del mismo hasta su final aceptación como parte del Derecho Internacional general.

En cuanto a la tesis que alguna vez sostuvo que el Estado es el juez de sus propios actos y el dueño de reparar o no según su voluntad, ya hemos afirmado que la misma carece de vigencia. La indiscutible posibilidad de encausar la responsabilidad estatal es consecuencia histórica de la revisión crítica de la idea teológica del Estado y teocrática de la Iglesia; pero, además, es producto de la distinción entre el Estado como *universitas*, es decir, como expresión política y colectiva de los derechos del pueblo y lo que otrora fue la figura del monarca, quien *"(...)ne reconnait aucun supérieur dans le choses temporelles"* y, en opinión de *Claude de Seyssel* (apud. Prelot y Lescuyer, *Histoire des idées politiques*, París, Dalloz, 1992) *(...)"[a]ucune communauté, ville ou autre association ne peut s'imposer sans [lui] consentement(...)".*

La defensa de la soberanía absoluta del Estado (*par in parem non habet imperium)* fue quizá, ~~sin embargo,~~ el primer obstáculo para la codificación de la responsabilidad internacional, seguido luego de las distintas argumentaciones procedentes de la doctrina. Unas, reducían el tratamiento del hecho ilícito internacional y sus consecuencias al ámbito de las violaciones por los Estados de los derechos de los extranjeros, en tanto que las otras debatían acerca de los orígenes o el fundamento de la ilicitud internacional: la culpa, el daño, la violación objetiva de las normas internacionales.

En el caso de América Latina, aún más, hicieron mella los abusos en que incurrieron algunas potencias europeas, al reclamar forzosamente, mediante la protección diplomática de sus nacionales, la responsabilidad internacional en que habrían incurrido los débiles Estados latinoamericanos por violación del llamado derecho de extranjería. Y es de recordar, dentro de tal contexto, el bloqueo de que fueron objeto las costas venezolanas por parte de Inglaterra, Alemania e Italia durante el año 1902, con el propósito de forzarle al pago de deudas originadas en los daños que habrían sufrido ciudadanos de estos países durante las revoluciones del siglo XIX.

Ello motivó, por cierto, el nacimiento de la Doctrina *Drago* (vid. *La doctrina Drago: Colección de documentos*, London, Imprenta de Wertheimer, 1908) conforme a la cual se consideraba contrario al Derecho Internacional americano el cobro compulsivo de las deudas que se intentaba hacérsele a Venezuela:

> "Entre los principios fundamentales del derecho público internacional que la humanidad ha consagrado, uno de los más preciosos es el que establece que todos los Estados, cualquiera que sea la fuerza de que disponen , son entidades perfectamente iguales entre sí y con derecho recíproco á unas mismas consideraciones y á unos mismos respetos. El reconocimiento de la deuda, la liquidación de su monto, pueden y deben ser hechos por la nación sin detrimento de sus derechos primordiales como entidad soberana; pero el cobro compulsorio é inmediato , en un momento dado, por medio de la fuerza, entrañaría la ruina de las naciones más débiles y la absorción de un gobierno con todas las facultades que le son inherentes, por los poderosos de la tierra", reza la argumentación de 29 de diciembre de 1902 del ministro de relaciones exteriores de Argentina, Luis M. Drago

Tesis doctrinales en pugna

En todo caso, nos interesa señalar que, en opinión del jurista italiano *Massimo Iovane*, las alternativas teóricas que han confluido de momento en cuanto a la responsabilidad internacional del Estado y su sistematización normativa, son básicamente las siguientes:

1. Obligaciones secundarias compensatorias

La violación de una obligación internacional se resolvería en el nacimiento de una nueva relación jurídico obligacional entre el Estado a quien se imputa el ilícito en cuestión y el Estado afectado por la violación que se lamenta. El contenido de la obligación secundaria o sustitutiva de aquella primaria que fue violada o incumplida se ha de concretar, así, en un deber de reparación de los daños materiales (*restitutio in integrum* o resarcimiento por equivalente) o morales (satisfacción), a cargo del Estado responsable y en favor del Estado víctima de la violación.

2. *Obligaciones secundarias compensatorias y/o retributivas*

Junto a las consecuencias de carácter reparatorio, previamente enunciadas y pacíficamente admitidas, también deberían incluirse como consecuencias del hecho ilícito internacional otras de carácter aflictivo, similares a la pena o castigo previsto en los ordenamientos internos de los Estados para los ilícitos de naturaleza penal o administrativa.

3. *Obligaciones primarias de reparación y secundarias de retribución*

Excluidas las dos hipótesis anteriores, en esta óptica cabría reconocer como consecuencias jurídicas del hecho ilícito sólo aquellas medidas e instrumentos que dentro de cada ordenamiento aseguren la imposición coercitiva de las obligaciones violadas. La existencia de obligaciones de reparación quedaría así fuera del sistema internacional en consideración a sus denunciadas limitaciones estructurales. Y dentro de tal curso, no pudiendo establecerse de manera objetiva –por vía orgánica o heterónoma– la ilicitud de la conducta del Estado y la naturaleza o el contenido de la eventual reparación debida por éste como autor del ilícito, aquella sólo podría encontrar su fuente en el acuerdo expreso de los Estados, resolviendo "ellos" su respectiva controversia.

Los estudios acometidos por el Comité Jurídico Interamericano en su calidad de órgano del Consejo Interamericano de Jurisconsultos, por mandato de la X Conferencia Interamericana (1954), vinieron a representar una suerte de viraje en las tendencias que reducían el régimen de la responsabilidad del Estado por hechos internacionalmente ilícitos a los daños sufridos por los extranjeros. Pero, además, las conclusiones de este organismo regional expresaron un igual rechazo a la tesis que predica la progresiva ruptura de la impermeabilidad soberana del Estado y del contexto contractualista en el que este se ha situado tradicionalmente, al objeto de construir el régimen de la responsabilidad internacional.

Según la óptica interamericana dominante para la época, la responsabilidad del Estado debía fundarse en el daño ocasionado por violación de un pacto expreso y vinculante y no en una mera ruptura del Derecho Internacional general, según lo determinaran las fuentes previstas en el artículo 38 del Estatuto de la CIJ.

No debería aparejar, por otra parte, consecuencias de naturaleza aflictiva y, en todo caso, las reclamaciones pertinentes tendrían que dirimirse conforme al Derecho Nacional del Estado requerido, y ajustarse al principio de igualdad de trato entre extranjeros y nacionales.

Cláusulas americanas

En tal orden, para 1961 el Comité Jurídico Interamericano alcanzó formular una serie de postulados en este campo que vinieron a contrastar con las denominadas *Cláusulas Murdock,* de inspiración angloamericana y afirmadas sobre la experiencia codificadora que realizara la *Harvard Law School*, privilegiando la protección y garantía del derecho de los extranjeros. Los denominados "postulados americanos" quedaron así y para la posteridad como una nítida expresión del Derecho latinoamericano, en los términos siguientes:

I. No es admisible la intervención en los asuntos internos o exteriores de un Estado como sanción de la responsabilidad de ese Estado. Por el contrario, la intervención acarrea responsabilidad para el Estado que la verifique.

II. El Estado no es responsable por actos u omisiones respecto de extranjeros sino en los mismos casos y bajo las mismas condiciones en que, conforme a su legislación, tenga esa responsabilidad frente a sus nacionales; léase, se impone el estándar mínimo nacional por sobre el estándar mínimo internacional tan rechazado en Latinoamérica.

III. La responsabilidad del Estado por deudas contractuales proclamadas por el gobierno de otro Estado como correspondientes a él o a sus nacionales no puede hacerse efectiva mediante el recurso de la fuerza armada. Este principio se aplica aun en el caso de que el Estado deudor deje sin respuesta una proposición de arbitraje o no cumpla un laudo arbitral.

IV. El Estado queda exonerado de toda responsabilidad internacional si el extranjero ha renunciado contractualmente a la protección diplomática de su gobierno, o si la legislación interna sujeta al contratante extranjero a la jurisdicción local, o si lo asimila al nacional para todos los efectos del contrato.

V. Los daños sufridos por los extranjeros como consecuencia de disturbios o perturbaciones de carácter político o social, y los perjuicios causados a los mismos por actos de particulares, no acarrean responsabilidad del Estado, salvo el caso de culpa por parte de la autoridad constituida.

VI. No es admisible la teoría del riesgo como fundamento de la responsabilidad internacional.

VII. La guerra de agresión hace responsable al Estado de los daños que cause la misma.

VIII. El deber del Estado en lo que respecta a la protección judicial debe considerarse cumplido desde que pone a disposición de los extranjeros los tribunales nacionales y los recursos que necesitan cada vez que ejercitan sus derechos. El Estado no puede intentar reclamación diplomática para proteger a sus nacionales ni iniciar en el particular una controversia ante la jurisdicción internacional cuando los mencionados nacionales hayan tenido expeditos los medios para recurrir a los tribunales competentes del correspondiente Estado. Por consiguiente:

a. No hay denegación de justicia cuando los extranjeros han tenido expeditos los medios para acudir a los tribunales locales competentes del Estado respectivo.

b. El Estado ha cumplido su deber internacional cuando la autoridad judicial pronuncia la decisión, aun si declara inadmisible la demanda, la acción o recurso interpuesto por el extranjero.

c. El Estado no es internacionalmente responsable por la resolución judicial cuando no fuere satisfactoria para el reclamante.

IX. El Estado es responsable si da ayuda dentro de su territorio o fuera de él a elementos que conspiran contra un gobierno o Estado extranjero, o fomentan movimientos hostiles a éste, lo mismo que cuando no toma las medidas que sean legalmente posibles para evitar que se presenten las situaciones referidas.

X. La definición y enumeración de los derechos y deberes fundamentales de los Estados, insertas en declaraciones y pactos internacionales de América, significan también una contribución al desarrollo y codificación del Derecho Internacional sobre la responsabilidad del Estado.

El proyecto de García-Amador

La Comisión de Derecho Internacional, al asumir desde el plano universal y a partir de 1949 la codificación de la responsabilidad internacional por hechos internacionalmente ilícitos, transitó por dos fases claramente diferenciadas. En la primera hizo un intento fallido de codificación sectorial e inductiva (vid. nuestra obra *Derechos Humanos y responsabilidad internacional del Estado*, Caracas, UCAB/Monteávila Latinoamericana, 1998), apoyada en los trabajos que encomendara a su relator especial, *Francisco García-Amador*, estrechamente vinculados a la visión de la Harvard Law School.

En términos generales, la proposición de *García-Amador*, según su anteproyecto, puede sistematizarse de la siguiente manera:

[1] La responsabilidad internacional del Estado tiene su origen en el daño inferido con ocasión de actos u omisiones de sus órganos o funcionarios, que sean contrarios a sus obligaciones internacionales.

[2] Para la determinación de la correspondiente obligación internacional puede acudirse a cualquiera de las fuentes del Derecho Internacional (v.gr. la costumbre, los tratados, los principios generales del Derecho, la doctrina y la jurisprudencia, etc.), siendo inadmisible que el Estado invoque para declinar su responsabilidad las disposiciones de su Derecho Interno.

[3] En los casos de violación del Derecho de Extranjería, el principio de la igualdad de trato nacional queda supeditado al respeto de los "Derechos Humanos y las libertades fundamentales que reconocen y definen los instrumentos internacionales" en favor de todos los hombres.

[4] Si la acción u omisión que daña al extranjero proviene de particulares, el Estado puede comprometer su responsabilidad en los supuestos de negligencia notoria para evitar los respectivos hechos, para aprehender a los particulares responsables, o si priva a los extranjeros de la oportunidad de resarcirse de los daños y perjuicios recibidos por virtud de una amnistía general o particular.

[5] El derecho a la reclamación internacional para obtener la reparación del daño que se le ha causado corresponde al extranjero, quien está facultado para proponerla ante el órgano competente para dirimir la respectiva controversia. En consecuencia, éste puede transar libremente con las autoridades locales y, eventualmente, renunciar a la protección diplomática del Estado de su nacionalidad (Cláusula *Calvo*), sin perjuicio de que este pueda ejercer su derecho a reclamar si considera que los acuerdos entre el Estado demandado y el extranjero acusan vicios de consentimiento por violencia u otras formas de coacción.

[6] El contenido de la responsabilidad internacional del Estado es prioritariamente reparatorio, comprendiendo las formas de restitución (*restitutio in integrum*) e indemnización de daños y perjuicios. Sin embargo, se llega a admitir embrionariamente la posibilidad de agravar la responsabilidad del Estado, en supuestos cuyas consecuencias trasciendan el daño causado al extranjero; en cuyo caso el Estado de la nacionalidad puede demandar medidas de garantía para evitar la repetición de los hechos que se imputan al Estado demandado, quedando sólo excluidas las formas de "satisfacción" que atenten contra el honor y la dignidad de este último.

Codificación contemporánea

Así las cosas, con el retiro de *García-Amador* y la consiguiente designación, como relator especial sobre la materia, del fallecido jurista italiano *Roberto Ago*, quien fuera Presidente de la CIJ, la Comisión de Derecho Internacional, con vistas incluso a los cambios estructurales y temáticos sobrevenidos en la comunidad internacional, asume el reto de codificar sobre la responsabilidad internacional del Estado mediante el estudio de sus aspectos generales, sin restringirla o limitarla a sectores específicos y sin darle espacio, por resultar inconveniente, al debate sobre el contenido de las distintas normas primarias internacionales (sobre la paz y seguridad internacionales, integridad territorial e independencia política de los Estados, proscripción de la amenaza o uso de la fuerza, protección internacional de Derechos Humanos) que, potencialmente, son susceptibles de violación por los Estados.

La Comisión recibió ocho informes del Relator Especial en sus períodos de sesiones 21º a 31º desde 1969 a 1979, aprobando provisionalmente, en 1980 y en primera lectura, la primera parte del proyecto de artículos, relativa al «origen de la responsabilidad internacional». Electo Ago como magistrado de la Corte Internacional de Justicia, la CDI nombra como relator a Willem Riphagen, quien entrega hasta 1986 los informes sobre la segunda y tercera partes del articulado. Habiendo expirado el mandato de este, en 1987 es nombrado para la relatoría del tema Gaetano Arangio-Ruiz, quien entrega informes sobre el articulado entre 1988 y 1996, cuando la CDI aprueba en primera lectura las señaladas segunda y tercera partes del articulado. Designado en 1997 le corresponderá al jurista James Crawford (vid. Del mismo, *The International Law Commission's Articles on State Responsibility: Introduction, Text and Commentaries*. Oxford University Press, 2002; y de James Crawford, Allain Pellet, Simon Olleson. *The law of international responsability*. Oxford University Press, 2010) presentar entre 1998 y 2000 sus informes sobre la integralidad del articulado, atendiendo para su redacción final a "las observaciones de los gobiernos y la evolución de la práctica estatal, las decisiones judiciales y la bibliografía en la materia" habiéndose nombrado en la primera fecha a un Comité de Redacción que produce el texto finalmente aprobado en 2001 y formado así:

La primera parte, sobre el hecho internacionalmente ilícito, compuesto de cinco capítulos, a saber: Principios generales, atribución de un comportamiento al Estado, violación de una obligación internacional, responsabilidad del Estado en relación con el hecho de otro Estado, y circunstancias que excluyen la ilicitud.

La segunda parte, sobre el contenido de la responsabilidad internacional del Estado, integrada por tres capítulos: Principios generales sobre las consecuencias del hecho internacionalmente ilícito, la reparación del perjuicio, y acerca de las violaciones graves de obligaciones emanadas de normas imperativas emanadas del Derecho internacional general.

La tercera parte, sobre los modos de hacer efectiva la responsabilidad internacional del Estado, constante de dos capítulos, uno, la invocación de la responsabilidad del Estado y, dos, el relativo a las contramedidas.

Cierran los 59 artículos que forman el texto adoptado por la CDI, con la cuarta parte, contentiva de las disposiciones generales, suerte de salvaguardias relativas a las leyes especiales sobre la materia, las cuestiones no reguladas por el articulado, la responsabilidad de las organizaciones internacionales, la responsabilidad de los individuos, y la primacía de la Carta de las Naciones Unidas.

Pero, la CDI no limita su labor codificadora en el campo de la responsabilidad internacional a los hechos internacionalmente ilícitos de los Estados. Antes bien, logra trabajar, adopta provisionalmente como proyecto, en 1998 y luego la Asamblea General de la ONU aprueba mediante su Resolución 62/68 del 6 de diciembre de 2007, los artículos sobre la Prevención del daño transfronterizo resultante de actividades peligrosas. Igualmente avanza sobre la responsabilidad internacional del individuo con su "Proyecto de Código de Crímenes contra la Paz y la Seguridad de la Humanidad". Este último, aprobado en 1996 tipifica como crímenes internacionales la agresión, el genocidio, los crímenes contra la Humanidad, los crímenes contra el personal de la ONU, y los crímenes de guerra; todos los cuales, con excepción de los crímenes contra el personal de Naciones Unidas y el personal asociado, son objeto de la competencia actual del Tribunal Penal Internacional creado en 1998 con el Estatuto de Roma.

Llegado el 9 de diciembre de 2011, la Asamblea General de la ONU adopta la Resolución 66/100 acogiendo y dando por terminados los trabajos de codificación de los Artículos sobre la Responsabilidad de las Organizaciones Internacionales, en texto que, *mutatis mutandi*, sigue los lineamientos de los Artículos sobre la Responsabilidad de los Estados por Hechos Internacionalmente Ilícitos (AREHII), adoptados previamente por la misma Asamblea con su Resolución 56/83 del 12 de diciembre de 2001. A estos nos referiremos seguidamente y en sus aspectos fundamentales.

a) El hecho internacionalmente ilícito (elemento objetivo)

El ingreso hacia la responsabilidad internacional, entendida como situación, como relación *quid pro quo;* no es mejor quid pro quo quen latinoam o, si se quiere, como obligación secundaria que sobreviene en defecto de otra primaria incumplida, tiene lugar dentro del vigente régimen jurisprudencial por vía del hecho ilícito, en otras palabras, con ocasión de violarse una regla u obligación de Derecho Internacional; obligación que a fin de cuentas debe estar preestablecida, encontrarse en vigor, y de cuyo cumplimiento no puedan alegarse excepciones como el cambio fundamental de circunstancias (*rebus sic stantibus*) o su indeterminación por existir lagunas no susceptibles de colmar que impidan el juzgamiento: *non liquet* (artículos 1, 2.b y 13, AREHII).

Históricamente, en la doctrina se han mencionado al daño y a la culpa ora como elementos del hecho internacionalmente ilícito, ora como elementos constitutivos y fundamentos de la responsabilidad internacional del Estado. La tendencia doctrinal y codificadora de más reciente data, en nuestro criterio, se ha separado de los criterios mencionados y de allí la clara precisión que hace el artículo 1º de los AREHII adoptados por la Asamblea General de la ONU: "Todo hecho internacionalmente ilícito del Estado genera su responsabilidad internacional".

El daño parece haber perdido todo espacio como explicación genérica del origen de la responsabilidad, quedando reducido al campo de la responsabilidad absoluta o por riesgo; de donde la contravención de la norma internacional se considera hoy, *per se*, como traductora de un daño y entendido *lato sensu* como la ruptura del equilibrio jurídico entre las partes, a tenor de una tendencia jurisprudencial que abrieron el Caso *Mavrommatis* sentenciado por la CPJI (1925) y el Caso *Martini* resuelto por una Comisión mixta de reclamaciones ítalo-venezolana (1904). Mas, tratándose del daño como atentado –material o moral– a un derecho subjetivo o jurídicamente protegido, que ha sido la forma tradicional de aprehender este concepto dentro del campo de la responsabilidad, su significación tiene valor para la definición del contenido, de los grados y las formas que puede asumir la responsabilidad internacional.

Es de precisar, por otro lado, que el incumplimiento de la obligación internacional puede obedecer a comportamientos tanto activos como omisivos, y es suficiente para concluir en la ilicitud de la conducta correspondiente su "no conformidad" o contradicción objetiva con lo que manda u ordena la norma, con lo que imponga la obligación que de ésta se desprende (artículo 12, AREHII).

La ilicitud internacional, en otro orden, es jurídicamente autónoma. La calificación de la acción u omisión reputada de ilícita se hace, justamente, conforme a lo dispuesto en el Derecho Internacional sin importar lo que dispongan las normas del Derecho Interno del Estado, sean éstas de rango constitucional, legal o infra legal, y dado que las mismas, a la luz del ordenamiento internacional de los Estados representan sólo hechos y nada más (artículo 3, AREHII). En esta materia no se discute la supremacía del Derecho Internacional por sobre el orden estatal, acogiéndose así de manera plena el contenido de la norma del artículo 27 de la Convención de Viena a cuyo tenor "una parte no podrá invocar las disposiciones de derecho interno como justificación del incumplimiento de un tratado".

En cuanto al origen de las obligaciones internacionales primarias susceptibles de violación o incumplimiento es menester señalar, igualmente, que el mismo no incide en la configuración del deber u obligación secundaria de responsabilidad, bastando que puedan oponerse válidamente al sujeto de dicho deber u obligación. De manera que la responsabilidad puede comprometerse por una acción u omisión que contraríe los dictados tanto de una norma autónoma, sea convencional (tratados y acuerdos internacionales) o consuetudinaria, como de una norma heterónoma, unilateral (decisiones de los organismos internacionales), proveniente de un avenimiento entre terceros Estados, o "estatuida" con base en los principios generales del Derecho (artículo 12, AREHII).

En sus aproximaciones al asunto, junto a las modulaciones propias a la especialidad de su competencia y a la naturaleza de la obligación internacional convencional – la contenida en la Convención Americana de Derechos Humanos – susceptible de ser infringida por el Estado, la Corte Interamericana de Derechos Humanos como órgano de interpretación y aplicación de las normas contenidas en el citado Pacto San José, precisa lo siguiente en el *Caso de la Masacre de Pueblo Bello v. Colombia* (2006):

> 110. Con el propósito de determinar si existe responsabilidad internacional de Colombia por la violación a los artículos 7, 5 y 4 de la Convención, en relación con el artículo 1.1 de la misma, la Corte estima pertinente analizar el presente caso de acuerdo con la estructura de las obligaciones que impone dicho tratado a los Estados Partes y en atención a las circunstancias y particularidades propias de los hechos del mismo, en el siguiente orden: a) la responsabilidad de los Estados en el marco de la Convención Americana; b) los deberes de prevención y de protección de los derechos a la libertad personal, integridad personal y vida; c) la obligación de investigar efectivamente los hechos derivado de la obligación de garantía, y d) el derecho a la integridad personal de los familiares de las presuntas víctimas.
>
> 111. Este Tribunal ya ha establecido que la responsabilidad internacional de los Estados, en el marco de la Convención Americana, surge en el momento de la violación de las obligaciones generales, de carácter erga omnes, de respetar y hacer respetar –garantizar– las normas de protección y de asegurar la efectividad de los derechos allí consagrados en toda circunstancia y respecto de toda persona, recogidas en los artículos 1.1 y 2 de dicho tratado. De estas obligaciones generales derivan deberes especiales, determinables en función de las particulares necesidades de protección del sujeto de derecho, ya sea por su condición personal o por la situación específica en que se encuentre [Omissis].
>
> 112. La responsabilidad internacional del Estado se funda en "actos u omisiones de cualquier poder u órgano de éste, independientemente de su jerarquía, que violen la Convención Americana", y se genera en forma inmediata con el ilícito internacional atribuido al Estado. En estos supuestos, para establecer que se ha producido una violación de los derechos consagrados en la Convención no se requiere determinar, como ocurre en el derecho penal interno, la culpabilidad de sus autores o su intencionalidad y tampoco es preciso identificar individualmente a los agentes a los cuales se atribuyen los hechos violatorios. Es suficiente que exista una obligación del Estado que haya sido incumplida por éste.
>
> 117. De tal manera, al interpretar y aplicar la Convención, la Corte debe prestar atención a las particulares necesidades de protección del ser humano, destinatario último de las normas contenidas en el tratado de referencia. En razón del carácter *erga omnes* de las obligaciones convencionales de protección a cargo de los Estados, no resulta posible determinar su alcance en función de una visión centrada en la voluntad soberana de aquéllos y de los efectos de las relaciones meramente interestatales. Dichas obligaciones incumben a todos los sujetos del Derecho Internacional y los supuestos de incumplimiento deberán determinarse en cada caso en función de las necesidades de protección, para cada caso en particular.

En igual orden, en el *Caso Baldeón García v. Perú* (2006) señala que

> 80. En primer lugar, el Tribunal estima pertinente referirse a las obligaciones que impone dicho tratado a los Estados Parte. En este sentido, la Corte ha establecido que la responsabilidad internacional de los Estados, en el marco de la Convención Americana, surge en el momento de la violación de las obligaciones generales, de carácter *erga omnes*, de respetar y hacer respetar –garantizar– las normas de protección y de asegurar la efectividad de los derechos ahí consagrados en toda circunstancia y respecto de todas las personas bajo su jurisdicción, recogidas en los artículos 1.1 y 2 de dicho tratado.

b) La imputabilidad o atribución de un comportamiento al Estado (elemento subjetivo)

En cuanto a lo que debe reputarse como "hecho del Estado" o hecho imputable al Estado o a otros sujetos con capacidad jurídica internacional, la regla indica que debe tratarse de acciones u omisiones atribuibles a los órganos del mismo Estado [o de un organismo internacional, si es el caso], o a entidades habilitadas para el ejercicio del poder público, a quienes sean sus agentes o funcionarios o a quienes aparezcan actuando como tales (artículos 4 a 11, AREHII). Es función cardinal de la imputación para los fines de la responsabilidad precisar no sólo el carácter "internacionalmente ilícito" de la respectiva acción u omisión perjudicial una vez acaecida, sino también su consiguiente atribución a un sujeto con capacidad para obligarse, según los cánones del Derecho Internacional en vigor.

Al efecto, la Corte Interamericana, en el citado *Caso Baldeón García*, dice bien

> 140. [Q]ue es un principio básico del derecho de la responsabilidad internacional del Estado, recogido en el Derecho Internacional de los Derechos Humanos, que todo Estado es internacionalmente responsable por actos u omisiones de cualesquiera de sus poderes u órganos en violación de los derechos internacionalmente consagrados. El artículo 1.1 de la Convención Americana reviste importancia fundamental en ese sentido.

Ya antes, en el *Caso Baena Ricardo y otros v. Panamá* (2001) ha precisado que

> 178. [Omissis]. Conforme al artículo 1.1 es ilícita toda forma de ejercicio del poder público que viole los derechos reconocidos por la Convención. En tal sentido, en toda circunstancia en la cual un órgano o funcionario del Estado o de una institución de carácter público lesione indebidamente uno de tales derechos, se está ante un supuesto de inobservancia del deber de respeto consagrado en ese artículo. Esa conclusión es independiente de que el órgano o funcionario haya actuado en contravención de disposiciones del derecho interno o desbordado los límites de su propia competencia, puesto que es un principio de Derecho internacional que el Estado responde por los actos de sus agentes realizados al amparo de su carácter oficial y por las omisiones de los mismos aun si actúan fuera de los límites de su competencia o en violación del derecho interno.[CBR/2001/Fondo]

Sin embargo, no corresponde al Derecho Internacional decir cómo se organizan el Estado o las organizaciones internacionales para el cumplimiento de sus cometidos públicos, tanto en lo interno como en lo internacional. Así como el Derecho Internacional atribuye al Estado los hechos de quienes hayan actuado por cuenta de éste dentro del ámbito de las relaciones internacionales, es potestativo del Derecho Interno determinar las personas con calidad de órganos del Estado así como la naturaleza y extensión de sus competencias.

La norma del artículo 4, numeral 2 y el artículo 5 de los AREHII, es concluyente en el indicado sentido, al prever como hecho del Estado según el Derecho Internacional el comportamiento de "todo" órgano del mismo que tenga tal estatuto de acuerdo al Derecho Interno y siempre que haya actuado como tal. Y, si bien en el ámbito convencional *mutatis mutandi* sólo pueden obligar al Estado los órganos competentes para el manejo de sus relaciones exteriores (artículos 7 y 8 de la Convención de Viena sobre Derecho de los Tratados), en presencia de hechos internacionalmente ilícitos pueden comprometerle cualesquiera de sus órganos u otras personas suficientemente vinculadas a él.

Esto es así, bien en razón del deber de guarda y vigilancia que el Estado ha de ejercer sobre dichos órganos y personas, bien por virtud del principio de unidad estatal en cuanto a la aplicación del Derecho y, en determinadas circunstancias, por exigencia de la denominada *théorie de l'apparence.*

Para los fines de la responsabilidad internacional del Estado es indiferente ponderar, además, si los actos considerados contrarios al orden jurídico internacional corresponden o no al ejercicio de funciones internas o de carácter internacional; pero, al momento de considerarse la actuación de los órganos del Estado, la jurisprudencia internacional –sin perjuicio de las previsiones del Derecho Interno– considera como organización del Estado la que existe en él de manera efectiva, pues "la imputación concierne a cualquiera que posea autoridad pública *real* al interior del Estado" (*Asunto Dame Mossé*, Comisión de Conciliación Franco-Italiana, 1953).

Poco importa, con vista a lo anterior, la naturaleza o jerarquía de las funciones que cumpla el respectivo órgano del Estado o sus funcionarios, ni si sus acciones u omisiones se originaron en un exceso *(ultra vires)* o en una desviación de poder *(détournement de pouvoir).* En otras palabras, sin perjuicio, ora de la mencionada teoría de la apariencia, ora de los supuestos de manifiesta incompetencia del funcionario público, en nada afecta a la responsabilidad internacional que los órganos o los funcionarios del Estado o de la organización internacional hayan actuado contraviniendo las reglas o instrucciones atinentes a sus actos, o desbordando las competencias que les haya fijado el respectivo orden interno. Y, dentro de tales circunstancias, resulta indiferente la posición superior o subalterna que ocupen tales órganos o funcionarios dentro de la correspondiente jerarquía administrativa (artículos 4.1 y 7, AREHII).

En lo relativo al contenido de las acciones u omisiones susceptibles de imputarse a los sujetos de Derecho Internacional, la práctica contemporánea ofrece un escenario muy amplio que cubre las distintas manifestaciones materiales y espaciales del poder público. Así, por ejemplo, el Estado es responsable por acciones u omisiones de carácter constituyente, legislativo o jurisdiccional tanto como lo es por sus actuaciones netamente administrativas o de ejecución; y, además, también le son atribuibles los comportamientos de los órganos de sus entidades públicas territoriales (regionales, provinciales, departamentales, cantonales, municipales, etc.), así como los de otras entidades que no formando parte ni del Estado ni de sus reparticiones territoriales ejercen –sea de Derecho, sea de hecho debido a la carencia de autoridades oficiales– prerrogativas del poder público (artículos 4.1, 5 y 9, AREHII).

Sin que se agoten otras posibilidades, la actividad legislativa o normativa puede comprometer la responsabilidad del Estado en supuestos tales como la promulgación de una ley contraria a obligaciones internacionales en vigor; la no promulgación de una ley indispensable para el cumplimiento de una obligación internacional preexistente; o la no abrogación de una ley cuya vigencia impida la ejecución de obligaciones internacionales vinculantes para el Estado y cuyos efectos, por tal motivo, no alcanzan hacerse efectivos frente a los destinatarios de sus prescripciones.

El fallo arbitral del Caso *Alabama (1872)* es ilustrativo al respecto, pues declaró sin lugar los alegatos de la defensa del Reino Unido acerca de la independencia del parlamento británico y sobre el defectuoso funcionamiento de los procedimientos parlamentarios.

En orden a la atribución al Estado de los comportamientos de su órgano legislativo, el Derecho Internacional no admite siquiera a título de justificación el argumento de que la ley señalada como contraria a sus normas no discrimina internamente entre ciudadanos y extranjeros (Caso de *Ciertos intereses alemanes en la Alta Silesia Polonesa*, CPJI, 1926). Tampoco proceden los alegatos estatales de que el régimen constitucional interno fija limitaciones más allá de las cuales las distintas autoridades no pueden atender las obligaciones internacionales adquiridas. En este último sentido, tiene especial significado el fallo arbitral ya dictado durante el siglo pasado en el Asunto *Montijo (Estados Unidos vs. Colombia)* y a cuyo tenor "la legislación de la república debe ser adaptada a los tratados y no los tratados a las leyes". Para el Derecho Internacional los comportamientos del Estado constituyen "meros hechos" y, a fin de cuentas, lo recuerda *Edoardo Vitta*,

> la teoría de la separación de los poderes en nada interesa a las relaciones [entre los Estados], pues dentro de éstas carece de importancia la calificación específica que otorgue el derecho interno a la autoridad del Estado que actúa contraviniendo el Derecho Internacional.

> Dice la Corte Interamericana, en el *Caso Barrios Altos v. Perú* (Interpretación, 2001) y en cuanto a lo señalado que

> 18. La promulgación de una ley manifiestamente contraria a las obligaciones asumidas por un Estado parte en la Convención [como las leyes de amnistía] constituye *per se* una violación de ésta y genera responsabilidad internacional del Estado.

Sobre la responsabilidad internacional del Estado por actos del poder judicial, vale mencionar, a manera de ejemplo, que la denegación de justicia (*justice deniée*) como acto propio de los órganos jurisdiccionales, administrativos o judiciales, es capaz de comprometer al Estado. Su noción y alcances han sido objeto de un largo debate por doctrina. Pero, actualmente toda acción u omisión que conculque los principios básicos de una sana administración de justicia compromete la responsabilidad del Estado.

La Corte Interamericana, en el ya mencionado *Caso de la Masacre Pueblo Bello* dice que

> 206. [Omissis]. Al establecer la responsabilidad internacional del Estado con motivo de la violación a los derechos humanos consagrados en los artículos 8.1 y 25 de la Convención Americana, un aspecto sustancial de la controversia ante la Corte no es si en el ámbito interno se emitieron sentencias o se llegó a acuerdos conciliatorios por responsabilidad administrativa o civil de un órgano estatal, en relación con las violaciones cometidas en perjuicio de los familiares de las personas desaparecidas o privadas de su vida, sino si los procesos internos permitieron que se garantizara un verdadero acceso a la justicia conforme a los estándares previstos en la Convención Americana.

Sobre los actos ejecutivos o de índole administrativa, es de observar que con ocasión de estos se sucede el mayor número de supuestos que comprometen la responsabilidad internacional del Estado. Los derivados del mal funcionamiento de la administración pública son numerosos en la jurisprudencia internacional, tanto arbitral como judicial (v.gr. por violación de derechos adquiridos por contratos con extranjeros; arrestos ilegales o arbitrarios; atentados a la integridad física; ausencia de protección adecuada; omisión de la diligencia debida para perseguir o reprimir a quienes hayan provocado daños a terceros; perjuicios ocasionados por fuerzas militares durante insurrecciones o guerras civiles, etc.).

Como bien lo anota *P.M.Dupuy,* el Estado debe ejercer su función de "guarda" para evitar que los funcionarios abusen y, caso contrario, está obligado a responder internacionalmente debido a su "falta de prevención (...) insuficiencia de control, (...) negligencia o (...) defecto de diligencia". Y, por otra parte, mal se le puede reclamar a la víctima el no haber tenido el cuidado necesario para advertir acerca de la real o aparente competencia del funcionario del Estado y así haber frustrado la eventual sucesión del respectivo hecho ilícito internacional.

La Corte Interamericana fija como doctrina en el *Caso de la Masacre de Pueblo Bello* que

> 111. [Omissis]. Es un principio de Derecho internacional que el Estado responde por los actos y omisiones de sus agentes realizados al amparo de su carácter oficial, aun si actúan fuera de los límites de su competencia.

Finalmente, es un principio clásico la irresponsabilidad del Estado por acto de los particulares, mas cabe observar que este no procede cuando los particulares han actuado como funcionarios de hecho del Estado o instigados por él, según lo confirma la jurisprudencia internacional (Caso del *Personal diplomático y consular de los Estados Unidos en Teherán,* CIJ, 1980). Este, al reforzar la citada "teoría de la apariencia" también logró disolver las ficciones a las que siempre han apelado los Estados para evadir su responsabilidad internacional, aduciendo entre otras cosas que los agentes del ilícito no son sus agentes o dependientes.

En este orden, así como no pueden atribuirse al Estado responsabilidades por las actuaciones en su territorio v.gr. de movimientos guerrilleros o de liberación, salvo que éstos deriven en nuevo Gobierno o nuevo Estado (artículo 10, numerales 1 y 2, AREHII) o por los enfrentamientos que contra estos asuman –fuera de los límites del Derecho Internacional humanitario– las autoridades constituidas, el Estado podría ser internacionalmente responsable si media en él negligencia u omisión. No haber prevenido o reprimido conforme a su ordenamiento interno y en uso de una diligencia razonable *(due deligence)* la violación por terceros o por un movimiento subversivo de derechos reconocidos por el ordenamiento internacional; o bien, no haberle facilitado a las víctimas –mediante el uso de recursos internos sencillos y rápidos– el obtener una reparación oportuna y equitativa, bastan como razones para atribuirle al Estado una conducta ilícita y por ello generadora de su responsabilidad internaciona (artículos 10, 25 y 63.1 de la Convención Americana de Derechos Humanos y artículo 10, numeral 3, AREHII).

Otros fallos de la Corte Interamericana ilustran al respecto. Sobre las actuaciones de particulares, precisa en el *Caso CVR* (1988) que

> 172. Es, pues, claro que, en principio, es imputable al Estado toda violación a los derechos reconocidos por la Convención cumplida por un acto del poder público o de personas que actúan prevalidas de los poderes que ostentan por su carácter oficial. No obstante, no se agotan allí las situaciones en las cuales un Estado está obligado a prevenir, investigar y sancionar las violaciones a los derechos humanos, ni los supuestos en que su responsabilidad puede verse comprometida por efecto de una lesión a esos derechos. En efecto, un hecho ilícito violatorio de los derechos humanos que inicialmente no resulte imputable directamente a un Estado, por ejemplo, por ser obra de un particular o por no haberse identificado al autor de la trasgresión, puede acarrear la responsabilidad internacional del Estado, no por ese hecho en sí mismo, sino por falta de la debida diligencia para prevenir la violación o para tratarla en los términos requeridos por la Convención.

Más recientemente, en el *Caso Defensor de Derechos Humanos y otros v. Guatemala* (2014) reitera que

> 140. La obligación de garantía se proyecta más allá de la relación entre los agentes estatales y las personas sometidas a su jurisdicción, abarcando asimismo el deber de prevenir, en la esfera privada, que terceros vulneren los bienes jurídicos protegidos. Conforme a la jurisprudencia de la Corte es claro que un Estado no puede ser responsable por cualquier violación de derechos humanos cometida entre particulares dentro de su jurisdicción. En efecto, las obligaciones convencionales de garantía a cargo de los Estados no implican una responsabilidad ilimitada de los Estados frente a cualquier acto o hecho de particulares, pues sus deberes de adoptar medidas de prevención y protección de los particulares en sus relaciones entre sí se encuentran condicionados al conocimiento de una situación de riesgo real e inmediato para un individuo o grupo de individuos determinado – o a que el Estado debió conocer dicha situación de riesgo real e inmediato - y a las posibilidades razonables de prevenir o evitar ese riesgo. Es decir, aunque un acto u omisión de un particular

tenga como consecuencia jurídica la violación de determinados derechos humanos de otro particular, aquél no es automáticamente atribuible al Estado, pues debe atenderse a las circunstancias particulares del caso y a la concreción de dichas obligaciones de garantía. En este sentido, la Corte deberá verificar si corresponde atribuir responsabilidad del Estado en el caso concreto.

Reitera lo anterior y amplia la Corte, en el *Caso Comunidad Garífuna de Punta Piedra y sus miembros v. Honduras* (2015), así

261. La Corte recuerda que el deber de garantizar el pleno y libre ejercicio de los derechos humanos se proyecta más allá de la relación entre los agentes estatales y las personas sometidas a su jurisdicción, abarcando asimismo el deber de prevenir, en la esfera privada, que terceros vulneren los bienes jurídicos protegidos. Sin embargo, es claro que un Estado no puede ser responsable por cualquier violación de derechos humanos cometida entre particulares dentro de su jurisdicción. En este sentido, las obligaciones convencionales de garantía a cargo de los Estados no implican una responsabilidad ilimitada de los Estados frente a cualquier acto o hecho de particulares, pues sus deberes de adoptar medidas de prevención y protección se encuentran condicionados al conocimiento de una situación de riesgo real e inmediato para un individuo o grupo de individuos determinado, y a las posibilidades razonables de prevenir o evitar ese riesgo. Es decir, aunque un acto u omisión de un particular tenga como consecuencia jurídica la violación de determinados derechos humanos de otro particular, aquél no es automáticamente atribuible al Estado, pues debe atenderse a las circunstancias particulares del caso y a la concreción de dichas obligaciones de garantía.

En cuanto a los grupos guerrilleros o insurgentes en el mismo Caso ha dicho *in extensu* lo siguiente:

125. En el presente caso, la Corte reconoce que el Estado adoptó varias medidas legislativas para prohibir, prevenir y castigar las actividades de los grupos de autodefensa o paramilitares y, en atención a la situación particular del Urabá antioqueño, región donde está ubicado el corregimiento de Pueblo Bello, el conocimiento de la situación de riesgo y de la necesidad de controlar la zona se materializó en la adopción de una serie de medidas en este sentido, [Omissis].

126. Sin embargo, esas medidas no se vieron traducidas en la desactivación concreta y efectiva del riesgo que el propio Estado había contribuido a crear. Con la interpretación que durante años se le dio al marco legal, el Estado propició la creación de grupos de autodefensas con fines específicos, pero éstos se desbordaron y empezaron a actuar al margen de la ley. De este modo, al haber propiciado la creación de estos grupos el Estado creó objetivamente una situación de riesgo para sus habitantes y no adoptó todas las medidas necesarias ni suficientes para evitar que éstos puedan seguir cometiendo hechos como los del presente caso. La declaratoria de ilegalidad de éstos debía traducirse en la adopción de medidas suficientes y efectivas para evitar las consecuencias del riesgo creado. Esta situación de riesgo, mientras subsista, acentúa los deberes especiales de prevención y protección a cargo del Estado en las zonas en que exista presencia de grupos paramilitares, así como la obligación de investigar con toda diligencia actos u omisiones de agentes estatales y de particulares que atenten contra la población civil.

140. La Corte observa que, si bien la masacre de Pueblo Bello ocurrida en enero de 1990 fue organizada y perpetrada por miembros de grupos paramilitares, aquélla no habría podido ejecutarse si hubiere existido protección efectiva de la población civil en una situación de riesgo razonablemente previsible por parte de miembros de las Fuerzas Armadas o de seguridad del Estado. [Omissis].

151. A las situaciones antes descritas de falta de debida diligencia en la protección, incluso preventiva, de los habitantes de Pueblo Bello, y en las investigaciones abiertas al efecto, se añade que fue el propio Estado el que creó una situación de riesgo que después no controló ni desarticuló. De tal manera, si bien los actos cometidos por los paramilitares contra las presuntas víctimas del presente caso son hechos cometidos por particulares, la responsabilidad por aquéllos actos es atribuible al Estado en razón del incumplimiento por omisión de sus obligaciones convencionales *erga omnes* de garantizar la efectividad de los derechos humanos en dichas relaciones interindividuales, y se ve concretada y agravada por no haber suprimido o resuelto efectivamente la situación de riesgo propiciada por la existencia de esos grupos y por haber continuado propiciando sus acciones a través de la impunidad. [Omissis].

c) Cláusulas de "purificación" de la ilicitud

La responsabilidad por hechos internacionalmente ilícitos admite, al igual que en los sistemas jurídicos internos, cláusulas o reglas que excluyen la ilicitud o que, en otro renglón, exoneran las consecuencias de las acciones u omisiones contrarias a Derecho. En el primer caso, estarían aquellas circunstancias también denominadas de justificación o purificación del hecho ilícito en tanto que, en el segundo caso, las que no justificándolo admiten, sin embargo, su excusación. La doctrina internacional no ha logrado sistematizar unos y otros supuestos, cuando menos siguiendo la citada orientación, pues los confunden dentro de un mismo rubro (v.gr. atenuaciones o exclusiones de la responsabilidad, o circunstancias que excluyen la ilicitud) a pesar de que sus significados jurídicos son obviamente diferentes.

Dentro de las que excluyen la ilicitud de la acción u omisión correspondiente, pueden mencionarse las que resultan de hechos propios de la víctima, como la legítima defensa (artículo 21, AREHII); el ejercicio de contramedidas dentro de los límites admitidos por el ordenamiento jurídico internacional (artículos 22, 49 a 54, AREHII); y, finalmente, el consentimiento de la víctima (artículo 20, AREHII), en tanto-en cuanto no contraríe normas de Derecho imperativo (*ius cogens*), es decir,

> una norma aceptada y reconocida por la comunidad internacional en su conjunto como norma que no admite acuerdo en contrario y que sólo puede ser modificada por una norma ulterior de Derecho Internacional general que tenga el mismo carácter (artículo 53 de la Convención de Viena sobre Derecho de los Tratados y artículo 26, AREHII).

En cuanto a las causas de exoneración de la responsabilidad, es decir, las que no discuten la ilicitud del hecho atribuible al sujeto de Derecho Internacional potencialmente responsable, cabría citar aquellas ora extrañas a la víctima, ora externas o bien internas al fuero del victimario, como el caso fortuito o la fuerza mayor (artículo 23, AREHII), la situación de peligro extremo o *détresse* (artículo 24, AREHII), o el estado de necesidad (artículo 25, AREHII).

Se citan, como ejemplos típicos, la decisión de un Estado de no pagar su deuda externa para evitar la bancarrota (*Estado de necesidad*), o el piloto de un avión de caza que viola la soberanía territorial de un Estado en razón de condiciones meteorológicas que podrían llevarlo a la muerte (*fuerza mayor*) o cuando la violación territorial ocurre porque sus instrumentos de navegación dejaron de funcionar (*caso fortuito*).

Tratándose de violaciones graves de derechos humanos, en las que median normas de derecho imperativo o de *ius cogens* la doctrina y la jurisprudencia encuentran o muestran límites a las pretendidas exoneraciones de responsabilidad del Estado o de sus actores, como cuando median situaciones de amnistía como consecuencia de conflictos internos armados y habiendo ocurrido violaciones graves de derechos humanos.

Machado Ramírez las explica *in extens*u así:

> Como es manifiesto para este punto, el derecho internacional no prohíbe la exoneración parcial de responsabilidad en las jurisdicciones domésticas. Todo lo contrario, los distintos instrumentos de derecho internacional de los derechos humanos, derecho internacional humanitario y derecho penal internacional están diseñados para reconocerle un margen de deferencia al Estado en su política criminal cuando pretende trascender un conflicto armado, imponiendo unas limitaciones generales usualmente enmarcadas en la gravedad de los delitos cometidos.
>
> En los instrumentos de derechos humanos no existe una prohibición generalizada de la aplicación de mecanismos de justicia transicional que impliquen exoneraciones parciales de responsabilidad. La jurisprudencia de derechos humanos muestra solo un fuerte rechazo hacia las leyes de "autoamnistía" de carácter absoluto, y nunca se ha encontrado que un Estado es internacionalmente responsable por la implementación de una política criminal que exonere algunos casos, prevea penas alternativas, o cualquier otro mecanismo híbrido, siempre y cuando no haya una impunidad generalizada o se exoneren los casos de violaciones graves de derechos humanos. La noción de impunidad adoptada por la Corte Interamericana de Derechos Humanos, a su vez, reprocha únicamente las fallas estructurales en la investigación y sanción, y no exige un juzgamiento exhaustivo o total.
>
> El derecho internacional humanitario, por su parte, está fragmentado en la regulación de los conflictos armados internacionales y los conflictos armados no internacionales. Por un lado, la obligación de investigación o entrega de los presuntos responsables vincula de manera convencional a los Estados únicamente en los casos de conflictos armados internacionales.
>
> Si bien existe la tendencia a aplicar el régimen de las infracciones graves a los conflictos armados no internacionales de manera consuetudinaria, en la actualidad no existe un consenso sobre el tema. De cualquier manera, la obligación se satisface con la mera investigación del ente competente, sin necesidad de acusar o condenar al presunto responsable y se limita de manera exclusiva a las violaciones graves de derecho internacional humanitario.
>
> Finalmente, el derecho penal internacional plantea el problema de modo más complejo, toda vez que es el único ámbito donde la jurisdicción nacional se puede ver remplazada por la justicia internacional. Sin embargo, la jurisdicción penal internacional se extiende solo a los individuos más responsables por los crímenes más graves y excluye a cualquier otro actor de un conflicto. Adicionalmente, el Estatuto de Roma de la Corte Penal Internacional tiene las salvaguardias procedimentales necesarias para frenar una potencial investigación cuando el Estado se encuentra en un genuino intento de administración de justicia transicional, así esto incluya exoneraciones parciales de responsabilidad o implementación de mecanismos híbridos de justicia (Sebastián Machado Ramírez, "Límites a la exoneración de responsabilidad en el derecho internacional: amnistías, selección y priorización de casos en la jurisdicción nacional", ACDI, Bogotá, Vol. 7, pp. 13-37, 2014).

No huelga tener muy presente, a tal efecto, los dicta de la Corte Interamericana de Derechos Humanos que en progresividad fijan lo señalado y sus posibles límites o atenuaciones. En el *Caso Barrios Altos v. Perú* (2001) precisa esta que

41. [S]on inadmisibles las disposiciones de amnistía, las disposiciones de prescripción y el establecimiento de excluyentes de responsabilidad que pretendan impedir la investigación y sanción de los responsables de las violaciones graves de los derechos humanos tales como la tortura, las ejecuciones sumarias, extralegales o arbitrarias y las desapariciones forzadas, todas ellas prohibidas por contravenir derechos inderogables reconocidos por el Derecho Internacional de los Derechos Humanos.

43. La Corte estima necesario enfatizar que, a la luz de las obligaciones generales consagradas en los artículos 1.1 y 2 de la Convención Americana, los Estados Parte tienen el deber de tomar las providencias de toda índole para que nadie sea sustraído de la protección judicial y del ejercicio del derecho a un recurso sencillo y eficaz, en los términos de los artículos 8 y 25 de la Convención. Es por ello que los Estados Parte en la Convención que adopten leyes que tengan este efecto, como lo son las leyes de autoamnistía, incurren en una violación de los artículos 8 y 25 en concordancia con los artículos 1.1 y 2 de la Convención. Las leyes de autoamnistía conducen a la indefensión de las víctimas y a la perpetuación de la impunidad, por lo que son manifiestamente incompatibles con la letra y el espíritu de la Convención Americana. Este tipo de leyes impide la identificación de los individuos responsables de violaciones a derechos humanos, ya que se obstaculiza la investigación y el acceso a la justicia e impide a las víctimas y a sus familiares conocer la verdad y recibir la reparación correspondiente.

Entre tanto, mientras la misma Corte, recién ofrece un amago a propósito de los conflictos armados y las necesidades de reconciliación o justicia transicional, el Tribunal Europeo de Derechos Humanos recuerda el techo que mal puede sobrepasarse.

La primera, en el *Caso de El Mozote y lugares aledaños v. El Salvador* (2012), esgrime lo siguiente:

[...] se colige que la lógica del proceso político entre las partes en conflicto, que llevó al cese de las hostilidades en El Salvador, imponía la obligación a cargo del Estado de investigar y sancionar a través de "la actuación ejemplarizante" de los tribunales de justicia ordinarios al menos las graves violaciones de derechos humanos que estableciera la Comisión de la Verdad, de modo tal que no quedaran impunes y se evitara su repetición.

El Tribunal Europeo en el Caso *Ould Dah v. Francia* (2012), razona así:

60. [...] aunque es cierto que puede nacer un conflicto entre el deber de judicializar criminales, por un lado, y la determinación de un Estado de promover la reconciliación de un conflicto, por el otro [...] la prohibición de la tortura ocupa un lugar prominente en todos los instrumentos internacionales de derechos humanos.

d) Consecuencias de la responsabilidad internacional

El artículo 28 de los AREHII, al fijar los principios generales relativos a las consecuencias o, dicho más precisamente, al contenido de la responsabilidad internacional del Estado, reitera lo que es esencial en la materia: "La responsabilidad internacional del Estado que, (...), nace de un hecho internacionalmente ilícito produce (...) consecuencias jurídicas (...)". No sin prevenir, como lo hace el artículo 29 *ejusdem*, que tales consecuencias "no afectan la continuidad del deber del Estado responsable de cumplir la obligación violada".

Ahora bien, a la luz de la normativa adoptada por Naciones Unidas, el contenido o las consecuencias de la responsabilidad del Estado por hechos internacionalmente ilícitos, es esencialmente reparatoria, propia del modelo contractual en que se ha apoyado la sociedad relacional y paritaria de Estados soberanos. En otras palabras, dado el rechazo que finalmente hizo la CDI de la lúcida propuesta del antiguo relator *Roberto Ago*, inicialmente aceptada por el Proyecto de artículos adoptado en primera lectura en 1996 (artículo 19) y que planteara clasificar los ilícitos internacionales en delitos y crímenes internacionales, significando con éstos los hechos más graves, es decir, que implicaran violaciones de obligaciones esenciales "para la salvaguardia de intereses fundamentales de la comunidad internacional"; lo cierto es que las consecuencias sancionatorias o aflictivas derivadas de un hecho ilícito internacional y progresivamente aceptadas por el Derecho Internacional general, han quedado postergadas en cuanto a su codificación y desarrollo.

No parece suficiente, en efecto, la prevención genérica que hace la normativa aprobada (AREHII) en su capítulo III (artículos 40 y 41), en el sentido de invitar a los Estados a cooperar "para poner fin, por medios lícitos, a toda violación" grave –por flagrante y sistemática– de "una obligación que emane de una norma imperativa del Derecho Internacional general"; o a no reconocer como lícita una situación creada por violaciones de esta naturaleza ni prestar ayuda o asistencia para mantenerla.

En todo caso, las disposiciones señaladas cuidan de precisar que en modo alguno ellas perjudican o sustituyen las consecuencias reparatorias de las violaciones graves ni "toda otra consecuencia que (...) pueda generar[se] según el Derecho Internacional", lo que le abre espacio generoso al régimen de las sanciones internacionales.

En este orden y en cuanto hace a las medidas reparatorias, no huelga reiterar que las reglas vigentes se inspiran abiertamente en las enseñanzas civilistas, trasplantadas al mundo jurídico internacional por la doctrina y la jurisprudencia internacionales.

Así, en lo atinente a las modalidades de reparación, que pueden reclamarse alternativa o acumulativamente, las reglas no han evolucionado sustancialmente a pesar de que el origen de la responsabilidad, en defecto de su pasada fundamentación en el daño injustamente causado, hoy se sitúa primariamente en el hecho internacionalmente ilícito.

Las modalidades siguen siendo, en efecto, la *satisfacción*, v.gr. presentación de excusas oficiales, expresión de pesar, reconocimiento unilateral –o aceptación de la declaratoria orgánica– de su responsabilidad por el Estado responsable, etc. (artículo 37, AREHII), en los casos de reparaciones del daño moral o político, que igualmente podría compensarse con una indemnización de tipo pecuniario cuando la víctima haya sido una persona física; la *restitución "in integrum"* o *restitutio naturalis*, mediante la reproducción por el responsable de la situación jurídica o fáctica que existía antes del hecho ilícito (artículo 35, AREHII) y/o el pago de una *indemnización pecuniaria por equivalente* (artículo 36.1, AREHII) en favor del "(...) agraviado, por los daños que le fueron causados y que, en todo caso, no [hubiesen sido] cubiertos plenamente por la restitución íntegra y la satisfacción" (asunto de la *Fábrica de Chorzow*, CPJI, 1927).

La indemnización de los daños internacionalmente resarcibles debe alcanzar al daño emergente y al lucro cesante (artículo 36.2, AREHII), por virtud del principio de la "reparación integral"; pero, la indemnización habría de quedar restringida sólo a los daños directos, aun cuando la normativa adoptada se refiere a "todo daño, tanto material como moral, causado por el hecho internacionalmente ilícito del Estado" (artículo 31.2, AREHII).

Finalmente, visto que todo acto ilícito –por virtud de un principio elemental de Derecho– debe aparejar una reparación que anule "en la medida de lo posible (...) todas las consecuencias del acto", se discute por la jurisprudencia si el cese de la situación ilícita es parte indispensable de la reparación (Asunto de la *Fábrica de Chorzow*, CPJI, 1927).

Parecería suficiente reiterar o ajustar, al respecto, lo antes dicho: el artículo 29 de los AREHII recuerda la "continuidad del deber de cumplir la obligación primaria" y los artículos 30, literal a) y 52, numeral 3, literal a), hablan de la "cesación" necesaria del hecho internacionalmente ilícito.

A título de orientación muy general, la jurisprudencia arbitral dice lo siguiente:

> Si el acto ilícito [internacional] es un acto jurídico [del Estado], el restablecimiento de las cosas a su estado original [*restitutio in integrum*] consiste en la anulación del mismo, independiente de su naturaleza, incluso si se trata de una decisión judicial (*Caso Martini*, 1904).

La Corte Interamericana de Derechos Humanos al desarrollar su doctrina sobre reparaciones en los supuestos de violaciones de derechos humanos, en el *Caso Roche Azaña y otros v. Nicaragua* (2020), repite sus enseñanzas constantes y las modulaciones que ha venido introduciendo a las premisas generales anteriores, a saber

> 103. Sobre la base de lo dispuesto en el artículo 63.1 de la Convención Americana, la Corte ha indicado que toda violación de una obligación internacional que haya producido daño comporta el deber de repararlo adecuadamente y que esa disposición recoge una norma consuetudinaria que constituye uno de los principios fundamentales del Derecho Internacional contemporáneo sobre responsabilidad de un Estado.
>
> 104. La reparación del daño ocasionado por la infracción de una obligación internacional requiere, siempre que sea posible, la plena restitución (*restitutio in integrum*), que consiste en el restablecimiento de la situación anterior. De no ser esto factible, como ocurre en la mayoría de los casos de violaciones a derechos humanos, el Tribunal determinará medidas para garantizar los derechos conculcados y reparar las consecuencias que las infracciones produjeron. Por tanto, la Corte ha considerado la necesidad de otorgar diversas medidas de reparación a fin de resarcir los daños de manera integral por lo que, además de las compensaciones pecuniarias, las medidas de restitución, rehabilitación, satisfacción y garantías de no repetición tienen especial relevancia por los daños ocasionados.

105. La Corte ha establecido que las reparaciones deben tener un nexo causal con los hechos del caso, las violaciones declaradas, los daños acreditados, así como las medidas solicitadas para reparar los daños respectivos. Por lo tanto, la Corte deberá observar dicha concurrencia para pronunciarse debidamente y conforme a derecho.

De modo particular, en su mencionada jurisprudencia y con vistas a la cuestión, hace otras concreciones de orden conceptual, a saber:

a) Sobre la parte lesionada

107. Este Tribunal considera parte lesionada, en los términos del artículo 63.1 de la Convención, a quienes han sido declaradas víctimas de la violación de algún derecho reconocido en la misma. [Omissis]

b) *Sobre los daños materiales e inmateriales*

127. La Corte ha desarrollado en su jurisprudencia el concepto de daño material y los supuestos en que corresponde indemnizarlo. Este Tribunal ha establecido que el daño material abarca la pérdida o detrimento de los ingresos de las víctimas, los gastos efectuados con motivo de los hechos y las consecuencias de carácter pecuniario que tengan un nexo causal con los hechos del caso.

128. Con respecto al daño emergente solicitado, [...], la Corte considera que las violaciones acreditadas en la presenta Sentencia representaron gastos económicos a las víctimas. [Omissis].

129. Con respecto al lucro cesante ocasionado por la muerte de Pedro Bacilio Roche Azaña, el Tribunal estima que el Estado debe entregar, en equidad, la suma total de USD$ 50,000 (cincuenta mil dólares de los Estados Unidos de América) a José Fernando Roche Zhizhingo y a María Angelita Azaña Tenesaca. A la vista de que el señor José Fernando Roche Zhizhingo ya ha fallecido, la cantidad correspondiente deberá ser entregada a la señora María Angelita Azaña Tenesaca.

133. La Corte ha establecido en su jurisprudencia que el daño inmaterial "puede comprender tanto los sufrimientos y las aflicciones causados por la violación como el menoscabo de valores muy significativos para las personas y cualquier alteración, de carácter no pecuniario, en las condiciones de existencia de las víctimas". Por otra parte, dado que no es posible asignar al daño inmaterial un equivalente monetario preciso, sólo puede ser objeto de compensación, para los fines de la reparación integral a la víctima, mediante el pago de una cantidad de dinero o la entrega de bienes o servicios apreciables en dinero, que el Tribunal determine en aplicación razonable del arbitrio judicial y en términos de equidad.

Al sistematizar, a manera de ejemplos, las consecuencias jurídicas que sobrevienen a la responsabilidad internacional del Estado por hechos internacionalmente ilícitos vinculados a la violación de derechos humanos, aparte del sostenimiento de la obligación primaria que ha de cumplirse siempre – y siempre que sea materialmente posible – para restituir el orden convencional vulnerado y de las señaladas "indemnizaciones por daño material e inmaterial y reintegro de costas y gastos", la Corte las resume así a lo largo de su extensa jurisprudencia (v. Corte IDH, *40 años protegiendo derechos*, San José de Costa Rica, 2018):

1. *Medidas de restitución*: restablecimiento, hasta donde sea posible, de la situación previa a la violación (p. ej. restablecimiento de la libertad de personas detenidas ilegalmente; reincorporación laboral; regreso de personas desplazadas o exiliadas; dejar sin efecto decisiones internas; eliminación de antecedentes judiciales y/o administrativos; devolución o restitución de bienes, y restitución, demarcación, titulación, y saneamiento de propiedad comunal indígena).
2. *Medidas de rehabilitación*: brindar a las víctimas atención médica, psicológica y/o psiquiátrica.
3. *Medidas de satisfacción*: actos u obras de alcance o repercusión pública orientados a la conmemoración de las víctimas o los hechos del caso, el reconocimiento de su dignidad y el consuelo de sus deudos (p.ej. determinar el paradero de víctimas desaparecidas o identificación y entrega de sus restos; acto público de reconocimiento de responsabilidad internacional; publicación y difusión de la Sentencia de la Corte IDH, monumentos, placas o espacios públicos en conmemoración de las víctimas o hechos, otorgar a las víctimas becas o capacitación vocacional, otorgar viviendas a víctimas, y planes de desarrollo comunal).
4. *Garantías de no repetición*: medidas tendientes a que no vuelvan a ocurrir violaciones a los derechos humanos como las sucedidas en los casos que fueron materia de estudio de la Corte (p. ej. modificación de normas jurídicas o prácticas de los Estados que son contrarias a la Convención; expedición de normas jurídicas o desarrollo de prácticas para proteger y garantizar derechos humanos; capacitación en derechos humanos a funcionarios estatales, y sensibilización, educación o difusión para la sociedad en derechos humanos).
5. *Obligación de investigar*, juzgar y, en su caso, sancionar a los responsables de violaciones a derechos humanos constatadas en los casos.

XXXV. Responsabilidad internacional por actos no prohibidos por el Derecho internacional

La llamada responsabilidad objetiva o por riesgo expresa un tipo de responsabilidad que se origina, generalmente, en actividades no prohibidas por el Derecho, pero susceptibles de irrogar daños a terceros obligando a su reparación. Es un aspecto especial dentro de la responsabilidad internacional del Estado dado que, de ordinario, el fundamento de esta reside en la existencia de un hecho internacionalmente ilícito, y en el primer caso la obligación surge de la consecuencia de un acto reputado como lícito.

En el campo del Derecho internacional se citan como ejemplos de esta excepción o aspecto especial de la responsabilidad del Estado a los daños que causan el gran desarrollo tecnológico de actualidad como la exploración del espacio ultraterrestre, el uso y explotación de recursos naturales – como los energéticos o las aguas y los bosques – cuando inciden negativamente sobre el medio ambiente, las experimentaciones científicas como los casos del uso pacífico de la energía nuclear y de la genética para fines médicos, entre otros.

La Comisión de Derecho Internacional (CDI) de la ONU, al emprender su codificación sobre la responsabilidad del Estado entendió desde un primer instante que, al precisar las consecuencias de los hechos internacionalmente ilícitos, en modo alguno podría suponerse que ello incluía alguna consideración sobre la responsabilidad por riesgos. Difiere analizar la cuestión para el "momento apropiado" y "tan pronto como sea conveniente". El argumento en el caso ya lo adelanta Roberto Ago en 1970, como Relator sobre la responsabilidad internacional del Estado al señalar en su informe sobre el Origen de la Responsabilidad Internacional (A/CN, 4/233) "el fundamento totalmente distinto de la llamada responsabilidad por riesgo, la naturaleza diferente de las normas que la determinan, así como su contenido y de las formas que puede adoptar".

El Derecho codificado

Sólo partir de 1977 inicia la CDI su labor integral sobre "la responsabilidad internacional por las consecuencias perjudiciales de actos no prohibidos por el derecho internacional", aun cuando ya se había codificado y/o legislado antes y después sobre esa modalidad de responsabilidad objetiva de los Estados. Así, pueden citarse el Convenio sobre la responsabilidad internacional por daños causados por objetos espaciales (1972); la Parte XII sobre protección y preservación del medio marino de la Convención sobre el Derecho del mar (1982); el Protocolo al Tratado Antártico sobre protección del medio ambiente (1991); el Convenio sobre la diversidad biológica (1992); el Convenio sobre la protección y utilización de los cursos de agua transfronterizos y de los lagos internacionales (1992) y su Protocolo sobre responsabilidad civil e indemnización por los daños causados en aguas transfronterizas por los efectos de accidentes industriales (2003); la Convención sobre el derecho de los usos de los cursos de agua internacionales para fines distintos de la navegación (1997); el Proyecto de artículos sobre el derecho de los acuíferos transfronterizos (2008), y el Acuerdo de París (2015) para mejorar la aplicación de la Convención Marco de las Naciones Unidas sobre el cambio climático (1992).

La costumbre internacional, como lo informa la doctrina, "no ofrece suficiente protección frente a las consecuencias dañosas de ciertas actividades que resulten inevitables. Esta laguna no puede cubrirse, entonces, sino por vía convencional o, en general, a través de la enunciación de nuevas normas obligacionales primarias. En este sentido, se suele advertir que la teoría de la responsabilidad por riesgo sería hoy por hoy aplicable sólo en los supuestos cubiertos por convenios internacionales" como los antes citados.

El proyecto de artículos de la Comisión de Derecho Internacional y su debate

En 1988, la Comisión inicia la primera lectura del proyecto de artículos relativo a la responsabilidad objetiva o por riesgo, pero es en 1992 cuando decide que antes de llegarse a una concreción sobre el asunto los aspectos a estudiar serían los de la prevención de los riesgos, es decir, sobre las medidas respecto de las actividades que pudiesen crear un riesgo de daño transfronterizo; incluidas, justamente, las consecuencias o efectos reparatorios de la responsabilidad exigible, a saber, las que proceden una vez irrogado el daño mencionado. Era consciente, no obstante, que aún mediaban dificultades teóricas y conceptuales por resolverse, como el de su relación con el tema general de la responsabilidad internacional de los Estados.

En 1998, la CDI concluyó su primera lectura del Proyecto de artículos relativo a la prevención de daños transfronterizos causados por actividades peligrosas (A/RES/56/82) que, finalmente, adopta en 2001 constante de un preámbulo y 19 artículos. A partir de ello se aboca a considerar relación entre la prevención y la responsabilidad, luego de lo cual y de su adopción por la misma Comisión, la Asamblea General de la ONU, al igual que lo hace con el texto anterior en la fecha antes indicada, en 2006 toma nota del "Proyecto de principios sobre la asignación de la pérdida en caso de daño transfronterizo resultante de actividades peligrosas" (A/RES/61/36). Ambos textos, en 2007 los señala de conjunto a la atención de los gobiernos de los Estados miembros para que identifiquen las medidas que se colijan con los mismos y consideren la eventual elaboración de una convención que los comprenda a ambos.

De modo que, el Proyecto de artículos de la Comisión sobre las actividades no prohibidas por el Derecho internacional "que se realicen en el territorio de un Estado o que de alguna otra manera estén bajo la jurisdicción o control de dicho Estado" y "que entrañen el riesgo de causar, por sus consecuencias físicas, un daño transfronterizo sensible", destaca, por consiguiente, las ideas de prevención y debida diligencia. De suyo, el cooperar de buena fe para prevenir o minimizar riesgos (artículo 4), apalancándolos sobre deberes de notificación e información (artículo 8), implica el sostenimiento de consultas entre los Estados involucrados en la prevención del daño transfronterizo o la minimización del riesgo (artículo 9), procurando, estos, soluciones que impliquen "un equilibrio equitativo de intereses" (artículos 9.2 y 10).

Las normas en cuestión se ocupan, cabe aclararlo, del llamado "daño transfronterizo sensible", que involucra dos conceptos claves: El daño causado el territorio bajo jurisdicción de un Estado distinto del Estado de origen, y su naturaleza, a saber, su grado anterior a lo que pueda calificarse de catastrófico (artículo 2). El estado de origen o causante del riesgo susceptible de dañar ha de adoptar, por consiguiente, "todas las medidas necesarias para prevenir un daño transfronterizo sensible o, en todo caso, minimizar el riesgo de causarlo"; de donde puede colegirse que, así como se trata en esos supuestos de situaciones en las que la actividad de un Estado son consideradas conformes con el Derecho internacional y obligantes en cuando al deber de reparar cuando ocurre un daño y cuya falta puede dar lugar a un hecho ilícito, también puede suscitarse un hecho ilícito anterior u ocurrir la ruptura de la obligación internacional susceptible de dar lugar a un hecho ilícito internacional cuando el mismo Estado de origen no asume el comportamiento debido para prevenir riesgos en su actividad lícita.

Así las cosas, salvando lo anterior, el hecho de no encontrarnos en principio dentro de los supuestos indicados ante la responsabilidad de un Estado por un hecho internacionalmente ilícito, sino ante un acto no prohibido, de acuerdo con la doctrina dominante la idea de la responsabilidad que conlleva a la reparación queda situada en la esfera de las normas primarias u obligaciones principales asumidas por el Estado. Responder no es la consecuencia del nacimiento de una obligación secundaria o subsidiaria a otra primaria que haya sido violentada dando lugar a un hecho ilícito que obliga a su reparación.

En el Convenio de 1972 sobre responsabilidad internacional por daños causados por objetos espaciales mencionado, a manera de ejemplo, desde antes se le impone al Estado de lanzamiento la obligación de dar una reparación por las consecuencias perjudiciales o dañosas causadas por el objeto espacial en la superficie de la tierra o a las aeronaves en vuelo, tal y como reza el artículo II. Por consiguiente, la responsabilidad absoluta del Estado así consagrada nace de tal obligación primaria y de un modo directo o inmediato, sin valoración de la licitud o ilicitud del comportamiento que haya dado lugar a los daños.

Al término, sin embargo, podría alegarse o decirse que en la hipótesis es igualmente la ilicitud, o sea, el no otorgamiento de la reparación debida, la que hace que se desprenda o entre en acción el régimen de la responsabilidad por actos no prohibidos, cruzándose de tal modo y en forma transversal esta responsabilidad objetiva o por riesgo con la universalidad del régimen de la responsabilidad internacional del Estado por un hecho ilicito. Ambos regímenes, por ende, se moverían en planos diferentes pero complementarios.

"En términos más generales, ya no es necesario trazar una intrincada frontera entre el campo propio de este tema y el de la responsabilidad de los Estados. No se trata de soberanías [temáticas] competidoras, y la ampliación de una no se realiza a expensas de la otra", señala R. Quentin-Baxter, el relator de la CDI sobre la cuestión.

Los casos de la pandemia china y las pasteras del Uruguay

Dos casos, uno que ha cursado ante la Corte Internacional de Justicia y otro, de actualidad e importancia global que acaso podría llegar a la misma, pueden ilustrar de manera suficiente lo antes explicado.

El último se refiere a lo hipotético y todavía no reclamado ni considerado, menos judicializado, a saber, el de los daños globales irrogados por la pandemia del COVID-19. La misma, a tenor de la información internacional disponible se habría originado en un laboratorio de Wuhan (Instituto de Virología de la Academia de Ciencias de China, sucesor del Instituto de Microbiología) dando lugar al primer caso de Covid-19, en diciembre de 2019. Y si bien la Organización Mundial de la Salud (OMS) declara al terminar enero siguiente una "emergencia de salud pública", sólo a finales de febrero de 2020 habla de riesgo "muy alto".

La OMS habría recibido la notificación china el 3 de enero, pero, según las mismas Noticias de la ONU de 16 de marzo de 2020 ella ocupó tres semanas "en preguntar a los investigadores nacionales, buscar con redes de expertos cómo interpretar la información, en elaborar comunicaciones e información advirtiendo el riesgo". Lo cierto es que, debido a una actividad probablemente lícita y conforme al Derecho internacional, China originó un riesgo con efectos dañosos agravados en un plano transfronterizo que, de acuerdo a las previsiones del Derecho internacional codificado, habría de reparar esta, a las víctimas en cabeza de los Estados afectados en todo el mundo y sus economías domésticas, que por obra de la misma pandemia se han visto severamente afectadas.

> "Las discusiones entre la Organización Mundial de la Salud y China dieron como resultado entender y compartir la secuencia genética. Unos días más tarde, se compartieron un manual básico y las indagaciones, lo que significó el diseño de pruebas para que los países pudieran identificar el virus con pruebas hechas por ellos mismos", reza la información señalada (https://news.un.org/es/interview/2020/03/1471242).

El otro caso hace relación con la sentencia de 20 de abril de 2010 en el *Caso de las Plantas de Celulosa sobre el Río Uruguay* (Argentina vs. Uruguay), adoptada por la Corte Internacional de Justicia a raíz de la construcción en la margen izquierda del río Uruguay de las plantas CMB y Orión, denunciada por Argentina como unilateral, violatoria de las obligaciones de consulta previstas en el Estatuto del Río Uruguay de 1975, a cuyo efecto pide que el Uruguay restablezca la situación anterior a la ocurrencia de su hecho internacionalmente ilícito; luego que repare los daños ocasionados no susceptibles de ser cubiertos por la restitución mencionada y que se someta al régimen de consultas previsto por el Estatuto para llevar adelante cualquier construcción industrial en las márgenes del río, a fin de sostener las condiciones de adecuación ambiental que no lo afecten como tampoco a la población argentina de Entre Ríos que le queda vecina. Al efecto, Argentina exige la adopción por la Corte de medidas provisionales consistentes en el desmantelamiento de las plantas de celulosa.

Así las cosas, aun concluyendo la Corte que el Uruguay sì había incumplido en cuanto a las obligaciones procesales de consulta estipuladas por el mencionado Estatuto – bastando ello y su declaratoria como medida de satisfacción para la contraparte – no se referían las mismas a obligaciones de carácter sustantivo. Por ende, concluido el período de realización de aquellas, según la misma Corte, no planteaba el Estatuto una prohibición de construir o de veto de construcción que correspondiese a alguna de las partes al respecto; de donde el Estado que construye lo hace bajo su riesgo. En el caso referido, en efecto, no presentó Argentina ninguna probanza que demostrase algún daño ecológico o manejo actual que estuviese de suyo afectando a la población.

En lo que interesa a los aspectos tratados en este capítulo, importa, en suma, lo que dictamina la sentencia de la CIJ:

> "La Corte, no teniendo frente a sí un reclamo por reparación basado en un régimen de responsabilidad en ausencia de un acto ilícito, considera innecesario determinar si los artículos 42 y 43 del Estatuto de 1975 establecen tal régimen. Pero no puede inferirse de estos artículos, los cuales conciernen específicamente a casos de contaminación, que su propósito o efecto precluya todas las formas de reparación distintas de la compensación por violaciones de obligaciones procesales bajo el Estatuto de 1975".
>
> "La Corte ha sin embargo observado que la construcción de la planta comenzó antes de que las negociaciones hubieran concluido, en violación de las obligaciones procesales establecidas en el Estatuto de 1975. Asimismo, como la Corte ha determinado, el funcionamiento de la planta Orion (Botnia) no ha resultado en la violación de obligaciones sustantivas establecidas en el Estatuto de 1975... Como Uruguay no estaba impedido de continuar con la construcción y el funcionamiento de Botnia después de la expiración del período de negociaciones y no violó las obligaciones sustantivas bajo el Estatuto de 1975, ordenar el desmantelamiento de la planta no constituiría, en opinión de la Corte, un remedio apropiado por la violación de las obligaciones procesales".
>
> "Por último, la Corte puntualiza que el Estatuto de 1975 pone a las Partes bajo un deber de cooperar entre ellas, en los términos establecidos allí, para asegurar el cumplimiento de su objeto y fin. La obligación de cooperar trae aparejado monitoreo continuo de un establecimiento industrial, como la planta Orion (Botnia). En este sentido, la Corte observa que las Partes tienen una larga y efectiva tradición de cooperación y coordinación a través de la CARU (Comisión Administradora del Río Uruguay). Actuando conjuntamente a través de la CARU, las Partes han establecido una real comunidad de intereses y derechos en el aprovechamiento del Río Uruguay y en la protección de su ambiente. También han coordinado sus acciones a través del mecanismo conjunto de la CARU, de conformidad con las disposiciones del Estatuto de 1975, y han hallado soluciones apropiadas a sus diferencias dentro de este marco sin sentir la necesidad de recurrir a la solución judicial de disputas que prevé el artículo 60 del Estatuto hasta que el presente caso fue incoado ante la Corte".

Principios de la CDI

No huelga concluir señalando que, a tenor del citado texto de la CDI y adoptado luego por la ONU sobre los "Principios sobre la asignación de la pérdida en caso de daño transfronterizo resultante de actividades peligrosas", ellos son, en apretada síntesis, los siguientes:

(1) La pronta y adecuada indemnización a las víctimas;

(2) La asignación de responsabilidad sin valoración de la culpa;

(3) el mantener seguro, fianza o garantías por quien realiza la actividad de riesgo, a objeto de que pueda proveer ante demandas de indemnización;

(4) la notificación sin demora del daño transfronterizo cuando ocurre por el Estado de origen;

(5) disponer este de medidas de respuesta apropiadas, con apoyo científico y tecnológico de calidad;

(6) sostener consultas y cooperación con los Estados afectados para atenuar y si posible eliminar el daño transfronterizo;

(7) recabar unos y otros de los Estados involucrados la asistencia de las organizaciones internacionales cuando proceda;

(8) disponer el Estado de origen de recursos administrativos y judiciales internos que sean rápidos, adecuados y eficaces en beneficio de las víctimas y para la reparación de los daños que se les hayan irrogado;

(9) prever los Estados, en la materia, la posibilidad del recurso a procedimientos internacionales de solución de reclamaciones rápidos y poco onerosos;

(10) realización de acuerdos bilaterales y regionales relacionados con la realización de actividades peligrosas y la constitución de fondos especiales para indemnizaciones; y,

(11) adoptar las medidas de Derecho interno que requiera el régimen de responsabilidad por daños derivados de actividades no prohibidas por el Derecho internacional.

XXXVI. Solución pacífica de las controversias

Proscrito el uso de la fuerza para el arreglo de los conflictos, controversias o situaciones internacionales que impliquen diferencias entre los Estados, la solución pacífica se impone como obligación jurídica internacional y de Derecho Internacional general, esencialmente, luego de la firma del Pacto *Briand-Kellog* (Tratado de París de 1928) que condena el recurso a la guerra como medio de solución de controversias y con la entrada en vigor de la Carta de San Francisco, el 24 de octubre de 1945. Adicionalmente, fue la formación y consolidación del Estado soviético y la emergencia inevitable de un régimen de coexistencia entre dos sistemas mundiales políticos y económicos antagónicos, lo que a juicio de *Nikolai Konstantinovich Tarassov*, jurista ruso y juez de la Corte Internacional de Justicia, sirvió de elemento objetivo para catapultar la susodicha obligación internacional.

Los medios de solución pacífica de las controversias tienen como objetivo el de resolver diferendos o "desacuerdos sobre puntos de derecho o de hecho, es decir, contradicciones u oposiciones de tesis jurídicas o de intereses entre dos [o más] Estados" (Asunto *Mavrommatis*, CPJI, 1924). Pero ha de tratarse, obviamente, de controversias internacionales y no de controversias internas o "asuntos que son esencialmente de la jurisdicción interna de los Estados" (artículo 2.7 de la Carta de la ONU), acerca de los cuales mal puede proveer el ordenamiento jurídico internacional sin violentar el principio de No-intervención.

Ahora bien, como puede apreciarse de la lectura de la Carta de San Francisco, la solución pacífica de controversias parece estar dispuesta como exigencia imperativa no sólo para los casos de controversias manifiestas o evidentes entre los Estados, sino también con ocasión de "situaciones" que puedan derivar en una controversia o provocar una ruptura en la estabilidad de las relaciones jurídicas internacionales. En efecto, al disponer el artículo 1.1 de la Carta como propósito de la ONU "lograr por medios pacíficos, y de conformidad con los principios de la justicia y del Derecho Internacional, el ajuste o arreglo de controversias", menciona tanto a las controversias como a las "situaciones internacionales" susceptibles de conducir a quebrantamiento de la paz; de donde cabe inferir, en efecto, varias hipótesis: a) los casos de controversias que tienen lugar en una fase preliminar a la fragua de un hecho internacionalmente ilícito; b) circunstancias en las que una oposición de intereses legítimos entre Estados, no resueltos normativamente por el Derecho Internacional, reclame de su resolución o determinación mediante una formulación normativa apropiada y precisa; c) los supuestos en los que un Estado pretende, al margen de la norma formalmente en vigor y por considerarla inadecuada, inexacta, infiel a las circunstancias, etc., hacer prevalecer su conducta o interés para que obtenga un reconocimiento normativo.

No cabe duda, pues, en cuanto a que, con vistas a lo dicho, haya lugar a la clásica diferenciación entre controversias jurídicas y controversias políticas. Y, si bien todas, a fin de cuentas terminan por ser resueltas mediante un pronunciamiento jurídico y normativo, sea producto del acuerdo o la consecuencia de una decisión heterónoma e impuesta, no resulta impertinente cuando, de manera general, dispone el artículo 36 de la Carta de la ONU a título de recomendación dirigida a los Estados y sin perjuicio de sus voluntades soberanas:

> 1. El Consejo de Seguridad podrá, en cualquier estado en que se encuentre una controversia de la naturaleza de que trata el artículo 33 [sólo aquellas que sean susceptibles de poner en peligro la paz y seguridad internacionales] o una situación de índole semejante, recomendar los procedimientos o métodos de ajuste que sean apropiados.
>
> 2. El Consejo de Seguridad deberá tomar en consideración todo procedimiento que las partes hayan adoptado para el arreglo de la controversia.
>
> a) Al hacer recomendaciones de acuerdo con este artículo, el Consejo de Seguridad deberá tomar también en consideración que las *controversias de orden jurídico*, por regla general, deben ser sometidas por las partes a la Corte Internacional de Justicia, de conformidad con las disposiciones del Estatuto de la Corte (cursivas nuestras).

En síntesis, se ha dicho repetidamente por la doctrina que cuando está planteado un problema o asunto relativo a la interpretación o aplicación de una norma de Derecho Internacional, el medio de solución debe proveer a la declaración o afirmación de la norma existente y para ello, lo aconsejable es el recurso a medios heterónomos "adjudicativos" o jurisdiccionales.

En tanto que, requiriéndose de la modificación –"desvío del Derecho"– de una norma que mal puede resolver el conflicto de intereses planteado entre Estados o en ausencia de ella, convenientes son los medios de solución diplomáticos o autónomos, regidos en su decurso por la voluntad de los Estados.

El artículo 33 de la Carta de San Francisco enuncia, por lo mismo, dentro de su ámbito específico y sin agotarlos, los medios de solución pacífica de controversias que conoce el Derecho Internacional contemporáneo:

> 1. Las partes en una controversia [*omissis*] tratarán de buscarle solución, ante todo mediante la negociación, la investigación, la mediación, la conciliación, el arbitraje, el arreglo judicial, el recurso a organismos o acuerdos regionales u otros medios pacíficos de su elección.

Premisas jurídicas de la solución pacífica de controversias

El principio de solución pacífica de controversias internacionales viene afirmado, en este orden, sobre ciertas exigencias jurídicas que son propias a su naturaleza y a la estructura misma de la comunidad internacional de los Estados:

a) La *libre elección de medios* por los Estados, con lo cual y salvo disposiciones de Derecho particular o convencional dispuestas por estos, no se puede imponer una suerte de "entubamiento" que los obligue a usar unos medios con preferencia o en detrimento de otros o de limitar las modalidades de uso de alguno o algunos de los distintos medios de solución pacífica posibles. Priva, por ende, la regla del consentimiento mutuo, incluso para la elección de las vías adjudicativas o jurisdiccionales: arbitraje o solución judicial (CIJ) internacionales.

b) La *prontitud o "solución rápida"* de la controversia, como la cita el Acta Final de la Conferencia de Helsinki y la reclama la Resolución 2625 de la ONU (1970) referentes a las relaciones de amistad y de cooperación entre los Estados: "Los Estados, en consecuencia, procurarán llegar a un arreglo pronto y justo".

c) La *eficacia del medio* de solución dispuesto y convenido, de donde los Estados "convendrán en valerse de los medios pacíficos que resulten adecuados a las circunstancias y a la naturaleza de la controversia" (Resolución 2181/XXI de la ONU de 1966), salvaguardándose, a la par, el principio de buena fe en el cumplimiento de las obligaciones internacionales (*Pacta sunt servanda*).

d) La *eficacia de la solución* que pueda alcanzarse a través del medio libremente seleccionado, en modo de que asegure la paz y seguridad internacionales, en lo particular, la estabilidad de las relaciones jurídicas internacionales. De donde la solución no sólo habrá de ser formal sino también proveer un "arreglo justo", según los "principios de la justicia" (*Resolución 2625 y Declaración de Manila sobre Solución Pacífica de Controversias*) y equitativo (*ex aequo et bono*, como lo indica el artículo 38, numeral 2 del Estatuto de la Corte Internacional de Justicia).

e) Finalmente, la *preservación del statu quo de la controversia* en espera de su resolución, de donde "los Estados partes en un diferendo internacional, al igual que los demás Estados, deben abstenerse de todo acto susceptible de agravar la solución" (Resolución 2625); lo que de suyo, que duda cabe, recuerda lo que es consustancial a la obligación jurídico internacional que tienen los Estados de resolver sus controversias por medios pacíficos y acerca de lo cual, en línea con el señalado mandato de la Carta de la ONU, dispone de manera precisa la Declaración de Manila sobre Solución Pacífica de Controversias, en su parágrafo 13: "Ni la existencia de una controversia, ni el fracaso de un procedimiento de solución pacífica de una controversia autorizan a ningún Estado parte en tal controversia a recurrir a la fuerza o a la amenaza de la fuerza".

Negociaciones diplomáticas

La negociación, en este orden, no sólo es el medio diplomático de solución pacífica de controversias por excelencia, sino el más antiguo. En el Caso *Mavrommatis* (CPJI, 1925) se le define como el "procedimiento legal y administrativo por el cual los gobiernos, en el ejercicio de sus poderes indiscutibles, conducen sus relaciones mutuas y discuten, arreglan y solucionan sus controversias".

En cierta forma la negociación no deja de estar presente en los demás medios de solución diplomática que muestra el Derecho y la práctica internacionales. Puede ser el medio mismo para debatir y acordar su utilización como vía obligatoria de resolución de controversias. Colombia y Venezuela, a manera de ejemplo, a través del *Modus operandi* de 14 de marzo de 1970, acordaron la celebración de negociaciones como medio y método para resolver sobre la delimitación de las aguas marinas y submarinas entre los dos países, disponiendo reglas precisas de procedimiento al respecto.

La negociación diplomática, como lo recuerda la jurisprudencia, puede ser asumida también con apego a normas convencionales o consuetudinarias, como una vía preliminar a la utilización de medios contenciosos o adjudicativos de solución de controversias: "Antes de que una controversia sea objeto de un recurso judicial, importa que su objeto esté claramente definido por medio de conversaciones diplomáticas" (Asunto de las *Concesiones Mavrommatis*, CPJI, 1925; Asunto de la *Plataforma Continental del Mar Egeo*, CIJ, 1978; Caso de las *Actividades Militares y Paramilitares en Nicaragua*, COJ, 1984; Caso de la *Frontera terrestre y marítima entre Camerún y Nigeria,* CIJ, 1998).

La Carta de la ONU y también la Convención de Viena sobre Derecho de los Tratados la recomiendan con preferencia y, a su vez, el Tratado Americano de Soluciones Pacíficas (1948) señala que la opción por otros medios de solución ha de tener lugar cuando la negociación directa no dé los resultados esperados (artículo II, inciso segundo).

Se trata, en suma, de un medio que privilegia el voluntarismo de los Estados y, salvo normas de Derecho Internacional particular, no está sujeto a condiciones de forma.

Puede ser escrito u oral, bilateral o multilateral; realizado a través de individuos o de delegaciones enviadas por las partes; es diplomático, vale decir, reservado, susceptible de proteger los intereses soberanos de los Estados; puede tener por objeto resolver diferencias tanto jurídicas como políticas, contentivas de un elemento material concreto o diversificado en el ámbito de las relaciones internacionales. Como lo afirma *Vocino*, la negociación diplomática directa "puede desenvolverse con plena libertad de las partes, fuera de cualquier norma jurídica", fijando ellas su objeto y el lugar y tiempo de realización; salvo, agregaríamos nosotros, el respeto del principio de buena fe, a cuyo tenor, si bien las partes no están en modo alguno obligadas a llegar a un acuerdo, mal pueden estas asumir la negociación como una mera forma sin destino, o con desconocimiento de la igualdad soberana entre quienes participan de la misma.

Cabe observar, finalmente, que podría establecerse una suerte de diferenciación entre la negociación diplomática de amplio espectro y la negociación como método específico de solución de controversias. Y de allí que, el Derecho y la práctica internacionales contemporáneas hayan introducido el mecanismo de las consultas, más propio de la denominada (*D.Rusk*) diplomacia parlamentaria y multilateral –sin mengua de que pueda tener carácter bilateral: así el Tratado de Cooperación Franco-Germano de 1963– y que tiene por mero objeto superar, mediante el diálogo informal, divergencias que puedan surgir entre las partes involucradas, alcanzar entre terceros Estados una posición común, u operar como medio preventivo de controversias en curso. A manera de ejemplo, el Tratado del Atlántico Norte (1949) dispone en su artículo 4 que "las partes se consultarán, cuando a juicio de cualquiera de ellas, la integridad territorial, la independencia política o la seguridad de cualquiera de las partes fuese amenazada".

No menos, la Carta de la OEA ha institucionalizado dicho mecanismo de consulta al establecer, en sus artículos 61 a 69, la Reunión de Consulta de Ministros de Relaciones Exteriores "con el fin de considerar problemas de carácter urgente y de interés común para los Estados americanos" (artículo 61).

Buenos oficios y mediación

Por su parte, los llamados Buenos Oficios y la Mediación, constituyen medios diplomáticos que, sin perder estrecho contacto con la vía negocial y voluntarista de las controversias internacionales, implican la presencia de un tercero en el curso de esta, para favorecer su desarrollo, o a propósito de su debilitamiento. Uno y otro medio, los buenos oficios y la mediación, son mencionados tanto por las Convenciones de La Haya para el Arreglo Pacífico de las Controversias Internacionales (1899 y 1907), por la Declaración de Manila sobre el Arreglo Pacífico de Controversias Internacionales (1982) como por el Pacto de Bogotá, y tienen como función "producir la iniciación o la reanudación de las negociaciones entre las partes, y ayudar a su progreso".

En lo particular, el citado Pacto de Bogotá sobre Soluciones Pacíficas (1948) señala lo siguiente:

> "El procedimiento de buenos oficios consiste en la gestión de uno o más gobiernos americanos, ajenos a la controversia, en el sentido de aproximar a las partes, proporcionándoles la posibilidad de que encuentren directamente una solución adecuada" (artículo IX).

El artículo 84 de la Carta de la OEA, dice por su parte, que:

> Las Partes podrán recurrir al Consejo Permanente para obtener sus buenos oficios. El Consejo, en este caso, tendrá la facultad de asistir a las Partes y recomendar los procedimientos que considere adecuados para el arreglo pacífico de la controversia.

En cuanto a la mediación, señala el artículo XI del citado Pacto de Bogotá, expresamente, cuanto sigue:

> El procedimiento de mediación consiste en someter la controversia a uno o más Gobiernos Americanos, o a uno o más ciudadanos eminentes de cualquier Estado Americano extraños a la controversia.

La diferencia entre los buenos oficios y la mediación, que pueden cumplirla gobiernos, personalidades reconocidas internacionalmente o los líderes de organizaciones internacionales, reside en que la primera, que es el medio más simple –no mencionado en el artículo 33 de la Carta de la ONU– no tiene más propósito que facilitar y poner en contacto a las partes en una controversia, mediante consejos no vinculantes; en tanto que la segunda impone al mediador una tarea compleja: la responsabilidad de intervenir en la misma negociación diplomática sin pronunciarse sobre el objeto del litigio, pero "suministrando a las partes consejos y recomendaciones y propuestas de eventuales soluciones". De donde el mediador, además de transmitir propuestas puede recibir y estimular contra-propuestas, buscando que unas y otras vayan coincidiendo progresivamente. E incluso, en un determinado momento, para facilitar la misma negociación entre las partes, puede abandonar las tesis de estos proponiéndoles su propia versión para la final resolución de la controversia.

Por cierto, también el Tratado Interamericano de Buenos Oficios y Mediación (1936), marcando una tendencia contemporánea, prevé como conveniente que sirva como buen oficiante o mediador "un ciudadano eminente [por sus virtudes y versación jurídica] de cualquiera de los demás países americanos" (artículos 1 y 2) no comprendidos en el conflicto; práctica que en ciertas ocasiones puede resultar más aceptable e interesante que una opción por Jefes de Estado o de Gobierno. En todo caso, el ofrecimiento de los buenos oficios o de una mediación nunca puede ser considerado como un acto inamistoso y tampoco obliga a las partes a su aceptación, según lo indican y recuerdan las respectivas Convenciones de La Haya de 1899 y 1907.

Sea lo que fuere, tratándose del medio más complejo de los citados, como lo es la mediación, cabe tener presente que su naturaleza le caracteriza de confidencial; no vinculante; directo, sencillo e informal. Quizá, la mediación más emblemática y recordada en el Hemisferio fue aquella que, en 1979, partiendo de su oferta inicial de buenos oficios, aceptó Juan Pablo II por vía de su Eminencia el Cardenal Antonio Samoré, en la controversia entre Argentina y Chile por el Canal del Beagle.

Investigación

La investigación, si bien no provee directamente a la solución pacífica de una controversia, facilita la fijación exacta o aproximada de los hechos que hayan dado lugar a la misma, no siendo extraño que el informe o los informes a que ella da lugar basten, por sí mismos, para dar por terminado un diferendo entre dos o más Estados. *B.S. Murty*, citado por *Sorensen*, recuerda al respecto que

> cuando las negociaciones llegan a un punto muerto, por el hecho de que las partes insisten en afirmar versiones contradictorias de los hechos, la aclaración de estos por un tercero puede ayudar a preparar el camino para negociaciones con felices resultados.

De modo que, reclamándose el carácter "imparcial y concienzudo" de la investigación y encontrándose las partes en libertad de aceptar o rechazar sus conclusiones, la Convención de La Haya de 1907 no pudo menos que consagrarla como medio de solución pacífica en sus artículos 9 a 36, sin mengua de su carácter facultativo y de la misma iniciativa de la Conferencia de La Haya –que diera lugar a esta última Convención– de crear dentro de su marco una Comisión de Investigación de carácter permanente.

Una primera aplicación de este medio o método tuvo lugar, según lo refiere la doctrina, a propósito del Asunto *Hull* o del *Dogger Bank*, que diera lugar a la Comisión Internacional de Investigación sobre el incidente del Mar del Norte, en 1905.

En suma, el investigador o las comisiones de investigación de controversias internacionales han de determinar los hechos que subyacen u originan el asunto o la controversia, fijándolos, a manera de ejemplos, a partir de la lectura de documentos, recepción de testimonios, realización de experticias, que luego son vertidas en informes o relatorías objetivas y cuyas conclusiones "no formulen proposiciones para la solución de una controversia".

A manera de ejemplos pueden citarse, como iniciativas de investigación dentro del cuadro institucional de la ONU, la comisión especial designada por la Asamblea General en 15 de mayo de 1947 para investigar la cuestión de Palestina y cuyo informe final sirvió de base para el plan de reparto territorial que adoptara el 29 de noviembre del mismo año; o el nombramiento, en 20 de diciembre de 1951, de una comisión para "investigar las condiciones necesarias para que pudieran celebrarse elecciones libres" en Alemania.

Conciliación internacional

Un último medio de solución diplomática y pacífica de controversias internacionales, sin que cierre elenco infinito de posibilidades que pueden construir los propios Estados, es la conciliación internacional. En la opinión autorizada de *Walter Poeggel* y *Edith Oeser*, recogida por *Bedjaoui*, la conciliación asocia elementos de la mediación y de la investigación, y podríamos afirmar, sin exageraciones, que ella asemeja una suerte de tribunal de arbitraje cuyos pronunciamientos carecerían de carácter vinculante para los Estados partes en la controversia.

Según *Llanos*, la conciliación aparece después de la Primera Gran Guerra

> en una serie de tratados en que se sometía la solución de una controversia a una Comisión designada por las partes, la que estaba encargada de examinar todos los aspectos de la situación producida, proponiendo una solución sobre la base de concesiones recíprocas que las partes estaban libres de aceptar o rechazar.

Murty, en lo particular, precisa que la Tercera Asamblea de la Liga de las Naciones recomendó ampliamente, en 1922, dicho medio de solución de controversias y, por lo mismo, "fue uno de los tres procedimientos dispuestos por el Acta General para la Solución Pacífica de las Controversias Internacionales (Ginebra, 1928), cuya eficacia se intentó restablecer, relativamente, con el Acta General Revisada de 1949.

La institución ha sido también objeto de un amplio desarrollo dentro del Derecho Internacional americano, a un punto tal que, como lo indicara el Pacto *Saavedra Lamas* en su artículo IV, "las controversias internacionales que no hayan podido ser resueltas por la vía diplomática en un plazo razonable" habrían de someterse a dicho mecanismo de conciliación. Cuentan así, en tal orden, el Tratado *Gondra* de 1923, la Convención General de Conciliación Interamericana de 1929, el Tratado Antibélico de No Agresión y Concilación: *Saavedra-Lamas* de 1933, el Tratado Relativo a la Prevención de controversias de 1936, el Pacto de Bogotá de 1948: artículos XV a XXX.

Pero lo importante de señalar es que el procedimiento conciliatorio o de conciliación se desarrolla, de ordinario, ante comisiones permanentes o *ad hoc* cuyos comisarios o comisionados, integrados en número impar, son elegidos por los Estados parte en la controversia aun cuando actúan no en nombre sino en interés de estos. Lo importante es la conciliación, que incluye una investigación sobre los hechos y el objeto de la controversia, y un pronunciamiento –informe o relación– de la comisión. Este informe contiene la posible solución de la controversia, que se les recomienda a las partes y se les pide aceptar, pero que no es vinculante, ni causa estado, a diferencia de las decisiones judiciales.

Medios de solución pacífica vinculantes

Son el arbitraje o el recurso a mecanismos institucionales de regulación judicial de las controversias internacionales, medios adjudicativos de solución pacífica, es decir, cuyos pronunciamientos tienen carácter obligatorio o vinculante para las partes.

La Conferencia de La Haya de 1899 realizó, al respecto, un primer intento al crear el llamado Tribunal Permanente de Arbitraje, cuya sede administrativa se encuentra en La Haya, pero que en la práctica no consiste en otra cosa que una lista de juristas elaborada por los Estados y de cuya nómina, de ser el caso, aquellos quienes tengan planteada una controversia escogen los árbitros que integrarían el tribunal arbitral *ad hoc* que sería competente para proveer en el caso. Mas luego, la Conferencia de La Haya de 1907 intentó establecer un Tribunal de Justicia Arbitral permanente, pero falló por desacuerdos en cuanto a la designación de sus integrantes.

De modo que fue sólo en 1920 cuando la Asamblea de la Sociedad de las Naciones pudo aprobar el Estatuto que le dio vida a la Corte Permanente de Justicia Internacional, predecesora de la actual Corte Internacional de Justicia con sede en La Haya.

En cuanto al carácter obligatorio de dichos medios de solución pacífica, conviene aclarar con *Sette-Camara* que, tratándose del arbitraje o de la solución judicial, no implican ellos la total liquidación de la voluntad estatal para proveer directamente a la solución de su propia controversia. En efecto, el ingreso hacia el arbitraje o hacia la vía judicial internacional de suyo implican un acto previo de voluntad de los Estados confrontados, en cuanto a someterse a los dictados vinculantes de las sentencias arbitrales o judiciales que lleguen a ser dictadas. Y, asimismo, el principio de libre elección de medios de solución comentado con anterioridad, incluso tratándose de los medios típicamente diplomáticos, puede quedar limitado por la misma voluntad de los Estados cuando pactan someterse a uno u otros de dichos medios una vez sobrevenida una controversia. Así, por ejemplo, la Convención de Viena sobre Derechos de los Tratados establece en sus artículos 65 y 66 un procedimiento heterónomo o cerrado para la resolución de las controversias que plantee un Estado respecto de la nulidad, terminación, retiro o suspensión de un tratado:

> Artículo 65.3. Si, por el contrario, cualquiera de las demás partes ha formulado una objeción [al alegato de un Estado v.g. impugnando la validez de un tratado], las partes deberán buscar una solución por los medios indicados en el artículo 33 de la Carta de las Naciones Unidas.
>
> Artículo 66. Si dentro de los doce meses siguientes a la fecha en que se haya formulado la objeción, no se ha llegado a ninguna solución [*omissis*]: a) cualquiera de las partes en una controversia relativa a la aplicación o la interpretación del artículo 53 [tratados en oposición al *ius cogens*] o el artículo 64 [aparición de una nueva norma imperativa o de *ius cogens*] podrá, mediante solicitud escrita, someterla a la decisión de la Corte Internacional de Justicia a menos que las partes convengan de común acuerdo someter la controversia al arbitraje.

a) Arbitraje

El arbitraje, en lo particular, cuenta con orígenes históricos muy remotos, situados en la antigüedad griega y en el medioevo cuando el Papa actuaba como una suerte de *arbitre suprême*. Su utilización en la modernidad hace eclosión, como lo recuerda *Carreau*, con la firma del Tratado Jay de 1794, cuando se le dispone como medio para resolver las controversias derivadas de la Independencia americana; y, contempo-ráneamente, sitúa sus fuentes inmediatas en el *Caso Alabama* (1871) y en las Convenciones de La Haya de 1899 y 1907, cuyos artículos 15 y 37, respectivamente, le señalan como objetivo "resolver los litigios entre los Estados por medio de jueces de su escogencia y sobre la base del respeto al Derecho". La norma de 1907 ajusta, además, que "el recurso al arbitraje implica [para los Estados que acuerdan someterse al mismo] el compromiso de cumplir de buena fe la sentencia".

La Comisión de Derecho Internacional de Naciones Unidas ha hecho un esfuerzo de codificación en la materia, habiendo encomendado al notable jurista *Georges Scelle* la redacción de un proyecto de artículos al respecto, que la Asamblea General adoptó en 1958 pero a título de "modelo de reglas sobre el procedimiento arbitral" dirigido a los Estados como recomendación.

Cabe observar, así, que el arbitraje revela como características inmediatas, que le diferencian del recurso judicial propiamente dicho, su no permanencia y sobre todo su fundamento voluntarista, lo cual, en el marco una sociedad relacional y de Estados soberanos, le otorga ventajas por sobre el recurso judicial: dada su flexibilidad, el control relativo que ejercen las partes sobre el mismo, y también por las posibilidades de su "simplificación y rapidez", según el criterio de *Ruzié*.

u Consentimiento de los Estados

Los Estados interesados en resolver una controversia por medio del arbitraje, en efecto, de ordinario expresan su consentimiento respecto de la utilización de la vía arbitral a través de distintas modalidades:

a) El llamado compromiso (*compromis*), que es un acuerdo o tratado especial mediante el cual los Estados partes confían a un árbitro único o a un órgano colegiado *ad hoc* por ellos elegido o elegidos, o bien a un tribunal arbitral ya preconstituido, el arreglo del litigio que tengan planteado. Y no huelga observar, respecto de esta modalidad fundamental de expresión del consentimiento para obligarse por la vía arbitral, la importancia de que no resulte viciada de nulidad, pues junto a ella su nulidad arrastraría consigo el procedimiento arbitral ulterior y la sentencia carecería de todo valor jurídico (Asunto de la *Sentencia dictada por el Rey de España entre Honduras y Nicaragua en 1906*, CIJ, 1960).

b) La *cláusula compromisoria*, de carácter general o especial, que se expresa en la norma contenida de ordinario en tratados y acuerdos internacionales bilaterales o multilaterales sobre materias varias y mediante la cual los Estados parte se obligan a someter a arbitraje cualquier controversia que se suscite con ocasión de las mismas.

c) El *tratado de arbitraje permanente*, que es una suerte de cláusula compromisoria de aplicación general pactada entre dos o más Estados a objeto de regular la aplicación del arbitraje a cualquier asunto o diferencia que puedan tener en cuanto al manejo de sus relaciones internacionales.

Cabe advertir que los Estados, al expresar su consentimiento previo o preliminar al arbitraje, no pocas veces hacen constar reservas del mismo modo que tienen lugar a propósito de los tratados internacionales. Así, por ejemplo, se cita como pionero al Acuerdo franco-británico de 1903, en cuyo texto y a propósito de la disposición del arbitraje como medio de solución de controversias entre los dos países, se hace constar que los litigios relacionados con el honor, los intereses vitales de ambos, o los intereses de terceras potencias, quedan excluidos del mismo.

Por razón de la materia, los Convenios de La Haya disponen que el objeto del litigio haga relación con la interpretación o aplicación del Derecho, si bien el Acta General de Arbitraje de 1928, revisada en 1949, admite el arbitraje como medio de solución de controversias políticas (artículos 17 y 21).

En cuanto al ámbito de validez personal, dado su carácter internacional, el arbitraje tiene como sujetos a los Estados, aun cuando la práctica internacional muestra la existencia de Tribunales Arbitrales Mixtos luego de las Grandes Guerras, cuya jurisdicción internacional nunca fue cuestionada y tuvieron competencia tanto para conocer de los litigios derivados de las medidas adoptadas durante las guerras como para los litigios relativos a contratos suscritos entre ciudadanos de los países aliados y de los países enemigos. En el presente, es profusa la utilización del arbitraje mixto, bajo la égida de acuerdos de cobertura [*umbrella agreement*] entre dos o más Estados y para resolver controversias comerciales internacionales entre Estados y particulares; pudiendo citarse, así, el Convenio para el arreglo de controversias relativas a inversiones entre Estados y nacionales de otros Estados, Convenio de Washington sobre arreglo de controversias en materia de inversiones entre Estados y nacionales de otros Estados (BIRF, 1965). Hoy acepta dicha posibilidad, incluso, la Corte Permanente de Arbitraje.

Ahora bien, en cuanto a la integración del mecanismo arbitral interestatal, en el pasado fue costumbre la disposición o utilización de un árbitro único por los Estados en controversia, por lo general un Jefe de Estado. Piénsese en el laudo arbitral dictado por la Reina Regente del Reino de España, María Cristina, en nombre de su menor hijo, Alfonso XIII, a objeto de resolver la cuestión de límites entre Venezuela y Colombia (1891).

Hoy en día, lo normal es la constitución de un órgano arbitral complejo, una comisión arbitral o un tribunal de arbitraje integrada por varios jueces en número impar (3 ó 5 elegidos de por mitad por cada Estado), quienes designan, a su vez y de mutuo acuerdo, al Presidente o cabeza del órgano arbitral. No deben olvidarse, en este orden, v.g. las previsiones de la Convención de La Haya de 1907, a cuyo tenor los Estados en controversia pueden optar por el mecanismo que ofrece el Tribunal Permanente de Arbitraje, integrado por una lista de árbitros designados por todos y cada uno de los Estados partes de la Convención y dentro de la cual, los Estados en controversia, pueden escoger y designar los árbitros que integrarían al Tribunal Arbitral de la causa que les interese (artículos 23 y 24).

- Competencia arbitral

No huelga reseñar, finalmente, algunos aspectos relativos a la competencia, a la determinación del Derecho a aplicar, y a la sentencia que dicta todo tribunal arbitral internacional.

La competencia del tribunal arbitral la fija, de ordinario, el citado *compromis*, dentro de cuyo texto cabe precisar previamente el objeto de litigio y luego la organización del tribunal, sus reglas de procedimiento y las de fondo, en modo de que queden claros los alcances de la decisión esperada por los Estados en la controversia; sea mediante la aplicación de las reglas generales del Derecho Internacional o de reglas especiales indicadas en el *compromis* por un árbitro *iuris*[v.g. Reglas de Washington dentro del Caso *Alabama*, 1872], sea mediante la aplicación de corolarios de principios generales de Derecho o razonamientos por analogía, mediante la aplicación del Derecho y de la equidad o solamente de la equidad [amigable componedor o árbitro arbitrador], ora mediante la creación –con vistas al futuro– de normas o reglas por lo pronto inexistentes.

Lógicamente que en caso de duda acerca del contenido del *compromis,* el tribunal arbitral, como juez de su competencia y dado que no es mandatario de las partes, podrá interpretarlo: "todo tribunal arbitral es juez de su propia competencia" (Arbitraje de la *Compagnie Radio-Oriente* entre Francia y Egipto, 1940); pero no ha de olvidar, eso sí, que si bien es juez de su propia competencia no es dueño de la misma y de incurrir en exceso o desviación de poder puede provocar la nulidad de su fallo. *Carreau*, por lo mismo, bien ajusta que así como el juez interno dicta su sentencia en nombre del pueblo y con base en la Constitución, el árbitro internacional sólo obtiene su competencia de la voluntad de los Estados en controversia.

Una vez fijada la competencia, el Tribunal Arbitral ha de estatuir sobre el procedimiento y acerca de las bases de Derecho que le hayan sido fijadas por las partes; quienes, lo repetimos, con base en el *compromis* deciden libremente o confían a los árbitros decidir en cuanto a las reglas de procedimiento y las normas de Derecho Internacional conforme a las que habrán de dictar su sentencia.

- Sentencia arbitral

La sentencia arbitral, desde el punto de vista formal, no difiere de una sentencia judicial, por lo que consta de una exposición de motivos y una parte dispositiva; luego de lo cual la decisión o decisiones que ella contenga se adoptan por mayoría de los árbitros, debiendo todos los árbitros suscribir la sentencia sin perjuicio de que la minoría exprese, mediante voto separado y razonado, su disentimiento (artículo 46 del Pacto de Bogotá).

Lo importante de destacar es que la sentencia dictada por un árbitro o por un tribunal arbitral tiene carácter obligatorio y es definitiva. Sin embargo, dada la naturaleza u origen autónomo del tribunal que la dicta, el fallo en cuestión normalmente carece de virtudes ejecutivas a la luz del Derecho Internacional general, es decir, no puede ser ejecutado forzosamente y las partes, antes bien, deben conformarse con sus términos. Ellas deben cumplir de buena fe los mandamientos de la misma, en condiciones similares a como han de hacerlo con las previsiones de los tratados internacionales (*pacta sunt servanda).* Empero, el Pacto de Bogotá, advirtiéndose que no entró en vigencia, prescribe en su caso la ejecutoriedad de las sentencias arbitrales en el artículo 46 y al señalar en su artículo 50, a renglón seguido, lo siguiente:

> Si una de las altas partes contratantes deja de cumplir las obligaciones que le impone una sentencia de la Corte Internacional de Justicia o un laudo arbitral, la otra u otras partes interesadas, antes de acudir al Consejo de Seguridad de Naciones Unidas, promoverán una reunión de Consulta de Ministros de Relaciones Exteriores, a fin de que se combinen las medidas que convenga tomar para que se ejecute la decisión judicial o arbitral.

La obligatoriedad de la sentencia arbitral, en suma, tiene efectos sólo sobre las partes en controversia y únicamente en relación con el asunto o cuestión sometida a conocimiento del tribunal. Y su carácter definitivo excluye toda apelación; no así el eventual ejercicio de recursos, sea de interpretación [por desacuerdos sobre el sentido o alcances de los términos de la decisión, pero sólo eso], ora de reforma o anulación [cuando media corrupción del árbitro o árbitros, colusión o conflicto de intereses o hayan incurrido aquellos en *ultra petita* o en errores fundamentales de Derecho o de hecho: Asunto *Orinoco Steamship Cy.* entre USA y Venezuela, 1903; Asunto *de la Plataforma Continental Franco-Británica,* 1978], ora de revisión [dado un hecho nuevo, sobrevenido, no conocido al momento de dictarse la sentencia y que de haberse conocido hubiese sido distinta: Asunto *Lehigh Valley Railroad*, Comisión de Reclamaciones USA-Alemania, 1940].

b) Solución judicial permanente

El recurso a la solución judicial permanente es la expresión más acabada, que duda cabe, del señalado recurso a los organismos internacionales dentro de los medios pacíficos para el arreglo de las controversias internacionales.

La jurisdicción internacional y su desarrollo es, sin perjuicio de otros antecedentes, un fenómeno propio a las últimas posguerras y al consiguiente tránsito desde la sociedad relacional de los Estados hacia otra institucional. Son expresión de dicha tendencia, en efecto, tanto la actual Corte Internacional de Justicia, con sede en La Haya, cuanto, en el ámbito de la responsabilidad individual, los mismos Tribunales Penales Internacionales para los casos de Ruanda y la antigua Yugoslavia y la Corte Penal Internacional creada con el Estatuto de Roma. También cuentan, en ámbitos especializados, el Tribunal Internacional del Derecho del Mar con sede en Hamburgo, los Tribunales Administrativos de la ONU y de la OEA, las Cortes Europea e Interamericana de Derechos Humanos, entre otros.

La solución jurisdiccional tiene lugar, entonces, mediante el ejercicio del "poder que un órgano jurisdiccional, especializado, permanente e independiente, ejerce dictando decisiones obligatorias y mediante la aplicación del Derecho Internacional" (*Ruzié*). De donde cabe introducir, por ende, su diferenciación con el arbitraje, que siendo, en sustancia, un medio de solución igualmente judicial carece de permanencia, conoce de controversias jurídicas pero también actúa como amigable componedor, y en lo relativo a sus decisiones, si bien son obligatorias y causan estado [cosa juzgada], carecen por otra parte de ejecutoriedad, tal y como lo comentáramos *supra.*

- La Corte Internacional de Justicia y su competencia

A manera de ilustración de la solución judicial, cabe decir que la Corte Internacional Justicia está integrada por 15 miembros o jueces permanentes, elegidos sin atención a sus nacionalidades –juntamente por la Asamblea General y el Consejo de Seguridad de la ONU– por períodos de 9 años –debiendo renovarse un tercio de la CIJ cada 3 años– y, dada la calidad de funcionarios internacionales que ostentan, no representan a sus países sino a la comunidad de los Estados partes del Estatuto de la Corte en su conjunto. Gozan pues, de autonomía e independencia y se benefician de privilegios e inmunidades diplomáticas.

El Estatuto de la CIJ, adoptado en 26 de junio de 1945, prevé todo lo relativo a la organización de la Corte (artículos 2 a 33), sobre su competencia (artículos 34 a 38), acerca del procedimiento ante la misma (39 a 64) y sobre sus opiniones consultivas (artículos 65 a 68). De modo que, como podrá apreciarse, la determinación en estas materias, en particular la referida a los procedimientos ante dicha instancia judicial, escapan a la voluntad de los Estados parte y vienen completadas por el Reglamento de la propia Corte, que ella dicta y enmienda y cuyo texto original data del 6 de mayo de 1946, habiendo sido reformado en 1972 y en 1978.

En el Reglamento de la Corte, justamente, constan las normas relativas a la misma organización del tribunal: miembros de la Corte, Presidencia, Cámaras, funcionamiento interno y su quórum (artículo 1 a 21); sobre su Secretaría (artículos 22 a 29); acerca del procedimiento contencioso, la manera en que se integra la Corte para conocer de asuntos determinados; sobre el procedimientos escrito y el oral, y los procedimientos incidentales, relativos a medidas cautelares, a excepciones preliminares, reconvenciones, intervenciones de terceros Estados, desistimientos, sentencias e interpretación o revisión de las mismas y las demandas a que pueden dar lugar (artículos 30 a 101); y en lo relativo al procedimiento consultivo (artículos 102 a 109).

La Corte, en suma, ejerce una competencia contenciosa que supone el consentimiento previo de los Estados parte: sea porque hayan suscrito un *compromis* al respecto, sea porque han aceptado la cláusula facultativa de jurisdicción obligatoria (artículo 36,2 del Estatuto de la CIJ), o debido al *forum prorogatum* o aceptación no formal de la jurisdicción del tribunal (Asunto *Estrecho de Corfu*, CIJ, 1948). (NOTA: también hay competencia en razón de la cláusula compromisoria contenida en un tratado bilateral o multilateral, vigente aunque date de la fecha en la que aún existía la Corte Permanente)

La Corte ha dicho, en efecto, que:

> No puede ejercer su jurisdicción frente a un Estado si no tiene lugar el consentimiento de este (Caso *Oro monetario encontrado a Roma en 1943*, CIJ, 1954; Caso *Timor Oriental*, CIJ, 1995).

Ha de tenerse presente que la Corte, según lo consagra su jurisprudencia (Caso *Lockerbie*, CIJ, 1998) y de acuerdo al artículo 36, numeral 6 de su Estatuto, es competente para decidir sobre su competencia:

> En caso de disputa en cuanto a si la Corte tiene o no jurisdicción, la Corte decidirá.

En 1978, ya la Corte había sido aún más precisa en cuanto a los alcances finales de su competencia, indicando que tiene:

> Un poder inherente que la autoriza a adoptar cualquier medida que, por una parte, considere necesaria a fin de que, si su competencia sobre el fondo de un caso es establecida, el ejercicio de tal competencia no sea vano, y de otra parte, para asegurarse además la solución regular de todos los puntos en litigio (Asunto *de los Ensayos nucleares*, CIJ, 1974).

Estipulada su competencia, entonces, la Corte podrá recibir las instancias que le dirijan las partes a objeto de que conozca y decida

> en todas las controversias jurídicas, es decir, en las controversias que se refieren a la interpretación de un tratado, a cualquier cuestión de Derecho Internacional, a la existencia de un hecho que, de probarse, podría constituir violación de una obligación internacional, y también al carácter y extensión de la reparación debida por la violación de un compromiso internacional.

Y para ello, el Tribunal decidirá atendiendo a las fuentes de Derecho Internacional enunciadas en el artículo 38 del Estatuto de la CIJ (tratados, costumbre, principios generales de Derecho, decisiones judiciales y doctrina como medio auxiliar, o de decidir *ex aequo et bono* cuando las partes estén de acuerdo).

Los pronunciamientos en equidad, sin embargo, no han encontrado una generosa acogida por la Corte, quien se muestra prudente al respecto, tal y como se infiere del Caso de la *Plataforma Continental del Mar del Norte* (1969) y el Asunto *Barcelona Traction* (1970), y lo confirma *Ruizé.*

Podría decirse que el conocimiento por la Corte Internacional de Justicia de controversias entre los Estados discurre a través de medios y de procedimientos que en mucho se aproximan a los aplicados por los sistemas judiciales nacionales: acción, contradicción, probanza, debate oral, decisión. Así, las partes son representadas por Agentes y Consejeros; la acción ha de presentarla el Estado interesado por escrito para dar lugar a su contestación, aparte de las réplicas y contrarréplicas correspondientes; tienen lugar medidas de instrucción destinadas a la prueba de los hechos: recepción de experticias, testimoniales, documentos, investigaciones, etc. y su debate oral; y, durante el proceso, de ser necesario y urgente, puede la Corte adoptar medidas preventivas o cautelares para conservar el *statu quo* o los elementos que aseguren la eficacia real de su sentencia.

La doctrina da cuenta, en el ámbito de lo procesal y por otra parte, de ciertas innovaciones recientes en la CIJ para favorecer el "consensualismo", consultándole a las partes la constitución de cámaras especiales; hacer crecer la autoridad de la Corte en la conducción de los procedimientos; y propender a la simplificación y aceleración de estos y de sus costos.

- Las sentencias judiciales internacionales

Ha de señalarse, en todo caso, que los fallos o sentencias de la Corte tienen valor obligatorio sólo para las partes en litigio y respecto de lo decidido. No puede ser apelada la decisión, aun cuando pueda ser objeto de interpretación y, eventualmente, de revisión, de aparecer un hecho nuevo desconocido por la Corte, cuya ignorancia no se deba a negligencia de la parte que acciona el recurso, y sea de tal significación que hubiese provocado por aquella una sentencia diferente. Y, teniendo efecto de cosa juzgada y ser "ejecutable", pueden los fallos o sentencias dar lugar a un recurso de ejecución forzosa ante el Consejo de Seguridad de la ONU en caso de rebeldía o desacato del Estado parte vencido.

De modo que, una sentencia internacional como las que dicta la Corte, con vistas a su ejecución, puede dar lugar a una sucesión de actos específicos, en opinión de *Abdelhamid El Ouali* (*Effets juridiques de la sentence internacionale*, París, LGDJ, 1984):

> Realización material [de la sentencia] por las partes dentro del cuadro de sus relaciones mutuas y/o dentro del cuadro de sus ordenamientos jurídicos internos, y el recurso a la fuerza, de ser el caso, dentro del marco del ordenamiento jurídico internacional.

La sentencia, pues, tiene un efecto ejecutivo, pero también un efecto directo sobre el orden interno del Estado concernido, dado que ella "constituye una norma particular, y en tanto que tal, no está sometida en su eficacia dentro del orden interno de las partes en litigio, a ningún procedimiento determinado". Empero, la sentencia, aun teniendo un efecto directo puede o no ser "directamente aplicable" en el orden interno del Estado o de los Estados, como lo observa *Wilfred Jenks* [*Prospects of international adjudications*, London, 1964), en cita de *El Ouali*, en tanto y en cuanto se trate de la interpretación de una norma internacional ya que "la decisión sobre la cuestión de la interpretación de un tratado es *self-executory*, en el sentido que, desde que ella es dictada, el contenido y alcances del tratado correspondiente quedan fijados auténticamente". Mas, cosa distinta la plantean los hechos en debate y decididos internacionalmente, "Pues la decisión puede no ser suficiente por ella misma para obtener su aplicación en los hechos por las partes y por cualquier otro que se encuentre concernido por la interpretación" realizada por la Corte.

- La jurisdicción consultiva

La Corte Internacional de Justicia, finalmente, también ejerce una competencia de carácter consultivo, bajo requerimiento ordinario de organizaciones internacionales y con la intervención de los Estados partes en el Estatuto de la Corte, que puede contribuir, y que de hecho contribuyen, de manera significativa a la adecuación de las actuaciones de Naciones Unidas al Derecho Internacional. El artículo 96 de la Carta de San Francisco, se refiere a ella en los siguientes términos:

> 1. La Asamblea General o el Consejo de Seguridad podrán solicitar de la Corte Internacional de Justicia que emita una opinión consultiva sobre cualquier cuestión jurídica.
>
> 2. Los otros órganos de las Naciones Unidas y los organismos especializados que en cualquier momento sean autorizados para ello por la Asamblea General, podrán igualmente solicitar de la Corte opiniones consultivas sobre cuestiones jurídicas que surjan dentro de la esfera de sus actividades.

Tal competencia la ejerce la CIJ, pues, con flexibilidad, dentro de los términos estatutarios previstos y guiándose por las disposiciones de procedimiento pertinentes a lo contencioso y en cuanto sean aplicables. De donde el artículo 66.1 del Estatuto dispone que:

> La Corte podrá emitir opiniones consultivas respecto de cualquier cuestión jurídica, a solicitud de cualquier organismo autorizado para ello por la Carta de las Naciones Unidas, o de acuerdo con las disposiciones de la misma.

XXXVII. Sanciones internacionales unilaterales

Excluida la guerra, por constituir un proceso o medio de solución violenta de las controversias internacionales en cuya proscripción se avanza a través de limitantes a la misma (*Ius in bello*) con las Convenciones de La Haya y de Ginebra de finales del siglo XIX y, sucesivamente, buscando proscribirla (*Ius ad bellum*) a través del Pacto Briand Kellog (1928), la Carta del Atlántico (1941), la Declaración de Moscú (1943) y el Estatuto del Tribunal Militar Internacional de Nuremberg (1945), en el Derecho Internacional clásico se han admitido desde siempre formas represivas ligadas a la contravención de obligaciones internacionales. Constituyen, en efecto, una vieja práctica propia del primitivismo interestatal, que hizo de la autotutela un medio necesario para restablecer el equilibrio jurídico una vez fracturado por los Estados.

Sus modalidades típicas han sido la retorsión y las represalias, actualmente resumidas bajo el concepto moderno de contramedidas y a las que nos referimos con anterioridad a propósito del hecho ilícito internacional y la responsabilidad que acarrea para los Estados.

Dentro del régimen contemporáneo, las contramedidas todavía se pueden aplicar dadas las insuficiencias estructurales aún presentes en la comunidad internacional. Sin embargo, cabría preguntarse si aquellas son una verdadera consecuencia jurídica de la responsabilidad por hechos internacionalmente ilícitos o, antes bien, una modalidad inorgánica para garantizar o para ejecutar forzosamente el cumplimiento de una obligación establecida.

Este último criterio parecería ser el más razonable en el marco de la vigente estructura internacional. Mas lo cierto es que, para el ejercicio legítimo de las contramedidas, no pueden sobrepasarse aquellos límites preestablecidos por el Derecho Internacional, entre otros el que prohíbe el uso de la fuerza en las relaciones de los Estados y el que reclama la proporcionalidad.

El artículo 50 de los artículos sobre la Responsabilidad del Estado por hechos internacionalmente ilícitos, adoptados por la ONU en 2001 (Resolución 56/83 cit. *supra*) prescriben, justamente, que las contramedidas no pueden afectar, en modo alguno:

> a) La obligación [del Estado] de abstenerse de recurrir a la amenaza o al uso de la fuerza, como está enunciada en la Carta de las Naciones Unidas;
>
> b) Las obligaciones establecidas para la protección de Derechos Humanos fundamentales;
>
> b) Las obligaciones de carácter humanitario que prohíben las represalias;
>
> c) Otras obligaciones que emanan de normas imperativas del Derecho Internacional general.

Proporcionalidad de las sanciones

En otro orden, la jurisprudencia arbitral (Asunto sobre el *Acuerdo relativo a los servicios aéreos USA vs. Francia, 1978)* ha dicho, que "(...) las contramedidas deben guardar una cierta proporción con la violación invocada (...)." (artículo 51, AREHII). La materia de las contramedidas, su justificación y el reclamo del criterio de su proporcionalidad, fue analizada por la Corte Internacional de Justicia a propósito del célebre asunto sobre *Las actividades militares y paramilitares en Nicaragua* (1986) y, específicamente y a manera de ejemplo, no consideró como violatorias del principio de No-Intervención las medidas norteamericanas que suspendían ayudas económicas o embargaban mercancías.

Empero, lo claro y preciso es que las contramedidas no proceden cuando el hecho internacionalmente ilícito ha cesado o una vez que las partes se han sometido a una obligación de negociar o han aceptado acudir a la vía jurisdiccional para el arreglo de la respectiva controversia (artículo 52.3, AREHII); salvo que operen como una mera garantía de que la contraparte atenderá de buena fe el proceso de solución de la controversia y en el entendido de que el medio preseleccionado carezca de la competencia o de los mecanismos idóneos para alcanzar dicho fin (artículo 52, numerales 2 y 4, AREHII).

En resumen,

> la observación de la práctica –como lo recuerda *Nguyen Quoq Dinh*– muestra que los Estados utilizan una panoplia muy diversificada de medidas destinadas a ejercer presiones sobre otros Estados y que están lejos de ser o estar constituidas por el recurso a la fuerza armada. Y tienen en común que son ejercidas por el Gobierno que las dispone como respuesta destinada a contestar un acto cometido por el otro Estado contra el que son dirigidas.

Retorsión y represalias

Ahora, en lo relativo las figuras conocidas de la retorsión y de las represalias, cabe ampliar en lo relativo al concepto y modalidades que las han caracterizado ora en su práctica *contra legem*, ora según el Derecho Internacional.

La retorsión, como lo escribe *Puig*, es un hecho lícito pero inamistoso con el cual se contesta otro hecho lícito igualmente inamistoso y también el ilícito. Es, pues, como "medida inamistosa, lícita en sí misma", según lo dicho y respuesta de un Estado al acto inamistoso o también ilícito de otro Estado (*Jean Salmon, Dictionnaire de Droit internacional public*, 2001), y se manifiesta básicamente en asuntos de trato a los extranjeros, de relaciones comerciales, e incluso en el ámbito de la diplomacia.

Se citan por la doctrina, entre otras modalidades, las siguientes:

- Expulsión de periodistas o de diplomáticos, como respuesta a un acto similar realizado por el otro Estado y la declaración como *persona non grata* de alguno de éstos.
- Ruptura de relaciones diplomáticas.
- Llamado de los representantes diplomáticos a sus sedes.
- Establecimiento de trabas a las relaciones comerciales o económicas, siendo conocidas dentro de la experiencia:
    - *A)* *La suspensión o la reducción por Estados Unidos de su ayuda pública* a los Estados que durante los años '60 extendían sus zonas de pesca más allá de los límites internacionales permitidos, o que expropiaban bienes americanos sin indemnización (Enmienda *Hichenlooper* de la *Foreign Assistance Act*, 1962), o que no respetaban los Derechos Humanos (*Carter*, 1977-1980), o por desacuerdo con las orientaciones ideológicas (Nicaragua, 1981).
    - *B)* *Suspensión de la ayuda alimentaria* por la Comunidad Europea a Polonia (1980).

C) *Embargos comerciales,* como la prohibición total de importaciones que aplicó la Comunidad Europea a Argentina (1982), el embargo de cereales aplicado por USA a Rusia (1979), la prohibición de inversiones dirigida a Sud África por Francia debido al apartheid (1985).

D) *Expulsión de diplomáticos y estudiantes iraníes* en USA, luego del secuestro de los diplomáticos de este país en Teherán (1980) .

E) *No participación en determinados actos y a título de boycott* (Caso de Estados Unidos frente a Moscú, durante los juegos olímpicos en 1979 y de los Estados orientales frente a los Estados Unidos durante los juegos de Los Angeles, 1984).

F) *Embargo tecnológico selectivo* sobre importaciones sensibles y que pudiesen tener utilización militar (como el practicado por USA con relación a los países comunistas, desde 1949 y que reactivó en los años '80 con motivo de los casos de Afganistán y Polonia).

Las represalias comprenden, indistintamente y sin mengua de su legitimidad cuestionada y ya señalada, formas pacíficas (incautación de bienes de los nacionales de un Estado) o bélicas (bloqueo pacífico, incursión militar punitiva, ocupación de territorio por la fuerza, etc.). En todo caso, reputándoseles como ilícitas, según la práctica conocida y recordada por *Laura Forlati Picchio* (*La sanzione nel diritto internazionale*, Padova, CEDAM, 1974) responden a otros hechos o actos correlativos de un tercer Estado con dos propósitos básicos: obtener la reparación de un daño o inducir al responsable a no repetir su conducta ilícita.

En el ámbito de las denominadas represalias, cabe repetir que no cabe, a la luz del Derecho Internacional, las que conlleven al uso de la fuerza armada en tanto que, dentro de ciertas condiciones, podrían ser aceptadas las "represalias pacíficas".

En uno y en otro caso se trataba en el pasado de "medidas de rigor o de violencia" ejercidas contra un Estado o contra sus nacionales para obtener la reparación de cualquier ofensa o daño" causado por éste (*Charles Calvo*) y que hoy, bajo el título general de contramedidas, vienen definidas como una circunstancia que excluye la ilicitud de la acción del Estado ofendido siempre que se ajuste, ya lo dijimos y ahora lo repetimos, a determinados criterios sustantivos (artículos 49, 50, 51, 52 y 53, AREHII):

1) Debe precederlas un hecho internacionalmente ilícito.

2) Deben ser notificadas al Estado presuntamente responsable.

3) Deben responder, entre otros criterios propios a las contramedidas, al de la proporcionalidad.

4) No deben ser armadas.

5) Han realizarse dentro de los límites fijados por el principio de No intervención, sobre todo tratándose de represalias económicas.

6) No deben afectar principios estructurales o normas imperativas del Derecho Internacional (*ius cogens*).

7) No deben afectar las obligaciones propias del Derecho Internacional humanitario, que cuida, más allá del Estado, a la persona humana y a sus bienes.

El Instituto de Derecho Internacional admitió, en 1989, que las represalias son, en principio, constitutivas de actos ilícitos que pierden tal carácter al expresar una respuesta legítima ante el hecho de otro Estado no conforme con sus obligaciones internacionales.

Quedarían excluidas, a manera de ejemplos prácticos, las represalias que supongan uso de la fuerza, infracción de inmunidades diplomáticas, vulneración de Derechos Humanos o principios humanitarios, o que vulneren normas de orden público internacional, como el intento de uso de la represalia para destruir la economía del país afectado, o poner en peligro su integridad territorial e independencia política.

Las represalias, en suma y al descartarse el uso de fuerza armada, han de ser esencialmente económicas y ejecutadas dentro de los límites señalados.

Provisionalidad de las sanciones internacionales

Cabe observar, finalmente, que la legitimidad de las contramedidas, expresión general que incluye a las señaladas represalias y también a las reacciones propias admitidas a los Estados a propósito de sus relaciones jurídicas convencionales con otros Estados (*exceptio non adimpleti contratus*, prevista por el artículo 60 de la Convención de Viena sobre Derecho de los Tratados), queda sujeta, junto a la indicada proporcionalidad, también al carácter puntual, no sistemático y excepcional de su ejecución.

Y la observación vale, dado que, por ejemplo, el intento sistemático de aplicar con efectos extraterritoriales legislaciones unilaterales por un Estado (Caso de la *Ley Helms/Burton* por USA) ha sido censurado por distintas instancias internacionales y de opinión. La misma Asamblea General de la ONU ha instado a los Estados a derogar tales disposiciones, en tanto que, por lo general, "se destinan a ejercer coacción, directa o indirectamente, sobre las decisiones soberanas de los países sujetos a esas medidas" (*Carlos Villán Durán*, *Derecho Internacional de los derechos humanos*, 2002).

Sanciones por violaciones a los Derechos Humanos

Las violaciones a los Derechos Humanos, en lo particular, dentro de las que caben todas las modalidades de violación de derechos civiles y políticos o de derechos económicos, sociales y culturales consagrados por los tratados internacionales (Pactos internacionales de la ONU, Convención Americana de Derechos Humanos, Convenio de Roma) y de las que sean víctimas personas nacionales o extranjeras indistintamente, han dado lugar, asimismo, a múltiples medidas retorsivas y también a sanciones institucionales cuyo fundamento se encuentra en el deber de los Estados de respetar tales derechos como parte del *orden público internacional*, según lo dicta la Carta de San Francisco y dada la relación estrecha, hoy no discutida, entre los Derechos Humanos y el mantenimiento de la paz y la seguridad internacionales y el desarrollo.

Dentro de dicho contexto, el Consejo de Europa declaró en 1991 que el respeto a los Derechos Humanos, el Estado de Derecho y la existencia de instituciones públicas eficaces, responsables y democráticamente legitimadas, son la base de todo desarrollo equitativo.

En este orden, vale citar lo siguiente:

- En 1992, Alemania suspendió su ayuda militar a Turquía, al considerarlo un Estado violador de DD.HH. y por temor a que sus armas fuesen utilizadas contra la población civil curda.
- Más recientemente, en 1996, el mismo Consejo de Seguridad, a propósito de la suspensión de las elecciones en Sierra Leona, advirtió que se reducirían las donaciones internacionales a dicho país; tanto como lo hizo, a su vez, la Unión Europea, en 2000, a propósito de las elecciones en Haití.

Protección de la democracia

Si bien, tratándose de la democracia y su protección, se da la tendencia a privilegiar el sistema de sanciones internacionales institucionalizadas, es de observar que las mismas se encuentran en fase de desarrollo. El caso más emblemático es el que plantea, por una parte, la Carta Democrática Interamericana, limitada a la mera adopción de medidas de contenido político por parte de la OEA, y por la otra, se encuentra la deficiencia institucional que acusa el Sistema Interamericano de Protección de Derechos Humanos (Comisión y Corte Interamericanas), por atado al sistema de denuncias de violaciones individuales a pesar de que, la propia Declaración Universal de DD.HH. y la evolución del Derecho Internacional americano han logrado consagrar a la democracia como derecho humano fundamental y no sólo como método para la organización de un sistema político. Incluso así en varias de sus sentencias sobre violaciones de derechos humanos en cabeza de víctimas individualizadas, la Corte ha evaluado el contexto político en el que han ocurrido las mismas a la luz de la Carta Democrática mencionada, alertando sobre las correlativas violaciones de esta.

Empero, debe recordarse que el Consejo de Seguridad de la ONU, en 1993, sometió al régimen de facto del general Cedrás, a *medidas colectivas de embargo económico, aislamiento internacional y congelación de cuentas bancarias* de haitianos en el extranjero.

En la actualidad, la Unión Europea, a desarrollado un sistema de "condicionalidad" positiva, al prever como requisito de todos los tratados y acuerdos internacionales suscritos por ella con terceros países y su cumplimiento, las llamadas cláusulas democráticas, que obligan a la contraparte a respetar los Derechos Humanos, los principios democráticos y el Estado de Derecho. Así que, la violación de la cláusula democrática puede implicar la suspensión inmediata de los beneficios y derechos prescritos en la normativa internacional y en perjuicio del Estado violador.

Práctica de las sanciones unilaterales

En todo caso, en la práctica actual y sujetas al criterio de proporcionalidad, no se consideran ilícitas las medidas unilaterales de un Estado consistentes en:

- Incumplir sus obligaciones en materia de comercio de armas.
- Suspender la concesión de visados.
- Suspender la cooperación económica o comercial.
- No conceder créditos bilaterales u oponerse a la concesión de tales créditos por organismos financieros internacionales.
- Suspender la cooperación al desarrollo.
- Adoptar o apoyar iniciativas en contra del Estado responsable en las instancias internacionales y con vistas a que estas apliquen sus sanciones estatutarias (ONU, OEA, OIT, OMC, etc.).

> Los grandes progresos de la civilización y los modernos adelantos, intimando y multiplicando las relaciones de los pueblos, han creado para los Estados no sólo la necesidad de poseer una legislación apropiada a satisfacer sus fines en el interior, sino también la de admitir normas de conducta a qué ajustar su trato mutuo, cada día más constante y complicado. (Simón Planas Suárez, *Tratado de Derecho Internacional público,* I, Madrid, 1916).

A MANERA DE EPÍLOGO

RELECTURA DECONSTRUCTIVISTA DEL DERECHO INTERNACIONAL EN EL SIGLO XXI

Pasadas cuatro décadas y algo más desde el inicio de mi actividad como docente de Derecho internacional, el momento del balance intelectual se presenta inexcusable. Las realidades del mundo aparentan ser distintas y no por aparentar dejan de ser muy exigentes. Las narrativas distintas y en avance presionan y hasta pugnan, acicateadas por un igual y acaso ¿también aparente? renacer de las ideologías en el plano de lo global.

Se creyó, en vano, que el fin de la bipolaridad internacional y el agotamiento de la experiencia del socialismo real afirmarían los principios del Estado liberal de Derecho, decantado por siglos y como expresión fidedigna de la cultura judeocristiana y grecolatina. Antes bien, ocurren mutaciones nominales y hasta un secuestro recíproco de consignas entre las viejas banderías de la bipolaridad –la diarquía del siglo XX– y se perturban a propósito los contenidos del vocabulario político y jurídico, para impedir la movilidad en el «mercado de las ideas». Destaca, eso sí, el coetáneo desmoronamiento por ineficacia sobrevenida de las instituciones domésticas e internacionales de mediación entre las tribus y el mundo o la Humanidad conocidas.

Son visibles la lucha abierta en la escena mundial entre poderes dispersos y una resurrección de la lógica «schmittiana»: "la política como irreductible oposición amigo/enemigo". Ayer era entre los grandes espacios vitales (Grossraum), hoy superada sin que desaparezca la territorialidad como base de las identidades y para la definición de las áreas de poder incluido el jurisdiccional de los Estados, ocurriendo otra oposición o antagonismo: entre «nomos» o piezas dispersas o subdivisiones de lo humano que encuentran sus espacios en el imaginario o en la virtualidad, signados por un fraude de lo antropológico, la idea de la diferencia y/o la exclusión por razones identitarias étnicas, raciales, religiosas, de género, generacionales, urbanas, culturales, etc.

Cabe, pues, la obligada revisión de lo aprendido y enseñado hasta ahora con miras a que los estudiantes y profesores del tiempo nuevo que nos espera y a la luz de sus propias circunstancias temporales, a manera de ejemplo, eviten lo que fuera característico del pensamiento de los mayores exponentes alemanes del Derecho internacional hasta mediados del siglo XIX, como Georg Friedrich de Martens (1756-1821) –profesor a Gotinga, distinto del célebre diplomático ruso-báltico Fedor Friedrich Martens, 1845-1909– y Johan Ludwig Klüber (1762-1837). Para ellos la disciplina que nos ocupa era meramente racional y estática, extraña a las concepciones de la sociedad y la cultura, y único reflejo del activismo diplomático oficial: "Le correspondía extraer apenas las reglas generales luego de observar las relaciones entre los Estados [europeos] para mejor asistir las acciones de una culta diplomacia".

Para quienes los suceden en el tiempo, en especial Hans Kelsen (1881-1973), que funda la Escuela de Viena junto a Alfred Verdross (1890-1960) y Joseph Laurenz Kunz (1890-1970), empeñado el primero en limpiar al Derecho y al Derecho internacional de sus impurezas y/o desviaciones políticas, optan por afirmar una teoría pura que reduce lo jurídico a mera técnica normativa-sancionatoria. Algunos la califican, al igual que a la perspectiva precedente, como hipocresías que llegan a su final con las grandes guerras del siglo XX hasta que aparece, previo un intersticio renacentista del Derecho natural producto del Holocausto y como fundamento del Derecho internacional posbélico, el posmoderno "militantismo jurídico". Quienes se adscriben a dicha tendencia hacen de la doctrina ius internacionalista un verdadero "instrumento de acción política".

En el campo anglosajón, en efecto, están quienes insisten en la función ideológica del Derecho y de los valores que éste transmite. Los británicos ponen el énfasis en los vínculos entre el Derecho y las relaciones internacionales, mientras que, en

Estados Unidos se lo hace con las ciencias políticas. En el Tercer Mundo, entre tanto, afloran los que combinan las realidades sufrientes en curso con la ideología socialista y como un medio para confrontar al Derecho internacional clásico; mientras que en el espectro comunista se censura al Derecho internacional como expresión de una sociedad internacional dominada por Estados burgueses, optando por entenderlo y calificarlo como un Derecho de mera "coexistencia pacífica". Cada parte del mundo se ha de regir bajo las reglas internacionales de quien logre aglutinarlo, es el predicado. No cesa ello a pesar del agotamiento del socialismo real en 1989.

Un amplio recreo y análisis crítico de todo este movimiento intelectual consta en la obra de Martti Koskenniemi, catedrático finlandés quien nos devuelve al estudio de la historia del Derecho internacional como suerte de "suave civilizador de las naciones": título de su magistral reflexión en la que da cuenta del ascenso y caída, según él, de nuestra asignatura (Del autor, Il mite civilizzatore delle nazioni, Ascesa e caduta del diritto internazionale, 1870-1960, Roma-Bari, Laterza, 2012).

Los autores contemporáneos que actualizan el célebre y voluminoso texto pedagógico francés de Nguyen Quoc Dinh (1919-1976), *Droit international public* (Paris, LGDJ, 2009), afirman que el autor nórdico adhiere a la «escuela crítica» que busca desmitificar las aproximaciones tradicionales, denunciando el reduccionismo formalista y estatista del Derecho internacional a la vez que aportando análisis sociológicos y pragmáticos con un propósito preciso: "hacer evidentes los intereses camuflados tras las reglas del derecho" y con vistas al deconstructivismo posmoderno en boga u obra inevitable de la transición hacia un orden global que aspira ser distinto.

Al caso, para mejor entender tan inédito panorama releo al jurista argentino Juan Carlos Puig, mi entrañable compañero de tareas fundacionales en el Instituto de Altos Estudios de América Latina de la Universidad Simón Bolívar, entonces ganado nuestro centro para la perspectiva estructuralista dominante en América Latina: Celso Furtado, Helio Jaguaribe, Jorge Sábado, Aldo Ferrer y Osvaldo Sunkel, desde el ángulo económico y sociológico participan como actores del primer encuentro del Instituto en 1976. Puig me anima, a la sazón, para que profundice en el Derecho internacional general de manos de Werner Goldschmidt (1910-1987), quien decanta el trialismo como método y que aquél aplica a nuestra disciplina con admirable lucidez (*Introducción filosófica al Derecho: La teoría trialista del mundo jurídico y sus consecuencias*, Buenos Aires, Depalma, 1976).

Dada su experiencia como catedrático e investigador del Derecho y de las relaciones internacionales, recalca Puig la importancia de coordinar siempre la dimensión normativa con la sociológica. Cultivador como era de la concepción tridimensional mencionada, se empeña en sortear los muros del mero formalismo jurídico. Mira la realidad dentro de la que han de alcanzar su efectividad las descripciones normativas al objeto de que el Derecho se materialice, teniendo siempre por norte que al declinar de una manera «trialista» se ha de resolver siempre con base al criterio de Justicia y su regla exegética pro homine et libertatis.

La misma regla de interpretación del Derecho internacional, constante luego en el artículo 31 de la Convención de Viena sobre Derecho de los Tratados (1969) validaría entonces el predicado: "Un tratado deberá interpretarse de buena fe, conforme al sentido corriente que haya de atribuirse a los términos del tratado en el contexto de estos y teniendo en cuenta su objeto fin". Así, al entrar en vigor la Convención Americana de Derechos Humanos (1978) como desarrollo prescriptivo del principio de orden público internacional que emerge al término de la Segunda Gran Guerra ["la dignidad humana es intangible", reza el artículo 1° de la Ley Fundamental de la República Federal de Alemania (1949) en línea con la Carta de San Francisco], dispuso luego en su artículo 29 que:

> "Ninguna disposición de la presente Convención... puede ser interpretada en el sentido de: a) permitir... suprimir el goce y ejercicio de los derechos y libertades reconocidos...[o] c) Excluir otros derechos y garantías que son inherentes al ser humano o que se derivan de la forma democrática representativa de gobierno...".

No presencia Puig el desmoronamiento de la Cortina de Hierro, menos el advenimiento de la globalización digital o el panteísmo que hoy trastorna los sólidos culturales –copio el giro a Zygmunt Bauman (Modernidad líquida, México, México,

FCE, 2003)– dando lugar a la posmodernidad. No obstante, al trabajar su obra sobre *Derecho de la comunidad internacional* (Buenos Aires, Depalma, 1974, Volumen 1: Parte general) que no alcanza a completar dejando sin editar su volumen segundo, presiente ya la necesaria evolución del Derecho internacional hacia otro estadio. Habla de un cambio de paradigma que nos habrá de llevar hacia un Derecho «estatal mundial» que entonces imagina.

Advierte lo que muchos vemos ayer como delirio o matización literaria del maestro:

> "Toda una era en la evolución geo-bio-morfológica terráquea [y su taxonomía] está llegando a su fin: la del laboreo de los metales comenzada hace más o menos veinte mil años en el cuaternario" (Integración latinoamericana y régimen internacional, Caracas, Universidad Simón Bolívar, 1987 p. 394).

En suma, salvo en lo relativo a los principios fundamentales que acaso puedan trascender, lo escrito en los manuales de enseñanza sobre Derecho internacional y lo que aún se sostiene en pie y trasmite como aportaciones que apoyan o aún expresan la doctrina y la jurisprudencia internacionales corrientes, lo cierto es que aún enseñamos con "desnudez de alma".

Incluso lo que nos suministra la experiencia cotidiana de los expertos y los diplomáticos de oficio en cuanto al manejo prescriptivo de las relaciones entre los Estados, sino se le tamiza de modo crítico y oteando por sobre la incertidumbre, en un momento de cambio de épocas en la historia del hombre y las civilizaciones como el señalado, concluye en una grotesca caricatura del edificio de la juridicidad mundial, incluido el constitucional de los Estados. O se lo muestra sin ventanas abiertas o se lo congela visualmente en su explosión, para mostrar apenas sus partes como si no tuviesen una estructura común que las sostenga desde lo interno.

Al menos en el Occidente de las leyes, sobre de un descampado global que muestra fracturas de hondo calado y el evidente debilitamiento en las fortalezas de los sujetos de nuestra disciplina – los Estados con sus gobiernos junto a las organizaciones internacionales creadas por aquellos para gestión de las relaciones de cooperación o de interés común, en su mayoría nacidas de las Grandes Guerras del siglo XX – la consideración factual que nos hace *Luigi Ferrajoli* (Del autor, *Principia iuris, Teoría del derecho y de la democracia*, 2. Teoría de la democracia, Madrid, Editorial Trotta, 2011), neopositivista quien le da continuidad a la escuela de Norberto Bobbio, cabe atenderla con mucha seriedad, por lo dicho:

> "Junto al Estado [que inaugura el paradigma del Derecho positivo moderno] han hecho su aparición, particularmente en el siglo pasado, otras formaciones políticas originarias, producidas por otros poderes constituyentes, que han puesto en crisis, a través de los ordenamientos inter- o supranacionales constituidos por ellos, la autosuficiencia normativa de los Estados nacionales y su misma independencia y soberanía… Al mismo tiempo se han hecho cada vez más inadecuadas, por arriba y por abajo, gran parte de las viejas funciones del Estado nacional".

Tal como lo señala de manera palmaria este filósofo del Derecho florentino y apreciando lo corriente:

> "De aquí se ha seguido una progresiva pérdida de relieve de los Estados, que se han revelado demasiado grandes para las cosas pequeñas y demasiado pequeños para las cosas grandes".

La cuestión es que al relajamiento del Estado –al cabo es una construcción o formación jurídica artificial e históricamente localizada, que "comienza a morir desde su nacimiento" y desde cuando la delimita teóricamente Thomas Hobbes (*Leviathan*, London, 1651)– y a la pérdida de sus perfiles territoriales como los entienden los Tratados de Paz de Westfalia y Utrecht (1648) hasta que adquiere portada principal el «principio de las nacionalidades» teorizado por Pasquale Stanislao Mancini (1817-1888), ahora le sigue la señalada "inefectividad estructural" de unas instituciones internacionales "sustancialmente carentes de poderes". Llenas de lagunas o aporías creadas por el conjunto de los mismos Estados para neutralizarlas o sujetarlas a sus voluntades políticas unilaterales, son tales organizaciones, irremisiblemente y es el caso de la ONU, un reflejo de la igual decadencia de aquellos.

Mientras ocurre la acusada incapacidad del Estado para las «cosas nuevas», las realidades globales y las domésticas -en el marco de inmediatez y de fragmentación que significa el ingreso del mundo a la señalada Era de la Inteligencia Artificial- hacen del mismo Estado un rompecabezas humano en lo interno. Mientras se disuelve la idea clásica de la nación y, en lo político, la de la soberanía como la de la ciudadanía, y aquel y ésta se transforman en nichos o tribus que los dividen a lo interior materializando sus propias normas, trasvasan al paraguas constitucional doméstico y, en lo cultural, se hacen transnacionales. Así, en la práctica vienen forzando "repartos de conducta" que intentan hacerse costumbres vinculantes para marcar otros derroteros normativos a la llamada Aldea Global; al caso, con percibida subestimación de la dignidad de la persona humana y de su unidad como género y en la naturaleza, mientras el hombre –varón y mujer– y todos los hombres permanecemos sometidos a la regla sobrevenida del «distanciamiento social» por efecto del Covid-19, emerge otra gobernanza: se imponen como necesarias las «plataformas digitales», leviatanes del siglo XXI, gestores desde ahora y por lo pronto del nuevo orden global en vías formación.

I

Para la comprensión del conjunto de las nociones preliminares que implica el aprendizaje del Derecho internacional y sus cuestiones clave – como las relaciones o el «diálogo» que se plantea entre el Derecho internacional y el derecho interno de cada uno de los Estados, los fundamentos intelectuales del mismo Derecho internacional y sus técnicas de formación, la determinación de los complejos asuntos que sobrevienen a propósito de las normas de este cuando hacen crisis (entran en desuso, se ven postergadas, son palmariamente violentadas, no pocas veces vaciadas de contenido), los modos reales y no solo nominales para la resolución de los entuertos y fijar sus consecuencias en orden al principio sustantivo de la responsabilidad– en el primer día de cada período académico hago un trazado de figuras geométricas sobre el pizarrón para mis estudiantes. Ver imágenes suscita en la mente el hacerse preguntas, enseñan quienes mejor saben de ideas a ser representadas por el arte pictórico.

A manera de ejemplos esbozo un primer cuadrado grande que ocupa todo el espacio y, seguidamente otro cuadrado menos grande circundado de muchos círculos; luego un rompecabezas de cuadrados pequeños dispersos a los que sobrepongo dos cuadrados mayores, próximos entre ambos, casi unidos. Y así, sin adherir a una visión estática o determinista o estructural de la historia, sin una pretensión «foucaultiana» de mostrar narrativas que siempre influyen y/o corrigen el rumbo de aquella por ser esencialmente humana, desde un plano visual geométrico presento así una primera síntesis de la evolución del Derecho internacional.

Busco trasvasar, de tal manera y, por una parte, a la dogmática doctrinal e institucional que mal puede entenderse como inmutable si se hace un repaso memorioso de las costumbres internacionales o de los tratados como fuentes de las obligaciones entre los Estados, o de las interpretaciones que de ordinario fijan los árbitros o jueces internacionales. Intento que estudiantes y estudiosos del Derecho internacional, por otra parte, lo entiendan en su especificidad, pero asímismo como una manifestación o prolongación compleja de la vida de relación entre Estados y naciones y sus manifestaciones orgánicas.

La realidad de cada uno de estos y sus percepciones dominantes en lo interno, además, de suyo fluye más allá de las fronteras y sobre un trasfondo sociohistórico y de valores civilizatorios que se hacen o se descubren como comunes y que los implican a todos; los explican y también los racionalizan en un plano mayor y de subsidiariedad, aun cuando no sea cabalmente en de los universales, pero sin que alcancen a sobreponerse los particulares de cada Estado. No obvio, lógicamente, la realidad de dominio de unos Estados por sobre otros a lo largo de la misma historia, pero que demanda aceptación entre unos y otros para que la paz se alcance, así sea entre intersticios de violencia.

Con vistas a esos ejercicios figurados presento al aula la dinámica que se experimenta desde el conocido y primitivo «Derecho de gentes» y su concepción unitaria del poder y del Derecho como ocurre en la antigüedad romana; que se ve morigerada, justamente, por la admisión progresiva de unos derechos residuales a favor de los extranjeros – bárbaros, a los que se les rige desde el centro del imperio por un derecho común que se proyecta hacia ellos – como excluidos de la ciudadanía.

Observan los estudiantes, así, la caída del Imperio hacia el año 476 d.C. cuando sobreviene la atomización de ese poder unitario y regidor, la descodificación de ese Derecho que hasta entonces desconoce – sin mengua de los tratados de tregua, de paz o de alianza que se hayan firmado bajo su égida – la igualdad entre distintas entidades políticas. Con los extraños mantiene Roma, en efecto, su beligerancia real o potencial tal y como lo revela un texto del año 509 transcrito por Polibio, sobre la "Amistad estipulada entre Roma y sus aliados, Cartago y sus aliados".

Pero otro entendimiento cabe cuando el citado imperio se vuelve parcelas y deriva en nichos o señoríos medievales que reivindican sus propias autonomías: como acaso acontece otra vez en la actualidad, pero de modo agravado por la misma deconstrucción de los vínculos sociales propios de la modernidad. El vínculo o atadura que los refiere a una autoridad superior compartida, como la de la diarquía que forman el Papa y el Emperador bajo los cánones de un Derecho natural de inspiración cristiana y de la que al término se separan la pléyade de los reinos romano-germánicos que surgen del desmoronamiento imperial hasta hacerse Estados soberanos e independientes después de 1648, hoy es motivo de actual y acre pugnacidad: Dominarán China y Estados Unidos como ayer lo hicieran este y la URSS, o el mundo alcanzará el parto de un orden distinto, ¿negado a la emergencia de otra diarquía? y, como cabe repetirlo, cuyas partes probablemente se separan adquiriendo formas arbitrarias y sin nada que las ensamble.

Pasado el medioevo, es la experiencia, rige para lo sucesivo el soberano que encarna al Estado y al propio pueblo, según la regla construida por Jean Bodin en 1576, en los Seis Libros de la República: Summa in cives ac súbditos legibusque soluta potestas, a saber, "liberados del poder de los ciudadanos y sujetos a las leyes y reglamentos de todos los más altos". Se está en presencia, entonces, de "una Europa lacerada, en la que conviven formas y concepciones políticas fuertemente diferenciadas" (Vari autori, *Storia moderna*, Roma, Donzelli, 2001). Las relaciones entre los distintos monarcas pasan a ser la obra de unas necesidades prácticas y de los equilibrios de poder entre estos para sostener la paz, libres cada uno de asumir sus cosmovisiones una vez como cede definitivamente la unidad citada bajo la cristiandad romana.

Adolfo Miaja de la Muela advierte con tino que la historia del Derecho internacional conocida "tiende a encuadrarse [así] en las edades y períodos de la historia universal" y este, por consiguiente, sólo puede ser entendido, como lo ajusta Alejandro Herrero Rubio en sus Nociones de historia del Derecho de gentes y de las relaciones internacionales (Universidad de Valladolid, 1954), "si se le considera de manera histórica" y al constituir un sistema que es en lo esencial de naturaleza consuetudinaria.

Antonio Truyol y Serra (*Histoire du droit international public*, Paris, 1995) recuerda bien y a propósito que, desde entonces, ausentes el Imperio y la doctrina de las dos espadas el Derecho internacional surge "carente de legislador y de juez" con lo que adquiere distinta especificidad. Los contenidos y el alcance de sus instituciones y normas, por consiguiente, varían paulatinamente o como lo dice Mariano Aguilar Navarro, según su ambientación histórica respectiva, a falta de la cual "los rasgos del Derecho internacional se difuminan, llegan a ser imperceptibles" (José Antonio Tomás Ortiz de la Torre, "La historia del derecho internacional en el centenario de la obra de Joaquín Fernández Prida", *Revista Jurídica de Asturias*, N° 40, 2017).

Generalmente se afirma, que un Derecho internacional en escorzo, el llamado moderno, sólo emerge una vez como a partir de los señalados Tratados de Westfalia ocurre la mencionada diversidad de los señoríos alemanes sujetos al Sacro Imperio Romano Germánico, dando paso a la pléyade de 300 Estados que reivindican su poder sobre la base de la territorialidad. Cede, ciertamente, la idea de la universitas chirstiana como desiderátum de las relaciones internacionales y de su gobernanza normativa, mientras emerge con fuerza y para ello la razón de Estado de inspiración francesa, anclada en los principios de No injerencia e igualdad entre los ahora sujetos formantes de la emergente comunidad internacional y de su novísimo Derecho, el Derecho internacional de los Estados soberanos como prolongación de esa realidad política dispersa: "ya no como un derecho común a los pueblos" (Juan José Bremer, De Westfalia a Post-Westfalia. Hacia un nuevo orden internacional, México, UNAM, 2013). Aquel resulta, al término, como obra de los equilibrios prácticos y no de principios civilizatorios compartidos. ¿Es lo que vuelve a ocurrir, el "Medioevo prossimo venturo" que nos anunciara Umberto Eco o acaso tampoco se observan equilibrios en el nuevo ecosistema o esperan de su forja?

Las elaboraciones cimeras de *Hugonis Grotti* o Hugo Grocio (1583-1645), contenidas en su *De iure belli ac pacis* (Moeno-Francofurt, 1626) jugaran un papel esencial a partir de entonces, en medio de la dispersión de los Estados a principios de la modernidad y dada la amplitud que se tiene, al menos en lo intelectual, de la visión integradora y pluridimensional del Derecho internacional, según lo revela su misma conceptuación, dada a conocer bajo el título citado, que toma en préstamo de Cicerón:

> "En lo que se refiere a los vínculos entre varios pueblos o entre los conductores de los Estados, que son o se fundan sobre la Naturaleza, o los que establecen leyes divinas, o los que introducen las costumbres acompañadas de una convención tácita entre los hombres, pocos han pensado en tocar estas materias: menos persona alguna la ha explicado en su extensión y de forma sistemática".

Un ejemplo práctico sirve, a todo evento, para situar de modo comprensible la relación entre las modificaciones orgánicas o institucionales que determinan las distintas formas de poder en su interacción con las descripciones normativas que las influyen y/o son su consecuencia durante la época; dejándose de lado, por lo pronto, la consideración estimativa o axiológica que agrega el mismo Grocio y se cuestiona otra vez, ahora en pleno siglo XXI apuntalado sobre el relativismo y el señalado, vuelvo a repetirlo, deconstructivismo que lo acompaña.

En el discurso que pronunciara durante mi incorporación a la Academia de Ciencias Morales y Políticas de Buenos Aires ("Crímenes de lesa humanidad y coherencia funcional entre el derecho internacional y el derecho del Estado", 30 de noviembre de 2005) refiero lo siguiente:

> "Antes de las grandes guerras del siglo XX, al construir su teoría sobre la norma fundamental (grundnorm) y sostener con ella la unidad sistemática del Derecho, afirmó el padre de la Teoría Pura, Hans Kelsen (1881-1973) que el vértice de la pirámide normativa se encontraba situado en el Derecho interno de cada Estado; sugiriendo que en los actos concurrentes de distintas soberanías estatales encontraba su fundamento originario el Derecho internacional o de gentes. Mas luego de las conflagraciones mencionadas, sucedido el Nuevo Orden que queda inscrito en la Carta de San Francisco, adoptada en 1945, no tuvo reservas para producir un cambio de óptica y declarar que la grundnorm se situaba, en lo adelante, en el Derecho internacional; fuente de validez, por lo mismo, de todo el orden normativo subsidiario, es decir, del mismo Derecho interno de los Estados".

Lo cierto a todas estas es que, si tratásemos de plasmar una imagen de la realidad global corriente no nos bastaría pensar en el infierno deconstructivo o desestructurado de Virgilio – "toda esa multitud que ves es el mísero tropel de los que carecen de tumba" – y que sólo alcanza su estructura y orden lógico como racional con Dante y su Divina Comedia. Unos dirán que el Derecho internacional llega su final con el otro derrumbe que sigue al agotamiento de la bipolaridad internacional, la caída de las Torres Gemelas de Nueva York bajo la fuerza destructiva de actores terroristas deslocalizados y sin personalidad soberana; tanto como otros apreciarán que el poder ordenador se traslada desde los Estados hacia otras fuerzas emergentes e integradoras de la globalidad: ¿acaso la misma naturaleza objetiva o Madre Tierra o la del dominio de la virtualidad bajo el control de las redes digitales y la robótica?

Y si ceden los Estados como antes cedieran los reinos medievales y previamente la diarquía y el Imperio, ¿qué queda en pie de Hobbes y de Bodino, de la igualdad soberana entre los Estados, de la manida independencia o la autodeterminación de los pueblos, o de la prohibición del uso de la fuerza como soportes principistas del Derecho internacional en una hora en la que se cuelan o se dejan filtrar las expresiones del terrorismo, la criminalidad trasnacional y hasta la anárquica destrucción de los símbolos de la memoria por una indignación popular globalista sin representaciones ni ataduras locales, a las que se banaliza?

Por lo pronto media una paradoja, coexisten una evidente ingobernabilidad a nivel planetario con una realista administración de lo inmediato y local bajo el sostenimiento, mientras alcanza, de una ficción estatal como eje de las relaciones internacionales. Ello, al menos evita la sensación del vacío, pero sólo eso, la sensación: "el mundo refleja una situación anárquica por la ausencia de una autoridad global" a la vez que "la soberanía del Estado [¿o acaso la idea de lo nacional?] continúa siendo el centro de las relaciones internacionales" formales, apuntan Thomas G. Weiss y Sam Daws (apud. Bremer, op. cit., p. 85). Imaginarlo visualmente, hoy, resulta difícil, pues las expresiones artísticas del deconstructivismo se muestran anárquicas, diversas, separadas, independientes unas de otras pero unidas desde lo anterior; que no es, exactamente, lo que se aprecie como desiderátum dentro de una globalización del desorden.

II

La crisis probablemente terminal o de reconversión del Derecho internacional alguna consecuencia habrá de aparejar, dado lo anterior. Cuando menos es obligación de los autores y observadores perspicaces sobre la dinámica "internacional" en tiempos de globalización, mostrarla en sus líneas gruesas y/o formular bocetos de sus posibles narrativas ordenadoras, sea describiendo lo dominante, sea tratando de influir con base en las convicciones ético-políticas que se defiendan incluso a riesgo de equivocaciones. No por azar las grandes teorías se asientan sobre la observación de realidades constantes y una vez configuradas, al menos, en el mundo de lo normativo.

Koskenniemi, profesor en Helsinki, miembro del Instituto de Derecho Internacional y de la Comisión de Derecho Internacional de la ONU (cit. supra, *Il mite civilizzatore delle nazioni...*), con experiencia como consejero jurídico del ministerio del exterior finlandés, asume su reto a partir de una previa reconstrucción de las grandes líneas doctrinales o de las ideas sobre las que se apalanca y tensan el Derecho internacional moderno antes de lo que definirá como su derrumbe, pasada la primera mitad del siglo XX. La cuestión, luego, se hace agonal durante el curso de los últimos treinta años.

El desafío que se plantea el señalado jurista nórdico importa mucho porque analiza cada perspectiva teórica, a la luz y como reflejo del odre histórico específico que la atrapa o condiciona y estimando que los estudiosos del Derecho internacional concernidos tienen el mérito – incluso no compartiendo siempre sus ideas– de no haberse limitado a ser simples dibujantes o cronistas de fenómenos en curso. Antes bien, desde perspectivas incluso ideológicas amamantadas por las dinámicas nacionales que los atrapan y comparten con actores jurídicos de otros países, trabajan sobre las incidencias o los tropiezos que en su evolución acusa el ordenamiento jurídico internacional de los Estados; llamado a recomponerse por la pérdida de relevancia y sobrevenida inexactitud de sus normas, lo que es máxima de la experiencia.

Si bien construye su argumentación y su vuelta a los más importantes autores del siglo XIX como a la revisión de quienes después se incorporan en calidad miembros del Instituto fundado en Ginebra, para denunciar así el discurso jurídico que según su opinión legitimara al colonialismo por parte de las potencias de Occidente, su trazado sustantivo permite imaginar los cambios a los que se habrá de adaptar el Derecho internacional para servir como un régimen jurídico necesario en el siglo XXI; que se pueda regenerar en sus bases conceptuales, bajo riesgo de seguir siendo un rompecabezas sin vocación de universalidad.

Los miembros del Instituto, según Koskenniemi, advierten que el siglo XVIII construye una visión cosmopolita y de fundamento universal apalancada sobre el Derecho natural y constatan, a la vez, que en el siglo XIX que los tiene como testigos –el siglo del positivismo y cuando se sistematiza la relación orgánica entre el Estado y la sociedad– emerge con fuerza la idea de la nación. De suyo se asume al Derecho internacional, expresión de la modernidad, como una prolongación de cada nación y de aquella otra idea considerada como de neta estirpe europea, pero que debaten como fundamento del Estado los juristas que adhieren a la primera, la de la soberanía nacional.

No por azar se impone la perspectiva dualista que sostiene Heinrich Triepel (1868-1946), a cuyo tenor la fuente por excelencia del Derecho internacional son los tratados entre los Estados y a la base de éstos, como instancia legitimadora inderogable, el Derecho interno o nacional; en tesis que no contradice, antes bien y a partir de un ejercicio meramente metodológico e integrador de normas que da lugar a su monismo, y reafirma Kelsen partiendo de la primacía del señalado Estado nacional y antes de que varíe de postura años después y dado el cambio de la misma estructura de poder a nivel internacional.

Si bien lo domina la perspectiva de un Derecho internacional que en su esencia es la obra conjunta más no común de los Estados, a saber, de la prolongación de las sociedades nacionales europeas: del espíritu de internacionalidad distinto del internacionalismo marxista; la que a su vez y como narrativa esgrimen en común, aquí sí, juristas de pensamiento liberal humanista y racionalista, defensores de los derechos individuales, por otra parte autores como Kelsen –señalado de pacifista y neokantiano, preocupado por la deriva imperialista que implica todo nacionalismo, y animado al paso por las Conferencias de La Haya de 1899 y 1900 que predicen el nacimiento de una confederación mundial– se ven rechazados de conjunto por Erich Kauffman (1880-1972).

Kauffman insiste en que el sostenimiento del ideal liberal racionalista impide construir una verdadera teoría del Estado y del Derecho. Defiende la centralidad estatal dentro de la construcción normativa. Ve como utopía un Estado mundial y sólo aprecia como Derecho internacional el que nace de los tratados, según la tradición que hasta entonces representan y defienden los citados juristas de Martens y Klüber.

Al cabo, el laboratorio de lo anterior es Alemania, en la que se oponen pacifistas y nacionalistas, con las consecuencias trágicas que luego tendrá ello para el mundo durante la primera mitad del siglo XX. En primera instancia se morigerará el nacionalismo con la Sociedad de las Naciones al término de la Primera Gran Guerra –muy débil esta, por limitarse a ser una secretaría de los Estados y apenas capaz de exigir moratorias para las acciones bélicas de estos sin poder impedírselas– y, luego, sobrevenidos el Holocausto y el nacimiento de la Organización de las Naciones Unidas (ONU), habrá lugar a una suerte de renacimiento del Derecho natural, del humanismo racionalista y liberal al proscribirse el uso de la fuerza y consagrarse como norma de orden público internacional sobrepuesta a la soberanía de los Estados e inderogable por los tratados: la del respeto universal de los derechos de la persona humana. Pero lo será apenas por tres lustros, insiste Koskenniemi.

El tiempo actual, ciertamente, sugiere paradigmas inéditos, pero otra vez cabe volver para su resolución, sin obviar su «ineditez», a la constante conexión que se predica "entre las estructuras del derecho con la historia" y a la sinergia entre lo nacional y lo internacional, según la perspectiva del autor finlandés al que apelamos como orientación por su reciente y autorizada investigación.

Este valora la obra de Erich Kauffman (1880-1972), pues a la par visualiza como soportes de un Derecho y unas relaciones internacionales efectivas los que midan de manera real los vínculos empíricos entre el poder y "las constelaciones de intereses" predominantes, en una indisociable perspectiva nacionalista que entiende al Derecho internacional como resultante del acuerdo entre los Estados nacionales. O acaso, si no es esta la interpretación, deduzco que avanza a contravía de la historia se intenta afirmar desde la ONU, o bien, constata lo que realmente ocurre a diario tras el telón de esta, cuyos buenos principios y propósitos sirven de meras concesiones a la Humanidad para instantes en los que no se vean desafiados mundialmente el señalado poder y sus intereses.

III

Los estudiosos del Derecho internacional anteriores a la Primera Guerra, durante los decenios finales del siglo XIX y primeros años del siglo XX, partiendo de la señalada identidad cultural o liberal humanista europea, contestada en suelo alemán, construyen sobre un piso intelectual compartido la diversidad de sus aproximaciones.

La escuela francesa, a través de George Scelle (1878-1961), Louis Renault (1843-1918), quien introduce a nuestra disciplina dentro del debate doméstico galo, Paul Fauchille (1858-1926), Antoine Pillet (1857-1926), y León Bourgeois (1851-1825), frente a la postura nacionalista alemana abre compuertas a la perspectiva jurídica internacional desde el plano de la solidaridad social o la dimensión sociológica del Derecho. Reafirma como su fuente los usos compartidos. Entiende al Estado, sujeto del Derecho internacional, como una expresión de la misma solidaridad social – no es una mera abstracción como persona jurídica, separada de la sociedad – a cuyo efecto, la misma prolongación de esos vínculos sociales, según ellos, son los que explican a las formas federativas cristalizadas con la Sociedad de las Naciones.

Luego, en línea próxima a la crítica que le dirige Koskenniemi al eurocentrismo jurídico occidental, el jurista chileno Alejandro Álvarez (1868-1960) –trabajando desde adentro de la perspectiva francesa enunciada–apuntará que al Derecho internacional le sostienen, justamente, los "valores diferentes que son el reflejo de la diversidad histórica de los pueblos" y las naciones. Y, como lo recuerda Gustavo Gozzi, prologuista italiano de la obra del jurista finlandés, Álvarez ve al Derecho internacional más allá de lo nacional como una pluralidad de sistemas jurídicos regionales, sea el europeo, también el americano o el africano, cada uno de los cuales confluye y se estructura alrededor de sus especificidades compartidas, con lo que renueva, sin decirlo así, la perspectiva liberal y humanista de la solidaridad.

Koskenniemi, obviamente, al recrear tales debates entre los distintos representantes de la doctrina más autorizada del Derecho internacional alude a la prepotencia de un Derecho que se presenta como la "conciencia jurídica" no solo del mundo europeo sino del llamado civilizado.

Desde la perspectiva constitucional latinoamericana, el constitucionalista argentino y catedrático Gregorio Badeni (1943-2020) se pregunta en tal orden, no por azar y con ironía, ¿cuáles son las naciones no civilizadas? ¿Se aplican a ellas, también, tales principios [generales del Derecho] pese a que, por ausencia de civilización, no cabe integrarlas en ese mundo [hoy] globalizado?, agrega (Vid. su comunicación "La desglobalización del siglo XXI" a la Academia de Ciencias Morales y Políticas, Buenos Aires, 8 de noviembre de 2017).

Lo cierto, a todo evento, es que si bien desde los inicios de la modernidad del Derecho internacional distintas culturas regionales se han ido incorporando a unas relaciones internacionales que se expanden geográfica y humanamente, un denominador común se mantiene hoy –más allá de lo que opina Kauffman y así sea nominalmente– y es de neta filiación judeocristiana: el principio ordenador pro homine et libertatis aceptado en 1948, una vez como se adopta la Declaración Universal de Derechos Humanos. Este, no ha impedido la vigencia de otros principios propios y específicos de las regiones como el de la «solidaridad americana», la No intervención, o el Uti Possidetis Iuris en las Américas, o el del «panafricanismo» y el derecho al desarrollo en el África.

De allí que no deje de ser importante la proyección nacional anglosajona del Derecho internacional que a renglón seguido estudia la obra de Koskenniemi y tiene como emblema a Herst Lauterpacht (1897-1960), defensor de los "ideales victorianos de liberalismo y progreso" enterrados por la Primera Guerra Mundial, bases de "la doctrina de los derechos del hombre desde Locke a Jefferson, pues valorizan al Derecho natural" como fundamento del Derecho internacional. Según lo dicho, al menos nominalmente y como cabe repetirlo, la Carta de San Francisco de 1945 los rescata e intenta sostenerlos durante los años posteriores, así sea sujetándolos e hipotecándolos al discernimiento de los equilibrios entre las mayorías y minorías de la Asamblea General.

Lauterpacht rechaza, en efecto, la exclusividad de los Estados como sujetos absolutos o personas abstractas del Derecho internacional, oponiendo como ejes el individualismo cosmopolita y los derechos humanos. Le toca vivir, sensiblemente, la sobrevenida ineficacia de la tradición liberal humanista constante en la Declaración Universal mencionada, que cree sólo puede realizarse bajo criterios institucionales supranacionales. Invoca al término, en defecto de éstos y como corrección la tarea de los árbitros y jueces internacionales, quienes pueden acotar las libertades de los Estados a partir de la exégesis y aplicación de los tratados internacionales, siguiéndose por una línea de pragmatismo angloamericano. Ello, a su juicio, llenaría el vacío que causa la ausencia un órgano legislativo común a los mismos Estados hasta el presente.

Sea lo que fuere, lo relevante es que ese esfuerzo intelectual que se despliega desde finales del siglo XIX y trasvasa a las dos grandes conflagraciones, tiene o encuentra dos hitos que, según Koskenniemi, marcan el ascenso y luego la caída del Derecho internacional como «suave civilizador». El primero lo sitúa en los esfuerzos que llevan adelante tres juristas jóvenes de pensamiento político liberal –el belga Gustave Rolin-Jaequemins (1835-1902), el holandés Tobías M.C. Asser (1838-

1913) quien recibe el Premio Nobel de la Paz en 1911, y el inglés John Westlake (1828-1913) – participantes en la reunión de Bruselas que crea la Asociación Internacional para el Progreso de las Ciencias Sociales en 1862. Ellos promueven la Revue de droit international et de législation comparée - la primera sobre Derecho internacional - cinco años más tarde, imprimiéndose su primer número a fines de 1868.

En un tiempo en el que toman cuerpo dentro de Europa las ideas de la nación y de la raza los propulsores de la Revista se muestran convencidos de que media un espíritu de internacionalidad obra de las distintas proyecciones nacionales, pero obligadas estas a cooperar mediante el reconocimiento de "la unidad superior de la gran sociedad humana". Las virtudes individuales se consideran, entonces, como lo precisa Koskenniemi, cardinales para vida pública y la privada. La tarea de comparación entre las experiencias legislativas y la reducción de los conflictos normativos entre unas y otras, dando lugar al célebre Derecho internacional privado, les permitiría apuntalar, así lo creen los nóveles propulsores de la Revista, sus ideas de tolerancia religiosa, libertad de expresión y de comercio, armonizándolas y por esa vía proyectarlas luego sobre el plano jurídico internacional, suma y decantación externa de aquellas.

La presencia de las ideas humanitarias no obstante les estimulaba, acicateados por las mismas Convenciones de Ginebra de 1864 relativas al trato de los prisioneros y sobre la humanización de la guerra. Pero separados como estaban de las ideas racionalistas del Iluminismo y las del utilitarismo, identifican como fuentes propias del Derecho internacional los actos unilaterales y los tratados entre los Estados, siendo así consistentes con sus perspectivas nacionales y un Derecho externo que ven como prolongación de estas.

Lo cierto es que habían dejado atrás de un modo concluyente la visión que aportaran la Santa Alianza y el Congreso de Viena de 1815, alianza de príncipes y no de pueblos, según los jóvenes liberales: "En el fondo no se trató que de una mera proyección de la idea de Kant [sobre la paz perpetua] redirigida a favor del absolutismo y con un barniz místico", reza el escrito de Rolin de 1869 inserto en la Revista ("De l'étude de la législation comparée et du droit international", I, 1869).

La revista pasará a ser el órgano oficial del Institut de Droit International que se funda en Ginebra en 1873, buscando un equilibrio entre el individualismo y el colectivismo, se diría que en la mejor línea de las prédicas del humanismo renacentista: ¿acaso alejadas del colectivo despersonalizado y del individualismo anti comunitario, abriéndole campo al personalismo comunitario? Se presenta como democrática pero no «oclocrática» y sí reformista, nacionalista al mismo turno que internacionalista. Es progresista por rechazar al absolutismo y conservadora al rechazar las agitaciones revolucionarias socialistas. Apenas vivirá la revista un período de retracción una vez como nace en París, la *Revue générale de droit internacional public* en 1894, que todavía circula.

Cree Koskenniemi que ese impulso modernizador del Derecho internacional –afincado según estos cultores en la convicción de que el fundamento de nuestra disciplina reside en la opinión pública, pues recepta o rechaza lo que acuerdan los Estados haciendo efectivas o meramente retóricas sus convenciones o tratados; y que, a su vez, como opinión sería la que reside en el Instituto como «consciencia jurídica del mundo civil»– declina a partir de 1960. Ocurría "la caída del Derecho internacional". Y lo afirma probablemente convencido de que las posturas científicas no han tenido éxito en el campo de las relaciones internacionales y que cuanto ocurre "a puertas cerradas" entre sus actores reales en poco ha contribuido a la suerte del mundo, lamentando que palabras como "conciencia" o "civilidad" hayan perdido total sentido para el jurista de nuestro tiempo.

A todas estas refiere que una vez desaparecidos los protagonistas heroicos del Derecho internacional moderno – Kaufmann, Álvarez, Lauterpacht, Scelle– a los sucesores en el Institut como Henri Rolin (1891-1973), nieto de Gustave Rolin-Jaequemyns, los anima hacia 1963, sin embargo, la presencia de cuatro factores de la realidad internacional que favorecerían sus actividades doctrinales: el desarrollo tecnológico, la expansión de las organizaciones internacionales, la Guerra Fría, y el proceso de descolonización que, al cabo, terminan o siendo meras excusas ante lo evidente de la declinación o "descodificación" del Derecho internacional o la misma causa de nuevas frustraciones.

Al antagonismo entre las grandes potencias se atribuye así que el orden mundial fundado en la Carta de San Francisco terminase siendo una parodia –los juristas se reducen a darle forma normativa a una oscilación siempre de oportunidad entre "el humanismo cosmopolita y la apología de la razón imperial" dice Koskenniemi– a la vez que, así como la multiplicación de las organizaciones en nada influye para la gestión eficaz del cambio tecnológico tampoco el descubrimiento de la idea de la soberanía luego de la descolonización en poco o nada cambia las realidades de los nuevos Estados del llamado Tercer Mundo; ello a pensar de intentarse forjar un Nuevo Orden Económico Internacional y afirmarse nominalmente la soberanía de estos sobre sus recursos naturales.

Lo cierto es que, sin que se haya perdido en el imaginario de los cultores del Derecho internacional la idea de una gobernanza internacional fundada sobre los instrumentos del derecho público, llegada la hora de la globalización, ocupándose la ONU por vez primera, incluso tímidamente, del tema de la democracia y la expansión de los procesos electorales en los países que salen de la Cortina de Hierro, el saldo es que así como naufragó la Sociedad de las Naciones por carencia de poder en el ámbito de la seguridad colectiva, Naciones Unidas no ha podido distinguirse, en el mismo plano, como simple expresión institucional del poder del Consejo de Seguridad y no del Derecho, como lo dice el profesor finlandés.

Cabe reconocer que S.S. Francisco, en 2015, adhiere a esta última perspectiva, en los términos que siguen:

> "Si se respeta y aplica la Carta de Naciones Unidas con transparencia y sinceridad, sin segundas intenciones, como un punto de referencia obligatorio de justicia y no como un instrumento para disfrazar intenciones espurias, se alcanzan resultados de paz. Cuando, en cambio, se confunde la norma con un simple instrumento, para utilizar cuando resulta favorable y para eludir cuando no lo es, se abre una verdadera caja de Pandora de fuerzas incontrolables, que dañan gravemente…".

Tan cierto es lo anterior que la Declaración adoptada con motivo de conmemorarse el 75° aniversario de la ONU, suscrita por 193 gobernantes de los Estados parte, tras la retórica de circunstancia aceptan que "las Naciones Unidas han tenido sus momentos de decepción. Nuestro mundo –precisan aquellos– no es todavía el mundo que nuestros fundadores idearon hace 75 años".

Es reveladora de sus negligencias, así, la afirmación de propósitos hecha en la circunstancia: "Tenemos las herramientas y ahora debemos emplearlas". Cuando menos, revelan que la guía será la Agenda 2030 para el Desarrollo Sostenible –en la que la palabra democracia aparece una sola vez y la de Estado de Derecho sólo cuatro veces, siempre nominalmente, sin exégesis ni siquiera operativa– declarando que, en lo sucesivo, los jefes de Estado y de gobierno que la suscriben, "respetaremos el Derecho internacional y garantizaremos la justicia", así:

> "Los propósitos y principios de la Carta y el Derecho internacional siguen siendo normas intemporales y universales y cimientos indispensables para lograr un mundo más pacífico, próspero y justo. Respetaremos los acuerdos internacionales que hemos firmado y los compromisos que hemos asumido. Seguiremos promoviendo el respeto de la democracia y los derechos humanos y mejorando la gobernanza democrática y el Estado de Derecho mediante el fortalecimiento de una gobernanza transparente y responsable e instituciones judiciales independientes".

IV

La realidad actual revela que la macrocefalia institucional del sistema internacional de los Estados, correlativa a la acelerada emergencia de temas nuevos relacionados con lo que algunos denominan el "cosmopolitismo progresista": derechos humanos, protección ambiental, integración y/o migraciones vs. soberanía, solución pacífica de controversias, lucha contra la criminalidad transnacional organizada, terrorismo deslocalizado, desarrollo tecnológico digital, genoma humano, encuentra como contrapartida la pérdida por el Derecho internacional de su unidad teórica y sistemática como de su capacidad para darle coherencia al señalado rompecabezas como expresión de la política o las políticas que lo inspiran. Ocurre una suerte de descodificación de universales para avanzar hacia las especialidades señaladas, en el plano de lo normativo. Empero, lo cierto es que la técnica jurídica del caso, lo dice otra vez Koskenniemi, muestra su total politización sin reparar que "cuando todo es político –lo precisa Carl Schmitt, citado por éste– nada es política".

A la oposición entre el Derecho internacional y el Derecho interno de los Estados que se resuelve de distintas maneras por los ordenamientos constitucionales de estos y por la misma doctrina internacional desde los siglos XIX y XX, ahora le sucede, justamente, la deconstrucción del primer ordenamiento citado a propósito de las mismas fragmentación de las realidades materiales que ocupan a las relaciones internacionales contemporáneas y la coexistencia no pocas veces en conflicto de las ramas de tutela respectiva, que crecen de modo exponencial y en una suerte de caleidoscopio normativo sin un claro hilo conductor en el plano de lo público.

Es la contracara de la explicada disolución del objeto personal y material del Derecho internacional en curso, tal y como la constata resumidamente la Declaración de la ONU en su 75° aniversario, así: Derechos humanos, bajo la perspectiva de los pueblos, no de los Estados; protección de la biodiversidad, "para mejorar y de forma más verde" insertando al individuo, desde luego, dentro de las leyes evolutivas de la Naturaleza; diplomacia preventiva y mediación ante el terrorismo y el extremismo violento, mirando a las causas y no a las consecuencias; Justicia a través del Derecho, sujetando a este a las valoraciones que acerca de aquella haga cada coyuntura política; igualdad y participación de género, suponiendo que las exclusiones se originan en este; fomento de la confianza, reduciendo las desigualdades y exclusiones, sobre todo insertando a quienes intentan forjan como universales sus cosmovisiones particulares; concepción común de la cooperación digital y la interconectividad, dada la misma unidad tecnológica de las plataformas y la práctica de Tecnologías de Eliminación que reducen toda competencia entre diversidades; reforma y financiación sostenible de las Naciones Unidas, para todo lo anterior; relaciones entre los distintos actores internacionales (organizaciones regionales y subregionales, ONG's, sociedad civil y sector privado, círculos académicos y parlamentarios), en una inevitable ampliación de las subjetividades jurídicas; diálogo con la juventud sobre paz y desarrollo, como receptora de las acciones del presente; sistemas de prevención y respuesta a la crisis mundiales y pandemias, al haberse demostrado inexistentes en la actualidad.

De cara al porvenir, la reflexión conclusiva de Koskenniemi y acaso con vistas a lo anterior, dice que, si la perspectiva institucional y normativa del Derecho público carece de algún significado independiente de la perspectiva política coyuntural que se adopta, muere "la promesa universalista y liberadora del Derecho internacional"; tanto como si se la obvia o reduce pierden su relevancia las dimensiones normativa y axiológica, por hacerse irreales o inefectivas.

¿Qué hacer a todas estas?

Lo primero a tener presente es que es irreal creer que lo planteado hoy será posible sin la voluntad de las naciones más poderosas a los que una corriente planetaria globalista considera necesario destruir antes, para que las cosas sean diferentes. Al efecto atizan la anarquía como estrategia huérfana de destino: la disolución de las identidades ciudadanas y la profundización de las subjetividades raizales o primitivas excluyentes, sean "étnicas, nacionales, religiosas, corporativas".

Occidente tiene derecho a sostener su cosmovisión milenaria sin por ello presentarse como una fortaleza encerrada y asediada; pues al cabo la misma globalización reclama de la supervivencia de todos y el momento, cabe entenderlo, es de una transición «epocal» que obliga a una negociación y transacción posible de las exclusiones de todo orden presentes, sean universales, regionales, nacionales, locales, comunitarias o grupales.

Al caso "sólo se construye una esfera pública – para nosotros la que correspondería a un Derecho internacional renovado para el siglo XXI en un momento de deconstrucción – cuando se ponen en común y se reivindican, como necesidades y expectativas de todos, intereses que requieren políticas, regulaciones e instituciones supra ordenadas y heterónomas respecto de los sujetos singularmente interesados".

Sin que pierda su especificidad el Derecho internacional, y sin que tengamos que ocurrir paralelismos que no vienen al caso por simplificadores de la realidad mundial, cabe recrear el proceso a través del que se forma el Estado de Derecho moderno, como lo refiere Ferrajoli, para comprender los alcances de la dinámica que debe emprenderse sin mengua del carácter propio de las "cosas nuevas".

El autor italiano, argumenta sobre la posibilidad pragmática de un constitucionalismo global, siendo que la misma globalización es como fenómeno un factor de unificación así sea a propósito de los problemas, bajo las ideas de autoconservación y de solidaridad alrededor de derechos que se consideran universalmente reivindicables y de la misma Naturaleza amenazada por las catástrofes ambientales y capaz de unir "virtualmente" a toda la Humanidad. Pero acaso vale lo que con relación a esos mismos argumentos vertebrales – paz y derechos humanos – urge primero lo que aconseja Papa Ratzinger a los Estados reunidos en la Asamblea de la ONU mencionada, la de 2011:

"Cuando en nuestra relación con la realidad hay algo que no funciona, entonces debemos reflexionar todos seriamente sobre el conjunto, y todos estamos invitados a volver sobre la cuestión de los fundamentos de nuestra propia cultura". En otras palabras, es imposible construir o reconstruir sobre lo humano sin considerar como premisa necesaria sus fundamentos antropológicos.

El camino parecería ser, en la dimensión normativa, asumir el desafío de la subsidiariedad tal y como lo plantea el mismo Ferrajoli en su citada obra:

> "La imagen del Derecho internacional que expresa el pluralismo de los ordenamientos que lo componen es [o ha de ser]... la de una red compleja y diversamente integrada por instituciones y sistemas jurídicos, articulada en distintos niveles normativos".

Pero ello no basta dada la complejidad de la globalización, por lo que advierte seguidamente:

> "La ciencia jurídica internacionalista, después de tres siglos de derecho internacional pacticio, todavía no ha actualizado sus categorías ni se ha liberado de cierta falta de seguridad en sí misma... [no por azar] la soberanía de los Estados sobrevive de hecho como la principal aporía del actual sistema de las relaciones internacionales; [sin siquiera considerar la otra aporía que] afecta también a la ciudadanía, cuyos confines estatales han entrado en contradicción con el proclamado universalismo de los derechos fundamentales".

De modo que, la reconstrucción normativa demanda, cabe reiterarlo, clara conciencia de las realidades presentes –que son lo que son como tales– y convicción acerca de los fundamentos antropológicos en cuestión y sin mengua de la primera dimensión; desafío que ha de sostenerse a la par y al término sobre una dimensión axiológica susceptible de alcanzarse si esperamos que el todo decline en función de la libertad y autonomía de la persona humana.

Impuesta la parálisis abrupta del acontecer humano por la pandemia del coronavirus en 2020 que ya afecta a 30 millones de víctimas y deja un millón de fallecidos en el mundo, la verdad de la realidad habla por sí sola.

Aherrojados en la circunstancia, los fenómenos característicos del siglo corriente que nos interpelan sin que aún encuentren respuestas en el plano del Derecho internacional contemporáneo, pueden resumirse así:

(a) La incapacidad del Estado soberano y sus instituciones constitucionales para asumir, por sí solos, los ingentes desafíos y conjurar los peligros propios de la deriva tecnológica cuando deja de ser medio y se hace finalidad.

(b) De suyo, la inutilidad de las organizaciones multilaterales que forman los Estados y aún conjugan en clave gubernativa, a pesar de la premisa pro homine que consagra la Segunda Gran Guerra del siglo XX y es norma de orden público internacional no realizada.

(c) La fractura del tejido social y la segmentación de las poblaciones (originarios, afrodescendientes, musulmanes, LGBT, ambientalistas, abortistas, tribus urbanas, etc.) alegándose el derecho a la diferencia o la exclusión de los distintos, incluso dentro de cada Estado y como subdivisiones dentro del mismo que se sobreponen a las narrativas constitucionales integradoras en lo ciudadano.

(d) La transnacionalización de la criminalidad organizada (terrorismo, narcotráfico, lavado de dineros ilícitos o producto de la corrupción) y el asalto por sus actores de los restos del Estado moderno, transformándolo en nicho de impunidad: La soberanía y su coetáneo principio de la No intervención, otra vez es patente de corso para violaciones sistemáticas y generalizadas de derechos humanos.

(e) La relativización de los comportamientos humanos, al relajarse los códigos o sólidos de la moral universal y romperse la línea que separa la legalidad de la ilegalidad, la verdad de la mentira como fraude a la democracia y al Estado de Derecho, relativizando sus estándares.

(f) La emergencia de una economía virtual, comercial y financiera, fundada en técnicas para la destrucción (TpD) que se niegan a la lealtad en la competencia.

(g) La pugna entre un desbordado antropocentrismo que intenta crear vida y manipular al genoma humano ajeno a los meros fines terapéuticos, y un bio-centrismo marxista que se propone fundir al hombre con la tierra, sobreponiéndole a la Diosa y Madre naturaleza por creadora del todo.

Sujetos a los embates de una aceleración que nos impide mirar a quienes ahora nos acompañan en nuestros refugios, sin tiempo para contemplar a las alturas mientras observamos hacia abajo, pero no a la tierra que nos sostiene sino a nuestros celulares o dispositivos celulares, apreciamos esta vez, forzados, que sólo nos queda el saldo de lo evidente: No nos salvan de la pandemia ni las redes ni el partido o el Estado, tampoco la misma ONU, por huérfanos de narrativas apropiadas e incapaces de contener racionalmente la cultura de inmediatez y virtualidad dominantes, léase también la práctica de descarte de "los diferentes" sin que cese el efecto global e indiscriminado, en lo social y en lo económico, de esta suerte de Primera Guerra "bacteriológica" .

De modo que, a la luz de la dispersión reseñada y sus signos, advierte pertinente Ferrajoli que se impone la reflexión y el planeamiento jurídico y político, a cuyo efecto urgen:

> "los límites y vínculos fundamentales idóneos para garantizar [las] promesas de paz y de igualdad en los derechos frente a las agresiones provenientes de la selva de los poderes desregulados, tanto políticos como económicos".

No se trata de contener o frenar, simplemente, pues al término, si se busca conjugar, repito una vez más, en favor del hombre y sus derechos fundamentales –pro homine et libertatis– mediará siempre un razonamiento liberal que no se basta con el simple ejercicio de ciencia o de técnica jurídica o de arbitraria ordenación por parte de las fuerzas y poderes dominantes en la coyuntura.

Reclama, sí, la forja de ese orden nuevo global y muy viejo fundado sobre lo que nos une en esta hora, en la que pugnan la descrita dispersión global y sus antagonismos con la dimensión universal de la solidaridad que se hace obligante, si se quiere sobrevivir; ello, admitido que todos formamos parte de la misma familia humana y al margen de las utopías, si se reconoce el sentido común y compartido de la autoconservación entre quienes forman parte, incluso, de "subjetividades excluyentes": afrodescendientes, originarios, identitarios por los géneros que se hacen variados. Pero, sobrevivir todos, unos y otros –apartando la lógica de las Tecnología de Eliminación excluyentes de toda forma de concurrencia social o económica, exige de poner en común los intereses diversos y respectivos, las cosas nuevas, como lo pide el mismo Ferrajoli.

Los problemas están allí, acuciantes, sin respuestas por lo pronto. No las dan los ordenamientos constitucionales por incapaces de extender sus alcances hacia cuestiones que desbordan a la estatalidad clásica, ni el Derecho internacional a la luz de lo antes indicado, sea por los fenómenos sobrevenidos desde mediados del siglo XX, sea por atado a presupuestos incapaces de aprehender a los primeros, a saber: la crisis de la democracia constitucional en los Estados y la pérdida de soberanía real en estos como por la falta de correspondencia entre gobernantes y gobernados de todos los signos; la concentración de otros poderes reales más allá de las fronteras de los Estados: como las organizaciones delictivas estructuradas y transnacionales, incluidas las que promueven migraciones transfronterizas; y ahora las señaladas amenazas bacteriológicas que, de conjunto y de no encontrarse una base ética y normativa comunes que las enlace, serán capaces de aniquilar cabalmente el ideal kantiano de la paz.

Lo cierto es que habrían quedado atrás como resabios de un engaño o de buenas intenciones que se anticiparan al caos actual, dentro de esa larga transición treintañera que se inicia en 1989 y debilita los lazos comunes que nos lega el Holocausto, el choque de civilizaciones descrito por Samuel Huntington (1993), cuyo pensamiento se ha revalorizado; la respuesta del Diálogo de Civilizaciones planteado por el presidente reformista de Irán, Mohammad Khatami (1998); y la sucesiva Alianza de Civilizaciones propuesta por la izquierda española (2004) para enfrentar al Occidente.

Las civilizaciones siguen en pie, sin matizaciones, cuando menos la islámica y la confucionista. La judeocristiana, la de los universales, una parte decidió acompañar al globalismo progresista y relativista en boga. Se neutralizó para no empañar su adjetiva tolerancia, avergonzándose de su legado milenario y de sus prédicas de libertad y respeto a la dignidad de la persona humana. Incluso la misma Iglesia romana que ayer impulsaba el reconocimiento expreso de las raíces constitucionales por el preámbulo de la frustrada Constitución de Europa (2006) anda ahora en búsqueda de "rostros amazónicos", en procura de un mundo de particulares y dejos panteístas.

La experiencia de la pandemia ocurre, paradójicamente, al cerrarse el ciclo histórico señalado que se inaugura con el fracaso del socialismo real y la caída del muro de Berlín. Entonces se predica el final de la historia y la Humanidad ingresa a la sociedad de la información, quedando bajo dominio del ecosistema digital.

Las gentes del Oriente de las luces y del Occidente de las leyes, las del Norte vikingo e industrializado como las del Sur de las civilizaciones materialmente empobrecidas, todas a una se han recogido como vivido el Gran Frenazo. Se recogen en sus "cuevas" y se miran en sus sombras obligadas por una cuarentena y su regla de «distanciamiento social» que no separa credos, religiones, confesiones, ideologías, sexos, tampoco "civilizaciones", como cabe reiterarlo.

V

Lo "que es común gracias al entendimiento de que cada comunidad se funda siempre sobre alguna exclusión y, por tanto, en el modo de definirse cada una de ellas, [es que] para ser aceptables, han de admitir que las exclusiones que propician deben ser constantemente renegociadas para que se amplíe el horizonte comunitario", refiere como enseñanza Ferrajoli con vistas a la fragmentación en avance de la realidad mundial; lo que vale también como concepto para cada institución normativa en lo particular, a cuyo efecto habrá de construirse el ordenamiento cosmopolita sucedáneo del moderno Derecho internacional no por la vía inductiva, como una suma de piezas autónomas y en sus proyecciones tal y como lo intentaran los juristas del siglo XIX, sino a la luz de los principios que le son transversales y dan racionalidad a lo jurídico, como se intentara a partir de 1945.

La cuestión, para él, es elemental y agonal:

> "El principio de la soberanía como potestas legibus soluta, mientras siga informando las relaciones de hecho entre los Estados, ... designa nada menos que un vacío de Derecho, al ser su regla la ausencia de reglas, es decir, la ley del más fuerte".

Y agrega un párrafo que le da claro sentido a estas páginas epilogales:

> "Una sociedad internacional incivil por desregulada, una general anomia y una regresión neo-absolutista a la ley del más fuerte tanto de los Estados con mayor potencia militar como de los grandes poderes económicos transnacionales... generan en las víctimas rebelión y resistencia; [y] el riesgo de trastornar por completo el entero edificio de la democracia constitucional en los propios ordenamientos estatales internos... Democracia constitucional interna y Derecho internacional están hoy cada vez más estrechamente conectados [en sus carencias y en sus desafíos] debido a los efectos que produce la actual globalización sin reglas".

El juicio concluyente del célebre filósofo de Königsberg hace una lúcida y útil construcción desde lo negativo –la del «enemigo injusto» como lo llama– y que es de vital actualidad, si miramos a los nichos o retículas de exclusión social que menguan toda expresión de libertad y democracia, pero lo adjetiva:

> "Es aquél cuya voluntad públicamente expresada (sea de palabra o de obra) denota una máxima según la cual, si se convirtiera en regla universal, sería imposible un estado de paz entre los pueblos y tendría que perpetuarse el estado de naturaleza" (Emmanuel Kant, *Fundamentos de una metafísica de las costumbres*, Madrid, 1881).

Según lo percibe mi experiencia, presenciamos una alianza en la agonía de paradigmas agonizantes. Cede el Estado como estadio en el desarrollo del principio de subsidiariedad que busca rescatar como terapéutica reconstructiva de lo normativo el mismo Ferrajoli, y que parte del individuo y finaliza en la idea de la Humanidad o género humano; de suyo se revelan agotados y también frustrados los basamentos históricos de la «república de las naciones» - así la llama don Andrés Bello (1781-1865) en sus Principios de Derecho de Jentes, que publica en Santiago de Chile y en Caracas, en 1832 y 1837- y del mismo Derecho internacional moderno.

La descripción conclusiva de Ferrajoli es decidora sobre el no hacer ante el hacer pendiente y que urge:

> "La sociedad salvaje de los Estados no es una sociedad de hombres o lobos naturales, sino la sociedad de esos «hombres artificiales», como los llamó Hobbes [Leviatanes]... creados por los hombres para la tutela de sus derechos y que hoy tienen el riesgo de escapar a su control y levantarse contra sus creadores como máquinas o lobos artificiales virtualmente capaces de destruirlos".

Así las cosas, "buscar al hombre que sufre, yendo en búsqueda de él más allá de las fronteras de las naciones y de los continentes", marcará, ciertamente, la medida de lo universal. Al caso y por serlo no se limita a la superación "de algunas fronteras, formulas políticas o sistemas" el "abrirse al otro", pues todos somos potenciales víctimas, a manera de ejemplo, del mal pandémico que nos aqueja. Se trata de ser cercano a los otros, tal y como lo demanda con anterioridad el artesano moral del final del comunismo soviético: Juan Pablo II, para que la solidaridad sea exactamente eso, un estándar universal. Siendo universal no se niega a los particulares, sino que éstos se justifican en aquella.

Se concreta en "ámbitos de necesidades humanas perentorias" – las zonas particulares de solidaridad - e implica, necesariamente, las ideas de transparencia, de servicio a la verdad, en modo de que se salvaguarde al necesitado de las manipulaciones de los egoístas.

Salvo bajo realidades conocidas y sometidas a regímenes despóticos, la lucha contra la pandemia del coronavirus ha tenido un manifiesto sentido democratizador sustantivo, igualitario. Intenta alcanzar a todos, horizontalmente, contar con todos para derrotarla. Deja que la experiencia guíe y participe con prioridad, anulando las tentaciones populistas.

Lejos de la globalización digital y de la inutilidad de los Estados-alcabala ante el desafío, ante la deficiente y explicable acción internacional por la pandemia, los gobiernos han tenido que confiar más en las localidades y comunidades para que sus medidas alcancen aceptación general y se hagan efectivas.

¿Habrá espacio, en fin, para entender al Derecho cosmopolita como un eventual sucedáneo del Derecho internacional y algo separado de los fenómenos sociales y axiológicos enunciados, reduciéndole a experiencia formal según la mejor tradición kelseniana o para verlo como un simple reflejo del antagonismo amigo vs. enemigo predicado en su tiempo por Carl Schmitt (1888-1985) e innegable fenómeno de la transición? ¿O vale la corrección que un sucesor de este, Hans Morgenthau (1904-1980), introduce con su vertiente más que realista fundando al Derecho internacional en el interés en cuanto al manejo de las relaciones internacionales, de un formalismo jurídico racional visto el despliegue de poderes en curso y en medio del pronunciado desorden o caos global en curso?

La propuesta, en fin, es retomar o encontrar la línea transversal del orden indispensable y ahora global o cosmopolita que lo ancle y le permita asumir una nueva perspectiva cívica ampliada, apoyada sobre la verdad inconmovible de la "identidad común"; sin mengua de las diversidades humanas crecientes y de la participación de estas, fatalmente, alrededor de "intereses vitales" que han de compartirse para sobrevivir y mediante transacciones alrededor de las exclusiones que se consideren injustas.

Desde una perspectiva ética, cabe pensar que a la fractura de los sólidos y símbolos del capitalismo –las torres gemelas de Nueva York (2001) derrumbadas por el terrorismo deslocalizado que a la vez le pone punto final, por irreal e inefectivo, al Derecho internacional de los Estados– se le agrega más tarde la de los sólidos romanos. Y es que el Papa Francisco, concluyendo el año 2019 declara ante la Curia Romana que "no estamos más en la cristiandad. Hoy no somos los únicos que producen cultura, ni los primeros, ni los más escuchados". De donde, aproximándose ahora el final del año corriente, en su Encíclica Fratelli Tutti invoca repetidamente –luego de concertarla con el Gran Imán Ahmad Al-Tayyeb de Abu Dabi– el ideal de la «fraternidad universal», base filosófica de la masonería. Al efecto, como cabeza del catolicismo y del Estado vaticano titula uno de sus apartados con la divisa del Gran Oriente de Francia: Libertad, igualdad, fraternidad. De donde la pregunta se impone: ¿Acaso se trata de una revisión entre líneas de la condena que hiciera la Iglesia a la Revolución Francesa y de una apuesta renovada por el racionalismo liberal, como fundamento del orden global esperado?

Una consideración de fondo nos hace Ferrajoli y a manera de cierre de las reflexiones precedentes, a saber, que no es la hora de los pesimistas del realismo quienes afirman la inmovilidad monótona de un decurso de fatalidades, ni la de las miopías nacionales o generacionales. Cabe afirmar, entonces y una vez más, la validez teleológica del ideal kantiano de "los tiempos mejores": dejando a quienes no lo compartan la carga de la prueba.

Ese ideal lo hicieron posible las reglas humanistas y humanitarias de San Francisco, en 1945, por más que las realidades hubiesen torcido el rumbo en los decenios sucesivos hasta volver a recrear un clima de impunidad en el mundo. Antes fueron esbozadas por el mismo Vattel a contrapelo de la realidad histórica que le rodeaba y al construir teóricamente o describir normativamente las relaciones internacionales, «declinando» siempre a la luz de la idea de Humanidad que le tiene como pionero intelectual durante la modernidad: "Sería un error igualmente funesto y grosero imaginar que todo deber cesa, que todo vínculo de humanidad se rompe, entre dos naciones que hacen la guerra", sostiene.

¿Acaso unidos, como lo predica Ferrajoli, por "la exigencia universalista de la autoconservación"? ¿Sólo posible, según lo dicta la experiencia y desde la perspectiva de la Justicia, bajo la noción de responsabilidad que predica Emer de Vattel (1714-1767) al fijar las bases del derecho internacional moderno: "Una nación debe preservar los derechos que le pertenecen: el sentido de su seguridad…no le permite sufrir de injurias [pero…] no le está permitido olvidar sus deberes para con las otras" (*Le droit des gens ou principes de la loi naturelle*, Neuchatell, 1773, tome I)?

VI

Sobre la idea de responsabilidad que iluminaría el principio de la Justicia Social Internacional – tema pertinente al debate actual y sobre las asimetrías sociales que provoca la globalización – y pesa sobre quienes más tienen con relación a las naciones preteridas (Biblioteca Rafael Caldera, *Justicia social internacional*, Prólogo de Asdrúbal Aguiar, Caracas, Cyngular, 2015), el Institut de Droit International bajo su último Rolin, ya en 1963 le abre un camino seminal en el marco de los derechos y deberes entre los Estados al controversial devoir d'assistance.

En 2011, Joseph Razinger, como Papa Benedicto XVI sostuvo ante la ONU, justamente y a propósito de sincronía evidente entre los principios de solidaridad, justicia y responsabilidad, que:

> "El principio de la «responsabilidad de proteger» fue considerado … con razón como precursor de la idea de las Naciones Unidas [cuya fundación] … coincidió con la profunda conmoción experimentada por la Humanidad cuando se abandonó la referencia al sentido de la trascendencia y de la razón natural y, en consecuencia, se violaron gravemente la libertad y la dignidad del hombre".

Se practica así, por lo demás, el principio de la subsidiariedad tan caro a Ferrajoli y que sólo ve inhibido por la aporía que para el Derecho internacional ha significado, históricamente, la noción de la soberanía.

En suma, los universales de solidaridad, transparencia, democratización, subsidiaridad, sin perjuicio de las innovaciones constitucionales y orgánicas que reclama el orden global pendiente y sus concreciones constitucionales domésticas, habrán de estar presentes, acaso, como principios superiores en todos los planos de la experiencia humana, la personal, la social, la cultural y la política. Expresan de conjunto y en su plenitud la dimensión de la Justicia. Han de sujetar, por ende, la relación legitimadora entre medios – como el ecosistema digital contemporáneo - y fines legítimos hasta que se restablezcan los equilibrios perdidos durante la transición que iniciada en 1989 llega ahora a su final.

En uno u otro caso, siendo consistente con la premisa de nuestra tesis doctoral (A. Aguiar, *Derechos humanos y responsabilidad internacional del Estado*, Caracas, Editorial Monte Ávila Editores Latinoamericana/UCAB, 1997), sin cerrarme a las otras consideraciones que suscita el presente epílogo y que permanecerán abiertas al debate, mal puedo obviar lo que ha sido mi juicio respecto del Derecho internacional y su fundamento constante, el que le otorga consistencia y ha permitido su sistematización como disciplina:

> "Si se revisa la práctica diplomática no es difícil constatar cómo muchos Estados poderosos cumplen los tratados que han suscrito con Estados más débiles y en donde 'la obediencia, en sentido sociológico, puede deberse a muchas otras razones', distintas de la posibilidad real de que el Estado débil pueda apelar a la amenaza del empleo de la fuerza material en supuestos de violación de las obligaciones pactadas. 'Lo que [ha de] importa[r] al jurista, entonces, es que en la gran mayoría de los casos las ordenanzas sean obedecidas o,

planteado el problema normativamente, que las normas generales se apliquen', sin que necesariamente medie el temor a la coacción formalizada.

Así planteadas las cosas, hemos venido sosteniendo que el Derecho existe como tal y adquiere especificidad no sólo cuando dos o más de sus sujetos coexisten o conviven dentro de un escenario relacional y societario. Existe Derecho cuando dichos sujetos admiten la idea de reciprocidad en los intercambios, lo cual supone que toda ruptura en el equilibrio relacional así preestablecido impulsa su oportuna reconducción o restablecimiento. El cuándo y el cómo de la reconducción dependerá, en un plano subsidiario, de la estructura institucional históricamente considerada y de los valores civilizatorios implícitos en la misma.

Dicho en otras palabras, todo orden adquiere especificidad y contextura jurídicas una vez que sus destinatarios lo aceptan y asumen como un orden de medidas que sólo puede realizarse en la voluntad o en la libertad y su correspondiente ejercicio; de donde la libertad de cada asociado presupondrá la libertad correlativa de los otros asociados, transformándose ambas en el límite o punto de equilibrio de las otras. Toda limitación recíproca de la libertad, en la definitiva, impondría a cargo de unos sujetos el respetarla y a favor de otros exigir ese respeto.

Este postulado resume, o mejor aún, del mismo se desprende directamente la noción o idea jurídica de la responsabilidad y la necesidad de que ésta, sin estar conceptualmente sujeta al imperativo de la coercibilidad, pueda realizarse de manera espontánea por quienes se integran en el plano social. Si falta en los asociados la convicción íntima de que el orden presupone y se fundamenta en dicha idea o categoría, no es dable ni posible la vigencia de eso que conocemos como Estado de Derecho. A lo sumo, estaríamos en presencia ora de un escenario relacional anarquizado ora de un escenario sujeto a repartos autoritarios de conducta, establecidos por quienes dentro del mismo sean poseedores de una mayor capacidad acumulativa de poder. Pero, en uno u otro caso, faltaría la «especificidad» jurídica por estar ausente en los asociados la convicción general e íntima sobre las bondades y la efectividad social trascendente de las normas de conducta así legisladas".

En suma ¿los que alegan sus derechos humanos exponenciales en la actualidad, incluso provocando inflaciones que debilitan sus texturas y toda capacidad institucional interna e internacional de garantías, al cabo no reclaman siempre el respondeo, la instaurabo? ¿Y cuando son ellos mismos los que violentan los derechos de terceros, pueden en justicia negarse al reclamo de *responsum et indempnos*?

¿De la comisión de crímenes de trascendencia internacional, al término, lo que se colige nos es otra cosa que obtener la contraprestación de los responsables? ¿Y, cuando en el ejercicio legítimo de sus derechos soberanos como la investigación científica o médica para la producción de virus que corrijan enfermedades, un Estado –es el caso de China– causa daños transfronterizos a las poblaciones de otros no debe o se le pide la reparación de los daños irrogados o *damna reparare*?

Ante la globalidad de los problemas, entonces, sólo se puede predicar la globalidad de las soluciones a la luz de ese principio ordenador y central, el de la responsabilidad. Y según parece, todas las demás premisas pasan por el filtro o tamiz o se desprenden de ésta, como la subsidiariedad, la alteridad, la solidaridad, incluso la referida idea de la supervivencia. Así ha sido a lo largo de la historia del Derecho. Ese ha sido el núcleo de todos los ordenamientos consuetudinarios y pacticios al punto que han intentado casi doblegar la idea de la soberanía, al punto de ir transformándola en otra, la del ejercicio de una competencia conforme o no con el Derecho y la justicia.

Lo que si es cierto es que mientras que el discernimiento entre el bien y el mal, entre los atentados graves a las leyes de Humanidad o sus protecciones, dependan de la fuerza de las mayorías sobre las minorías – situando en el paradigma democratico procedimental – la llave de un Derecho cosmopolita apropiado al siglo XXI, como lo sugiere Ferrajoli, la mineralización del relativismo no hará más que hacer de la anarquía global en curso una regla consuetudinaria. Será la antesala de otra modalidad imperial e histórica que encontrará un renovado impulso en quienes anhelan, así sea intersticios de paz en medio del desorden.

Acepta el florentino, no obstante, que "lo que hoy llamamos globalización se caracteriza por una creciente inadecuación tanto de la política como del Derecho, en paradójico contraste con las dimensiones y la gravedad de los problemas que ella suscita". Al efecto, si bien, como lo hace presente ante la ONU Benedicto XVI (Discurso de 18 de abril de 2008) "la búsqueda, siempre nueva y fatigosa, de rectos ordenamientos para las realidades humanas es una tarea de cada generación", el anclaje antropológico de la construcción esperada, para que sea efectiva a la vez que proclive a la idea de la perfectibilidad del género humano, obliga a tener a mano la enseñanza y experiencia constante, que mal puede agotarse en los odres de un siglo como el actual. Y la experiencia nos está demostrando hoy que cuando a menudo la legalidad prevalece sobre la Justicia haciendo aparecer a los derechos humanos como "resultado exclusivo de medidas legislativas o decisiones normativas tomadas por las diversas agencias de los que están en el poder", aquellos se vuelven proposiciones frágiles, sin fundamento trascedentes, ajeno a lo ético y lo racional.

La enseñanza propositiva del Papa jubilado es prudente y pertinente para los fines de salvar al Derecho internacional de su deconstrucción y en tiempos deconstructivistas, ofrecerle una armadura interna susceptible de sostener al conjunto de las diversidades dentro de un Derecho que se hace cosmopolita:

> "La universalidad, la indivisibilidad y la interdependencia de los derechos humanos sirven como garantía para la salvaguarda de la dignidad humana. Sin embargo, es evidente que los derechos reconocidos y enunciados en la Declaración [Universal de 1948] se aplican a cada uno en virtud del origen común de la persona... se basan en la ley natural inscrita en el corazón del hombre y presente en las diferentes culturas y civilizaciones. Arrancar los derechos humanos de este contexto significaría restringir su ámbito y ceder a una concepción relativista... La Declaración Universal tiene el mérito de haber permitido confluir en un núcleo fundamental de valores y, por lo tanto, de derechos, a diferentes culturas, expresiones jurídicas y modelos institucionales", finaliza Ratzinger.

Y tan coincide con la última perspectiva el propio Ferrajoli que, refiriéndose a la democracia cosmopolita como construcción jurídica en la época de la globalización y enumerando las razones que hacen posible la expectativa de "nuevas guerras" – la marginalidad de la ONU y la descalificación del Derecho internacional, la quiebra definitiva de los valores occidentales, las crisis de las libertades y de sus garantías en Occidente, la vigencia universal de un legibus solutus que ya muestra la experiencia en curso – pide a los juristas y a los políticos ser conscientes de que ante la creencia de que el relativismo ofrece alternativas exponenciales, la historia prueba lo contrario. Su ambigüedad siempre ha transitado en dos direcciones opuestas: "hacia la paz o hacia la guerra, hacia la libertad o hacia la opresión".

Termina observando, al cabo, que "el camino de la paz y de la libertad pasa ciertamente a través del reconocimiento y protección de los derechos del hombre... un camino difícil. Pero no existen alternativas", señala. Fue, al caso, lo que entendieron de manera luminosa los responsables de armar el orden mundial de "Naciones Unidas", sucesivamente traicionado, en lo particular desde 1960, punto de declinación del "suave civilizador de las naciones" según Koskenniemi.

"Preservar a las generaciones venideras del flagelo de la guerra, que dos veces durante nuestra vida ha infligido a la Humanidad sufrimientos indecibles [y] reafirmar la fe en los derechos fundamentales del hombre, en la dignidad y el valor de la persona humana, en la igualdad de derechos de hombre y mujeres...", fue el desiderátum, según el Preámbulo de la Carta de San Francisco, de esa organización que se ha vuelto inútil, suerte de medicatura forense y patio de celestinaje de los mayores violadores de derechos humanos en el mundo, la ONU.

Los autores de la Carta de San Francisco asumieron un deber militante, tal y como se desprende del documento preliminar que suscriben en Washington D.C. el 1° de enero de 1942, en plenitud de la Segunda Gran Guerra. 26 naciones, entre éstas Rusia, China, Estados Unidos, y el Reino Unido declararon "estar convencidas de que la victoria completa sobre sus enemigos es fundamental para defender la vida, la libertad, la independencia y la libertad religiosa, y preservar los derechos humanos y la justicia en sus propias tierras, así como en otras tierras, y que ahora están comprometidos en una lucha común contra las fuerzas salvajes y brutales que buscan subyugar al mundo".

Sensiblemente, las exigencias de la guerra de ordinario suscitan perspectivas que de no ser tamizadas a tiempo y para el tiempo sucedáneo, acaban subordinando las ideas de paz y de respeto por las libertades a una cuestión de poder, de mayorías o minorías como ha ocurrido. Tanto que, en el encuentro de Moscú de 30 de octubre de 1943 las potencias señaladas fijan como fundamento real de la organización que habrá de nacer, la ONU, "el principio de la igualdad soberana de todos los Estados..., y la adhesión de todos esos Estados, grandes y pequeños, para el mantenimiento de la paz y la seguridad internacionales". El poder de policía y su lógica material, así, sujetó y primó desde entonces sobre la ética de los derechos humanos.

Hans Kelsen, eximio jurista alemán, previno a tiempo sobre la inconveniencia de dejar en manos del voto entre los poderosos o sus asambleas decidir asuntos tan cruciales como calificar las rupturas de la paz o los atentados contra el principio de primacía de la dignidad humana; cuestión más apropiada, según este, para entes independientes como la Corte Permanente de Justicia Internacional. Desde su enorme fe en lo jurídico y radicalizando el ideal del Estado de derecho, la propuesta, según sus exégetas, es "pacificar las relaciones internacionales utilizando el Derecho". Pero vale aquí la admonición de Benedicto XVI, ante el parlamento federal alemán (Discurso del 22 de septiembre de 2011):

> "Para gran parte de la materia que se ha de regular jurídicamente, el criterio de la mayoría puede ser un criterio suficiente. Pero es evidente que en las cuestiones fundamentales del derecho, en las cuales está en juego la dignidad del hombre y de la humanidad, el principio de la mayoría no basta: en el proceso de formación del derecho, una persona responsable debe buscar los criterios de su orientación".

De modo que, concluyendo estas páginas, si hemos de escandalizarnos por el ingreso reciente al seno del Consejo de Derechos Humanos de la ONU de gobiernos que cosifican al ser humano y violan sus derechos, mientras otros se abstienen o declaran neutrales ante los crímenes de lesa humanidad que se suceden en Venezuela, China, Rusia, Cuba – con sillas en ese órgano responsable de velar por la aplicación del Derecho internacional de los derechos humanos - ello es el efecto de la esquizofrenia de un sistema universal que, desde mediados del siglo XX, decidió avanzar sobre una aporía: su oscilación oportunista "entre el humanismo cosmopolita y la apología de la razón imperial", como bien lo denuncia Martti Koskenniemi, miembro de la Comisión de Derecho Internacional de la ONU.

BIBLIOGRAFÍA GENERAL

Accioly, Hildebrando. *Tratado de derecho internacional público (I-III).* Rio de Janeiro. Imprensa Nacional, 1933.

Akehurst, Michael. *Introducción al derecho internacional.* Madrid. Alianza Editorial, 1972.

Alland, Denis. *Manuel de droit international public.* París. PUF, 2020.

Alvarado Garaicoa, Teodoro. *Principios normativos del derecho internacional público.* Guayaquil. Imprenta de la Universidad, 1946.

Antokoletz, Daniel. *Tratado de derecho internacional público* (I-II-III). Buenos Aires, La Facultad, 1951

Arellano García, Carlos. *Derecho internacional público (I-II).* México. Porrúa, 1983.

Barberis, Julio. *Formación del derecho internacional.* Buenos Aires. Depalma, 1994.

Barboza, Julio. *Derecho Internacional Público.* Buenos Aires. Zavalía Editor, 2008

Bedjaoui, Mohammed (*Rédacteur Général*). *Droit international: Bilan et perspectives (1-2).* Pedone/UNESCO, 1991.

Bello, Andrés. *Principios de derecho de jentes.* Santiago de Chile. Imprenta de La Opinión, 1832.

Boggiano, Antonio. *Derecho internacional A.D. 2000.* Buenos Aires. La Ley, 2000.

Bosco, Giacinto. *Lezioni di diritto internazionale.* Milano. Giuffré, 1987.

Brotons, Antonio Remiro y otros. *Derecho internacional.* Madrid. Mc Graw-Hill, 1997.

Calvo, Charles. *Le droit international: Théorique et pratique (I-II).* París. Guillaumin/Thorin/Pedone/Rousseau, 1880.

Camargo, Pedro Pablo. *Tratado de derecho internacional (I-II).* Bogotá. Temis, 1983.

Cançado Trindade, Antonio Augusto. *Princípios do direito internacional contemporâneo.* Brasília. Editora Universidade de Brasilia, 1981.

Carreau, Dominique. *Droit international.* París. Editions A. Pedone, 1997.

Carrillo Salcedo, Juan Antonio. *Curso de derecho internacional público.* Madrid. Tecnos, 1991.

Casanovas, Oriol y Ángel J. Rodrigo. *Compendio de derecho internacional público.* Madrid. Tecnos, 2016.

Cock Arango, Alfredo. *Derecho internacional público contemporáneo (I-III).* Medellín. Universidad de Antioquia, 1955.

Conforti, Benedetto. *Lezioni di diritto internazionale.* Napoli. Editoriale Científica, 1984.

Crawford, James. Brownlie's Principles of Public International Law. Oxford University Press,

Cruchaga Tocornal, Manuel. *Derecho internacional.* Santiago de Chile. Editorial Nascimento, 1944.

Decaux, Emmanuel y Olivier De Frouville, Droit international public. Paris, Dalloz, 2019

Díaz Cisneros, César. *Derecho internacional público (I-II).* Buenos Aires. Tipográfica Editora Argentina.

Diena, Julio. *Derecho internacional público.* Barcelona. Bosch, 1941.

Diez de Velasco, Manuel. *Instituciones de derecho internacional público.* Madrid. Tecnos, 2013.

Distefano, Giovanni. *Fundamentals of public international law.* Leiden/Boston. Brill Nijhoff, 2019.

Dreyfus, Simone. *Droit des relations internationales.* París. Cujas, 1978.

Dupuy, Pierre-Marie y Yan Kerbratt. *Droit international public.* París. Dalloz, 2020.

Dupuy, René-Jean. *Le droit international.* París. PUF, 1963.

Fauchille, Paul. *Traité de droit international public (1.1-3/2).* París. Rousseau, 1923.

Fenwick, Charles G. *Derecho internacional.* Buenos Aires. Omeba,1952.

Ferrari Bravo, Luigi. *Lezioni di diritto internazionale.* Napoli. Editoriale Científica, 1992.

Fiore, Pascuale. *El derecho internacional codificado.* Madrid. Hijos de Reus, 1901.

Fiore, Pasquale. *Tratado de derecho internacional público (I-IV).* Madrid. Centro Editorial de Góngora, 1894.

García, Eduardo Augusto. *Derecho internacional público.* Buenos Aires. Depalma, 1975.

Gaviria Lievano, Enrique. *Derecho internacional público.* Bogotá. Temis, 1998.

Giuliano, Mario, Scovazzi, Tullio e Treves, Tulio. *Diritto inter-nazionale (I-II).* Milano. Giuffré, 1983.

González Campos, Julio D. y otros. *Curso de derecho internacional público.* Madrid. Civitas, 2008.

González Napolitano, Silvina S. (Coordinador). *Lecciones de Derecho Internacional Público.* Buenos Aires. Ed. Erreius, 2015.

Guerra Iñiguez, Daniel. *Derecho internacional público.* Caracas. Kelran Editores, 1999.

Gutiérrez Espada, Cesáreo. *Derecho internacional público.* Madrid. Editorial Trotta, 1995.

Gutiérrez Espada, Cesáreo y María José Cervell Hortal. El Derecho internacional público en la encrucijada. Curso general de derecho internacional público. Madrid. Trotta, 2017

Gutiérrez Posse, Hortensia D.T. (Coordinadora). *Derecho internacional público.* Revista Jurídica de Buenos Aires. UBA, 2012.

Heffter, A-G. *Derecho internacional público de Europa.* Madrid. Librería de Victoriano Suárez, 1875.

Jiménez de Aréchaga, Eduardo. *El derecho internacional contemporáneo.* Madrid. Tecnos, 1980.

Jiménez de Aréchaga, Eduardo, Heber Arbuet-Vignali y Roberto Puceiro Ripoll. *Derecho internacional pùblico.* Montevideo. Fundación Cultura Universitaria, 2005.

Kaplan, Morton y Katzenbach, Nicholas de B. *Fundamentos políticos del derecho internacional.* México. Editorial Limusa-Wiley, 1965.

Kelsen, Hans. *Principios de derecho internacional público.* Buenos Aires. El Ateneo, 1965.

Klabers, Jan. International law. Cambride. Cambridge University Press, 2020.

Lascombe, Michel. *Le droit international public.* París. Dalloz, 1996.

Leu, Hans-Joachim y Toro Jiménez, Fermín. *Derecho internacional público: Guía y materiales de estudio.* Caracas. UCV, 1987.

Liszt., Franz von. *Derecho internacional público.* Barcelona. Gustavo Gili Editor, 1929.

Llanos Mansilla, Hugo. *Teoría y práctica del derecho internacional público (I-III).* Santiago. Editorial Jurídica de Chile, 1990.

Mariño Menéndez, Fernando M. *Derecho internacional público (Parte general).* Madrid. Editorial Trotta, 1993.

Martens, F. de. *Traité de droit internacional (I-III).* París. Librairie Marescq, 1883.

Miaja de la Muela, Adolfo. *Introducción al derecho internacional público.* Madrid. Gráficas Yagües, 1974.

Mónaco, Ricardo. *Manuale di diritto internazionale pubblico.* Torino. UTET, 1985.

Moncayo, Guillermo R., Raúl E. Vinuesa y Hortensia D.T. Gutiérrez Posse *Derecho internacional público*. Buenos Aires. Zavalia Editor, 1990.

Monroy Cabra, Marco Gerardo. *Derecho internacional público*. Bogotá. Temis, 1986.

Montiel Arguello, Alejandro. *Manual de derecho internacional*. Managua. Editorial Alemana, 1969.

Morelli, Gaetano. Nozioni di diritto internazionale pubblico. Paris. Pedone, 2013.

Moreno Quintana, Lucio y Carlos Bollini Shaw. *Derecho internacional público*. Buenos Aires. Librería del Colegio, 1950.

Moreno Quintana, Lucio. *Tratado de derecho internacional (I-III)*. Buenos Aires. Editorial Sudamericana, 1963.

Moye, Marcel. *Le droit des gens moderne*. París. Sirey, 1920.

Oppenheim, L. *Tratado de derecho internacional público (I-1/2-II-1/2)*. Barcelona. Casa Editorial Bosch, 1961.

Ortìz Ahlf, Loreta. *Derecho internacional público*. Oxford University Press, México, 2018.

McCaffrey, Stephen, Dinah Shelton y John Cerone. *Public international law: Cases, Problems and Texts*. Boston. Lexis-Nexis, 2010.

Orué, José Ramón de. *Manual de derecho internacional público*. Madrid. Editorial Reus, 1934.

Paredes, Angel Modesto. *Las últimas transformaciones del derecho internacional*. Buenos Aires. Depalma, 1961.

Pastor Ruidruejo, Justo A. *Curso de derecho internacional público y organizaciones internacionales*. Madrid. Tecnos, 2013.

Pinto, Mónica. *El derecho internacional: Vigencia y desafíos en un escenario globalizado*. México. FCE, 2004.

Pinto, Roger. *Le droit des relations internationales*. París. Payot, 1972.

Planas Suárez, Simón. *Tratado de derecho internacional público (1-2)*. Madrid. Hijos de Reus, 1933.

Podestá Costa, L.A. *Derecho internacional público (I-II)*. Buenos Aires. Tipográfica Editora Argentina, 1955.

Puente Egido, J. *Lecciones de derecho internacional público (I,II)*. Madrid. Edisofer, 1998/1999.

Puig, Juan Carlos. *Derecho de la comunidad internacional (I)*. Buenos Aires. Editorial De Palma, 1975.

Quadri, Rolando. *Diritto internazionale pubblico*. Palermo. Liguori, 1989.

Quoc Dinh *et al.*, Nguyen. *Droit international public*. París. LGDJ, 2009.

Reuter, Paul. *Derecho internacional público*. Barcelona. Casa Editorial Bosch, 1978.

Reuter, Paul. *Le développement de l'ordre juridique inter-national*. París. Economica, 1995.

Rivier, Raphaële. *Droit international public*. Paris, Thémis, 2017

Rodríguez Carrión, Alejandro. *Lecciones de derecho internacional público*. Madrid. Tecnos, 1998.

Rousseau, Charles. *Derecho internacional público profundizado*. Buenos Aires. La Ley, 1966.

Rousseau, Charles. *Droit international public (I-V)*. París. Sirey, 1970-1983.

Ruzié, David. *Droit international public*. Paris. Dalloz, 1985.

Sáenz de Santamaría, Paz Andrés. Sistema de derecho internacional público. Pamplona. Civitas, 2020.

Salinas de Frías, Ana (Directora). *Lecciones de derecho internacional público*. Madrid. Tecnos, 2019.

Salmón, Elizabet. *Curso de derecho internacional público*. Lima. Pontificia Universidad Católica del Perú, 2019.

Sánchez de Bustamante, Antonio y Sirven. *Derecho internacional público (I-V)*. La Habana. Carasa y Cía, 1933-1938.

Sànchez, Vìctor M. (Director). *Derecho internacional público*. Barcelona. Huygens Editorial, 2010.

Scelle, Georges. *Manuel de droit international public*. París. Editions Domat-Montchrestien, 1948.

Seara Vásquez, Modesto. *Derecho internacional público*. México, Porrúa, 1988.

Scovazzi, Tullio. *Corso di diritto internazionale (I)*. Milano. Giuffré Editore, 2000.

Seara Vázquez, Modesto. *Derecho internacional público*. México. Porrúa, 1982.

Seijas, R.F.. *El derecho internacional público hispano-americano* (1-6). Caracas. Imprenta de El Monitor, 1884.

Sepúlveda, César. *Derecho internacional*. México. Porrúa, 1984.

Sinagra, Augusto y Paolo Bargiacchi. Lezioni di diritto internazionale pubblico. Milano. Giuffré, 2019.

Sorensen, Max (Editor). *Manual de derecho internacional público*. México. FCE, 1973.

Toro Jiménez, Fermín. *Derecho internacional público (I-II)*. Caracas. UCAB, 2001-2002.

Travieso, Juan Antonio. *Derecho Internacional Público*. Buenos Aires. Abeledo Perrot, 2012.

Truyol y Serra, Antonio. *Fundamentos de derecho internacional público*. Madrid. Tecnos, 1977.

Tunkin, G. *Curso de derecho internacional (1-2)*. Moscú. Editorial Progreso, 1980.

Ulloa, Alberto. *Derecho internacional público (I-II)*. Madrid. Ediciones Iberoamericanas, 1957.

Vargas Carreño, Edmundo. *Introducción al derecho internacional*. San José de Costa Rica. Editorial Juricentro, 1992.

Vattel, Emero. *El derecho de gentes o principios de la ley natural (I)*. Madrid. Imprenta de D. León Amarita, 1834.

Velasco, Manuel Diez de. *Instituciones de derecho internacional público*. Madrid. Tecnos, 1999.

Verdross, Alfred. *Derecho international público*. Madrid. Aguilar, 1980.

Virally, Michel. *El devenir del derecho internacional*. México. FCE, 1998.

Vocino, Michele. *Sinopsis de derecho internacional público y privado*. Madrid. Epesa, 1963.

Wilfred Jenks, G. *El derecho común de la humanidad*. Madrid. Tecnos, 1968.

TÍTULO SEGUNDO

NORMAS BÁSICAS DEL DERECHO INTERNACIONAL

NORMAS CONSTITUCIONALES

I. Estatutos universal y regional

- Carta de las Naciones Unidas (1945)
- Carta de la Organización de los Estados Americanos (1948), reformada mediante los Protocolos de Buenos Aires (1967), Cartagena de Indias (1985), Washington (1992), y Managua (1993)

CARTA DE LAS NACIONES UNIDAS[1]
(SAN FRANCISCO, 26 DE JUNIO DE 1945)

Nosotros los pueblos de las Naciones Unidas resueltos

A preservar a las generaciones venideras del flagelo de la guerra que dos veces durante nuestra vida ha infligido a la Humanidad sufrimientos indecibles, a reafirmar la fe en los derechos fundamentales del hombre, en 1a dignidad y el valor de la persona humana, en la igualdad de derechos de hombres y mujeres y de las naciones grandes y pequeñas, a crear condiciones bajo las cuales puedan mantenerse la justicia y el respeto a las obligaciones emanadas de los tratados y de otras fuentes del Derecho Internacional,a promover el progreso social y a elevar el nivel de vida dentro de un concepto más amplio de la libertad, y con tales finalidades

A practicar la tolerancia y a convivir en paz como buenos vecinos, a unir nuestras fuerzas para el mantenimiento de la paz y la seguridad internacionales, a asegurar, mediante la aceptación de principios y la adopción de métodos, que no se usará la fuerza armada sino en servicio del interés común, y a emplear un mecanismo internacional para promover el progreso económico y social de todos los pueblos, hemos decidido a unar nuestros esfuerzos para realizar estos designios.

Por lo tanto, nuestros respectivos gobiernos, por medio de representantes reunidos en la ciudad de San Francisco que han exhibido sus plenos poderes, encontrados en buena y debida forma, han convenido en la presente Carta de las Naciones Unidas, y por este acto establecen una organización internacional que se denominará las Naciones Unidas.

CAPÍTULO I
PROPÓSITOS Y PRINCIPIOS

Artículo 1

Los propósitos de las Naciones Unidas son:

1. Mantener la paz y la seguridad internacionales, y con tal fin: tomar medidas colectivas eficaces para prevenir y eliminar amenazas a la paz, y para suprimir actos de agresión u otros quebrantamientos de la paz; y lograr por medios pacíficos, y de conformidad con los principios de la justicia y del Derecho Internacional, el ajuste o arreglo de controversias o situaciones internacionales susceptibles de conducir a quebrantamientos de la paz.

2. Fomentar entre las naciones relaciones de amistad basadas en el respeto al principio de la igualdad de derechos y al de la libre determinación de los pueblos, y tomar otras medidas adecuadas para fortalecer la paz universal.

3. Realizar la cooperación internacional en la solución de problemas internacionales de carácter económico, social, cultural o humanitario, y en el desarrollo y estímulo del respeto a los derechos humanos y a las libertades fundamentales de todos, sin hacer distinción por motivos de raza, sexo, idioma o religión.

4. Servir de centro que armonice los esfuerzos de las naciones por alcanzar estos propósitos comunes.

Artículo 2

Para la realización de los Propósitos consignados en el Artículo 1, la Organización y sus Miembros procederán de acuerdo con los siguientes Principios:

1. La Organización está basada en el principio de la igualdad soberana de todos sus miembros.

2. Los Miembros de la Organización, a fin de asegurarse los derechos y beneficios inherentes a su condición de tales, cumplirán de buena fe las obligaciones contraídas por ellos de conformidad con esta Carta.

3. Los Miembros de la Organización arreglarán sus controversias internacionales por medios pacíficos de tal manera que no se pongan en peligro ni la paz y la seguridad internacionales ni la justicia.

4. Los Miembros de la Organización, en sus relaciones internacionales, se abstendrán de recurrir a la amenaza o al uso de la fuerza contra la integridad territorial o la independencia política de cualquier Estado, o en cualquier otra forma incompatible con los Propósitos de las Naciones Unidas.

5. Los Miembros de la Organización prestarán a ésta toda clase de ayuda en cualquier acción que ejerza de conformidad con esta Carta, y se abstendrán de dar ayuda a Estado alguno contra el cual la Organización estuviere ejerciendo acción preventiva o coercitiva.

6. La Organización hará que los Estados que no son Miembros de las Naciones Unidas se conduzcan de acuerdo con estos Principios en la medida que sea necesaria para mantener la paz y la seguridad internacionales.

7. Ninguna disposición de esta Carta autorizará a las Naciones Unidas a intervenir en los asuntos que son esencialmente de la jurisdicción interna de los Estados, ni obligar a los Miembros a someter dichos asuntos a procedimientos de arreglo conforme a la presente Carta; pero este principio no se opone a la aplicación de las medidas coercitivas prescritas en el Capítulo VII.

Capítulo II
MIEMBROS

Artículo 3

Son Miembros originarios de las Naciones Unidas los Estados que habiendo participado en la Conferencia de las Naciones Unidas sobre Organización Internacional celebrada en San Francisco, o que habiendo firmado previamente la Declaración de las Naciones Unidas de 1 de enero de 1942, suscriban esta Carta y la ratifiquen de conformidad con el Artículo 110.

Artículo 4

1. Podrán ser Miembros de las Naciones Unidas todos los demás Estados amantes de la paz que acepten las obligaciones consignadas en esta Carta, y que, a juicio de la Organización, estén capacitados para cumplir dichas obligaciones y se hallen dispuestos a hacerlo.

2. La admisión de tales Estados como Miembros de las Naciones Unidas se efectuará por decisión de la Asamblea General a recomendación del Consejo de Seguridad.

Artículo 5

Todo Miembro de las Naciones Unidas que haya sido objeto de acción preventiva o coercitiva por parte del Consejo de Seguridad podrá ser suspendido por la Asamblea General, a recomendación del Consejo de Seguridad, del ejercicio de los derechos y privilegios inherentes a su calidad de Miembro. El ejercicio de tales derechos y privilegios podrá ser restituido por el Consejo de Seguridad.

Artículo 6

Todo Miembro de las Naciones Unidas que haya violado repetidamente los Principios contenidos en esta Carta podrá ser expulsado de la Organización por la Asamblea General a recomendación del Consejo de Seguridad.

Capítulo III
ÓRGANOS

Artículo 7

1. Se establecen como órganos principales de las Naciones Unidas: una Asamblea General, un Consejo de Seguridad, un Consejo Económico y Social, un Consejo de Administración Fiduciaria, una Corte Internacional de Justicia y una Secretaría.

2. Se podrán establecer, de acuerdo con las disposiciones de la presente Carta, los órganos subsidiarios que se estimen necesarios.

Artículo 8

La Organización no establecerá restricciones en cuanto a la elegibilidad de hombres y mujeres para participar en condiciones de igualdad y en cualquier carácter en las funciones de sus órganos principales y subsidiarios.

Capítulo IV
LA ASAMBLEA GENERAL
Composición

Artículo 9

1. La Asamblea General estará integrada por todos los Miembros de las Naciones Unidas.

2. Ningún Miembro podrá tener más de cinco representantes en la Asamblea General.

Funciones y Poderes

Artículo 10

La Asamblea General podrá discutir cualesquier asuntos o cuestiones dentro de los límites de esta Carta o que se refieran a los poderes y funciones de cualquiera de los órganos creados por esta Carta, y salvo lo dispuesto en el Artículo 12 podrá hacer recomendaciones sobre tales asuntos o cuestiones a los Miembros de las Naciones Unidas o al Consejo de Seguridad o a éste y a aquéllos.

Artículo 11

l. La Asamblea General podrá considerar los principios generales de la cooperación en el mantenimiento de la paz y la seguridad internacionales, incluso los principios que rigen el desarme y la regulación de los armamentos, y podrá también hacer recomendaciones respecto de tales principios a los Miembros o al Consejo de Seguridad o a éste y a aquéllos.

2. La Asamblea General podrá discutir toda cuestión relativa al mantenimiento de la paz y la seguridad internacionales que presente a su consideración cualquier Miembro de las Naciones Unidas o el Consejo de Seguridad, o que un Estado que no es Miembro de las Naciones Unidas presente de conformidad con el Artículo 35, párrafo 2, y salvo lo dispuesto en el Artículo 12, podrá hacer recomendaciones acerca de tales cuestiones al Estado o Estados interesados o al Consejo de Seguridad o a éste y a aquéllos. Toda cuestión de esta naturaleza con respecto a la cual se requiera acción será referida al Consejo de Seguridad por la Asamblea General antes o después de discutirla.

3. La Asamblea General podrá llamar la atención del Consejo de Seguridad hacia situaciones susceptibles de poner en peligro la paz y la seguridad internacionales.

4. Los poderes de la Asamblea General enumerados en este Artículo no limitarán el alcance general del Artículo 10.

Artículo 12

1. Mientras el Consejo de Seguridad esté desempeñando las funciones que le asigna esta Carta con respecto a una controversia o situación, la Asamblea General no hará recomendación alguna sobre tal controversia o situación, a no ser que lo solicite el Consejo de Seguridad.

2. El Secretario General, con el consentimiento del Consejo de Seguridad, informará a la Asamblea General, en cada periodo de sesiones, sobre todo asunto relativo al mantenimiento de la paz y la seguridad internacionales que estuviere tratando el Consejo de Seguridad, e informará asimismo a la Asamblea General, o a los Miembros de las Naciones Unidas si la Asamblea no estuviere reunida, tan pronto como el Consejo de Seguridad cese de tratar dichos asuntos.

Artículo 13

1. La Asamblea General promoverá estudios y hará recomendaciones para los fines siguientes:

a. Fomentar la cooperación internacional en el campo político e impulsar el desarrollo progresivo del Derecho Internacional y su codificación.

b. Fomentar la cooperación internacional en materias de carácter económico, social, cultural, educativo y sanitario, y ayudar a hacer efectivos los derechos humanos y las libertades fundamentales de todos, sin hacer distinción por motivos de raza, sexo, idioma o religión.

2. Los demás poderes, responsabilidades y funciones de la Asamblea General con relación a los asuntos que se mencionan en el inciso b del párrafo 1 precedente quedan enumerados en los Capítulos IX y X.

Artículo 14

Salvo lo dispuesto en el Artículo 12, la Asamblea General podrá recomendar medidas para el arreglo pacífico de cualesquiera situaciones, sea cual fuere su origen, que a juicio de la Asamblea puedan perjudicar el bienestar general o las relaciones amistosas entre naciones, incluso las situaciones resultantes de una violación de las disposiciones de esta Carta que enuncian los Propósitos y Principios de las Naciones Unidas.

Artículo 15

1. La Asamblea General recibirá y considerará informes anuales y especiales del Consejo de Seguridad. Estos informes comprenderán una relación de las medidas que el Consejo de Seguridad haya decidido aplicar o haya aplicado para mantener la paz y la seguridad internacionales.

2. La Asamblea General recibirá y considerará informes de los demás órganos de las Naciones Unidas.

Artículo 16

La Asamblea General desempeñará, con respecto al régimen internacional de administración fiduciaria, las funciones que se le atribuyen conforme a los Capítulos XII y XIII, incluso la aprobación de los acuerdos de administración fiduciaria de zonas no designadas como estratégicas.

Artículo 17

1. La Asamblea General examinará y aprobará el presupuesto de la Organización.

2. Los miembros sufragarán los gastos de la Organización en la proporción que determine la Asamblea General.

3. La Asamblea General considerará y aprobará los arreglos financieros y presupuestarios que se celebren con los organismos especializados de que trata el Artículo 57 y examinará los presupuestos administrativos de tales organismos especializados con el fin de hacer recomendaciones a los organismos correspondientes.

Votación

Artículo 18

1. Cada Miembro de la Asamblea General tendrá un voto.

2. Las decisiones de la Asamblea General en cuestiones importantes se tomarán por el voto de una mayoría de dos tercios de los miembros presentes y votantes. Estas cuestiones comprenderán: las recomendaciones relativas al mantenimiento de la paz y la seguridad internacionales, la elección de los miembros no permanentes del Consejo de Seguridad, la elección de los miembros del Consejo Económico y Social, la elección de los miembros del Consejo de Administración Fiduciaria de conformidad con el inciso c, párrafo 1, del Artículo 86, la admisión de nuevos Miembros a las Naciones Unidas, la suspensión de los derechos y privilegios de los Miembros, la expulsión de Miembros, las cuestiones relativas al funcionamiento del régimen de administración fiduciaria y las cuestiones presupuestarias.

3. Las decisiones sobre otras cuestiones, incluso la determinación de categorías adicionales de cuestiones que deban resolverse por mayoría de dos tercios, se tomarán por la mayoría de los miembros presentes y votantes.

Artículo 19

El Miembro de las Naciones Unidas que esté en mora en el pago de sus cuotas financieras para los gastos de la Organización, no tendrá voto en la Asamblea General cuando la suma adeudada sea igual o superior al total de las cuotas adeudadas por los dos años anteriores completos. La Asamblea General podrá, sin embargo, permitir que dicho Miembro vote si llegare a la conclusión de que la mora se debe a circunstancias ajenas a la voluntad de dicho Miembro.

Procedimiento

Artículo 20

Las Asamblea General se reunirá anualmente en sesiones ordinarias y, cada vez que las circunstancias lo exijan, en sesiones extraordinarias. El Secretario General convocará a sesiones extraordinarias a solicitud del Consejo de Seguridad o de la mayoría de los Miembros de las Naciones Unidas.

Artículo 21

La Asamblea General dictará su propio reglamento y elegirá su Presidente para cada periodo de sesiones.

Artículo 22

La Asamblea General podrá establecer los organismos subsidiarios que estime necesarios para el desempeño de sus funciones.

Capítulo V
EL CONSEJO DE SEGURIDAD

Composición

Artículo 23

1. El Consejo de Seguridad se compondrá de quince miembros de las Naciones Unidas. La República de China, Francia, la Unión de las Repúblicas Socialistas Soviéticas, el Reino Unido de la Gran Bretaña e Irlanda del Norte y los Estados Unidos de América, serán miembros permanentes del Consejo de Seguridad. La Asamblea General elegirá otros diez Miembros de las Naciones Unidas que serán miembros no permanentes del Consejo de Seguridad, prestando especial atención, en primer término, a la contribución de los Miembros de las Naciones Unidas al mantenimiento de la paz y la seguridad internacionales y a los démas propósitos de la Organización, como también a una distribución geográfica equitativa.

2. Los miembros no permanentes del Consejo de Seguridad serán elegidos por un periodo de dos años. En la primera elección de los miembros no permanentes que se celebre después de haberse aumentado de once a quince el número de miembros del Consejo de Seguridad, dos de los cuatro miembros nuevos serán elegidos por un periodo de un año. Los miembros salientes no serán reelegibles para el periodo subsiguiente.

3. Cada miembro del Consejo de Seguridad tendrá un representante.

Funciones y Poderes

Artículo 24

1. A fin de asegurar acción rápida y eficaz por parte de las Naciones Unidas, sus Miembros confieren al Consejo de Seguridad la responsabilidad primordial de mantener la paz y la seguridad internacionales, y reconocen que el Consejo de Seguridad actuá a nombre de ellos al desempeñar las funciones que le impone aquella responsabilidad.

2. En el desempeño de estas funciones, el Consejo de Seguridad procederá de acuerdo con los Propósitos y Principios de las Naciones Unidas. Los poderes otorgados al Consejo de Seguridad para el desempeño de dichas funciones quedan definidos en los Capítulos VI, VII, VIII y XII.

3. El Consejo de Seguridad presentará a la Asamblea General para su consideración informes anuales y, cuando fuere necesario, informes especiales.

Artículo 25

Los Miembros de las Naciones Unidas convienen en aceptar y cumplir las decisiones del Consejo de Seguridad de acuerdo con esta Carta.

Artículo 26

A fin de promover el establecimiento y mantenimiento de la paz y la seguridad internacionales con la menor desviación posible de los recursos humanos y económicos del mundo hacia los armamentos, el Consejo de Seguridad tendrá a su cargo, con la ayuda del Comité de Estado Mayor a que se refiere el Artículo 47, la elaboración de planes que se someterán a los Miembros de las Naciones Unidas para el establecimiento de un sistema de regulación de los armamentos.

Votación

Artículo 27

1. Cada miembro del Consejo de Seguridad tendrá un voto.

2. Las decisiones del Consejo de Seguridad sobre cuestiones de procedimiento serán tomadas por el voto afirmativo de nueve miembros.

3. Las decisiones del Consejo de Seguridad sobre todas las demás cuestiones serán tomadas por el voto afirmativo de nueve miembros, incluso los votos afirmativos de todos los miembros permanentes; pero en las decisiones tomadas en virtud del Capítulo VI y del párrafo 3 del Artículo 52, la parte en una controversia se abstendrá de votar.

Procedimiento

Artículo 28

1. El Consejo de Seguridad será organizado de modo que pueda funcionar continuamente. Con tal fin, cada miembro del Consejo de Seguridad tendrá en todo momento su representante en la sede de la Organización.

2. El Consejo de Seguridad celebrará reuniones periódicas en las cuales cada uno de sus miembros podrá, si lo desea, hacerse representar por un miembro de su Gobierno o por otro representante especialmente designado.

3. El Consejo de Seguridad podrá celebrar reuniones en cualesquiera lugares, fuera de la sede de la Organización, que juzgue más apropiados para facilitar sus labores.

Artículo 29

El Consejo de Seguridad podrá establecer los organismos subsidiarios que estime necesarios para el desempeño de sus funciones.

Artículo 30

El Consejo de Seguridad dictará su propio reglamento, el cual establecerá el método de elegir su Presidente.

Artículo 31

Cualquier Miembro de las Naciones Unidas que no sea miembro del Consejo de Seguridad podrá participar sin derecho a voto en la discusión de toda cuestión llevada ante el Consejo de Seguridad cuando éste considere que los intereses de ese Miembro están afectados de manera especial.

Artículo 32

El Miembro de las Naciones Unidas que no tenga asiento en el Consejo de Seguridad o el Estado que no sea Miembro de las Naciones Unidas, si fuere parte en una controversia que esté considerando el Consejo de Seguridad, será invitado a participar sin derecho a voto en las discusiones relativas a dicha controversia. El Consejo de Seguridad establecerá las condiciones que estime justas para la participación de los Estados que no sean Miembros de las Naciones Unidas.

Capítulo VI
ARREGLO PACíFICO DE CONTROVERSIAS

Artículo 33

1. Las partes en una controversia cuya continuación sea susceptible de poner en peligro el mantenimiento de la paz y la seguridad internacionales tratarán de buscarle solución, ante todo, mediante la negociación, la investigación, la

mediación, la conciliación, el arbitraje, el arreglo judicial, el recurso a organismos o acuerdos regionales u otros medios pacíficos de su elección.

2. El Consejo de Seguridad, si lo estimare necesario, instará a las partes a que arreglen sus controversias por dichos medios.

Artículo 34

El Consejo de Seguridad podrá investigar toda controversia, o toda situación susceptible de conducir a fricción internacional o dar origen a una controversia, a fin de determinar si la prolongación de tal controversia o situación puede poner en peligro el mantenimiento de la paz y la seguridad internacionales.

Artículo 35

1. Todo Miembro de las Naciones Unidas podrá llevar cualquiera controversia, o cualquiera situación de la naturaleza expresada en el Artículo 34, a la atención del Consejo de Seguridad o de la Asamblea General.

2. Un Estado que no es Miembro de las Naciones Unidas podrá llevar a la atención del Consejo de Seguridad o de la Asamblea General toda controversia en que sea parte, si acepta de antemano, en lo relativo a la controversia, las obligaciones de arreglo pacífico establecidas en esta Carta.

3. El procedimiento que siga la Asamblea General con respecto a asuntos que le sean presentados de acuerdo con este Artículo quedará sujeto a las disposiciones de los Artículos 11 y 12.

Artículo 36

1. El Consejo de Seguridad podrá, en cualquier estado en que se encuentre una controversia de la naturaleza de que trata el Artículo 33 o una situación de índole semejante, recomendar los procedimientos o métodos de ajuste que sean apropiados.

2. El Consejo de Seguridad debera tomar en consideración todo procedimiento que las partes hayan adoptado para el arreglo de la controversia.

3. Al hacer recomendaciones de acuerdo con este Artículo, el Consejo de Seguridad deberá tomar también en consideración que las controversias de orden jurídico, por regla general, deben ser sometidas por las partes a la Corte Internacional de Justicia, de conformidad con las disposiciones del Estatuto de la Corte.

Artículo 37

1. Si las partes en una controversia de la naturaleza definida en el Artículo 33 no lograren arreglarla por los medios indicados en dicho Artículo, la someterán al Consejo de Seguridad.

2. Si el Consejo de Seguridad estimare que la continuación de la controversia es realmente susceptible de poner en peligro el mantenimiento de la paz y la seguridad internacionales, el Consejo decidirá si ha de proceder de conformidad con el Artículo 36 o si ha de recomendar los términos de arreglo que considere apropiados.

Artículo 38

Sin perjuicio de lo dispuesto en los Artículos 33 a 37, el Consejo de Seguridad podrá, si así lo solicitan todas las partes en una controversia, hacerles recomendaciones a efecto de que se llegue a un arreglo pacífico.

Capítulo VII
ACCIÓN EN CASO DE AMENAZAS A LA PAZ, QUEBRANTAMIENTOS DE LA PAZ O ACTOS DE AGRESIóN

Artículo 39

El Consejo de Seguridad determinará la existencia de toda amenaza a la paz, quebrantamiento de la paz o acto de agresion y hará recomendaciones o decidirá qué medidas serán tomadas de conformidad con los Artículos 41 y 42 para mantener o restablecer la paz y la seguridad internacionales.

Artículo 40

A fin de evitar que la situación se agrave, el Consejo de Seguridad, antes de hacer las recomendaciones o decidir las medidas de que trata el Artículo 39, podrá instar a las partes interesadas a que cumplan con las medidas provisionales que juzgue necesarias o aconsejables. Dichas medidas provisionales no perjudicarán los derechos, las reclamaciones o la posición de las partes interesadas. El Consejo de Seguridad tomará debida nota del incumplimiento de dichas medidas provisionales.

Artículo 41

El Consejo de Seguridad podrá decidir qué medidas que no impliquen el uso de la fuerza armada han de emplearse para hacer efectivas sus decisiones, y podrá instar a los Miembros de las Naciones Unidas a que apliquen dichas medidas, que podrán comprender la interrupción total o parcial de las relaciones económicas y de las comunicaciones ferroviarias, marítimas, aéreas, postales, telegráficas, radioeléctricas, y otros medios de comunicación, así como la ruptura de relaciones diplomáticas.

Artículo 42

Si el Consejo de Seguridad estimare que las medidas de que trata el Artículo 41 pueden ser inadecuadas o han demostrado serlo, podrá ejercer, por medio de fuerzas aéreas, navales o terrestres, la acción que sea necesaria para mantener o restablecer la paz y la seguridad internacionales. Tal acción podrá comprender demostraciones, bloqueos y otras operaciones ejecutadas por fuerzas aéreas, navales o terrestres de Miembros de las Naciones Unidas.

Artículo 43

1. Todos los Miembros de las Naciones Unidas, con el fin de contribuir al mantenimiento de la paz y la seguridad internacionales, se comprometen a poner a disposición del Consejo de Seguridad, cuando éste lo solicite, y de conformidad con un convenio especial o con convenios especiales, las fuerzas armadas, la ayuda y las facilidades, incluso el derecho de paso, que sean necesarias para el propósito de mantener la paz y la seguridad internacionales.

2. Dicho convenio o convenios fijarán el número y clase de las fuerzas, su grado de preparación y su ubicación general, como también la naturaleza de las facilidades y de la ayuda que habrán de darse.

3. El convenio o convenios serán negociados a iniciativa del Consejo de Seguridad tan pronto como sea posible; serán concertados entre el Consejo de Seguridad y Miembros individuales o entre el Consejo de Seguridad y grupos de Miembros, y estarán sujetos a ratificación por los Estados signatarios de acuerdo con sus respectivos procedimientos constitucionales.

Artículo 44

Cuando el Consejo de Seguridad haya decidido hacer uso de la fuerza, antes de requerir a un Miembro que no éste representado en él a que provea fuerzas armadas en cumplimiento de las obligaciones contraídas en virtud del Artículo 43, invitará a dicho Miembro, si éste así lo deseare, a participar en las decisiones del Consejo de Seguridad relativas al empleo de contingentes de fuerzas armadas de dicho Miembro.

Artículo 45

A fin de que la Organización pueda tomar medidas militares urgentes, sus Miembros mantendrán contingentes de fuerzas aéreas nacionales inmediatamente disponibles para la ejecución combinada de una acción coercitiva internacional. La potencia y el grado de preparación de estos contingentes y los planes para su acción combinada seran determinados, dentro de los límites establecidos en el convenio o convenios especiales de que trata el Artículo 43, por el Consejo de Seguridad con la ayuda del Comité de Estado Mayor.

Artículo 46

Los planes para el empleo de la fuerza armada serán hechos por el Consejo de Seguridad con la ayuda del Comité de Estado Mayor.

Artículo 47

1. Se establecerá un Comité de Estado Mayor para asesorar y asistir al Consejo de Seguridad en todas las cuestiones relativas a las necesidades militares del Consejo para el mantenimiento de la paz y la seguridad internacionales, al empleo y comando de las fuerzas puestas a su disposición, a la regulación de los armamentos y al posible desarme.

2. El Comité de Estado Mayor estará integrado por los Jefes de Estado Mayor de los miembros permanentes del Consejo de Seguridad o sus representantes. Todo Miembro de las Naciones Unidas que no esté permanentemente representado en el Comité será invitado por éste a asociarse a sus labores cuando el desempeño eficiente de las funciones del Comité requiera la participación de dicho Miembro.

3. El Comité de Estado Mayor tendrá a su cargo, bajo la autoridad del Consejo de Seguridad, la dirección estratégica de todas las fuerzas armadas puestas a disposición del Consejo. Las cuestiones relativas al comando de dichas fuerzas serán resueltas posteriormente.

4. El Comité de Estado Mayor, con autorización del Consejo de Seguridad y después de consultar con los organismos regionales apropiados, podrá establecer subcomités regionales.

Artículo 48

1. La acción requerida para llevar a cabo las decisiones del Consejo de Seguridad para el mantenimiento de la paz y la seguridad internacionales será ejercida por todos los Miembros de las Naciones Unidas o por algunos de ellos, según lo determine el Consejo de Seguridad.

2. Dichas decisiones serán llevadas a cabo por los Miembros de las Naciones Unidas directamente y mediante su acción en los organismos internacionales apropiados de que formen parte.

Artículo 49

Los Miembros de las Naciones Unidas deberán prestarse ayuda mutua para llevar a cabo las medidas dispuestas por el Consejo de Seguridad.

Artículo 50

Si el Consejo de Seguridad tomare medidas preventivas o coercitivas contra un Estado, cualquier otro Estado, sea o no Miembro de las Naciones Unidas, que confrontare problemas económicos especiales originados por la ejecución de dichas medidas, tendrá el derecho de consultar al Consejo de Seguridad acerca de la solución de esos problemas.

Artículo 51

Ninguna disposición de esta Carta menoscabará el derecho inmanente de legítima defensa, individual o colectiva, en caso de ataque armado contra un Miembro de las Naciones Unidas, hasta tanto que el Consejo de Seguridad haya tomado las medidas necesarias para mantener la paz y la seguridad internacionales. Las medidas tomadas por los Miembros en ejercicio del derecho de legítima defensa serán comunicadas inmediatamente al Consejo de Seguridad, y no afectarán en manera alguna la autoridad y responsabilidad del Consejo conforme a la presente Carta para ejercer en cualquier momento la acción que estime necesaria con el fin de mantener o restablecer la paz y la seguridad internacionales.

Capítulo VIII
ACUERDOS REGIONALES

Artículo 52

1. Ninguna disposición de esta Carta se opone a la existencia de acuerdos u organismos regionales cuyo fin sea entender en los asuntos relativos al mantenimiento de la paz y la seguridad internacionales y susceptibles de acción regional, siempre que dichos acuerdos u organismos, y sus actividades, sean compatibles con los Propósitos y Principios de las Naciones Unidas.

2. Los Miembros de las Naciones Unidas que sean partes en dichos acuerdos o que constituyan dichos organismos, harán todos los esfuerzos posibles para lograr el arreglo pacífico de las controversias de caracter local por medio de tales acuerdos u organismos regionales antes de someterlas al Consejo de Seguridad.

3. El Consejo de Seguridad promoverá el desarrollo del arreglo pacífico de las controversias de carácter local por medio de dichos acuerdos u organismos regionales, procediendo, bien a iniciativa de los Estados interesados, bien a instancia del Consejo de Seguridad.

4. Este Artículo no afecta en manera alguna la aplicación de los Artículos 34 y 35.

Artículo 53

1. El Consejo de Seguridad utilizará dichos acuerdos u organismos regionales, si a ello hubiere lugar, para aplicar medidas coercitivas bajo su autoridad. Sin embargo, no se aplicarán medidas coercitivas en virtud de acuerdos regionales o por organismos regionales sin autorización del Consejo de Seguridad, salvo que contra Estados enemigos, según se les define en el párrafo 2 de este Artículo, se tomen las medidas dispuestas en virtud del Artículo 107 o en acuerdos regionales dirigidos contra la renovación de una política de agresión de parte de dichos Estados, hasta tanto que a solicitud de los gobiernos interesados quede a cargo de la Organización la responsabilidad de prevenir nuevas agresiones de parte de aquellos Estados.

2. El término "Estados enemigos" empleado en el párrafo 1 de este Artículo se aplica a todo Estado que durante la Segunda Guerra Mundial haya sido enemigo de cualquiera de los signatarios de esta Carta.

Artículo 54

Se deberá mantener en todo tiempo al Consejo de Seguridad plenamente informado de las actividades emprendidas o proyectadas de conformidad con acuerdos regionales o por organismos regionales con el propósito de mantener la paz y la seguridad internacionales.

Capítulo IX
COOPERACIÓN INTERNACIONAL ECONÓMICA Y SOCIAL

Artículo 55

Con el propósito de crear las condiciones de estabilidad y bienestar necesarias para las relaciones pacíficas y amistosas entre las naciones, basadas en el respeto al principio de la igualdad de derechos y al de la libre determinación de los pueblos, la Organización promoverá:

a. Niveles de vida más elevados, trabajo permanente para todos, y condiciones de progreso y desarrollo económico y social.

b. La solución de problemas internacionales de carácter económico, social y sanitario, y de otros problemas conexos; y la cooperación internacional en el orden cultural y educativo.

c. El respeto universal a los derechos humanos y a las libertades fundamentales de todos, sin hacer distinción por motivos de raza, sexo, idioma o religión, y la efectividad de tales derechos y libertades.

Artículo 56

Todos los Miembros se comprometen a tomar medidas conjunta o separadamente, en cooperación con la Organización, para la realización de los propósitos consignados en el Artículo 55.

Artículo 57

1. Los distintos organismos especializados establecidos por acuerdos intergubernamentales, que tengan amplias atribuciones internacionales definidas en sus estatutos, y relativas a materias de carácter económico, social, cultural,

educativo, sanitario, y otras conexas, serán vinculados con la Organización de acuerdo con las disposiciones del Artículo 63.

2. Tales organismos especializados así vinculados con la Organización se denominarán en adelante "los organismos especializados".

Artículo 58

La Organización hará recomendaciones con el objeto de coordinar las normas de acción y las actividades de los organismos especializados.

Artículo 59

La Organización iniciará, cuando hubiere lugar, negociaciones entre los Estados interesados para crear los nuevos organismos especializados que fueren necesarios para la realización de los propósitos enunciados en el Artículo 55.

Artículo 60

La responsabilidad por el desempeño de las funciones de la Organización señaladas en este Capítulo corresponderá a la Asamblea General y, bajo la autoridad de ésta, al Consejo Económico y Social, que dispondrá a este efecto de las facultades expresadas en el Capítulo X.

Capítulo X
EL CONSEJO ECONÓMICO Y SOCIAL

Composición

Artículo 61

1. El Consejo Económico y Social estará integrado por cincuenta y cuatro Miembros de las Naciones Unidas elegidos por la Asamblea General.

2. Salvo lo prescrito en el párrafo 3, dieciocho miembros del Consejo Económico y Social serán elegidos cada año por un periodo de tres años. Los miembros salientes serán reelegibles para el periodo subsiguiente.

3. En la primera elección que se celebre después de haberse aumentado de veintisiete a cincuenta y cuatro el número de miembros del Consejo Económico y Social, además de los miembros que se elijan para sustituir a los nueve miembros cuyo mandato expire al final de ese año, se elegirán veintisiete miembros más. El mandato de nueve de estos veintisiete miembros adicionales así elegidos expirará al cabo de un año y el de otros nueve miembros, una vez transcurridos dos años, conforme a las disposiciones que dicte la Asamblea General.

4. Cada miembro del Consejo Económico y Social tendrá un representante.

Funciones y Poderes

Artículo 62

1. El Consejo Económico y Social podrá hacer o iniciar estudios e informes con respecto a asuntos internacionales de carácter económico, social, cultural, educativo y sanitario, y otros asuntos conexos, y hacer recomendaciones sobre tales asuntos a la Asamblea General, a los Miembros de las Naciones Unidas y a los organismos especializados interados.

2. El Consejo Económico y Social podrá hacer recomendaciones con el objeto de promover el respeto a los derechos humanos y a las libertades fundamentales de todos, y la efectividad de tales derechos y libertades.

3. El Consejo Económico y Social podrá formular proyectos de convención con respecto a cuestiones de su competencia para someterlos a la Asamblea General.

4. El Consejo Económico y Social podrá convocar, conforme a las reglas que prescriba la Organización, conferencias internacionales sobre asuntos de su competencia.

Artículo 63

1. El Consejo Económico y Social podrá concertar con cualquiera de los organismos especializados de que trata el Artículo 57, acuerdos por medio de los cuales se establezcan las condiciones en que dichos organismos habrán de vincularse con la Organización. Tales acuerdos estarán sujetos a la aprobación de la Asamblea General.

2. El Consejo Económico y Social podrá coordinar las actividades de los organismos especializados mediante consultas con ellos y haciéndoles recomendaciones, como también mediante recomendaciones a la Asamblea General y a los Miembros de las Naciones Unidas.

Artículo 64

1. El Consejo Económico y Social podrá tomar las medidas apropiadas para obtener informes periódicos de los organismos especializados. También podrá hacer arreglos con los Miembros de las Naciones Unidas y con los organismos especializados para obtener informes con respecto a las medidas tomadas para hacer efectivas sus propias recomendaciones y las que haga la Asamblea General acerca de materias de la competencia del Consejo.

2. El Consejo Económico y Social podrá comunicar a la Asamblea General sus observaciones sobre dichos informes.

Artículo 65

1. El Consejo Económico y Social podrá suministrar información al Consejo de Seguridad y deberá darle la ayuda que éste le solicite.

Artículo 66

1. El Consejo Económico y Social desempeñará las funciones que caigan dentro de su competencia en relación con el cumplimiento de las recomendaciones de la Asamblea General.

2. El Consejo Económico y Social podrá prestar, con aprobación de la Asamblea General, los servicios que le soliciten los Miembros de las Naciones Unidas y los organismos especializados.

3. El Consejo Económico y Social desempeñará las demás funciones prescritas en otras partes de esta Carta o que le asignare la Asamblea General.

Votación

Artículo 67

1. Cada miembro del Consejo Económico y Social tendrá un voto.

2. Las decisiones del Consejo Económico y Social se tomarán por la mayoría de los miembros presentes y votantes.

Procedimiento

Artículo 68

El Consejo Económico y Social establecerá comisiones de orden económico y social y para la promoción de los derechos humanos, así como las demás comisiones necesarias para el desempeño de sus funciones.

Artículo 69

El Consejo Económico y Social invitará a cualquier Miembro de las Naciones Unidas a participar, sin derecho a voto, en sus deliberaciones sobre cualquier asunto de particular interés para dicho Miembro.

Artículo 70

El Consejo Económico y Social podrá hacer arreglos para que representantes de los organismos especializados participen, sin derecho a voto, en sus deliberaciones y en las de las comisiones que establezca, y para que sus propios representantes participen en las deliberaciones de aquellos organismos.

Artículo 71

El Consejo Económico y Social podrá hacer arreglos adecuados para celebrar consultas con organizaciones no gubernamentales que se ocupen en asuntos de la competencia del Consejo. Podrán hacerse dichos arreglos con organizaciones internacionales y, si a ello hubiere lugar, con organizaciones nacionales, previa consulta con el respectivo Miembro de las Naciones Unidas.

Artículo 72

1. El Consejo Económico y Social dictará su propio reglamento, el cual establecerá el método de elegir su Presidente.

2. El Consejo Económico y Social se reunirá cuando sea necesario de acuerdo con su reglamento, el cual incluirá disposiciones para la convocación a sesiones cuando lo solicite una mayoría de sus miembros.

Capítulo XI
DECLARACIóN RELATIVA A TERRITORIOS NO AUTóNOMOS

Artículo 73

Los Miembros de las Naciones Unidas que tengan o asuman la responsabilidad de administrar territorios cuyos pueblos no hayan alcanzado todavía la plenitud del gobierno propio, reconocen el principio de que los intereses de los habitantes de esos territorios están por encima de todo, aceptan como un encargo sagrado la obligación de promover en todo lo posible, dentro del sistema de paz y de seguridad internacionales establecido por esta Carta, el bienestar de los habitantes de esos territorios, y asimismo se obligan:

a. a asegurar, con el debido respeto a la cultura de los pueblos respectivos, su adelanto político, económico, social y educativo, el justo tratamiento de dichos pueblos y su protección contra todo abuso;

b. a desarrollar el gobierno propio, a tener debidamente en cuenta las aspiraciones políticas de los pueblos, y a ayudarlos en el desenvolvimiento progresivo de sus libres instituciones políticas, de acuerdo con las circunstancias especiales de cada territorio, de sus pueblos y de sus distintos grados de adelanto;

c. a promover la paz y la seguridad internacionales;

d. a promover medidas constructivas de desarrollo, estimular la investigación, y cooperar unos con otros y, cuando y donde fuere del caso, con organismos internacionales especializados, para conseguir la realización práctica de los propósitos de carácter social, económico y científico expresados en este Artículo; y

e. a transmitir regularmente al Secretario General, a título informativo y dentro de los límites que la seguridad y consideraciones de orden constitucional requieran, la información estadística y de cualquier otra naturaleza técnica que verse sobre las condiciones económicas, sociales y educativas de los territorios por los cuales son respectivamente responsables, que no sean de los territorios a que se refieren los Capítulos XII y XIII de esta Carta.

Artículo 74

Los Miembros de las Naciones Unidas convienen igualmente en que su política con respecto a los territorios a que se refiere este Capítulo, no menos que con respecto a sus territorios metropolitanos, deberá fundarse en el principio general de la buena vecindad, teniendo debidamente en cuenta los intereses y el bienestar del resto del mundo en cuestiones de carácter social, económico y comercial.

Capítulo XII
Régimen Internacional de Administración Fiduciaria

Artículo 75

La Organización establecerá bajo su autoridad un régimen internacional de administración fiduciaria para la administración y vigilancia de los territorios que puedan colocarse bajo dicho régimen en virtud de acuerdos especiales posteriores. A dichos territorios se les denominará "territorios fideicometidos".

Artículo 76

Los objetivos básicos del régimen de administración fiduciaria, de acuerdo con los Propósitos de las Naciones Unidas enunciados en el Artículo 1 de esta Carta, serán:

a. fomentar la paz y la seguridad internacionales;

b. promover el adelanto político, económico, social y educativo de los habitantes de los territorios fideicometidos, y su desarrollo progresivo hacia el gobierno propio o la independencia, teniéndose en cuenta las circunstancias particulares de cada territorio y de sus pueblos y los deseos libremente expresados de los pueblos interesados, y según se dispusiere en cada acuerdo sobre administración fiduciaria;

c. promover el respeto a los derechos humanos y a las libertades fundamentales de todos, sin hacer distinción por motivos de raza, sexo, idioma o religión, así como el reconocimiento de la interdependencia de los pueblos del mundo; y

d. asegurar tratamiento igual para todos los Miembros de las Naciones Unidas y sus nacionales en materias de carácter social, económico y comercial, así como tratamiento igual para dichos nacionales en la administración de la justicia, sin perjuicio de la realización de los objetivos arriba expuestos y con sujeción a las disposiciones del Artículo 80.

Artículo 77

1. El régimen de administración fiduciaria se aplicará a los territorios de las siguientes categorías que se colocaren bajo dicho régimen por medio de los correspondientes acuerdos:

a. territorios actualmente bajo mandato;

b. territorios que, como resultado de la Segunda Guerra Mundial, fueren segregados de Estados enemigos, y

c. territorios voluntariamente colocados bajo este régimen por los Estados responsables de su administración.

2. Será objeto de acuerdo posterior el determinar cuáles territorios de las categorías anteriormente mencionadas serán colocados bajo el régimen de administración fiduciaria y en qué condiciones.

Artículo 78

El régimen de administración fiduciaria no se aplicará a territorios que hayan adquirido la calidad de Miembros de las Naciones Unidas, cuyas relaciones entre sí se basarán en el respeto al principio de la igualdad soberana.

Artículo 79

Los términos de la administración fiduciaria para cada territorio que haya de colocarse bajo el régimen expresado, y cualquier modificación o reforma, deberán ser acordados por los Estados directamente interesados, incluso la potencia mandataria en el caso de territorios bajo mandato de un Miembro de las Naciones Unidas, y serán aprobados según se dispone en los Artículos 83 y 85.

Artículo 80

1. Salvo lo que se conviniere en los acuerdos especiales sobre administración fiduciaria concertados de conformidad con los Artículos 77, 79 y 81, y mediante los cuales se coloque cada territorio bajo el régimen de administración fiduciaria, y hasta tanto se concierten tales acuerdos, ninguna disposición de este Capítulo será interpretada en el sentido de que modifica en manera alguna los derechos de cualesquiera Estados o pueblos, o los términos de los instrumentos internacionales vigentes en que sean partes Miembros de los Naciones Unidas.

2. El párrafo 1 de este Artículo no será interpretado en el sentido de que da motivo para demorar o diferir la negociación y celebración de acuerdos para aplicar el régimen de administración fiduciaria a territorios bajo mandato y otros territorios, conforme al Artículo 77.

Artículo 81

El acuerdo sobre administración fiduciaria contendrá en cada caso las condiciones en que se administrará el territorio fideicometido, y designará la autoridad que ha de ejercer la administración. Dicha autoridad, que en lo sucesivo se denominará la "autoridad administradora", podrá ser uno o más Estados o la misma Organización.

Artículo 82

Podrán designarse en cualquier acuerdo sobre administración fiduciaria, una o varias zonas estratégicas que comprendan parte o la totalidad del territorio fideicometido a que se refiera el acuerdo, sin perjuicio de los acuerdos especiales celebrados con arreglo al Artículo 43.

Artículo 83

1. Todas las funciones de las Naciones Unidas relativas a zonas estratégicas, incluso la de aprobar los términos de los acuerdos sobre administración fiduciaria y de las modificaciones o reformas de los mismos, serán ejercidas por el Consejo de Seguridad.

2. Los objetivos básicos enunciados en el Artículo 76 serán aplicables a la población de cada zona estratégica.

3. Salvo las disposiciones de los acuerdos sobre administración fiduciaria y sin perjuicio de las exigencias de la seguridad, el Consejo de Seguridad aprovechará la ayuda del Consejo de Administración Fiduciaria para desempeñar, en las zonas estratégicas, aquellas funciones de la Organización relativas a materias políticas, económicas, sociales y educativas que correspondan al régimen de administración fiduciaria.

Artículo 84

La autoridad administradora tendrá el deber de velar por que el territorio fideicometido contribuya al mantenimiento de la paz y la seguridad internacionales. Con tal fin, la autoridad administradora podrá hacer uso de las fuerzas voluntarias, de las facilidades y de la ayuda del citado territorio, a efecto de cumplir con las obligaciones por ella contraídas a este respecto ante el Consejo de Seguridad, como también para la defensa local y el mantenimiento de la ley y del orden dentro del territorio.

Artículo 85

1. Las funciones de la Organización en lo que respecta a los acuerdos sobre administración fiduciaria relativos a todas las zonas no designadas como estratégicas, incluso la de aprobar los términos de los acuerdos y las modificaciones o reformas de los mismos serán ejercidas por la Asamblea General.

2. El Consejo de Administración Fiduciaria, bajo la autoridad de la Asamblea General, ayudará a ésta en el desempeño de las funciones aquí enumeradas.

Capítulo XIII
EL CONSEJO DE ADMINISTRACIÓN FIDUCIARIA

Composición

Artículo 86

1. El Consejo de Administración Fiduciaria estará integrado por los siguientes Miembros de las Naciones Unidas:

a. los Miembros que administren territorios fideicometidos;

b. los Miembros mencionados por su nombre en el Artículo 23 que no estén administrando territorios fideicometidos; y

c. tantos otros Miembros elegidos por periodos de tres años por la Asamblea General cuantos sean necesarios para asegurar que el número total de miembros del Consejo de Administración Fiduciaria se divida por igual entre los Miembros de las Naciones Unidas administradores de tales territorios y los no administradores.

2. Cada miembro del Consejo de Administración Fiduciaria designará a una persona especialmente calificada para que lo represente en el Consejo.

Funciones y Poderes

Artículo 87

En el desempeño de sus funciones, la Asamblea General y, bajo su autoridad, el Consejo de Administración Fiduciaria, podrán:

a. considerar informes que les haya rendido la autoridad administradora;

b. aceptar peticiones y examinarlas en consulta con la autoridad administradora;

c. disponer visitas periódicas a los territorios fideicometidos en fechas convenidas con la autoridad administradora; y

d. tomar estas y otras medidas de conformidad con los términos de los acuerdos sobre administración fiduciaria.

Artículo 88

El Consejo de Administración Fiduciaria formulará un cuestionario sobre el adelanto político, económico, social y educativo de los habitantes de cada territorio fideicometido; y la autoridad administradora de cada territorio fideicometido dentro de la competencia de la Asamblea General, rendirá a ésta un informe anual sobre la base de dicho cuestionario.

Votación

Artículo 89

1. Cada miembro del Consejo de Administración Fiduciaria tendrá un voto.

2. Las decisiones del Consejo de Administración Fiduciaria serán tomadas por el voto de la mayoría de los miembros presentes y votantes.

Procedimiento

Artículo 90

1. El Consejo de Administración Fiduciaria dictará su propio reglamento, el cual establecerá el método de elegir su Presidente.

2. El Consejo de Administración Fiduciaria se reunirá cuando sea necesario, según su reglamento. Este contendrá disposiciones sobre convocación del Consejo a solicitud de la mayoría de sus miembros.

Artículo 91

El Consejo de Administración Fiduciaria, cuando lo estime conveniente, se valdrá de la ayuda del Consejo Económico y Social y de la de los organismos especializados con respecto a los asuntos de la respectiva competencia de los mismos.

Capítulo XIV
LA CORTE INTERNACIONAL DE JUSTICIA

Artículo 92

La Corte Internacional de Justicia será el órgano judicial principal de las Naciones Unidas; funcionará de conformidad con el Estatuto anexo, que está basado en el de la Corte Permanente de Justicia Internacional, y que forma parte integrante de esta Carta.

Artículo 93

1. Todos los Miembros de las Naciones Unidas son *ipso facto* partes en el Estatuto de la Corte Internacional de Justicia.

2. Un Estado que no sea Miembro de las Naciones Unidas podrá llegar a ser parte en el Estatuto de la Corte Internacional de Justicia, de acuerdo con las condiciones que determine en cada caso la Asamblea General a recomendación del Consejo de Seguridad.

Artículo 94

1. Cada Miembro de las Naciones Unidas, compromete a cumplir la decisión de la Corte Internacional de Justicia en todo litigio en que sea parte.

2. Si una de las partes en un litigio dejare de cumplir las obligaciones que le imponga un fallo de la Corte, la otra parte podrá recurrir al Consejo de Seguridad, el cual podrá, si lo cree necesario, hacer recomendaciones o dictar medidas con el objeto de que se lleve a efecto la ejecución del fallo.

Artículo 95

Ninguna de las disposiciones de esta Carta impedirá a los Miembros de las Naciones Unidas encomendar la solución de sus diferencias a otros tribunales en virtud de acuerdos ya existentes o que puedan concertarse en el futuro.

Artículo 96

1. La Asamblea General o el Consejo de Seguridad podrán solicitar de la Corte Internacional de Justicia que emita una opinión consultiva sobre cualquier cuestión jurídica.

2. Los otros órganos de las Naciones Unidas y los organismos especializados que en cualquier momento sean autorizados para ello por la Asamblea General, podrán igualmente solicitar de la Corte opiniones consultivas sobre cuestiones jurídicas que surjan dentro de la esfera de sus actividades.

Capítulo XV
LA SECRETARÍA

Artículo 97

La Secretaría se compondrá de un Secretario General y del personal que requiera la Organización. El Secretario General será nombrado por la Asamblea General a recomendación del Consejo de Seguridad. El Secretario General será el más alto funcionario administrativo de la Organización.

Artículo 98

El Secretario General actuará como tal en todas las sesiones de la Asamblea General, del Consejo de Seguridad, del Consejo Económico y Social y del Consejo de Administración Fiduciaria, y desempeñará las demás funciones que le encomienden dichos órganos. El Secretario General rendirá a la Asamblea General un informe anual sobre las actividades de la Organización.

Artículo 99

El Secretario General podrá llamar la atención del Consejo de Seguridad hacia cualquier asunto que en su opinión pueda poner en peligro el mantenimiento de la paz y la seguridad internacionales.

Artículo 100

1. En el cumplimiento de sus deberes, el Secretario General y el personal de la Secretaría no solicitarán ni recibirán instrucciones de ningún gobierno ni de ninguna autoridad ajena a la Organización, y se abstendrán de actuar en

forma alguna que sea incompatible con su condición de funcionarios internacionales responsables únicamente ante la Organización.

2. Cada uno de los Miembros de las Naciones Unidas se compromete a respetar el carácter exclusivamente internacional de las funciones del Secretario General y del personal de la Secretaría, y a no tratar de influir sobre ellos en el desempeño de sus funciones.

Artículo 101

1. El personal de la Secretaría será nombrado por el Secretario General de acuerdo con las reglas establecidas por la Asamblea General.

2. Se asignará permanentemente personal adecuado al Consejo Económico y Social, al Consejo de Administración Fiduciaria y, según se requiera, a otros órganos de las Naciones Unidas. Este personal formará parte de la Secretaría.

3. La consideración primordial que se tendrá en cuenta al nombrar el personal de la Secretaría y al determinar las condiciones del servicio, es la necesidad de asegurar el más alto grado de eficiencia, competencia e integridad. Se dará debida consideración también a la importancia de contratar el personal en forma de que haya la más amplia representación geográfica posible.

Capítulo XVI
DISPOSICIONES VARIAS

Artículo 102

1. Todo tratado y todo acuerdo internacional concertados por cualesquiera Miembros de las Naciones Unidas después de entrar en vigor esta Carta, serán registrados en la Secretaría y publicados por ésta a la mayor brevedad posible.

2. Ninguna de las partes en un tratado o acuerdo internacional que no haya sido registrado conforme a las disposiciones del párrafo 1 de este Artículo, podrá invocar dicho tratado o acuerdo ante órgano alguno de las Naciones Unidas.

Artículo 103

En caso de conflicto entre las obligaciones contraídas por los Miembros de las Naciones Unidas en virtud de la presente Carta y sus obligaciones contraídas en virtud de cualquier otro convenio internacional, prevalecerán las obligaciones impuestas por la presente Carta.

Artículo 104

La Organización gozará, en el territorio de cada uno de sus Miembros, de la capacidad jurídica que sea necesaria para el ejercicio de sus funciones y la realización de sus propósitos.

Artículo 105

1. La Organización gozará, en el territorio de cada uno de sus Miembros, de los privilegios e inmunidades necesarios para la realización de sus propósitos.

2. Los representantes de los Miembros de la Organización y los funcionarios de ésta, gozarán asimismo de los privilegios e inmunidades necesarios para desempeñar con independencia sus funciones en relación con la Organización.

3. La Asamblea General podrá hacer recomendaciones con el objeto de determinar los pormenores de la aplicación de los párrafos 1 y 2 de este Artículo, o proponer convenciones a los Miembros de las Naciones Unidas con el mismo objeto.

Capítulo XVII
ACUERDOS TRANSITORIOS SOBRE SEGURIDAD

Artículo 106

Mientras entran en vigor los convenios especiales previstos en el Artículo 43, que a juicio del Consejo de Seguridad lo capaciten para ejercer las atribuciones a que se refiere el Artículo 42, las partes en la Declaración de las Cuatro Potencias firmada en Moscú el 30 de octubre de 1943, y Francia, deberán, conforme a las disposiciones del párrafo 5 de esa Declaración, celebrar consultas entre sí, y cuando a ello hubiere lugar, con otros miembros de la Organización, a fin de acordar en nombre de ésta la acción conjunta que fuere necesaria para mantener la paz y la seguridad internacionales.

Artículo 107

Ninguna de las disposiciones de esta Carta invalidará o impedirá cualquier acción ejercida o autorizada como resultado de la Segunda Guerra Mundial con respecto a un Estado enemigo de cualquiera de los signatarios de esta Carta durante la citada guerra, por los gobiernos responsables de dicha acción.

Capítulo XVIII
REFORMAS

Artículo 108

Las reformas a la presente Carta entrarán en vigor para todos los Miembros de las Naciones Unidas cuando hayan sido adoptadas por el voto de las dos terceras partes de los miembros de la Asamblea General y ratificadas, de conformidad con sus respectivos procedimientos constitucionales, por las dos terceras partes de los Miembros de las Naciones Unidas, incluyendo a todos los miembros permanentes del Consejo de Seguridad.

Artículo 109

1. Se podrá celebrar una Conferencia General de los Miembros de las Naciones Unidas con el propósito de revisar esta Carta, en la fecha y lugar que se determinen por el voto de las dos terceras partes de los miembros de la Asamblea General y por el voto de cualesquiera nueve miembros del Consejo de Seguridad. Cada Miembro de las Naciones Unidas tendrá un voto en la Conferencia.

2. Toda modificación de esta Carta recomendada por el voto de las dos terceras partes de la Conferencia entrará en vigor al ser ratificada de acuerdo con sus respectivos procedimientos constitucionales, por las dos terceras partes de los Miembros de las Naciones Unidas, incluyendo a todos los miembros permanentes del Consejo de Seguridad.

3. Si no se hubiere celebrado tal Conferencia antes de la décima reunión anual de la Asamblea General después de entrar en vigor esta Carta, la proposición de convocar tal Conferencia será puesta en la agenda de dicha reunión de la Asamblea General, y la Conferencia será celebrada si así lo decidieren la mayoría de los miembros de la Asamblea General y siete miembros cualesquiera del Consejo de Seguridad.

Capítulo XIX
RATIFICACIóN Y FIRMA

Artículo 110

1. La presente Carta será ratificada por los Estados signatorios de acuerdo con sus respectivos procedimientos constitucionales.

2. Las ratificaciones serán entregadas para su depósito al Gobierno de los Estados Unidos de América, el cual notificará cada depósito a todos los Estados signatarios así como al Secretario General de la Organización cuando haya sido designado.

3. La presente Carta entrará en vigor tan pronto como hayan sido depositadas las ratificaciones de la República de China, Francia, la Unión de las Repúblicas Socialistas Soviéticas, el Reino Unido de la Gran Bretaña e Irlanda del Norte y los Estados Unidos de América, y por la mayoría de los demás Estados signatarios. Acto seguido se dejará constancia de las ratificaciones depositadas en un protocolo que extenderá el Gobierno de los Estados Unidos de América, y del cual transmitirá copias a todos los Estados signatarios.

4. Los Estados signatarios de esta Carta que la ratifiquen después de que haya entrado en vigor adquirirán la calidad de miembros originarios de las Naciones Unidas en la fecha del depósito de sus respectivas ratificaciones.

Artículo 111

La presente Carta, cuyos textos en chino, francés, ruso, inglés y español son igualmente auténticos, será depositada en los archivos del Gobierno de los Estados Unidos de América. Dicho Gobierno enviará copias debidamente certificadas de la misma a los Gobiernos de los demás Estados signatarios.

EN FE DE LO CUAL LOS Representantes de los Gobiernos de las Naciones Unidas han suscrito esta Carta.

FIRMADA en la ciudad de San Francisco, a los veintiséis días del mes de junio de mil novecientos cuarenta y cinco.

Carta de la Organización de los Estados Americanos[2] (Bogotá, 30 de abril de 1948)

En nombre de sus pueblos los Estados representados en

la IX Conferencia Internacional Americana

Convencidos de que la misión histórica de América es ofrecer al hombre una tierra de libertad y un ámbito favorable para el desarrollo de su personalidad y la realización de sus justas aspiraciones.

Conscientes de que esa misión ha inspirado ya numerosos convenios y acuerdos cuya virtud esencial radica en el anhelo de convivir en paz y de propiciar, mediante su mutua comprensión y su respeto por la soberanía de cada uno, el mejoramiento de todos en la independencia, en la igualdad y en el derecho.

Ciertos de que la democracia representativa es condición indispensable para la estabilidad, la paz y el desarrollo de la región.

Seguros de que el sentido genuino de la solidaridad americana y de la buena vecindad no puede ser otro que el de consolidar en este Continente, dentro del marco de las instituciones democráticas, un régimen de libertad individual y de justicia social, fundado en el respeto de los derechos esenciales del hombre.

Persuadidos de que el bienestar de todos ellos, así como su contribución al progreso y la civilización del mundo, habrá de requerir, cada día más, una intensa cooperación continental.

Determinados a perseverar en la noble empresa que la Humanidad ha confiado a las Naciones Unidas, cuyos principios y propósitos reafirman solemnemente.

Convencidos de que la organización jurídica es una condición necesaria para la seguridad y la paz, fundadas en el orden moral y en la justicia, y

De acuerdo con la Resolución IX de la Conferencia sobre Problemas de la Guerra y de la Paz, reunida en la Ciudad de México,

HAN CONVENIDO en suscribir la siguiente

Carta de la Organización de los Estados Americanos

Primera Parte

Capítulo I

NATURALEZA Y PROPÓSITOS

Artículo 1

Los Estados americanos consagran en esta Carta la organización internacional que han desarrollado para lograr un orden de paz y de justicia, fomentar su solidaridad, robustecer su colaboración y defender su soberanía, su integridad territorial y su independencia. Dentro de las Naciones Unidas, la Organización de los Estados Americanos constituye un organismo regional.

La Organización de los Estados Americanos no tiene más facultades que aquellas que expresamente le confiere la presente Carta, ninguna de cuyas disposiciones la autoriza a intervenir en asuntos de la jurisdicción interna de los Estados miembros.

Artículo 2

La Organización de los Estados Americanos, para realizar los principios en que se funda y cumplir sus obligaciones regionales de acuerdo con la Carta de las Naciones Unidas, establece los siguientes propósitos esenciales:

a) Afianzar la paz y la seguridad del Continente;

b) Promover y consolidar la democracia representativa dentro del respeto al principio de no intervención;

c) Prevenir las posibles causas de dificultades y asegurar la solución pacífica de controversias que surjan entre los Estados miembros;

d) Organizar la acción solidaria de éstos en caso de agresión;

e) Procurar la solución de los problemas políticos, jurídicos y económicos que se susciten entre ellos;

f) Promover, por medio de la acción cooperativa, su desarrollo económico, social y cultural;

g) Erradicar la pobreza crítica, que constituye un obstáculo al pleno desarrollo democrático de los pueblos del hemisferio, y

h) Alcanzar una efectiva limitación de armamentos convencionales que permita dedicar el mayor número de recursos al desarrollo económico y social de los Estados miembros.

Capítulo II
PRINCIPIOS

Artículo 3

Los Estados americanos reafirman los siguientes principios:

a) El Derecho Internacional es norma de conducta de los Estados en sus relaciones recíprocas.

b) El orden internacional está esencialmente constituido por el respeto a la personalidad, soberanía e independencia de los Estados y por el fiel cumplimiento de las obligaciones emanadas de los tratados y de otras fuentes del Derecho Internacional.

c) La buena fe debe regir las relaciones de los Estados entre sí.

d) La solidaridad de los Estados americanos y los altos fines que con ella se persiguen, requieren la organización política de los mismos sobre la base del ejercicio efectivo de la democracia representativa.

e) Todo Estado tiene derecho a elegir, sin injerencias externas, su sistema político, económico y social, y a organizarse en la forma que más le convenga, y tiene el deber de no intervenir en los asuntos de otro Estado. Con sujeción a lo arriba dispuesto, los Estados americanos cooperarán ampliamente entre sí y con independencia de la naturaleza de sus sistemas políticos, económicos y sociales.

f) La eliminación de la pobreza crítica es parte esencial de la promoción y consolidación de la democracia representativa y constituye responsabilidad común y compartida de los Estados americanos.

g) Los Estados americanos condenan la guerra de agresión: la victoria no da derechos.

h) La agresión a un Estado americano constituye una agresión a todos los demás Estados americanos.

i) Las controversias de carácter internacional que surjan entre dos o más Estados americanos deben ser resueltas por medio de procedimientos pacíficos.

j) La justicia y la seguridad sociales son bases de una paz duradera.

k) La cooperación económica es esencial para el bienestar y la prosperidad comunes de los pueblos del Continente.

l) Los Estados americanos proclaman los derechos fundamentales de la persona humana sin hacer distinción de raza, nacionalidad, credo o sexo.

m) La unidad espiritual del Continente se basa en el respeto de la personalidad cultural de los países americanos y demanda su estrecha cooperación en las altas finalidades de la cultura humana.

n) La educación de los pueblos debe orientarse hacia la justicia, la libertad y la paz.

Capítulo III
MIEMBROS

Artículo 4

Son miembros de la Organización todos los Estados americanos que ratifiquen la presente Carta.

Artículo 5

En la Organización tendrá su lugar toda nueva entidad política que nazca de la unión de varios de sus Estados miembros y que como tal ratifique esta Carta. El ingreso de la nueva entidad política en la Organización producirá, para cada uno de los Estados que la constituyen, la pérdida de la calidad de miembro de la Organización.

Artículo 6

Cualquier otro Estado americano independiente que quiera ser miembro de la Organización, deberá manifestarlo mediante nota dirigida al Secretario General, en la cual indique que está dispuesto a firmar y ratificar la Carta de la Organización así como a aceptar todas las obligaciones que entraña la condición de miembro, en especial las referentes a la seguridad colectiva, mencionadas expresamente en los artículos 28 y 29 de la Carta.

Artículo 7

La Asamblea General, previa recomendación del Consejo Permanente de la Organización, determinará si es procedente autorizar al Secretario General para que permita al Estado solicitante firmar la Carta y para que acepte el depósito del instrumento de ratificación correspondiente. Tanto la recomendación del Consejo Permanente, como la decisión de la Asamblea General, requerirán el voto afirmativo de los dos tercios de los Estados miembros.

Artículo 8

La condición de miembro de la Organización estará restringida a los Estados independientes del Continente que al 10 de diciembre de 1985 fueran miembros de las Naciones Unidas y a los territorios no autónomos mencionados en el documento OEA/Ser.P, AG/doc.1939/85, del 5 de noviembre de 1985, cuando alcancen su independencia.

Artículo 9

Un miembro de la Organización cuyo gobierno democráticamente constituido sea derrocado por la fuerza podrá ser suspendido del ejercicio del derecho de participación en las sesiones de la Asamblea General, de la Reunión de Consulta, de los Consejos de la Organización y de las

Conferencias Especializadas, así como de las comisiones, grupos de trabajo y demás cuerpos que se hayan creado.

a) La facultad de suspensión solamente será ejercida cuando hayan sido infructuosas las gestiones diplomáticas que la Organización hubiera emprendido con el objeto de propiciar el restablecimiento de la democracia representativa en el Estado miembro afectado.

b) La decisión sobre la suspensión deberá ser adoptada en un período extraordinario de sesiones de la Asamblea General, por el voto afirmativo de los dos tercios de los Estados miembros.

c) La suspensión entrará en vigor inmediatamente después de su aprobación por la Asamblea General.

d) La Organización procurará, no obstante la medida de suspensión, emprender nuevas gestiones diplomáticas tendientes a coadyuvar al restablecimiento de la democracia representativa en el Estado miembro afectado.

e) El miembro que hubiere sido objeto de suspensión deberá continuar observando el cumplimiento de sus obligaciones con la Organización.

f) La Asamblea General podrá levantar la suspensión por decisión adoptada con la aprobación de dos tercios de los Estados miembros.

g) Las atribuciones a que se refiere este artículo se ejercerán de conformidad con la presente Carta.

Capítulo IV
DERECHOS Y DEBERES FUNDAMENTALES DE LOS ESTADOS

Artículo 10

Los Estados son jurídicamente iguales, disfrutan de iguales derechos e igual capacidad para ejercerlos, y tienen iguales deberes. Los derechos de cada uno no dependen del poder de que disponga para asegurar su ejercicio, sino del simple hecho de su existencia como persona de Derecho Internacional.

Artículo 11

Todo Estado americano tiene el deber de respetar los derechos de que disfrutan los demás Estados de acuerdo con el Derecho Internacional.

Artículo 12

Los derechos fundamentales de los Estados no son susceptibles de menoscabo en forma alguna.

Artículo 13

La existencia política del Estado es independiente de su reconocimiento por los demás Estados. Aun antes de ser reconocido, el Estado tiene el derecho de defender su integridad e independencia, proveer a su conservación y prosperidad y, por consiguiente, de organizarse como mejor lo entendiere, legislar sobre sus intereses, administrar sus servicios y determinar la jurisdicción y competencia de sus tribunales. El ejercicio de es-tos derechos no tiene otros límites que el ejercicio de los derechos de otros Estados conforme al Derecho Internacional.

Artículo 14

El reconocimiento implica que el Estado que lo otorga acepta la personalidad del nuevo Estado con todos los derechos y deberes que, para uno y otro, determina el Derecho Internacional.

Artículo 15

El derecho que tiene el Estado de proteger y desarrollar su existencia no lo autoriza a ejecutar actos injustos contra otro Estado.

Artículo 16

La jurisdicción de los Estados en los límites del territorio nacional se ejerce igualmente sobre todos los habitantes, sean nacionales o extranjeros.

Artículo 17

Cada Estado tiene el derecho a desenvolver libre y espontáneamente su vida cultural, política y económica. En este libre desenvolvimiento el Estado respetará los derechos de la persona humana y los principios de la moral universal.

Artículo 18

El respeto y la fiel observancia de los tratados constituyen normas para el desarrollo de las relaciones pacíficas entre los Estados. Los tratados y acuerdos internacionales deben ser públicos.

Artículo 19

Ningún Estado o grupo de Estados tiene derecho de intervenir, directa o indirectamente, y sea cual fuere el motivo, en los asuntos internos o externos de cualquier otro. El principio anterior excluye no solamente la fuerza armada, sino también cualquier otra forma de injerencia o de tendencia atentatoria de la personalidad del Estado, de los elementos políticos, económicos y culturales que lo constituyen.

Artículo 20

Ningún Estado podrá aplicar o estimular medidas coercitivas de carácter económico y político para forzar la voluntad soberana de otro Estado y obtener de éste ventajas de cualquier naturaleza.

Artículo 21

El territorio de un Estado es inviolable; no puede ser objeto de ocupación militar ni de otras medidas de fuerza tomadas por otro Estado, directa o indirectamente, cualquiera que fuere el motivo, aun de manera temporal. No se reconocerán las adquisiciones territoriales o las ventajas especiales que se obtengan por la fuerza o por cualquier otro medio de coacción.

Artículo 22

Los Estados americanos se obligan en sus relaciones internacionales a no recurrir al uso de la fuerza, salvo el caso de legítima defensa, de conformidad con los tratados vigentes o en cumplimiento de dichos tratados.

Artículo 23

Las medidas que, de acuerdo con los tratados vigentes, se adopten para el mantenimiento de la paz y la seguridad, no constituyen violación de los principios enunciados en los artículos 19 y 21.

Capítulo V
SOLUCIÓN PACÍFICA DE CONTROVERSIAS

Artículo 24

Las controversias internacionales entre los Estados miembros deben ser sometidas a los procedimientos de solución pacífica señalados en esta Carta.

Esta disposición no se interpretará en el sentido de menoscabar los derechos y obligaciones de los Estados miembros de acuerdo con los artículos 34 y 35 de la Carta de las Naciones Unidas.

Artículo 25

Son procedimientos pacíficos: la negociación directa, los buenos oficios, la mediación, la investigación y conciliación, el procedimiento judicial, el arbitraje y los que especialmente acuerden, en cualquier momento, las Partes.

Artículo 26

Cuando entre dos o más Estados americanos se suscite una controversia que, en opinión de uno de ellos, no pueda ser resuelta por los medios diplomáticos usuales, las Partes deberán convenir en cualquier otro procedimiento pacífico que les permita llegar a una solución.

Artículo 27

Un tratado especial establecerá los medios adecuados para resolver las controversias y determinará los procedimientos pertinentes a cada uno de los medios pacíficos, en forma de no dejar que controversia alguna entre los Estados americanos pueda quedar sin solución definitiva dentro de un plazo razonable.

Capítulo VI
SEGURIDAD COLECTIVA

Artículo 28

Toda agresión de un Estado contra la integridad o la inviolabilidad del territorio o contra la soberanía o la independencia política de un Estado americano, será considerada como un acto de agresión contra los demás Estados americanos.

Artículo 29

Si la inviolabilidad o la integridad del territorio o la soberanía o la independencia política de cualquier Estado americano fueren afectadas por un ataque armado o por una agresión que no sea ataque armado, o por un conflicto extracontinental o por un conflicto entre dos o más Estados americanos o por cualquier otro hecho o situación que pueda poner en peligro la paz de América, los Estados americanos en desarrollo de los principios de la solidaridad continental o de la legítima defensa colectiva, aplicarán las medidas y procedimientos establecidos en los tratados especiales existentes en la materia.

Capítulo VII
DESARROLLO INTEGRAL

Artículo 30

Los Estados miembros, inspirados en los principios de solidaridad y cooperación interamericanas, se comprometen a aunar esfuerzos para lograr que impere la justicia social internacional en sus relaciones y para que sus pueblos alcancen un desarrollo integral, condiciones indispensables para la paz y la seguridad. El desarrollo integral abarca los campos económico, social, educacional, cultural, científico y tecnológico, en los cuales deben obtenerse las metas que cada país defina para lograrlo.

Artículo 31

La cooperación interamericana para el desarrollo integral es responsabilidad común y solidaria de los Estados miembros en el marco de los principios democráticos y de las instituciones del sistema interamericano. Ella debe comprender los campos económico, social, educacional, cultural, científico y tecnológico; apoyar el logro de los objetivos nacionales de los Estados miembros y respetar las prioridades que se fije cada país en sus planes de desarrollo, sin ataduras ni condiciones de carácter político.

Artículo 32

La cooperación interamericana para el desarrollo integral debe ser continua y encauzarse preferentemente a través de organismos multilaterales, sin perjuicio de la cooperación bilateral convenida entre Estados miembros.

Los Estados miembros contribuirán a la cooperación interamericana para el desarrollo integral de acuerdo con sus recursos y posibilidades, y de conformidad con sus leyes.

Artículo 33

El desarrollo es responsabilidad primordial de cada país y debe constituir un proceso integral y continuo para la creación de un orden económico y social justo que permita y contribuya a la plena realización de la persona humana.

Artículo 34

Los Estados miembros convienen en que la igualdad de oportunidades, la eliminación de la pobreza crítica y la distribución equitativa de la riqueza y del ingreso, así como la plena participación de sus pueblos en las decisiones relativas a su propio desarrollo, son, entre otros, objetivos básicos del desarrollo integral. Para lograrlos, convienen asimismo en dedicar sus máximos esfuerzos a la consecución de las siguientes metas básicas:

a) Incremento sustancial y autosostenido del producto nacional per cápita;

b) Distribución equitativa del ingreso nacional;

c) Sistemas impositivos adecuados y equitativos;

d) Modernización de la vida rural y reformas que conduzcan a regímenes equitativos y eficaces de tenencia de la tierra, mayor productividad agrícola, expansión del uso de la tierra, diversificación de la producción y mejores sistemas para la industrialización y comercialización de productos agrícolas, y fortalecimiento y ampliación de los medios para alcanzar estos fines;

e) Industrialización acelerada y diversificada, especialmente de bienes de capital e intermedios;

f) Estabilidad del nivel de precios internos en armonía con el desarrollo económico sostenido y el logro de la justicia social;

g) Salarios justos, oportunidades de empleo y condiciones de trabajo aceptables para todos;

h) Erradicación rápida del analfabetismo y ampliación, para todos, de las oportunidades en el campo de la educación;

i) Defensa del potencial humano mediante la extensión y aplicación de los modernos conocimientos de la ciencia médica;

j) Nutrición adecuada, particularmente por medio de la aceleración de los esfuerzos nacionales para incrementar la producción y disponibilidad de alimentos;

k) Vivienda adecuada para todos los sectores de la población;

l) Condiciones urbanas que hagan posible una vida sana, productiva y digna;

m) Promoción de la iniciativa y la inversión privadas en armonía con la acción del sector público, y

n) Expansión y diversificación de las exportaciones.

Artículo 35

Los Estados miembros deben abstenerse de ejercer políticas, acciones o medidas que tengan serios efectos adversos sobre el desarrollo de otros Estados miembros.

Artículo 36

Las empresas transnacionales y la inversión privada extranjera están sometidas a la legislación y a la jurisdicción de los tribunales nacionales competentes de los países receptores y a los tratados y convenios internacionales en los cuales éstos sean Parte y, además, deben ajustarse a la política de desarrollo de los países receptores.

Artículo 37

Los Estados miembros convienen en buscar, colectivamente, solución a los problemas urgentes o graves que pudieren presentarse cuando el desarrollo o estabilidad económicos, de cualquier Estado miembro, se vieren seriamente afectados por situaciones que no pudieren ser resueltas por el esfuerzo de dicho Estado.

Artículo 38

Los Estados miembros difundirán entre sí los beneficios de la ciencia y de la tecnología, promoviendo, de acuerdo con los tratados vigentes y leyes nacionales, el intercambio y el aprovechamiento de los conocimientos científicos y técnicos.

Artículo 39

Los Estados miembros, reconociendo la estrecha interdependencia que hay entre el comercio exterior y el desarrollo económico y social, deben realizar esfuerzos, individuales y colectivos, con el fin de conseguir:

a) Condiciones favorables de acceso a los mercados mundiales para los productos de los países en desarrollo de la región, especialmente por medio de la reducción o eliminación, por parte de los países importadores, de barreras arancelarias y no arancelarias que afectan las exportaciones de los Estados miembros de la Organización, salvo cuando dichas barreras se apliquen para diversificar la estructura económica, acelerar el desarrollo de los Estados miembros menos desarrollados e intensificar su proceso de integración económica, o cuando se relacionen con la seguridad nacional o las necesidades del equilibrio económico;

b) La continuidad de su desarrollo económico y social mediante:

i. Mejores condiciones para el comercio de productos básicos por medio de convenios internacionales, cuando fueren adecuados; procedimientos ordenados de comercialización que eviten la perturbación de los mercados, y otras medidas destinadas a promover la expansión de mercados y a obtener ingresos seguros para los productores, suministros adecuados y seguros para los consumidores, y precios estables que sean a la vez remunerativos para los productores y equitativos para los consumidores;

ii. Mejor cooperación internacional en el campo financiero y adopción de otros medios para aminorar los efectos adversos de las fluctuaciones acentuadas de los ingresos por concepto de exportaciones que experimenten los países exportadores de productos básicos;

iii. Diversificación de las exportaciones y ampliación de las oportunidades para exportar productos manufacturados y semimanufacturados de países en desarrollo, y

iv. Condiciones favorables al incremento de los ingresos reales provenientes de las exportaciones de los Estados miembros, especialmente de los países en desarrollo de la región, y al aumento de su participación en el comercio internacional.

Artículo 40

Los Estados miembros reafirman el principio de que los países de mayor desarrollo económico, que en acuerdos internacionales de comercio efectúen concesiones en beneficio de los países de menor desarrollo económico en materia de reducción y eliminación de tarifas u otras barreras al comercio exterior, no deben solicitar de esos países concesiones recíprocas que sean incompatibles con su desarrollo económico y sus necesidades financieras y comerciales.

Artículo 41

Los Estados miembros, con el objeto de acelerar el desarrollo económico, la integración regional, la expansión y el mejoramiento de las condiciones de su comercio, promoverán la modernización y la coordinación de los transportes y de las comunicaciones en los países en desarrollo y entre los Estados miembros.

Artículo 42

Los Estados miembros reconocen que la integración de los países en desarrollo del Continente es uno de los objetivos del sistema interamericano y, por consiguiente, orientarán sus esfuerzos y tomarán las medidas necesarias para acelerar el proceso de integración, con miras al logro, en el más corto plazo, de un mercado común latinoamericano.

Artículo 43

Con el fin de fortalecer y acelerar la integración en todos sus aspectos, los Estados miembros se comprometen a dar adecuada prioridad a la preparación y ejecución de proyectos multinacionales y a su financiamiento, así como a estimular a las instituciones económicas y financieras del sistema interamericano para que continúen dando su más amplio respaldo a las instituciones y a los programas de integración regional.

Artículo 44

Los Estados miembros convienen en que la cooperación técnica y financiera, tendiente a fomentar los procesos de integración económica regional, debe fundarse en el principio del desarrollo armónico, equilibrado y eficiente, asignando especial atención a los países de menor desarrollo relativo, de manera que constituya un factor decisivo que los habilite a promover, con sus propios esfuerzos, el mejor desarrollo de sus programas de infraestructura, nuevas líneas de producción y la diversificación de sus exportaciones.

Artículo 45

Los Estados miembros, convencidos de que el hombre sólo puede alcanzar la plena realización de sus aspiraciones dentro de un orden social justo, acompañado de desarrollo económico y verdadera paz, convienen en dedicar sus máximos esfuerzos a la aplicación de los siguientes principios y mecanismos:

a) Todos los seres humanos, sin distinción de raza, sexo, nacionalidad, credo o condición social, tienen derecho al bienestar material y a su desarrollo espiritual, en condiciones de libertad, dignidad, igualdad de oportunidades y seguridad económica;

b) El trabajo es un derecho y un deber social, otorga dignidad a quien lo realiza y debe prestarse en condiciones que, incluyendo un régimen de salarios justos, aseguren la vida, la salud y un nivel económico decoroso para el trabajador y su familia, tanto en sus años de trabajo como en su vejez, o cuando cualquier circunstancia lo prive de la posibilidad de trabajar;

c) Los empleadores y los trabajadores, tanto rurales como urbanos, tienen el derecho de asociarse libremente para la defensa y promoción de sus intereses, incluyendo el derecho de negociación colectiva y el de huelga por parte de los trabajadores, el reconocimiento de la personería jurídica de las asociaciones y la protección de su libertad e independencia, todo de conformidad con la legislación respectiva;

d) Justos y eficientes sistemas y procedimientos de consulta y colaboración entre los sectores de la producción, tomando en cuenta la protección de los intereses de toda la sociedad;

e) El funcionamiento de los sistemas de administración pública, banca y crédito, empresa, distribución y ventas, en forma que, en armonía con el sector privado, responda a los requerimientos e intereses de la comunidad;

f) La incorporación y creciente participación de los sectores marginales de la población, tanto del campo como de la ciudad, en la vida económica, social, cívica, cultural y política de la nación, a fin de lograr la plena integración de la comunidad nacional, el aceleramiento del proceso de movilidad social y la consolidación del régimen democrático. El estímulo a todo esfuerzo de promoción y cooperación populares que tenga por fin el desarrollo y progreso de la comunidad;

g) El reconocimiento de la importancia de la contribución de las organizaciones, tales como los sindicatos, las cooperativas y asociaciones culturales, profesionales, de negocios, vecinales y comunales, a la vida de la sociedad y al proceso de desarrollo;

h) Desarrollo de una política eficiente de seguridad social, y

i) Disposiciones adecuadas para que todas las personas tengan la debida asistencia legal para hacer valer sus derechos.

Artículo 46

Los Estados miembros reconocen que, para facilitar el proceso de la integración regional latinoamericana, es necesario armonizar la legislación social de los países en desarrollo, especialmente en el campo laboral y de la seguridad social, a fin de que los derechos de los trabajadores sean igualmente protegidos, y convienen en realizar los máximos esfuerzos para alcanzar esta finalidad.

Artículo 47

Los Estados miembros darán importancia primordial, dentro de sus planes de desarrollo, al estímulo de la educación, la ciencia, la tecnología y la cultura orientadas hacia el mejoramiento integral de la persona humana y como fundamento de la democracia, la justicia social y el progreso.

Artículo 48

Los Estados miembros cooperarán entre sí para satisfacer sus necesidades educacionales, promover la investigación científica e impulsar el adelanto tecnológico para su desarrollo integral, y se considerarán individual y solidariamente comprometidos a preservar y enriquecer el patrimonio cultural de los pueblos americanos.

Artículo 49

Los Estados miembros llevarán a cabo los mayores esfuerzos para asegurar, de acuerdo con sus normas constitucionales, el ejercicio efectivo del derecho a la educación, sobre las siguientes bases:

a) La educación primaria será obligatoria para la población en edad escolar, y se ofrecerá también a todas las otras personas que puedan beneficiarse de ella. Cuando la imparta el Estado, será gratuita;

b) La educación media deberá extenderse progresivamente a la mayor parte posible de la población, con un criterio de promoción social. Se diversificará de manera que, sin perjuicio de la formación general de los educandos, satisfaga las necesidades del desarrollo de cada país, y

c) La educación superior estará abierta a todos, siempre que, para mantener su alto nivel, se cumplan las normas reglamentarias o académicas correspondientes.

Artículo 50

Los Estados miembros prestarán especial atención a la erradicación del analfabetismo; fortalecerán los sistemas de educación de adultos y habilitación para el trabajo; asegurarán el goce de los bienes de la cultura a la totalidad de la población, y promoverán el empleo de todos los medios de difusión para el cumplimiento de estos propósitos.

Artículo 51

Los Estados miembros fomentarán la ciencia y la tecnología mediante actividades de enseñanza, investigación y desarrollo tecnológico y programas de difusión y divulgación, estimularán las actividades en el campo de la tecnología con el propósito de adecuarla a las necesidades de su desarrollo integral, concertarán eficazmente su cooperación en estas materias, y ampliarán sustancialmente el intercambio de conocimientos, de acuerdo con los objetivos y leyes nacionales y los tratados vigentes.

Artículo 52

Los Estados miembros acuerdan promover, dentro del respeto debido a la personalidad de cada uno de ellos, el intercambio cultural como medio eficaz para consolidar la comprensión interamericana, y reconocen que los programas de integración regional deben fortalecerse con una estrecha vinculación en los campos de la educación, la ciencia y la cultura.

Segunda parte
Capítulo VIII
DE LOS ÓRGANOS

Artículo 53

La Organización de los Estados Americanos realiza sus fines por medio de:

a) La Asamblea General;

b) La Reunión de Consulta de Ministros de Relaciones Exteriores;

c) Los Consejos;

d) El Comité Jurídico Interamericano;

e) La Comisión Interamericana de Derechos Humanos;

f) La Secretaría General;

g) Las Conferencias Especializadas, y

h) Los Organismos Especializados.

Se podrán establecer, además de los previstos en la Carta y de acuerdo con sus disposiciones, los órganos subsidiarios, organismos y las otras entidades que se estimen necesarias.

Capítulo IX
LA ASAMBLEA GENERAL

Artículo 54

La Asamblea General es el órgano supremo de la Organización de los Estados Americanos. Tiene como atribuciones principales, además de las otras que le señala la Carta, las siguientes:

a) Decidir la acción y la política generales de la Organización, determinar la estructura y funciones de sus órganos y considerar cualquier asunto relativo a la convivencia de los Estados americanos;

b) Dictar disposiciones para la coordinación de las actividades de los órganos, organismos y entidades de la Organización entre sí, y de estas actividades con las de las otras instituciones del sistema interamericano;

c) Robustecer y armonizar la cooperación con las Naciones Unidas y sus organismos especializados;

d) Propiciar la colaboración, especialmente en los campos económico, social y cultural, con otras organizaciones internacionales que persigan propósitos análogos a los de la Organización de los Estados Americanos;

e) Aprobar el programa-presupuesto de la Organización y fijar las cuotas de los Estados miembros;

f) Considerar los informes de la Reunión de Consulta de Ministros de Relaciones Exteriores y las observaciones y recomendaciones que, con respecto a los informes que deben presentar los demás órganos y entidades, le eleve el Consejo Permanente, de conformidad con lo establecido en el párrafo f) del artículo 91, así como los informes de cualquier órgano que la propia Asamblea General requiera;

g) Adoptar las normas generales que deben regir el funcionamiento de la Secretaría General, y

h) Aprobar su reglamento y, por dos tercios de los votos, su temario.

La Asamblea General ejercerá sus atribuciones de acuerdo con lo dispuesto en la Carta y en otros tratados interamericanos.

Artículo 55

La Asamblea General establece las bases para fijar la cuota con que debe contribuir cada uno de los Gobiernos al sostenimiento de la Organización, tomando en cuenta la capacidad de pago de los respectivos países y la determinación de éstos de contribuir en forma equitativa. Para tomar decisiones en asuntos presupuestarios, se necesita la aprobación de los dos tercios de los Estados miembros.

Artículo 56

Todos los Estados miembros tienen derecho a hacerse representar en la Asamblea General. Cada Estado tiene derecho a un voto.

Artículo 57

La Asamblea General se reunirá anualmente en la época que determine el reglamento y en la sede seleccionada conforme al principio de rotación. En cada período ordinario de sesiones se determinará, de acuerdo con el reglamento, la fecha y sede del siguiente período ordinario.

Si por cualquier motivo la Asamblea General no pudiere celebrarse en la sede escogida, se reunirá en la Secretaría General, sin perjuicio de que si alguno de los Estados miembros ofreciere oportunamente sede en su territorio, el Consejo Permanente de la Organización pueda acordar que la Asamblea General se reúna en dicha sede.

Artículo 58

En circunstancias especiales y con la aprobación de los dos tercios de los Estados miembros, el Consejo Permanente convocará a un período extraordinario de sesiones de la Asamblea General.

Artículo 59

Las decisiones de la Asamblea General se adoptarán por el voto de la mayoría absoluta de los Estados miembros, salvo los casos en que se requiere el voto de los dos tercios, conforme a lo dispuesto en la Carta, y aquellos que llegare a determinar la Asamblea General, por la vía reglamentaria.

Artículo 60

Habrá una Comisión Preparatoria de la Asamblea General, compuesta por representantes de todos los Estados miembros, que tendrá las siguientes funciones:

a) Formular el proyecto de temario de cada período de sesiones de la Asamblea General;

b) Examinar el proyecto de programa-presupuesto y el de resolución sobre cuotas, y presentar a la Asamblea General un informe sobre los mismos, con las recomendaciones que estime pertinentes, y

c) Las demás que le asigne la Asamblea General.

El proyecto de temario y el informe serán transmitidos oportunamente a los Gobiernos de los Estados miembros.

Capítulo X
LA REUNIÓN DE CONSULTA DE MINISTROS DE RELACIONES EXTERIORES

Artículo 61

La Reunión de Consulta de Ministros de Relaciones Exteriores deberá celebrarse con el fin de considerar problemas de carácter urgente y de interés común para los Estados americanos, y para servir de Órgano de Consulta.

Artículo 62

Cualquier Estado miembro puede pedir que se convoque la Reunión de Consulta. La solicitud debe dirigirse al Consejo Permanente de la Organización, el cual decidirá por mayoría absoluta de votos si es procedente la Reunión.

Artículo 63

El temario y el reglamento de la Reunión de Consulta serán preparados por el Consejo Permanente de la Organización y sometidos a la consideración de los Estados miembros.

Artículo 64

Si excepcionalmente el Ministro de Relaciones Exteriores de cualquier país no pudiere concurrir a la Reunión, se hará representar por un Delegado Especial.

Artículo 65

En caso de ataque armado al territorio de un Estado americano o dentro de la región de seguridad que delimita el tratado vigente, el Presidente del Consejo Permanente reunirá al Consejo sin demora para determinar la convocatoria de la Reunión de Consulta, sin perjuicio de lo dispuesto en el Tratado Interamericano de Asistencia Recíproca por lo que atañe a los Estados Partes en dicho instrumento.

Artículo 66

Se establece un Comité Consultivo de Defensa para asesorar al Órgano de Consulta en los problemas de colaboración militar que puedan suscitarse con motivo de la aplicación de los tratados especiales existentes en materia de seguridad colectiva.

Artículo 67

El Comité Consultivo de Defensa se integrará con las más altas autoridades militares de los Estados americanos que participen en la Reunión de Consulta. Excepcionalmente los Gobiernos podrán designar sustitutos. Cada Estado tendrá derecho a un voto.

Artículo 68

El Comité Consultivo de Defensa será convocado en los mismos términos que el Órgano de Consulta, cuando éste haya de tratar asuntos relativos a la defensa contra la agresión.

Artículo 69

Cuando la Asamblea General o la Reunión de Consulta o los Gobiernos, por mayoría de dos terceras partes de los Estados miembros, le encomienden estudios técnicos o informes sobre temas específicos, el Comité se reunirá también para ese fin.

Capítulo XI
LOS CONSEJOS DE LA ORGANIZACIÓN
Disposiciones Comunes

Artículo 70

El Consejo Permanente de la Organización y el Consejo Interamericano para el Desarrollo Integral, dependen directamente de la Asamblea General y tienen la competencia que a cada uno de ellos asignan la Carta y otros instrumentos interamericanos, así como las funciones que les encomienden la Asamblea General y la Reunión de Consulta de Ministros de Relaciones Exteriores.

Artículo 71

Todos los Estados miembros tienen derecho a hacerse representar en cada uno de los consejos. Cada Estado tiene derecho a un voto.

Artículo 72

Dentro de los límites de la Carta y demás instrumentos interamericanos, los consejos podrán hacer recomendaciones en el ámbito de sus atribuciones.

Artículo 73

Los consejos, en asuntos de su respectiva competencia, podrán presentar estudios y propuestas a la Asamblea General, someterle proyectos de instrumentos internacionales y proposiciones referentes a la celebración de Conferencias Especializadas, a la creación, modificación, o supresión de organismos especializados y otras entidades interamericanas, así como sobre la coordinacion de sus actividades. Igualmente los consejos podrán presentar estudios, propuestas y proyectos de instrumentos internacionales a las Conferencias Especializadas.

Artículo 74

Cada consejo, en casos urgentes, podrá convocar, en materias de su competencia, Conferencias Especializadas, previa consulta con los Estados miembros y sin tener que recurrir al procedimiento previsto en el artículo 122.

Artículo 75

Los consejos, en la medida de sus posibilidades y con la cooperación de la Secretaría General, prestarán a los Gobiernos los servicios especializados que éstos soliciten.

Artículo 76

Cada consejo está facultado para requerir del otro, así como de los órganos subsidiarios y de los organismos que de ellos dependen, que le presten, en los campos de sus respectivas competencias, información y asesoramiento. Los consejos podrán igualmente solicitar los mismos servicios de las demás entidades del sistema interamericano.

Artículo 77

Con la aprobación previa de la Asamblea General, los consejos podrán crear los órganos subsidiarios y los organismos que consideren convenientes para el mejor ejercicio de sus funciones. Si la Asamblea General no estuviere reunida, dichos órganos y organismos podrán ser establecidos provisionalmente por el consejo respectivo. Al integrar estas entidades, los consejos observarán, en lo posible, los principios de rotación y de equitativa representación geográfica.

Artículo 78

Los consejos podrán celebrar reuniones en el territorio de cualquier Estado miembro, cuando así lo estimen conveniente y previa aquiescencia del respectivo Gobierno.

Artículo 79

Cada consejo redactará su estatuto, lo someterá a la aprobación de la Asamblea General y aprobará su reglamento y los de sus órganos subsidiarios, organismos y comisiones.

Capítulo XII
EL CONSEJO PERMANENTE DE LA ORGANIZACIÓN

Artículo 80

El Consejo Permanente de la Organización se compone de un representante por cada Estado miembro, nombrado especialmente por el Gobierno respectivo con la categoría de embajador. Cada Gobierno podrá acreditar un representante interino, así como los representantes suplentes y asesores que juzgue conveniente.

Artículo 81

La presidencia del Consejo Permanente será ejercida sucesivamente por los representantes en el orden alfabético de los nombres en español de sus respectivos países y la vicepresidencia en idéntica forma, siguiendo el orden alfabético inverso.

El presidente y el vicepresidente desempeñarán sus funciones por un período no mayor de seis meses, que será determinado por el estatuto.

Artículo 82

El Consejo Permanente conoce, dentro de los límites de la Carta y de los tratados y acuerdos interamericanos, de cualquier asunto que le encomienden la Asamblea General o la Reunión de Consulta de Ministros de Relaciones Exteriores.

Artículo 83

El Consejo Permanente actuará provisionalmente como Órgano de Consulta de conformidad con lo establecido en el tratado especial sobre la materia.

Artículo 84

El Consejo Permanente velará por el mantenimiento de las relaciones de amistad entre los Estados miembros y, con tal fin, les ayudará de una manera efectiva en la solución pacífica de sus controversias, de acuerdo con las disposiciones siguientes.

Artículo 85

Con arreglo a las disposiciones de la Carta, cualquier Parte en una controversia en la que no se encuentre en trámite ninguno de los procedimientos pacíficos previstos en la Carta, podrá recurrir al Consejo Permanente para obtener sus buenos oficios. El Consejo, de acuerdo con lo establecido en el artículo anterior, asistirá a las Partes y recomendará los procedimientos que considere adecuados para el arreglo pacífico de la controversia.

Artículo 86

El Consejo Permanente, en el ejercicio de sus funciones, con la anuencia de las Partes en la controversia, podrá establecer comisiones ad hoc.

Las comisiones ad hoc tendrán la integración y el mandato que en cada caso acuerde el Consejo Permanente con el consentimiento de las Partes en la controversia.

Artículo 87

El Consejo Permanente podrá, asimismo, por el medio que estime conveniente, investigar los hechos relacionados con la controversia, inclusive en el territorio de cualquiera de las Partes, previo consentimiento del Gobierno respectivo.

Artículo 88

Si el procedimiento de solución pacífica de controversias recomendado por el Consejo Permanente, o sugerido por la respectiva comisión ad hoc dentro de los términos de su mandato, no fuere aceptado por alguna de las Partes, o cualquiera de éstas declarare que el procedimiento no ha resuelto la controversia, el Consejo Permanente informará a la Asamblea General, sin perjuicio de llevar a cabo gestiones para el avenimiento entre las Partes o para la reanudación de las relaciones entre ellas.

Artículo 89

El Consejo Permanente, en el ejercicio de estas funciones, adoptará sus decisiones por el voto afirmativo de los dos tercios de sus miembros, excluidas las Partes, salvo aquellas decisiones cuya aprobación por simple mayoría autorice el reglamento.

Artículo 90

En el desempeño de sus funciones relativas al arreglo pacífico de controversias, el Consejo Permanente y la comisión ad hoc respectiva deberán observar las disposiciones de la Carta y los principios y normas de Derecho Internacional, así como tener en cuenta la existencia de los tratados vigentes entre las Partes.

Artículo 91

Corresponde también al Consejo Permanente:

a) Ejecutar aquellas decisiones de la Asamblea General o de la Reunión de Consulta de Ministros de Relaciones Exteriores cuyo cumplimiento no haya sido encomendado a ninguna otra entidad;

b) Velar por la observancia de las normas que regulan el funcionamiento de la Secretaría General y, cuando la Asamblea General no estuviere reunida, adoptar las disposiciones de índole reglamentaria que habiliten a la Secretaría General para cumplir sus funciones administrativas;

c) Actuar como Comisión Preparatoria de la Asamblea General en las condiciones determinadas por el artículo 60 de la Carta, a menos que la Asamblea General lo decida en forma distinta;

d) Preparar, a petición de los Estados miembros, y con la cooperación de los órganos apropiados de la Organización, proyectos de acuerdos para promover y facilitar la colaboración entre la Organización de los Estados Americanos y las Naciones Unidas o entre la Organización y otros organismos americanos de reconocida autoridad internacional. Estos proyectos serán sometidos a la aprobación de la Asamblea General;

e) Formular recomendaciones a la Asamblea General sobre el funcionamiento de la Organización y la coordinacion de sus órganos subsidiarios, organismos y comisiones;

f) Considerar los informes del Consejo Interamericano para el Desarrollo Integral, del Comité Jurídico Interamericano, de la Comisión Interamericana de Derechos Humanos, de la Secretaría General, de los organismos y conferencias especializados y de los demás órganos y entidades, y presentar a la Asamblea General las observaciones y recomendaciones que estime del caso, y

g) Ejercer las demás atribuciones que le señala la Carta.

Artículo 92

El Consejo Permanente y la Secretaría General tendrán la misma sede.

Capítulo XIII
EL CONSEJO INTERAMERICANO PARA EL DESARROLLO INTEGRAL

Artículo 93

El Consejo Interamericano para el Desarrollo Integral se compone de un representante titular, a nivel ministerial o su equivalente, por cada Estado miembro, nombrado especialmente por el Gobierno respectivo.

Conforme lo previsto en la Carta, el Consejo Interamericano para el Desarrollo Integral podrá crear los órganos subsidiarios y los organismos que considere convenientes para el mejor ejercicio de sus funciones.

Artículo 94

El Consejo Interamericano para el Desarrollo Integral tiene como finalidad promover la cooperación entre los Estados americanos con el propósito de lograr su desarrollo integral, y en particular para contribuir a la eliminación de la pobreza crítica, de conformidad con las normas de la Carta y en especial las consignadas en el Capítulo VII de la misma, en los campos económico, social, educacional, cultural, científico y tecnológico.

Artículo 95

Para realizar sus diversos fines, particularmente en el área específica de la cooperación técnica, el Consejo Interamericano para el Desarrollo Integral deberá:

a) Formular y recomendar a la Asamblea General el plan estratégico que articule las políticas, los programas y las medidas de acción en materia de cooperación para el desarrollo integral, en el marco de la política general y las prioridades definidas por la Asamblea General.

b) Formular directrices para elaborar el programa-presupuesto de cooperación técnica, así como para las demás actividades del Consejo.

c) Promover, coordinar y responsabilizar de la ejecución de programas y proyectos de desarrollo a los órganos subsidiarios y organismos correspondientes, con base en las prioridades determinadas por los Estados miembros, en áreas tales como:

1) Desarrollo económico y social, incluyendo el comercio, el turismo, la integración y el medio ambiente;

2) Mejoramiento y extensión de la educación a todos los niveles y la promoción de la investigación científica y tecnológica, a través de la cooperación técnica, así como el apoyo a las actividades del área cultural, y

3) Fortalecimiento de la conciencia cívica de los pueblos americanos, como uno de los fundamentos del ejercicio efectivo de la democracia y la observancia de los derechos y deberes de la persona humana.

Para estos efectos se contará con el concurso de mecanismos de participación sectorial y de otros órganos subsidiarios y organismos previstos en la Carta y en otras disposiciones de la Asamblea General.

d) Establecer relaciones de cooperación con los órganos correspondientes de las Naciones Unidas y con otras entidades nacionales e internacionales, especialmente en lo referente a la coordinación de los programas interamericanos de cooperación técnica.

e) Evaluar periódicamente las actividades de cooperación para el desarrollo integral, en cuanto a su desempeño en la consecución de las políticas, los programas y proyectos, en términos de su impacto, eficacia, eficiencia, aplicación de recursos, y de la calidad, entre otros, de los servicios de cooperación técnica prestados, e informar a la Asamblea General.

Artículo 96

El Consejo Interamericano para el Desarrollo Integral celebrará, por lo menos, una reunión cada año a nivel ministerial o su equivalente, y podrá convocar la celebración de reuniones al mismo nivel para los temas especializados o sectoriales que estime pertinentes, en áreas de su competencia. Se reunirá, además, cuando lo convoque la Asamblea General, la Reunión de Consulta de Ministros de Relaciones Exteriores o por propia iniciativa, o para los casos previstos en el Artículo 37 de la Carta.

Artículo 97

El Consejo Interamericano para el Desarrollo Integral tendrá las Comisiones Especializadas No Permanentes que decida establecer y que se requieran para el mejor desempeño de sus funciones. Dichas comisiones tendrán la competencia, funcionarán y se integrarán conforme a lo que se establezca en el estatuto del Consejo.

Artículo 98

La ejecución y, en su caso, la coordinación de los proyectos aprobados se encargará a la Secretaría Ejecutiva para el Desarrollo Integral, la cual informará sobre los resultados de ejecución de los mismos al Consejo.

Capítulo XIV
EL COMITÉ JURÍDICO INTERAMERICANO

Artículo 99

El Comité Jurídico Interamericano tiene como finalidad servir de cuerpo consultivo de la Organización en asuntos jurídicos; promover el desarrollo progresivo y la codificación del Derecho Internacional, y estudiar los problemas jurídicos referentes a la integración de los países en desarrollo del Continente y la posibilidad de uniformar sus legislaciones en cuanto parezca conveniente.

Artículo 100

El Comité Jurídico Interamericano emprenderá los estudios y trabajos preparatorios que le encomienden la Asamblea General, la Reunión de Consulta de Ministros de Relaciones Exteriores o los consejos de la Organización. Además, puede realizar, a iniciativa propia, los que considere conveniente, y sugerir la celebración de conferencias jurídicas especializadas.

Artículo 101

El Comité Jurídico Interamericano estará integrado por once juristas nacionales de los Estados miembros, elegidos por un período de cuatro años, de ternas presentadas por dichos Estados. La Asamblea General hará la elección mediante un régimen que tenga en cuenta la renovación parcial y procure, en lo posible, una equitativa representación geográfica. En el Comité no podrá haber más de un miembro de la misma nacionalidad.

Las vacantes producidas por causas distintas de la expiración normal de los mandatos de los miembros del Comité, se llenarán por el Consejo Permanente de la Organización siguiendo los mismos criterios establecidos en el párrafo anterior.

Artículo 102

El Comité Jurídico Interamericano representa al conjunto de los Estados miembros de la Organización, y tiene la más amplia autonomía técnica.

Artículo 103

El Comité Jurídico Interamericano establecerá relaciones de cooperación con las universidades, institutos y otros centros docentes, así como con las comisiones y entidades nacionales e internacionales dedicadas al estudio, investigación, enseñanza o divulgación de los asuntos jurídicos de interés internacional.

Artículo 104

El Comité Jurídico Interamericano redactará su estatuto, el cual será sometido a la aprobación de la Asamblea General.

El Comité adoptará su propio reglamento.

Artículo 105

El Comité Jurídico Interamericano tendrá su sede en la ciudad de Río de Janeiro, pero en casos especiales podrá celebrar reuniones en cualquier otro lugar que oportunamente se designe, previa consulta con el Estado miembro correspondiente.

Capítulo XV
LA COMISIÓN INTERAMERICANA DE DERECHOS HUMANOS

Artículo 106

Habrá una Comisión Interamericana de Derechos Humanos que tendrá, como función principal, la de promover la observancia y la defensa de los derechos humanos y de servir como órgano consultivo de la Organización en esta materia.

Una convención interamericana sobre derechos humanos determinará la estructura, competencia y procedimiento de dicha Comisión, así como los de los otros órganos encargados de esa materia.

Capítulo XVI
LA SECRETARÍA GENERAL

Artículo 107

La Secretaría General es el órgano central y permanente de la Organización de los Estados Americanos. Ejercerá las funciones que le atribuyan la Carta, otros tratados y acuerdos interamericanos y la Asamblea General, y cumplirá los encargos que le encomienden la Asamblea General, la Reunión de Consulta de Ministros de Relaciones Exteriores y los consejos.

Artículo 108

El Secretario General de la Organización será elegido por la Asamblea General para un período de cinco años y no podrá ser reelegido más de una vez ni sucedido por una persona de la misma nacionalidad. En caso de que quedare vacante el cargo de Secretario General, el Secretario General Adjunto asumirá las funciones de aquél hasta que la Asamblea General elija un nuevo titular para un período completo.

Artículo 109

El Secretario General dirige la Secretaría General, tiene la representación legal de la misma y, sin perjuicio de lo establecido en el artículo 91, inciso b), es responsable ante la Asamblea General del cumplimiento adecuado de las obligaciones y funciones de la Secretaría General.

Artículo 110

El Secretario General, o su representante, podrá participar con voz pero sin voto en todas las reuniones de la Organización.

El Secretario General podrá llevar a la atención de la Asamblea General o del Consejo Permanente cualquier asunto que, en su opinión, pudiese afectar la paz y la seguridad del Continente o el desarrollo de los Estados miembros.

Las atribuciones a que se refiere el párrafo anterior se ejercerán de conformidad con la presente Carta.

Artículo 111

En concordancia con la acción y la política decididas por la Asamblea General y con las resoluciones pertinentes de los Consejos, la Secretaría General promoverá las relaciones económicas, sociales, jurídicas, educativas, científicas y culturales entre todos los Estados miembros de la Organización, con especial énfasis en la cooperación para la eliminación de la pobreza crítica.

Artículo 112

La Secretaría General desempeña además las siguientes funciones:

a) Transmitir *ex officio* a los Estados miembros la convocatoria de la Asamblea General, de la Reunión de Consulta de Ministros de Relaciones Exteriores, del Consejo Interamericano para el Desarrollo Integral y de las Conferencias Especializadas;

b) Asesorar a los otros órganos, según corresponda, en la preparación de los temarios y reglamentos;

c) Preparar el proyecto de programa-presupuesto de la Organización, sobre la base de los programas adoptados por los consejos, organismos y entidades cuyos gastos deban ser incluidos en el programa-presupuesto y, previa consulta con esos consejos o sus comisiones permanentes, someterlo a la Comisión Preparatoria de la Asamblea General y después a la Asamblea misma;

d) Proporcionar a la Asamblea General y a los demás órganos servicios permanentes y adecuados de secretaría y cumplir sus mandatos y encargos. Dentro de sus posibilidades, atender a las otras reuniones de la Organización;

e) Custodiar los documentos y archivos de las Conferencias Interamericanas, de la Asamblea General, de las Reuniones de Consulta de Ministros de Relaciones Exteriores, de los consejos y de las Conferencias Especializadas;

f) Servir de depositaria de los tratados y acuerdos interamericanos, así como de los instrumentos de ratificación de los mismos;

g) Presentar a la Asamblea General, en cada período ordinario de sesiones, un informe anual sobre las actividades y el estado financiero de la Organización, y

h) Establecer relaciones de cooperación, de acuerdo con lo que resuelva la Asamblea General o los consejos, con los Organismos Especializados y otros organismos nacionales e internacionales.

Artículo 113

Corresponde al Secretario General:

a) Establecer las dependencias de la Secretaría General que sean necesarias para la realización de sus fines, y

b) Determinar el número de funcionarios y empleados de la Secretaría General, nombrarlos, reglamentar sus atribuciones y deberes, y fijar sus emolumentos.

El Secretario General ejercerá estas atribuciones de acuerdo con las normas generales y las disposiciones presupuestarias que establezca la Asamblea General.

Artículo 114

El Secretario General Adjunto será elegido por la Asamblea General para un período de cinco años y no podrá ser reelegido más de una vez ni sucedido por una persona de la misma nacionalidad. En caso de que quedare vacante el cargo de Secretario General Adjunto, el Consejo Permanente elegirá un sustituto que ejercerá dicho cargo hasta que la Asamblea General elija un nuevo titular para un período completo.

Artículo 115

El Secretario General Adjunto es el Secretario del Consejo Permanente. Tiene el carácter de funcionario consultivo del Secretario General y actuará como delegado suyo en todo aquello que le encomendare. Durante la ausencia temporal o impedimento del Secretario General, desempeñará las funciones de éste.

El Secretario General y el Secretario General Adjunto deberán ser de distinta nacionalidad.

Artículo 116

La Asamblea General, con el voto de los dos tercios de los Estados miembros, puede remover al Secretario General o al Secretario General Adjunto, o a ambos, cuando así lo exija el buen funcionamiento de la Organización.

Artículo 117

El Secretario General designará, con la aprobación del Consejo Interamericano para el Desarrollo Integral, un Secretario Ejecutivo para el Desarrollo Integral.

Artículo 118

En el cumplimiento de sus deberes, el Secretario General y el personal de la Secretaría no solicitarán ni recibirán instrucciones de ningún Gobierno ni de ninguna autoridad ajena a la Organización, y se abstendrán de actuar en forma alguna que sea incompatible con su condición de funcionarios internacionales responsables únicamente ante la Organización.

Artículo 119

Los Estados miembros se comprometen a respetar la naturaleza exclusivamente internacional de las responsabilidades del Secretario General y del personal de la Secretaría General y a no tratar de influir sobre ellos en el desempeño de sus funciones.

Artículo 120

Para integrar el personal de la Secretaría General se tendrá en cuenta, en primer término, la eficiencia, competencia y probidad; pero se dará importancia, al propio tiempo, a la necesidad de que el personal sea escogido, en todas las jerarquías, con un criterio de representación geográfica tan amplio como sea posible.

Artículo 121

La sede de la Secretaría General es la ciudad de Washington, D.C.

Capítulo XVII
LAS CONFERENCIAS ESPECIALIZADAS

Artículo 122

Las Conferencias Especializadas son reuniones intergubernamentales para tratar asuntos técnicos especiales o para desarrollar determinados aspectos de la cooperación interamericana, y se celebran cuando lo resuelva la Asamblea General o la Reunión de Consulta de Ministros de Relaciones Exteriores, por iniciativa propia o a instancia de alguno de los consejos u Organismos Especializados.

Artículo 123

El temario y el reglamento de las Conferencias Especializadas serán preparados por los consejos correspondientes o por los Organismos Especializados interesados, y sometidos a la consideración de los Gobiernos de los Estados miembros.

Capítulo XVIII
LOS ORGANISMOS ESPECIALIZADOS

Artículo 124

Se consideran como Organismos Especializados Interamericanos, para los efectos de esta Carta, los organismos intergubernamentales establecidos por acuerdos multilaterales que tengan determinadas funciones en materias técnicas de interés común para los Estados americanos.

Artículo 125

La Secretaría General mantendrá un registro de los organismos que llenen las condiciones del artículo anterior, según la determinación de la Asamblea General, previo informe del respectivo consejo.

Artículo 126

Los Organismos Especializados disfrutan de la más amplia autonomía técnica, pero deberán tener en cuenta las recomendaciones de la Asamblea General y de los consejos, de conformidad con las disposiciones de la Carta.

Artículo 127

Los Organismos Especializados enviarán a la Asamblea General informes anuales sobre el desarrollo de sus actividades y acerca de sus presupuestos y cuentas anuales.

Artículo 128

Las relaciones que deben existir entre los Organismos Especializados y la Organización serán determinadas mediante acuerdos celebrados entre cada Organismo y el Secretario General, con la autorización de la Asamblea General.

Artículo 129

Los Organismos Especializados deben establecer relaciones de cooperación con organismos mundiales de la misma índole, a fin de coordinar sus actividades. Al concertar acuerdos con organismos internacionales de carácter mundial, los Organismos Especializados Interamericanos deben mantener su identidad y posición como parte integrante de la Organización de los Estados Americanos, aun cuando desempeñen funciones regionales de los Organismos Internacionales.

Artículo 130

En la ubicación de los Organismos Especializados se tendrán en cuenta los intereses de todos los Estados miembros y la conveniencia de que las sedes de los mismos sean escogidas con un criterio de distribución geográfica tan equitativa como sea posible.

Tercera parte
Capítulo XIX
NACIONES UNIDAS

Artículo 131

Ninguna de las estipulaciones de esta Carta se interpretará en el sentido de menoscabar los derechos y obligaciones de los Estados miembros de acuerdo con la Carta de las Naciones Unidas.

Capítulo XX
DISPOSICIONES VARIAS

Artículo 132

La asistencia a las reuniones de los órganos permanentes de la Organización de los Estados Americanos o a las conferencias y reuniones previstas en la Carta, o celebradas bajo los auspicios de la Organización, se verificará de acuerdo con el carácter multilateral de los órganos, conferencias y reuniones precitados, y no depende de las relaciones bilaterales entre el Gobierno de cualquier Estado miembro y el Gobierno del país sede.

Artículo 133

La Organización de los Estados Americanos gozará en el territorio de cada uno de sus miembros de la capacidad jurídica, privilegios e inmunidades que sean necesarios para el ejercicio de sus funciones y la realización de sus propósitos.

Artículo 134

Los representantes de los Estados miembros en los órganos de la Organización, el personal de las representaciones, el Secretario General y el Secretario General Adjunto, gozarán de los privilegios e inmunidades correspondientes a sus cargos y necesarios para desempeñar con independencia sus funciones.

Artículo 135

La situación jurídica de los Organismos Especializados y los privilegios e inmunidades que deben otorgarse a ellos y a su personal, así como a los funcionarios de la Secretaría General, serán determinados en un acuerdo multilateral. Lo anterior no impide que se celebren acuerdos bilaterales cuando se estime necesario.

Artículo 136

La correspondencia de la Organización de los Estados Americanos, incluso impresos y paquetes, cuando lleve su sello de franquicia, circulará exenta de porte por los correos de los Estados miembros.

Artículo 137

La Organización de los Estados Americanos no admite restricción alguna por cuestión de raza, credo o sexo en la capacidad para desempeñar cargos en la Organización y participar en sus actividades.

Artículo 138

Los órganos competentes procurarán, dentro de las disposiciones de la presente Carta, una mayor colaboración de los países no miembros de la Organización en materia de cooperación para el desarrollo.

Capítulo XXI
RATIFICACIÓN Y VIGENCIA

Artículo 139

La presente Carta queda abierta a la firma de los Estados americanos, y será ratificada de conformidad con sus respectivos procedimientos constitucionales. El instrumento original, cuyos textos en español, inglés, portugués y francés son igualmente auténticos, será depositado en la Secretaría General, la cual enviará copias certificadas a los Gobiernos para los fines de su ratificación. Los instrumentos de ratificación serán depositados en la Secretaría General y ésta notificará dicho depósito a los Gobiernos signatarios.

Artículo 140

La presente Carta entrará en vigor, entre los Estados que la ratifiquen, cuando los dos tercios de los Estados signatarios hayan depositado sus ratificaciones. En cuanto a los Estados restantes, entrará en vigor en el orden en que depositen sus ratificaciones.

Artículo 141

La presente Carta será registrada en la Secretaría de las Naciones Unidas por medio de la Secretaría General.

Artículo 142

Las reformas a la presente Carta sólo podrán ser adoptadas en una Asamblea General convocada para tal objeto. Las reformas entrarán en vigor en los mismos términos y según el procedimiento establecido en el artículo 140.

Artículo 143

Esta Carta regirá indefinidamente, pero podrá ser denunciada por cualquiera de los Estados miembros, mediante comunicación escrita a la Secretaría General, la cual comunicará en cada caso a los demás las notificaciones de denuncia que reciba. Transcurridos dos años a partir de la fecha en que la Secretaría General reciba una notificación de denuncia, la presente Carta cesará en sus efectos respecto del Estado denunciante, y éste quedará desligado de la Organización después de haber cumplido con las obligaciones emanadas de la presente Carta.

Capítulo XXII
DISPOSICIONES TRANSITORIAS

Artículo 144

El Comité Interamericano de la Alianza para el Progreso actuará como comisión ejecutiva permanente del Consejo Interamericano Económico y Social mientras esté en vigencia dicha Alianza.

Artículo 145

Mientras no entre en vigor la convención interamericana sobre derechos humanos a que se refiere el capítulo XV, la actual Comisión Interamericana de Derechos Humanos velará por la observancia de tales derechos.

Artículo 146

El Consejo Permanente no formulará ninguna recomendación ni la Asamblea General tomará decisión alguna sobre la solicitud de admisión presentada por una entidad política cuyo territorio esté sujeto, total o parcialmente y con anterioridad a la fecha del 18 de diciembre de 1964, fijada por la Primera Conferencia Interamericana Extraordinaria, a litigio o reclamación entre un país extra continental y uno o más Estados miembros de la Organización, mientras no se haya puesto fin a la controversia mediante procedimiento pacífico. El presente artículo regirá hasta el 10 de diciembre de 1990.

NOTAS

1 La Carta de las Naciones Unidas se firmó el 26 de junio de 1945 en San Francisco, al terminar la Conferencia de las Naciones Unidas sobre Organización Internacional, y entró en vigor el 24 de octubre del mismo año. El Estatuto de la Corte Internacional de Justicia es parte integrante de la Carta.
El 17 de diciembre de 1963, la Asamblea General aprobó enmiendas a los artículos 23, 27 y 61 de la Carta, las que entraron en vigor el 31 de agosto de 1965. El 20 de diciembre de 1971 la Asamblea General aprobó otra enmienda al artículo 61, la que entró en vigor el 24 de septiembre de 1973. Una enmienda al artículo 109, aprobada por la Asamblea General el 20 de diciembre de 1965, entró en vigor el 12 de junio de 1968.
La enmienda al Artículo 23 aumentó el número de miembros del Consejo de Seguridad de once a quince. El artículo 27 enmendado estipula que las decisiones del Consejo de Seguridad sobre cuestiones de procedimiento serán tomadas por el voto afirmativo de nueve miembros (anteriormente siete) y sobre todas las demás cuestiones por el voto afirmativo de nueve miembros (anteriormente siete), incluso los votos afirmativos de los cinco miembros permanentes del Consejo de Seguridad.
La enmienda al artículo 61, que entró en vigor el 31 de agosto de 1965, aumentó el número de miembros del Consejo Económico y Social de dieciocho a veintisiete. Con la otra enmienda a dicho artículo, que entró en vigor el 24 de septiembre de 1973, se volvió a aumentar el número de miembros del Consejo de veintisiete a cincuenta y cuatro.
La enmienda al artículo 109, que corresponde al párrafo 1 de dicho artículo, dispone que se podrá celebrar una Conferencia General de los Estados Miembros con el propósito de revisar la Carta, en la fecha y lugar que se determinen por el voto de las dos terceras partes de los Miembros de la Asamblea General y por el voto de cualesquiera nueve miembros (anteriormente siete) del Consejo de Seguridad. El párrafo 3 del mismo Artículo, que se refiere al examen de la cuestión de una posible conferencia de revisión en el décimo período ordinario de sesiones de la Asamblea General, ha sido conservado en su forma primitiva, por lo que toca a una decisión de "siete miembros cualesquiera del Consejo de Seguridad", dado que en 1955 la Asamblea General, en su décimo período ordinario de sesiones, y el Consejo de Seguridad tomaron medidas acerca de dicho párrafo.

2 Reformada por el Protocolo de Reformas a la Carta de la Organización de los Estados Americanos "Protocolo de Buenos Aires", suscrito el 27 de febrero de 1967, en la Tercera Conferencia Interamericana Extraordinaria; por el Protocolo de Reformas a la Carta de la Organización de los Estados Americanos "Protocolo de Cartagena de Indias", aprobado el 5 de diciembre de 1985, en el decimocuarto período extraordinario de sesiones de la Asamblea General; por el Protocolo de Reformas a la Carta de la Organización de los Estados Americanos "Protocolo de Washington", aprobado el 14 de diciembre de 1992, en el decimosexto período extraordinario de sesiones de la Asamblea General; y por el Protocolo de Reformas a la Carta de la Organización de los Estados Americanos "Protocolo de Managua", adoptado el 10 de junio de 1993, en el decimonoveno período extraordinario de sesiones de la Asamblea General.

II. Principios superiores e Ius cogens

- Declaración de los principios de Derecho internacional referentes a las relaciones de amistad y a la cooperación entre los Estados de conformidad con la Carta de las Naciones Unidas (Resolución ONU 2625/XXV, 1970).
- Declaración sobre el mejoramiento de la eficacia del principio de la abstención de la amenaza o de la utilización de la fuerza en las relaciones internacionales (Resolución ONU 42/22, 1987)
- Proyecto de conclusiones sobre normas imperativas de derecho internacional: Ius cogens (Comisión de Derecho Internacional, 2019)

Declaración sobre los principios de Derecho Internacional referentes a las relaciones de amistad y a la cooperación entre los Estados de conformidad con la Carta de las Naciones Unidas (Resolución 2625 (XXV) de la Asamblea General de las Naciones Unidas, de 24 de octubre de 1970)

La Asamblea General,

Recordando sus resoluciones 1815 (XVI1) de 18 de diciembre de 1962, 1966 (XVIII) de 16 de diciembre de 1963, 2103 (XX) de 20 de diciembre de 1965, 2181 (XXI) de 12 de diciembre de 1966, 2327 (XXII) de 18 de diciembre de 1967, 2463 (XXIII) de 20 de diciembre de 1968 y 2533 (XXIV) de 8 de diciembre de 1969, en las que afirmó la importancia del desarrollo progresivo y la codificación de los principios de Derecho Internacional referentes a las relaciones de amistad y a la cooperación entre los Estados,

Habiendo examinado el informe del Comité Especial de los principios de Derecho Internacional referentes a las relaciones de amistad y a la cooperación entre los Estados, que se reunió en Ginebra del 31 de marzo al 1° de mayo de 1970,

Poniendo de relieve la suprema importancia de la Carta de las Naciones Unidas para el mantenimiento de la paz y la seguridad internacionales y para el desarrollo de las relaciones de amistad y la cooperación entre los Estados,

Profundamente convencida de que la aprobación, con ocasión de la celebración del vigésimo quinto aniversario de las Naciones Unidas, de la Declaración sobre los principios de Derecho Internacional referentes a las relaciones de amistad y a la cooperación entre los Estados de conformidad con la Carta de las Naciones Unidas contribuiría a fortalecer la paz mundial y constituiría un acontecimiento señalado en la evolución del Derecho Internacional y de las relaciones entre los Estados al promover el imperio del derecho entre las naciones y, en particular, la aplicación universal de los principios incorporados en la Carta,

Considerando la conveniencia de difundir ampliamente el texto de la Declaración,

1. *Aprueba* la Declaración sobre los principios de Derecho Internacional referentes a las relaciones de amistad y a la cooperación entre los Estados de conformidad con la Carta de las Naciones Unidas, cuyo texto figura en el anexo a la presente resolución;

2. *Expresa* su reconocimiento al Comité Especial de los principios de Derecho Internacional referentes a las relaciones de amistad y a la cooperación entre los Estados por su labor, cuyo resultado ha sido la preparación de la Declaración;

3. *Recomienda* que se realicen los mayores esfuerzos para que la Declaración sea de conocimiento general.

1883a. sesión plenaria, 24 de octubre de 1970.

ANEXO

Declaración sobre los principios de Derecho Internacional referentes a las relaciones de amistad y a la cooperación entre los Estados de conformidad con la Carta de las Naciones Unidas

Preámbulo

La Asamblea General,

Reafirmando que, conforme a la Carta de las Naciones Unidas, entre los propósitos fundamentales de las Naciones Unidas figuran el mantenimiento de la paz y la seguridad internacionales y el fomento de las relaciones de amistad y de la cooperación entre las naciones,

Recordando que los pueblos de las Naciones Unidas están resueltos a practicar la tolerancia y a convivir en paz como buenos vecinos,

Teniendo presente la importancia de mantener y fortalecer la paz internacional fundada en la libertad, la igualdad, la justicia y el respeto de los derechos humanos fundamentales y de fomentar las relaciones de amistad entre las naciones, independientemente de las diferencias existentes entre sus sistemas políticos, económicos y sociales o sus niveles de desarrollo,

Teniendo presente además la suprema importancia de la Carta de las Naciones Unidas para fomentar el imperio del derecho entre las naciones,

Considerando que la fiel observancia de los principios de Derecho Internacional referentes a las relaciones de amistad y a la cooperación entre los Estados y al cumplimiento de buena fe de las obligaciones contraídas por los Estados, de conformidad con la Carta, es de la mayor importancia para el mantenimiento de la paz y de la seguridad internacionales y para la realización de los demás propósitos de las Naciones Unidas,

Observando que los grandes cambios políticos, económicos y sociales, y el progreso científico que han tenido lugar en el mundo desde la aprobación de la Carta hacen que adquieran mayor importancia estos principios y la necesidad de aplicarlos de forma más efectiva en la conducta de los Estados en todas las esferas,

Recordando el principio establecido de que el espacio ultraterrestre, incluso la Luna y otros cuerpos celestes, no podrá ser objeto de apropiación nacional por reivindicación de soberanía, uso u ocupación, ni de ninguna otra manera, y consciente de que en las Naciones Unidas se está considerando la cuestión del establecimiento de otras disposiciones pertinentes de inspiración similar,

Convencida de que el estricto cumplimiento por los Estados de la obligación de no intervenir en los asuntos de cualquier otro Estado es condición esencial para asegurar la convivencia pacífica entre las naciones, ya que la práctica de cualquier forma de intervención, además de violar el espíritu y la letra de la Carta, entraba la creación de situaciones que amenazan la paz y la seguridad internacionales,

Recordando el deber de los Estados de abstenerse, en sus relaciones internacionales, de ejercer coerción militar, política, económica o de cualquier otra índole contra la independencia política o la integridad territorial de cualquier Estado,

Considerando que es indispensable que todos los Estados se abstengan, en sus relaciones internacionales, de recurrir a la amenaza o al uso de la fuerza contra la integridad territorial o la independencia política de cualquier Estado, o en cualquier otra forma incompatible con los propósitos de las Naciones Unidas,

Considerando que es indispensable igualmente que todos los Estados arreglen sus controversias internacionales por medios pacíficos de conformidad con la Carta,

Reafirmando, de conformidad con la Carta, la importancia básica de la igualdad soberana y subrayando que los propósitos de las Naciones Unidas sólo podrán realizarse si los Estados disfrutan de igualdad soberana y cumplen plenamente las exigencias de este principio en sus relaciones internacionales,

Convencida de que la sujeción de los pueblos a la subyugación, dominación y explotación extranjeras constituye uno de los mayores obstáculos al fomento de la paz y la seguridad internacionales,

Convencida de que el principio de la igualdad de derechos y de la libre determinación de los pueblos constituye una importante contribución al Derecho Internacional contemporáneo, y de que su aplicación efectiva es de suprema importancia para fomentar entre los Estados las relaciones de amistad basadas en el respeto del principio de la igualdad soberana,

Convencida, en consecuencia, de que todo intento de quebrantar parcial o totalmente la unidad nacional y la integridad territorial de un Estado o país o su independencia política es incompatible con los propósitos y principios de la Carta,

Considerando las disposiciones de la Carta en su conjunto y teniendo en cuenta la función de las resoluciones pertinentes aprobadas por los órganos competentes de las Naciones Unidas en relación con el contenido de los principios,

Considerando que el desarrollo progresivo y la codificación de los siguientes principios:

a) El principio de que los Estados, en sus relaciones internacionales, se abstendrán de recurrir a la amenaza o al uso de la fuerza contra la integridad territorial o la independencia política de cualquier Estado, o en cualquier otra forma incompatible con los propósitos de las Naciones Unidas,

b) El principio de que los Estados arreglarán sus controversias internacionales por medios pacíficos de tal manera que no se pongan en peligro ni la paz y la seguridad internacionales ni la justicia,

c) La obligación de no intervenir en los asuntos que son de la jurisdicción interna de los Estados, de conformidad con la Carta,

d) La obligación de los Estados de cooperar entre sí, conforme a la Carta,

e) El principio de la igualdad de derechos y de la libre determinación de los pueblos,

f) El principio de la igualdad soberana de los Estados,

g) El principio de que los Estados cumplirán de buena fe las obligaciones contraídas por ellos de conformidad con la Carta, para conseguir su aplicación más efectiva dentro de la comunidad internacional, fomentaría la realización de los propósitos de las Naciones Unidas,

Habiendo considerado los principios de Derecho Internacional referentes a las relaciones de amistad y a la cooperación entre los Estados,

1. Solemnemente proclama los siguientes principios:

El principio de que los Estados, en sus relaciones internacionales, se abstendrán de recurrir a la amenaza o al uso de la fuerza contra la integridad territorial o la independencia política de cualquier Estado, o en cualquier otra forma incompatible con los propósitos de las Naciones Unidas

Todo Estado tiene el deber de abstenerse, en sus relaciones internacionales, de recurrir a la amenaza o al uso de la fuerza contra la integridad territorial o la independencia política de cualquier Estado, o en cualquier otra forma incompatible con los propósitos de las Naciones Unidas. Tal amenaza o uso de la fuerza constituye una violación del Derecho Internacional y de la Carta de las Naciones Unidas, y no se empleará nunca como medio para resolver cuestiones internacionales.

Una guerra de agresión constituye un crimen contra la paz, que, con arreglo al Derecho Internacional, entraña responsabilidad.

Conforme a los propósitos y principios de las Naciones Unidas, los Estados tienen el deber de abstenerse de hacer propaganda en favor de las guerras de agresión.

Todo Estado tiene el deber de abstenerse de recurrir a la amenaza o al uso de la fuerza para violar las fronteras internacionales existentes de otro Estado o como medio de resolver controversias internacionales, incluso las controversias territoriales y los problemas relativos a las fronteras de los Estados.

Asimismo, todo Estado tiene el deber de abstenerse de recurrir a la amenaza o al uso de la fuerza para violar las líneas internacionales de demarcación, tales como las líneas de armisticio, que se establezcan por un acuerdo internacional del que sea parte o que esté obligado a respetar por otras razones, o de conformidad con ese acuerdo. Nada de Io anterior se interpretará en el sentido de que prejuzga las posiciones de las partes interesadas en relación con la condición y efectos de dichas líneas de acuerdo con sus regímenes especiales, ni en el sentido de que afecta a su carácter temporal.

Los Estados tienen el deber de abstenerse de actos de represalia que impliquen el uso de la fuerza.

Todo Estado tiene el deber de abstenerse de recurrir a cualquier medida de fuerza que prive de su derecho a la libre determinación y a la libertad y a la independencia a los pueblos aludidos en la formulación del principio de la igualdad de derechos y de la libre determinación.

Todo Estado tiene el deber de abstenerse de organizar o fomentar la organización de fuerzas irregulares o de bandas armadas, incluidos los mercenarios, para hacer incursiones en el territorio de otro Estado.

Todo Estado tiene el deber de abstenerse de organizar, instigar, ayudar o participar en actos de guerra civil o en actos de terrorismo en otro Estado o de consentir actividades organizadas dentro de su territorio encaminadas a la comisión de dichos actos, cuando los actos a que se hace referencia en el presente párrafo impliquen el recurrir a la amenaza o al uso de la fuerza.

El territorio de un Estado no será objeto de ocupación militar derivada del uso de la fuerza en contravención de las disposiciones de la Carta. El territorio de un Estado no será objeto de adquisición por otro Estado derivada de la amenaza o el uso de la fuerza. No se reconocerá como legal ninguna adquisición territorial derivada de la amenaza o el uso de la fuerza. Nada de lo dispuesto anteriormente se interpretará en un sentido que afecte:

a) Las disposiciones de la Carta o cualquier acuerdo internacional anterior al régimen de la Carta y que sea válido según el Derecho Internacional; o

b) Los poderes del Consejo de Seguridad de conformidad con la Carta.

Todos los Estados deberán realizar de buena fe negociaciones encaminadas a la rápida celebración de un tratado universal de desarme general y completo bajo un control internacional eficaz, y esforzarse por adoptar medidas adecuadas para reducir la tirantez internacional y fortalecer la confianza entre los Estados.

Todos los Estados deberán cumplir de buena fe las obligaciones que les incumben en virtud de los principios y normas generalmente reconocidos del Derecho Internacional con respecto al mantenimiento de la paz y la seguridad internacionales, y tratarán de aumentar la eficacia del sistema de seguridad de las Naciones Unidas basado en la Carta.

Ninguna de las disposiciones de los párrafos precedentes se interpretará en el sentido de que amplia o disminuye en forma alguna el alcance de las disposiciones de la Carta relativas a los casos en que es legítimo el uso de la fuerza.

El principio de que los Estados arreglarán sus controversias internacionales por medios pacíficos de tal manera que no se pongan en peligro ni la paz y la seguridad internacionales ni la justicia

Todos los Estados arreglarán sus controversias internacionales por medios pacíficos de tal manera que no se pongan en peligro ni la paz y la seguridad internacionales ni la justicia.

Los Estados, en consecuencia, procurarán llegar a un arreglo pronto y justo de sus controversias internacionales mediante la negociación, la investigación, la mediación, la conciliación, el arbitraje, el arreglo judicial, el recurso a los organismos o sistemas regionales u otros medios pacíficos que ellos mismos elijan. Al procurar Ilegar a ese arreglo las partes convendrán en valerse de los medios pacíficos que resulten adecuados a las circunstancias y a la naturaleza de la controversia.

Las partes en una controversia tienen el deber, en caso de que no se logre una solución por uno de los medios pacíficos mencionados, de seguir tratando de arreglar la controversia por otros medios pacíficos acordados por ellas.

Los Estados parte en una controversia internacional, así como los demás Estados, se abstendrán de toda medida que pueda agravar la situación al punto de poner en peligro el mantenimiento de la paz y la seguridad internacionales, y obrarán en conformidad con los propósitos y principios de las Naciones Unidas.

El arreglo de las controversias internacionales se basará en la igualdad soberana de los Estados y se hará conforme al principio de libre elección de los medios. El recurso a un procedimiento de arreglo aceptado libremente por los Estados, o la aceptación de tal procedimiento, con respecto a las controversias existentes o futuras en que sean partes, no se considerará incompatible con la igualdad soberana.

Ninguna de las disposiciones de los párrafos precedentes prejuzga o deroga las disposiciones aplicables de la Carta, en particular las relativas al arreglo pacífico de controversias internacionales.

El principio relativo a la obligación de no intervenir en los asuntos que son de la jurisdicción interna de los Estados, de conformidad con la Carta

Ningún Estado o grupo de Estados tiene derecho a intervenir directa o indirectamente, y sea cual fuere el motivo, en los asuntos internos o externos de ningún otro. Por Io tanto, no solamente la intervención armada, sino también cualquier otra forma de injerencia o de amenaza atentatoria de la personalidad del Estado, o de los elementos políticos, económicos y culturales que lo constituyen, son violaciones del Derecho Internacional.

Ningún Estado puede aplicar o fomentar el uso de medidas económicas, políticas o de cualquier otra índole para coaccionar a otro Estado a fin de lograr que subordine el ejercicio de sus derechos soberanos y obtener de él ventajas de cualquier orden. Todos los Estados deberán también abstenerse de organizar, apoyar, fomentar, financiar, instigar o tolerar actividades armadas, subversivas o terroristas encaminadas a cambiar por la violencia el régimen de otro Estado, y de intervenir en las luchas interiores de otro Estado.

El uso de la fuerza para privar a los pueblos de su identidad nacional constituye una violación de sus derechos inalienables y del principio de no-intervención.

Todo Estado tiene el derecho inalienable a elegir su sistema político, económico, social y cultural, sin injerencia en ninguna forma por parte de ningún otro Estado.

Nada en los párrafos precedentes deberá interpretarse en el sentido de afectar las disposiciones pertinentes de la Carta relativas al mantenimiento de la paz y la seguridad internacionales.

La obligación de los Estados de cooperar entre sí, de conformidad con la Carta

Los Estados tienen el deber de cooperar entre sí, independientemente de las diferencias en sus sistemas políticos,

a) Los Estados deben cooperar con otros Estados en el mantenimiento de la paz y la seguridad internacionales;

b) Los Estados deben cooperar para promover el respeto universal a los derechos humanos y a las libertades fundamentales de todos y la efectividad de tales derechos y libertades, y para eliminar todas las formas de discriminación racial y todas las formas de intolerancia religiosa;

c) Los Estados deben conducir sus relaciones internacionales en las esferas económica, social, cultural, técnica y comercial, de conformidad con los principios de la igualdad soberana y la no intervención;

d) Los Estados Miembros de las Naciones Unidas tienen el deber de adoptar medidas, conjunta o separadamente, en cooperación con las Naciones Unidas, de conformidad con las disposiciones pertinentes de la Carta.

Los Estados deben cooperar en las esferas económica, social y cultural, así como en la esfera de la ciencia y la tecnología, y promover el progreso de la cultura y la enseñanza en el mundo. Los Estados deben cooperar para promover el crecimiento económico en todo el mundo, particularmente en los países en desarrollo.

El principio de la igualdad de derechos y de la libre determinación de los pueblos

En virtud del principio de la igualdad de derechos y de la libre determinación de los pueblos, consagrado en la Carta de las Naciones Unidas, todos los pueblos tienen el derecho de determinar libremente, sin injerencia externa, su condición política y de procurar su desarrollo económico, social y cultural, y todo Estado tiene el deber de respetar ese derecho de conformidad con las disposiciones de la Carta.

Todo Estado tiene el deber de promover, mediante acción conjunta o individual, la aplicación del principio de la igualdad de derechos y de la libre determinación de los pueblos, de conformidad con las disposiciones de la Carta, y de prestar asistencia a las Naciones Unidas en el cumplimiento de las obligaciones que se le encomiendan por la Carta respecto de la aplicación de dicho principio, a fin de:

a) Fomentar las relaciones de amistad y la cooperación entre los Estados; y

b) Poner fin rápidamente al colonialismo, teniendo debidamente en cuenta la voluntad libremente expresada de los pueblos de que se trate;

y teniendo presente que el sometimiento de los pueblos a la subyugación, dominación y explotación extranjeras constituye una violación del principio, así coma una denegación de los derechos humanos fundamentales, y es contraria a la Carra.

Todo Estado tiene el deber de promover, mediante acción conjunta o individual, el respeto universal los derechos humanos y a las libertades fundamentales y la efectividad de tales derechos y libertades de conformidad con la Carta.

El establecimiento de un Estado soberano e independiente, la libre asociación o integración con un Estado independiente o la adquisición de cualquier otra condición política libremente decidida por un pueblo constituyen formas del ejercicio del derecho de libre determinación de ese pueblo.

Todo Estado tiene el deber de abstenerse de recurrir a cualquier medida de fuerza que prive a los pueblos antes aludidos en la formulación del presente principio de su derecho a la libre determinación y a la libertad y a la independencia. En los actos que realicen y en la resistencia que opongan contra esas medidas de fuerza con el fin de ejercer su derecho a la libre determinación, tales pueblos podrán pedir y recibir apoyo de conformidad con los propósitos y principios de la Carta.

El territorio de una colonia u otro territorio no autónomo tiene, en virtud de la Carta, una condición jurídica distinta y separada de la del territorio del Estado que lo administra; y esa condición jurídica distinta y separada conforme a la Carta existirá hasta que el pueblo de la colonia o el territorio no autónomo haya ejercido su derecho de libre determinación de conformidad con la Carta y, en particular, con sus propósitos y principios.

Ninguna de las disposiciones de los párrafos precedentes se entenderá en el sentido de que autoriza o fomenta acción alguna encaminada a quebrantar o menoscabar, total o parcialmente, la integridad territorial de Estados soberanos e independientes que se conduzcan de conformidad con el principio de la igualdad de derechos y de la libre determinación de los pueblos antes descrito y estén, por tanto, dotados de un gobierno que represente a la totalidad del pueblo perteneciente al territorio, sin distinción por motivos de raza, credo o color.

Todo Estado se abstendrá de cualquier acción dirigida al quebrantamiento parcial o total de la unidad nacional e integridad territorial de cualquier otro Estado o país.

El principio de la igualdad soberana de los Estados

Todos los Estados gozan de igualdad soberana. Tienen iguales derechos e iguales deberes y son por igual miembros de la comunidad internacional, pese a las diferencias de orden económico, social, político o de otra índole.

En particular, la igualdad soberana comprende los elementos siguientes:

a) Los Estados son iguales jurídicamente;

b) Cada Estado goza de los derechos inherentes a la plena soberanía;

c) Cada Estado tiene el deber de respetar la personalidad de los demás Estados;

d) La integridad territorial y la independencia política del Estado son inviolables;

e) Cada Estado tiene el derecho a elegir y a llevar adelante libremente su sistema político, social, económico y cultural;

f) Cada Estado tiene el deber de cumplir plenamente y de buena fe sus obligaciones internacionales y de vivir en paz con los demás Estados.

El principio de que los Estados cumplirán de buena fe las obligaciones contraídas por ellos de conformidad con la Carta

Todo Estado tiene el deber de cumplir de buena fe las obligaciones que ha contraído en virtud de la Carta de las Naciones Unidas.

Todo Estado tiene el deber de cumplir de buena fe las obligaciones contraídas en virtud de los principios y normas de Derecho Internacional generalmente reconocidos.

Todo Estado tiene el deber de cumplir de buena fe las obligaciones contraídas en virtud de acuerdos internacionales válidos con arreglo a los principios y normas de Derecho Internacional generalmente reconocidos.

Cuando las obligaciones derivadas de acuerdos internacionales estén en pugna con las obligaciones de los Miembros de las Naciones Unidas en virtud de la Carta, prevalecerán estas últimas.

DISPOSICIONES GENERALES

2. Declara que:

Por lo que respecta a su interpretación y aplicación, los principios que anteceden están relacionados entre sí y cada uno de ellos debe interpretarse en el contexto de los restantes.

Nada de Io enunciado en la presente Declaración se interpretará en forma contraria a las disposiciones de la Carta o en perjuicio de los derechos y deberes de los Estados Miembros en virtud de la Carta o de los derechos de los pueblos en virtud de la Carta, teniendo en cuenta la formulación de esos derechos en la presente Declaración.

3. Declara además que:

Los principios de la Carta incorporados en la presente Declaración constituyen principios básicos de Derecho Internacional y, por consiguiente, insta a todos los Estados a que se guíen por esos principios en su comportamiento internacional y a que desarrollen sus relaciones mutuas sobre la base del estricto cumplimiento de esos principios.

Declaración sobre el mejoramiento de la eficacia del principio de la abstención de la amenaza o de la utilización de la fuerza en las relaciones internacionales

(Resolución 42/22 de la Asamblea General de las Naciones Unidas, de 18 de noviembre de 1987)

La Asamblea General,

Recordando su resolución 41/76, de 3 de diciembre de 1986, en la que decidió que el Comité Especial para mejorar la eficacia del principio de la no utilización de la fuerza en las relaciones internacionales terminara un proyecto de declaración sobre el mejoramiento de la eficacia del principio que incluyera, cuando procediera, recomendaciones sobre el arreglo pacífico de controversias, y que le presentase en su cuadragésimo segundo período de sesiones un informe definitivo que contuviera un proyecto de declaración,

Tomando nota del informe del Comité Especial, que se reunió en Nueva York del 9 al 27 de marzo de 19872,

Considerando que el Comité Especial ha terminado un proyecto de declaración sobre el mejoramiento de la eficacia del principio de la abstención de la amenaza o de la utilización de la fuerza en las relaciones internacionales y ha decidido presentarlo a la Asamblea General para su examen y aprobación,

Convencida de la necesidad de la efectiva aplicación universal del principio de la abstención de la amenaza o de la utilización de la fuerza en las relaciones internacionales y de la importancia de la función que incumbe a las Naciones Unidas a este respecto.

Convencida también de que la aprobación de la Declaración sobre el mejoramiento de la eficacia del principio de la abstención de la amenaza o de la utilización de la fuerza en las relaciones internacionales contribuiría al mejoramiento de las relaciones internacionales,

1. Aprueba la Declaración sobre el mejoramiento de la eficacia del principio de la abstención de la amenaza o de la utilización de la fuerza en las relaciones internacionales, cuyo texto figura en el anexo a la presente resolución;

2. Expresa su reconocimiento al Comité Especial para mejorar la eficacia del principio de la no utilización de la fuerza en las relaciones internacionales por haber culminado su labor al elaborar la Declaración;

3. Recomienda que se haga todo lo posible por difundir ampliamente la Declaración.

73a. sesión plenaria 18 de noviembre de 1987

ANEXO

Declaración sobre el mejoramiento de la eficacia del principio de la abstención de la amenaza o de la utilización de la fuerza en las- relaciones internacionales

La Asamblea General.

Recordando el principio de que Los Estados, en sus relaciones internacionales, se abstendrán de recurrir a la amenaza o al uso de la fuerza contra la integridad territorial o la independencia política de cualquier Estado, o en cualquier otra forma incompatible con los propósitos de las Naciones Unidas,

Recordando que este principio está consagrado en el párrafo 4 del Artículo 2 de la Carta de las Naciones Unidas y ha sido reafirmado en diversos instrumentos internacionales.

Reafirmando la Declaración sobre los principios del derecho internacional referentes a las relaciones de amistad y a la cooperación entre los Estados de conformidad con la Carta de las Naciones Unidas, la Definición de la agresión y la Declaración de Manila sobre el Arreglo Pacífico de Controversias Internacionales,

Reafirmando la obligación de mantener la paz y la seguridad internacionales de conformidad con los propósitos de las Naciones Unidas,

Expresando profunda preocupación por la persistencia de situaciones de conflicto y tensión y las consecuencias que las continuas violaciones del principio de abstenerse de recurrir a la amenaza o al uso de la fuerza tienen en lo que respecta al mantenimiento de la paz y la seguridad internacionales, asi como por las pérdidas de vidas humanas y daños materiales en los países afectados, cuyo desarrollo puede, por lo tanto, verse postergado,

Deseando eliminar el riesgo de nuevos conflictos armados entre Estados, fomentando un cambio en el clima internacional y que la confrontación ceda el paso a las relaciones pacíficas y a la cooperación y adoptando otras medidas apropiadas para fortalecer la paz y la seguridad internacionales,

Convencida de que en la actual situación mundial en que las armas nucleares son una realidad no hay ninguna alternativa razonable a las relaciones pacíficas entre los Estados,

Plenamente consciente de que la cuestión del desarme general y completo es de suma importancia y de que la paz, la seguridad, las libertades fundamentales y el desarrollo económico y social son indivisibles.

Observando con preocupación los efectos perniciosos del terrorismo en las relaciones internacionales.

Destacando la necesidad de que todos los Estados desistan de recurrir a medidas de fuerza encaminadas a privar a los pueblos de su derecho a la lie determinación, a la libertad y a la independencia.

Reafirmando la obligación de los Estados de arreglar sus controversias internacionales por medios pacíficos.

Consciente de la importancia de fortalecer el sistema de segundad colectiva de las Naciones Unidas,

Teniendo presente la significación universal de los derechos humanos v las libertades fundamentales como factores esenciales para la paz y la seguridad internacionales.

Convencida de que los Estados tienen un interés común en promover un ambiente económico mundial estable y equitativo como fundamento esencial de la paz mundial y que, con ese fin, deberían fortalecer la cooperación internacional para el desarrollo y trabajar en pro de un nuevo orden económico internacional,

Reafirmando el compromiso de los Estados con el principio básico de la igualdad soberana de los Estados,

Reafirmando e 1 derecho inalienable de todos los Estados a elegir su sistema político, económico, social y cultural, sin ningún tipo de injerencia por parte de otro Estado,

Recordando que los Estados tienen la obligación de 110 intervenir di recta o indirectamente, sea cual fuere el motivo, en los asuntos internos o externos de otro Estado,

Reafirmando el deber de los Estados de abstenerse, en sus relaciones internacionales, de ejercer coerción militar, política, económica o de cualquier otra índole contra la independencia política o la integridad territorial de cualquier Estado,

Reafirmando el principio de la igualdad de derechos y de la libre determinación de los pueblos consagrado en la Carta,

Reafirmando que los Estados han de cumplir de buena fe todas sus obligaciones de conformidad con el derecho internacional.

Consciente de la apremiante necesidad de mejorar la eficacia del principio de que los Estados deben abstenerse de recurrir a la amenaza o al uso de la fuerza para contribuir a la instauración de una paz y una seguridad perdurables para todos los Estados,

Declara solemnemente que:

1. Todo Estado tiene el deber de abstenerse, en sus relaciones internacionales, de recurrir a la amenaza o al uso de la fuerza contra la integridad territorial o la independencia política de cualquier Estado, o de actuar en cualquier otra forma incompatible con los propósitos de las Naciones Unidas. Tal amenaza o uso de la fuerza constituye una violación del derecho internacional y de la Carta de las Naciones Unidas y da lugar a responsabilidad internacional.

2. El principio de abstenerse de recurrir a la amenaza o al uso de Ia fuerza en las relaciones internacionales es universal en su carácter y es obligatorio para todos los Estados, cualesquiera que sean su sistema político, económico, social o cultural o sus relaciones de alianza.

3. No podrá hacerse valer consideración de naturaleza alguna para justificar la amenaza o el uso de la fuerza en violación de la Carta

4. Los Estados tienen el deber de no instigar, alentar o ayudar a otros Estados a recurrir a la amenaza o al uso de la fuerza en violación de la Carta.

5. En virtud del principio de la igualdad de derechos y de la libre determinación consagrado en la Carta, todos los pueblos tienen el derecho de determinar libremente, sin injerencia externa, su sistema político y de procurar su desarrollo económico, social y cultural y todos los Estados tienen el deber de respetar este derecho de conformidad con las disposiciones de la Carta

6. Los Estados cumplirán las obligaciones que les impone el derecho internacional de abstenerse de organizar, instigar, y apoyar en otros Estados actos paramilitares, terroristas o subversivos, incluidos los actos de mercenarios, así como

de participar en ellos o de dar su consentimiento para la realización de actividades organizadas dentro de su territorio que apunten a la comisión de dichos actos

7. Los Estados tienen el deber de abstenerse de toda intervención armada y de cualesquiera otras formas de injerencia o de tentativa de amenaza contra la personalidad del Estado o de sus elementos polín i os, económicos y culturales.

8. Ningún Estado puede aplicar o fomentar la aplicación de medidas económicas, políticas o de cualquier otra índole para ejercer coacción sobre otro Estado a fin de que subordine el ejercicio de sus derechos soberanos y obtener de él ventajas de cualquier orden

9. De conformidad con los propósitos y principios de las Naciones Unidas, los Estados tienen el deber de abstenerse de hacer propaganda en favor de las guerras de agresión.

10. No se reconocerá como adquisición u ocupación legal ni la adquisición de territorio que resulte de la amenaza o el uso de la fuerza ni cualquier ocupación de territorio que se derive de la amenaza o el uso de la fuerza en contravención del derecho internacional.

11. Es nulo todo tratado cuya celebración se haya obtenido por la amenaza o el uso de la fuerza en violación de los principios de derecho internacional incorporados en la Carta.

12. Los Estados cumplirán de buena fe todas sus obligaciones internacionales de conformidad con la Carta y de acuerdo con los párrafos pertinentes de la Declaración sobre los principios de derecho internacional referentes a las relaciones de amistad y a la cooperación entre los Estados de conformidad con la Carta de las Naciones Unidas.

13. En caso de ataque armado, los Estados tienen el derecho inmanente de legítima defensa, individual o colectiva, tal como se establece en la Carta.

II

14. Los Estados deberían hacer todo lo posible por estructurar sus relaciones internacionales sobre una base de entendimiento, confianza, respeto y cooperación mutuos en todas las esferas

15. Los Estados deberían promover asimismo la cooperación bilateral y regional como importante medio para mejorar la eficacia del principio de abstenerse de la amenaza o el uso de la fuerza en las relaciones internacionales.

16. Los Estados respetarán escrupulosamente el principio del arreglo pacífico de controversias, que es inseparable del deber de abstenerse de recurrir a la amenaza o al uso de la fuerza en sus relaciones internacionales.

17. Los Estados parte en controversias internacionales las resol verán exclusivamente por medios pacíficos de tal manera que no se pongan en peligro ni la paz y la seguridad internacionales ni la justicia. A ese fin, utilizarán medios como la negociación, la investigación, la mediación, la conciliación, el arbitraje, el arreglo judicial, el recurso a organismos o acuerdos regionales u otros medios pacíficos de su elección, incluidos los buenos oficios.

18. Los Estados adoptarán medidas eficaces que, por su alcance y naturaleza, constituyan avances hacia el logro último del desarme general y completo bajo un estricto y eficaz control internacional.

19. Los Estados deberían adoptar medidas eficaces a fin de prevenir el riesgo de conflictos armados, incluidos aquellos en que pudieran utilizarse armas nucleares, prevenir una carrera de armamentos en el espacio ultraterrestre y detenerla y revertiría en la Tierra, reducir el nivel de enfrentamiento militar y consolidar la estabilidad mundial.

20. Los Estados deberían cooperar a fin de realizar gestiones concretas para lograr la disminución de las tensiones internacionales, la consolidación del orden jurídico internacional y el respeto del sistema de seguridad internacional establecido por la Carta de las Naciones Unidas.

21. Los Estados deberían adoptar medidas apropiadas de fomento de la confianza para prevenir y reducir las tensiones y crear un clima más favorable entre ellos.

22. Los Estados reafirman que el respeto por el ejercicio efectivo de todos los derechos humanos y libertades fundamentales y su protección constituyen factores esenciales para la paz y la seguridad internacionales, así como para la justicia y el desarrollo de las relaciones de amistad y de cooperación entre todos los Estados. En consecuencia, deberían promover y alentar el respeto por los derechos humanos y las libertades fundamentales de todos, sin distinción

por motivos de raza, sexo, idioma o religión, entre otras cosas, cumpliendo estrictamente sus obligaciones internacionales y considerando, según proceda, la posibilidad de hacerse partes en los principales instrumentos internacionales en esta materia.

23. Los Estados cooperarán en los planos bilateral, regional e internacional a fin de:

a) Prevenir y combatir el terrorismo internacional.

b) Contribuir activamente a la eliminación de las causas subyacentes del terrorismo internacional.

24. Los Estados procurarán adoptar medidas concretas y fomentar condiciones favorables en el campo económico internacional a fin de lograr la paz, la seguridad y la justicia internacionales; tendrán en cuenta el interés común en reducir las diferencias en los niveles del desarrollo económico y, en especial, el interés de los países en desarrollo de todo el mundo

III

25. Los órganos competentes de las Naciones Unidas deberían utilizar plenamente las disposiciones de la Carta de las Naciones Unidas en la esfera del mantenimiento de la paz y la seguridad internacionales con miras a mejorar la eficacia del principio de abstenerse de la amenaza o el uso de la fuerza en sus relaciones internacionales.

26. Los Estados deberían cooperar plenamente con los órganos de las Naciones Unidas en apoyo de las medidas que adoptasen en relación con el mantenimiento de la paz y la seguridad internacionales y el arreglo pacífico de las controversias internacionales de conformidad con la Carta. En particular, deberían fortalecer el papel del Consejo de Seguridad de modo que pudiera desempeñar plena y eficazmente sus funciones. A ese respecto, recae sobre los miembros permanentes del Consejo una responsabilidad especial de conformidad con la Carta.

27. Los Estados deberían esforzarse por mejorar la eficacia del sistema de seguridad colectiva por conducto de la aplicación efectiva de las disposiciones de la Carta, en particular las relativas a la responsabilidad especial del Consejo de Seguridad a este respecto. Deberían también cumplir plenamente sus obligaciones de apoyar las operaciones de mantenimiento de la paz de las Naciones Unidas aprobadas con arreglo a la Carta. Los Estados aceptarán y cumplirán las decisiones del Consejo de conformidad con la Carta.

28. Los Estados deberían brindar al Consejo de Seguridad todo tipo de asistencia posible en las medidas que adopte para el arreglo justo de situaciones de crisis y conflictos regionales. Los Estados deberían fortalecer la función que puede desempeñar el Consejo en la prevención de controversias y situaciones cuya continuación pueda poner en peligro el mantenimiento de la paz y la seguridad internacionales. Los Estados deberían ayudar al Consejo a examinar lo antes posible situaciones que pudieran poner en peligro la paz y la seguridad internacionales

29. Debería fortalecerse, según el caso, la capacidad del Consejo de Seguridad en materia de constatación de los hechos con arreglo a lo dispuesto en la Carta.

30. Los Estados deberían fortalecer la importante función que confiere la Carta a la Asamblea General en la esfera del arreglo pacífico de controversias y el mantenimiento de la paz y la seguridad internacionales.

31. Los Estados deberían alentar al Secretario General a que ejerciera plenamente sus funciones en relación con el mantenimiento de la paz y la seguridad internacionales y con el arreglo pacífico de las controversias, de conformidad con la Carta, incluidas las mencionadas en los Artículos 98 y 99, y cooperar plenamente con él a ese respecto.

32. Los Estados deberían tener en cuenta que, por regla general, las partes deben someter las controversias de orden jurídico a la Corte Internacional de Justicia, de conformidad con las disposiciones del Estatuto de la Corte, como factor importante para fortalecer el mantenimiento de la paz y la seguridad internacionales. La Asamblea General y el Consejo de Seguridad deberían considerar la conveniencia de recurrir a las disposiciones de la Carta respecto de la posibilidad de recabar de la Corte una opinión consultiva sobre cualquier cuestión jurídica.

33. Los Estados parte en acuerdos u organismos regionales deberían considerar la posibilidad de recurrir a ellos en mayor medida para resolver cuestiones relativas al mantenimiento de la paz y la seguridad internacionales, según proceda, de conformidad con lo dispuesto en el Artículo 52 de la Carta;

2. *Declara* que nada de lo que figura en la presente Declaración se entenderá de manera que

a) Amplíe o disminuya en modo alguno el alcance de las disposiciones de la Carta relativas a casos en que el uso de la fuerza sea lícito;

b) Menoscabe en manera alguna las disposiciones pertinentes de la Carta o los derechos y obligaciones de los Estados Miembros o el alcance de las funciones y atribuciones de los órganos de las Naciones Unidas con arreglo a la Carta, en particular las relativas a la amenaza o el uso de la fuerza;

3. *Declara* que nada de lo establecido en la presente Declaración puede redundar en detrimento alguno del derecho a la libre determinación, la libertad y la independencia, que emana de la Carta, de los pueblos a los que se ha privado por la fuerza de ese derecho y que se menciona en la Declaración sobre los principios de derecho internacional referentes a las relaciones de amistad y a la cooperación entre los Estados de conformidad con la Carta de las Naciones Unidas, en particular los pueblos sometidos a regímenes coloniales y racistas u otras formas de dominación extranjera, ni del derecho de esos pueblos a luchar con tal fin y pedir y recibir apoyo, de acuerdo con los principios de la Carta y de conformidad con la Declaración mencionada supra:

4. *Confirma* que, en caso de conflicto entre las obligaciones contraídas por los Miembros de las Naciones Unidas en virtud de la Carta y sus obligaciones contraídas en virtud de cualquier otro convenio internacional, prevalecerán las obligaciones impuestas por la Carta de conformidad con lo dispuesto en su Artículo 103.

Texto del proyecto de conclusiones sobre las normas imperativas de derecho internacional general (ius cogens) aprobado por la Comisión en primera lectura

Normas imperativas de derecho internacional general (IUS COGENS)

(Comisión de Derecho Internacional, 31 de mayo de 2019 - A/CN.4/727)

Primera parte

INTRODUCCIÓN

Conclusión 1

Alcance

El presente proyecto de conclusiones se refiere a la identificación y las consecuencias jurídicas de las normas imperativas de derecho internacional general (ius cogens).

Conclusión 2

Definición de norma imperativa de derecho internacional general (ius cogens)

Una norma imperativa de derecho internacional general (ius cogens) es una norma aceptada y reconocida por la comunidad internacional de Estados en su conjunto como norma que no admite acuerdo en contrario y que solo puede ser modificada por una norma ulterior de derecho internacional general que tenga el mismo carácter.

Conclusión 3

Naturaleza general de las normas imperativas de derecho internacional general (ius cogens)

Las normas imperativas de derecho internacional general (ius cogens) reflejan y protegen valores fundamentales de la comunidad internacional, son jerárquicamente superiores a otras normas de derecho internacional y son universalmente aplicables.

Segunda parte

Identificación de las normas imperativas de derecho internacional general (IUS COGENS)

Conclusión 4

Criterios para la identificación de una norma imperativa de derecho internacional general (ius cogens)

Para identificar una norma imperativa de derecho internacional general (ius cogens), es necesario establecer que la norma en cuestión cumple los siguientes criterios:

a) es una norma de derecho internacional general; y

b) es aceptada y reconocida por la comunidad internacional de Estados en su conjunto como norma que no admite acuerdo en contrario y que solo puede ser modificada por una norma ulterior de derecho internacional general que tenga el mismo carácter.

Conclusión 5

Bases de las normas imperativas de derecho internacional general (ius cogens)

1. El derecho internacional consuetudinario es la base más común de las normas imperativas de derecho internacional general (ius cogens).

2. Las disposiciones de los tratados y los principios generales del derecho también pueden servir de base de las normas imperativas de derecho internacional general (ius cogens).

Conclusión 6

Aceptación y reconocimiento

1. El requisito de "la aceptación y el reconocimiento" como criterio para identificar una norma imperativa de derecho internacional general (ius cogens) es distinto de la aceptación y el reconocimiento como norma de derecho internacional general.

2. Para identificar una norma como norma imperativa de derecho internacional general (ius cogens), ha de haber pruebas de que esta es aceptada y reconocida como norma que no admite acuerdo en contrario y que solo puede ser modificada por una norma ulterior de derecho internacional general que tenga el mismo carácter.

Conclusión 7

Comunidad internacional de Estados en su conjunto

1. La aceptación y el reconocimiento por la comunidad internacional de Estados en su conjunto constituyen el criterio pertinente para la identificación de las normas imperativas de derecho internacional general (ius cogens).

2. Para la identificación de una norma como norma imperativa de derecho internacional general (ius cogens) se requieren la aceptación y el reconocimiento por una mayoría muy amplia de Estados; no se requieren la aceptación y el reconocimiento por todos los Estados.

3. Si bien las posiciones de otros actores pueden ser pertinentes para poner en contexto y evaluar la aceptación y el reconocimiento por la comunidad internacional de Estados en su conjunto, estas posiciones no pueden, por sí mismas, formar parte de dicha aceptación y reconocimiento.

Conclusión 8

Prueba de la aceptación y el reconocimiento

1. La prueba de la aceptación y el reconocimiento de que una norma de derecho internacional general es una norma imperativa (ius cogens) puede adoptar una gran variedad de formas.

2. Esas formas de prueba comprenden, sin reducirse a ello: las declaraciones públicas hechas en nombre de los Estados; las publicaciones oficiales; los dictámenes jurídicos gubernamentales; la correspondencia diplomática; los actos legislativos y administrativos; las decisiones de las cortes y tribunales nacionales; las disposiciones de los tratados; y las resoluciones aprobadas por una organización internacional o en una conferencia intergubernamental.

Conclusión 9

Medios auxiliares de determinación del carácter imperativo de las normas de derecho internacional general

1. Las decisiones de las cortes y tribunales internacionales, en particular las de la Corte Internacional de Justicia, constituyen un medio auxiliar para determinar el carácter imperativo de las normas de derecho internacional general.

2. La labor de los órganos de expertos establecidos por Estados o por organizaciones internacionales y la doctrina de los publicistas de mayor competencia de las distintas naciones también pueden ser un medio auxiliar para determinar el carácter imperativo de las normas de derecho internacional general.

Tercera parte

Consecuencias jurídicas de las normas imperativas de derecho internacional general (IUS COGENS)

Conclusión 10

Tratados que están en oposición con una norma imperativa de derecho internacional general (ius cogens)

1. Es nulo todo tratado que, en el momento de su celebración, esté en oposición con una n orma imperativa de derecho internacional general (ius cogens). Las disposiciones de dicho tratado carecerán de fuerza jurídica.

2. Si surge una nueva norma imperativa de derecho internacional general (ius cogens), todo tratado existente que esté en oposición con esa norma pasará a ser nulo y terminará. Las partes en dicho tratado quedarán exentas de la obligación de seguir cumpliendo el tratado.

Conclusión 11

Divisibilidad de las disposiciones de un tratado que están en oposición con una norma imperativa de derecho internacional general (ius cogens)

1. Un tratado que, en el momento de su celebración, esté en oposición con una norma imperativa de derecho internacional general (ius cogens) será nulo en su totalidad, y no se admitirá la división de las disposiciones del tratado.

2. Un tratado que pase a ser nulo por la aparición de una nueva norma imperativa de derecho internacional general (ius cogens) terminará en su totalidad, a menos que:

a) las disposiciones que estén en oposición con una norma imperativa de derecho internacional general (ius cogens) puedan separarse del resto del tratado en lo que respecta a su aplicación;

b) se desprenda del tratado o conste de otro modo que la aceptación de dichas disposiciones no ha constituido para ninguna de las partes una base esencial de su consentimiento en obligarse por el tratado en su totalidad; y

c) la continuación del cumplimiento del resto del tratado no sea injusta.

Conclusión 12

Consecuencias de la nulidad y la terminación de los tratados que están en oposición con una norma imperativa de derecho internacional general (ius cogens)

1. Las partes en un tratado que sea nulo por estar en oposición con una norma imperativa de derecho internacional general (ius cogens) en el momento de la celebración del tratado tendrán la obligación jurídica de:

a) eliminar en lo posible las consecuencias de todo acto que se haya realizado sobre la base de una disposición del tratado que esté en oposición con una norma imperativa de derecho internacional general (ius cogens); y

b) ajustar sus relaciones mutuas a la norma imperativa de derecho internacional general (ius cogens).

2. La terminación de un tratado por la aparición de una nueva norma imperativa de derecho internacional general (ius cogens) no afectará a ningún derecho, obligación o situación jurídica creados por la ejecución del tratado antes de su terminación; sin embargo, esos derechos, obligaciones o situaciones podrán en adelante mantenerse únicamente en la medida en que su mantenimiento no esté por sí mismo en oposición con la nueva norma imperativa de derecho internacional general (ius cogens).

Conclusión 13

Falta de efecto de las reservas a los tratados en las normas imperativas de derecho internacional general (ius cogens)

1. Una reserva a una disposición de un tratado que refleje una norma imperativa de derecho internacional general (ius cogens) no afectará al carácter vinculante de esa norma, que continuará siendo de aplicación como tal.

2. Una reserva no podrá excluir ni modificar los efectos jurídicos de un tratado de manera contraria a una norma imperativa de derecho internacional general (ius cogens).

Conclusión 14

Normas de derecho internacional consuetudinario que están en oposición con una norma imperativa de derecho internacional general (ius cogens)

1. Una norma de derecho internacional consuetudinario no llegará a existir si está en oposición con una norma imperativa de derecho internacional general (ius cogens). Ello se entenderá sin perjuicio de la posible modificación de una norma imperativa de derecho internacional general (ius cogens) por una norma ulterior de derecho internacional general que tenga el mismo carácter.

2. Una norma de derecho internacional consuetudinario que no tenga carácter imperativo dejará de existir cuando esté en oposición con una nueva norma imperativa de derecho internacional general (ius cogens) y en la medida en que lo esté.

3. La regla del objetor persistente no será de aplicación a las normas imperativas de derecho internacional general (ius cogens).

Conclusión 15

Obligaciones creadas por actos unilaterales de Estados que están en oposición con una norma imperativa de derecho internacional general (ius cogens)

1. Un acto unilateral de un Estado por el que manifieste la intención de quedar vinculado por una obligación de derecho internacional que estuviera en oposición con una norma imperativa de derecho internacional general (ius cogens) no creará tal obligación.

2. Una obligación de derecho internacional creada por un acto unilateral de un Estado dejará de existir cuando esté en oposición con una nueva norma imperativa de derecho internacional general (ius cogens) y en la medida en que lo esté.

Conclusión 16

Obligaciones creadas por resoluciones, decisiones u otros actos de organizaciones internacionales que están en oposición con una norma imperativa de derecho internacional general (ius cogens)

Una resolución, decisión u otro acto de una organización internacional que de otro modo tendría efecto vinculante no creará obligaciones de derecho internacional cuando esté en oposición con una norma imperativa de derecho internacional general (ius cogens) y en la medida en que lo esté.

Conclusión 17

Normas imperativas de derecho internacional general (ius cogens) como obligaciones para con la comunidad internacional en su conjunto (obligaciones erga omnes)

1. Las normas imperativas de derecho internacional general (ius cogens) generan obligaciones para con la comunidad internacional en su conjunto (obligaciones erga omnes), en las que todos los Estados tienen un interés jurídico.

2. Todo Estado tiene derecho a invocar la responsabilidad de otro Estado por la violación de una norma imperativa de derecho internacional general (ius cogens), de conformidad con las normas sobre la responsabilidad del Estado por hechos internacionalmente ilícitos.

Conclusión 18

Normas imperativas de derecho internacional general (ius cogens) y circunstancias que excluyen la ilicitud

No podrá alegarse ninguna circunstancia que excluya la ilicitud en virtud de las normas sobre la responsabilidad del Estado por hechos internacionalmente ilícitos en relación con cualquier hecho de un Estado que no esté en conformidad con una obligación que emane de una norma imperativa de derecho internacional general (ius cogens).

Conclusión 19

Consecuencias particulares de las violaciones graves de normas imperativas de derecho internacional general (ius cogens)

1. Los Estados cooperarán para poner fin, por medios lícitos, a toda violación grave por un Estado de una obligación que emane de una norma imperativa de derecho internacional general (ius cogens).

2. Ningún Estado reconocerá como lícita una situación creada por la violación grave por un Estado de una obligación que emane de una norma imperativa de derecho internacional general (ius cogens), ni prestará ayuda o asistencia para mantener esa situación.

3. La violación de una obligación que emane de una norma imperativa de derecho internacional general (ius cogens) es grave si implica el incumplimiento flagrante o sistemático de esa obligación por el Estado responsable.

4. El presente proyecto de conclusión se entenderá sin perjuicio de las demás consecuencias que la violación grave por un Estado de una obligación que emane de una norma imperativa de derecho internacional general (ius cogens) pueda generar según el derecho internacional.

Conclusión 20

Interpretación y aplicación en consonancia con las normas imperativas de derecho internacional general (ius cogens)

Cuando parezca que puede haber oposición entre una norma imperativa de derecho internacional general (ius cogens) y otra norma de derecho internacional, esta deberá interpretarse y aplicarse, en la medida de lo posible, de manera que esté en consonancia con aquella.

Conclusión 21

Requisitos de procedimiento

1. El Estado que invoque una norma imperativa de derecho internacional general (ius cogens) como causa de nulidad o de terminación de una norma de derecho internacional deberá notificar su pretensión a los otros Estados interesados. La notificación deberá hacerse por escrito y en ella habrá de indicarse la medida que se proponga adoptar con respecto a la norma de derecho internacional en cuestión.

2. Si ninguno de los otros Estados interesados formula objeción alguna en un plazo que, salvo en casos de especial urgencia, no habrá de ser inferior a tres meses, el Estado que haya invocado la norma podrá adoptar la medida que haya propuesto.

3. Si cualquier Estado interesado formula una objeción, los Estados interesados deberán buscar una solución por los medios indicados en el Artículo 33 de la Carta de las Naciones Unidas.

4. Si no se encuentra una solución en un plazo de 12 meses, y el Estado que haya formulado la objeción o los Estados interesados se ofrecen a someter el asunto a la Corte Internacional de Justicia, el Estado que haya invocado la norma no podrá adoptar la medida que haya propuesto hasta que se resuelva la controversia.

5. El presente proyecto de conclusión se entenderá sin perjuicio de los requisitos de procedimiento establecidos en la Convención de Viena sobre el Derecho de los Tratados, las normas pertinentes relativas a la competencia de la Corte Internacional de Justicia u otras disposiciones aplicables en materia de solución de controversias acordadas por los Estados interesados.

Cuarta parte

DISPOSICIONES GENERALES

Conclusión 22

Sin perjuicio de las consecuencias que determinadas normas imperativas de derecho internacional general (ius cogens) puedan generar de otro modo

El presente proyecto de conclusiones se entenderá sin perjuicio de las consecuencias que determinadas normas imperativas de derecho internacional general (ius cogens) puedan generar de otro modo según el derecho internacional.

Conclusión 23

Lista no exhaustiva

Sin perjuicio de la existencia o la aparición ulterior de otras normas imperativas de derecho internacional general (ius cogens), en el anexo del presente proyecto de conclusiones figura una lista no exhaustiva de normas a las que la Comisión de Derecho Internacional se ha referido anteriormente como normas que han obtenido dicho estatus.

ANEXO

a) La prohibición de la agresión;

b) La prohibición del genocidio;

c) La prohibición de los crímenes de lesa humanidad;

d) Las normas básicas del derecho internacional humanitario;

e) La prohibición de la discriminación racial y el apartheid;

f) La prohibición de la esclavitud;

g) La prohibición de la tortura;

h) El derecho a la libre determinación.

ELABORACIÓN Y APLICACIÓN DEL DERECHO INTERNACIONAL

SEGUNDA PARTE

I. Formación del derecho internacional convencional

- Convención de Viena sobre el derecho de los tratados (1969)
- Convención de Viena sobre el derecho de los tratados entre Estados y Organizaciones Internacionales o entre Organizaciones Internacionales (1986)
- Principios rectores aplicables a las declaraciones unilaterales de los Estados capaces de crear obligaciones jurídicas (2006)
- Proyecto de conclusiones sobre los acuerdos y prácticas ulteriores en el contexto de la interpretación de tratados (2018)

Convención de Viena sobre el derecho de los tratados (23 de mayo de 1969)

Los Estados Parte en la presente Convención,

Considerando la función fundamental de los tratados en la historia de las relaciones internacionales;

Reconociendo la importancia cada vez mayor de los tratados como fuente del derecho internacional y como medio de desarrollar la cooperación pacífica entre las naciones, sean cuales fueren sus regímenes constitucionales y sociales:

Advirtiendo que los principios del libre consentimiento y de la buena fe y la norma "pacta sunt servanda" están universalmente reconocidos

Afirmando que las controversias relativas a los tratados, al igual que las demás controversias internacionales deben resolverse por medios pacíficos y de conformidad con los principios de la justicia y del derecho internacional;

Recordando la resolución de los pueblos de las Naciones Unidas de crear condiciones bajo las cuales puedan mantenerse la justicia y el respeto a las obligaciones emanadas de los tratados:

Teniendo presentes los principios de derecho internacional incorporados en la Carta de las Naciones Unidas, tales como los principios de la igualdad de derechos y de la libre determinación de los pueblos, de la igualdad soberana y la independencia de todos los Estados, de la no injerencia en los asuntos internos de los Estados, de la prohibición de la amenaza o el uso de la fuerza y del respeto universal a los derechos humanos y a las libertades fundamentales de todos y la efectividad de tales derechos y libertades.

Convencidos de que la codificación y el desarrollo progresivo del derecho de los tratados logrados en la presente Convención contribuirán a la consecución de los propósitos de las Naciones Unidas enunciados en la Carta, que consisten en mantener la paz y la seguridad internacionales, fomentar entre las naciones las relaciones de amistad y realizar la cooperación internacional;

Afirmando que las normas de derecho internacional consuetudinario continuaran rigiendo las cuestiones no reguladas en las disposiciones de la presente Convención,

Han convenido lo siguiente:

Parte I
INTRODUCCIÓN

1. Alcance de la presente Convención.

La presente Convención se aplica a los tratados entre Estados.

2. Términos empleados. 1. Para los efectos de la presente Convención:

a) se entiende por "tratado" un acuerdo internacional celebrado por escrito entre Estados y regido por el derecho internacional, ya conste en un instrumento único o en dos o más instrumentos conexos y cualquiera que sea su denominación particular;

b) se entiende por "ratificación", "aceptación", "aprobación" y "adhesión", según el caso, el acto internacional así denominado por el cual un Estado hace constar en el ámbito internacional su consentimiento en obligarse por un tratado;

c) se entiende por "plenos poderes" un documento que emana de la autoridad competente de un Estado y por el que se designa a una o varias personas para representar al Estado en la negociación, la adopción o la autenticación del texto de un tratado, para expresar el consentimiento del Estado en obligarse por un tratado, o para ejecutar cualquier otro acto con respecto a un tratado;

d) se entiende por "reserva" una declaración unilateral, cualquiera que sea su enunciado o denominación, hecha por un Estado al firmar, ratificar, aceptar o aprobar un tratado o al adherirse a el, con objeto de excluir o modificar los efectos jurídicos de ciertas disposiciones del tratado en su aplicación a ese Estado;

e) se entiende por un "Estado negociador" un Estado que ha participado en la elaboración y adopción del texto del tratado;

f) se entiende por "Estado contratante" un Estado que ha consentido en obligarse por el tratado, haya o no entrado en vigor el tratado;

g) se entiende por "parte" un Estado que ha consentido en obligarse por el tratado y con respecto al cual el tratado está en vigor;

h) se entiende por "Tercer Estado" un Estado que no es parte en el tratado;

i) se entiende por "organización internacional" una organización intergubernamental.

2. Las disposiciones del párrafo I sobre los términos empleados en la presente Convención se entenderán sin perjuicio del empleo de esos términos o del sentido que se les pueda dar en el derecho interno de cualquier Estado.

3. Acuerdos internacionales no comprendidos en el ámbito de la presente Convención. El hecho de que la presente Convención no se aplique ni a los acuerdos internacionales celebrados entre Estados y otros sujetos de derecho internacional o entre esos otros sujetos de derecho internacional, ni a los acuerdos internacionales no celebrados por escrito, no afectara:

a) al valor jurídico de tales acuerdos;

b) a la aplicación a los mismos de cualquiera de las normas enunciadas en la presente Convención a que estuvieren sometidos en virtud del derecho internacional independientemente de esta Convención;

c) a la aplicación de la Convención a las relaciones de los Estados entre si en virtud de acuerdos internacionales en los que fueren asimismo partes otros sujetos de derecho internacional.

4. Irretroactividad de la presente Convención. Sin perjuicio de la aplicación de cualesquiera normas enunciadas en la presente Convención a las que los tratados estén sometidos en virtud del derecho internacional independientemente de la Convención, esta solo se aplicara a los tratados que sean celebrados por Estados después de la entrada en vigor de la presente Convención con respecto a tales Estados.

5. Tratados constitutivos de organizaciones internacionales y tratados adoptados en el ámbito de una organización internacional. La presente Convención se aplicara a todo tratado que sea un instrumento constitutivo de una organización interna nacional y a todo tratado adoptado en el ámbito de una organización internacional, sin perjuicio de cualquier norma pertinente de la organización.

Parte II
CELEBRACIÓN Y ENTRADA EN VIGOR DE LOS TRATADOS

Sección Primera
CELEBRACIÓN DE LOS TRATADOS

6. Capacidad de los Estados para celebrar tratados. Todo Estado tiene capacidad para celebrar tratados.

7. Plenos poderes. 1. Para la adopción la autenticación del texto de un tratado, para manifestar el consentimiento del Estado en obligarse por un tratado, se considerará que una persona representa a un Estado:

a) si se presentan los adecuados plenos poderes, o

b) si se deduce de la práctica seguida por los Estados interesados. o de otras circunstancias, que la intención de esos Estados ha sido considerar a esa persona representante del Estado para esos efectos y prescindir de la presentación de plenos poderes.

2. En virtud de sus funciones, y sin tener que presentar plenos poderes, se considerará que representan a su Estado:

a) los Jefes de Estado, Jefes de Gobierno y ministros de relaciones exteriores, para la ejecución de todos los actos relativos a la celebración de un tratado;

b) los Jefes de misión diplomáticas, para la adopción del texto de un tratado entre el Estado acreditante y el Estado ante el cual se encuentran acreditados;

c) los representantes acreditados por los Estados ante una conferencia internacional o ante una organización internacional o uno de sus órganos, para la adopción del texto de un tratado en tal conferencia. Organización u órgano.

8. Confirmación ulterior de un acto ejecutado sin autorización. Un acto relativo a la celebración de un tratado ejecutado por una persona que, conforme al artículo 7, no pueda considerarse autorizada para representar con tal fin a un Estado, no surtirá efectos jurídicos a menos que sea ulteriormente confirmado por ese Estado.

9. Adopción del texto. 1. La adopción del texto de un tratado se efectuara por consentimiento de todos los Estados participantes en su elaboración, salvo lo dispuesto en el párrafo 2.

2. La adopción del texto de un tratado en una conferencia internacional se efectuara por mayoría de dos tercios de los Estados presentes y votantes, a menos que esos Estados decidan por igual mayoría aplicar una regla diferente.

10. Autenticación del texto. El texto de un tratado quedara establecido como auténtico y definitivo

a) mediante el procedimiento que se prescriba en él o que convengan los Estados que hayan participado en su elaboración; o

b) a falta de tal procedimiento, mediante la firma, la firma "ad referéndum" o la rúbrica puesta por los representantes de esos Estados en el texto del tratado o en el acta final de la conferencia en la que figure el texto.

11. Formas de manifestación del consentimiento en obligarse por un tratado. El consentimiento de un Estado en obligarse por un tratado podrá manifestarse mediante la firma, el canje de instrumentos que constituyan un tratado la ratificación, la aceptación, la aprobación o la adhesión, o en cualquier otra forma que se hubiere convenido.

12. Consentimiento en obligarse por un tratado manifestado mediante la firma. El consentimiento de un Estado en obligarse por un tratado se manifestará mediante la firma de su representante:

a) cuando el tratado disponga que la firma tendrá ese efecto;

b) cuando conste de otro modo que los Estados negociadores han convenido que la firma tenga ese efecto; o

c) cuando la intención del Estado de dar ese efecto a la firma se desprenda de los plenos poderes de su representante o se haya manifestado durante la negociación.

2. Para los efectos del párrafo l:

a) la rúbrica de un texto equivaldrá a la firma del tratado cuando conste que los Estados negociadores así lo han convenido;

b) la firma "ad referéndum" de un tratado por un representante equivaldrá a la firma definitiva del tratado si su Estado la confirma.

13. Consentimiento en obligarse por un tratado manifestado mediante el canje de instrumentos que constituyen un tratado. El consentimiento de los Estados en obligarse por un tratado constituido por instrumentos canjeados entre ellos se manifestará mediante este canje:

a) cuando los instrumentos dispongan que su canje tendrá ese efecto; o

b) cuando conste de otro modo que esos Estados han convenido que el canje de los instrumentos tenga ese efecto.

14. Consentimiento en obligarse por un tratado manifestado mediante la ratificación, la aceptación o la aprobación. I. El consentimiento de un Estado en obligarse por un tratado se manifestará mediante la ratificación:

a) cuando cl tratado disponga que tal consentimiento debe manifestarse mediante la ratificación;

b) cuando conste de otro modo que los Estados negociadores han convenido que se exija la ratificación;

c) cuando el representante del Estado haya firmado el tratado a reserva de ratificación; o

d) cuando la intención del Estado de firmar el tratado a reserva de ratificación se desprenda de los plenos poderes de su representante o se haya manifestado durante la negociación.

2. El consentimiento de un Estado en obligarse por un tratado se manifestará mediante la aceptación o la aprobación en condiciones semejantes a las que rigen para la ratificación.

15. Consentimiento en obligarse por un tratado manifestado mediante la adhesión. El consentimiento de un Estado en obligarse por un tratado se manifestará mediante la adhesión:

a) cuando el tratado disponga que ese Estado puede manifestar tal consentimiento mediante la adhesión:

b) cuando conste de otro modo que los Estados negociadores han convenido que ese Estado puede manifestar tal consentimiento mediante la adhesión; o

c) cuando todas las partes hayan consentido ulteriormente que ese Estado puede manifestar tal consentimiento mediante la adhesión.

16. Canje o depósito de los instrumentos de ratificación aceptación aprobación o adhesión. Salvo que el tratado disponga otra cosa los instrumentos de ratificación, aceptación, aprobación o adhesión harán constar cl consentimiento de un Estado en obligarse por un tratado al efectuarse:

a) su canje entre los Estados contratantes:

b) su depósito en poder del depositario; o

c) su notificación a los Estados contratantes o al depositario si así se ha convenido.

17. Consentimiento en obligarse respecto de parte de un tratado y opción entre disposiciones diferentes. 1. Sin perjuicio de lo dispuesto en los artículos 19 a 23, el consentimiento de un Estado en obligarse respecto de parte de un tratado solo surtirá efecto si el tratado lo permite o los demás Estados contratantes convienen en ello

2. El consentimiento de un Estado en obligarse por un tratado que permita una opción entre disposiciones diferentes solo surtirá efecto si se indica claramente a que disposiciones se refiere el consentimiento.

18. Obligación de no frustrar el objeto y el fin de un tratado antes de su entrada en vigor. Un Estado deberá abstenerse de actos en virtud de los cuales se frustren el objeto y el fin de un tratado:

a) si ha firmado el tratado o ha canjeado instrumentos que constituyen el tratado a reserva de ratificación, aceptación o aprobación, mientras no haya manifestado su intención de no llegar a ser parte en el tratado: o

b) si ha manifestado su consentimiento en obligarse por el tratado, durante el periodo que preceda a la entrada en vigor del mismo y siempre que esta no se retarde indebidamente.

Sección Segunda
RESERVAS

19. Formulación de reservas. Un Estado podrá formular una reserva en el momento de firmar, ratificar, aceptar o aprobar un tratado o de adherirse al mismo, a menos:

a) que la reserva este prohibida por el tratado;

b) que el tratado disponga que únicamente pueden hacerse determinadas reservas, entre las cuales no figure la reserva de que se trate; o

c) que, en los casos no previstos en los apartados a) y b), la reserva sea incompatible con el objeto y el fin del tratado.

20. Aceptación de las reservas y objeción a las reservas. 1. Una reserva expresamente autorizada por el tratado no exigirá la aceptación ulterior de los demás Estados contratantes, a menos que el tratado así lo disponga.

2. Cuando del numero reducido de Estados negociadores y del objeto y del fin del tratado se desprenda que la aplicación del tratado en su integridad entre todas las partes es condición esencial del consentimiento de cada una de ellas en obligarse por el tratado, una reserva exigirá la aceptación de todas las partes.

3. Cuando el tratado sea un instrumento constitutivo de una organización internacional y a menos que en el se disponga otra cosa, una reserva exigirá la aceptación del órgano competente de esa organización

4. En los casos no previstos en los párrafos precedentes y a menos que el tratado disponga otra cosa:

a) la aceptación de una reserva por otro Estado contratante constituirá al Estado autor de la reserva en parte en el tratado en relación con ese Estado sí el tratado ya está en vigor o cuando entre en vigor para esos Estados:

b) la objeción hecha por otro Estado contratante a una reserva no impedirá la entrada en vigor del tratado entre el Estado que haya hecho la objeción y el Estado autor de la reserva, a menos que el Estado autor de la objeción manifieste inequívocamente la intención contraria;

c) un acto por el que un Estado manifieste su consentimiento en obligarse por un tratado y que contenga una reserva surtirá efecto en cuanto acepte la reserva al menos otro Estado contratante.

5. Para los efectos de los párrafos 2 y 4. y a menos que el tratado disponga otra cosa, se considerara que una reserva ha sido aceptada por un Estado cuando este no ha formulado ninguna objeción a la reserva dentro de los doce meses siguientes a la fecha en que hayan recibido la notificación de la reserva o en la fecha en que haya manifestado su consentimiento en obligarse por el tratado si esta ultima es posterior.

21. Efectos jurídicos de las reservas y de las objeciones a las reservas. 1. Una reserva que sea efectiva con respecto a otra parte en el tratado de conformidad con los artículos 19 20 y 23:

a) modificara con respecto al Estado autor de la reserva en sus relaciones con esa otra parte las disposiciones del tratado a que se refiera la reserva en la medida determinada por la misma:

b) modificara en la misma medida, esas disposiciones en lo que respecta a esa otra parte en el tratado en sus relaciones con el Estado autor de la reserva.

2. La reserva no modificara las disposiciones del tratado en lo que respecta a las otras partes en el tratado en sus relaciones "inter se".

3. Cuando un Estado que haya hecho una objeción a una reserva no se oponga a la entrada en vigor del tratado entre él y el Estado autor de la reserva, las disposiciones a que se refiera esta no se aplicaran entre los dos Estados en la medida determinada por la reserva.

22. Retiro de las reservas y de las objeciones a las reservas. 1. Salvo que el tratado disponga otra cosan una reserva podrá ser retirada en cualquier momento y no se exigirá para su retiro el consentimiento del Estado que la haya aceptado.

2. Salvo que el tratado disponga otra cosa, una objeción a una reserva podrá ser retirada en cualquier momento.

3. Salvo que el tratado disponga o se haya convenido otra cosa:

a) el retiro de una reserva solo surtirá efecto respecto de otro Estado contratante cuando ese Estado haya recibido la notificación:

b) el retiro de una objeción a una reserva solo surtirá efecto cuando su notificación haya sido recibida por el Estado autor de la reserva.

23. Procedimiento relativo a las reservas. 1. La reserva, la aceptación expresa de una reserva v la objeción a una reserva habrán de formularse por escrito y comunicarse a los Estados contratantes v a los demás Estados facultados para llegar a ser partes en el tratado.

2. La reserva que se formule en el momento de la firma de un tratado que haya de ser objeto de ratificación, aceptación o aprobación, habrá de ser confirmada formalmente por el Estado autor de la reserva al manifestar su consentimiento en obligarse por el tratado. En tal caso se considerará que la reserva ha sido hecha en la fecha de su confirmación.

3. La aceptación expresa de una reserva o la objeción hecha a una reserva anteriores a la confirmación de la misma, no tendrán que ser a su vez confirmadas.

4. El retiro de una reserva o de una objeción a una reserva habrá de formularse por escrito.

Sección Tercera
ENTRADA EN VIGOR Y APLICACIÓN PROVISIONAL DE LOS TRATADOS

24. Entrada en vigor. 1. Un tratado entrará en vigor de la manera y en la fecha que en el se disponga o que acuerden los Estados negociadores.

2. A falta de tal disposición o acuerdo, el tratado entrara en vigor tan pronto como haya constancia del consentimiento de todos los Estados negociadores en obligarse por el tratado.

3. Cuando el consentimiento de un Estado en obligarse por un tratado se haga constar en una fecha posterior a la de la entrada en vigor de dicho tratado, este entrará en vigor con relación a ese Estado en dicha fecha, a menos que el tratado disponga otra cosa.

4. Las disposiciones de un tratado que regulen la autenticidad de su texto, la constancia del consentimiento de los Estados en obligarse por el tratado, la manera o la fecha de su entrada en vigor, las reservas. las funciones del depositario y otras cuestiones que se susciten necesariamente antes de la entrada en v igor del tratado se aplicarán desde el momento de la adopción de su texto.

25. Aplicación provisional.

1. Un tratado o una parte de él se aplicará provisionalmente antes de su entrada en vigor:

a) si el propio tratado así lo dispone: o

b) si los Estados negociadores han convenido en ello de otro modo.

2. La aplicación provisional de un tratado o de una parte de el respecto de un Estado terminará si éste notifica a los Estados entre los cuales el tratado se aplica provisionalmente su intención de no llegar a ser parte en el mismo, a menos que el tratado disponga o los Estados negociadores hayan convenido otra cosa al respecto.

Parte III
OBSERVANCIA, APLICACIÓN E INTERPRETACIÓN DE LOS TRATADOS

Sección Primera
OBSERVANCIA DE LOS TRATADOS

26. "Pacta sunt servanda". Todo tratado en vigor obliga a las partes y debe ser cumplido por ellas de buena fe.

27. El derecho interno y la observancia de los tratados. Una parte no podrá invocar las disposiciones de su derecho interno como justificación del incumplimiento de un tratado. Esta norma se entenderá sin perjuicio de lo dispuesto en el artículo 46.

Sección Segunda
APLICACIÓN DE LOS TRATADOS

28. Irretroactividad de los tratados. Las disposiciones de un tratado no obligaran a una parte respecto de ningún acto o hecho que haba tenido lugar con anterioridad a la fecha de entrada en vigor del tratado para esa parte ni de ninguna situación que en esa fecha haya dejado de existir, salvo que una intención diferente se desprenda del tratado o conste de otro modo.

29. Ámbito territorial de los tratados. Un tratado será obligatorio para cada una de las partes por lo que respecta a la totalidad de su territorio, salvo que una intención diferente se desprenda de él o conste de otro modo.

30. Aplicación de tratados sucesivos concernientes a la misma materia. 1. Sin perjuicio de lo dispuesto en el artículo 103 de la Carta de las Naciones Unidas, los derechos y las obligaciones de los Estados parte en tratados sucesivos concernientes a la misma materia se determinarán conforme a los párrafos siguientes.

2. Cuando un tratado especifique que está subordinado a un tratado anterior o posterior o que no debe ser considerado incompatible con ese otro tratado prevalecerán las disposiciones de este último.

3. Cuando todas las partes en el tratado anterior sean también partes en el tratado posterior, pero el tratado anterior no quede terminado ni su aplicación suspendida conforme al artículo 59, el tratado anterior se aplicará únicamente en la medida en que sus disposiciones sean compatibles con las del tratado posterior.

4. Cuando las partes en el tratado anterior no sean todas ellas partes en el tratado posterior:

a) en las relaciones entre los Estados parte en ambos tratados se aplicará la norma enunciada en el párrafo 3:

b) en las relaciones entre un Estado que sea parte en ambos tratados y un Estado que sólo lo sea en uno de ellos, los derechos y obligaciones recíprocos se regirán por el tratado en el que los dos Estados sean partes.

5. El párrafo 4 se aplicará sin perjuicio de lo dispuesto en el artículo 41 y no prejuzgará ninguna cuestión de terminación o suspensión de la aplicación de un tratado conforme al artículo 60 ni ninguna cuestión de responsabilidad en que pueda incurrir un Estado por la celebración o aplicación de un tratado cuyas disposiciones sean incompatibles con las obligaciones contraídas con respecto a otro Estado en virtud de otro tratado.

Sección Tercera
INTERPRETACIÓN DE LOS TRATADOS

31. **Regla general de interpretación.** 1. Un tratado deberá interpretarse de buena fe conforme al sentido corriente que haya de atribuirse a los términos del tratado en el contexto de estos y teniendo en cuenta su objeto y fin.

2. Para los efectos de la interpretación de un tratado. el contexto comprenderá, además del texto, incluidos su preámbulo y anexos:

a) todo acuerdo que se refiera al tratado y haya sido concertado entre todas las partes con motivo de la celebración del tratado:

b) todo instrumento formulado por una o más partes con motivo de la celebración del tratado y aceptado por las demás como instrumento referente al tratado;

3. Juntamente con el contexto, habrá de tenerse en cuenta:

a) todo acuerdo ulterior entre las partes acerca de la interpretación del tratado o de la aplicación de sus disposiciones:

b) toda práctica ulteriormente seguida en la aplicación del tratado por la cual conste el acuerdo de las partes acerca de la interpretación del tratado:

c) toda forma pertinente de derecho internacional aplicable en las relaciones entre las partes.

4. Se dará a un término un sentido especial si consta que tal fue la intención de las partes.

32. Medios de interpretación complementarios. Se podrán acudir a medios de interpretación complementarios, en particular a los trabajos preparatorios del tratado y a las circunstancias de su celebración, para confirmar el sentido resultante de la aplicación del artículo 31, o para determinar el sentido cuando la interpretación dada de conformidad con el artículo 31:

a) deje ambiguo u oscuro el sentido; o

b) conduzca a un resultado manifiestamente absurdo o irrazonable.

33. Interpretación de tratados autenticados en dos o más idiomas. 1. Cuando un tratado haya sido autenticado en dos o más idiomas, el texto hará igualmente fe en cada idioma, a menos que el tratado disponga o las partes convengan que en caso de discrepancia prevalecerá uno de los textos.

2. Una versión del tratado en idioma distinto de aquel en que haya sido autenticado el texto será considerada como texto auténtico únicamente si el tratado así lo dispone o las partes así lo convienen.

3. Se presumirá que los términos del tratado tienen en cada texto auténtico igual sentido.

4. Salvo en el caso en que prevalezca un texto determinado conforme a lo previsto en el párrafo 1,. cuando la comparación de los textos auténticas revele una diferencia de sentido que no pueda resolverse con la aplicación de los artículos 31 y 39,

se adoptará el sentido que mejor concilie esos textos, habida cuenta del objeto y fin del tratado.

Sección Cuarta
LOS TRATADOS Y LOS TERCEROS ESTADOS

34. Norma general concerniente a terceros Estados. Un tratado no crea obligaciones ni derechos para un tercer Estado sin su consentimiento.

35. Tratados en que se prevén obligaciones para terceros Estados. Una disposición de un tratado dará origen a una obligación para un tercer Estado si las partes en el tratado tienen la intención de que tal disposición sea el medio de crear la obligación y si el tercer Estado acepta expresamente por escrito esa obligación.

36. Tratados en que se prevén derechos para terceros Estados. 1. Una disposición de un tratado dará origen a un derecho para un tercer Estado si con ella las partes en el tratado tienen la intención de conferir ese derecho al tercer Estado o a un grupo de Estados al cual pertenezca, o bien a todos los Estados y si el tercer Estado asiente a ello. Su asentimiento se presumirá mientras no haya indicación en contrario, salvo que el tratado disponga otra cosa.

2. Un Estado que ejerza un derecho con arreglo al párrafo I deberá cumplir las condiciones que para su ejercicio estén prescritas en el tratado o se establezcan conforme a éste.

37. Revocación o modificación de obligaciones o de derechos de terceros Estados.

1. Cuando de conformidad con el artículo 35 se haya originado una obligación para un tercer Estado, tal obligación no podrá ser revocada ni modificada sino con el consentimiento de las partes en el tratado y del tercer Estado, a menos que conste que habían convenido otra cosa al respecto.

2. Cuando de conformidad con el artículo 36 se haya originado un derecho para un tercer Estado, tal derecho no podrá ser revocado ni modificado por las partes si consta que se tuvo la intención de que el derecho no fuera revocable ni modificable sin el consentimiento del tercer Estado.

38. **Normas de un tratado que lleguen a ser obligatorias para terceros Estados en virtud de una costumbre internacional.** Lo dispuesto en los artículos 34 a 37 no impedirá que una norma enunciada en un tratado llegue a ser obligatoria para un tercer Estado como norma consuetudinaria de derecho internacional reconocida como tal.

Parte IV
ENMIENDA Y MODIFICACIÓN DE LOS TRATADOS

39. Norma general concerniente a la enmienda de los tratados. Un tratado podrá ser enmendado por acuerdo entre las partes. Se aplicarán a tal acuerdo las normas enunciadas en la Parte II, salvo en la medida en que el tratado disponga otra cosa.

40. Enmienda de los tratados multilaterales. 1. Salvo que el tratado disponga otra cosa, la enmienda de los tratados multilaterales se regirá por los párrafos siguientes.

2. Toda propuesta de enmienda de un tratado multilateral en las relaciones entre todas las partes habrá de ser notificada a todos los Estados contratantes, cada uno de los cuales tendrá derecho a participar:

a) en la decisión sobre las medidas que haya que adoptar con relación a tal propuesta:

b) en la negociación y la celebración de cualquier acuerdo que tenga por objeto enmendar el tratado.

3. Todo Estado facultado para llegar a ser parte en el tratado estará también facultado para llegar a ser parte en el tratado en su forma enmendada.

4. El acuerdo en virtud del cual se enmiende el tratado no obligará a ningún Estado que sea ya parte en el tratado que no llegue a serlo en ese acuerdo, con respecto a tal Estado se aplicará el apartado b) del párrafo 4 del articulo 30.

5. Todo Estado que llegue a ser parte en el tratado después de la entrada en vigor del acuerdo en virtud del cual se enmiende el tratado será considerado, de no haber manifestado ese Estado una intención diferente:

a) parte en el tratado en su forma enmendada; y

b) parte en el tratado no enmendado con respecto a toda parte en el tratado que no esté obligada por el acuerdo en virtud del cual se enmiende el tratado.

41. Acuerdos para modificar tratados multilaterales entre algunas de las partes únicamente. 1. Dos o más partes en un tratado multilateral podrán celebrar un acuerdo que tenga por objeto modificar el tratado únicamente en sus relaciones mutuas:

a) si la posibilidad de tal modificación está prevista por el tratado: o

b) si tal modificación no está prohibida por el tratado. a condición de que:

i) no afecte al disfrute de los derechos que a las demás partes correspondan en virtud del tratado ni al cunlplimiento de sus obligaciones: y

ii) no se refiera a ninguna disposición cuya modificación sea incompatible con la consecución efectiva del objeto y del fin del tratado en su conjunto.

2. Salvo que en el caso previsto en el apartado a) del párrafo 1 el tratado disponga otra cosa, las partes interesadas deberán notificar a las demás partes su intención de celebrar el acuerdo y la modificación del tratado que en ese acuerdo se disponga.

Parte V
NULIDAD, TERMINACIÓN Y SUSPENSIÓN DE LA APLICACIÓN DE LOS TRATADOS

Sección Primera
DISPOSICIONES GENERALES

42. Validez y continuación en vigor de los tratados. 1. La validez de un tratado o del consentimiento de un Estado en obligarse por un tratado no podrá ser impugnada sino mediante la aplicación de la presente Convención.

2. La terminación de un tratado, su denuncia o el retiro de una parte no podrán tener lugar sino como resultado de la aplicación de las disposiciones del tratado o de la presente Convención. La misma norma se aplicará a la suspensión de la aplicación de un tratado.

43. Obligaciones impuestas por el derecho internacional independientemente de un tratado. La nulidad, terminación o denuncia de un tratado, el retiro de una de las partes o la suspensión de la aplicación del tratado, cuando resulten de la aplicación de la presente Convención o de las disposiciones del tratado, no menoscabarán en nada el deber de un Estado de cumplir toda obligación enunciada en el tratado a la que esté sometido en virtud del derecho internacional independientemente de ese tratado.

44. Divisibilidad de las disposiciones de un tratado. 1. El derecho de una parte, previsto en un tratado o emanado del artículo 56, a denunciar ese tratado, retirarse de el o suspender su aplicación no podrá ejercerse sino con respecto a la totalidad del tratado, a menos que el tratado disponga o las partes convengan otra cosa al respecto.

2. Una causa de nulidad o terminación de un tratado, de retiro de una de las partes o de suspensión de la aplicación de un tratado reconocida en la presente Convención no podrá alegarse sino con respecto a la totalidad del tratado, salvo en los casos previstos en los párrafos siguientes o en el artículo 60.

3. Si la causa se refiere sólo a determinadas cláusulas, no podrá alegarse sino con respecto a esas cláusulas cuando:

a) dichas cláusulas sean separables del resto del tratado en lo que respecta a su aplicación;

b) se desprenda del tratado o conste de otro modo que la aceptación de esas cláusulas no ha constituido para la otra parte o las otras partes en el tratado una base esencial de su consentimiento en obligarse por el tratado en su conjunto. y

c) la continuación del cumplimiento del resto del tratado no sea injusta.

4. En los casos previstos en los artículos 49 y 50, el Estado facultado para alegar el dolo o la corrupción podrá hacerlo en lo que respecta a la totalidad del tratado o, en el caso previsto en el párrafo 3, en lo que respecta a determinadas cláusulas únicamente.

5. En los casos previstos en los artículos 51, 52 y 53 no se admitirá la división de las disposiciones del tratado.

45. Pérdida del derecho a alegar una causa de nulidad, terminación, retiro o suspensión de la aplicación de un tratado. Un Estado no podrá ya alegar una causa para anular un tratado, darlo por terminado, retirarse de él o suspender su aplicación con arreglo a lo dispuesto un los artículos 46 a 50 o en los artículos 60 y 62, si, después de haber tenido conocimiento de los hechos, ese Estado:

a) ha convenido expresamente en que el tratado es válido, permanece en vigor o continúa en aplicación, según el caso; o

b) se ha comportado de tal manera que debe considerarse que ha dado su aquiescencia a la validez del tratado o a su continuación en vigor o en aplicación. según el caso.

Sección Segunda
NULIDAD DE LOS TRATADOS

46. Disposiciones de derecho interno concernientes a la competencia para celebrar tratados. 1. El hecho de que el consentimiento de un Estado en obligarse por un tratado haya sido manifiesto en violación de una disposición de su derecho interno concerniente a la competencia para celebrar tratados no podrá ser alegado por dicho Estado como vicio de su consentimiento, a menos que esa violación sea manifiesta y afecte a una norma de importancia fundamental de su derecho interno.

2. Una violación es manifiesta si resulta objetivamente evidente para cualquier Estado que proceda en la materia conforme a la práctica usual y de buena fe.

47. Restricción específica de los poderes para manifestar el consentimiento de un Estado. Si los poderes de un representante para manifestar el consentimiento de un Estado en obligarse por un tratado determinado han sido objeto de una restricción específica, la inobservancia de esa restricción por tal representante no podrá alegarse como vicio del consentimiento manifestado por él, a menos que la restricción haya sido notificadas con anterioridad a la manifestación de ese consentimiento, a los demás Estados negociadores.

48. Error. 1. Un Estado podrá alegar un error en un tratado como vicio de su consentimiento en obligarse por el tratado si el error se refiere a un hecho o a una situación cuya existencia diera por supuesta ese Estado en el momento de la celebración del tratado y constituyera una base esencial de su consentimiento en obligarse por el tratado.

2. El párrafo I no se aplicará si el Estado de que se trate contribuyó con su conducta al error o si las circunstancias fueron tales que hubiera quedado advertido de la posibilidad de error.

3. Un error que concierna sólo a la redacción del texto de un tratado no afectará a la validez de éste: en tal caso se aplicará el artículo 79.

49. Dolo. Si un Estado ha sido inducido a celebrar un tratado por la conducta fraudulenta de otro Estado negociador, podrá alegar el dolo como vicio de su consentimiento en obligarse por el tratado.

50. Corrupción del representante de un Estado. Si la manifestación del consentimiento de un Estado en obligarse por un tratado ha sido obtenida mediante la corrupción de su representante, efectuada directa o indirectamente por otro Estado negociador, aquel Estado podrá alegar esa corrupción como vicio de su consentimiento en obligarse por el tratado.

51. Coacción sobre el representante de un Estado. La manifestación del consentimiento de un Estado en obligarse por un tratado que haya sido obtenida por coacción sobre su representante mediante actos o amenazas dirigidos contra él carecerá de todo efecto jurídico.

52. Coacción sobre un Estado por la amenaza o el uso de la fuerza. Es nulo todo tratado cuya celebración se haya obtenido por la amenaza o el uso de la fuerza en violación de los principios de derecho internacional incorporados en la Carta de las Naciones Unidas.

53. Tratados que están en oposición con una norma imperativa de derecho internacional general ("jus cogens"). Es nulo todo tratado que, en el momento de su celebración. esté en oposición con una norma imperativa de derecho internacional general. Para los efectos de la presente Convención, una norma imperativa de derecho internacional general es una norma aceptada y reconocida por la comunidad internacional de Estados en su conjunto como norma que no admite acuerdo en contrario y que sólo puede ser modificada por una norma ulterior de derecho internacional general que tenga el mismo carácter.

Sección Tercera
TERMINACIÓN DE LOS TRATADOS Y SUSPENSIÓN DE SU APLICACIÓN

54. Terminación de un tratado o retiro de él en virtud de sus disposiciones o por consentimiento de las partes. La terminación de un tratado o el retiro de una parte podrán tener lugar:

a) conforme a las disposiciones del tratado, o

b) en cualquier momento, por consentimiento de todas las partes después de consultar a los demás Estados contratantes.

55. Reducción del número de partes en un tratado multilateral a un número inferior al necesario para su entrada en vigor. Un tratado multilateral no terminará por el solo hecho de que el numero de partes llegue a ser inferior al necesario para su entrada en vigor, salvo que el tratado disponga otra cosa.

56. Denuncia o retiro en el caso de que el tratado no contenga disposiciones sobre la terminación, la denuncia o el retiro. 1. Un tratado que no contenga disposiciones sobre su terminación ni prevea la denuncia o el retiro del mismo, no podrá scr objeto de denuncia o de retiro a menos:

a) que conste que fue intención de las partes admitir la posibilidad de denuncia o de retiro: o

b) que el derecho de denuncia o de retiro pueda inferirse de la naturaleza del tratado.

2. Una parte deberá notificar con doce meses, por lo menos, de antelación su intención de denunciar un tratado o de retirarse de él conforme al párrafo 1.

57. Suspensión de la aplicación de un tratado en virtud de sus disposiciones o por consentimiento de las partes. La aplicación de un tratado podrá suspenderse con respecto a todas las partes o a una parte determinada:

a) conforme a as disposiciones del tratado, o

b) en cualquier momento, por consentimiento de todas las partes previa consulta con los demás Estados contratantes.

58. Suspensión de la aplicación de un tratado multilateral por acuerdo entre algunas de las partes únicamente. 1. Dos o más parte en un tratado multilateral podrán celebrar un acuerdo que tenga por objeto suspender la aplicación de disposiciones del tratado, temporalmente y sólo en sus relaciones mutuas:

a) si la posibilidad de tal suspensión está prevista por el tratado: o

b) si tal suspensión no está prohibida por el tratado. a condición de que:

i) no afecte al disfrute de los derechos que a las demás partes correspondan en virtud del tratado ni al cumplimiento de sus obligaciones: y

ii) no sea incompatible con el objeto y el fin del tratado.

2. Salvo que en el caso previsto en el apartado a) del párrafo 1 el tratado disponga otra cosa, las partes interesadas deberán notificar a las demás partes su intención de celebrar el acuerdo y las disposiciones del tratado cuya aplicación se propone suspender.

59. Terminación de un tratado o suspensión de su aplicación implícitas como consecuencia de la celebración de un tratado posterior. 1. Se considerará que un tratado ha terminado si todas las partes en él celebran ulteriormente un tratado sobre la misma materia y:

a) se desprende del tratado posterior o consta de otro modo que ha sido intención de las partes que la materia se rija por ese tratado; o

b) las disposiciones del tratado posterior son hasta tal punto incompatibles con las del tratado anterior que los dos tratados no pueden aplicarse simultáneamente.

2. Se considerará que la aplicación del tratado anterior ha quedado únicamente suspendida si se desprende del tratado posterior o consta de otro modo que tal ha sido la intención de las partes.

60. Terminación de un tratado o suspensión de su aplicación como consecuencia de su violación. 1. Una violación grave de un tratado bilateral por una de las partes facultará a la otra para alegar la violación como causa para dar por terminado el tratado o para suspender su aplicación total o parcialmente.

2. Una violación grave de un tratado multilateral por una de las partes facultará:

a) a las otras partes. procediendo por acuerdo unánime para suspender la aplicación del tratado total o parcialmente o darlo por terminado. sea:

i) en las relaciones entre ellas y el Estado autor de la violación: o

ii) entre todas las partes;

b) a una parte especialmente perjudicada por la violación para alegar ésta como causa para suspender la aplicación del tratado total o parcialmente en las relaciones entre ella y el Estado autor de la violación;

c) a cualquier parte, que no sea el Estado autor de la violación, para alegar la violación como causa para suspender la aplicación del tratado total o parcialmente con respecto a sí misma, sí el tratado es de tal índole que una violación grave de sus disposiciones por una parte modifica radicalmente la situación de cada parte con respecto a la ejecución ulterior de sus obligaciones en virtud del tratado.

3. Para los efectos del presente artículo, constituirán violación grave de un tratado:

a) un rechazo del tratado no admitido por la presente Convención; o

b) la violación de una disposición esencial para la consecución del objeto o del fin del tratado.

4. Los precedentes párrafos se entenderán sin perjuicio de las disposiciones del tratado aplicables en caso de violación.

5. Lo previsto en los párrafos 1 a 3 no se aplicará a las disposiciones relativas a la protección de la persona humana contenidas en tratados de carácter humanitario, en particular a las disposiciones que prohíben toda forma de represalias con respecto a las personas protegidas por tales tratados.

61. Imposibilidad subsiguiente de cumplimiento. 1. Una parte podrá alegar la imposibilidad de cumplir un tratado como causa para darlo por terminado o retirarse de él si esa imposibilidad resulta de la desaparición o destrucción definitivas de un objeto indispensable para el cumplimiento del tratado. Si la imposibilidad es temporal, podrá alegarse únicamente como causa para suspender la aplicación del tratado.

2. La imposibilidad de cumplimiento no podrá alegarse por una de las partes como causa para dar por terminado un tratado, retirarse de él o suspender su aplicación si resulta de una violación, por la parte que la alegue, de una obligación nacida del tratado o de toda otra obligación internacional con respecto a cualquier otra parte en el tratado.

62. Cambio fundamental en las circunstancias. 1. Un cambio fundamental en las circunstancias ocurrido con respecto a las existentes en el momento de la celebración de un tratado y que no fue previsto por las partes no podrá alegarse como causa para dar por terminado el tratado o retirarse de él a menos que:

a) la existencia de esas circunstancias constituyera una base esencial del consentimiento de las partes en obligarse por el tratado, y

b) ese cambio tenga por efecto modificar radicalmente el alcance de las obligaciones que todavía deban cumplirse en virtud del tratado.

2. Un cambio fundamental en las circunstancias no podrá alegarse como causa para dar por terminado un tratado o retirarse de él:

a) si el tratado establece una frontera; o

b) si el cambio fundamental resulta de una violación por la parte que lo alega, de una obligación nacida del tratado o de toda otra obligación internacional con respecto a cualquier otra parte en el tratado.

3. Cuando, con arreglo a lo dispuesto en los párrafos precedentes, una de las partes pueda alegar un cambio fundamental en las circunstancias como causa para dar por terminado un tratado o para retirarse de él, podrá también alegar ese cambio como causa para suspender la aplicación del tratado.

63. Ruptura de relaciones diplomáticas o consulares. La ruptura de relaciones diplomáticas o consulares entre partes de un tratado no afectará a las relaciones jurídicas establecidas entre ellas por el tratado, salvo en la medida en que la existencia de relaciones diplomáticas o consulares sea indispensable para la aplicación del tratado.

64. Aparición de una nueva norma imperativa de derecho internacional general ("jus cogens"). Si surge una nueva norma imperativa de derecho internacional general, todo tratado existente que esté en oposición con esa norma se convertirá en nulo y terminará.

Sección Cuarta
PROCEDIMIENTO

65. Procedimiento que deberá seguirse con respecto a la nulidad o terminación de un tratado, el retiro de una parte o la suspensión de la aplicación de un tratado. 1. La parte que, basándose en las disposiciones de la presente Convención, alegue un vicio de su consentimiento en obligarse por un tratado o una causa para impugnar la validez de un tratado, darlo por terminado, retirarse de él o suspender su aplicación, deberá notificar a las demás partes su pretensión. En la notificación habrá de indicarse la medida que se proponga adoptar con respecto al tratado y las razones en que esta se funde.

2. Si, después de un plazo que, salvo en casos de especial urgencia, no habrá de ser inferior a tres meses contados desde la recepción de la notificación, ninguna parte ha formulado objeciones, la parte que haya hecho la notificación podrá adoptar en la forma prescrita en el articulo 67 la medida que haya propuesto.

3. Si. por el contrario, cualquiera de las demás partes ha formulado una objeción, las partes deberán buscar una solución por los medios indicados en el artículo 33 de la Carta de las Naciones Unidas.

4. Nada de lo dispuesto en los párrafos precedentes afectara a los derechos o a las obligaciones de las partes que se deriven de cualesquiera disposiciones en vigor entre ellas respecto de la solución de controversias.

5. Sin perjuicio de lo dispuesto en el artículo 45, el hecho de que un Estado no haya efectuado la notificación prescrita en el párrafo 1 no le impedirá hacerla en respuesta a otra parte que pida el cumplimiento del tratado o alegue su violación.

66. Procedimientos de arreglo judicial de arbitraje y de conciliación. Si, dentro de los doce meses siguientes a la fecha en que se haya formulado la objeción, no se ha llegado a ninguna solución conforme al párrafo 3 del artículo 65, se seguirán los procedimientos siguientes:

a) cualquiera de las partes en una controversia relativa a la aplicación o la interpretación del artículo 53 o el artículo 64 podrá, mediante solicitud escrita, someterla a la decisión de la Corte Internacional de Justicia a menos que las partes convengan de común acuerdo someter la controversia al arbitraje:

b) cualquiera de las partes en una controversia relativa a la aplicación o la interpretación de cualquiera de los restantes artículos de la parte V de la presente Convención podrá iniciar el procedimiento indicado en el anexo de la Convención presentando al Secretario general de las Naciones Unidas una solicitud a tal efecto.

67. Instrumentos para declarar la nulidad de un tratado, darlo por terminado, retirarse de él o suspender su aplicación. 1. La notificación prevista en el párrafo 1 del artículo 65 habrá de hacerse por escrito.

2. Todo acto encaminado a declarar la nulidad de un tratado, darlo por terminado, retirarse de él o suspender su aplicación de conformidad con las disposiciones del tratado o de los párrafos 2 ó 3 del artículo 65, se hará constar en un instrumento que será comunicado a las demás partes. Si el instrumento no está firmado por el Jefe del Estado, el Jefe del Gobierno o el Ministro de Relaciones Exteriores, el representante del Estado que lo comunique podrá ser invitado a presentar sus plenos poderes.

68. Revocación de las notificaciones y de los instrumentos previstos en los artículos 65 y 67. Las notificaciones o los instrumentos previstos en los artículos 65 y 67 podrán ser revocados en cualquier momento antes de que surtan efecto.

Sección Quinta
CONSECUENCIAS DE LA NULIDAD, LA TERMINACIÓN O LA SUSPENSIÓN DE LA APLICACIÓN DE UN TRATADO

69. Consecuencias de la nulidad de un tratado. 1. Es nulo un tratado cuya nulidad quede determinada en virtud de la presente Convención. Las disposiciones de un tratado nulo carecen de fuerza jurídica.

2. Si no obstante se han ejecutado actos basándose en tal tratado:

a) toda parte podrá exigir de cualquier otra parte que en la medida de lo posible establezca en sus relaciones mutuas la situación que habría existido si no se hubieran ejecutado esos actos;

b) los actos ejecutados de buena le antes de que se haya alegado la nulidad no resultarán ilícitos por el solo hecho de la nulidad del tratado;

3. En los casos comprendidos en los artículos 49, 50,51 ó 52, no se aplicará el párrafo 2 con respecto a la parte a la que sean imputables el dolo, el acto de corrupción o 1a coacción.

4. En caso de que el consentimiento de un Estado determinado en obligarse por un tratado multilateral este viciado, las normas precedentes se aplicarán a las relaciones entre ese Estado y las partes en el tratado.

70. Consecuencias de la terminación de un tratado. 1. Salvo que el tratado disponga o las partes convengan otra cosa al respecto, la terminación de un tratado en virtud de sus disposiciones o conforme a la presente Convención:

a) eximirá a las partes de la obligación de seguir cumpliendo el tratado;

b) no afectará a ningún derecho, obligación o situación jurídica de las partes creados por la ejecución del tratado antes de su terminación.

2. Si un Estado denuncia un tratado multilateral o se retira de él, se aplicará el párrafo 1 a las relaciones entre ese Estado y cada una de las demás partes en el tratado desde la fecha en que surta efectos tal denuncia o retiro.

71. Consecuencias de la nulidad de un tratado que esté en oposición con una norma imperativa de derecho internacional general. I. Cuando un tratado sea nulo en virtud del artículo 53, las partes deberán:

a) eliminar en lo posible las consecuencias de todo acto, que se haya ejecutado basándose en una disposición que esté en oposición con la norma imperativa de derecho internacional general, y

b) ajustar sus relaciones mutuas a la norma imperativa de derecho internacional general.

2. Cuando un tratado se convierta en nulo y termine en virtud del artículo 64, la terminación del tratado:

a) eximirá a las partes de toda obligación de seguir cumpliendo él tratado;

b) no afectará a ningún derecho, obligación o situación jurídica de las partes creados por la ejecución del tratado antes de su terminación; sin embargo, esos derechos, obligaciones o situaciones podrán en adelante mantenerse únicamente en la medida en que su mantenimiento no esté por sí mismo en oposición con la nueva norma imperativa de derecho internacional general.

72. Consecuencias de la suspensión de la aplicación de un tratado. 1. Salvo que el tratado disponga o las partes convengan otra cosa al respecto, la suspensión de la aplicación de un tratado basada en sus disposiciones o conforme a la presente Convención:

a) eximirá a las partes entre las que se suspenda la aplicación del tratado de la obligación de cumplirlo en sus relaciones mutuas durante el periodo de suspensión;

b) no afectará de otro modo a las relaciones jurídicas que el tratado haya establecido entre las partes.

2. Durante el período de suspensión las partes deberán abstenerse de todo acto encaminado a obstaculizar la reanudación de la aplicación del tratado.

Parte VI
DISPOSICIONES DIVERSAS

73. Casos de sucesión de Estados, de responsabilidad de un Estado o de ruptura de hostilidades. Las disposiciones de la presente Convención no prejuzgaran ninguna cuestión que con relación a un tratado pueda surgir como consecuencia de una sucesión de Estados, de la responsabilidad internacional de un Estado o de la ruptura de hostilidades entre Estados.

74. Relaciones diplomáticas o consulares y celebración de tratados. La ruptura o la ausencia de relaciones diplomáticas o consulares entre dos o más Estados no impedirá la celebración de tratados entre dichos Estados. Tal celebración por sí misma no prejuzgará acerca de la situación de las relaciones diplomáticas o consulares.

75. Caso de un Estado agresor. Las disposiciones de la presente Convención se entenderán sin perjuicio de cualquier obligación que pueda originarse con relación a un tratado para un Estado agresor como consecuencia de medidas adoptadas conforme a la Carta de las Naciones Unidas con respecto a la agresión de tal Estado.

Parte VII
DEPOSITARIOS, NOTIFICACIONES, CORRECCIONES Y REGISTRO

76. Depositarios de los tratados. 1. La designación del depositario de un tratado podrá efectuarse por los Estados negociadores en el tratado mismo o de otro modo. El depositario podrá ser uno o más Estados, una organización internacional o el principal funcionario administrativo de tal organización.

2. Las funciones del depositario de un tratado son de Carácter internacional y el depositario está obligado a actuar imparcialmente en el desempeño de ellas. En particular, el hecho de que un tratado no haya entrado en vigor entre algunas de las partes o de que haya surgido una discrepancia entre un Estado y un depositario acerca del desempeño de las funciones de éste no afectará a esa obligación del depositario.

77. Funciones de los depositarios. 1. Salvo que el tratado disponga o los Estados contratantes convengan otra cosa al respecto, las funciones del depositario comprenden en particular las siguientes:

a) custodiar el texto original del tratado y los plenos poderes que se le hayan remitido:

b) extender copias certificadas conformes del texto original y preparar todos los demás textos del tratado en otros idiomas que puedan requerirse en virtud del tratado y transmitirlos a las partes en el tratado y a los Estados facultados para llegar a serlo;

c) recibir las firmas del tratado v recibir y custodiar los instrumentos, notificaciones y comunicaciones relativos a éste;

d) examinar si una firma, un instrumento o una notificación o comunicación relativos al tratado están en debida forma y, de ser necesario, señalar el caso a la atención del Estado de que se trate;

e) informar a las partes en el tratado y a los Estados facultados para llegar a serlo de los actos, notificaciones y comunicaciones relativos al tratado;

f) informar a los Estados facultados para llegar a ser partes en el tratado de la fecha en que se ha recibido o depositado el número de firmas o de instrumentos de ratificación, aceptación aprobación o adhesión necesario para la entrada en rigor del tratado;

g) registrar el tratado en la Secretaría de las Naciones Unidas;

h) desempeñar las funciones especificadas en otras disposiciones de la presente Convención.

2. De surgir alguna discrepancia entre un Estado y el depositario acerca del desempeño de las funciones de éste, el depositario señalará la cuestión a la atención de los Estados signatarios y de los Estados contratantes o, si corresponde, del órgano competente de la organización internacional interesada.

78. Notificaciones y comunicaciones. Salvo cuando el tratado o la presente Convención disponga otra cosa al respecto, una notificación o comunicación que debe hacer cualquier Estado en virtud de la presente Convención:

a) deberá ser transmitida. si no hay depositario, directamente a los Estados a que esté destinada, o, si ha y depositario. a éste;

b) sólo se entenderá que ha quedado hecha por el Estado de que se trate cuando haya sido recibida por el Estado al que fue transmitida. o, en su caso, por el depositario;

c) si ha sido transmitida a un depositario. sólo se entenderá que ha sido recibida por el Estado al que estaba destinada cuando éste haya recibido dcl depositario la información prevista en el apartado el del párrafo 1 del artículo 77.

79. Corrección de errores en textos o en copias certificadas conformes de los tratados. 1. Cuando, después de la autenticación del texto de un tratado. los Estados signatarios y los Estados contratantes adviertan de común acuerdo que contiene un error, éste, a menos que tales Estados decidan proceder a su corrección de otro modo, será corregido:

a) introduciendo la corrección pertinente en el texto y haciendo que sea rubricada pcr representantes autorizados en debida forma;

b) formalizando un instrumento o canjeando instrumentos en los que se haga constar la corrección que se haya acordado hacer; o

c) formalizando, por el mismo procedimiento empleado para el texto original, un texto corregido de todo el tratado.

2. En el caso de un tratado para el que haya depositario, éste notificará a los Estados signatarios y a los Estados contratantes el error y la propuesta de corregirlo y fijará un plazo adecuado para hacer objeciones a la corrección propuesta. A la expiración del plazo fijado:

a) si no se ha hecho objeción alguna, el depositario efectuará y rubricará la corrección en el texto. extenderá un acta de rectificación del texto y comunicará copia de ella a las partes en el tratado y a los Estados facultados para llegar a serlo;

b) si se ha hecho una objeción, el depositario comunicará la objeción a los Estados signatarios y a los Estados contratantes.

3. Las disposiciones de los párrafos 1 y 2 se aplicarán también cuando el texto de un tratado haya sido autenticado en dos o mas idiomas y se advierta una falta de concordancia que los Estados signatarios y los Estados contratantes convengan en que debe corregirse.

4. El texto corregido sustituirá "ab initio" al texto defectuoso. a menos que los Estados signatarios y los Estados contratantes decidan otra cosa al respecto.

5. La corrección del texto de un tratado que haya sido registrado será notificada a la Secretaría de las Naciones Unidas.

6. Cuando se descubra un error en una copia certificada conforme de un tratado, el depositario extenderá un acta en la que hará constar la rectificación y comunicará copia de ella a los Estados signatarios y a los Estados contratantes.

80. Registro y publicación de los tratados. 1. Los tratados, después de su entrada en vigor, se transmitirán a la Secretaría de las Naciones Unidas para su registro o archivo e inscripción, según el caso, y para su publicación.

2. La designación de un depositario constituirá la autorización para que éste realice los actos previstos en el párrafo; precedente.

Parte VIII
DISPOSICIONES FINALES

81. Firma. La presente Convención estará abierta a la firma de todos los estados Miembros de las Naciones Unidas o miembros de algún organismo especializado o del Organismo Internacional de Energía Atómica, así como de todo Estado parte en el Estatuto de la Corte Internacional de Justicia y de cualquier otro Estado invitado por la Asamblea General de las Naciones Unidas a ser parte en la Convención, de la manera siguiente: Hasta el 30 de noviembre de 1969, en el Ministerio Federal de Relaciones Exteriores de la República de Austria, y, después, hasta el 30 de abril de 1970, en la sede de las Naciones Unidas en Nueva York.

82. Ratificación. La presente Convención está sujeta a ratificación. Los instrumentos de ratificación se depositarán en poder del Secretario general de las Naciones Unidas.

83. Adhesión. La presente Convención quedará abierta a la adhesión de todo Estado perteneciente a una de las categorías mencionadas en el artículo 81. Los instrumentos de adhesión se depositarán en poder del Secretario General de las Naciones Unidas.

84. Entrada en vigor. 1. La presente Convención entrará en vigor el trigésimo día a partir de la fecha en que haya sido depositado el trigésimo quinto instrumento de ratificación o de adhesión.

2. Para cada Estado que ratifique la Convención o se adhiera a ella después de haber sido depositado el trigésimo quinto instrumento de ratificación o de adhesión, la Convención entrará en vigor el trigésimo día a partir de la fecha en que tal Estado haya depositado su instrumento de ratificación o de adhesión.

85. Textos auténticos. El original de la presente Convención, cuyos textos en chino, español, francés, inglés y ruso son igualmente auténticos, será depositado en poder del Secretario general de las Naciones Unidas.

En testimonio de lo cual, los plenipotenciarios infrascritos, debidamente autorizados por sus respectivos Gobiernos, han firmado la presente Convención.

Hecha en Viena. el día veintitrés de mayo de mil novecientos sesenta y nueve.

ANEXO

1. El Secretario general de las Naciones Unidas establecerá y mantendrá una lista de amigables componedores integrada por juristas calificados. A tal efecto, se invitará a todo Estado que sea miembro de las Naciones Unidas o parte en la presente Convención a que designe dos amigables componedores; los nombres de las personas así designadas constituirán la lista. La designación de los amigables componedores, entre ellos los designados para cubrir una vacante accidental, se hará para un periodo de cinco años renovable. Al expirar el periodo para el cual hayan sido designados, los amigables componedores continuarán desempeñando las funciones para las cuales hayan sido elegidos con arreglo al párrafo siguiente.

2. Cuando se haya presentado una solicitud, conforme al artículo 66, al Secretario General, éste someterá la controversia a una comisión de conciliación, compuesta en la forma siguiente:

El Estado o los Estados que constituyan una de las partes en la controversia nombrarán:

a) un amigable componedor, de la nacionalidad de ese Estado o de uno de esos Estados, elegido o no de la lista mencionada en el párrafo 1, y

b) un amigable componedor que no tenga la nacionalidad de ese Estado ni de ninguno de esos Estados, elegido de la lista.

El Estado o los Estados que constituyan la otra parte en la controversia nombrarán dos amigables componedores de la misma manera. Los cuatro amigables componedores elegidos por las partes deberán ser nombrados dentro de los sesenta días siguientes a la fecha en que el Secretario General haya recibido la solicitud.

Los cuatro amigables componedores, dentro de los sesenta días siguientes a la fecha en que se haya efectuado el último de sus nombramientos, nombrarán un quinto amigable componedor, elegido de la lista, que será Presidente.

Si el nombramiento del Presidente o de cualquiera de los demás amigables componedores no se hubiere realizado en el plazo antes prescrito para ello, lo efectuará el Secretario general dentro de los sesenta días siguientes a la expiración de ese plazo. El Secretario general podrá nombrar Presidente a una de las personas de la lista o a uno de los miembros de la Comisión de Derecho Internacional. Cualquiera de los plazos en los cuales deban efectuarse los nombramientos podrá prorrogarse por acuerdo de las partes en la controversia.

Toda vacante deberá cubrirse en la forma prescrita para el nombramiento inicial.

3. La Comisión de Conciliación fijará su propio procedimiento. La Comisión, previo consentimiento de las partes en la controversia, podrá invitar a cualquiera de las partes en el tratado a exponerle sus opiniones verbalmente o por escrito. Las decisiones y recomendaciones de la Comisión se adoptarán por mayoría de votos de sus cinco miembros.

4. La Comisión podrá señalar a la atención de las partes en la controversia todas las medidas que puedan facilitar una solución amistosa.

5. La Comisión oirá a las partes, examinará las pretensiones y objeciones, y hará propuestas a las partes con miras a que lleguen a una solución amistosa de la controversia.

6. La Comisión presentará su informe dentro de los doce meses siguientes a la fecha de su constitución. El informe se depositará en poder del Secretario general y se transmitirá a las partes en la controversia. El informe de la Comisión, incluidas cualesquiera conclusiones que en él se indiquen en cuanto a los hechos y a las cuestiones de derecho, no obligará a las partes ni tendrá otro carácter que el de enunciado de recomendaciones presentadas a las partes para su consideración, a fin de facilitar una solución amistosa de la controversia.

7. El Secretario general proporcionará a la Comisión la asistencia y facilidades que necesite. Los gastos de la Comisión serán sufragados por la Organización de las Naciones Unidas.

Convención de Viena sobre el Derecho de los Tratados entre Estados y Organizaciones Internacionales o entre Organizaciones Internacionales (21 de marzo de 1986)

Las partes en la presente Convención,

Considerando la función fundamental de los tratados en la historia de las relaciones internacionales,

Reconociendo el carácter consensual de los tratados y su importancia cada vez mayor como fuente del derecho internacional,

Advirtiendo que los principios del libre consentimiento y de la buena fe y la norma *pacta sunt servanda* están universalmente reconocidos,

Afirmando la importancia de intensificar el proceso de codificación y de desarrollo progresivo del derecho internacional con carácter universal,

Convencidos de que la codificación y el desarrollo progresivo de las normas relativas a los tratados entre Estados y organizaciones internacionales o entre organizaciones internacionales son medios para fortalecer el orden jurídico en las relaciones internacionales y para servir los propósitos de las Naciones Unidas,

Teniendo presentes los principios de derecho internacional incorporados en la Carta de las Naciones Unidas, tales como los principios de la igualdad de derechos y de la libre determinación de los pueblos, de la igualdad soberana y la independencia de todos los Estados, de la no injerencia en los asuntos internos de los Estados, de la prohibición de la amenaza o el uso de la fuerza y del respeto universal a los derechos humanos y a las libertades fundamentales de todos y la efectividad de tales derechos y libertades,

Teniendo también presentes las disposiciones de la convención de Viena sobre el derecho de los tratados, de 1969,

Reconociendo la relación que existe entre el derecho de los tratados entre Estados y el derecho de los tratados entre Estados y organizaciones internacionales o entre organizaciones internacionales,

Considerando la importancia de los tratados entre organizaciones internacionales o entre Estados y organizaciones internacionales como medios eficaces de desarrollar las relaciones internacionales y de asegurar las condiciones para la cooperación pacífica entre las naciones, sean cuales fueren sus regímenes constitucionales y sociales,

Teniendo presentes las características particulares de los tratados en que sean partes organizaciones internacionales como sujetos de derecho internacional distintos de los Estados,

Advirtiendo que las organizaciones internacionales poseen la capacidad para celebrar tratados que es necesaria para el ejercicio de sus funciones y la realización de sus propósitos,

Reconociendo que la práctica de las organizaciones internacionales en lo que respecta a la celebración de tratados con Estados o entre ellas debería estar conforme con sus instrumentos constitutivos,

Afirmando que nada de lo dispuesto en la presente convención se interpretará de modo que afecte a las relaciones entre una organización internacional y sus miembros, que se rigen por las reglas de esa organización,

Afirmando asimismo que las controversias relativas a los tratados, al igual que las demás controversias internacionales, deberían resolverse, de conformidad con la Carta de las Naciones Unidas, por medios pacíficos y según los principios de la justicia y del derecho internacional,

Afirmando asimismo que las normas de derecho internacional consuetudinario continuarán rigiendo las cuestiones no reguladas en las disposiciones de la presente convención,

Han convenido lo siguiente:

Parte I
INTRODUCCION

Artículo 1

Alcance de la presente convención

La presente convención se aplica:

a) a los tratados entre uno o varios Estados y una o varias organizaciones internacionales, y

b) a los tratados entre organizaciones internacionales.

Artículo 2

Términos empleados

1. Para los efectos de la presente convención:

a) se entiende por "tratado" un acuerdo internacional regido por el derecho internacional y celebrado por escrito:

i) entre uno o varios Estados y una o varias organizaciones internacionales; o

ii) entre organizaciones internacionales,

ya conste ese acuerdo en un instrumento único o en dos o más instrumentos conexos y cualquiera que sea su denominación particular;

b) se entiende por "ratificación" el acto internacional así denominado por el cual un Estado hace constar en el ámbito internacional su consentimiento en obligarse por un tratado;

b bis) se entiende por "acto de confirmación formal" un acto internacional que corresponde al de la ratificación por un Estado y por el cual una organización internacional hace constar en el ámbito internacional su consentimiento en obligarse por un tratado;

b ter) se entiende por "aceptación", "aprobación" y "adhesión", según el caso, el acto internacional así denominado por el cual un Estado o una organización internacional hace constar en el ámbito internacional, su consentimiento en obligarse por un tratado;

c) se entiende por "plenos poderes" un documento que emana de la autoridad competente de un Estado o del órgano competente de una organización internacional y por el que se designa a una o varias personas para representar al Estado o a la organización en la negociación, la adopción o la autenticación del texto de un tratado, para expresar el consentimiento del Estado o de la organización en obligarse por un tratado, o para ejecutar cualquier otro acto con respecto a un tratado;

d) se entiende por "reserva" una declaración unilateral, cualquiera que sea su enunciado o denominación, hecha por un Estado o una organización internacional al firmar, ratificar, confirmar formalmente, aceptar o aprobar un tratado o al adherirse a él, con objeto de excluir o modificar los efectos jurídicos de ciertas disposiciones del tratado en su aplicación a ese Estado o a esa organización;

e) se entiende por "Estado negociador" y por "organización negociadora", respectivamente:

i) un Estado, o

ii) una organización internacional, que ha participado en la elaboración y adopción del texto del tratado;

f) se entiende por "Estado contratante" y por "organización contratante", respectivamente:

i) un Estado, o

ii) una organización internacional, que ha consentido en obligarse por el tratado, haya o no entrado en vigor el tratado;

g) se entiende por "parte" un Estado o una organización internacional que ha consentido en obligarse por el tratado y con respecto al cual o a la cual el tratado está en vigor;

h) se entiende por "tercer Estado" y por "tercera organización", respectivamente:

i) un Estado, o

ii) una organización internacional, que no es parte en el tratado;

i) se entiende por "organización internacional" una organización intergubernamental;

j) se entiende por "reglas de la organización" en particular los instrumentos constitutivos de la organización, sus decisiones y resoluciones adoptadas de conformidad con éstos y su práctica establecida.

2. Las disposiciones del párrafo 1 sobre los términos empleados en la presente convención se entenderán sin perjuicio del empleo de esos términos o del sentido que se les pueda dar en el derecho interno de cualquier Estado o en las reglas de una organización internacional.

Artículo 3

Acuerdos internacionales no comprendidos en el ámbito de la presente convención

El hecho de que la presente convención no se aplique:

i) ni a los acuerdos internacionales en los que fueren partes uno o varios Estados, una o varias organizaciones internacionales y uno o varios sujetos de derecho internacional que no sean Estados ni organizaciones;

ii) ni a los acuerdos internacionales en los que fueren partes una o varias organizaciones internacionales y uno o varios sujetos de derecho internacional que no sean Estados ni organizaciones;

iii) ni a los acuerdos internacionales no celebrados por escrito entre uno o varios Estados y una o varias organizaciones internacionales, o entre organizaciones internacionales;

iv) ni a los acuerdos internacionales entre sujetos de derecho internacional que no sean Estados ni organizaciones internacionales;

no afectará:

a) al valor jurídico de tales acuerdos;

b) a la aplicación a los mismos de cualquiera de las normas enunciadas en la presente convención a que estuvieren sometidos en virtud del derecho internacional independientemente de esta convención;

c) a la aplicación de la convención a las relaciones entre Estados y organizaciones internacionales o a las relaciones de las organizaciones entre sí, cuando estas relaciones se rijan por acuerdos internacionales en los que fueren asimismo partes otros sujetos de derecho internacional.

Artículo 4

Irretroactividad de la presente Convención

Sin perjuicio de la aplicación de cualesquiera normas enunciadas en la presente convención a las que los tratados entre uno o varios Estados y una o varias organizaciones internacionales o entre organizaciones internacionales estén sometidos en virtud del derecho internacional independientemente de la convención, ésta sólo se aplicará a los tratados de esa índole que sean celebrados después de la entrada en vigor de la presente convención con respecto a esos Estados y esas organizaciones.

Artículo 5

Tratados constitutivos de organizaciones internacionales y tratados adoptados en el ámbito de una organización internacional

La presente convención se aplicará a todo tratado entre uno o varios Estados y una o varias organizaciones internacionales que sea un instrumento constitutivo de una organización internacional y a todo tratado adoptado en el ámbito de una organización internacional, sin perjuicio de cualquier regla pertinente de la organización.

Parte II
CELEBRACION Y ENTRADA EN VIGOR DE LOS TRATADOS

Sección 1
CELEBRACION DE LOS TRATADOS

Artículo 6

Capacidad de las organizaciones internacionales para celebrar tratados

La capacidad de una organización internacional para celebrar tratados se rige por las reglas de esa organización.

Artículo 7

Plenos poderes

1. Para la adopción o la autenticación del texto de un tratado o para manifestar el consentimiento del Estado en obligarse por un tratado, se considerará que una persona representa a un Estado:

a) si presenta los adecuados plenos poderes; o

b) si se deduce de la práctica o de otras circunstancias que la intención de los Estados y de las organizaciones internacionales de que se trate ha sido considerar a esa persona representante del Estado para esos efectos sin la presentación de plenos poderes.

2. En virtud de sus funciones, y sin tener que presentar plenos poderes, se considerará que representan a su Estado:

a) los jefes de Estado, jefes de Gobierno y ministros de Relaciones Exteriores, para la ejecución de todos los actos relativos a la celebración de un tratado entre uno o varios Estados y una o varias organizaciones internacionales;

b) los representantes acreditados por los Estados en una conferencia internacional, para la adopción del texto de un tratado entre Estados y organizaciones internacionales;

c) los representantes acreditados por los Estados ante una organización internacional o uno de sus órganos, para la adopción del texto de un tratado en tal organización u órgano;

d) los jefes de misiones permanentes ante una organización internacional, para la adopción del texto de un tratado entre los Estados acreditantes y esa organización.

3. Para la adopción o la autenticación del texto de un tratado o para manifestar el consentimiento de una organización en obligarse por un tratado, se considerará que una persona representa a esa organización internacional;

a) si presenta los adecuados plenos poderes; o

b) si se deduce de las circunstancias que la intención de los Estados y de las organizaciones internacionales de que se trate ha sido considerar a esa persona representante de la organización para esos efectos, de conformidad con las reglas de la organización y sin la presentación de plenos poderes.

Artículo 8

Confirmación ulterior de un acto ejecutado sin autorización

Un acto relativo a la celebración de un tratado ejecutado por una persona que, conforme al artículo 7, no pueda considerarse autorizada para representar con tal fin a un Estado o a una organización internacional, no surtirá efectos jurídicos a menos que sea ulteriormente confirmado por ese Estado o esa organización.

Artículo 9

Adopción del texto

1. La adopción del texto de un tratado se efectuará por consentimiento de todos los Estados y de todas las organizaciones internacionales o, según el caso, de todas

las organizaciones participantes en su elaboración, salvo lo dispuesto en el párrafo 2.

2. La adopción del texto de un tratado de una conferencia internacional se efectuará con arreglo al procedimiento que acuerden los participantes en esa conferencia. Si, no obstante, no se logra un acuerdo sobre tal procedimiento, la adopción del texto se efectuará por mayoría de dos tercios de los participantes presentes y votantes, a menos que esos participantes decidan por igual mayoría aplicar una regla diferente.

Artículo 10

Autenticación del texto

1. El texto de un tratado entre uno o varios Estados y una o varias organizaciones internacionales quedará establecido como auténtico y definitivo:

a) Mediante el procedimiento que se prescriba en él o que convengan los Estados y las organizaciones que hayan participado en su elaboración; o

b) A falta de tal procedimiento, mediante la firma, la firma ad referéndum o la rúbrica puesta por los representantes de esos Estados y de esas organizaciones en el texto del tratado o en el acta final de la conferencia en la que figure el texto.

2. El texto de un tratado entre organizaciones internacionales quedará establecido como auténtico y definitivo:

a) Mediante el procedimiento que se prescriba en él o que convengan las organizaciones que hayan participado en su elaboración; o

b) A falta de tal procedimiento, mediante la firma, la firma ad referéndum o la rúbrica puesta por los representantes de esas organizaciones en el texto del tratado o en el acta final de la conferencia en la que figure el texto.

Artículo 11

Formas de manifestación del consentimiento en obligarse por un tratado

1. El consentimiento de un Estado en obligarse por un tratado podrá manifestarse mediante la firma, el canje de instrumentos que constituyan un tratado, la ratificación, la aceptación, la aprobación o la adhesión, o en cualquier otra forma que se hubiere convenido.

2. El consentimiento de una organización internacional en obligarse por un tratado podrá manifestarse mediante la firma, el canje de instrumentos que constituyan un tratado, un acto de confirmación formal, la aceptación, la aprobación o la adhesión, o en cualquier otra forma que se hubiere convenido.

Artículo 12

Consentimiento en obligarse por un tratado manifestado mediante la firma

1. El consentimiento de un Estado o de una organización internacional en obligarse por un tratado se manifestará mediante la firma de su representante:

a) Cuando el tratado disponga que la firma tendrá ese efecto;

b) Cuando conste de otro modo que los Estados negociadores y las organizaciones negociadoras o, según el caso, las organizaciones negociadoras han convenido en que la firma tenga ese efecto; o

c) Cuando la intención del Estado o de la organización de dar ese efecto a la firma se desprenda de los plenos poderes de su representante o se haya manifestado durante la negociación.

2. Para los efectos del párrafo 1:

a) La rúbrica de un texto equivaldrá a la firma del tratado cuando conste que los Estados negociadores y las organizaciones negociadoras o, según el caso, las organizaciones negociadoras así lo han convenido;

b) La firma ad referéndum de un tratado por el representante de un Estado o de una organización internacional equivaldrá a la firma definitiva del tratado si ese Estado o esa organización la confirma.

Artículo 13

Consentimiento en obligarse por un tratado manifestado mediante el canje de instrumentos que constituyen un tratado

El consentimiento de los Estados o de las organizaciones internacionales en obligarse por un tratado constituido por instrumentos canjeados entre ellos se manifestará mediante este canje:

a) Cuando los instrumentos dispongan que su canje tendrá ese efecto; o

b) Cuando conste de otro modo que esos Estados y esas organizaciones o, según el caso, esas organizaciones han convenido en que el canje de los instrumentos tenga ese efecto.

Artículo 14

Consentimiento en obligarse por un tratado manifestado mediante la ratificación, un acto de confirmación formal, la aceptación o la aprobación

1. El consentimiento de un Estado en obligarse por un tratado se manifestará mediante la ratificación:

a) Cuando el tratado disponga que tal consentimiento debe manifestarse mediante la ratificación;

b) Cuando conste de otro modo que los Estados negociadores y las organizaciones negociadoras han convenido en que exija la ratificación;

c) Cuando el representante del Estado haya firmado el tratado a reserva de ratificación; o

d) Cuando la intención del Estado de firmar el tratado a reserva de ratificación se desprenda de los plenos poderes de su representante o se haya manifestado durante la negociación.

2. El consentimiento de una organización internacional en obligarse por un tratado se manifestará mediante un acto de confirmación formal:

a) Cuando el tratado disponga que tal consentimiento debe manifestarse mediante un acto de confirmación formal;

b) Cuando conste de otro modo que los Estados negociadores y las organizaciones negociadoras o, según el caso, las organizaciones negociadoras han convenido en que se exija un acto de confirmación formal;

c) Cuando el representante de la organización haya firmado el tratado a reserva de un acto de confirmación formal; o

d) Cuando la intención de la organización de firmar el tratado a reserva de un acto de confirmación formal se desprenda de los plenos poderes de su representante o se haya manifestado durante la negociación.

3. El consentimiento de un Estado o de una organización internacional en obligarse por un tratado se manifestará mediante la aceptación o la aprobación en condiciones semejantes a las que rigen para la ratificación o, según el caso, para un acto de confirmación formal.

Artículo 15

Consentimiento en obligarse por un tratado manifestado mediante la adhesión

El consentimiento de un Estado o de una organización internacional en obligarse por un tratado se manifestará mediante la adhesión:

a) Cuando el tratado disponga que ese Estado o esa organización puede manifestar tal consentimiento mediante la adhesión;

b) Cuando conste de otro modo que los Estados negociadores y las organizaciones negociadoras o, según el caso, las organizaciones negociadoras han convenido en que ese Estado o esa organización puede manifestar tal consentimiento mediante la adhesión; o

c) Cuando todas las partes hayan convenido ulteriormente en que ese Estado o esa organización puede manifestar tal consentimiento mediante la adhesión.

Artículo 16

Canje o depósito de los instrumentos de ratificación, confirmación formal, aceptación, aprobación o adhesión

1. Salvo que el tratado disponga otra cosa, los instrumentos de ratificación, los instrumentos relativos a un acto de confirmación formal, o los instrumentos de aceptación, aprobación o adhesión harán constar el consentimiento de un Estado o de una organización internacional en obligarse por un tratado entre uno o varios Estados y una o varias organizaciones internacionales al efectuarse:

a) Su canje entre los Estados contratantes y las organizaciones contratantes;

b) Su depósito en poder del depositario; o

c) Su notificación a los Estados contratantes y a las organizaciones contratantes o al depositario, si así se ha convenido.

2. Salvo que el tratado disponga otra cosa, los instrumentos relativos a un acto de confirmación formal, o los instrumentos de aceptación, aprobación o adhesión harán constar el consentimiento de una organización internacional en obligarse por un tratado entre organizaciones internacionales al efectuarse:

a) Su canje entre las organizaciones contratantes;

b) Su depósito en poder del depositario; o

c) Su notificación a las organizaciones contratantes o al depositario si así se ha convenido.

Artículo 17

Consentimiento en obligarse respecto de parte de un tratado y opción entre disposiciones diferentes

1. Sin perjuicio de lo dispuesto en los artículos 19 a 23, el consentimiento de un Estado o de una organización internacional en obligarse respecto de parte de un tratado sólo surtirá efecto si el tratado lo permite o los Estados contratantes y las organizaciones contratantes o, según el caso, las organizaciones contratantes convienen en ello.

2. El consentimiento de un Estado o de una organización internacional en obligarse por un tratado que permita una opción entre disposiciones diferentes sólo surtirá efecto si se indica claramente a qué disposiciones se refiere el consentimiento.

Artículo 18

Obligación de no frustrar el objeto y el fin de un tratado antes de su entrada en vigor

Un Estado o una organización internacional deberá abstenerse de actos en virtud de los cuales se frustren el objeto y el fin de un tratado:

a) Si ese Estado o esa organización ha firmado el tratado o ha canjeado los instrumentos que constituyen el tratado a reserva de ratificación, de un acto de confirmación formal, de aceptación o de aprobación, mientras ese Estado o esa organización no haya manifestado su intención de no llegar a ser parte en el tratado; o

b) Si ese Estado o esa organización ha manifestado su consentimiento en obligarse por el tratado durante el período que preceda su entrada en vigor y siempre que ésta no se retarde indebidamente.

Sección 2
RESERVAS

Artículo 19

Formulación de reservas

Un Estado o una organización internacional podrá formular una reserva en el momento de firmar, ratificar, confirmar formalmente, aceptar o aprobar un tratado o de adherirse a él, a menos:

a) que la reserva esté prohibida por el tratado;

b) que el tratado disponga que únicamente pueden hacerse determinadas reservas, entre las cuales no figure la reserva de que se trate; o

c) que, en los casos no previstos en los apartados a) y b), la reserva sea incompatible con el objeto y el fin del tratado.

Artículo 20

Aceptación de las reservas y objeción a las reservas

1. Una reserva expresamente autorizada por el tratado no exigirá la aceptación ulterior de los Estados contratantes y de las organizaciones contratantes o, según el caso, de las organizaciones contratantes, a menos que el tratado así lo disponga.

2. Cuando del número reducido de Estados negociadores y organizaciones negociadoras o, según el caso, de organizaciones negociadoras y del objeto y del fin del tratado se desprenda que la aplicación del tratado en su integridad entre todas las partes es condición esencial del consentimiento de cada una de ellas en obligarse por el tratado, una reserva exigirá la aceptación de todas las partes.

3. Cuando el tratado sea un instrumento constitutivo de una organización internacional y a menos que en él se disponga otra cosa, una reserva exigirá la aceptación del órgano competente de esa organización.

4. En los casos no previstos en los párrafos precedentes y a menos que el tratado disponga otra cosa:

a) la aceptación de una reserva por un Estado contratante o por una organización contratante constituirá al Estado o a la organización internacional autor de la reserva en parte en el tratado en relación con el Estado o la organización que haya aceptado la reserva si el tratado ya está en vigor o cuando entre en vigor para el autor de la reserva y el Estado o la organización que ha aceptado la reserva;

b) la objeción por un Estado contratante o por una organización contratante a una reserva no impedirá la entrada en vigor del tratado entre el Estado o la organización internacional que haya hecho la objeción y el Estado o la organización autor de la reserva, a menos que el Estado o la organización autor de la objeción manifieste inequívocamente la intención contraria;

c) un acto por el que un Estado o una organización internacional manifieste su consentimiento en obligarse por un tratado y que contenga una reserva surtirá efecto en cuanto acepte la reserva al menos un estado contratante o una organización contratante.

5. Para los efectos de los párrafos 2 y 4, y a menos que el tratado disponga otra cosa, se considerará que una reserva ha sido aceptada por un Estado o una organización internacional cuando el Estado o la organización internacional no ha formulado ninguna objeción a la reserva dentro de los doce meses siguientes a la fecha en que haya recibido la notificación de la reserva o en la fecha en que haya manifestado su consentimiento en obligarse por el tratado, si esta última es posterior.

Artículo 21

Efectos jurídicos de las reservas y de las objeciones a las reservas

1. Una reserva que sea efectiva con respecto a otra parte en el tratado de conformidad con los artículos 19, 20 y 23:

a) Modificará con respecto al Estado o a la organización internacional autor de la reserva en sus relaciones con esa otra parte las disposiciones del tratado a que se refiera la reserva en la medida determinada por la misma; y

b) Modificará, en la misma medida, esas disposiciones en lo que respecta a esa otra parte en el tratado en sus relaciones con el Estado o con la organización internacional autor de la reserva.

2. La reserva no modificará las disposiciones del tratado en lo que respecta a las otras partes en el tratado en sus relaciones inter se.

3. Cuando un Estado o una organización internacional que haya hecho una objeción a una reserva no se oponga a la entrada en vigor del tratado entre él o ella y el Estado o la organización autor de la reserva, las disposiciones a que se refiera ésta no se aplicarán entre el autor de la reserva y el Estado o la organización que ha formulado la objeción en la medida determinada por la reserva.

Artículo 22

Retiro de las reservas y de las objeciones a las reservas

1. Salvo que el tratado disponga otra cosa, una reserva podrá ser retirada en cualquier momento y no se exigirá para su retiro el consentimiento del Estado o de la organización internacional que la haya aceptado.

2. Salvo que el tratado disponga otra cosa, una objeción a una reserva podrá ser retirada en cualquier momento.

3. Salvo que el tratado disponga o se haya convenido otra cosa:

a) El retiro de una reserva sólo surtirá efecto respecto de un Estado contratante o de una organización contratante cuando ese Estado o esa organización haya recibido la notificación;

b) El retiro de una objeción a una reserva sólo surtirá efecto cuando su notificación haya sido recibida por el Estado o la organización internacional autor de la reserva.

Artículo 23

Procedimiento relativo a las reservas

1. La reserva, la aceptación expresa de una reserva y la objeción a una reserva habrán de formularse por escrito y comunicarse a los Estados contratantes y a las organizaciones contratantes y a los demás Estados y organizaciones internacionales facultados para llegar a ser partes en el tratado.

2. La reserva que se formule en el momento de la firma de un tratado que haya de ser objeto de ratificación, acto de confirmación formal, aceptación o aprobación habrá de ser confirmada formalmente por el Estado o por la organización autor de la reserva al manifestar su consentimiento en obligarse por el tratado. En tal caso, se considerará que la reserva ha sido hecha en la fecha de su confirmación.

3. La aceptación expresa de una reserva o la objeción hecha a una reserva, anteriores a la confirmación de la misma, no tendrán que ser a su vez confirmadas.

4. El retiro de una reserva o de una objeción a una reserva habrá de formularse por escrito.

Sección 3
ENTRADA EN VIGOR Y APLICACIÓN PROVISIONAL DE LOS TRATADOS

Artículo 24

Entrada en vigor

1. Un tratado entrará en vigor de la manera y en la fecha que en él se disponga o que acuerden los Estados negociadores y las organizaciones negociadoras o, según el caso, las organizaciones negociadoras.

2. A falta de tal disposición o de acuerdo, el tratado entrará en vigor tan pronto como haya constancia del consentimiento de todos los Estados negociadores y todas las organizaciones negociadoras o, según el caso, de todas las organizaciones negociadoras en obligarse por el tratado.

3. Cuando el consentimiento de un Estado o de una organización internacional en obligarse por un tratado se haga constar en una fecha posterior a la entrada en vigor de dicho tratado, éste entrará en vigor con relación a ese Estado o a esa organización en dicha fecha, a menos que el tratado disponga otra cosa.

4. Las disposiciones de un tratado que regulen la autenticación de su texto, la constancia de consentimiento en obligarse por el tratado, la manera o la fecha de su entrada en vigor, las reservas, las funciones del depositario y otras cuestiones que se susciten necesariamente antes de la entrada en vigor del tratado se aplicarán desde el momento de la adopción de su texto.

Artículo 25

Aplicación provisional

1. Un tratado una parte de él se aplicará provisionalmente antes de su entrada en vigor:

a) Si el propio tratado así lo dispone; o

b) Si los Estados negociadores y las organizaciones negociadoras o, según el caso, las organizaciones negociadoras han convenido en ello de otro modo.

2. La aplicación provisional de un tratado o de una parte de él respecto de un Estado o de una organización internacional terminará si ese Estado o esa organización notifica a los Estados y a las organizaciones con respecto a los cuales el tratado se aplica provisionalmente su intención de no llegar a ser parte en el mismo, a menos que el tratado disponga o los Estados negociadores y las organizaciones negociadoras

o, según el caso, las organizaciones negociadoras hayan convenido otra cosa al respecto.

PARTE III
OBSERVANCIA, APLICACION E INTERPRETACION DE LOS TRATADOS

SECCIÓN 1
OBSERVANCIA DE LOS TRATADOS

Artículo 26

Pacta sunt servanda

Todo tratado en vigor obliga a las partes y debe ser cumplido por ellas de buena fe.

Artículo 27

El derecho interno de los Estados, las reglas de las organizaciones internacionales y la observancia de los tratados

1. Un Estado parte en un tratado no podrá invocar las disposiciones de su derecho interno como justificación del incumplimiento del tratado.

2. Una organización internacional parte en un tratado no podrá invocar las reglas de la organización como justificación del incumplimiento del tratado.

3. Las normas enunciadas en los párrafos precedentes se entenderán sin perjuicio de lo dispuesto en el artículo 46.

SECCIÓN 2
APLICACION DE LOS TRATADOS

Artículo 28

Irretroactividad de los tratados

Las disposiciones de un tratado no obligarán a una parte respecto de ningún acto o hecho que haya tenido lugar con anterioridad a la fecha de entrada en vigor del tratado para esa parte ni de ninguna situación que en esa fecha haya dejado de existir, salvo que una intención diferente se desprenda del tratado o conste de otro modo.

Artículo 29

Ámbito territorial de los tratados

Un tratado entre uno o varios Estados y una o varias organizaciones internacionales será obligatorio para cada uno de los Estados partes por lo que respecta a la totalidad de su territorio, salvo que una intención diferente se desprenda de él o conste de otro modo.

Artículo 30

Aplicación de tratados sucesivos concernientes a la misma materia

1. Los derechos y las obligaciones de los Estados y de las organizaciones internacionales partes en tratados sucesivos concernientes a la misma materia se determinarán conforme a los párrafos siguientes.

2. Cuando un tratado especifique que está subordinado a un tratado anterior o posterior o que no debe ser considerado incompatible con ese otro tratado, prevalecerán las disposiciones de este último.

3. Cuando todas las partes en el tratado anterior sean también partes en el tratado posterior pero el tratado anterior no quede terminado ni su aplicación suspendida conforme al artículo 59, el tratado anterior se aplicará únicamente en la medida en que sus disposiciones sean compatibles con las del tratado posterior.

4. Cuando las partes en el tratado anterior no sean todas ellas partes en el tratado posterior:

a) en las relaciones entre dos partes, que lo sean en ambos tratados, se aplicará la norma enunciada en el párrafo 3;

b) en las relaciones entre una parte en ambos tratados y una parte en un tratado solamente, los derechos y obligaciones recíprocos se regirán por el tratado en el que las dos sean partes.

5. El párrafo 4 se aplicará sin perjuicio de lo dispuesto en el artículo 41 y no prejuzgará ninguna cuestión de terminación o suspensión de la aplicación de un tratado conforme al artículo 60 ni ninguna cuestión de responsabilidad en que pueda incurrir un Estado o una organización internacional por la celebración o aplicación de un tratado cuyas disposiciones sean incompatibles con las obligaciones contraídas con respecto a un Estado o a una organización en virtud de otro tratado.

6. Los párrafos precedentes se entenderán sin perjuicio de que, en caso de conflicto entre las obligaciones contraídas en virtud de la Carta de las Naciones Unidas y las obligaciones contraídas en virtud de un tratado, prevalecerán las obligaciones impuestas por la Carta.

SECCIÓN 3
INTERPRETACION DE LOS TRATADOS

Artículo 31

Regla general de interpretación

1. Un tratado deberá interpretarse de buena fe conforme al sentido corriente que haya de atribuirse a los términos del

tratado en el contexto de éstos y teniendo en cuenta su objeto y fin.

2. Para los efectos de la interpretación de un tratado, el contexto comprenderá, además del texto, incluidos su preámbulo y anexos:

a) todo acuerdo que se refiera al tratado y haya sido concertado entre todas las partes con motivo de la celebración del tratado;

b) todo instrumento formulado por una o más partes con motivo de la celebración del tratado y aceptado por las demás como instrumento referente al tratado.

3. Juntamente con el contexto, habrá de tenerse en cuenta:

a) todo acuerdo ulterior entre las partes acerca de la interpretación del tratado o de la aplicación de sus disposiciones;

b) toda práctica ulteriormente seguida en la aplicación del título por la cual conste el acuerdo de las partes acerca de la interpretación del tratado;

c) toda norma pertinente de derecho internacional aplicable en las relaciones entre las partes.

4. Se dará a un término un sentido especial si consta que tal fue la intención de las partes.

Artículo 32

Medios de interpretación complementarios

Se podrá acudir a medios de interpretación complementarios, en particular a los trabajos preparatorios del tratado y a las circunstancias de su celebración, para confirmar el sentido resultante de la aplicación del artículo 31, o para determinar el sentido cuando la interpretación dada de conformidad con el artículo 31:

a) deje ambiguo u oscuro el sentido; o

b) conduzca a un resultado manifiestamente absurdo o irrazonable.

Artículo 33

Interpretación de tratados autenticados en dos o más idiomas

1. Cuando un tratado haya sido autenticado en dos o más idiomas, el texto hará igualmente fe en cada idioma, a menos que el tratado disponga o las partes convengan que en caso de discrepancia prevalecerá uno de los textos.

2. Una versión del tratado en idioma distinto de aquél en que haya sido autenticado el texto será considerada como texto auténtico únicamente si el tratado así lo dispone o las partes así lo convienen.

3. Se presumirá que los términos del tratado tienen en cada texto auténtico igual sentido.

4. Salvo en el caso en que prevalezca un texto determinado conforme a lo previsto en el párrafo 1, cuando la comparación de los textos auténticos revele una diferencia de sentido que no pueda resolverse con la aplicación de los artículos 31 y 32, se adoptará el sentido que mejor concilia esos textos, habida cuenta del objeto y del fin del tratado.

Sección 4
LOS TRATADOS Y LOS TERCEROS ESTADOS O LAS TERCERAS ORGANIZACIONES

Artículo 34

Norma general concerniente a terceros Estados y terceras organizaciones

Un tratado no crea obligaciones ni derechos para un tercer Estado o una tercera organización sin el consentimiento de ese Estado o de esa organización.

Artículo 35

Tratados en que se prevén obligaciones para terceros Estados o terceras organizaciones

Una disposición de un tratado dará origen a una obligación para un tercer Estado o una tercera organización si las partes en el tratado tienen la intención de que tal disposición sea el medio de crear la obligación y si el tercer Estado o la tercera organización acepta expresamente por escrito esa obligación. La aceptación de tal obligación por la tercera organización se regirá por las reglas de esa organización.

Artículo 36

Tratados en que se prevén derechos para terceros Estados o terceras organizaciones

1. Una disposición de un tratado dará origen a un derecho para un tercer Estado si con ella las partes en el tratado tienen la intención de conferir ese derecho al tercer Estado o a un grupo de Estados al cual pertenezca, o bien a todos los Estados, y si el tercer Estado asiente a ello. Su asentimiento se presumirá mientras no haya indicación en contrario, salvo el tratado disponga otra cosa.

2. Una disposición de un tratado dará origen a un derecho para una tercera organización si con ella las partes en el tratado tienen la intención de conferir ese derecho a la tercera organización o a un grupo de organizaciones internacionales al cual pertenezca, o bien a todas las organizaciones, y si la tercera organización asiente a ello. Su asentimiento se regirá por las reglas de la organización.

3. Un Estado o una organización internacional que ejerza un derecho con arreglo al párrafo 1 o 2 deberá cumplir las condiciones que para su ejercicio estén prescritas en el tratado o se establezcan conforme a éste.

Artículo 37

Revocación o modificación de obligaciones o de derechos de terceros Estados o de terceras organizaciones

1. Cuando de conformidad con el artículo 35 se haya originado una obligación para un tercer Estado o una tercera organización, tal obligación no podrá ser revocada ni modificada sino con el consentimiento de las partes en el tratado y del tercer Estado o de la tercera organización, a menos que conste que habían convenido en otra cosa al respecto.

2. Cuando de conformidad con el artículo 36 se haya originado un derecho para un tercer Estado o una tercera organización, tal derecho no podrá ser revocado ni modificado por las partes si consta que se tuvo la intención de que el derecho no fuera revocable ni modificable sin el consentimiento del tercer Estado o de la tercera organización.

3. El consentimiento de una organización internacional parte en el tratado de una tercera organización, previsto en los párrafos precedentes, se regirá por las reglas de esa organización.

Artículo 38

Normas de un tratado que lleguen a ser obligatorias para terceros Estados o terceras organizaciones en virtud de una costumbre internacional

Lo dispuesto en los artículos 34 a 37 no impedirá que una norma enunciada en un tratado llegue a ser obligatoria para un tercer Estado o una tercera organización como norma consuetudinaria de derecho internacional reconocida como tal.

Parte IV
ENMIENDA Y MODIFICACION DE LOS TRATADOS

Artículo 39

Norma general concerniente a la enmienda de los tratados

1. Un tratado podrá ser enmendado por acuerdo entre las partes. Se aplicarán a tal acuerdo las normas enunciadas en la parte II, salvo en la medida en que el tratado disponga otra cosa.

2. El consentimiento de una organización internacional a un acuerdo de la índole mencionada en el párrafo 1 se regirá por las reglas de esa organización.

Artículo 40

Enmienda de los tratados multilaterales

1. Salvo que el tratado disponga otra cosa, la enmienda de los tratados multilaterales se regirá por los párrafos siguientes.

2. Toda propuesta de enmienda de un tratado multilateral en las relaciones entre todas las partes habrá de ser notificada a todos los Estados contratantes y a todas las organizaciones contratantes, cada uno de los cuales tendrá derecho a participar:

a) en la decisión sobre las medidas que haya que adoptar con relación a tal propuesta;

b) en la negociación y la celebración de cualquier acuerdo que tenga por objeto enmendar el tratado.

3. Todo Estado y toda organización internacional facultados para llegar a ser partes en el tratado estarán también facultados para llegar a ser partes en el tratado en su forma enmendada.

4. El acuerdo en virtud del cual se enmiende el tratado no obligará a ningún Estado ni a ninguna organización internacional que sea ya parte en el tratado pero no llegue a serlo en ese acuerdo; con respecto a tal Estado o a tal organización se aplicará el apartado b) del párrafo 4 del artículo 30.

5. Todo Estado o toda organización internacional que llegue a ser parte en el tratado después de la entrada en vigor del acuerdo en virtud del cual se enmiende el tratado será considerado, de no haber manifestado una intención diferente:

a) parte en el tratado en su forma enmendada;

b) parte en el tratado no enmendado con respecto a toda parte en el tratado que no esté obligada por el acuerdo en virtud del cual se enmiende el tratado.

Artículo 41

Acuerdos para modificar tratados multilaterales entre algunas de las partes únicamente

1. Dos o más partes en un tratado multilateral podrán celebrar un acuerdo que tenga por objeto modificar el tratado únicamente en sus relaciones mutuas:

a) si la posibilidad de tal modificación está prevista por el tratado; o

b) si tal modificación no está prohibida por el tratado, a condición de que:

i) no afecte al disfrute de los derechos que a las demás partes correspondan en virtud del tratado ni al cumplimiento de sus obligaciones;

ii) no se refiera a ninguna disposición cuya modificación sea incompatible con la consecución efectiva del objeto y del fin del tratado en su conjunto.

2. Salvo que en el caso previsto en el apartado a) del párrafo 1 el tratado disponga otra cosa, las partes interesadas deberán notificar a las demás partes su intención de celebrar el acuerdo y la modificación del tratado que en ese acuerdo se disponga.

PARTE V
NULIDAD, TERMINACION Y SUSPENSION DE LA APLICACION DE LOS TRATADOS

SECCIÓN 1
DISPOSICIONES GENERALES

Artículo 42

Validez y continuación en vigor de los tratados

1. La validez de un tratado o del consentimiento de un Estado o de una organización internacional en obligarse por un tal tratado no podrá ser impugnada sino mediante la aplicación de la presente convención.

2. La terminación de un tratado, su denuncia o el retiro de una parte no podrán tener lugar sino como resultado de la aplicación de las disposiciones del tratado o de la presente convención. La misma norma se aplicará a la suspensión de la aplicación de un tratado.

Artículo 43

Obligaciones impuestas por el derecho internacional independientemente de un tratado

La nulidad, terminación o denuncia de un tratado, el retiro de una de las partes o la suspensión de la aplicación del tratado, cuando resulten de la aplicación de la presente Convención o de las disposiciones del tratado, no menoscabarán en nada el deber de un Estado o de una organización internacional de cumplir toda obligación enunciada en el tratado a la que ese Estado o esa organización estén sometidos en virtud del derecho internacional independientemente de dicho tratado.

Artículo 44

Divisibilidad de las disposiciones de un tratado

1. El derecho de una parte, previsto en un tratado o emanado del artículo 56, a denunciar ese tratado, retirarse de él o suspender su aplicación no podrá ejercerse sino con respecto a la totalidad del tratado, a menos que el tratado disponga o las partes convengan otra cosa al respecto.

2. Una causa de nulidad o terminación de un tratado, de retiro de una de las partes o de suspensión de la aplicación de un tratado reconocida en la presente convención no podrá alegarse sino con respecto a la totalidad del tratado, salvo en los casos previstos en los párrafos siguientes o en el artículo 60.

3. Si la causa se refiere sólo a determinadas cláusulas, no podrá alegarse sino con respecto a esas cláusulas cuando:

a) dichas cláusulas sean separables del resto del tratado en lo que respecta a su aplicación;

b) se desprenda del tratado o conste de otro modo que la aceptación de esas cláusulas no ha constituido para la otra parte o las otras partes en el tratado una base esencial de su consentimiento en obligarse por el tratado en su conjunto; y

c) la continuación del cumplimiento del resto del tratado no sea injusta.

4. En los casos previstos en los artículos 49 y 50, el Estado o la organización internacional facultados para alegar el dolo o la corrupción podrán hacerlo en lo que respecta a la totalidad del tratado o, en el caso previsto en el párrafo 3, en lo que respecta a determinadas cláusulas únicamente.

5. En los casos previstos en los artículos 51, 52 y 53 no se admitirá la división de las disposiciones del tratado.

Artículo 45

Pérdida del derecho a alegar una causa de nulidad, terminación, retiro o suspensión de la aplicación de un tratado

1. Un Estado no podrá ya alegar una causa para anular un tratado, darlo por terminado, retirarse de él o suspender su aplicación con arreglo a lo dispuesto en los artículos 46 a 50 o en los artículos 60 y 62, si, después de haber tenido conocimiento de los hechos, ese Estado:

a) ha convenido expresamente en que el tratado es válido, permanece en vigor o continúa en aplicación, según el caso; o

b) se ha comportado de tal manera que debe considerarse que ha dado su aquiescencia a la validez del tratado o a su continuación en vigor o en aplicación, según el caso.

2. Una organización internacional no podrá ya alegar una causa para anular un tratado, darlo por terminado, retirarse de él o suspender su aplicación con arreglo a lo dispuesto en los artículos 46 a 50 o en los artículos 60 y 62, si, después de haber tenido conocimiento de los hechos:

a) esa organización ha convenido expresamente en que el tratado es válido, permanece en vigor o continúa en aplicación, según el caso; o

b) el órgano competente se ha comportado de tal manera que debe considerarse que la organización ha renunciado al derecho a alegar esa causa.

Sección 2
NULIDAD DE LOS TRATADOS

Artículo 46

Disposiciones de derecho interno del Estado y reglas de la organización internacional concernientes a la competencia para celebrar tratados

1. El hecho de que el consentimiento de un Estado en obligarse por un tratado haya sido manifestado en violación de la disposición de su derecho interno concerniente a la competencia para celebrar tratados no podrá ser alegado por dicho Estado como vicio de su consentimiento, a menos que esa violación sea manifiesta y afecte a una norma de importancia fundamental de su derecho interno.

2. El hecho de que el consentimiento de una organización internacional en obligarse por un tratado haya sido manifestado en violación de las reglas de la organización concernientes a la competencia para celebrar tratados no podrá ser alegado por dicha organización como vicio de su consentimiento, a menos que esa violación sea manifiesta y afecte a una regla de importancia fundamental.

3. Una violación es manifiesta si resulta objetivamente evidente para cualquier Estado o cualquier organización internacional que proceda en la materia conforme a la práctica usual de los Estados y, en su caso, de las organizaciones internacionales y de buena fe.

Artículo 47

Restricción específica de los poderes para manifestar el consentimiento de un Estado o de una organización internacional

Si los poderes de un representante para manifestar el consentimiento de un Estado o de una organización internacional en obligarse por un tratado determinado han sido objeto de una restricción específica, la inobservancia de esa restricción por tal representante no podrá alegarse como vicio del consentimiento manifestado por él, a menos que la restricción haya sido notificada, con anterioridad a la manifestación de ese consentimiento, a los Estados negociadores y a las organizaciones negociadoras.

Artículo 48

Error

1. Un Estado o una organización internacional podrá alegar un error en un tratado como vicio de su consentimiento en obligarse por el tratado si el error se refiere a un hecho o a una situación cuya existencia diera por supuesta ese Estado o esa organización en el momento de la celebración del tratado y constituyera una base esencial de su consentimiento en obligarse por el tratado.

2. El párrafo 1 no se aplicará si el Estado o la organización internacional de que se trate contribuyó con su conducta al error o si las circunstancias fueron tales que hubiera quedado advertido de la posibilidad de error.

3. Un error que concierna sólo a la redacción del texto de un tratado no afectará a la validez de éste; en tal caso se aplicará el artículo 80.

Artículo 49

Dolo

Un Estado o una organización internacional inducido a celebrar un tratado por la conducta fraudulenta de un Estado negociador o de una organización negociadora podrá alegar el dolo como vicio de su consentimiento en obligarse por el tratado.

Artículo 50

Corrupción del representante de un Estado o de una organización internacional

Un Estado o una organización internacional cuya manifestación del consentimiento en obligarse por un tratado ha sido obtenida mediante la corrupción de su representante, efectuada directa o indirectamente por un Estado negociador o por una organización negociadora, podrá alegar esa corrupción como vicio de su consentimiento en obligarse por el tratado.

Artículo 51

Coacción sobre el representante de un Estado o de una organización internacional

La manifestación por un Estado o por una organización internacional del consentimiento en obligarse por un tratado que haya sido obtenida por coacción sobre el representante de dicho Estado o de dicha organización mediante actos o amenazas dirigidos contra él carecerá de todo efecto jurídico.

Artículo 52

Coacción sobre un Estado o una organización internacional por la amenaza o el uso de la fuerza

Es nulo todo tratado cuya celebración se haya obtenido por la amenaza o el uso de la fuerza en violación de los principios de derecho internacional incorporados en la Carta de las Naciones Unidas.

Artículo 53

Tratados que estén en oposición con una norma imperativa de derecho internacional general (jus cogens)

Es nulo todo tratado que, en el momento de su celebración, esté en oposición con una norma imperativa de derecho internacional general. Para los efectos de la presente convención una norma imperativa de derecho internacional general es una norma aceptada y reconocida por la comunidad internacional de Estados en su conjunto como norma que no admite acuerdo en contrario y que sólo puede ser modificada por una norma ulterior de derecho internacional general que tenga el mismo carácter.

SECCIÓN 3
TERMINACIÓN DE LOS TRATADOS Y SUSPENSIÓN DE SU APLICACIÓN

Artículo 54

Terminación de un tratado o retiro de él en virtud de sus disposiciones o por consentimiento de las partes

La terminación de un tratado o el retiro de una parte podrán tener lugar:

a) conforme a las disposiciones del tratado; o

b) en cualquier momento, por consentimiento de todas las partes después de consultar a los Estados contratantes y a las organizaciones contratantes.

Artículo 55

Reducción del número de partes en un tratado multilateral a un número inferior al necesario para su entrada en vigor

Un tratado multilateral no terminará por el solo hecho de que el número de partes llegue a ser inferior al necesario para su entrada en vigor, salvo que el tratado disponga otra cosa.

Artículo 56

Denuncia o retiro en el caso de que el tratado no contenga disposiciones sobre la terminación, la denuncia o el retiro

1. Un tratado que no contenga disposiciones sobre su terminación ni prevea la denuncia o el retiro no podrá ser objeto de denuncia o de retiro a menos:

a) que conste que fue intención de las partes admitir la posibilidad de denuncia o de retiro; o

b) que el derecho de denuncia o de retiro pueda inferirse de la naturaleza del tratado.

2. Una parte deberá notificar con dos meses por lo menos de antelación su intención de denunciar un tratado o de retirarse de él conforme al párrafo 1.

Artículo 57

Suspensión de la aplicación de un tratado en virtud de sus disposiciones o por consentimiento de las partes

La aplicación de un tratado podrá suspenderse con respecto a todas las partes o a una parte determinada:

a) conforme a las disposiciones del tratado; o

b) en cualquier momento, por consentimiento de todas las partes previa consulta con los Estados contratantes y las organizaciones contratantes.

Artículo 58

Suspensión de la aplicación de un tratado multilateral por acuerdo entre algunas de las partes únicamente

1. Dos o más partes en un tratado multilateral podrán celebrar un acuerdo que tenga por objeto suspender la aplicación de disposiciones del tratado, temporalmente y sólo en sus relaciones mutuas:

a) si la posibilidad de tal suspensión está prevista por el tratado; o

b) si tal suspensión no está prohibida por el tratado, a condición de que:

i) no afecte al disfrute de los derechos que a las demás partes correspondan en virtud del tratado ni al cumplimiento de sus obligaciones; y

ii) no sea incompatible con el objeto y el fin del tratado.

2. Salvo que en el caso previsto en el apartado a) del párrafo 1 el tratado disponga otra cosa, las partes interesadas deberán notificar a las demás partes su intención de celebrar el acuerdo y las disposiciones del tratado cuya aplicación se proponen suspender.

Artículo 59

Terminación de un tratado o suspensión de su aplicación implícitas como consecuencia de la celebración de un tratado posterior

1. Se considerará que un tratado ha terminado si todas las partes en él celebran ulteriormente un tratado sobre la misma materia y:

a) se desprende del tratado posterior o consta de otro modo que ha sido intención de las partes que la materia se rija por este tratado; o

b) las disposiciones del tratado posterior son hasta tal punto incompatibles con las del tratado anterior que los dos tratados no pueden aplicarse simultáneamente.

2. Se considerará que la aplicación del tratado anterior ha quedado únicamente suspendida si se desprende del tratado

posterior o consta de otro modo que tal ha sido la intención de las partes.

Artículo 60

Terminación de un tratado o suspensión de su aplicación como consecuencia de su violación

1. Una violación grave de un tratado bilateral por una de las partes facultará a la otra parte para alegar la violación como causa para dar por terminado el tratado o para suspender su aplicación total o parcialmente.

2. Una violación grave de un tratado multilateral por una de las partes facultará:

a) a las otras partes, procediendo por acuerdo unánime, para suspender la aplicación del tratado total o parcialmente o darlo por terminado, sea:

i) en las relaciones entre ellas y el Estado o la organización internacional autor de la violación, o

ii) entre todas las partes;

b) a una parte especialmente perjudicada por la violación, para alegar ésta como causa para suspender la aplicación del tratado total o parcialmente en las relaciones entre ella y el Estado o la organización internacional autor de la violación;

c) a cualquier parte, que no sea el Estado o la organización internacional autor de la violación, para alegar la violación como causa para suspender la aplicación del tratado total o parcialmente con respecto a sí misma, si el tratado es de tal índole que una violación grave de sus disposiciones por una parte modifica radicalmente la situación de cada parte con respecto a la ejecución ulterior de sus obligaciones en virtud del tratado.

3. Para los efectos del presente artículo, constituirán violación grave de un tratado:

a) un rechazo del tratado no admitido por la presente convención; o

b) la violación de una disposición esencial para la consecución del objeto o del fin del tratado.

4. Los precedentes párrafos se entenderán sin perjuicio de las disposiciones del tratado aplicables en caso de violación.

5. Lo previsto en los párrafos 1 y 3 no se aplicará a las disposiciones relativas a la protección de la persona humana contenidas en tratados de carácter humanitario, en particular a las disposiciones que prohíben toda forma de represalias con respecto a las personas protegidas por tales tratados.

Artículo 61

Imposibilidad subsiguiente de cumplimiento

1. Una parte podrá alegar la imposibilidad de cumplir un tratado como causa para darlo por terminado o retirarse de él si esa imposibilidad resulta de la desaparición o destrucción definitivas de un objeto indispensable para el cumplimiento del tratado.

Si la imposibilidad es temporal, podrá alegarse únicamente como causa para suspender la aplicación del tratado.

2. La imposibilidad de cumplimiento no podrá alegarse por una de las partes como causa para dar por terminado un tratado, retirarse de él o suspender su aplicación si resulta de una violación, por parte que la alegue, de una obligación nacida del tratado o de toda otra obligación internacional con respecto a cualquier otra parte en el tratado.

Artículo 62

Cambio fundamental en las circunstancias

1. Un cambio fundamental en las circunstancias ocurrido con respecto a las existentes en el momento de la celebración de un tratado y que no fue previsto por las partes no podrá alegarse como causa para dar por terminado el tratado o retirarse de él, a menos que:

a) la existencia de esas circunstancias constituyen una base esencial del consentimiento de las partes en obligarse por el tratado; y

b) ese cambio tenga por efecto modificar radicalmente el alcance de las obligaciones que todavía deben cumplirse en virtud del tratado.

2. Un cambio fundamental en las circunstancias no podrá alegarse como causa para dar por terminados un tratado entre dos o más Estados y una o más organizaciones internacionales o para retirarse de él si el tratado establece una frontera.

3. Un cambio fundamental en las circunstancias no podrá alegarse como causa para dar por terminado un tratado o para retirarse de él, si el cambio fundamental resulta de una violación, por la parte que lo alega, de una obligación nacida del tratado o de toda otra obligación internacional con respecto a cualquier otra parte en el tratado.

4. Cuando, con arreglo a lo dispuesto en los párrafos precedentes, una de las partes pueda alegar un cambio fundamental en las circunstancias como causa para dar por terminado un tratado o para retirarse de él, podrá también alegar ese cambio como causa para suspender la aplicación del tratado.

Artículo 63

Ruptura de relaciones diplomáticas o consulares

La ruptura de relaciones diplomáticas o consultares entre Estados partes en un tratado entre dos o más Estados y una o más organizaciones internacionales no afectará a las relaciones jurídicas establecidas entre esos Estados por el tratado, salvo en la medida en que la existencia de relaciones diplomáticas o consulares sea indispensable para la aplicación del tratado.

Artículo 64

Aparición de una nueva norma imperativa de derecho internacional general ("jus cogens")

Si surge una nueva norma imperativa de derecho internacional general, todo tratado existente que esté en oposición con esa norma se convertirá en nulo y terminará.

SECCIÓN 4
PROCEDIMIENTO

Artículo 65

Procedimiento que deberá seguirse con respecto a la nulidad o terminación de un tratado, el retiro de una parte o la suspensión de la aplicación de un tratado

1. La parte que, basándose en las disposiciones de la presente convención, alegue un vicio de su consentimiento en obligarse por un tratado o una causa para impugnar la validez de un tratado, darlo por terminado, retirarse de él o suspender su aplicación, deberá notificar a las demás partes su pretensión. En la notificación habrá de indicarse la medida que se proponga adoptar con respecto al tratado y las razones en que ésta se funde.

2. Si, después de un plazo que, salvo en casos de especial urgencia, no habrá de ser inferior a tres meses contados desde la recepción de la notificación, ninguna parte ha formulado objeciones, la parte que haya hecho la notificación podrá adoptar en la forma prescripta en el artículo 67 la medida que haya propuesto.

3. Si, por el contrario, cualquiera de las demás partes ha formulado una objeción, las partes deberán buscar una solución por los medios indicados en el artículo 33 de la Carta de las Naciones Unidas.

4. La notificación o la objeción hecha por una organización internacional se regirá por las reglas de la organización.

5. Nada de lo dispuesto en los párrafos precedentes afectará a los derechos o a las obligaciones de las partes que se deriven de cualesquiera disposiciones en vigor entre ellas respecto de la solución de controversias.

6. Sin perjuicio de lo dispuesto en el artículo 45, el hecho de que un Estado o una organización internacional no haya efectuado la notificación, prescrita en el párrafo 1 no le impedirá hacerla en respuesta a otra parte que pida el cumplimiento del tratado o alegue su violación.

Artículo 66

Procedimientos de arreglo judicial, de arbitraje y de conciliación

1. Si, dentro de los doce meses siguientes a la fecha en que se haya formulado la objeción, no se ha llegado a ninguna solución conforme al párrafo 3 del artículo 65, se seguirán los procedimientos que se indican en los siguientes párrafos.

2. Con respecto a una controversia relativa a la aplicación o la interpretación del artículo 53 o el artículo 64:

a) si un Estado es parte en una controversia con uno o más Estados podrá, mediante solicitud escrita, someter la controversia a la decisión de la Corte Internacional de Justicia;

b) si un Estado es parte en una controversia en la que son partes una o varias organizaciones internacionales, el Estado podrá, por conducto de un Estado Miembro de las Naciones Unidas si es necesario, pedir a la Asamblea General o al Consejo de Seguridad o, cuando corresponda, al órgano competente de una organización internacional que sea parte en la controversia y esté autorizada de conformidad con el artículo 96 de la Carta de las Naciones Unidas, que solicite de la Corte Internacional de Justicia una opinión consultiva de conformidad con el artículo 65 del Estatuto de la Corte;

c) si las Naciones Unidas o una organización internacional autorizada para ello de conformidad con el artículo 96 de la Carta de las Naciones Unidas es parte en una controversia, podrá solicitar de la Corte Internacional de Justicia una opinión consultiva de conformidad con el artículo 65 del Estatuto de la Corte;

d) si una organización internacional distinta a las que se refiere el apartado c) es parte en una controversia podrá, por conducto de un Estado Miembro de las Naciones Unidas, seguir el procedimiento que se indica en el apartado b);

e) la opinión consultiva que se emita de conformidad con los apartados b), c) o d) será aceptada como decisiva por todas las partes en la controversia de que se trate;

f) si se rechaza la petición de una opinión consultiva de la Corte, conforme a los apartados b), c) o d), cualquiera de las partes en la controversia podrá someterla, mediante notificación escrita dirigida a la otra u otras partes en la controversia, al arbitraje de conformidad con las disposiciones del anexo de la presente convención.

3. Se aplicarán las disposiciones del párrafo 2 a menos que todas las partes en una de las controversias mencionadas en ese párrafo convengan de común acuerdo en someter la controversia a un procedimiento de arbitraje, incluso el que se indica en el anexo de la presente convención.

4. Con respecto a una controversia relativa a la aplicación o la interpretación de cualquiera de los artículos de la parte V, salvo los artículos 53 y 64, de la presente convención, cualquiera de las partes en la controversia podrá iniciar el procedimiento de conciliación indicado en el anexo de la convención presentando al secretario general de las Naciones Unidas una solicitud a tal efecto.

Artículo 67

Instrumentos para declarar la nulidad de un tratado, darlo por terminado, retirarse de él o suspender su aplicación

1. La notificación prevista en el párrafo 1 del artículo 65 habrá de hacerse por escrito.

2. Todo acto encaminado a declarar la nulidad de un tratado, darlo por terminado, retirarse de él o suspender su aplicación de conformidad con las disposiciones del tratado o de los párrafos 2 o 3 del artículo 65 se hará constar en un instrumento que será comunicado a las demás partes. Si el instrumento que dimane de un Estado no está firmado por el jefe de Estado, el jefe del gobierno o el ministro de relaciones exteriores, el representante del Estado que lo comunique podrá ser invitado a presentar sus plenos poderes. Si el instrumento dimana de una organización internacional, el representante de la organización que haga la comunicación podrá ser invitado a presentar sus plenos poderes.

Artículo 68

Revocación de las modificaciones y de los instrumentos previstos en los artículos 65 y 67

Las notificaciones o los instrumentos previstos en los artículos 65 y 67 podrán ser revocados en cualquier momento antes de que surtan efecto.

Sección 5
CONSECUENCIAS DE LA NULIDAD, LA TERMINACION O LA SUSPENSION DE LA APLICACION DE UN TRATADO

ARTICULO 69

Consecuencias de la nulidad de un tratado

1. Es nulo un tratado cuya nulidad quede determinada en virtud de la presente convención. Las disposiciones de un tratado nulo carecen de fuerza jurídica.

2. Si no obstante se han ejecutado actos basándose en tal tratado:

a) toda parte podrá exigir de cualquier otra parte que en la medida de lo posible establezca en sus relaciones mutuas la situación que habría existido si no se hubieran ejecutado esos actos;

b) tos actos ejecutados de buena fe antes de que se haya alegado la nulidad no resultarán ilícitos por el solo hecho de la nulidad del tratado.

3. En los casos comprendidos en los artículos 49, 50, 51 o 52, no se aplicará el párrafo 2 con respecto a la parte a la que sean imputables el dolo, el acto de corrupción o la coacción.

4. En caso de que el consentimiento de un Estado o de una organización internacional determinados en obligarse por un tratado multilateral esté viciado, las normas precedentes se aplicarán a las relaciones entre ese Estado o esa organización y las partes en el tratado.

Artículo 70

Consecuencias de la terminación de un tratado

1. Salvo que el tratado disponga o las partes convengan otra cosa al respecto, la terminación de un tratado en virtud de sus disposiciones o conforme a la presente convención:

a) eximirá a las partes de la obligación de seguir cumpliendo el tratado;

b) no afectará a ningún derecho, obligación o situación jurídica de las partes creados por la ejecución del tratado antes de su terminación.

2. Si un Estado o una organización internacional denuncia un tratado multilateral o se retira de él, se aplicará el párrafo 1 a las relaciones entre ese Estado o esa organización y cada una de las demás partes en el tratado desde la fecha en que surta efectos tal denuncia o retiro.

Artículo 71

Consecuencias de la nulidad de un tratado que esté en oposición con una norma imperativa de derecho internacional general

1. Cuando un tratado sea nulo en virtud del artículo 53, las partes deberán:

a) eliminar en lo posible las consecuencias de todo acto que se haya ejecutado basándose en una disposición que esté en oposición con la norma imperativa de derecho internacional general; y

b) ajustar sus relaciones mutuas a la norma imperativa de derecho internacional general.

2. Cuando un tratado se convierta en nulo y termine en virtud del artículo 64, la terminación del tratado:

a) eximirá a las partes de toda obligación de seguir cumpliendo el tratado;

b) no afectará a ningún derecho, obligación o situación jurídica de las partes creados por la ejecución del tratado antes de su terminación; sin embargo, esos derechos, obligaciones o situaciones podrán en adelante mantenerse únicamente en la medida en que su mantenimiento no esté por sí mismo en oposición con la nueva norma imperativa de derecho internacional general.

Artículo 72

Consecuencias de la suspensión de la aplicación de un tratado

1. Salvo que el tratado disponga o las partes convengan otra cosa al respecto, la suspensión de la aplicación de un tratado basada en sus disposiciones o conforme a la presente convención:

a) eximirá a las partes entre las que se suspenda la aplicación del tratado de la obligación de cumplirlo en sus relaciones mutuas durante el período de suspensión;

b) no afectará de otro modo a las relaciones jurídicas que el tratado haya establecido entre las partes.

2. Durante el período de suspensión, las partes deberán abstenerse de todo acto encaminado a obstaculizar la reanudación de la aplicación del tratado.

Parte VI
DISPOSICIONES DIVERSAS

Artículo 73

Relación con la convención de Viena sobre el derecho de los tratados

Entre Estados partes en la convención de Viena sobre el derecho de los tratados, de 1969, las relaciones de esos Estados en virtud de un tratado entre dos o más Estados y una o varias organizaciones internacionales se regirán por dicha convención.

Artículo 74

Cuestiones no prejuzgadas por la presente convención

1. Las disposiciones de la presente convención no prejuzgarán ninguna cuestión que con relación a un tratado entre uno o más Estados y una o varias organizaciones internacionales pueda surgir como consecuencia de una sucesión de Estados, de la responsabilidad internacional de un Estado o de la ruptura de hostilidades entre Estados.

2. Las disposiciones de la presente convención no prejuzgarán ninguna cuestión que con relación a un tratado pueda surgir como consecuencia de la responsabilidad internacional de la organización internacional, de la terminación de su existencia o de la terminación de la participación de un Estado en calidad de miembro de la organización.

3. Las disposiciones de la presente convención no prejuzgarán ninguna cuestión que pueda surgir en relación con la creación de obligaciones y derechos para los Estados miembros de una organización internacional en virtud de un tratado en el que esa organización sea parte.

Artículo 75

Relaciones diplomáticas o consulares y celebración de tratados

La ruptura o la ausencia de relaciones diplomáticas o consulares entre dos o más Estados no impedirá la celebración de tratados entre dos o más de dichos Estados y una o más organizaciones internacionales. Tal celebración por sí misma no prejuzgará acerca de la situación de la relaciones diplomáticas o consulares.

Artículo 76

Caso de un Estado agresor

Las disposiciones de la presente convención se entenderán sin perjuicio de cualquier obligación que pueda originarse con relación a un tratado entre uno o más Estados y una o más organizaciones internacionales para un Estado agresor como consecuencia de medidas adoptadas conforme a la Carta de las Naciones Unidas con respecto a la agresión cometida por ese Estado.

Parte VII
DEPOSITARIOS, NOTIFICACIONES, CORRECCIONES Y REGISTRO

Artículo 77

Depositarios de los tratados

1. La designación del depositario de un tratado podrá efectuarse por los Estados negociadores y las organizaciones negociadoras o, según el caso, las organizaciones negociadoras, en el tratado mismo o de otro modo. El depositario podrá

ser uno o más Estados, una organización internacional o el principal funcionario administrativo de tal organización.

2. Las funciones del depositario de un tratado son de carácter internacional y el depositario está obligado a actuar imparcialmente en el desempeño de ellas. En particular, el hecho de que un tratado no haya entrado en vigor entre algunas de las partes o de que haya surgido una discrepancia entre un Estado o una organización internacional y un depositario acerca del desempeño de las funciones de éste no afectará esa obligación del depositario.

Artículo 78

Funciones de los depositarios

1. Salvo que el tratado disponga o los Estados contratantes y las organizaciones contratantes o, según el caso, las organizaciones contratantes convengan otra cosa al respecto, las funciones del depositario comprenden en particular las siguientes:

a) custodiar el texto original del tratado y los poderes que se les hayan remitido;

b) extender copias certificadas conformes del texto original y preparar todos los demás textos del tratado en otros idiomas que puedan requerirse en virtud del tratado y transmitirlos a las partes en el tratado y a los Estados y organizaciones internacionales facultados para llegar a serlo;

c) recibir las firmas del tratado y recibir y custodiar los instrumentos, notificaciones y comunicaciones relativos a éste;

d) examinar si una firma, un instrumento o una notificación o comunicación relativos al tratado están en debida forma y, de ser necesario, señalar el caso a la atención del Estado o la organización internacional de que se trate;

e) informar a las partes en el tratado y a los Estados y las organizaciones internacionales facultados para llegar a serlo de los actos, notificaciones y comunicaciones relativos al tratado;

f) informar a los Estados y las organizaciones internacionales facultados para llegar a ser partes en el tratado de la fecha en que se ha recibido o depositado el número de firmas o de instrumentos de ratificación, instrumentos relativos a un acto de confirmación formal, o instrumentos de aceptación, aprobación o adhesión necesario para la entrada en vigor del tratado;

g) registrar el tratado en la Secretaría de las Naciones Unidas;

h) desempeñar las funciones específicas en otras disposiciones de la presente convención.

2. De surgir alguna discrepancia entre un Estado o una organización internacional y el depositario acerca del desempeño de las funciones de éste, el depositario señalará la cuestión a la atención:

a) de los Estados y las organizaciones signatarios, así como de los Estados contratantes y las organizaciones contratantes; o

b) si corresponde, del órgano competente de la organización interesada.

Artículo 79

Notificaciones y comunicaciones

Salvo cuando el tratado o la presente convención dispongan otra cosa al respecto, una notificación o comunicación que deba hacer cualquier Estado u organización internacional en virtud de la presente convención:

a) deberá ser transmitida, si no hay depositario, directamente a los Estados y a las organizaciones a que esté destinada, o, si hay depositario, a éste;

b) sólo se entenderá que ha quedado hecha por el Estado o la organización de que se trate cuando haya sido recibida por el Estado o la organización a que fue transmitida o, en su caso, por el depositario;

c) si ha sido transmitida a un depositario, sólo se entenderá que ha sido recibida por el Estado o la organización a que estaba destinada cuando ese Estado o esa organización haya recibido del depositario la información prevista en el apartado e) del párrafo 1 del artículo 78.

Artículo 80

Corrección de errores en textos o en copias certificadas conformes de los tratados

1. Cuando, después de la autentificación del texto de un tratado, los Estados y las organizaciones internacionales signatarios, los Estados contratantes y las organizaciones contratantes adviertan de común acuerdo que contiene un error, éste, a menos que tales Estados y organizaciones decidan proceder a su corrección de otro modo, será corregido:

a) introduciendo la corrección pertinente en el texto y haciendo que sea rubricada por representantes autorizados en debida forma;

b) formalizando un instrumento o canjeando instrumentos en los que se haga constar la corrección que se haya acordado hacer; o

c) formalizando, por el mismo procedimiento empleado para el texto original, un texto corregido de todo el tratado.

2. En el caso de un tratado para el que haya depositario, éste notificará a los Estados y las organizaciones internacionales signatarios y a los Estados contratantes y las organizaciones contratantes el error y la propuesta de corregirlo y fijará un plazo adecuado para hacer objeciones a la corrección propuesta. A la expiración del plazo fijado:

a) si no se ha hecho objeción alguna, el depositario efectuará y rubricará la corrección en el texto, extenderá un acta de rectificación del texto y comunicará copia de ella a las partes en el tratado y a los Estados y las organizaciones facultados para llegar a serlo;

b) si se ha hecho una objeción, el depositario comunicará la objeción a los Estados y las organizaciones signatarios y a los Estados contratantes y las organizaciones contratantes.

3. Las disposiciones de los párrafos 1 y 2 se aplicarán también cuando el texto de un tratado haya sido autenticado en dos o más idiomas y se advierta una falta de concordancia que los Estados y las organizaciones internacionales signatarios, así como los Estados contratantes y las organizaciones contratantes convengan en que debe corregirse.

4. El texto corregido sustituirá ab initio al texto defectuoso, a menos que los Estados y las organizaciones internacionales signatarios, así como los Estados contratantes y las organizaciones contratantes decidan otra cosa al respecto.

5. La corrección del texto de un tratado que haya sido registrado será notificada a la Secretaría de las Naciones Unidas.

6. Cuando se descubra un error en una copia certificada conforme de un tratado, el depositario extenderá un acta en la que hará constar la rectificación y comunicará copia de ella a los Estados y las organizaciones internacionales signatarios, así como a los Estados contratantes y las organizaciones contratantes.

Artículo 81

Registro y publicación de los tratados

1. Los tratados, después de su entrada en vigor, se transmitirán a la Secretaría de las Naciones Unidas para su registro o archivo e inscripción, según el caso, y para su publicación.

2. La designación de un depositario constituirá la autorización para que éste realice los actos previstos en el párrafo precedente.

Parte VIII
DISPOSICIONES FINALES

Artículo 82

Firma

La presente convención estará abierta hasta el 31 de diciembre de 1986, en el Ministerio Federal de Relaciones Exteriores de la República de Austria, y después, hasta el 30 de junio de 1987, en la sede de las Naciones Unidas en Nueva York, a la firma:

a) de todos los Estados;

b) de Namibia, representada por el Consejo de las Naciones Unidas para Namibia;

c) de las organizaciones internacionales invitadas a participar en la Conferencia de las Naciones Unidas sobre el Derecho de los Tratados entre Estados y Organizaciones Internacionales o entre Organizaciones Internacionales.

Artículo 83

Rectificación o acto de confirmación formal

La presente convención está sujeta a ratificación por los Estados y por Namibia, representada por el Consejo de las Naciones Unidas para Namibia, y a actos de confirmación formal por las organizaciones internacionales. Los instrumentos de ratificación y los instrumentos relativos a los actos de confirmación formal se depositarán en poder del Secretario General de las Naciones Unidas.

Artículo 84

Adhesión

1. La presente convención quedará abierta a la adhesión de todo Estado, de Namibia, representada por el Consejo de las Naciones Unidas para Namibia, y de toda organización internacional que tenga capacidad para celebrar tratados.

2. El instrumento de adhesión de una organización internacional contendrá una declaración por la que se haga constar que la organización tiene capacidad para celebrar tratados.

3. Los instrumentos de adhesión se depositarán en poder del Secretario General de las Naciones Unidas.

Artículo 85

Entrada en vigor

1. La presente convención entrará en vigor el trigésimo día a partir de la fecha en que haya sido depositado el trigésimo quinto instrumento de ratificación o de adhesión por los Estados o por Namibia, representada por el Consejo de las Naciones Unidas para Namibia.

2. Para cada Estado, o para Namibia, representada por el Consejo de las Naciones Unidas para Namibia, que ratifique la convención o se adhiera a ella después de haberse cumplido la condición establecida en el párrafo 1, la convención entrará en vigor el trigésimo día a partir de la fecha en que tal Estado o Namibia haya depositado su instrumento de ratificación o de adhesión.

3. Para cada organización internacional que deposite un instrumento relativo a un acto de confirmación formal o un instrumento de adhesión, la convención entrará en vigor el trigésimo día a partir de la fecha en que se haya efectuado ese depósito, o en la fecha en que la convención entre en vigor conforme al párrafo 1, si esta última es posterior.

Artículo 86

Textos auténticos

El original de la presente convención, cuyos textos en árabe, chino, español, francés, inglés y ruso son igualmente auténticos, será depositado en el poder del Secretario General de las Naciones Unidas.

En testimonio de lo cual, los plenipotenciarios infrascritos, debidamente autorizados por sus respectivos Gobiernos, y los representantes debidamente autorizados del Consejo de las Naciones Unidas para Namibia y de las organizaciones internacionales, han firmado la presente Convención.

Hecha en Viena, el día veintiuno de marzo de mil novecientos ochenta y seis.

ANEXO

PROCEDIMIENTOS DE ARBITRAJE Y DE CONCILIACIÓN ESTABLECIDOS EN APLICACIÓN DEL ARTÍCULO 66

I. *Constitución del Tribunal Arbitral o de la Comisión de Conciliación*

1. El secretario general de las Naciones Unidas establecerá y mantendrá una lista, integrada por juristas calificados, de la cual las partes en una controversia podrá elegir las personas que hayan de constituir un tribunal arbitral o, según el caso, una comisión de conciliación. A tal efecto, se invitará a todo Estado que sea miembro de las Naciones Unidas y a toda parte en la presente convención a que designe dos personas; los nombres de las personas así designadas constituirán la lista, una copia de la cual se enviará al presidente de la Corte Internacional de Justicia. La designación de los integrantes de la lista, entre ellos los designados para cubrir una vacante accidental, se hará para un período de cinco años renovable. Al expirar el período para el cual hayan sido designadas, esas personas continuarán desempeñando las funciones para las cuales hayan sido elegidas con arreglo a los párrafos siguientes.

2. Cuando se haya realizado una notificación conforme al apartado f) del párrafo 2 del artículo 66, o se haya llegado a un acuerdo sobre el procedimiento en el presente anexo conforme al párrafo 3, la controversia se someterá a un tribunal arbitral. Cuando se haya presentado una solicitud, conforme al párrafo 4 del artículo 66, al secretario general, éste someterá la controversia a una Comisión de Conciliación. Tanto el tribunal arbitral como la Comisión de Conciliación se constituirán en la forma siguiente:

Los Estados, las organizaciones internacionales o, según el caso, los Estados y las organizaciones que constituyan una parte en la controversia nombrarán de común acuerdo:

a) un árbitro, o, según el caso, un amigable componedor, elegido o no de la lista mencionada en el párrafo 1, y

b) un árbitro, o, según el caso, un amigable componedor, elegido entre los incluidos en la lista que no tenga la nacionalidad de ninguno de los Estados, ni haya sido designado por ninguna de las organizaciones, que constituyan esa parte en la controversia; no obstante, una controversia entre dos organizaciones internacionales no podrá quedar sometida al conocimiento de nacionales de un mismo Estado.

Los Estados, las organizaciones internacionales o, según el caso, los Estados y las organizaciones que constituyan la otra parte en la controversia nombrarán dos árbitros, o, según el caso, dos amigables componedores, de la misma manera. Las cuatro personas elegidas por las partes deberán ser nombradas dentro de los sesenta días siguientes a la fecha en que la otra parte de la controversia haya recibido la notificación conforme al apartado f) del párrafo 2 del artículo 66, en que se haya llegado a un acuerdo sobre el procedimiento en el presente anexo conforme al párrafo 3 o en que el secretario general haya recibido la solicitud de conciliación.

Las cuatro personas así elegidas, dentro de los sesenta días siguiente a la fecha en que se haya efectuado el último de sus nombramientos, nombrarán de la lista un quinto árbitro o amigable componedor, según el caso, que será presidente.

Si el nombramiento del presidente, o de cualquiera de los árbitros y de los amigables componedores, según el caso, no se hubiere realizado en el plazo antes prescripto para ello, lo efectuará el secretario general de las Naciones Unidas dentro de los sesenta días siguientes a la expiración de ese plazo. El secretario general podrá nombrar presidente a una de las personas de la lista o a uno de los miembros de la Comisión de Derecho Internacional. Cualquiera de los plazos en los cuales deben efectuarse los nombramientos podrá prorrogarse por acuerdo de las partes en la controversia. Si las Naciones

Unidas son parte o están incluidas en una de las partes en la controversia, el secretario general transmitirá la mencionada solicitud al presidente de la Corte Internacional de Justicia, quien desempeñará las funciones que se asignan al secretario general en este apartado.

Toda vacante deberá cubrirse en la forma prescripta para el nombramiento inicial.

El nombramiento de árbitros o de amigables componedores por una organización internacional mencionado en los párrafos 1 y 2 se regirá por las reglas de la organización.

II. *Funcionamiento del Tribunal Arbitral*

3. Salvo que las partes en la controversia acuerden otra cosa, el Tribunal Arbitral fijará su propio procedimiento, garantizando a cada una de las partes en la controversia plena oportunidad de ser oída y de hacer la defensa de su causa.

4. El Tribunal Arbitral, previo consentimiento de las partes en la controversia, podrá invitar a cualquier Estado u organización internacional interesado a exponerle sus opiniones, verbalmente o por escrito.

5. Las decisiones del Tribunal Arbitral se adoptarán por mayoría de sus miembros. En caso de empate, decidirá el voto del presidente.

6. Cuando una de las partes en la controversia no comparezca ante el Tribunal o se abstenga de hacer la defensa de su causa, la otra parte podrá pedir al Tribunal que prosiga las actuaciones y dicte su laudo. Antes de dictar dicho laudo el Tribunal deberá asegurarse no sólo de su competencia para decidir la controversia, sino también de que la pretensión está bien fundada en cuanto a los hechos y al derecho.

7. El laudo del Tribunal Arbitral se limitará al asunto de la controversia y será motivado. Cualquier miembro del Tribunal podrá adjuntar una opinión separada o disidente del laudo.

8. El laudo será definitivo e inapelable. Todas las partes en la controversia deberán someterse al laudo.

9. El secretario general proporcionará al Tribunal la asistencia y las facilidades que necesite. Los gastos del Tribunal serán sufragados por las Naciones Unidas.

III. *Funcionamiento de la Comisión de Conciliación*

10. La Comisión de Conciliación fijará su propio procedimiento. La Comisión, previo consentimiento de las partes en la controversia, podrá invitar a cualquiera de las partes en el tratado a exponerle sus opiniones verbalmente o por escrito. Las decisiones y recomendaciones de la Comisión se adoptarán por mayoría de votos de sus cinco miembros.

11. La Comisión podrá señalar a la atención de las partes en la controversia todas las medidas que puedan facilitar una solución amistosa.

12. La Comisión oirá a las partes, examinará las pretensiones y objeciones, y hará propuestas a las partes con miras a que lleguen a una solución amistosa de la controversia.

13. La Comisión presentará su informe dentro de los doce meses siguientes a la fecha de su constitución. El informe se depositará en poder del secretario general y se transmitirá a las partes en la controversia. El informe de la Comisión, incluidas cualesquiera conclusiones que en él se indiquen en cuanto a los hechos y a las cuestiones de derecho, no obligará a las partes ni tendrá otro carácter que el de enunciado de recomendaciones presentadas a las partes para su consideración a fin de facilitar una solución amistosa de la controversia.

14. El Secretario general proporcionará a la Comisión la asistencia y las facilidades que necesite. Los gastos de la Comisión serán sufragados por las Naciones Unidas.

Principios rectores aplicables a las declaraciones unilaterales de los Estados capaces de crear obligaciones jurídicas (Comisión de Derecho Internacional, 11 de agosto de 2006-A/61/10)

La Comisión de Derecho Internacional,

Observando que los Estados pueden resultar obligados por su comportamiento unilateral en el plano internacional,

Observando que los comportamientos capaces de obligar jurídicamente a los Estados pueden adoptar la forma de declaraciones formales o consistir simplemente en una conducta informal, incluido, en determinadas situaciones, el silencio, en la que razonablemente pueden basarse los demás Estados,

Observando también que la cuestión de si un comportamiento unilateral del Estado obliga a éste en una situación determinada depende de las circunstancias de cada caso,

Observando además que a menudo es difícil en la práctica determinar si los efectos jurídicos dimanantes del comportamiento unilateral de un Estado son la consecuencia de la intención que ha manifestado o dependen de las expectativas que su conducta ha suscitado entre otros sujetos de derechointernacional,

Aprueba los siguientes principios rectores, que sólo versan sobre los actos unilaterales stricto sensu, es decir, los que adoptan la forma de declaraciones formales formuladas por un Estado con la intención de producir obligaciones en virtud del derecho internacional,

1. Unas declaraciones formuladas públicamente por las que se manifieste la voluntad de obligarse podrán surtir el efecto de crear obligaciones jurídicas. Cuando se dan las condiciones para que eso ocurra, el carácter obligatorio de tales declaraciones se funda en la buena fe; en tal caso, los Estados interesados podrán tenerlas en cuenta y basarse en ellas; esos Estados tienen derecho a exigir que se respeten esas obligaciones;

2. Todo Estado tiene capacidad para contraer obligaciones jurídicas mediante declaraciones unilaterales;

3. Para determinar los efectos jurídicos de tales declaraciones, es necesario tener en cuenta su contenido, todas las circunstancias de hecho en que se produjeron y las reacciones que suscitaron;

4. Una declaración unilateral obliga internacionalmente al Estado sólo si emana de una autoridad que tenga competencia a estos efectos. En virtud de sus funciones, los jefes de Estado, jefes de gobierno y ministros de relaciones exteriores son competentes para formular tales declaraciones. Otras personas que representan al Estado en esferas determinadas podrán ser autorizadas para obligar a éste, mediante sus declaraciones, en las materias que correspondan a su esfera de competencia;

5. Las declaraciones unilaterales podrán ser formuladas oralmente o por escrito;

6. Las declaraciones unilaterales podrán ser dirigidas a la comunidad internacional en su conjunto, a uno o varios Estados o a otras entidades;

7. Una declaración unilateral entraña obligaciones para el Estado que la ha formulado sólo si se enuncia en términos claros y específicos. En caso de duda en cuanto al alcance de las obligaciones resultantes de una declaración de esta índole, tales obligaciones deberán ser interpretadas restrictivamente. Para interpretar el contenido de esas obligaciones, se tendrá en cuenta ante todo el texto de la declaración, así como su contexto y las circunstancias en que se formuló;

8. Es nula toda declaración unilateral que esté en oposición con una norma imperativa de derecho internacional general;

9. De la declaración unilateral de un Estado no puede resultar ninguna obligación para los demás Estados. No obstante, el otro Estado o los otros Estados interesados pueden contraer obligaciones en relación con una declaración unilateral de esa índole en la medida en que hayan aceptado claramente tal declaración;

10. Una declaración unilateral que ha creado obligaciones jurídicas para el Estado que hace la declaración no puede ser revocada arbitrariamente. Para determinar si una revocación sería arbitraria, habrá que tener en cuenta:

a) Todos los términos de la declaración que se refieran específicamente a la revocación;

b) La medida en que los sujetos a quienes se deba el cumplimiento de las obligaciones se hayan basado en ellas;

c) La medida en que se ha producido un cambio fundamental en las circunstancias.

Proyecto de conclusiones sobre los acuerdos ulteriores y la práctica ulterior en relación con la interpretación de los tratados (Comisión de Derecho Internacional, 18 de mayo de 2018 - A/73/10)

Primera parte
INTRODUCCIÓN

Conclusión 1

Alcance

El presente proyecto de conclusiones se refiere al papel de los acuerdos ulteriores y la práctica ulterior en la interpretación de los tratados.

Segunda parte
REGLAS BÁSICAS Y DEFINICIONES

Conclusión 2

Regla general y medios de interpretación de los tratados

1. Los artículos 31 y 32 de la Convención de Viena sobre el Derecho de los Tratados establecen, respectivamente, la regla general de interpretación y el recurso a medios de interpretación complementarios. Estas reglas también son aplicables como derecho internacional consuetudinario.

2. Un tratado deberá interpretarse de buena fe conforme al sentido corriente que haya de atribuirse a los términos del tratado en el contexto de estos y teniendo en cuenta su objeto y fin, con arreglo a lo dispuesto en el artículo 31, párrafo 1.

3. El artículo 31, párrafo 3, dispone, entre otras cosas, que juntamente con el contexto habrá de tenerse en cuenta:

a) todo acuerdo ulterior entre las partes acerca de la interpretación del tratado o de la aplicación de sus disposiciones; y

b) toda práctica ulteriormente seguida en la aplicación del tratado por la cual conste el acuerdo de las partes acerca de la interpretación del tratado.

4. Se podrá acudir a otra práctica ulteriormente seguida en la aplicación del tratado como medio de interpretación complementario en virtud del artículo 32.

5. La interpretación de un tratado consiste en una sola operación combinada, que presta la debida atención a los diversos medios de interpretación indicados, respectivamente, en los artículos 31 y 32.

Conclusión 3

Los acuerdos ulteriores y la práctica ulterior como medios auténticos de interpretación

Los acuerdos ulteriores y la práctica ulterior en virtud del artículo 31, párrafo 3 a) y b), que constituyen una prueba objetiva del entendimiento de las partes en cuanto al sentido del tratado, son medios auténticos de interpretación en aplicación de la regla general de interpretación de los tratados enunciada en el artículo 31.

Conclusión 4

Definición de acuerdo ulterior y de práctica ulterior

1. Por acuerdo ulterior como medio auténtico de interpretación en virtud del artículo 31, párrafo 3 a), se entiende un acuerdo sobre la interpretación del tratado o la aplicación de sus disposiciones al que hayan llegado las partes después de la celebración del tratado.

2. Por práctica ulterior como medio auténtico de interpretación en virtud del artículo 31, párrafo 3 b), se entiende el comportamiento observado en la aplicación del tratado, después de su celebración, por el cual conste el acuerdo de las partes en cuanto a la interpretación del tratado.

3. Por práctica ulterior como medio de interpretación complementario en virtud del artículo 32 se entiende el comportamiento observado por una o más partes en la aplicación del tratado, después de su celebración.

Conclusión 5

El comportamiento como práctica ulterior

1. La práctica ulterior en virtud de los artículos 31 y 32 puede consistir en cualquier comportamiento de una parte en la aplicación de un tratado, ya sea en el ejercicio de sus funciones ejecutivas, legislativas, judiciales o de otra índole.

2. Todo otro comportamiento, incluido el de actores no estatales, no constituye práctica ulterior en virtud de los artículos 31 y 32. No obstante, dicho comportamiento puede ser pertinente al evaluar la práctica ulterior de las partes en un tratado.

Tercera parte
ASPECTOS GENERALES

Conclusión 6

Identificación de los acuerdos ulteriores y la práctica ulterior

1. La identificación de los acuerdos ulteriores y la práctica ulterior en virtud del artículo 31, párrafo 3, requiere, en particular, la determinación de si las partes, en virtud de un acuerdo o una práctica, han adoptado una posición con respecto a la interpretación del tratado. Esta posición no se

adopta si las partes han acordado simplemente no aplicar el tratado temporalmente o han acordado establecer un arreglo práctico (modus vivendi).

2. Los acuerdos ulteriores y la práctica ulterior en virtud del artículo 31, párrafo 3, pueden adoptar diversas formas.

3. La identificación de la práctica ulterior en virtud del artículo 32 requiere, en particular, determinar si el comportamiento ha sido seguido por una o más partes en la aplicación del tratado.

Conclusión 7

Posibles efectos de los acuerdos ulteriores y la práctica ulterior en lainterpretación

1. Los acuerdos ulteriores y la práctica ulterior en virtud del artículo 31, párrafo 3, contribuyen, en su interacción con otros medios de interpretación, a la aclaración del sentido de un tratado. Ello puede dar lugar a la restricción, la ampliación o la determinación, de algún otro modo, de las posibles interpretaciones, incluido cualquier margen de discrecionalidad que el tratado conceda a las partes.

2. La práctica ulterior en virtud del artículo 32 también puede contribuir a aclarar el sentido de un tratado.

3. Se presume que las partes en un tratado, mediante un acuerdo o una práctica en relación con la aplicación del tratado, tienen la intención de interpretar el tratado, y no de enmendarlo o modificarlo. La posibilidad de enmendar o modificar un tratado mediante la práctica ulterior de las partes no ha sido reconocida de manera general. El presente proyecto de conclusión se entiende sin perjuicio de las normas relativas a la enmienda o la modificación de los tratados de la Convención de Viena sobre el Derecho de los Tratados y del derecho internacional consuetudinario.

Conclusión 8

Interpretación de los términos de un tratado como susceptibles de evolucionar con el tiempo

Los acuerdos ulteriores y la práctica ulterior en virtud de los artículos 31 y 32 pueden contribuir a determinar si la intención presunta de las partes al celebrar un tratado era atribuir a un término utilizado un sentido susceptible de evolucionar con el tiempo.

Conclusión 9

Peso de los acuerdos ulteriores y la práctica ulterior como medios de interpretación

1. El peso de un acuerdo ulterior o una práctica ulterior como medio de interpretación en virtud del artículo 31, párrafo 3, depende, entre otras cosas, de su claridad y especificidad.

2. Además, el peso de la práctica ulterior en virtud del artículo 31, párrafo 3 b), depende, entre otras cosas, de que se repita y de la forma en que lo haga.

3. El peso de la práctica ulterior como medio de interpretación complementario en virtud del artículo 32 puede depender de los criterios mencionados en los párrafos 1 y 2.

Conclusión 10

Acuerdo de las partes acerca de la interpretación de un tratado

1. Un acuerdo en virtud del artículo 31, párrafo 3 a) y b), requiere un entendimiento común acerca de la interpretación de un tratado que las partes reconozcan y acepten. Dicho acuerdo podrá ser legalmente vinculante, aunque no tendrá que serlo, para ser tenido en cuenta.

2. El número de partes que han de seguir activamente una práctica ulterior para que haya un acuerdo en virtud del artículo 31, párrafo 3 b), puede variar. El silencio de una o más partes puede constituir aceptación de la práctica ulterior cuando las circunstancias requieran alguna reacción.

Cuarta parte

ASPECTOS ESPECÍFICOS

Conclusión 11

Decisiones adoptadas en el marco de una conferencia de Estados parte

1. Una conferencia de Estados parte, en el sentido del presente proyecto de conclusiones, es una reunión de partes en un tratado a los fines de examinar o aplicar el tratado, salvo cuando actúen en calidad de miembros de un órgano de una organización internacional.

2. El efecto jurídico de una decisión adoptada en el marco de una conferencia de Estados parte depende principalmente del tratado y, en su caso, del reglamento aplicable. Dependiendo de las circunstancias, dicha decisión puede constituir, explícita o implícitamente, un acuerdo ulterior en virtud del artículo 31,

párrafo 3 a), o dar lugar a una práctica ulterior en virtud del artículo 31, párrafo 3 b), o a una práctica ulterior en virtud del artículo 32. Las decisiones adoptadas en el marco de una conferencia de Estados parte a menudo ofrecen una diversidad no excluyente de opciones prácticas para la aplicación del tratado.

3. Una decisión adoptada en el marco de una conferencia de Estados parte constituye un acuerdo ulterior o una práctica ulterior en virtud del artículo 31, párrafo 3, en la medida en que exprese un acuerdo sustantivo entre las partes acerca de la

interpretación de un tratado, con independencia de la forma y del procedimiento seguido para su adopción, incluida la adopción por consenso.

Conclusión 12

Instrumentos constitutivos de organizaciones internacionales

1. Los artículos 31 y 32 son aplicables a los tratados que sean el instrumento constitutivo de una organización internacional. Por consiguiente, los acuerdos ulteriores y la práctica ulterior en virtud del artículo 31, párrafo 3, son medios de interpretación de esos tratados, y la práctica ulterior en virtud del artículo 32 puede serlo.

2. Los acuerdos ulteriores y la práctica ulterior de las partes en virtud del artículo 31, párrafo 3, o la práctica ulterior en virtud del artículo 32, pueden provenir, o ser expresión, de la práctica de una organización internacional en la aplicación de su instrumento constitutivo.

3. La práctica de una organización internacional en la aplicación de su instrumento constitutivo puede contribuir a la interpretación de dicho instrumento cuando se aplican los artículos 31 y 32.

4. Los párrafos 1 a 3 son aplicables a la interpretación de cualquier tratado que sea el instrumento constitutivo de una organización internacional, sin perjuicio de las normas pertinentes de la organización.

Conclusión 13

Pronunciamientos de órganos de expertos creados en virtud de tratados

1. A los efectos del presente proyecto de conclusiones, por órgano de expertos creado en virtud de un tratado se entiende un órgano integrado por expertos que desempeñan sus funciones a título personal, que ha sido establecido en virtud de un tratado y que no es un órgano de una organización internacional.

2. La relevancia del pronunciamiento de un órgano de expertos creado en virtud de un tratado para la interpretación de un tratado depende de las normas aplicables del tratado.

3. El pronunciamiento de un órgano de expertos creado en virtud de un tratado puede dar lugar, o referirse, a un acuerdo ulterior o una práctica ulterior de las partes en virtud del artículo 31, párrafo 3, o una práctica ulterior en virtud del artículo 32. No se presumirá que el silencio de una parte constituye una práctica ulterior en virtud del artículo 31, párrafo 3 b), por la que se acepta una interpretación de un tratado expresada en un pronunciamiento de un órgano de expertos creado en virtud de un tratado.

4. El presente proyecto de conclusión se entiende sin perjuicio de la contribución que los pronunciamientos de los órganos de expertos creados en virtud de tratados hagan a la interpretación de los tratados con arreglo a sus mandatos.

II. Determinación de la costumbre internacional

- Proyecto de conclusiones sobre la identificación del derecho internacional consuetudinario (2018)

Proyecto de conclusiones sobre la identificación del derecho internacional consuetudinario (Comisión de Derecho Internacional, 25 de mayo de 2018-A/73/10)

Primera parte
INTRODUCCIÓN

Conclusión 1

Alcance

El presente proyecto de conclusiones se refiere a la manera en que han de determinarse la existencia y el contenido de las normas de derecho internacional consuetudinario.

Segunda parte
ENFOQUE BÁSICO

Conclusión 2

Dos elementos constitutivos

Para determinar la existencia y el contenido de una norma de derecho internacional consuetudinario, es necesario cerciorarse de que existe una práctica general que es aceptada como derecho (opinio iuris).

Conclusión 3

Valoración de los medios para establecer los dos elementos constitutivos

1. Al valorar los medios para establecer la existencia de una práctica general y de su aceptación como derecho (opinio iuris), hay que tener en cuenta el contexto general, la naturaleza de la norma y las circunstancias propias de cada uno de esos medios.

2. Cada uno de los dos elementos constitutivos se ha de determinar por separado. Ello requiere una valoración de los medios para establecer cada elemento.

Tercera parte
UNA PRÁCTICA GENERAL

Conclusión 4

Requisito de la práctica

1. El requisito de una práctica general, como elemento constitutivo del derecho internacional consuetudinario, se refiere principalmente a la práctica de los Estados que contribuye a la formación o la expresión de normas de derecho internacional consuetudinario.

2. En algunos casos, la práctica de las organizaciones internacionales también contribuye a la formación o la expresión de normas de derecho internacional consuetudinario.

3. El comportamiento de otros actores no constituye una práctica que contribuya a la formación o la expresión de normas de derecho internacional consuetudinario, pero puede ser pertinente al valorar la práctica a que se refieren los párrafos 1 y 2.

Conclusión 5

Comportamiento del Estado como práctica del Estado

La práctica del Estado consiste en el comportamiento del Estado, ya sea en el ejercicio de sus funciones ejecutivas, legislativas, judiciales o de otra índole.

Conclusión 6

Formas de práctica

1. La práctica puede revestir una gran variedad de formas. Comprende tanto actos materiales como verbales. Puede, en determinadas circunstancias, incluir la inacción.

2. Las formas de práctica estatal comprenden, sin reducirse a ello: los actos y la correspondencia diplomáticos; el comportamiento en relación con las resoluciones aprobadas por una organización internacional o en una conferencia intergubernamental; el comportamiento en relación con los tratados; el comportamiento en el ejercicio de funciones ejecutivas, incluido el comportamiento en operaciones "sobre el terreno"; los actos legislativos y administrativos; y las decisiones de las cortes y tribunales nacionales.

3. No existe una jerarquía predeterminada entre las distintas formas de práctica.

Conclusión 7

Valoración de la práctica de un Estado

1. Habrá que tener en cuenta toda la práctica disponible del Estado de que se trate, que deberá ser valorada en su conjunto.

2. En los casos en que la práctica de un determinado Estado varíe, se podrá otorgar menos peso a esa práctica, dependiendo de las circunstancias.

Conclusión 8

La práctica ha de ser general

1. La práctica pertinente ha de ser general, es decir, suficientemente extendida y representativa, además de constante.

2. No se requiere que la práctica tenga una duración concreta, siempre que sea general.

Cuarta parte

ACEPTADA COMO DERECHO (OPINIO IURIS)

Conclusión 9

Requisito de la aceptación como derecho (opinio iuris)

1. El requisito, como elemento constitutivo del derecho internacional consuetudinario, de que la práctica general sea aceptada como derecho (*opinio iuris*) significa que la práctica en cuestión ha de seguirse con el convencimiento de la existencia de una obligación jurídica o un derecho.

2. La práctica general aceptada como derecho (*opinio iuris*) debe distinguirse del simple uso o el simple hábito.

Conclusión 10

Formas de prueba de la aceptación como derecho (opinio iuris)

1. La prueba de la aceptación como derecho (*opinio iuris*) puede revestir una gran variedad de formas.

2. Las formas de prueba de la aceptación como derecho (*opinio iuris*) comprenden, sin reducirse a ello: las declaraciones públicas hechas en nombre de los Estados; las publicaciones oficiales; los dictámenes jurídicos gubernamentales; la correspondencia diplomática; las decisiones de las cortes y tribunales nacionales; las disposiciones de los tratados; y el comportamiento en relación con las resoluciones aprobadas por una organización internacional o en una conferencia intergubernamental.

3. La falta de reacción ante una práctica a lo largo del tiempo puede servir de prueba de la aceptación como derecho (*opinio iuris*), siempre que los Estados estuvieran en condiciones de reaccionar y que las circunstancias exigiesen una reacción.

Quinta parte

ALCANCE DE CIERTOS MEDIOS DE IDENTIFICACIÓN DEL DERECHO INTERNACIONAL CONSUETUDINARIO

Conclusión 11

Tratados

1. Una norma enunciada en un tratado puede reflejar una norma de derecho internacional consuetudinario si se establece que tal norma:

a) ha codificado una norma de derecho internacional consuetudinario existente en el momento en que se celebró el tratado;

b) ha llevado a la cristalización de una norma de derecho internacional consuetudinario que había comenzado a surgir antes de la celebración del tratado; o

c) ha dado origen a una práctica general aceptada como derecho (*opinio iuris*), generando así una nueva norma de derecho internacional consuetudinario.

2. El hecho de que una norma se enuncie en varios tratados puede indicar, aunque no necesariamente, que la norma convencional refleja una norma de derecho internacional consuetudinario.

Conclusión 12

Resoluciones de organizaciones internacionales y conferencias intergubernamentales

1. Una resolución aprobada por una organización internacional o en una conferencia intergubernamental no puede, de por sí, crear una norma de derecho internacional consuetudinario.

2. Una resolución aprobada por una organización internacional o en una conferencia intergubernamental puede constituir un elemento de prueba para determinar la existencia y el contenido de una norma de derecho internacional consuetudinario o contribuir a su desarrollo.

3. Una disposición de una resolución aprobada por una organización internacional o en una conferencia intergubernamental puede reflejar una norma de derecho internacional consuetudinario si se establece que esa disposición corresponde a una práctica general aceptada como derecho (opinio iuris).

Conclusión 13

Decisiones de cortes y tribunales

1. Las decisiones de cortes y tribunales internacionales, en particular las de la Corte Internacional de Justicia,

relativas a la existencia y el contenido de normas de derecho internacional consuetudinario constituyen un medio auxiliar de determinación de dichas normas.

2. Podrán tomarse en consideración, cuando proceda, las decisiones de cortes y tribunales nacionales relativas a la existencia y el contenido de normas de derecho internacional consuetudinario como medio auxiliar de determinación de tales normas.

Conclusión 14

Doctrina

La doctrina de los publicistas de mayor competencia de las distintas naciones pueden ser un medio auxiliar para la determinación de normas de derecho internacional consuetudinario.

Sexta parte

OBJETOR PERSISTENTE

Conclusión 15

Objetor persistente

1. Cuando un Estado haya objetado a una norma de derecho internacional consuetudinario mientras esta se encontraba en proceso de formación, esa norma no será oponible a ese Estado siempre que mantenga su objeción.

2. La objeción ha de ser expresada claramente, ser comunicada a los demás Estados y ser mantenida de manera persistente.

3. La presente conclusión se entiende sin perjuicio de toda cuestión relativa a normas imperativas de derecho internacional general (*ius cogens*).

Séptima parte

DERECHO INTERNACIONAL CONSUETUDINARIO PARTICULAR

Conclusión 16

Derecho internacional consuetudinario particular

1. Una norma de derecho internacional consuetudinario particular, ya sea regional, local o de otra índole, es una norma de derecho internacional consuetudinario que solo se aplica entre un número limitado de Estados.

2. Para determinar la existencia y el contenido de una norma de derecho internacional consuetudinario particular, es necesario cerciorarse de que existe una práctica general entre los Estados interesados que es aceptada por ellos como derecho (*opinio iuris*) entre esos Estados.

III. El Estado y sus relaciones exteriores

- Convención sobre derechos y deberes de los Estados o Convención de Montevideo (1933)
- Proyecto de Declaración de derechos y deberes de los Estados (1949)
- Convención de Viena sobre relaciones diplomáticas (1961)
- Convención de Viena sobre relaciones consulares (1963)
- Convención sobre las misiones especiales (1969)
- Convención de las Naciones Unidas sobre las inmunidades jurisdiccionales de los Estados y de sus bienes (2005)

Convención sobre Derechos y Deberes de los Estados (Montevideo, 26 de diciembre de 1933)

Los Gobiernos representados en la Séptima Conferencia Internacional Americana.

Deseosos de concertar un convenio acerca de los Derechos y Deberes de los Estados, han nombrado los siguientes Plenipotenciarios:

[Los nombres de los plenipotenciarios siguen.]

Quienes, después de haber exhibido sus Plenos Poderes, que fueron hallados en buena y debida forma, han convenido en lo siguiente:

Artículo 1. El Estado como persona de Derecho Internacional debe reunir los siguientes requisitos:

I. Población permanente.

II. Territorio determinado.

III. Gobierno.

IV. Capacidad de entrar en relaciones con los demás Estados.

Artículo 2. El Estado federal constituye una sola persona ante el Derecho Internacional.

Artículo 3. La existencia política del Estado es independiente de su reconocimiento por los demás Estados. Aun antes de reconocido el Estado tiene el derecho de defender su integridad e independencia, proveer a su conservación y prosperidad y, por consiguiente, de organizarse como mejor lo entendiere, legislar sobre sus intereses, administrar sus servicios y determinar la jurisdicción y competencia de sus tribunales.

El ejercicio de estos derechos no tiene otros límites que el ejercicio de los derechos de otros Estados conforme al Derecho Internacional.

Artículo 4. Los Estados son jurídicamente iguales, disfrutan de iguales derechos y tienen igual capacidad para ejercitarlos. Los derechos de cada uno no dependen del poder de que disponga para asegurar su ejercicio, sino del simple hecho de su existencia como persona de Derecho Internacional.

Artículo 5. Los derechos fundamentales de los Estados no son susceptibles de ser afectados en forma alguna.

Artículo 6. El reconocimiento de un Estado meramente significa que el que lo reconoce acepta la personalidad del otro con todos los derechos y deberes determinados por el Derecho Internacional. El reconocimiento es incondicional e irrevocable.

Artículo 7. El reconocimiento del Estado podrá ser expreso o tácito. Este último resulta de todo acto que implique la intención de reconocer al nuevo Estado.

Artículo 8. Ningún Estado tiene derecho de intervenir en los asuntos internos ni en los externos de otros.

Artículo 9. La jurisdicción de los Estados en los límites del territorio nacional se aplica a todos los habitantes. Los nacionales y los extranjeros se hallan bajo la misma protección de la legislación y de las autoridades nacionales y los extranjeros no podrán pretender derechos diferentes, ni más extensos que los de los nacionales.

Artículo 10. Es interés primordial de los Estados la conservación de la paz. Las divergencias de cualquier clase que entre ellos se susciten deben arreglarse por los medios pacíficos reconocidos.

Artículo 11. Los Estados contratantes consagran en definitiva como norma de su conducta la obligación precisa de no reconocer las adquisiciones territoriales o de ventajas especiales que se realicen por la fuerza, ya sea que esta consista en el uso de armas, en representaciones diplomáticas conminatorias o en cualquier otro medio de coacción efectiva. El territorio de los Estados es inviolable y no puede ser objeto de ocupaciones militares ni de otras medidas de fuerza impuestas por otro Estado, ni directa ni indirectamente, ni por motivo alguno, ni aún de manera temporal.

Artículo 12. La presente Convención no afecta los compromisos contraídos anteriormente por las Altas Partes Contratantes en virtud de acuerdos internacionales.

Artículo 13. La presente Convención será ratificada por las Altas Partes Contratantes, de acuerdo con sus procedimientos constitucionales. El Ministerio de Relaciones Exteriores de la República Oriental del Paraguay queda encargado de enviar copias certificadas auténticas a los Gobiernos para el referido fin. Los instrumentos de ratificación serán depositados en los archivos de la Unión Panamericana, en Washington, que notificará dicho depósito a los Gobiernos signatarios; tal notificación valdrá como canje de ratificaciones.

Artículo 14. La presente Convención entrará en vigor entre las Altas Partes Contratantes en el orden en que vayan depositando sus respectivas ratificaciones.

Artículo 15. La presente Convención regirá indefinidamente, pero podrá ser denunciada mediante aviso anticipado de un año a la Unión Panamericana, que la transmitirá a los demás Gobiernos signatarios. Transcurrido este plazo, la Convención cesará en sus efectos para el denunciante, quedando subsistente para las demás Altas Partes Contratantes.

Artículo 16. La presente Convención quedará abierta a la adhesión y accesión de los Estados no signatarios. Los instrumentos correspondientes serán depositados en los Archivos de la Unión Panamericana que los comunicará a las otras Altas Partes Contratantes.

En fé de lo cual, los Plenipotenciarios que a continuación se indican, firman y sellan la presente Convención en español, inglés, portugués y francés, en la ciudad de Montevideo, República Oriental del Uruguay, este vigésimo sexto día del mes de diciembre del año de mil novecientos treinta y tres.

[Siguen las firmas de delegados de Argentina, Brasil, Colombia, Cuba, Chile, Ecuador, El Salvador, los Estados Unidos de América, Guatemala, Haití, Honduras, México, Nicaragua, Panamá, Paraguay, Perú, la República Dominicana, Uruguay y Venezuela.]

Proyecto de Declaración de Derechos y Deberes de los Estados (Resolución de la ONU 375/IV de 6 de diciembre de 1949)

La Asamblea General

Habiendo recibido el proyecto de Declaración de Derechos y Deberes de los Estados preparado por la Comisión de Derecho Internacional en cumplimiento de instrucciones dadas por la Asamblea General en su resolución 178 (II) de fecha 21 de noviembre de 1947,

Considerando que es función de las Naciones Unidas y en especial de la Asamblea General, según el artículo 13 de la Carta, fomentar el desarrollo progresivo del derecho internacional y su codificación,

Considerando que en este momento ha encontrado ciertas dificultades para formular derechos y deberes básicos de los Estados a la luz de las orientaciones del derecho internacional y en armonía con la Carta de las Naciones Unidas, reconociendo la necesidad de continuar los estudios en relación con esta material,

1. *Toma nota* del proyecto de Declaración de Derechos y Deberes de los Estados preparado por la Comisión de Derecho Internacional, y expresa su agradecimiento a la Comisión;

2. *Estima* que el proyecto de declaración constituye una contribución notable e importante al desarrollo progresivo del derecho internacional y a su codificación, y como tal lo recomienda a la atención constante de los Estados Miembros y de los jurisconsultos de todas las naciones;

3. *Resuelve* remitir a la consideración de los Estados Miembros el proyecto de declaración, con toda la documentación producida sobre esa materia durante el presente período de sesiones de la Asamblea General, solicitando de ellos que le envíen sus comentarios y sugestiones el 1° de julio de 1950 a más tardar.

4. *Ruega* a los Estados Miembros se sirvan al mismo tiempo transmitir sus comentarios sobre las siguientes cuestiones:

a) Si la Asamblea General debe adoptar medidas adicionales respecto al proyecto de declaración;

b) Si así fuere, cuál sería la naturaleza exacta del documento que se desea y el futuro procedimiento que hubiere de adoptarse con relación al mismo.

5. *Pide al Secretario General* que prepare y publique las sugestiones y comentarios comunicados por los Estados Miembros, para hacer de ellos la aplicación que la Asamblea General considere conveniente;

6. *Decide* que el texto del proyecto de declaración sea anexado a esta resolución.

270ª. Sesión plenaria,

6 de diciembre de 1949

ANEXO
PROYECTO DE DECLARACIÓN DE DERECHOS Y DEBERES DE LOS ESTADOS

Considerando que los Estados del mundo forman una comunidad regida por el derecho internacional;

Considerando que el desarrollo progresivo del derecho internacional requiere de una organización eficaz de la comunidad de los Estados;

Considerando que, en virtud de ello, una gran mayoría de los Estados ha establecido un nuevo orden internacional conforme a la Carta de las Naciones Unidas, y que la mayor parte de los demás Estados ha declarado su deseo de vivir dentro de ese orden;

Considerando que el mantenimiento de la paz y la seguridad internacionales es propósito primordial de las Naciones Unidas y que, para la realización de este propósito, es esencial el imperio de la ley y de la justicia; y,

Considerando que, en consecuencia, es conveniente formular ciertos derechos y deberes de los Estados a la luz de las nuevas orientaciones del derecho internacional y en armonía con la Carta de las Naciones Unidas;

La Asamblea General de las Naciones Unidas adopta y proclama la presente Declaración de Derecho y Deberes de los Estados:

Artículo 1.

Todo Estado tiene derecho a la independencia y, por ende, a ejercer libremente todas sus facultades legales, inclusive la de elegir su forma de Gobierno sin sujeción a la voluntad de ningún otro Estado.

Artículo 2.

Todo Estado tiene derecho a ejercer jurisdicción sobre su territorio y sobre todas las personas y las cosas que en él se encuentren, sin perjuicio de las inmunidades reconocidas por el derecho internacional.

Artículo 3.

Todo Estado tiene el deber de abstenerse de intervenir en los asuntos internos o externos de cualquier otro Estado.

Artículo 4.

Todo Estado tiene el deber de abstenerse de fomentar luchas civiles en el territorio de otro Estado, y de impedir que se organicen en el suyo actividades encaminadas a fomentarlas.

Artículo 5.

Todo Estado tiene derecho a la igualdad jurídica con los demás Estados.

Artículo 6.

Todo Estado tiene el deber de tratar a las personas sujetas a su jurisdicción con el respeto debido a los derechos del hombre y a las libertades fundamentales de todos, sin hacer distinción por motivo de raza, sexo, idioma o religión.

Artículo 7.

Todo Estado tiene el deber de velar por que las condiciones que prevalezcan en su territorio no amenacen la paz ni el orden internacionales.

Artículo 8.

Todo Estado tiene el deber de arreglar sus controversias con otros Estados por medios pacíficos, de manera que no se pongan en peligro ni la paz ni la seguridad internacionales, ni la justicia.

Artículo 9.

Todo Estado tiene el deber de abstenerse de recurrir a la guerra como instrumento de política nacional, y de toda amenaza o uso de la fuerza contra la integridad territorial o la independencia política de otro Estado, o en cualquiera otra forma incompatible con el derecho y el orden internacionales.

Artículo 10.

Todo Estado tiene el deber de abstenerse de dar ayuda a cualquier Estado que infringiere el artículo 9 o contra el cual las Naciones Unidas estuviere ejerciendo acción preventiva o coercitiva.

Artículo 11.

Todo Estado tiene el deber de abstenerse de reconocer las adquisiciones territoriales efectuadas por otro Estado en contravención del artículo 9.

Artículo 12.

Todo Estado tiene el derecho de legítima defensa individual o colectiva, en caso de ataque armado.

Artículo 13.

Todo Estado tiene el deber de cumplir de buena fe las obligaciones emanadas de los tratados y de otras fuentes de derecho internacional, y no puede invocar disposiciones de su propia constitución o de sus leyes como excusa para dejar de cumplir ese deber.

Artículo 14.

Todo Estado tiene el deber de conducir sus relaciones con otros Estados de conformidad con el derecho internacional y con el principio de que la soberanía del Estado está subordinada a la supremacía del derecho internacional.

Convención de Viena sobre Relaciones Diplomáticas (18 de abril de 1961)

Los Estados Partes en la presente Convención,

Teniendo presente que desde antiguos tiempos los pueblos de todas las naciones han reconocido el estatuto de los funcionarios diplomáticos,

Teniendo en cuenta los propósitos y principios de la Carta de las Naciones Unidas relativos a la igualdad soberana de los Estados, al mantenimiento de la paz y de la seguridad internacionales y al fomento de las relaciones de amistad entre las naciones,

Estimando que una convención internacional sobre relaciones, privilegios e inmunidades diplomáticos contribuirá al desarrollo de las relaciones amistosas entre las naciones, prescindiendo de sus diferencias de régimen constitucional y social,

Reconociendo que tales inmunidades y privilegios se conceden, no en beneficio de las personas, sino con el fin de garantizar el desempeño eficaz de las funciones de las misiones diplomáticas en calidad de representantes de los Estados,

Afirmando que las normas del derecho internacional consuetudinario han de continuar rigiendo las cuestiones que no hayan sido expresamente reguladas en las disposiciones de la presente Convención,

Han convenido en lo siguiente:

Artículo 1

A los efectos de la presente Convención:

a. por "jefe de misión", se entiende la persona encargada por el Estado acreditante de actuar con carácter de tal; b. por "miembros de la misión", se entiende el jefe de la misión y los miembros del personal de la misión; c. por "miembros del personal de la misión", se entiende los miembros del personal diplomático, del personal administrativo y técnico y del personal de servicio de la misión; d. por "miembros del personal diplomático", se entiende los miembros del personal de la misión que posean la calidad de diplomático; e. por "agente diplomático", se entiende el jefe de la misión o un miembro del personal diplomático de la misión; f. por "miembros del personal administrativo y técnico", se entiende los miembros del personal de la misión empleados en el servicio administrativo y técnico de la misión; g. por "miembros del personal de servicio", se entiende los miembros del personal de la misión empleados en el servicio doméstico de la misión; h. por "criado particular", se entiende toda persona al servicio doméstico de un miembro de la misión, que no sea empleada del Estado acreditante; i. por "locales de la misión", se entiende los edificios o las partes de los edificios, sea cual fuere su propietario, utilizados para las finalidades de la misión, incluyendo la residencia del jefe de la misión, así como el terreno destinado al servicio de esos edificios o de parte de ellos.

Artículo 2

El establecimiento de relaciones diplomáticas entre Estados y el envío de misiones diplomáticas permanentes se efectúa por consentimiento mutuo.

Artículo 3

1. Las funciones de una misión diplomática consisten principalmente en:

a. representar al Estado acreditante ante el Estado receptor; b. proteger en el Estado receptor los intereses del Estado acreditante y los de sus nacionales, dentro de los límites permitidos por el derecho internacional; c. negociar con el gobierno del Estado receptor; d. enterarse por todos los medios lícitos de las condiciones y de la evolución de los acontecimientos en el Estado receptor e informar sobre ello al gobierno del Estado acreditante; e. fomentar las relaciones amistosas y desarrollar las relaciones económicas, culturales y científicas entre el Estado acreditante y el Estado receptor.

2. Ninguna disposición de la presente Convención se interpretará de modo que impida el ejercicio de funciones consulares por la misión diplomática.

Artículo 4

1. El Estado acreditante deberá asegurarse de que la persona que se proponga acreditar como jefe de la misión ante el Estado receptor ha obtenido el asentimiento de ese Estado.

2. El Estado receptor no esta obligado a expresar al Estado acreditante los motivos de su negativa a otorgar el asentimiento.

Artículo 5

1. El Estado acreditante podrá, después de haberlo notificado en debida forma a los Estados receptores interesados, acreditar a un jefe de misión ante dos o más Estados, o bien destinar a ellos a cualquier miembro del personal diplomático, salvo que alguno de los Estados receptores se oponga expresamente.

2. Si un Estado acredita a un jefe de misión ante dos o más Estados, podrá establecer una misión diplomática dirigida por un encargado de negocios ad interim en cada uno de los Estados en que el jefe de la misión no tenga su sede permanente.

3. El jefe de misión o cualquier miembro del personal diplomático de la misión podrá representar al Estado acreditante ante cualquier organización internacional.

Artículo 6

Dos o más Estados podrán acreditar a la misma persona como jefe de misión ante un tercer Estado, salvo que el Estado receptor se oponga a ello.

Artículo 7

Sin perjuicio de lo dispuesto en los artículos 5, 8, 9 y 11, el Estado acreditante nombrará libremente al personal de la misión. En el caso de los agregados militares, navales o aéreos, el Estado receptor podrá exigir que se le sometan de antemano sus nombres, para su aprobación.

Artículo 8

1. Los miembros del personal diplomático de la misión habrán de tener, en principio, la nacionalidad del Estado acreditante.

2. Los miembros del personal diplomático de la misión no podrán ser elegidos entre personas que tengan la nacionalidad del Estado receptor, excepto con el consentimiento de ese Estado, que podrá retirarlo en cualquier momento.

3. El Estado receptor podrá reservarse el mismo derecho respecto de los nacionales de un tercer Estado que no sean al mismo tiempo nacionales del Estado acreditante.

Artículo 9

1. El Estado receptor podrá, en cualquier momento y sin tener que exponer los motivos de su decisión, comunicar al Estado acreditante que el jefe u otro miembro del personal diplomático de la misión es persona non grata, o que cualquier otro miembro del personal de la misión no es aceptable. El Estado acreditante retirará entonces a esa persona o pondrá término a sus funciones en la misión, según proceda. Toda persona podrá ser declarada non grata o no aceptable antes de su llegada al territorio del Estado receptor.

2. Si el Estado acreditante se niega a ejecutar o no ejecuta en un plazo razonable las obligaciones que le incumben a tenor de lo dispuesto en el párrafo 1, el Estado receptor podrá negarse a reconocer como miembro de la misión a la persona de que se trate.

Artículo 10

1. Se notificará al Ministerio de Relaciones Exteriores, o al Ministerio que se haya convenido, del Estado receptor:

a. el nombramiento de los miembros de la misión, su llegada y su salida definitiva o la terminación de sus funciones en la misión; b. la llegada y la salida definitiva de toda persona perteneciente a la familia de un miembro de la misión y, en su caso, el hecho de que determinada persona entre a formar parte o cese de ser miembro de la familia de un miembro de la misión; c. la llegada y la salida definitiva de los criados particulares al servicio de las personas a que se refiere el inciso a. de este párrafo y, en su caso, el hecho de que cesen en el servicio de tales personas; d. la contratación y el despido de personas residentes en el Estado receptor como miembros de la misión o criados particulares que tengan derecho a privilegios e inmunidades.

2. Cuando sea posible, la llegada y la salida definitiva se notificarán también con antelación.

Artículo 11

1. A falta de acuerdo explícito sobre el número de miembros de la misión, el Estado receptor podrá exigir que ese número este dentro de los límites de lo que considere que es razonable y normal, según las circunstancias y condiciones de ese Estado y las necesidades de la misión de que se trate.

2. El Estado receptor podrá también, dentro de esos límites y sin discriminación alguna, negarse a aceptar funcionarios de una determinada categoría.

Artículo 12

El Estado acreditante no podrá, sin el consentimiento previo y expreso del Estado receptor, establecer oficinas que formen parte de la misión en localidades distintas de aquella en que radique la propia misión.

Artículo 13

1. Se considerará que el jefe de misión ha asumido sus funciones en el Estado receptor desde el momento en que haya presentado sus cartas credenciales o en que haya comunicado su llegada y presentado copia de estilo de sus cartas credenciales al Ministerio de Relaciones Exteriores, o al Ministerio que se haya convenido, según la práctica en vigor en el Estado receptor, que deberá aplicarse de manera uniforme.

2. El orden de presentación de las cartas credenciales o de su copia de estilo se determinará por la fecha y hora de llegada del jefe de misión.

Artículo 14

1. Los jefes de misión se dividen en tres clases:

a. embajadores o nuncios acreditados ante los Jefes de Estado, y otros jefes de misión de rango equivalente; b. enviados, ministros o internuncios acreditados ante los Jefes de Estado; c. encargados de negocios acreditados ante los Ministros de Relaciones Exteriores.

2. Salvo por lo que respecta a la precedencia y a la etiqueta, no se hará ninguna distinción entre los jefes de misión por razón de su clase.

Artículo 15

Los Estados se pondrán de acuerdo acerca de la clase a que habrán de pertenecer los jefes de sus misiones.

Artículo 16

1. La precedencia de los jefes de misión, dentro de cada clase, se establecerá siguiendo el orden de la fecha y la hora en que hayan asumido sus funciones, de conformidad con el artículo 13.

2. Las modificaciones en las cartas credenciales de un jefe de misión que no entrañen cambio de clase no alterarán su orden de precedencia.

3. Las disposiciones de este artículo se entenderán sin perjuicio de los usos que acepte el Estado receptor respecto de la precedencia del representante de la Santa Sede.

Artículo 17

El jefe de misión notificará al Ministerio de Relaciones Exteriores, o al Ministerio que se haya convenido, el orden de precedencia de los miembros del personal diplomático de la misión.

Artículo 18

El procedimiento que se siga en cada Estado para la recepción de los jefes de misión será uniforme respecto de cada clase.

Artículo 19

1. Si queda vacante el puesto de jefe de misión o si el jefe de misión no puede desempeñar sus funciones, un encargado de negocios ad interim actuará provisionalmente como jefe de la misión. El nombre del encargado de negocios ad interim será comunicado al Ministerio de Relaciones Exteriores del Estado receptor, o al Ministerio que se haya convenido, por el jefe de misión o, en el caso de que este no pueda hacerlo, por el Ministerio de Relaciones Exteriores del Estado acreditante.

2. Caso de no estar presente ningún miembro del personal diplomático de la misión en el Estado receptor, un miembro del personal administrativo y técnico podrá, con el consentimiento del Estado receptor, ser designado por el Estado acreditante para hacerse cargo de los asuntos administrativos corrientes de la misión.

Artículo 20

La misión y su jefe tendrán derecho a colocar la bandera y el escudo del Estado acreditante en los locales de la misión, incluyendo la residencia del jefe de la misión y en los medios de transporte de éste.

Artículo 21

1. El Estado receptor deberá, sea facilitar la adquisición en su territorio de conformidad con sus propias leyes, por el Estado acreditante, de los locales necesarios para la misión, o ayudar a éste a obtener alojamiento de otra manera.

2. Cuando sea necesario, ayudará también a las misiones a obtener alojamiento adecuado para sus miembros.

Artículo 22

1. Los locales de la misión son inviolables. Los agentes del Estado receptor no podrán penetrar en ellos sin consentimiento del jefe de la misión.

2. El Estado receptor tiene la obligación especial de adoptar todas las medidas adecuadas para proteger los locales de la misión contra toda intrusión o daño y evitar que se turbe la tranquilidad de la misión o se atente contra su dignidad.

3. Los locales de la misión, su mobiliario y demás bienes situados en ellos, así como los medios de transporte de la misión, no podrán ser objeto de ningún registro, requisa, embargo o medida de ejecución.

Artículo 23

1. El Estado acreditante y el jefe de la misión están exentos de todos los impuestos y gravámenes nacionales, regionales o municipales, sobre los locales de la misión de que sean propietarios o inquilinos, salvo de aquellos impuestos o gravámenes que constituyan el pago de servicios particulares prestados.

2. La exención fiscal a que se refiere este artículo no se aplica a los impuestos y gravámenes que, conforme a las disposiciones legales del Estado receptor, estén a cargo del particular que contrate con el Estado acreditante o con el jefe de la misión.

Artículo 24

Los archivos y documentos de la misión son siempre inviolables, dondequiera que se hallen.

Artículo 25

El Estado receptor dará toda clase de facilidades para el desempeño de las funciones de la misión.

Artículo 26

Sin perjuicio de sus leyes y reglamentos referentes a zonas de acceso prohibido y reglamentado por razones de seguridad nacional, el Estado receptor garantizará a todos los miembros de la misión la libertad de circulación y de tránsito por su territorio.

Artículo 27

1. El Estado receptor permitirá y protegerá la libre comunicación de la misión para todos los fines oficiales. Para comunicarse con el gobierno y con las demás misiones y consulados del Estado acreditante, dondequiera que se radiquen, la misión podrá emplear todos los medios de comunicación adecuados, entre ellos los correos diplomáticos y los mensajes en clave o en cifra. Sin embargo, únicamente con el consentimiento del Estado receptor podrá la misión instalar y utilizar una emisora de radio.

2. La correspondencia oficial de la misión es inviolable. Por correspondencia oficial se entiende toda correspondencia concerniente a la misión y a sus funciones.

3. La valija diplomática no podrá ser abierta ni retenida.

4. Los bultos que constituyan la valija diplomática deberán ir provistos de signos exteriores visibles indicadores de su carácter y sólo podrán contener documentos diplomáticos u objetos de uso oficial.

5. El correo diplomático, que debe llevar consigo un documento oficial en el que conste su condición de tal y el número de bultos que constituyan la valija, estará protegido, en el desempeño de sus funciones, por el Estado receptor. Gozará de inviolabilidad personal y no podrá ser objeto de ninguna forma de detención o arresto.

6. El Estado acreditante o la misión podrán designar correos diplomáticos ad hoc. En tales casos se aplicarán también las disposiciones del párrafo 5 de este Artículo, pero las inmunidades en él mencionadas dejarán de ser aplicables cuando dicho correo haya entregado al destinatario la valija diplomática que se le haya encomendado.

7. La valija diplomática podrá ser confiada al comandante de una aeronave comercial que haya de aterrizar en un aeropuerto de entrada autorizado. El comandante deberá llevar consigo un documento oficial en el que conste el número de bultos que constituyan la valija, pero no podrá ser considerado como correo diplomático. La misión podrá enviar a uno de sus miembros, a tomar posesión directa y libremente de la valija diplomática de manos del comandante de la aeronave.

Artículo 28

Los derechos y aranceles que perciba la misión por actos oficiales están exentos de todo impuesto y gravamen.

Artículo 29

La persona del agente diplomático es inviolable. No puede ser objeto de ninguna forma de detención o arresto. El Estado receptor le tratará con el debido respeto y adoptará todas las medidas adecuadas para impedir cualquier atentado contra su persona, su libertad o su dignidad.

Artículo 30

1. La residencia particular del agente diplomático goza de la misma inviolabilidad y protección que los locales de la misión.

2. Sus documentos, su correspondencia y, salvo lo previsto en el párrafo 3 del Artículo 31, sus bienes, gozarán igualmente de inviolabilidad.

Artículo 31

1. El agente diplomático gozará de inmunidad de la jurisdicción penal del Estado receptor. Gozará también de inmunidad de su jurisdicción civil y administrativa, excepto si se trata:

a. de una acción real sobre bienes inmuebles particulares radicados en el territorio del Estado receptor, a menos que el agente diplomático los posea por cuenta del Estado acreditante para los fines de la misión;

b. de una acción sucesoria en la que el agente diplomático figure, a título privado y no en nombre del Estado acreditante, como ejecutor testamentario, administrador, heredero o legatario; c. de una acción referente a cualquier actividad profesional o comercial ejercida por el agente diplomático en el Estado receptor, fuera de sus funciones oficiales.

2. El agente diplomático no está obligado a testificar.

3. El agente diplomático no podrá ser objeto de ninguna medida de ejecución, salvo en los casos previstos en los incisos a, b y c del párrafo 1 de este artículo y con tal de que no sufra menoscabo la inviolabilidad de su persona o de su residencia.

4. La inmunidad de jurisdicción de un agente diplomático en el Estado receptor no le exime de la jurisdicción del Estado acreditante.

Artículo 32

1. El Estado acreditante puede renunciar a la inmunidad de jurisdicción de sus agentes diplomáticos y de las personas que gocen de inmunidad conforme al Artículo 37.

2. La renuncia ha de ser siempre expresa.

3. Si un agente diplomático o una persona que goce de inmunidad de jurisdicción conforme al artículo 37 entabla una acción judicial, no le será permitido invocar la inmunidad de jurisdicción respecto de cualquier reconvención directamente ligada a la demanda principal.

4. La renuncia a la inmunidad de jurisdicción respecto de las acciones civiles o administrativas no ha de entenderse que entraña renuncia a la inmunidad en cuanto a la ejecución del fallo, para lo cual será necesaria una nueva renuncia.

Artículo 33

1. Sin perjuicio de las disposiciones del párrafo 3 de este artículo, el agente diplomático estará, en cuanto a los servicios prestados al Estado acreditante, exento de las disposiciones sobre seguridad social que estén vigentes en el Estado receptor.

2. La exención prevista en el párrafo 1 de este artículo se aplicará también a los criados particulares que se hallen al servicio exclusivo del agente diplomático, a condición de que:

a. no sean nacionales del Estado receptor o no tengan en él residencia permanente; y b. estén protegidos por las disposiciones sobre seguridad social que estén vigentes en el Estado acreditante o en un tercer Estado.

3. El agente diplomático que emplee a personas a quienes no se aplique la exención prevista en el párrafo 2 de este artículo, habrá de cumplir las obligaciones que las disposiciones sobre seguridad social del Estado receptor impongan a los empleadores.

4. La exención prevista en los párrafos 1 y 2 de este Artículo no impedirá la participación voluntaria en el régimen de seguridad social del Estado receptor, a condición de que tal participación esté permitida por ese Estado.

5. Las disposiciones de este artículo se entenderán sin perjuicio de los acuerdos bilaterales o multilaterales sobre seguridad social ya concertados y no impedirán que se concierten en lo sucesivo acuerdos de esa índole.

Artículo 34

El agente diplomático estará exento de todos los impuestos y gravámenes personales o reales, nacionales, regionales o municipales, con excepción:

a. de los impuestos indirectos de la índole de los normalmente incluidos en el precio de las mercaderías o servicios; b. de los impuestos y gravámenes sobre los bienes inmuebles privados que radiquen en el territorio del Estado receptor, a menos que el agente diplomático los posea por cuenta del Estado acreditante y para los fines de la misión; c. de los impuestos sobre las sucesiones que corresponda percibir al Estado receptor, salvo lo dispuesto en el párrafo 4 del artículo 39; d. de los impuestos y gravámenes sobre los ingresos privados que tengan su origen en el Estado receptor y de los impuestos sobre el capital que graven las inversiones efectuadas en empresas comerciales en el Estado receptor; e. de los impuestos y gravámenes correspondientes a servicios particulares prestados; f. salvo lo dispuesto en el artículo 23, de los derechos de registro, aranceles judiciales, hipoteca y timbre, cuando se trate de bienes inmuebles.

Artículo 35

El Estado receptor deberá eximir a los agentes diplomáticos de toda prestación personal, de todo servicio público cualquiera que sea su naturaleza y de cargas militares tales como las requisiciones, las contribuciones y los alojamientos militares.

Artículo 36

1. El Estado receptor, con arreglo a las leyes y reglamentos que promulgue, permitirá la entrada, con exención de toda clase de derechos de aduana, impuestos y gravámenes conexos, salvo los gastos de almacenaje, acarreo y servicios análogos:

a. de los objetos destinados al uso oficial de la misión;
b. de los objetos destinados al uso personal del agente diplomático o de los miembros de su familia que formen parte de su casa, incluidos los efectos destinados a su instalación.

2. El agente diplomático estará exento de la inspección de su equipaje personal, a menos que haya motivos fundados para suponer que contiene objetos no comprendidos en las exenciones mencionadas en el párrafo 1 de este artículo, u objetos cuya importación o exportación esté prohibida por la legislación del Estado receptor o sometida a sus reglamentos de cuarentena. En este caso, la inspección sólo se podrá efectuar en presencia del agente diplomático o de su representante autorizado.

Artículo 37

1. Los miembros de la familia de un agente diplomático que formen parte de su casa gozarán de los privilegios e inmunidades especificados en los artículos 29 a 36, siempre que no sean nacionales del Estado receptor.

2. Los miembros del personal administrativo y técnico de la misión, con los miembros de sus familias que formen parte de sus respectivas casas, siempre que no sean nacionales del Estado receptor ni tengan en él residencia permanente, gozarán de los privilegios e inmunidades mencionados en los artículos 29 a 35, salvo que la inmunidad de la jurisdicción civil y administrativa del Estado receptor especificada en el párrafo 1 del artículo 31, no se extenderá a los actos realizados fuera del desempeño de sus funciones. Gozarán también de los privilegios especificados en el párrafo 1 del artículo 36, respecto de los objetos importados al efectuar su primera instalación.

3. Los miembros del personal de servicio de la misión que no sean nacionales del Estado receptor ni tengan en él residencia

permanente, gozarán de inmunidad por los actos realizados en el desempeño de sus funciones, de exención de impuestos y gravámenes sobre los salarios que perciban por sus servicios y de la exención que figure en el artículo 33.

4. Los criados particulares de los miembros de la misión, que no sean nacionales del Estado receptor ni tengan en él residencia permanente, estarán exentos de impuestos y gravámenes sobre los salarios que perciban por sus servicios. A otros respectos, sólo gozarán de privilegios e inmunidades en la medida reconocida por dicho Estado. No obstante, el Estado receptor habrá de ejercer su jurisdicción sobre esas personas de modo que no estorbe indebidamente el desempeño de las funciones de la misión.

Artículo 38

1. Excepto en la medida en que el Estado receptor conceda otros privilegios e inmunidades, el agente diplomático que sea nacional de ese Estado o tenga en él residencia permanente sólo gozará de inmunidad de jurisdicción e inviolabilidad por los actos oficiales realizados en el desempeño de sus funciones.

2. Los otros miembros de la misión y los criados particulares que sean nacionales del Estado receptor o tengan en él su residencia permanente, gozarán de los privilegios e inmunidades únicamente en la medida en que lo admita dicho Estado. No obstante, el Estado receptor habrá de ejercer su jurisdicción sobre esas personas de modo que no estorbe indebidamente el desempeño de las funciones de la misión.

Artículo 39

1. Toda persona que tenga derecho a privilegios e inmunidades gozará de ellos desde que penetre en el territorio del Estado receptor para tomar posesión de su cargo o, si se encuentra ya en ese territorio, desde que su nombramiento haya sido comunicado al Ministerio de Relaciones Exteriores o al Ministerio que se haya convenido.

2. Cuando terminen las funciones de una persona que goce de privilegios e inmunidades, tales privilegios e inmunidades cesarán normalmente en el momento en que esa persona salga del país o en el que expire el plazo razonable que le haya sido concedido para permitirle salir de él, pero subsistirán hasta entonces, aún en caso de conflicto armado. Sin embargo, no cesará la inmunidad respecto de los actos realizados por tal persona en el ejercicio de sus funciones como miembro de la misión.

3. En caso de fallecimiento de un miembro de la misión, los miembros de su familia continuarán en el goce de los privilegios e inmunidades que les correspondan hasta la expiración de un plazo razonable en el que puedan abandonar el país.

4. En caso de fallecimiento de un miembro de la misión que no sea nacional del Estado receptor ni tenga en él residencia permanente, o de un miembro de su familia que forme parte de su casa, dicho Estado permitirá que se saquen del país los bienes muebles del fallecido, salvo los que hayan sido adquiridos en él y cuya exportación se halle prohibida en el momento del fallecimiento. No serán objeto de impuestos de sucesión los bienes muebles que se hallaren en el Estado receptor por el solo hecho de haber vivido allí el causante de la sucesión como miembro de la misión o como persona de la familia de un miembro de la misión.

Artículo 40

1. Si un agente diplomático atraviesa el territorio de un tercer Estado que le hubiere otorgado el visado del pasaporte si tal visado fuere necesario, o se encuentra en él para ir a tomar posesión de sus funciones, para reintegrarse a su cargo o para volver a su país, el tercer Estado le concederá la inviolabilidad y todas las demás inmunidades necesarias para facilitarle el tránsito o el regreso. Esta regla será igualmente aplicable a los miembros de su familia que gocen de privilegios e inmunidades y acompañen al agente diplomático o viajen separadamente para reunirse con él o regresar a su país.

2. En circunstancias análogas a las previstas en el párrafo 1 de este artículo, los terceros Estados no habrán de dificultar el paso por su territorio de los miembros del personal administrativo y técnico, del personal de servicio de una misión o de los miembros de sus familias.

3. Los terceros Estados concederán a la correspondencia oficial y a otras comunicaciones oficiales en tránsito, incluso a los despachos en clave o en cifra, la misma libertad y protección concedida por el Estado receptor. Concederán a los correos diplomáticos a quienes hubieren otorgado el visado del pasaporte si tal visado fuere necesario, así como a las valijas diplomáticas en tránsito, la misma inviolabilidad y protección que se halla obligado a prestar el Estado receptor.

4. Las obligaciones de los terceros Estados en virtud de los párrafos 1, 2 y 3 de este artículo serán también aplicables a las personas mencionadas respectivamente en esos párrafos, así como a las comunicaciones oficiales y a las valijas diplomáticas, que se hallen en el territorio del tercer Estado a causa de fuerza mayor.

Artículo 41

1. Sin perjuicio de sus privilegios e inmunidades, todas las personas que gocen de esos privilegios e inmunidades deberán respetar las leyes y reglamentos del Estado receptor. También están obligados a no inmiscuirse en los asuntos internos de ese Estado.

2. Todos los asuntos oficiales de que la misión esté encargada por el Estado acreditante han de ser tratados con el Ministerio de Relaciones Exteriores del Estado receptor por conducto de él, o con el Ministerio que se haya convenido.

3. Los locales de la misión no deben ser utilizados de manera incompatible con las funciones de la misión tal como están enunciadas en la presente Convención, en otras normas del derecho internacional general o en los acuerdos particulares que estén en vigor entre el Estado acreditante y el Estado receptor.

Artículo 42

El agente diplomático no ejercerá en el Estado receptor ninguna actividad profesional o comercial en provecho propio.

Artículo 43

Las funciones del agente diplomático terminarán, principalmente:

a. cuando el Estado acreditante comunique al Estado receptor que las funciones del agente diplomático han terminado; b. cuando el Estado receptor comunique al Estado acreditante que, de conformidad con el párrafo 2 del artículo 9, se niega a reconocer al agente diplomático como miembro de la misión.

Artículo 44

El Estado receptor deberá, aún en caso de conflicto armado, dar facilidades para que las personas que gozan de privilegios e inmunidades y no sean nacionales del Estado receptor, así como los miembros de sus familias, sea cual fuere su nacionalidad, puedan salir de su territorio lo más pronto posible. En especial, deberá poner a su disposición, si fuere necesario, los medios de transporte indispensables para tales personas y sus bienes.

Artículo 45

En caso de ruptura de las relaciones diplomáticas entre dos Estados, o si se pone término a una misión de modo definitivo o temporal:

a. el Estado receptor estará obligado a respetar y a proteger, aún en caso de conflicto armado, los locales de la misión así como sus bienes y archivos; b. el Estado acreditante podrá confiar la custodia de los locales de la misión, así como de sus bienes y archivos, a un tercer Estado aceptable para el Estado receptor; c. el Estado acreditante podrá confiar la protección de sus intereses y de los intereses de sus nacionales a un tercer Estado aceptable para el Estado receptor.

Artículo 46

Con el consentimiento previo del Estado receptor y a petición de un tercer Estado no representado en él, el Estado acreditante podrá asumir la protección temporal de los intereses del tercer Estado y de sus nacionales.

Artículo 47

1. En la aplicación de las disposiciones de la presente Convención, el Estado receptor no hará ninguna discriminación entre los Estados.

2. Sin embargo, no se considerará como discriminatorio:

a. que el Estado receptor aplique con criterio restrictivo cualquier disposición de la presente Convención, porque con tal criterio haya sido aplicada a su misión en el Estado acreditante;

b. que, por costumbre o acuerdo, los Estados se concedan recíprocamente un trato más favorable que el requerido en las disposiciones de la presente Convención.

Artículo 48

La presente Convención estará abierta a la firma de todos los Estados Miembros de las Naciones Unidas o de algún organismo especializado, así como de todo Estado Parte en el Estatuto de la Corte Internacional de Justicia y de cualquier otro Estado invitado por la Asamblea General de las Naciones Unidas a ser parte en la Convención, de la manera siguiente: hasta el 31 de octubre de 1961, en el Ministerio Federal de Relaciones Exteriores de Austria; y después, hasta el 31 de marzo de 1962, en la Sede de las Naciones Unidas en Nueva York.

Artículo 49

La presente Convención está sujeta a ratificación. Los instrumentos de ratificación se depositarán en poder del Secretario General de las Naciones Unidas.

Artículo 50

La presente Convención quedará abierta a la adhesión de los Estados pertenecientes a alguna de las cuatro categorías mencionadas en el artículo 48. Los instrumentos de adhesión se depositarán en poder del Secretario General de las Naciones Unidas.

Artículo 51

1. La presente Convención entrará en vigor el trigésimo día a partir de la fecha en que haya sido depositado en poder del Secretario General de las Naciones Unidas el vigesimosegundo instrumento de ratificación o de adhesión.

2. Para cada Estado que ratifique la Convención o se adhiera a ella después de haber sido depositado el vigesimosegundo

instrumento de ratificación o de adhesión, la Convención entrará en vigor el trigésimo día a partir de la fecha en que tal Estado haya depositado su instrumento de ratificación o de adhesión.

Artículo 52

El Secretario General de las Naciones Unidas comunicará a todos los Estados pertenecientes a cualquiera de las cuatro categorías mencionadas en el artículo 48:

a. qué países han firmado la presente Convención y cuáles han depositado los instrumentos de ratificación o adhesión, de conformidad con lo dispuesto en los artículos 48, 49 y 50.
b. en que fecha entrará en vigor la presente Convención, de conformidad con lo dispuesto en el artículo 51.

Artículo 53

El original de la presente Convención, cuyos textos chino, español, francés, inglés y ruso son igualmente auténticos, será depositado en poder del Secretario General de las Naciones Unidas, quien remitirá copia certificada a todos los Estados pertenecientes a cualquiera de las cuatro categorías mencionadas en el artículo 48.

EN TESTIMONIO DE LO CUAL, los plenipotenciarios infrascritos, debidamente autorizados por sus respectivos Gobiernos, han firmado la presente Convención.

HECHA en Viena, el día dieciocho de abril de mil novecientos sesenta y uno.

Convención de Viena sobre Relaciones Consulares (24 de abril de 1963)

Los Estados Parte en la presente Convención,

Teniendo presente que han existido relaciones consulares entre los pueblos desde hace siglos,

Teniendo en cuenta los Propósitos y Principios de la Carta de las Naciones Unidas relativos a la igualdad soberana de los Estados, al mantenimiento de la paz y de la seguridad internacionales y al fomento de las relaciones de amistad entre las naciones,

Considerando que la Conferencia de las Naciones Unidas sobre Relaciones e Inmunidades Diplomáticas aprobó la Convención de Viena sobre Relaciones Diplomáticas, abierta a la firma de los Estados el 18 de abril de 1961,

Estimando que una convención internacional sobre relaciones, privilegios e inmunidades consulares contribuirá también al desarrollo de las relaciones amistosas entre las naciones, prescindiendo de sus diferencias de régimen constitucional y social,

Conscientes de que la finalidad de dichos privilegios e inmunidades no es beneficiar a particulares, sino garantizar a las oficinas consulares el eficaz desempeño de sus funciones en nombre de sus Estados respectivos,

Afirmando que las normas de derecho internacional consuetudinario continuarán rigiendo las materias que no hayan sido expresamente reguladas por las disposiciones de la presente Convención,

Han convenido lo siguiente:

Artículo 1.

Definiciones

1. A los efectos de la presente Convención, las siguientes expresiones se entenderán como se precisa a continuación:

a) por "oficina consular", todo consulado general, viceconsulado o agencia consular;

b) por "circunscripción consular", el territorio atribuido a una oficina consular para el ejercicio de las funciones consulares;

c) por "jefe de oficina consular", la persona encargada de desempeñar tal función;

d) por "funcionario consular", toda persona, incluido el jefe de oficina consular, encargada con ese carácter del ejercicio de funciones consulares;

e) por "empleado consular", toda persona empleada en el servicio administrativo o técnico de una oficina consular;

f) por "miembro del personal de servicio", toda persona empleada en el servicio doméstico de una oficina consular;

g) por "miembros de la oficina consular", los funcionarios y empleados consulares y los miembros del personal de servicio;

h) por "miembros del personal consular", los funcionarios consulares salvo el jefe de oficina consular, los empleados consulares y los miembros del personal de servicio;

i) por "miembro del personal privado", la persona empleada exclusivamente en el servicio particular de un miembro de la oficina consular;

j) por "locales consulares", los edificios o las partes de los edificios y el terreno contiguo que, cualquiera que sea su propietario, se utilicen exclusivamente para las finalidades de la oficina consular;

k) por "archivos consulares", todos los papeles, documentos, correspondencia, libros, películas, cintas magnetofónicas y registros de la oficina consular, así como las cifras y claves, los ficheros y los muebles destinados a protegerlos y conservarlos.

2. Los funcionarios consulares son de dos clases: funcionarios consulares de carrera y funcionarios consulares honorarios. Las disposiciones del capítulo II de la presente Convención se aplican a las oficinas consulares dirigidas por funcionarios consulares de carrera; las disposiciones del capítulo III se aplican a las oficinas consulares dirigidas por funcionarios consulares honorarios.

3. La situación particular de los miembros de las oficinas consulares que son nacionales o residentes permanentes del Estado receptor se rige por el artículo 71 de la presente Convención.

Capítulo I
DE LAS RELACIONES CONSULARES EN GENERAL

Sección I
ESTABLECIMIENTO Y EJERCICIO DE LAS RELACIONES CONSULARES

Artículo 2.

Establecimiento de relaciones consulares

1. El establecimiento de relaciones consulares entre Estados se efectuará por consentimiento mutuo.

2. El consentimiento otorgado para el establecimiento de relaciones diplomáticas entre dos Estados implicará, salvo indicación en contrario, el consentimiento para el establecimiento de relaciones consulares.

3. La ruptura de relaciones diplomáticas no entrañará, ipso facto, la ruptura de relaciones consulares.

Artículo 3.

Ejercicio de las funciones consulares

Las funciones consulares serán ejercidas por las oficinas consulares. También las ejercerán las misiones diplomáticas según las disposiciones de la presente Convención.

Artículo 4.

Establecimiento de una oficina consular

1. No se podrá establecer una oficina consular en el territorio del Estado receptor sin su consentimiento.

2. La sede de la oficina consular, su clase y la circunscripción consular, las fijará el Estado que envía y serán aprobadas por el Estado receptor.

3. El Estado que envía no podrá modificar posteriormente la sede de la oficina consular, su clase, ni la circunscripción consular sin el consentimiento del Estado receptor.

4. También se necesitará el consentimiento del Estado receptor si un consulado general o un consulado desea abrir un viceconsulado o una agencia consular en una localidad diferente de aquélla en la que radica la misma oficina consular.

5. No se podrá abrir fuera de la sede de la oficina consular una dependencia que forme parte de aquélla, sin haber obtenido previamente el consentimiento expreso del Estado receptor.

Artículo 5.

Funciones consulares

Las funciones consulares consistirán en:

a) proteger en el Estado receptor los intereses del Estado que envía y de sus nacionales, sean personas naturales o jurídicas, dentro de los límites permitidos por el derecho internacional;

b) fomentar el desarrollo de las relaciones comerciales, económicas, culturales y científicas entre el Estado que envía y el Estado receptor, y promover además las relaciones amistosas entre los mismos, de conformidad con las disposiciones de la presente Convención;

c) informarse por todos los medios lícitos de las condiciones y de la evolución de la vida comercial, económica, cultural y científica del Estado receptor, informar al respecto al gobierno del Estado que envía y proporcionar datos a las personas interesadas;

d) extender pasaportes y documentos de viaje a los nacionales del Estado que envía, y visados o documentos adecuados a las personas que deseen viajar a dicho Estado;

e) prestar ayuda y asistencia a los nacionales del Estado que envía, sean personas naturales o jurídicas;

f) actuar en calidad de notario, en la de funcionario de registro civil, y en funciones similares y ejercitar otras de carácter administrativo, siempre que no se opongan las leyes y reglamentos del Estado receptor;

g) velar, de acuerdo con las leyes y reglamentos del Estado receptor, por los intereses de los nacionales del Estado que envía, sean personas naturales o jurídicas, en los casos de sucesión por causa de muerte que se produzcan en el territorio del Estado receptor;

h) velar, dentro de los límites que impongan las leyes y reglamentos del Estado receptor, por los intereses de los menores y de otras personas que carezcan de capacidad plena y que sean nacionales del Estado que envía, en particular cuando se requiera instituir para ellos una tutela o una curatela;

i) representar a los nacionales del Estado que envía o tomar las medidas convenientes para su representación ante los tribunales y otras autoridades del Estado receptor, de conformidad con la práctica y los procedimientos en vigor en este último, a fin de lograr que, de acuerdo con las leyes y reglamentos del mismo, se adopten las medidas provisionales de preservación de los derechos e intereses de esos nacionales, cuando, por estar ausentes o por cualquier otra causa, no puedan defenderlos oportunamente;

j) comunicar decisiones judiciales y extrajudiciales y diligenciar comisiones rogatorias de conformidad con los acuerdos internacionales en vigor y, a falta de los mismos, de manera que sea compatible con las leyes y reglamentos del Estado receptor;

k) ejercer, de conformidad con las leyes y reglamentos del Estado que envía, los derechos de control o inspección de los buques que tengan la nacionalidad de dicho Estado, y de las aeronaves matriculadas en el mismo y, también, de sus tripulaciones;

l) prestar ayuda a los buques y aeronaves a que se refiere el apartado k) de este artículo y, también, a sus tripulaciones; recibir declaración sobre el viaje de esos buques, encaminar y refrendar los documentos de a bordo y, sin perjuicio de las facultades de las autoridades del Estado receptor, efectuar encuestas sobre los incidentes ocurridos en la travesía y resolver los litigios de todo orden que se planteen entre el capitán, los oficiales, los marineros, siempre que lo autoricen las leyes y reglamentos del Estado que envía;

m) ejercer las demás funciones confiadas por el Estado que envía a la oficina consular que no estén prohibidas por las leyes y reglamentos del Estado receptor o a las que éste no se oponga, o las que le sean atribuidas por los acuerdos internacionales en vigor entre el Estado que envía y el receptor.

Artículo 6.

Ejercicio de funciones consulares fuera de la circunscripción consular

En circunstancias especiales, el funcionario consular podrá, con el consentimiento del Estado receptor, ejercer sus funciones fuera de su circunscripción consular.

Artículo 7.

Ejercicio de funciones consultares en terceros Estados

El Estado que envía podrá, después de notificarlo a los Estados interesados y salvo que uno de estos se oponga expresamente a ello, encargar a una oficina consular establecida en un Estado, que asuma el ejercicio de funciones consulares en otros Estados.

Artículo 8.

Ejercicio de funciones consultares por cuenta de un tercer Estados

Una oficina consular del Estado que envía podrá, previa la adecuada notificación al Estado receptor y siempre que éste no se oponga, ejercer funciones consulares por cuenta de un tercer Estado, en el Estado receptor.

Artículo 9.

Categorías de jefes de oficina consultar

1. Los jefes de oficina consular serán de cuatro categorías:

a) cónsules generales;

b) cónsules;

c) vicecónsules;

d) agentes consulares.

2. El párrafo 1 de este artículo no limitará en modo alguno el derecho de cualquiera de las Partes Contratantes a determinar en la denominación de funcionarios consulares que no sean jefes de oficina consular.

Artículo 10.

Nombramiento y admisión de los jefes de oficina consultar

1. Los jefes de oficina consular serán nombrados por el Estado que envía y serán admitidos al ejercicio de sus funciones por el Estado receptor.

2. Sin perjuicio de las disposiciones de la presente Convención, los procedimientos de nombramiento y admisión del jefe de oficina consular serán determinados por las leyes, reglamentos y usos del Estado que envía y del Estado receptor, respectivamente.

Artículo 11.

Carta patente o notificación de nombramiento

1. El jefe de la oficina consular será provisto por el Estado que envía de un documento que acredite su calidad, en forma de carta patente u otro instrumento similar, extendido para cada nombramiento y en el que indicará, por lo general, su nombre completo, su clase y categoría, la circunscripción consular y la sede de la oficina consular.

2. El Estado que envía transmitirá la carta patente o instrumento similar, por vía diplomática o por otra vía adecuada, al gobierno del Estado en cuyo territorio el jefe de oficina consular haya de ejercer sus funciones.

3. Si el Estado receptor lo acepta, el Estado que envía podrá remitir al primero, en vez de la carta patente u otro instrumento similar, una notificación que contenga los datos especificados en el párrafo 1 de este artículo.

Artículo 12.

Exequatur

1. El jefe de oficina consular será admitido al ejercicio de sus funciones por una autorización del Estado receptor llamada exequátur, cualquiera que sea la forma de esa autorización.

2. El Estado que se niegue a otorgar el exequátur no estará obligado a comunicar al Estado que envía los motivos de esa negativa.

3. Sin perjuicio de lo dispuesto en los artículos 13 y 15, el jefe de oficina consular no podrá iniciar sus funciones antes de haber recibido el exequátur.

Artículo 13.

Admisión provisional del jefe de oficina cunsular

Hasta que se le conceda el exequátur, el jefe de oficina consular podrá ser admitido provisionalmente al ejercicio de sus funciones. En este caso le serán aplicables las disposiciones de la presente Convención.

Artículo 14.

Notificación a las autoridades de la circunscripción consular

Una vez que se haya admitido al jefe de oficina consular, aunque sea provisionalmente, al ejercicio de sus funciones, el Estado receptor estará obligado a comunicarlo sin dilación a las autoridades competentes de la circunscripción consular. Asimismo, estará obligado a velar por que se tomen las medidas necesarias para que el jefe de oficina consular pueda cumplir los deberes de su cargo y beneficiarse de las disposiciones de la presente Convención.

Artículo 15.

Ejercicio temporal de las funciones de jefe de la oficina consular

1. Si quedase vacante el puesto de jefe de la oficina consular, o si el jefe no pudiese ejercer sus funciones, podrá actuar provisionalmente, en calidad de tal, un jefe interino.

2. El nombre completo del jefe interino será comunicado al Ministerio de Relaciones Exteriores del Estado receptor o a la autoridad designada por éste, por la misión diplomática del Estado que envía o, si éste no tuviera tal misión en el Estado receptor, por el jefe de la oficina consular o, en caso de que éste no pudiese hacerlo, por cualquier autoridad competente del Estado que envía. Como norma general, dicha notificación deberá hacerse con antelación. El Estado receptor podrá subordinar a su aprobación la admisión como jefe interino de una persona que no sea agente diplomático ni funcionario consular del Estado que envía en el Estado receptor.

3. Las autoridades competentes del Estado receptor deberán prestar asistencia y protección al jefe interino. Durante su gestión, le serán aplicables las disposiciones de la presente Convención, en las mismas condiciones que al jefe de oficina consular de que se trate. Sin embargo, el Estado receptor no estará obligado a otorgar a un jefe interino las facilidades, privilegios e inmunidades de que goce el titular, en el caso de que en aquél no concurran las mismas condiciones que reúna el titular.

4. Cuando en los casos previstos en el párrafo 1 de este artículo, el Estado que envía designe a un miembro del personal diplomático de su misión diplomática en el Estado receptor como jefe interino de una oficina consular, continuará gozando de los privilegios e inmunidades diplomáticos, si el Estado receptor no se opone a ello.

Artículo 16.

Precedencia de los jefes de oficinas consulares

1. El orden de precedencia de los jefes de oficina consular estará determinado, en su respectiva categoría, por la fecha de concesión del exequátur.

2. Sin embargo, en el caso de que el jefe de oficina consular sea admitido provisionalmente al ejercicio de sus funciones antes de obtener el exequátur, la fecha de esta admisión determinará el orden de precedencia, que se mantendrá aun después de concedido el mismo.

3. El orden de precedencia de dos o más jefes de oficina consular que obtengan en la misma fecha el exequátur o la admisión provisional, estará determinado por la fecha de presentación de sus cartas patentes o instrumentos similares, o de las notificaciones a que se refiere el párrafo 3 del artículo 11.

4. Los jefes interinos seguirán, en el orden de precedencia, a los jefes de oficina titulares y, entre ellos, la precedencia estará determinada por la fecha en que asuman sus funciones como tales y que será la que conste en las notificaciones a las que se refiere el párrafo 2 del artículo 15.

5. Los funcionarios consulares honorarios que sean jefes de oficina seguirán a los jefes de oficina consular de carrera en el orden de precedencia en su respectiva categoría, según el orden y las normas establecidas en los párrafos anteriores.

6. Los jefes de oficina consular tendrán precedencia sobre los funcionarios consulares que no lo sean.

Artículo 17.

Cumplimiento de actos diplomáticos por funcionarios consulares

1. En un Estado en que el Estado que envía no tenga misión diplomática y en el que no esté representado por la de un tercer Estado, se podrá autorizar a un funcionario consular, con el consentimiento del Estado receptor y sin que ello afecte a su estatus consular, a que realice actos diplomáticos. La ejecución de esos actos por un funcionario consular no le concederá derecho a privilegios e inmunidades diplomáticos.

2. Un funcionario consular podrá, previa notificación al Estado receptor, actuar como representante del Estado que envía cerca de cualquier organización intergubernamental. En el cumplimiento de esas funciones tendrá derecho a gozar de todos los privilegios e inmunidades que el derecho internacional consuetudinario o los acuerdos internacionales concedan a esos representantes. Sin embargo, en el desempeño de cualquier función consular no tendrá derecho a una mayor inmunidad de jurisdicción que la reconocida a un funcionario consular en virtud de la presente Convención.

Artículo 18.

Nombramiento de la misma persona como funcionario consular por dos o más Estados

Dos o más Estados podrán, con el consentimiento del Estado receptor, designar a la misma persona como funcionario consular en ese Estado.

Artículo 19.

Nombramiento de miembros del personal consular

1. A reserva de lo dispuesto en los artículos 20, 22 y 23, el Estado que envía podrá nombrar libremente a los miembros del personal consular.

2. El Estado que envía comunicará al Estado receptor el nombre completo, la clase y la categoría de todos los funcionarios consulares que no sean jefes de oficina consular, con la antelación suficiente para que el Estado receptor pueda,

si lo considera oportuno, ejercer el derecho que le confiere el párrafo 3 del artículo 23.

3. El Estado que envía podrá, si sus leyes y reglamentos lo exigen, pedir al Estado receptor que conceda el exequátur a un funcionario consular que no sea jefe de una oficina consular.

4. El Estado receptor podrá, si sus leyes y reglamentos lo exigen, conceder el exequátur a un funcionario consular que no sea jefe de oficina consular.

Artículo 20.

Número de miembros de la oficina consular

El Estado receptor podrá, cuando no exista un acuerdo expreso sobre el número de miembros de la oficina consular, exigir que ese número se mantenga dentro de los límites que considere razonables y normales, según las circunstancias y condiciones de la circunscripción consular y las necesidades de la oficina consular de que se trate.

Artículo 21.

Precedencia de los funcionarios consulares de una oficina consular

La misión diplomática del Estado que envía o, a falta de tal misión en el Estado receptor, el jefe de la oficina consular comunicará al Ministerio de Relaciones Exteriores del Estado receptor, o a la autoridad que éste designe, el orden de precedencia de los funcionarios de una oficina consular y cualquier modificación del mismo.

Artículo 22.

Nacionalidad de los funcionarios consulares

1. Los funcionarios consulares habrán de tener, en principio, la nacionalidad del Estado que envía.

2. No podrá nombrarse funcionarios consulares a personas que tengan la nacionalidad del Estado receptor, excepto con el consentimiento expreso de ese Estado, que podrá retirarlo en cualquier momento.

3. El Estado receptor podrá reservarse el mismo derecho respecto de los nacionales de un tercer Estado que no sean al mismo tiempo nacionales del Estado que envía.

Artículo 23.

Persona declarada "Non grata"

1. El Estado receptor podrá comunicar en todo momento al Estado que envía que un funcionario consular es persona non grata, o que cualquier otro miembro del personal ya no es aceptable. En ese caso, el Estado que envía retirará a esa persona, o pondrá término a sus funciones en la oficina consular, según proceda.

2. Si el Estado que envía se negase a ejecutar o no ejecutase en un plazo razonable las obligaciones que le incumben a tenor de lo dispuesto en el párrafo 1 de este artículo, el Estado receptor podrá retirar el exequátur a dicha persona, o dejar de considerarla como miembro del personal consular.

3. Una persona designada miembro de la oficina consular podrá ser declarada no aceptable antes de su llegada al territorio del Estado receptor, o antes de que inicie sus funciones en aquélla si está ya en dicho Estado. En cualquiera de esos casos el Estado que envía deberá retirar el nombramiento.

4. En los casos a los que se refieren los párrafos 1 y 3 de este artículo, el Estado receptor no estará obligado a exponer al Estado que envía los motivos de su decisión.

Artículo 24.

Notificación al Estado receptor de los nombramientos, llegadas y salidas

1. Se notificarán al Ministerio de Relaciones Exteriores del Estado receptor, o a la autoridad que éste designe:

a) el nombramiento de los miembros de una oficina consular, su llegada una vez nombrados para la misma, su salida definitiva o la terminación de sus funciones y los demás cambios de su condición jurídica que puedan ocurrir durante su servicio en la oficina consular;

b) la llegada y la salida definitiva de toda persona de la familia de un miembro de la oficina consular que viva en su casa y, cuando proceda, el hecho de que una persona entre a formar parte de esa familia o deje de pertenecer a la misma;

c) la llegada y la salida definitiva de los miembros del personal privado y, cuando proceda, el hecho de que terminen sus servicios como tales;

d) la contratación de personas residentes en el Estado receptor en calidad de miembros de una oficina consular o de miembros del personal privado que tengan derecho a privilegios e inmunidades, así como el despido de las mismas.

2. La llegada y la salida definitiva se notificarán también con antelación, siempre que sea posible.

Sección II
TERMINACION DE LAS FUNCIONES CONSULARES

Artículo 25.

Terminación de las funciones de un miembro de la oficina consular

Las funciones de un miembro de la oficina consular terminarán inter alia:

a) Por la notificación del Estado que envía al Estado receptor de que se ha puesto término a esas funciones;

b) Por la revocación del exequátur;

c) Por la notificación del Estado receptor al Estado que envía de que ha cesado de considerar a la persona de que se trate como miembro del personal consular.

Artículo 26.

Salida del territorio del Estado receptor

Aun en caso de conflicto armado, el Estado receptor deberá dar a los miembros de la oficina consular y a los miembros del personal privado, que no sean nacionales del Estado receptor, y a los miembros de su familia que vivan en su casa, cualquiera que sea su nacionalidad, el plazo necesario y las facilidades precisas para que puedan preparar su viaje y salir lo antes posible, una vez que tales personas hayan terminado sus funciones. En especial, deberá poner a su disposición, si fuere necesario, los medios de transporte indispensables para dichas personas y sus bienes, con excepción de los adquiridos en el Estado receptor cuya exportación esté prohibida en el momento de la salida.

Artículo 27.

Protección de los locales y archivos consulares y de los intereses del Estado que envía en circunstancias excepcionales

1. En caso de ruptura de las relaciones consulares entre dos Estados:

a) el Estado receptor estará obligado a respetar y a proteger, incluso en caso de conflicto armado, los locales consulares, los bienes de la oficina consular y sus archivos;

b) el Estado que envía podrá confiar la custodia de los locales consulares, de los bienes que en ellos se hallen y de los archivos, a un tercer Estado que sea aceptable para el Estado receptor;

c) el Estado que envía podrá confiar la protección de sus intereses y de los intereses de sus nacionales a un tercer Estado, que sea aceptable para el Estado receptor.

2. En caso de clausura temporal o definitiva de una oficina consular, se aplicarán las disposiciones del apartado a) del párrafo 1 de este artículo. Además,

a) si el Estado que envía, aunque no estuviese representado en el Estado receptor por una misión diplomática, tuviera otra oficina consular en el territorio de ese Estado, se podrá encargar a la misma de la custodia de los locales consulares que hayan sido clausurados, de los bienes que en ellos se encuentren y de los archivos consulares y, con el consentimiento del Estado receptor, del ejercicio de las funciones consulares en la circunscripción de dicha oficina consular; o

b) si el Estado que envía no tiene misión diplomática ni otra oficina consular en el Estado receptor, se aplicarán las disposiciones de los apartados b) y c) del párrafo 1 de este artículo.

CAPITULO II
FACILIDADES, PRIVILEGIOS E INMUNIDADES RELATIVOS A LAS OFICINAS CONSULARES, A LOS FUNCIONARIOS CONSULARES DE CARRERA Y A OTROS MIEMBROS DE LA OFICINA CONSULAR

Sección I
FACILIDADES, PRIVILEGIOS E INMUNIDADES RELATIVOS A LA OFICINA CONSULAR

Artículo 28.

Facilidades concedidas a la oficina consular para su labor

El Estado receptor concederá todas las facilidades para el ejercicio de las funciones de la oficina consular.

Artículo 29.

Uso de la bandera y del escudo nacionales

1. El Estado que envía tendrá derecho a usar su bandera y su escudo nacionales en el Estado receptor, de conformidad con las disposiciones de este artículo.

2. El Estado que envía podrá izar su bandera y poner su escudo en el edificio ocupado por la oficina consular, en su puerta de entrada, en la residencia del jefe de la oficina consular y en sus medios de transporte, cuando éstos se utilicen para asuntos oficiales.

3. Al ejercer los derechos reconocidos por este artículo, se tendrán en cuenta las leyes, los reglamentos y los usos del Estado receptor.

Artículo 30.

Locales

1. El Estado receptor deberá facilitar, de conformidad con sus leyes y reglamentos, la adquisición en su territorio por el Estado que envía de los locales necesarios para la oficina consular, o ayudarle a obtenerlos de alguna otra manera.

2. Cuando sea necesario, ayudará también a la oficina consular a conseguir alojamiento adecuado para sus miembros.

Artículo 31.

Inviolabilidad de los locales consulares

1. Los locales consulares gozarán de la inviolabilidad que les concede este artículo.

2. Las autoridades del Estado receptor no podrán penetrar en la parte de los locales consulares que se utilice exclusivamente para el trabajo de la oficina consular, salvo con el consentimiento del jefe de la oficina consular, o de una persona que él designe, o del jefe de la misión diplomática del Estado que envía. Sin embargo, el consentimiento del jefe de oficina consular se presumirá en caso de incendio, o de otra calamidad que requiera la adopción inmediata de medidas de protección.

3. Con sujeción a las disposiciones del párrafo 2 de este artículo, el Estado receptor tendrá la obligación especial de adoptar todas las medidas apropiadas para proteger los locales consulares, con arreglo a las disposiciones de los párrafos anteriores, contra toda intrusión o daño y para evitar que se perturbe la tranquilidad de la oficina consular o se atente contra su dignidad.

4. Los locales consulares, sus muebles, los bienes de la oficina consular y sus medios de transporte, no podrán ser objeto de ninguna requisa, por razones de defensa nacional o de utilidad pública. Si para estos fines fuera necesaria la expropiación, se tomarán las medidas posibles para evitar que se perturbe el ejercicio de las funciones consulares y se pagará al Estado que envía una compensación inmediata, adecuada y efectiva.

Artículo 32.

Exención fiscal de los locales consulares

1. Los locales consulares y la residencia del jefe de la oficina consular de carrera de los que sea propietario o inquilino el Estado que envía, o cualquiera persona que actúe en su representación, estarán exentos de todos los impuestos y gravámenes nacionales, regionales y municipales, excepto de los que constituyan el pago de determinados servicios prestados.

2. La exención fiscal a que se refiere el párrafo 1 de este artículo, no se aplicará a los impuestos y gravámenes que, conforme a la legislación del Estado receptor, deba satisfacer la persona que contrate con el Estado que envía o con la persona que actúe en su representación.

Artículo 33.

Inviolabilidad de los archivos y documentos consulares

Los archivos y documentos consulares son siempre inviolables dondequiera que se encuentren.

Artículo 34.

Libertad de tránsto

Sin perjuicio de lo dispuesto en sus leyes y reglamentos relativos a las zonas de acceso prohibido o limitado por razones de seguridad nacional, el Estado receptor garantizará la libertad de tránsito y de circulación en su territorio a todos los miembros de la oficina consular.

Artículo 35.

Libertad de comunicación

1. El Estado receptor permitirá y protegerá la libertad de comunicación de la oficina consular para todos los fines oficiales. La oficina consular podrá utilizar todos los medios de comunicación apropiados, entre ellos los correos diplomáticos o consulares, la valija diplomática o consular y los mensajes en clave o cifra, para comunicarse con el gobierno, con las misiones diplomáticas y con los demás consulados del Estado que envía, dondequiera que se encuentren. Sin embargo, solamente con el consentimiento del Estado receptor, podrá la oficina consular instalar y utilizar una emisora de radio.

2. La correspondencia oficial de la oficina consular será inviolable. Por correspondencia oficial se entenderá toda correspondencia relativa a la oficina consular y a sus funciones.

3. La valija consular no podrá ser abierta ni retenida. No obstante, si las autoridades competentes del Estado receptor tuviesen razones fundadas para creer que la valija contiene algo que no sea la correspondencia, los documentos o los objetos a los que se refiere el párrafo 4 de este artículo, podrán pedir que la valija sea abierta, en su presencia, por un representante autorizado del Estado que envía. Si las autoridades del Estado que envía rechazasen la petición, la valija será devuelta a su lugar de origen.

4. Los bultos que constituyan la valija consular deberán ir provistos de signos exteriores visibles, indicadores de su carácter, y sólo podrán contener correspondencia y documentos oficiales, u objetos destinados exclusivamente al uso oficial.

5. El correo consular deberá llevar consigo un documento oficial en el que se acredite su condición de tal y el número de bultos que constituyan la valija consular. Esa persona no podrá ser nacional del Estado receptor ni, a menos que sea nacional del Estado que envía, residente permanente en el Estado receptor, excepto si lo consiente dicho Estado. En el ejercicio de sus funciones estará protegida por el Estado receptor. Gozará de inviolabilidad personal y no podrá ser objeto de ninguna forma de detención o arresto.

6. El Estado que envía, su misión diplomática y sus oficinas consulares podrán designar correos consulares especiales. En ese caso, serán también aplicables las disposiciones del párrafo 5 de este artículo, con la salvedad de que las inmunidades que en él se especifican dejarán de ser aplicables cuando dicho correo haya entregado la valija consular a su cargo al destinatario.

7. La valija consular podrá ser confiada al comandante de un buque, o de una aeronave comercial, que deberá aterrizar en un aeropuerto autorizado para la entrada. Este comandante llevará consigo un documento oficial en el que conste el número de bultos que constituyan la valija, pero no será considerado como correo consular. La oficina consular podrá enviar a uno de sus miembros a hacerse cargo de la valija, directa y libremente de manos del comandante del buque o de la aeronave, previo acuerdo con las autoridades locales competentes.

Artículo 36.

Comunicación con los nacionales del Estado que envía

1. Con el fin de facilitar el ejercicio de las funciones consulares relacionadas con los nacionales del Estado que envía:

a) los funcionarios consulares podrán comunicarse libremente con los nacionales del Estado que envía y visitarlos. Los nacionales del Estado que envía deberán tener la misma libertad de comunicarse con los funcionarios consulares de ese Estado y de visitarlos;

b) si el interesado lo solicita, las autoridades competentes del Estado receptor deberán informar sin retraso alguno a la oficina consular competente en ese Estado cuando, en su circunscripción, un nacional del Estado que envía sea arrestado de cualquier forma, detenido o puesto en prisión preventiva. Cualquier comunicación dirigida a la oficina consular por la persona arrestada, detenida o puesta en prisión preventiva, le será asimismo transmitida sin demora por dichas autoridades, las cuales habrán de informar sin dilación a la persona interesada acerca de los derechos que se le reconocen en este apartado;

c) los funcionarios consulares tendrán derecho a visitar al nacional del Estado que envía que se halle arrestado, detenido o en prisión preventiva, a conversar con él y a organizar su defensa ante los tribunales. Asimismo, tendrán derecho a visitar a todo nacional del Estado que envía que, en su circunscripción, se halle arrestado, detenido o preso en cumplimiento de una sentencia. Sin embargo, los funcionarios consulares se abstendrán de intervenir en favor del nacional detenido, cuando éste se oponga expresamente a ello.

2. Las prerrogativas a las que se refiere el párrafo 1 de este artículo se ejercerán con arreglo a las leyes y reglamentos del Estado receptor, debiendo entenderse, sin embargo, que dichas leyes y reglamentos no impedirán que tengan pleno efecto los derechos reconocidos por este artículo.

Artículo 37.

Información en casos de defunción, tutela, curatela, naufragio y accidentes aéreos

Cuando las autoridades competentes del Estado receptor posean la información correspondiente, dichas autoridades estarán obligadas:

a) a informe sin retraso, en caso de defunción de un nacional del Estado que envía, a la oficina consular en cuya circunscripción ocurra el fallecimiento;

b) a comunicar sin retraso, a la oficina consular competente, todos los casos en que el nombramiento de tutor o de curador sea de interés para un menor o un incapacitado nacional del Estado que envía. El hecho de que se facilite esa información, no será obstáculo para la debida aplicación de las leyes y reglamentos relativos a esos nombramientos;

c) a informar sin retraso, a la oficina consular más próxima al lugar del accidente, cuando un buque, que tenga la nacionalidad del Estado que envía, naufrague o encalle en el mar territorial o en las aguas interiores del Estado receptor, o cuando un avión matriculado en el Estado que envía sufra un accidente en territorio del Estado receptor.

Artículo 38.

Comunicación con las autoridades del Estado receptor

Los funcionarios consulares podrán dirigirse en el ejercicio de sus funciones:

a) a las autoridades locales competentes de su circunscripción consular;

b) a las autoridades centrales competentes del Estado receptor, siempre que sea posible y en la medida que lo permitan sus leyes, reglamentos y usos y los acuerdos internacionales correspondientes.

Artículo 39.

Derechos y aranceles consulares

1. La oficina consular podrá percibir en el territorio del Estado receptor los derechos y aranceles que establezcan las leyes y reglamentos del Estado que envía para las actuaciones consulares.

2. Las cantidades percibidas en concepto de los derechos y aranceles previstos en el párrafo 1 de este artículo y los recibos correspondientes, estarán exentos de todo impuesto y gravamen en el Estado receptor.

Sección II
FACILIDADES, PRIVILEGIOS E INMUNIDADES RELATIVOS A LOS FUNCIONARIOS CONSULARES DE CARRERA Y A LOS DEMAS MIEMBROS DE LA OFICINA CONSULAR

Artículo 40.

Protección de los funcionarios consulares

El Estado receptor deberá tratar a los funcionarios consulares con la debida deferencia y adoptará todas las medidas adecuadas para evitar cualquier atentado contra su persona, su libertad o su dignidad.

Artículo 41.

Inviolabilidad personal de los funcionarios consulares

1. Los funcionarios consulares no podrán ser detenidos o puestos en prisión preventiva sino cuando se trate de un delito grave y por decisión de la autoridad judicial competente.

2. Excepto en el caso previsto en el párrafo 1 de este artículo, los funcionarios consulares no podrán ser detenidos ni sometidos a ninguna otra forma de limitación de su libertad personal, sino en virtud de sentencia firme.

3. Cuando se instruya un procedimiento penal contra un funcionario consular, éste estará obligado a comparecer ante las autoridades competentes. Sin embargo, las diligencias se practicarán con la deferencia debida al funcionario consular en razón de su posición oficial y, excepto en el caso previsto en el párrafo 1 de este artículo, de manera que perturbe lo menos posible el ejercicio de las funciones consulares. Cuando en las circunstancias previstas en el párrafo 1 de este artículo sea necesario detener a un funcionario consular, el correspondiente procedimiento contra él deberá iniciarse sin la menor dilación.

Artículo 42.

Comunicación en caso de arresto, detención preventiva o instrucción de un procedimiento penal

Cuando se arreste o detenga preventivamente a un miembro del personal consular, o se le instruya un procedimiento penal, el Estado receptor estará obligado a comunicarlo sin demora al jefe de oficina consular. Si esas medidas se aplicasen a este último, el Estado receptor deberá poner el hecho en conocimiento del Estado que envía, por vía diplomática.

Artículo 43.

Inmunidad de jurisdicción

1. Los funcionarios consulares y los empleados consulares no estarán sometidos a la jurisdicción de las autoridades judiciales y administrativas del Estado receptor por los actos ejecutados en el ejercicio de las funciones consulares.

2. Las disposiciones del párrafo 1 de este artículo no se aplicarán en el caso de un procedimiento civil:

a) que resulte de un contrato que el funcionario consular, o el empleado consular, no haya concertado, explícita o implícitamente, como agente del Estado que envía, o

b) que sea entablado por un tercero como consecuencia de daños causados por un accidente de vehículo, buque o avión, ocurrido en el Estado receptor.

Artículo 44.

Obligación de comparecer como testigo

1. Los miembros del consulado podrán ser llamados a comparecer como testigos en procedimientos judiciales o administrativos. Un empleado consular o un miembro del personal de servicio no podrá negarse, excepto en el caso al que se refiere el párrafo 3 de este artículo, a deponer como testigo. Si un funcionario consular se negase a hacerlo, no se le podrá aplicar ninguna medida coactiva o sanción.

2. La autoridad que requiera el testimonio deberá evitar que se perturbe al funcionario consular en el ejercicio de sus funciones. Podrá recibir el testimonio del funcionario consular en su domicilio o en la oficina consular, o aceptar su declaración por escrito, siempre que sea posible.

3. Los miembros de una oficina consular no estarán obligados a deponer sobre hechos relacionados con el ejercicio de sus funciones, ni a exhibir la correspondencia y los documentos oficiales referentes a aquellos. Asimismo, podrán negarse a deponer como expertos respecto de las leyes del Estado que envía.

Artículo 45.

Renuncia a los privilegios e inmunidades

1. El Estado que envía podrá renunciar, respecto de un miembro de la oficina consular, a cualquiera de los privilegios e inmunidades establecidos en los artículos 41, 43 y 44.

2. La renuncia habrá de ser siempre expresa, excepto en el caso previsto en el párrafo 3 de este artículo, y habrá de comunicarse por escrito al Estado receptor.

3. Si un funcionario consular o un empleado consular entablase una acción judicial en una materia en que goce de inmunidad de jurisdicción conforme al artículo 43, no podrá alegar esa inmunidad en relación con cualquier demanda reconvencional que esté directamente ligada a la demanda principal.

4. La renuncia a la inmunidad de jurisdicción respecto de acciones civiles o administrativas no implicará, en principio, la renuncia a la inmunidad en cuanto a las medidas de ejecución de la resolución que se dicte, que requerirán una renuncia especial.

Artículo 46.

Exención de la inscripción de extranjeros y del permiso de residencia

1. Los funcionarios y empleados consulares y los miembros de su familia que vivan en su casa, estarán exentos de todas las obligaciones prescritas por las leyes y reglamentos del Estado receptor relativos a la inscripción de extranjeros y al permiso de residencia.

2. Sin embargo, las disposiciones del párrafo 1 de este artículo no se aplicarán a los empleados consulares que no sean empleados permanentes del Estado que envía o que ejerzan en el Estado receptor una actividad privada de carácter lucrativo, ni a los miembros de la familia de esos empleados.

Artículo 47.

Exención del permiso de trabajo

1. Los miembros de la oficina consular estarán exentos, respecto de los servicios que presten al Estado que envía, de cualquiera de las obligaciones relativas a permisos de trabajo que impongan las leyes y reglamentos del Estado receptor referentes al empleo de trabajadores extranjeros.

2. Los miembros del personal privado de los funcionarios y empleados consulares estarán exentos de las obligaciones a las que se refiere el párrafo 1 de este artículo, siempre que no ejerzan en el Estado receptor ninguna otra ocupación lucrativa.

Artículo 48.

Exención del régimen de seguridad social

1. Sin perjuicio de lo dispuesto en el párrafo 3 de este artículo, los miembros de la oficina consular y los miembros de su familia que vivan en su casa estarán exentos, en cuanto a los servicios que presten al Estado que envía, de las disposiciones sobre seguridad social que estén en vigor en el Estado receptor.

2. La exención prevista en el párrafo 1 de este artículo se aplicará también a los miembros del personal privado que estén al servicio exclusivo de los miembros de la oficina consular, siempre que:

a) no sean nacionales o residentes permanentes del Estado receptor; y

b) estén protegidos por las normas sobre seguridad social, en vigor en el Estado que envía o en un tercer Estado.

3. Los miembros de la oficina consular que empleen a personas a quienes no se aplique la exención prevista en el párrafo 2 de este artículo habrán de cumplir las obligaciones que las disposiciones de seguridad social del Estado receptor impongan a los empleadores.

4. La exención prevista en los párrafos 1 y 2 de este artículo no impedirá la participación voluntaria en el régimen de seguridad social del Estado receptor, siempre que sea permitida por ese Estado.

Artículo 49.

Exención fiscal

1. Los funcionarios y empleados consulares, y los miembros de su familia que vivan en su casa, estarán exentos de todos los impuestos y gravámenes personales o reales, nacionales, regionales y municipales, con excepción:

a) de aquellos impuestos indirectos que están normalmente incluidos en el precio de las mercancías y de los servicios;

b) de los impuestos y gravámenes sobre los bienes inmuebles privados que radiquen en el territorio del Estado receptor, salvo lo dispuesto en el artículo 32;

c) de los impuestos sobre las sucesiones y las transmisiones exigibles por el Estado receptor, a reserva de lo dispuesto en el apartado b) del artículo 51;

d) de los impuestos y gravámenes sobre los ingresos privados, incluidas las ganancias de capital, que tengan su origen en el Estado receptor y de los impuestos sobre el capital correspondientes a las inversiones realizadas en empresas comerciales o financieras en ese mismo Estado;

e) de los impuestos y gravámenes exigibles por determinados servimos prestados;

f) de los derechos de registro, aranceles judiciales, hipoteca y timbre, a reserva de lo dispuesto en el artículo 32.

2. Los miembros del personal de servicio estarán exentos de los impuestos y gravámenes sobre los salarios que perciban por sus servicios.

3. Los miembros de la oficina consular, a cuyo servicio se hallen personas cuyos sueldos o salarios no estén exentos en el Estado receptor de los impuestos sobre los ingresos, cumplirán las obligaciones que las leyes y reglamentos de ese Estado impongan a los empleadores en cuanto a la exacción de dichos impuestos.

Artículo 50.

Franquicia aduanera y exención de inspección aduanera

1. El Estado receptor permitirá, con arreglo a las leyes y reglamentos que promulgue, la entrada, con exención de todos los derechos de aduana, impuestos y gravámenes conexos, salvo los gastos de almacenaje, acarreo y servicios análogos, de los objetos destinados:

a) al uso oficial de la oficina consular;

b) al uso personal del funcionario consular y de los miembros de su familia que vivan en su casa, incluidos los efectos destinados a su instalación. Los artículos de consumo no deberán exceder de las cantidades que esas personas necesiten para su consumo directo.

2. Los empleados consulares gozarán de los privilegios y exenciones previstos en el párrafo 1 de este artículo, en relación con los objetos importados al efectuar su primera instalación.

3. El equipaje personal que lleven consigo los funcionarios consulares y los miembros de su familia que vivan en su casa estará exento de inspección aduanera. Sólo se lo podrá inspeccionar cuando haya motivos fundados para suponer que contiene objetos diferentes de los indicados en el apartado b) del párrafo 1 de este artículo, o cuya importación o exportación esté prohibida por las leyes y reglamentos del Estado receptor, o que estén sujetos a medidas de cuarentena por parte del mismo Estado. Esta inspección sólo podrá efectuarse en presencia del funcionario consular o del miembro de su familia interesado.

Artículo 51.

Sucesión de un miembro del consulado o de un miembro de su familia

En caso de defunción de un miembro de la oficina consular o de un miembro de su familia que viva en su casa, el Estado receptor estará obligado:

a) permitir la exportación de los bienes muebles propiedad del fallecido, excepto de los que haya adquirido en el Estado receptor y cuya exportación estuviera prohibida en el momento de la defunción;

b) a no exigir impuestos nacionales, municipales o regionales sobre la sucesión ni sobre la transmisión de los bienes muebles, cuando éstos se encuentren en el Estado receptor como consecuencia directa de haber vivido allí el causante de la sucesión, en calidad de miembro de la oficina consular o de la familia de un miembro de dicha oficina consular.

Artículo 52.

Exención de prestaciones sociales

El Estado receptor deberá eximir a los miembros de la oficina consular y a los miembros de su familia que vivan en su casa de toda prestación personal, de todo servicio de carácter público, cualquiera que sea su naturaleza, y de cargas militares, tales como requisas, contribuciones y alojamientos militares.

Artículo 53.

Principio y fin de los privilegios e inmunidades consulares

1. Los miembros de la oficina consular gozarán de los privilegios e inmunidades regulados por la presente Convención, desde el momento en que entren en el territorio del Estado receptor para tomar posesión de su cargo o, si se encuentran ya en ese territorio, desde el momento en que asuman sus funciones en la oficina consular.

2. Los miembros de la familia de un miembro de la oficina consular que vivan en su casa, y los miembros de su personal privado, gozarán de los privilegios e inmunidades previstos en la presente Convención, desde la fecha en que el miembro del consulado goce de privilegios e inmunidades con arreglo al párrafo 1 de este artículo, o desde su entrada en el territorio del Estado receptor o desde el día en que lleguen a formar parte de la familia o del personal privado del miembro de la oficina consular. De esas fechas regirá la que sea más posterior.

3. Cuando terminen las funciones de un miembro de la oficina consular, cesarán sus privilegios e inmunidades así como los de cualquier miembro de su familia que viva en su

casa y los de su personal privado; normalmente ello ocurrirá en el momento mismo en que la persona interesada abandone el territorio del Estado receptor o en cuanto expire el plazo razonable que se le concede para ello, determinándose el cese por la fecha más anterior, aunque subsistirán hasta ese momento incluso en caso de conflicto armado. Los privilegios e inmunidades de las personas a las que se refiere el párrafo 2 de este artículo terminarán en el momento en que esas personas dejen de pertenecer a la familia o de estar al servicio de un miembro de la oficina consular. Sin embargo, cuando esas personas se dispongan a salir del Estado receptor dentro de un plazo de tiempo razonable, sus privilegios e inmunidades subsistirán hasta el momento de su salida.

4. No obstante, por lo que se refiere a los actos ejecutados por un funcionario consular o un empleado consular en el ejercicio de sus funciones, la inmunidad de jurisdicción subsistirá indefinidamente.

5. En caso de fallecimiento de un miembro de la oficina consular, los miembros de su familia que vivan en su casa seguirán gozando de los privilegios e inmunidades que les correspondan hasta que salgan del Estado receptor, o hasta la expiración de un plazo prudencial que les permita abandonarlo. De estas fechas regirá la que sea más anterior.

Artículo 54.

Obligaciones de los terceros Estados

1. Si un funcionario consular atraviesa el territorio o se encuentra en el territorio de un tercer Estado que, de ser necesario, le haya concedido un visado, para ir a asumir sus funciones o reintegrarse a su oficina consular o regresar al Estado que envía, dicho tercer Estado le concederá todas las inmunidades reguladas por los demás artículos de la presente Convención que sean necesarias para facilitarle el paso o el regreso. La misma disposición será aplicable a los miembros de su familia que vivan en su casa y gocen de esos privilegios e inmunidades, tanto si acompañan al funcionario consular, como si viajan separadamente para reunirse con él o regresar al Estado que envía.

2. En condiciones análogas a las previstas en el párrafo 1 de este artículo, los terceros Estados no deberán dificultar el paso por su territorio de los demás miembros de la oficina consular y de los miembros de la familia que vivan en su casa.

3. Los terceros Estados concederán a la correspondencia oficial y a las demás comunicaciones oficiales en tránsito, incluso a los despachos en clave o en cifra, la misma libertad y protección que el Estado receptor está obligado a concederles con arreglo a la presente Convención. Concederán a los correos consulares, a los cuales, de ser necesario, se les extenderá un visado, y a las valijas consulares en tránsito, la misma inviolabilidad y protección que el Estado receptor está obligado a concederles de conformidad con la presente Convención.

4. Las obligaciones que prescriben los párrafos 1, 2 y 3 de este artículo para los terceros Estados, se aplicarán asimismo a las personas mencionadas respectivamente en dichos párrafos, y también a las comunicaciones oficiales y valijas consulares, cuya presencia en el territorio del tercer Estado se deba a un caso de fuerza mayor.

Artículo 55.

Respeto de las leyes y reglamentos del Estado receptor

1. Sin perjuicio de sus privilegios e inmunidades, todas las personas que gocen de esos privilegios e inmunidades deberán respetar las leyes y reglamentos del Estado receptor. También estarán obligadas a no inmiscuirse en los asuntos internos de dicho Estado.

2. Los locales consulares no serán utilizados de manera incompatible con el ejercicio de las funciones consulares.

3. Lo dispuesto en el párrafo 2 de este artículo no excluirá la posibilidad de instalar en parte del edificio en que se hallen los locales consulares las oficinas de otros organismos o dependencias, siempre que los locales destinados a las mismas estén separados de los que utilice la oficina consular. En este caso, dichas oficinas no se considerarán, a los efectos de la presente Convención, como parte integrante de los locales consulares.

Artículo 56.

Seguro contra daños causados a terceros

Los miembros de la oficina consular deberán cumplir todas las obligaciones que impongan las leyes y reglamentos del Estado receptor relativas al seguro de responsabilidad civil por daños causados a terceros por la utilización de vehículos, buques o aviones.

Artículo 57.

Disposiciones especiales sobre las actividades privadas de carácter lucrativo

1. Los funcionarios consulares de carrera no ejercerán en provecho propio ninguna actividad profesional o comercial en el Estado receptor.

2. Los privilegios e inmunidades previstos en este capítulo no se concederán:

a) a los empleados consulares o a los miembros del personal de servicio que ejerzan una actividad privada de carácter lucrativo en el Estado receptor;

b) a los miembros de la familia de las personas a que se refiere el apartado a) de este párrafo, o a su personal privado;

c) a los miembros de la familia del miembro de la oficina consular que ejerzan una actividad privada de carácter lucrativo en el Estado receptor.

Capítulo III
REGIMEN APLICABLE A LOS FUNCIONARIOS CONSULARES HONORARIOS Y A LAS OFICINAS CONSULARES DIRIGIDAS POR LOS MISMOS

Artículo 58.

Disposiciones generales relativas a facilidades, privilegios e inmunidades

1. Los artículos 28, 29, 30, 34, 35, 36, 37, 38 y 39, el párrafo 3 del artículo 54 y los párrafos 2 y 3 del artículo 55 se aplicarán a las oficinas consulares dirigidas por un funcionario consular honorario. Además, las facilidades, los privilegios, las inmunidades de esas oficinas consulares se regirán por los artículos 59, 60, 61 y 62.

2. Los artículos 42 y 43, el párrafo 3 del artículo 44, los artículos 45 y 53 y el párrafo 1 del artículo 55 se aplicarán a los funcionarios consulares honorarios. Además, las facilidades, privilegios e inmunidades de esos funcionarios consulares se regirán por los artículos 63, 64, 65, 66 y 67.

3. Los privilegios e inmunidades establecidos en la presente Convención no se concederán a los miembros de la familia de un funcionario consular honorario, ni a los de la familia de un empleado consular de una oficina consular dirigida por un funcionario consular honorario.

4. El intercambio de valijas consulares entre dos oficinas consulares situadas en diferentes Estados y dirigidas por funcionarios consulares honorarios no se admitirá sino con el consentimiento de los dos Estados receptores.

Artículo 59.

Protección de los locales consulares

El Estado receptor adoptará las medidas que sean necesarias para proteger los locales consulares de una oficina consular, cuyo jefe sea un funcionario consular honorario, contra toda intrusión o daño y para evitar que se perturbe la tranquilidad de dicha oficina consular o se atente contra su dignidad.

Artículo 60.

Exención fiscal de los locales consulares

1. Los locales consulares de una oficina consular, cuyo jefe sea un funcionario consular honorario y de los cuales sea propietario o inquilino el Estado que envía, estarán exentos de todos los impuestos y contribuciones nacionales, regionales y municipales, salvo de los exigibles en pago de determinados servicios prestados.

2. La exención fiscal a que se refiere el párrafo 1 de este artículo no será aplicable a aquellos impuestos y contribuciones que, según las leyes y reglamentos del Estado receptor, habrán de ser pagados por la persona que contrate con el Estado que envía.

Artículo 61.

Inviolabilidad de los archivos y documentos consulares

Los archivos y documentos consulares de una oficina consular, cuyo jefe sea un funcionario consular honorario, serán siempre inviolables dondequiera que se encuentren, a condición de que estén separados de otros papeles y documentos y, en especial, de la correspondencia particular del jefe de la oficina consular y de la de toda persona que trabaje con él, y de los objetos, libros y documentos referentes a su profesión o a sus negocios.

Artículo 62.

Franquicia aduanera

El Estado receptor, con arreglo a las leyes y reglamentos que promulgue, permitirá la entrada con exención de todos los derechos de aduana, impuestos y gravámenes conexos, salvo los gastos de almacenaje, acarreo y servicios análogos, de los siguientes artículos, cuando se destinen al uso oficial de una oficina consular dirigida por un funcionario consular honorario: escudos, banderas, letreros, timbres y sellos, libros, impresos oficiales, muebles y útiles de oficina y otros objetos análogos, que sean suministrados a la oficina consular por el Estado que envía, o a instancia del mismo.

Artículo 63.

Procedimiento penal

Cuando se instruya un procedimiento penal contra un funcionario consular honorario, éste estará obligado a comparecer ante las autoridades competentes. Sin embargo, las diligencias se practicarán con la deferencia debida a ese funcionario por razón de su carácter oficial y, excepto en el caso de que esté detenido o puesto en prisión preventiva, de manera que se perturbe lo menos posible el ejercicio de las funciones consulares. Cuando sea necesario detener a un funcionario consular honorario, se iniciará el procedimiento contra él con el menor retraso posible.

Artículo 64.

Protección de los funcionarios consulares honorarios

El Estado receptor tendrá la obligación de conceder al funcionario consular honorario la protección que pueda necesitar por razón de su carácter oficial.

Artículo 65.

Exención de la inscripción de extranjeros y del permiso de residencia

Los funcionarios consulares honorarios, salvo aquellos que ejerzan en el Estado receptor cualquier profesión o actividad comercial en provecho propio, estarán exentos de las obligaciones prescritas por las leyes y reglamentos de ese Estado referentes a la inscripción de extranjeros y a permisos de residencia.

Artículo 66.

Exención fiscal

Los funcionarios consulares honorarios estarán exentos de todos los impuestos y gravámenes sobre las retribuciones y los emolumentos que perciban del Estado que envía como consecuencia del ejercicio de funciones consulares.

Artículo 67.

Exención de prestaciones personales

El Estado receptor eximirá a los funcionarios consulares honorarios de toda prestación personal y de todo servicio público, cualquiera que sea su naturaleza, y de las obligaciones de carácter militar, especialmente de las relativas a requisas, contribuciones y alojamientos militares.

Artículo 68.

Carácter facultativo de la institución de los funcionarios consulares honorarios

Todo Estado podrá decidir libremente si ha de nombrar o recibir funcionarios consulares honorarios.

Capítulo IV
DISPOSICIONES GENERALES

Artículo 69.

Agentes consulares que no sean jefes de oficina consular

1. Los Estados podrán decidir libremente si establecen o aceptan agencias consulares dirigidas por agentes consulares que no hayan sido designados como jefes de oficina consular por el Estado que envía.

2. Las condiciones en las cuales podrán ejercer su actividad las agencias consulares a las que se refiere el párrafo 1 de este artículo, y los privilegios e inmunidades que podrán disfrutar los agentes consulares que las dirijan, se determinarán de común acuerdo entre el Estado que envía y el Estado receptor.

Artículo 70.

Ejercicio de funciones consulares por las misiones diplomáticas

1. Las disposiciones de la presente Convención se aplicarán también, en la medida que sea procedente, al ejercicio de funciones consulares por una misión diplomática.

2. Se comunicarán al Ministerio de Relaciones Exteriores del Estado receptor o a la autoridad designada por dicho Ministerio los nombres de los miembros de la misión diplomática que estén agregados a la sección consular, o estén encargados del ejercicio de las funciones consulares en dicha misión.

3. En el ejercicio de las funciones consulares, la misión diplomática podrá dirigirse:

a) a las autoridades locales de la circunscripción consular;

b) a las autoridades centrales del Estado receptor, siempre que lo permitan las leyes, los reglamentos y los usos de ese Estado o los acuerdos internacionales aplicables.

4. Los privilegios e inmunidades de los miembros de la misión diplomática a los que se refiere el párrafo 2 de este artículo, seguirán rigiéndose por las normas de derecho internacional relativas a las relaciones diplomáticas.

Artículo 71.

Nacionales o residentes permanentes del Estado receptor

1. Excepto en el caso de que el Estado receptor conceda otras facilidades, privilegios e inmunidades, los funcionarios consulares que sean nacionales o residentes permanentes del Estado receptor sólo gozarán de inmunidad de jurisdicción y de inviolabilidad personal por los actos oficiales realizados en el ejercicio de sus funciones, y del privilegio establecido en el párrafo 3 del artículo 44. Por lo que se refiere a estos funcionarios consulares, el Estado receptor deberá también cumplir la obligación prescrita en el artículo 42. Cuando se instruya un procedimiento penal contra esos funcionarios consulares, las diligencias se practicarán, salvo en el caso en que el funcionario esté arrestado o detenido, de manera que se perturbe lo menos posible el ejercicio de las funciones consulares.

2. Los demás miembros de la oficina consular que sean nacionales o residentes permanentes del Estado receptor y los miembros de su familia, así como los miembros de la familia de los funcionarios consulares a los que se refiere el

párrafo 1 de este artículo, gozarán de facilidades , privilegios e inmunidades sólo en la medida en que el Estado receptor se los conceda. Las personas de la familia de los miembros de la oficina consular y los miembros del personal privado que sean nacionales o residentes permanentes del Estado receptor, gozarán asimismo de facilidades, privilegios e inmunidades, pero sólo en la medida en que este Estado se los otorgue. Sin embargo, el Estado receptor deberá ejercer su jurisdicción sobre esas personas, de manera que no se perturbe indebidamente el ejercicio de las funciones de la oficina consular.

Artículo 72.

No discriminación entre los Estados

1. El Estado receptor no hará discriminación alguna entre los Estados al aplicar las disposiciones de la presente Convención.

2. Sin embargo, no se considerará discriminatorio:

a) que el Estado receptor aplique restrictivamente cualquiera de las disposiciones de la presente Convención, porque a sus oficinas consulares en el Estado que envía les sean aquéllas aplicadas de manera restrictiva;

b) que por costumbre o acuerdo, los Estados se concedan recíprocamente un trato más favorable que el establecido en las disposiciones de la presente Convención.

Artículo 73.

Relaciones entre la presente Convención y otros acuerdos internacionales

1. Las disposiciones de la presente Convención no afectarán a otros acuerdos internacionales en vigor entre los Estados que sean parte en los mismos.

2. Ninguna de las disposiciones de la presente Convención impedirá que los Estados concierten acuerdos internacionales que confirmen, completen, extiendan o amplíen las disposiciones de aquélla.

Capítulo V
DISPOSICIONES FINALES

Artículo 74.

Firma

La presente Convención estará abierta a la firma de todos los Estados Miembros de las Naciones Unidas o de algún organismo especializado, así como de todo Estado Parte en el Estatuto de la Corte Internacional de Justicia y de cualquier otro Estado invitado por la Asamblea General de las Naciones Unidas a ser Parte en la Convención, de la manera siguiente: hasta el 31 de octubre de 1963, en el Ministerio Federal de Relaciones Exteriores de la República de Austria; y después, hasta el 31 de marzo de 1964, en la Sede de las Naciones Unidas en Nueva York.

Artículo 75.

Ratificación

La presente Convención está sujeta a ratificación. Los instrumentos de ratificación se depositarán en poder del Secretario General de las Naciones Unidas.

Artículo 76.

Adhesión

La presente Convención quedará abierta a la adhesión de los Estados pertenecientes a alguna de las cuatro categorías mencionadas en el artículo 74. Los instrumentos de adhesión se depositarán en poder del Secretario General de las Naciones Unidas.

Artículo 77.

Entrada en vigor

1. La presente Convención entrará en vigor el trigésimo día a partir de la fecha en que haya sido depositado en poder del Secretario General de las Naciones Unidas el vigésimo segundo instrumento de ratificación o de adhesión.

2. Para cada Estado que ratifique la Convención o se adhiera a ella después de haber sido depositado el vigésimo segundo instrumento de ratificación o de adhesión, la Convención entrará en vigor el trigésimo día a partir de la fecha en que tal Estado haya depositado su instrumento de ratificación o de adhesión.

Artículo 78.

Comunicaciones por el Secretario General

El Secretario General de las Naciones Unidas comunicará a todos los Estados pertenecientes a cualquiera de las cuatro categorías mencionadas en el artículo 74:

a) las firmas de la presente Convención y el depósito de instrumentos de ratificación o adhesión, de conformidad con lo dispuesto en los artículos 74, 75 y 76;

b) la fecha en que entre en vigor la presente Convención, de conformidad con lo dispuesto en el artículo 77.

Artículo 79.

Textos auténticos

El original de la presente Convención, cuyos textos en chino, español, francés, inglés y ruso son igualmente auténticos, será depositado en poder del Secretario General de las Naciones Unidas, quien enviará copia certificada a todos los Estados pertenecientes a cualquiera de las cuatro categorías mencionadas en el artículo 74.

En Testimonio de lo cual los infrascritos plenipotenciarios, debidamente autorizados por sus respectivos Gobiernos, firman la presente Convención.

Hecha en Viena, el día veinticuatro de abril de mil novecientos sesenta y tres.

Convención sobre las Misiones Especiales (Nueva York, 16 de diciembre de 1969)

Los Estados Parte en la presente Convención,

Recordando que en todo tiempo se ha otorgado un trato particular a las misiones especiales.

Conscientes de los Propósitos y Principios de la Carta de las Naciones Unidas relativos a la igualdad soberana de los Estados, al mantenimiento de la paz y la seguridad internacionales y al fomento de las relaciones de amistad y de la cooperación entre los Estados.

Recordando que la importancia de la cuestión de las misiones especiales ha sido reconocida durante la Conferencia de las Naciones Unidas sobre Relaciones e Inmunidades Diplomáticas, así como en la resolución 1 aprobada por esa Conferencia el 10 de abril de 1961.

Considerando que la Conferencia de las Naciones Unidas sobre Relaciones e Inmunidades Diplomáticas aprobó la Convención de Viena sobre relaciones diplomáticas, que fue abierta a la firma el 18 de abril de 1961.

Considerando que la Conferencia de las Naciones Unidas sobre Relaciones Consulares aprobó la Convención de Viena sobre relaciones consulares, que fue abierta a la firma el 24 de abril de 1963.

Convencidos de que una convención internacional sobre las misiones especiales complementaria esas dos Convenciones y contribuiría al desarrollo de las relaciones amistosas entre las Naciones, sean cuales fueren sus regímenes constitucionales y sociales.

Conscientes de que el objeto de los privilegios e inmunidades relativos a las misiones especiales no es favorecer a individuos sino garantizar el desempeño eficaz de las funciones de éstas en cuanto misiones que tienen carácter representativo del Estado.

Afirmando que las normas del derecho internacional consuetudinario continúan rigiendo las cuestiones no reguladas en las disposiciones de la presente Convención.

Han convenido en lo siguiente:

Artículo 1.

Terminología

A los efectos de la presente Convención:

a) Por "misión especial" se entenderá una misión temporal, que tenga carácter representativo del Estado, enviada por un Estado ante otro Estado con el consentimiento de este último para tratar con él asuntos determinados o realizar ante él un cometido determinado;

b) Por "misión diplomática permanente" se entenderá una misión diplomática en el sentido de la Convención de Viena sobre relaciones diplomáticas;

c) Por "oficina consular" se entenderá todo consulado general, consulado, vice-consulado o agencia consular;

d) Por "jefe de la misión especial" se entenderá la persona encargada por el Estado que envía de actuar con carácter de tal;

e) Por "representante del Estado que envía en la misión especial" se entenderá toda persona a la que el Estado que envía haya atribuido el carácter de tal;

f) Por "miembros de la misión especial" se entenderá el jefe de la misión especial, los representantes del Estado que envía en la misión especial y los miembros del personal de la misión especial;

g) Por "miembros del personal de la misión especial" se entenderá los miembros del personal diplomático, del personal administrativo y técnico y del personal de servicio de la misión especial;

h) Por "miembros del personal diplomático" se entenderá los miembros del personal de la misión especial que posean la calidad de diplomático para los fines de la misión especial;

i) Por "miembro del personal administrativo y técnico" se entenderá los miembros del personal de la misión especial empleados en el servicio administrativo y técnico de la misión especial;

j) Por "miembro del personal de servicio" se entenderá los miembros del personal de la misión especial empleados por ésta para atender los locales o realizar faenas análogas:

k) Por "personal al servicio privado" se entenderá las personas empleadas exclusivamente al servicio privado de los miembros de la misión especial.

Artículo 2. *Envío de una misión especial*

Un Estado podrá enviar una misión especial ante otro Estado con el consentimiento de este último, obtenido previamente por la vía diplomática u otra vía convenida o mutuamente aceptable.

Artículo 3.

Funciones de una misión especial

Las funciones de una misión especial serán determinadas por consentimiento mutuo del Estado que envía y el Estado receptor.

Artículo 4.

Envío de la misma misión especial ante dos o más Estados

Un Estado que se proponga enviar la misma misión especial ante dos o más Estados informará de ello a cada Estado receptor cuando recabe su consentimiento.

Artículo 5. *Envío de una misión especial común por dos o más Estados*

Dos o más Estados que se propongan enviar una misión especial común ante otro Estado informarán de ello al Estado receptor cuando recaben su consentimiento.

Artículo 6.

Envío de misiones especiales por dos o más Estados para tratar una cuestión de interés común

Dos o más Estados podrán enviar al mismo tiempo ante otro Estado sendas misiones especiales, con el consentimiento de ese Estado obtenido conforme al artículo 2, para tratar conjuntamente, con el acuerdo de todos esos Estados, una cuestión de interés común a todos ellos.

Artículo 7.

Inexistencia de relaciones diplomáticas o consulares

Para el envío o la recepción de una misión especial no será necesaria la existencia de relaciones diplomáticas o consulares.

Artículo 8.

Nombramiento de los miembros de la misión especial

Sin perjuicio de lo dispuesto en los artículos 10, 11 y 12, el Estado que envía nombrará libremente a los miembros de la misión especial después de haber dado al Estado receptor toda información pertinente acerca del número de miembros y la composición de la misión especial, y en particular los nombres y calidades de las personas que se propone nombrar. El Estado receptor podrá negarse a aceptar una misión especial cuyo número de miembros no considere razonable habida cuenta de las circunstancias y condiciones del Estado receptor y de las necesidades de la misión de que se trate. Podrá también, sin dar las razones de ello, negarse a aceptar a cualquier persona como miembro de la misión especial.

Artículo 9.

Composición de la misión especial

1. La misión especial estará constituida por uno o varios representantes del Estado que envía entre los cuales éste podrá designar un jefe. La misión podrá comprender además personal diplomático, personal administrativo y técnico, así como personal de servicio.

2. Cuando miembros de una misión diplomática permanente o de una oficina consular en el Estado receptor sean incluidos en una misión especial, conservarán sus privilegios e inmunidades como miembros de la misión diplomática permanente o de la oficina consular, además de los privilegios e inmunidades concedidos por la presente Convención.

Artículo 10.

Nacionalidad de los miembros de la misión especial

1. Los representantes del Estado que envía en la misión especial y los miembros del personal diplomático de ésta habrán de tener, en principio, la nacionalidad del Estado que envía.

2. Los nacionales del Estado receptor no podrán formar parte de la misión especial sin el consentimiento de dicho Estado, que podrá retirarlo en cualquier momento.

3. El Estado receptor podrá reservarse el derecho previsto en el párrafo 2 del presente artículo respecto de los nacionales de un tercer Estado que no sean al mismo tiempo nacionales del Estado que envía.

Artículo 11.

Notificaciones

1. Se notificarán al Ministerio de Relaciones Exteriores u otro órgano del Estado receptor que se haya convenido:

a) La composición de la misión especial, así como todo cambio ulterior en esa composición;

b) La llegada y la salida definitiva de los miembros de la misión, así como la terminación de sus funciones en la misión;

c) La llegada y la salida definitiva de toda persona que acompañe a un miembro de la misión;

d) La contratación y el despido de personas residentes en el Estado receptor como miembros de la misión o como personal al servicio privado;

e) La designación del jefe de la misión especial o, en su defecto, del representante mencionado en el párrafo 1 del artículo 14, así como de la persona que lo reemplace;

f) La situación de los locales ocupados por la misión especial y de los alojamientos particulares que gozan de inviolabilidad conforme a los artículos 30, 36 y 39, así como cualquier otra información que sea necesaria para identificar tales lugares y alojamientos.

2. A menos que sea imposible, la llegada y la salida definitiva se notificarán con antelación.

Artículo 12.

Persona declarada non grata o no aceptable

1. El Estado receptor podrá, en todo momento y sin tener que exponer los motivos de su decisión, comunicar al Estado que envía que cualquier representante del Estado que envía en la misión especial o cualquier miembro del personal diplomático de ésta es persona non grata o que cualquier otro miembro del personal de la misión no es aceptable. El Estado que envía retirará entonces a esa persona o pondrá término a sus funciones en la misión especial, según proceda. Esta persona podrá ser declarada non grata o no aceptable antes de su llegada al territorio del Estado receptor.

2. Si el Estado que envía se niega a ejecutar, o no ejecuta en un plazo razonable, las obligaciones que le incumben a tenor de lo dispuesto en el párrafo 1 del presente artículo, el Estado receptor podrá negarse a reconocer como miembro de la misión especial a la persona de que se trate.

Artículo 13.

Comienzo de las funciones de una misión especial

1. Las funciones de una misión especial comenzarán desde la entrada en contacto oficial de la misión con el Ministerio de Relaciones Exteriores u otro órgano del Estado receptor que se haya convenido.

2. El comienzo de las funciones de una misión especial no dependerá de una presentación de ésta por la misión diplomática permanente del Estado que envía ni de la entrega de cartas credenciales o plenos poderes.

Artículo 14.

Autorización para actuar en nombre de la misión especial

1. El jefe de la misión especial o, si el Estado que envía no ha nombrado jefe, uno de los representantes del Estado que envía designado por éste, estará autorizado para actuar en nombre de la misión especial y dirigir comunicaciones al Estado receptor. El Estado receptor dirigirá las comunicaciones referentes a la misión especial al jefe de la misión o, en defecto de éste, al representante antes mencionado, ya sea directamente o por conducto de la misión diplomática permanente.

2. Sin embargo, un miembro de la misión especial podrá ser autorizado por el Estado que envía, por el jefe de la misión especial o, en defecto de éste, por el representante mencionado en el párrafo 1 del presente artículo, para reemplazar al jefe de la misión especial o a dicho representante, o para realizar determinados actos en nombre de la misión.

Artículo 15.

Órgano del Estado receptor con el que deberán tratarse los asuntos oficiales

Todos los asuntos oficiales con el Estado receptor de que la misión especial esté encargada por el Estado que envía deberán ser tratados con el Ministerio de Relaciones Exteriores o por conducto de él, o con otro órgano del Estado receptor que se haya convenido.

Artículo 16.

Reglas de precedencia

1. Cuando dos o más misiones especiales se reúnan en el territorio del Estado receptor o de un tercer Estado, la precedencia entre ellas se determinará, salvo acuerdo particular, según el orden alfabético de los nombres de los Estados utilizado por el protocolo del Estado en cuyo territorio se reúnan tales misiones.

2. La precedencia entre dos o más misiones especiales que se encuentren para una ceremonia o un acto solemne se regirá por el protocolo en vigor en el Estado receptor.

3. La precedencia entre los miembros de una misma misión especial será la que se notifique al Estado receptor o al tercer Estado en cuyo territorio se reúnan dos o más misiones especiales.

Artículo 17.

Sede de la misión especial

1. La misión especial tendrá su sede en la localidad determinada de común acuerdo por los Estados interesados.

2. A falta de acuerdo, la misión especial tendrá su sede en la localidad donde se encuentre el Ministerio de Relaciones Exteriores del Estado receptor.

3. Si la misión especial desempeña sus funciones en localidades diferentes, los Estados interesados podrán convenir que esa misión tenga varias sedes entre las cuales podrán elegir una sede principal.

Artículo 18.

Reunión de misiones especiales en el territorio de un tercer Estado

1. Solamente podrán reunirse misiones especiales de dos o más Estados en el territorio de un tercer Estado cuando hayan

recibido el consentimiento expreso de éste, que conservará el derecho de retirarlo.

2. Al dar su consentimiento, el tercer Estado podrá establecer condiciones que los Estados que envían habrán de observar.

3. El tercer Estado asumirá con respecto a los Estados que envían los derechos y las obligaciones de un Estado receptor en la medida que indique al dar su consentimiento.

Artículo 19.

Derecho de la misión especial a usar la bandera y el escudo del Estado que envía

1. La misión especial tendrá derecho a colocar la bandera y el escudo del Estado que envía en los locales ocupados por la misión, así como en los medios de transporte de ésta cuando se utilicen para asuntos oficiales.

2. AI ejercer el derecho reconocido en el presente artículo, se tendrán en cuenta las leyes, los reglamentos y los usos del Estado receptor.

Artículo 20.

Terminación de las funciones de una misión especial

1. Las funciones de una misión especial terminarán en particular por:

a) El acuerdo de los Estados interesados;

b) La realización del cometido de la misión especial;

c) La expiración del período señalado para la misión especial, salvo prórroga expresa;

d) La notificación por el Estado que envía de que pone fin a la misión especial o la retira;

e) La notificación por el Estado receptor de que considera terminada la misión especial.

2. La ruptura de relaciones diplomáticas o consulares entre el Estado que envía y el Estado receptor no entrañará de por sí el fin de las misiones especiales existentes en el momento de esa ruptura.

Artículo 21.

Estatuto del jefe de Estado y de las personalidades de rango elevado

1. El jefe del Estado que envía, cuando encabece una misión especial, gozará en el Estado receptor o en un tercer Estado de las facilidades y de los privilegios e inmunidades reconocidos por el derecho internacional a los jefes de Estado en visita oficial.

2. El jefe de gobierno, el ministro de Relaciones Exteriores y demás personalidades de rango elevado, cuando participen en una misión especial del Estado que envía, gozarán en el Estado receptor o en un tercer Estado, además de lo que otorga la presente Convención, de las facilidades y de los privilegios e inmunidades reconocidos por el derecho internacional.

Artículo 22.

Facilidades en general

El Estado receptor dará a la misión especial las facilidades necesarias para el desempeño de sus funciones, habida cuenta de la naturaleza y del cometido de la misión especial.

Artículo 23.

Locales y alojamiento

El Estado receptor ayudará a la misión especial, si ésta lo solicita, a conseguir los locales necesarios y a obtener alojamiento adecuado para sus miembros.

Artículo 24.

Exención fiscal de los locales de la misión especial

1. En la medida compatible con la naturaleza y la duración de las funciones ejercidas por la misión especial, el Estado que envía y los miembros de la misión especial que actúan por cuenta de ésta estarán exentos de todos los impuestos y gravámenes nacionales, regionales o municipales sobre los locales ocupados por la misión especial, salvo que se trate de impuestos o gravámenes que constituyan el pago de servicios particulares prestados.

2. La exención fiscal a que se refiere el presente artículo no se aplicará a los impuestos y gravámenes que, conforme a las disposiciones legales del Estado receptor, estén a cargo del particular que contrate con el Estado que envía o con un miembro de la misión especial.

Artículo 25.

Inviolabilidad de los locales

1. Los locales en que la misión especial se halle instalada de conformidad con la presente Convención son inviolables. Los agentes del Estado receptor no podrán penetrar en ellos sin el consentimiento del jefe de la misión especial o, en su caso, del jefe de la misión diplomática permanente del Estado que envía acreditado ante el Estado receptor. Ese consentimiento podrá presumirse en caso de incendio o de otro siniestro que ponga en serio peligro la seguridad pública, y sólo en el caso de que no haya sido posible obtener el consentimiento expreso del jefe de la misión especial o, en su caso, del jefe de la misión permanente.

2. El Estado receptor tendrá la obligación especial de adoptar todas las medidas adecuadas para proteger los locales de la misión especial contra toda intrusión o daño y evitar

que se turbe la tranquilidad de la misión especial o se atente contra su dignidad.

3. Los locales de la misión especial, su mobiliario, los demás bienes que sirvan para el funcionamiento de la misión especial y sus medios de transporte no podrán ser objeto de ningún registro, requisa, embargo o medida de ejecución.

Artículo 26.

Inviolabilidad de los archivos y documentos

Los archivos y documentos de la misión especial son siempre inviolables dondequiera que se hallen. Cuando sea necesario, debieran ir provistos de signos exteriores visibles de identificación.

Artículo 27.

Libertad de circulación

Sin perjuicio de sus leyes y reglamentos referentes a zonas de acceso prohibido o reglamentado por razones de seguridad nacional, el Estado receptor garantizará a todos los miembros de la misión especial la libertad de circulación y de tránsito por su territorio en la medida necesaria para el desempeño de las funciones de la misión especial.

Artículo 28.

Libertad de comunicación

1. El Estado receptor permitirá y protegerá la libre comunicación de la misión especial para todos los fines oficiales. Para comunicarse con el gobierno del Estado que envía, así como con las misiones diplomáticas, oficinas consulares y otras misiones especiales de ese Estado o con secciones de la misma misión, dondequiera que se encuentren, la misión especial podrá emplear todos los medios de comunicación adecuados, entre ellos los correos y los mensajes en clave o en cifra. Sin embargo, únicamente con el consentimiento del Estado receptor podrá la misión especial instalar y utilizar una emisora de radio.

2. La correspondencia oficial de la misión especial es inviolable. Por "correspondencia oficial" se entenderá toda la correspondencia concerniente a la misión especial y a sus funciones.

3. Cuando sea factible, la misión especial utilizará los medios de comunicación, inclusive la valija y el correo, de la misión diplomática permanente del Estado que envía.

4. La valija de la misión especial no podrá ser abierta ni retenida.

5. Los bultos que constituyan la valija de la misión especial deberán ir provistos de signos exteriores visibles indicadores de su carácter y sólo podrán contener documentos u objetos de uso oficial de la misión especial.

6. El correo de la misión especial, que deberá llevar consigo un documento oficial en el que conste su condición de tal y el número de bultos que constituyan la valija, estará protegido, en el desempeño de sus funciones, por el Estado receptor. Gozará de inviolabilidad personal y no podrá ser objeto de ninguna forma de detención o arresto.

7. El Estado que envía, o la misión especial, podrá designar correos ad hoc de la misión especial. En tales casos, se aplicarán también las disposiciones del párrafo 6 del presente artículo, pero las inmunidades en él mencionadas dejarán de ser aplicables cuando el correo ad hoc haya entregado al destinatario la valija de la misión especial que se le haya encomendado.

8. La valija de la misión especial podrá ser confiada al comandante de un buque o aeronave comercial que deban llegar a un punto de entrada autorizado. El comandante deberá llevar consigo un documento oficial en el que conste el número de bultos que constituyan la valija, pero no podrá ser considerado como correo de la misión especial. Previo acuerdo con las autoridades competentes, la misión especial podrá enviar a uno de sus miembros a tomar posesión directa y libremente de la valija de manos del comandante del buque o de la aeronave.

Artículo 29.

Inviolabilidad personal

La persona de los representantes del Estado que envía en la misión especial, así como la de los miembros del personal diplomático de ésta, es inviolable. No podrán ser objeto de ninguna forma de detención o arresto. El Estado receptor los tratará con el debido respeto y adoptará todas las medidas adecuadas para impedir cualquier atentado contra su persona, su libertad o su dignidad.

Artículo 30.

Inviolabilidad del alojamiento particular

1. El alojamiento particular de los representantes del Estado que envía en la misión especial y de los miembros del personal diplomático de ésta gozará de la misma inviolabilidad y protección que los locales de la misión especial.

2. Sus documentos, su correspondencia y, salvo lo previsto en el párrafo 4 del artículo 31, sus bienes gozarán igualmente de inviolabilidad.

Artículo 31.

Inmunidad de jurisdicción

1. Los representantes del Estado que envía en la misión especial y los miembros del personal diplomático de ésta gozarán de inmunidad de la jurisdicción penal del Estado receptor.

2. Gozarán también de inmunidad de la jurisdicción civil y administrativa del Estado receptor, salvo en caso de:

a) Una acción real sobre bienes inmuebles particulares radicados en el territorio del Estado receptor, a menos que la persona de que se trate los posea por cuenta del Estado que envía para los fines de la misión;

b) Una acción sucesoria en la que la persona de que se trate figure, a título privado y no en nombre del Estado que envía, como ejecutor testamentario, administrador, heredero o legatario;

c) Una acción referente a cualquier actividad profesional o comercial ejercida por la persona de que se trate en el Estado receptor, fuera de sus funciones oficiales;

d) Una acción por daños resultante de un accidente ocasionado por un vehículo utilizado fuera de las funciones oficiales de la persona de que se trate.

3. Los representantes del Estado que envía en la misión especial y los miembros del personal diplomático de ésta no estarán obligados a testificar.

4. Los representantes del Estado que envía en la misión especial a los miembros del personal diplomático de ésta no podrán ser objeto de ninguna medida de ejecución, salvo en los casos previstos en los apartados a), b), c) y d) del párrafo 2 del presente artículo y con tal de que no sufra menoscabo la inviolabilidad de su persona o de su alojamiento.

5. La inmunidad de jurisdicción de los representantes del Estado que envía en la misión especial y de los miembros del personal diplomático de ésta no los eximirá de la jurisdicción del Estado que envía.

Artículo 32.

Exención de la legislación de seguridad social

1. Sin perjuicio de las disposiciones del párrafo 3 del presente artículo, los representantes del Estado que envía en la misión especial y los miembros del personal diplomático de ésta estarán, en cuanto a los servicios prestados al Estado que envía, exentos de las disposiciones de seguridad social que estén vigentes en el Estado receptor.

2. La exención prevista en el párrafo 1 del presente artículo se aplicará también al personal al servicio privado exclusivo de un representante del Estado que envía en la misión especial o de un miembro del personal diplomático de ésta, a condición de que las personas de que se trate:

a) No sean nacionales del Estado receptor o no tengan en él residencia permanente, y

b) Estén protegidos por las disposiciones de seguridad social que estén vigentes en el Estado que envía o en un tercer Estado.

3. Los representantes del Estado que envía en la misión especial y los miembros del personal diplomático de ésta, que empleen a personas a quienes no se aplique la exención prevista en el párrafo 2 del presente artículo, habrán de cumplir las obligaciones que las disposiciones de seguridad social del Estado receptor impongan a los empleadores.

4. La exención prevista en los párrafos 1 y 2 del presente artículo no impedirá la participación voluntaria en el régimen de seguridad social del Estado receptor, a condición de que tal participación esté permitida por ese Estado.

5. Las disposiciones del presente artículo se entenderán sin perjuicio de los acuerdos bilaterales o multilaterales sobre seguridad social ya concertados y no impedirán que se concierten en lo sucesivo acuerdos de esa índole.

Artículo 33.

Exención de impuestos y gravámenes

Los representantes del Estado que envía en la misión especial y los miembros del personal diplomático de ésta estarán exentos de todos los impuestos y gravámenes, personales o reales, nacionales, regionales o municipales, con excepción de:

a) Los impuestos indirectos de la índole de los normalmente incluidos en el precio de las mercaderías o servicios;

b) Los impuestos y gravámenes sobre los bienes inmuebles privados que radiquen en el territorio del Estado receptor, a menos que la persona de que se trate los posea por cuenta del Estado que envía para los fines de la misión;

c) Los impuestos sobre las sucesiones que corresponda percibir al Estado receptor, salvo lo dispuesto en el artículo 44;

d) Los impuestos y gravámenes sobre los ingresos privados que tengan su origen en el Estado receptor y los impuestos sobre el capital que graven las inversiones efectuadas en empresas comerciales en el Estado receptor;

e) Los impuestos y gravámenes correspondientes a servicios particulares prestados;

f) Los derechos de registro, aranceles judiciales, hipoteca y timbre, salvo lo dispuesto en el artículo 24.

Artículo 34.

Exención de prestaciones personales

El Estado receptor deberá eximir a los representantes del Estado que envía en la misión especial y a los miembros del personal diplomático de ésta de toda prestación personal, de todo servicio público cualquiera que sea su naturaleza y de cargas militares tales como las requisiciones, las contribuciones y los alojamientos militares.

Artículo 35.

Franquicia aduanera

1. El Estado receptor, dentro de los límites de las leyes y reglamentos que promulgue, permitirá la entrada y concederá la exención de toda clase de derechos de aduana, impuestos y gravámenes conexos, salvo los gastos de almacenaje, acarreo y servicios análogos, por lo que respecta a:

a) Los objetos destinados al uso oficial de la misión especial;

b) Los objetos destinados al uso personal de los representantes del Estado que envía en la misión especial y de los miembros del personal diplomático de ésta.

2. Los representantes del Estado que envía en la misión especial y los miembros del personal diplomático de ésta estarán exentos de la inspección de su equipaje personal, a menos que haya motivos fundados para suponer que contiene objetos no comprendidos en las exenciones mencionadas en el párrafo 1 del presente artículo, u objetos cuya importación o exportación esté prohibida por la legislación del Estado receptor o sometida a sus reglamentos de cuarentena. En tal caso, la inspección sólo podrá efectuarse en presencia del interesado o de su representante autorizado.

Artículo 36.

Personal administrativo y técnico

Los miembros del personal administrativo y técnico de la misión especial gozarán de los privilegios e inmunidades mencionados en los artículos 29 a 34, salvo que la inmunidad de la jurisdicción civil y administrativa del Estado receptor mencionada en el párrafo 2 del artículo 31 no se extenderá a los actos realizados fuera del desempeño de sus funciones. Gozarán también de los privilegios mencionados en el párrafo 1 del artículo 35 en lo que respecta a los objetos importados al efectuar la primera entrada en el territorio del Estado receptor.

Artículo 37.

Personal de servicio

Los miembros del personal de servicio de la misión especial gozarán de inmunidad de la jurisdicción del Estado receptor por los actos realizados en el desempeño de sus funciones y de exención de impuestos y gravámenes sobre los salarios que perciban por sus servicios, así como de la exención de la legislación de seguridad social prevista en el artículo 52.

Artículo 38.

Personal al servicio privado

El personal al servicio privado de los miembros de la misión especial estará exento de impuestos y gravámenes sobre los salarios que perciba por sus servicios. En todo lo demás, sólo gozará de privilegios e inmunidades en la medida en que lo admita el Estado receptor. No obstante, el Estado receptor habrá de ejercer su jurisdicción sobre ese personal de modo que no estorbe indebidamente el desempeño de las funciones de la misión especial.

Artículo 39.

Miembros de la familia

1. Los miembros de las familias de los representantes del Estado que envía en la misión especial y de los miembros del personal diplomático de ésta gozarán de los privilegios e inmunidades especificados en los artículos 29 a 35 si acompañan a esos miembros de la misión especial y siempre que no sean nacionales del Estado receptor o no tengan en él residencia permanente.

2. Los miembros de las familias de los miembros del personal administrativo y técnico de la misión especial gozarán de los privilegios e inmunidades mencionados en el artículo 36 si acompañan a esos miembros de la misión especial y siempre que no sean nacionales del Estado receptor o no tengan en él residencia permanente.

Artículo 40.

Nacionales del Estado receptor y personas con residencia permanente en el Estado receptor

1. Excepto en la medida en que el Estado receptor conceda otros privilegios e inmunidades, los representantes del Estado que envía en la misión especial y los miembros del personal diplomático de ésta que sean nacionales del Estado receptor o tengan en él residencia permanente sólo gozarán

de inmunidad de jurisdicción e inviolabilidad por los actos oficiales realizados en el desempeño de sus funciones.

2. Los otros miembros de la misión especial, así como el personal al servicio privado, que sean nacionales del Estado receptor o tengan en él residencia permanente, gozarán de privilegios e inmunidades únicamente en la medida reconocida por dicho Estado. No obstante, el Estado receptor habrá de ejercer su jurisdicción sobre esas personas de modo que no estorbe indebidamente el desempeño de las funciones de la misión especial.

Artículo 41.

Renuncia a la inmunidad

1. El Estado que envía podrá renunciar a la inmunidad de jurisdicción de sus representantes en la misión especial y de los miembros del personal diplomático de ésta, así como de las demás personas que gozan de inmunidad conforme a los artículos 36 a 40.

2. La renuncia habrá de ser siempre expresa.

3. Si cualquiera de las personas mencionadas en el párrafo 1 del presente artículo entabla una acción judicial, no le será permitido invocar la inmunidad de jurisdicción respecto de cualquier reconvención directamente ligada a la demanda principal.

4. La renuncia a la inmunidad de jurisdicción respecto de las acciones civiles o administrativas no habrá de entenderse que entraña renuncia a la inmunidad en cuanto a la ejecución del fallo, para lo cual será necesaria una nueva renuncia.

Artículo 42. *Tránsito por el territorio de un tercer Estado*

1. Si un representante del Estado que envía en la misión especial o un miembro del personal diplomático de ésta atraviesa el territorio de un tercer Estado o se encuentra en él para ir a tomar posesión de sus funciones o para volver al Estado que envía, el tercer Estado le concederá la inviolabilidad y todas las demás inmunidades necesarias para facilitarle el tránsito o el regreso. Esta regla será igualmente aplicable a los miembros de la familia que gocen de privilegios e inmunidades y que acompañen a la persona mencionada en este párrafo, tanto si viajan con ella corno si viajan separadamente para reunirse con ella o para regresar a su país.

2. En circunstancias análogas a las previstas en el párrafo 1 del presente artículo, los terceros Estados no habrán de dificultar el paso por su territorio de los miembros del personal administrativo y técnico o de servicio de la misión especial o de los miembros de su familia.

3. Los terceros Estados concederán a la correspondencia oficial y a las demás comunicaciones oficiales en tránsito, incluso a los despachos en clave o en cifra, la misma libertad y protección que el Estado receptor está obligado a concederles con arreglo a la presente Convención. Con sujeción a las disposiciones del párrafo 4 del presente artículo, concederán a los correos y a las valijas de la misión especial en tránsito la misma inviolabilidad y protección que el Estado receptor está obligado a concederles con arreglo a la presente Convención.

4. El tercer Estado únicamente habrá de cumplir sus obligaciones con respecto a las personas mencionadas en los párrafos 1, 2 y 3 del presente artículo, cuando haya sido informado de antemano, ya sea por solicitud de visado o por notificación, del tránsito de esas personas como miembros de la misión especial, miembros de sus familias o correos, y no se haya opuesto a ello.

5. Las obligaciones de los terceros Estados, en virtud de los párrafos 1, 2 y 3 del presente artículo, serán también aplicables con respecto a las personas mencionadas respectivamente en esos párrafos, así como a las comunicaciones oficiales y a las valijas de la misión especial, cuando la utilización del territorio del tercer Estado sea debida a fuerza mayor.

Artículo 43.

Duración de los privilegios e inmunidades

1. Todo miembro de la misión especial gozará de los privilegios e inmunidades a que tenga derecho desde que entre en el territorio del Estado receptor para ejercer sus funciones en la misión especial o, si se encuentra ya en ese territorio, desde que su nombramiento haya sido comunicado al ministro de Relaciones Exteriores u otro órgano del Estado receptor que se haya convenido.

2. Cuando terminen las funciones de un miembro de la misión especial, sus privilegios e inmunidades cesarán normalmente en el momento en que salga del territorio del Estado receptor o en que expire el plazo razonable que le haya sido

concedido para salir de él, pero subsistirán hasta entonces, aun en caso de conflicto armado. Subsistirá, no obstante, la inmunidad respecto de los actos realizados por tal miembro en el ejercicio de sus funciones.

3. En caso de fallecimiento de un miembro de la misión especial, los miembros de su familia continuarán en el goce de los privilegios e inmunidades que les correspondan hasta la expiración de un plazo razonable en el que puedan abandonar el territorio del Estado receptor.

Artículo 44.

Bienes de un miembro de la misión especial o de un miembro de su familia en caso de fallecimiento

1. En caso de fallecimiento de un miembro de la misión especial o de un miembro de su familia que le acompañaba, si el fallecido no era nacional del Estado receptor o no tenía en él residencia permanente, el Estado receptor permitirá que se saquen del país los bienes muebles del fallecido, salvo los que hubieran sido adquiridos en él y cuya exportación estuviera prohibida en el momento del fallecimiento.

2. No serán objeto de impuestos de sucesión los bienes muebles que se hallen en el Estado receptor por el solo hecho de haber estado presente allí el causante de la sucesión como miembro de la misión especial o de la familia de un miembro de aquélla.

Artículo 45.

Facilidades para la salida del territorio del Estado receptor y el retiro de los archivos de la misión especial

1. El Estado receptor deberá, aun en caso de conflicto armado, dar facilidades para que las personas que gozan de privilegios e inmunidades y no sean nacionales del Estado receptor, así como los miembros de sus familias, sea cual fuere su nacionalidad, puedan salir de su territorio lo más pronto posible. En especial, deberá poner a su disposición, si fuere necesario, los medios de transporte indispensables para tales personas y sus bienes.

2. El Estado receptor deberá conceder al Estado que envía facilidades para retirar del territorio del primero los archivos de la misión especial.

Artículo 46.

Consecuencia de la terminación de las funciones de la misión especial

1. Cuando terminen las funciones de una misión especial, el Estado receptor deberá respetar y proteger los locales de la misión especial mientras estén afectados a ésta, así como los bienes y archivos de la misión especial. El Estado que envía deberá retirar esos bienes y archivos en un plazo razonable. 2. En caso de ausencia de relaciones diplomáticas o consulares entre el Estado que envía y el Estado receptor o de ruptura de tales relaciones y si han terminado las funciones de la misión especial, el Estado que envía podrá confiar, aunque haya un conflicto armado, la custodia de los bienes y archivos de la misión especial a un tercer Estado aceptable para el Estado receptor.

Artículo 47.

Respecto de las leyes y reglamentos del Estado receptor y utilización de los locales de la misión especial

1. Sin perjuicio de sus privilegios e inmunidades, todas las personas que gocen de esos privilegios e inmunidades en virtud de la presente Convención estarán obligadas a respetar las leyes y los reglamentos del Estado receptor. También estarán obligados a no inmiscuirse en los asuntos internos de ese Estado.

2. Los locales de la misión especial no deberán ser utilizados de manera incompatible con las funciones de la misión especial tal como están concebidas en la presente Convención, en otras normas del derecho internacional general o en los acuerdos particulares que estén en vigor entre el Estado que envía y el Estado receptor.

Artículo 48.

Actividades profesionales o comerciales

Los representantes del Estado que envía en la misión especial y los miembros del personal diplomático de ésta no ejercerán en el Estado receptor ninguna actividad profesional o comercial en provecho propio.

Artículo 49.

No discriminación

1. En la aplicación de las disposiciones de la presente Convención, no se hará ninguna discriminación entre los Estados. 2. Sin embargo, no se considerará discriminatorio:

a) Que el Estado receptor aplique restrictivamente una disposición de la presente Convención porque así se aplique esa disposición a una misión especial suya en el Estado que envía;

b) Que, por costumbre o acuerdo, los Estados modifiquen entre sí el alcance de las facilidades, los privilegios y las inmunidades aplicables a sus misiones especiales, aunque tal modificación no haya sido convenida con otros

Estados, a condición de que no sea incompatible con el objeto y el fin de la presente Convención y no afecte el disfrute de los derechos ni el cumplimiento de las obligaciones de los terceros Estados.

Artículo 50.

Firma

La presente Convención estará abierta a la firma de todos los Estados Miembros de las Naciones Unidas o de algún organismo especializado o del Organismo Internacional de Energía Atómica, así como de todo Estado Parte en el Estatuto de la Corte Internacional de Justicia y de cualquier otro Estado invitado por la Asamblea General de las Naciones Unidas a ser Parte en la Convención, hasta el 31 de diciembre de 1970, en la Sede de las Naciones Unidas en Nueva York.

Artículo 51.

Ratificación

La presente Convención está sujeta a ratificación. Los instrumentos de ratificación se depositarán en poder del Secretario General de las Naciones Unidas.

Artículo 52.

Adhesión

La presente Convención quedará abierta a la adhesión de todo Estado perteneciente a una de las categorías mencionadas en el artículo 50. Los instrumentos de adhesión se depositarán en poder del Secretario General de las Naciones Unidas.

Artículo 53. *Entrada en vigor*

1. La presente Convención entrará en vigor el trigésimo día a partir de la fecha en que haya sido depositado el vigésimo segundo instrumento de ratificación o de adhesión en poder del Secretario General de las Naciones Unidas.

2. Para cada Estado que ratifique la Convención o se adhiera a ella después de haber sido depositado el vigésimo segundo instrumento de ratificación o de adhesión, la Convención entrará en vigor el trigésimo día a partir de la fecha en que tal Estado haya depositado su instrumento de ratificación o de adhesión.

Artículo 54.

Notificaciones por el depositario

El Secretario General de las Naciones Unidas comunicará a todos los Estados pertenecientes a cualquiera de las categorías mencionadas en el artículo 5:

a) Las firmas de la presente Convención y el depósito de instrumentos de ratificación o de adhesión conforme a los artículos 50, 51 y 52;

b) La fecha en que entre en vigor la presente Convención conforme al artículo 53.

Artículo 55.

Textos auténticos

El original de la presente Convención, cuyos textos en chino, español, francés, inglés y ruso son igualmente auténticos, será depositado en poder del Secretario General de las Naciones Unidas, quien remitirá copia certificada conforme a todos los Estados pertenecientes a cualquiera de las categorías mencionadas en el artículo 50.

En fe de lo cual los infrascritos, debidamente autorizados para ello por sus respectivos gobiernos, han firmado la presente Convención, que ha sido abierta a la firma en Nueva York el decimosexto día del mes de diciembre de mil novecientos sesenta y nueve.

Convención de las Naciones Unidas sobre las Inmunidades Jurisdiccionales de los Estados y de sus Bienes (Nueva York, 17 de enero de 2005)

Los Estados Partes en la presente Convención,
Considerando que las inmunidades jurisdiccionales de los Estados y de sus bienes constituyen un principio generalmente aceptado en el derecho internacional consuetudinario,
Teniendo presentes los principios de derecho internacional consagrados en la Carta de las Naciones Unidas,
Considerando que una convención internacional sobre las inmunidades jurisdiccionales de los Estados y de sus bienes fortalecería la preeminencia del derecho y la seguridad jurídica, particularmente en las relaciones de los Estados con las personas naturales o jurídicas, y contribuiría a codificar y desarrollar el derecho internacional y a armonizar la práctica en este ámbito,
Teniendo en cuenta la evolución de la práctica de los Estados respecto de las inmunidades jurisdiccionales de los Estados y de sus bienes,
Afirmando que las normas del derecho internacional consuetudinario seguirán rigiendo las cuestiones que no estén reguladas por lo dispuesto en la presente Convención,
Han convenido en lo siguiente:

Parte I
INTRODUCCIÓN

Artículo 1

Alcance de la presente Convención

La presente Convención se aplica a la inmunidad de la jurisdicción de un Estado y de sus bienes ante los tribunales de otro Estado.

Artículo 2

Términos empleados

1. Para los efectos de la presente Convención:

a) se entiende por "tribunal" cualquier órgano de un Estado, sea cual fuere su denominación, con potestad para ejercer funciones judiciales;

b) se entiende por "Estado":

i) el Estado y sus diversos órganos de gobierno;

ii) los elementos constitutivos de un Estado federal o las subdivisiones políticas del Estado, que estén facultados para realizar actos en el ejercicio de la autoridad soberana y actúen en tal carácter;

iii) los organismos o instituciones del Estado u otras entidades, en la medida en que estén facultados para realizar y realicen efectivamente actos en ejercicio de la autoridad soberana del Estado;

iv) los representantes del Estado cuando actúen en tal carácter;

c) se entiende por "transacción mercantil":

i) todo contrato o transacción mercantil de compraventa de bienes o prestación de servicios;

ii) todo contrato de préstamo u otra transacción de carácter financiero, incluida cualquier obligación de garantía o de indemnización concerniente a ese préstamo o a esa transacción;

iii) cualquier otro contrato o transacción de naturaleza mercantil, industrial o de arrendamiento de obra o de servicios, con exclusión de los contratos individuales de trabajo.

2. Para determinar si un contrato o transacción es una "transacción mercantil" según lo dispuesto en el apartado c) del párrafo 1, se atenderá principalmente a la naturaleza del contrato o de la transacción, pero se tendrá en cuenta también su finalidad si así lo acuerdan las partes en el contrato o la transacción o si, en la práctica del Estado que es parte en uno u otra, tal finalidad es pertinente para la determinación del carácter no mercantil del contrato o de la transacción.

3. Las disposiciones de los párrafos 1 y 2 relativas a la terminología empleada en la presente Convención se entenderán sin perjuicio del empleo de esa terminología o del sentido que se le pueda dar en otros instrumentos internacionales o en el derecho interno de cualquier Estado.

Artículo 3

Privilegios e inmunidades no afectados por la presente Convención

1. La presente Convención se entenderá sin perjuicio de los privilegios e inmunidades de que goza un Estado según el derecho internacional en relación con el ejercicio de las funciones de:

a) sus misiones diplomáticas, sus oficinas consulares, sus misiones especiales, sus misiones ante organizaciones internacionales o sus delegaciones en órganos de organizaciones internacionales o en conferencias internacionales; y

b) las personas adscritas a ellas.

2. La presente Convención se entenderá sin perjuicio de los privilegios e inmunidades que el derecho internacional reconoce ratione personae a los Jefes de Estado.

3. La presente Convención se aplicará sin perjuicio de la inmunidad de que goce un Estado, en virtud del derecho internacional, respecto de las aeronaves o los objetos espaciales de propiedad de un Estado u operados por un Estado.

Artículo 4

Irretroactividad de la presente Convención

Sin perjuicio de la aplicación de cualesquiera normas enunciadas en la presente Convención a las que las inmunidades jurisdiccionales de los Estados y de sus bienes estén sometidas en virtud del derecho internacional independientemente de la presente Convención, ésta no se aplicará a ninguna cuestión relativa a las inmunidades jurisdiccionales de los Estados o de sus bienes que se suscite en un proceso incoado contra un Estado ante un tribunal de otro Estado antes de la entrada en vigor de la presente Convención respecto de esos Estados.

Parte II
PRINCIPIOS GENERALES

Artículo 5

Inmunidad del Estado

Todo Estado goza, para sí y sus bienes, de inmunidad de jurisdicción ante los tribunales de otro Estado, según lo dispuesto en la presente Convención.

Artículo 6

Modos de hacer efectiva la inmunidad del Estado

1. Un Estado hará efectiva la inmunidad a que se refiere el artículo 5 absteniéndose de ejercer jurisdicción en un proceso incoado ante sus tribunales contra otro Estado y, a estos efectos, velará por que sus tribunales resuelvan de oficio la cuestión del respeto de la inmunidad de ese otro Estado a que se refiere el artículo 5.

2. Un proceso ante un tribunal de un Estado se entenderá incoado contra otro Estado si éste:

a) es mencionado como parte en el proceso; o

b) no es mencionado como parte en el proceso, pero este proceso tiende efectivamente a menoscabar los bienes, derechos, intereses o actividades de ese otro Estado.

Artículo 7

Consentimiento expreso al ejercicio de jurisdicción

1. Ningún Estado podrá hacer valer la inmunidad de jurisdicción en un proceso ante un tribunal de otro Estado en relación con una cuestión o un asunto si ha consentido expresamente en que ese tribunal ejerza jurisdicción en relación con esa cuestión o ese asunto:

a) por acuerdo internacional;

b) en un contrato escrito; o

c) por una declaración ante el tribunal o por una comunicación escrita en un proceso determinado.

2. El acuerdo otorgado por un Estado respecto de la aplicación de la ley de otro Estado no se interpretará como consentimiento en el ejercicio de jurisdicción por los tribunales de ese otro Estado.

Artículo 8

Efecto de la participación en un proceso ante un tribunal

1. Ningún Estado podrá hacer valer la inmunidad de jurisdicción en un proceso ante un tribunal de otro Estado:

a) si él mismo ha incoado ese proceso; o

b) si ha intervenido en ese proceso o ha realizado cualquier otro acto en relación con el fondo. No obstante, el Estado, si prueba ante el tribunal que no pudo haber tenido conocimiento de hechos en que pueda fundarse una demanda de inmunidad hasta después de haber realizado aquel acto, podrá hacer valer la inmunidad basándose en esos hechos, con tal de que lo haga sin dilación.

2. No se entenderá que un Estado ha consentido en que un tribunal de otro Estado ejerza jurisdicción si interviene en un proceso o realiza cualquier otro acto con el solo objeto de:

a) hacer valer la inmunidad; o

b) hacer valer un derecho o interés sobre bienes objeto de litigio en el proceso.

3. La comparecencia de un representante de un Estado ante un tribunal de otro Estado en calidad de testigo no se interpretará como consentimiento del primer Estado en el ejercicio de jurisdicción por ese tribunal.

4. La incomparecencia de un Estado en un proceso ante un tribunal de otro Estado no se interpretará como consentimiento del primer Estado en el ejercicio de jurisdicción por ese tribunal.

Artículo 9

Reconvenciones

1. Ningún Estado que incoe un proceso ante un tribunal de otro Estado podrá hacer valer la inmunidad de jurisdicción ante ese tribunal en lo concerniente a una reconvención basada en la misma relación jurídica o en los mismos hechos que la demanda principal.

2. Ningún Estado que intervenga en un proceso ante un tribunal de otro Estado para presentar una demanda podrá hacer valer la inmunidad de jurisdicción ante ese tribunal en lo concerniente a una reconvención basada en la misma relación jurídica o en los mismos hechos que la demanda presentada por él.

3. Ningún Estado que formule reconvención en un proceso incoado contra él ante un tribunal de otro Estado podrá hacer valer la inmunidad de jurisdicción ante ese tribunal en lo concerniente a la demanda principal.

Parte III
PROCESOS EN QUE LA INMUNIDAD DEL ESTADO NO SE PUEDE HACER VALER

Artículo 10

Transacciones mercantiles

1. Si un Estado realiza una transacción mercantil con una persona natural o jurídica extranjera, y si en virtud de las normas aplicables de derecho internacional privado los litigios relativos a esa transacción mercantil corresponden a la jurisdicción de un tribunal de otro Estado, el Estado no podrá hacer valer la inmunidad de jurisdicción ante ese tribunal en ningún proceso basado en dicha transacción mercantil.

2. Lo dispuesto en el párrafo 1 no se aplica:

a) en el caso de una transacción mercantil entre Estados; o

b) si las partes en la transacción mercantil han pactado expresamente otra cosa.

3. Cuando una empresa estatal u otra entidad creada por un Estado que esté dotada de personalidad jurídica propia y tenga capacidad:

a) para demandar o ser demandada; y

b) para adquirir bienes, tener su propiedad o posesión y disponer de ellos, incluidos bienes que ese Estado le haya autorizado a explotar o a administrar, intervenga en un proceso relativo a una transacción mercantil en la cual sea parte dicha entidad, la inmunidad de jurisdicción de que goce ese Estado no resultará afectada.

Artículo 11

Contratos de trabajo

1. Salvo que los Estados interesados convengan otra cosa, ningún Estado podrá hacer valer la inmunidad de jurisdicción ante un tribunal de otro Estado, por lo demás competente, en un proceso relativo a un contrato de trabajo entre el Estado y una persona natural respecto de un trabajo ejecutado o que haya de ejecutarse total o parcialmente en el territorio de ese otro Estado.

2. Lo dispuesto en el párrafo 1 no se aplica:

a) si el trabajador ha sido contratado para desempeñar funciones especiales en el ejercicio del poder público;

b) si el empleado es:

i) un agente diplomático, según se define en la Convención de Viena sobre Relaciones Diplomáticas de 1961;

ii) un funcionario consular, según se define en la Convención de Viena sobre Relaciones Consulares de 1963;

iii) un miembro del personal diplomático de las misiones permanentes ante las organizaciones internacionales, de las misiones especiales, o que haya sido designado para representar al Estado en conferencias internacionales; o

iv) cualquier otra persona que goce de inmunidad diplomática;

c) si el objeto del proceso es la contratación, la renovación del contrato de trabajo o la reposición de una persona natural;

d) si el objeto del proceso es la destitución o la rescisión del contrato de una persona y, conforme determine el Jefe de Estado, el Jefe de Gobierno o el Ministro de Relaciones Exteriores del Estado empleador, dicho proceso menoscabe los intereses de seguridad de ese Estado;

e) el empleado fuese un nacional del Estado empleador en el momento en que se entabló el procedimiento, a menos que esta persona tenga su residencia permanente en el Estado del foro; o

f) si el Estado empleador y el trabajador han convenido otra cosa por escrito, salvo que por motivos de orden público los tribunales del Estado del foro tengan conferida jurisdicción exclusiva por razón de la materia objeto del proceso.

Artículo 12

Lesiones a las personas y daños a los bienes

Salvo que los Estados interesados convengan otra cosa, ningún Estado podrá hacer valer la inmunidad de jurisdicción ante un tribunal de otro Estado, por lo demás competente, en un proceso relativo a una acción de indemnización pecuniaria en caso de muerte o lesiones de una persona, o de daño o pérdida de bienes tangibles, causados por un acto o una omisión presuntamente atribuible al Estado, si el acto o la omisión se ha producido total o parcialmente en el territorio de ese otro Estado y si el autor del acto o la omisión se encontraba en dicho territorio en el momento del acto o la omisión.

Artículo 13

Propiedad, posesión y uso de bienes

Salvo que los Estados interesados convengan otra cosa, ningún Estado podrá hacer valer la inmunidad de jurisdicción ante un tribunal de otro Estado, por lo demás competente, en un proceso relativo a la determinación de:

a) un derecho o interés del Estado respecto de bienes inmuebles situados en el Estado del foro, la posesión o el uso por el Estado de esos bienes inmuebles o una obligación del Estado nacida de su derecho o interés respecto de tales bienes inmuebles o de su posesión o uso de esos bienes;

b) un derecho o interés del Estado respecto de bienes muebles o inmuebles, nacido en virtud de sucesión, donación u ocupación de bien vacante; o

c) un derecho o interés del Estado respecto de la administración de bienes, tales como bienes en fideicomiso, bienes integrantes de la masa de la quiebra o bienes de una sociedad en caso de disolución.

Artículo 14

Propiedad intelectual e industrial

Salvo que los Estados interesados convengan otra cosa, ningún Estado podrá hacer valer la inmunidad de jurisdicción ante un tribunal de otro Estado, por lo demás competente, en un proceso relativo a:

a) la determinación de cualquier derecho del Estado sobre una patente de invención, dibujo o modelo industrial, nombre comercial o razón social, marca de fábrica o de comercio, derecho de autor o cualquier otra forma de propiedad intelectual o industrial que goce de protección jurídica, aunque sea provisional, en el Estado del foro; o

b) la alegación de una presunta lesión por el Estado, en el territorio del Estado del foro, de un derecho de la índole mencionada en el apartado a) perteneciente a un tercero y protegido en el Estado del foro.

Artículo 15

Participación en sociedades u otras colectividades

1. Ningún Estado podrá hacer valer la inmunidad de jurisdicción ante un tribunal de otro Estado, por lo demás competente, en un proceso relativo a su participación en una sociedad u otra colectividad, con personalidad jurídica propia o sin ella, y concerniente a las relaciones entre el Estado y la sociedad o colectividad o los demás participantes, cuando ésta:

a) comprenda socios que no sean Estados u organizaciones internacionales; y

b) se haya constituido u organizado con arreglo a la ley del Estado del foro o tenga su sede o su establecimiento principal en ese Estado.

2. No obstante, un Estado podrá hacer valer la inmunidad de jurisdicción en tal proceso si los Estados interesados así lo han acordado, si las partes en litigio así lo han estipulado por acuerdo escrito o si el instrumento que establezca o por el que se rija la sociedad o colectividad de que se trate contiene disposiciones a tal efecto.

Artículo 16

Buques de propiedad de un Estado o explotados por un Estado

1. Salvo que los Estados interesados convengan otra cosa, ningún Estado que sea propietario de un buque o que lo explote podrá hacer valer la inmunidad de jurisdicción ante un tribunal de otro Estado, por lo demás competente, en un proceso relativo a la explotación de ese buque si, en el momento de producirse el hecho que haya dado lugar a la acción, el buque fuere utilizado para fines que no sean un servicio público no comercial.

2. Lo dispuesto en el párrafo 1 no se aplica a los buques de guerra y buques auxiliares, ni tampoco se aplica a otros buques de propiedad de un Estado o explotados por él y utilizados, por el momento, exclusivamente para un servicio público no comercial.

3. Salvo que los Estados interesados convengan otra cosa, ningún Estado podrá hacer valer la inmunidad de jurisdicción ante un tribunal de otro Estado, por lo demás competente, en un proceso relativo al transporte de un cargamento a bordo de un buque de propiedad de ese Estado o explotado por él si, en el momento de producirse el hecho que haya dado lugar a la acción, el buque fuere utilizado para fines distintos de un servicio público no comercial.

4. Lo dispuesto en el párrafo 3 no se aplica ni a un cargamento transportado a bordo de los buques a que se refiere el párrafo 2, ni a un cargamento de propiedad de un Estado y

utilizado o destinado a ser utilizado exclusivamente para un servicio público no comercial.

5. Los Estados podrán alegar la prescripción y todas las demás exoneraciones y limitaciones de responsabilidad a que puedan acogerse los buques y cargamentos de propiedad privada y sus propietarios.

6. Si en un proceso se suscita la cuestión del carácter público y no comercial de un buque de propiedad de un Estado o explotado por él, o de un cargamento de propiedad de un Estado, la presentación al tribunal de un certificado firmado por un representante diplomático a otra autoridad competente de ese Estado hará prueba del carácter del buque o el cargamento.

Artículo 17

Efectos de un convenio arbitral

Si un Estado concierta por escrito un convenio con una persona natural o jurídica extranjera a fin de someter a arbitraje todo litigio relacionado con una transacción mercantil, ese Estado no podrá hacer valer la inmunidad de jurisdicción ante un tribunal de otro Estado, por lo demás competente, en ningún proceso relativo a:

a) la validez, la interpretación o la aplicación del convenio arbitral;

b) el procedimiento de arbitraje, o;

c) la confirmación o anulación del laudo;

a menos que el convenio arbitral disponga otra cosa.

PARTE IV
INMUNIDAD DEL ESTADO RESPECTO DE LAS MEDIDAS COERCITIVAS ADOPTADAS EN RELACIÓN CON UN PROCESO ANTE UN TRIBUNAL

Artículo 18

Inmunidad del Estado respecto de medidas coercitivas anteriores al fallo

No podrán adoptarse contra bienes de un Estado, en relación con un proceso ante un tribunal de otro Estado, medidas coercitivas anteriores al fallo como el embargo y la ejecución, sino en los casos y dentro de los límites siguientes:

a) cuando el Estado haya consentido expresamente en la adopción de tales medidas, en los términos indicados:

i) por acuerdo internacional;

ii) por un acuerdo de arbitraje en un contrato escrito; o

iii) por una declaración ante el tribunal o por una comunicación escrita después de haber surgido una controversia entre las partes; o

b) cuando el Estado haya asignado o destinado bienes a la satisfacción de la demanda objeto de ese proceso.

Artículo 19

Inmunidad del Estado respecto de medidas coercitivas posteriores al fallo

No podrán adoptarse contra bienes de un Estado, en relación con un proceso ante un tribunal de otro Estado, medidas coercitivas posteriores al fallo como el embargo y la ejecución, sino en los casos y dentro de los límites siguientes:

a) cuando el Estado haya consentido expresamente en la adopción de tales medidas, en los términos indicados:

i) por acuerdo internacional;

ii) por un acuerdo de arbitraje o en un contrato escrito; o

iii) por una declaración ante el tribunal o por una comunicación escrita después de haber surgido una controversia entre las partes; o

b) cuando el Estado haya asignado o destinado bienes a la satisfacción de la demanda objeto de ese proceso; o

c) cuando se ha determinado que los bienes se utilizan específicamente o se destinan a su utilización por el Estado para fines distintos de los fines oficiales no comerciales y que se encuentran en el territorio del Estado del foro, si bien únicamente podrán tomarse medidas coercitivas posteriores al fallo contra bienes que tengan un nexo con la entidad contra la cual se haya incoado el proceso.

Artículo 20

Efecto del consentimiento a la jurisdicción sobre las medidas coercitivas

Cuando se requiera el consentimiento para la adopción de medidas coercitivas de conformidad con los artículos 18 y 19, el consentimiento para el ejercicio de jurisdicción en virtud del artículo 7 no implicará consentimiento para adoptar medidas coercitivas.

Artículo 21

Clases especiales de bienes

1. No se considerarán bienes utilizados o destinados a ser utilizados específicamente por el Estado para fines que no sean un servicio público no comercial conforme a lo dispuesto en el apartado c) del artículo 19:

a) los bienes, incluida cualquier cuenta bancaria, que sean utilizados o estén destinados a ser utilizados en el desempeño de las funciones de la misión diplomática del Estado o de sus oficinas consulares, sus misiones especiales, sus misiones ante organizaciones internacionales o sus delegaciones en órganos de organizaciones internacionales o en conferencias internacionales;

b) los bienes de carácter militar o los que sean utilizados o estén destinados a ser utilizados en el desempeño de funciones militares;

c) los bienes del banco central o de otra autoridad monetaria del Estado;

d) los bienes que formen parte del patrimonio cultural del Estado, o parte de sus archivos, y no se hayan puesto ni estén destinados a ser puestos en venta;

e) los bienes que formen parte de una exposición de objetos de interés científico, cultural o histórico y no se hayan puesto ni estén destinados a ser puestos en venta.

2. Lo dispuesto en el párrafo 1 se entenderá sin perjuicio de lo previsto en el artículo 18 y los apartados a) y b) del artículo 19.

Parte V
DISPOSICIONES DIVERSAS

Artículo 22

Notificación de la demanda

1. La notificación de la demanda u otro documento por el que se incoe un proceso contra un Estado se practicará:

a) de conformidad con cualquier convenio internacional aplicable que obligue al Estado del foro y al Estado interesado; o

b) de conformidad con cualquier arreglo especial de notificación entre el demandante y el Estado interesado, si no lo prohíbe la legislación del Estado del foro; o

c) a falta de tal convenio o arreglo especial:

i) transmitiéndola por vía diplomática al Ministerio de Relaciones Exteriores del Estado interesado; o

ii) por cualquier otro medio aceptado por el Estado interesado, si no lo prohíbe la legislación del Estado del foro.

2. La notificación por el medio a que se refiere el inciso i) del apartado c) del párrafo 1 se entenderá hecha cuando el Ministerio de Relaciones Exteriores haya recibido los documentos.

3. A esos documentos se acompañará, de ser necesario, la traducción al idioma oficial o a uno de los idiomas oficiales del Estado interesado.

4. El Estado que comparezca en relación con el fondo de un proceso incoado contra él no podrá aducir luego que la notificación de la demanda no se hizo con arreglo a lo dispuesto en los párrafos 1 y 3.

Artículo 23

Sentencia dictada en ausencia

1. No se dictará sentencia en ausencia contra ningún Estado sin que el tribunal se haya asegurado de que:

a) se han cumplido los requisitos establecidos en los párrafos 1 y 3 del artículo 22;

b) ha transcurrido un plazo de al menos cuatro meses contados desde la fecha en que se haya hecho o se entienda hecha, de conformidad con los párrafos 1 y 2 del artículo 22, la notificación de la demanda u otro documento por el que se incoe el proceso; y

c) la presente Convención no le prohíbe ejercer jurisdicción.

2. De la sentencia dictada en ausencia contra un Estado se transmitirá a éste copia, a la que se acompañará, de ser necesario, la traducción al idioma oficial o a uno de los idiomas oficiales del Estado interesado, por uno de los medios indicados en el párrafo 1 del artículo 22 y de conformidad con lo dispuesto en dicho párrafo.

3. El plazo señalado para recurrir en anulación una sentencia dictada en ausencia no será inferior a cuatro meses y empezará a correr desde la fecha en que el Estado interesado haya recibido o se entienda que ha recibido la copia de la sentencia.

Artículo 24

Privilegios e inmunidades durante la sustanciación del proceso ante un tribunal

1. El hecho de que un Estado incumpla o rehuse cumplir el requerimiento de un tribunal de otro Estado por el que se le inste a realizar o abstenerse de realizar determinado acto o a presentar cualquier documento o revelar cualquier otra información a los efectos del proceso no tendrá más consecuencias

que las que resulten de tal comportamiento en relación con el fondo del asunto. En particular, no se condenará a ninguna multa o pena al Estado que haya incumplido o rehusado cumplir tal requerimiento.

2. Ningún Estado estará obligado a prestar caución, fianza o depósito, sea cual fuere su denominación, para garantizar el pago de las costas o gastos judiciales de cualquier proceso en que sea parte demandada ante un tribunal de otro Estado.

Parte VI
CLÁUSULAS FINALES

Artículo 25

Anexo

El anexo de la presente Convención constituye parte integrante de ella.

Artículo 26

Otros acuerdos internacionales

Lo dispuesto en la presente Convención se entenderá sin perjuicio de los derechos y deberes enunciados en los acuerdos internacionales vigentes suscritos por Estados Partes, relacionados con cuestiones a que se refiere la presente Convención.

Artículo 27

Arreglo de controversias

1. Los Estados Partes procurarán resolver mediante negociación las controversias relativas a la interpretación o aplicación de la presente Convención.

2. Las controversias entre dos o más Estados Partes relativas a la interpretación o aplicación de la presente Convención que no pudieren resolverse mediante negociación dentro de un plazo de seis meses serán sometidas a arbitraje previa solicitud de uno de ellos. Si, dentro de los seis meses siguientes a la fecha de la solicitud de arbitraje, esos Estados Partes no pudieren ponerse de acuerdo acerca de la organización del arbitraje, cualquiera de ellos podrá llevar la controversia a la Corte Internacional de Justicia mediante solicitud presentada de conformidad con el Estatuto de la Corte.

3. Cada Estado Parte podrá declarar, al momento de firmar, ratificar, aceptar o aprobar la presente Convención o adherirse a ella, que no se considera obligado por lo dispuesto en el párrafo 2. Los demás Estados Partes no quedarán obligados en virtud del párrafo 2 con respecto al que haya hecho una reserva de esa índole.

4. El Estado Parte que haya hecho una reserva de conformidad con el párrafo 3 podrá retirarla en cualquier momento mediante notificación al Secretario General de las Naciones Unidas.

Artículo 28

Firma

La presente Convención quedará abierta a la firma de todos los Estados hasta el 17 de enero de 2007 en la Sede de las Naciones Unidas en Nueva York.

Artículo 29

Ratificación, aceptación, aprobación o adhesión

1. La presente Convención quedará sujeta a ratificación, aceptación o aprobación.

2. La presente Convención quedará abierta a la adhesión de todo Estado.

3. Los instrumentos de ratificación, aceptación, aprobación o adhesión serán depositados en poder del Secretario General de las Naciones Unidas.

Artículo 30

Entrada en vigor

1. La presente Convención entrará en vigor en el trigésimo día a partir del depósito del trigésimo instrumento de ratificación, aceptación o aprobación o adhesión en poder del Secretario General de las Naciones Unidas.

2. Respecto de cada Estado que ratifique, acepte o apruebe la Convención o se adhiera a ella después de depositado el trigésimo instrumento de ratificación, aceptación o aprobación o adhesión, la Convención entrará en vigor el trigésimo día a partir de aquél en que ese Estado haya depositado su instrumento de ratificación, aceptación o aprobación o adhesión.

Artículo 31

Denuncia

1. Cualquier Estado Parte podrá denunciar la presente Convención mediante notificación escrita al Secretario General de las Naciones Unidas.

2. La denuncia surtirá efecto un año después de la fecha en que la notificación sea recibida por el Secretario General de las Naciones Unidas. No obstante, la presente Convención seguirá aplicándose a las cuestiones relativas a las inmunidades jurisdiccionales de los Estados y de sus bienes que se susciten en un proceso incoado contra un Estado ante un tribunal de otro Estado antes de la fecha en que surta efecto la denuncia respecto de los Estados interesados.

3. La denuncia no afectará en nada al deber del Estado Parte de cumplir toda obligación enunciada en esta Convención a la que esté sometido en virtud del derecho internacional independientemente de la Convención.

Artículo 32

Depositario y notificaciones

1. El Secretario General de las Naciones Unidas será depositario de la presente Convención.

2. El Secretario General de las Naciones Unidas, en su calidad de depositario de la presente Convención, informará a todos los Estados de lo siguiente:

a) las firmas de la presente Convención y el depósito de instrumentos de ratificación, aceptación, aprobación o adhesión o las notificaciones de denuncia, de conformidad con los artículos 29 y 31;

b) la fecha en que la presente Convención entre en vigor, de conformidad con el artículo 30;

c) todo otro acto, notificación o comunicación relativo a la presente Convención.

Artículo 33

Textos auténticos

Las versiones en árabe, chino, español, francés, inglés y ruso de la presente Convención serán igualmente auténticas.

EN TESTIMONIO DE LO CUAL, los abajo firmantes, debidamente autorizados para ello por sus respectivos Gobiernos, han firmado la presente Convención, abierta para la firma en la Sede de las Naciones Unidas en Nueva York el 17 de enero de 2005.

ANEXO DE LA CONVENCIÓN

Entendimiento con respecto a algunas disposiciones de la Convención

Este anexo tiene por objeto establecer el significado de determinadas disposiciones.

Con respecto al artículo 10

En el artículo 10, el término "inmunidad" deberá entenderse en el contexto del conjunto de la presente Convención. El párrafo 3 del artículo 10 no prejuzga la cuestión del "levantamiento del velo de la persona jurídica", las cuestiones relativas a una situación en que una entidad estatal haya hecho deliberadamente una exposición falsa de su situación financiera o haya ulteriormente reducido su activo para evitar el pago de una deuda, ni otras cuestiones conexas.

Con respecto al artículo 11

La referencia que se hace en el apartado d) del párrafo 2 del artículo 11 a los "intereses de seguridad" del Estado empleador es, ante todo, una referencia a los asuntos relativos a la seguridad nacional y a la seguridad de las misiones diplomáticas y las oficinas consulares.

Según el artículo 41 de la Convención de Viena sobre Relaciones Diplomáticas de 1961 y el artículo 55 de la Convención de Viena sobre Relaciones Consulares de 1963, todas las personas a que se hace referencia en esos artículos deberán respetar las leyes y los reglamentos del país anfitrión, incluida la normativa laboral. Asimismo, según el artículo 38 de la Convención de Viena sobre Relaciones Diplomáticas de 1961 y el artículo 71 de la Convención de Viena sobre Relaciones Consulares de 1963, el Estado receptor habrá de ejercer su jurisdicción de modo que no perturbe indebidamente el desempeño de las funciones de la misión o de la oficina consular.

Con respecto a los artículos 13 y 14

La expresión "determinación" designa no sólo la comprobación o verificación de la existencia de los derechos amparados, sino también la evaluación o el análisis de la sustancia de esos derechos, que comprende su contenido, ámbito y extensión.

Con respecto al artículo 17

La expresión "transacción mercantil" incluye las cuestiones relativas a las inversiones.

Con respecto al artículo 19

La expresión "entidad" del apartado c) designa al Estado en tanto que persona jurídica independiente, unidad constitutiva de un Estado federal, subdivisión de un Estado, organismo o institución de un Estado u otra entidad que goce de personalidad jurídica independiente. La expresión "bienes que estén vinculados a la entidad" del apartado c) se entenderá en un sentido más amplio que el de "propiedad" o "posesión". En el artículo 19 no se prejuzgan ni la cuestión del "levantamiento del velo de las personas jurídicas", cuestión que se refiere al supuesto en que una entidad estatal haya tergiversado intencionadamente su situación financiera o haya reducido ulteriormente sus activos para evitar atender una reclamación, ni las demás cuestiones conexas.

IV. Responsabilidad internacional

A. *El Estado y las organizaciones internacionales*

- Proyecto de artículos sobre responsabilidad del Estado por hechos internacionalmente ilícitos (2001)
- Proyecto de artículos sobre prevención del daño transfronterizo resultante de actividades peligrosas (2001)
- Proyecto de principios sobre asignación de la pérdida en caso de daño transfronterizo resultante de actividades peligrosas (2006)
- Proyecto de artículos sobre la protección diplomática (2006)
- Artículos sobre responsabilidad de las organizaciones internacionales por hechos internacionalmente ilícitos (2011)

Proyecto de artículos sobre la responsabilidad del Estado por hechos internacionalmente ilícitos Resolución 56/83 de la Asamblea General de Naciones Unidas, 2001

La Asamblea General,

Habiendo examinado el capítulo IV del informe de la Comisión de Derecho Internacional sobre la labor realizada en su 53° período de sesiones1, que contiene el proyecto de artículos sobre la responsabilidad del Estado por hechos internacionalmente ilícitos,

Observando que la Comisión de Derecho Internacional decidió recomendar a la Asamblea General que tomara nota del proyecto de artículos sobre la responsabilidad

del Estado por hechos internacionalmente ilícitos en una resolución e incluyera el proyecto de artículos como anexo de esa resolución, y que estudiase en una etapa posterior, a la luz de la importancia del tema, la posibilidad de convocar una conferencia internacional de plenipotenciarios para examinar el proyecto de artículos con miras a concertar una convención sobre el tema2,

Destacando la importancia permanente de la codificación y el desarrollo progresivo del derecho internacional, como se menciona en el apartado a) del párrafo 1 del Artículo 13 de la Carta de las Naciones Unidas,

Observando que el tema de la responsabilidad del Estado por hechos internacionalmente ilícitos reviste gran importancia en las relaciones entre los Estados,

1. Acoge con beneplácito la conclusión de la labor de la Comisión de Derecho Internacional respecto de la responsabilidad del Estado por hechos internacionalmente ilícitos y su aprobación del proyecto de artículos, así como de un comentario detallado acerca del tema;

2. Expresa su agradecimiento a la Comisión de Derecho Internacional por su contribución continua a la codificación y el desarrollo progresivo del derecho internacional;

3. Toma nota de los artículos sobre la responsabilidad del Estado por hechos internacionalmente ilícitos, presentados por la Comisión de Derecho Internacional, cuyo texto figura en el anexo de la presente resolución, y los señala a la atención de los gobiernos, sin perjuicio de la cuestión de su futura aprobación o de otro tipo de medida, según corresponda;

4. Decide incluir en el programa provisional de su quincuagésimo noveno período de sesiones un tema titulado "Responsabilidad del Estado por hechos internacionalmente ilícitos".

85ª sesión plenaria

12 de diciembre de 2001

ANEXO
RESPONSABILIDAD DEL ESTADO POR HECHOS INTERNACIONALMENTE ILÍCITOS

Primera Parte
EL HECHO INTERNACIONALMENTE ILÍCITO DEL ESTADO

Capítulo I
Principios generales

Artículo 1

Responsabilidad del Estado por sus hechos internacionalmente ilícitos

Todo hecho internacionalmente ilícito del Estado genera su responsabilidad internacional.

Artículo 2

Elementos del hecho internacionalmente ilícito del Estado

Hay hecho internacionalmente ilícito del Estado cuando un comportamiento consistente en una acción u omisión:

a) Es atribuible al Estado según el derecho internacional; y

b) Constituye una violación de una obligación internacional del Estado.

Artículo 3

Calificación del hecho del Estado como internacionalmente ilícito

La calificación del hecho del Estado como internacionalmente ilícito se rige por el derecho internacional. Tal calificación no es afectada por la calificación del mismo hecho como lícito por el derecho interno.

Capítulo II
Atribución de un comportamiento al Estado

Artículo 4

Comportamiento de los órganos del Estado

1. Se considerará hecho del Estado según el derecho internacional el comportamiento de todo órgano del Estado, ya sea que ejerza funciones legislativas, ejecutivas, judiciales o de otra índole, cualquiera que sea su posición en la organización del Estado y tanto si pertenece al gobierno central como a una división territorial del Estado.

2. Se entenderá que órgano incluye toda persona o entidad que tenga esa condición según el derecho interno del Estado.

Artículo 5

Comportamiento de una persona o entidad que ejerce atribuciones del poder público

Se considerará hecho del Estado según el derecho internacional el comportamiento de una persona o entidad que no sea órgano del Estado según el artículo 4, pero esté facultada por el derecho de ese Estado para ejercer atribuciones del poder público, siempre que, en el caso de que se trate, la persona o entidad actúe en esa capacidad.

Artículo 6

Comportamiento de un órgano puesto a disposición de un Estado por otro Estado

Se considerará hecho del Estado según el derecho internacional el comportamiento de un órgano puesto a su disposición por otro Estado, siempre que ese órgano actúe en el ejercicio de atribuciones del poder público del Estado a cuya disposición se encuentra.

Artículo 7

Extralimitación en la competencia o contravención de instrucciones

El comportamiento de un órgano del Estado o de una persona o entidad facultada para ejercer atribuciones del poder público se considerará hecho del Estado según el derecho internacional si tal órgano, persona o entidad actúa en esa condición, aunque se exceda en su competencia o contravenga sus instrucciones.

Artículo 8

Comportamiento bajo la dirección o control del Estado

Se considerará hecho del Estado según el derecho internacional el comportamiento de una persona o de un grupo de personas si esa persona o ese grupo de personas actúa de hecho por instrucciones o bajo la dirección o el control de ese Estado al observar ese comportamiento.

Artículo 9

Comportamiento en caso de ausencia o defecto de las autoridades oficiales

Se considerará hecho del Estado según el derecho internacional el comportamiento de una persona o de un grupo de personas si esa persona o ese grupo de personas ejerce de hecho atribuciones del poder público en ausencia o en defecto de las autoridades oficiales y en circunstancias tales que requieren el ejercicio de esas atribuciones.

Artículo 10

Comportamiento de un movimiento insurreccional o de otra índole

1. Se considerará hecho del Estado según el derecho internacional el comportamiento de un movimiento insurreccional que se convierta en el nuevo

gobierno del Estado.

2. El comportamiento de un movimiento insurreccional o de otra índole que logre establecer un nuevo Estado en parte del territorio de un Estado preexistente o en un territorio sujeto a su administración se considerará hecho del nuevo Estado según el derecho internacional.

3. El presente artículo se entenderá sin perjuicio de la atribución al Estado de todo comportamiento, cualquiera que sea su relación con el del movimiento de que se trate, que deba considerarse hecho de ese Estado en virtud de los artículos 4 a 9.

Artículo 11

Comportamiento que el Estado reconoce y adopta como propio

El comportamiento que no sea atribuible al Estado en virtud de los artículos precedentes se considerará, no obstante, hecho de ese Estado según el derecho internacional en el caso y en la medida en que el Estado reconozca y adopte ese comportamiento como propio.

Capítulo III
Violación de una obligación internacional

Artículo 12

Existencia de violación de una obligación internacional

Hay violación de una obligación internacional por un Estado cuando un hecho de ese Estado no está en conformidad con lo que de él exige esa obligación, sea cual

fuere el origen o la naturaleza de esa obligación.

Artículo 13

Obligación internacional en vigencia respecto del Estado

Un hecho del Estado no constituye violación de una obligación internacional a menos que el Estado se halle vinculado por dicha obligación en el momento en que se produce el hecho.

Artículo 14

Extensión en el tiempo de la violación de una obligación internacional

1. La violación de una obligación internacional mediante un hecho del Estado que no tenga carácter continuo tiene lugar en el momento en que se produce el hecho, aunque sus efectos perduren.

2. La violación de una obligación internacional mediante un hecho del Estado que tiene carácter continuo se extiende durante todo el período en el cual el hecho continúa y se mantiene su falta de conformidad con la obligación internacional.

3. La violación de una obligación internacional en virtud de la cual el Estado debe prevenir un acontecimiento determinado tiene lugar cuando se produce el acontecimiento y se extiende durante todo el período en el cual ese acontecimiento continúa y se mantiene su falta de conformidad con esa obligación.

Artículo 15

Violación consistente en un hecho compuesto

1. La violación por el Estado de una obligación internacional mediante una serie de acciones u omisiones, definida en su conjunto como ilícita, tiene lugar cuando se produce la acción u omisión que, tomada con las demás acciones u omisiones, es suficiente para constituir el hecho ilícito.

2. En tal caso, la violación se extiende durante todo el período que comienza con la primera de las acciones u omisiones de la serie y se prolonga mientras esas acciones u omisiones se repiten y se mantiene su falta de conformidad con la obligación internacional.

Capítulo IV
Responsabilidad del Estado en relación con el hecho de otro Estado

Artículo 16

Ayuda o asistencia en la comisión del hecho internacionalmente ilícito

El Estado que presta ayuda o asistencia a otro Estado en la comisión por este último de un hecho internacionalmente ilícito es responsable internacionalmente por prestar esa ayuda o asistencia si:

a) Lo hace conociendo las circunstancias del hecho internacionalmente ilícito; y

b) El hecho sería internacionalmente ilícito si fuese cometido por el Estado que presta la ayuda o asistencia.

Artículo 17

Dirección y control ejercidos en la comisión del hecho internacionalmente ilícito

El Estado que dirige y controla a otro Estado en la comisión por este último de un hecho internacionalmente ilícito es internacionalmente responsable por este hecho si:

a) Lo hace conociendo las circunstancias del hecho internacionalmente ilícito; y

b) El hecho sería internacionalmente ilícito si fuese cometido por el Estado que dirige y controla.

Artículo 18

Coacción sobre otro Estado

El Estado que coacciona a otro para que cometa un hecho es internacionalmente responsable por este hecho si:

a) El hecho, de no mediar coacción, constituiría un hecho internacionalmente ilícito del Estado coaccionado; y

b) El Estado coaccionante actúa conociendo las circunstancias del hecho.

Artículo 19

Efecto del presente capítulo

El presente capítulo se entiende sin perjuicio de la responsabilidad internacional, en virtud de otras disposiciones de estos artículos, del Estado que cometa el hecho en cuestión o de cualquier otro Estado.

Capítulo V
Circunstancias que excluyen la ilicitud

Artículo 20

Consentimiento

El consentimiento válido de un Estado a la comisión por otro Estado de un hecho determinado excluye la ilicitud de tal hecho en relación con el primer Estado en la medida en que el hecho permanece dentro de los límites de dicho consentimiento.

Artículo 21

Legítima defensa

La ilicitud del hecho de un Estado queda excluida si ese hecho constituye una medida lícita de legítima defensa tomada de conformidad con la Carta de las Naciones Unidas.

Artículo 22

Contramedidas en razón de un hecho internacionalmente ilícito

La ilicitud del hecho de un Estado que no esté en conformidad con una obligación internacional suya para con otro Estado queda excluida en el caso y en la medida en que ese hecho constituya una contramedida tomada contra ese otro Estado de acuerdo con lo dispuesto en el capítulo II de la tercera parte.

Artículo 23

Fuerza mayor

1. La ilicitud del hecho de un Estado que no esté de conformidad con una obligación internacional de ese Estado queda excluida si ese hecho se debe a un caso de fuerza mayor, es decir, a una fuerza irresistible o un acontecimiento imprevisto, ajenos al control del Estado, que hacen materialmente imposible, en las circunstancias del caso, cumplir con la obligación.

2. El párrafo 1 no es aplicable si:

a) La situación de fuerza mayor se debe, únicamente o en combinación con otros factores, al comportamiento del Estado que la invoca; o

b) El Estado ha asumido el riesgo de que se produzca esa situación.

Artículo 24

Peligro extremo

1. La ilicitud del hecho de un Estado que no esté de conformidad con una obligación internacional de ese Estado queda excluida si el autor de ese hecho no tiene razonablemente otro modo, en una situación de peligro extremo, de salvar su vida o la vida de otras personas confiadas a su cuidado.

2. El párrafo 1 no es aplicable si:

a) La situación de peligro extremo se debe, únicamente o en combinación con otros factores, al comportamiento del Estado que la invoca; o

b) Es probable que el hecho en cuestión cree un peligro comparable o mayor.

Artículo 25

Estado de necesidad

1. Ningún Estado puede invocar el estado de necesidad como causa de exclusión

de la ilicitud de un hecho que no esté de conformidad con una obligación internacional de ese Estado a menos que ese hecho:

a) Sea el único modo para el Estado de salvaguardar un interés esencial contra un peligro grave a inminente; y

b) No afecte gravemente a un interés esencial del Estado o de los Estados con relación a los cuales existe la obligación, o de la comunidad internacional en su conjunto.

2. En todo caso, ningún Estado puede invocar el estado de necesidad como causa de exclusión de la ilicitud si:

a) La obligación internacional de que se trate excluye la posibilidad de invocar el estado de necesidad; o

b) El Estado ha contribuido a que se produzca el estado de necesidad.

Artículo 26

Cumplimiento de normas imperativas

Ninguna disposición del presente capítulo excluirá la ilicitud de cualquier hecho de un Estado que no esté de conformidad con una obligación que emana de una norma imperativa de derecho internacional general.

Artículo 27

Consecuencias de la invocación de una circunstancia que excluye la ilicitud

La invocación de una circunstancia que excluye la ilicitud en virtud del presente capítulo se entenderá sin perjuicio de:

a) El cumplimiento de la obligación de que se trate, en el caso y en la medida en que la circunstancia que excluye la ilicitud haya dejado de existir;

b) La cuestión de la indemnización de cualquier pérdida efectiva causada por el hecho en cuestión.

Segunda Parte

CONTENIDO DE LA RESPONSABILIDAD INTERNACIONAL DEL ESTADO

Capítulo I

Principios generales

Artículo 28

Consecuencias jurídicas del hecho internacionalmente ilícito

La responsabilidad internacional del Estado que, de conformidad con las disposiciones de la primera parte, nace de un hecho internacionalmente ilícito produce las consecuencias jurídicas que se enuncian en la presente parte.

Artículo 29

Continuidad del deber de cumplir la obligación

Las consecuencias jurídicas del hecho internacionalmente ilícito con arreglo a lo dispuesto en esta parte no afectan la continuidad del deber del Estado responsable de cumplir la obligación violada.

Artículo 30

Cesación y no repetición

El Estado responsable del hecho internacionalmente ilícito está obligado:

a) A ponerle fin, si ese hecho continúa;

b) A ofrecer seguridades y garantías adecuadas de no repetición, si las circunstancias lo exigen.

Artículo 31

Reparación

1. El Estado responsable está obligado a reparar íntegramente el perjuicio causado por el hecho internacionalmente ilícito.

2. El perjuicio comprende todo daño, tanto material como moral, causado por el hecho internacionalmente ilícito del Estado.

Artículo 32

Irrelevancia del derecho interno

El Estado responsable no puede invocar las disposiciones de su derecho interno como justificación del incumplimiento de las obligaciones que le incumben en virtud de la presente parte.

Artículo 33

Alcance de las obligaciones internacionales enunciadas en la presente parte

1. Las obligaciones del Estado responsable enunciadas en la presente parte pueden existir con relación a otro Estado, a varios Estados o a la comunidad internacional en su conjunto, según sean, en particular, la naturaleza y el contenido de la obligación internacional violada y las circunstancias de la violación.

2. La presente parte se entiende sin perjuicio de cualquier derecho que la responsabilidad internacional del Estado pueda generar directamente en beneficio de una persona o de una entidad distinta de un Estado.

Capítulo II

Reparación del perjuicio

Artículo 34

Formas de reparación

La reparación íntegra del perjuicio causado por el hecho internacionalmente ilícito adoptará la forma de restitución, de indemnización y de satisfacción, ya sea de manera única o combinada, de conformidad con las disposiciones del presente capítulo.

Artículo 35

Restitución

El Estado responsable de un hecho internacionalmente ilícito está obligado a la restitución, es decir, a restablecer la situación que existía antes de la comisión del hecho ilícito, siempre que y en la medida en que esa restitución:

a) No sea materialmente imposible;

b) No entrañe una carga totalmente desproporcionada con relación al beneficio que derivaría de la restitución en vez de la indemnización.

Artículo 36

Indemnización

1. El Estado responsable de un hecho internacionalmente ilícito está obligado a indemnizar el daño causado por ese hecho en la medida en que dicho daño no sea

reparado por la restitución.

2. La indemnización cubrirá todo daño susceptible de evaluación financiera, incluido el lucro cesante en la medida en que éste sea comprobado.

Artículo 37

Satisfacción

1. El Estado responsable de un hecho internacionalmente ilícito está obligado a dar satisfacción por el perjuicio causado por ese hecho en la medida en que ese perjuicio no pueda ser reparado mediante restitución o indemnización.

2. La satisfacción puede consistir en un reconocimiento de la violación, una expresión de pesar, una disculpa formal o cualquier otra modalidad adecuada.

3. La satisfacción no será desproporcionada con relación al perjuicio y no podrá adoptar una forma humillante para el Estado responsable.

Artículo 38

Intereses

1. Se debe pagar intereses sobre toda suma principal adeudada en virtud del presente capítulo, en la medida necesaria para asegurar la reparación íntegra. La tasa de interés y el modo de cálculo se fijarán de manera que se alcance ese resultado.

2. Los intereses se devengarán desde la fecha en que debería haberse pagado la suma principal hasta la fecha en que se haya cumplido la obligación de pago.

Artículo 39

Contribución al perjuicio

Para determinar la reparación se tendrá en cuenta la contribución al perjuicio resultante de la acción o la omisión, intencional o negligente, del Estado lesionado o de toda persona o entidad en relación con la cual se exija la reparación.

Capítulo III

Violaciones graves de obligaciones emanadas de normas imperativas del derecho internacional general

Artículo 40

Aplicación del presente capítulo

1. El presente capítulo se aplicará a la responsabilidad internacional generada por una violación grave por el Estado de una obligación que emane de una norma imperativa del derecho internacional general.

2. La violación de tal obligación es grave si implica el incumplimiento flagrante o sistemático de la obligación por el Estado responsable.

Artículo 41

Consecuencias particulares de la violación grave de una obligación en virtud del presente capítulo

1. Los Estados deben cooperar para poner fin, por medios lícitos, a toda violación

grave en el sentido del artículo 40.

2. Ningún Estado reconocerá como lícita una situación creada por una violación grave en el sentido del artículo 40, ni prestará ayuda o asistencia para mantener esa

situación.

3. El presente artículo se entenderá sin perjuicio de las demás consecuencias enunciadas en esta parte y de toda otra consecuencia que una violación a la que se

aplique el presente capítulo pueda generar según el derecho internacional.

Tercera Parte

MODOS DE HACER EFECTIVA LA RESPONSABILIDAD INTERNACIONAL DEL ESTADO

Capítulo I

Invocación de la responsabilidad del Estado

Artículo 42

Invocación de la responsabilidad por el Estado lesionado

Un Estado tendrá derecho como Estado lesionado a invocar la responsabilidad de otro Estado si la obligación violada existe:

a) Con relación a ese Estado individualmente; o

b) Con relación a un grupo de Estados del que ese Estado forme parte, o con relación a la comunidad internacional en su conjunto, y la violación de la obligación:

i) Afecta especialmente a ese Estado; o

ii) Es de tal índole que modifica radicalmente la situación de todos los demás Estados con los que existe esa obligación con respecto al ulterior cumplimiento de ésta.

Artículo 43

Notificación de la reclamación por el Estado lesionado

1. El Estado lesionado que invoque la responsabilidad de otro Estado notificará su reclamación a ese Estado.

2. El Estado lesionado podrá especificar, en particular:

a) El comportamiento que debería observar el Estado responsable para poner fin al hecho ilícito, si ese hecho continúa;

b) La forma que debería adoptar la reparación de conformidad con las disposiciones de la segunda parte.

Artículo 44

Admisibilidad de la reclamación

La responsabilidad del Estado no podrá ser invocada:

a) Si la reclamación no se presenta de conformidad con las normas aplicables en materia de nacionalidad de las reclamaciones;

b) Si la reclamación está sujeta a la norma del agotamiento de los recursos internos y no se han agotado todas las vías de recurso internas disponibles y efectivas.

Artículo 45

Renuncia al derecho a invocar la responsabilidad

La responsabilidad del Estado no podrá ser invocada:

a) Si el Estado lesionado ha renunciado válidamente a la reclamación; o

b) Si, en razón del comportamiento del Estado lesionado, debe entenderse que éste ha dado válidamente aquiescencia a la extinción de la reclamación.

Artículo 46

Pluralidad de Estados lesionados

Cuando varios Estados sean lesionados por el mismo hecho internacionalmente ilícito, cada Estado lesionado podrá invocar separadamente la responsabilidad del Estado que haya cometido el hecho internacionalmente ilícito.

Artículo 47

Pluralidad de Estados responsables

1. Cuando varios Estados sean responsables del mismo hecho internacionalmente ilícito, podrá invocarse la responsabilidad de cada Estado en relación con ese hecho.

2. El párrafo 1:

a) No autoriza a un Estado lesionado a recibir una indemnización superior al daño que ese Estado haya sufrido;

b) Se entenderá sin perjuicio de cualquier derecho a recurrir contra los otros Estados responsables.

Artículo 48

Invocación de la responsabilidad por un Estado distinto del Estado lesionado

1. Todo Estado que no sea un Estado lesionado tendrá derecho a invocar la responsabilidad de otro Estado de conformidad con el párrafo 2 si:

a) La obligación violada existe con relación a un grupo de Estados del que el Estado invocante forma parte y ha sido establecida para la protección de un interés colectivo del grupo; o

b) La obligación violada existe con relación a la comunidad internacional en su conjunto.

2. Todo Estado con derecho a invocar la responsabilidad según el párrafo 1 podrá reclamar al Estado responsable:

a) La cesación del hecho internacionalmente ilícito y las seguridades y garantías de no repetición, de conformidad con lo dispuesto en el artículo 30; y

b) El cumplimiento de la obligación de reparación, de conformidad con lo dispuesto en los precedentes artículos, en interés del Estado lesionado o de los beneficiarios de la obligación violada.

3. Los requisitos para la invocación de la responsabilidad por parte de un Estado lesionado previstos en los artículos 43, 44 y 45 serán de aplicación en el caso de invocación de la responsabilidad por parte del Estado con derecho a hacerlo en virtud del párrafo 1.

Capítulo II
Contramedidas

Artículo 49

Objeto y límites de las contramedidas

1. El Estado lesionado solamente podrá tomar contramedidas contra el Estado responsable del hecho internacionalmente ilícito con el objeto de inducirlo a cumplir las obligaciones que le incumban en virtud de lo dispuesto en la segunda parte.

2. Las contramedidas se limitarán al incumplimiento temporario de obligaciones internacionales que el Estado que toma tales medidas tiene con el Estado responsable.

3. En lo posible, las contramedidas serán tomadas en forma que permitan la reanudación del cumplimiento de dichas obligaciones.

Artículo 50

Obligaciones que no pueden ser afectadas por las contramedidas

1. Las contramedidas no afectarán:

a) La obligación de abstenerse de recurrir a la amenaza o al uso de la fuerza, como está enunciada en la Carta de las Naciones Unidas;

b) Las obligaciones establecidas para la protección de los derechos humanos fundamentales;

c) Las obligaciones de carácter humanitario que prohíben las represalias;

d) Otras obligaciones que emanan de normas imperativas del derecho internacional general.

2. El Estado que tome contramedidas no quedará exento del cumplimiento de las

obligaciones que le incumban:

a) En virtud de cualquier procedimiento de solución de controversias aplicable entre dicho Estado y el Estado responsable;

b) De respetar la inviolabilidad de los agentes, locales, archivos y documentos diplomáticos o consulares.

Artículo 51

Proporcionalidad

Las contramedidas deben ser proporcionales al perjuicio sufrido, teniendo en cuenta la gravedad del hecho internacionalmente ilícito y los derechos en cuestión.

Artículo 52

Condiciones del recurso a las contramedidas

1. Antes de tomar contramedidas, el Estado lesionado:

a) Requerirá al Estado responsable, de conformidad con el artículo 43, que cumpla las obligaciones que le incumben en virtud de la segunda parte; y

b) Notificará al Estado responsable cualquier decisión de tomar contramedidas y ofrecerá negociar con ese Estado.

2. No obstante lo dispuesto en el apartado b) del párrafo 1, el Estado lesionado podrá tomar las contramedidas urgentes que sean necesarias para preservar sus derechos.

3. Las contramedidas no podrán tomarse y, en caso de haberse tomado, deberán suspenderse sin retardo injustificado, si:

a) El hecho internacionalmente ilícito ha cesado; y

b) La controversia está sometida a una corte o un tribunal facultados para dictar decisiones vinculantes para las partes.

4. No se aplicará el párrafo 3 si el Estado responsable no aplica de buena fe los procedimientos de solución de controversias.

Artículo 53

Terminación de las contramedidas

Se pondrá fin a las contramedidas tan pronto como el Estado responsable haya cumplido sus obligaciones en relación con el hecho internacionalmente ilícito de conformidad con lo dispuesto en la segunda parte.

Artículo 54

Medidas tomadas por Estados distintos del Estado lesionado

Este capítulo no prejuzga acerca del derecho de cualquier Estado, facultado por el párrafo 1 del artículo 48 para invocar la responsabilidad de otro Estado, a tomar medidas lícitas contra este Estado para asegurar la cesación de la violación y la reparación en interés del Estado lesionado, de los beneficiarios de la obligación violada.

Cuarta Parte
DISPOSICIONES GENERALES

Artículo 55

Lex Specialis

Los presentes artículos no se aplicarán en el caso y en la medida en que las condiciones de existencia de un hecho internacionalmente ilícito, el contenido de la responsabilidad internacional de un Estado o el modo de hacerla efectiva se rijan por normas especiales de derecho internacional.

Artículo 56

Cuestiones de responsabilidad del Estado no reguladas en los presentes artículos

Las normas de derecho internacional aplicables seguirán rigiendo las cuestiones relativas a la responsabilidad del Estado por un hecho internacionalmente ilícito en la medida en que esas cuestiones no estén reguladas en los presentes artículos.

Artículo 57

Responsabilidad de una organización internacional

Los presentes artículos se entenderán sin perjuicio de cualquier cuestión relativa a la responsabilidad, en virtud del derecho internacional, de una organización internacional o de un Estado por el comportamiento de una organización internacional.

Artículo 58

Responsabilidad individual

Los presentes artículos se entenderán sin perjuicio de cualquier cuestión relativa a la responsabilidad individual, en virtud del derecho internacional, de cualquier persona que actúe en nombre de un Estado.

Artículo 59

Carta de las Naciones Unidas

Los presentes artículos se entenderán sin perjuicio de la Carta de las Naciones Unidas.

Proyecto de artículos sobre prevención del daño transfronterizo resultante de actividades peligrosas (Resolución A/RES/56/82 del)

Los Estados Parte,

Teniendo presente el apartado a del párrafo 1 del Artículo 13 de la Carta de las Naciones Unidas, que dispone que la Asamblea General promoverá estudios y hará recomendaciones a fin de impulsar el desarrollo progresivo del derecho internacional y su codificación,

Teniendo presente el principio de la soberanía permanente de los Estados sobre los recursos naturales que se encuentran en su territorio o en otros lugares bajo su jurisdicción o control,

Teniendo presente además que la libertad de los Estados de realizar o permitir actividades en su territorio o en otros lugares bajo su jurisdicción o control no es ilimitada,

Recordando la Declaración de Río sobre el Medio Ambiente y el Desarrollo, de 13 de junio de 1992,

Reconociendo la importancia de promover la cooperación internacional,

Han convenido en lo siguiente:

Artículo 1

Alcance

Los presentes artículos se aplicarán a las actividades no prohibidas por el derecho internacional que entrañen el riesgo de causar, por sus consecuencias físicas, un daño transfronterizo sensible.

Artículo 2 Términos empleados

A los efectos de los presentes artículos:

a) El «riesgo de causar daño transfronterizo sensible» abarca los riesgos que se presentan como una alta probabilidad de causar daño transfronterizo sensible y una baja probabilidad de causar daño transfronterizo catastrófico;

b) Se entiende por «daño» el causado a las personas, los bienes o el medio ambiente;

c) Se entiende por «daño transfronterizo» el daño causado en el territorio o en otros lugares bajo la jurisdicción o el control de un Estado distinto del Estado de origen, tengan o no los Estados interesados fronteras comunes;

d) Se entiende por «Estado de origen» el Estado en cuyo territorio, o bajo cuya jurisdicción o control en otros lugares, se planifican o realizan las actividades a las que se refiere el artículo 1;

e) Se entiende por «Estado que pueda resultar afectado» el Estado en cuyo territorio exista el riesgo de daño transfronterizo sensible o que tiene jurisdicción o control sobre cualquier otro lugar en que exista ese riesgo;

f) Se entiende por «Estados interesados» el Estado de origen y el Estado que pueda resultar afectado.

Artículo 3

Prevención

El Estado de origen adoptará todas las medidas apropiadas para prevenir un daño transfronterizo sensible o, en todo caso, minimizar el riesgo de causarlo.

Artículo 4

Cooperación

Los Estados interesados cooperarán de buena fe y recabarán, según sea necesario, la asistencia de una o más organizaciones internacionales competentes, para prevenir un daño transfronterizo sensible o, en todo caso, minimizar el riesgo de causarlo.

Artículo 5

Aplicación

Los Estados interesados adoptarán las medidas legislativas, administrativas o de otra índole necesarias, incluido el establecimiento de mecanismos de vigilancia apropiados, para aplicar las disposiciones de los presentes artículos.

Artículo 6

Autorización

1. El Estado de origen establecerá el requisito de su autorización previa para:

a) Cualquier actividad comprendida en el ámbito de aplicación de los presentes artículos que se lleve a cabo en su territorio o en otros lugares bajo su jurisdicción o control;

b) Cualquier cambio importante en una actividad mencionada en el apartado a;

c) Cualquier plan de efectuar un cambio en una actividad que pueda transformarla en otra comprendida en el ámbito de aplicación de los presentes artículos.

2. El requisito de la autorización establecido por un Estado será aplicable con respecto a todas las actividades preexistentes que queden comprendidas en el ámbito de aplicación de los presentes artículos. Se revisarán las autorizaciones ya concedidas por el Estado para actividades preexistentes a fin de cumplir lo dispuesto en los presentes artículos.

3. En el caso de que no se observen las condiciones de la autorización, el Estado de origen tomará todas las medidas que resulten apropiadas, incluido, cuando sea necesario, el retiro de la autorización.

Artículo 7

Evaluación del riesgo

Cualquier decisión con respecto a la autorización de una actividad comprendida en el ámbito de aplicación de los presentes artículos deberá basarse, en particular, en una evaluación del daño transfronterizo que pueda causar esa actividad, incluida la evaluación del impacto ambiental.

Artículo 8

Notificación e información

1. Si la evaluación a que se refiere el artículo 7 muestra que existe un riesgo de causar daño transfronterizo sensible, el Estado de origen deberá hacer la oportuna notificación del riesgo y de la evaluación al Estado que pueda resultar afectado y le transmitirá la información técnica disponible y toda otra información pertinente

en que se base la evaluación.

2. El Estado de origen no tomará decisión alguna con respecto a la autorización de la actividad antes de que reciba, dentro de un plazo que no exceda de seis meses, la respuesta del Estado que pueda resultar afectado.

Artículo 9

Consultas sobre las medidas preventivas

1. Los Estados interesados celebrarán consultas, a petición de cualquiera de ellos, con el objeto de alcanzar soluciones aceptables respecto de las medidas que hayan de adoptarse para prevenir un daño transfronterizo sensible o, en todo caso, minimizar el riesgo de causarlo. Los Estados interesados acordarán, al comienzo de esas consultas, un plazo razonable para llevarlas a cabo.

2. Los Estados interesados deberán buscar soluciones basadas en un equilibrio equitativo de intereses a la luz del artículo 10.

3. Si de resultas de las consultas a que se hace referencia en el párrafo 1 no se llegare a una solución de común acuerdo, el Estado de origen deberá tener en cuenta, no obstante, los intereses del Estado que pueda resultar afectado en caso de que decida autorizar la realización de la actividad en cuestión, sin perjuicio de los derechos de cualquier Estado que pueda resultar afectado.

Artículo 10

Factores de un equilibrio equitativo de intereses

Para lograr un equilibrio equitativo de intereses a tenor del párrafo 2 del artículo 9, los Estados interesados tendrán en cuenta todos los factores y circunstancias pertinentes, en particular:

a) El grado de riesgo de daño transfronterizo sensible y la disponibilidad de medios para prevenir ese daño o minimizar ese riesgo o reparar el daño;

b) La importancia de la actividad, teniendo en cuenta sus ventajas generales de carácter social, económico y técnico para el Estado de origen en relación con el daño potencial para el Estado que pueda resultar afectado;

c) El riesgo de que se cause daño sensible al medio ambiente y la disponibilidad de medios para prevenir ese daño o minimizar ese riesgo o rehabilitar el medio ambiente;

d) La medida en que el Estado de origen y, cuando corresponda, el Estado que pueda resultar afectado estén dispuestos a sufragar los costos de prevención;

e) La viabilidad económica de la actividad en relación con los costos de prevención y con la posibilidad de realizar la actividad en otro lugar o por otros medios, o de sustituirla por otra actividad;

f) Las normas de prevención que el Estado que pueda resultar afectado aplique a la misma actividad o a actividades comparables y las normas aplicadas en la práctica regional o internacional comparable.

Artículo 11

Procedimientos aplicables a falta de notificación

1. Si un Estado tiene motivos razonables para creer que una actividad que se proyecta o lleva a cabo en el Estado de origen puede entrañar un riesgo de causarle daño transfronterizo sensible, podrá solicitar al Estado de origen que aplique la disposición del artículo 8. La petición irá acompañada de una exposición documentada de sus motivos.

2. En caso de que el Estado de origen llegue, no obstante, a la conclusión de que no está obligado a hacer la notificación a que se refiere el artículo 8, informará de esa conclusión al Estado solicitante dentro de un plazo razonable y le presentará una exposición documentada de las razones en que ella se funde. Si el Estado solicitante no está de acuerdo con esa conclusión, a petición de este Estado, los dos Estados entablarán sin demora consultas en la forma indicada en el artículo 9.

3. Durante las consultas, el Estado de origen deberá, a petición del otro Estado, disponer las medidas adecuadas y viables para minimizar el riesgo y, cuando proceda, suspender la actividad de que se trate por un período razonable.

Artículo 12

Intercambio de información

Mientras se lleve a cabo la actividad, los Estados interesados deberán intercambiar oportunamente toda la información disponible sobre esa actividad que sea pertinente para prevenir un daño transfronterizo sensible o, en todo caso, minimizar el riesgo de causarlo. Ese intercambio de información continuará hasta que los Estados interesados lo consideren oportuno, incluso hasta después de que

haya terminado la actividad.

Artículo 13

Información al público

Los Estados interesados deberán proporcionar, por los medios apropiados, al público que pueda resultar afectado por una actividad comprendida en el ámbito de aplicación de los presentes artículos, la información pertinente relativa a esa actividad, el riesgo que entraña y el daño que pueda resultar, y consultarán su opinión.

Artículo 14

Seguridad nacional y secretos industriales

Los datos e informaciones vitales para la seguridad nacional del Estado de origen o para la protección de secretos industriales o derechos de propiedad intelectual podrán no ser transmitidos, pero el Estado de origen cooperará de buena fe con el Estado que pueda resultar afectado para proporcionar toda la información posible en atención a las circunstancias.

Artículo 15

No discriminación

Salvo que los Estados interesados hayan acordado otra cosa para la protección de los intereses de las personas, naturales o jurídicas, que estén o puedan estar expuestas al riesgo de un daño transfronterizo sensible como resultado de una actividad comprendida en el ámbito de aplicación de los presentes artículos, un Estado no discriminará por motivos de nacionalidad o residencia o de lugar en que pueda ocurrir el daño, al garantizar a esas personas, de conformidad con su ordenamiento jurídico, acceso a los procedimientos judiciales o de otra índole para que soliciten protección u otro remedio apropiado.

Artículo 16

Preparación para casos de emergencia

El Estado de origen deberá establecer planes de contingencia para hacer frente a las situaciones de emergencia, en cooperación, cuando proceda, con el Estado que pueda resultar afectado y con las organizaciones internacionales competentes.

Artículo 17

Notificación de una emergencia

El Estado de origen deberá notificar sin demora y por los medios más rápidos de que disponga al Estado que pueda resultar afectado cualquier situación de emergencia relacionada con una actividad comprendida en el ámbito de aplicación de los presentes artículos y facilitarle toda la información pertinente disponible.

Artículo 18

Relación con otras normas de derecho internacional

Los presentes artículos se entenderán sin perjuicio de cualquier obligación de los Estados de conformidad con los tratados pertinentes o con las normas del derecho internacional consuetudinario.

Artículo 19

Solución de controversias

1. Toda controversia acerca de la interpretación o aplicación de los presentes artículos será resuelta rápidamente mediante los medios de solución pacífica que elijan de mutuo acuerdo las partes en la controversia, incluidos la negociación, la mediación, la conciliación, el arbitraje o el arreglo judicial.

2. De no lograr acuerdo sobre los medios para la solución pacífica de la controversia en un plazo de seis meses, cualquiera de las partes en la controversia podrá solicitar que se establezca una comisión imparcial de determinación de los hechos.

3. La comisión de determinación de los hechos estará integrada por un miembro designado por cada una de las partes en la controversia y además por un miembro que no tenga la nacionalidad de ninguna de ellas, que será elegido por los miembros designados y que actuará como presidente.

4. Si una de las partes en la controversia está constituida por más de un Estado, y si éstos no designan de común acuerdo a un miembro de la comisión y cada uno de ellos procede a designar a un miembro, la otra parte en la controversia tendrá derecho a designar a igual número de miembros de la comisión.

5. Si los miembros designados por las partes en la controversia no pueden ponerse de acuerdo en el nombramiento de un presidente en un plazo de tres meses a contar desde la solicitud de establecimiento de la comisión, cualquiera de las partes en la controversia podrá solicitar al Secretario General de las Naciones Unidas que nombre al presidente, el cual no tendrá la nacionalidad de ninguna de las partes en la controversia. Si una de las partes no designare miembro para la comisión en un plazo de tres meses a contar desde la solicitud inicial presentada con arreglo al párrafo 2, cualquier otra parte en la controversia podrá solicitar al Secretario General de las Naciones Unidas que designe a una persona que no tenga la nacionalidad de ninguna de las partes en la controversia. La persona así designada constituirá una comisión unipersonal.

6. La comisión aprobará su informe por mayoría, a menos que sea una comisión unipersonal, y lo presentará a las partes en la controversia, exponiendo en él sus conclusiones y sus recomendaciones, que las partes en la controversia considerarán de buena fe.

PROYECTO DE PRINCIPIOS SOBRE LA ASIGNACIÓN DE LA PÉRDIDA EN CASO DE DAÑO TRANSFRONTERIZO RESULTANTE DE ACTIVIDADES PELIGROSAS
(RESOLUCIÓN 61/36 APROBADA POR LA ASAMBLEA GENERAL EL 4 DE DICIEMBRE DE 2006)

LA ASAMBLEA GENERAL,

Recordando que la Comisión de Derecho Internacional en su 53° período de Sesiones concluyó el proyecto de artículos sobre prevención del daño transfronterizo resultante de actividades peligrosas y recomendó a la Asamblea General que elaborase una convención basada en el proyecto de artículos,

Recordando también su resolución 56/82, de 12 de diciembre de 2001,

Habiendo examinado el capítulo V del informe de la Comisión acerca de su 58° período de sesiones, en el que figura el proyecto de principios sobre la asignación de la pérdida en caso de daño transfronterizo resultante de actividades peligrosas,

Observando que la Comisión decidió recomendar a la Asamblea General que hiciera suyo el proyecto de principios mediante una resolución e instó a los Estados a que adoptasen disposiciones en el ámbito interno y en el internacional para llevarlos a efecto,

Destacando la importancia que siguen teniendo la codificación y el desarrollo progresivo del derecho internacional, a los que se hace referencia en el apartado a) del párrafo 1 del Artículo 13 de la Carta de las Naciones Unidas,

Observando que las cuestiones de la prevención del daño transfronterizo resultante de actividades peligrosas y de la asignación de la pérdida en caso de producirse dicho daño tienen gran importancia para las relaciones entre Estados,

Teniendo en cuenta las opiniones y comentarios formulados en la Sexta Comisión en relación con el capítulo V del informe de la Comisión sobre su 58° período de sesiones, relativo a la responsabilidad internacional en caso de pérdida causada por un daño transfronterizo resultante de actividades peligrosas,

1. Expresa su agradecimiento a la Comisión de Derecho Internacional por su incesante contribución a la codificación y el desarrollo progresivo del derecho internacional;

2. Toma nota de los principios sobre la asignación de la pérdida en caso de daño transfronterizo resultante de actividades peligrosas presentados por la Comisión de Derecho Internacional, cuyo texto figura en el anexo de la presente resolución, y los señala a la atención de los gobiernos;

3. Decide incluir en el programa provisional de su sexagésimo segundo período de sesiones un tema titulado "Examen de la prevención del daño transfronterizo resultante de actividades peligrosas y asignación de la pérdida en caso de producirse dicho daño".

64ª sesión plenaria

4 de diciembre de 2006

ANEXO
PRINCIPIOS SOBRE LA ASIGNACIÓN DE LA PÉRDIDA EN CASO DE DAÑO TRANSFRONTERIZO RESULTANTE DE ACTIVIDADES PELIGROSAS

La Asamblea General,

Reafirmando los Principios 13 y 16 de la Declaración de Río sobre el Medio Ambiente y el Desarrollo,

Recordando el proyecto de artículos sobre prevención del daño transfronterizo resultante de actividades peligrosas,

Consciente de que pueden producirse incidentes con ocasión de actividades peligrosas aun cuando el Estado involucrado cumpla sus obligaciones con respecto a la prevención del daño transfronterizo resultante de actividades peligrosas,

Observando que de resultas de esos incidentes otros Estados y/o sus nacionales pueden sufrir daños o pérdida grave,

Recalcando que deben ponerse en práctica medidas apropiadas y eficaces a fin de garantizar que las personas naturales y jurídicas, entre ellas los Estados, que sufran daño o pérdida como resultado de esos incidentes obtengan una pronta y adecuada indemnización,

Preocupada por la necesidad de adoptar medidas de respuesta prontas y eficaces para reducir al mínimo el daño o la pérdida que puedan producirse de resultas de tales incidentes,

Observando que los Estados son responsables del incumplimiento de sus obligaciones de prevención en virtud del derecho internacional,

Recordando la significación de los acuerdos internacionales existentes que regulan categorías específicas de actividades peligrosas y destacando la importancia de que se concierten más acuerdos de este tipo,

Deseando contribuir al desarrollo del derecho internacional en esta esfera,

Principio 1

Ámbito de aplicación

El presente proyecto de principios se aplicará a los daños transfronterizos causados por actividades peligrosas no prohibidas por el derecho internacional.

Principio 2

Términos empleados

A los efectos del presente proyecto de principios:

a) Se entiende por "daño" un daño sensible causado a las personas, los bienes o el medio ambiente; el daño comprende:

i) La muerte o las lesiones corporales;

ii) La pérdida de un bien, o un daño causado a un bien, incluido cualquier bien que forme parte del patrimonio cultural;

iii) Una pérdida o daño resultante del deterioro producido en el medio ambiente;

iv) Los costos de las medidas razonables de restablecimiento del bien o del medio ambiente, incluidos los recursos naturales;

v) Los costos de las medidas razonables de respuesta;

b) El "medio ambiente" comprende los recursos naturales, tanto abióticos como bióticos, tales como el aire, el agua, el suelo, la fauna y la flora y la interacción entre estos factores, y los aspectos característicos del paisaje;

c) Se entiende por "actividad peligrosa" una actividad que entraña un riesgo de causar daños sensibles;

d) Se entiende por "Estado de origen" el Estado en cuyo territorio o bajo cuya jurisdicción o control se realiza la actividad peligrosa;

e) Se entiende por "daño transfronterizo" el daño causado a las personas, los bienes o el medio ambiente en el territorio o en otros lugares bajo la jurisdicción o el control de un Estado que no es el Estado de origen;

f) Se entiende por "víctima" toda persona natural o jurídica, o todo Estado, que sufre un daño;

g) Se entiende por "explotador" toda persona que dirige o controla la actividad en el momento en que se produce el incidente causante del daño transfronterizo.

Principio 3

Propósitos

Los propósitos del presente proyecto de principios son los siguientes:

a) Garantizar una indemnización pronta y adecuada de las víctimas de un daño transfronterizo; y

b) Preservar y proteger el medio ambiente en caso de que se produzca un daño transfronterizo, teniendo en cuenta especialmente la atenuación del daño causado al medio ambiente y la restauración o restablecimiento de éste.

Principio 4

Pronta y adecuada indemnización

1. Cada Estado debería adoptar las medidas necesarias a fin de que las víctimas de daños transfronterizos causados por actividades peligrosas realizadas en su territorio o sujetas de otro modo a su jurisdicción o control reciban una pronta y adecuada indemnización.

2. Estas medidas deberían incluir la asignación de la responsabilidad al explotador o, cuando proceda, a otra persona o entidad. Esta responsabilidad no debería requerir la prueba de la culpa. Las condiciones, limitaciones o excepciones a que pueda estar sujeta esta responsabilidad deberán ser compatibles con el proyecto de principio 3.

3. Estas medidas deberían incluir también el requerimiento al explotador o, cuando proceda, a otra persona o entidad, de constituir y mantener un seguro, fianza u otras garantías financieras para hacer frente a las demandas de indemnización.

4. En los casos apropiados, tales medidas deberían incluir el requerimiento de crear en el ámbito nacional un fondo financiado por la correspondiente rama de actividad.

5. En el caso de que las medidas mencionadas en los párrafos anteriores sean insuficientes para garantizar una indemnización adecuada, el Estado de origen también debería velar por que se asignen recursos financieros adicionales.

Principio 5

Medidas de respuesta

Cuando sobrevenga un incidente con ocasión de una actividad peligrosa de resultas del cual se produzca, o es probable que se produzca, un daño transfronterizo:

a) El Estado de origen notificará sin demora a todos los Estados afectados, o que es probable que lo sean, el incidente y los posibles efectos del daño transfronterizo;

b) El Estado de origen, con la participación del explotador, según proceda, velará por que se adopten medidas de respuesta apropiadas y, con esta finalidad, debería recurrir a los mejores datos científicos y tecnologías disponibles;

c) El Estado de origen, según proceda, debería también consultar a todos los Estados afectados, o que es probable que lo sean, y recabar su cooperación para atenuar los efectos del daño transfronterizo y, si es posible, eliminarlos;

d) Los Estados afectados por el daño transfronterizo, o que es probable que lo sean, tomarán todas las medidas viables para atenuar y, si es posible, eliminar los efectos de ese daño;

e) Los Estados interesados deberían recabar, cuando proceda, la asistencia de organizaciones internacionales competentes y otros Estados en términos y condiciones mutuamente aceptables.

Principio 6

Recursos internacionales y recursos internos

1. Los Estados conferirán a sus órganos judiciales y administrativos internos la jurisdicción y competencia necesarias y velarán por que estén disponibles vías de recurso rápidas, adecuadas y eficaces ante esos órganos en caso de daño transfronterizo causado por actividades peligrosas realizadas en su territorio o sujetas de otro modo a su jurisdicción o control.

2. Las víctimas de daños transfronterizos deberían tener acceso, en el Estado de origen, a vías de recurso que no sean menos rápidas, adecuadas y eficaces que aquellas de que disponen las víctimas de daños causados por el mismo incidente en el territorio de dicho Estado.

3. Las disposiciones de los párrafos 1 y 2 se entenderán sin perjuicio del derecho de las víctimas a ejercer recursos distintos de los disponibles en el Estado de origen.

4. Los Estados podrán prever el recurso a procedimientos internacionales de

solución de reclamaciones rápidos y que entrañen unos gastos mínimos.

5. Los Estados deberían garantizar el acceso adecuado a la información pertinente para el ejercicio de los recursos, incluidas las reclamaciones de indemnización.

Principio 7

Elaboración de regímenes internacionales específicos

1. Cuando, en relación con determinadas categorías de actividades peligrosas, acuerdos específicos de carácter bilateral, regional o mundial permitan tomar disposiciones eficaces acerca de la indemnización, las medidas de respuesta y los recursos internacionales e internos, habría que hacer todo lo posible por concertar esos acuerdos específicos.

2. Estos acuerdos deberían incluir, según proceda, disposiciones para aportar una indemnización complementaria con fondos de la rama de actividad y/o del Estado en caso de que los recursos financieros del explotador, incluidas las medidas de garantía financiera, sean insuficientes para cubrir las pérdidas sufridas de resultas de un incidente. Estos fondos podrán tener por objeto complementar o sustituir los fondos nacionales financiados por la rama de actividad.

Principio 8

Aplicación

1. Cada Estado debería adoptar las medidas legislativas, reglamentarias y administrativas necesarias para aplicar el presente proyecto de principios.

2. El presente proyecto de principios y las disposiciones de aplicación se llevarán a efecto sin discriminación alguna por razón, por ejemplo, de nacionalidad, domicilio o residencia.

3. Los Estados deberían cooperar entre sí en la aplicación del presente proyecto de principios.

Proyecto de Artículos sobre la Protección Diplomática (Comisión de Derecho Internacional, 2004)

Primera Parte
DISPOSICIONES GENERALES

Artículo 1

Definición y alcance

La protección diplomática consiste en el recurso a la acción diplomática o a otros medios de solución pacífica por un Estado que asume, por derecho propio, la causa de uno de sus nacionales en razón de un perjuicio sufrido por éste como resultado de un hecho internacionalmente ilícito de otro Estado.

Artículo 2

Derecho a ejercer la protección diplomática

Un Estado tiene derecho a ejercer la protección diplomática de conformidad con el presente proyecto de artículos.

Segunda parte
NACIONALIDAD
Capítulo I
Principios generales

Artículo 3

Protección por el Estado de la nacionalidad

1. El Estado con derecho a ejercer la protección diplomática es el Estado de la nacionalidad.

2. No obstante lo dispuesto en el párrafo 1, la protección diplomática podrá

ejercerse con respecto a no nacionales, de conformidad con el proyecto de artículo 8.

Capítulo II
Personas naturales

Artículo 4

Estado de la nacionalidad de una persona natural

A los efectos de la protección diplomática de las personas naturales, se entiende por Estado de la nacionalidad un Estado cuya nacionalidad ha adquirido la persona objeto de protección en razón del lugar de nacimiento, la filiación, la sucesión de Estados, la naturalización o de cualquier otro modo que no esté en contradicción con el derecho internacional.

Artículo 5

Continuidad de la nacionalidad

1. Un Estado tiene derecho a ejercer la protección diplomática con respecto a una persona que era nacional suyo en el momento del perjuicio y lo sea en la fecha de la presentación oficial de la reclamación.

2. No obstante lo dispuesto en el párrafo 1, un Estado podrá ejercer la protección diplomática con respecto a una persona que sea nacional suyo en la fecha de la presentación oficial de la reclamación pero que no lo era en el momento del perjuicio siempre que esa persona haya perdido su nacionalidad anterior y haya adquirido, por una razón no relacionada con la formulación de la reclamación, la nacionalidad de ese Estado de un modo que no esté en contradicción con el derecho internacional.

3. El Estado de la nacionalidad actual no ejercerá la protección diplomática con respecto a una persona frente al Estado de la nacionalidad anterior de esa persona en razón de un perjuicio sufrido cuando ésta era nacional del Estado de la nacionalidad anterior y no del Estado de la nacionalidad actual.

Artículo 6

Nacionalidad múltiple y reclamación frente a un tercer Estado

1. Todo Estado del que sea nacional una persona que tenga doble o múltiple

nacionalidad podrá ejercer la protección diplomática con respecto a esa persona frente a un Estado del que ésta no sea nacional.

2. Dos o más Estados de la nacionalidad podrán ejercer conjuntamente la

protección diplomática con respecto a una persona que tenga doble o múltiple nacionalidad.

Artículo 7

Nacionalidad múltiple y reclamación frente a un Estado de la nacionalidad

El Estado de la nacionalidad no podrá ejercer la protección diplomática con respecto a una persona frente a otro Estado del que esa persona sea también nacional, a menos que la nacionalidad del primer Estado sea predominante tanto en el momento del perjuicio como en la fecha de la presentación oficial de la reclamación.

Artículo 8

Apátridas y refugiados

1. Un Estado podrá ejercer la protección diplomática con respecto a una persona apátrida que, en el momento del perjuicio y en la fecha de la presentación oficial de la reclamación, tenga residencia legal y habitual en ese Estado.

2. Un Estado podrá ejercer la protección diplomática con respecto a una persona a la que ese Estado reconozca la condición de refugiado cuando esa persona, en el momento del perjuicio y en la fecha de la presentación oficial de la reclamación, tenga residencia legal y habitual en ese Estado.

3. El párrafo 2 no se aplicará cuando el perjuicio haya sido causado por un hecho internacionalmente ilícito del Estado de la nacionalidad del refugiado.

Capítulo III
Personas jurídicas

Artículo 9

Estado de la nacionalidad de una sociedad

A los efectos de la protección diplomática de las sociedades, se entiende por Estado de la nacionalidad el Estado con arreglo a cuya legislación se ha fundado la sociedad y en cuyo territorio ésta tiene su domicilio social o la sede de su administración o con el cual tiene un vínculo análogo.

Artículo 10

Continuidad de la nacionalidad de una sociedad

1. Un Estado tiene derecho a ejercer la protección diplomática con respecto a una sociedad que tenía su nacionalidad en el momento del perjuicio y tenga esa nacionalidad en la fecha de la presentación oficial de la reclamación.

2. No obstante lo dispuesto en el párrafo 1, un Estado seguirá teniendo derecho a ejercer la protección diplomática con respecto a una sociedad que tenía su nacionalidad en el momento del perjuicio y que, de resultas de ese perjuicio, ha dejado de existir según la legislación de ese Estado.

Artículo 11

Protección de los accionistas

El Estado de la nacionalidad de los accionistas de una sociedad no tendrá derecho a ejercer la protección diplomática en favor de esos accionistas en caso de perjuicio causado a la sociedad, a menos que:

a) La sociedad haya dejado de existir de conformidad con la legislación del

Estado de constitución por algún motivo no relacionado con el perjuicio; o

b) La sociedad tenga, en el momento del perjuicio, la nacionalidad del Estado

cuya responsabilidad por dicho perjuicio se invoca y la constitución de la sociedad de conformidad con la legislación de ese Estado sea exigida por éste como condición previa para realizar actividades empresariales en ese Estado.

Artículo 12

Perjuicio directo a los accionistas

En la medida en que un hecho internacionalmente ilícito de un Estado cause un perjuicio directo a los derechos de los accionistas como tales, distintos de los derechos de la propia sociedad, el Estado de la nacionalidad de cualquiera de esos accionistas tendrá derecho a ejercer la protección diplomática con respecto a sus nacionales.

Artículo 13

Otras personas jurídicas

Los principios enunciados en los proyectos de artículo 9 y 10 con respecto a las sociedades serán aplicables, en cuanto sea apropiado, a la protección diplomática de otras personas jurídicas.

Tercera parte
RECURSOS INTERNOS

Artículo 14

Agotamiento de los recursos internos

1. Un Estado no podrá formular una reclamación internacional en razón de un

perjuicio causado a uno de sus nacionales o a una de las personas a que se refiere el proyecto de artículo 8 antes que la persona lesionada haya agotado todos los recursos internos, salvo lo dispuesto en el proyecto de artículo 16.

2. Por "recursos internos" se entiende los recursos legales que puede interponer una persona lesionada ante los tribunales u órganos, sean éstos judiciales o administrativos, ordinarios o especiales, del Estado cuya responsabilidad por el perjuicio se invoca.

Artículo 15

Tipo de reclamaciones

Se deberán agotar los recursos internos cuando una reclamación internacional, o una petición de sentencia declarativa relacionada con la reclamación, se funde predominantemente en un perjuicio causado a un nacional o a una de las personas a que se refiere el proyecto de artículo 8.

Artículo 16

Excepciones a la regla del agotamiento de los recursos internos

No habrán de agotarse los recursos internos cuando:

a) Los recursos internos no ofrezcan ninguna posibilidad razonable de obtener una reparación eficaz;

b) En la tramitación del recurso exista dilación indebida atribuible al Estado cuya responsabilidad se invoca;

c) No exista vínculo pertinente entre la persona lesionada y el Estado cuya responsabilidad se invoca, o de otro modo, dadas las circunstancias del caso, no resulte razonable tener que agotar los recursos internos;

d) El Estado cuya responsabilidad se invoca haya renunciado a exigir que se agoten los recursos internos.

CUARTA PARTE
DISPOSICIONES VARIAS

Artículo 17

Acciones o procedimientos distintos de la protección diplomática

El presente proyecto de artículos se entiende sin perjuicio del derecho de los Estados, las personas naturales u otras entidades a recurrir, de conformidad con el derecho internacional, a acciones o procedimientos distintos de la protección diplomática para obtener la reparación del perjuicio sufrido como resultado de un hecho internacionalmente ilícito.

Artículo 18

Disposiciones especiales de tratados

Los presentes artículos no se aplican en los casos y en la medida en que sean incompatibles con disposiciones especiales de tratados, incluidas las relativas a la solución de controversias entre sociedades o los accionistas de una sociedad y Estados.

Artículo 19

Tripulación de un buque

El derecho del Estado de la nacionalidad de los miembros de la tripulación de un

buque a ejercer la protección diplomática en favor de ellos no resulta afectado por el derecho del Estado de la nacionalidad de un buque a exigir reparación en favor de los miembros de la tripulación, independientemente de la nacionalidad de éstos, cuando hayan sufrido un daño como consecuencia de un perjuicio causado al buque por un hecho internacionalmente ilícito.

PROYECTO DE ARTÍCULOS SOBRE LA RESPONSABILIDAD DE LAS ORGANIZACIONES INTERNACIONALES POR HECHOS INTERNACIONALMENTE ILÍCITOS (COMISIÓN DE DERECHO INTERNACIONAL, 2011).

PRIMERA PARTE
INTRODUCCIÓN

Artículo 1

Alcance del presente proyecto de artículos

El presente proyecto de artículos se aplica a la responsabilidad internacional de una organización internacional por un hecho internacionalmente ilícito.

El presente proyecto de artículos se aplica también a la responsabilidad internacional de un Estado por un hecho internacionalmente ilícito relacionado con el comportamiento de una organización internacional.

Artículo 2

Definiciones

A los efectos del presente proyecto de artículos:

a) se entiende por "organización internacional" una organización instituida por un tratado u otro instrumento regido por el derecho internacional y dotada de personalidad jurídica internacional propia. Además de los Estados, las organizaciones internacionales pueden contar entre sus miembros con otras entidades.

b) se entiende por "reglas de la organización", en particular, los instrumentos constitutivos, las decisiones, resoluciones y otros actos de la organización internacional adoptados de conformidad con esos instrumentos, y la práctica bien establecida de la organización.

c) se entiende por "órgano de una organización internacional" toda persona o entidad que posea esta condición de conformidad con las reglas de la organización.

d) se entiende por "agente de una organización internacional" un funcionario u otra persona o entidad, que no sea un órgano, al que la organización haya encargado cumplir una de sus funciones, o ayudar a cumplirla, y por medio del cual, en consecuencia, la organización actúa.

SEGUNDA PARTE
EL HECHO INTERNACIONALMENTE ILÍCITO DE UNA ORGANIZACIÓN INTERNACIONAL
CAPÍTULO I
PRINCIPIOS GENERALES

Artículo 3

Responsabilidad de una organización internacional por sus hechos internacionalmente ilícitos

Todo hecho internacionalmente ilícito de una organización internacional genera su responsabilidad internacional.

Artículo 4

Elementos del hecho internacionalmente ilícito de una organización internacional

Hay hecho internacionalmente ilícito de una organización internacional cuando un comportamiento consistente en una acción u omisión:

a) es atribuible a esa organización según el derecho internacional, y

b) constituye una violación de una obligación internacional de esa organización.

Artículo 5

Calificación del hecho de una organización internacional como internacionalmente ilícito

La calificación del hecho de una organización internacional como internacionalmente ilícito se rige por el derecho internacional.

Capítulo II
ATRIBUCIÓN DE UN COMPORTAMIENTO A UNA ORGANIZACIÓN INTERNACIONAL

Artículo 6

Comportamiento de órganos o agentes de una organización internacional

El comportamiento de un órgano o de un agente de una organización internacional en el ejercicio de sus funciones se considerará hecho de esa organización según el derecho internacional, cualquiera que sea la posición del órgano o el agente en relación con la organización.

Las reglas de la organización se aplicarán para determinar las funciones de sus órganos y agentes.

Artículo 7

Comportamiento de órganos de un Estado o de órganos o agentes de una organización internacional puestos a disposición de otra organización internacional

El comportamiento de un órgano de un Estado o de un órgano o un agente de una organización internacional que hayan sido puestos a disposición de otra organización internacional se considerará un hecho de esta última organización según el derecho internacional si esta ejerce un control efectivo sobre ese comportamiento.

Artículo 8

Extralimitación en la competencia o contravención de instrucciones

El comportamiento de un órgano o un agente de una organización internacional se considerará un hecho de esa organización según el derecho internacional si tal órgano o agente actúa a título oficial en el marco de las funciones generales de la organización, aunque ese comportamiento exceda de la competencia del órgano o agente o contravenga sus instrucciones.

Artículo 9

Comportamiento que una organización internacional reconoce y adopta como propio

El comportamiento que no sea atribuible a una organización internacional en virtud de los artículos 6 a 8 se considerará, no obstante, hecho de esa organización según el derecho internacional, en el caso y en la medida en que la organización reconozca y adopte ese comportamiento como propio.

Capítulo III
Violación de una obligación internacional

Artículo 10

Existencia de violación de una obligación internacional

Hay violación de una obligación internacional por una organización internacional cuando un hecho de esa organización internacional no está en conformidad con lo que de ella exige esa obligación, sea cual fuere el origen o la naturaleza de la obligación en cuestión.

El párrafo 1 incluye la violación de toda obligación internacional de una organización con respecto a sus miembros que pueda resultar para una organización internacional de las reglas de la organización.

Artículo 11

Obligación internacional vigente respecto de una organización internacional

Un hecho de una organización internacional no constituye violación de una obligación internacional a menos que la organización se halle vinculada por dicha obligación en el momento en que se produce el hecho.

Artículo 12

Extensión en el tiempo de la violación de una obligación internacional

La violación de una obligación internacional mediante un hecho de una organización internacional que no tenga carácter continuo tiene lugar en el momento en que se produce el hecho, aunque sus efectos perduren.

La violación de una obligación internacional mediante un hecho de una organización internacional que tenga carácter continuo se extiende durante todo el período en el cual el hecho continúa y se mantiene su falta de conformidad con esa obligación.

La violación de una obligación internacional en virtud de la cual una organización internacional debe prevenir un acontecimiento determinado tiene lugar cuando se produce el acontecimiento y se extiende durante todo el período en el cual ese acontecimiento continúa y se mantiene su falta de conformidad con esa obligación.

Artículo 13

Violación consistente en un hecho compuesto

La violación por una organización internacional de una obligación internacional mediante una serie de acciones u omisiones, definida en su conjunto como ilícita, tiene lugar cuando se produce la acción u omisión que, tomada con las demás acciones u omisiones, es suficiente para constituir el hecho ilícito.

En tal caso, la violación se extiende durante todo el período que comienza con la primera de las acciones u omisiones de la serie y se prolonga mientras esas acciones u omisiones se repiten y se mantiene su falta de conformidad con la obligación internacional.

Capítulo IV
Responsabilidad de una organización internacional en relación con el hecho de un Estado o de otra organización internacional

Artículo 14

Ayuda o asistencia en la comisión de un hecho internacionalmente ilícito

La organización internacional que presta ayuda o asistencia a un Estado o a otra organización internacional en la comisión por ese Estado o por esta última organización de un hecho internacionalmente ilícito es responsable internacionalmente por prestar ayuda o asistencia si:

a) lo hace conociendo las circunstancias del hecho internacionalmente ilícito, y

b) el hecho sería internacionalmente ilícito si fuese cometido por la organización que presta la ayuda o asistencia.

Artículo 15

Dirección y control ejercidos en la comisión del hecho internacionalmente ilícito

La organización internacional que dirige y controla a un Estado o a otra organización internacional en la comisión por ese Estado o por esta última organización de un hecho internacionalmente ilícito es internacionalmente responsable por este hecho si:

a) lo hace conociendo las circunstancias del hecho internacionalmente ilícito, y

b) el hecho sería internacionalmente ilícito si fuese cometido por la organización que dirige y controla.

Artículo 16

Coacción sobre un Estado u otra organización internacional

La organización internacional que coacciona a un Estado o a otra organización internacional para que cometan un hecho es internacionalmente responsable por este hecho si:

a) el hecho, de no mediar coacción, constituiría un hecho internacionalmente ilícito del Estado o la organización internacional coaccionados, y

b) la organización internacional que ejerce la coacción actúa conociendo las circunstancias del hecho.

Artículo 17

Elusión de obligaciones internacionales mediante decisiones y autorizaciones dirigidas a los miembros

Una organización internacional incurre en responsabilidad internacional si se sustrae al cumplimiento de una de sus obligaciones internacionales adoptando una decisión que obliga a Estados miembros o a organizaciones internacionales miembros a cometer un hecho que sería internacionalmente ilícito si fuese cometido por aquella organización.

Una organización internacional incurre en responsabilidad internacional si se sustrae al cumplimiento de una de sus obligaciones internacionales autorizando a Estados miembros o a organizaciones internacionales miembros a cometer un hecho que sería internacionalmente ilícito si fuese cometido por aquella organización y el hecho en cuestión es cometido en virtud de esa autorización.

Los párrafos 1 y 2 se aplican independientemente de que el hecho en cuestión sea internacionalmente ilícito para los Estados miembros o las organizaciones internacionales miembros a los que se dirigió la decisión o la autorización.

Artículo 18

Responsabilidad de una organización internacional miembro de otra organización internacional

Sin perjuicio de lo dispuesto en los artículos 14 a 17, la responsabilidad internacional de una organización internacional que es miembro de otra organización internacional también surge en relación con un hecho de esta última en las condiciones enunciadas en los artículos 61 y 62 para los Estados que son miembros de una organización internacional.

Artículo 19

Efecto del presente capítulo

El presente capítulo se entiende sin perjuicio de la responsabilidad internacional del Estado o de la organización internacional que cometan el hecho en cuestión o de cualquier otro Estado u organización internacional.

Capítulo V
Circunstancias que excluyen la ilicitud

Artículo 20

Consentimiento

El consentimiento válido otorgado por un Estado o una organización internacional a la comisión de un hecho determinado por otra organización internacional excluye la ilicitud de tal hecho en relación con el Estado o la primera organización en la medida en que el hecho permanece dentro de los límites de dicho consentimiento.

Artículo 21

Legítima defensa

La ilicitud del hecho de una organización internacional queda excluida en el caso y en la medida en que ese hecho constituya una medida lícita de legítima defensa en virtud del derecho internacional.

Artículo 22

Contramedidas

Sin perjuicio de lo dispuesto en los párrafos 2 y 3, la ilicitud de un hecho de una organización internacional que no esté en conformidad con una obligación internacional de esa organización para con un Estado u otra organización internacional queda excluida en el caso y en la medida en que ese hecho constituya una contramedida adoptada de acuerdo con las condiciones de fondo y de procedimiento que exige el derecho internacional, incluidas las enunciadas en el capítulo II de la cuarta parte para las contramedidas adoptadas contra otra organización internacional.

Sin perjuicio de lo dispuesto en el párrafo 3, una organización internacional no podrá tomar contramedidas contra un Estado miembro o una organización internacional miembro responsables a menos que:

a) se cumplan las condiciones recogidas en el párrafo 1;

b) las contramedidas no sean incompatibles con las reglas de la organización, y

c) no existan medios adecuados para inducir de otro modo al Estado responsable o a la organización internacional responsable a cumplir sus obligaciones de cese de la violación y de reparación.

3. Una organización internacional no podrá tomar contramedidas contra un Estado miembro o una organización internacional miembro en respuesta a una violación de una obligación internacional establecida en las reglas de la organización a menos que dichas contramedidas estén previstas en esas reglas.

Artículo 23

Fuerza mayor

La ilicitud del hecho de una organización internacional que no esté en conformidad con una obligación internacional de esa organización queda excluida si ese hecho se debe a fuerza mayor, es decir, a una fuerza irresistible o a un acontecimiento imprevisto ajenos al control de la organización, que hacen materialmente imposible, en las circunstancias del caso, cumplir con la obligación.

El párrafo 1 no es aplicable si:

a) la situación de fuerza mayor se debe, por sí sola o en combinación con otros factores, al comportamiento de la organización que la invoca, o

b) la organización ha asumido el riesgo de que se produzca esa situación.

Artículo 24

Peligro extremo

La ilicitud del hecho de una organización internacional que no esté en conformidad con una obligación internacional de esa organización queda excluida si el autor de ese hecho no tiene razonablemente, en una situación de peligro extremo, otro modo de salvar su vida o la vida de otras personas confiadas a su cuidado.

El párrafo 1 no es aplicable si:

la situación de peligro extremo se debe, por sí sola o en combinación con otros factores, al comportamiento de la organización que la invoca, o

es probable que el hecho en cuestión cree un peligro comparable o mayor.

Artículo 25

Estado de necesidad

1. Una organización internacional no puede invocar el estado de necesidad como causa de exclusión de la ilicitud de un hecho que no esté en conformidad con una obligación internacional de esa organización a menos que ese hecho:

a) sea el único modo para la organización de salvaguardar contra un peligro grave e inminente un interés esencial de sus Estados miembros o de la comunidad internacional en su conjunto cuando la organización, en virtud del derecho internacional, tiene la función de proteger ese interés, y

b) no afecte gravemente a un interés esencial del Estado o de los Estados con relación a los cuales existe la obligación internacional, o de la comunidad internacional en su conjunto.

2. En todo caso, una organización internacional no puede invocar el estado de necesidad como causa de exclusión de la ilicitud si:

a) la obligación internacional de que se trate excluye la posibilidad de invocar el estado de necesidad, o

b) la organización ha contribuido a que se produzca el estado de necesidad.

Artículo 26

Cumplimiento de normas imperativas

Ninguna disposición del presente capítulo excluirá la ilicitud de cualquier hecho de una organización internacional que no esté en conformidad con una obligación que emana de una norma imperativa de derecho internacional general.

Artículo 27

Consecuencias de la invocación de una circunstancia que excluye la ilicitud

La invocación de una circunstancia que excluye la ilicitud en virtud del presente capítulo se entenderá sin perjuicio de:

a) el cumplimiento de la obligación de que se trate, en el caso y en la medida en que la circunstancia que excluye la ilicitud haya dejado de existir;

b) la cuestión de la indemnización de cualquier pérdida efectiva causada por el hecho en cuestión.

Tercera parte
CONTENIDO DE LA RESPONSABILIDAD INTERNACIONAL DE UNA ORGANIZACIÓN INTERNACIONAL
Capítulo I
Principios generales

Artículo 28

Consecuencias jurídicas del hecho internacionalmente ilícito

La responsabilidad internacional de una organización internacional que, de conformidad con las disposiciones de la segunda parte, nace de un hecho internacionalmente ilícito, produce las consecuencias jurídicas que se enuncian en la presente parte.

Artículo 29

Continuidad del deber de cumplir la obligación

Las consecuencias jurídicas del hecho internacionalmente ilícito con arreglo a lo dispuesto en la presente parte no afectan la continuidad del deber de la organización internacional responsable de cumplir la obligación violada.

Artículo 30

Cesación y no repetición

La organización internacional responsable del hecho internacionalmente ilícito está obligada:

a) a ponerle fin, si ese hecho continúa;

b) a ofrecer seguridades y garantías adecuadas de no repetición, si las circunstancias lo exigen.

Artículo 31

Reparación

La organización internacional responsable está obligada a reparar íntegramente el perjuicio causado por el hecho internacionalmente ilícito.

El perjuicio comprende todo daño, tanto material como moral, causado por el hecho internacionalmente ilícito de la organización internacional.

Artículo 32

Relevancia de las reglas de la organización

La organización internacional responsable no puede invocar sus reglas como justificación del incumplimiento de las obligaciones que le incumben en virtud de la presente parte.

El párrafo 1 se entiende sin perjuicio de la aplicabilidad de las reglas de una organización internacional a las relaciones entre la organización y sus Estados y organizaciones miembros.

Artículo 33

Alcance de las obligaciones internacionales enunciadas en la presente parte

Las obligaciones de la organización internacional responsable enunciadas en la presente parte pueden existir con relación a un Estado o varios Estados, a otra organización o a varias organizaciones o a la comunidad internacional en su conjunto, dependiendo, en particular, de la naturaleza y el contenido de la obligación internacional violada y de las circunstancias de la violación.

La presente parte se entiende sin perjuicio de cualquier derecho que la responsabilidad internacional de una organización internacional pueda generar directamente en beneficio de una persona o de una entidad distintas de un Estado o una organización internacional.

Capítulo II
Reparación del perjuicio

Artículo 34

Formas de reparación

La reparación íntegra del perjuicio causado por el hecho internacionalmente ilícito adoptará la forma de restitución, de indemnización y de satisfacción, ya sea de manera única o combinada, de conformidad con las disposiciones del presente capítulo.

Artículo 35

Restitución

La organización internacional responsable de un hecho internacionalmente ilícito está obligada a la restitución, es decir, a restablecer la situación que existía antes de la comisión del hecho ilícito, siempre que y en la medida en que esa restitución:

a) no sea materialmente imposible;

b) no entrañe una carga totalmente desproporcionada con relación al beneficio que se derivaría de la restitución en vez de la indemnización.

Artículo 36

Indemnización

La organización internacional responsable de un hecho internacionalmente ilícito está obligada a indemnizar el daño causado por ese hecho, en la medida en que dicho daño no sea reparado por la restitución.

La indemnización cubrirá todo daño susceptible de evaluación financiera, incluido el lucro cesante en la medida en que este sea comprobado.

Artículo 37

Satisfacción

La organización internacional responsable de un hecho internacionalmente ilícito está obligada a dar satisfacción por el perjuicio causado por ese hecho en la medida en que ese perjuicio no pueda ser reparado mediante restitución o indemnización.

La satisfacción puede consistir en un reconocimiento de la violación, una expresión de pesar, una disculpa formal o cualquier otra modalidad adecuada.

La satisfacción no será desproporcionada con relación al perjuicio y no podrá adoptar una forma humillante para la organización internacional responsable.

Artículo 38

Intereses

1. Se deben pagar intereses sobre toda suma principal adeudada en virtud del presente capítulo, en la medida necesaria para asegurar la reparación íntegra. El tipo de interés y el modo de cálculo se fijarán de manera que se alcance ese resultado.

2. Los intereses se devengarán desde la fecha en que debería haberse pagado la suma principal hasta la fecha en que se haya cumplido la obligación de pago.

Artículo 39

Contribución al perjuicio

Para determinar la reparación se tendrá en cuenta la contribución al perjuicio resultante de la acción o la omisión, intencional o negligente, del Estado lesionado o la organización internacional lesionada o de toda persona o entidad en relación con la cual se exija la reparación.

Artículo 40

Medidas para asegurar el cumplimiento de la obligación de reparación

La organización internacional responsable adoptará todas las medidas apropiadas, de conformidad con sus reglas, a fin de que sus miembros le proporcionen los medios para el cumplimiento efectivo de las obligaciones que le incumben en virtud del presente capítulo.

Los miembros de la organización internacional responsable adoptarán todas las medidas apropiadas que las reglas de la organización puedan requerir para que esta pueda cumplir efectivamente las obligaciones que le incumben en virtud del presente capítulo.

Capítulo III

Violaciones graves de obligaciones emanadas de normas imperativas de derecho internacional general

Artículo 41

Aplicación del presente capítulo

El presente capítulo se aplicará a la responsabilidad internacional generada por una violación grave por una organización internacional de una obligación que emane de una norma imperativa de derecho internacional general.

La violación de tal obligación es grave si implica el incumplimiento flagrante o sistemático de la obligación por la organización internacional responsable.

Artículo 42

Consecuencias particulares de la violación grave de una obligación en virtud del presente capítulo

Los Estados y las organizaciones internacionales cooperarán para poner fin, por medios lícitos, a toda violación grave en el sentido del artículo 41.

Ningún Estado ni ninguna organización internacional reconocerá como lícita una situación creada por una violación grave en el sentido del artículo 41, ni prestará ayuda o asistencia para mantener esa situación.

El presente artículo se entenderá sin perjuicio de las demás consecuencias enunciadas en esta parte y de toda otra consecuencia que una violación a la que se aplique el presente capítulo pueda generar según el derecho internacional.

Cuarta parte

MODOS DE HACER EFECTIVA LA RESPONSABILIDAD INTERNACIONAL DE UNA ORGANIZACIÓN INTERNACIONAL

Capítulo I

Invocación de la responsabilidad de una organización internacional

Artículo 43

Invocación de la responsabilidad por el Estado lesionado o la organización internacional lesionada

Un Estado o una organización internacional tendrán derecho como Estado lesionado o como organización internacional lesionada a invocar la responsabilidad de otra organización internacional si la obligación violada existe:

a) con relación a ese Estado o a aquella organización internacional individualmente;

b) con relación a un grupo de Estados u organizaciones internacionales, del que ese Estado o aquella organización internacional forman parte, o con relación a la comunidad internacional en su conjunto, y la violación de la obligación:

i) afecta especialmente a ese Estado o a esa organización internacional, o

ii) es de tal índole que modifica radicalmente la situación de todos los demás Estados y organizaciones internacionales con los que existe esa obligación con respecto al ulterior cumplimiento de esta.

Artículo 44

Notificación de la reclamación por el Estado lesionado o la organización internacional lesionada

El Estado lesionado o la organización internacional lesionada que invoquen la responsabilidad de otra organización internacional notificarán su reclamación a esa organización.

El Estado lesionado o la organización internacional lesionada podrán especificar en particular:

a) el comportamiento que debería observar la organización internacional responsable para poner fin al hecho ilícito, si ese hecho continúa;

b) la forma que debería adoptar la reparación de conformidad con las disposiciones de la tercera parte.

Artículo 45

Admisibilidad de la reclamación

Un Estado lesionado no podrá invocar la responsabilidad de una organización internacional si la reclamación no se presenta de conformidad con las normas aplicables en materia de nacionalidad de las reclamaciones.

Cuando la reclamación esté sujeta a la norma del agotamiento de los recursos internos, el Estado lesionado o la organización internacional lesionada no podrán invocar la responsabilidad de otra organización internacional si no se han agotado todas las vías de recurso disponibles y efectivas.

Artículo 46

Pérdida del derecho a invocar la responsabilidad

La responsabilidad de una organización internacional no podrá ser invocada:

a) si el Estado lesionado o la organización internacional lesionada han renunciado válidamente a la reclamación;

b) si, en razón del comportamiento del Estado lesionado o la organización internacional lesionada, debe entenderse que han dado válidamente aquiescencia a la extinción de la reclamación.

Artículo 47

Pluralidad de Estados lesionados u organizaciones internacionales lesionadas

Cuando varios Estados u organizaciones internacionales sean lesionados por el mismo hecho internacionalmente ilícito de una organización internacional, cada Estado lesionado u organización internacional lesionada podrá invocar por separado la responsabilidad de la organización internacional por el hecho internacionalmente ilícito.

Artículo 48

Responsabilidad de una organización internacional y de uno o varios Estados o una o varias organizaciones internacionales

Cuando una organización internacional y uno o varios Estados o una o varias otras organizaciones internacionales sean responsables del mismo hecho internacionalmente ilícito, podrá invocarse la responsabilidad de cada Estado u organización en relación con ese hecho.

La responsabilidad subsidiaria solo podrá invocarse en la medida en que la invocación de la responsabilidad principal no haya dado lugar a reparación.

Los párrafos 1 y 2:

no autorizan a un Estado lesionado o a una organización internacional lesionada a recibir una indemnización superior al daño que hayan sufrido;

se entenderán sin perjuicio de cualquier derecho a recurrir que el Estado o la organización internacional que hubieren dado reparación puedan tener contra los otros Estados u organizaciones internacionales responsables.

Artículo 49

Invocación de la responsabilidad por un Estado o una organización internacional que no sean un Estado lesionado o una organización internacional lesionada

Un Estado o una organización internacional que no sean un Estado lesionado o una organización internacional lesionada tendrán derecho a invocar la responsabilidad de otra organización internacional, con arreglo al párrafo 4, si la obligación violada existe con relación a un grupo de Estados u organizaciones internacionales del que el Estado o la organización que invocan la responsabilidad forman parte y si la obligación ha sido establecida para la protección de un interés colectivo del grupo.

Un Estado que no sea un Estado lesionado tendrá derecho a invocar la responsabilidad de una organización internacional, con arreglo al párrafo 4, si la obligación violada existe con relación a la comunidad internacional en su conjunto.

Una organización internacional que no sea una organización lesionada tendrá derecho a invocar la responsabilidad de otra organización internacional, con arreglo al párrafo 4, si la obligación violada existe con relación a la comunidad internacional en su conjunto y si la salvaguardia de los intereses de la comunidad internacional en su conjunto en que se fundamenta la obligación violada forma parte de las funciones de la organización que invoca la responsabilidad.

Un Estado o una organización internacional con derecho a invocar la responsabilidad en virtud de los párrafos 1 a 3 podrán reclamar a la organización internacional responsable:

a) la cesación del hecho internacionalmente ilícito y las seguridades y garantías de no repetición, de conformidad con lo dispuesto en el artículo 30, y

b) el cumplimiento de la obligación de reparación de conformidad con lo dispuesto en la tercera parte, en interés del Estado lesionado o de la organización internacional lesionada o de los beneficiarios de la obligación violada.

Los requisitos para la invocación de la responsabilidad por parte de un Estado o una organización internacional lesionada, previstos en los artículos 44, 45, párrafo 2, y 46, serán de aplicación en caso de invocación de la responsabilidad por parte de un Estado o una organización internacional en virtud de los párrafos 1 a 4.

Artículo 50

Alcance del presente capítulo

El presente capítulo se entenderá sin perjuicio del derecho que pueda tener una persona o entidad que no sea un Estado o una organización internacional a invocar la responsabilidad internacional de una organización internacional.

Capítulo II
Contramedidas

Artículo 51

Objeto y límites de las contramedidas

El Estado lesionado o la organización internacional lesionada solamente podrán adoptar contramedidas contra una organización internacional responsable de un hecho internacionalmente ilícito con el objeto de inducirla a cumplir las obligaciones que le incumben en virtud de lo dispuesto en la tercera parte.

Las contramedidas se limitarán al incumplimiento temporario de obligaciones internacionales que el Estado o la organización internacional que tomen tales medidas tengan con la organización responsable.

En la medida de lo posible, las contramedidas se tomarán de manera que se permita la reanudación del cumplimiento de las obligaciones en cuestión.

En la medida de lo posible, las contramedidas se tomarán de manera que se limiten sus efectos en el ejercicio por la organización internacional responsable de sus funciones.

Artículo 52

Condiciones para la adopción de contramedidas por miembros de una organización internacional

Sin perjuicio de lo dispuesto en el párrafo 2, un Estado lesionado o una organización internacional lesionada que sean miembros de una organización internacional responsable no podrán adoptar contramedidas contra esa organización, a menos que:

a) se cumplan las condiciones mencionadas en el artículo 51;

b) las contramedidas no sean incompatibles con las reglas de la organización, y

c) no existan medios adecuados para inducir de otro modo a la organización internacional responsable a cumplir las obligaciones que le incumben en lo referente al cese de la violación y a la reparación.

Un Estado lesionado o una organización internacional lesionada que sean miembros de una organización internacional responsable no podrán adoptar contramedidas contra esa organización en respuesta a una violación de una obligación internacional contraída en virtud de las reglas de la organización, a menos que tales contramedidas estén previstas en dichas reglas.

Artículo 53

Obligaciones que no pueden ser afectadas por las contramedidas

1. Las contramedidas no podrán afectar a:

a) la obligación de abstenerse de recurrir a la amenaza o al uso de la fuerza, tal como está enunciada en la Carta de las Naciones Unidas;

b) las obligaciones establecidas para la protección de los derechos humanos;

c) las obligaciones de carácter humanitario que prohíben las represalias;

d) otras obligaciones que emanen de normas imperativas del derecho internacional general.

2. El Estado lesionado o la organización internacional lesionada que tomen contramedidas no quedarán exentos del cumplimiento de las obligaciones que les incumban:

a) en virtud de cualquier procedimiento de solución de controversias aplicable entre el Estado lesionado o la organización internacional lesionada y la organización internacional responsable;

b) en relación con el respeto de toda inviolabilidad de los órganos o agentes de la organización internacional responsable y de los locales, archivos y documentos de esa organización.

Artículo 54

Proporcionalidad de las contramedidas

Las contramedidas deben ser proporcionales al perjuicio sufrido, teniendo en cuenta la gravedad del hecho internacionalmente ilícito y los derechos en cuestión.

Artículo 55

Condiciones del recurso a las contramedidas

Antes de adoptar contramedidas, el Estado lesionado o la organización internacional lesionada:

a) requerirán a la organización internacional responsable, de conformidad con el proyecto de artículo 44, que cumpla las obligaciones que le incumben en virtud de la tercera parte;

b) notificarán a la organización internacional responsable cualquier decisión de tomar contramedidas y ofrecerán negociar con esa organización.

No obstante lo dispuesto en el párrafo 1 b), el Estado lesionado o la organización internacional lesionada podrán tomar las contramedidas urgentes que sean necesarias para preservar sus derechos.

Las contramedidas no podrán tomarse, y en caso de haberse tomado deberán suspenderse sin demora injustificada, si:

a) el hecho internacionalmente ilícito ha cesado, y

b) la controversia está sometida a una corte o un tribunal competentes para dictar decisiones vinculantes para las partes.

No se aplicará el párrafo 3 si la organización internacional responsable no aplica de buena fe los procedimientos de solución de controversias.

Artículo 56

Terminación de las contramedidas

Se pondrá fin a las contramedidas tan pronto como la organización internacional responsable haya cumplido sus obligaciones en relación con el hecho internacionalmente ilícito de conformidad con lo dispuesto en la tercera parte.

Artículo 57

Medidas tomadas por un Estado o una organización internacional que no sean un Estado lesionado o una organización lesionada

El presente capítulo no afectará al derecho de cualquier Estado u organización internacional, facultados con arreglo al artículo 49, párrafos 1 a 3, para invocar la responsabilidad de otra organización internacional, a tomar medidas lícitas contra esta para lograr el cese de la violación y la reparación en interés del Estado lesionado o la organización lesionada o de los beneficiarios de la obligación violada.

Quinta parte

RESPONSABILIDAD DE UN ESTADO EN RELACIÓN CON EL COMPORTAMIENTO DE UNA ORGANIZACIÓN INTERNACIONAL

Artículo 58

Ayuda o asistencia prestada por un Estado en la comisión de un hecho internacionalmente ilícito por una organización internacional

El Estado que presta ayuda o asistencia a una organización internacional en la comisión por esta última de un hecho internacionalmente ilícito es responsable internacionalmente por prestar esa ayuda o asistencia si:

a) lo hace conociendo las circunstancias del hecho internacionalmente ilícito, y

b) el hecho sería internacionalmente ilícito si fuese cometido por el Estado que presta la ayuda o la asistencia.

Un hecho de un Estado miembro de una organización internacional realizado de conformidad con las reglas de la organización no genera por sí solo la responsabilidad internacional de ese Estado con arreglo a lo dispuesto en el presente artículo.

Artículo 59

Dirección y control ejercidos por un Estado en la comisión de un hecho internacionalmente ilícito por una organización internacional

El Estado que dirige y controla a una organización internacional en la comisión por esta última de un hecho internacionalmente ilícito es internacionalmente responsable por este hecho si:

a) lo hace conociendo las circunstancias del hecho internacionalmente ilícito, y

b) el hecho sería internacionalmente ilícito si fuese cometido por ese Estado.

Un hecho de un Estado miembro de una organización internacional realizado de conformidad con las reglas de la organización no genera por sí solo la responsabilidad internacional de ese Estado con arreglo a lo dispuesto en el presente artículo.

Artículo 60

Coacción ejercida por un Estado sobre una organización internacional

El Estado que coacciona a una organización internacional para que cometa un hecho es internacionalmente responsable por este hecho si:

a) el hecho, de no mediar coacción, constituiría un hecho internacionalmente ilícito de la organización internacional coaccionada, y

b) el Estado que ejerce la coacción actúa conociendo las circunstancias del

hecho.

Artículo 61

Elusión de obligaciones internacionales de un Estado miembro de una organización internacional

Un Estado miembro de una organización internacional incurre en responsabilidad internacional si, prevaliéndose de que la organización es competente en relación con el objeto de una de las obligaciones internacionales de ese Estado, se sustrae al cumplimiento de la obligación induciendo a la organización a cometer un hecho que, de haber sido cometido por dicho Estado, habría constituido una violación de esa obligación.

El párrafo 1 se aplica independientemente de que el hecho sea o no internacionalmente ilícito para la organización internacional.

Artículo 62

Responsabilidad de un Estado miembro de una organización internacional por un hecho internacionalmente ilícito de esa organización

Un Estado miembro de una organización internacional es responsable de un hecho internacionalmente ilícito de esa organización si:

a) ha aceptado la responsabilidad por ese hecho para con la parte lesionada, o

b) ha inducido a la parte lesionada a confiar en su responsabilidad.

Se presume que toda responsabilidad internacional de un Estado de conformidad con el párrafo 1 tiene carácter subsidiario.

Artículo 63

Efecto de la presente parte

La presente parte se entiende sin perjuicio de la responsabilidad internacional de la organización internacional que cometa el hecho en cuestión o de la responsabilidad de cualquier otro Estado u organización internacional.

Sexta parte
DISPOSICIONES GENERALES

Artículo 64

Lex specialis

Los presentes artículos no se aplican en el caso y en la medida en que las condiciones de existencia de un hecho internacionalmente ilícito de una organización internacional o de un Estado en relación con el comportamiento de una organización internacional, el contenido de dicha responsabilidad internacional o el modo de hacerla efectiva, se rijan por normas especiales de derecho internacional.

Estas normas especiales de derecho internacional pueden estar contenidas en las reglas de la organización que sean aplicables a las relaciones entre la organización internacional y sus miembros.

Artículo 65

Cuestiones de responsabilidad internacional no reguladas en los presentes artículos

Las normas de derecho internacional aplicables seguirán rigiendo las cuestiones relativas a la responsabilidad de una organización internacional o de un Estado por un hecho internacionalmente ilícito en la medida en que esas cuestiones no estén reguladas en los presentes artículos.

Artículo 66

Responsabilidad individual

Los presentes artículos se entenderán sin perjuicio de cualquier cuestión relativa a la responsabilidad individual, en virtud del derecho internacional, de cualquier persona que actúe en nombre de una organización internacional o de un Estado.

Artículo 67

Carta de las Naciones Unidas

Los presentes artículos se entenderán sin perjuicio de la Carta de las Naciones Unidas.

B) *El individuo*

- Proyecto de Código de crímenes contra la paz y la seguridad de la humanidad (1996)
- Proyecto de artículos sobre la prevención y represión de crímenes contra la humanidad (2019)
- Estatuto de Roma de la Corte penal internacional (1998)

Proyecto de Código de Crímenes contra la Paz y la Seguridad de la Humanidad (Comisión de Derecho Internacional, 1996)

PARTE I DISPOSICIONES GENERALES

Artículo 1

Ámbito de aplicación del presente Código

1. El presente Código se aplica a los crímenes contra la paz y la seguridad de la humanidad enunciados en la Parte II.

2. Los crímenes contra la paz y la seguridad de la humanidad son crímenes de derecho internacional punibles en cuanto tales, estén o no sancionados en el derecho nacional.

Artículo 2

Responsabilidad individual

1. Un crimen contra la paz y la seguridad de la humanidad comportará responsabilidad individual.

2. El que cometa un crimen de agresión será responsable personalmente de conformidad con el artículo 16.

3. Será responsable de un crimen de los previstos en los artículos 17,18, 19 ó 20 el que:

a)Haya cometido intencionadamente tal crimen;

b) Haya ordenado la comisión de tal crimen y éste llegue a perpetrarse o se intente perpetrarlo;

c) No haya impedido o reprimido la comisión de tal crimen en las circunstancias previstas en el artículo 6;

d) Haya proporcionado deliberadamente ayuda, asistencia u otra clase de apoyo, de manera directa o sustancial, para la comisión de tal crimen, incluso facilitando los medios para ello;

e) Haya participado directamente en el plan o confabulación para cometer tal crimen y éste llegue a perpetrarse;

f) Haya incitado directa y públicamente a otro a cometer tal crimen y éste llegue a perpetrarse;

g) Haya intentado cometer tal crimen dando principio a su ejecución, sin que llegue a consumarse por circunstancias ajenas a su voluntad.

Artículo 3

Castigo

El responsable de un crimen contra la paz y la seguridad de la humanidad será sancionado con una pena. La pena será proporcional a la naturaleza y la gravedad del crimen.

Artículo 4

Responsabilidad de los Estados

El hecho de que el presente Código prevea la responsabilidad de las personas por crímenes contra la paz y la seguridad de la humanidad no prejuzga ninguna cuestión de la responsabilidad de los Estados en virtud del derecho internacional.

Artículo 5

Órdenes de un gobierno o de un superior jerárquico

El hecho de que el acusado de un crimen contra la paz y la seguridad de la humanidad haya actuado en cumplimiento de órdenes de un gobierno o de un superior jerárquico no lo eximirá de responsabilidad criminal, pero podrá considerarse circunstancia atenuante si así lo exige la equidad.

Artículo 6

Responsabilidad del superior jerárquico

El hecho de que el crimen contra la paz y la seguridad de la humanidad haya sido cometido por un subordinado no eximirá a sus superiores de responsabilidad criminal, si sabían o tenían motivos para saber, dadas las circunstancias del caso, que ese subordinado estaba cometiendo o iba a cometer tal crimen y no tomaron todas las medidas necesarias a su alcance para impedir o reprimir ese crimen.

Artículo 7

Carácter oficial y responsabilidad

El carácter oficial del autor de un crimen contra la paz y la seguridad de la humanidad, incluso si actuó como Jefe de Estado o de Gobierno, no lo eximirá de responsabilidad criminal ni atenuará su castigo.

Artículo 8

Establecimiento de jurisdicción

Sin perjuicio de la jurisdicción de un tribunal penal internacional, cada Estado Parte adoptará las medidas necesarias para establecer su jurisdicción sobre los crímenes previstos en los artículos 17, 18, 19 y 20, sean cuales fueren el lugar de comisión de esos crímenes y sus autores. La jurisdicción sobre el crimen previsto en el artículos 16 corresponderá a un tribunal penal internacional. Sin embargo, no se excluye la posibilidad de que un Estado mencionado en el artículo 16 excluye la posibilidad de que un Estado mencionado en el artículo 16 juzgue a sus nacionales por el crimen a que se refiere este artículo.

Artículo 9

Obligación de conceder la extradición o de juzgar

Sin perjuicio de la jurisdicción de un tribunal penal internacional, el Estado Parte en cuyo territorio se hallare la persona que presuntamente hubiere cometido un crimen previsto en los artículo 17, 18, 19 ó 20 concederá la extradición de esa persona o la juzgará.

Artículo 10

Extradición de los presuntos culpables

1. Si los delitos enumerados en los artículos 17, 18, 19 y 20 no están enumerados entre los que dan lugar a extradición en un tratado de extradición vigente entre los Estados Parte, se considerarán incluidos como tales en esa disposición. Los Estados Parte se comprometen a incluir esos delitos, en todo tratado de extradición que concluyan entre sí, entre los que dan lugar a extradición.

2. Todo Estado Parte que subordine la extradición a la existencia de un tratado, si recibe una petición de extradición de otro Estado Parte con el que no tenga tratado de extradición, podrá, a su discreción, considerar el presente Código como la base jurídica necesaria para la extradición en lo que respecta a esos delitos. La extradición estará sometida a las condiciones establecidas por la legislación del Estado requerido.

3. Los Estados Partes que no subordinen la extradición a la existencia de un tratado reconocerán que esos delitos dan lugar a extradición entre ellos con sujeción a lo que dispone la legislación del Estado requerido.

4. A los efectos de la extradición entre Estados Parte, se considerará que esos delitos se han cometido no solamente en el lugar donde se perpetraron, sino también en el territorio de cualquier otro Estado Parte.

Artículo 11

Garantías judiciales

1. El acusado de un crimen contra la paz y la seguridad de la humanidad será considerado presuntamente inocente mientras no se pruebe su culpabilidad, gozará sin discriminación de las garantías mínimas reconocidas a todo ser humano en cuanto a los hechos y a las cuestiones de derecho y tendrá derecho:

a) A ser oído públicamente y con las debidas garantías por un tribunal competente, independiente e imparcial, debidamente establecido por la ley, en la sustanciación de cualquier acusación formulada contra él;

b) A ser informado, sin demora, en un idioma que comprenda y en forma detallada, de la naturaleza y causas de la acusación formulada contra él;

c) A disponer del tiempo y de los medios adecuados par la preparación de su defensa y a comunicarse con un defensor de su elección;

d) A ser juzgado sin dilaciones indebidas;

e) A hallarse presente en el proceso y a defenderse personalmente o ser asistido por un defensor de su elección; a ser informado, si no tuviere defensor, del derecho que le asiste a tenerlo, y a que se le nombre defensor de oficio, gratuitamente, si careciere de medios suficientes para pagarlo;

f) A interrogar o hacer interrogar a los testigos de cargo y a obtener la comparecencia de los testigos de descargo y que éstos sean interrogados en las mismas condiciones que los testigos de cargo;

g) A ser asistido gratuitamente por un intérprete, si no comprende o no habla el idioma empleado en el tribunal;

h) A no ser obligado a declarar contra sí mismo ni a confesarse culpable.

2. Toda persona declara culpable de un crimen tendrá derecho a que el fallo condenatorio y la pena que se le haya impuesto sean reexaminados, conforme a lo previsto por la ley.

Artículo 12

Non bis in idem

1. Nadie será juzgado en razón de un crimen contra la paz y la seguridad de la humanidad por el que ya hubiere sido absuelto o condenado en virtud de sentencia firme por un tribunal penal internacional.

2. Una persona no podrá ser juzgada en virtud de sentencia firme por el que ya hubiere sido absuelta o condenada en virtud de sentencia firme por un tribunal naciona, excepto en los casos siguiente:

a) Podrá ser juzgado de nuevo por un tribunal penal internacional:

i) cuando el hecho sobre el que hubiere recaído la sentencia del tribunal nacional haya sido calificado de crimen ordinario por ese tribunal y no de crimen contra la paz y la seguridad de la humanidad; o

ii) cuando las actuaciones del tribunal nacional no hubieren sido imparciales o independientes, hubieren estado destinadas a exonerar al acusado de responsabilidad penal internacional o no se hubiere instruido la causa con la debida diligencia;

b) Podrá ser juzgado de nuevo por un tribunal nacional de otro Estado:

i) cuando el hecho sobre el que hubiere recaído la sentencia anterior haya tenido lugar en el territorio de ese Estado; o

ii) cuando ese Estado haya sido la víctima principal del crimen.

3. En caso de nueva condena en virtud del presente Código, el tribunal, al dictar sentencia, tomará en cuenta la medida en que se haya cumplido cualquier pena impuesta por un tribunal nacional a la misma persona por el mismo hecho.

Artículo 13

Irretroactividad

1. Nadie será condenado en virtud del presente Código por actos ejecutados antes de que entre en vigor.

2. Nada de lo dispuesto en este artículo impedirá el juicio de cualquier individuo por actos que, en el momento de ejecutarse, eran criminales en virtud del derecho internacional o del derecho nacional.

Artículo 14

Circunstancias eximentes

El tribunal competente apreciará la existencia de circunstancias eximentes conforme a los principios generales de derecho, teniendo en cuenta la naturaleza de cada crimen.

Artículo 15

Circunstancias atenuantes

Al dictar sentencia, el tribunal tendrá en cuenta, cuando proceda, las circunstancias atenuantes de conformidad con los principios generales del derecho.

PARTE II
CRÍMENES CONTRA LA PAZ Y LA SEGURIDAD DE LA HUMANIDAD

Artículo 16

Crimen de agresión

El que, en cuanto dirigente u organizador, participe activamente en la planificación, preparación, desencadenamiento o libramiento de una guerra de agresión cometida por un Estado, u ordene estas acciones, será responsable de un crimen de agresión.

Artículo 17

Crimen de genocidio

Se entiende por crimen de genocidio cualquiera de los actos siguientes, perpetrados con intención de destruir, total o parcialmente, a un grupo nacional, étnico, racial o religioso como tal:

a) La matanza de miembros de grupo;

b) La lesión grave de la integridad corporal o la salud física o mental de los miembros del grupo;

c) El sometimiento intencional del grupo a condiciones de existencia que hayan de acarrear su destrucción física, total o parcial;

d) Las medidas destinadas a impedir los nacimientos en el seno del grupo;

e) El traslado por la fuerza de niños del grupo a otro grupo.

Artículo 18

Crímenes contra la humanidad

Por crimen contra la humanidad se entiende la comisión sistemática o en gran escala e instigada o dirigida por un gobierno o por una organización política o grupo de cualquiera de los actos siguientes:

a) Asesinato;

b) Exterminio;

c) Tortura;

d) Sujeción a esclavitud;

e) Persecución por motivos políticos, raciales, religiosos o étnicos;

f) Discriminación institucionalizada por motivos raciales, étnicos o religiosos que suponga la violación de los derechos o libertades fundamentales y entrañe graves desventajas para una parte de la población;

g) Deportación o traslado forzoso de poblaciones, con carácter arbitrario;

h) Encarcelamiento arbitrario;

i) Desaparición forzada de personas;

j) Violación, prostitución forzosa y otras formas de abuso sexual;

k) Otros actos inhumanos que menoscaben gravemente la integridad física o mental, la salud o la dignidad humana, como la mutilación o las lesiones graves.

Artículo 19

Crímenes contra el personas de las Naciones Unidas y el personal asociado

1. Los crímenes siguiente constituirán crímenes contra la paz y la seguridad de la humanidad cuando se comentan intencionalmente y de manera sistemática o en gran escala contra el personal de las Naciones Unidas y el personal asociado que participe en una operación de las Naciones Unidas con el fin de impedir o dificultar el cumplimiento del mandato de esa operación:

a) El homicidio, el secuestro u otro ataque contra la integridad física o la libertad de ese personal;

b) El ataque violento contra los locales oficiales, la residencia privada o los medios de transporte de ese personal que pueda poner en peligro su integridad física o su libertad;

2. El presente artículo no se aplicará a las operaciones de las Naciones Unidas autorizadas por el Consejo de Seguridad como medida coercitiva de conformidad con el Capítulo VII de la Carta de las Naciones Unidas en las que cualesquiera miembros del personal participen como combatientes contra fuerzas armadas organizadas y a las que se aplique el derecho relativo a los conflictos armados internacionales.

Artículo 20

Crímenes de guerra

Cualquier de los siguientes crímenes de guerra, cometido de manera sistemática o en gran escala, constituirá un crimen contra la paz y la seguridad de la humanidad:

a) Cualquiera de los siguientes actos que se cometan en violación del derecho humanitario internacional:

i) El asesinato;

ii) la tortura o los tratos inhumanos incluidas las experiencias biológicas;

iii) la provocación deliberada de grandes sufrimientos o de graves daños a la integridad física o a la salud;

iv) la destrucción y confiscación en gran escala de bienes, que no estén justificadas por necesidades militares y que se lleven a cabo de manera ilícita y arbitraria;

v) la imposición a un prisionero de guerra u otra persona protegida de la obligación de prestar servicio en las fuerzas armadas de una Potencia enemiga;

vi) la privación deliberada a un prisionero de guerra u otra persona protegida del derecho a un juicio equitativo y con las debidas garantías;

vii) la deportación o la transferencia ilegal o la detención ilegal de personas protegidas;

viii) la toma de rehenes;

b) Cualquiera de los actos siguientes que se cometa deliberadamente en violación del derecho humanitario internacional y cause muertes, lesiones físicas o daños a la salud graves:

i) hacer objeto de ataque a la población civil o a personas civiles;

ii) lanzar un ataque indiscriminado que afecte a la población civil o a bienes de carácter civil a sabiendas de que tal ataque causará muertos o heridos entre la población civil o daños a bienes de carácter civil, que sean excesivos;

iii) lanzar un ataque contra obras o instalaciones que contengan fuerzas peligrosas a sabiendas de que ese ataque causará muertos o heridos entre la población civil o daños a bienes de carácter civil, que sean excesivos;

iv) hacer objeto de ataque a una persona a sabiendas de que está fuera de combate;

v) hacer uso pérfido del signo distintivo de la cruz roja, de la media luna roja o del león y sol rojos o de otros signos protectores;

c) Cualquiera de los actos siguientes cometido deliberadamente en violación del derecho humanitario internacional:

i) el traslado por la Potencia ocupante de partes de su propia población civil al territorio que ocupa;

ii) la demora injustificable en la repatriación de prisioneros de guerra o de personas civiles;

d) Los ultrajes a la dignidad personal en contravención al derecho humanitario internacional, en particular los tratos humillantes o degradantes, la violación, la prostitución forzada y cualquier otra forma de agresión indecente:

e) Cualquiera de los actos siguientes cometido en violación de las leyes y usos de la guerra:

i) el empleo de armas tóxicas o de otras armas destinadas a causar sufrimientos inútiles;

ii) la destrucción arbitraria de ciudades, pueblos o aldeas o la devastación no justificada por las necesidades militares;

iii)el ataque o bombardeo, por cualquier medio, de ciudades, aldeas, viviendas o edificios no defendidos, o de zonas desmilitarizadas;

iv) la incautación, la destrucción o el daño deliberado de instituciones dedicadas a la religión, la beneficencia y la educación, las artes y las ciencias, de monumentos históricos y de obras artísticas y científicas;

v) el saqueo de bienes públicos o privados;

f) Cualquiera de los actos siguientes cometido en violación del derecho humanitario internacional aplicable a los conflictos armados que no sean de carácter internacional:

i) los actos de violencia contra la vida, la salud y el bienestar físico o mental de las personas, especialmente el homicidio y el trato cruel como la tortura, la mutilación o cualquier otra forma de castigo corporal;

ii) los castigos colectivos;

iii) la toma de rehenes;

iv) los actos de terrorismo;

v) los ultrajes a la dignidad personal, en particular los tratos humillantes y degradantes, la violación, la prostitución forzada y cualquier otra forma de agresión indecente;

vi) el saqueo;

vii) la aprobación de sentencias y la realización de ejecuciones sin un fallo previo pronunciado por un tribunal constituido regularmente y que haya ofrecido todas las garantías judiciales consideradas generalmente indispensables;

g) El caso de conflicto armado, el uso de métodos o medios de hacer la guerra que no estén justificados por la necesidad militar, con el propósito de causar daños extensos, duraderos y graves al medio ambiente natural, poniendo así en peligro la salud o la supervivencia de la población, cuando sobrevengan tales daños.

Texto del proyecto de artículos sobre la prevención y el castigo de los crímenes de lesa humanidad (Comisión de Derecho Internacional, 22 de mayo de 2019)

Teniendo presente que, a lo largo de la historia, millones de niños, mujeres y hombres han sido víctimas de crímenes que conmueven profundamente la conciencia de la humanidad,

Reconociendo que los crímenes de lesa humanidad constituyen una amenaza para la paz, la seguridad y el bienestar del mundo,

Recordando los principios de derecho internacional enunciados en la Carta de las Naciones Unidas,

Recordando también que la prohibición de los crímenes de lesa humanidad es una norma imperativa de derecho internacional general (ius cogens),

Afirmando que los crímenes de lesa humanidad, que forman parte de los crímenes más graves de trascendencia para la comunidad internacional en su conjunto, han de prevenirse de conformidad con el derecho internacional,

Decididos a poner fin a la impunidad de los autores de esos crímenes y a contribuir así a la prevención de tales crímenes,

Tomando en consideración la definición de crímenes de lesa humanidad recogida en el artículo 7 del Estatuto de Roma de la Corte Penal Internacional,

Recordando que es deber de todo Estado ejercer su competencia penal con respecto a los crímenes de lesa humanidad,

Tomando en consideración los derechos de las víctimas, los testigos y otras personas en relación con los crímenes de lesa humanidad, así como el derecho de los presuntos infractores a un trato justo,

Tomando en consideración también que, puesto que los crímenes de lesa humanidad no han de quedar impunes, ha de asegurarse el enjuiciamiento efectivo de esos crímenes mediante la adopción de medidas a escala nacional y el fomento de la cooperación internacional, entre otras cosas en materia de extradición y asistencia judicial recíproca,

[...]

Artículo 1

Ámbito de aplicación

El presente proyecto de artículos se aplicará a la prevención y el castigo de los crímenes de lesa humanidad.

Artículo 2

Definición de crímenes de lesa humanidad

1. A los efectos del presente proyecto de artículos, se entenderá por "crimen de lesa humanidad" cualquiera de los actos siguientes cuando se cometa como parte de un ataque generalizado o sistemático contra una población civil y con conocimiento de dicho ataque:

a) asesinato;

b) exterminio;

c) esclavitud;

d) deportación o traslado forzoso de población;

e) encarcelación u otra privación grave de la libertad física en violación de normas fundamentales de derecho internacional;

f) tortura;

g) violación, esclavitud sexual, prostitución forzada, embarazo forzado, esterilización forzada o cualquier otra forma de violencia sexual de gravedad comparable;

h) persecución de un grupo o colectividad con identidad propia fundada en motivos políticos, raciales, nacionales, étnicos, culturales, religiosos, de género, u otros motivos universalmente reconocidos como inaceptables por el derecho internacional, en conexión con cualquier acto mencionado en el presente párrafo;

i) desaparición forzada de personas;

j) el crimen de apartheid;

k) otros actos inhumanos de carácter similar que causen intencionalmente grandes sufrimientos o atenten gravemente contra la integridad física o la salud mental o física.

2. A los efectos del párrafo 1:

a) por "ataque contra una población civil" se entenderá una línea de conducta que implique la comisión múltiple de actos mencionados en el párrafo 1 contra una población civil, de conformidad con la política de un Estado o de una organización de cometer ese ataque o para promover esa política;

b) el "exterminio" comprenderá la imposición intencional de condiciones de vida, entre otras la privación del acceso a alimentos o medicinas, encaminadas a causar la destrucción de parte de una población;

c) por "esclavitud" se entenderá el ejercicio de los atributos del derecho de propiedad sobre una persona, o de algunos de ellos, incluido el ejercicio de esos atributos en el tráfico de personas, en particular mujeres y niños;

d) por "deportación o traslado forzoso de población" se entenderá el desplazamiento forzoso de las personas afectadas, por expulsión u otros actos coactivos, de la zona en que estén legítimamente presentes, sin motivos autorizados por el derecho internacional;

e) por "tortura" se entenderá causar intencionalmente dolor o sufrimientos graves, ya sean físicos o mentales, a una persona que el acusado tenga bajo su custodia o control; sin embargo, no se entenderá por tortura el dolor o los sufrimientos que se deriven únicamente de sanciones lícitas o que sean consecuencia normal o fortuita de ellas;

f) por "embarazo forzado" se entenderá el confinamiento ilícito de una mujer a la que se ha dejado embarazada por la fuerza, con la intención de modificar la composición étnica de una población o de cometer otras violaciones graves del derecho internacional. En modo alguno se entenderá que esta definición afecta a las normas de derecho interno relativas al embarazo;

g) por "persecución" se entenderá la privación intencional y grave de derechos fundamentales en contravención del derecho internacional en razón de la identidad del grupo o de la colectividad;

h) por "el crimen de apartheid" se entenderán los actos inhumanos de carácter similar a los mencionados en el párrafo 1 cometidos en el contexto de un régimen institucionalizado de opresión y dominación sistemáticas de un grupo racial sobre uno o más grupos raciales y con la intención de mantener ese régimen;

i) por "desaparición forzada de personas" se entenderá la aprehensión, la detención o el secuestro de personas por un Estado o una organización política, o con su autorización, apoyo o aquiescencia, seguido de la negativa a informar sobre la privación de libertad o dar información sobre la suerte o el paradero de esas personas, con la intención de dejarlas fuera del amparo de la ley por un período prolongado.

3. El presente proyecto de artículo se entenderá sin perjuicio de cualquier otra definición más amplia prevista en cualquier instrumento internacional, en el derecho internacional consuetudinario o en el derecho interno.

Artículo 3

Obligaciones generales

1. Todo Estado tiene la obligación de no cometer actos que constituyan crímenes de lesa humanidad.

2. Todo Estado se compromete a prevenir y castigar los crímenes de lesa humanidad que sean crímenes según el derecho internacional, cometidos o no en tiempo de conflicto armado.

3. En ningún caso podrán invocarse circunstancias excepcionales, tales como un conflicto armado, la inestabilidad política interna o cualquier otra emergencia pública, como justificación de los crímenes de lesa humanidad.

Artículo 4

Obligación de prevenir

Todo Estado se compromete a prevenir los crímenes de lesa humanidad, de conformidad con el derecho internacional:

a) adoptando medidas legislativas, administrativas, judiciales u otras medidas preventivas apropiadas eficaces en todo territorio que esté bajo su jurisdicción; y

b) cooperando con otros Estados, organizaciones intergubernamentales pertinentes y, según proceda, otras organizaciones.

Artículo 5

No devolución

1. Ningún Estado procederá a la expulsión, devolución, entrega o extradición de una persona a otro Estado cuando haya motivos fundados para creer que estaría en peligro de ser víctima de un crimen de lesa humanidad.

2. A los efectos de determinar si existen esos motivos, las autoridades competentes tendrán en cuenta todas las consideraciones pertinentes, incluida, cuando proceda, la existencia, en el Estado de que se trate, de un cuadro de violaciones sistemáticas graves, flagrantes o masivas de los derechos humanos o violaciones graves del derecho internacional humanitario.

Artículo 6

Criminalización en el derecho interno

1. Todo Estado adoptará las medidas necesarias para que estén tipificados en su derecho penal los crímenes de lesa humanidad.

2. Todo Estado adoptará las medidas necesarias para que estén tipificados en su derecho penal los siguientes actos:

a) la comisión de un crimen de lesa humanidad;

b) la tentativa de comisión de uno de esos crímenes; y

c) el hecho de ordenar, instigar, inducir, ayudar, ser cómplice o de colaborar o contribuir de algún otro modo a la comisión o la tentativa de comisión de uno de esos crímenes.

3. Todo Estado adoptará también las medidas necesarias para que los mandos y otros superiores sean penalmente responsables por los crímenes de lesa humanidad cometidos por sus subordinados cuando hubieren sabido o hubieren debido saber que los subordinados se proponían cometer o

estaban cometiendo esos crímenes y no hubieren adoptado todas las medidas necesarias y razonables a su alcance para prevenir su comisión o, en caso de que tales crímenes hubiesen sido cometidos, para castigar a las personas responsables.

4. Todo Estado adoptará las medidas necesarias para que, en su derecho penal, el hecho de que alguno de los delitos mencionados en el presente proyecto de artículo se cometiera en cumplimiento de una orden de un Gobierno o de un superior, militar o civil, no sea motivo para eximir de responsabilidad penal a un subordinado.

5. Todo Estado adoptará las medidas necesarias para que, en su derecho penal, el hecho de que alguno de los delitos mencionados en el presente proyecto de artículo fuera cometido por una persona que ocupase un cargo oficial no sea motivo para eximirla de responsabilidad penal.

6. Todo Estado adoptará las medidas necesarias para que, de conformidad con su derecho penal, los delitos mencionados en el presente proyecto de artículo no prescriban.

7. Todo Estado adoptará las medidas necesarias para que, de conformidad con su derecho penal, los delitos mencionados en el presente proyecto de artículo sean castigados con penas apropiadas que tengan en cuenta su gravedad.

8. Con sujeción a los preceptos de su derecho interno, todo Estado adoptará, cuando proceda, disposiciones que permitan hacer efectiva la responsabilidad de personas jurídicas por los delitos enunciados en el presente proyecto de artículo. Con sujeción a los principios jurídicos del Estado, dicha responsabilidad de las personas jurídicas podrá ser penal, civil o administrativa.

Artículo 7

Establecimiento de la competencia nacional

1. Todo Estado adoptará las medidas necesarias para establecer su competencia respecto de los delitos comprendidos en el presente proyecto de artículos en los siguientes casos:

a) cuando el delito sea cometido en cualquier territorio bajo su jurisdicción o a bordo de una aeronave o un buque matriculados en ese Estado;

b) cuando el presunto infractor sea nacional de ese Estado o, si ese Estado lo considera apropiado, una persona apátrida que resida habitualmente en su territorio;

c) cuando la víctima sea nacional de ese Estado, si este lo considera apropiado.

2. Todo Estado adoptará también las medidas necesarias para establecer su competencia respecto de los delitos comprendidos en el presente proyecto de artículos en los casos en que el presunto infractor se encuentre en cualquier territorio bajo su jurisdicción y no lo extradite o lo entregue de conformidad con lo dispuesto en el presente proyecto de artículos.

3. El presente proyecto de artículos no excluye el ejercicio de cualquier competencia penal establecida por un Estado de conformidad con su derecho interno.

Artículo 8

Investigación

Todo Estado velará por que las autoridades competentes procedan a una investigación pronta, exhaustiva e imparcial siempre que haya motivos razonables para creer que se han cometido o se están cometiendo actos que constituyen crímenes de lesa humanidad en cualquier territorio bajo su jurisdicción.

Artículo 9

Medidas preliminares cuando el presunto infractor se encuentre en el territorio

1. Si, tras examinar la información de que dispone, considera que las circunstancias lo justifican, todo Estado en el territorio bajo cuya jurisdicción se encuentre una persona sospechosa de haber cometido alguno de los delitos comprendidos en el presente proyecto de artículos procederá a la detención de dicha persona o tomará otras medidas legales para asegurar su presencia. La detención y las otras medidas legales se llevarán a cabo de conformidad con el derecho de ese Estado y se m antendrán solamente por el período que sea necesario a fin de permitir el inicio de actuaciones penales o de un procedimiento de extradición o de entrega.

2. Dicho Estado procederá inmediatamente a una investigación preliminar de los hechos.

3. Cuando un Estado, de conformidad con el presente proyecto de artículo, haya detenido a una persona, notificará inmediatamente tal detención y las circunstancias que la justifican a los Estados mencionados en el proyecto de artículo 7, párrafo 1. El Estado que realice la investigación preliminar prevista en el párrafo 2 del presente proyecto de artículo comunicará sin dilación, cuando proceda, sus resultados a los Estados antes mencionados e indicará si se propone ejercer su competencia.

Artículo 10

Aut dedere aut iudicare

El Estado en el territorio bajo cuya jurisdicción se encuentre el presunto infractor, si no procede a la extradición o la entrega de la persona a otro Estado o a una corte o tribunal penal internacional competente, someterá el asunto a sus autoridades competentes a efectos de enjuiciamiento. Dichas autoridades tomarán la decisión de la misma manera que lo harían en el caso de cualquier otro delito de carácter grave de conformidad con el derecho de ese Estado.

Artículo 11

Trato justo del presunto infractor

1. Toda persona respecto de la cual se adopten medidas en relación con uno de los delitos comprendidos en el presente proyecto de artículos tendrá garantizados en todas las etapas del procedimiento un trato justo, incluido un juicio imparcial, y la plena protección de sus derechos de conformidad con las disposiciones aplicables del derecho nacional e internacional, incluidos el derecho de los derechos human s y el derecho internacional humanitario.

2. Toda persona que esté en prisión, detenida o recluida en un Estado que no sea el de su nacionalidad tendrá derecho a:

a) comunicarse sin demora con el representante competente más próximo del Estado o los Estados de que sea nacional o al que competa por otras razones la protección de sus derechos o, si dicha persona es apátrida, del Estado que, a solicitud de esa persona, esté dispuesto a proteger sus derechos;

b) recibir la visita de un representante de ese Estado o esos Estados; y c) ser informada sin demora de los derechos que la asisten de conformidad con el presente párrafo.

3. Los derechos mencionados en el párrafo 2 se ejercerán de conformidad con las leyes y normativas del Estado en el territorio bajo cuya jurisdicción se encuentre la persona, en el entendido de que dichas leyes y normativas han de permitir que tenga pleno efecto el propósito de los derechos reconocidos en el párrafo 2.

Artículo 12

Víctimas, testigos y otras personas

1. Todo Estado tomará las medidas necesarias para que:

a) toda persona que alegue que se han cometido o se están cometiendo actos que constituyen crímenes de lesa humanidad tenga derecho a denunciar los hechos ante las autoridades competentes; y

b) se proteja a los denunciantes, las víctimas, los testigos y sus familiares y representantes, así como a otras personas que participen en cualquier investigación, enjuiciamiento, extradición u otro procedimiento dentro del alcance del presente proyecto de artículos, contra malos tratos o intimidación como consecuencia de cualquier denuncia, información, testimonio u otra prueba que presenten. Las medidas de protección no menoscabarán los derechos del presunto infractor, mencionados en el proyecto de artículo 11.

2. Todo Estado permitirá, de conformidad con su derecho interno, que se presenten y consideren las opiniones y preocupaciones de las víctimas de un crimen de lesa humanidad en las etapas apropiadas de las actuaciones penales contra los presuntos infractores sin que ello menoscabe los derechos mencionados en el proyecto de artículo 11.

3. Todo Estado adoptará las medidas necesarias para asegurar que, en su ordenamiento jurídico, las víctimas de un crimen de lesa humanidad, cometido mediante actos atribuibles al Estado con arreglo al derecho internacional o cometido en cualquier territorio bajo su jurisdicción, tengan derecho a obtener reparación por los daños materiales y morales, de manera individual o colectiva, en una o varias de las siguientes formas, según corresponda: restitución; indemnización; satisfacción; rehabilitación; cese y garantías de no repetición.

Artículo 13

Extradición

1. Este proyecto de artículo será de aplicación a los delitos comprendidos en el presente proyecto de artículos cuando el Estado requirente solicite la extradición de una persona que se encuentre en un territorio bajo la jurisdicción del Estado requerido.

2. Cada uno de los delitos comprendidos en el presente proyecto de artículos se considerará incluido entre los delitos que pueden dar lugar a extradición en todo tratado de extradición vigente entre los Estados. Estos se comprometen a incluir tales delitos como causa de extradición en todo tratado al respecto que celebren entre sí.

3. A efectos de la extradición entre Estados, los delitos comprendidos en el presente proyecto de artículos no serán considerados delitos políticos, delitos conexos a un delito político ni delitos inspirados en motivos políticos. En consecuencia, una solicitud de extradición fundada en un delito de este tipo no podrá ser rechazada por este único motivo.

4. Si un Estado que supedita la extradición a la existencia de un tratado recibe una solicitud de extradición de otro Estado con el que no tiene tratado al respecto, podrá considerar el presente proyecto de artículos como la base jurídica de la extradición respecto de los delitos comprendidos en el presente proyecto de artículos.

5. Todo Estado que, por los delitos comprendidos en el presente proyecto de artículos, supedite la extradición a la existencia de un tratado:

a) informará al Secretario General de las Naciones Unidas de si utilizará el presente proyecto de artículos como base jurídica de la cooperación en materia de extradición con otros Estados; y

b) si no utiliza el presente proyecto de artículos como base jurídica de la cooperación en materia de extradición, procurará, cuando proceda, celebrar tratados de extradición con otros Estados a fin de aplicar el presente proyecto de artículo.

6. Los Estados que no supediten la extradición a la existencia de un tratado reconocerán los delitos comprendidos en el presente proyecto de artículos como causa de extradición entre ellos.

7. La extradición estará sujeta a las condiciones previstas en el derecho interno del Estado requerido o en los tratados de extradición aplicables, incluidos los motivos por los que el Estado requerido puede denegar la extradición.

8. El Estado requirente y el Estado requerido, de conformidad con su derecho interno, procurarán agilizar los procedimientos de extradición y simplificar los requisitos probatorios correspondientes.

9. De ser necesario, a los efectos de la extradición entre Estados, se considerará que los delitos comprendidos en el presente proyecto de artículos se han cometido no solo en el lugar en que se perpetraron sino también en el territorio de los Estados que hayan establecido su competencia de conformidad con el proyecto de artículo 7, párrafo 1.

10. Si la extradición solicitada con el propósito de que se cumpla una condena es denegada por el hecho de que la persona buscada es nacional del Estado requerido, este, si su derecho interno lo permite y de conformidad con los requisitos de dicho derecho, considerará, previa solicitud del Estado requirente, la posibilidad de hacer cumplir la condena impuesta con arreglo al derecho interno del Estado requirente o la parte de ella que quede pendiente.

11. Nada de lo dispuesto en el presente proyecto de artículos podrá interpretarse como la imposición de una obligación de extraditar si el Estado requerido tiene motivos fundados para creer que la solicitud se ha presentado con el fin de enjuiciar o castigar a una persona en razón de su género, raza, religión, nacionalidad, origen étnico, cultura, pertenencia a un determinado grupo social, opiniones políticas u otros motivos universalmente reconocidos como inaceptables en derecho internacional, o que el cumplimiento de esa solicitud ocasionaría perjuicios a la posición de esa persona por cualquiera de estas razones.

12. El Estado requerido tomará debidamente en consideración la solicitud del Estado en el territorio bajo cuya jurisdicción se haya cometido el presunto delito.

13. Antes de denegar la extradición, el Estado requerido consultará, cuando proceda, al Estado requirente para darle amplia oportunidad de presentar sus opiniones y de proporcionar información que sustente sus alegaciones.

Artículo 14

Asistencia judicial recíproca

1. Los Estados se prestarán la más amplia asistencia judicial recíproca respecto de investigaciones, procesos y actuaciones judiciales relacionados con los delitos comprendidos en el presente proyecto de artículos, de conformidad con este proyecto de artículo.

2. En el caso de los delitos de los que una persona jurídica pueda ser considerada responsable de conformidad con el proyecto de artículo 6, párrafo 8, en el Estado requirente, se prestará asistencia judicial recíproca en la mayor medida posible, conforme a las leyes y los tratados, acuerdos y arreglos pertinentes del Estado requerido, con respecto a investigaciones, procesos y actuaciones judiciales y de otra índole.

3. La asistencia judicial recíproca que se preste de conformidad con el presente proyecto de artículo podrá solicitarse para cualquiera de los fines siguientes:

a) identificar y localizar a los presuntos infractores y, cuando proceda, a las víctimas, los testigos u otras personas;

b) recibir testimonios o tomar declaración a personas, entre otros medios por videoconferencia;

c) presentar documentos judiciales;

d) efectuar inspecciones e incautaciones;

e) examinar objetos y lugares, incluida la obtención de pruebas forenses;

f) proporcionar información, elementos de prueba y evaluaciones de peritos;

g) entregar originales o copias certificadas de documentos y expedientes pertinentes;

h) identificar, localizar o embargar con carácter preventivo el producto del delito, bienes, instrumentos u otros elementos con fines probatorios o de otra índole;

i) facilitar la comparecencia voluntaria de personas en el Estado requirente; o

j) prestar cualquier otro tipo de asistencia que no sea contraria al derecho interno del Estado requerido.

4. Los Estados no invocarán el secreto bancario para denegar la asistencia judicial recíproca prevista en el presente proyecto de artículo.

5. Cuando sea necesario, los Estados considerarán la posibilidad de celebrar acuerdos o arreglos bilaterales o multilaterales que contribuyan a lograr los fines del presente proyecto de artículo y que lleven a la práctica o refuercen sus disposiciones.

6. Sin perjuicio de su derecho interno, las autoridades competentes de un Estado podrán, sin que se les solicite previamente, transmitir información relativa a crímenes de lesa humanidad a una autoridad competente de otro Estado si creen que esa información podría ayudar a la autoridad a emprender o concluir con éxito investigaciones, procesos y actuaciones judiciales o podría dar lugar a una solicitud formulada por este último Estado con arreglo al presente proyecto de artículos.

7. Las disposiciones del presente proyecto de artículo no afectarán a las obligaciones dimanantes de otros tratados bilaterales o multilaterales vigentes o futuros que regulen, total o parcialmente, la asistencia judicial recíproca entre los

Estados interesados.

8. El proyecto de anexo del presente proyecto de artículos se aplicará a las solicitudes que se formulen con arreglo a este proyecto de artículo siempre que no medie entre los Estados interesados un tratado de asistencia judicial recíproca.

Cuando esos Estados estén vinculados por un tratado de esa índole se aplicarán las disposiciones de dicho tratado, salvo que los Estados convengan en aplicar, en su lugar, las disposiciones del proyecto de anexo. Se insta a los Estados a que apliquen el proyecto de anexo si facilita la cooperación.

9. Los Estados considerarán, cuando proceda, la posibilidad de celebrar acuerdos o arreglos con mecanismos internacionales establecidos por las Naciones Unidas o por otras organizaciones internacionales que tengan el mandato de recabar pruebas relacionadas con crímenes de lesa humanidad.

Artículo 15

Solución de controversias

1. Los Estados procurarán solucionar mediante negociaciones las controversias relativas a la interpretación o aplicación del presente proyecto de artículos.

2. Toda controversia entre dos o más Estados acerca de la interpretación o aplicación del presente proyecto de artículos que no se solucione mediante negociación se someterá, a solicitud de cualquiera de ellos, a la Corte Internacional de Justicia, a menos que esos Estados convengan en someter la controversia a arbitraje.

3. Todo Estado podrá declarar que no se considera vinculado por el párrafo 2 del presente proyecto de artículo. Los demás Estados no quedarán vinculados por el párrafo 2 del presente proyecto de artículo respecto de ningún Estado que haya hecho tal declaración.

4. Todo Estado que haya hecho una declaración con arreglo al párrafo 3 del presente proyecto de artículo podrá retirar esa declaración en cualquier momento.

ANEXO

1. El presente proyecto de anexo se aplica de conformidad con el proyecto de artículo 14, párrafo 8.

Designación de una autoridad central

2. Cada Estado designará a una autoridad central encargada de recibir solicitudes de asistencia judicial recíproca y facultada para darles cumplimiento o para transmitirlas a las autoridades competentes para su ejecución. Cuando alguna región o algún territorio especial de un Estado disponga de un régimen distinto de asistencia judicial recíproca, el Estado podrá designar a otra autoridad central que desempeñará la misma función para dicha región o dicho territorio. Las autoridades centrales velarán por el rápido y adecuado cumplimiento o transmisión de las solicitudes recibidas. Cuando la autoridad central transmita la solicitud a una autoridad competente para su ejecución, alentará la rápida y adecuada ejecución de la solicitud por parte de dicha autoridad. Cada Estado notificará al Secretario General de las Naciones Unidas el nombre de la autoridad central que haya sido designada a tal fin. Las solicitudes de asistencia judicial recíproca y cualquier otra comunicación pertinente serán transmitidas a las autoridades centrales designadas por los Estados. La presente disposición no afectará al derecho de cualquiera de los Estados a exigir que estas solicitudes y comunicaciones le sean enviadas por vía diplomática y, en circunstancias urgentes, cuando los Estados convengan en ello, por conducto de la Organización Internacional de Policía Criminal, de ser posible.

Procedimientos para presentar una solicitud

3. Las solicitudes se presentarán por escrito o, cuando sea posible, por cualquier medio capaz de registrar un texto escrito, en un idioma aceptable para el Estado requerido, en condiciones que permitan a dicho Estado determinar la autenticidad.

Cada Estado notificará al Secretario General de las Naciones Unidas el idioma o idiomas que le son aceptables. En situaciones de urgencia, y cuando los Estados convengan en ello, las solicitudes podrán hacerse oralmente, debiendo ser confirmadas sin demora por escrito.

4. Toda solicitud de asistencia judicial recíproca contendrá lo siguiente:

a) la identidad de la autoridad que hace la solicitud;

b) el objeto y la índole de las investigaciones, los procesos o las actuaciones judiciales a que se refiere la solicitud y el nombre y las funciones de la autoridad encargada de efectuar dichas investigaciones, procesos o actuaciones;

c) un resumen de los hechos pertinentes, salvo cuando se trate de solicitudes de presentación de documentos judiciales;

d) una descripción de la asistencia solicitada y pormenores sobre cualquier procedimiento particular que el Estado requirente desee que se aplique;

e) de ser posible, la identidad, ubicación y nacionalidad de toda persona

interesada; y

f) la finalidad para la que se solicita la prueba, información o actuación.

5. El Estado requerido podrá pedir información adicional cuando sea necesaria para dar cumplimiento a la solicitud de conformidad con su derecho interno o para facilitar dicho cumplimiento.

Respuesta a la solicitud por el Estado requerido

6. Se dará cumplimiento a toda solicitud con arreglo al derecho interno del Estado requerido y, en la medida en que ello no lo contravenga y sea factible, de conformidad con los procedimientos especificados en la solicitud.

7. El Estado requerido cumplirá la solicitud de asistencia judicial recíproca lo antes posible y tendrá plenamente en cuenta, en la medida de sus posibilidades, los plazos que sugiera el Estado requirente y que estén debidamente fundamentados, de preferencia en la solicitud. El Estado requerido responderá a las solicitudes razonables que formule el Estado requirente respecto de la evolución del trámite de la solicitud. El Estado requirente informará con prontitud al Estado requerido cuando ya no necesite la asistencia solicitada.

8. La asistencia judicial recíproca podrá ser denegada:

a) cuando la solicitud no se haga de conformidad con lo dispuesto en el presente proyecto de anexo;

b) cuando el Estado requerido considere que el cumplimiento de lo solicitado podría menoscabar su soberanía, su seguridad, su orden público u otros intereses fundamentales;

c) cuando el derecho interno del Estado requerido prohíba a sus autoridades actuar en la forma solicitada con respecto a un delito análogo, si este hubiera sido objeto de investigaciones, procesos o actuaciones judiciales en el ejercicio de su propia competencia;

d) cuando acceder a la solicitud sea contrario al ordenamiento jurídico del Estado requerido en lo relativo a la asistencia judicial recíproca.

9. Toda denegación de asistencia judicial recíproca deberá fundamentarse debidamente.

10. La asistencia judicial recíproca podrá ser diferida por el Estado requerido si perturba investigaciones, procesos o actuaciones judiciales en curso.

11. Antes de denegar una solicitud presentada con arreglo al párrafo 8 del presente proyecto de anexo o de diferir su cumplimiento con arreglo al párrafo 10 del presente proyecto de anexo, el Estado requerido consultará al Estado requirente para considerar si es posible prestar la asistencia solicitada supeditándola a las condiciones que estime necesarias. Si el Estado requirente acepta la asistencia con arreglo a esas condiciones, ese Estado deberá cumplir las condiciones impuestas.

12. El Estado requerido:

a) facilitará al Estado requirente una copia de los documentos oficiales y otros documentos o datos que obren en su poder y a los que, conforme a su derecho interno, tenga acceso el público en general; y

b) podrá, a su arbitrio y con sujeción a las condiciones que juzgue apropiadas, proporcionar al Estado requirente una copia total o parcial de los documentos oficiales o de otros documentos o datos que obren en su poder y que, conforme a su derecho interno, no estén al alcance del público en general.

Uso de la información por el Estado requirente

13. El Estado requirente no transmitirá ni utilizará, sin previo consentimiento del Estado requerido, la información o las pruebas proporcionadas por el Estado requerido para investigaciones, procesos o actuaciones judiciales distintos de los indicados en la solicitud. Nada de lo dispuesto en el presente párrafo impedirá que el Estado requirente revele, en sus actuaciones, información o pruebas que sean exculpatorias de una persona acusada. En este último caso, el Estado requirente notificará al Estado requerido antes de revelar la información o las pruebas y, si así se le solicita, consultará al Estado requerido. Si, en un caso excepcional, no es posible notificar con antelación, el Estado requirente informará sin demora al Estado requerido de dicha revelación.

14. El Estado requirente podrá exigir que el Estado requerido mantenga reserva acerca de la existencia y el contenido de la solicitud, salvo en la medida necesaria para darle cumplimiento. Si el Estado requerido no puede mantener esa reserva, lo hará saber de inmediato al Estado requirente.

Testimonio de una persona desde el Estado requerido

15. Sin perjuicio de la aplicación del párrafo 19 del presente proyecto de anexo, el testigo, perito u otra persona que, a instancias del Estado requirente, consienta en prestar testimonio en un juicio o en colaborar en una investigación, proceso o actuación judicial en un territorio bajo la jurisdicción del Estado requirente no podrá ser enjuiciado, detenido, condenado ni sometido a ninguna otra restricción de su libertad personal en ese territorio por actos, omisiones o declaraciones de culpabilidad anteriores a la fecha en que abandonó el territorio bajo la jurisdicción del Estado requerido. Ese salvoconducto cesará cuando el testigo, perito u otra persona haya tenido, durante 15 días consecutivos o durante el período acordado por los Estados después de la fecha en que se le haya informado oficialmente de que las autoridades judiciales ya no requerían su presencia, la oportunidad de salir del territorio bajo la jurisdicción del Estado requirente y no obstante permanezca voluntariamente en ese territorio o regrese libremente a él después de haberlo abandonado.

16. Siempre que sea posible y compatible con los principios fundamentales del derecho interno, cuando una persona se encuentre en un territorio bajo la jurisdicción de un Estado y tenga que prestar declaración como testigo o perito ante autoridades judiciales de otro Estado, el primer Estado, a solicitud del otro, podrá permitir que la audiencia se celebre por videoconferencia si no es posible o conveniente que la persona en cuestión comparezca personalmente en un territorio bajo la jurisdicción del Estado requirente. Los Estados podrán convenir en que la audiencia esté a cargo de una autoridad judicial del Estado requirente y en que asista a ella una autoridad judicial del Estado requerido.

Traslado para prestar testimonio de una persona detenida en el Estado requerido

17. La persona que se encuentre detenida o cumpliendo una condena en un territorio bajo la jurisdicción de un Estado y cuya presencia se solicite en otro Estado para fines de identificación, para prestar testimonio o para que ayude de alguna otra forma a obtener pruebas necesarias para investigaciones, procesos o actuaciones judiciales respecto de delitos comprendidos en el presente proyecto de artículos podrá ser trasladada si se cumplen las condiciones siguientes:

a) la persona, debidamente informada, da su libre consentimiento; y

b) las autoridades competentes de ambos Estados están de acuerdo, con sujeción a las condiciones que estos consideren apropiadas.

18. A los efectos del párrafo 17 del presente proyecto de anexo:

a) el Estado al que se traslade a la persona tendrá la competencia y la obligación de mantenerla detenida, salvo que el Estado del que ha sido trasladada solicite o autorice otra cosa;

b) el Estado al que se traslade a la persona cumplirá sin dilación su obligación de devolverla a la custodia del Estado del que ha sido trasladada, según convengan de antemano o de otro modo las autoridades competentes de ambos Estados;

c) el Estado al que se traslade a la persona no podrá exigir al Estado del que ha sido trasladada que inicie procedimientos de extradición para su devolución; y

d) el tiempo que la persona haya permanecido detenida en el Estado al que ha sido trasladada se computará como parte de la pena que ha de cumplir en el Estado del que ha sido trasladada.

19. A menos que el Estado desde el cual se ha de trasladar a una persona de conformidad con los párrafos 17 y 18 del presente proyecto de anexo esté de acuerdo, dicha persona, cualquiera que sea su nacionalidad, no podrá ser enjuiciada, detenida, condenada ni sometida a ninguna otra restricción de su libertad personal en un territorio bajo la jurisdicción del Estado al que sea trasladada en relación con actos, omisiones o condenas anteriores a su salida del territorio bajo la jurisdicción del Estado del que ha sido trasladada.

Gastos

20. Los gastos ordinarios que ocasione el cumplimiento de una solicitud serán sufragados por el Estado requerido, a menos que los Estados interesados hayan acordado otra cosa. Cuando se requieran a este fin gastos cuantiosos o de carácter extraordinario, los Estados se consultarán para determinar las condiciones en que se dará cumplimiento a la solicitud, así como la manera en que se sufragarán los gastos.

Estatuto de Roma de la Corte Penal Internacional Roma el 17 de julio de 1998[1]
(incluye las modificaciones aportadas por los Estados y las Naciones Unidas durante los años 1999 y 2000)

Preámbulo

Los Estados Partes en el presente Estatuto,

Conscientes de que todos los pueblos están unidos por estrechos lazos y sus culturas configuran un patrimonio común y observando con preocupación que este delicado mosaico puede romperse en cualquier momento,

Teniendo presente que, en este siglo, millones de niños, mujeres y hombres han sido víctimas de atrocidades que desafían la imaginación y conmueven profundamente la conciencia de la humanidad,

Reconociendo que esos graves crímenes constituyen una amenaza para la paz, la seguridad y el bienestar de la humanidad,

Afirmando que los crímenes más graves de trascendencia para la comunidad internacional en su conjunto no deben quedar sin castigo y que, a tal fin, hay que adoptar medidas en el plano nacional e intensificar la cooperación internacional para asegurar que sean efectivamente sometidos a la acción de la justicia,

Decididos a poner fin a la impunidad de los autores de esos crímenes y a contribuir así a la prevención de nuevos crímenes,

Recordando que es deber de todo Estado ejercer su jurisdicción penal contra los responsables de crímenes internacionales,

Reafirmando los Propósitos y Principios de la Carta de las Naciones Unidas y, en particular, que los Estados se abstendrán de recurrir a la amenaza o al uso de la fuerza contra la integridad territorial o la independencia política de cualquier Estado o en cualquier otra forma incompatible con los propósitos de las Naciones Unidas,

Destacando, en este contexto, que nada de lo dispuesto en el presente Estatuto deberá entenderse en el sentido de que autorice a un Estado Parte a intervenir en una situación de conflicto armado o en los asuntos internos de otro Estado,

Decididos, a los efectos de la consecución de esos fines y en interés de las generaciones presentes y futuras, a establecer una Corte Penal Internacional de carácter permanente, independiente y vinculada con el sistema de las Naciones Unidas que tenga competencia sobre los crímenes más graves de trascendencia para la comunidad internacional en su conjunto,

Destacando que la Corte Penal Internacional establecida en virtud del presente Estatuto será complementaria de las jurisdicciones penales nacionales,

Decididos a garantizar que la justicia internacional sea respetada y puesta en práctica en forma duradera,

Han convenido en lo siguiente:

PARTE I.
DEL ESTABLECIMIENTO DE LA CORTE

Artículo 1

La Corte

Se instituye por el presente una Corte Penal Internacional ("la Corte").

La Corte será una institución permanente, estará facultada para ejercer su jurisdicción sobre personas respecto de los crímenes más graves de trascendencia internacional de conformidad con el presente Estatuto y tendrá carácter complementario de las jurisdicciones penales nacionales. La competencia y el funcionamiento de la Corte se regirán por las disposiciones del presente Estatuto.

Artículo 2

Relación de la Corte con las Naciones Unidas

La Corte estará vinculada con las Naciones Unidas por un acuerdo que deberá aprobar la Asamblea de los Estados Partes en el presente Estatuto y concluir luego el Presidente de la Corte en nombre de ésta.

Artículo 3

Sede de la Corte

1. La sede de la Corte estará en La Haya, Países Bajos ("el Estado anfitrión").

2. La Corte concertará con el Estado anfitrión un acuerdo relativo a la sede que deberá aprobar la Asamblea de los Estados Partes y concluir luego el Presidente de la Corte en nombre de ésta.

3. La Corte podrá celebrar sesiones en otro lugar cuando lo considere

1 En el presente texto del Estatuto de Roma de la Corte Penal Internacional se han incorporado las correcciones distribuidas por el Depositario el 25 de septiembre de 1998 y el 18 de mayo de 1999.

conveniente, de conformidad con lo dispuesto en el presente Estatuto.

Artículo 4

Condición jurídica y atribuciones de la Corte

1. La Corte tendrá personalidad jurídica internacional. Tendrá también la capacidad jurídica que sea necesaria para el desempeño de sus funciones y la realización de sus propósitos.

2. La Corte podrá ejercer sus funciones y atribuciones de conformidad con lo dispuesto en el presente Estatuto en el territorio de cualquier Estado Parte y, por acuerdo especial, en el territorio de cualquier otro Estado.

PARTE II.

DE LA COMPETENCIA, LA ADMISIBILIDAD Y EL DERECHO APLICABLE

Artículo 5

Crímenes de la competencia de la Corte

1. La competencia de la Corte se limitará a los crímenes más graves de trascendencia para la comunidad internacional en su conjunto. La Corte tendrá competencia, de conformidad con el presente Estatuto, respecto de los siguientes crímenes:

a) El crimen de genocidio;

b) Los crímenes de lesa humanidad;

c) Los crímenes de guerra;

d) El crimen de agresión.

2. La Corte ejercerá competencia respecto del crimen de agresión una vez que se apruebe una disposición de conformidad con los artículos 121 y 123 en que se defina el crimen y se enuncien las condiciones en las cuales lo hará. Esa disposición será compatible con las disposiciones pertinentes de la Carta de las Naciones Unidas.

Artículo 6

Genocidio

A los efectos del presente Estatuto, se entenderá por "genocidio" cualquiera de los actos mencionados a continuación, perpetrados con la intención de destruir total o parcialmente a un grupo nacional, étnico, racial o religioso como tal:

a) Matanza de miembros del grupo;

b) Lesión grave a la integridad física o mental de los miembros del grupo;

c) Sometimiento intencional del grupo a condiciones de existencia que hayan de acarrear su destrucción física, total o parcial;

d) Medidas destinadas a impedir nacimientos en el seno del grupo;

e) Traslado por la fuerza de niños del grupo a otro grupo.

Artículo 7

Crímenes de lesa humanidad

1. A los efectos del presente Estatuto, se entenderá por "crimen de lesa humanidad" cualquiera de los actos siguientes cuando se cometa como parte de un ataque generalizado o sistemático contra una población civil y con conocimiento de dicho ataque:

a) Asesinato;

b) Exterminio;

c) Esclavitud;

d) Deportación o traslado forzoso de población;

e) Encarcelación u otra privación grave de la libertad física en violación de normas fundamentales de derecho internacional;

f) Tortura;

g) Violación, esclavitud sexual, prostitución forzada, embarazo forzado, esterilización forzada o cualquier otra forma de violencia sexual de gravedad comparable;

h) Persecución de un grupo o colectividad con identidad propia fundada en motivos políticos, raciales, nacionales, étnicos, culturales, religiosos, de género definido en el párrafo 3, u otros motivos universalmente reconocidos como inaceptables con arreglo al derecho internacional, en conexión con cualquier acto mencionado en el presente párrafo o con cualquier crimen de la competencia de la Corte;

i) Desaparición forzada de personas;

j) El crimen de apartheid;

k) Otros actos inhumanos de carácter similar que causen intencionalmente grandes sufrimientos o atenten gravemente contra la integridad física o la salud mental o física.

2. A los efectos del párrafo 1:

a) Por "ataque contra una población civil" se entenderá una línea de conducta que implique la comisión múltiple de actos mencionados en el párrafo 1 contra una población civil, de conformidad con la política de un Estado o de una organización de cometer es ataque o para promover esa política;

b) El "exterminio" comprenderá la imposición intencional de condiciones de vida, la privación del acceso a alimentos o medicinas, entre otras, encaminadas a causar la destrucción de parte de una población;

c) Por "esclavitud" se entenderá el ejercicio de los atributos del derecho de propiedad sobre una persona, o de algunos de ellos, incluido el ejercicio de esos atributos en el tráfico de personas, en particular mujeres y niños;

d) Por "deportación o traslado forzoso de población" se entenderá el desplazamiento de las personas afectadas, por expulsión u otros actos coactivos, de la zona en que estén legítimamente presentes, sin motivos autorizados por el derecho internacional;

e) Por "tortura" se entenderá causar intencionalmente dolor o sufrimientos graves, ya sean físicos o mentales, a una persona que el acusado tenga bajo su custodia o control; sin embargo, no se entenderá por tortura el dolor o los sufrimientos que se deriven únicamente de sanciones lícitas o que sean consecuencia normal o fortuita de ellas;

f) Por "embarazo forzado" se entenderá el confinamiento ilícito de una mujer a la que se ha dejado embarazada por la fuerza, con la intención de modificar la composición étnica de una población o de cometer otras violaciones graves del derecho internacional. En modo alguno se entenderá que esta definición afecta a las normas de derecho interno relativas al embarazo;

g) Por "persecución" se entenderá la privación intencional y grave de derechos fundamentales en contravención del derecho internacional en razón de la identidad del grupo o de la colectividad;

h) Por "el crimen de apartheid" se entenderán los actos inhumanos de carácter similar a los mencionados en el párrafo 1 cometidos en el contexto de un régimen institucionalizado de opresión y dominación sistemáticas de un grupo racial sobre uno o más grupos raciales y con la intención de mantener ese régimen;

i) Por "desaparición forzada de personas" se entenderá la aprehensión, la detención o el secuestro de personas por un Estado o una organización política, o con su autorización, apoyo o aquiescencia, seguido de la negativa a informar sobre la privación de libertad o dar información sobre la suerte o el paradero de esas personas, con la intención de dejarlas fuera del amparo de la ley por un período prolongado.

3. A los efectos del presente Estatuto se entenderá que el término "género" se refiere a los dos sexos, masculino y femenino, en el contexto de la sociedad. El término "género" no tendrá más acepción que la que antecede.

Artículo 8

Crímenes de guerra

1. La Corte tendrá competencia respecto de los crímenes de guerra en particular cuando se cometan como parte de un plan o política o como parte de la comisión en gran escala de tales crímenes.

2. A los efectos del presente Estatuto, se entiende por "crímenes de guerra":

a) Infracciones graves de los Convenios de Ginebra de 12 de agosto de 1949, a saber, cualquiera de los siguientes actos contra personas o bienes protegidos por las disposiciones del Convenio de Ginebra pertinente:

i) El homicidio intencional;

ii) La tortura o los tratos inhumanos, incluidos los

experimentos biológicos;

iii) El hecho de causar deliberadamente grandes sufrimientos o atentar gravemente contra la integridad física o la salud;

iv) La destrucción y la apropriación de bienes no justificadas por necesidades militares, y efectuadas a gran escala, ilícita y arbitrariamente;

v) El hecho de forzar a un prisionero de guerra o a otra persona protegida a servir en las fuerzas de una Potencia enemiga;

vi) El hecho de privar deliberadamente a un prisionero de guerra o a otra persona protegida de su derecho a ser juzgado legítima e imparcialmente;

vii) La deportación o el traslado ilegal, la detención ilegal;

viii) La toma rehenes;

b) Otras violaciones graves de las leyes y usos aplicables en los conflictos armados internacionales dentro del marco del derecho internacional, a saber, cualquiera de los actos siguientes:

i) Dirigir intencionalmente ataques contra la población civil en cuanto tal o contra personas civiles que no participen directamente en las hostilidades;

ii) Dirigir intencionalmente ataques contra bienes civiles, es decir, bienes que no son objetivos militares;

iii) Dirigir intencionalmente ataques contra personal, instalaciones, material, unidades o vehículos participantes en una misión de mantenimiento de la paz o de asistencia humanitaria de conformidad con la Carta de las Naciones Unidas, siempre que tengan derecho a la protección otorgada a civiles o bienes civiles con arreglo al derecho internacional de los conflictos armados;

iv) Lanzar un ataque intencionalmente, a sabiendas de que causará pérdidas de vidas, lesiones a civiles o daños a bienes de carácter civil o daños extensos, duraderos y graves al medio ambiente natural que serían manifiestamente excesivos en relación con la ventaja militar concreta y directa de conjunto que se prevea;

v) Atacar o bombardear, por cualquier medio, ciudades, aldeas, viviendas o edificios que no estén defendidos y que no sean objetivos militares;

vi) Causar la muerte o lesiones a un enemigo que haya depuesto las armas o que, al no tener medios para defenderse, se haya rendido a discreción;

vii) Utilizar de modo indebido la bandera blanca, la bandera nacional o las insignias militares o el uniforme del enemigo o de las Naciones Unidas, así como los emblemas distintivos de los Convenios de Ginebra, y causar así la muerte o lesiones graves;

viii) El traslado, directa o indirectamente, por la Potencia ocupante de parte de su población civil al territorio que ocupa o la deportación o el traslado de la totalidad o parte de la población del territorio

ocupado, dentro o fuera de ese territorio;

ix) Dirigir intencionalmente ataques contra edificios dedicados a la religión, la instrucción, las artes, las ciencias o la beneficencia, los monumentos, los hospitales y los lugares en que se agrupa a enfermos y heridos, siempre que no sean objetivos militares;

x) Someter a personas que estén en poder del perpetrador a mutilaciones físicas o a experimentos médicos o científicos de cualquier tipo que no estén justificados en razón de un tratamiento médico, dental u hospitalario, ni se lleven a cabo en su interés, y que causen la muerte o pongan gravemente en peligro su salud;

xi) Matar o herir a traición a personas pertenecientes a la nación o al ejército enemigo;

xii) Declarar que no se dará cuartel;

xiii) Destruir o confiscar bienes del enemigo, a menos que las necesidades de la guerra lo hagan imperativo;

xiv) Declarar abolidos, suspendidos o inadmisibles ante un tribunal los derechos y acciones de los nacionales de la parte enemiga;

xv) Obligar a los nacionales de la parte enemiga a participar en operaciones bélicas dirigidas contra su propio país, aunque hubieran estado al servicio del beligerante antes del inicio de la guerra;

xvi) Saquear una ciudad o una plaza, incluso cuando es tomada por asalto;

xvii) Emplear veneno o armas envenenadas;

xviii) Emplear gases asfixiantes, tóxicos o similares o cualquier líquido, material o dispositivo análogo;

xix) Emplear balas que se ensanchan o aplasten fácilmente en el cuerpo humano, como balas de camisa dura que no recubra totalmente la parte interior o que tenga incisiones;

xx) Emplear armas, proyectiles, materiales y métodos de guerra que, por su propia naturaleza, causen daños superfluos o sufrimientos innecesarios o surtan efectos indiscriminados en violación del derecho humanitario internacional de los conflictos armados, a condición de que esas armas o esos proyectiles, materiales o métodos de guerra, sean objeto de una prohibición completa y estén incluidos en un anexo del presente Estatuto en virtud de una enmienda aprobada de conformidad con las disposiciones que, sobre el particular, figuran en los artículos 121 y 123;

xxi) Cometer atentados contra la dignidad personal, especialmente los tratos humillantes y degradantes;

xxii) Cometer actos de violación, esclavitud sexual, prostitución forzada, embarazo forzado, definido en el apartado f) del párrafo 2 del artículo 7, esterilización forzada y cualquier otra forma de violencia sexual que constituya una infracción grave de los Convenios de Ginebra;

xxiii) Utilizar la presencia de una persona civil u otra persona protegida para poner ciertos puntos, zonas o fuerzas militares a cubierto de operaciones militares;

xxiv) Dirigir intencionalmente ataques contra edificios, material, unidades y medios de transporte sanitarios, y contra personal que utilize los emblemas distintivos de los Convenios de Ginebra de conformidad con el derecho internacional;

xxv) Hacer padecer intencionalmente hambre a la población civil como método de hacer la guerra, privándola de los objetos indispensables para su supervivencia, incluido el hecho de obstaculizar intencionalmente los suministros de socorro de conformidad con los Convenios de Ginebra;

xxvi) Reclutar o alistar a niños menores de 15 años en las fuerzas armadas nacionales o utilizarlos para participar activamente en las hostilidades;

c) En caso de conflicto armado que no sea de índole internacional, las violaciones graves del artículo 3 común a los cuatro Convenios de Ginebra de 12 de agosto de 1949, a saber, cualquiera de los siguientes actos cometidos contra personas que no participen directamente en las hostilidades, incluidos los miembros de las fuerzas armadas que hayan depuesto las armas y las que hayan quedado fuera de combate por enfermedad, herida, detención o por cualquier otra causa:

i) Los atentados contra la vida y la integridad coporal, especialmente el homicidio en todas sus formas, las mutilaciones, los tratos crueles y la tortura;

ii) Los atentados contra la dignidad personal, especialmente los tratos humillantes y degradantes;

iii) La toma de rehenes;

iv) Las condenas dictadas y las ejecuciones efectuadas sin previo juicio ante un tribunal regularmente constituido con todas las garantías judiciales generalmente reconocidas como indispensables.

d) El párrafo 2 c) del presente artículo se aplica a los conflictos armados que no son de índole internacional, y por consiguiente, no se aplica a las situaciones de tensiones internas y de disturbios interiores, tales como los motines, los actos esporádicos y aislados de violencia u otros actos análogos.

e) Otras violaciones graves de las leyes y los usos aplicables en los conflictos armados que no sean de índole internacional, dentro del marco establecido de derecho internacional, a saber, cualquiera de los actos siguientes:

i) Dirigir intencionalmente ataques contra la población civil como tal o contra civiles que no participen directamente en las hostilidades;

ii) Dirigir intencionalmente ataques contra edificios, material, unidades y medios de transporte sanitarios y contra el personal que utilicen los emblemas distintivos de los Convenios de Ginebra de conformidad con el derecho internacional;

iii) Dirigir intencionalmente ataques contra personal, instalaciones, material, unidades o vehículos participantes en una misión de mantenimiento de la paz o de asistencia humanitaria de conformidad con la Carta de las Naciones Unidas, siempre que tengan derecho a la protección otorgada a civiles o bienes civiles con arreglo al derecho internacional de los conflictos armados;

iv) Dirigir intencionalmente ataques contra edificios dedicados al culto religioso, la educación, las artes, las ciencias o la beneficencia, los monumentos, los hospitales y otros lugares en que se agrupa a enfermos y heridos, a condición de que no sean objetivos militares;

v) Saquear una ciudad o plaza, incluso cuando es tomada por asalto;

vi) Cometer actos de violación, esclavitud sexual, prostitución forzada, embarazo forzado, definido en el apartado f) del párrafo 2 del artículo 7, esterilización forzada o cualquier otra forma de violencia sexual que constituya también una violación grave del artículo 3 común a los cuatro Convenios de Ginebra;

vii) Reclutar o alistar niños menores de 15 años en las fuerzas armadas o grupos o utilizarlos para participar activamente en hostilidades;

viii) Ordenar el desplazamiento de la población civil por razones relacionadas con el conflicto, a menos que así lo exija la seguridad de los civiles de que se trate o por razones militares imperativas;

ix) Matar o herir a traición a un combatiente enemigo;

x) Declarar que no se dará cuartel;

xi) Someter a las personas que estén en poder de otra parte en el conflicto a mutilaciones físicas o a experimentos médicos o científicos de cualquier tipo que no estén justificados en razón del tratamiento médico, dental u hospitalario de la persona de que se trate ni se lleven a cabo en su interés, y que provoquen la muerte o pongan gravemente en peligro su salud;

xii) Destruir o confiscar bienes del enemigo, a menos que las necesidades del conflicto lo hagan imperativo;

f) El párrafo 2 e) del presente artículo se aplica a los conflictos armados que no son de índole internacional, y, por consiguiente, no se aplica a las situaciones de tensiones internas y de disturbios interiores, tales como los motines, los actos esporádicos y aislados de violencia u otros actos de carácter similar. Se aplica a los conflictos armados que tienen lugar en el territorio de un Estado cuando existe un conflicto armado prolongado entre las autoridades gubernamentales y grupos armados organizados o entre tales grupos.

3. Nada de lo dispuesto en los párrafos 2 c) y e) afectará a la responsabilidad que incumbe a todo gobierno de mantener y restablecer el orden público en el Estado y de defender la unidad e integridad territorial del Estado por cualquier medio legítimo.

Artículo 9

Elementos de los crímenes

1. Los Elementos de los crímenes, que ayudarán a la Corte a interpretar y aplicar los artículos 6,7 y 8 delpresente Estatuto, serán aprobados por una mayoría de dos tercios de los miembros de la Asamblea de los Estados Partes.

2. Podrán proponer enmiendas a los Elementos de los crímenes:

a) Cualquier Estado Parte;

b) Los magistrados, por mayoría absoluta;

c) El Fiscal.

Las enmiendas entrarán en vigor cuando hayan sido aprobadas por una mayoría de dos tercios de los miembros de la Asamblea de los Estados Partes.

3. Los Elementos de los crímenes y sus enmiendas serán compatibles con lo dispuesto en el presente Estatuto.

Artículo 10

Nada de lo dispuesto en la presente parte se interpretará en el sentido de que limite o menoscabe de alguna manera las normas existentes o en desarrollo del derecho internacional para fines distintos del presente Estatuto.

Artículo 11

Competencia temporal

1. La Corte tendrá competencia únicamente respecto de crímenes cometidos después de la entrada en vigor del presente Estatuto.

2. Si un Estado se hace Parte en el presente Estatuto después de su entrada en vigor, la Corte podrá ejercer su competencia únicamente con respecto a los crímenes cometidos después de la entrada en vigor del presente Estatuto respecto de ese Estado, a menos que éste haya hecho una declaración de conformidad con el párrafo 3 del artículo 12.

Artículo 12

Condiciones previas para el ejercicio de la competencia

1. El Estado que pase a ser Parte en el presente Estatuto acepta por ello la competencia de la Corte respecto de los crímenes a que se refiere el artículo 5.

2. En el caso de los apartados a) o c) del artículo 13, la Corte podrá ejercer su competencia si uno o varios de los Estados siguientes son Partes en el presente Estatuto o han aceptado la competencia de la Corte de conformidad con el párrafo 3:

a) El Estado en cuyo territorio haya tenido lugar la conducta de que se trate, o si el crimen se hubiere cometido a bordo de un buque o de una aeronave, el Estado de matrícula del buque o la aeronave;

b) El Estado del que sea nacional el acusado del crimen.

3. Si la aceptación de un Estado que no sea Parte en el presente Estatuto fuere necesaria de conformidad con el párrafo 2, dicho Estado podrá, mediante declaración depositada en poder del Secretario, consentir en que la Corte ejerza su competencia respecto del crimen de que se trate. El Estado aceptante cooperará con la Corte sin demora ni excepción de conformidad con la Parte IX.

Artículo 13

Ejercicio de la competencia

La Corte podrá ejercer su competencia respecto de cualquiera de los crímenes a que se refiere el artículo 5 de conformidad con las disposiciones del presente Estatuto si:

a) Un Estado Parte remite al Fiscal, de conformidad con el artículo 14, una situación en que parezca haberse cometido uno o varios de esos crímenes;

b) El Consejo de Seguridad, actuando con arreglo a lo dispuesto en el Capítulo VII de la Carta de las Naciones Unidas, remite al Fiscal una situación en que parezca haberse cometido uno o varios de esos crímenes; o

c) El Fiscal ha iniciado una investigación respecto de un crimen de ese tipo de conformidad con lo dispuesto en el artículo 15.

Artículo 14

Remisión de una situación por un Estado Parte

1. Todo Estado Parte podrá remitir al Fiscal una situación en que parezca haberse cometido uno o varios crímenes de la competencia de la Corte y pedir al Fiscal que investigue la situación a los fines de determinar si se ha de acusar de la comisión de tales crímenes a una o varias personas determinadas.

2. En la medida de lo posible, en la remisión se especificarán las circunstancias pertinentes y se adjuntará la documentación justificativa de que disponga el Estado denunciante.

Artículo 15

El Fiscal

1. El Fiscal podrá iniciar de oficio una investigación sobre la base de información acerca de un crimen de la competencia de la Corte.

2. El Fiscal analizará la veracidad de la información recibida. Con tal fin, podrá recabar más información de los Estados, los órganos de las Naciones Unidas, las organizaciones intergubernamentales o no gubernamentales u otras fuentes fidedignas que considere apropiadas y podrá recibir testimonios escritos u orales en la sede de la Corte.

3. El Fiscal, si llegare a la conclusión de que existe fundamento suficiente para abrir una investigación, presentará a la Sala de Cuestiones Preliminares una petición de autorización para ello, junto con la documentación justificativa que haya reunido. Las víctimas podrán presentar observaciones a la

Sala de Cuestiones Preliminares, de conformidad con las Reglas de Procedimiento y Prueba.

4. Si, tras haber examinado la petición y la documentación que la justifique, la Sala de Cuestiones Preliminares considerare que hay fundamento suficiente para abrir una investigación y que el asunto parece corresponder a la competencia de la Corte, autorizará el inicio de la investigación, sin perjuicio de las resoluciones que pueda adoptar posteriormente la Corte con respecto a su competencia y la admisibilidad de la causa.

5. La negativa de la Sala de Cuestiones Preliminares a autorizar la investigación no impedirá que el Fiscal presente ulteriormente otra petición basada en nuevos hechos o pruebas relacionados con la misma situación.

6. Si, después del examen preliminar a que se refieren los párrafos 1 y 2, el Fiscal llega a la conclusión de que la información presentada no constituye fundamento suficiente para una investigación, informará de ello a quienes la hubieren presentado. Ello no impedirá que el Fiscal examine a la luz de hechos o pruebas nuevos, otra información que reciba en relación con la misma situación.

Artículo 16

Suspensión de la investigación o el enjuiciamiento

En caso de que el Consejo de Seguridad, de conformidad con una resolución aprobada con arreglo a lo dispuesto en el Capítulo VII de la Carta de las Naciones Unidas, pida a la Corte que suspenda por un plazo de doce meses la investigación o el enjuiciamiento que haya iniciado, la Corte procederá a esa suspensión; la petición podrá ser renovada por el Consejo de Seguridad en las mismas condiciones.

Artículo 17

Cuestiones de admisibilidad

1. La Corte teniendo en cuenta el décimo párrafo del preámbulo y el artículo 1, resolverá la inadmisibilidad de un asunto cuando: a) El asunto sea objeto de una investigación o enjuiciamiento por un Estado que tenga jurisdicción sobre él salvo que éste no esté dispuesto a llevar a cabo la investigación o el enjuiciamiento o no pueda realmente hacerlo;

b) El asunto haya sido objeto de investigación por un Estado que tenga jurisdicción sobre él y éste haya decidido no incoar acción penal contra la persona de que se trate, salvo que la decisión haya obedecido a que no esté dispuesto a llevar a cabo el enjuiciamiento o no pueda realmente hacerlo;

c) La persona de que se trate haya sido ya enjuiciada por la conducta a que se refiere la denuncia, y la Corte no pueda adelantar el juicio con arreglo a lo dispuesto en el párrafo 3 del artículo 20;

d) El asunto no sea de gravedad suficiente para justificar la adopción de otras medidas por la Corte.

2. A fin de determinar si hay o no disposición a actuar en un asunto determinado, la Corte examinará, teniendo en cuenta los principios de un proceso con las debidas garantías reconocidos por el derecho internacional, si se da una o varias de las siguientes circunstancias, según el caso:

a) Que el juicio ya haya estado o esté en marcha o que la decisión nacional haya sido adoptada con el propósito de sustraer a la persona de que se trate de su responsabilidad penal por crímenes de la competencia de la Corte, según lo dispuesto en el artículo 5;

b) Que haya habido una demora injustificada en el juicio que, dadas las circunstancias, sea incompatible con la intención de hacer comparecer a la persona de que se trate ante la justicia;

c) Que el proceso no haya sido o no esté siendo sustanciado de manera independiente o imparcial y haya sido o esté siendo sustanciado de forma en que, dadas las circunstancias, sea incompatible con la intención de hacer comparecer a la persona de que se trate ante la justicia.

3. A fin de determinar la incapacidad para investigar o enjuiciar en un asunto determinado, la Corte examinará si el Estado, debido al colapso total o sustancial de su administración nacional de justicia o al hecho de que carece de ella, no puede hacer comparecer al acusado, no dispone de las pruebas y los testimonios necesarios o no está por otras razones en condiciones de llevar a cabo el juicio.

Artículo 18

Decisiones preliminares relativas a la admisibilidad

1. Cuando se haya remitido a la Corte una situación en virtud del artículo 13 a) y el Fiscal haya determinado que existen fundamentos razonables para comenzar una investigación e inicie esa investigación en virtud de los artículos 13 c) y 15, éste lo notificará a todos los Estados Partes y a aquellos Estados que, teniendo en cuenta la información disponible, ejercerían normalmente la jurisdicción sobre los crímenes de que se trate. El Fiscal podrá hacer la notificación a esos Estados con carácter confidencial y, cuando lo considere necesario a fin de proteger personas, impedir la destrucción de pruebas o impedir la fuga de personas, podrá limitar el alcance de la información proporcionada a los Estados.

2. Dentro del mes siguiente a la recepción de dicha notificación, el Estado podrá informar a la Corte que está llevando o ha llevado a cabo una investigación en relación con sus nacionales u otras personas bajo su jurisdicción respecto de actos criminales que puedan constituir crímenes contemplados en el artículo 5 y a los que se

refiera la información proporcionada en la notificación a los Estados. A petición de dicho Estado, el Fiscal se inhibirá de su competencia en favor del Estado en relación con la investigación sobre las personas antes mencionadas, a menos que la Sala de Cuestiones Preliminares decida, a petición del Fiscal autorizar la investigación.

3. El Fiscal podrá volver a examinar la cuestión de la inhibición de su competencia al cabo de seis meses a partir de la fecha de la remisión o cuando se haya producido un cambio significativo de circunstancias en vista de que el Estado no está dispuesto a llevar a cabo la investigación o no puede realmente hacerlo.

4. El Estado de que se trate o el Fiscal podrán apelar ante la Sala de Apelaciones de la decisión de la Sala de Cuestiones Preliminares, de conformidad con el artículo 82. La apelación podrá sustanciarse en forma sumaria.

5. Cuando el Fiscal se haya inhibido de su competencia en relación con la investigación con arreglo a lo dispuesto en el párrafo 2, podrá pedir al Estado de que se trate que le informe periódicamente de la marcha de sus investigaciones y del juicio ulterior. Los Estados Partes responderán a esas peticiones sin dilaciones indebidas.

6. El Fiscal podrá, hasta que la Sala de Cuestiones Preliminares haya emitido su decisión, o en cualquier momento si se hubiere inhibido de su competencia en virtud de este artículo, pedir a la Sala de Cuestiones v Preliminares, con carácter excepcional, que le autorice a llevar adelante las indagaciones que estime necesarias cuando exista una oportunidad única de obtener pruebas importantes o exista un riesgo significativo de que esas pruebas no estén disponibles ulteriormente.

7. El Estado que haya apelado una decisión de la Sala de Cuestiones Preliminares en virtud del presente artículo podrá impugnar la admisibilidad de un asunto en virtud del artículo 19, haciendo valer hechos nuevos importantes o un cambio significativo de las circunstancias.

Artículo 19

Impugnación de la competencia de la Corte o de la admisibilidad de la causa

1. La Corte se cerciorará de ser competente en todas las causas que le sean sometidas. La Corte podrá determinar de oficio la admisibilidad de una causa de conformidad con el artículo 17.

2. Podrán impugnar la admisibilidad de la causa, por uno de los motivos mencionados en el artículo 17, o impugnar la competencia de la Corte:

a) El acusado o la persona contra la cual se haya dictado una orden de detención o una orden de comparecencia con arreglo al artículo 58;

b) Un Estado que tenga jurisdicción en la causa porque está investigándola o enjuiciándola o lo ha hecho antes; o

c) Un Estado cuya aceptación se requiera de conformidad con el artículo 12.

3. El Fiscal podrá pedir a la Corte que se pronuncie sobre una cuestión de competencia o de admisibilidad. En las actuaciones relativas a la competencia o la admisibilidad, podrán presentar asimismo observaciones a la Corte quienes hayan remitido la situación de conformidad con el artículo 13 y las víctimas.

4. La admisibilidad de una causa o la competencia de la Corte sólo podrán ser impugnadas una sola vez por cualquiera de las personas o los Estados a que se hace referencia en el párrafo

2. La impugnación se hará antes del juicio o a su inicio. En circunstancias excepcionales, la Corte podrá autorizar que la impugnación se haga más de una vez o en una fase ulterior del juicio. Las impugnaciones a la admisibilidad de una causa hechas al inicio del juicio, o posteriormente con la autorización de la Corte, sólo podrán fundarse en el párrafo 1 c) del artículo 17.

5. El Estado a que se hace referencia en los apartados b) y c) del párrafo 2 del presente artículo hará la impugnación lo antes posible.

6. Antes de la confirmación de los cargos, la impugnación de la admisibilidad de una causa o de la competencia de la Corte será asignada a la Sala de Cuestiones Preliminares. Después de confirmados los cargos, será asignada a la Sala de Primera Instancia. Las decisiones relativas a la competencia o la admisibilidad podrán ser recurridas ante la Sala de Apelaciones de conformidad con el artículo 82.

7. Si la impugnación es hecha por el Estado a que se hace referencia en los apartados b) o c) del párrafo 2, el Fiscal suspenderá la investigación hasta que la Corte resuelva de conformidad con el artículo 17.

8. Hasta que la Corte se pronuncie, el Fiscal podrá pedirle autorización para:

a) Practicar las indagaciones necesarias de la índole mencionada en el párrafo 6 del artículo 18;

b) Tomar declaración a un testigo o recibir su testimonio, o completar la recolección y el examen de las pruebas que hubiere iniciado antes de la impugnación; y c) Impedir, en cooperación con los Estados que corresponda, que eludan la acción de la justicia personas respecto de las cuales el Fiscal haya pedido ya una orden de detención en virtud del artículo 58.

9. La impugnación no afectará a la validez de ningún acto realizado por el Fiscal, ni de ninguna orden o mandamiento dictado por la Corte, antes de ella.

10. Si la Corte hubiere declarado inadmisible una causa de conformidad con el artículo 17, el Fiscal podrá pedir que se revise esa decisión cuando se haya cerciorado cabalmente de que han aparecido nuevos hechos que invalidan los motivos por los cuales la causa había sido considerada inadmisible de conformidad con dicho artículo.

11. El Fiscal, si habida cuenta de las cuestiones a que se refiere el artículo 17 suspende una investigación, podrá pedir que el Estado de que se trate ponga a su disposición información sobre las actuaciones. A petición de ese Estado, dicha información será confidencial. El Fiscal, si decide posteriormente abrir una investigación, notificará su decisión al Estado cuyas actuaciones hayan dado origen a la suspensión.

Artículo 20

Cosa juzgada

1. Salvo que en el presente Estatuto se disponga otra cosa, nadie será procesado por la Corte en razón de conductas constitutivas de crímenes por los cuales ya hubiere sido condenado o absuelto por la Corte.

2. Nadie será procesado por otro tribunal en razón de uno de los crímenes mencionados en el artículo 5 por el cual la Corte ya le hubiere condenado o absuelto.

3. La Corte no procesará a nadie que haya sido procesado por otro tribunal en razón de hechos también prohibidos en virtud de los artículos 6, 7 u 8 a menos que el proceso en el otro tribunal:

a) Obedeciera al propósito de sustraer al acusado de su responsabilidad penal por crímenes de la competencia de la Corte; o

b) No hubiere sido instruida en forma independiente o imparcial de conformidad con las debidas garantías procesales reconocidas por el derecho internacional o lo hubiere sido de alguna manera que, en las circunstancias del caso, fuere incompatible con la intención de someter a la persona a la acción de la justicia.

Artículo 21

Derecho aplicable

1. La Corte aplicará:

a) En primer lugar, el presente Estatuto, los Elementos de los crímenes y sus Reglas de Procedimiento y Prueba;

b) En segundo lugar, cuando proceda, los tratados aplicables, los principios y normas del derecho internacional aplicables, incluidos los principios establecidos del derecho internacional de los conflictos armados;

c) En su defecto, los principios generales del derecho que derive la Corte del derecho interno de los sistemas jurídicos del mundo, incluido, cuando proceda, el derecho interno de los Estados que normalmente ejercerían jurisdicción sobre el crimen, siempre que esos principios no sean incompatibles con el presente Estatuto ni con el derecho internacional ni las normas y estandares internacionalmente reconocidos.

2. La Corte podrá aplicar principios y normas de derecho respecto de los cuales hubiere hecho una interpretación en decisiones anteriores. 3. La aplicación e interpretación del derecho de conformidad con el presente artículo deberá ser compatible con los derechos humanos internacionalmente reconocidos, sin distinción alguna basada en motivos como el género, definido en el párrafo 3 del artículo 7, la edad, la raza, el color, la religión o el credo, la opinión política o de otra índole, el origen nacional, étnico o social, la posición económica, el nacimiento u otra condición.

PARTE III.
DE LOS PRINCIPIOS GENERALES DE DERECHO PENAL

Artículo 22

Nullum crimen sine lege

1. Nadie será penalmente responsable de conformidad con el presente Estatuto a menos que la conducta de que se trate constituya, en el momento en que tiene lugar, un crimen de la competencia de la Corte.

2. La definición de crimen será interpretada estrictamente y no se hará extensiva por analogía. En caso de ambigüedad, será interpretada en favor de la persona objeto de investigación, enjuiciamiento o condena.

3. Nada de lo dispuesto en el presente artículo afectará a la tipificación de una conducta como crimen de derecho internacional independientemente del presente Estatuto.

Artículo 23

Nulla poena sine lege

Quien sea declarado culpable por la Corte únicamente podrá ser penado de conformidad con el presente Estatuto.

Artículo 24

Irretroactividad ratione personae

1. Nadie será penalmente responsable de conformidad con el presente Estatuto por una conducta anterior a su entrada en vigor.

2. De modificarse el derecho aplicable a una causa antes de que se dicte la sentencia definitiva, se aplicarán las disposiciones más favorables a la persona objeto de la investigación, el enjuiciamiento o la condena.

Artículo 25

Responsabilidad penal individual

1. De conformidad con el presente Estatuto, la Corte tendrá competencia respecto de las personas naturales.

2. Quien cometa un crimen de la competencia de la Corte será responsable individualmente y podrá ser penado de conformidad con el presente Estatuto.

3. De conformidad con el presente Estatuto, será penalmente responsable y podrá ser penado por la comisión de un crimen de la competencia de la Corte quien:

a) Cometa ese crimen por sí solo, con otro o por conducto de otro, sea éste o no penalmente responsable;

b) Ordene, proponga o induzca la comisión de ese crimen, ya sea consumado o en grado de tentativa;

c) Con el propósito de facilitar la comisión de ese crimen, sea cómplice o encubridor o colabore de algún modo en la comisión o la tentativa de comisión del crimen, incluso suministrando los medios para su comisión;

d) Contribuya de algún otro modo en la comisión o tentativa de comisión del crimen por un grupo de personas que tengan una finalidad común.

La contribución deberá ser intencional y se hará:

i) Con el propósito de llevar a cabo la actividad o propósito delictivo del grupo, cuando una u otro entrañe la comisión de un crimen de la competencia de la Corte; o

ii) A sabiendas de que el grupo tiene la intención de cometer el crimen; e) Respecto del crimen de genocidio, haga una instigación directa y pública a que se cometa;

f) Intente cometer ese crimen mediante actos que supongan un paso importante para su ejecución, aunque el crimen no se consume debido a circunstancias ajenas a su voluntad. Sin embargo, quien desista de la comisión del crimen o impida de otra forma que se consuma no podrá ser penado de

conformidad con el presente Estatuto por la tentativa si renunciare íntegra y voluntariamente al propósito delictivo.

4. Nada de lo dispuesto en el presente Estatuto respecto de la responsabilidad penal de las personas naturales afectará a la responsabilidad del Estado conforme al derecho internacional.

Artículo 26

Exclusión de los menores de 18 años de la competencia de la Corte

La Corte no será competente respecto de los que fueren menores de 18 años en el momento de la presunta comisión del crimen.

Artículo 27

Improcedencia del cargo oficial

1. El presente Estatuto será aplicable por igual a todos sin distinción alguna basada en el cargo oficial. En particular, el cargo oficial de una persona, sea Jefe de Estado o de Gobierno, miembro de un gobierno o parlamento, representante elegido o funcionario de gobierno, en ningún caso la eximirá de responsabilidad penal ni constituirá per se motivo para reducir la pena.

2. Las inmunidades y las normas de procedimiento especiales que conlleve el cargo oficial de una persona, con arreglo al derecho interno o al derecho internacional, no obstarán para que la Corte ejerza su competencia sobre ella.

Artículo 28

Responsabilidad de los jefes y otros superiores

Además de otras causales de responsabilidad penal de conformidad con el presente Estatuto por crímenes de la competencia de la Corte:

a) El jefe militar o el que actúe efectivamente como jefe militar será penalmente responsable por los crímenes de la competencia de la Corte que hubieren sido cometidos por fuerzas bajo su mando y control efectivo, o su autoridad y control efectivo, según sea el caso, en razón de no haber ejercido un control apropiado sobre esas fuerzas cuando:

i) Hubiere sabido o, en razón de las circunstancias del momento, hubiere debido saber que las fuerzas estaban cometiendo esos crímenes o se proponían cometerlos; y

ii) No hubiere adoptado todas las medidas necesarias y razonables a su alcance para prevenir o reprimir su comisión o para poner el asunto en conocimiento de las autoridades competentes a los efectos de su investigación y enjuiciamiento.

b) En lo que respecta a las relaciones entre superior y subordinado distintas de las señaladas en el apartado a), el superior será penalmente responsable por los crímenes de la competencia de la Corte que hubieren sido cometidos por subordinados bajo su autoridad y control efectivo, en razón de no haber ejercido un control apropiado sobre esos subordinados, cuando:

i) Hubiere tenido conocimiento o deliberadamente hubiere hecho caso omiso de información que indicase claramente que los subordinados estaban cometiendo esos crímenes o se proponían cometerlos;

ii) Los crímenes guardaren relación con actividades bajo su responsabilidad y control efectivo; y

iii) No hubiere adoptado todas las medidas necesarias y razonables a su alcance para prevenir o reprimir su comisión o para poner el asunto en conocimiento de las autoridades competentes a los efectos de su investigación y enjuiciamiento.

Artículo 29

Imprescriptibilidad

Los crímenes de la competencia de la Corte no prescribirán.

Artículo 30

Elemento de intencionalidad

1. Salvo disposición en contrario, una persona será penalmente responsable y podrá ser penada por un crimen de la competencia de la Corte únicamente si actúa con intención y conocimiento de los elementos materiales del crimen.

2. A los efectos del presente artículo, se entiende que actúa intencionalmente quien:

a) En relación con una conducta, se propone incurrir en ella;

b) En relación con una consecuencia, se propone causarla o es consciente de que se producirá en el curso normal de los acontecimientos.

3. A los efectos del presente artículo, por "conocimiento" se entiende la conciencia de que existe una circunstancia o se va a producir una consecuencia en el curso normal de los acontecimientos. Las palabras "a sabiendas" y "con conocimiento" se entenderán en el mismo sentido.

Artículo 31

Circunstancias eximentes de responsabilidad penal

1. Sin perjuicio de las demás circunstancias eximentes de responsabilidad penal establecidas en el presente Estatuto, no será penalmente responsable quien, en el momento de incurrir en una conducta:

a) Padeciere de una enfermedad o deficiencia mental que le prive de su capacidad para apreciar la ilicitud o naturaleza de su conducta, o de su capacidad para controlar esa conducta a fin de no transgredir la ley;

b) Estuviere en un estado de intoxicación que le prive de su capacidad para apreciar la ilicitud o naturaleza de su conducta, o de su capacidad para controlar esa conducta a fin de no transgredir la ley, salvo que se haya intoxicado voluntariamente a sabiendas de que, como resultado de la intoxicación, probablemente incurriría en una conducta tipificada como crimen de la competencia de la Corte, o haya hecho caso omiso del riesgo de que ello ocurriere;

c) Actuare razonablemente en defensa propia o de un tercero o, en el caso de los crímenes de guerra, de un bien que fuese esencial para su supervivencia o la de un tercero o de un bien que fuese esencial para realizar una misión militar, contra un uso inminente e ilícito de la fuerza, en forma proporcional al grado de peligro para él, un tercero o los bienes protegidos. El hecho de participar en una fuerza que realizare una operación de defensa no bastará para constituir una circunstancia eximente de la responsabilidad penal de conformidad con el presente apartado;

d) Hubiere incurrido en una conducta que presuntamente constituya un crimen de la competencia de la Corte como consecuencia de coacción dimanante de una amenaza inminente de muerte o lesiones corporales graves para él u otra persona, y en que se vea compelido a actuar necesaria y razonablemente para evitar esa amenaza, siempre que no tuviera la intención de causar un daño mayor que el que se proponía evitar. Esa amenaza podrá:

i) Haber sido hecha por otras personas; o

ii) Estar constituida por otras circunstancias ajenas a su control.

2. La Corte determinará si las circunstancias eximentes de responsabilidad penal admitidas por el presente Estatuto son aplicables en la causa de que esté conociendo.

3. En el juicio, la Corte podrá tener en cuenta una circunstancia eximente de responsabilidad penal distinta de las indicadas en el párrafo 1 siempre que dicha circunstancia se desprenda del derecho aplicable de conformidad con el artículo 21. El procedimiento para el examen de una eximente de este tipo se establecerá en las Reglas de Procedimiento y Prueba.

Artículo 32

Error de hecho o error de derecho

1. El error de hecho eximirá de responsabilidad penal únicamente si hace desaparecer el elemento de intencionalidad requerido por el crimen.

2. El error de derecho acerca de si un determinado tipo de conducta constituye un crimen de la competencia de la Corte no se considerará eximente. Con todo, el error de derecho podrá considerarse eximente si hace desaparecer el elemento

de intencionalidad requerido por ese crimen o si queda comprendido en lo dispuesto en el artículo 33 del presente Estatuto.

Artículo 33

Órdenes superiores y disposiciones legales

1. Quien hubiere cometido un crimen de la competencia de la Corte en cumplimiento de una orden emitida por un gobierno o un superior, sea militar o civil, no será eximido de responsabilidad penal a menos que:

a) Estuviere obligado por ley a obedecer órdenes emitidas por el gobierno o el superior de que se trate;

b) No supiera que la orden era ilícita; y

c) La orden no fuera manifiestamente ilícita.

2. A los efectos del presente artículo, se entenderá que las órdenes de cometer genocidio o crímenes de lesa humanidad son manifiestamente ilícitas.

PARTE IV.

DE LA COMPOSICIÓN Y ADMINISTRACIÓN DE LA CORTE

Artículo 34

Órganos de la Corte

La Corte estará compuesta de los órganos siguientes:

a) La Presidencia;

b) Una Sección de Apelaciones, una Sección de Primera Instancia y una Sección de Cuestiones Preliminares;

c) La Fiscalía;

d) La Secretaría.

Artículo 35

Desempeño del cargo de magistrado

1. Todos los magistrados serán elegidos miembros de la Corte en régimen de dedicación exclusiva y estarán disponibles para desempeñar su cargo en ese régimen desde que comience su mandato.

2. Los magistrados que constituyan la Presidencia desempeñarán sus cargos en régimen de dedicación exclusiva tan pronto como sean elegidos.

3. La Presidencia podrá, en función del volumen de trabajo de la Corte, y en consulta con los miembros de ésta, decidir por cuánto tiempo será necesario que los demás magistrados desempeñen sus cargos en régimen de dedicación exclusiva. Las decisiones que se adopten en ese sentido se entenderán sin perjuicio de lo dispuesto en el artículo 40.

4. Las disposiciones financieras relativas a los magistrados que no deban desempeñar sus cargos en régimen de dedicación exclusiva serán adoptadas de conformidad con el artículo 49.

Artículo 36

Condiciones que han de reunir los magistrados, candidaturas y elección de los magistrados

1. Con sujeción a lo dispuesto en el párrafo 2, la Corte estará compuesta de 18 magistrados.

2. a) La Presidencia, actuando en nombre de la Corte, podrá proponer que aumente el número de magistrados indicado en el párrafo 1 y señalará las razones por las cuales considera necesario y apropiado ese aumento. El Secretario distribuirá prontamente la propuesta a todos los Estados Partes;

b) La propuesta será examinada en una sesión de la Asamblea de los Estados Partes que habrá de convocarse de conformidad con el artículo 112. La propuesta, que deberá ser aprobada en la sesión por una mayoría de dos tercios de los Estados Partes, entrará en vigor en la fecha en que decida la Asamblea;

c) i) Una vez que se haya aprobado una propuesta para aumentar el número de magistrados con arreglo al apartado b), la elección de los nuevos magistrados se llevará a cabo en el siguiente período de sesiones de la Asamblea de los Estados Partes, de conformidad con los párrafos 3 a 8 del presente artículo y con el párrafo 2 del artículo 37;

ii) Una vez que se haya aprobado y haya entrado en vigor una propuesta para aumentar el número de magistrados con arreglo a los apartados b) y c) i), la Presidencia podrá en cualquier momento, si el volumen de trabajo de la Corte lo justifica, proponer que se reduzca el número de magistrados, siempre que ese número no sea inferior al indicado en el párrafo 1. La propuesta será examinada de conformidad con el procedimiento establecido en los apartados a) y b). De ser aprobada, el número de magistrados se reducirá progresivamente a medida que expiren los mandatos y hasta que se llegue al número debido.

3. a) Los magistrados serán elegidos entre personas de alta consideración moral, imparcialidad e integridad que reúnan las condiciones requeridas para el ejercicio de las más altas funciones judiciales en sus respectivos países;

b) Los candidatos a magistrados deberán tener:

i) Reconocida competencia en derecho y procedimiento penales y la necesaria experiencia en causas penales en calidad de magistrado, fiscal, abogado u otra función similar; o

ii) Reconocida competencia en materias pertinentes de derecho internacional, tales como el derecho internacional humanitario y las normas de derechos humanos, así como gran experiencia en funciones jurídicas profesionales que tengan relación con la labor judicial de la Corte;

c) Los candidatos a magistrado deberán tener un excelente conocimiento y dominio de por lo menos uno de los idiomas de trabajo de la Corte.

4. a) Cualquier Estado Parte en el presente Estatuto podrá proponer candidatos en las elecciones para magistrado de la Corte mediante:

i) El procedimiento previsto para proponer candidatos a los más altos cargos judiciales del país; o

ii) El procedimiento previsto en el Estatuto de la Corte Internacional de Justicia para proponer candidatos a esa Corte. Las propuestas deberán ir acompañadas de una exposición detallada acerca del grado en que el candidato cumple los requisitos enunciados en el párrafo 3;

b) Un Estado Parte podrá proponer un candidato que no tenga necesariamente su nacionalidad, pero que en todo caso sea nacional de un Estado Parte;

c) La Asamblea de los Estados Partes podrá decidir que se establezca un comité asesor para las candidaturas. En ese caso, la Asamblea de los Estados Partes determinará la composición y el mandato del comité.

5. A los efectos de la elección se harán dos listas de candidatos:

La lista A, con los nombres de los candidatos que reúnan los requisitos enunciados en el apartado b) i) del párrafo 3; y La lista B, con los nombres de los candidatos que reúnan los requisitos enunciados en el apartado b) ii) del párrafo 3. El candidato que reúna los requisitos requeridos para ambas listas podrá elegir en cuál desea figurar. En la primera elección de miembros de la Corte, por lo menos nueve magistrados serán elegidos entre los candidatos de la lista A y por lo menos cinco serán elegidos entre los de la lista B. Las elecciones subsiguientes se organizarán de manera que se mantenga en la Corte una proporción equivalente de magistrados de ambas listas.

6. a) Los magistrados serán elegidos por votación secreta en una sesión de la Asamblea de los Estados Partes convocada con ese fin con arreglo al artículo 112. Con sujeción a lo dispuesto en el párrafo 7, serán elegidos los 18 candidatos que obtengan el mayor número de votos y una mayoría de dos tercios de los Estados Partes presentes y votantes;

b) En el caso de que en la primera votación no resulte elegido un número suficiente de magistrados, se procederá a nuevas votaciones de conformidad con los procedimientos establecidos en el apartado a) hasta cubrir los puestos restantes.

7. No podrá haber dos magistrados que sean nacionales del mismo Estado. Toda persona que, para ser elegida magistrado, pudiera ser considerada nacional de más de un Estado, será considerada nacional del Estado donde ejerza habitualmente sus derechos civiles y políticos.

8. a) Al seleccionar a los magistrados, los Estados Partes tendrán en cuenta la necesidad de que en la composición de la Corte haya:

i) Representación de los principales sistemas jurídicos del mundo;

ii) Distribución geográfica equitativa; y

iii) Representación equilibrada de magistrados mujeres y hombres;

b) Los Estados Partes tendrán también en cuenta la necesidad de que haya en la Corte magistrados que sean juristas especializados en temas concretos que incluyan, entre otros, la violencia contra las mujeres o los niños.

9. a) Con sujeción a lo dispuesto en el apartado b), los magistrados serán elegidos por un mandato de nueve años y, con sujeción al apartado c) y al párrafo 2 del artículo 37, no podrán ser reelegidos;

b) En la primera elección, un tercio de los magistrados elegidos será seleccionado por sorteo para desempeñar un mandato de tres años, un tercio de los magistrados será seleccionado por sorteo para desempeñar un mandato de seis años y el resto desempeñará un mandato de nueve años;

c) Un magistrado seleccionado para desempeñar un mandato de tres años de conformidad con el apartado b) podrá ser reelegido por un mandato completo.

10. No obstante lo dispuesto en el párrafo 9, un magistrado asignado a una Sala de Primera Instancia o una Sala de Apelaciones de conformidad con el artículo 39 seguirá en funciones a fin de llevar a término el juicio o la apelación de los que haya comenzado a conocer en esa Sala.

Artículo 37

Vacantes

1. En caso de producirse una vacante se celebrará una elección de conformidad con el artículo 36 para cubrirla.

2. El magistrado elegido para cubrir una vacante desempeñará el cargo por el resto del mandato de su predecesor y, si éste fuera de tres años o menos, podrá ser reelegido por un mandato completo con arreglo al artículo 36.

Artículo 38

Presidencia

1. El Presidente, el Vicepresidente primero y el Vicepresidente segundo serán elegidos por mayoría absoluta de los magistrados. Cada uno desempeñará su cargo por un período de tres años o hasta el término de su mandato como magistrado, si éste se produjere antes. Podrán ser reelegidos una vez.

2. El Vicepresidente primero sustituirá al Presidente cuando éste se halle en la imposibilidad de ejercer sus funciones o haya sido recusado. El Vicepresidente segundo sustituirá al Presidente cuando éste y el Vicepresidente primero se hallen en la imposibilidad de ejercer sus funciones o hayan sido recusados.

3. El Presidente, el Vicepresidente primero y el Vicepresidente segundo constituirán la Presidencia, que estará encargada de:

a) La correcta administración de la Corte, con excepción de la Fiscalía; y

b) Las demás funciones que se le confieren de conformidad con el presente Estatuto.

4. En el desempeño de sus funciones enunciadas en el párrafo 3 a), la Presidencia actuará en coordinación con el Fiscal y recabará su aprobación en todos los asuntos de interés mutuo.

Artículo 39

Las Salas

1. Tan pronto como sea posible después de la elección de los magistrados, la Corte se organizará en las secciones indicadas en el artículo 34 b). La Sección de Apelaciones se compondrá del Presidente y otros cuatro magistrados, la Sección de Primera Instancia de no menos de seis magistrados y la Sección de Cuestiones Preliminares de no menos de seis magistrados. Los magistrados serán asignados a las secciones según la naturaleza de las funciones que corresponderán a cada una y sus respectivas calificaciones y experiencia, de manera que en cada sección haya una combinación apropiada de especialistas en derecho y procedimiento penales y en derecho internacional. La Sección de Primera Instancia y la Sección de Cuestiones Preliminares estarán integradas predominantemente por magistrados que tengan experiencia en procedimiento penal.

2. a) Las funciones judiciales de la Corte serán realizadas en cada sección por las Salas;

b) i) La Sala de Apelaciones se compondrá de todos los magistrados de la Sección de Apelaciones;

ii) Las funciones de la Sala de Primera Instancia serán realizadas por tres magistrados de la Sección de Primera Instancia;

iii) Las funciones de la Sala de Cuestiones Preliminares serán realizadas por tres magistrados de la Sección de Cuestiones Preliminares o por un solo magistrado de dicha Sección, de conformidad con el presente

Estatuto y las Reglas de Procedimiento y Prueba;

c) Nada de lo dispuesto en el presente párrafo obstará a que se constituyan simultáneamente más de una Sala de Primera Instancia o Sala de Cuestiones Preliminares cuando la gestión eficiente del trabajo de la Corte así lo requiera.

3. a) Los magistrados asignados a las Secciones de Primera Instancia y de Cuestiones Preliminares desempeñarán el cargo en esas Secciones por un período de tres años, y posteriormente hasta llevar a término cualquier causa de la que hayan empezado a conocer en la sección de que se trate;

b) Los magistrados asignados a la Sección de Apelaciones desempeñarán el cargo en esa Sección durante todo su mandato.

4. Los magistrados asignados a la Sección de Apelaciones desempeñarán el cargo únicamente en esa Sección. Nada de lo dispuesto en el presente artículo obstará, sin embargo, a que se asignen temporalmente magistrados de la Sección de Primera Instancia a la Sección de Cuestiones Preliminares, o a la inversa, si la Presidencia considera que la gestión eficiente del trabajo de la Corte así lo requiere, pero en ningún caso podrá formar parte de la Sala de Primera Instancia que conozca de una causa un magistrado que haya participado en la etapa preliminar.

Artículo 40

Independencia de los magistrados

1. Los magistrados serán independientes en el desempeño de sus funciones.

2. Los magistrados no realizarán actividad alguna que pueda ser incompatible con el ejercicio de sus funciones judiciales o menoscabar la confianza en su independencia.

3. Los magistrados que tengan que desempeñar sus cargos en régimen de dedicación exclusiva en la sede de la Corte no podrán desempeñar ninguna otra ocupación de carácter profesional.

4. Las cuestiones relativas a la aplicación de los párrafos 2 y 3 serán dirimidas por mayoría absoluta de los magistrados. El magistrado al que se refiera una de estas cuestiones no participará en la adopción de la decisión.

Artículo 41

Dispensa y recusación de los magistrados

1. La Presidencia podrá, a petición de un magistrado, dispensarlo del ejercicio de alguna de las funciones que le confiere el presente Estatuto, de conformidad con las Reglas de Procedimiento y Prueba.

2. a) Un magistrado no participará en ninguna causa en que, por cualquier motivo, pueda razonablemente ponerse en duda su imparcialidad.

Un magistrado será recusado de conformidad con lo dispuesto en el presente párrafo, entre otras razones, si hubiese intervenido anteriormente, en cualquier calidad, en una causa de la que la Corte estuviere conociendo o en una causa penal conexa sustanciada a nivel nacional y que guardare relación con la persona objeto de investigación o enjuiciamiento. Un magistrado será también recusado por los demás motivos que se establezcan en las Reglas de Procedimiento y Prueba;

b) El Fiscal o la persona objeto de investigación o enjuiciamiento podrá pedir la recusación de un magistrado con arreglo a lo dispuesto en el presente párrafo;

c) Las cuestiones relativas a la recusación de un magistrado serán dirimidas por mayoría absoluta de los magistrados. El magistrado cuya recusación se pida tendrá derecho a hacer observaciones sobre la cuestión, pero no tomará parte en la decisión.

Artículo 42

La Fiscalía

1. La Fiscalía actuará en forma independiente como órgano separado de la Corte. Estará encargada de recibir remisiones e información corroborada sobre crímenes de la competencia de la Corte para examinarlas y realizar investigaciones o ejercitar la acción penal ante la Corte. Los miembros de la Fiscalía no solicitarán ni cumplirán instrucciones de fuentes ajenas a la Corte.

2. La Fiscalía estará dirigida por el Fiscal. El Fiscal tendrá plena autoridad para dirigir y administrar la Fiscalía, con inclusión del personal, las instalaciones y otros recursos. El Fiscal contará con la ayuda de uno o más fiscales adjuntos, que podrán desempeñar cualquiera de las funciones que le correspondan de conformidad con el presente Estatuto. El Fiscal y los fiscales adjuntos tendrán que ser de diferentes nacionalidades y desempeñarán su cargo en régimen de dedicación exclusiva.

3. El Fiscal y los fiscales adjuntos serán personas que gocen de alta consideración moral, que posean un alto nivel de competencia y tengan extensa experiencia práctica en el ejercicio de la acción penal o la substanciación de causas penales. Deberán tener un excelente conocimiento y dominio de al menos uno de los idiomas de trabajo de la Corte.

4. El Fiscal será elegido en votación secreta y por mayoría absoluta de los miembros de la Asamblea de los Estados Partes. Los fiscales adjuntos serán elegidos en la misma forma de una lista de candidatos presentada por el Fiscal. El Fiscal propondrá tres candidatos para cada puesto de fiscal adjunto que deba cubrirse. Salvo que en el momento de la elección se fije un período más breve, el Fiscal y los fiscales adjuntos desempeñarán su cargo por un período de nueve años y no podrán ser reelegidos.

5. El Fiscal y los fiscales adjuntos no realizarán actividad alguna que pueda interferir en el ejercicio de sus funciones o menoscabar la confianza en su independencia. No podrán desempeñar ninguna otra ocupación de carácter profesional.

6. La Presidencia podrá, a petición del Fiscal o de un fiscal adjunto, dispensarlos de intervenir en una causa determinada.

7. El Fiscal y los fiscales adjuntos no participarán en ningún asunto en que, por cualquier motivo, pueda razonablemente ponerse en duda su imparcialidad. Serán recusados de conformidad con lo dispuesto en el presente párrafo, entre otras razones, si hubiesen intervenido anteriormente, en cualquier calidad, en una causa de que la Corte estuviere conociendo o en una causa penal conexa substanciada a nivel nacional y que guardare relación con la persona objeto de investigación o enjuiciamiento.

8. Las cuestiones relativas a la recusación del Fiscal o de un fiscal adjunto serán dirimidas por la Sala de Apelaciones:

a) La persona objeto de investigación o enjuiciamiento podrá en cualquier momento pedir la recusación del Fiscal o de un fiscal adjunto por los motivos establecidos en el presente artículo;

b) El Fiscal o el fiscal adjunto, según proceda, tendrán derecho a hacer observaciones sobre la cuestión.

9. El Fiscal nombrará asesores jurídicos especialistas en determinados temas como, por ejemplo, violencia sexual, violencia por razones de género y violencia contra los niños.

Artículo 43

La Secretaría

1. La Secretaría, sin perjuicio de las funciones y atribuciones del Fiscal de conformidad con lo dispuesto en el artículo 42, estará encargada de los aspectos no judiciales de la administración de la Corte y de prestarle servicios.

2. La Secretaría será dirigida por el Secretario, que será el principal funcionario administrativo de la Corte. El Secretario

ejercerá sus funciones bajo la autoridad del Presidente de la Corte.

3. El Secretario y el Secretario Adjunto deberán ser personas que gocen de consideración moral y tener un alto nivel de competencia y un excelente conocimiento y dominio de al menos uno de los idiomas de trabajo de la Corte.

4. Los magistrados elegirán al Secretario en votación secreta por mayoría absoluta y teniendo en cuenta las recomendaciones de la Asamblea de los Estados Partes. De ser necesario elegirán, por recomendación del Secretario y con arreglo al mismo procedimiento, un Secretario Adjunto.

5. El Secretario será elegido por un período de cinco años en régimen de dedicación exclusiva y podrá ser reelegido una sola vez. El Secretario Adjunto será elegido por un período de cinco años, o por uno más breve, si así lo deciden los magistrados por mayoría absoluta, en el entendimiento de que prestará sus servicios según sea necesario.

6. El Secretario establecerá una Dependencia de Víctimas y Testigos dentro de la Secretaría. Esta Dependencia, en consulta con la Fiscalía, adoptará medidas de protección y dispositivos de seguridad y prestará asesoramiento y otro tipo de asistencia a testigos y víctimas que comparezcan ante la Corte, y a otras personas que estén en peligro en razón del testimonio prestado. La Dependencia contará con personal especializado para atender a las víctimas de traumas, incluidos los relacionados con delitos de violencia sexual.

Artículo 44

El personal

1. El Fiscal y el Secretario nombrarán los funcionarios calificados que sean necesarios en sus respectivas oficinas. En el caso del Fiscal, ello incluirá el nombramiento de investigadores.

2. En el nombramiento de los funcionarios, el Fiscal y el Secretario velarán por el más alto grado de eficiencia, competencia e integridad y tendrán en cuenta, mutatis mutandis, los criterios establecidos en el párrafo 8 del artículo 36.

3. El Secretario, con la anuencia de la Presidencia y del Fiscal, propondrá un reglamento del personal que establecerá las condiciones en que el personal de la Corte será designado, remunerado o separado del servicio. El Reglamento del Personal estará sujeto a la aprobación de la Asamblea de los Estados Partes.

4. La Corte podrá, en circunstancias excepcionales, recurrir a la pericia de personal proporcionado gratuitamente por Estados Partes, organizaciones intergubernamentales u organizaciones no gubernamentales para que colabore en la labor de cualquiera de los órganos de la Corte. El Fiscal podrá aceptar ofertas de esa índole en nombre de la Fiscalía. El personal proporcionado gratuitamente será empleado de conformidad con directrices que ha de establecer la Asamblea de los Estados Partes.

Artículo 45

Promesa solemne

Antes de asumir las obligaciones del cargo de conformidad con el presente Estatuto, los magistrados, el fiscal, los fiscales adjuntos, el secretario y el secretario adjunto declararán solemnemente y en sesión pública que ejercerán sus atribuciones con toda imparcialidad y conciencia.

Artículo 46

Separación del cargo

1. Un magistrado, el fiscal, un fiscal adjunto, el secretario o el secretario adjunto será separado del cargo si se adopta una decisión a tal efecto de conformidad con lo dispuesto en el párrafo 2 cuando se determine que:

a) Ha incurrido en falta grave o en incumplimiento grave de las funciones que le confiere el presente Estatuto y según lo establecido en las Reglas de procedimiento y prueba; o

b) Está imposibilitado de desempeñar las funciones descritas en el presente Estatuto.

2. La decisión de separar del cargo a un magistrado, el fiscal o un fiscal adjunto de conformidad con el párrafo 1 será adoptada por la Asamblea de los Estados Partes en votación secreta:

a) En el caso de un magistrado, por mayoría de dos tercios de los Estado Partes y previa recomendación aprobada por mayoría de dos tercios de los demás magistrados;

b) En el caso del fiscal, por mayoría absoluta de los Estados Partes;

c) En el caso de un fiscal adjunto, por mayoría absoluta de los Estados Partes y previa recomendación del fiscal.

3. La decisión de separar del cargo al secretario o a un secretario adjunto será adoptada por mayoría absoluta de los magistrados.

4. El magistrado, fiscal, fiscal adjunto, secretario o secretario adjunto cuya conducta o cuya idoneidad para el ejercicio de las funciones del cargo de conformidad con el presente Estatuto haya sido impugnada en virtud del presente artículo podrá presentar y obtener pruebas y presentar escritos de conformidad con las Reglas de Procedimiento y Prueba; sin embargo, no podrá participar por ningún otro concepto en el examen de la cuestión.

Artículo 47

Medidas disciplinarias

El magistrado, fiscal, fiscal adjunto, secretario o secretario adjunto que haya incurrido en una falta menos grave que la establecida en el párrafo 1 del artículo 46 será objeto de medidas disciplinarias de conformidad con las Reglas de Procedimiento y Prueba.

Artículo 48

Privilegios e inmunidades

1. La Corte gozará en el territorio de cada Estado Parte de los privilegios e inmunidades que sean necesarios para el cumplimiento de sus funciones.

2. Los magistrados, el fiscal, los fiscales adjuntos y el Secretario gozarán, cuando actúen en el desempeño de sus funciones o en relación con ellas, de los mismos privilegios e inmunidades reconocidos a los jefes de las misiones diplomáticas y, una vez expirado su mandato, seguirán gozando de absoluta inmunidad judicial por las declaraciones que hagan oralmente o por escrito y los actos que realicen en el desempeño de sus funciones oficiales.

3. El Secretario Adjunto, el personal de la Fiscalía y el personal de la Secretaría gozarán de los privilegios e inmunidades y de las facilidades necesarias para el cumplimiento de sus funciones, de conformidad con el acuerdo sobre los privilegios e inmunidades de la Corte.

4. Los abogados, peritos, testigos u otras personas cuya presencia se requiera en la sede de la Corte serán objeto del tratamiento que sea necesario para el funcionamiento adecuado de la Corte, de conformidad con el acuerdo sobre los privilegios e inmunidades de la Corte.

5. Se podrá renunciar a los privilegios e inmunidades:

a) En el caso de un magistrado o el Fiscal, por decisión de la mayoría absoluta de los magistrados;

b) En el caso del Secretario, por la Presidencia;

c) En el caso de los Fiscales Adjuntos y el personal de la Fiscalía, por el Fiscal;

d) En el caso del Secretario Adjunto y el personal de la Secretaría, por el Secretario.

Artículo 49

Sueldos, estipendios y dietas

Los magistrados, el fiscal, los fiscales adjuntos, el secretario y el secretario adjunto percibirán los sueldos, estipendios y dietas que decida la Asamblea de los Estados Partes. Esos sueldos y estipendios no serán reducidos en el curso de su mandato.

Artículo 50

Idiomas oficiales y de trabajo

1. Los idiomas oficiales de la Corte serán el árabe, el chino, el español, el francés, el inglés y el ruso. Las sentencias de la Corte, así como las otras decisiones que resuelvan cuestiones fundamentales de que conozca la Corte, serán publicadas en los idiomas oficiales.

La Presidencia, de conformidad con los criterios establecidos en las Reglas de Procedimiento y Prueba, determinará cuáles son las decisiones que resuelven cuestiones fundamentales a los efectos del presente párrafo.

2. Los idiomas de trabajo de la Corte serán el francés y el inglés. En las Reglas de Procedimiento y Prueba se determinará en qué casos podrá utilizarse como idioma de trabajo otros idiomas oficiales.

3. La Corte autorizará a cualquiera de las partes o cualquiera de los Estados a que se haya permitido intervenir en un procedimiento, previa solicitud de ellos, a utilizar un idioma distinto del francés o el inglés, siempre que considere que esta autorización está adecuadamente justificada.

Artículo 51

Reglas de Procedimiento y Prueba

1. Las Reglas de Procedimiento y Prueba entrarán en vigor tras su aprobación por mayoría de dos tercios de los miembros de la Asamblea de los Estados Partes.

2. Podrán proponer enmiendas a las Reglas de Procedimiento y Prueba:

a) Cualquier Estado Parte;

b) Los magistrados, por mayoría absoluta; o

c) El Fiscal.

Las enmiendas entrarán en vigor tras su aprobación en la Asamblea de los Estados Partes por mayoría de dos tercios.

3. Una vez aprobadas las Reglas de Procedimiento y Prueba, en casos urgentes y cuando éstas no resuelvan una situación concreta suscitada en la Corte, los magistrados podrán, por una mayoría de dos tercios, establecer reglas provisionales que se aplicarán hasta que la Asamblea de los Estados Partes las apruebe, enmiende o rechace en su siguiente período ordinario o extraordinario de sesiones.

4. Las Reglas de Procedimiento y Prueba, las enmiendas a ellas y las reglas provisionales deberán estar en consonancia con el presente Estatuto. Las enmiendas a las Reglas de

Procedimiento y Prueba, así como las reglas provisionales, no se aplicarán retroactivamente en detrimento de la persona que sea objeto de la investigación o el enjuiciamiento o que haya sido condenada.

5. En caso de conflicto entre las disposiciones del Estatuto y las de las Reglas de Procedimiento y Prueba, prevalecerá el Estatuto.

Artículo 52

Reglamento de la Corte

1. Los magistrados, de conformidad con el presente Estatuto y las Reglas de Procedimiento y Prueba, aprobarán por mayoría absoluta el Reglamento de la Corte que sea necesario para su funcionamiento ordinario.

2. Se consultará al Fiscal y al Secretario en la preparación del Reglamento y de cualquier enmienda a él.

3. El Reglamento y sus enmiendas entrarán en vigor al momento de su aprobación, a menos que los magistrados decidan otra cosa. Inmediatamente después de su aprobación, serán distribuidos a los Estados Partes para recabar sus observaciones. Se mantendrán en vigor si en un plazo de seis meses no se han recibido objeciones de una mayoría de los Estados Partes.

PARTE V.
DE LA INVESTIGACIÓN Y EL ENJUICIAMIENTO

Artículo 53

Inicio de una investigación

1. El Fiscal, después de evaluar la información de que disponga, iniciará una investigación a menos que determine que no existe fundamento razonable para proceder a ella con arreglo al presente Estatuto. Al decidir si ha de iniciar una investigación, el Fiscal tendrá en cuenta si:

a) La información de que dispone constituye fundamento razonable para creer que se ha cometido o se está cometiendo un crimen de la competencia de la Corte;

b) La causa es o sería admisible de conformidad con el artículo 17;

c) Existen razones sustanciales para creer que, aun teniendo en cuenta la gravedad del crimen y los intereses de las víctimas, una investigación no redundaría en interés de la justicia.

El Fiscal, si determinare que no hay fundamento razonable para proceder a la investigación y la determinación se basare únicamente en el apartado c), lo comunicará a la Sala de Cuestiones Preliminares.

2. Si, tras la investigación, el Fiscal llega a la conclusión de que no hay fundamento suficiente para el enjuiciamiento, ya que:

a) No existe una base suficiente de hecho o de derecho para pedir una orden de detención o de comparecencia de conformidad con el artículo 58;

b) La causa es inadmisible de conformidad con el artículo 17; o

c) El enjuiciamiento no redundaría en interés de la justicia, teniendo en cuenta todas las circunstancias, entre ellas la gravedad del crimen, los intereses de las víctimas y la edad o enfermedad del presunto autor y su participación en el presunto crimen; notificará su conclusión motivada a la Sala de Cuestiones Preliminares y al Estado que haya remitido el asunto de conformidad con el artículo 14 o al Consejo de Seguridad si se trata de un caso previsto en el párrafo b) del artículo 13.

3. a) A petición del Estado que haya remitido el asunto con arreglo al artículo 14 o del Consejo de Seguridad de conformidad con el párrafo b) del artículo 13, la Sala de Cuestiones Preliminares podrá examinar la decisión del Fiscal de no proceder a la investigación de conformidad con el párrafo 1 o el párrafo 2 y pedir al Fiscal que reconsidere esa decisión;

b) Además, la Sala de Cuestiones Preliminares podrá, de oficio, revisar una decisión del Fiscal de no proceder a la investigación si dicha decisión se basare únicamente en el párrafo 1 c) o el párrafo 2 c). En ese caso, la decisión del Fiscal únicamente surtirá efecto si es confirmada por la Sala de Cuestiones Preliminares.

4. El Fiscal podrá reconsiderar en cualquier momento su decisión de iniciar una investigación o enjuiciamiento sobre la base de nuevos hechos o nuevas informaciones.

Artículo 54

Funciones y atribuciones del Fiscal con respecto a las investigaciones

1. El Fiscal:

a) A fin de establecer la veracidad de los hechos, podrá ampliar la investigación a todos los hechos y las pruebas que sean pertinentes para determinar si hay responsabilidad penal de conformidad con el presente Estatuto y, a esos efectos, investigará tanto las circunstancias incriminantes como las eximentes;

b) Adoptará medidas adecuadas para asegurar la eficacia de la investigación y el enjuiciamiento de los crímenes de la competencia de la Corte. A esos efectos, respetará los intereses y las circunstancias personales de víctimas y testigos, entre otros la edad, el género, definido en el párrafo 3 del artículo 7, y la salud, y tendrá en cuenta la naturaleza de los crímenes, en particular los de violencia sexual, violencia por razones de género y violencia contra los niños; y

c) Respetará plenamente los derechos que confiere a las personas el presente Estatuto.

2. El Fiscal podrá realizar investigaciones en el territorio de un Estado:

a) De conformidad con las disposiciones de la Parte IX; o

b) Según lo autorice la Sala de Cuestiones Preliminares de conformidad con el párrafo 3 d) del artículo 57.

3. El Fiscal podrá:

a) Reunir y examinar pruebas;

b) Hacer comparecer e interrogar a las personas objeto de investigación, las víctimas y los testigos;

c) Solicitar la cooperación de un Estado u organización o acuerdo intergubernamental de conformidad con su respectiva competencia o mandato;

d) Concertar las disposiciones o los acuerdos compatibles con el presente Estatuto que sean necesarios para facilitar la cooperación de un Estado, una organización intergubernamental o una persona;

e) Convenir en que no divulgará en ninguna etapa del procedimiento los documentos o la información que obtenga a condición de preservar su carácter confidencial y únicamente a los efectos de obtener nuevas pruebas, salvo con el acuerdo de quien haya facilitado la información; y

f) Adoptar o pedir que se adopten las medidas necesarias para asegurar el carácter confidencial de la información, la protección de una persona o la preservación de las pruebas.

Artículo 55

Derechos de las personas durante la investigación

1. En las investigaciones realizadas de conformidad con el presente Estatuto:

a) Nadie será obligado a declarar contra sí mismo ni a declararse culpable;

b) Nadie será sometido a forma alguna de coacción, intimidación o amenaza, a torturas ni a otros tratos o castigos crueles, inhumanos o degradantes;

c) Quien haya de ser interrogado en un idioma que no sea el que comprende y habla perfectamente contará, sin cargo alguno, con los servicios de un intérprete competente y las traducciones que sean necesarias a los efectos de cumplir el requisito de equidad; y

d) Nadie será sometido a arresto o detención arbitrarios ni será privado de su libertad salvo por los motivos previstos en el presente Estatuto y de conformidad con los procedimientos establecidos en él. 2. Cuando haya motivos para creer que una persona ha cometido un crimen de la competencia de la Corte y esa persona haya de ser interrogada por el Fiscal o por las autoridades nacionales, en cumplimiento de una solicitud hecha de conformidad con lo dispuesto en la Parte IX, tendrá además los derechos siguientes, de los que será informada antes del interrogatorio:

a) A ser informada de que existen motivos para creer que ha cometido un crimen de la competencia de la Corte;

b) A guardar silencio, sin que ello pueda tenerse en cuenta a los efectos de determinar su culpabilidad o inocencia;

c) A ser asistida por un abogado defensor de su elección o, si no lo tuviere, a que se le asigne un defensor de oficio, siempre que fuere necesario en interés de la justicia y, en cualquier caso, sin cargo si careciere de medios suficientes; y

d) A ser interrogada en presencia de su abogado, a menos que haya renunciado voluntariamente a su derecho a asistencia letrada.

Artículo 56

Disposiciones que podrá adoptar la Sala de Cuestiones Preliminares cuando se presente una oportunidad única de proceder a una investigación

1. a) El Fiscal, cuando considere que se presenta una oportunidad única de proceder a una investigación, que tal vez no se repita a los fines de un juicio, de recibir el testimonio o la declaración de un testigo o de examinar, reunir o verificar pruebas, lo comunicará a la Sala de Cuestiones Preliminares;

b) La Sala, a petición del Fiscal, podrá adoptar las medidas que sean necesarias para velar por la eficiencia e integridad de las actuaciones y, en particular, para proteger los derechos de la defensa;

c) A menos que la Sala de Cuestiones Preliminares ordene otra cosa, el Fiscal proporcionará la información correspondiente a la persona que ha sido detenida o que ha comparecido en virtud de una citación en relación con la investigación a que se refiere el apartado a), a fin de que pueda ser oída.

2. Las medidas a que se hace referencia en el apartado b) del párrafo 1 podrán consistir en:

a) Formular recomendaciones o dictar ordenanzas respecto del procedimiento que habrá de seguirse;

b) Ordenar que quede constancia de las actuaciones;

c) Nombrar a un experto para que preste asistencia;

d) Autorizar al abogado defensor del detenido o de quien haya comparecido ante la Corte en virtud de una citación a que participe o, en caso de que aún no se hayan producido esa detención o comparecencia o no se haya designado abogado, a nombrar otro para que comparezca y represente los intereses de la defensa;

e) Encomendar a uno de sus miembros o, de ser necesario, a otro magistrado de la Sección de Cuestiones Preliminares o la Sección de Primera Instancia que formule recomendaciones o dicte ordenanzas respecto de la reunión y preservación de las pruebas o del interrogatorio de personas;

f) Adoptar todas las medidas que sean necesarias para reunir o preservar las pruebas.

3. a) La Sala de Cuestiones Preliminares, cuando considere que el Fiscal no ha solicitado medidas previstas en el presente artículo que, a su juicio, sean esenciales para la defensa en juicio, le consultará si se justificaba no haberlas solicitado. La Sala podrá adoptar de oficio esas medidas si, tras la consulta, llegare a la conclusión de que no había justificación para no solicitarlas.

b) El Fiscal podrá apelar de la decisión de la Sala de Cuestiones Preliminares de actuar de oficio con arreglo al presente párrafo. La apelación se substanciará en un procedimiento sumario.

4. La admisibilidad o la forma en que quedará constancia de las pruebas reunidas o preservadas para el juicio de conformidad con el presente artículo se regirá en el juicio por lo dispuesto en el artículo 69 y la Sala de Primera Instancia decidirá cómo ha de ponderar esas pruebas.

Artículo 57

Funciones y atribuciones de la Sala de Cuestiones Preliminares

1. A menos que el presente Estatuto disponga otra cosa, la Sala de Cuestiones Preliminares ejercerá sus funciones de conformidad con las disposiciones del presente artículo.

2. a) Las providencias u órdenes que la Sala de Cuestiones Preliminares dicte en virtud de los artículos 15, 18 ó 19, el párrafo 2 del artículo 54, el párrafo 7 del artículo 61 o el artículo 72 deberán ser aprobadas por la mayoría de los magistrados que la componen;

b) En todos los demás casos, un magistrado de la Sala de Cuestiones Preliminares podrá ejercer las funciones establecidas en el presente Estatuto, a menos que las Reglas de Procedimiento y Prueba dispongan otra cosa o así lo acuerde, por mayoría, la Sala de Cuestiones Preliminares.

3. Además de otras funciones que le confiere el presente Estatuto, la Sala de Cuestiones Preliminares podrá:

a) A petición del Fiscal, dictar las providencias y órdenes que sean necesarias a los fines de una investigación;

b) A petición de quien haya sido detenido o haya comparecido en virtud de una orden de comparecencia expedida con arreglo al artículo 58, dictar esas órdenes, incluidas medidas tales como las indicadas en el artículo 56 o solicitar con arreglo a la Parte IX la cooperación que sea necesaria para ayudarle a preparar su defensa;

c) Cuando sea necesario, asegurar la protección y el respeto de la intimidad de víctimas y testigos, la preservación de pruebas, la protección de personas detenidas o que hayan comparecido en virtud de una orden de comparencia, así como la protección de información que afecte a la seguridad nacional;

d) Autorizar al Fiscal a adoptar determinadas medidas de investigación en el territorio de un Estado Parte sin haber obtenido la cooperación de éste con arreglo a la Parte IX en el caso de que la Sala haya determinado, de ser posible teniendo en cuenta las opiniones del Estado de que se trate, que dicho Estado manifiestamente no está en condiciones de cumplir una solicitud de cooperación debido a que no existe autoridad u órgano alguno de su sistema judicial competente para cumplir una solicitud de cooperación con arreglo a la Parte IX.

e) Cuando se haya dictado una orden de detención o de comparecencia con arreglo al artículo 58, y habida cuenta del valor de las pruebas y de los derechos de las partes de que se trate, de conformidad con lo dispuesto en el presente Estatuto y las Reglas de Procedimiento y Prueba, recabar la cooperación de los Estados con arreglo al párrafo 1 k) del artículo 93 para adoptar medidas cautelares a los efectos de un decomiso que, en particular, beneficie en última instancia a las víctimas.

Artículo 58

Orden de detención u orden de comparecencia dictada

por la Sala de Cuestiones Preliminares

1. En cualquier momento después de iniciada la investigación, la Sala de Cuestiones Preliminares dictará, a solicitud del Fiscal, una orden de detención contra una persona si, tras examinar la solicitud y las pruebas y otra información presentadas por el Fiscal, estuviere convencida de que:

a) Hay motivo razonable para creer que ha cometido un crimen de la competencia de la Corte; y

b) La detención parece necesaria para:

i) Asegurar que la persona comparezca en juicio;

ii) Asegurar que la persona no obstruya ni ponga en peligro la investigación ni las actuaciones de la Corte; o

iii) En su caso, impedir que la persona siga cometiendo ese crimen o un crimen conexo que sea de la competencia de la Corte y tenga su origen en las mismas circunstancias.

2. La solicitud del Fiscal consignará:

a) El nombre de la persona y cualquier otro dato que sirva para su identificación;

b) Una referencia expresa al crimen de la competencia de la Corte que presuntamente haya cometido;

c) Una descripción concisa de los hechos que presuntamente constituyan esos crímenes;

d) Un resumen de las pruebas y cualquier otra información que constituya motivo razonable para creer que la persona cometió esos crímenes; y

e) La razón por la cual el Fiscal crea necesaria la detención.

3. La orden de detención consignará:

a) El nombre de la persona y cualquier otro dato que sirva para su identificación;

b) Una referencia expresa al crimen de la competencia de la Corte por el que se pide su detención; y

c) Una descripción concisa de los hechos que presuntamente constituyan esos crímenes.

4. La orden de detención seguirá en vigor mientras la Corte no disponga lo contrario.

5. La Corte, sobre la base de la orden de detención, podrá solicitar la detención provisional o la detención y entrega de la persona de conformidad con la Parte IX del presente Estatuto.

6. El Fiscal podrá pedir a la Sala de Cuestiones Preliminares que enmiende la orden de detención para modificar la referencia al crimen indicado en ésta o agregar otros. La Sala de Cuestiones Preliminares enmendará la orden si estuviere convencida de que hay motivo razonable para creer que la persona cometió los crímenes en la forma que se indica en esa modificación o adición.

7. El Fiscal podrá pedir a la Sala de Cuestiones Preliminares que, en lugar de una orden de detención, dicte una orden de comparecencia. La Sala, de estar convencida de que hay motivo razonable para creer que la persona ha cometido el crimen que se le imputa y que bastará con una orden de comparecencia para asegurar que comparezca efectivamente, dictará, con o sin las condiciones limitativas de la libertad (distintas de la detención) que prevea el derecho interno, una orden para que la persona comparezca. La orden de comparecencia consignará:

a) El nombre de la persona y cualquier otro dato que sirva para su identificación;

b) La fecha de la comparecencia;

c) Una referencia expresa al crimen de la competencia de la Corte que presuntamente haya cometido; y

d) Una descripción concisa de los hechos que presuntamente constituyan esos crímenes.

La notificación de la orden será personal.

Artículo 59

Procedimiento de detención en el Estado de detención

1. El Estado Parte que haya recibido una solicitud de detención provisional o de detención y entrega tomará inmediatamente las medidas necesarias para la detención de conformidad con su derecho interno y con lo dispuesto en la Parte IX del presente Estatuto.

2. El detenido será llevado sin demora ante la autoridad judicial competente del Estado de detención, que determinará si, de conformidad con el derecho de ese Estado:

a) La orden le es aplicable;

b) La detención se llevó a cabo conforme a derecho; y

c) Se han respetado los derechos del detenido.

3. El detenido tendrá derecho a solicitar de la autoridad competente del Estado de detención la libertad provisional antes de su entrega.

4. Al decidir la solicitud, la autoridad competente del Estado de detención examinará si, dada la gravedad de los presuntos crímenes, hay circunstancias urgentes y excepcionales que justifiquen la libertad provisional y si existen las salvaguardias necesarias para que el Estado de detención pueda cumplir su obligación de entregar la persona a la Corte. Esa autoridad no podrá examinar si la orden de detención fue dictada conforme a derecho con arreglo a los apartados a) y b) del párrafo 1 del artículo 58.

5. La solicitud de libertad provisional será notificada a la Sala de Cuestiones Preliminares, que hará recomendaciones a la autoridad competente del Estado de detención. Antes de adoptar su decisión, la autoridad competente del Estado de detención tendrá plenamente en cuenta esas recomendaciones, incluidas las relativas a medidas para impedir la evasión de la persona.

6. De concederse la libertad provisional, la Sala de Cuestiones Preliminares podrá solicitar informes periódicos al respecto.

7. Una vez que el Estado de detención haya ordenado la entrega, el detenido será puesto a disposición de la Corte tan pronto como sea posible.

Artículo 60

Primeras diligencias en la Corte

1. Una vez que el imputado haya sido entregado a la Corte o haya comparecido voluntariamente o en cumplimiento de una orden de comparecencia, la Sala de Cuestiones Preliminares se asegurará de que ha sido informado de los crímenes que le son imputados y de los derechos que le reconoce el presente Estatuto, incluido el de pedir la libertad provisional.

2. Quien sea objeto de una orden de detención podrá pedir la libertad provisional. Si la Sala de Cuestiones Preliminares está convencida de que se dan las condiciones enunciadas en el párrafo 1 del artículo 58, se mantendrá la detención. En caso contrario, la Sala de Cuestiones Preliminares pondrá en libertad al detenido, con o sin condiciones.

3. La Sala de Cuestiones Preliminares revisará periódicamente su decisión en cuanto a la puesta en libertad o la detención, y podrá hacerlo en cualquier momento en que lo solicite el Fiscal o el detenido. Sobre la base de la revisión, la Sala podrá modificar su decisión en cuanto a la detención, la puesta en libertad o las condiciones de ésta, si está convencida de que es necesario en razón de un cambio en las circunstancias.

4. La Sala de Cuestiones Preliminares se asegurará de que la detención en espera de juicio no se prolongue excesivamente a causa de una demora inexcusable del Fiscal. Si se produjere dicha demora, la Corte considerará la posibilidad de poner en libertad al detenido, con o sin condiciones.

5. De ser necesario, la Sala de Cuestiones Preliminares podrá dictar una orden de detención para hacer comparecer a una persona que haya sido puesta en libertad.

Artículo 61

Confirmación de los cargos antes del juicio

1. Con sujeción a lo dispuesto en el párrafo 2 y dentro de un plazo razonable tras la entrega de la persona a la Corte o su comparecencia voluntaria ante ésta, la Sala de Cuestiones Preliminares celebrará una audiencia para confirmar los cargos sobre la base de los cuales el Fiscal tiene la intención de pedir el procesamiento. La audiencia se celebrará en presencia del Fiscal y del imputado, así como de su defensor.

2. La Sala de Cuestiones Preliminares, a solicitud del Fiscal o de oficio, podrá celebrar una audiencia en ausencia del acusado para confirmar los cargos en los cuales el Fiscal se basa para pedir el enjuiciamiento cuando el imputado:

a) Haya renunciado a su derecho a estar presente; o

b) Haya huido o no sea posible encontrarlo y se hayan tomado todas las medidas razonables para asegurar su comparecencia ante la Corte e informarle de los cargos y de que se celebrará una audiencia para confirmarlos, En este caso, el imputado estará representado por un defensor cuando la Sala de Cuestiones Preliminares resuelva que ello redunda en interés de la justicia.

3. Dentro de un plazo razonable antes de la audiencia:

a) Se proporcionará al imputado un ejemplar del documento en que se formulen los cargos por los cuales el Fiscal se proponga enjuiciarlo; y

b) Se le informará de las pruebas que el Fiscal se proponga presentar en la audiencia.

La Sala de Cuestiones Preliminares podrá dictar providencias respecto de la revelación de información a los efectos de la audiencia.

4. Antes de la audiencia, el Fiscal podrá proseguir la investigación y modificar o retirar los cargos. Se dará al imputado aviso con antelación razonable a la audiencia de cualquier modificación de los cargos o de su retiro. En caso de retirarse cargos, el Fiscal comunicará las razones a la Sala de Cuestiones Preliminares.

5. En la audiencia, el Fiscal presentará respecto de cada cargo pruebas suficientes de que hay motivos fundados para creer que el imputado cometió el crimen que se le imputa. El Fiscal podrá presentar pruebas documentales o un resumen de las pruebas y no será necesario que llame a los testigos que han de declarar en el juicio.

6. En la audiencia, el imputado podrá:

a) Impugnar los cargos;

b) Impugnar las pruebas presentadas por el Fiscal; y

c) Presentar pruebas.

7. La Sala de Cuestiones Preliminares determinará, sobre la base de la audiencia, si existen pruebas suficientes de que hay motivos fundados para creer que el imputado cometió cada crimen que se le imputa. Según cual sea esa determinación, la Sala de Cuestiones Preliminares:

a) Confirmará los cargos respecto de los cuales haya determinado que existen pruebas suficientes y asignará al acusado a una Sala de Primera Instancia para su enjuiciamiento por los cargos confirmados;

b) No confirmará los cargos respecto de los cuales haya determinado que las pruebas son insuficientes;

c) Levantará la audiencia y pedirá al Fiscal que considere la posibilidad de:

i) Presentar nuevas pruebas o llevar a cabo nuevas investigaciones en relación con un determinado cargo; o

ii) Modificar un cargo en razón de que las pruebas presentadas parecen indicar la comisión de un crimen distinto que sea de la competencia de la Corte.

8. La no confirmación de un cargo por parte de la Sala de Cuestiones Preliminares no obstará para que el Fiscal la pida nuevamente a condición de que presente pruebas adicionales.

9. Una vez confirmados los cargos y antes de comenzar el juicio, el Fiscal, con autorización de la Sala de Cuestiones Preliminares y previa notificación al acusado, podrá modificar los cargos. El Fiscal, si se propusiera presentar nuevos cargos o sustituirlos por otros más graves, deberá pedir una audiencia de conformidad con el presente artículo para confirmarlos. Una vez comenzado el juicio, el Fiscal, con autorización de la Sala de Primera Instancia, podrá retirar los cargos.

10. Toda orden ya dictada dejará de tener efecto con respecto a los cargos que no hayan sido confirmados por la Sala de Cuestiones Preliminares o hayan sido retirados por el Fiscal.

11. Una vez confirmados los cargos de conformidad con el presente artículo, la Presidencia constituirá una Sala de Primera Instancia que, con sujeción a lo dispuesto en el párrafo 9 del presente artículo y en el párrafo 4 del artículo 64, se encargará de la siguiente fase del procedimiento y podrá ejercer las funciones de la Sala de Cuestiones Preliminares que sean pertinentes y apropiadas en ese procedimiento.

PARTE VI.
DEL JUICIO

Artículo 62

Lugar del juicio

A menos que se decida otra cosa, el juicio se celebrará en la sede de la Corte.

Artículo 63

Presencia del acusado en el juicio

1. El acusado estará presente durante el juicio.

2. Si el acusado, estando presente en la Corte, perturbare continuamente el juicio, la Sala de Primera Instancia podrá disponer que salga de ella y observe el proceso y dé instrucciones a su defensor desde fuera, utilizando, en caso necesario, tecnologías de comunicación. Esas medidas se adoptarán únicamente en circunstancias excepcionales, después de que se haya demostrado que no hay otras posibilidades razonables y adecuadas, y únicamente durante el tiempo que sea estrictamente necesario.

Artículo 64

Funciones y atribuciones de la Sala de Primera Instancia

1. Las funciones y atribuciones de la Sala de Primera Instancia enunciadas en el presente artículo deberán ejercerse de conformidad con el presente Estatuto y las Reglas de Procedimiento y Prueba.

2. La Sala de Primera Instancia velará por que el juicio sea justo y expedito y se sustancia con pleno respeto de los derechos del acusado y teniendo debidamente en cuenta la protección de las víctimas y de los testigos.

3. La Sala de Primera Instancia a la que se asigne una causa de conformidad con el presente Estatuto:

a) Celebrará consultas con las partes y adoptará los procedimientos que sean necesarios para que el juicio se sustancia de manera justa y expedita;

b) Determinará el idioma o los idiomas que habrán de utilizarse en el juicio; y

c) Con sujeción a cualesquiera otras disposiciones pertinentes del presente Estatuto, dispondrá la divulgación de los documentos o de la información que no se hayan divulgado anteriormente, con suficiente antelación al comienzo del juicio como para permitir su preparación adecuada.

4. La Sala de Primera Instancia podrá, en caso de ser necesario para su funcionamiento eficaz e imparcial, remitir cuestiones preliminares a la Sala de Cuestiones Preliminares o, de ser necesario, a otro magistrado de la Sección de Cuestiones Preliminares que esté disponible.

5. Al notificar a las partes, la Sala de Primera Instancia podrá, según proceda, indicar que se deberán acumular o separar los cargos cuando haya más de un acusado.

6. Al desempeñar sus funciones antes del juicio o en el curso de éste, la Sala de Primera Instancia podrá, de ser necesario:

a) Ejercer cualquiera de las funciones de la Sala de Cuestiones Preliminares indicadas en el párrafo 11 del artículo 61;

b) Ordenar la comparecencia y la declaración de testigos y la presentación de documentos y otras pruebas recabando, de ser necesario, la asistencia de los Estados con arreglo a lo dispuesto en el presente Estatuto;

c) Adoptar medidas para la protección de la información confidencial;

d) Ordenar la presentación de pruebas adicionales a las ya reunidas con antelación al juicio o a las presentadas durante el juicio por las partes;

e) Adoptar medidas para la protección del acusado, de los testigos y de las víctimas; y

f) Dirimir cualesquiera otras cuestiones pertinentes.

7. El juicio será público. Sin embargo, la Sala de Primera Instancia podrá decidir que determinadas diligencias se efectúen a puerta cerrada, de conformidad con el artículo 68, debido a circunstancias especiales o para proteger la información de carácter confidencial o restringida que haya de presentarse en la práctica de la prueba.

8. a) Al comenzar el juicio, la Sala de Primera Instancia dará lectura ante el acusado de los cargos confirmados anteriormente por la Sala de Cuestiones Preliminares. La Sala de Primera Instancia se cerciorará de que el acusado comprende la naturaleza de los cargos. Dará al acusado la oportunidad de declararse culpable de conformidad con el artículo 65 o de declararse inocente;

b) Durante el juicio, el magistrado presidente podrá impartir directivas para la substanciación del juicio, en particular para que éste sea justo e imparcial. Con sujeción a las directivas que imparta el magistrado presidente, las partes podrán presentar pruebas de conformidad con las disposiciones del presente Estatuto.

9. La Sala de Primera Instancia podrá, a petición de una de las partes o de oficio, entre otras cosas:

a) Decidir sobre la admisibilidad o pertinencia de las pruebas;

b) Tomar todas las medidas necesarias para mantener el orden en las audiencias.

10. La Sala de Primera Instancia hará que el Secretario lleve y conserve un expediente completo del juicio, en el que se consignen fielmente las diligencias practicadas.

Artículo 65

Procedimiento en caso de declaración de culpabilidad

1. Si el acusado se declara culpable en las condiciones indicadas en el párrafo 8 a) del artículo 64, la Sala de Primera Instancia determinará:

a) Si el acusado comprende la naturaleza y las consecuencias de la declaración de culpabilidad;

b) Si esa declaración ha sido formulada voluntariamente tras suficiente consulta con el abogado defensor; y

c) Si la declaración de culpabilidad está corroborada por los hechos de la causa conforme a:

i) Los cargos presentados por el Fiscal y aceptados por el acusado;

ii) Las piezas complementarias de los cargos presentados por el Fiscal y aceptados por el acusado; y

iii) Otras pruebas, como declaraciones de testigos, presentadas por el

Fiscal o el acusado.

2. La Sala de Primera Instancia, de constatar que se cumplen las condiciones a que se hace referencia en el párrafo 1, considerará que la declaración de culpabilidad, junto con las pruebas adicionales presentadas, constituye un reconocimiento de todos los hechos esenciales que configuran el crimen del cual se ha declarado culpable el acusado y podrá condenarlo por ese crimen.

3. La Sala de Primera Instancia, de constatar que no se cumplen las condiciones a que se hace referencia en el párrafo 1, tendrá la declaración de culpabilidad por no formulada y, en ese caso, ordenará que prosiga el juicio con arreglo al procedimiento ordinario estipulado en el presente Estatuto y podrá remitir la causa a otra Sala de Primera Instancia.

4. La Sala de Primera Instancia, cuando considere necesaria en interés de la justicia y en particular en interés de las víctimas, una presentación más completa de los hechos de la causa, podrá:

a) Pedir al Fiscal que presente pruebas adicionales, inclusive declaraciones de testigos; u

b) Ordenar que prosiga el juicio con arreglo al procedimiento ordinario estipulado en el presente Estatuto, en cuyo caso tendrá la declaración de culpabilidad por no formulada y podrá remitir la causa a otra Sala de Primera Instancia.

5. Las consultas que celebren el Fiscal y la defensa respecto de la modificación de los cargos, la declaración de culpabilidad o la pena que habrá de imponerse no serán obligatorias para la Corte.

Artículo 66

Presunción de inocencia

1. Se presumirá que toda persona es inocente mientras no se pruebe su culpabilidad ante la Corte de conformidad con el derecho aplicable.

2. Incumbirá al Fiscal probar la culpabilidad del acusado.

3. Para dictar sentencia condenatoria, la Corte deberá estar convencida de la culpabilidad del acusado más allá de toda duda razonable.

Artículo 67

Derechos del acusado

1. En la determinación de cualquier cargo, el acusado tendrá derecho a ser oído públicamente, habida cuenta de las disposiciones del presente Estatuto, y a una audiencia justa e imparcial, así como a las siguientes garantías mínimas en pie de plena igualdad:

a) A ser informado sin demora y en forma detallada, en un idioma que comprenda y hable perfectamente, de la naturaleza, la causa y el contenido de los cargos que se le imputan;

b) A disponer del tiempo y de los medios adecuados para la preparación de su defensa y a comunicarse libre y confidencialmente con un defensor de su elección;

c) A ser juzgado sin dilaciones indebidas;

d) Con sujeción a lo dispuesto en el párrafo 2 del artículo 63, el acusado tendrá derecho a hallarse presente en el proceso y a defenderse personalmente o ser asistido por un defensor de su elección; a ser informado, si no tuviera defensor, del derecho que le asiste a tenerlo y, siempre que el interés de la justicia lo exija, a que se le nombre defensor de oficio, gratuitamente si careciere de medios suficientes para pagarlo;

e) A interrogar o hacer interrogar a los testigos de cargo y a obtener la comparecencia de los testigos de descargo y que éstos sean interrogados en las mismas condiciones que los testigos de cargo. El acusado tendrá derecho también a oponer excepciones y a presentar cualquier otra prueba admisible de conformidad con el presente Estatuto;

f) A ser asistido gratuitamente por un intérprete competente y a obtener las traducciones necesarias para satisfacer los requisitos de equidad, si en las actuaciones ante la Corte o en los documentos presentados a la Corte se emplea un idioma que no comprende y no habla;

g) A no ser obligado a declarar contra sí mismo ni a declararse culpable y a guardar silencio, sin que ello pueda tenerse en cuenta a los efectos de determinar su culpabilidad o inocencia;

h) A declarar de palabra o por escrito en su defensa sin prestar juramento; y

i) A que no se invierta la carga de la prueba ni le sea impuesta la carga de presentar contrapruebas.

2. Además de cualquier otra divulgación de información estipulada en el presente Estatuto, el Fiscal divulgará a la defensa, tan pronto como sea posible, las pruebas que obren en su poder o estén bajo su control y que, a su juicio, indiquen o tiendan a indicar la inocencia del acusado, o a atenuar su culpabilidad, o que puedan afectar a la credibilidad de las pruebas de cargo. En caso de duda acerca de la aplicación de este párrafo, la Corte decidirá.

Artículo 68

Protección de las víctimas y los testigos y su participación en las actuaciones

1. La Corte adoptará las medidas adecuadas para proteger la seguridad, el bienestar físico y psicológico, la dignidad y la vida privada de las víctimas y los testigos. Con este fin, la Corte tendrá en cuenta todos los factores pertinentes, incluidos la edad, el género, definido en el párrafo 3 del artículo 7, y la salud, así como la índole del crimen, en particular cuando éste entrañe violencia sexual o por razones de género, o violencia contra niños.

En especial, el Fiscal adoptará estas medidas en el curso de la investigación y el enjuiciamiento de tales crímenes. Estas medidas no podrán redundar en perjuicio de los derechos del acusado o de un juicio justo e imparcial ni serán incompatibles con éstos.

2. Como excepción al principio del carácter público de las audiencias establecido en el artículo 67, las Salas de la Corte podrán, a fin de proteger a las víctimas y los testigos o a un acusado, decretar que una parte del juicio se celebre a puerta cerrada o permitir la presentación de pruebas por medios electrónicos u otros medios especiales. En particular, se aplicarán estas medidas en el caso de una víctima de agresión sexual o de un menor de edad que sea víctima o testigo, salvo decisión en contrario adoptada por la Corte atendiendo a todas las circunstancias, especialmente la opinión de la víctima o el testigo.

3. La Corte permitirá, en las fases del juicio que considere conveniente, que se presenten y tengan en cuenta las opiniones y observaciones de las víctimas si se vieren afectados sus intereses personales y de una manera que no redunde en detrimento de los derechos del acusado o de un juicio justo e imparcial ni sea incompatible con éstos. Los representantes legales de las víctimas podrán presentar dichas opiniones y observaciones cuando la Corte lo considere conveniente y de conformidad con las Reglas de Procedimiento y Prueba.

4. La Dependencia de Víctimas y Testigos podrá asesorar al Fiscal y a la Corte acerca de las medidas adecuadas de protección, los dispositivos de seguridad, el asesoramiento y la asistencia a que se hace referencia en el párrafo 6 del artículo 43.

5. Cuando la divulgación de pruebas o información de conformidad con el presente Estatuto entrañare un peligro grave para la seguridad de un testigo o de su familia, el Fiscal podrá, a los efectos de cualquier diligencia anterior al juicio, no presentan dichas pruebas o información y presentar en

cambio un resumen de éstas. Las medidas de esta índole no podrán redundar en perjuicio de los derechos del acusado o de un juicio justo e imparcial ni serán incompatibles con éstos.

6. Todo Estado podrá solicitar que se adopten las medidas necesarias respecto de la protección de sus funcionarios o agentes, así como de la protección de información de carácter confidencial o restringido.

Artículo 69

Práctica de las pruebas

1. Antes de declarar, cada testigo se comprometerá, de conformidad con las Reglas de Procedimiento y Prueba, a decir verdad en su testimonio.

2. La prueba testimonial deberá rendirse en persona en el juicio, salvo cuando se apliquen las medidas establecidas en el artículo 68 o en las Reglas de Procedimiento y Prueba. Asimismo, la Corte podrá permitir al testigo que preste testimonio oralmente o por medio de una grabación de vídeo o audio, así como que se presenten documentos o transcripciones escritas, con sujeción al presente Estatuto y de conformidad con las Reglas de Procedimiento y Prueba. Estas medidas no podrán redundar en perjuicio de los derechos del acusado ni serán incompatibles con éstos.

3. Las partes podrán presentar pruebas pertinentes a la causa, de conformidad con el artículo 64. La Corte estará facultada para pedir todas las pruebas que considere necesarias para determinar la veracidad de los hechos.

4. La Corte podrá decidir sobre la pertinencia o admisibilidad de cualquier prueba, teniendo en cuenta, entre otras cosas, su valor probatorio y cualquier perjuicio que pueda suponer para un juicio justo o para la justa evaluación del testimonio de un testigo, de conformidad con las Reglas de Procedimiento y Prueba.

5. La Corte respetará los privilegios de confidencialidad establecidos en las Reglas de Procedimiento y Prueba.

6. La Corte no exigirá prueba de los hechos de dominio público, pero podrá incorporarlos en autos.

7. No serán admisibles las pruebas obtenidas como resultado de una violación del presente Estatuto o de las normas de derechos humanos internacionalmente reconocidas cuando:

a) Esa violación suscite serias dudas sobre la fiabilidad de las pruebas; o

b) Su admisión atente contra la integridad del juicio o redunde en grave desmedro de él.

8. La Corte, al decidir sobre la pertinencia o la admisibilidad de las pruebas presentadas por un Estado, no podrá pronunciarse sobre la aplicación del derecho interno de ese Estado.

Artículo 70

Delitos contra la administración de justicia

1. La Corte tendrá competencia para conocer de los siguientes delitos contra la administración de justicia, siempre y cuando se cometan intencionalmente:

a) Dar falso testimonio cuando se esté obligado a decir verdad de conformidad con el párrafo 1 del artículo 69;

b) Presentar pruebas a sabiendas de que son falsas o han sido falsificadas;

c) Corromper a un testigo, obstruir su comparecencia o testimonio o interferir en ellos, tomar represalias contra un testigo por su declaración, destruir o alterar pruebas o interferir en las diligencias de prueba;

d) Poner trabas, intimidar o corromper a un funcionario de la Corte para obligarlo o inducirlo a que no cumpla sus funciones o a que lo haga de manera indebida;

e) Tomar represalias contra un funcionario de la Corte en razón de funciones que haya desempeñado él u otro funcionario; y

f) Solicitar o aceptar un soborno en calidad de funcionario de la Corte y en relación con sus funciones oficiales.

2. Las Reglas de Procedimiento y Prueba establecerán los principios y procedimientos que regulen el ejercicio por la Corte de su competencia sobre los delitos a que se hace referencia en el presente artículo. Las condiciones de la cooperación internacional con la Corte respecto de las actuaciones que realice de conformidad con el presente artículo se regirán por el derecho interno del Estado requerido.

3. En caso de decisión condenatoria, la Corte podrá imponer una pena de reclusión no superior a cinco años o una multa, o ambas penas, de conformidad con las Reglas de Procedimiento y Prueba.

4. a) Todo Estado Parte hará extensivas sus leyes penales que castiguen los delitos contra la integridad de su propio procedimiento de investigación o enjuiciamiento a los delitos contra la administración de justicia a que se hace referencia en el presente artículo y sean cometidos en su territorio o por uno de sus nacionales;

b) A solicitud de la Corte, el Estado Parte, siempre que lo considere apropiado, someterá el asunto a sus autoridades competentes a los efectos del enjuiciamiento. Esas autoridades conocerán de tales asuntos con diligencia y asignarán medios suficientes para que las causas se sustancien en forma eficaz.

Artículo 71

Sanciones por faltas de conducta en la Corte

1. En caso de faltas de conducta de personas presentes en la Corte, tales como perturbar las audiencias o negarse deliberadamente a cumplir sus órdenes, la Corte podrá imponer sanciones administrativas, que no entrañen privación de la libertad, como expulsión temporal o permanente de la sala, multa u otras medidas similares establecidas en las Reglas de Procedimiento y Prueba.

2. El procedimiento para imponer las medidas a que se refiere el párrafo 1 se regirá por las Reglas de Procedimiento y Prueba.

Artículo 72

Protección de información que afecte a la seguridad nacional

1. El presente artículo será aplicable en todos los casos en que la divulgación de información o documentos de un Estado pueda, a juicio de éste, afectar a los intereses de su seguridad nacional. Esos casos son los comprendidos en el ámbito de los párrafos 2 y 3 del artículo 56, el párrafo 3 del artículo 61, el párrafo 3 del artículo 64, el párrafo 2 del artículo 67, el párrafo 6 del artículo 68, el párrafo 6 del artículo 87 y el artículo 93, así como los que se presenten en cualquier otra fase del procedimiento en el contexto de esa divulgación.

2. El presente artículo se aplicará también cuando una persona a quien se haya solicitado información o pruebas se niegue a presentarlas o haya pedido un pronunciamiento del Estado porque su divulgación afectaría a los intereses de la seguridad nacional del Estado, y el Estado de que se trate confirme que, a su juicio, esa divulgación afectaría a los intereses de su seguridad nacional.

3. Nada de lo dispuesto en el presente artículo afectará a los privilegios de confidencialidad a que se refieren los apartados e) y f) del párrafo 3 del artículo 54 ni la aplicación del artículo 73.

4. Si un Estado tiene conocimiento de que información o documentos suyos están siendo divulgados o pueden serlo en cualquier fase del procedimiento y estima que esa divulgación afectaría a sus intereses de seguridad nacional, tendrá derecho a pedir que la cuestión se resuelva de conformidad con el presente artículo.

5. El Estado a cuyo juicio la divulgación de información afectara a sus intereses de seguridad nacional adoptará, actuando en conjunto con el Fiscal, la defensa, la Sala de Cuestiones Preliminares o la Sala de Primera Instancia según sea el caso, todas las medidas razonables para resolver la cuestión por medio de la cooperación. Esas medidas podrán ser, entre otras, las siguientes:

a) La modificación o aclaración de la solicitud;

b) Una decisión de la Corte respecto de la pertinencia de la información o de las pruebas solicitadas, o una decisión sobre si las pruebas, aunque pertinentes, pudieran obtenerse o se hubieran obtenido de una fuente distinta del Estado;

c) La obtención de la información o las pruebas de una fuente distinta o en una forma diferente; o

d) Un acuerdo sobre las condiciones en que se preste la asistencia, que incluya, entre otras cosas, la presentación de resúmenes o exposiciones, restricciones a la divulgación, la utilización de procedimientos a puerta cerrada o ex parte, u otras medidas de protección permitidas con arreglo al Estatuto o las Reglas de Procedimiento y Prueba.

6. Una vez que se hayan adoptado todas las medidas razonables para resolver la cuestión por medio de la cooperación, el Estado, si considera que la información o los documentos no pueden proporcionarse ni divulgarse por medio alguno ni bajo ninguna condición sin perjuicio de sus intereses de seguridad nacional, notificará al Fiscal o a la Corte las razones concretas de su decisión, a menos que la indicación concreta de esas razones perjudique necesariamente los intereses de seguridad nacional del Estado.

7. Posteriormente, si la Corte decide que la prueba es pertinente y necesaria para determinar la culpabilidad o la inocencia del acusado, podrá adoptar las disposiciones siguientes:

a) Cuando se solicite la divulgación de la información o del documento de conformidad con una solicitud de cooperación con arreglo a la Parte IX del presente Estatuto o en las circunstancias a que se refiere el párrafo 2 del presente artículo, y el Estado hiciere valer para denegarla el motivo indicado en el párrafo 4 del artículo 93:

i) La Corte podrá, antes de adoptar una de las conclusiones a que se refiere el inciso ii) del apartado a) del párrafo 7, solicitar nuevas consultas con el fin de oír las razones del Estado. La Corte, si el Estado lo solicita, celebrará las consultas a puerta cerrada y ex parte;

ii) Si la Corte llega a la conclusión de que, al hacer valer el motivo de denegación indicado en el párrafo 4 del artículo 93, dadas las circunstancias del caso, el Estado requerido no está actuando de conformidad con las obligaciones que le impone el presente Estatuto, podrá remitir la cuestión de conformidad con el párrafo 7 del artículo 87, especificando las razones de su conclusión; y

iii) La Corte, en el juicio del acusado, podrá extraer las inferencias respecto de la existencia o inexistencia de un hecho que sean apropiadas en razón de las circunstancias; o

b) En todas las demás circunstancias:

i) Ordenar la divulgación; o

ii) Si no ordena la divulgación, extraer las inferencias relativas a la culpabilidad o a la inocencia del acusado que sean apropiadas en razón de las circunstancias.

Artículo 73

Información o documentos de terceros

La Corte, si pide a un Estado Parte que le proporcione información o un documento que esté bajo su custodia, posesión o control y que le haya sido divulgado por un Estado, una organización intergubernamental o una organización internacional a título confidencial, recabará el consentimiento de su autor para divulgar la información o el documento. Si el autor es un Estado Parte, podrá consentir en divulgar dicha información o documento o comprometerse a resolver la cuestión con la Corte, con sujeción a lo dispuesto en el artículo 72. Si el autor no es un Estado Parte y no consiente en divulgar la información o el documento, el Estado requerido comunicará a la Corte que no puede proporcionar la información o el documento de que se trate en razón de la obligación contraída con su autor de preservar su carácter confidencial.

Artículo 74

Requisitos para el fallo

1. Todos los magistrados de la Sala de Primera Instancia estarán presentes en cada fase del juicio y en todas sus deliberaciones. La Presidencia podrá designar para cada causa y según estén disponibles uno o varios magistrados suplentes para que asistan a todas las fases del juicio y sustituyan a cualquier miembro de la Sala de Primera Instancia que se vea imposibilitado para seguir participando en el juicio.

2. La Sala de Primera Instancia fundamentará su fallo en su evaluación de las pruebas y de la totalidad del juicio. El fallo se referirá únicamente a los hechos y las circunstancias descritos en los cargos o las modificaciones a los cargos, en su caso. La Corte podrá fundamentar su fallo únicamente en las pruebas presentadas y examinadas ante ella en el juicio.

3. Los magistrados procurarán adoptar su fallo por unanimidad, pero, de no ser posible, éste será adoptado por mayoría.

4. Las deliberaciones de la Sala de Primera Instancia serán secretas.

5. El fallo constará por escrito e incluirá una exposición fundada y completa de la evaluación de las pruebas y las conclusiones. La Sala de Primera Instancia dictará un fallo. Cuando no haya unanimidad, el fallo de la Sala de Primera Instancia incluirá las opiniones de la mayoría y de la minoría. La lectura del fallo o de un resumen de éste se hará en sesión pública.

Artículo 75

Reparación a las víctimas

1. La Corte establecerá principios aplicables a la reparación, incluidas la restitución, la indemnización y la rehabilitación, que ha de otorgarse a las víctimas o a sus causahabientes. Sobre esta base, la Corte, previa solicitud o de oficio en circunstancias excepcionales, podrá determinar en su decisión el alcance y la magnitud de los daños, pérdidas o perjuicios causados a las víctimas o a sus causahabientes, indicando los principios en que se funda.

2. La Corte podrá dictar directamente una decisión contra el condenado en la que indique la reparación adecuada que ha de otorgarse a las víctimas, incluidas la restitución, la indemnización y la rehabilitación. Cuando proceda, la Corte podrá ordenar que la indemnización otorgada a título de reparación se pague por conducto del Fondo Fiduciario previsto en el artículo 79.

3. La Corte, antes de tomar una decisión con arreglo a este artículo, tendrá en cuenta las observaciones formuladas por el condenado, las víctimas, otras personas o Estados que tengan un interés, o las que se formulen en su nombre.

4. Al ejercer sus atribuciones de conformidad con el presente artículo, la Corte, una vez que una persona sea declarada culpable de un crimen de su competencia, podrá determinar si, a fin de dar efecto a una decisión que dicte de conformidad con este artículo, es necesario solicitar medidas de conformidad con el párrafo 1 del artículo 93.

5. Los Estados Partes darán efecto a la decisión dictada con arreglo a este artículo como si las disposiciones del artículo 109 se aplicaran al presente artículo.

6. Nada de lo dispuesto en el presente artículo podrá interpretarse en perjuicio de los derechos de las víctimas con arreglo al derecho interno o el derecho internacional.

Artículo 76

Fallo condenatorio

1. En caso de que se dicte un fallo condenatorio, la Sala de Primera Instancia fijará la pena que proceda imponer, para lo cual tendrá en cuenta las pruebas practicadas y las

conclusiones relativas a la pena que se hayan hecho en el proceso.

2. Salvo en el caso en que sea aplicable el artículo 65, la Sala de Primera Instancia podrá convocar de oficio una nueva audiencia, y tendrá que hacerlo si lo solicitan el Fiscal o el acusado antes de que concluya la instancia, a fin de practicar diligencias de prueba o escuchar conclusiones adicionales relativas a la pena, de conformidad con las Reglas de Procedimiento y Prueba.

3. En el caso en que sea aplicable el párrafo 2, en la audiencia a que se hace referencia en ese párrafo o, de ser necesario, en una audiencia adicional se escucharán las observaciones que se hagan en virtud del artículo 75.

4. La pena será impuesta en audiencia pública y, de ser posible, en presencia del acusado.

PARTE VII.
DE LAS PENAS

Artículo 77

Penas aplicables

1. La Corte podrá, con sujeción a lo dispuesto en el artículo 110, imponer a la persona declarada culpable de uno de los crímenes a que se hace referencia en el artículo 5 del presente Estatuto una de las penas siguientes:

a) La reclusión por un número determinado de años que no exceda de 30 años; o

b) La reclusión a perpetuidad cuando lo justifiquen la extrema gravedad del crimen y las circunstancias personales del condenado.

2. Además de la reclusión, la Corte podrá imponer:

a) Una multa con arreglo a los criterios enunciados en las Reglas de Procedimiento y Prueba;

b) El decomiso del producto, los bienes y los haberes procedentes directa o indirectamente de dicho crimen, sin perjuicio de los derechos de terceros de buena fe.

Artículo 78

Imposición de la pena

1. Al imponer una pena, la Corte tendrá en cuenta, de conformidad con las Reglas de Procedimiento y Prueba, factores tales como la gravedad del crimen y las circunstancias personales del condenado.

2. La Corte, al imponer una pena de reclusión, abonará el tiempo que, por orden suya, haya estado detenido el condenado. La Corte podrá abonar cualquier otro período de detención cumplido en relación con la conducta constitutiva del delito.

3. Cuando una persona haya sido declarada culpable de más de un crimen, la Corte impondrá una pena para cada uno de ellos y una pena común en la que se especifique la duración total de la reclusión. La pena no será inferior a la más alta de cada una de las penas impuestas y no excederá de 30 años de reclusión o de una pena de reclusión a perpetuidad de conformidad con el párrafo 1 b) del artículo 77.

Artículo 79

Fondo fiduciario

1. Por decisión de la Asamblea de los Estados Partes se establecerá un fondo fiduciario en beneficio de las víctimas de crímenes de la competencia de la Corte y de sus familias.

2. La Corte podrá ordenar que las sumas y los bienes que reciba a título de multa o decomiso sean transferidos al Fondo Fiduciario.

3. El Fondo Fiduciario será administrado según los criterios que fije la Asamblea de los Estados Partes.

Artículo 80

El Estatuto, la aplicación de penas por los países y la legislación nacional

Nada de lo dispuesto en la presente parte se entenderá en perjuicio de la aplicación por los Estados de las penas prescritas por su legislación nacional ni de la legislación de los Estados en que no existan las penas prescritas en la presente parte.

PARTE VIII.
DE LA APELACIÓN Y LA REVISIÓN

Artículo 81

Apelación del fallo condenatorio o absolutorio o de la pena

1. Los fallos dictados de conformidad con el artículo 74 serán apelables de conformidad con las Reglas de Procedimiento y Prueba, según se dispone a continuación:

a) El Fiscal podrá apelar por alguno de los motivos siguientes:

i) Vicio de procedimiento;

ii) Error de hecho; o

iii) Error de derecho;

b) El condenado, o el Fiscal en su nombre, podrá apelar por alguno de los motivos siguientes:

i) Vicio de procedimiento;

ii) Error de hecho;

iii) Error de derecho;

iv) Cualquier otro motivo que afecte a la justicia o a la regularidad del proceso o del fallo.

2. a) El Fiscal o el condenado podrán apelar de una sentencia, de conformidad con las Reglas de Procedimiento y Prueba, en razón de una desproporción entre el crimen y la condena;

b) La Corte, si al conocer de la apelación de una sentencia, considerase que hay fundamentos para revocar la condena en todo o parte, podrá invitar al Fiscal y al condenado a que presenten sus argumentos de conformidad con los apartados a) o b) del párrafo 1 del artículo 81 y podrá dictar una decisión respecto de la condena de conformidad con el artículo 83;

c) Este procedimiento también será aplicable cuando la Corte, al conocer de una apelación contra la sentencia únicamente, considere que hay fundamentos para reducir la pena en virtud del párrafo 2 a).

3. a) Salvo que la Sala de Primera Instancia ordene otra cosa, el condenado permanecerá privado de libertad mientras se falla la apelación;

b) Cuando la duración de la detención fuese mayor que la de la pena de prisión impuesta, el condenado será puesto en libertad; sin embargo, si el Fiscal también apelase, esa libertad podrá quedar sujeta a las condiciones enunciadas en el apartado siguiente;

c) Si la sentencia fuere absolutoria, el acusado será puesto en libertad de inmediato, con sujeción a las normas siguientes:

i) En circunstancias excepcionales y teniendo en cuenta entre otras cosas, el riesgo concreto de fuga, la gravedad del delito y las probabilidades de que se dé lugar a la apelación, la Sala de Primera Instancia, a solicitud del Fiscal, podrá decretar que siga privado de la libertad mientras dure la apelación;

ii) Las decisiones dictadas por la Sala de Primera Instancia en virtud del inciso precedente serán apelables de conformidad con las Reglas de Procedimiento y Prueba.

4. Con sujeción a lo dispuesto en los apartados a) y b) del párrafo 3, la ejecución de la decisión o sentencia será suspendida durante el plazo fijado para la apelación y mientras dure el procedimiento de apelación.

Artículo 82

Apelación de otras decisiones

1. Cualquiera de las partes podrá apelar, de conformidad con las Reglas de Procedimiento y Prueba, de las siguientes decisiones:

a) Una decisión relativa a la competencia o la admisibilidad;

b) Una decisión por la que se autorice o deniegue la libertad de la persona objeto de investigación o enjuiciamiento;

c) Una decisión de la Sala de Cuestiones Preliminares de actuar de oficio de conformidad con el párrafo 3 del artículo 56;

d) Una decisión relativa a una cuestión que afecte de forma significativa a la justicia y a la prontitud con que se sustancia el proceso o a su resultado y respecto de la cual, en opinión de la Sala de Cuestiones Preliminares o la Sala de Primera Instancia, un dictamen inmediato de la Sala de Apelaciones pueda acelerar materialmente el proceso.

2. El Estado de que se trate o el Fiscal, con la autorización de la Sala de Cuestiones Preliminares, podrá apelar de una decisión adoptada por esta Sala de conformidad con el párrafo 3 d) del artículo 57. La apelación será substanciada en procedimiento sumario.

3. La apelación no suspenderá por sí misma el procedimiento a menos que la Sala de Apelaciones así lo resuelva, previa solicitud y de conformidad con las Reglas de Procedimiento y Prueba.

4. El representante legal de las víctimas, el condenado o el propietario de buena fe de bienes afectados por una providencia dictada en virtud del artículo 75 podrán apelar, de conformidad con las Reglas de Procedimiento y Prueba, de la decisión por la cual se conceda reparación.

Artículo 83

Procedimiento de apelación

1. A los efectos del procedimiento establecido en el artículo 81 y en el presente artículo, la Sala de Apelaciones tendrá todas las atribuciones de la Sala de Primera Instancia.

2. La Sala de Apelaciones, si decide que las actuaciones apeladas fueron injustas y que ello afecta a la regularidad del fallo o la pena o que el fallo o la pena apelados adolecen efectivamente de errores de hecho o de derecho o de vicios de procedimiento, podrá:

a) Revocar o enmendar el fallo o la pena; o

b) Decretar la celebración de un nuevo juicio en otra Sala de Primera Instancia. A estos efectos, la Sala de Apelaciones podrá devolver una cuestión de hecho a la Sala de Primera Instancia original para que la examine y le informe según corresponda, o podrá ella misma pedir pruebas para dirimirla. El fallo o la pena apelados únicamente por el condenado, o por el Fiscal en nombre de éste, no podrán ser modificados en perjuicio suyo.

3. La Sala de Apelaciones, si al conocer de una apelación contra la pena, considera que hay una desproporción entre el crimen y la pena, podrá modificar ésta de conformidad con lo dispuesto en la Parte VII.

4. La sentencia de la Sala de Apelaciones será aprobada por mayoría de los magistrados que la componen y anunciada en audiencia pública. La sentencia enunciará las razones en que se funda. De no haber unanimidad, consignará las opiniones de la mayoría y de la minoría, si bien un magistrado podrá emitir una opinión separada o disidente sobre una cuestión de derecho.

5. La Sala de Apelaciones podrá dictar sentencia en ausencia de la persona absuelta o condenada.

Artículo 84

Revisión del fallo condenatorio o de la pena

1. El condenado o, después de su fallecimiento, el cónyuge, los hijos, los padres o quien estuviera vivo al momento de la muerte del acusado y tuviera instrucciones escritas del acusado de hacerlo, o el Fiscal en su nombre, podrá pedir a la Sala de Apelaciones que revise la sentencia definitiva condenatoria o la pena por las siguientes causas:

a) Se hubieren descubierto nuevas pruebas que:

i) No se hallaban disponibles a la época del juicio por motivos que no cabría imputar total o parcialmente a la parte que formula la solicitud; y

ii) Son suficientemente importantes como para que, de haberse valorado en el juicio, probablemente hubieran dado lugar a otro veredicto;

b) Se acabare de descubrir que un elemento de prueba decisivo, apreciado en el juicio y del cual depende la condena, era falso o habría sido objeto de adulteración o falsificación;

c) Uno o varios de los jueces que intervinieron en la sentencia condenatoria o en la confirmación de los cargos han incurrido, en esa causa, en una falta o un incumplimiento de sus funciones de gravedad suficiente para justificar su separación del cargo de conformidad con el artículo 46.

2. La Sala de Apelaciones rechazará la solicitud si la considera infundada. Si determina que la solicitud es atendible, podrá, según corresponda:

a) Convocar nuevamente a la Sala de Primera Instancia original;

b) Constituir una nueva Sala de Primera Instancia; o

c) Mantener su competencia respecto del asunto, para, tras oír a las partes en la manera establecida en las Reglas de Procedimiento y Prueba, determinar si ha de revisarse la sentencia.

Artículo 85

Indemnización del detenido o condenado

1. El que haya sido ilegalmente detenido o recluido tendrá el derecho efectivo a ser indemnizado.

2. El que por decisión final hubiera sido condenado por un crimen y hubiere cumplido la pena correspondiente será indemnizado conforme a la ley de ser anulada posteriormente su condena en razón de hechos nuevos que demuestren concluyentemente que hubo un error judicial, salvo que la falta de conocimiento oportuno de esos hechos le fuera total o parcialmente imputable.

3. En circunstancias excepcionales, la Corte, si determina la existencia de hechos concluyentes que muestran que hubo un error judicial grave y manifiesto tendrá la facultad discrecional de otorgar una indemnización, de conformidad con los criterios establecidos en las Reglas de Procedimiento y Prueba, a quien hubiere sido puesto en libertad en virtud de una sentencia definitiva absolutoria o de un sobreseimiento de la causa por esa razón.

PARTE IX.
DE LA COOPERACIÓN INTERNACIONAL
Y LA ASISTENCIA JUDICIAL

Artículo 86

Obligación general de cooperar

Los Estados Partes, de conformidad con lo dispuesto en el presente Estatuto, cooperarán plenamente con la Corte en relación con la investigación y el enjuiciamiento de crímenes de su competencia.

Artículo 87

Solicitudes de cooperación: disposiciones generales

1. a) La Corte estará facultada para formular solicitudes de cooperación a los Estados Partes. Éstas se transmitirán por vía diplomática o por cualquier otro conducto adecuado que haya designado cada Estado Parte a la fecha de la ratificación, aceptación, aprobación o adhesión. Cada Estado Parte podrá

cambiar posteriormente esa designación de conformidad con las Reglas de Procedimiento y Prueba.

b) Cuando proceda, y sin perjuicio de lo dispuesto en el apartado a), las solicitudes podrán transmitirse también por conducto de la Organización Internacional de Policía Criminal o de cualquier organización regional competente.

2. Las solicitudes de cooperación y los documentos que las justifiquen estarán redactados en un idioma oficial del Estado requerido, o acompañados de una traducción a ese idioma, o a uno de los idiomas de trabajo de la Corte, según la elección que haya hecho el Estado a la fecha de la ratificación, aceptación, aprobación o adhesión.

El Estado Parte podrá cambiar posteriormente esa elección de conformidad con las Reglas de Procedimiento y Prueba.

3. El Estado requerido preservará el carácter confidencial de toda solicitud de cooperación y de los documentos que las justifiquen, salvo en la medida en que su divulgación sea necesaria para tramitarla.

4. Con respecto a las solicitudes de asistencia presentadas de conformidad con la presente Parte, la Corte podrá adoptar todas las medidas, incluidas las relativas a la protección de la información, que sean necesarias para proteger la seguridad y el bienestar físico o psicológico de las víctimas, los posibles testigos y sus familiares. La Corte podrá solicitar que toda información comunicada en virtud de la presente Parte sea transmitida y procesada de manera que se proteja la seguridad y el bienestar físico o psicológico de las víctimas, los posibles testigos y sus familiares.

5. a. La Corte podrá invitar a cualquier Estado que no sea parte en el presente Estatuto a prestar la asistencia prevista en la presente parte sobre la base de un arreglo especial, un acuerdo con ese Estado o de cualquier otra manera adecuada.

b. Cuando un Estado que no sea parte en el presente Estatuto y que haya celebrado un arreglo especial o un acuerdo con la Corte se niegue a cooperar en la ejecución de las solicitudes a que se refieran tal arreglo o acuerdo, la Corte podrá informar de ello a la Asamblea de los Estados Partes o al Consejo de Seguridad, si éste le hubiese remitido el asunto.

6. La Corte podrá solicitar de cualquier organización intergubernamental que le proporcione información o documentos. Asimismo, la Corte podrá solicitar otras formas de cooperación y asistencia que se hayan acordado con cualquiera de esas organizaciones, de conformidad con su competencia o mandato.

7. Cuando, en contravención de lo dispuesto en el presente Estatuto, un Estado Parte se niegue a dar curso a una solicitud de cooperación formulada por la Corte, impidiéndole ejercer sus funciones y atribuciones de conformidad con el presente Estatuto, ésta podrá hacer una constatación en ese sentido y remitir la cuestión a la Asamblea de los Estados Partes o al Consejo de Seguridad, si éste le hubiese remitido el asunto.

Artículo 88

Procedimientos aplicables en el derecho interno

Los Estados Partes se asegurarán de que en el derecho interno existan procedimientos aplicables a todas las formas de cooperación especificadas en la presente parte.

Artículo 89

Entrega de personas a la Corte

1. La Corte podrá transmitir, junto con los antecedentes que la justifiquen de conformidad con el artículo 91, una solicitud de detención y entrega de una persona a todo Estado en cuyo territorio pueda hallarse y solicitará la cooperación de ese Estado. Los Estados Partes cumplirán las solicitudes de detención y entrega de conformidad con las disposiciones de la presente parte y el procedimiento establecido en su derecho interno.

2. Cuando la persona cuya entrega se pida la impugne ante un tribunal nacional oponiendo la excepción de cosa juzgada de conformidad con el artículo 20, el Estado requerido celebrará de inmediato consultas con la Corte para determinar si ha habido una decisión sobre la admisibilidad de la causa. Si la causa es admisible, el Estado requerido cumplirá la solicitud. Si está pendiente la decisión sobre la admisibilidad, el Estado requerido podrá aplazar la ejecución de la solicitud de entrega hasta que la Corte adopte esa decisión.

3. a) El Estado Parte autorizará de conformidad con su derecho procesal el tránsito por su territorio de una persona que otro Estado entregue a la Corte, salvo cuando el tránsito por ese Estado obstaculice o demore la entrega;

b) La solicitud de la Corte de que se autorice ese tránsito será transmitida de conformidad con el artículo 87 y contendrá:

i) Una descripción de la persona que será transportada;

ii) Una breve exposición de los hechos de la causa y su tipificación; y

iii) La orden de detención y entrega;

c) La persona transportada permanecerá detenida durante el tránsito;

d) No se requerirá autorización alguna cuando la persona sea transportada por vía aérea y no se prevea aterrizar en el territorio del Estado de tránsito;

e) En caso de aterrizaje imprevisto en el territorio del Estado de tránsito, éste podrá pedir a la Corte que presente una solicitud de tránsito con arreglo a lo dispuesto en el apartado b). El Estado de tránsito detendrá a la persona transportada mientras se recibe la solicitud de la Corte y se efectúa el tránsito; sin embargo, la detención no podrá prolongarse más de 96 horas contadas desde el aterrizaje imprevisto si la solicitud no es recibida dentro de ese plazo.

4. Si la persona buscada está siendo enjuiciada o cumple condena en el Estado requerido por un crimen distinto de aquel por el cual se pide su entrega a la Corte, el Estado requerido, después de haber decidido conceder la entrega, celebrará consultas con la Corte.

Artículo 90

Solicitudes concurrentes

1. El Estado Parte que haya recibido una solicitud de la Corte relativa a la entrega de una persona de conformidad con el artículo 89, y reciba además una solicitud de cualquier otro Estado relativa a la extradición de la misma persona por la misma conducta que constituya la base del crimen en razón del cual la Corte ha pedido la entrega, notificará a la Corte y al Estado requirente ese hecho.

2. Si el Estado requirente es un Estado Parte, el Estado requerido dará prioridad a la solicitud de la Corte cuando ésta:

a) Haya determinado, de conformidad con lo dispuesto en los artículos 18 ó 19, que la causa respecto de la cual se solicita la entrega es admisible y en su decisión haya tenido en cuenta la investigación o el enjuiciamiento que lleva a cabo el Estado requirente con respecto a la solicitud de extradición que éste ha presentado; o

b) Adopte la decisión a que se refiere el apartado a) como consecuencia de la notificación efectuada por el Estado requerido de conformidad con el párrafo 1.

3. Cuando no se haya adoptado la decisión a que se hace referencia en el párrafo 2 a), el Estado requerido tendrá la facultad discrecional, hasta que se dicte la decisión de la Corte prevista en el párrafo 2 b), de dar curso a la solicitud de extradición presentada por el Estado requirente, pero no la hará efectiva hasta que la Corte haya resuelto que la causa es inadmisible. La Corte adoptará su decisión en procedimiento sumario.

4. Si el Estado requirente no es parte en el presente Estatuto, el Estado requerido, en caso de que no esté obligado por alguna norma internacional a conceder la extradición al Estado requirente, dará prioridad a la solicitud de entrega que le haya hecho la Corte si ésta ha determinado que la causa era admisible.

5. Cuando la Corte no haya determinado la admisibilidad de una causa de conformidad con el párrafo 4, el Estado requerido tendrá la facultad discrecional de dar curso a la solicitud de extradición que le haya hecho el Estado requirente.

6. En los casos en que sea aplicable el párrafo 4, y salvo que el Estado requerido esté obligado por alguna norma internacional a extraditar la persona al Estado requirente que no sea parte en el presente Estatuto, el Estado requerido decidirá si hace la entrega a la Corte o concede la extradición al Estado requirente. Para tomar esta decisión, el Estado requerido tendrá en cuenta todos los factores pertinentes, entre otros:

a) Las fechas respectivas de las solicitudes;

b) Los intereses del Estado requirente y, cuando proceda, si el crimen se cometió en su territorio y cuál es la nacionalidad de las víctimas y de la persona cuya entrega o extradición se ha solicitado; y

c) La posibilidad de que la Corte y el Estado requirente lleguen posteriormente a un acuerdo respecto de la entrega.

7. Cuando el Estado Parte que reciba una solicitud de la Corte de entrega de una persona reciba también una solicitud de otro Estado relativa a la extradición de la misma persona por una conducta distinta de la que constituye el crimen en razón del cual la Corte solicita la entrega:

a) El Estado requerido, si no está obligado por ninguna norma internacional a conceder la extradición al Estado requirente, dará preferencia a la solicitud de la Corte;

b) El Estado requerido, si está obligado por una norma internacional a conceder la extradición al Estado requirente, decidirá si entrega la persona a la Corte o la extradita al Estado requirente. En esta decisión, el Estado requerido tendrá en cuenta todos los factores pertinentes y, entre otros, los enumerados en el párrafo 6, pero tendrá especialmente en cuenta la naturaleza y la gravedad relativas de la conducta de que se trate.

8. Cuando, como consecuencia de una notificación efectuada con arreglo al presente artículo, la Corte haya determinado la inadmisibilidad de una causa y posteriormente se deniegue la extradición al Estado requirente, el Estado requerido notificará su decisión a la Corte.

Artículo 91

Contenido de la solicitud de detención y entrega+

1. La solicitud de detención y entrega deberá formularse por escrito. En caso de urgencia, se podrá hacer por cualquier otro medio que permita dejar constancia escrita, a condición de que la solicitud sea confirmada en la forma indicada en el párrafo 1 a) del artículo 87.

2. La solicitud de detención y entrega de una persona respecto de la cual la Sala de Cuestiones Preliminares haya dictado una orden de detención de conformidad con el artículo 58 deberá contener los elementos siguientes o ir acompañada de:

a) Información suficiente para la identificación de la persona buscada y datos sobre su probable paradero;

b) Una copia de la orden de detención; y

c) Los documentos, las declaraciones o la información que sean necesarios para cumplir los requisitos de procedimiento del Estado requerido relativos a la entrega; sin embargo, esos requisitos no podrán ser más onerosos que los aplicables a las solicitudes de extradición conforme a tratados o acuerdos celebrados por el Estado requerido y otros Estados y, de ser posible, serán menos onerosos, habida cuenta del carácter específico de la Corte.

3. La solicitud de detención y entrega del condenado deberá contener los siguientes elementos o ir acompañada de:

a) Copia de la orden de detención dictada en su contra;

b) Copia de la sentencia condenatoria;

c) Datos que demuestren que la persona buscada es aquella a la que se refiere la sentencia condenatoria; y

d) Si la persona que se busca ha sido ya condenada, copia de la sentencia y, en el caso de una pena de reclusión, una indicación de la parte de la pena que se ha cumplido y de la que queda por cumplir.

4. A solicitud de la Corte, un Estado Parte consultará con ésta, en general o con respecto a un asunto concreto, sobre las disposiciones de su derecho interno que puedan ser aplicables de conformidad con el apartado c) del párrafo 2 del presente artículo. En esas consultas, el Estado Parte comunicará a la Corte los requisitos específicos de su derecho interno.

Artículo 92

Detención provisional

1. En caso de urgencia, la Corte podrá solicitar la detención provisional de la persona buscada hasta que se presente la solicitud de entrega y los documentos que la justifiquen de conformidad con el artículo 91.

2. La solicitud de detención provisional deberá hacerse por cualquier medio que permita dejar constancia escrita y contendrá:

a) Información suficiente para identificar a la persona buscada y datos sobre su probable paradero;

b) Una exposición concisa de los crímenes por los que se pida la detención y de los hechos que presuntamente serían constitutivos de esos crímenes, inclusive, de ser posible, la indicación de la fecha y el lugar en que se cometieron;

c) Una declaración de que existe una orden de detención o una decisión final condenatoria respecto de la persona buscada; y

d) Una declaración de que se presentará una solicitud de entrega de la persona buscada.

3. La persona sometida a detención provisional podrá ser puesta en libertad si el Estado requerido no hubiere recibido la solicitud de entrega y los documentos que la justifiquen, de conformidad con el artículo 91, dentro del plazo fijado en las Reglas de Procedimiento y Prueba. Sin embargo, el detenido podrá consentir en la entrega antes de que se cumpla dicho plazo siempre que lo permita el derecho interno del Estado requerido. En ese caso, el Estado requerido procederá a entregar al detenido a la Corte tan pronto como sea posible.

4. El hecho de que la persona buscada haya sido puesta en libertad de conformidad con el párrafo 3 no obstará para que sea nuevamente detenida y entregada una vez que el Estado requerido reciba la solicitud de entrega y los documentos que la justifiquen.

Artículo 93

Otras formas de cooperación

1. Los Estados Partes, de conformidad con lo dispuesto en la presente parte y con los procedimientos de su derecho interno, deberán cumplir las solicitudes de asistencia formuladas por la Corte en relación con investigaciones o enjuiciamientos penales a fin de:

a) Identificar y buscar personas u objetos;

b) Practicar pruebas, incluidos los testimonios bajo juramento, y presentar pruebas, incluidos los dictámenes e informes periciales que requiera la Corte;

c) Interrogar a una persona objeto de investigación o enjuiciamiento;

d) Notificar documentos, inclusive los documentos judiciales;

e) Facilitar la comparecencia voluntaria ante la Corte de testigos o expertos;

f) Proceder al traslado provisional de personas, de conformidad con lo dispuesto en el párrafo 7; g) Realizar inspecciones oculares, inclusive la exhumación y el examen de cadáveres y fosas comunes;

h) Practicar allanamientos y decomisos;

i) Transmitir registros y documentos, inclusive registros y documentos oficiales;

j) Proteger a víctimas y testigos y preservar pruebas;

k) Identificar, determinar el paradero o inmovilizar el producto y los bienes y haberes obtenidos del crimen y de los instrumentos del crimen, o incautarse de ellos, con miras a su decomiso ulterior y sin perjuicio de los derechos de terceros de buena fe; y

l) Cualquier otro tipo de asistencia no prohibida por la legislación del Estado requerido y destinada a facilitar la investigación y el enjuiciamiento de crímenes de la competencia de la Corte.

2. La Corte podrá dar seguridades a los testigos o expertos que comparezcan ante ella de que no serán enjuiciados o detenidos ni se restringirá su libertad personal por un acto u omisión anterior a su salida del Estado requerido.

3. Cuando la ejecución de una determinada medida de asistencia detallada en una solicitud presentada de conformidad con el párrafo 1 estuviera prohibida en el Estado requerido por un principio fundamental de derecho ya existente y de aplicación general, el Estado requerido celebrará sin demora consultas con la Corte para tratar de resolver la cuestión. En las consultas se debería considerar si se puede prestar la asistencia de otra manera o con sujeción a condiciones. Si, después de celebrar consultas, no se pudiera resolver la cuestión, la Corte modificará la solicitud según sea necesario.

4. El Estado Parte podrá no dar lugar a una solicitud de asistencia, en su totalidad o en parte, de conformidad con el artículo 72 y únicamente si la solicitud se refiere a la presentación de documentos o la divulgación de pruebas que afecten a su seguridad nacional.

5. Antes de denegar una solicitud de asistencia de conformidad con el párrafo 1 l), el Estado requerido considerará si se puede prestar la asistencia con sujeción a ciertas condiciones, o si es posible hacerlo en una fecha posterior o de otra manera. La Corte o el Fiscal, si aceptan la asistencia sujeta a condiciones, tendrán que cumplirlas.

6. Si no se da lugar a una solicitud de asistencia, el Estado Parte requerido deberá comunicar sin demora los motivos a la Corte o al Fiscal.

7. a) La Corte podrá solicitar el traslado provisional de un detenido a los fines de su identificación o de que preste testimonio o asistencia de otra índole. El traslado podrá realizarse siempre que:

i) El detenido dé su libre consentimiento; y

ii) El Estado requerido lo acepte, con sujeción a las condiciones que hubiere acordado con la Corte;

b) La persona trasladada permanecerá detenida. Una vez cumplidos los fines del traslado, la Corte la devolverá sin dilación al Estado requerido.

8. a) La Corte velará por la protección del carácter confidencial de los documentos y de la información, salvo en la medida en que éstos sean necesarios para la investigación y las diligencias pedidas en la solicitud;

b) El Estado requerido podrá, cuando sea necesario, transmitir al Fiscal documentos o información con carácter confidencial. El Fiscal únicamente podrá utilizarlos para reunir nuevas pruebas;

c) El Estado requerido podrá, de oficio o a solicitud del Fiscal, autorizar la divulgación ulterior de estos documentos o información, los cuales podrán utilizarse como medios de prueba de conformidad con lo dispuesto en las partes V y VI y de conformidad con las Reglas de Procedimiento y Prueba.

9. a) i) El Estado Parte que reciba solicitudes concurrentes de la Corte y de otro Estado de conformidad con una obligación internacional y que no se refieran a la entrega o la extradición, procurará, en consulta con la Corte y el otro Estado, atender ambas solicitudes, de ser necesario postergando o condicionando una de ellas;

ii) Si esto no fuera posible, la cuestión de las solicitudes concurrentes se resolverá de conformidad con los principios enunciados en el artículo 90;

b) Sin embargo, cuando la solicitud de la Corte se refiera a información, bienes o personas que estén sometidos al control de un tercer Estado o de una organización internacional en virtud de un acuerdo internacional, el Estado requerido lo comunicará a la Corte y la Corte dirigirá su solicitud al tercer Estado o a la organización internacional.

10. a) A solicitud de un Estado Parte que lleve a cabo una investigación o sustancie un juicio por una conducta que constituya un crimen de la competencia de la Corte o que constituya un crimen grave con arreglo al derecho interno del

Estado requirente, la Corte podrá cooperar con él y prestarle asistencia;

b) i) La asistencia prestada de conformidad con el apartado a) podrá comprender, entre otras cosas:

a. La transmisión de declaraciones, documentos u otros elementos de prueba obtenidos en el curso de una investigación o de un proceso sustanciado por la Corte; y

b. El interrogatorio de una persona detenida por orden de la Corte;

ii) En el caso de la asistencia prevista en el apartado b) i) a.:

a. Si los documentos u otros elementos de prueba se hubieren obtenido con la asistencia de un Estado, su transmisión estará subordinada al consentimiento de dicho Estado;

b. Si las declaraciones, los documentos u otros elementos de prueba hubieren sido proporcionados por un testigo o un perito, su transmisión estará subordinada a lo dispuesto en el artículo 68;

c) La Corte podrá, de conformidad con el presente párrafo y en las condiciones enunciadas en él, acceder a una solicitud de asistencia presentada por un Estado que no sea parte en el presente Estatuto.

Artículo 94

Aplazamiento de la ejecución de una solicitud de asistencia con respecto a una investigación o un enjuiciamiento en curso

1. Si la ejecución inmediata de una solicitud de asistencia interfiriere una investigación o enjuiciamiento en curso de un asunto distinto de aquel al que se refiera la solicitud, el Estado requerido podrá aplazar la ejecución por el tiempo que acuerde con la Corte. No obstante, el aplazamiento no excederá de lo necesario para concluir la investigación o el enjuiciamiento de que se trate en el Estado requerido. Antes de tomar la decisión de aplazar la ejecución de la solicitud, el Estado requerido debe considerar si se podrá prestar inmediatamente la asistencia con sujeción a ciertas condiciones.

2. Si, de conformidad con el párrafo 1, se decidiere aplazar la ejecución de una solicitud de asistencia, el Fiscal podrá en todo caso pedir que se adopten las medidas necesarias para preservar pruebas de conformidad con el párrafo 1 j) del artículo 93.

Artículo 95

Aplazamiento de la ejecución de una solicitud por haberse impugnado la admisibilidad de la causa

Cuando la Corte proceda a examinar una impugnación de la admisibilidad de una causa de conformidad con los artículos 18 ó 19, el Estado requerido podrá aplazar la ejecución de una solicitud hecha de conformidad con esta parte hasta que la Corte se pronuncie sobre la impugnación, a menos que ésta haya resuelto expresamente que el Fiscal podrá continuar recogiendo pruebas conforme a lo previsto en los artículos 18 ó 19.

Artículo 96

Contenido de la solicitud relativa a otras formas de asistencia de conformidad con el artículo 93

1. La solicitud relativa a otras formas de asistencia a que se hace referencia en el artículo 93 deberá hacerse por escrito. En caso de urgencia, se podrá hacer por cualquier otro medio que permita dejar constancia escrita, a condición de que la solicitud sea confirmada en la forma indicada en el párrafo 1 a) del artículo 87.

2. La solicitud deberá contener los siguientes elementos o estar acompañada de, según proceda:

a) Una exposición concisa de su propósito y de la asistencia solicitada, incluidos los fundamentos jurídicos y los motivos de la solicitud;

b) La información más detallada posible acerca del paradero o la identificación de la persona o el lugar objeto de la búsqueda o la identificación, de forma que se pueda prestar la asistencia solicitada;

c) Una exposición concisa de los hechos esenciales que fundamentan la solicitud;

d) Las razones y la indicación detallada de cualquier procedimiento que deba seguirse o requisito que deba cumplirse;

e) Cualquier información que pueda ser necesaria conforme al derecho interno del Estado requerido para cumplir la solicitud; y

f) Cualquier otra información pertinente para que pueda prestarse la asistencia solicitada.

3. A solicitud de la Corte, todo Estado Parte consultará con la Corte, en general o respecto de un asunto concreto, sobre las disposiciones de su derecho interno que puedan ser aplicables de conformidad con el párrafo 2 e). En esas consultas, los Estados Partes comunicarán a la Corte las disposiciones específicas de su derecho interno.

4. Las disposiciones del presente artículo serán también aplicables, según proceda, con respecto a las solicitudes de asistencia hechas a la Corte.

Artículo 97

Consultas con la Corte

El Estado Parte que reciba una solicitud de conformidad con la presente parte celebrará sin dilación consultas con la Corte si considera que la solicitud le plantea problemas que puedan obstaculizar o impedir su cumplimiento. Esos problemas podrían ser, entre otros:

a) Que la información fuese insuficiente para cumplir la solicitud;

b) Que, en el caso de una solicitud de entrega, la persona no pudiera ser localizada, pese a los intentos realizados, o que en la investigación realizada se hubiere determinado claramente que la persona en el Estado requerido no es laindicada en la solicitud; o

c) Que el cumplimiento de la solicitud en su forma actual obligare al Estado requerido a no cumplir una obligación preexistente en virtud de un tratado con otro Estado.

Artículo 98

Cooperación con respecto a la renuncia a la inmunidad y consentimiento a la entrega

1. La Corte no dará curso a una solicitud de entrega o de asistencia en virtud de la cual el Estado requerido deba actuar en forma incompatible con las obligaciones que le imponga el derecho internacional con respecto a la inmunidad de un Estado o la inmunidad diplomática de una persona o un bien de un tercer Estado, salvo que la Corte obtenga anteriormente la cooperación de ese tercer Estado para la renuncia a la inmunidad.

2. La Corte no dará curso a una solicitud de entrega en virtud de la cual el Estado requerido deba actuar en forma incompatible con las obligaciones que le imponga un acuerdo internacional conforme al cual se requiera el consentimiento del Estado que envíe para entregar a la Corte a una perso a

sujeta a la jurisdicción de ese Estado, a menos que ésta obtenga primero la cooperación del Estado que envíe para que dé su consentimiento a la entrega.

Artículo 99

Cumplimiento de las solicitudes a que se hace referencia en los artículos 93 y 96

1. Las solicitudes de asistencia se cumplirán de conformidad con el procedimiento aplicable en el derecho interno del Estado requerido y, salvo si ese derecho lo prohíbe, en la forma especificada en la solicitud, incluidos los procedimientos indicados en ella y la autorización a las personas especificadas en ella para estar presentes y prestar asistencia en el trámite.

2. En el caso de una solicitud urgente y cuando la Corte lo pida, los documentos o pruebas incluidos en la respuesta serán transmitidos con urgencia.

3. Las respuestas del Estado requerido serán transmitidas en su idioma y forma original.

4. Sin perjuicio de los demás artículos de la presente parte, cuando resulte necesario en el caso de una solicitud que pueda ejecutarse sin necesidad de medidas coercitivas, en particular la entrevista a una persona o la recepción de pruebas de una persona voluntariamente, aun cuando sea sin la presencia de las autoridades del Estado Parte requerido si ello fuere esencial para la ejecución de la solicitud, y el reconocimiento de un lugar u otro recinto que no entrañe un cambio en él, el Fiscal podrá ejecutar directamente la solicitud en el territorio de un Estado según se indica a continuación:

a) Cuando el Estado Parte requerido fuere un Estado en cuyo territorio se hubiera cometido presuntamente el crimen, y hubiere habido una decisión de admisibilidad de conformidad con los artículos 18 ó 19, el Fiscal podrá ejecutar directamente la solicitud tras celebrar todas las consultas posibles con el Estado Parte requerido;

b) En los demás casos, el Fiscal podrá ejecutar la solicitud tras celebrar consultas con el Estado Parte requerido y con sujeción a cualquier condición u observación razonable que imponga o haga ese Estado Parte. Cuando el Estado Parte requerido considere que hay problemas para la ejecución de una solicitud de conformidad con el presente apartado, celebrará consultas sin demora con la Corte para resolver la cuestión.

5. Las disposiciones en virtud de las cuales una persona que sea oída o interrogada por la Corte con arreglo al artículo 72 podrá hacer valer las restricciones previstas para impedir la divulgación de información confidencial relacionada con la seguridad nacionales serán igualmente aplicables al cumplimiento de las solicitudes de asistencia a que se hace referencia en el presente artículo.

Artículo 100

Gastos

1. Los gastos ordinarios que se deriven del cumplimiento de las solicitudes en el territorio del Estado requerido correrán a cargo de éste, con excepción de los siguientes, que correrán a cargo de la Corte:

a) Gastos relacionados con el viaje y la seguridad de los testigos y peritos, o el traslado, con arreglo al artículo 93, de personas detenidas;

b) Gastos de traducción, interpretación y transcripción;

c) Gastos de viaje y dietas de los magistrados, el fiscal, los fiscales adjuntos, el secretario, el secretario adjunto y los funcionarios de cualquier órgano de la Corte;

d) Costo de los informes o dictámenes periciales solicitados por la Corte;

e) Gastos relacionados con el transporte de la persona que entregue a la Corte un Estado de detención; y

f) Previa consulta, todos los gastos extraordinarios que puedan ser resultado del cumplimiento de una solicitud.

2. Las disposiciones del párrafo 1 serán aplicables, según proceda, a las solicitudes hechas por los Estados Partes a la Corte. En ese caso, los gastos ordinarios que se deriven de su cumplimiento correrán a cargo de la Corte.

Artículo 101

Principio de la especialidad

1. Quien haya sido entregado a la Corte en virtud del presente Estatuto no será procesado, castigado o detenido por una conducta anterior a su entrega, a menos que ésta constituya la base del delito por el cual haya sido entregado.

2. La Corte podrá pedir al Estado que hizo la entrega que la dispense del cumplimiento de los requisitos establecidos en el párrafo 1 y, si fuere necesario, proporcionará información adicional de conformidad con el artículo 91. Los Estados Partes estarán facultados para dar esa dispensa a la Corte y procurarán hacerlo.

Artículo 102

Términos empleados

A los efectos del presente Estatuto:

a) Por "entrega" se entenderá la entrega de una persona por un Estado a la Corte de conformidad con lo dispuesto en el presente Estatuto;

b) Por "extradición" se entenderá la entrega de una persona por un Estado a otro Estado de conformidad con lo dispuesto en un tratado o convención o en el derecho interno.

PARTE X.
DE LA EJECUCIÓN DE LA PENA

Artículo 103

Función de los Estados en la ejecución de las penas privativas de libertad

1. a) La pena privativa de libertad se cumplirá en un Estado designado por la Corte sobre la base de una lista de Estados que hayan manifestado a la Corte que están dispuestos a recibir condenados;

b) En el momento de declarar que está dispuesto a recibir condenados, el Estado podrá poner condiciones a reserva de que sean aceptadas por la Corte y estén en conformidad con la presente parte;

c) El Estado designado en un caso determinado indicará sin demora a la Corte si acepta la designación.

2. a) El Estado de ejecución de la pena notificará a la Corte cualesquiera circunstancias, incluido el cumplimiento de las condiciones aceptadas con arreglo al párrafo 1, que pudieren afectar materialmente a las condiciones o la duración de la privación de libertad. Las circunstancias conocidas o previsibles deberán ponerse en conocimiento de la Corte con una antelación mínima de 45 días. Durante este período, el Estado de ejecución no adoptará medida alguna que redunde en perjuicio de lo dispuesto en el artículo 110;

b) La Corte, si no puede aceptar las circunstancias a que se hace referencia en el apartado a), lo notificará al Estado de ejecución y procederá de conformidad con el párrafo 1 del artículo 104.

3. La Corte, al ejercer su facultad discrecional de efectuar la designación prevista en el párrafo 1, tendrá en cuenta:

a) El principio de que los Estados Partes deben compartir la responsabilidad por la ejecución de las penas privativas de libertad de conformidad con los principios de distribución equitativa que establezcan las Reglas de Procedimiento y Prueba;

b) La aplicación de normas de tratados internacionales generalmente aceptadas sobre el tratamiento de los reclusos;

c) La opinión del condenado;

d) La nacionalidad del condenado; y

e) Otros factores relativos a las circunstancias del crimen o del condenado, o a la ejecución eficaz de la pena, según procedan en la designación del Estado de ejecución.

4. De no designarse un Estado de conformidad con el párrafo 1, la pena privativa de libertad se cumplirá en el establecimiento penitenciario que designe el Estado anfitrión, de conformidad con las condiciones estipuladas en el acuerdo relativo a la sede a que se hace referencia en el párrafo 2 del artículo 3. En ese caso, los gastos que entrañe la ejecución de la pena privativa de libertad serán sufragados por la Corte.

Artículo 104

Cambio en la designación del Estado de ejecución

1. La Corte podrá en todo momento decidir el traslado del condenado a una prisión de un Estado distinto del Estado de ejecución.

2. El condenado podrá en todo momento solicitar de la Corte su traslado del Estado de ejecución.

Artículo 105

Ejecución de la pena

1. Con sujeción a las condiciones que haya establecido un Estado de conformidad con el párrafo 1 b) del artículo 103, la pena privativa de libertad tendrá carácter obligatorio para los Estados Partes, los cuales no podrán modificarla en caso alguno.

2. La decisión relativa a cualquier solicitud de apelación o revisión incumbirá exclusivamente a la Corte. El Estado de ejecución no pondrá obstáculos para que el condenado presente una solicitud de esa índole.

Artículo 106

Supervisión de la ejecución de la pena y condiciones de reclusión

1. La ejecución de una pena privativa de libertad estará sujeta a la supervisión de la Corte y se ajustará a las normas generalmente aceptadas de las convenciones internacionales sobre el tratamiento de los reclusos.

2. Las condiciones de reclusión se regirán por la legislación del Estado de ejecución y se ajustarán a las normas generalmente aceptadas de las convenciones internacionales sobre el tratamiento de los reclusos; en todo caso, no serán ni más ni menos favorables que las aplicadas a los reclusos condenados por delitos similares en el Estado de ejecución.

3. La comunicación entre el condenado y la Corte será irrestricta y confidencial.

Artículo 107

Traslado una vez cumplida la pena

1. Una vez cumplida la pena, quien no sea nacional del Estado de ejecución podrá, de conformidad con la legislación de dicho Estado, ser trasladado al Estado que esté obligado a aceptarlo o a otro Estado que esté dispuesto a hacerlo, teniendo en cuenta si quiere ser trasladado a éste, a menos que el Estado de ejecución lo autorice a permanecer en su territorio.

2. Los gastos derivados del traslado de conformidad con lo dispuesto en el párrafo 1, de no ser sufragados por un Estado, correrán por cuenta de la Corte.

3. Con sujeción a lo dispuesto en el artículo 108, el Estado de ejecución también podrá, de conformidad con su derecho interno, extraditar o entregar por cualquier otra vía a la persona a un Estado que haya pedido la extradición o entrega para someterla a juicio o para que cumpla una pena.

Artículo 108

Limitaciones al enjuiciamiento o la sanción por otros delitos

1. El condenado que se halle bajo la custodia del Estado de ejecución no será sometido a enjuiciamiento, sanción o extradición a un tercer Estado por una conducta anterior a su entrega al Estado de ejecución, a menos que, a petición de éste, la Corte haya aprobado el enjuiciamiento, la sanción o la extradición.

2. La Corte dirimirá la cuestión tras haber oído al condenado.

3. El párrafo 1 del presente artículo no será aplicable si el condenado

permanece de manera voluntaria durante más de 30 días en el territorio del Estado de ejecución después de haber cumplido la totalidad de la pena impuesta por la Corte o si regresa al territorio de ese Estado después de haber salido de él.

Artículo 109

Ejecución de multas y órdenes de decomiso

1. Los Estados Partes harán efectivas las multas u órdenes de decomiso decretadas por la Corte en virtud de la Parte VII, sin perjuicio de los derechos de terceros de buena fe y de conformidad con el procedimiento establecido en su derecho interno.

2. El Estado Parte que no pueda hacer efectiva la orden de decomiso adoptará medidas para cobrar el valor del producto, los bienes o los haberes cuyo decomiso hubiere decretado la Corte, sin perjuicio de los derechos de terceros de buena fe.

3. Los bienes, o el producto de la venta de bienes inmuebles o, según proceda, la venta de otros bienes que el Estado Parte obtenga al ejecutar una decisión de la Corte serán transferidos a la Corte.

Artículo 110

Examen de una reducción de la pena

1. El Estado de ejecución no pondrá en libertad al recluso antes de que haya cumplido la pena impuesta por la Corte.

2. Sólo la Corte podrá decidir la reducción de la pena y se pronunciará al respecto después de escuchar al recluso.

3. Cuando el recluso haya cumplido las dos terceras partes de la pena o 25 años de prisión en caso de cadena perpetua, la Corte examinará la pena para determinar si ésta puede

reducirse. El examen no se llevará a cabo antes de cumplidos esos plazos.

4. Al proceder al examen con arreglo al párrafo 3, la Corte podrá reducir la pena si considera que concurren uno o más de los siguientes factores:

a) Si el recluso ha manifestado desde el principio y de manera continua su voluntad de cooperar con la Corte en sus investigaciones y enjuiciamientos;

b) Si el recluso ha facilitado de manera espontánea la ejecución de las decisiones y órdenes de la Corte en otros casos, en particular ayudando a ésta en la localización de los bienes sobre los que recaigan las multas, las órdenes de decomiso o de reparación que puedan usarse en beneficio de las víctimas; o

c) Otros factores indicados en las Reglas de Procedimiento y Prueba que permitan determinar un cambio en las circunstancias suficientemente claro e importante como para justificar la reducción de la pena.

5. La Corte, si en su examen inicial con arreglo al párrafo 3, determina que no procede reducir la pena, volverá a examinar la cuestión con la periodicidad y con arreglo a los criterios indicados en las Reglas de Procedimiento y Prueba.

Artículo 111

Evasión

Si un condenado se evade y huye del Estado de ejecución, éste podrá, tras consultar a la Corte, pedir al Estado en que se encuentre que lo entregue de conformidad con los acuerdos bilaterales y multilaterales vigentes, o podrá pedir a la Corte que solicite la entrega de conformidad con la Parte IX. La Corte, si solicita la entrega, podrá resolver que el condenado sea enviado al Estado en que cumplía su pena o a otro Estado que indique.

PARTE XI.
DE LA ASAMBLEA DE LOS ESTADOS PARTES

Artículo 112

Asamblea de los Estados Partes

1. Se instituye una Asamblea de los Estados Partes en el presente Estatuto. Cada Estado Parte tendrá un representante en la Asamblea que podrá hacerse acompañar de suplentes y asesores. Otros Estados signatarios del presente Estatuto o del Acta Final podrán participar en la Asamblea a título de observadores.

2. La Asamblea:

a) Examinará y aprobará, según proceda, las recomendaciones de la Comisión Preparatoria;

b) Ejercerá su supervisión respecto de la Presidencia, el Fiscal y la Secretaría en las cuestiones relativas a la administración de la Corte;

c) Examinará los informes y las actividades de la Mesa establecida en el párrafo 3 y adoptará las medidas que procedan a ese respecto;

d) Examinará y decidirá el presupuesto de la Corte;

e) Decidirá si corresponde, de conformidad con el artículo 36, modificar el número de magistrados;

f) Examinará cuestiones relativas a la falta de cooperación de conformidad con los párrafos 5 y 7 del artículo 87;

g) Desempeñará las demás funciones que procedan en virtud del presente Estatuto y las Reglas de Procedimiento y Prueba.

3. a) La Asamblea tendrá una Mesa, que estará compuesta de un Presidente, dos Vicepresidentes y 18 miembros elegidos por la Asamblea por períodos de tres años;

b) La Mesa tendrá carácter representativo, teniendo en cuenta, en particular, el principio de la distribución geográfica equitativa y la representación adecuada de los principales sistemas jurídicos del mundo;

c) La Mesa se reunirá con la periodicidad que sea necesaria, pero por lo menos una vez al año, y prestará asistencia a la Asamblea en el desempeño de sus funciones.

4. La Asamblea podrá establecer los órganos subsidiarios que considere necesarios, incluido un mecanismo de supervisión independiente que se encargará de la inspección, la evaluación y la investigación de la Corte a fin de mejorar su eficiencia y economía.

5. El Presidente de la Corte, el Fiscal y el Secretario o sus representantes podrán, cuando proceda, participar en las sesiones de la Asamblea y de la Mesa.

6. La Asamblea se reunirá en la sede de la Corte o en la Sede de las Naciones Unidas una vez al año y, cuando las circunstancias lo exijan, celebrará períodos extraordinarios de sesiones. Salvo que se indique otra cosa en el presente Estatuto, los períodos extraordinarios de sesiones serán convocados por la Mesa de oficio o a petición de un tercio de los Estados Partes.

7. Cada Estado Parte tendrá un voto. La Asamblea y la Mesa harán todo lo posible por adoptar sus decisiones por consenso. Si no se pudiere llegar a un consenso y salvo que en el presente Estatuto se disponga otra cosa:

a) Las decisiones sobre cuestiones de fondo serán aprobadas por mayoría de dos tercios de los presentes y votantes, a condición de que una mayoría absoluta de los Estados Partes constituirá el quórum para la votación;

b) Las decisiones sobre cuestiones de procedimiento se tomarán por mayoría simple de los Estados Partes presentes y votantes.

8. El Estado Parte que esté en mora en el pago de sus contribuciones financieras a los gastos de la Corte no tendrá voto en la Asamblea ni en la Mesa cuando la suma adeudada sea igual o superior al total de las contribuciones adeudadas por los dos años anteriores completos. La Asamblea podrá, sin embargo, permitir que dicho Estado vote en ella y en la Mesa si llegare a la conclusión de que la mora se debe a circunstancias ajenas a la voluntad del Estado Parte.

9. La Asamblea aprobará su propio reglamento.

10. Los idiomas oficiales y de trabajo de la Asamblea serán los de la Asamblea General de las Naciones Unidas.

PARTE XII.
DE LA FINANCIACIÓN

Artículo 113

Reglamento Financiero

Salvo que se prevea expresamente otra cosa, todas las cuestiones financieras relacionadas con la Corte y con las reuniones de la Asamblea de los Estados Partes, inclusive su Mesa y sus órganos subsidiarios, se regirán por el presente Estatuto y por el Reglamento Financiero y Reglamentación Financiera Detallada que apruebe la Asamblea de los Estados Partes.

Artículo 114

Pago de los gastos

Los gastos de la Corte y de la Asamblea de los Estados Partes, incluidos los de su Mesa y órganos subsidiarios, se sufragarán con fondos de la Corte.

Artículo 115

Fondos de la Corte y de la Asamblea de los Estados Partes

Los gastos de la Corte y de la Asamblea de los Estados Partes, inclusive su Mesa y sus órganos subsidiarios, previstos en el presupuesto aprobado por la Asamblea de los Estados Partes, se sufragarán con cargo a:

a) Cuotas de los Estados Partes;

b) Fondos procedentes de las Naciones Unidas, con sujeción a la aprobación de la Asamblea General, en particular respecto de los gastos efectuados en relación con cuestiones remitidas por el Consejo de Seguridad.

Artículo 116

Contribuciones voluntarias

Sin perjuicio de lo dispuesto en el artículo 115, la Corte podrá recibir y utilizar, en calidad de fondos adicionales, contribuciones voluntarias de gobiernos, organizaciones internacionales, particulares, sociedades y otras entidades, de conformidad con los criterios en la materia que adopte la Asamblea de los Estados Partes.

Artículo 117

Prorrateo de las cuotas

Las cuotas de los Estados Partes se prorratearán de conformidad con una escala de cuotas convenida basada en la escala adoptada por las Naciones Unidas para su presupuesto ordinario y ajustada de conformidad con los principios en que se basa dicha escala.

Artículo 118

Comprobación anual de cuentas

Los registros, los libros y las cuentas de la Corte, incluidos sus estados financieros anuales, serán verificados anualmente por un auditor independiente.

PARTE XIII.
CLÁUSULAS FINALES

Artículo 119

Solución de controversias

1. Las controversias relativas a las funciones judiciales de la Corte serán dirimidas por ella.

2. Cualquier otra controversia que surja entre dos o más Estados Partes respecto de la interpretación o aplicación del presente Estatuto que no se resuelva mediante negociaciones en un plazo de tres meses contado desde el comienzo de la controversia será sometida a la Asamblea de los Estados Partes. La Asamblea podrá tratar de resolver por sí misma la controversia o recomendar otros medios de solución, incluida su remisión a la Corte Internacional de Justicia de conformidad con el Estatuto de ésta.

Artículo 120

Reservas

No se admitirán reservas al presente Estatuto.

Artículo 121

Enmiendas

1. Transcurridos siete años desde la entrada en vigor del presente Estatuto, cualquier Estado Parte podrá proponer enmiendas a él. El texto de la enmienda propuesta será presentado al Secretario General de las Naciones Unidas, que lo distribuirá sin dilación a los Estados Partes.

2. Transcurridos no menos de tres meses desde la fecha de la notificación, la Asamblea de los Estados Partes decidirá en su próxima reunión, por mayoría de los presentes y votantes, si ha de examinar la propuesta, lo cual podrá hacer directamente o previa convocación de una Conferencia de Revisión si la cuestión lo justifica.

3. La aprobación de una enmienda en una reunión de la Asamblea de los Estados Partes o en una Conferencia de Revisión en la que no sea posible llegar a un consenso requerirá una mayoría de dos tercios de los Estados Partes.

4. Salvo lo dispuesto en el párrafo 5, toda enmienda entrará en vigor respecto de los Estados Partes un año después de que los siete octavos de éstos hayan depositado en poder del Secretario General de las Naciones Unidas sus instrumentos de ratificación o de adhesión.

5. Las enmiendas a los artículos 5, 6,7 y 8 delpresente Estatuto entrarán en vigor únicamente respecto de los Estados Partes que las hayan aceptado un año después del depósito de sus instrumentos de ratificación o aceptación. La Corte no ejercerá su competencia respecto de un crimen comprendido en la enmienda cuando haya sido cometido por nacionales o en el territorio de un Estado Parte que no haya aceptado la enmienda.

6. Si una enmienda ha sido aceptada por los siete octavos de los Estados Partes de conformidad con el párrafo 4, el Estado Parte que no la haya aceptado podrá denunciar el presente Estatuto con efecto inmediato, no obstante lo dispuesto en el párrafo 1 del artículo 127 pero con sujeción al párrafo 2 de dicho artículo, mediante notificación hecha a más tardar un año después de la entrada en vigor de la enmienda.

7. El Secretario General de las Naciones Unidas distribuirá a los Estados Partes las enmiendas aprobadas en una reunión de la Asamblea de los Estados Partes o en una Conferencia de Revisión.

Artículo 122

Enmiendas a disposiciones de carácter institucional

1. No obstante lo dispuesto en el párrafo 1 del artículo 121, cualquier Estado Parte podrá proponer en cualquier momento enmiendas a las disposiciones del presente Estatuto de carácter exclusivamente institucional, a saber, el artículo 35, los párrafos 8 y 9 del artículo 36, el artículo 37, el artículo 38, el párrafo 1 (dos primeras oraciones), 2 y 4 del artículo 39, los párrafos 4 a 9 del artículo 42, los párrafos 2 y 3 del artículo 43 y los artículos 44, 46, 47 y 49. El texto de la enmienda propuesta será presentado al Secretario General de las Naciones Unidas o a la persona designada por la Asamblea de los Estados Partes, que lo distribuirá sin demora a los Estados Partes y a otros participantes en la Asamblea.

2. Las enmiendas presentadas con arreglo al presente artículo respecto de las cuales no sea posible llegar a un consenso serán aprobadas por la Asamblea de los Estados Partes o por una Conferencia de Revisión por una mayoría de dos tercios de los Estados Partes. Esas enmiendas entrarán en vigor respecto de los Estados Partes seis meses después de su aprobación por la Asamblea o, en su caso, por la Conferencia.

Artículo 123

Revisión del Estatuto

1. Siete años después de que entre en vigor el presente Estatuto, el Secretario General de las Naciones Unidas convocará una Conferencia de Revisión de los Estados Partes para examinar las enmiendas al Estatuto. El examen podrá comprender la lista de los crímenes indicados en el artículo 5 pero no se limitará a ellos. La Conferencia estará abierta a los participantes en la Asamblea de los Estados Partes y en las mismas condiciones que ésta. 2. Posteriormente, en cualquier momento, a petición de un Estado Parte y a los efectos indicados en el párrafo 1, el Secretario General de las Naciones Unidas, previa la aprobación de una mayoría de los Estados Partes, convocará una Conferencia de Revisión de los Estados Partes.

3. Las disposiciones de los párrafos 3 a 7 del artículo 121 serán aplicables a la aprobación y entrada en vigor de toda enmienda del Estatuto examinada en una Conferencia de Revisión.

Artículo 124

Disposición de transición

No obstante lo dispuesto en los párrafos 1 y 2 del artículo 12, un Estado, al hacerse parte en el presente Estatuto, podrá declarar que, durante un período de siete años contados a partir de la fecha en que el Estatuto entre en vigor a su respecto, no aceptará la competencia de la Corte sobre la categoría de crímenes a que se hace referencia en el artículo 8 cuando se denuncie la comisión de uno de esos crímenes por sus nacionales o en su territorio. La declaración formulada de conformidad con el presente artículo podrá ser retirada en cualquier momento. Lo dispuesto en el presente artículo será reconsiderado en la Conferencia de Revisión que se convoque de conformidad con el párrafo 1 del artículo 123.

Artículo 125

Firma, ratificación, aceptación, aprobación o adhesión

1. El presente Estatuto estará abierto a la firma de todos los Estados el 17 de julio de 1998 en Roma, en la sede de la Organización de las Naciones Unidas para la Agricultura y la Alimentación. Posteriormente, y hasta el 17 de octubre de 1998, seguirá abierto a la firma en Roma, en el Ministerio de Relaciones Exteriores de Italia. Después de esa fecha, el Estatuto estará abierto a la firma en Nueva York, en la Sede de las Naciones Unidas, hasta el 31 de diciembre del año 2000.

2. El presente Estatuto estará sujeto a la ratificación, aceptación o aprobación de los Estados signatarios. Los instrumentos de ratificación, aceptación o aprobación serán depositados en poder del Secretario General de las Naciones Unidas.

3. El presente Estatuto estará abierto a la adhesión de cualquier Estado. Los instrumentos de adhesión serán depositados en poder del Secretario General de las Naciones Unidas.

Artículo 126

Entrada en vigor

1. El presente Estatuto entrará en vigor el primer día del mes siguiente al sexagésimo día a partir de la fecha en que se deposite en poder del Secretario General de las Naciones Unidas el sexagésimo instrumento de ratificación, aceptación, aprobación o adhesión.

2. Respecto de cada Estado que ratifique, acepte o apruebe el presente Estatuto o se adhiera a él después de que sea depositado el sexagésimo instrumento de ratificación, aceptación, aprobación o adhesión, el Estatuto entrará en vigor el primer día del mes siguiente al sexagésimo día a partir de la fecha en que haya depositado su instrumento de ratificación, aceptación, aprobación o adhesión.

Artículo 127

Denuncia

1. Todo Estado Parte podrá denunciar el presente Estatuto mediante notificación por escrito dirigida al Secretario General de las Naciones Unidas. La denuncia surtirá efecto un año después de la fecha en que se reciba la notificación, a menos que en ella se indique una fecha ulterior.

2. La denuncia no exonerará al Estado de las obligaciones que le incumbieran de conformidad con el presente Estatuto mientras era parte en él, en particular las obligaciones financieras que hubiere contraído. La denuncia no obstará a la cooperación con la Corte en el contexto de las investigaciones y los enjuiciamientos penales en relación con los cuales el Estado denunciante esté obligado a cooperar y que se hayan iniciado antes de la fecha en que la denuncia surta efecto; la denuncia tampoco obstará en modo alguno a que se sigan examinando las cuestiones que la Corte tuviera ante sí antes de la fecha en que la denuncia surta efecto.

Artículo 128

Textos auténticos

El original del presente Estatuto, cuyos textos en árabe, chino, español, francés, inglés y ruso son igualmente auténticos, será depositado en poder del Secretario General de las Naciones Unidas, que enviará copia certificada a todos los Estados.

EN TESTIMONIO DE LO CUAL, los infrascritos, debidamente autorizados por sus respectivos Gobiernos, han firmado el presente Estatuto.

HECHO EN ROMA, el día diecisiete de julio de mil novecientos noventa y ocho.

CONTROL DEL DERECHO INTERNACIONAL

I. SOLUCIÓN PACÍFICA DE LAS CONTROVERSIAS INTERNACIONALES

- Convención de La Haya para la resolución pacífica de controversias internacionales (1907)
- Estatuto de la Corte Internacional de Justicia (1945)
- Acta General para el arreglo pacífico de las controversias internacionales (1928) y Acta General Revisada (1949)
- International Law Commission Model Rules on Arbitral Procedure (1958)
- Reglamento de la Corte Internacional de Justicia (1978/2005)
- Declaración de Manila sobre el arreglo pacífico de controversias internacionales (1982)
- Normas Modelo de las Naciones Unidas para la Conciliación de Controversias entre Estados (1996)
- Principios y directrices de la ONU para las negociaciones internacionales (1998)

Convención de La Haya para la Resolución Pacífica de Controversias Internacionales (1907)

Su Majestad el Emperador de Alemania, Rey de Prusia; el Presidente de los Estados Unidos de América; el Presidente de la República Argentina; Su Majestad el Emperador de Austria, Rey de Bohemia, etc. y Rey Católico de Hungría; Su Majestad el Rey de los Belgas; el Presidente de la República de Bolivia; el Presidente de los Estados Unidos de Brasil; Su Alteza Real el Príncipe de Bulgaria; el Presidente de la República de Chile; Su Majestad el Emperador de China; el Presidente de la República de Colombia; el Gobernador Provisional de la República de Cuba; Su Majestad el Rey de Dinamarca; el Presidente de la República Dominicana; el Presidente de la República de Ecuador; Su Majestad el Rey de España, el Presidente de la República Francesa; Su Majestad el Rey del Reino Unido de Gran Bretaña e Irlanda y de los Dominios Británicos de Ultramar, Emperador de India; Su Majestad el Rey de los Helenos; el Presidente de la República de Guatemala; el Presidente de la República de Haití; Su Majestad el Rey de Italia; Su Majestad el Emperador de Japón; Su Alteza Real el Gran Duque de Luxemburgo, Duque de Nassau; el Presidente de los Estados Unidos Mexicanos; Su Alteza Real el Príncipe de Montenegro; Su Majestad el Rey de Noruega; el Presidente de la República de Panamá; el Presidente de la República de Paraguay; Su Majestad la Reina de los Países Bajos; el Presidente de la República del Perú; Su Majestad Imperial el Shah de Persia; Su Majestad el Rey de Portugal y de Algarve, etc.; Su Majestad el Rey de Rumania; Su Majestad el Emperador de Todas las Rusias; el Presidente de la República del Salvador; Su Majestad el Rey de Servia; Su Majestad el Rey de Siam; Su Majestad el Rey de Suecia; el Consejo Federal Suizo; Su Majestad el Emperador de los Otomanos; el Presidente de la República Oriental del Uruguay; el Presidente de los Estados Unidos de Venezuela;

Animados por la firme voluntad de cooperar para el mantenimiento de la paz general;

Resueltos a favorecer con todos sus esfuerzos el arreglo amistoso de las controversias internacionales;

Reconociendo la solidaridad que aúna a los miembros de la sociedad de naciones civilizadas;

Deseosos de extender el imperio de la ley y de fortalecer el sentimiento de la justicia internacional;

Convencidos que la institución permanente de un tribunal arbitral, accesible a todos, en el seno de las Potencias independientes, podrá contribuir efectivamente a alcanzar ese resultado;

Considerando las ventajas que ofrece una organización general y regular del procedimiento arbitral;

Estimando con el Augusto Iniciador de la Conferencia Internacional de la Paz que es necesario consagrar en un acuerdo internacional los principios de equidad y de derecho sobre los cuales reposan la seguridad de los Estados y el bienestar de los Pueblos;

Deseosos, con ese objetivo, de asegurar el mejor funcionamiento práctico de las Comisiones de investigación y de los tribunales arbitrales y de facilitar el recurso al arbitraje en casos cuya naturaleza permita un procedimiento sumario;

Han considerado necesario revisar ciertos puntos y completar la obra de la Primera Conferencia de la Paz para la resolución pacífica de controversias internacionales;

Las Altas Partes Contratantes han resuelto concluir una nueva Convención para este efecto y han designado como sus Plenipotenciarios, a saber:

(Siguen los nombres de los delegados plenipotenciarios.)

Quienes, luego de haber depositado sus plenos poderes, encontrados en buena y debida forma, han acordado lo siguiente:

TÍTULO I
DEL MANTENIMIENTO DE LA PAZ GENERAL

Artículo 1

Con el objeto de prevenir, tanto cuanto sea posible, el recurso a la fuerza en las relaciones entre Estados, las Potencias Contratantes acuerdan emplear todos sus esfuerzos para asegurar la resolución pacífica de las diferencias internacionales.

TÍTULO II
DE LOS BUENOS OFICIOS Y DE LA MEDIACIÓN

Artículo 2

En caso de grave disentimiento o de conflicto, antes de convocar a las armas, las Potencias Contratantes acuerdan recurrir, tanto cuanto las circunstancias lo permitan, a los buenos oficios o a la mediación de una o de varias Potencias amigas.

Artículo 3

Independientemente de este recurso, las Potencias Contratantes, consideran útil y deseable que una o más Potencias, extrañas al conflicto, ofrezcan por iniciativa propia, tanto cuanto las circunstancias lo permitan, sus buenos oficios o la mediación a los Estados en conflicto.

Las Potencias extrañas al conflicto tienen el derecho de ofrecer los buenos oficios o la mediación, aún durante el curso de las hostilidades.

El ejercicio de este derecho, no puede ser jamás considerado por una u otra de las Partes en controversia como un acto poco amistoso.

Artículo 4

El papel del mediador consiste en reconciliar las pretensiones opuestas y en apaciguar los resentimientos que puedan haber surgido entre los Estados en conflicto.

Artículo 5

Las funciones del mediador cesan en cuanto una de las Partes en controversia o el mediador ha hecho constar que los medios de conciliación propuestos por éste, no son aceptados.

Artículo 6

Los buenos oficios y la mediación, ya sea a requerimiento de las Partes en controversia o por iniciativa de las Potencias extrañas al conflicto, tienen exclusivamente el carácter de consejo y no tienen jamás fuerza obligatoria.

Artículo 7

La aceptación de la mediación no puede tener el efecto, salvo acuerdo en contrario, de interrumpir, retardar u obstaculizar la movilización u otras medidas preparatorias de guerra.

Si la mediación ocurre después del inicio de las hostilidades, ésta no interrumpe, salvo acuerdo en contrario, las operaciones militares en curso.

Artículo 8

Las Potencias Contratantes están de acuerdo en recomendar la aplicación, cuando las circunstancias lo permitan, de una mediación especial de la siguiente forma:

En caso de grave controversia que amenace la Paz, los Estados en controversia, eligen respectivamente una Potencia, a la cual confían la misión de entrar en comunicación directa con la Potencia elegida por la otra parte, con el objeto de prevenir la ruptura de relaciones pacíficas.

Durante el período de este mandato, cuyo término, salvo estipulación contraria, no puede exceder treinta días, los Estados en controversia cesan toda comunicación directa sobre el tema de la controversia, la cual se considera remitida exclusivamente a las Potencias mediadoras. Éstas deben emplear todos sus esfuerzos para resolver la controversia.

En caso de una ruptura definitiva de relaciones pacíficas, estas Potencias se hacen cargo conjuntamente de la misión de aprovechar cualquier oportunidad para restablecer la paz.

TÍTULO III
DE LAS COMISIONES INTERNACIONALES DE INVESTIGACIÓN

Artículo 9

En las controversias de orden internacional, que no comprometan el honor ni intereses vitales y que surjan de una divergencia de apreciación sobre los hechos, las Potencias Contratantes consideran útil y deseable que las Partes, que no hayan podido llegar a un acuerdo por la vía diplomática, tanto como las circunstancias lo permitan, instituyan una Comisión internacional de investigación, para facilitar la solución de estas controversias, dilucidando los hechos mediante una investigación imparcial y meticulosa.

Artículo 10

Las Comisiones internacionales de investigación se constituyen por convenio especial entre las Partes en controversia.

La convención de investigación define los hechos que han de ser examinados; determina el modo y el término de formación de la Comisión y la extensión de los poderes de los comisionados.

Determina igualmente, en caso necesario, el lugar de sesiones de la Comisión y la facultad de cambiar dicho lugar; el idioma que utilizará la Comisión y aquellos cuyo empleo ante sí autorizará, así como la fecha en la cual cada Parte deberá presentar su exposición de hechos, y en general, todas las condiciones que las Partes hayan convenido.

Si las Partes consideran necesario nombrar asesores, la convención de investigación determina el modo de su designación y la extensión de sus poderes.

Artículo 11

Si la convención de investigación no hubiere determinado el lugar de sesiones de la Comisión, ésta celebrará sus sesiones en La Haya.

Una vez determinado el lugar de sesiones, la Comisión no podrá alterarlo sino con el consentimiento de las Partes.

Si la convención de investigación no hubiere determinado los idiomas a emplearse, la cuestión será decidida por la Comisión.

Artículo 12

Salvo estipulación en contrario, las comisiones de investigación se forman de la manera prevista en los artículos 45 y 57 de la presente Convención.

Artículo 13

En caso de muerte, dimisión o de imposibilidad por cualquier causa que sea, de uno de los comisionados, o eventualmente de uno de los asesores, su reemplazo se efectuará de conformidad con el procedimiento aplicable a su nombramiento.

Artículo 14

Las Partes tienen derecho a designar ante la Comisión de investigación agentes especiales con la función de representarlas y de servir de intermediarios entre ellas y la Comisión.

Están también autorizadas a contratar consejeros o abogados, nombrados por ellas, para presentar y defender sus intereses ante la Comisión.

Artículo 15

La Oficina Internacional de la Corte Permanente de Arbitraje sirve de secretaría a las Comisiones que celebran sus sesiones en La Haya y pondrá sus locales y su organización a la disposición de las Potencias Contratantes para el funcionamiento de la Comisión de investigación.

Artículo 16

Si la Comisión celebra sus sesiones en otro lugar que La Hay a, ésta nombra un Secretario General, cuya oficina sirve de secretaría.

La secretaría se encarga, bajo la autoridad del Presidente, de los arreglos necesarios para la celebración de sesiones de la Comisión, de la redacción de actas y, mientras dure la investigación, de la custodia de archivos que serán posteriormente depositados en la Oficina Internacional de La Haya.

Artículo 17

Con miras a facilitar la institución y el funcionamiento de las Comisiones de investigación, las Potencias Contratantes recomiendan las reglas siguientes que serán aplicables en los procedimientos de investigación cuando las Partes no hayan adoptado otras reglas.

Artículo 18

La Comisión determinará los detalles de procedimiento no previstos en la convención especial de investigación o en la presente Convención, y procederá a todas las formalidades que implique la administración de las pruebas.

Artículo 19

En la investigación se oirá a ambas Partes.

En las fechas previstas, cada Parte comunica a la Comisión y a la otra Parte las exposiciones de hechos, si procede, y, en todos los casos, los escritos, piezas y documentos que ésta considere útiles para el descubrimiento de la verdad, así como la lista de testigos y de expertos que desee presentar.

Artículo 20

La Comisión tiene la facultad, con el consentimiento de las Partes, de trasladarse temporalmente a los lugares que considere útil para obtener información o de delegar a uno o varios de sus miembros para tal fin. La autorización del Estado en cuyo territorio se procederá a la obtención de dicha información deberá ser obtenida.

Artículo 21

Todas las verificaciones materiales y todas las visitas de localidades deben realizarse en presencia de los agentes y consejeros de las Partes o habiendo sido éstos debidamente citados.

Artículo 22

La Comisión está facultada para solicitar de cualquiera de las Partes las explicaciones e informaciones que considere necesarias.

Artículo 23

Las Partes se comprometen a suministrar a la Comisión de investigación, en la medida más amplia que consideren posible, los medios y las facilidades necesarios para llegar al conocimiento completo y a la apreciación exacta de los hechos en cuestión.

Se comprometen a utilizar los recursos que éstas dispongan según su legislación interior, para asegurar la comparecencia de testigos o de expertos, que se encuentren en su territorio y que hayan sido notificados ante la Comisión.

Si los expertos y testigos no pudieren comparecer ante la Comisión, las Partes se encargarán de que ellos depongan ante las autoridades competentes de su país.

Artículo 24

Para todas las notificaciones que la Comisión deba hacer en el territorio de una tercera Potencia Contratante, la Comisión se dirigirá directamente al Gobierno de dicha Potencia.

Se seguirá el mismo procedimiento cuando se trate de obtener pruebas en el lugar de los hechos.

Las solicitudes dirigidas para este objeto serán ejecutadas según los recursos que disponga la Potencia solicitada, conforme a su legislación interior. Éstas no podrán ser denegadas salvo que la Potencia en cuestión las considere de tal naturaleza que vulneren su soberanía o su seguridad.

La Comisión también tendrá la facultad de recurrir en todo momento al intermedio de la Potencia en cuyo territorio se encuentre su sede.

Artículo 25

Los testigos y expertos son notificados a requerimiento de las Partes o de oficio por la Comisión, y, en todos los casos, mediante el Gobierno del Estado en cuyo territorio se encuentren.

Los testigos son oídos, sucesiva y separadamente en presencia de los agentes y consejeros y en el orden establecido por la Comisión.

Artículo 26

El interrogatorio de los testigos es conducido por el Presidente.

Los miembros de la Comisión pueden sin embargo formular a cada testigo las preguntas que consideren convenientes para que aclaren y completen su deposición, o para obtener información sobre cualquier punto concerniente al testigo dentro de los límites necesarios para el descubrimiento de la verdad.

Los agentes y consejeros de las Partes no pueden interrumpir al testigo durante su deposición ni hacerle ninguna interpelación directa, pero pueden solicitar al Presidente que le formule las preguntas complementarias que consideren necesarias.

Artículo 27

El testigo debe deponer sin que se le permita leer ningún escrito. Puede sin embargo, ser autorizado por el Presidente a consultar notas o documentos si la naturaleza de los hechos referidos necesite su empleo.

Artículo 28

Se levantará acta de la deposición del testigo durante la sesión, la cual será leída al mismo. El testigo hará las alteraciones y adiciones que le parezcan convenientes, las cuales serán registradas al concluir su deposición.

Una vez leída al testigo su deposición completa, éste será requerido a firmarla.

Artículo 29

Los agentes están autorizados, en el curso o al concluir la investigación, a presentar por escrito a la Comisión y a la otra Parte las declaraciones, requisiciones o resúmenes de los hechos que consideren útiles para el descubrimiento de la verdad.

Artículo 30

Las deliberaciones de la Comisión tienen lugar a puerta cerrada y permanecen secretas.

Las decisiones se toman por mayoría de los miembros de la Comisión.

Si uno de los miembros se negare a participar en la votación, se hará constar el hecho en acta.

Artículo 31

Las sesiones de la Comisión no son públicas y las actas y documentos de la investigación no se publican sino en virtud de una decisión de la Comisión, tomada con el consentimiento de las Partes.

Artículo 32

Habiendo presentado las Partes todas las aclaraciones y pruebas, y habiendo sido oídos todos los testigos, el Presidente declara el cierre de la investigación y la Comisión se retira a deliberar y redactar su informe.

Artículo 33

El informe es firmado por todos los miembros de la Comisión.

Si uno de los miembros se negare a firmar, se dejará constancia formal del hecho; sin embargo, el informe será válido.

Artículo 34

El informe de la Comisión es leído en audiencia pública, con los agentes y consejeros de las Partes presentes o debidamente citados.

Una copia del informe es remitida a cada Parte.

Artículo 35

El informe de la Comisión internacional de investigación, limitado a la verificación de hechos, no tiene de ningún modo el carácter de un laudo. Deja a las Partes entera libertad en cuanto al efecto que se dará a esta verificación.

Artículo 36

Cada Parte sufraga sus propias costas y una parte igual de las costas de la Comisión.

TÍTULO IV
DEL ARBITRAJE INTERNACIONAL
CAPÍTULO I
DE LA JUSTICIA ARBITRAL

Artículo 37

El arbitraje internacional tiene por objeto la resolución de controversias entre Estados por jueces de su propia elección y sobre la base del respeto a la ley. El recurso al arbitraje implica el compromiso de someterse al laudo de buena fe.

Artículo 38

En cuestiones de naturaleza jurídica y especialmente en cuestiones de interpretación o aplicación de convenciones internacionales, las Potencias Contratantes reconocen el arbitraje como el método más eficaz y al mismo tiempo el más justo para resolver controversias que no se hayan resuelto por la vía diplomática.

Consecuentemente, sería deseable que, en las controversias sobre las cuestiones anteriormente mencionadas, los Poderes Contratantes recurran, llegado el caso, al arbitraje, en la medida que las circunstancias lo permitan.

Artículo 39

Se concluye la convención de arbitraje para controversias existentes o controversias que surjan eventualmente.

La misma puede abarcar todo tipo de controversias o solamente aquellas de una categoría determinada.

Artículo 40

Independientemente de tratados generales o particulares que expresamente estipulen el recurso obligatorio al arbitraje para las Potencias Contratantes, estas Potencias se reservan el derecho de concluir acuerdos nuevos, generales o particulares, con miras a extender la aplicación del arbitraje obligatorio a todos los casos que éstas consideren posible someterle.

CAPÍTULO II
DE LA CORTE PERMANENTE DE ARBITRAJE

Artículo 41

Con el objeto de facilitar el recurso inmediato al arbitraje para las diferencias internacionales que no se hayan resuelto por la vía diplomática, las Potencias Contratantes se comprometen a mantener, tal como fue establecida por la Primera Conferencia de la Paz, la Corte Permanente de Arbitraje, accesible en todo momento y que funcione, salvo estipulación contraria de las Partes, conforme al Reglamento de Procedimiento incluido en la presente Convención.

Artículo 42

La Corte Permanente es competente para conocer todos los casos de arbitraje, a menos que las Partes acuerden instituir una jurisdicción especial.

Artículo 43

La sede de la Corte Permanente es La Haya.

La Oficina Internacional sirve de secretaría a la Corte; es la vía de comunicación relativa a las reuniones de la Corte; tiene la custodia de los archivos y está a cargo de todos los asuntos administrativos.

Las Potencias Contratantes se comprometen a comunicar a la Oficina, tan pronto como sea posible, una copia debidamente certificada de cualquier estipulación de arbitraje que hayan acordado y de cualquier laudo que les concierna dictado por jurisdicciones especiales.

Estas Potencias se comprometen asimismo a comunicar a la Oficina las leyes, regulaciones y documentos que podrían hacer constar la ejecución de laudos dictados por la Corte.

Artículo 44

Cada Potencia Contratante designa cuatro personas como máximo, de competencia reconocida en cuestiones de derecho internacional, que gocen de la más alta reputación moral y que estén dispuestas a aceptar las funciones de árbitros.

Las personas así designadas son inscritas, a título de Miembros de la Corte, en una lista que será notificada por conducto de la Oficina a todas las Potencias Contratantes.

Toda alteración en la lista de árbitros es comunicada a las Potencias Contratantes por conducto de la Oficina.

Dos o más Potencias pueden acordar la designación conjunta de uno o más Miembros.

La misma persona puede ser designada por diferentes Potencias.

Los Miembros de la Corte son elegidos por un término de seis años. Sus mandatos pueden ser renovados.

En caso de muerte o jubilación de uno de los Miembros de la Corte, su reemplazo se efectúa de conformidad con el procedimiento aplicable a su nombramiento y por un nuevo periodo de seis años.

Artículo 45

Cuando las Potencias Contratantes deseen dirigirse a la Corte Permanente para la resolución de una controversia surgida entre ellas, la elección de los árbitros llamados a formar el Tribunal competente para fallar sobre esa controversia, se hará de la lista general de Miembros de la Corte.

A falta de acuerdo de las Partes sobre la composición del Tribunal arbitral, se procederá de la siguiente manera:

Cada una de las Partes designa dos árbitros, de los cuales solamente uno puede ser su nacional o ser elegido de entre los designados por ella como Miembros de la Corte Permanente. Éstos árbitros designan conjuntamente un quinto árbitro.

En caso de empate en la votación, la elección del quinto árbitro es encomendada a una tercera Potencia, designada de común acuerdo por las Partes.

Si no se llegare a un acuerdo sobre este asunto, cada una de las Partes designará una Potencia diferente y la elección del quinto árbitro se hará por concertación entre las Potencias así designadas.

Si dentro de un término de dos meses, estas dos Potencias no hubieren llegado a un acuerdo, cada una de ellas presentará dos candidatos seleccionados de la lista de Miembros de la Corte designados por las Partes y de nacionalidad distinta a la de las Partes. Un sorteo determinará cuál de los candidatos así presentados será el quinto árbitro.

Artículo 46

Una vez constituido el Tribunal, las Partes notifican a la Oficina su decisión de recurrir a la Corte, el texto de su compromiso y los nombres de los árbitros.

La Oficina comunica sin dilación a cada árbitro el compromiso y los nombres de los miembros del Tribunal.

El Tribunal arbitral se reúne en la fecha fijada por las Partes. La Oficina se encarga de la instalación del Tribunal.

Los miembros del Tribunal, en el ejercicio de sus funciones y fuera de su país, gozan de privilegios y de inmunidades diplomáticas.

Artículo 47

La Oficina está autorizada a poner a disposición de las Potencias Contratantes sus locales y su organización para permitir el funcionamiento de toda jurisdicción especial de arbitraje.

La competencia de la Corte Permanente se podrá extender, dentro de las condiciones establecidas por los Reglamentos, a las controversias entre Potencias no Contratantes o entre Potencias Contratantes y Potencias no Contratantes, si las Partes hubieren convenido recurrir a la Corte.

Artículo 48

Las Potencias Contratantes consideran como un deber, en caso de que un serio conflicto amenace estallar entre dos o varias de ellas, el recordarles que la Corte Permanente les está abierta.

En consecuencia, ellas declaran que el hecho de recordar a las Partes en conflicto las disposiciones de la presente Convención, y el consejo dado, en el supremo interés de la paz, de recurrir a la Corte Permanente, pueden sólo ser considerados como Buenos Oficios.

En caso de conflicto entre dos Potencias, una de ellas podrá en cualquier momento dirigir a la Oficina Internacional una nota que contenga su declaración de que estaría dispuesta a someter la controversia a arbitraje.

La Oficina deberá inmediatamente comunicar la declaración a la otra Potencia.

Artículo 49

El Consejo Administrativo permanente, compuesto de Representantes diplomáticos de las Potencias Contratantes acreditadas en La Haya y del Ministro de Asuntos Extranjeros de los Países Bajos, quien cumple las funciones de Presidente, está a cargo de la dirección y el control de la Oficina internacional.

El Consejo determina su Reglamento de Procedimiento y todas las otras

reglamentaciones necesarias.

Decide todas las cuestiones administrativas que podrían surgir con respecto al funcionamiento de la Corte.

Tiene plenos poderes en cuanto al nombramiento, suspensión o despido de los funcionarios y empleados de la Oficina.

Fija los pagos y salarios, y controla los gastos generales.

Basta un quorum de nueve Miembros en las reuniones debidamente convocadas, para permitir al Consejo deliberar válidamente. Las decisiones se toman por mayoría de votos.

El Consejo comunica sin dilación a las Potencias Contratantes las regulaciones que haya adoptado. Anualmente, les transmite un informe sobre las tareas de la Corte, el funcionamiento de los servicios administrativos y los gastos. El informe contiene igualmente un resumen del contenido esencial de los documentos comunicados a la Oficina por las Potencias en virtud del artículo 43, párrafos 3 y 4.

Artículo 50

Los gastos de la Oficina serán sufragados por las Potencias Contratantes, en la proporción establecida por la Oficina Internacional de la Unión Postal Universal.

Los gastos a cargo de las Potencias adherentes se calcularán a partir de la fecha en que su adhesión haya entrado en vigor.

Capítulo III
Del Procedimiento Arbitral

Artículo 51

Con el propósito de fomentar el desarrollo del arbitraje, las Potencias Contratantes han acordado las siguientes reglas, que son aplicables al procedimiento arbitral, en tanto que las Partes no hayan convenido otras reglas.

Artículo 52

Las Potencias que recurran al arbitraje firman un compromiso, en el cual están claramente definidos el objeto de la controversia, el plazo dentro del cual se hará la comunicación prevista en el artículo 63 y la suma que cada Parte tendrá que depositar por concepto de anticipo de las costas.

El compromiso determina igualmente, si procede, la forma de nombramiento de los árbitros, cualesquier poderes especiales que podría tener el Tribunal, el lugar de sesiones, el idioma que utilizará y aquellos cuyo empleo ante sí autorizará y en general todas las condiciones que las Partes hayan convenido.

Artículo 53

La Corte Permanente es competente para establecer el compromiso, si las Partes están de acuerdo en remitirse a ella.

Es igualmente competente, incluso si solo una de las Partes presenta la solicitud, cuando se haya vanamente intentado llegar a un acuerdo por la vía diplomática, y se trate de:

1. una controversia comprendida en un Tratado general de arbitraje concluido o renovado después que la presente Convención haya entrado en vigor y que prevea, para cada controversia, un compromiso, el cual no excluya ni explícita ni implícitamente la competencia de la Corte. Sin embargo, el recurso a la Corte no procede, si la otra Parte declara, que en su opinión, la controversia no pertenece a la categoría de controversias que puedan someterse a arbitraje obligatorio, a menos que el Tratado de arbitraje confiera al Tribunal arbitral el poder de decisión sobre esta cuestión preliminar;

2. una controversia que surja de deudas contractuales reclamadas a una Potencia por otra Potencia, como deudas a sus nacionales, y para cuya solución, se haya aceptado la propuesta de arbitraje. No se aplicará esta disposición en caso de que la aceptación haya sido subordinada a la condición de que el compromiso sea establecido de otro

modo.

Artículo 54

En los casos previstos por el artículo precedente, el compromiso será establecido por una comisión compuesta de cinco miembros designados en la forma prevista en el artículo 45, párrafos 3 a 6.

El quinto miembro es por derecho Presidente de la comisión.

Artículo 55

Las funciones arbitrales pueden ser conferidas a un árbitro único o a varios árbitros designados por las Partes a su libre albedrío o elegidos por ellas entre los Miembros de la Corte Permanente de Arbitraje establecida por la presente Convención.

En caso de fracasar la constitución del Tribunal por falta de acuerdo de las Partes, se procederá de la manera indicada en el artículo 45, párrafos 3 a 6.

Artículo 56

Cuando un Soberano o un Jefe de Estado es elegido como árbitro, éste regulará el procedimiento arbitral.

Artículo 57

El quinto árbitro ejercerá por derecho las funciones de Presidente del Tribunal.

Si el Tribunal no incluyere un quinto árbitro, éste designa su propio Presidente.

Artículo 58

En caso de que el compromiso sea establecido por una comisión, de la manera prevista en el artículo 54, salvo estipulación contraria, la comisión misma formará el Tribunal arbitral.

Artículo 59

En caso de muerte, dimisión o de imposibilidad por cualquier motivo que sea, de uno de los árbitros, su reemplazo se efectúa de conformidad con el procedimiento aplicable a su nombramiento.

Artículo 60

A falta de designación de un lugar por las Partes, el Tribunal celebra sus sesiones en La Haya.

El Tribunal no puede celebrar sus sesiones en el territorio de una tercera Potencia sino con el consentimiento de ésta.

El lugar de sesiones una vez fijado no puede ser alterado por el Tribunal, salvo con el consentimiento de las Partes.

Artículo 61

Si el compromiso no ha determinado los idiomas que se emplearán, el Tribunal decidirá la cuestión.

Artículo 62

Las Partes tienen derecho a designar ante el Tribunal, agentes especiales para servir de intermediarios entre ellas y el Tribunal.

Están además autorizadas a contratar consejeros o abogados que se hagan cargo de la defensa de sus derechos e intereses ante el Tribunal.

Los Miembros de la Corte Permanente no pueden ejercer las funciones de agentes, consejeros o abogados, salvo en beneficio de la Potencia que les designó como Miembros de la Corte.

Artículo 63

Como regla general, el procedimiento arbitral comprende dos fases distintas: la escrita y los debates.

El procedimiento escrito consiste en la comunicación efectuada por los agentes respectivos a los miembros del Tribunal y a la Parte contraria, de memorias, contestación a las memorias y, en caso necesario, de réplicas; las Partes incluyen todas las piezas o documentos invocados en la causa. Esta comunicación tendrá lugar, directamente o por conducto de la Oficina Internacional, en el orden y dentro de los términos fijados por el

compromiso.

Los términos fijados por el compromiso se pueden prorrogar por mutuo acuerdo de las Partes o por el Tribunal cuando éste último lo considere necesario a fin de llegar a una decisión justa.

Los debates consisten en la presentación oral de los alegatos de las Partes ante el Tribunal.

Artículo 64

Toda pieza producida por una de las Partes debe ser comunicada a la otra Parte mediante copia certificada conforme.

Artículo 65

A menos que surjan circunstancias especiales, el Tribunal no se reúne sino después del cierre del procedimiento escrito.

Artículo 66

El Presidente dirige los debates.

No son públicos sino en virtud de una decisión del Tribunal, tomada con el consentimiento de las Partes.

Se hacen constar en actas levantadas por los secretarios que nombra el Presidente.

Esas actas son firmadas por el Presidente y por uno de los secretarios; son las únicas auténticas.

Artículo 67

Una vez concluido el procedimiento escrito, el Tribunal tiene el derecho de excluir del debate escritos o documentos nuevos, que una de las Partes desee presentarle sin el consentimiento de la otra.

Artículo 68

El Tribunal es libre de tomar en consideración escritos o documentos nuevos a los cuales los agentes o consejeros de las Partes llamen su atención.

En ese caso, el Tribunal tiene derecho de requerir la producción de esos escritos o documentos, salvo que deberá a comunicarlos a la otra Parte.

Artículo 69

El Tribunal puede, además, requerir a los agentes de las Partes que produzcan cualquier documento o den cualesquiera explicaciones. Si se negaren a hacerlo, el Tribunal hará constar el hecho en acta.

Artículo 70

Los agentes y consejeros de las Partes tienen autorización para presentar oralmente al Tribunal todos los argumentos que consideren útiles en la defensa de su caso.

Artículo 71

Tienen el derecho a elevar objeciones e incidentes. Las decisiones del Tribunal sobre estos puntos son definitivas y no pueden dar lugar a ninguna discusión ulterior.

Artículo 72

Los miembros del Tribunal tienen el derecho de hacer preguntas a los agentes y consejeros de las Partes y de pedirles aclaraciones sobre puntos dudosos.

No se pueden considerar ni las preguntas formuladas ni las observaciones hechas por los miembros del Tribunal durante el curso de los debates, como la expresión de las opiniones del Tribunal en general o de sus miembros en particular.

Artículo 73

El Tribunal está autorizado a determinar sobre su competencia interpretando el compromiso, así como los otros escritos y documentos que puedan ser invocados en la materia y aplicando los principios del derecho internacional.

Artículo 74

El Tribunal tiene derecho a dictar las providencias necesarias para el curso del proceso, a determinar las formas, el orden y los términos a los que cada Parte deberá ajustar sus conclusiones finales y a adoptar las medidas necesarias para la administración de pruebas.

Artículo 75

Las Partes se comprometen a suministrar al Tribunal, de la manera más amplia que consideren posible, los medios necesarios para la decisión de la controversia.

Artículo 76

Para toda notificación que el Tribunal deba hacer en el territorio de una tercera Potencia Contratante, el Tribunal se dirigirá directamente al Gobierno de dicha Potencia.

Se seguirá el mismo procedimiento cuando se trate de obtener pruebas en el lugar de los hechos.

Las solicitudes dirigidas para este objeto serán ejecutadas según los recursos que disponga la Potencia solicitada y conforme a su legislación interior. Las solicitudes no podrán ser denegadas salvo que la Potencia en cuestión las considere de tal naturaleza que vulneren su soberanía o su seguridad.

El Tribunal también estará facultado para recurrir en todo momento al intermedio de la Potencia en cuyo territorio se encuentre su sede.

Artículo 77

Habiendo presentado los agentes y consejeros de las Partes todas las aclaraciones y las pruebas en favor de su causa, el Presidente pronuncia el cierre de debates.

Artículo 78

Las deliberaciones del Tribunal se celebran a puerta cerrada y permanecen secretas.

Todas las decisiones se toman por mayoría de votos de los miembros.

Artículo 79

El laudo es motivado. Menciona los nombres de los árbitros; es firmado por el Presidente y el escribano o el secretario que cumple las funciones de escribano.

Artículo 80

El laudo es leído en sesión pública del Tribunal, con los agentes y consejeros de las Partes presentes o debidamente citados.

Artículo 81

El laudo, debidamente pronunciado y notificado a los agentes de las Partes, resuelve la controversia definitiva e inapelablemente.

Artículo 82

Toda controversia que podría surgir entre las Partes, concerniente a la interpretación y la ejecución del laudo, será, salvo estipulación contraria, sometida al fallo del Tribunal que lo haya dictado.

Artículo 83

Las Partes se pueden reservar en el compromiso el derecho de solicitar la revisión del laudo.

En este caso y salvo estipulación en contrario, la solicitud debe ser dirigida al Tribunal que dictó el laudo. Sólo puede ser motivada cuando ésta se funde en el descubrimiento de un hecho nuevo, de tal naturaleza que pueda ser factor decisivo sobre el laudo, y que, en el momento del cierre de los debates, fuera desconocido del Tribunal y de la Parte que pide la revisión.

El procedimiento de revisión sólo se puede iniciar mediante una resolución del Tribunal, en que se haga constar expresamente la existencia del hecho nuevo, en que se reconozca las características previstas por el párrafo precedente, y en que se declare por ese motivo admitida la solicitud.

El compromiso determina el plazo dentro del cual se debe formular la solicitud de revisión.

Artículo 84

El laudo no es obligatorio sino para las Partes en controversia.

Cuando se trate de la interpretación de una convención en la cual sean parte otras Potencias que las Partes en controversia, éstas notifican inmediatamente a todas las Potencias Signatarias. Cada una de estas Potencias tiene el derecho de intervenir en el proceso. Si una o varias de ellas han ejercido ese derecho, la interpretación contenida en el laudo será igualmente obligatoria para las mismas.

Artículo 85

Cada Parte sufraga sus propias costas y una parte igual de las del Tribunal.

Capítulo IV
Del Procedimiento Sumario de Arbitraje

Artículo 86

Con miras a facilitar el funcionamiento de la justicia arbitral, cuando se trate de controversias de tal naturaleza que permitan un procedimiento sumario, las Potencias Contratantes adoptan las siguientes reglas a ser observadas en ausencia de estipulaciones diferentes, y bajo reserva que, llegado el caso, las disposiciones del capítulo III se aplicarán en cuanto no sean contradictorias a las mismas.

Artículo 87

Cada una de las Partes en controversia nombra un árbitro. Los dos árbitros así designados eligen un tercero. Si no hubiere acuerdo sobre este sujeto, cada uno presentará dos candidatos seleccionados de la lista general de Miembros de la Corte Permanente, excluyendo a los miembros seleccionados por cada una de las Partes y que no sean nacionales de ninguna de ellas; un sorteo determina cuál de los candidatos así presentados será el tercero.

El tercero preside el Tribunal, el cual toma sus decisiones por mayoría de votos.

Artículo 88

A falta de previo acuerdo, el Tribunal fija, en cuanto esté constituido, el término en el cual las Partes deberán presentar sus respectivas memorias.

Artículo 89

Cada Parte es representada ante el Tribunal por un agente, que sirve de intermediario entre el Tribunal y el Gobierno que lo designó.

Artículo 90

El procedimiento tiene lugar exclusivamente por escrito. Sin embargo, cada Parte tiene derecho a solicitar la comparecencia de testigos y expertos. El Tribunal tiene, de su parte, la facultad de pedir explicaciones orales a los agentes de ambas Partes, así como a los expertos, cuya comparecencia considere útil.

TÍTULO V
DISPOSICIONES FINALES

Artículo 91

La presente Convención debidamente ratificada reemplazará, en las relaciones entre las Potencias Contratantes, a la Convención para la resolución pacífica de controversias internacionales del 29 de julio de 1899.

Artículo 92

La presente Convención será ratificada tan pronto como sea posible.

Las ratificaciones se depositarán en La Haya.

El primer depósito de ratificaciones constará en acta firmada por los representantes de las Potencias que participen en el mismo y por el Ministro de Asuntos Extranjeros de los Países Bajos.

Los depósitos ulteriores de ratificaciones se harán por medio de una notificación escrita, dirigida al Gobierno de los Países Bajos y acompañada del instrumento de ratificación.

Una copia debidamente certificada del acta relativa al primer depósito de ratificaciones, de las notificaciones mencionadas en el párrafo precedente, así como de los instrumentos de ratificación, será inmediatamente remitida por diligencia del Gobierno de los Países Bajos y por la vía diplomática, a las Potencias invitadas a la Segunda Conferencia de la Paz, así como a las Potencias que se hayan adherido a la Convención.

En los casos contemplados en el párrafo precedente, dicho Gobierno les dará a conocer simultáneamente la fecha en la cual recibió la notificación.

Artículo 93

Las Potencias no Signatarias que fueron invitadas a la Segunda Conferencia de la Paz se pueden adherir a la presente Convención.

La Potencia que desee adherirse notifica por escrito su intención al Gobierno de los Países Bajos, transmitiéndole el instrumento de adhesión que será depositado en los archivos de dicho Gobierno.

Este Gobierno enviará inmediatamente a todas las otras Potencias invitadas a la Segunda Conferencia de la Paz una copia debidamente certificada de la notificación así como del acta de adhesión, mencionando la fecha en la cual recibió la notificación.

Artículo 94

Las condiciones de adhesión a la presente Convención, aplicables a las Potencias que no fueron invitadas a la Segunda Conferencia de la Paz, serán objeto de un acuerdo ulterior entre las Potencias Contratantes.

Artículo 95

La presente Convención tendrá efecto, para las Potencias que hayan participado en el primer depósito de ratificaciones, sesenta días después de la fecha del acta de ese depósito, y, para las Potencias que ratifiquen posteriormente o que adhieran, sesenta días después que la notificación de su ratificación o de su adhesión haya sido recibida por el Gobierno de los Países Bajos.

Artículo 96

En caso de que una de las Potencias Contratantes deseare denunciar la presente Convención, esa denuncia será notificada por escrito al Gobierno de los Países Bajos, el cual comunicará inmediatamente una copia debidamente certificada de la notificación a todas las otras Potencias, dándoles a conocer la fecha en la cual la recibió.

La denuncia sólo tendrá efecto respecto a la Potencia que la haya notificado y un año después que la notificación haya sido recibida por el Gobierno de los Países Bajos.

Artículo 97

Un registro mantenido por el Ministerio de Asuntos Extranjeros de los Países Bajos mencionará la fecha del depósito de las ratificaciones efectuadas en virtud del artículo 92, párrafos 3 y 4, así como la fecha en la cual se hayan recibido las notificaciones de adhesión (artículo 93, párrafo 2) o de denuncia (artículo 96, párrafo 1).

Cada Potencia Contratante tiene derecho a consultar ese registro y a solicitar extractos debidamente certificados del mismo.

En fe de lo cual, los Plenipotenciarios han firmado la presente Convención.

Hecho en La Haya, el dieciocho de octubre de mil novecientos siete, en único ejemplar, el cual permanecerá depositado en los archivos del Gobierno de los Países Bajos y cuyas copias, debidamente certificadas, serán remitidas por la vía diplomática a las Potencias Contratantes.

ESTATUTO DE LA CORTE INTERNACIONAL DE JUSTICIA (1945)

Artículo 1

LA CORTE INTERNACIONAL DE JUSTICIA establecida por la Carta de las Naciones Unidas, como órgano judicial principal de las Naciones Unidas, quedará constituida y funcionará conforme a las disposiciones del presente Estatuto.

CAPÍTULO I
ORGANIZACIÓN DE LA CORTE

Artículo 2

La Corte será un cuerpo de magistrados independientes elegidos, sin tener en cuenta su nacionalidad, de entre personas que gocen de alta consideración moral y que reunan las condiciones requeridas para el ejercicio de las más altas funciones judiciales en sus respectivos países, o que sean jurisconsultos de reconocida competencia en materia de derecho internacional.

Artículo 3

1. La Corte se compondrá de quince miembros, de los cuales no podrá haber dos que sean nacionales del mismo Estado.

2. Toda persona que para ser elegida miembro de la Corte pudiera ser tenida por nacional de más de un Estado, será considerada nacional del Estado donde ejerza ordinariamente sus derechos civiles y políticos.

Artículo 4

1. Los miembros de la Corte serán elegidos por la Asamblea General y el Consejo de Seguridad de una nómina de candidatos propuestos por los grupos nacionales de la Corte Permanente de Arbitraje, de conformidad con las disposiciones siguientes.

2. En el caso de los Miembros de las Naciones Unidas que no estén representados en la Corte Permanente de Arbitraje, los candidatos serán propuestos por grupos nacionales que designen a este efecto sus respectivos gobiernos, en condiciones iguales a las estipuladas para los miembros de la Corte Permanente de Arbitraje por el Artículo 44 de la Convención de La Haya de 1907, sobre arreglo pacífico de las controversias internacionales.

3. A falta de acuerdo especial, la Asamblea General fijará, previa recomendación del Consejo de Seguridad, las condiciones en que pueda participar en la elección de los miembros de la Corte, un Estado que sea parte en el presente Estatuto sin ser Miembro de las Naciones Unidas.

Artículo 5

1. Por lo menos tres meses antes de la fecha de la elección, el Secretario General de las Naciones Unidas invitará por escrito a los miembros de la Corte Permanente de Arbitraje pertenecientes a los Estados partes en este Estatuto y a los miembros de los grupos nacionales designados según el párrafo 2 del Artículo 4 a que, dentro de un plazo determinado y por grupos nacionales, propongan como candidatos a personas que estén en condiciones de desempeñar las funciones de miembros de la Corte.

2. Ningún grupo podrá proponer más de cuatro candidatos, de los cuales no más de dos serán de su misma nacionalidad. El número de candidatos propuestos por un grupo no será, en ningún caso, mayor que el doble del número de plazas por llenar.

Artículo 6

Antes de proponer estos candidatos, se recomienda a cada grupo nacional que consulte con su mas alto tribunal de justicia, sus facultades y escuelas de derecho, sus academias nacionales y las secciones nacionales de academias internacionales dedicadas al estudio del derecho.

Artículo 7

1. El Secretario General de las Naciones Unidas preparará una lista por orden alfabético de todas las personas así designadas. Salvo lo que se dispone en el párrafo 2 del Artículo 12, únicamente esas personas serán elegibles.

2. El Secretario General presentará esta lista a la Asamblea General y al Consejo de Seguridad.

Artículo 8

La Asamblea General y el Consejo de Seguridad procederán independientemente a la elección de los miembros de la Corte.

Artículo 9

En toda elección, los electores tendrán en cuenta no sólo que las personas que hayan de elegirse reúnan individualmente las condiciones requeridas, sino también que en el conjunto estén representadas las grandes civilizaciones y los principales sistemas jurídicos del mundo.

Artículo 10

1. Se considerarán electos los candidatos que obtengan una mayoría absoluta de votos en la Asamblea General y en el Consejo de Seguridad.

2. En las votaciones del Consejo de Seguridad, sean para elegir magistrados o para designar los miembros de la comisión prevista en el Artículo 12, no habrá distinción alguna entre

miembros permanentes y miembros no permanentes del Consejo de Seguridad.

3. En el caso de que más de un nacional del mismo Estado obtenga una mayoría absoluta de votos tanto en la Asamblea General como en el Consejo de Seguridad, se considerará electo el de mayor edad.

Artículo 11

Si después de la primera sesión celebrada para las elecciones quedan todavía una o más plazas por llenar, se celebrará una segunda sesión y, si necesario fuere, una tercera.

Artículo 12

1. Si después de la tercera sesión para elecciones quedan todavía una o más plazas por llenar, se podrá constituir en cualquier momento, a petición de la Asamblea General o del Consejo de Seguridad, una comisión conjunta compuesta de seis miembros, tres nombrados por la Asamblea General y tres por el Consejo de Seguridad, con el objeto de escoger, por mayoría absoluta de votos, un nombre para cada plaza aún vacante, a fin de someterlo a la aprobación respectiva de la Asamblea General y del Consejo de Seguridad.

2. Si la comisión conjunta acordare unánimemente proponer a una persona que satisfaga las condiciones requeridas, podrá incluirla en su lista, aunque esa persona no figure en la lista de candidatos a que se refiere el Artículo 7.

3. Si la comisión conjunta llegare a la conclusión de que no logrará asegurar la elección, los miembros de la Corte ya electos llenarán las plazas vacantes dentro del término que fije el Consejo de Seguridad, escogiendo a candidatos que hayan recibido votos en la Asamblea General o en el Consejo de Seguridad.

4. En caso de empate en la votación, el magistrado de mayor edad decidirá con su voto.

Artículo 13

1. Los miembros de la Corte desempeñarán sus cargos por nueve años, y podrán ser reelectos. Sin embargo, el periodo de cinco de los magistrados electos en la primera elección expirará a los tres años, y el periodo de otros cinco magistrados expirará a los seis años.

2. Los magistrados cuyos periodos hayan de expirar al cumplirse los mencionados periodos iniciales de tres y de seis años, serán designados mediante sorteo que efectuará el Secretario General de las Naciones Unidas inmediatamente después de terminada la primera elección.

3. Los miembros de la Corte continuarán desempeñando las funciones de sus cargos hasta que tomen posesión sus sucesores. Después de reemplazados, continuarán conociendo de los casos que hubieren iniciado, hasta su terminación.

4. Si renunciare un miembro de la Corte, dirigirá la renuncia al Presidente de la Corte, quien la transmitirá al Secretario General de las Naciones Unidas. Esta última notificación determinará la vacante del cargo.

Artículo 14

Las vacantes se llenarán por el mismo procedimiento seguido en la primera elección, con arreglo a la disposición siguiente: dentro de un mes de ocurrida la vacante, el Secretario General de las Naciones Unidas extenderá las invitaciones que dispone el Articulo 5, y el Consejo de Seguridad fijará la fecha de la elección.

Artículo 15

Todo miembro de la Corte electo para reemplazar a otro que no hubiere terminado su periodo desempeñará el cargo por el resto del periodo de su predecesor.

Artículo 16

1. Ningún miembro de la Corte podrá ejercer función política o administrativa alguna, ni dedicarse a ninguna otra ocupación de carácter profesional.

2. En caso de duda, la Corte decidirá.

Artículo 17

1. Los miembros de la Corte no podrán ejercer funciones de agente, consejero o abogado en ningún asunto.

2. No podrán tampoco participar en la decisión de ningún asunto en que hayan intervenido anteriormente como agentes, consejeros o abogados de cualquiera de las partes, o como miembros de un tribunal nacional o internacional o de una comisión investigadora, o en cualquier otra calidad.

3. En caso de duda, la Corte decidirá.

Artículo 18

1. No será separado del cargo ningún miembro de la Corte a menos que, a juicio unánime de los demás miembros, haya dejado de satisfacer las condiciones requeridas.

2. El Secretario de la Corte comunicará oficialmente lo anterior al Secretario General de las Naciones Unidas.

3. Esta comunicación determinará la vacante del cargo.

Artículo 19

En el ejercicio de las funciones del cargo, los miembros de la Corte gozarán de privilegios e inmunidades diplomáticos.

Artículo 20

Antes de asumir las obligaciones del cargo, cada miembro de la Corte declarará solemnemente, en sesión pública, que ejercerá sus atribuciones con toda imparcialidad y conciencia.

Artículo 21

1. La Corte elegirá por tres años a su Presidente y Vicepresidente; éstos podrán ser reelectos.

2. La Corte nombrará su Secretario y podrá disponer el nombramiento de los demás funcionarios que fueren menester.

Artículo 22

1. La sede de la Corte será La Haya. La Corte podrá, sin embargo, reunirse y funcionar en cualquier otro lugar cuando lo considere conveniente.

2. El Presidente y el Secretario residirán en la sede de la Corte.

Artículo 23

1. La Corte funcionará permanentemente, excepto durante las vacaciones judiciales, cuyas fechas y duración fijará la misma Corte.

2. Los miembros de la Corte tienen derecho a usar de licencias periódicas, cuyas fechas y duración fijará la misma Corte, teniendo en cuenta la distancia de La Haya al domicilio de cada magistrado.

3. Los miembros de la Corte tienen la obligación de estar en todo momento a disposición de la misma, salvo que estén en uso de licencia o impedidos de asistir por enfermedad o por razones graves debidamente explicadas al Presidente.

Artículo 24

1. Si por alguna razón especial uno de los miembros de la Corte considerare que no debe participar en la decisión de determinado asunto, lo hará saber así al Presidente.

2. Si el Presidente considerare que uno de los miembros de la Corte no debe conocer de determinado asunto por alguna razón especial, así se lo hará saber.

3. Si en uno de estos casos el miembro de la Corte y el Presidente estuvieren en desacuerdo, la cuestión será resuelta por la Corte.

Artículo 25

1. Salvo lo que expresamente disponga en contrario este Estatuto, la Corte ejercerá sus funciones en sesión plenaria.

2. El Reglamento de la Corte podrá disponer que, según las circunstancias y por turno, se permita a uno o más magistrados no asistir a las sesiones, a condición de que no se reduzca a menos de once el número de magistrados disponibles para constituir la Corte.

3. Bastará un quórum de nueve magistrados para constituir la Corte.

Artículo 26

1. Cada vez que sea necesario, la Corte podrá constituir una o más Salas compuestas de tres o más magistrados, según lo disponga la propia Corte, para conocer de determinadas categorías de negocios, como los litigios de trabajo y los relativos al tránsito y las comunicaciones.

2. La Corte podrá constituir en cualquier tiempo una Sala para conocer de un negocio determinado. La Corte fijará, con la aprobación de las partes, el número de magistrados de que se compondrá dicha Sala.

3. Si las partes lo solicitaren, las Salas de que trate este Artículo oirán y fallarán los casos.

Artículo 27

Se considerará dictada por la Corte la sentencia que dicte cualquiera de las Salas de que tratan los Artículos 26 y 29.

Artículo 28

La Salas de que tratan los Artículos 26 y 29 podrán reunirse y funcionar, con el consentimiento de las partes, en cualquier lugar que no sea La Haya.

Artículo 29

Con el fin de facilitar el pronto despacho de los asuntos, la Corte constituirá anualmente una Sala de cinco magistrados que, a petición de las partes, podrá oír y fallar casos sumariamente. Se designarán además dos magistrados para reemplazar a los que no pudieren actuar.

Artículo 30

1. La Corte formulará un reglamento mediante el cual determinará la manera de ejercer sus funciones. Establecerá, en particular, sus reglas de procedimiento.

2. El Reglamento de la Corte podrá disponer que haya asesores con asiento en la Corte o en cualquiera de sus Salas, pero sin derecho a voto.

Artículo 31

1. Los magistrados de la misma nacionalidad de cada una de las partes litigantes conservarán su derecho a participar en la vista del negocio de que conoce la Corte.

2. Si la Corte incluyere entre los magistrados del conocimiento uno de la nacionalidad de una de las partes, cualquier otra parte podrá designar a una persona de su elección para que tome asiento en calidad de magistrado. Esa persona

deberá escogerse preferiblemente de entre las que hayan sido propuestas como candidatos de acuerdo con los Artículos 4 y 5.

3. Si la Corte no incluyere entre los magistrados del conocimiento ningún magistrado de la nacionalidad de las partes, cada una de éstas podrá designar uno de acuerdo con el párrafo 2 de este Artículo.

4. Las disposiciones de este Artículo se aplicarán a los casos de que tratan los Artículos 26 y 29. En tales casos, el Presidente pedirá a uno de los miembros de la Corte que constituyen la Sala, o a dos de ellos, si fuere necesario, que cedan sus puestos a los miembros de la Corte que sean de la nacionalidad de las partes interesadas, y si no los hubiere, o si estuvieren impedidos, a los magistrados especialmente designados por las partes.

5. Si varias partes tuvieren un mismo interés, se contarán como una sola parte para los fines de las disposiciones precedentes. En caso de duda, la Corte decidirá.

6. Los magistrados designados según se dispone en los párrafos 2, 3 y 4 del presente Artículo, deberán tener las condiciones requeridas por los Artículos 2, 17 (párrafo 2), 20 y 24 del presente Estatuto, y participarán en las decisiones de la Corte en términos de absoluta igualdad con sus colegas.

Artículo 32

1. Cada miembro de la Corte percibirá un sueldo anual.

2. El Presidente percibirá un estipendio anual especial.

3. El Vicepresidente percibirá un estipendio especial por cada día que desempeñe las funciones de Presidente.

4. Los magistrados designados de acuerdo con el artículo 31, que no sean miembros de la Corte, percibirán remuneración por cada día que desempeñen las funciones del cargo.

5. Los sueldos, estipendios y remuneraciones serán fijados por la Asamblea General, y no podrán ser disminuidos durante el periodo del cargo.

6. El sueldo del Secretario será fijado por la Asamblea General a propuesta de la Corte.

7. La Asamblea General fijará por reglamento las condiciones para conceder pensiones de retiro a los miembros de la Corte y al Secretario, como también las que rijan el reembolso de gastos de viaje a los miembros de la Corte y al Secretario.

8. Los sueldos, estipendios y remuneraciones arriba mencionados estarán exentos de toda clase de impuestos.

Artículo 33

Los gastos de la Corte serán sufragados por las Naciones Unidas de la manera que determine la Asamblea General.

CAPÍTULO II

Competencia de la Corte

Artículo 34

1. Sólo los Estados podrán ser partes en casos ante la Corte.

2. Sujeta a su propio Reglamento y de conformidad con el mismo, la Corte podrá solicitar de organizaciones internacionales públicas información relativa a casos que se litiguen ante la Corte, y recibirá la información que dichas organizaciones envíen a iniciativa propia.

3. Cuando en un caso que se litigue ante la Corte se discuta la interpretación del instrumento constitutivo de una organización internacional pública, o de una convención internacional concertada en virtud del mismo, el Secretario lo comunicará a la respectiva organización internacional pública y le enviará copias de todo el expediente.

Artículo 35

1. La Corte estará abierta a los Estados parte en este Estatuto.

2. Las condiciones bajo las cuales la Corte estará abierta a otros Estados serán fijadas por el Consejo de Seguridad con sujeción a las disposiciones speciales de los tratados vigentes, pero tales condiciones no podrán en manera alguna colocar a las partes en situación de desigualdad ante la Corte.

3. Cuando un Estado que no es Miembro de las Naciones Unidas sea parte en un negocio, la Corte fijará la cantidad con que dicha parte debe contribuir a los gastos de la Corte. Esta disposición no es aplicable cuando dicho Estado contribuye a los gastos de la Corte.

Artículo 36

1. La competencia de la Corte se extiende a todos los litigios que las partes le sometan y a todos los asuntos especialmente previstos en la Carta de las Naciones Unidas o en los tratados y convenciones vigentes.

2. Los Estados partes en el presente Estatuto podrán declarar en cualquier momento que reconocen como obligatoria ipso facto y sin convenio especial, respecto a cualquier otro Estado que acepte la misma obligación, la jurisdicción de la Corte en todas las controversias de orden jurídico que versen sobre:

a. la interpretación de un tratado;

b. cualquier cuestión de derecho internacional;

c. la existencia de todo hecho que, si fuere establecido, constituiría violación de una obligación internacional;

d. la naturaleza o extensión de la reparación que ha de hacerse por el quebrantamiento de una obligación internacional.

3. La declaración a que se refiere este Artículo podrá hacerse incondicionalmente o bajo condición de reciprocidad por parte de varios o determinados Estados, o por determinado tiempo.

4. Estas declaraciones serán remitidas para su depósito al Secretario General de las Naciones Unidas, quien transmitirá copias de ellas a las partes en este Estatuto y al Secretario de la Corte.

5. Las declaraciones hechas de acuerdo con el Artículo 36 del Estatuto de la Corte Permanente de Justicia Internacional que estén aún vigentes, serán consideradas, respecto de las partes en el presente Estatuto, como aceptación de la jurisdicción obligatoria de la Corte Internacional de Justicia por el periodo que aún les quede de vigencia y conforme a los términos de dichas declaraciones.

6. En caso de disputa en cuanto a si la Corte tiene o no jurisdicción, la Corte decidirá.

Artículo 37

Cuando un tratado o convención vigente disponga que un asunto sea sometido a una jurisdicción que debía instituir la Sociedad de las Naciones, o a la Corte Permanente de Justicia Internacional, dicho asunto, por lo que respecta a las partes en este Estatuto, será sometido a la Corte Internacional de Justicia.

Artículo 38

1. La Corte, cuya función es decidir conforme al derecho internacional las controversias que le sean sometidas, deberá aplicar:

a. las convenciones internacionales, sean generales o particulares, que establecen reglas expresamente reconocidas por los Estados litigantes;

b. la costumbre internacional como prueba de una práctica generalmente aceptada como derecho;

c. los principios generales de derecho reconocidos por las naciones civilizadas;

d. las decisiones judiciales y las doctrinas de los publicistas de mayor competencia de las distintas naciones, como medio auxiliar para la determinación de las reglas de derecho, sin perjuicio de lo dispuesto en el Artículo 59.

2. La presente disposición no restringe la facultad de la Corte para decidir un litigio ex aequo et bono, si las partes así lo convinieren.

CAPÍTULO III
Procedimiento

Artículo 39

1. Los idiomas oficiales de la Corte serán el francés y el inglés. Si las partes acordaren que el procedimiento se siga en francés, la sentencia se pronunciará en este idioma. Si acordaren que el procedimiento se siga en inglés, en este idioma se pronunciará la sentencia.

2. A falta de acuerdo respecto del idioma que ha de usarse, cada parte podrá presentar sus alegatos en el que prefiera, y la Corte dictará la sentencia en francés y en inglés. En tal caso, la Corte determinará al mismo tiempo cuál de los dos textos hará fe.

3. Si lo solicitare una de las partes, la Corte la autorizará para usar cualquier idioma que no sea ni el francés ni el inglés.

Artículo 40

1. Los negocios serán incoados ante la Corte, según el caso, mediante notificación del compromiso o mediante solicitud escrita dirigida al Secretario. En ambos casos se indicarán el objeto de la controversia y las partes.

2. El Secretario comunicará inmediatamente la solicitud a todos los interesados.

3. El Secretario notificará también a los Miembros de las Naciones Unidas por conducto del Secretario General, así como a los otros Estados con derecho a comparecer ante la Corte.

Artículo 41

1. La Corte tendrá facultad para indicar, si considera que las circunstancias así lo exigen, las medidas provisionales que deban tomarse para resguardar los derechos de cada una de las partes.

2. Mientras se pronuncia el fallo, se notificarán inmediatamente a las partes y al Consejo de Seguridad las medidas indicadas.

Artículo 42

1. Las partes estarán representadas por agentes.

2. Podrán tener ante la Corte consejeros o abogados.

3. Los agentes, los consejeros y los abogados de las partes ante la Corte gozarán de los privilegios e inmunidades necesarios para el libre desempeño de sus funciones.

Artículo 43

1. El procedimiento tendrá dos fases: una escrita y otra oral.

2. El procedimiento escrito comprenderá la comunicación, a la Corte y a las partes, de memorias, contra memorias y, si necesario fuere, de réplicas, así como de toda pieza o documento en apoyo de las mismas.

3. La comunicación se hará por conducto del Secretario, en el orden y dentro de los términos fijados por la Corte.

4. Todo documento presentado por una de las partes será comunicado a la otra mediante copia certificada.

5. El procedimiento oral consistirá en la audiencia que la Corte otorgue, a testigos, peritos, agentes, consejeros y abogados.

Artículo 44

1. Para toda modificación que deba hacerce a personas que no sean los agentes, consejeros o abogados, la Corte se dirigirá directamente al gobierno del Estado en cuyo territorio deba diligenciarse.

2. Se seguirá el mismo procedimiento cuando se trate de obtener pruebas en el lugar de los hechos.

Artículo 45

El Presidente dirigirá las vistas de la Corte y, en su ausencia, el Vicepresidente; y si ninguno de ellos pudiere hacerlo, presidirá el más antiguo de los magistrados presentes.

Artículo 46

Las vistas de la Corte serán públicas, salvo lo que disponga la propia Corte en contrario, o que las partes pidan que no se admita al público.

Artículo 47

1. De cada vista se levantará un acta, que firmarán el Secretario y el Presidente.

2. Esta acta será la única auténtica.

Artículo 48

La Corte dictará las providencias necesarias para el curso del proceso, decidirá la forma y términos a que cada parte debe ajustar sus alegatos, y adoptará las medidas necesarias para la práctica de pruebas.

Artículo 49

Aun antes de empezar una vista, la Corte puede pedir a los agentes que produzcan cualquier documento o den cualesquiera explicaciones. Si se negaren a hacerlo, se dejará constancia formal del hecho.

Artículo 50

La Corte podrá, en cualquier momento, comisionar a cualquier individuo, entidad, negociado, comisión u otro organismo que ella escoja, para que haga una investigación o emita un dictamen pericial.

Artículo 51

Las preguntas pertinentes que se hagan a testigos y peritos en el curso de una vista, estarán sujetas a las condiciones que fije la Corte en las reglas de procedimiento de que trata el Artículo 30.

Artículo 52

Una vez recibidas las pruebas dentro del término fijado, la Corte podrá negarse a aceptar toda prueba adicional, oral o escrita, que una de las partes deseare presentar, salvo que la otra de su consentimiento.

Artículo 53

1. Cuando una de las partes no comparezca ante la Corte, o se abstenga de defender su caso, la otra parte podrá pedir a la Corte que decida a su favor.

2. Antes de dictar su decisión, la Corte deberá asegurarse no sólo de que tiene competencia conforme a las disposiciones de los Artículos 36 y 37, sino también de que la demanda está bien fundada en cuanto a los hechos y al derecho.

Artículo 54

1. Cuando los agentes, consejeros y abogados, conforme a lo proveido por la Corte, hayan completado la presentación de su caso, el Presidente declarará terminada la vista.

2. La Corte se retirará a deliberar.

3. Las deliberaciones de la Corte se celebrarán en privado y permanecerán secretas.

Artículo 55

1. Todas las decisiones de la Corte se tomarán por mayoría de votos de los magistrados presentes.

2. En caso de empate, decidirá el voto del Presidente o del magistrado que lo reemplace.

Artículo 56

1. El fallo será motivado.

2. El fallo mencionará los nombres de los magistrados que hayan tomado parte en él.

Artículo 57

Si el fallo no expresare en todo o en parte la opinión unánime de los magistrados, cualquiera de éstos tendrá derecho a que se agregue al fallo su opinión disidente.

Artículo 58

El fallo será firmado por el Presidente y el Secretario, y será leído en sesión pública después de notificarse debidamente a los agentes.

Artículo 59

La decisión de la Corte no es obligatoria sino para las partes en litigio y respecto del caso que ha sido decidido.

Artículo 60

El fallo será definitivo e inapelable. En caso de desacuerdo sobre el sentido o el alcance del fallo, la Corte lo interpretará a solicitud de cualquiera de las partes.

Artículo 61

1. Sólo podrá pedirse la revisión de un fallo cuando la solicitud se funde en el descubrimiento de un hecho de tal naturaleza que pueda ser factor decisivo y que, al pronunciarse el fallo, fuera desconocido de la Corte y de la parte que pida la revisión, siempre que su desconocimiento no se deba a negligencia.

2. La Corte abrirá el proceso de revisión mediante una resolución en que se haga constar expresamente la existencia del hecho nuevo, en que se reconozca que éste por su naturaleza justifica la revisión, y en que se declare que hay lugar a la solicitud.

3. Antes de iniciar el proceso de revisión la Corte podrá exigir que se cumpla lo dispuesto por el fallo.

4. La solicitud de revisión deberá formularse dentro del término de seis meses después de descubierto el hecho nuevo.

5. No podrá pedirse la revisión una vez transcurrido el término de diez años desde la fecha del fallo.

Artículo 62

1. Si un Estado considerare que tiene un interés de orden jurídico que puede ser afectado por la decisión del litigio, podrá pedir a la Corte que le permita intervenir.

2. La Corte decidirá con respecto a dicha petición.

Artículo 63

1. Cuando se trate de la interpretación de una convención en la cual sean partes otros Estados además de las partes en litigio, el Secretario notificará inmediatamente a todos los Estados interesados.

2. Todo Estado así notificado tendrá derecho a intervenir en el proceso; pero si ejerce ese derecho, la interpretación contenida en el fallo será igualmente obligatoria para él.

Artículo 64

Salvo que la Corte determine otra cosa, cada parte sufragará sus propias costas.

CAPÍTULO IV

Opiniones consultivas

Artículo 65

1. La Corte podrá emitir opiniones consultivas respecto de cualquier cuestión jurídica, a solicitud de cualquier organismo autorizado para ello por la Carta de las Naciones Unidas, o de acuerdo con las disposiciones de la misma.

2. Las cuestiones sobre las cuales se solicite opinión consultiva serán expuestas a la Corte mediante solicitud escrita, en que se formule en términos precisos la cuestión respecto de la cual se haga la consulta. Con dicha solicitud se acompañarán todos los documentos que puedan arrojar luz sobre la cuestión.

Artículo 66

1. Tan pronto como se reciba una solicitud de opinión consultiva, el Secretario la notificará a todos los Estados que tengan derecho a comparecer ante la Corte.

2. El Secretario notificará también, mediante comunicación especial y directa a todo Estado con derecho a comparecer ante la Corte, y a toda organización internacional que a juicio de la Corte, o de su Presidente si la Corte no estuviere reunida, puedan suministrar alguna información sobre la cuestión, que la Corte estará lista para recibir exposiciones escritas dentro del término que fijará el Presidente, o para oír en audiencia pública que se celebrará al efecto, exposiciones orales relativas a dicha cuestión.

3. Cualquier Estado con derecho a comparecer ante la Corte que no haya recibido la comunicación especial mencionada en el párrafo 2 de este Artículo, podrá expresar su deseo de presentar una exposición escrita o de ser oído y la Corte decidirá.

4. Se permitirá a los Estados y a las organizaciones que hayan presentado exposiciones escritas u orales, o de ambas clases, discutir las exposiciones presentadas por otros Estados u organizaciones en la forma, en la extensión y dentro del término que en cada caso fije la Corte, o su Presidente si la Corte no estuviere reunida. Con tal fin, el Secretario comunicará oportunamente tales exposiciones escritas a los Estados y organizaciones que hayan presentado las suyas.

Artículo 67

La Corte pronunciará sus opiniones consultivas en audiencia pública, previa notificación al Secretario General de las Naciones Unidas y a los representantes de los Miembros de las Naciones Unidas, de los otros Estados y de las organizaciones internacionales directamente interesados.

Artículo 68

En el ejercicio de sus funciones consultivas, la Corte se guiará además por las disposiciones de este Estatuto que rijan en materia contenciosa, en la medida en que la propia Corte las considere aplicables.

CAPÍTULO V
Reformas

Artículo 69

Las reformas al presente Estatuto se efectuarán mediante el mismo procedimiento que establece la Carta de las Naciones Unidas para la reforma de dicha Carta, con sujeción a las disposiciones que la Asamblea General adopte, previa recomendación del Consejo de Seguridad, con respecto a la participación de Estados que sean partes en el Estatuto, pero no Miembros de las Naciones Unidas.

Artículo 70

La Corte estará facultada para proponer las reformas que juzgue necesarias al presente Estatuto, comunicándolas por escrito al Secretario General de las Naciones Unidas a fin de que sean consideradas de conformidad con las disposiciones del Artículo 69.

Acta General para el Arreglo Pacífico de las Controversias Internacionales (Ginebra, 28 de septiembre de 1928)

CAPÍTULO PRIMERO

De la conciliación

Artículo I.

Las diferencias de cualquier naturaleza que sean, entre dos o más partes adheridas a la presente Acta General, que no hubieran podido ser resueltas por la vía diplomática, se someterán, salvo las reservas eventuales previstas en el artículo 39, al procedimiento de conciliación en las condiciones previstas por el presente capítulo.

Artículo II

Las diferencias a que se refiere el artículo anterior se someterán a una Comisión de Conciliación Permanente o especial constituida por las partes en litigio.

Artículo III

A petición de una de las partes contratantes dirigida a otra de dichas partes, se constituirá, en el plazo de seis meses, una Comisión Permanente de Conciliación.

Artículo IV

Salvo acuerdo en contrario de las partes interesadas, la Comisión de Conciliación se constituirá en la forma siguiente:

1. La Comisión se compondrá de cinco miembros. Las partes nombrarán, cada una, a uno de dichos miembros que podrá ser elegido entre sus respectivos nacionales. Los tres miembros restantes serán elegidos de común acuerdo, entre súbditos de terceras potencias. Estos últimos deberán ser de nacionalidades diferentes, no tener su residencia habitual en el territorio de ninguna de las partes interesadas ni encontrarse a su servicio. De entre dichos miembros, las partes designarán al presidente de la Comisión.

2. Los comisarios se nombrarán por una plazo de 3 años, y podrán ser reelegidos. Los comisarios nombrados de común acuerdo podrán ser reemplazados durante el curso de su mandato mediante acuerdo entre las partes. Cada una de las partes podrá proceder siempre a la sustitución del comisario nombrado por ella. No obstante su sustitución, los comisarios permanecerán en funciones hasta el término de los trabajos en tramitación.

3. Las vacantes producidas a consecuencia de fallecimiento o cualquier otro impedimento, se proveerán en la misma forma que los nombramientos, y dentro del más breve plazo.

Artículo V

Si al surgir una diferencia no estuviese constituida una comisión permanente de conciliación, nombrada por las partes litigantes, se constituirá para el examen de la diferencia una comisión especial, en un plazo de tres meses, a contar desde el momento de la petición de la misma dirigida por una de las partes a la otra. Los nombramientos se harán conforme a las disposiciones del artículo precedente, a menos que las partes no acuerden otra cosa.

Artículo VI

1. Si el nombramiento de los miembros de la comisión, que ha de efectuarse de común acuerdo, no se llevase a cabo en los plazos previstos en los artículo 3 y 5, se confiará el encargo de hacer dichos nombramientos a una tercera potencia elegida de común acuerdo entre las partes, o a petición de las mismas el presidente en ejercicio del Consejo de la Sociedad de Naciones.

2. Si no se llegase a un acuerdo entre las partes con respecto a ninguno de estos procedimientos, cada parte designará a una potencia distinta y los nombramientos serán hechos de acuerdo por las potencias así elegidas.

3. Si en un plazo de tres meses estas dos potencias no hubieran podido ponerse de acuerdo, cada una de ellas presentará un número de candidatos igual al de miembros que se hayan de designar. La suerte determinará cuáles de los candidatos así presentados serán admitidos.

Artículo VII

1. La Comisión de conciliación entenderá en los asuntos mediante demanda dirigida al presidente por ambas partes, obrando de acuerdo o, en su defecto, por una u otra de ellas.

2. La demanda, después de la somera exposición del objeto de litigio, contendrá la invitación a la Comisión de proceder al empleo de todas las medidas adecuadas para llegar a una conciliación.

3. Si la demanda emanase de una sola de las partes, ésta la notificará a la otra sin demora.

Artículo VIII

1. En un plazo de quince días, a partir de la fecha en que una de las partes haya llevado una diferencia ante la Comisión Permanente de Conciliación, cada una de las partes podrá sustituir para el examen de esta diferencia, su comisario por una persona que posea una competencia especial en la materia.

2. La parte que haga uso de este derecho lo notificará inmediatamente a la otra parte; esta tendrá, en este caso, la facultad de proceder en la misma forma en un plazo de

quince días, a contar desde la fecha en que la comunicación haya llegado a su poder.

Artículo IX

1. La Comisión de conciliación se reunirá, salvo acuerdo en contrario de las partes, en la sede de la Sociedad de Naciones, o en cualquier otro lugar designado por su presidente.

2. La Comisión podrá en todo momento recabar del secretario de la Sociedad de Naciones la ayuda oportuna para sus trabajos.

Artículo X

Los trabajos de la Comisión de Conciliación no serán públicos, sino en virtud de una decisión tomada por la Comisión con el asentimiento de las partes.

Artículo XI

1. Salvo acuerdo en contrario de las partes, la Comisión de conciliación determinará ella misma su procedimiento que, en todo caso, ha de ser contradictorio. En materia de investigación, la Comisión, salvo acuerdo en contrario tomado por unanimidad, procederá de acuerdo con las disposiciones del título III de la Convención de La Haya de 18 de octubre de 1907 para el Arreglo Pacífico de los Conflictos Internacionales.

2. Las partes estarán representadas cerca de la Comisión de conciliación por agentes cuya misión será servir de intermediarios entre ellas y la Comisión; podrán, además, hacerse asistir por consejeros y peritos nombrados por ellas a estos efectos y pedir la comparecencia de todas aquellas personas cuyo testimonio les pareciera útil.

3. La Comisión tendrá, por su parte, la facultad de pedir explicaciones orales a los agentes, consejeros y peritos de las dos partes, así como a todas las personas que estimare útil hacer comparecer, con el asentimiento de sus gobiernos respectivos.

Artículo XII

Salvo acuerdo en contrario de las partes, las decisiones de la Comisión de Conciliación se tomarán por mayoría de votos, y la Comisión no podrá pronunciarse sobre el fondo de la diferencia sin la presencia de todos sus miembros.

Artículo XIII

Las partes se comprometen a facilitar los trabajos de la Comisión de Conciliación y en particular a procurarle, en la medida más amplia posible, todos los documentos e informes útiles, así como a emplear los medios de que dispongan para permitirle proceder en su territorio y según su legislación a la citación y audición de testigos o de peritos a la práctica de inspecciones oculares.

Artículo XIV

1. Durante la duración de sus trabajos, cada uno de los comisarios percibirá una indemnización cuya cuantía se fijará de común de acuerdo por las partes.

2. Los gastos generales ocasionados por el funcionamiento de la Comisión serán repartidos en la misma forma.

Artículo XV

1. La Comisión de Conciliación tendrá por misión dilucidar las cuestiones en litigio, recoger a este fin todas las informaciones útiles, ya por medio de investigaciones o cualquier otro procedimiento, y se esforzará en conciliar a las partes. Podrá, después de examinar el asunto, exponer a las partes los términos del arreglo que le pareciera conveniente y señalarles un plazo para pronunciarse.

2. Al terminar sus trabajos la Comisión levantará un acta haciendo constar, según el caso, bien que las partes han llegado a un acuerdo y, si hay lugar, las condiciones del mismo, o que las partes no han podido ser conciliadas. En el acta no se hará constar si las decisiones de la Comisión han sido tomadas por unanimidad o por mayoría.

3. Los trabajos de la Comisión deberán terminarse en el plazo de seis meses, a contar desde el día en que la Comisión haya intervenido en la diferencia, a menos que las partes acuerden otra cosa.

Artículo XVI

El informe-acta de la Comisión se comunicará sin demora a las partes. Es de incumbencia de las partes decidir sobre su publicación.

CAPÍTULO SEGUNDO

Del arreglo judicial

Artículo XVII

Todas las diferencias acerca de las cuales las partes discutieran un derecho recíproco, se someterán, salvo las reservas eventuales previstas en el artículo 39, al Tribunal Permanente de Justicia Internacional, a menos que las partes no llegaran a un acuerdo, en los términos aquí previstos, para recurrir a un tribunal arbitral. Las diferencias a que se hace referencia en el presente artículo comprenden principalmente las que menciona el artículo 36 del Estatuto del Tribunal Permanente de Justicia Internacional.

Artículo XVIII

Si las partes se pusieran de acuerdo para someter las diferencias a que se refiere el artículo precedente a un tribunal arbitral, redactarán un compromiso, en el cual se fijará el objeto de litigio, la elección de árbitros y el procedimiento a seguir. A falta de indicaciones o de la precisión suficiente en el compromiso, se aplicará, en la medida necesaria, las disposiciones de la Convención de La Haya de 18 de octubre de 1907 para el Arreglo Pacífico de los Conflictos Internacionales.

En caso de no costar en el compromiso las reglas de fondo aplicables por los árbitros, el tribunal aplicará las reglas de fondo enumeradas en el artículo 38 del Estatuto del Tribunal Permanente de Justicia Internacional.

Artículo XIX

A falta de acuerdo entre las partes sobre el compromiso a que hace referencia el artículo precedente, o a falta de designación de árbitros, y después de un previo aviso de tres meses, una u otra de ellas tendrá la facultad de llevar directamente la diferencia, mediante demanda, ante el Tribunal Permanente de Justicia Internacional.

Artículo XX

1. Por derogación del artículo 1, las diferencias a que se refiere el artículo 17, que pudieran surgir entre las partes que se hubiesen adherido a los compromisos contenidos en el presente capítulo, no se someterán al procedimiento de conciliación, sino de común acuerdo.

2. El procedimiento de conciliación obligatorio permanece aplicable a las diferencias que por el juego de las reservas a que se refiere el artículo 39 quedaren excluidas de la solución judicial única.

3. En caso de recurrir a la conciliación y de fracaso de este procedimiento, ninguna de las partes podrá llevar la cuestión ante el Tribunal Permanente de Justicia Internacional, o pedir la constitución del tribunal arbitral a que hace referencia el artículo 18 antes de la expiración del plazo de un mes, a contar del término de los trabajos de la Comisión de conciliación.

CAPÍTULO TERCERO

Del arreglo arbitral

Artículo XXI

Todas las diferencias, aparte de las que se hace referencia en el artículo 17, acerca de las cuales en el mes siguiente al término de los trabajos de la Comisión de Conciliación, a que alude el capítulo primero, las partes no se hayan puesto de acuerdo, serán sometidas, salvo las reservas eventuales previstas en el artículo 39, ante un tribunal arbitral constituido, a menos de acuerdo contrario de las partes, de la manera que a continuación se indica.

Artículo XXII

El Tribunal Arbitral constará de cinco miembros. Las partes nombrarán cada uno de dichos miembros, que podrá ser elegido entre sus respectivos nacionales. Los dos árbitros restantes y el superárbitro se elegirán de común acuerdo entre súbditos de terceras potencias. Estos últimos deberán ser de nacionalidad diferentes, no tener su residencia habitual en el territorio de las partes interesadas ni encontrarse a su servicio.

Artículo XXIII

1. Si el nombramiento de los miembros del Tribunal Arbitral no tiene lugar en un plazo de tres meses, a contar del momento de la petición hecha por una de las partes a la otra de constituir un Tribunal arbitral, el cuidado de proceder a los nombramientos necesarios se confiará a una tercera potencia elegida de común acuerdo por las partes.

2. Si no se llegase a un acuerdo a este respecto, cada parte designará una potencia diferente, y los nombramientos se harán de concierto por las potencias así elegidas.

3. Si en un plazo de tres meses las potencias así designadas no hubieren podido llegar a un acuerdo, los nombramientos necesarios se harán por el presidente del Tribunal Permanente de Justicia Internacional. Si este último estuviera imposibilitado para hacerlo o fuese súbdito de una de las partes, los nombramientos se harán por el vicepresidente. Si éste, a su vez, estuviese imposibilitado para hacerlo o fuese súbdito de una de las partes, los nombramientos se harán por el miembro más antiguo de la Corte, que no sea súbdito de ninguna de las partes.

Artículo XXIV

Las vacantes que no se produjeren a consecuencia de muerte, de dimisión o de cualquier otro impedimento, se proveerán en el plazo más breve por el mismo sistema fijado para los nombramientos.

Artículo XXV

Las partes redactarán un compromiso determinando el objeto o litigio y el procedimiento a seguir.

Artículo XXVI

A falta de indicaciones o de suficiente precisión en el compromiso, en lo relativo a los puntos indicados en el artículo precedente, se aplicarán, en la medida necesaria, las disposiciones de la Convención de La Haya de 18 de octubre de 1907 para el Arreglo Pacífico de los Conflictos Internacionales.

Artículo XXVII

A falta de conclusión de un compromiso, en un plazo de tres meses, a partir de la constitución del Tribunal, la cuestión podrá ser llevada ante el Tribunal por demanda de una u otra parte.

Artículo XXVIII

En caso de que no costare en el compromiso, o a falta de ésta, el Tribunal aplicará las reglas de fondo enumeradas en el artículo 38 del Estatuto del Estatuto del Tribunal Permanente de Justicia Internacional. En caso que no existieren reglas semejantes aplicables a la diferencia, el Tribunal juzgará ex aequo et bono.

CAPÍTULO CUARTO

Disposiciones generales

Artículo XXIX

1. Las diferencias para cuya solución esté previsto un procedimiento especial por otros convenios en vigor entre las partes litigantes, se regularán conforme a las disposiciones de dichos convenios.

2. La presente Acta General no afectará a los acuerdos en vigor que establezcan para las partes un procedimiento de conciliación o en materia de arbitraje y de arreglo judicial, compromisos que aseguren la solución de la diferencia. Sin embargo, si estos acuerdos sólo prevén un procedimiento de conciliación, una vez que este procedimiento haya fracasado, las disposiciones de la presente Acta General relativas al arreglo judicial o arbitral se aplicarán en la medida en que las Partes litigantes se hubieran adherido a ella.

Artículo XXX

Si la Comisión de conciliación fuere requerida por una de las partes en una diferencia que la otra parte, fundándose en convenios en vigor entre las partes, hubiere sometido al Tribunal de Justicia Internacional o a un tribunal arbitral, la Comisión suspenderá el examen de la diferencia hasta que el Tribunal de Justicia Internacional o el tribunal arbitral hayan resuelto acerca de la cuestión de competencia. Se seguirá el mismo procedimiento si el Tribunal de Justicia Internacional o el tribunal arbitral hubieran sido requeridos por una de las partes en curso de conciliación.

Artículo XXXI

1. Si se trata de una diferencia cuyo objeto, según la legislación interior de una de las partes, fuese de la competencia de las autoridades judiciales o administrativas, esta parte podrá oponerse a que esta diferencia sea sometida a los diversos procedimientos previstos por la presente Acta General, antes de que por la autoridad competente haya sido evacuada una resolución definitiva en un plazo prudencial.

2. La parte que en este caso quiera recurrir a los procedimientos previstos por el presente convenio deberá notificar a la otra parte su intención dentro del plazo de un año, a partir de la decisión antes indicada.

Artículo XXXII

Si la sentencia judicial o arbitral estableciese que una decisión tomada o una medida ordenada por una autoridad judicial u otra cualquiera de una de las partes litigantes, se encuentra en todo o en parte en oposición con el derecho internacional y si el derecho constitucional de dicha parte no permite o sólo permite imperfectamente borrar las consecuencias de esta decisión o medida, las partes convendrán que deberá concederse por la sentencia judicial o arbitral, una satisfacción equitativa, a la parte lesionada.

Artículo XXXIII

1. En todos los casos en que la diferencia objeto de un procedimiento arbitral o judicial, principalmente si el asuntos acerca del cual las partes están divididas, derivase de hechos consumados o a punto de serlo, el Tribunal Permanente de Justicia Internacional, procediendo de acuerdo con el artículo 41 de su Estatuto o el Tribunal arbitral, indicará, en el plazo más breve posible, las medidas provisionales que deberán adoptarse. Las partes litigantes estarán obligadas a conformarse con dichas medidas.

2. La Comisión de Conciliación que entienda en una diferencia podrá recomendar a las partes medidas provisionales que estime convenientes.

3. Las partes se comprometen a abstenerse de cualquier medida susceptible de tener repercusión perjudicial para la ejecución de la decisión judicial o arbitral o al arreglo propuesto por la Comisión de Conciliación y, en general, a no proceder a acto alguno, de cualquier naturaleza que sea, susceptible de agravar o de aumentar la diferencia.

Artículo XXXIV

En caso de que se suscite una diferencia entre más de dos partes de las adheridas a la presente Acta General se observarán para la aplicación de los procedimientos señalados en las disposiciones precedentes, las siguientes modalidades:

a) Para el procedimiento de conciliación estará siempre constituida una comisión especial. Su composición variará según que las partes tengan todas intereses distintos o que dos o más entre ellas hicieren causa común.

En el primer caso, cada una de las partes nombrará un comisario y designarán en común los comisarios súbditos de terceras potencias que no sean parte en la diferencia, cuyo número será siempre superior en uno al de los comisarios nombrados separadamente por las partes.

En el segundo caso, las partes que hicieren causa común se pondrán de acuerdo para nombrar, en común, su propio comisario y concurrirán con la otra a las otras partes para la designación de los comisarios pertenecientes a terceras potencias.

Tanto en una como en otra hipótesis, las partes a menos de que tomen otro acuerdo, aplicarán los artículos 5 y siguientes de la presente Acta en la medida en que sean compatibles con las disposiciones del presente artículo;

b) Para el procedimiento judicial se aplicará el Estatuto del Tribunal Permanente de Justicia Internacional;

c) Para el procedimiento arbitral, a falta de acuerdo de las partes sobre la composición del Tribunal, si se tratara de las diferencias a que alude el artículo 17, cada una de dichas partes tendrá la facultad de llevar directamente mediante demanda la diferencia ante el Tribunal Permanente de Justicia Internacional; si se tratare de las diferencias a que alude el artículo 21, se aplicarán los artículos 22 y siguientes de la presente Acta, pero cada una de las partes que tuviere intereses distintos, nombrará un árbitro, y el número de árbitros nombrados separadamente por las partes será siempre inferior en uno al de los otros árbitros.

Artículo XXXV

1. La presente Acta General será aplicable entre las partes que se hubieren adherido a ella, aunque una tercera potencia adherida o no al Acta, tuviere un interés en la diferencia.

2. En el procedimiento de conciliación, las partes podrán, de común acuerdo, invitar a una tercera potencia.

Artículo XXXVI

1. En el procedimiento judicial o arbitral, si una tercera potencia estimare que en una diferencia un interés de orden jurídico estuviere para ella en litigio, podrá dirigir al Tribunal Permanente de Justicia Internacional o al Tribunal arbitral una demanda para su intervención.

2. El Tribunal de Justicia Internacional o el tribunal arbitral decidirán.

Artículo XXXVII

1. Cuando se trate de la interpretación de un convenio, en el cual hubieran participado otros Estados, además de las partes litigantes, la Secretaría del Tribunal Permanente de Justicia Internacional o el tribunal arbitral les informará sin demora.

2. Cada uno de dichos Estados tendrá derecho a intervenir, y si ejerciere esta facultad, la interpretación contenida en la sentencia será obligatoria respecto a él.

Artículo XXXVIII

Las adhesiones a la Presente Acta General podrán aplicarse:

a) Bien a la totalidad del Acta (capítulos I, II, III y IV);

b) Bien solamente a las disposiciones relativas a la conciliación y al arreglo judicial (capítulos I y II), así como a las disposiciones generales concernientes a estos procedimientos (capítulo IV);

c) Bien solamente a las disposiciones relativas a la conciliación (capítulo I), así como a las disposiciones generales concernientes a este procedimiento (capítulo IV).

Las partes contratantes no podrán prevalerse de las adhesiones de las otras partes, sino en la misma medida en que ellas hayan suscrito los mismos compromisos.

Artículo XXXIX

1. Independientemente de la facultad mencionada en el artículo precedente, cualquiera de las partes podrá, al adherirse a la presente Acta General, subordinar su aceptación a las reservas limitativamente enumeradas en el párrafo siguiente. Estas reservas deberán indicarse en el momento de la adhesión.

2. Estas reservas podrán formularse de manera que excluyan de los procedimientos descritos en la presente Acta:

a) Las diferencias nacidas de hechos anteriores sea a la adhesión de la parte que formula la reserva, sea a la adhesión de otra parte, con la cual la primera llegare a tener una diferencia;

b) Las diferencias que se refieren a asuntos que el derecho internacional deja a la competencia exclusiva de los Estados;

c) Las diferencias que se refieren a asuntos concretos o a materias especiales netamente definidas como el Estatuto territorial o perteneciente a categorías bien determinadas.

3. Para las partes que se hayan adherido a las disposiciones de la presente Acta relativas al arreglo judicial o al arreglo arbitral las reservas que hubiesen formulado serán, salvo mención expresa, consideradas como extensivas al procedimiento de conciliación.

Artículo XL

Cualquiera de las partes cuya adhesión no haya sido sino parcial o sujeta a reservas, podrá en todo momento, por medio de una simple declaración, bien extender el alcance de su adhesión, bien renunciar a todas o a parte de sus reservas.

Artículo XLI

Las diferencias relativas a la interpretación o a la aplicación de la presente Acta General, incluso las que se refieren a la calificación de los litigios y al alcance de las reservas eventuales, serán sometidas al Tribunal Permanente de Justicia Internacional.

Artículo XLII

La presente Acta General, cuyos textos francés e inglés harán igualmente fe, llevará la fecha de 26 de septiembre de 1928.

Artículo XLIII

1. La adhesión a la presente Acta General será posible a todo Jefe de Estado o a cualquier autoridad competente de los miembros de la Sociedad de las Naciones, así como de los Estados no miembros de la misma, a quien el Consejo de la Sociedad de Naciones hubiere, con dicho objeto, trasmitido una copia.

2. Los instrumentos de adhesión, así como las declaraciones adicionales previstas por el artículo 40, se trasmitirán al secretario general de la Sociedad de Naciones, quien notificará la recepción a todos los miembros de la Sociedad y a los Estados no miembros a que alude el párrafo precedente.

3. El secretario general cuidará de redactar tres listas señaladas con las letras A, B, C, correspondientes, respectivamente, a las modalidades de adhesión a que alude el artículo 38 de la presente Acta, en la que constarán las adhesiones y las declaraciones adicionales de las partes contratantes. Estas listas, llevadas constantemente al día, serán publicadas en la memoria anual que el secretario dirige la Asamblea.

Artículo XLIV

1. La presente Acta General entrará en vigor a los noventa días siguientes a la recepción, por el secretario general de la Sociedad de Naciones, de la adhesión al menos de dos de las partes contratantes.

2. Cada adhesión que tenga lugar con posterioridad a la entrada en vigor de la presente Acta, conforme al párrafo precedente, surtirá sus efectos a partir de los noventa días siguientes a la fecha de su recepción por el secretario general de la Sociedad de Naciones. La misma regla se aplicará a las declaraciones adicionales de las partes a que se refiere el artículo 40.

Artículo XLV

1. La presente Acta General tendrá una duración de cinco años a partir de su puesta en vigor.

2. Permanecerá en vigor por un nuevo período de cinco años, y así indefinidamente en lo que respecta a las partes contratantes que no la hubieren denunciado con seis meses de anticipación a la expiración del plazo.

3. La denuncia se hará por notificación escrita, dirigida al secretario general de la Sociedad de Naciones, quien informará de ello a todos los miembros de la Sociedad y a los Estados no miembros mencionados en el artículo 43.

4. La denuncia podrá ser parcial o consistir en la notificación de nuevas reservas.

5. No obstante la denuncia por una de las parte contratantes implicadas en una diferencia, todos los procedimientos en curso en el momento de la expiración del plazo del Acta General continuará hasta su término normal.

Artículo XLVI

Un ejemplar de la presente Acta en que conste la firma del presidente de la Asamblea y la del secretario general de la Sociedad de Naciones, se depositará en los archivos de la Secretaría; se transmitirá copia certificada conforme al texto a todos los miembros de la Sociedad de Naciones, así como a los Estados no miembros de la Sociedad de Naciones.

Artículo XLVII

La presente Acta General será registrada por el secretario de la Sociedad de Naciones en la fecha de su entrada en vigor.

ANEXO
ACTA GENERAL REVISADA PARA EL ARREGLO PACÍFICO DE LAS CONTROVERSIAS INTERNACIONALES

(Nueva York, 28 de abril de 1949)

Resolución sobre la restitución de su eficacia inicial al Acta General para el Arreglo pacífico de Diferencias Internacionales

Adopción: Resolución 268 A (III) de la Asamblea General de la ONU, del 28 de abril de 1949

A

Restitución de su eficacia inicial al Acta General del 26 de septiembre de 1928

La Asamblea General,

Consciente de las responsabilidades que le incumben, en virtud de los artículos 13 (inciso a del párrafo 1) y 11 (párrafo 1) de la Carta, de promover la cooperación internacional en el campo político y formular recomendaciones respecto a los principios generales del mantenimiento de la paz y la seguridad internacionales; y

Considerando que el Acta General del 26 de septiembre de 1928 para el arreglo pacífico de las controversias internacionales ha perdido parte de su eficacia por el hecho de haber dejado de existir los órganos de la Sociedad de las Naciones y la Corte Permanente de Justicia Internacional a que aquélla se refiere;

Considerando que las enmiendas mencionadas más adelante son adecuadas para restituir al Acta General su eficacia inicial;

Considerando que estas enmiendas sólo serán aplicables a los Estados que hayan suscrito el Acta General así enmendada y, por consiguiente, no afectarán los derechos de aquellos Estados, partes en el Acta según fue establecida el 26 de septiembre de 1928, que pretendan invocarla en la medida en que aun esté vigente,

Encarga al secretario general la preparación de un texto revisado del Acta General, con inclusión de las enmiendas mencionadas más adelante, que mantendrá abierto a la adhesión de los Estados, bajo el título de "Acta General revisada para el arreglo pacífico de las controversias internacionales":

Enmiendas que han de introducirse en el Acta General del 26 de septiembre de 1928

a) En el artículo 6, las palabras "al Presidente Interino del Consejo de la Sociedad de las Naciones" serán reemplazadas por "al presidente de la Asamblea General de las Naciones Unidas o, si ésta no está reunida, al último presidente".

b) En los artículos 9, 43 (párrafo 2), 44, 45 y 47, las palabras "de la Sociedad de las Naciones" o "de la Sociedad" serán reemplazadas pollas palabras "de las Naciones Unidas".

c) En los artículos 17, 18, 19, 20, 23, 28, 30, 33, 34, .36, 37 y 41, las palabras "Corte Permanente de Justicia Internacional" serán reemplazadas por "Corte Internacional de Justicia".

d) El texto del artículo 42 será reemplazado por la siguiente disposición: "La presente Acta General llevará la fecha de... (fecha de la resolución de la Asamblea General)."

e) El texto del párrafo 1 del artículo 43 será reemplazado por la siguiente disposición:

"1. La presente Acta General estará abierta a la adhesión de los Estados miembros de las Naciones Unidas, de los Estados no miembros que hayan llegado a ser partes en el Estatuto de la Corte Internacional de Justicia o a quienes la Asamblea haya comunicado una copia para este fin."

f) En el artículo 43 (párrafo 3) las palabras "el secretario general de la Sociedad de las Naciones" serán reemplazadas por "el secretario general de las Naciones Unidas" y las palabras "Asamblea de la Sociedad de las Naciones" serán reemplazadas por "Asamblea General de las Naciones Unidas".

g) El texto del artículo 46 será reemplazado por la siguiente disposición:

"Una copia de la presente Acta General, firmada por el presidente de la Asamblea y por el secretario general de las Naciones Unidas, será depositada en los archivos de la Secretaría. Una copia debidamente certificada será entregada por el secretario general a cada uno de los miembros de las Naciones Unidas, a los Estados no miembros que hayan llegado a ser partes en el Estatuto de la Corte Internacional de Justicia y a los designados por la Asamblea General de las Naciones Unidas."

International Law Commission Model Rules on Arbitral Procedure (1958)

Preamble

The undertaking to arbitrate is based on the following fundamental rules:

1. Any undertaking to have recourse to arbitration in order to settle a dispute between States constitutes a legal obligation which must be carried out in good faith.

2. Such an undertaking results from agreement between the parties and may relate to existing disputes or to disputes arising subsequently.

3. The undertaking must be embodied in a written instrument, whatever the form of the instrument may be.

4. The procedures suggested to States parties to a dispute by these model rules shall not be compulsory unless the States concerned have agreed, either in the compromis or in some other undertaking, to have recourse thereto.

5. The parties shall be equal in all proceedings before the arbitral tribunal.

The existence of a dispute and the scope of the undertaking

to arbitrate

Article 1

1. If, before the constitution of the arbitral tribunal, the parties to an undertaking to arbitrate disagree as to the existence of a dispute, or as to whether the existing dispute is wholly or partly within the scope of the obligation to go to arbitration, such preliminary question shall, at the request of any of the parties and failing agreement between them upon the adoption of another procedure be brought before the International Court of Justice for decision by means of its summary procedure.

2. The Court shall have the power to indicate if it considers that circumstances so require any provisional measures which ought to be taken to preserve the respective rights of either party.

3. If the arbitral tribunal has already been constituted, any dispute concerning arbitrability shall be referred to it.

The compromis

Article 2

1. Unless there are earlier agreements which suffice for the purpose for example in the undertaking to arbitrate itself the parties having recourse to arbitration shall conclude a compromis which shall specify as a minimum:

(a) The undertaking to arbitrate according to which the dispute is to be submitted to the arbitrators;

(b) The subject-matter of the dispute and if possible the points on which the parties are or are not agreed;

(c) The method of constituting the tribunal and the number of arbitrators.

2. In addition the compromis shall include any other provi5ions deemed desirable by the parties in particular:

(i) The rules of law and the principles to be applied by the tribunal and the right if any conferred on it to decide es aequo et bono as though it had legislative functions in the matter;

(ii) The power if any of the tribunal to make recommendations to the parties;

(iii) Such power as may be conferred on the tribunal to make its own rules of procedure;

(iv) The procedure to be followed by the tribunal; provided that once constituted the tribunal shall be free to override any provisions of the compromis which may prevent it from rendering its award;

(v) The number of members required for the constitution of a quorum for the conduct of the hearings;

(vi) The majority required for the award;

(vii) The time limit within which the award shall be rendered;

(viii) The right of the members of the tribunal to attach dissenting or individual opinions to the award or any prohibition of such opinions;

(ix) The languages to be employed in the course of the proceedings;

(x) The manner in which the costs and disbursements shall be apportioned;

(xi) The services which the International Court of Justice may be asked to render.

This enumeration is not intended to be exhaustive.

Constitution of the tribunal

Article 3

1. Immediately after the request made by one of the States parties to the dispute for the submission of the dispute to arbitration or after the decision on the arbitrability of the dispute the parties to an undertaking to arbitrate shall take the necessary steps either by means of the compromis or by special agreement in order to arrive at the constitution of the arbitral tribunal.

2. If the tribunal is not constituted within three months from the date of the request made for the submission of the dispute to arbitration or from the date of the decision on arbitrability the President of the International Court of Justice shall at the request of either party appoint the arbitrators not yet designated. I f the President is prevented from acting or is a national of one of the parties the appointments shall be made by the Vice-President. If the Vice-President is prevented from acting or is a national of one of the parties, the appointments shall be made by the oldest member of the Court who is not a national of either party.

3. The appointments referred to in paragraph 2 shall, after consultation with the parties, be made in accordance with the provisions of the compromis or of any other instrument consequent upon the undertaking to arbitrate. In the absence of such provisions the composition of the tribunal shall, after consultation with the parties, be determined by the President of the International Court of Justice or by the judge acting in his place. It shall be understood that in this event the number of the arbitrators must be uneven and should preferably be five.

4. Where provision is mate for the choice of a president of the tribunal by the other arbitrators the tribunal shall be deemed to be constituted when the president is selected. If the president has not been chosen within two months of the appointment of the arbitrators, he shall be designated in accordance with the procedure prescribed in paragraph 2.

5. Subject to the special circumstances of the case the arbitrators shall be chosen from among persons of recognized competence in international law.

Article 4

1. Once the tribunal has been constituted, its composition shall remain unchanged until the award has been rendered.

2. A party may however replace an arbitrator appointed by it provided that the tribunal has not yet begun its proceedings. Once the proceedings have begun an arbitrator appointed by a party may not be replaced except by mutual agreement between the parties.

3. Arbitrators appointed by mutual agreement between the parties or by agreement between arbitrators already appointed may not be changed after the proceedings have begun save in exceptional circumstances. Arbitrators appointed in the manner provided for in article 3 paragraph 2 may not be changed even by agreement between the parties.

4. The proceedings are deemed to have begun when the president of the tribunal or the sole arbitrator has made the first procedural order.

Article 5

If whether before or after the proceedings have begun a vacancy should occur on account of the death incapacity or resignation of an arbitrator it shall be filled in accordance with the procedure prescribed for the original appointment.

Article 6

1. A party may propose the disqualification of one of the arbitrators on account of a fact arising subsequently to the constitution of the tribunal. It may only propose the disqualification of one of the arbitrators on account of a fact arising prior to the constitution of the tribunal if it can show that the appointment was made without knowledge of that fact or as a result of fraud. In either case the decision shall be taken by the other members of the tribunal.

2. In the case of a sole arbitrator or of the president of the tribunal the question of disqualification shall in the absence of agreement between the parties be decided by the International Court of Justice on the application of one of them.

3. Any resulting vacancy or vacancies shall be filled in accordance with the procedure prescribed for the original appointments.

Article 7

Where a vacancy has been filled after the proceedings have begun the proceedings shall continue from the point they had reached at the time the vacancy occurred. The newly appointed arbitrator may, however, require that the oral proceedings shall be recommenced from the beginning if these have already been started.

Powers of the Tribunal and the process of arbitration

Article 8

1. When the undertaking to arbitrate or any supplementary agreement contains provisions which seem sufficient for the purpose of a compromis, and the tribunal has been constituted either party may submit the dispute to the tribunal by application. If the other party refuses to answer the application on the ground that the provisions above referred to are insufficient, the tribunal shall decide whether there is already sufficient agreement between the parties on the essential elements of a compromis as set forth in article 2. In the case of an affirmative decision, the tribunal shall prescribe the necessary measures for the institution or continuation of the proceedings. In the contrary case, the tribunal shall order the parties to complete or conclude the compromis within such time limits as it deems reasonable.

2. If the parties fail to agree or to complete the compromis within the time limit fixed in accordance with the preceeding paragraph, the tribunal, within three months after the parties report failure to agree or after the decision, if any, on the arbitrability of the dispute shall proceed to hear and decide the case on the application of either party.

Article 9

The arbitral tribunal which is the judge of its own competence has the power to interpret the compromis and the other instruments on which that competence is based.

Article 10

1. In the absence of any agreement between the parties concerning the law to be applied, the tribunal shall apply:

(a) International conventions, whether general or particular establishing rules expressly recognized by the contesting States;

(b) International custom as evidence of a general practice accepted as law;

(c) The general principles of law recognized by civilized nations;

(d) Judicial decisions and the teachings of the most highly qualified publicists of the various nations as subsidiary mea for the determination of rules of law.

2. If the agreement between the parties so provides the tribunal may also decide es aequo et bono.

Article 11

The tribunal may not bring in a finding of non liquet on the ground of the silence or obscurity of the law to be applied.

Article 12

1. In the absence of any agreement between the parties concerning the procedure of the tribunal, or if the rules laid down by them are insufficient, the tribunal shall be competent to formulate or complete the rules of procedure.

2. All decisions shall be taken by a majority vote of the members of the tribunal.

Article 13

If the languages to be employed are not specified in the compromis, this question shall be decided by the tribunal.

Article 14

1. The parties shall appoint agents before the tribunal to act as intermediaries between them and the tribunal.

2. They may retain counsel and advocates for the prosecution of their rights and interests before the tribunal.

3. The parties shall be entitled through their agents, counsel or advocates to submit in writing and orally to the tribunal any arguments they may deem expedient for the prosecution of their case. They shall have the right to raise objections and incidental points. The decisions of the tribunal on such matters shall be final.

4. The members of the tribunal shall have the right to put questions to agents counsel or advocates and to ask them for explanations. Neither the questions put nor the remarks made during the hearing are to be regarded as an expression of opinion by the tribunal or by its members.

Article 15

1. The arbitral procedure shall in general comprise two distinct phases: pleadings and hearing.

2. The pleadings shall consist in the communication by the respective agents to the members of the tribunal and to the opposite party of memorials, counter-memorials and, if necessary, of replies and rejoinders. Each party must attach all papers and documents cited by it in the case.

3. The time limits fixed by the compromis may be extended by mutual agreement between the parties, or by the tribunal when it deems such extension necessary to enable it to reach a just decision.

4. The hearing shall consist in the oral development of the parties' arguments before the tribunal.

5. A certified true copy of every document produced by either party shall be communicated to the other party.

Article 16

1. The hearing shall be conducted by the president. It shall be public only if the tribunal so decides with the consent of the parties.

2. Records of the hearing shall be kept and signed by the president, registrar or secretary; only those so signed shall be authentic.

Article 17

1. After the tribunal has closed the written pleadings, it shall have the right to reject any papers and documents not yet produced which either party may wish to submit to it without the consent of the other party. The tribunal shall, however, remain free to take into consideration any such papers and documents which the agents, advocates or counsel of one or other of the parties may bring to its notice, provided that they have been made known to the other party. The latter shall have the right to require a further extension of the written pleadings so as to be able to give a reply in writing.

2. The tribunal may also require the parties to produce all necessary documents and to provide all necessary explanations. It shall take note of any refusal to do so.

Article 18

1. The tribunal shall decide as to the admissibility of the evidence that may be adduced, and shall be the judge of its probative value. It shall have the power, at any stage of the proceedings, to call upon experts and to require the appearance of witnesses. It may also, if necessary, decided to visit the scene connected with the case before it.

2. The parties shall co-operate with the tribunal in dealing with the evidence and in the other measures contemplated by paragraph 1. The tribunal shall take note of the failure of any party to comply with the obligations of this paragraph.

Article 19

In the absence of any agreement to the contrary implied by the undertaking to arbitrate or contained in the compromis, the tribunal shall decide on any ancillary claims which it considers to be unseparable from the subject-matter of the dispute and necessary for its final settlement.

Article 20

The tribunal, or in case of urgency its president subject to confirmation by the tribunal, shall have the power to indicate, if it considers that circumstances so require, any provisional measures which ought to be taken to preserve the respective rights of either party.

Article 21

1. When, subject to the control of the tribunal, the agents, advocates and counsel have completed their presentation of the case, the proceedings shall be formally declared closed.

2. The tribunal shall, however, have the power, so long as the award has not been rendered, to re-open the proceedings after their closure, on the ground that new evidence is forthcoming of such a nature as to constitute a decisive factor, or if it considers, after careful consideration, that there is a need for clarification on certain points.

Article 22

1. Except where the claimant admits the soundness of the defendant's case, discontinuance of the proceedings by the claimant party shall not be accepted by the tribunal without the consent of the defendant.

2. If the case is discontinued by agreement between the parties, the tribunal shall take note of the fact.

Article 23

If the parties reach a settlement it shall be taken note of by the tribunal. At the request of either party the tribunal may, if it thinks fit, embody the settlement in an award.

Article 24

The award shall normally be rendered within the period fixed by the compromis, but the tribunal may decide to extent this period if it would otherwise be unable to render the award.

Article 25

1. Whenever one of the parties has not appeared before thc tribunal or has failed to present its case the other party may call upon the tribunal to decide in favour of its case.

2. The arbitral tribunal may grant the defaulting party a period of grace before rendering the award.

3. On the expiry of this period of grace the tribunal shall render an award after it has satisfied itself that it has jurisdiction. It may only decide in favour of the submissions of the party appearing if satisfied that they are well-founded in fact and in law.

Deliberations of the Tribunal

Article 26

The deliberations of the tribunal shall remain secret.

Article 27

1. All the arbitrators shall participate in the decisions.

2. Except in cases where the compromis provides for a quorum or in cases where the absence of an arbitrator occurs without the permission of the president of the tribunal the arbitrator who is absent shall be replaced by an arbitrator nominated by the President of the International Court of Justice. In the case of such replacement the provisions of article 7 shall apply.

The award

Article 28

1. The award shall be rendered by a majority vote of the members of the tribunal. It shall be drawn up in writing and shall bear the date on which it was rendered. It shall contain the names of the arbitrators and shall be signed by the president and by the members of the tribunal who have voted for it. The arbitrators may not abstain from voting.

2. Unless otherwise provided in the compromis, any member of the tribunal may attach his separate or dissenting opinion to the award.

3. The award shall be deemed to have been rendered then it has been read in open court the agents of the parties being present or having been duly summoned to appear.

4. The award shall immediately be communicated to the parties.

Article 29

The award shall in respect of every point on which it rules state the reasons on which it is based.

Article 30

Once rendered the award shall be binding upon the parties. It shall be carried out in good faith immediately unless the tribunal has allowed a time limit for the carrying out of the award or of any part of it.

Article 31

During a period of one month after the award has been rendered and communicated to the parties the tribunal may either of its own accord or at the request of either party, rectify any clerical, typographical or arithmetical error in the award or any obvious error of a similar nature.

Article 32

The arbitral award shall constitute a definite settlement of the dispute.

Interpretation of the award

Article 33

1. Any dispute between the parties as to the meaning and scope of the award shall at the request of either party and within three months of the rendering of the award be referred to the tribunal which rendered the award.

2. If, for any reason it is found impossible to submit the dispute to the tribunal which rendered the award and if within the above-mentioned time limit the parties have not agreed upon another solution the dispute may be referred to the International Court of Justice at the request of either party.

3. In the event of a request for interpretation it shall be for the tribunal or for the International Court of Justice as the case may be to decide whether and to what extent execution of the award shall be stayed pending a decision on the request.

Article 34

Failing a request for interpretation, or after a decision on such a request has been made, all pleadings and documents in the case shall be deposited by the president of the tribunal with the International Bureau of the Permanent Court of Arbitration or with another depositary selected by agreement between the parties.

Validity and annulment of the award

Article 35

The validity of an award may be challenged by either party on one or more of the following grounds:

(a) That the tribunal has exceeded its powers;

(b) That there was corruption on the part of a member of the tribunal;

(c) That there has been a failure to state the reasons for the award or a serious departure from a fundamental rule of procedure;

(d) That the undertaking to arbitrate or the compromis is a nullity.

Article 36

1. If, within three months of the date on which the validity of the award is contested the parties have not agreed on another tribunal the International Court of Justice shall be competent to declare the total or partial nullity of the award on the application of either party.

2. In the cases covered by article 35, subparagraphs (a) and (c) validity must be contested within six months of the rendering of the award and in the cases covered by subparagraphs (b) and (d) within six months of the discovery of the corruption or of the facts giving rise to the claim of nullity and in any case within ten years of the rendering of the award.

3. The Court may at the request of the interested party and if circumstances so require grant a stay of execution pending the final decision on the application for annulment

Article 37

If the award is declared invalid by the International Court of Justice the dispute shall be submitted to a new tribunal constituted by agreement between the parties or failing such agreement in the manner provided by article 3.

Revision of the award

Article 38

1. An application for the revision of the award may be made by either party on the ground of the discovery of some fact of such a nature as to constitute a decisive factor provided that when the award was rendered that fact well known to the tribunal and to the party requesting revisions, and that such ignorance was not due to the negligence of the party requesting revision.

2. The application for revision must be made within six months of the discovery of the new fact and in any case within ten years of the rendering of the award.

3. In the proceedings for revision, the tribunal shall, in the first instance, make a finding as to the existence of the alleged new fact and rule on the admissibility of the application.

4. If the tribunal finds the application admissible, it shall then decide on the merits of the dispute.

5.. The application for revision shall whenever possible be made to the tribunal which rendered the award.

6. If, for any reason, it is not possible to make the application to the tribunal which rendered the award, it may, unless the parties otherwise agree, be made by either of them to the International Court of Justice.

7. The tribunal or the Court may at the request of the interested party, and if circumstances so require, grant a stay of execution pending the final decision on the application for revision.

CORTE INTERNACIONAL DE JUSTICIA
REGLAMENTO DE LA CORTE
ADOPTADO EL 14 DE ABRIL DE 1978

PREAMBULO*

La Corte,

Visto el Capítulo XIV de la Carta de las Naciones Unidas;

Visto el Estatuto de la Corte anexo a dicha Carta;

Actuando en cumplimiento del Artículo 30 del Estatuto;

Adopta el siguiente Reglamento.

* La enmienda entró en vigor el 14 de abril de 2005.

TITULO I
LA CORTE
SECCION A. JUECES Y ASESORES
SUBSECCIÓN 1. MIEMBROS DE LA CORTE

Artículo 1

1. Los miembros de la Corte son los jueces elegidos de acuerdo con los Artículos 2 a 15 del Estatuto.

2. A los efectos de un asunto determinado, la Corte puede además incluir en su seno una o más personas designadas de acuerdo con el Artículo 31 del Estatuto para que tomen asiento en calidad de jueces ad hoc.

3. En este Reglamento, se entiende por «miembro de la Corte» un juez elegido y por «juez» tanto un miembro de la Corte como un juez ad hoc.

Artículo 2

1. El período de funciones de los miembros de la Corte elegidos en una elección trienal empezará a correr el 6 de febrero del año en que se produzcan las vacantes que provean.

2. El período de funciones de un miembro de la Corte elegido para reemplazar a un miembro cuyo período de funciones no haya expirado empezará a correr en la fecha de la elección.

Artículo 3

1. En el ejercicio de sus funciones, los miembros de la Corte están en condiciones de igualdad, independientemente de su edad, de la fecha de su elección o de su antigüedad en la función.

2. Sin perjuicio de lo dispuesto en los párrafos 4 y 5 de este Artículo, la precedencia de los miembros de la Corte se establecerá de acuerdo con la fecha en que entraron en funciones conforme al Artículo 2 de este Reglamento.

3. Entre los miembros de la Corte que entraron en funciones en la misma fecha la precedencia se establecerá por orden de edad.

4. Todo miembro de la Corte reelegido para un nuevo período de funciones que sea consecutivo al anteriror conservará su precedencia.

5. Durante sus mandatos respectivos el Presidente y el Vicepresidente de la Corte tendrán precedencia sobre todos los demás miembros de la Corte.

6. El miembro de la Corte que, de acuerdo con los párrafos anteriores, tenga precedencia inmediatamente después del Presidente y del Vicepresidente es denominado, a los efectos de este Reglamento, «juez decano». Si el juez decano estuviera impedido de actuar será considerado como tal el miembro de la Corte que le siga inmediatamente en precedencia y pueda actuar.

Artículo 4

1. Todo miembro de la Corte deberá hacer, de acuerdo con el artículo 20 del Estatuto, la declaración siguiente:

«Declaro solemnemente que cumpliré mis deberes y ejerceré mis atribuciones de juez, honrada y fielmente, con absoluta imparcialidad y con toda conciencia.»

2. Esta declaración se hará en la primera audiencia pública en la que el miembro de la Corte esté presente. Esta audiencia tendrá lugar lo ante posible después de que empiece su período de funciones y, si es necesario, se celebrará una audiencia especial a este efecto.

3. Un miembro de la Corte reelegido renovará su declaración solamente si su nuevo período de funciones no es consecutivo al anterior.

Artículo 5

1. Su un miembro de la Corte decide renunciar, comunicará su decisión al Presidente y la renuncia tendrá efecto de acuerdo con lo dispuesto en el párrafo 4 del Artículo 13 del Estatuto.

2. Si el miembro de la Corte que decide renunciar de la Corte es el Presidente, comunicará su decisión a la Corte y la renuncia tendrá efecto de acuerdo con lo dispuesto en el párrafo 4 del Artículo 13 del Estatuto.

Artículo 6

Cuando pretenda aplicarse el Artículo 18 del Estatuto, el miembro de la Corte interesado será informado por el Presidente o, si procede, por el Vicepresidente mediante una comunicación escrita en la que se expondrán las razones para ello y se indicarán todos los elementos de prueba pertinentes.

Seguidamente se le ofrecerá, en sesión privada de la Corte convocada proporcionar las informaciones o explicaciones que desee dar y de contestar oralmente o por escrito las preguntas que se le hagan. En una sesión privada ulterior de la Corte, en la que no estará presente el miembro de la Corte interesado, la cuestión será discutida; cada miembro de la Corte deberá dar su opinión y, si así se solicita, se procederá a una votación.

Subsección 2. Jueces ad hoc

Artículo 7

1. Los jueces ad hoc designados de acuerdo con el Artículo 31 del Estatuto para asuntos determinados tomarán asiento en la Corte en las circunstancias y según el procedimiento previstos en el párrafo 2 del Artículo 17, en los Artículos 35, 36 y 37, en el párrafo 2 del Artículo 91 y en el párrafo 3 del Artículo 102, de este Reglamento.

2. Dichos jueces participarán en los asuntos en que tomen parte en términos de absoluta igualdad con los otros jueces.

3. Los jueces ad hoc tendrán precedencia después de los miembros de la Corte y por orden de edad.

Artículo 8

1. La declaración solemne que deben hacer los jueces ad hoc de acuerdo con el Artículo 20 y párrafo 6 del Artículo 31 del Estatuto será la misma que la prevista en el párrafo 1 del Artículo 4 de este Reglamento.

2. Esta declaración será hecha en una audiencia pública concerniente al asunto en que participe el juez ad hoc. Si el asunto es examinado por una Sala de la Corte, la declaración será hecha de la misma manera en la Sala de que se trate.

3. Los jueces ad hoc harán una declaración para cada uno de los asuntos en que participen, incluso si ya la hubieran hecho para un asunto anterior, pero no tendrán que renovarla para una fase ulterior de un mismo asunto.

SUBSECCIÓN 3. ASESORES

Artículo 9

1. La Corte, de oficio o a petición presentada antes del cierre del procedimiento escrito, podrá decidir, en un asunto contencioso o consultivo, nombrar asesores que tomarán asiento con la Corte pero no tendrán derecho a voto.

2. Una vez que la Corte haya tomado esta decisión, el Presidente recogerá toda la información que sea pertinente para la elección de los asesores.

3. Los asesores serán designados en votación secreta y por la mayoría de votos de los jueces que compongan la Corte para el asunto de que se trate.

4. Las Salas previstas en los Artículos 26 y 29 del Estatuto y sus presidentes tendrán las mismas facultades y las ejercerán de la misma manera.

5. Antes de asumir sus funciones, los asesores harán en audiencia pública la declaración siguiente:

«Declaro solemnemente que cumpliré mis deberes de asesor honradamente, con completa y absoluta imparcialidad y con toda conciencia y que observaré fielmente todas las disposiciones del Estatuto y del Reglamento de la Corte.»

SECCION B. PRESIDENCIA

Artículo 10

1. El mandato del Presidente y el del Vicepresidente empiezan a correr en la fecha en que, de acuerdo con Artículo 2 de este Reglamento, empieza a correr el período de funciones de los miembros de la Corte elegidos en una elección trienal.

2. Las elecciones a la presidencia y a la vicepresidencia tendrán lugar en esa fecha o poco después. Si el Presidente saliente continúa siendo miembro de la Corte, seguirá ejerciendo sus funciones de Presidente hasta que tenga lugar la elección a la presidencia.

Artículo 11

1. Si, en la fecha de la elección a la presidencia, el Presidente saliente continua siendo miembro de la Corte, la elección se llevará a cabo bajo su dirección. Si ha cesado de ser miembro de la Corte o está impedido de actuar, la elección será dirigida por el miembro de la Corte que ejerza la presidencia de acuerdo con el párrafo 1 del Artículo 13 de este Reglamento.

2. La elección tendrá lugar por votación secreta, una vez que el miembro de la Corte que ejerza la presidencia haya indicado el número de votos necesarios para ser elegido; no habrá presentación de candidaturas. El miembro de la Corte que obtenga los votos de la mayoría de los miembros que la compongan en el momento de la elección será declarado elegido y entrará en funciones acto seguido.

3. La elección del Vicepresidente se llevará a cabo bajo la dirección del nuevo Presidente en la misma sesión o en la siguiente. Se aplicarán igualmente a esta elección las disposiciones del párrafo 2 de este Artículo.

Artículo 12

El Presidente presidirá todas las sesiones de la Corte, dirigirá sus trabajos y supervisará la administración de la Corte.

Artículo 13

1. Cuando la presidencia esté vacante o el Presidente esté impedido de ejercerla, las funciones de la presidencia serán desempeñadas por el Vicepresidente o, en su defecto, por el juez decano.

2. Cuando en virtud de una disposición del Estatuto o de este Reglamento esté impedido de participar en un asunto determinado o de presidirlo, el Presidente continuará ejerciendo la presidencia a todos los efectos excepto con respecto al asunto de que se trate.

3. El Presidente tomará las medidas necesarias para asegurar el continuo ejercicio de las funciones de la presidencia en la sede de la Corte. En caso de ausencia podrá disponer, en la medida en que ello sea compatible con el Estatuto y este Reglamento, que esas funciones sean ejercidas por el Vicepresidente o, en su defecto, por el juez decano.

4. Si el Presidente decide renunciar a la presidencia, informará por escrito a la Corte por intermedio del Vicepresidente o, en su defecto, del juez decano. Si el Vicepresidente decide renunciar a la vicepresidencia, informará al Presidente.

Artículo 14

Si se produce una vacante de la presidencia o de la vicepresidencia antes de la fecha de expiración del mandato en curso de acuerdo con el párrafo 1 del Artículo 21 del Estatuto y el párrafo 1 del Artículo 10 de este Reglamento, la Corte decidirá si debe proveerse la vacante para el resto del período que falte por cumplir.

SECCION C. SALAS

Artículo 15

1. La Sala de procedimiento sumario constituída anualmente de acuerdo con el Artículo 29 del Estatuto estará compuesta de cinco miembros de la Corte, a saber: el Presidente y el Vicepresidente, miembros ex oficio, y tres otros miembros elegidos de acuerdo con el párrafo 1 del Artículo 18 de este Reglamento. Además, se elegirán anualmente otros dos miembros de la Corte en calidad de suplentes.

2. La elección a que se refiere el párrafo 1 de este Artículo tendrá lugar anualmente lo antes posible después del 6 de febrero. Los miembros de la Sala entrarán en funciones desde su elección y continuarán en servicio hasta las elecciones siguientes; pueden ser reelegidos.

3. Cuando un miembro de la Sala, por la razón que sea, no pueda participar en un asunto determinado, será reemplazado, a los efectos del asunto de que se trate, por aquel de los dos suplentes que tenga precedencia.

4. Cuando un miembro de la Sala renuncia o cesa de formar parte de la misma por cualquier otro motivo, aquél de los dos suplentes que tenga precedencia ocupará su lugar convirtiéndose en miembro titular de la Sala y se elegirá a un nuevo suplente para reemplazarle como tal. En caso de que se produzcan más vacantes que el número de suplentes disponibles, se celebrarán elecciones lo antes posible para proveer las vacantes que todavía existan después de que los suplentes hayan pasado a ser titulares, así como para proveer las vacantes de suplentes.

Artículo 16

1. Cuando la Corte decida constituir una o más Salas de las previstas en el párrafo 1 del Artículo 26 del Estatuto, determinará la categoría de asuntos para los cuales se constituye cada Sala, el número de sus miembros, el período durante el cual servirán y la fecha de su entrada en funciones.

2. Los miembros de la Sala serán elegidos entre los miembros de la Corte, en la forma prevista en el párrafo 1 del Artículo 18 de este Reglamento, teniendo en cuenta los conocimientos especiales, aptitudes técnicas o experiencia a la categoría de asuntos de que deberá conocer la Sala.

3. La Corte puede decidir la supresión de una Sala, pero sin perjuicio del deber de la Sala de que se trate de determinar los asuntos pendientes ante la misma.

Artículo 17

1. Una solicitud tendiente a que se constituya una Sala para conocer de un asunto determinado, de acuerdo con el párrafo 2 del Artículo 26 del Estatuto, puede ser formulada en cualquier momento hasta el cierre del procedimiento escrito. Si la solicitud es hecha por una de las partes, el Presidente, una vez recibida, averiguará si la otra parte da su asentimiento.

2. Una vez comprobado el acuerdo de las partes, el Presidente indagará la opinión de cada una de las mismas en lo concerniente a la composición de la Sala e informará a la Corte al respecto. Tomará asimismo aquellas disposiciones que puedan ser necesarias para dar cumplimiento a lo previsto en el párrafo 4 del Artículo 31 del Estatuto.

3. La Corte, una vez que haya fijado, con el asentimiento de las partes, el número de sus miembros que compondrán la Sala, procederá a su elección en la forma prevista en el párrafo 1 del Artículo 18 de este Reglamento. Las vacantes que pudieran producirse serán provistas siguiendo el mismo procedimiento.

4. Los miembros de una Sala, constituida de conformidad con este Artículo, que hayan sido reemplazados, de acuerdo con Artículo 13 del Estatuto, por haber expirado su período de funciones, continuarán conociendo del asunto en todas

sus fases, sea cual fuere el trámite en que se encuentren en el momento del reemplazo.

Artículo 18

1. Las elecciones para todas las Salas tendrán lugar por votación secreta. Se declararán elegidos los miembros de la Corte que reciban el mayor número de votos y obtengan los de la mayoría de los miembros que compongan la Corte en el momento de la elección. Para proveer vacantes se llevarán a cabo, cuando proceda, los escrutinios que sean necesarios, cada uno de los cuales se limitará al número de vacantes que queden por proveer.

2. Si el Presidente o el Vicepresidente de la Corte, o ambos, son miembros de una Sala en el momento de su constitución, la Sala será presidida, según el caso, por el Presidente o por el Vicepresidente. En cualquier otro supuesto la Sala elegirá su proprio presidente por votación secreta y por mayoría de votos de sus miembros. El miembro de la Corte que, de acuerdo con este párrafo, presida la Sala en el momento de su constitución, continuará presidiéndola mientras sea miembro de dicha Sala.

3. El Presidente de una Sala ejerce, con respecto a los asuntos llevados ante la misma, todas las funciones que el Presidente de la Corte ejerce con respecto a los asuntos sometidos a la Corte.

4. Si el Presidente de la Sala estuviera impedido de participar o de presidir, las funciones de la presidencia de la Sala serán desempeñadas por el miembro de la Sala que sea primero en precedencia y que esté en condiciones de actuar.

SECCION D. FUNCIONAMIENTO INTERNO DE LA CORTE

Artículo 19

La práctica interna de la Corte en materia judicial se rige, sin perjuicio de lo dispuesto en el Estatuto y en este Reglamento, por las resoluciones que la Corte adopta en la materia.

Artículo 20

1. El quórum prescrito en el párrafo 3 del Artículo 25 del Estatuto se aplica a todas las sesiones de la Corte.

2. La obligación que incumbe a los miembros de la Corte, de acuerdo con el párrafo 3 del Artículo 23 del Estatuto, de estar en todo momento a disposición de la misma, implica asistencia a todas las sesiones de la Corte, salvo que estén impedidos de hacerlo por enfermedad o por razones graves debidamente explicadas al Presidente, quien informará a la Corte.

3. Los jueces ad hoc deberán asimismo estar a disposición de la Corte y asistir a todas las sesiones que se celebren en el asunto en que participen. No se les tendrá en cuenta para calcular el quórum.

4. La Corte fijará las fechas y la duración de las vacaciones judiciales y las fechas y las condiciones de las licencias que se concedan a los miembros de la Corte, de acuerdo con el párrafo 2 del Artículo 23 del Estatuto, habida cuenta, en ambos casos, del estado de su Registro General y de las exigencias de los trabajos en curso.

5. Sin perjuicio de tener en cuenta las mismas consideraciones, la Corte observará las fiestas que se guarden en el lugar en que esté reunida.

6. En caso de urgencia, el Presidente podrá convocar la Corte en cualquier momento.

Artículo 21

1. Las deliberaciones de la Corte tendrán lugar en privado y permanecerán secretas. La Corte, sin embargo, podrá en cualquier momento decidir la publicación de todo o parte de sus deliberaciones en materias que no sean judiciales o autorizar su publicación.

2. Únicamente los jueces y, si procede, los asesores participarán en las deliberaciones de la Corte en materia judicial. Estarán presentes el Secretario o su adjunto y aquellos otros funcionarios de la Secretaría de la Corte cuya presencia sea requerida. No se permitirá la presencia de ninguna otra persona si no es con la autorización de la Corte.

3. Las actas de las deliberaciones de la Corte en materia judicial se limitarán a indicar el título o la naturaleza de las cuestiones o temas debatidos y el resultado de las opiniones emitidas; sin embargo, cualquier juez tendrá derecho a pedir que una declaración hecha por él sea inserta en el acta.

TÍTULO II
SECRETARIA DE LA CORTE

Artículo 22

1. La Corte elegirá su Secretario, por votación secreta, entre los candidatos propuestos por los miembros de la Corte. El Secretario será elegido por un período de siete años. Puede ser reelegido.

2. En caso de vacante efectiva o inminente, el Presidente informará a los miembros de la Corte acto seguido de producirse la vacante o si ésta fuese a producirse por llegar a su término el mandato del Secretario con tres meses al menos de antelación a la expiración de dicho mandato. El Presidente fijará una fecha para el cierre de la lista de candidatos en

forma tal que las propuestas e información que les conciernan puedan ser recibidas con tiempo suficiente.

3. Toda propuesta irá acompañada de la información que sea pertinente sobre el candidato e indicará, especialmente, su edad, nacionalidad, ocupación actual, títulos universitarios, conocimientos lingüísticos, así como su experiencia previa en derecho, diplomacia o en asuntos de las organizaciones internacionales.

4. Será elegido el candidato que obtenga los votos de la mayoría de los miembros que compongan la Corte en el momento de la elección.

Artículo 23

La Corte elegirá un Secretario adjunto; las disposiciones del Artículo 22 de este Reglamento se aplicarán a su elección y a la duración de su mandato.

Artículo 24

1. Antes de asumir sus funciones el Secretario hará ante la Corte la declaración siguiente: «Declaro solemnemente que ejerceré con toda lealtad, discreción y conciencia los deberes que me incumben en mi calidad de Secretario de la Corte Internacional de Justicia, y que observaré fielmente todas las disposiciones del Estatuto y del Reglamento de la Corte.»

2. El Secretario adjunto, antes de asumir sus funciones, hará una declaración similar ante la Corte.

Artículo 25

1. Los funcionarios de la Secretaría de la Corte serán nombrados por la Corte a propuesta del Secretario. Sin embargo el Secretario, con la aprobación del Presidente, podrá hacer nombramientos para aquellos puestos que la Corte determine.

2. Antes de asumir sus funciones, cada funcionario hará, ante el Presidente y en presencia del Secretario, la declaración siguiente: «Declaro selomnemente que ejerceré con toda lealtad, discreción y conciencia los deberes que me incumben en mi calidad de funcionario de la Secretaría de la Corte Internacional de Justicia y que observaré fielmente todas las disposiciones del Estatuto y del Reglamento de la Corte.»

Artículo 26

1. En el ejercicio de sus funciones, el Secretario:

a) servirá de intermediario de las comunicaciones que emanen de la Corte o que sean dirigidas a ella y, en particular, efectuará las comunicaciones, notificaciones y transmisiones de documentos previstas por el Estatuto o por este Reglamento, y velará por que las fechas de su salida y de su entrada puedan ser comprobadas fácilmente;

b) mantendrá, bajo la supervisión del Presidente y en la forma prescrita por la Corte, un Registro General de todos los asuntos, que serán inscritos y numerados en el orden en que los escritos incoando un procedimiento contencioso o solicitando una opinión consultiva se reciban en la Secretaría de la Corte;

c) conservará las declaraciones por las cuales los Estados no partes en el Estatuto aceptan la jurisdicción de la Corte según resolución adoptada por el Consejo se Seguridad de acuerdo con el párrafo 2 del Artículo 35 del Estatuto y transmitirá copias certificadas conformes de las mismas a todos los Estados partes en el Estatuto, a aquellos otros Estados que hubieran depositado tal declaración y al Secretario General de las Naciones Unidas;

d) transmitirá a las partes, desde que se reciban en la Secretaría de la Corte, copias de todos los alegatos presentados por escrito y de los documentos que los acompañen;

e) comunicará al gobierno del país en que se reúna la Corte o una de sus Salas, y a todos los demás gobiernos interesados, la información necesaria relativa a las personas llamadas a beneficiarse, según el Estatuto y acuerdos pertinentes, de privilegios, inmunidades o facilidades;

f) asistirá en persona a las sesiones de la Corte o de sus Salas o encargará a su adjunto de hacerlo, y será responsable de la preparación de las actas de esas sesiones;

g) tomará las disposiciones necesarias para que se hagan o comprueben las traducciones e interpretaciones que la Corte pueda necesitar en los idiomas oficiales de la Corte;

h) firmará los fallos, opiniones consultivas y providencias de la Corte, así como las actas a que hace referencia el apartado f);

i) será responsable de la impresión y publicación de los fallos, opiniones consultivas y providencias de la Corte, de los alegatos y exposiciones escritas y de las actas de las audiencias públicas de cada asunto, así como de cualquier otro documento que la Corte disponga que se publique;

j) asumirá la responsabilidad de todo el trabajo administrativo y, en particular, de la contabilidad y de la gestión financiera de acuerdo con los métodos aplicados por la Organización de las Naciones Unidas en materia financiera;

k) atenderá las peticiones de información relativas a la Corte y a sus actividades;

l) contribuirá al mantenimiento de relaciones entre la Corte y otros órganos de las Naciones Unidas, agencias especializadas y conferencias y organismos internacionales que se ocupan de la codificación y el desarrollo progresivo del derecho internacional;

m) cuidará que información relativa a la Corte y sus actividades sea puesta a la disposición de los gobiernos, de los más altos tribunales y cortes nacionales de justicia, de las asociaciones profesionales, sociedades eruditas, facultades y escuelas de derecho, así como de los medios de información pública;

n) tendrá la custodia de los sellos y matasellos de la Corte, así como de los archivos de la Corte y de cualquier otro archivo confiado a ésta.

2. La Corte puede, en cualquier momento, confiar otras funciones al Secretario.

3. El Secretario, en el desempeño de sus funciones, es responsable ante la Corte.

Artículo 27

1. El Secretario adjunto asistirá al Secretario y le reemplazará durante su ausencia o en caso de que quede vacante el puesto hasta que éste sea provisto.

2. Si ambos, el Secretario y el Secretario adjunto, estuvieran impedidos de ejercer las funciones de Secretario, el Presidente designará un funcionario de la Secretaría de la Corte para ejercerlas durante el tiempo necesario. Si ambos puestos están vacantes al mismo tiempo, el Presidente, previa consulta de los miembros de la Corte, designará un funcionario de la Secretaría de la Corte para ejercer las funciones de Secretario hasta la elección de un nuevo Secretario.

Artículo 28

1. La Secretaría de la Corte se compone del Secretario, del Secretario adjunto y de todos aquellos funcionarios que el Secretario crea necesarios para el ejercicio eficaz de sus funciones.

2. La Corte dispondrá la organización de la Secretaría de la Corte y, a este efecto, invitará al Secretario a hacerle propuestas.

3. Las instrucciones para la Secretaría de la Corte serán elaboradas por el Secretario y aprobadas por la Corte.

4. El personal de la Secretaría de la Corte está sujeto a un estatuto del personal elaborado por el Secretario, tan ajustadamente como sea posible al Estatuto y Reglamento del personal de la Organización de la Naciones Unidas, y aprobado por la Corte.

Artículo 29

1. El Secretario únicamente podrá ser depuesto de sus funciones cuando en opinión de dos tercios de los miembros de la Corte no esté ya en condiciones de ejercerlas o haya cometido una infracción grave a sus deberes.

2. Antes de que se tome una decisión en aplicación de este Artículo, el Presidente informará al Secretario de la medida que se está considerando mediante una comunicación escrita en la que se expondrán las razones para ello y se indicarán los elementos de prueba pertinentes. Seguidamente se le ofrecerá, en sesión privada de la Corte, la oportunidad de hacer una declaración, de proporcionar la información o las explicaciones que desee y de contestar oralmente o por escrito las preguntas que se le hagan.

3. El Secretario adjunto únicamente podrá ser depuesto de sus funciones por las mismas razones y según el mismo procedimiento.

TÍTULO III
PROCEDIMIENTO CONTENCIOSO
SECCION A. COMUNICACIONES A LA CORTE Y CONSULTAS

Artículo 30

Todas las comunicaciones a la Corte hechas de acuerdo con este Reglamento serán dirigidas al Secretario salvo indicación contraria. Toda petición formulada por una parte será asimismo dirigida al Secretario a menos que sea presentada en una audiencia pública de la Corte durante la fase oral del procedimiento.

Artículo 31

En todo asunto sometido a la Corte el Presidente se informará de la opinión que tengan cada una de las partes sobre las cuestiones de procedimiento. Los agentes de las partes serán convocados a este efecto por el Presidente lo antes posible después de que sean designados y ulteriormente siempre y cuando sea necesario.

SECCION B. COMPOSICIÓN DE LA CORTE EN ASUNTOS DETERMINADOS

Artículo 32

1. Si el Presidente de la Corte fuera nacional de una de las partes en un asunto, no ejercerá la presidencia en dicho asunto. Se aplicará la misma regla al Vicepresidente o al juez decano si fueran llamados a actuar como Presidente.

2. El miembro de la Corte que presida en un asunto en la fecha en que la Corte se reúna para el procedimiento oral continuará en el asunto hasta la terminación de la fase de que se trate, incluso si, entretanto, se elige un nuevo Presidente o un nuevo Vicepresidente. Si estuviera impedido de participar, la presidencia en el asunto será determinada de acuerdo con el Artículo 13 de este Reglamento teniendo en cuenta la

composición de la Corte en la fecha en que ésta se reunió para el procedimiento oral.

Artículo 33

Salvo en el caso previsto en el Artículo 17 de este Reglamento, los miembros de la Corte que una vez expirado su periodo de funciones hayan sido reemplazados, de acuerdo con el párrafo 3 del Artículo 13 del Estatuto, cumplirán el deber que les impone lo dispuesto en dicho párrafo continuando su participación hasta la terminación de cualquier fase de un asunto con respecto a la cual la Corte se haya reunido para el procedimiento oral con anterioridad a la fecha de ese reemplazo.

Artículo 34

1. En caso de duda sobre la aplicación del párrafo 2 del Artículo 17 del Estatuto o en caso de desacuerdo sobre la aplicación del Artículo 24 del Estatuto, el Presidente informará a los miembros de la Corte, a quienes corresponde tomar la decisión.

2. Cuando una parte desee llamar la atención de la Corte sobre hechos que considere que puedan ser pertinentes para la aplicación de las disposiciones del Estatuto mencionadas en el párrafo precedente, pero estime que quizá no sean conocidos por la Corte, los comunicará confidencialmente al Presidente por escrito.

Artículo 35

1. Cuando una parte se proponga ejercer la facultad que le confiere el Artículo 31 del Estatuto de designar un juez ad hoc en un asunto, notificará su intención a la Corte lo antes posible. Si al mismo tiempo no indica el nombre y la nacionalidad del juez designado, la parte de que se trate deberá, no más tarde de dos meses antes de la fecha fijada para la presentación de la contra memoria, dar a conocer a la Corte el nombre y la nacionalidad de la persona designada y facilitar una breve nota biográfica de la misma. El juez ad hoc puede ser de nacionalidad distinta de la Parte que lo designe.

2. Cuando una parte esté dispuesta a abstenerse de designar un juez ad hoc a condición de que la otra parte haga lo mismo, lo notificará a la Corte y ésta informará a la otra parte. Si la otra parte manifiesta su intención de designar un juez ad hoc o lo designa, el Presidente podrá prorrogar el plazo concedido a la parte que anteriormente se había abstenido de hacer una designación.

3. El Secretario comunicará copia de toda notificación relativa a la designación de un juez ad hoc a la otra parte, la cual será invitada a presentar, en un plazo fijado por el Presidente, las observaciones que desee hacer. Si dentro del plazo señalado, la otra parte no hace objeción alguna y la propia Corte tampoco encuentra ninguna, se informará a las partes.

4. En caso de oposición o de duda la Corte decidirá la cuestión, una vez oídas las partes si fuese necesario.

5. Un juez ad hoc que después de haber aceptado la designación se vea impedido de participar puede ser reemplazado.

6. Cuando conste que han dejado de existir las razones en las que se funda la participación de un juez ad hoc, éste cesará de participar.

Artículo 36

1. Si la Corte comprueba que dos a más partes hacen causa común y que por tanto, deben ser contadas como una sola parte, y no hubiera en la Corte miembro de la nacionalidad de ninguna de ellas, la Corte fijará un plazo para que designen de común acuerdo un juez ad hoc.

2. Si una de las partes, entre aquellas que la Corte ha comprobado que hacen causa común, alega la existencia de un interés propio o formula cualquier otra objeción, la Corte decidirá la cuestion, una vez oídas las partes si fuese necesario.

Artículo 37

1. Cuando un miembro de la Corte de la nacionalidad de una de las partes no está en condiciones de participar en una fase de un asunto o deja de estarlo, la parte de que se trate tiene derecho a designar un juez ad hoc en un plazo fijado por la Corte o, si ésta no estuviese reunida por el Presidente.

2. Se considerará que las partes que hacen causa común no tienen en la Corte un juez de la nacionalidad de ninguna de ellas, si el miembro de la Corte de la nacionalidad de una de ellas no está en condiciones de participar en una fase cualquiera del asunto o deja de estarlo.

3. Cuando el miembro de la Corte de la nacionalidad de una de las partes está de nuevo en condiciones de participar antes de que se cierre el procedimiento escrito relativo a una fase determinada del asunto, volverá a ejercer sus funciones de juez en dicho asunto.

SECCION C. PROCEDIMIENTO ANTE LA CORTE

Subsección 1. Incoación del procedimiento

Artículo 38

1. Cuando el procedimiento sea incoado ante la Corte mediante una solicitud dirigida de acuerdo con lo dispuesto en el párrafo 1 del Artículo 40 del Estatuto, la solicitud deberá indicar la parte que la hace, el Estado contra quien se proponga la demanda y el objeto de la controversia.

2. La solicitud indicará, en la medida de lo posible, los fundamentos de derecho en que se basa el demandante para considerar competente a la Corte; indicará, además, la naturaleza precisa de lo demandado y contendrá una exposición sucinta de los hechos y fundamentos en que se basa la demanda.

3. El original de la solicitud será firmado por el agente de la parte que la dirija o por su representante diplomático en el país donde la Corte tiene su sede o por una persona debidamente autorizada. Si la solicitud lleva la firma de una persona que no sea el representante diplomático, la firma deberá ser legalizada por este último o por la autoridad competente del ministerio de asuntos exteriores del demandante.

4. El Secretario transmitirá inmediatamente al demandado una copia certificada conforme de la solicitud.

5. Cuando el demandante pretenda fundar la competencia de la Corte en un consentimiento todavía no dado o manifestado por el Estado contra quien se haga la solicitud, ésta última se transmitirá a ese Estado. No será, sin embargo, inscrita en el Registro General ni se efectuará ningún acto de procedimiento hasta tanto el Estado contra quien se haga la solicitud no haya aceptado la competencia de la Corte a los efectos del asunto de que se trate.

Artículo 39

1. Cuando el procedimiento sea incoado ante la Corte mediante la notificación de un compromiso de acuerdo con lo dispuesto en el párrafo 1 del Artículo 40 del Estatuto, la notificación podrá ser efectuada conjuntamente por las partes o por una o más de ellas. Si la notificación no se hace conjuntamente, el Secretario transmitirá inmediatamente a la otra parte una copia certificada conforme de la notificación.

2. La notificación deberá ir siempre acompañada del original del compromiso o de una copia certificada conforme del mismo. La notificación indicará asimismo, si ello no aparece de forma patente en el compromiso, el objeto preciso de la controversia y la identidad de las partes.

Artículo 40

1. Salvo en el caso previsto en el párrafo 5 del Artículo 38 de este Reglamento, todos los actos realizados en nombre de las partes después de haberse incoado un procedimiento serán efectuados por agentes. Cada agente deberá indicar un domicilio en la sede de la Corte elegido por él al que se enviarán todas las comunicaciones relativas al asunto de que se trate. Las comunicaciones enviadas a los agentes de las partes se consideran que han sido enviadas a las propias partes.

2. Cuando un procedimiento sea incoado mediante una solicitud, se indicará el nombre del agente del demandante. El demandado informará a la Corte del nombre de su agente al recibir la copia certificada conforme de la solicitud o lo antes posible después de haberla recibido.

3. Cuando un procedimiento sea incoado mediante la notificación de un compromiso, la parte que haga la notificación indicará el nombre de su agente. Cualquier otra parte en el compromiso informará a la Corte del nombre de su agente si no lo hubiera hecho ya antes, al recibir del Secretario una copia certificada conforme de la notificación o lo antes posible después de haberla recibido.

Artículo 41

La incoación de un procedimiento por un Estado que no es parte en el Estatuto pero que ha aceptado la jurisdicción de la Corte en virtud del párrafo 2 del Artículo 35 del Estatuto, mediante una declaración hecha de acuerdo con una resolución adoptada por el Consejo de Seguridad de conformidad con ese Artículo, deberá ir acompañada del depósito de dicha declaración, a no ser que ésta haya sido depositada con anterioridad en la Secretaría de la Corte. La Corte decidirá cualquier cuestión que se suscite sobre la validez o efecto de tal declaración.

Artículo 42

El Secretario transmitirá copia de cualquier solicitud o notificación de compromiso incoando un procedimiento ante la Corte: a) al Secretario General de las Naciones Unidas; b) a los Miembros de las Naciones Unidas; c) a los otros Estados que tengan derecho a comparecer ante la Corte.

Artículo 43*

1. Cuando en un caso que se litigue ante la Corte se discuta la interpretación de una convención en la que sean partes otros Estados además de las partes en litigio, de conformidad con el párrafo 1 del Artículo 63 del Estatuto, la Corte determinará las instrucciones que deberá dar al Secretario en la materia.

2. Cuando en un caso que se litigue ante la Corte se discuta la interpretación de una convención en la que sea parte una organización internacional pública, la Corte considerará si el Secretario debiere comunicarlo a dicha organización, y ésta podrá transmitir sus observaciones sobre aquellas disposiciones de la convención cuya interpretación se cuestione en el caso.

3. Si una organización internacional pública considera apropiado presentar observaciones de conformidad con el párrafo 2 del presente Artículo, deberá seguir el procedimiento descrito en el párrafo 2 del Artículo 69 del presente Reglamento.

Subsección 2. Procedimiento escrito

Artículo 44

1. A la luz de la información obtenida por el Presidente de acuerdo con el Artículo 31 de este Reglamento, la Corte dictará las providencias necesarias para fijar, entre otras cosas, el número y orden de los alegatos escritos y los plazos para su presentación.

2. A los efectos de la preparación de las providencias dictadas de conformidad con el párrafo 1 de este Artículo, se tendrá en cuenta cualquier acuerdo a que hayan podido llegar las partes siempre y cuando no ocasione un retraso injustificado.

3. La Corte podrá, a petición de la parte interesada, prorrogar un plazo o considerar como válido un acto de procedimiento realizado después de la expiración del plazo fijado, si estima que la petición está suficientemente justificada. En ambos casos se ofrecerá a la otra parte la oportunidad de dar a conocer su opinión.

4. Si la Corte no estuviese reunida, las facultades que le confiere este Artículo serán ejercidas por el Presidente, sin perjuicio de cualquier decisión ulterior que pudiera adoptar la Corte. Si la consulta prevista en el Artículo 31 revela un desacuerdo persistente entre las partes con respecto a la aplicación del párrafo 2 del Artículo 45 o del párrafo 2 del Artículo 46 de este Reglamento, se convocará la Corte para resolver la cuestión.

Artículo 45

1. En un procedimiento incoado mediante una solicitud, los alegatos escritos consistirán, por su orden, en una memoria del demandante y en una contra memoria del demandado.

La Corte podrá autorizar o disponer la presentación de una réplica por el demandante y de una dúplica por el demandado si las partes están de acuerdo a este respecto o si la Corte decide, de oficio o a instancia de parte, que estos alegatos escritos son necesarios.

Artículo 46

1. En un procedimiento incoado mediante la notificación de un compromiso, el número y orden de presentación de los alegatos escritos serán los establecidos en el proprio compromiso, a menos que la Corte, después de informarse de la opinión de cada una de las partes, decida otra cosa al respecto.

2. Si el compromiso no contiene disposición alguna a este respecto y las partes no se pusieran ulteriormente de acuerdo sobre el número y orden de presentación de los alegatos escritos, cada una de las partes depositará una memoria y una contra memoria dentro de los mismos plazos. La Corte no autorizará la presentación de una réplica y de una dúplica salvo en el caso de que las estime necesarias.

Artículo 47

La Corte podrá ordenar en cualquier momento la acumulación de los procedimientos relativos a dos o más asuntos. Podrá ordenar, asimismo, que los procedimientos escritos u orales, incluso la cita de testigos, sean comunes; también podrá ordenar la Corte, sin llegar a una acumulación formal, una acción común respecto a uno o varios elementos de esos procedimientos.

Artículo 48

Los plazos para el cumplimiento de actos de procedimiento podrán ser fijados indicando un período determinado pero deberán siempre especificar una fecha precisa. Los plazos serán tan breves como la naturaleza del asunto lo permita.

Artículo 49

1. La memoria contendrá una exposición de los hechos en que se basa la demanda, los fundamentos de derecho y las conclusiones.

2. La contra memoria contendrá: el reconocimiento o la negación de los hechos expuestos en la memoria; una exposición adicional de hechos, si procede; observaciones relativas a los fundamentos de derecho expuestos en la memoria; una exposición de fundamentos de derecho en respuesta; y las conclusiones.

3. La réplica y la dúplica, si la Corte las autoriza, no repetirán simplemente los argumentos de las partes sino que irán dirigidas a poner de relieve los puntos que todavía las separan.

4. En cada alegato escrito, la parte que lo presente indicará cuáles son sus conclusiones a esa altura del procedimiento, distinguiéndolas de los argumentos presentados, o confirmará las conclusiones hechas previamente.

Artículo 50

1. Se acompañarán como anexos al original de cada alegato escrito, copias certificadas conformes de todos los documentos pertinentes presentados en apoyo de los argumentos formulados en el alegato.

2. Si únicamente son pertinentes partes de un documento, bastará acompañar como anexos aquellos extractos necesarios a los fines del alegato de que se trate. Se depositará una copia completa del documento en la Secretaría de la Corte, a menos que haya sido publicado y sea fácilmente asequible.

3. En el momento en que se deposite un alegato escrito se facilitará una lista de todos los documentos anexos al alegato de que se trate.

Artículo 51

1. Si las partes acuerdan que todo el procedimiento escrito se siga en uno de los idiomas oficiales de la Corte, los alegatos escritos se presentarán únicamente en ese idioma. A falta de tal acuerdo, todo alegato escrito, o parte de un alegato escrito, se presentará en uno u otro de los idiomas oficiales.

2. Si de acuerdo con el párrafo 3 del Artículo 39 del Estatuto, se usase un idioma distinto del francés o del inglés, se acompañará al original de cada alegato escrito una traducción en francés o en inglés, certificada como exacta por la parte que la presente.

3. Cuando un documento anexo a un alegato escrito no esté redactado en uno de los dos idiomas oficiales de la Corte, se acompañará una traducción en uno de esos dos idiomas, certificada como exacta por la parte que lo presente. La traducción podrá limitarse a parte del anexo o a extractos del mismo pero, en este caso, deberá ir acompañada de una nota explicativa indicando los pasajes traducidos. La Corte podrá, sin embargo, pedir que se facilite la traducción de otros pasajes o una traducción completa.

Artículo 52

1. El original de cada alegato escrito será firmado por el agente y depositado en la Secretaría de la Corte. Deberá ir acompañado de una copia certificada conforme del alegato y de los documentos anexos al mismo, así como de las traducciones, para comunicación a la otra parte de acuerdo con el párrafo 4 del Artículo 43 del Estatuto, y del número de ejemplares adicionales requerido por la Secretaría de la Corte sin perjuicio de que más tarde puedan pedirse más ejemplares si las necesidades así lo exigiesen.

2. Todos los alegatos escritos serán fechados. Cuando un alegato escrito deba ser presentado en una fecha determinada, la fecha de su recepción en la Secretaría de la Corte será la que la Corte tendrá en cuenta.

3. La corrección de un error material en un documento depositado puede hacerse en todo momento con el asentimiento de la otra parte o mediante autorización del Presidente. Cualquier corrección hecha en esas condiciones se notificará a la otra parte de la misma manera que el alegato escrito al cual se refiere.

Artículo 53

1. La Corte, o si no estuviese reunida el Presidente, podrá decidir en cualquier momento, después de informarse de la opinión de cada una de las partes, que se pongan ejemplares de los alegatos escritos y de los documentos anexos a los mismos a la disposición de cualquier Estado que tenga derecho a comparecer ante la Corte y haya pedido que se le comuniquen.

2. La Corte podrá, después de informarse de la opinión de cada una de las partes, decidir qué ejemplares de los alegatos escritos y de los documentos anexos a los mismos se hagan accesibles al público a la apertura del procedimiento oral o con ulterioridad.

SUBSECCIÓN 3. PROCEDIMIENTO ORAL

Artículo 54

1. Una vez cerrado el procedimiento escrito, el asunto queda listo para la vista. La fecha de la apertura del procedimiento oral será fijada por la Corte, la cual podrá asimismo decidir, si procede, el aplazamiento de la apertura del procedimiento oral o de su continuación.

2. Al fijar la fecha para la apertura del procedimiento oral o disponer su aplazamiento, la Corte tendrá en cuenta la prioridad prescrita en el Artículo 74 de este Reglamento y cualquier otra circunstancia particular, incluso la urgencia de otro asunto.

3. Si la Corte no estuviese reunida, las facultades que le confiere este Artículo serán ejercidas por el Presidente.

Artículo 55

La Corte, si lo considera conveniente, podrá decidir, de acuerdo con el párrafo 1 del Artículo 22 del Estatuto, que la continuación del procedimiento en un asunto se lleve a cabo, en todo o en parte, en un lugar distinto de la sede de la Corte. Antes de decidirlo, se informará de la opinión de cada una de las partes.

Artículo 56

1. Después del cierre del procedimiento escrito, no podrá producirse ningún documento nuevo a la Corte por ninguna de las partes a no ser con el asentimiento de la otra parte o de acuerdo con lo dispuesto en el párrafo 2 de este Artículo. La parte que desee producir un nuevo documento depositará su original o una copia certificada conforme del mismo, con el número de ejemplares requeridos por la Secretaría de la Corte, la cual será responsable de transmitirlo a la otra parte y de informar a la Corte. Se entenderá que la otra parte asiente si no suscita objeciones a la producción del documento.

2. A falta de asentimiento, la Corte podrá autorizar, una vez oídas las partes, la producción del documento si estima que éste es necesario.

3. Cuando se produzca un nuevo documento de acuerdo con lo dispuesto en los párrafos 1 o 2 de este Artículo, deberá

ofrecerse a la otra parte la oportunidad de hacer observaciones sobre el mismo y de presentar documentos en apoyo de esas observaciones.

4. Durante las vistas no podrá hacerse referencia alguna al contenido de ningún documento que no haya sido producido de acuerdo con el Artículo 43 del Estatuto o con este Artículo, salvo si el documento forma parte de una publicación fácilmente asequible.

5. La aplicación de las disposiciones de este Artículo no será de suyo motivo de retraso de la apertura del procedimiento oral o de su continuación.

Artículo 57

Sin perjuicio de las reglas relativas a la producción de documentos, cada una de las partes comunicará al Secretario, con la debida antelación antes de la apertura del procedimiento oral. los medios de prueba que se proponga presentar o los que tenga la intención de pedir que obtenga la Corte. Esta comunicación contendrá la lista de los nombres, apellidos, nacionalidades, calidades y domicilio de los testigos y peritos que la parte de que se trate desee que sean llamados, con indicación, en líneas generales, del punto o puntos sobre los cuales versará su deposición. Se facilitará, asimismo, una copia de esta comunicación para ser transmitida a la otra parte.

Artículo 58

1. La Corte determinará si las partes deberán pronunciar sus alegatos antes o después de la presentación de los medios de prueba; se reservará siempre, sin embargo, el derecho de las partes a comentar las pruebas presentadas.

2. El orden en que serán oídas las partes, el método que se ha de seguir en la presentación de los medios de prueba y en la audición de testigos y peritos, así como el número de consejeros y abogados que tomarán la palabra en nombre de cada parte, será fijado por la Corte después de informarse de la opinión de cada una de las partes de acuerdo con lo dispuesto en el Artículo 31 de este Reglamento.

Artículo 59

Las vistas serán en audiencia pública, salvo que la Corte disponga otra cosa al respecto o que las partes pidan que no se admita al público. Una decisión o una petición en este sentido podrá referirse a todas las vistas o a parte de las mismas y producirse en cualquier momento.

Artículo 60

1. Los alegatos pronunciados en nombre de cada parte serán tan sucintos como sea posible habida cuenta de lo que es necesario para una presentación adecuada de las pretensiones de las partes en las vistas. Por consiguiente, irán examinadas a tratar les puntos que todavía separan a las partes sin volver a exponer todo lo que ya se trató en los alegatos escritos, ni simplemente repetir los hechos y argumentos ya invocados en los mismos.

2. Concluido el último alegato presentado durante el procedimiento oral por una parte, su agente dará lectura a las conclusiones finales de la parte de que se trate sin recapitular la argumentación. Se comunicará a la Corte y se transmitirá a la otra parte copia, firmada por el agente, del texto escrito de las conclusiones finales.

Artículo 61

1. La Corte podrá, en cualquier momento antes o durante vistas, indicar los puntos o problemas que desearía que trataran especialmente las partes o aquellos que considera que han sido suficientemente discutidos.

2. La Corte podrá, durante las vistas, hacer preguntas a los agentes, consejeros y abogados o pedirles aclaraciones.

3. Cada juez gozará de la misma facultad pero antes de ejercitarla dará a conocer su intención al Presidente, que es a quien corresponde dirigir las vistas de acuerdo con el Artículo 45 del Estatuto.

4. Los agentes, consejeros y abogados podrán contestar inmediatamente o dentro de un plazo fijado por el Presidente.

Artículo 62

1. La Corte podrá invitar, en cualquier momento, a las partes a presentar los medios de prueba o a dar las explicaciones que considere necesarios para aclarar cualquier aspecto de las cuestiones en disputa o podrá tratar de procurarse otras informaciones con ese fin.

2. La Corte podrá disponer, si procede, que un testigo o un perito deponga durante el procedimiento.

Artículo 63

1. Las partes pueden hacer comparecer los testigos y peritos que figuren en la lista comunicada a la Corte de acuerdo con el Artículo 57 de este Reglamento. Si en cualquier momento del procedimiento oral una de las partes desea la comparecencia de un testigo o de un perito cuyo nombre no figure en dicha lista, informará a la Corte y a la otra parte y proporcionará la información prescrita en el Artículo 57. El testigo o el perito podrá ser oído si la otra parte no se opone o si la Corte considera verosímil que la deposición sería pertinente.

2. La Corte o, si ésta no estuviese reunida, el Presidente tomará, a instancia de parte o de oficio, las medidas que sean necesarias para la audición de testigos fuera de la Corte.

Artículo 64

Salvo en el caso de que la Corte, teniendo en cuenta circunstancias especiales, eligiera una fórmula diferente, a) todo testigo, antes de hacer su deposición, hará la declaración siguiente: «Declaro solemnemente, por mi honor y conciencia, que diré la verdad, toda la verdad y nada más que la verdad»; b) todo perito, antes de hacer su exposición, hará la declaración siguiente: «Declaro solemnemente, por mi honor y conciencia, que diré la verdad, toda la verdad y nada más que la verdad, y que mi exposición estará de acuerdo con mi sincera convicción.»

Artículo 65

Los testigos y peritos serán interrogados por los agentes, consejeros o abogados de las partes bajo la autoridad del Presidente. El Presidente y los jueces podrán hacerles preguntas. Antes de deponer, los testigos permanecerán fuera de la sala de audiencia.

Artículo 66

La Corte podrá en cualquier momento decidir, de oficio o a instancia de parte, ejercer sus funciones con respecto a la obtención de pruebas en los lugares a los que el asunto se refiere, en las condiciones que ella determine después de informarse sobre la opinión de cada parte. Se tomarán las disposiciones que sean necesarias de acuerdo con el Artículo 44 del Estatuto.

Artículo 67

1. Si la Corte considera necesario proceder a una investigación o a un peritaje, dictará, una vez oídas las partes, una providencia a ese efecto, en la que se precisará el objeto de la investigación o del peritaje y determinará el número y forma de designación de los investigadores o de los peritos, así como el procedimiento que se ha de seguir. La Corte, cuando proceda, invitará a las personas designadas como investigadores o peritos a hacer una declaración solemne.

2. Todo informe o acta relativa a la investigación y todo dictamen pericial será comunicado a las partes, a las que se les dará la oportunidad de presentar sus observaciones al respecto.

Artículo 68

Los testigos y peritos que comparezcan por iniciativa de la Corte, de acuerdo con el párrafo 2 del Artículo 62 de este Reglamento, y los investigadores y peritos designados de acuerdo con el párrafo 1 del Artículo 67 del mismo, serán compensados, cuando proceda, con fondos de la Corte.

Artículo 69

1. En cualquier momento antes del cierre del procedimiento oral, la Corte podrá, de oficio o a instancia de parte comunicada como se prevé en el Artículo 57 de este Reglamento, solicitar de una organización internacional pública, de acuerdo con el Artículo 34 del Estatuto, información relativa a un asunto ante la Corte. La Corte determinará, previa consulta con el más alto funcionario administrativo de la organización interesada, la forma, oral o escrita, en que esa información será presentada y el plazo para su presentación.

2. Cuando una organización internacional pública considere oportuno facilitar por iniciativa propia información relativa a un asunto ante la Corte, lo hará antes del cierre del procedimiento escrito. La Corte detendrá la facultad de pedir información complementaria, oralmente o por escrito, en forma de respuestas a las preguntas que estime oportuno formular, así como de autorizar a las partes a presentar observaciones, oralmente o por escrito, sobre la información facilitada de ese modo.

3. En el caso previsto en el párrafo 3 del Artículo 34 del Estatuto, el Secretario, siguiendo instrucciones de la Corte o, si ésta no estuviese reunida, del Presidente, procederá como está prescrito en dicho párrafo. La Corte, o si no estuviese reunida el Presidente, podrá fijar, a contar del día en que el Secretario haya transmitido copias del procedimiento escrito y después de consultar al más alto funcionario administrativo de la organización internacional pública interesada, un plazo dentro del cual la organización podrá presentar a la Corte sus observaciones escritas. Estas observaciones se comunicarán a las partes y podrán ser debatidas por ellas y por el representante de dicha organización en el curso del procedimiento oral.

4. En los párrafos precedentes, se entiende por «organización internacional pública» una organización internacional de Estados.

Artículo 70

1. Los alegatos, declaraciones y deposiciones hechos en audiencia en uno de los idiomas oficiales de la Corte serán interpretados, salvo decisión contraria de la Corte, en el otro idioma oficial. Si se pronuncian o hacen en cualquier otro idioma serán interpretados en los dos idiomas oficiales de la Corte.

2. Cuando, de acuerdo con el párrafo 3 del Artículo 39 del Estatuto, se usará un idioma distinto del francés o del inglés, la parte interesada deberá tomar las disposiciones que sean necesarias para la interpretación en uno de los dos idiomas oficiales; el Secretario, sin embargo, tomará las disposiciones que requiera la comprobación de la interpretación proporcionada por una parte para las deposiciones hechas

en su nombre. En el caso de testigos o de peritos que comparezcan por iniciativa de la Corte, las disposiciones para la interpretación serán tomadas por la Secretaría de la Corte.

3. La parte en cuyo nombre se pronuncien alegatos o se hagan declaraciones o deposiciones en un idioma distinto de los idiomas oficiales de la Corte lo notificará al Secretario con la antelación suficiente para que éste pueda adoptar las disposiciones necesarias.

4. Los int érpretes facilitados por parte, deberán, antes de asumir sus funciones en un asunto, hacer ante la Corte la declaración siguiente: «Declaro solemnemente, por mi honor y conciencia, que mi interpretación será fiel y completa.»

Artículo 71

1. El Secretario levantará acta taquigráfica de cada audiencia en el idioma o idiomas oficiales de la Corte que se hayan usado en la audiencia de que se trate. Si se ha usado un idioma distinto de los oficiales, el acta se levantará en uno de los idiomas oficiales de la Corte.

2. Cuando los alegatos o declaraciones se hagan en un idioma distinto de los oficiales de la Corte la parte en cuyo nombre se hacen proporcionará por adelantado a la Secretaría de la Corte un texto en uno de los idiomas oficiales y este texto constituirá el pasaje correspondiente del acta.

3. El texto de las actas deberá ir precedido por los nombres de los jueces presentes y los de los agentes, consejeros y abogados de las partes.

4. Se distribuirán copias de las actas a los jueces que intervengan en el asunto y a las partes. Estas podrán, bajo el control de la Corte, corregir la transcripción de los alegatos y declaraciones hechas en su nombre, siempre que no afecten ni a su sentido ni a su alcance. Los jueces podrán, asimismo, hacer correcciones a la transcripción de lo que hayan dicho.

5. Se comunicará a los testigos y peritos, quienes podrán corregirlas de la misma manera que las partes, la parte del acta que se refiera a las deposiciones o exposiciones hechas por ellos.

6. Una copia certificada conforme del acta corregida, firmada por el Presidente y el Secretario, constituirá el acta de la vista que hará fe a los efectos del Artículo 47 del Estatuto. La Corte imprimirá y publicará las actas de las audiencias públicas.

Artículo 72

Cualquier respuesta escrita de una parte a una pregunta hecha de acuerdo con el Artículo 61 de esta Reglamento o cualquier medio de prueba o explicación proporcionados por una parte de acuerdo con el Artículo 62, y recibidos por la Corte una vez cerrado el procedimiento oral serán comunicados a la otra parte, a la que se le dará la oportunidad de presentar sus observaciones al respecto. En caso necesario el procedimiento oral podrá ser abierto nuevamente para ese fin.

SECCION D.
PROCEDIMIENTOS INCIDENTALES

Subsección 1.
Medidas provisionales

Artículo 73

1. Una demanda escrita solicitando que se indiquen medidas provisionales de resguardo puede ser presentada por una de las partes en cualquier momento en el curso del procedimiento concerniente al asunto con relación al cual se formula tal demanda.

2. La demanda indicará los motivos en que se funda, las posibles consecuencias en caso de que se rechace y las medidas que se solicitan. El Secretario transmitirá inmediatamente a la otra parte copia certificada conforme de la demanda.

Artículo 74

1. La demanda de indicación de medidas provisionales tendrá prioridad con respecto a todos los demás asuntos.

2. Si la Corte no estuviese reunida cuando se presente la demanda, será convocada sin tardanza para que, con carácter de urgencia, tome una decisión sobre la demanda.

3. La Corte, o si no estuviese reunida el Presidente, fijará la fecha del procedimiento oral de manera tal que las partes tengan la oportunidad de estar representadas en el mismo. La Corte recibirá y tomará en consideración las observaciones que le puedan ser presentadas antes del cierre de ese procedimiento.

4. Mientras la Corte se reúne , el Presidente podrá invitar a las partes a actuar de manera que cualquier providencia de la Corte sobre la demanda de indicación de medidas provisionales pueda surtir lis efectos deseados.

Artículo 75

1. La Corte podrá en todo momento decidir examinar de oficio si las circunstancias del asunto exigen la indicación de medidas provisionales que deban adoptar o cumplir las partes o una de ellas.

2. Cuando se le haya presentado una demanda de indicación de medidas provisionales, la Corte podrá indicar medidas total o parcialmente distintas de las solicitadas o medidas que deban ser tomadas o cumplidas por la misma parte que haya formulado la demanda.

3. El rechazo de una demanda de indicación de medidas provisionales no será obstáculo para que la parte que las haya solicitado pueda presentar en el mismo asunto una nueva demanda basada en hechos nuevos.

Artículo 76

1. La Corte, a instancia de parte, podrá revocar o modificar en todo momento antes del fallo definitivo en el asunto, cualquier decisión relativa a medidas provisionales si un cambio en la situación justifica, a su juicio, esa revocación o modificación.

2. Toda demanda de parte proponiendo tal revocación o modificación deberá indicar el cambio en la situación considerado como pertinente.

3. Antes de tomar una decisión de acuerdo con el párrafo 1 de este Artículo, la Corte dará a las partes la oportunidad de presentar sus observaciones al respecto.

Artículo 77

Cualquier medida indicada por la Corte de acuerdo con los Artículos 73 y 74 de este Reglamento, y cualquier decisión tomada por la Corte de acuerdo con el párrafo 1 del Artículo 76 de este Reglamento, serán comunicadas inmediatamente al Secretario General de las Naciones Unidas para su transmisión al Consejo de Seguridad, de acuerdo con el párrafo 2 del Artículo 41 del Estatuto.

Artículo 78

La Corte podrá solicitar información de las partes sobre cualquier cuestión relativa a la puesta en práctica de las medidas provisionales que haya indicado.

Subsección 2. Excepciones preliminares

Artículo 79

1. Cualquier excepción a la competencia de la Corte o a la admisibilidad de la solicitud, o cualquier otra excepción sobre la cual el demandado pide que la Corte se pronuncie antes de continuar el procedimiento sobre el fondo, deberá ser presentada por escrito lo antes posible, y a más tardar en el plazo de tres meses a partir de la presentación de la memoria. Cualquier excepción opuesta por una parte que no sea el demandado deberá depositarse dentro del plazo fijado para el depósito del primer alegato escrito de esa parte.

2. No obstante lo dispuesto en el párrafo 1, una vez presentada la solicitud y después de que el Presidente se haya reunido y celebrado consultas con las partes, la Corte podrá decidir la necesidad de pronunciarse sobre cualquier cuestión de competencia y admisibilidad por separado.

3. Si la Corte así lo decide, las partes presentarán los alegatos relativos a la competencia y la admisibilidad en los plazos fijados por la Corte y en el orden por ella establecido, no obstante lo dispuesto en el párrafo 1 del Artículo 45.

4. El escrito mediante el cual se plantee la excepción preliminar contendrá una exposición de los hechos y fundamentos de derecho en que se basa la excepción, las conclusiones y una lista de los documentos en apoyo; mencionará los medios de prueba que la parte se proponga producir. Se acompañarán copias de los documentos en apoyo.

5. Al recibo por la Secretaría de la Corte del escrito planteando la excepción preliminar se suspenderá el procedimiento sobre el fondo y la Corte, o si no estuviese reunida el Presidente, fijará un plazo dentro del cual la otra parte podrá presentar una excepción escrita con sus observaciones y conclusiones; se acompañarán los documentos en apoyo y se indicarán los medios de prueba que se proponga producir.

6. Salvo decisión contraria de la Corte, la continuación del procedimiento sobre la excepción será oral.

7. Las exposiciones de hechos y de fundamentos de derecho referidas en los párrafos 4 y 5 de este Artículo y los alegatos y medios de prueba presentados durante las vistas previstas en el párrafo 6 se limitarán a los puntos a que se refiera la excepción.

8. A fin de que la Corte pueda pronunciarse sobre su competencia en la fase preliminar del procedimiento, la Corte podrá, cuando sea necesario, invitar a las partes a debatir todo punto de hecho y de derecho y a producir todo medio de prueba que se relacione con la cuestión.

9. La Corte, oídas las partes, decidirá por medio de un fallo, en el que aceptará o rechazará la excepción o declarará que la excepción no tiene, en las circunstancias del caso, un carácter exclusivamente preliminar. Si la Corte rechazara la excepción o declarara que no tiene un carácter exclusivamente preliminar, fijará los plazos para la continuación del procedimiento.

10. La Corte dará efecto a todo acuerdo entre las partes encaminado a que una excepción planteada en virtud del párrafo 1 de este Artículo sea resuelta al examinar el fondo.

SUBSECCIÓN 3. RECONVENCIÓN

Artículo 80

1. La Corte sólo podrá admitir una demanda reconvencional si entra dentro del ámbito de su competencia y tiene conexión directa con el objeto de la demanda de la otra parte.

2. La demanda reconvencional se formulará en la contra memoria de la parte que la presente y figurará entre las

conclusiones contenidas en ella. Independientemente de la decisión que adopte la Corte, de conformidad con el párrafo 2 del Artículo 45 del presente Reglamento, sobre la presentación de nuevos alegatos por escrito, se preservará el derecho de la otra parte a presentar sus opiniones por escrito sobre la demanda reconvencional en un alegato adicional.

3. Si se opone una excepción con respecto a la aplicación del párrafo 1 o si así lo estima necesario, la Corte adoptará una decisión al respecto después de haber oído a las partes.

SUBSECCIÓN 4. INTERVENCIÓN

Artículo 81

1. Una petición de permiso para intervenir fundada en el Artículo 62 del Estatuto firmada en la forma prevista en el párrafo 3 del Artículo 38 de este Reglamento, deberá ser depositada lo más pronto posible antes del cierre del procedimiento escrito. Sin embargo, en circunstancias excepcionales, la Corte podrá admitir una petición presentada ulteriormente.

2. La petición indicará el nombre del agente. Deberá precisar el asunto a que se refiere e indicar:

a) el interés de orden jurídico que, según el Estado que solicita intervenir, pudiera ser afectado por la decisión en el asunto;

b) el objeto preciso de la intervención;

c) toda base de competencia que, según el Estado que solicita intervenir, existiría entre él y las partes en el asunto.

3. La petición contendrá la lista de los documentos en apoyo, los cuales deberán acompañarse.

Artículo 82

1. El Estado que desee prevalerse del derecho de intervención que le confiere el Artículo 63 del Estatuto depositará una declaración a este efecto, firmada en la forma prevista en el párrafo 3 del Artículo 38 de este Reglamento. Esta declaración se depositará lo más pronto posible antes de la fecha fijada para la apertura del procedimiento oral. Sin embargo, en circunstancias excepcionales, la Corte podrá admitir una declaración presentada ulteriormente.

2. La declaración indicará el nombre del agente. Deberá precisar el asunto y la convención a que se refiere, y contener:

a) los datos en que se basa el Estado declarante para considerarse parte en la convención;

b) la indicación de las disposiciones de la convención cuya interpretación estima que está en discusión;

c) una exposición de la interpretación que él da a esas disposiciones;

d) la lista de los documentos en apoyo, los cuales deberán acompañarse.

3. Esta declaración podrá ser depositada por un Estado que se considere parte en la convención cuya interpretación está en discusión aunque no haya recibido la notificación prevista en el Artículo 63 del Estatuto.

Artículo 83

1. Copia certificada conforme de la petición de permiso para intervenir fundada en el Artículo 62 del Estatuto, o de la declaración de intervención fundada en el Artículo 63 del Estatuto, se transmitirá inmediatamente a las partes en el asunto, las cuales serán invitadas a presentar sus observaciones escritas dentro de un plazo fijado por la Corte o, si ésta no estuviese reunida, por el Presidente.

2. El Secretario transmitirá asimismo copia de la petición o de la declaración : a) al Secretario General de las Naciones Unidas ; b) a los Miembros de la Naciones Unidas ; c) a los otros Estados que tengan derecho a comparecer ante la Corte ; d) a cualquier otro Estado al que se hubiese enviado la notificación prevista en el Artículo 63 del Estatuto.

Artículo 84

1. La decisión de la Corte sobre la admisión de una petición de permiso para intervenir fundada en el Artículo 62 del Estatuto, o sobre la admisibilidad de una intervención fundada en el Artículo 63 del Estatuto, será tomada con carácter prioritario a menos que la Corte, dadas las circunstancias del caso, decida otra cosa al respecto.

2. Si, dentro del plazo fijado de acuerdo con el Artículo 83 de este Reglamento, se formulara una objeción a la petición de permiso para intervenir, o a la admisibilidad de una declaración de intervención, la Corte, antes de decidir, oirá al Estado que solicita intervenir y a las partes.

Artículo 85

1. Cuando se admita una petición de permiso para intervenir fundada en el Artículo 62 del Estatuto, se proporcionarán copias de los alegatos escritos y de los documentos anexos a los mismos al Estado interviniente que tendrá derecho a presentar una declaración escrita dentro de un plazo fijado por la Corte. Se fijará otro plazo durante el cual las partes podrán presentar por escrito, si así lo desean, sus observaciones sobre dicha declaración antes del procedimiento oral. Si la Corte no estuviese reunida, los plazos serán fijados por el Presidente.

2. Los plazos fijados de conformidad con el párrafo precedente deberán coincidir, en la medida de lo posible, con

los plazos ya fijados para el depósito de los alegatos escritos en el asunto de que se trate.

3. El Estado interviniente tendrá derecho a presentar, durante el procedimiento oral, sus observaciones sobre el objeto de la intervención.

Artículo 86

1. Cuando se admita una intervención fundada en el Artículo 63 del Estatuto, se proporcionarán copias de los alegatos escritos y de los documentos anexos a los mismos al Estado interviniente que tendrá derecho a presentar, en un plazo fijado por la Corte, o si no estuviese reunida por el Presidente, sus observaciones escritas sobre el objeto de la intervención.

2. Estas observaciones se comunicarán a las partes y a los demás Estados autorizados a intervenir. El Estado interviniente tendrá derecho a presentar, durante el procedimiento oral, sus observaciones sobre el objeto de la intervención.

Subsección 5. Remisión especial a la Corte

Artículo 87

1. Cuando de acuerdo con un tratado o una convención en vigor es llevado ante la Corte un asunto contencioso concerniente a una cuestión que ha sido ya objeto de un procedimiento ante otro órgano internacional, se aplicarán las disposiciones del Estatuto y de este Reglamento en materia contenciosa.

2. La solicitud incoando el procedimiento indicará la decisión o el acto del órgano internacional interesado e irá acompañada de copias de la decisión o del acto; las cuestiones suscitadas con respecto a esa decisión o acto, que serán enunciadas en términos precisos en la solicitud, constituirán el objeto de la controversia ante la Corte.

Subsección 6. Desistimiento

Artículo 88

1. Si en cualquier momento antes de que el fallo definitivo sobre el fondo sea pronunciado, las partes, conjunta o separadamente, notificaran por escrito a la Corte que están de acuerdo en desistir del procedimiento, la Corte dictará una providencia tomando nota del desistimiento y ordenando la cancelación del asunto de que se trate del Registro General.

2. Si las partes hubieran convenido en desistir del procedimiento por haber llegado a un arreglo amistoso, la Corte, si las partes así lo desean, podrá hacer constar este hecho en la providencia ordenando la cancelación del asunto del registro General o podrá indicar los términos del arreglo en la providencia o en un anexo a la misma.

3. Si la Corte no estuviese reunida, el Presidente podrá dictar cualquier providencia tomada de conformidad con este Artículo.

Artículo 89

1. Si, en el curso de un procedimiento incoado mediante una solicitud, el demandante informara por escrito a la Corte que renuncia a continuar el procedimiento y si, en la fecha de la recepción en la Secretaría de la Corte de este desistimiento, la Corte dictará una providencia tomando nota del desistimiento y ordenando la cancelación del asunto de que se trate del Registro General. El Secretario enviará copia de dicha providencia al demandado.

2. Si, en la fecha de la recepción del desistimiento, el demandado hubiera ya efectuado algún acto de procedimiento, la Corte fijará un plazo dentro del cual el demandado podrá declarar si se opone al desistimiento. Si en el plazo fijado no hubiera objetado al desistimiento, éste se considerará aceptado y la Corte dictará una providencia tomando nota del desistimiento y ordenando la cancelación del asunto del que se trate del Registro General. Si hubiese objetado se continuará el procedimiento.

3. Si la Corte no estuviese reunida, las facultades que le confiere este Artículo podrán ser ejercidas por el Presidente.

SECCION E.
PROCEDIMIENTO ANTE LAS SALAS

Artículo 90

El procedimiento ante las Salas previstas en los Artículos 26 y 29 del Estatuto se regirá por las disposiciones de los Títulos I a III de este Reglamento aplicables a los asuntos contenciosos ante la Corte, sin perjuicio de aquellas disposiciones del Estatuto y de este Reglamento que conciernan específicamente las Salas.

Artículo 91

1. Cuando se desee que un asunto sea conocido por una Sala previamente constituida en virtud del párrafo 1 del Artículo 26 o del Artículo 29 del Estatuto, la petición correspondiente deberá hacerse constar en el documento incoando el procedimiento o acompañarlo. De haber acuerdo entre las partes, se accederá a la petición.

2. Una vez recibida esta petición el la Secretaría de la Corte, el Presidente de la Corte la comunicará a todos los miembros de la Sala de que se trate. Tomará aquellas disposiciones que puedan ser necesarias para dar cumplimiento a o previsto en el párrafo 4 del Artículo 31 del Estatuto.

3. El Presidente de la Corte convocará la Sala de que se trate en la fecha más próxima, habida cuenta de los requisitos del procedimiento.

Artículo 92

1. El procedimiento escrito en un asunto llevado ante una Sala consistirá en un solo alegato escrito por cada parte. Si el procedimiento se ha incoado mediante una solicitud, los alegatos escritos se depositarán dentro de plazos que se sucederán. Si el procedimiento se ha incoado mediante la notificación de un compromiso, los alegatos escritos se depositarán dentro del mismo plazo a menos que las partes hayan acordado presentarlos sucesivamente. Los plazos previstos en este párrafo serán fijados por la Corte, o si no estuviese reunida por el Presidente, previa consulta con la Sala de que se trate si ya estuviese constituida.

2. La Sala podrá autorizar o disponer la presentación de otros alegatos escritos si las partes están de acuerdo a este respecto o si ella decide, de oficio o a instancia de parte, que tales alegatos son necesarios.

3. Tendrá lugar un procedimiento oral a menos que las partes renuncien a él de común acuerdo y la Sala lo consienta. Incluso en el caso de que no haya procedimiento oral, la Sala podrá pedir a las partes que le proporcionen oralmente información o explicaciones.

Artículo 93

Los fallos dictados por una Sala se leerán en audiencia pública de la Sala de que se trate.

SECCION F. FALLOS, INTERPRETACIÓN Y REVISIÓN

Subsección 1. Fallos

Artículo 94

1. Cuando la Corte haya terminado sus deliberaciones y adoptado su fallo se notificará a las partes la fecha en que éste será leído.

2. El fallo será leído en audiencia pública de la Corte y tendrá fuerza obligatoria para las partes desde el día de su lectura.

Artículo 95

1. El fallo, cuyo texto indicará si ha sido dictado por la Corte o por una Sala, contendrá:

la fecha de su lectura;

los nombres de los jueces que han participado en él;

los nombres de las partes;

los nombres de los agentes, consejeros y abogados de las partes;

un resumen del procedimiento;

las conclusiones de las partes;

las circunstancias de hecho;

los fundamentos de derecho;

la parte dispositiva del fallo;

la decisión, si la hubiere, con respecto a las costas;

la indicación del número y nombre de los jueces que han constituido la mayoría;

la indicación del texto del fallo que hará fe.

2. Cualquier juez podrá, si así lo desea, agregar al fallo su opinión separada o disidente; el juez que desee hacer constar su acuerdo o disentimiento sin explicar los motivos podrá hacerlo en la forma de una declaración. La misma regla se aplicará a las providencias dictadas por la Corte.

3. Un ejemplar del fallo, debidamente firmado y ornado con el sello de la Corte, se depositará en los archivos de la Corte y se transmitirá otro a cada una de las partes. El Secretario enviará copias : a) al Secretario General de las Naciones Unidas ; b) a los Miembros de las Naciones Unidas ; c) a los otros Estados que tengan derecho a comparecer ante la Corte.

Artículo 96

Cuando por acuerdo de las partes el procedimiento escrito y el procedimiento oral se hayan seguido en uno de los dos idiomas oficiales de la Corte, y conforme al párrafo 1 del Artículo 39 del Estatuto el fallo deba ser pronunciado en ese idioma, hará fe el texto del fallo en ese idioma.

Artículo 97

Si la Corte, en virtud del Artículo 64 del Estatuto, decide que la totalidad o parte de las costas de una parte deben ser sufragadas por la otra parte, podrá dictar una providencia a este efecto.

Subsección 2. Demandas de interpretación o de revisión de un fallo

Artículo 98

1. En caso de desacuerdo sobre el sentido o alcance de un fallo, cualquiera de las partes podrá presentar una demanda de interpretación, tanto si el procedimiento inicial fue incoado mediante una solicitud como si lo fue mediante la notificación de un compromiso.

2. La demanda de interpretación de un fallo podrá incoarse mediante una solicitud o mediante la notificación de un

compromiso concluido a este efecto entre las partes ; indicará con precisión el punto o puntos de desacuerdo en cuanto al sentido o alcance del fallo.

3. Si la demanda de interpretación se incoa mediante una solicitud, la parte demandante expondrá en ella sus razones y la otra parte tendrá derecho a presentar por escrito sus observaciones dentro de un plazo fijado por la Corte o, si ésta no estuviese reunida, por el Presidente.

4. Tanto si la demanda de interpretación ha sido incoada mediante una solicitud como si lo ha sido mediante la notificación de un compromiso la Corte podrá, si procede, dar a las partes la oportunidad de un proporcionarle por escrito u oralmente una ampliación de información.

Artículo 99

1. La demanda de revisión de un fallo se incoará mediante una solicitud que contendrá los datos necesarios para demostrar que se han cumplido las condiciones previstas en el Artículo 61 del Estatuto. Se acompañarán los documentos en apoyo.

2. La otra parte tendrá derecho a presentar por escrito sus observaciones sobre la admisibilidad de la solicitud dentro de un plazo fijado por la Corte o, si ésta no estuviese reunida, por el Presidente. Estas observaciones se comunicarán a la parte que haya hecho la solicitud.

3. La Corte, antes de dictar su fallo sobre la admisibilidad de la solicitud, podrá dar de nuevo a las partes la oportunidad de presentar sus opiniones al respecto.

4. Si la Corte declara admisible la solicitud fijará, después de informarse de la opinión de cada una de las partes, los plazos para cualquier procedimiento ulterior sobre el fondo de la demanda que estime necesario.

5. Si la Corte decide hacer depender la admisión de la demanda de revisión del previo cumplimiento del fallo de que se trate, deberá dictar una providencia a este efecto.

Artículo 100

1. Si el fallo a revisar o a interpretar hubiese sido dictado por la Corte, ésta conocerá de la demande de interpretación o de revisión. Si el fallo hubiese sido dictado por una Sala, la Sala de que se trate conocerá de la demanda de interpretación de de revisión.

2. La decisión de la Corte o de la Sala sobre la demanda de interpretación o de revisión del fallo adoptará también la forma de un fallo.

SECCION G. MODIFICACIONES PROPUESTAS POR LAS PARTES

Artículo 101

Las partes en un asunto podrán proponer, de común acuerdo, modificaciones particulares de los Artículos de este Título o adiciones particulares a los mismos (con excepción de los Artículos 93 a 97 inclusive), que podrán ser aplicadas por la Corte o la Sala de que se trate si la Corte o la Sala las estiman apropiadas a las circunstancias del asunto.

TITULO IV PROCEDIMIENTO CONSULTIVO

Artículo 102

1. En el ejercicio de las funciones consultivas que le confiere el Artículo 65 del Estatuto, la Corte aplicará, además de las disposiciones del Artículo 96 de la Carta y del Capítulo IV del Estatuto, las disposiciones del presente Título del Reglamento.

2. La Corte se guiará, asimismo, por las disposiciones del Estatuto y de este Reglamento relativas al procedimiento en materia contenciosa, en la medida que estime que son aplicables. A este efecto deberá considerar, ante todo, si la solicitud de opinión consultiva concierne o no una cuestión jurídica actualmente pendiente entre dos o más Estados.

3. Cuando la opinión consultiva que se solicite concierna una cuestión jurídica actualmente pendiente entre dos o más Estados, se aplicará el Artículo 31 del Estatuto, así como las disposiciones de este Reglamento relativas a la aplicación de dicho Artículo.

Artículo 103

Cuando el órgano u organismo autorizado por la Carta de las Naciones Unidas, o de acuerdo con sus disposiciones, a solicitar una opinión consultiva informe a la Corte de que la solicitud requiere una respuesta urgente, o la Corte estime que es deseable una pronta respuesta, la Corte tomará todas las medidas que sean necesarias para acelerar el procedimiento, y deberá ser convocada lo antes posible a fin de celebrar audiencia y deliberar sobre la solicitud.

Artículo 104

Toda solicitud de opinión consultiva será transmitida a la Corte por el Secretario General de las Naciones Unidas o, en su caso, por el más alto funcionario administrativo del órgano u organismo autorizado a solicitar la opinión. Los documentos previstos en el párrafo 2 del Artículo 65 del Estatuto serán transmitidos a la Corte al mismo tiempo que la solicitud o lo antes posible después de la misma, en el número de copias requerido por la Secretaría de la Corte.

Artículo 105

1. El Secretario comunicará las exposiciones escritas presentadas a la Corte, a los Estados y organizaciones que también hayan presentado las suyas.

2. La Corte o, si ésta no estuviese reunida, el Presidente:

a) determinará en que forma y medida podrán ser recibidas las observaciones autorizadas por el párrafo 2 del Artículo 66 del Estatuto y fijará el plazo dentro del cual esas observaciones podrán ser presentadas por escrito;

b) decidirá si debe tener lugar un procedimiento oral en el que puedan presentarse a la Corte exposiciones y observaciones de acuerdo con el Artículo 66 del Estatuto y fijará, cuando proceda, la fecha de la apertura de dicho procedimiento oral.

Artículo 106

La Corte, o si no estuviese reunida el Presidente, podrá decidir que las exposiciones escritas y sus documentos anexos se hagan asequibles al público a la apertura del procedimiento oral o con ulterioridad. Si la solicitud de opinión consultiva se refiere a una cuestión jurídica actualmente pendiente entre dos o más Estados, estos Estados serán consultados previamente.

Artículo 107

1. Cuando la Corte haya terminado sus deliberaciones y adoptado su opinión consultiva, ésta será leída en audiencia pública de la Corte.

2. La opinión consultiva contendrá:

la fecha en que se ha pronunciado;

los nombres de los jueces que han participado en ella;

un resumen del procedimiento;

las circunstancias de hecho;

los fundamentos de derecho;

la respuesta a la pregunta formulada a la Corte;

la indicación del número y nombre de los jueces que han constituido la mayoría;

la indicación del texto que hará fe.

2. Cualquier juez podrá, si así lo desea, agregar a la opinión consultiva de la Corte su opinión separada o disidente ; el juez que desee hacer constar su acuerdo o disentimiento sin explicar los motivos podrá hacerlo en la forma de una declaración.

Artículo 108

El Secretario informará al Secretario General de las Naciones Unidas y, cuando proceda, al más alto funcionario administrativo del órgano u organismo que haya solicitado la opinión consultiva del día y de la hora fijados para la audiencia pública en que se dará lectura de la opinión ; informará asimismo a los representantes de los Miembros de las Naciones Unidas, y a los demás Estados, organismos especializados y organizaciones internacionales públicas directamente interesados.

Artículo 109

Un ejemplar de la opinión consultiva, debidamente firmado y ornado con el sello de la Corte, se depositará en los archivos de la Corte, otro se enviará al Secretario General de las Naciones Unidas y un tercero, cuando proceda, al más alto funcionario administrativo del órgano u organismo que haya solicitado la opinión de la Corte. El Secretario enviará copias a los Miembros de las Naciones Unidas, así como a los demás Estados, organismos especializados y organizaciones internacionales públicas directamente interesados.

(Firmado) E. JIMENEZ DE

ARECHAGA,

Presidente.

(Firmado)

S. AQUARONE,

Secretario.

DECLARACIÓN DE MANILA SOBRE EL ARREGLO PACÍFICO DE CONTROVERSIAS INTERNACIONALES

(Resolución 37/10 de la Asamblea General de las Naciones Unidas, 1982)

La Asamblea General,

Habiendo examinado el tema titulado "Arreglo pacífico de controversias entre Estados",

Recordando sus resoluciones 34/102 de 14 de diciembre de 1979, 35/160 de 15 de diciembre de 1980 y 36(110 de 10 de diciembre de 1981,

Reafirmando la necesidad de hacer los mayores esfuerzos posibles para arreglar exclusivamente por medios pacíficos todo conflicto y controversia entre Estados y evitar las acciones militares y las hostilidades, que no pueden sino hacer más difícil la solución de dichos conflictos y controversias,

Considerando que la cuestión del arreglo pacífico de controversias debe constituir uno de los principales temas de interés de los estados y de las Naciones Unidas y que deben proseguir los esfuerzos para fortalecer el proceso de arreglo pacífico de controversias,

Convencida de que la aprobación de la Declaración de Manila sobre el Arreglo Pacífico de Controversias Internacionales acrecentaría la observancia del principio del arreglo pacífico de controversias en las relaciones entre Estados y contribuiría a eliminar el peligro de que se recurra a la fuerza o a la amenaza del uso de la fuerza, a aflojar las tensiones internacionales, a promover una política de cooperación y de paz y de respeto por la independencia y la soberanía de todos los Estados, a fortalecer el papel de las Naciones Unids en la prevención y en el arreglo pacífico de los conflictos y, por consiguiente, a fortalecer la paz y la seguridad internacionales,

Teniendo en cuenta la necesidad de asegurar una amplia difusión del texto de la Declaración,

1. Aprueba la Declaración de Manila sobre el Arreglo Pacífico de Controversias Internacionales, cuyo text6o figura como anexo a la presente resolución;

2. Expresa su agradecimiento al Comité Especial de la Carta de las Naciones Unidas y del fortalecimiento del papel de la Organización por su importante contribución a la elaboración del texto de la Declaración;

3. Pide al Secretario General que informe a los gobiernos de los Estados Miembros de las Naciones Unidas o miembros de organismos especializados, al Consejo de Seguridad y a la Corte Internacional de Justicia de la aprobación de la Declaración;

4. Insta a que se hagan todos los esfuerzos posibles para que la Declaración se difunda ampliamente y se observe y aplique plenamente.

68ª. Sesión plenaria

15 de noviembre de 1982

ANEXO

Declaración de Manila sobre el Arreglo Pacífico de Controversias Internacionales

La Asamblea General,

Reafirmando el principio de la Carta de las Naciones Unidas de que todos los Estados arreglarán sus controversias internacionales por medios pacíficos de tal manera que no se pongan en peligro ni la paz y la seguridad internacionales ni la justicia,

Consciente de que la Carta de las Naciones Unidas contiene los medios y un marco esencial para el arreglo pacífico de las controversias internacionales cuya continuación pueda poner en peligro el mantenimiento de la paz y la seguridad internacionales,

Reconociendo el importante papel de las Naciones Unidas y la necesidad de aumentar su eficacia en el arreglo pacífico de las controversias internacionales y el mantenimiento de la paz y la seguridad internacionales, con arreglo a los principios de la justicia y del derecho internacional, de conformidad con la Carta de las Naciones Unidas,

Reiterando que ningún Estado o grupo de Estados tiene derecho a intervenir, directa o indirectamente, y sea cual fuere el motivo, en los asuntos internos o externos de ningún otro Estado,

Reafirmando la Declaración sobre los principios de derecho internacional referentes a las relaciones de amistad y a la cooperación entre los Estados de conformidad con la Carta de las Naciones Unidas,

Teniendo en cuenta T la importancia de mantener y fortalecer la paz y la seguridad internacionales y de fomentar el desarrollo de relaciones de amistad entre los Estados independientemente de sus sistemas políticos, económicos y sociales o de su nivel de desarrollo económico,

Reafirmando el principio de la igualdad de derechos y de la libre determinación de los pueblos, consagrado en la Carta de las Naciones Unidas y enunciado en la Declaración sobre los principios de derecho internacional referentes a las relaciones de amistad y a la cooperación entre los Estados de conformidad con la Carta de las Naciones Unidas y en otras resoluciones pertinentes de la Asamblea General,

Subrayando la necesidad de que todos los Estados desistan de recurrir a medios violentos que priven a los pueblos, el particular a los pueblos que están bajo regímenes coloniales y racistas u otras formas de dominación extranjera, de su derecho inalienable a la libre determinación, la libertad y la independencia, enunciado en la Declaración sobre los principios de derecho internacional referentes a las relaciones de amistad y a la cooperación entre los Estados de conformidad con la Carta de las Naciones Unidas,

Teniendo presentes los instrumentos internacionales existentes, así como los respectivos principios y normas relativos al arreglo pacífico de las controversias internacionales, incluido el agotamiento de los recursos de la jurisdicción interna siempre que sea aplicable,

Decidida a fomentar la cooperación internacional en el campo político y a impulsar el desarrollo progresivo del derecho internacional su codificación, especialmente en relación con el arreglo pacífico de las controversias internacionales,

Declara solemnemente,

I

1. Todos los Estados obrarán de buena fe y de conformidad con los propósitos y principios consagrados en la Carta de las Naciones Unidas con miras a evitar controversias entre ellos que puedan afectar a las relaciones amistosas entre los Estados, contribuyendo de tal modo al mantenimiento de la paz y de la seguridad internacionales. Convivirán en paz como buenos vecinos y se esforzará por adoptar medidas efectivas para fortalecer la paz y la seguridad internacionales.

2. Todos los Estados arreglarán sus controversias internacionales exclusivamente por medios pacíficos de tal manera que no se pongan en peligro ni la paz y la seguridad internacionales ni la justicia.

3. El arreglo de las controversias internacionales se basará en la igualdad soberana de los Estados y se hará según el principio de la libre elección de los medios de conformidad con las obligaciones contraídas en virtud de la Carta de las Naciones Unidas y con los principios de la justicia y el derecho internacional. El recurso a un procedimiento de arreglo aceptado libremente por los Estados, o la aceptación de tal procedimiento, con respecto a las controversias existentes o futuras en que sean partes, no se considerará incompatible con la igualdad soberana de los Estados.

4. Los Estados partes en una controversia seguirán observando en sus relaciones mutuas sus obligaciones de acuerdo con los principios fundamentales de derecho internacional relativos a la soberanía, la independencia y la integridad territorial de los Estados y con otros principios y normas generalmente reconocidos de derecho internacional contemporáneo.

5. Los Estados procurarán, de buena fe y con un espíritu de cooperación, el arreglo pronto y equitativo de sus controversias internacionales por cualquiera de los medios siguientes: la negociación, la investigación, la mediación, la conciliación, el arbitraje, el arreglo judicial, el recurso a acuerdos u organismos regionales u otros medios pacíficos que ellos mismos elijan, incluidos los buenos oficios. Al procurar llegar a ese arreglo, las partes convendrán en valerse de los medios pacíficos que resulten adecuados a las circunstancias y a la naturaleza de la controversia.

6. Los Estados partes en acuerdos u organismos regionales harán cuanto esté a su alcance por lograr el arreglo pacífico de sus controversias locales mediante dichos acuerdos u organismos regionales antes de someterlas al Consejo de Seguridad. Esto no impide a los Estados llevar cualquier controversia a la atención del Consejo de Seguridad o de la Asamblea General, con arreglo a la Carta de las Naciones Unidas.

7. En caso de que las partes en una controversia no lleguen prontamente a una solución recurriendo a cualquiera de los medios de arreglo anteriormente mencionados, las partes seguirán buscando una solución pacífica y celebrarán de inmediato consultas sobre medios mutuamente convenidos de resolver pacíficamente la controversia. Si las partes no logran solucionar por ninguno de los medios anteriormente mencionados una controversia cuya continuación pueda poner en peligro el mantenimiento de la paz y la seguridad internacionales, someterán la controversia al Consejo de Seguridad, de conformidad con la Carta de las Naciones Unidas y sin perjuicio de las funciones y los poderes del Consejo establecidos en las disposiciones pertinentes del Capítulo VI de la Carta.

8. Los Estados partes en una controversia internacional, así como otros Estados, se abstendrán de adoptar cualquier medida que pueda agravar la situación hasta el punto de poner en peligro el mantenimiento de la paz y la seguridad internacionales y haga así más difícil o impida el arreglo pacífico de la controversia, y a este respecto actuará de conformidad con los propósitos y principios de las Naciones Unidas.

9. Los Estados deberían considerar la posibilidad de concertar entre ellos acuerdos sobre el arreglo pacífico de las controversias. Deberían también incluir, según correspondiera, en los acuerdos bilaterales y las convenciones multilaterales que concertasen, disposiciones eficaces para el arreglo pacífico de las controversias a que pudiesen dar lugar la interpretación o la aplicación de tales instrumentos.

10. Los Estados, sin perjuicio del derecho de libre elección de los medios, deberían tener presente que las negociaciones

directas son un medio flexible y eficaz de arreglo pacífico de sus controversias. Cuando opten por las negociaciones directas, los Estados deberían negociar efectivamente a fin de llegar a un pronto arreglo aceptable para las partes. Los Estados deberían estar dispuestos asimismo a procurar el arreglo de sus controversias por los otros medios mencionados en la presente Declaración.

11. Los Estados, de conformidad con el derecho internacional, cumplirán de buena fe todas las disposiciones de los acuerdos concertados por ellos para el arreglo de sus controversias.

12. A fin de facilitar el ejercicio por los pueblos interesados del derecho a la libre determinación enunciado en la Declaración sobre los principios de derecho internacional referentes a las relaciones de amistad y a la cooperación entre los Estados de conformidad con la Carta de las Naciones Unidas, las partes en una controversia podrán tener la posibilidad, si así lo acuerda y según proceda, de recurrir a los procedimientos pertinentes mencionados en la presente Declaración para el arreglo pacífico de la controversia.

13. Ni la existencia de una controversia ni el fracaso de un procedimiento para el arreglo pacífico de una controversia será motivo para que cualquiera de los Estados partes en tal controversia recurra a la fuerza o a la amenaza del uso de la fuerza.

II

1. Los Estados Miembros deberían utilizar plenamente las disposiciones de la Carta de las Naciones Unidas, incluidos los procedimientos y medios previstos en ella, en particular en el Capítulo VI, acerca del arreglo pacífico de controversias.

2. Los Estados Miembros cumplirán de buena fe las obligaciones que han contraído en virtud de la Carta de las Naciones Unidas. Deberían, de conformidad con la Carta, cuando proceda, tener debidamente en cuenta las recomendaciones del Consejo de Seguridad relativas al arreglo pacífico de controversias. Deberían también, de conformidad con la Carta, cuando proceda, tener debidamente en cuenta las recomendaciones aprobadas por la Asamblea General, con sujeción a lo dispuesto en los artículos 11 y 12 de la Carta, en la esfera del arreglo pacífico de controversias.

3. Los Estados Miembros reafirman el importante papel atribuido a la Asamblea General por la Carta de las Naciones Unidas en la esfera del arreglo pacífico de controversias y subrayan la necesidad de que la Asamblea General desempeñe eficazmente sus funciones. En consecuencia, deberían:

a) Tener presente que la Asamblea General puede discutir cualquier situación, sea cual fuere su origen, que a su juicio pueda perjudicar el bienestar general o las relaciones amistosas entre naciones y, con sujeción a los dispuesto en el Artículo 12 de la Carta, recomendar medidas para su arreglo pacífico;

b) Considerar la conveniencia de hacer uso, cuando lo juzguen oportuno, de la posibilidad de llevar a la atención de la Asamblea General toda controversia o toda situación susceptible de conducir a fricción internacional o dar origen a una controversia;

c) Considerar la posibilidad de utilizar, para el arreglo pacífico de sus controversias, los órganos subsidiarios que establezca la Asamblea General en el desempeño de sus funciones conforme a la Carta;

d) Considerar, cuando sean partes en una controversia que haya sido señalada a la atención de la Asamblea General, la posibilidad de recurrir a las consultas en el marco de la Asamblea, con miras a facilitar un pronto arreglo de su controversia.

4. Los Estados Miembros deberían fortalecer el papel primordial del Consejo de Seguridad de modo que pueda desempeñar plena y eficazmente sus funciones, de conformidad con la Carta de las Naciones Unidas, en la esfera del arreglo de controversias o de toda situación cuya prolongación pueda poner en peligro el mantenimiento de la paz y la seguridad internacionales. A estos efectos, deberían:

a) Tener plena conciencia de su obligación de someter al Consejo de Seguridad toda controversia de esa naturaleza en la que sean partes, si no logran resolverla por los medios indicados en el Artículo 33 de la Carta;

b) Hacer mayor uso de la posibilidad de llevar a la atención del Consejo de Seguridad toda controversia o situación que pueda conducir a fricción internacional o dar origen a una controversia;

c) Alentar al Consejo de Seguridad a hacer mayor uso de las oportunidades previstas en la Carta a fin de examinar las controversias o situaciones cuya prolongación pueda poner en peligro el mantenimiento de la paz y la seguridad internacionales;

d) Considerar la posibilidad de hacer mayor uso de la capacidad del Consejo de Seguridad para la determinación de hechos de conformidad con la Carta;

e) Alentar al Consejo de Seguridad a hacer un mayor uso, como medio para promover el arreglo pacífico de controversias, de los órganos subsidiarios que establezca en el desempeño de sus funciones conforme a la Carta;

f) Tener en cuenta que el Consejo de Seguridad puede, en cualquier estado en que se encuentre una controversia de la naturaleza de que trata el Artículo 33 de la Carta o una situación de índole semejante, recomendar los procedimientos o métodos de ajuste que sean apropiados;

g) Alentar al Consejo de Seguridad a que actúe sin demora, de conformidad con sus funciones y atribuciones, especialmente en los casos en que las controversias internacionales se conviertan en conflictos armados.

5. Los Estados deberían tener plenamente en cuenta la función de la Corte Internacional de Justicia, que es el órgano judicial principal de las Naciones Unidas. Se señalan a su atención los medios que ofrece la Corte Internacional de Justicia para la solución de las controversias de orden jurídico, sobre todo desde que se revisó el reglamento de la Corte.

Los Estados podrán encomendar la solución de sus diferencias a otros tribunales en virtud de los acuerdos ya existentes o de los que puedan concertarse en el futuro.

Los Estados deberían tener presente:

a) Que las controversias de orden jurídico, por regla general, deben ser sometidas por las partes a la Corte Internacional de Justicia, de conformidad con las disposiciones del Estatuto de la Corte;

b) Que es conveniente que:

i) Consideren la posibilidad de incluir en los tratados, cuando proceda, cláusulas en las que se disponga la presentación a la Corte Internacional de Justicia de las controversias que puedan surgir acerca de la interpretación o aplicación de tales tratados;

ii) Estudien la posibilidad de optar, en el marco del libre ejercicio de su soberanía, por reconocer la jurisdicción obligatoria de la Corte Internacional de Justicia, de conformidad con el Artículo 36 de su Estatuto;

iii) Estudien la posibilidad de determinar los casos en que se puede recurrir a la Corte Internacional de Justicia.

Los órganos de las Naciones Unidas y los organismos especializados deberían estudiar la conveniencia de aprovechar la posibilidad de solicitar opiniones consultivas de la Corte Internacional de Justicia sobre las cuestiones jurídicas que surjan dentro de la esfera de sus actividades, siempre que estén debidamente autorizados para ello.

El recurso al arreglo judicial de las controversias jurídicas, en particular su remisión a la Corte Internacional de Justicia, no debería ser considerado un acto enemistoso entre los Estados.

6. El Secretario General debería hacer uso pleno de las disposiciones de la Carta de las Naciones Unidas relativas a las funciones que tiene encomendadas. El Secretario General podrá llamar la atención del Consejo de Seguridad hacia cualquier asunto que en su opinión pueda poner en peligro el mantenimiento de la paz y la seguridad internacionales. Desempeñará las demás funciones que le encomienden el Consejo de Seguridad o la Asamblea General. Rendirá informes, a este respecto, al Consejo de Seguridad o a la Asamblea General, cuando éstos lo soliciten.

Insta a todos los Estados a que observen y promuevan de buena fe las disposiciones de la presente Declaración en el arreglo pacífico de sus controversias internacionales;

Declara que ninguna parte de la presente Declaración se interpretará en el sentido de que de alguna manera menoscaba las disposiciones pertinentes de la Carta o los derechos y obligaciones de los Estados, o el alcance de las funciones y los poderes de los órganos de las Naciones Unidas en virtud de la Carta, en particular los relativos al arreglo pacífico de controversias;

Declara que nada de lo establecido en la presente Declaración podrá perjudicar en forma alguna el derecho a la libre determinación, la libertad y la independencia, tal como se desprende de la Carta, de los pueblos privados por la fuerza de ese derecho, enunciado en la Declaración sobre los principios de derecho internacional referentes a las relaciones de amistad y a la cooperación entre los Estados de conformidad con la Carta de las Naciones Unidas, en particular los pueblos que están bajo regímenes coloniales y racistas u otras formas de dominación extranjera; ni el derecho de esos pueblos a luchar con tal fin y pedir y recibir apoyo, de acuerdo con los principios de la Carta y de conformidad con la Declaración antes mencionada;

Destaca la necesidad, de conformidad con la Carta, de proseguir los esfuerzos para fortalecer los procedimientos del arreglo pacífico de controversias mediante la codificación y el desarrollo progresivo del derecho internacional, cuando proceda, y mediante la mejora de la eficacia de las Naciones Unidas en esta esfera.

Normas Modelo de las Naciones Unidas para la Conciliación de Controversias entre Estados (Resolución 50/50 de 29 de enero de 1996)

La Asamblea General,

Considerando que la conciliación es uno de los métodos de arreglo de controversias entre Estados enumerados en el párrafo 1 del Artículo 33 de la Carta de las Naciones Unidas, que ha sido estipulada en numerosos tratados, tanto bilaterales como multilaterales, para el arreglo de tales controversias, y que ha demostrado su utilidad en la práctica,

Convencida de que el establecimiento de normas modelo para la conciliación de controversias entre Estados, en que se incorporen los resultados de la labor científica más reciente y de la experiencia en materia de conciliación internacional, así como numerosas innovaciones que se pueden introducir ventajosamente en la práctica tradicional en esa esfera, puede contribuir al desarrollo de relaciones armoniosas entre los Estados,

1. Encomia al Comité Especial de la Carta de las Naciones Unidas y del fortalecimiento del papel de la Organización por haber terminado de elaborar la versión definitiva de las Normas Modelo de las Naciones Unidas para la conciliación de controversias entre Estados.

2. Señala a la atención de los Estados la posibilidad de aplicar las Normas Modelo, cuyo texto figura en el anexo, toda vez que haya surgido una controversia entre Estados y que no haya sido posible resolverla mediante negociaciones directas;

3. Pide al Secretario General que, en la medida de lo posible y de conformidad con las disposiciones pertinentes de las Normas Modelo, preste su asistencia a los Estados que recurran a la conciliación sobre la base de dichas Normas;

4. Pide también al Secretario General que adopte las providencias necesarias para distribuir a los gobiernos el texto de la presente resolución, junto con su anexo.

ANEXO
NORMAS MODELO DE LAS NACIONES UNIDAS PARA LA CONCILIACIÓN DE CONTROVERSIAS ENTRE ESTADOS

CAPÍTULO I
Aplicación de las normas

Artículo 1

1. Estas Normas se aplican a la conciliación de controversias entre Estados en que los mismos hayan expresamente convenido por escrito en su aplicación.

2. Los Estados que acepten aplicar estas Normas pueden en cualquier

momento, por mutuo acuerdo, convenir en excluir o enmendar cualesquiera de sus disposiciones.

CAPÍTULO II
Comienzo del procedimiento de conciliación

Artículo 2

1. El procedimiento de conciliación comenzará lo antes posible después de que los Estados respectivos (de aquí en adelante: las partes) hayan convenido por escrito en la aplicación de las presentes Normas, con enmiendas o sin ellas, en la definición del objeto de la controversia, el número y los emolumentos de los miembros de la comisión de conciliación, su sede y la duración máxima del procedimiento, de conformidad con el artículo 24. Si es preciso, el acuerdo contendrá disposiciones relativas al idioma o idiomas en que el procedimiento ha de llevarse a cabo así como a los servicios lingüísticos necesarios.

2. Si los Estados no logran ponerse de acuerdo sobre la definición del

objeto de la controversia, podrán, por mutuo acuerdo, solicitar la asistencia del Secretario General de las Naciones Unidas para resolver la dificultad. Podrán también, por mutuo acuerdo, pedirle su asistencia para resolver cualquier otra dificultad que puedan tener en lograr un acuerdo sobre las modalidades de la conciliación.

CAPÍTULO III
Número y designación de los conciliadores

Artículo 3

Puede haber tres conciliadores o cinco conciliadores. En ambos casos los conciliadores formarán una comisión.

Artículo 4

Si las partes han convenido en que se designen tres conciliadores, cada una de ellas nombrará un conciliador, que no podrá ser de su nacionalidad.

Las partes nombrarán de común acuerdo el tercer conciliador, que no podrá ser de la nacionalidad de ninguna de las partes ni de la de los otros conciliadores. El tercer conciliador actuará como presidente de la comisión.

De no lograrse su nombramiento dentro de dos meses del nombramiento de los conciliadores nombrados individualmente por las partes, el tercer conciliador será designado por el gobierno de un tercer Estado escogido por acuerdo entre las partes, o, de no alcanzarse tal acuerdo dentro de dos meses, por el Presidente de la Corte Internacional de Justicia. Si este último es nacional de una de las partes, la designación la hará el vicepresidente o el siguiente Magistrado de la Corte en orden de antigüedad que no sea nacional de las partes. El tercer conciliador no residirá habitualmente en el territorio de las partes. Tampoco estará, ni habrá estado, en su servicio.

Artículo 5

1. Si las partes han convenido en que se designen cinco conciliadores, cada una de ellas designará un conciliador, que podrá ser de su nacionalidad. Los otros tres conciliadores, uno de los cuales será escogido con vista a que actúe como presidente, serán designados por acuerdo entre las partes entre nacionales de terceros Estados y serán de nacionalidades diferentes. Ninguno de ellos residirá habitualmente en el territorio de las partes. Tampoco estará, ni habrá estado, en su servicio. Ninguno de ellos tendrá la misma nacionalidad que cualesquiera de los otros dos conciliadores.

2. Si la designación de los conciliadores que las partes han de designar

conjuntamente no se realiza dentro de tres meses, serán designados por el gobierno de un tercer Estado, escogido por acuerdo entre las partes, o, de no alcanzarse tal acuerdo dentro de tres meses, por el Presidente de la Corte Internacional de Justicia. Si este último es nacional de una de las partes, la designación la hará el vicepresidente o el siguiente Magistrado de la Corte en orden de antigüedad que no sea nacional de una de las partes. El gobierno o el miembro de la Corte Internacional de Justicia que haga la designación también decidirá cuál de los tres conciliadores ha de actuar como presidente.

3. Si al expirar el plazo de tres meses al que se refiere el párrafo

anterior las partes sólo han podido designar un conciliador o dos conciliadores, se procederá, para la designación de los dos conciliadores o del conciliador faltantes, de la manera señalada en el párrafo anterior. Si las partes no han acordado que el conciliador o uno de los dos conciliadores que han designado actuará como presidente, el gobierno o el miembro de la Corte Internacional de Justicia que hace la designación de los dos conciliadores o del conciliador faltantes también decidirá cuál de los tres conciliadores ha de actuar como presidente.

4. Si al expirar el plazo de tres meses al que se refiere el párrafo segundo de este artículo las partes han designado tres conciliadores pero no se han podido poner de acuerdo sobre cuál de ellos ha de actuar como presidente, se procederá, para escoger al presidente, de la manera señalada en dicho párrafo.

Artículo 6

Las vacantes que puedan ocurrir en la comisión a consecuencia de muerte, renuncia o cualquier otra causa serán llenadas a la brevedad posible del modo fijado para el nombramiento de los miembros faltantes.

CAPÍTULO IV

Principios fundamentales

Artículo 7

La comisión, actuando de manera independiente e imparcial, se esforzará por que las partes lleguen a un arreglo amistoso de la controversia. Si no se logra un arreglo durante la consideración del asunto, la comisión podrá elaborar y presentar a las partes recomendaciones pertinentes para su examen.

CAPÍTULO V

Procedimiento y poderes de la comisión

Artículo 8

La comisión determinará su procedimiento.

Artículo 9

1. Con anterioridad al inicio de la labor de la comisión, las partes designarán sus agentes y comunicarán el nombre de los mismos al presidente de la comisión. El presidente determinará, de común acuerdo con las partes, la fecha de la primera reunión de la comisión, a la cual los miembros de la misma y los agentes serán invitados.

2. Los agentes de las partes pueden ser asistidos por consejeros y expertos nombrados por ellas.

3. Antes de la primera reunión de la comisión, sus miembros podrán reunirse informalmente con los agentes de las partes, acompañados, si fuera necesario, por sus consejeros y expertos, para atender asuntos de orden administrativo y procesal.

Artículo 10

1. En su primera reunión, la comisión nombrará un secretario.

2. El secretario de la comisión no tendrá la nacionalidad de ninguna de las partes, no residirá habitualmente en su territorio y no estará, ni habrá estado, en su servicio. Podrá ser un funcionario de las Naciones Unidas si las partes acuerdan con el Secretario General de la Organización las condiciones en que dicho funcionario ejercerá sus funciones.

Artículo 11

1. En cuanto la información que le han proporcionado las partes se lo permita, la comisión, teniendo en cuenta, en especial, el plazo que fija el artículo 24, decidirá en consulta con las partes, si las partes han de ser invitadas a presentar alegatos escritos y, en caso afirmativo, en qué orden, y dentro de qué plazos, así como las fechas en que, si es preciso, los agentes y los consejeros serán oídos. Las decisiones que tome la comisión a este respecto podrán ser enmendadas en cualquier etapa posterior del procedimiento.

2. Sin perjuicio de lo dispuesto en el párrafo 1 del artículo 20, la comisión no permitirá que el agente o consejero de una parte asista a una reunión sin haberle también dado a la otra la oportunidad de ser representada en la misma.

Artículo 12

Las partes, actuando de buena fe, facilitarán la labor de la comisión y, en especial, le procurarán, en la mayor medida posible, cuantos documentos, información y explicaciones sean pertinentes.

Artículo 13

1. La comisión podrá pedir a las partes cualesquiera información o documentos pertinentes así como las explicaciones que considere necesarias o útiles. Podrá también hacer observaciones sobre los argumentos presentados así como las declaraciones o propuestas hechas por las partes.

2. La comisión podrá acceder a toda solicitud de una parte tendiente a que sean oídas las personas cuyo testimonio considere necesario o útil, y a que se consulten peritos.

Artículo 14

En los casos en que las partes estén en desacuerdo sobre cuestiones de hecho, la comisión podrá recurrir a todos los medios de que disponga, incluidos los expertos asesores mencionados en el artículo 15, o consultar con expertos, para averiguar los hechos.

Artículo 15

La comisión puede proponer a las partes que nombren expertos asesores para que le presten asistencia en la consideración de aspectos técnicos de la controversia. Si la propuesta es aceptada, será preciso, para que se lleve a efecto, que las partes de común acuerdo nombren a los expertos asesores, que los mismos sean aceptados por la comisión y que las partes fijen sus emolumentos.

Artículo 16

Cada parte puede, de su propia iniciativa o a iniciativa de la comisión, hacer en cualquier momento propuestas para el arreglo de la controversia.

Cualquier propuesta hecha de conformidad con este artículo será inmediatamente comunicada a la otra parte por el presidente, quien podrá, al efectuar esa diligencia, transmitir cualquier comentario que la comisión desee formular al respecto.

Artículo 17

En cualquier etapa del procedimiento la comisión puede, de su propia iniciativa o a iniciativa de una de las partes, señalar a la atención de éstas cualesquiera medidas que a su juicio pudieran ser convenientes o facilitar un arreglo.

Artículo 18

La comisión se esforzará por tomar sus decisiones unánimemente, pero, de resultar imposible la unanimidad, podrá tomarlas por mayoría de votos de sus miembros. No se permitirán abstenciones. Salvo en lo que respecta a asuntos de procedimiento, la presencia de todos los miembros es necesaria para que una decisión sea válida.

Artículo 19

La comisión puede, en lo que respecta a los aspectos administrativos o procesales de su labor, pedirle en cualquier momento al Secretario General de las Naciones Unidas que le preste asesoramiento o asistencia.

CAPÍTULO VI

Conclusión del procedimiento de conciliación

Artículo 20

1. Al concluir el examen del asunto, la comisión, de no haberse logrado un arreglo total, podrá proponer y presentar a las partes recomendaciones pertinentes para su consideración. Con tal fin, podrá proceder a un intercambio de opiniones con los agentes de las partes, que podrán ser oídos conjunta o separadamente.

2. Las recomendaciones adoptadas por la comisión serán objeto de un informe comunicado por el presidente de la comisión a los agentes de las partes, con la solicitud de que le participen, dentro de un plazo determinado, si las partes las aceptan. El presidente podrá incluir en el informe las razones que, en opinión de la comisión, pueden inducir a las partes a aceptar las recomendaciones presentadas. La comisión se abstendrá de asentar en su informe conclusiones definitivas respecto de hechos o de decidir formalmente cuestiones de derecho, a menos que las partes conjuntamente se lo hayan

pedido.

3. Si las partes aceptan las recomendaciones presentadas por la comisión, se levantará un acta que contenga los términos de la aceptación. El acta será firmada por el presidente y el secretario. Una copia del acta firmada por el secretario será entregada a cada parte, con lo cual quedará clausurado el procedimiento.

4. En el caso de que la comisión acuerde no hacer recomendaciones a las

partes, su decisión en tal sentido se consignará en un acta, firmada por el presidente y el secretario. Una copia del acta firmada por el secretario será entregada a cada parte, con lo cual quedará clausurado el procedimiento.

Artículo 21

1. Las recomendaciones de la comisión se someterán a las partes para su

consideración a fin de facilitar un arreglo amistoso de la controversia. Las partes se comprometen a estudiarlas de buena fe, detenida y objetivamente.

2. Si una de las partes no acepta las recomendaciones y la otra las acepta, pondrá en su conocimiento, por escrito, las razones por las cuales no ha podido aceptarlas.

Artículo 22

1. Si las recomendaciones no son aceptadas por ambas partes pero las mismas desean que se siga tratando de lograr un arreglo sobre bases distintas, se reanudará el procedimiento. Al procedimiento reanudado se aplicará el artículo 24, corriendo el plazo respectivo, que las partes pueden, de común acuerdo, ampliar o reducir, a partir de la primera reunión de la comisión luego de la reanudación del procedimiento.

2. Si las recomendaciones no son aceptadas por ambas partes y ellas no desean que se siga tratando de lograr un arreglo sobre bases distintas, se

levantará un acta, firmada por el presidente y el secretario, indicando, sin dar cuenta de las bases propuestas, que las partes no pudieron aceptarlas y no desearon que se siguiera tratando de lograr un arreglo sobre bases distintas. Quedará clausurado el procedimiento al recibir cada parte una copia del acta firmada por el secretario.

Artículo 23

Al clausurarse el procedimiento, el presidente de la comisión entregará, con el consentimiento previo de las partes, los documentos que tenga en su poder la secretaría de la comisión, al Secretario General de las Naciones Unidas o a otra persona o entidad convenida por las partes. Sin perjuicio de la posible aplicación del párrafo 2 del artículo 26, se preservará el carácter secreto del documento.

Artículo 24

La comisión concluirá sus labores dentro del período convenido por las

partes. Toda prórroga de dicho período será convenida por las partes.

CAPÍTULO VII

CARÁCTER CONFIDENCIAL DE LA LABOR DE LA COMISIÓN Y RÉGIMEN DE LOS DOCUMENTOS

Artículo 25

1. Las reuniones de la comisión serán privadas. Las partes, así como los miembros y expertos asesores de la comisión, los agentes y consejeros de las partes, así como el secretario y el personal de la secretaría, mantendrán estrictamente el carácter confidencial de cualesquiera documentos o declaraciones, así como de cualquier comunicación relativa a la marcha del procedimiento a menos que ambas partes hubiesen autorizado previamente a que se revele su contenido.

2. Cada parte recibirá, a través del secretario, copias certificadas de las

actas de las reuniones en las que ha estado representada.

3. Cada parte recibirá, a través del secretario, copias certificadas de las pruebas documentales recibidas, así como de los informes de peritos y de las actas de investigaciones y declaraciones de testigos.

Artículo 26

1. Salvo en lo que respecta a las copias certificadas objeto del párrafo 3 del artículo 25, la obligación de respetar el carácter confidencial del procedimiento y de las deliberaciones continuará para las partes, así como para los miembros de la comisión, expertos asesores y personal de la secretaría, después de clausurado el procedimiento, e incluirá recomendaciones y propuestas que no hayan sido aceptadas.

2. No obstante lo anterior, posteriormente a la clausura del procedimiento las partes podrán, de común acuerdo, hacer accesibles al público todos o algunos de los documentos que de conformidad con el párrafo anterior han de permanecer confidenciales, o autorizar la publicación total o parcial de esos documentos.

CAPÍTULO VIII

Obligación de no actuar de manera que pudiera tener un efecto negativo sobre la conciliación

Artículo 27

Durante el procedimiento de conciliación las partes se abstendrán de cualquier medida que pudiere agravar o ampliar la controversia. En especial, las partes se abstendrán de cualquier medida que pueda tener un efecto negativo sobre las recomendaciones presentadas por la comisión, siempre y cuando esas recomendaciones no hayan sido explícitamente rechazadas por cualquiera de las partes.

CAPÍTULO IX

Salvaguarda de la posición jurídica de las partes

Artículo 28

1. Salvo que las partes acuerden otra cosa, ninguna de ellas podrá invocar en cualquier otro procedimiento, ya sea judicial o arbitral, o ante cualquier otro órgano, entidad o persona, las consideraciones, declaraciones, admisiones de hechos o propuestas no aceptadas, hechas por la otra parte dentro del procedimiento de conciliación, el informe de la comisión o las recomendaciones presentadas por la comisión, o las propuestas hechas por ella, a menos que hayan sido convenidas por ambas partes.

2. La aceptación por una parte de las recomendaciones presentadas por la comisión no implica de manera alguna aceptación de las consideraciones de derecho o de hecho en que pueden inspirarse.

CAPÍTULO X

Costas

Artículo 29

Las costas de la conciliación y los emolumentos de expertos asesores nombrados con arreglo al artículo 15 serán sufragados por las partes, cada una de las cuales contribuirá por mitad.

Principios y directrices para las negociaciones internacionales

La Asamblea General

(8 de diciembre de 1998)

Recordando los propósitos y principios de la Carta de las Naciones Unidas,

Reafirmando las disposiciones de la Declaración sobre los principios de derecho internacional referentes a las relaciones de amistad y a la cooperación entre los Estados de conformidad con la Carta de las Naciones Unidas1 y de la Declaración de Manila sobre el arreglo pacífico de controversias internacionales,

Teniendo en cuenta los objetivos del Decenio de las Naciones Unidas para el Derecho Internacional,

Considerando que las negociaciones internacionales constituyen un medio flexible y eficaz de lograr, entre otras cosas, el arreglo pacífico de las controversias entre Estados y de crear nuevas normas internacionales de conducta,

Teniendo presente que los Estados se deben guiar en sus negociaciones por los principios y normas pertinentes del derecho internacional,

Consciente de la existencia de diferentes medios para el arreglo pacífico de las controversias, según han sido consagrados en la Carta y reconocidos en el derecho internacional, y reafirmando en este contexto el derecho a elegir libremente esos medios,

Teniendo presente el importante papel que pueden desempeñar las negociaciones constructivas y eficaces en la consecución de los propósitos de la Carta mediante la contribución a la gestión de las relaciones internacionales, el arreglo pacífico de las controversias y la creación de nuevas normas internacionales de conducta para los Estados,

Señalando que la identificación de principios y directrices que tienen importancia para las negociaciones internacionales podría contribuir a lograr que las negociaciones fueran más previsibles para las partes en la negociación, a reducir la incertidumbre y a promover una atmósfera de confianza en las negociaciones,

Reconociendo que lo siguiente podría brindar un marco general, no exhaustivo, de referencia para las negociaciones,

1. Reafirma los siguientes principios de derecho internacional que tienen importancia para las negociaciones internacionales:

a) La igualdad soberana de todos los Estados, pese a sus diferencias de orden económico, social, político o de otra índole;

b) Los Estados tienen la obligación de no intervenir en los asuntos que son de la jurisdicción interna de los Estados, de conformidad con la Carta de las Naciones Unidas;

c) Los Estados tienen la obligación de cumplir de buena fe las obligaciones que han contraído en virtud del derecho internacional;

d) Los Estados tienen la obligación de abstenerse en sus relaciones de recurrir a la amenaza o al uso de la fuerza contra la integridad territorial o la independencia política de cualquier Estado, o encualquier otra forma incompatible con los propósitos de las Naciones Unidas;

e) Será nulo todo acuerdo cuya celebración se haya obtenido mediante la amenaza o el uso de la fuerza en contravención de los principios de derecho internacional incorporados en la Carta;

f) Los Estados tienen el deber de cooperar entre sí, independientemente de las diferencias de sus sistemas políticos, económicos y sociales, en las diversas esferas de las relaciones internacionales, a fin de mantener la paz y la seguridad internacionales y de promover la estabilidad y el progreso de la economía mundial, el bienestar general de las naciones y la cooperación internacional libre de toda discriminación basada en esas diferencias;

g) Los Estados arreglarán sus controversias internacionales por medios pacíficos de tal manera que no se pongan en peligro ni la paz y la seguridad internacionales ni la justicia;

2. Afirma la importancia de realizar las negociaciones de conformidad con el derecho internacional en forma que facilite el logro del objetivo declarado de las negociaciones, sea compatible con dicho objetivo y se ajuste a las directrices siguientes:

a) Las negociaciones se habrán de realizar de buena fe;

b) Los Estados deberían tener debidamente en cuenta la importancia de lograr la participación en las negociaciones internacionales, en una forma apropiada, de los Estados cuyos intereses vitales resulten afectados directamente por los asuntos en cuestión;

c) El propósito y el objeto de todas las negociaciones deberán ser plenamente compatibles con los principios y las normas de derecho internacional, incluidas las disposiciones de la Carta;

d) Los Estados deberían atenerse al marco mutuamente convenido para la realización de las negociaciones;

e) Los Estados deberían procurar mantener un ambiente constructivo durante las negociaciones y abstenerse de cualquier comportamiento que pudiera dificultar las negociaciones y sus avances;

f) Los Estados deberían facilitar la realización o la conclusión de las negociaciones manteniendo en todo momento centrada la atención en los objetivos principales de las negociaciones;

g) Los Estados deberían hacer todo lo posible por seguir avanzando hacia una solución justa y mutuamente aceptable en caso de que se llegue a un punto muerto en las negociaciones.

83a. sesión plenaria

8 de diciembre de 1998

II. PERSECUCIÓN DEL TERRORISMO, LA CRIMINALIDAD ORGANIZADA TRASNACIONAL Y LA CORRUPCIÒN

- Declaración sobre medidas para eliminar el terrorismo internacional (1994)
- Convención de las Naciones Unidas contra la delincuencia organizada transnacional (2000)
- Convención de las Naciones Unidas contra la corrupción (2003)

Declaración sobre medidas para eliminar el terrorismo internacional

(Resolución 49/60 aprobada por la Asamblea General de las Naciones Unidas, en 9 de diciembre de 1994)

La Asamblea General,

Recordando su resolución 46/51, de 9 de diciembre de 1991, y su decisión 48/411, de 9 de diciembre de 1993,

Tomando nota del informe del Secretario General,

Habiendo examinado a fondo la cuestión de las medidas para eliminar el

terrorismo internacional,

Convencida de que la aprobación de la declaración sobre medidas para eliminar el terrorismo internacional contribuiría al fortalecimiento de la lucha contra el terrorismo internacional,

1. Aprueba la Declaración sobre medidas para eliminar el terrorismo internacional, cuyo texto figura como anexo de la presente resolución;

2. Invita al Secretario General a que informe de la aprobación de esta Declaración a todos los Estados, al Consejo de Seguridad, a la Corte Internacional de Justicia, así como a los organismos especializados, organizaciones y órganos pertinentes;

3. Insta a que se haga todo lo posible por lograr que la Declaración se difunda ampliamente y que se observe y aplique plenamente;

4. Exhorta a los Estados a que, de conformidad con las disposiciones de esta Declaración, adopten todas las medidas adecuadas en los planos nacional e internacional para eliminar el terrorismo;

5. Invita al Secretario General a que siga atentamente la aplicación de la presente resolución y de la Declaración y que, a este respecto, le presente, en su quincuagésimo período de sesiones, un informe que trate, en particular, de las modalidades de aplicación del párrafo 10 de la Declaración;

6. Decide incluir en el programa provisional de su quincuagésimo período de sesiones el tema titulado "Medidas para eliminar el terrorismo internacional" a fin de examinar el informe del Secretario General que se pide en el párrafo 5 supra, sin perjuicio del examen anual o bienal del tema.

84ª sesión plenaria

9 de diciembre de 1994

ANEXO

Declaración sobre medidas para eliminar el terrorismo internacional

La Asamblea General,

Guiada por los propósitos y principios de la Carta de las Naciones Unidas,

Recordando la Declaración sobre los principios de derecho internacional referentes a las relaciones de amistad y a la cooperación entre los Estados de conformidad con la Carta de las Naciones Unidas, la Declaración sobre el fortalecimiento de la seguridad internacional, la Definición de la agresión, la Declaración sobre el mejoramiento de la eficacia del principio de la abstención de la amenaza o de la utilización de la fuerza en las relaciones internacionales, la Declaración y el Programa de Acción de Viena, aprobado por la Conferencia Mundial de Derechos Humanos, el Pacto Internacional de Derechos Económicos, Sociales y Culturales y el Pacto Internacional de Derechos Civiles y Políticos,

Profundamente preocupada por la persistencia en el mundo entero de actos de terrorismo internacional en todas sus formas y manifestaciones, incluidos aquellos en que hay Estados directa o indirectamente involucrados, que ponen en peligro o cobran vidas humanas inocentes, redundan en detrimento de las relaciones internacionales y pueden comprometer la seguridad de los Estados,

Profundamente alarmada por el aumento en muchas regiones del mundo de actos de terrorismo basados en la intolerancia o el extremismo,

Alarmada por los crecientes y peligrosos vínculos entre los grupos terroristas, los traficantes de drogas y sus bandas paramilitares, que han recurrido a todo tipo de actos de violencia, poniendo así en peligro el orden constitucional de los Estados y violando los derechos humanos fundamentales,

Convencida de la conveniencia de asegurar una mayor coordinación y cooperación entre los Estados en la lucha contra los delitos directamente relacionados con el terrorismo, entre ellos el tráfico de drogas, el comercio ilícito de armas, el blanqueo de capitales y el contrabando de material nuclear u otro material potencialmente letal, y teniendo presente la función que pueden desempeñar en este contexto las Naciones Unidas y las organizaciones regionales,

Firmemente decidida a eliminar el terrorismo internacional en todas sus formas y manifestaciones,

Convencida también de que la supresión de los actos de terrorismo internacional, incluidos aquellos en que hay Estados directa o indirectamente involucrados, es fundamental para el mantenimiento de la paz y la seguridad internacionales,

Convencida además de que los responsables de los actos de terrorismo internacional deben ser sometidos a la acción de la justicia,

Haciendo hincapié en la necesidad imperiosa de afianzar aún más la cooperación internacional entre los Estados, con miras a adoptar medidas prácticas y eficaces para prevenir, combatir y eliminar todas las formas de terrorismo que afectan a la comunidad internacional,

Consciente de la importante función que pueden desempeñar las Naciones Unidas, los organismos especializados competentes y los Estados en la promoción de una cooperación amplia encaminada a prevenir y combatir el terrorismo internacional, entre otras cosas, sensibilizando más a la opinión pública acerca del problema,

Recordando los tratados internacionales vigentes relativos a los diversos aspectos del problema del terrorismo internacional, entre otros, el Convenio sobre las infracciones y ciertos otros actos cometidos a bordo de las aeronaves, firmado en Tokio el 14 de septiembre de 1963, el Convenio para la represión del apoderamiento ilícito de aeronaves, firmado en La Haya el 16 de diciembre de 1970, el Convenio para la represión de actos ilícitos contra la seguridad de la aviación civil, hecho en Montreal el 23 de septiembre de 1971, la Convención sobre la prevención y el castigo de delitos contra personas internacionalmente protegidas, inclusive los agentes diplomáticos, aprobada en Nueva York el 14 de diciembre de 1973, la Convención internacional contra la toma de rehenes, aprobada en Nueva York el 17 de diciembre de 1979, la Convención sobre la protección física de los materiales nucleares, aprobada en Viena el 3 de marzo de 1980, el Protocolo para la represión de actos ilícitos de violencia en los aeropuertos que presten servicios a la aviación civil internacional, complementario del Convenio para la represión de actos ilícitos contra la seguridad de la aviación civil internacional, firmado en Montreal el 24 de febrero de 1988, el Convenio para la represión de actos ilícitos contra la seguridad de la navegación marítima, hecho en Roma el 10 de marzo de 1988, el Protocolo para la represión de actos ilícitos contra la seguridad de las plataformas fijas emplazadas en la plataforma continental, hecho en Roma el 10 de marzo de 1988, y el Convenio sobre la marcación de explosivos plásticos para los fines de detección, hecho en Montreal el 1º de marzo de 1991,

Observando con satisfacción la concertación de acuerdos regionales y la aprobación de declaraciones mutuamente convenidas con el fin de combatir y eliminar el terrorismo en todas sus formas y manifestaciones,

Convencida de la conveniencia de mantener en estudio el alcance de las disposiciones jurídicas internacionales vigentes para combatir el terrorismo en todas sus formas y manifestaciones, con miras a asegurar el establecimiento de un marco jurídico global para la prevención y la eliminación del terrorismo,

Declara solemnemente lo siguiente:

I

1. Los Estados Miembros de las Naciones Unidas reafirman solemnemente que condenan en términos inequívocos todos los actos, métodos y prácticas terroristas por considerarlos criminales e injustificables, dondequiera y quienquiera los cometa, incluidos los que ponen en peligro las relaciones de amistad entre los Estados y los pueblos y amenazan la integridad territorial y la seguridad de los Estados;

2. Los actos, métodos y prácticas terroristas constituyen una grave violación de los propósitos y principios de las Naciones Unidas, y pueden representar una amenaza para la paz y la seguridad internacionales, poner en peligro las relaciones de amistad entre los Estados, obstaculizar la cooperación internacional y llevar a la destrucción de los derechos humanos, las libertades fundamentales y las bases democráticas de la sociedad;

3. Los actos criminales con fines políticos concebidos o planeados para provocar un estado de terror en la población en general, en un grupo de personas o en personas determinadas son injustificables en todas las circunstancias, cualesquiera sean las consideraciones políticas, filosóficas, ideológicas, raciales, étnicas, religiosas o de cualquier otra índole que se hagan valer para justificarlos;

II

4. Los Estados, guiados por los propósitos y principios de la Carta de las Naciones Unidas y otras normas pertinentes del derecho internacional, deben abstenerse de organizar o instigar actos de terrorismo en el territorio de otros Estados, de colaborar o participar en su comisión, o de tolerar o alentar que se lleven a cabo en su territorio actividades que apunten a la comisión de esos actos;

5. Los Estados deben asimismo cumplir sus obligaciones en virtud de la Carta de las Naciones Unidas y otras disposiciones de derecho internacional en lo que respecta a la lucha contra el terrorismo internacional y adoptar medidas eficaces y decididas, de conformidad con las disposiciones pertinentes del derecho internacional y las normas internacionales de derechos humanos, con el fin de lograr la eliminación pronta y definitiva del terrorismo internacional y deben en particular:

a) Abstenerse de organizar, instigar, facilitar, financiar, alentar o tolerar actividades terroristas y adoptar medidas prácticas adecuadas para velar por que no se utilicen sus respectivos territorios para instalaciones terroristas o campamentos de adiestramiento o para la preparación u organización de actos terroristas que hayan de perpetrarse contra otros Estados o sus ciudadanos;

b) Asegurar la aprehensión, el enjuiciamiento o la extradición de los autores de actos de terrorismo, de conformidad con las disposiciones aplicables de su legislación nacional;

c) Tratar de concertar con ese fin acuerdos especiales bilaterales, regionales y multilaterales y preparar, para esos efectos, modelos de acuerdos de cooperación;

d) Cooperar entre sí en el intercambio de información pertinente acerca de la prevención y la lucha contra el terrorismo;

e) Tomar cuanto antes todas las medidas necesarias para aplicar los convenios internacionales vigentes en la materia en que sean partes, incluida la armonización de su legislación interna con esos convenios;

f) Adoptar las medidas que procedan para cerciorarse, antes de conceder asilo, de que quien lo solicita no haya participado en actividades terroristas y, una vez concedido el asilo, de que no se utilice el estatuto de refugiado de manera incompatible con lo dispuesto en el apartado a) supra;

6. Con miras a combatir eficazmente el aumento del terrorismo y la internacionalización creciente de su carácter y sus efectos, los Estados deben intensificar su cooperación en esta esfera, en particular mediante el intercambio sistemático de información relativa a la prevención del terrorismo y la lucha en su contra, y mediante la aplicación efectiva de los convenios internacionales vigentes en la materia y la concertación de acuerdos bilaterales, regionales y multilaterales de asistencia judicial recíproca y de extradición;

7. En este contexto, se alienta a los Estados a que examinen con urgencia el alcance de las disposiciones jurídicas internacionales vigentes sobre prevención, represión y eliminación del terrorismo en todas sus formas y manifestaciones, a fin de asegurar la existencia de un marco jurídico global que abarque todos los aspectos de la cuestión;

8. Se insta además a los Estados que aún no lo hayan hecho a que consideren con carácter prioritario la posibilidad de hacerse partes en las convenciones y los protocolos internacionales relativos a los diversos aspectos del terrorismo internacional a que se hace referencia en el preámbulo de la presente Declaración;

III

9. Las Naciones Unidas, los organismos especializados y las organizaciones intergubernamentales competentes, así como otros órganos pertinentes, deben hacer todo lo que esté a su alcance para promover la adopción de medidas encaminadas a combatir y eliminar los actos de terrorismo y a fortalecer sus actividades en este ámbito;

10. El Secretario General debería prestar asistencia en la aplicación de la presente Declaración y adoptar con ese fin, dentro de los límites de los recursos existentes, las siguientes medidas prácticas a fin de aumentar la cooperación internacional:

a) Disponer la recopilación de datos acerca del estado y la aplicación de los acuerdos multilaterales, regionales y bilaterales vigentes que se refieren al terrorismo internacional, que incluya información relativa a incidentes causados por el terrorismo internacional y a procesos y condenas penales, sobre la base de la información recibida de los depositarios de esos acuerdos y de los Estados Miembros;

b) Preparar un compendio de las leyes y normas nacionales relativas a la prevención y la represión del terrorismo internacional en todas sus formas y manifestaciones, sobre la base de la información recibida de los Estados Miembros;

c) Elaborar una reseña analítica de los instrumentos jurídicos internacionales vigentes que se refieren al terrorismo internacional, a fin de ayudar a los Estados a determinar qué aspectos de la cuestión no están comprendidos en esos instrumentos y se deberían tener en cuenta a fin de elaborar un marco jurídico global de convenciones relativas al terrorismo internacional;

d) Estudiar las posibilidades que existen en el sistema de las Naciones Unidas de ayudar a los Estados a organizar seminarios y cursos de capacitación a fin de combatir los delitos relacionados con el terrorismo internacional;

IV

11. Se insta a todos los Estados a que promuevan y cumplan de buena fe y eficazmente las disposiciones de la presente Declaración en todos sus aspectos;

12. Se hace hincapié en la necesidad de proseguir los esfuerzos encaminados a lograr la eliminación definitiva de todos los actos de terrorismo mediante el fortalecimiento de la cooperación internacional y el desarrollo progresivo del derecho internacional y su codificación, así como mediante el aumento de la coordinación y de la eficiencia de las Naciones Unidas y de los organismos especializados, las organizaciones y los órganos competentes.

Convención de las Naciones Unidas contra la Delincuencia Organizada Transnacional (10 de noviembre de 2000)

Artículo 1

Finalidad

El propósito de la presente Convención es promover la cooperación para prevenir y combatir más eficazmente la delincuencia organizada transnacional.

Artículo 2

Definiciones

Para los fines de la presente Convención:

a) Por "grupo delictivo organizado" se entenderá un grupo estructurado de tres o más personas que exista durante cierto tiempo y que actúe concertadamente con el propósito de cometer uno o más delitos graves o delitos tipificados con arreglo a la presente Convención con miras a obtener, directa o indirectamente, un beneficio económico u otro beneficio de orden material;

b) Por "delito grave" se entenderá la conducta que constituya un delito punible con una privación de libertad máxima de al menos cuatro años o con una pena más grave;

c) Por "grupo estructurado" se entenderá un grupo no formado fortuitamente para la comisión inmediata de un delito y en el que no necesariamente se haya asignado a sus miembros funciones formalmente definidas ni haya continuidad en la condición de miembro o exista una estructura desarrollada;

d) Por "bienes" se entenderá los activos de cualquier tipo, corporales o incorporales, muebles o inmuebles, tangibles o intangibles, y los documentos o instrumentos legales que acrediten la propiedad u otros derechos sobre dichos activos;

e) Por "producto del delito" se entenderá los bienes de cualquier índole derivados u obtenidos directa o indirectamente de la comisión de un delito;

f) Por "embargo preventivo" o "incautación" se entenderá la prohibición temporal de transferir, convertir, enajenar o mover bienes, o la custodia o el control emporales de bienes por mandamiento expedido por un tribunal u otra autoridad competente;

g) Por "decomiso" se entenderá la privación con carácter definitivo de bienes por decisión de un tribunal o de otra autoridad competente;

h) Por "delito determinante" se entenderá todo delito del que se derive un producto que pueda pasar a constituir materia de un delito definido en el artículo 6 de la presente Convención;

i) Por "entrega vigilada" se entenderá la técnica consistente en dejar que remesas ilícitas o sospechosas salgan del territorio de uno o más Estados, lo atraviesen o entren en él, con el conocimiento y bajo la supervisión de sus autoridades competentes, con el fin de investigar delitos e identificar a las personas involucradas en la comisión de éstos;

j) Por "organización regional de integración económica" se entenderá una organización constituida por Estados soberanos de una región determinada, a la que sus Estados miembros han transferido competencia en las cuestiones regidas por la presente Convención y que ha sido debidamente facultada, de conformidad con sus procedimientos internos, para firmar, ratificar, aceptar o aprobar la Convención o adherirse a ella; las referencias a los "Estados Parte" con arreglo a la presente Convención se aplicarán a esas organizaciones dentro de los límites de su competencia.

Artículo 3

Ámbito de aplicación

1. A menos que contenga una disposición en contrario, la presente Convención se aplicará a la prevención, la investigación y el enjuiciamiento de:

a) Los delitos tipificados con arreglo a los artículos 5, 6, 8 y 23 de la presente Convención; y

b) Los delitos graves que se definen en el artículo 2 de la presente Convención; cuando esos delitos sean de carácter transnacional y entrañen la participación de un grupo delictivo organizado.

2. A los efectos del párrafo 1 del presente artículo, el delito será de carácter transnacional si:

a) Se comete en más de un Estado;

b) Se comete dentro de un solo Estado pero una parte sustancial de su preparación, planificación, dirección o control se realiza en otro Estado;

c) Se comete dentro de un solo Estado pero entraña la participación de un grupo delictivo organizado que realiza actividades delictivas en más de un Estado; o

d) Se comete en un solo Estado pero tiene efectos sustanciales en otro Estado.

Artículo 4

Protección de la soberanía

1. Los Estados Parte cumplirán sus obligaciones con arreglo a la presente

Convención en consonancia con los principios de igualdad soberana e integridad territorial de los Estados, así como de no intervención en los asuntos internos de otros Estados.

2. Nada de lo dispuesto en la presente Convención facultará a un Estado Parte para ejercer, en el territorio de otro Estado, jurisdicción o funciones que el derecho interno de ese Estado reserve exclusivamente a sus autoridades.

Artículo 5

Penalización de la participación en un grupo delictivo organizado

1. Cada Estado Parte adoptará las medidas legislativas y de otra índole que sean necesarias para tipificar como delito, cuando se cometan intencionalmente:

a) Una de las conductas siguientes, o ambas, como delitos distintos de los que entrañen el intento o la consumación de la actividad delictiva:

i) El acuerdo con una o más personas de cometer un delito grave con un propósito que guarde relación directa o indirecta con la obtención de un beneficio económico u otro beneficio de orden material y, cuando así lo prescriba el derecho interno, que entrañe un acto perpetrado por uno de los participantes para llevar adelante ese acuerdo o que entrañe la participación de un grupo delictivo organizado;

ii) La conducta de toda persona que, a sabiendas de la finalidad y actividad delictiva general de un grupo delictivo organizado o de su intención de cometer los delitos en cuestión, participe activamente en:

a. Actividades ilícitas del grupo delictivo organizado;

b. Otras actividades del grupo delictivo organizado, a sabiendas de que su participación contribuirá al logro de la finalidad delictiva antes descrita;

b) La organización, dirección, ayuda, incitación, facilitación o asesoramiento en aras de la comisión de un delito grave que entrañe la participación de un grupo delictivo organizado.

2. El conocimiento, la intención, la finalidad, el propósito o el acuerdo a que se refiere el párrafo 1 del presente artículo podrán inferirse de circunstancias fácticas objetivas.

3. Los Estados Parte cuyo derecho interno requiera la participación de un grupo delictivo organizado para la penalización de los delitos tipificados con arreglo al inciso i) del apartado a) del párrafo 1 del presente artículo velarán por que su derecho interno comprenda todos los delitos graves que entrañen la participación de grupos delictivos organizados. Esos Estados Parte, así como los Estados Parte cuyo derecho interno requiera la comisión de un acto que tenga por objeto llevar adelante el acuerdo concertado con el propósito de cometer los delitos tipificados con arreglo al inciso i) del apartado a) del párrafo 1 del presente artículo, lo notificarán al Secretario General de las Naciones Unidas en el momento de la firma o del depósito de su instrumento de ratificación, aceptación o aprobación de la presente Convención o de adhesión a ella.

Artículo 6

Penalización del blanqueo del producto del delito

1. Cada Estado Parte adoptará, de conformidad con los principios fundamentales de su derecho interno, las medidas legislativas y de otra índole que sean necesarias para tipificar como delito, cuando se cometan intencionalmente:

a) i) La conversión o la transferencia de bienes, a sabiendas de que esos bienes son producto del delito, con el propósito de ocultar o disimular el origen ilícito de los bienes o ayudar a cualquier persona involucrada en la comisión del delito determinante a eludir las consecuencias jurídicas de sus actos;

ii) La ocultación o disimulación de la verdadera naturaleza, origen, ubicación, disposición, movimiento o propiedad de bienes o del legítimo derecho a éstos, a sabiendas de que dichos bienes son producto del delito;

b) Con sujeción a los conceptos básicos de su ordenamiento jurídico:

i) La adquisición, posesión o utilización de bienes, a sabiendas, en el momento de su recepción, de que son producto del delito;

ii) La participación en la comisión de cualesquiera de los delitos tipificados con arreglo al presente artículo, así como la asociación y la confabulación para cometerlos, el intento de cometerlos, y la ayuda, la incitación, la facilitación y

el asesoramiento en aras de su comisión.

2. Para los fines de la aplicación o puesta en práctica del párrafo 1 del presente artículo:

a) Cada Estado Parte velará por aplicar el párrafo 1 del presente artículo a la gama más amplia posible de delitos determinantes;

b) Cada Estado Parte incluirá como delitos determinantes todos los delitos graves definidos en el artículo 2 de la presente Convención y los delitos tipificados con arreglo a los artículos 5, 8 y 23 de la presente Convención. Los Estados Parte cuya legislación establezca una lista de delitos determinantes incluirán entre éstos, como mínimo, una amplia gama de delitos relacionados con grupos delictivos organizados;

c) A los efectos del apartado b), los delitos determinantes incluirán los delitos cometidos tanto dentro como fuera de la jurisdicción del Estado Parte interesado. No obstante, los delitos cometidos fuera de la jurisdicción de un Estado Parte constituirán delito determinante siempre y cuando el acto correspondiente sea delito con arreglo al derecho interno del Estado en que se haya cometido y constituyese asimismo delito con arreglo al derecho interno del Estado Parte que aplique o ponga en práctica el presente artículo si el delito se hubiese cometido allí;

d) Cada Estado Parte proporcionará al Secretario General de las Naciones Unidas una copia de sus leyes destinadas a dar aplicación al presente artículo y de cualquier enmienda ulterior que se haga a tales leyes o una descripción de ésta;

e) Si así lo requieren los principios fundamentales del derecho interno de un Estado Parte, podrá disponerse que los delitos tipificados en el párrafo 1 del presente artículo no se aplicarán a las personas que hayan cometido el delito determinante;

f) El conocimiento, la intención o la finalidad que se requieren como elemento de un delito tipificado en el párrafo 1 del presente artículo podrán inferirse de circunstancias fácticas objetivas.

Artículo 7

Medidas para combatir el blanqueo de dinero

1. Cada Estado Parte:

a) Establecerá un amplio régimen interno de reglamentación y supervisión de los bancos y las instituciones financieras no bancarias y, cuando proceda, de otros órganos situados dentro de su jurisdicción que sean particularmente susceptibles de utilizarse para el blanqueo de dinero a fin de prevenir y detectar todas las formas de blanqueo de dinero, y en ese régimen se hará hincapié en los requisitos relativos a la identificación del cliente, el establecimiento de registros y la denuncia de las transacciones sospechosas;

b) Garantizará, sin perjuicio de la aplicación de los artículos 18 y 27 de la presente Convención, que las autoridades de administración, reglamentación y cumplimiento de la ley y demás autoridades encargadas de combatir el blanqueo de dinero (incluidas, cuando sea pertinente con arreglo al derecho interno, las autoridades judiciales), sean capaces de cooperar e intercambiar información a nivel nacional e internacional de conformidad con las condiciones prescritas en el derecho interno y, a tal fin, considerará la posibilidad de establecer una dependencia de inteligencia financiera que sirva de centro nacional de recopilación, análisis y difusión de información sobre posibles actividades de blanqueo de dinero.

2. Los Estados Parte considerarán la posibilidad de aplicar medidas viables para detectar y vigilar el movimiento transfronterizo de efectivo y de títulos negociables pertinentes, con sujeción a salvaguardias que garanticen la debida utilización de la información y sin restringir en modo alguno la circulación de capitales lícitos. Esas medidas podrán incluir la exigencia de que los particulares y las entidades comerciales notifiquen las transferencias transfronterizas de cantidades elevadas de

efectivo y de títulos negociables pertinentes.

3. Al establecer un régimen interno de reglamentación y supervisión con arreglo al presente artículo y sin perjuicio de lo dispuesto en cualquier otro artículo de la presente Convención, se insta a los Estados Parte a que utilicen como guía las iniciativas pertinentes de las organizaciones regionales, interregionales y multilaterales de lucha contra el blanqueo de dinero.

4. Los Estados Parte se esforzarán por establecer y promover la cooperación a escala mundial, regional, subregional y bilateral entre las autoridades judiciales, de cumplimiento de la ley y de reglamentación financiera a fin de combatir el blanqueo de dinero.

Artículo 8

Penalización de la corrupción

1. Cada Estado Parte adoptará las medidas legislativas y de otra índole que sean necesarias para tipificar como delito, cuando se cometan intencionalmente:

a) La promesa, el ofrecimiento o la concesión a un funcionario público, directa o indirectamente, de un beneficio indebido que redunde en su propio provecho o en el de otra persona o entidad, con el fin de que dicho funcionario actúe o se abstenga de actuar en el cumplimiento de sus funciones oficiales;

b) La solicitud o aceptación por un funcionario público, directa o indirectamente, de un beneficio indebido que redunde en su propio provecho o en el de otra persona o entidad, con el fin de que dicho funcionario actúe o se abstenga de actuar en el cumplimiento de sus funciones oficiales.

2. Cada Estado Parte considerará la posibilidad de adoptar las medidas legislativas y de otra índole que sean necesarias para tipificar como delito los actos a que se refiere el párrafo 1 del presente artículo cuando esté involucrado en ellos un funcionario público extranjero o un funcionario internacional. Del mismo modo, cada Estado Parte considerará la posibilidad de tipificar como delito otras formas de corrupción.

3. Cada Estado Parte adoptará también las medidas que sean necesarias para tipificar como delito la participación como

cómplice en un delito tipificado con arreglo al presente artículo.

4. A los efectos del párrafo 1 del presente artículo y del artículo 9 de la presente Convención, por "funcionario público" se entenderá todo funcionario público o persona que preste un servicio público conforme a la definición prevista en el derecho interno y a su aplicación con arreglo al derecho penal del Estado Parte en el que dicha persona desempeñe esa función.

Artículo 9

Medidas contra la corrupción

1. Además de las medidas previstas en el artículo 8 de la presente Convención, cada Estado Parte, en la medida en que proceda y sea compatible con su ordenamiento jurídico, adoptará medidas eficaces de carácter legislativo, administrativo o de otra índole para promover la integridad y para prevenir, detectar y castigar la corrupción de funcionarios públicos.

2. Cada Estado Parte adoptará medidas encaminadas a garantizar la intervención eficaz de sus autoridades con miras a prevenir, detectar y castigar la corrupción de funcionarios públicos, incluso dotando a dichas autoridades de suficiente independencia para disuadir del ejercicio de cualquier influencia indebida en su actuación.

Artículo 10

Responsabilidad de las personas jurídicas

1. Cada Estado Parte adoptará las medidas que sean necesarias, de conformidad con sus principios jurídicos, a fin de establecer la responsabilidad de personas jurídicas por participación en delitos graves en que esté involucrado un grupo delictivo organizado, así como por los delitos tipificados con arreglo a los artículos 5, 6, 8 y 23 de la presente Convención.

2. Con sujeción a los principios jurídicos del Estado Parte, la responsabilidad de las personas jurídicas podrá ser de índole penal, civil o administrativa.

3. Dicha responsabilidad existirá sin perjuicio de la responsabilidad penal que incumba a las personas naturales que hayan perpetrado los delitos.

4. Cada Estado Parte velará en particular por que se impongan sanciones penales o no penales eficaces, proporcionadas y disuasivas, incluidas sanciones monetarias, a las personas jurídicas consideradas responsables con arreglo al presente artículo.

Artículo 11

Proceso, fallo y sanciones

1. Cada Estado Parte penalizará la comisión de los delitos tipificados con arreglo a los artículos 5, 6, 8 y 23 de la presente Convención con sanciones que tengan en cuenta la gravedad de esos delitos.

2. Cada Estado Parte velará por que se ejerzan cualesquiera facultades legales discrecionales de que disponga conforme a su derecho interno en relación con el enjuiciamiento de personas por los delitos comprendidos en la presente Convención a fin de dar máxima eficacia a las medidas adoptadas para hacer cumplir la ley respecto de esos delitos, teniendo debidamente en cuenta la necesidad de prevenir su comisión.

3. Cuando se trate de delitos tipificados con arreglo a los artículos 5, 6, 8 y 23 de la presente Convención, cada Estado Parte adoptará medidas apropiadas, de conformidad con su derecho interno y tomando debidamente en consideración los derechos de la defensa, con miras a procurar que al imponer condiciones en relación con la decisión de conceder la libertad en espera de juicio o la apelación se tenga presente la necesidad de garantizar la comparecencia del acusado en todo procedimiento penal ulterior.

4. Cada Estado Parte velará por que sus tribunales u otras autoridades competentes tengan presente la naturaleza grave de los delitos comprendidos en la presente Convención al considerar la eventualidad de conceder la libertad anticipada o la libertad condicional a personas que hayan sido declaradas culpables de tales delitos.

5. Cada Estado Parte establecerá, cuando proceda, con arreglo a su derecho interno, un plazo de prescripción prolongado dentro del cual pueda iniciarse el proceso por cualquiera de los delitos comprendidos en la presente Convención y un plazo mayor cuando el presunto delincuente haya eludido la administración de justicia.

6. Nada de lo dispuesto en la presente Convención afectará al principio de que la descripción de los delitos tipificados con arreglo a ella y de los medios jurídicos de defensa aplicables o demás principios jurídicos que informan la legalidad de una conducta queda reservada al derecho interno de los Estados Parte y de que esosdelitos han de ser perseguidos y sancionados de conformidad con ese derecho.

Artículo 12

Decomiso e incautación

1. Los Estados Parte adoptarán, en la medida en que lo permita su ordenamiento jurídico interno, las medidas que sean necesarias para autorizar el decomiso:

a) Del producto de los delitos comprendidos en la presente Convención o de bienes cuyo valor corresponda al de dicho producto;

b) De los bienes, equipo u otros instrumentos utilizados o destinados a ser utilizados en la comisión de los delitos comprendidos en la presente Convención.

2. Los Estados Parte adoptarán las medidas que sean necesarias para permitir la identificación, la localización, el embargo preventivo o la incautación de cualquier bien a que se refiera el párrafo 1 del presente artículo con miras a su eventual decomiso.

3. Cuando el producto del delito se haya transformado o convertido parcial o totalmente en otros bienes, esos bienes podrán ser objeto de las medidas aplicables a dicho producto a tenor del presente artículo.

4. Cuando el producto del delito se haya mezclado con bienes adquiridos de fuentes lícitas, esos bienes podrán, sin menoscabo de cualquier otra facultad de embargo preventivo o incautación, ser objeto de decomiso hasta el valor estimado del producto entremezclado.

5. Los ingresos u otros beneficios derivados del producto del delito, de bienes en los que se haya transformado o convertido el producto del delito o de bienes con los que se haya entremezclado el producto del delito también podrán ser objeto de las medidas previstas en el presente artículo, de la misma manera y en el mismo grado que el producto del delito.

6. Para los fines del presente artículo y del artículo 13 de la presente Convención, cada Estado Parte facultará a sus tribunales u otras autoridades competentes para ordenar la presentación o la incautación de documentos bancarios, financieros o comerciales. Los Estados Parte no podrán negarse a aplicar las disposiciones del presente párrafo amparándose en el secreto bancario.

7. Los Estados Parte podrán considerar la posibilidad de exigir a un delincuente que demuestre el origen lícito del presunto producto del delito o de otros bienes expuestos a decomiso, en la medida en que ello sea conforme con los principios de su derecho interno y con la índole del proceso judicial u otras actuaciones conexas.

8. Las disposiciones del presente artículo no se interpretarán en perjuicio de los derechos de terceros de buena fe.

9. Nada de lo dispuesto en el presente artículo afectará al principio de que las medidas en él previstas se definirán y aplicarán de conformidad con el derecho

interno de los Estados Parte y con sujeción a éste.

Artículo 13

Cooperación internacional para fines de decomiso

1. Los Estados Parte que reciban una solicitud de otro Estado Parte que tenga jurisdicción para conocer de un delito comprendido en la presente Convención con miras al decomiso del producto del delito, los bienes, el equipo u otros instrumentos mencionados en el párrafo 1 del artículo 12 de la presente Convención que se encuentren en su territorio deberán, en la mayor medida en que lo permita su ordenamiento jurídico interno:

a) Remitir la solicitud a sus autoridades competentes para obtener una orden de decomiso a la que, en caso de concederse, darán cumplimiento; o

b) Presentar a sus autoridades competentes, a fin de que se le dé cumplimiento en el grado solicitado, la orden de decomiso expedida por un tribunal situado en el territorio del Estado Parte requirente de conformidad con lo dispuesto en el párrafo 1 del artículo 12 de la presente Convención en la medida en que guarde relación con el producto del delito, los bienes, el equipo u otros instrumentos mencionados en el párrafo 1 del artículo 12 que se encuentren en el territorio del Estado Parte requerido.

2. A raíz de una solicitud presentada por otro Estado Parte que tenga jurisdicción para conocer de un delito comprendido en la presente Convención, el Estado Parte requerido adoptará medidas encaminadas a la identificación, la localización y el embargo preventivo o la incautación del producto del delito, los bienes, el equipo u otros instrumentos mencionados en el párrafo 1 del artículo 12 de la presente Convención con miras a su eventual decomiso, que habrá de ordenar el Estado Parte requirente o, en caso de que medie una solicitud presentada con arreglo al párrafo 1 del presente artículo, el Estado Parte requerido.

3. Las disposiciones del artículo 18 de la presente Convención serán aplicables mutatis mutandis al presente artículo. Además de la información indicada en el párrafo 15 del artículo 18, las solicitudes presentadas de conformidad con el presente artículo contendrán lo siguiente:

a) Cuando se trate de una solicitud relativa al apartado a) del párrafo 1 del presente artículo, una descripción de los bienes susceptibles de decomiso y una exposición de los hechos en que se basa la solicitud del Estado Parte requirente que sean lo suficientemente explícitas para que el Estado Parte requerido pueda tramitar la orden con arreglo a su derecho interno;

b) Cuando se trate de una solicitud relativa al apartado b) del párrafo 1 del presente artículo, una copia admisible en derecho de la orden de decomiso expedida por el Estado Parte requirente en la que se basa la solicitud, una exposición de los hechos y la información que proceda sobre el grado de ejecución que se solicita dar a la orden;

c) Cuando se trate de una solicitud relativa al párrafo 2 del presente artículo, una exposición de los hechos en que se basa el Estado Parte requirente y una descripción de las medidas solicitadas.

4. El Estado Parte requerido adoptará las decisiones o medidas previstas en los párrafos 1 y 2 del presente artículo conforme y con sujeción a lo dispuesto en su derecho interno y en sus reglas de procedimiento o en los tratados, acuerdos o arreglos bilaterales o multilaterales por los que pudiera estar vinculado al Estado Parte requirente.

5. Cada Estado Parte proporcionará al Secretario General de las Naciones Unidas una copia de sus leyes y reglamentos destinados a dar aplicación al presente artículo y de cualquier enmienda ulterior que se haga a tales leyes y reglamentos o una descripción de ésta.

6. Si un Estado Parte opta por supeditar la adopción de las medidas mencionadas en los párrafos 1 y 2 del presente artículo a la existencia de un tratado pertinente, ese Estado Parte considerará la presente Convención como la base de derecho necesaria y suficiente para cumplir ese requisito.

7. Los Estados Parte podrán denegar la cooperación solicitada con arreglo al presente artículo si el delito al que se refiere la solicitud no es un delito comprendido en la presente Convención.

8. Las disposiciones del presente artículo no se interpretarán en perjuicio de los derechos de terceros de buena fe.

9. Los Estados Parte considerarán la posibilidad de celebrar tratados, acuerdos o arreglos bilaterales o multilaterales con miras a aumentar la eficacia de la cooperación internacional prestada con arreglo al presente artículo.

Artículo 14

Disposición del producto del delito o de los bienes decomisados

1. Los Estados Parte dispondrán del producto del delito o de los bienes que hayan decomisado con arreglo al artículo 12 o al párrafo 1 del artículo 13 de la presente Convención de conformidad con su derecho interno y sus procedimientos administrativos.

2. Al dar curso a una solicitud presentada por otro Estado Parte con arregloal artículo 13 de la presente Convención, los Estados Parte, en la medida en que lo

permita su derecho interno y de ser requeridos a hacerlo, darán consideración prioritaria a la devolución del producto del delito o de los bienes decomisados al Estado Parte requirente a fin de que éste pueda indemnizar a las víctimas del delito o devolver ese producto del delito o esos bienes a sus propietarios legítimos.

3. Al dar curso a una solicitud presentada por otro Estado Parte con arreglo a los artículos 12 y 13 de la presente Convención, los Estados Parte podrán considerar en particular la posibilidad de celebrar acuerdos o arreglos en el sentido de:

a) Aportar el valor de dicho producto del delito o de dichos bienes, o los fondos derivados de la venta de dicho producto o de dichos bienes o una parte de esos fondos, a la cuenta designada de conformidad con lo dispuesto en el apartado c) del párrafo 2 del artículo 30 de la presente Convención y a organismos intergubernamentales especializados en la lucha contra la delincuencia organizada;

b) Repartirse con otros Estados Parte, sobre la base de un criterio general o definido para cada caso, ese producto del delito o esos bienes, o los fondos derivados de la venta de ese producto o de esos bienes, de conformidad con su derecho interno o sus procedimientos administrativos.

Artículo 15

Jurisdicción

1. Cada Estado Parte adoptará las medidas que sean necesarias para establecer su jurisdicción respecto de los delitos tipificados con arreglo a los artículos 5, 6, 8 y 23 de la presente Convención cuando:

a) El delito se cometa en su territorio; o

b) El delito se cometa a bordo de un buque que enarbole su pabellón o de una aeronave registrada conforme a sus leyes en el momento de la comisión del delito.

2. Con sujeción a lo dispuesto en el artículo 4 de la presente Convención, un Estado Parte también podrá establecer su jurisdicción para conocer de tales delitos cuando:

a) El delito se cometa contra uno de sus nacionales;

b) El delito sea cometido por uno de sus nacionales o por una persona apátrida que tenga residencia habitual en su territorio; o

c) El delito:

i) Sea uno de los delitos tipificados con arreglo al párrafo 1 del artículo 5 de la presente Convención y se cometa fuera de su territorio con miras a la comisión de un delito grave dentro de su territorio;

ii) Sea uno de los delitos tipificados con arreglo al inciso ii) del apartado b) del párrafo 1 del artículo 6 de la presente Convención y se cometa fuera de su territorio con miras a la comisión, dentro de su territorio, de un delito tipificado con arreglo a los incisos i) o ii) del apartado a) o al inciso i) del apartado b) del párrafo 1 del artículo 6 de la presente Convención.

3. A los efectos del párrafo 10 del artículo 16 de la presente Convención, cada Estado Parte adoptará las medidas que sean necesarias para establecer su jurisdicción respecto de los delitos comprendidos en la presente Convención cuando el presunto delincuente se encuentre en su territorio y el Estado Parte no lo extradite por el solo hecho de ser uno de sus nacionales.

4. Cada Estado Parte podrá también adoptar las medidas que sean necesarias para establecer su jurisdicción respecto de los delitos comprendidos en la presente Convención cuando el presunto delincuente se encuentre en su territorio y el Estado Parte no lo extradite.

5. Si un Estado Parte que ejerce su jurisdicción con arreglo a los párrafos 1 ó 2 del presente artículo ha recibido notificación, o tomado conocimiento por otro conducto, de que otro u otros Estados Parte están realizando una investigación, un proceso o una actuación judicial respecto de los mismos hechos, las autoridades competentes de esos Estados Parte se consultarán, según proceda, a fin de coordinar sus medidas.

6. Sin perjuicio de las normas del derecho internacional general, la presente Convención no excluirá el ejercicio de las competencias penales establecidas por los Estados Parte de conformidad con su derecho interno.

Artículo 16

Extradición

1. El presente artículo se aplicará a los delitos comprendidos en la presente Convención o a los casos en que un delito al que se hace referencia en los apartados a) o b) del párrafo 1 del artículo 3 entrañe la participación de un grupo delictivo organizado y la persona que es objeto de la solicitud de extradición se encuentre en el territorio del Estado Parte requerido, siempre y cuando el delito por el que se pide la extradición sea punible con arreglo al derecho interno del Estado Parte requirente y del Estado Parte requerido.

2. Cuando la solicitud de extradición se base en varios delitos graves distintos, algunos de los cuales no estén comprendidos en el ámbito del presente artículo, el Estado Parte requerido podrá aplicar el presente artículo también respecto de estos últimos delitos.

3. Cada uno de los delitos a los que se aplica el presente artículo se considerará incluido entre los delitos que dan lugar a extradición en todo tratado de extradición vigente entre los Estados Parte. Los Estados Parte se comprometen a incluir tales delitos como casos de extradición en todo tratado de extradición que celebren entre sí.

4. Si un Estado Parte que supedita la extradición a la existencia de un tratado recibe una solicitud de extradición de otro Estado Parte con el que no lo vincula ningún tratado de extradición, podrá considerar la presente Convención como la base jurídica de la extradición respecto de los delitos a los que se aplica el presente artículo.

5. Los Estados Parte que supediten la extradición a la existencia de un tratado deberán:

a) En el momento de depositar su instrumento de ratificación, aceptación o aprobación de la presente Convención o de adhesión a ella, informar al Secretario

General de las Naciones Unidas de si considerarán o no la presente Convención como la base jurídica de la cooperación en materia de extradición en sus relaciones con otros Estados Parte en la presente Convención; y

b) Si no consideran la presente Convención como la base jurídica de la cooperación en materia de extradición, esforzarse, cuando proceda, por celebrar tratados de extradición con otros Estados Parte en la presente Convención a fin de aplicar el presente artículo.

6. Los Estados Parte que no supediten la extradición a la existencia de un tratado reconocerán los delitos a los que se aplica el presente artículo como casos de extradición entre ellos.

7. La extradición estará sujeta a las condiciones previstas en el derecho interno del Estado Parte requerido o en los tratados de extradición aplicables, incluidas, entre otras, las relativas al requisito de una pena mínima para la extradición y a los motivos por los que el Estado Parte requerido puede denegar la extradición.

8. Los Estados Parte, de conformidad con su derecho interno, procurarán agilizar los procedimientos de extradición y simplificar los requisitos probatorios correspondientes con respecto a cualquiera de los delitos a los que se aplica el presente artículo.

9. A reserva de lo dispuesto en su derecho interno y en sus tratados de extradición, el Estado Parte requerido podrá, tras haberse cerciorado de que las circunstancias lo justifican y tienen carácter urgente, y a solicitud del Estado Parte requirente, proceder a la detención de la persona presente en su territorio cuya extradición se pide o adoptar otras medidas adecuadas para garantizar la comparecencia de esa persona en los procedimientos de extradición.

10. El Estado Parte en cuyo territorio se encuentre un presunto delincuente, si no lo extradita respecto de un delito al que se aplica el presente artículo por el solo hecho de ser uno de sus nacionales, estará obligado, previa solicitud del Estado Parte que pide la extradición, a someter el caso sin demora injustificada a sus autoridades competentes a efectos de enjuiciamiento. Dichas autoridades adoptarán su decisión y llevarán a cabo sus actuaciones judiciales de la misma manera en que lo harían respecto de cualquier otro delito de carácter grave con arreglo al derecho interno de ese Estado Parte. Los Estados Parte interesados cooperarán entre sí, en particular en lo que respecta a los aspectos procesales y probatorios, con miras a garantizar la eficiencia de dichas actuaciones.

11. Cuando el derecho interno de un Estado Parte le permita conceder la extradición o, de algún otro modo, la entrega de uno de sus nacionales sólo a condición de que esa persona sea devuelta a ese Estado Parte para cumplir la condena que le haya sido impuesta como resultado del juicio o proceso por el que se haya solicitado la extradición o la entrega, y cuando ese Estado Parte y el Estado Parte que solicite la extradición acepten esa opción, así como otras condiciones que estimen apropiadas, esa extradición o entrega condicional será suficiente para que quede cumplida la obligación enunciada en el párrafo 10 del presente artículo.

12. Si la extradición solicitada con el propósito de que se cumpla una condena es denegada por el hecho de que la persona buscada es nacional del Estado Parte requerido, éste, si su derecho interno lo permite y de conformidad con los requisitos

de dicho derecho, considerará, previa solicitud del Estado Parte requirente, la posibilidad de hacer cumplir la condena impuesta o el resto pendiente de dicha condena con arreglo al derecho interno del Estado Parte requirente.

13. En todas las etapas de las actuaciones se garantizará un trato justo a toda persona contra la que se haya iniciado una instrucción en relación con cualquiera de los delitos a los que se aplica el presente artículo, incluido el goce de todos los derechos y garantías previstos por el derecho interno del Estado Parte en cuyo territorio se encuentre esa persona.

14. Nada de lo dispuesto en la presente Convención podrá interpretarse como la imposición de una obligación de extraditar si el Estado Parte requerido tiene motivos justificados para presumir que la solicitud se ha presentado con el fin de perseguir o castigar a una persona por razón de su sexo, raza, religión, nacionalidad, origen étnico u opiniones políticas o que su cumplimiento ocasionaría perjuicios a la posición de esa persona por cualquiera de estas razones.

15. Los Estados Parte no podrán denegar una solicitud de extradición únicamente porque se considere que el delito también entraña cuestiones tributarias.

16. Antes de denegar la extradición, el Estado Parte requerido, cuando proceda, consultará al Estado Parte requirente para darle amplia oportunidad de presentar sus opiniones y de proporcionar información pertinente a su alegato.

17. Los Estados Parte procurarán celebrar acuerdos o arreglos bilaterales y multilaterales para llevar a cabo la extradición o aumentar su eficacia.

Artículo 17

Traslado de personas condenadas a cumplir una pena

Los Estados Parte podrán considerar la posibilidad de celebrar acuerdos o arreglos bilaterales o multilaterales sobre el traslado a su territorio de toda persona que haya sido condenada a pena de prisión o a otra pena de privación de libertad por algún delito comprendido en la presente Convención a fin de que complete allí su condena.

Artículo 18

Asistencia judicial recíproca

1. Los Estados Parte se prestarán la más amplia asistencia judicial recíproca respecto de investigaciones, procesos y actuaciones judiciales relacionados con los

delitos comprendidos en la presente Convención con arreglo a lo dispuesto en el artículo 3 y se prestarán también asistencia de esa índole cuando el Estado Parte requirente tenga motivos razonables para sospechar que el delito a que se hace referencia en los apartados a) o b) del párrafo 1 del artículo 3 es de carácter transnacional, así como que las víctimas, los testigos, el producto, los instrumentos o las pruebas de esos delitos se encuentran en el Estado Parte requerido y que el delito entraña la participación de un grupo delictivo organizado.

2. Se prestará asistencia judicial recíproca en la mayor medida posible conforme a las leyes, tratados, acuerdos y arreglos pertinentes del Estado Parte requerido con respecto a investigaciones, procesos y actuaciones judiciales relacionados con los delitos de los que una persona jurídica pueda ser

considerada responsable de conformidad con el artículo 10 de la presente Convención en el Estado Parte requirente.

3. La asistencia judicial recíproca que se preste de conformidad con el presente artículo podrá solicitarse para cualquiera de los fines siguientes:

a) Recibir testimonios o tomar declaración a personas;

b) Presentar documentos judiciales;

c) Efectuar inspecciones e incautaciones y embargos preventivos;

d) Examinar objetos y lugares;

e) Facilitar información, elementos de prueba y evaluaciones de peritos;

f) Entregar originales o copias certificadas de los documentos y expedientes pertinentes, incluida la documentación pública, bancaria y financiera, así como la

documentación social o comercial de sociedades mercantiles;

g) Identificar o localizar el producto del delito, los bienes, los instrumentos u otros elementos con fines probatorios;

h) Facilitar la comparecencia voluntaria de personas en el Estado Parte requirente;

i) Cualquier otro tipo de asistencia autorizada por el derecho interno del Estado Parte requerido.

4. Sin menoscabo del derecho interno, las autoridades competentes de un Estado Parte podrán, sin que se les solicite previamente, transmitir información relativa a cuestiones penales a una autoridad competente de otro Estado Parte si creen que esa información podría ayudar a la autoridad a emprender o concluir con éxito indagaciones y procesos penales o podría dar lugar a una petición formulada por este último Estado Parte con arreglo a la presente Convención.

5. La transmisión de información con arreglo al párrafo 4 del presente artículo se hará sin perjuicio de las indagaciones y procesos penales que tengan lugar en el Estado de las autoridades competentes que facilitan la información. Las autoridades competentes que reciben la información deberán acceder a toda solicitud de que se respete su carácter confidencial, incluso temporalmente, o de que se impongan restricciones a su utilización. Sin embargo, ello no obstará para que el Estado Parte receptor revele, en sus actuaciones, información que sea exculpatoria de una persona acusada. En tal caso, el Estado Parte receptor notificará al Estado Parte transmisor antes de revelar dicha información y, si así se le solicita, consultará al Estado Parte transmisor. Si, en un caso excepcional, no es posible notificar con antelación, el Estado Parte receptor informará sin demora al Estado Parte transmisor de dicha revelación.

6. Lo dispuesto en el presente artículo no afectará a las obligaciones dimanantes de otros tratados bilaterales o multilaterales vigentes o futuros que rijan, total o parcialmente, la asistencia judicial recíproca.

7. Los párrafos 9 a 29 del presente artículo se aplicarán a las solicitudes que se formulen con arreglo al presente artículo siempre que no medie entre los Estados

Parte interesados un tratado de asistencia judicial recíproca. Cuando esos Estados

Parte estén vinculados por un tratado de esa índole se aplicarán las disposiciones correspondientes de dicho tratado, salvo que los Estados Parte convengan en aplicar, en su lugar, los párrafos 9 a 29 del presente artículo. Se insta encarecidamente a los Estados Parte a que apliquen estos párrafos si facilitan la cooperación.

8. Los Estados Parte no invocarán el secreto bancario para denegar la asistencia judicial recíproca con arreglo al presente artículo.

9. Los Estados Parte podrán negarse a prestar la asistencia judicial recíproca con arreglo al presente artículo invocando la ausencia de doble incriminación. Sin embargo, de estimarlo necesario, el Estado Parte requerido podrá prestar asistencia, en la medida en que decida hacerlo a discreción propia, independientemente de que la conducta esté o no tipificada como delito en el derecho interno del Estado Parte requerido.

10. La persona que se encuentre detenida o cumpliendo una condena en el territorio de un Estado Parte y cuya presencia se solicite en otro Estado Parte para fines de identificación, para prestar testimonio o para que ayude de alguna otra forma a obtener pruebas necesarias para investigaciones, procesos o actuaciones judiciales respecto de delitos comprendidos en la presente Convención podrá ser trasladada si se cumplen las condiciones siguientes:

a) La persona, debidamente informada, da su libre consentimiento;

b) Las autoridades competentes de ambos Estados Parte están de acuerdo, con sujeción a las condiciones que éstos consideren apropiadas.

11. A los efectos del párrafo 10 del presente artículo:

a) El Estado Parte al que se traslade a la persona tendrá la competencia y la obligación de mantenerla detenida, salvo que el Estado Parte del que ha sido trasladada solicite o autorice otra cosa;

b) El Estado Parte al que se traslade a la persona cumplirá sin dilación su obligación de devolverla a la custodia del Estado Parte del que ha sido trasladada, según convengan de antemano o de otro modo las autoridades competentes de ambos Estados Parte;

c) El Estado Parte al que se traslade a la persona no podrá exigir al Estado Parte del que ha sido trasladada que inicie procedimientos de extradición para su devolución;

d) El tiempo que la persona haya permanecido detenida en el Estado Parte al que ha sido trasladada se computará como parte de la pena que ha de cumplir en el Estado del que ha sido trasladada.

12. A menos que el Estado Parte desde el cual se ha de trasladar a una persona de conformidad con los párrafos 10 y 11 del presente artículo esté de acuerdo, dicha persona, cualquiera que sea su nacionalidad, no podrá ser enjuiciada, detenida, condenada ni sometida a ninguna otra restricción de su libertad personal en el territorio del Estado al que sea trasladada en relación con actos, omisiones o condenas anteriores a su salida del territorio del Estado del que ha sido trasladada.

13. Cada Estado Parte designará a una autoridad central encargada de recibir solicitudes de asistencia judicial recíproca y facultada para darles cumplimiento o

para transmitirlas a las autoridades competentes para su ejecución. Cuando alguna

región o algún territorio especial de un Estado Parte disponga de un régimen distinto de asistencia judicial recíproca, el Estado Parte podrá designar a otra autoridad central que desempeñará la misma función para dicha región o dicho territorio. Las autoridades centrales velarán por el rápido y adecuado cumplimiento o transmisión de las solicitudes recibidas. Cuando la autoridad central transmita la solicitud a una autoridad competente para su ejecución, alentará la rápida y adecuada ejecución de la solicitud por parte de dicha autoridad. Cada Estado Parte notificará al Secretario General de las Naciones Unidas, en el momento de depositar su instrumento de ratificación, aceptación o aprobación de la presente Convención o de adhesión a ella, el nombre de la autoridad central que haya sido designada a tal fin. Las solicitudes de asistencia judicial recíproca y cualquier otra comunicación pertinente serán transmitidas a las autoridades centrales designadas por los Estados Parte. La presente disposición no afectará al derecho de cualquiera de los Estados Parte a exigir que estas solicitudes y comunicaciones le sean enviadas por vía diplomática y, en circunstancias urgentes, cuando los Estados Parte convengan en ello, por conducto de la Organización Internacional de Policía Criminal, de ser posible.

14. Las solicitudes se presentarán por escrito o, cuando sea posible, por cualquier medio capaz de registrar un texto escrito, en un idioma aceptable para el Estado Parte requerido, en condiciones que permitan a dicho Estado Parte determinar la

autenticidad. Cada Estado Parte notificará al Secretario General de las Naciones Unidas, en el momento de depositar su instrumento de ratificación, aceptación o

aprobación de la presente Convención o de adhesión a ella, el idioma o idiomas que sean aceptables para cada Estado Parte. En situaciones de urgencia, y cuando los Estados Parte convengan en ello, las solicitudes podrán hacerse oralmente, debiendo ser confirmadas sin demora por escrito.

15. Toda solicitud de asistencia judicial recíproca contendrá lo siguiente:

a) La identidad de la autoridad que hace la solicitud;

b) El objeto y la índole de las investigaciones, los procesos o las actuaciones judiciales a que se refiere la solicitud y el nombre y las funciones de la autoridad encargada de efectuar dichas investigaciones, procesos o actuaciones;

c) Un resumen de los hechos pertinentes, salvo cuando se trate de solicitudes de presentación de documentos judiciales;

d) Una descripción de la asistencia solicitada y pormenores sobre cualquier procedimiento particular que el Estado Parte requirente desee que se aplique;

e) De ser posible, la identidad, ubicación y nacionalidad de toda persona interesada; y

f) La finalidad para la que se solicita la prueba, información o actuación.

16. El Estado Parte requerido podrá pedir información complementaria cuando sea necesaria para dar cumplimiento a la solicitud de conformidad con su derecho

interno o para facilitar dicho cumplimiento.

17. Se dará cumplimiento a toda solicitud con arreglo al derecho interno del Estado Parte requerido y en la medida en que ello no lo contravenga y sea factible, de conformidad con los procedimientos especificados en la solicitud.

18. Siempre que sea posible y compatible con los principios fundamentales del derecho interno, cuando una persona se encuentre en el territorio de un Estado Parte y tenga que prestar declaración como testigo o perito ante autoridades judiciales de otro Estado Parte, el primer Estado Parte, a solicitud del otro, podrá permitir que la audiencia se

celebre por videoconferencia si no es posible o conveniente que la persona en cuestión comparezca personalmente en el territorio del Estado Parte requirente. Los Estados Parte podrán convenir en que la audiencia esté a cargo de una autoridad judicial del Estado Parte requirente y en que asista a ella una autoridad judicial del Estado Parte requerido.

19. El Estado Parte requirente no transmitirá ni utilizará, sin previo consentimiento del Estado Parte requerido, la información o las pruebas proporcionadas por el Estado Parte requerido para investigaciones, procesos o actuaciones judiciales distintos de los indicados en la solicitud. Nada de lo dispuesto en el presente párrafo impedirá que el Estado Parte requirente revele, en sus actuaciones, información o pruebas que sean exculpatorias de una persona acusada. En este último caso, el Estado Parte requirente notificará al Estado Parte requerido antes de revelar la información o las pruebas y, si así se le solicita, consultará al Estado Parte requerido. Si en un caso excepcional, no es posible notificar con antelación, el Estado Parte requirente informará sin demora al Estado Parte requerido de dicha revelación.

20. El Estado Parte requirente podrá exigir que el Estado Parte requerido mantenga reserva acerca de la existencia y el contenido de la solicitud, salvo en la medida necesaria para darle cumplimiento. Si el Estado Parte requerido no puede mantener esa reserva, lo hará saber de inmediato al Estado Parte requirente.

21. La asistencia judicial recíproca podrá ser denegada:

a) Cuando la solicitud no se haga de conformidad con lo dispuesto en el presente artículo;

b) Cuando el Estado Parte requerido considere que el cumplimiento de lo solicitado podría menoscabar su soberanía, su seguridad, su orden público u otros intereses fundamentales;

c) Cuando el derecho interno del Estado Parte requerido prohíba a sus autoridades actuar en la forma solicitada con respecto a un delito análogo, si éste hubiera sido objeto de investigaciones, procesos o actuaciones judiciales en el ejercicio de su propia competencia;

d) Cuando acceder a la solicitud sea contrario al ordenamiento jurídico del Estado Parte requerido en lo relativo a la asistencia judicial recíproca.

22. Los Estados Parte no podrán denegar una solicitud de asistencia judicial recíproca únicamente porque se considere que el delito también entraña asuntos fiscales.

23. Toda denegación de asistencia judicial recíproca deberá fundamentarse debidamente.

24. El Estado Parte requerido cumplirá la solicitud de asistencia judicial recíproca lo antes posible y tendrá plenamente en cuenta, en la medida de sus posibilidades, los plazos que sugiera el Estado Parte requirente y que estén debidamente fundamentados, de preferencia en la solicitud. El Estado Parte requerido responderá a las solicitudes razonables que formule el Estado Parte requirente respecto de la evolución del trámite de la solicitud. El Estado Parte requirente informará con prontitud cuando ya no necesite la asistencia solicitada.

25. La asistencia judicial recíproca podrá ser diferida por el Estado Parte requerido si perturbase investigaciones, procesos o actuaciones judiciales en curso.

26. Antes de denegar una solicitud presentada con arreglo al párrafo 21 del presente artículo o de diferir su cumplimiento con arreglo al párrafo 25 del presente artículo, el Estado Parte requerido consultará al Estado Parte requirente para considerar si es posible prestar la asistencia solicitada supeditándola a las condiciones que estime necesarias. Si el Estado Parte requirente acepta la asistencia con arreglo a esas condiciones, ese Estado Parte deberá observar las condiciones impuestas.

27. Sin perjuicio de la aplicación del párrafo 12 del presente artículo, el testigo, perito u otra persona que, a instancias del Estado Parte requirente, consienta en prestar testimonio en un juicio o en colaborar en una investigación, proceso o actuación judicial en el territorio del Estado Parte requirente no podrá ser enjuiciado, detenido, condenado ni sometido a ninguna otra restricción de su libertad personal en ese territorio por actos, omisiones o declaraciones de culpabilidad anteriores a la fecha en que abandonó el territorio del Estado Parte requerido. Ese salvoconducto cesará cuando el testigo, perito u otra persona haya tenido, durante quince días consecutivos o durante el período acordado por los Estados Parte después de la fecha en que se le haya informado oficialmente de que las autoridades judiciales ya no requerían su presencia, la oportunidad de salir del país y no obstante permanezca voluntariamente en ese territorio o regrese libremente a él después de haberlo abandonado.

28. Los gastos ordinarios que ocasione el cumplimiento de una solicitud serán sufragados por el Estado Parte requerido, a menos que los Estados Parte interesados hayan acordado otra cosa. Cuando se requieran a este fin gastos cuantiosos o de carácter extraordinario, los Estados Parte se consultarán para determinar las condiciones en que se dará cumplimiento a la solicitud, así como la manera en que se sufragarán los gastos.

29. El Estado Parte requerido:

a) Facilitará al Estado Parte requirente una copia de los documentos oficiales y otros documentos o datos que obren en su poder y a los que, conforme a su derecho interno, tenga acceso el público en general;

b) Podrá, a su arbitrio y con sujeción a las condiciones que juzgue apropiadas, proporcionar al Estado Parte requirente una copia total o parcial de los documentos oficiales o de otros documentos o datos que obren en su poder y que, conforme a su derecho interno, no estén al alcance del público en general.

30. Cuando sea necesario, los Estados Parte considerarán la posibilidad de celebrar acuerdos o arreglos bilaterales o multilaterales que sirvan a los fines del presente artículo y que, en la práctica, hagan efectivas sus disposiciones o las refuercen.

Artículo 19

Investigaciones conjuntas

Los Estados Parte considerarán la posibilidad de celebrar acuerdos o arreglos bilaterales o multilaterales en virtud de los cuales, en relación con cuestiones que son objeto de investigaciones, procesos o actuaciones judiciales en uno o más Estados, las autoridades competentes puedan establecer órganos mixtos de investigación. A falta de acuerdos o arreglos de esa índole, las investigaciones conjuntas podrán llevarse a cabo mediante acuerdos concertados caso por caso. Los Estados Parte participantes velarán por que la soberanía del Estado Parte en cuyo territorio haya de efectuarse la investigación sea plenamente respetada.

Artículo 20

Técnicas especiales de investigación

1. Siempre que lo permitan los principios fundamentales de su ordenamiento jurídico interno, cada Estado Parte adoptará, dentro de sus posibilidades y en las condiciones prescritas por su derecho interno, las medidas que sean necesarias para permitir el adecuado recurso a la entrega vigilada y, cuando lo considere apropiado, la utilización de otras técnicas especiales de investigación, como la vigilancia electrónica o de otra índole y las operaciones encubiertas, por sus autoridades competentes en su territorio con objeto de combatir eficazmente la delincuencia organizada.

2. A los efectos de investigar los delitos comprendidos en la presente Convención, se alienta a los Estados Parte a que celebren, cuando proceda, acuerdos o arreglos bilaterales o multilaterales apropiados para utilizar esas técnicas especiales de investigación en el contexto de la cooperación en el plano internacional. Esos acuerdos o arreglos se concertarán y ejecutarán respetando plenamente el principio de la igualdad soberana de los Estados y al ponerlos en práctica se cumplirán estrictamente las condiciones en ellos contenidas.

3. De no existir los acuerdos o arreglos mencionados en el párrafo 2 del presente artículo, toda decisión de recurrir a esas técnicas especiales de investigación en el plano internacional se adoptará sobre la base de cada caso particular y podrá, cuando sea necesario, tener en cuenta los arreglos financieros y los entendimientos relativos al ejercicio de jurisdicción por los Estados Parte interesados.

4. Toda decisión de recurrir a la entrega vigilada en el plano internacional podrá, con el consentimiento de los Estados Parte interesados, incluir la aplicación de métodos tales como interceptar los bienes, autorizarlos a proseguir intactos o retirarlos o sustituirlos total o parcialmente.

Artículo 21

Remisión de actuaciones penales

Los Estados Parte considerarán la posibilidad de remitirse actuaciones penales para el enjuiciamiento por un delito comprendido en la presente Convención cuando se estime que esa remisión obrará en beneficio de la debida administración de justicia, en particular en casos en que intervengan varias jurisdicciones, con miras a concentrar las actuaciones del proceso.

Artículo 22

Establecimiento de antecedentes penales

Cada Estado Parte podrá adoptar las medidas legislativas o de otra índole quesean necesarias para tener en cuenta, en las condiciones y para los fines que estime apropiados, toda previa declaración de culpabilidad, en otro Estado, de un presunto delincuente a fin de utilizar esa información en actuaciones penales relativas a un delito comprendido en la presente Convención.

Artículo 23

Penalización de la obstrucción de la justicia

Cada Estado Parte adoptará las medidas legislativas y de otra índole que sean necesarias para tipificar como delito, cuando se cometan intencionalmente:

a) El uso de fuerza física, amenazas o intimidación, o la promesa, el ofrecimiento o la concesión de un beneficio indebido para inducir a falso testimonio u obstaculizar la prestación de testimonio o la aportación de pruebas en un proceso en relación con la comisión de uno de los delitos comprendidos en la presente Convención;

b) El uso de fuerza física, amenazas o intimidación para obstaculizar el cumplimiento de las funciones oficiales de un funcionario de la justicia o de los servicios encargados de hacer cumplir la ley en relación con la comisión de los delitos comprendidos en la presente Convención. Nada de lo previsto en el presente apartado menoscabará el derecho de los Estados Parte a disponer de legislación que proteja a otras categorías de funcionarios públicos.

Artículo 24

Protección de los testigos

1. Cada Estado Parte adoptará medidas apropiadas dentro de sus posibilidades para proteger de manera eficaz contra eventuales actos de represalia o intimidación a los testigos que participen en actuaciones penales y que presten testimonio sobre delitos comprendidos en la presente Convención, así como, cuando proceda, a sus familiares y demás personas cercanas.

2. Las medidas previstas en el párrafo 1 del presente artículo podrán consistir, entre otras, sin perjuicio de los derechos del acusado, incluido el derecho a las garantías procesales, en:

a) Establecer procedimientos para la protección física de esas personas, incluida, en la medida de lo necesario y lo posible, su reubicación, y permitir, cuando proceda, la prohibición total o parcial de revelar información relativa a su identidad

y paradero;

b) Establecer normas probatorias que permitan que el testimonio de los testigos se preste de modo que no se ponga en peligro su seguridad, por ejemplo aceptando el testimonio por conducto de tecnologías de comunicación como videoconferencias u otros medios adecuados.

3. Los Estados Parte considerarán la posibilidad de celebrar acuerdos o arreglos con otros Estados para la reubicación de las personas mencionadas en el párrafo 1 del presente artículo.

4. Las disposiciones del presente artículo también serán aplicables a las víctimas en el caso de que actúen como testigos.

Artículo 25

Asistencia y protección a las víctimas

1. Cada Estado Parte adoptará medidas apropiadas dentro de sus posibilidades para prestar asistencia y protección a las víctimas de los delitos comprendidos en la presente Convención, en particular en casos de amenaza de represalia o intimidación.

2. Cada Estado Parte establecerá procedimientos adecuados que permitan a las víctimas de los delitos comprendidos en la presente Convención obtener indemnización y restitución.

3. Cada Estado Parte permitirá, con sujeción a su derecho interno, que se presenten y examinen las opiniones y preocupaciones de las víctimas en las etapas apropiadas de las actuaciones penales contra los delincuentes sin que ello menoscabe los derechos de la defensa.

Artículo 26

Medidas para intensificar la cooperación con las autoridades encargadas de hacer cumplir la ley

1. Cada Estado Parte adoptará medidas apropiadas para alentar a las personas que participen o hayan participado en grupos delictivos organizados a:

a) Proporcionar información útil a las autoridades competentes con fines investigativos y probatorios sobre cuestiones como:

i) La identidad, la naturaleza, la composición, la estructura, la ubicación o las actividades de los grupos delictivos organizados;

ii) Los vínculos, incluidos los vínculos internacionales, con otros grupos delictivos organizados;

iii) Los delitos que los grupos delictivos organizados hayan cometido o puedan cometer;

b) Prestar ayuda efectiva y concreta a las autoridades competentes que pueda contribuir a privar a los grupos delictivos organizados de sus recursos o del producto del delito.

2. Cada Estado Parte considerará la posibilidad de prever, en los casos apropiados, la mitigación de la pena de las personas acusadas que presten una cooperación sustancial en la investigación o el enjuiciamiento respecto de los delitos comprendidos en la presente Convención.

3. Cada Estado Parte considerará la posibilidad de prever, de conformidad con los principios fundamentales de su derecho interno, la concesión de inmunidad judicial a las personas que presten una cooperación sustancial en la investigación o el enjuiciamiento respecto de los delitos comprendidos en la presente Convención.

4. La protección de esas personas será la prevista en el artículo 24 de la presente Convención.

5. Cuando una de las personas mencionadas en el párrafo 1 del presente artículo que se encuentre en un Estado Parte pueda prestar una cooperación sustancial a las autoridades competentes de otro Estado Parte, los Estados Parte interesados podrán considerar la posibilidad de celebrar

acuerdos o arreglos, de conformidad con su derecho interno, con respecto a la eventual concesión, por el otro Estado

Parte, del trato enunciado en los párrafos 2 y 3 del presente artículo.

Artículo 27

Cooperación en materia de cumplimiento de la ley

1. Los Estados Parte colaborarán estrechamente, en consonancia con sus respectivos ordenamientos jurídicos y administrativos, con miras a aumentar la eficacia de las medidas de cumplimiento de la ley orientadas a combatir los delitos

comprendidos en la presente Convención. En particular, cada Estado Parte adoptará medidas eficaces para:

a) Mejorar los canales de comunicación entre sus autoridades, organismos y

servicios competentes y, de ser necesario, establecerlos, a fin de facilitar el intercambio seguro y rápido de información sobre todos los aspectos de los delitos comprendidos en la presente Convención, así como, si los Estados Parte interesados lo estiman oportuno, sobre sus vinculaciones con otras actividades delictivas;

b) Cooperar con otros Estados Parte en la realización de indagaciones con respecto a delitos comprendidos en la presente Convención acerca de:

i) La identidad, el paradero y las actividades de personas presuntamente implicadas en tales delitos o la ubicación de otras personas interesadas;

ii) El movimiento del producto del delito o de bienes derivados de la comisión de esos delitos;

iii) El movimiento de bienes, equipo u otros instrumentos utilizados o destinados a utilizarse en la comisión de esos delitos;

c) Proporcionar, cuando proceda, los elementos o las cantidades de sustancias que se requieran para fines de análisis o investigación;

d) Facilitar una coordinación eficaz entre sus organismos, autoridades y servicios competentes y promover el intercambio de personal y otros expertos, incluida la designación de oficiales de enlace, con sujeción a acuerdos o arreglos bilaterales entre los Estados Parte interesados;

e) Intercambiar información con otros Estados Parte sobre los medios y métodos concretos empleados por los grupos delictivos organizados, así como, cuando proceda, sobre las rutas y los medios de transporte y el uso de identidades falsas, documentos alterados o falsificados u otros medios de encubrir sus actividades;

f) Intercambiar información y coordinar las medidas administrativas y de otra índole adoptadas con miras a la pronta detección de los delitos comprendidos en la presente Convención.

2. Los Estados Parte, con miras a dar efecto a la presente Convención, considerarán la posibilidad de celebrar acuerdos o arreglos bilaterales o multilaterales en materia de cooperación directa entre sus respectivos organismos encargados de hacer cumplir la ley y, cuando tales acuerdos o arreglos ya existan, de enmendarlos.

A falta de tales acuerdos o arreglos entre los Estados Parte interesados, las Partes podrán considerar la presente Convención como la base para la cooperación en materia de cumplimiento de la ley respecto de los delitos comprendidos en la presente Convención. Cuando proceda, los Estados Parte recurrirán plenamente a la celebración de acuerdos y arreglos, incluso con organizaciones internacionales o regionales, con miras a aumentar la cooperación entre sus respectivos organismos encargados de hacer cumplir la ley.

3. Los Estados Parte se esforzarán por colaborar en la medida de sus posibilidades para hacer frente a la delincuencia organizada transnacional cometida mediante el recurso a la tecnología moderna.

Artículo 28

Recopilación, intercambio y análisis de información sobre la naturaleza de la delincuencia organizada

1. Los Estados Parte considerarán la posibilidad de analizar, en consulta con los círculos científicos y académicos, las tendencias de la delincuencia organizada en su territorio, las circunstancias en que actúa la delincuencia organizada, así como los grupos profesionales y las tecnologías involucrados.

2. Los Estados Parte considerarán la posibilidad de desarrollar y compartir experiencia analítica acerca de las actividades de la delincuencia organizada, tanto a nivel bilateral como por conducto de organizaciones internacionales y regionales. A tal fin, se establecerán y aplicarán, según proceda, definiciones, normas y metodologías comunes.

3. Los Estados Parte considerarán la posibilidad de vigilar sus políticas y las medidas en vigor encaminadas a combatir la delincuencia organizada y evaluarán su eficacia y eficiencia.

Artículo 29

Capacitación y asistencia técnica

1. Cada Estado Parte, en la medida necesaria, formulará, desarrollará o perfeccionará programas de capacitación

específicamente concebidos para el personal de sus servicios encargados de hacer cumplir la ley, incluidos fiscales, jueces de instrucción y personal de aduanas, así como para el personal de otra índole encargado de la prevención, la detección y el control de los delitos comprendidos en la presente Convención. Esos programas podrán incluir adscripciones e intercambios de personal. En particular y en la medida en que lo permita el derecho interno, guardarán relación con:

a) Los métodos empleados en la prevención, la detección y el control de los delitos comprendidos en la presente Convención;

b) Las rutas y técnicas utilizadas por personas presuntamente implicadas en delitos comprendidos en la presente Convención, incluso en los Estados de tránsito, y las medidas de lucha pertinentes;

c) La vigilancia del movimiento de bienes de contrabando;

d) La detección y vigilancia de los movimientos del producto del delito o de los bienes, el equipo u otros instrumentos utilizados para cometer tales delitos y los métodos empleados para la transferencia, ocultación o disimulación de dicho producto, bienes, equipo u otros instrumentos, así como los métodos utilizados para combatir el blanqueo de dinero y otros delitos financieros;

e) El acopio de pruebas;

f) Las técnicas de control en zonas y puertos francos;

g) El equipo y las técnicas modernos utilizados para hacer cumplir la ley, incluidas la vigilancia electrónica, la entrega vigilada y las operaciones encubiertas;

h) Los métodos utilizados para combatir la delincuencia organizada transnacional mediante computadoras, redes de telecomunicaciones u otras formas de la tecnología moderna; y

i) Los métodos utilizados para proteger a las víctimas y los testigos.

2. Los Estados Parte se prestarán asistencia en la planificación y ejecución de programas de investigación y capacitación encaminados a intercambiar conocimientos especializados en las esferas mencionadas en el párrafo 1 del presente artículo y, a tal fin, también recurrirán, cuando proceda, a conferencias y seminarios regionales e internacionales para promover la cooperación y fomentar el examen de los problemas de interés común, incluidos los problemas y necesidades especiales de los Estados de tránsito.

3. Los Estados Parte promoverán actividades de capacitación y asistencia técnica que faciliten la extradición y la asistencia judicial recíproca. Dicha capacitación y asistencia técnica podrán incluir la enseñanza de idiomas, adscripciones e intercambios de personal entre autoridades centrales u organismos con responsabilidades pertinentes.

4. Cuando haya acuerdos o arreglos bilaterales y multilaterales vigentes, los Estados Parte intensificarán, en la medida necesaria, sus esfuerzos por optimizar las actividades operacionales y de capacitación en las organizaciones internacionales y

regionales, así como en el marco de otros acuerdos o arreglos bilaterales y multilaterales pertinentes.

Artículo 30

Otras medidas: aplicación de la Convención mediante el desarrollo económico y la asistencia técnica

1. Los Estados Parte adoptarán disposiciones conducentes a la aplicación óptima de la presente Convención en la medida de lo posible, mediante la cooperación internacional, teniendo en cuenta los efectos adversos de la delincuencia organizada en la sociedad en general y en el desarrollo sostenible en particular.

2. Los Estados Parte harán esfuerzos concretos, en la medida de lo posible y en forma coordinada entre sí, así como con organizaciones internacionales y regionales, por:

a) Intensificar su cooperación en los diversos niveles con los países en desarrollo con miras a fortalecer las capacidades de esos países para prevenir y combatir la delincuencia organizada transnacional;

b) Aumentar la asistencia financiera y material a fin de apoyar los esfuerzos de los países en desarrollo para combatir con eficacia la delincuencia organizada transnacional y ayudarles a aplicar satisfactoriamente la presente Convención;

c) Prestar asistencia técnica a los países en desarrollo y a los países con economías en transición para ayudarles a satisfacer sus necesidades relacionadas con la aplicación de la presente Convención. A tal fin, los Estados Parte procurarán hacer contribuciones voluntarias adecuadas y periódicas a una cuenta específicamente designada a esos efectos en un mecanismo de financiación de las Naciones Unidas.

Los Estados Parte también podrán considerar en particular la posibilidad, conforme a su derecho interno y a las disposiciones de la presente Convención, de aportar a la cuenta antes mencionada un porcentaje del dinero o del valor correspondiente del producto del delito o de los bienes ilícitos decomisados con arreglo a lo dispuesto en la presente Convención;

d) Alentar y persuadir a otros Estados e instituciones financieras, según proceda, para que se sumen a los esfuerzos desplegados con arreglo al presente artículo, en particular proporcionando un mayor número de programas de capacitación y equipo moderno a los países en desarrollo a fin de ayudarles a lograr los objetivos

de la presente Convención.

3. En lo posible, estas medidas no menoscabarán los compromisos existentes en materia de asistencia externa ni otros arreglos de cooperación financiera en los planos bilateral, regional o internacional.

4. Los Estados Parte podrán celebrar acuerdos o arreglos bilaterales o multilaterales sobre asistencia material y logística, teniendo en cuenta los arreglos financieros necesarios para hacer efectiva la cooperación internacional prevista en la presente Convención y para prevenir, detectar y combatir la delincuencia organizada transnacional.

Artículo 31

Prevención

1. Los Estados Parte procurarán formular y evaluar proyectos nacionales y establecer y promover prácticas y políticas óptimas para la prevención de la delincuencia organizada transnacional.

2. Los Estados Parte procurarán, de conformidad con los principios fundamentales de su derecho interno, reducir las oportunidades actuales o futuras de que dispongan los grupos delictivos organizados para participar en mercados lícitos con el producto del delito adoptando oportunamente medidas legislativas, administrativas o de otra índole. Estas medidas deberían centrarse en:

a) El fortalecimiento de la cooperación entre los organismos encargados de hacer cumplir la ley o el ministerio público y las entidades privadas pertinentes, incluida la industria;

b) La promoción de la elaboración de normas y procedimientos concebidos para salvaguardar la integridad de las entidades públicas y de las entidades privadas interesadas, así como códigos de conducta para profesiones pertinentes, en particular

para los abogados, notarios públicos, asesores fiscales y contadores;

c) La prevención de la utilización indebida por parte de grupos delictivos organizados de licitaciones públicas y de subsidios y licencias concedidos por autoridades públicas para realizar actividades comerciales;

d) La prevención de la utilización indebida de personas jurídicas por parte de grupos delictivos organizados; a este respecto, dichas medidas podrían incluir las siguientes:

i) El establecimiento de registros públicos de personas jurídicas y naturales involucradas en la constitución, la gestión y la financiación de personas jurídicas;

ii) La posibilidad de inhabilitar por mandato judicial o cualquier medio apropiado durante un período razonable a las personas condenadas por delitos comprendidos en la presente Convención para actuar como directores de personas jurídicas constituidas en sus respectivas jurisdicciones;

iii) El establecimiento de registros nacionales de personas inhabilitadas para

actuar como directores de personas jurídicas; y

iv) El intercambio de información contenida en los registros mencionados en los incisos i) y iii) del presente apartado con las autoridades competentes de otros Estados Parte.

3. Los Estados Parte procurarán promover la reintegración social de las personas condenadas por delitos comprendidos en la presente Convención.

4. Los Estados Parte procurarán evaluar periódicamente los instrumentos jurídicos y las prácticas administrativas pertinentes vigentes a fin de detectar si existe el peligro de que sean utilizados indebidamente por grupos delictivos organizados.

5. Los Estados Parte procurarán sensibilizar a la opinión pública con respecto a la existencia, las causas y la gravedad de la delincuencia organizada transnacional y la amenaza que representa. Cuando proceda, podrá difundirse información a través de los medios de comunicación y se adoptarán medidas para fomentar la participación pública en los esfuerzos por prevenir y combatir dicha delincuencia.

6. Cada Estado Parte comunicará al Secretario General de las Naciones Unidas el nombre y la dirección de la autoridad o las autoridades que pueden ayudar a otros Estados Parte a formular medidas para prevenir la delincuencia organizada transnacional.

7. Los Estados Parte colaborarán entre sí y con las organizaciones internacionales y regionales pertinentes, según proceda, con miras a promover y formular las medidas mencionadas en el presente artículo. Ello incluye la participación en proyectos internacionales para la prevención de la delincuencia organizada transnacional, por ejemplo mediante la mitigación de las circunstancias que hacen vulnerables a los grupos socialmente marginados a las actividades de la delincuencia organizada transnacional.

Artículo 32

Conferencia de las Partes en la Convención

1. Se establecerá una Conferencia de las Partes en la Convención con objeto de mejorar la capacidad de los Estados Parte para combatir la delincuencia organizada transnacional y para promover y examinar la aplicación de la presente Convención.

2. El Secretario General de las Naciones Unidas convocará la Conferencia de las Partes a más tardar un año después de la entrada en vigor de la presente Convención. La Conferencia de las Partes aprobará reglas de procedimiento y normas que rijan las actividades enunciadas en los párrafos 3 y 4 del presente artículo (incluidas normas relativas al pago de los gastos resultantes de la puesta en marcha de esas actividades).

3. La Conferencia de las Partes concertará mecanismos con miras a lograr los objetivos mencionados en el párrafo 1 del presente artículo, en particular a:

a) Facilitar las actividades que realicen los Estados Parte con arreglo a los artículos 29, 30 y 31 de la presente Convención, alentando inclusive la movilización de contribuciones voluntarias;

b) Facilitar el intercambio de información entre Estados Parte sobre las modalidades y tendencias de la delincuencia organizada transnacional y sobre prácticas eficaces para combatirla;

c) Cooperar con las organizaciones internacionales y regionales y las organizaciones no gubernamentales pertinentes;

d) Examinar periódicamente la aplicación de la presente Convención;

e) Formular recomendaciones para mejorar la presente Convención y su aplicación.

4. A los efectos de los apartados d) y e) del párrafo 3 del presente artículo, la Conferencia de las Partes obtendrá el necesario conocimiento de las medidas adoptadas y de las dificultades encontradas por los Estados Parte en aplicación de la presente Convención mediante la información que ellos le faciliten y mediante los demás mecanismos de examen que establezca la Conferencia de las Partes.

5. Cada Estado Parte facilitará a la Conferencia de las Partes información sobre sus programas, planes y prácticas, así como sobre las medidas legislativas y administrativas adoptadas para aplicar la presente Convención, según lo requiera la Conferencia de las Partes.

Artículo 33

Secretaría

1. El Secretario General de las Naciones Unidas prestará los servicios de secretaría necesarios a la Conferencia de las Partes en la Convención.

2. La secretaría:

a) Prestará asistencia a la Conferencia de las Partes en la realización de las actividades enunciadas en el artículo 32 de la presente Convención y organizará los períodos de sesiones de la Conferencia de las Partes y les prestará los servicios necesarios;

b) Prestará asistencia a los Estados Parte que la soliciten en el suministro de información a la Conferencia de las Partes según lo previsto en el párrafo 5 del artículo 32 de la presente Convención; y

c) Velará por la coordinación necesaria con la secretaría de otras organizaciones internacionales y regionales pertinentes.

Artículo 34

Aplicación de la Convención

1. Cada Estado Parte adoptará, de conformidad con los principios fundamentales de su derecho interno, las medidas que sean necesarias, incluidas medidas legislativas y administrativas, para garantizar el cumplimiento de sus obligaciones

con arreglo a la presente Convención.

2. Los Estados Parte tipificarán en su derecho interno los delitos tipificados de conformidad con los artículos 5, 6, 8 y 23 de la presente Convención independientemente del carácter transnacional o la participación de un grupo delictivo organizado según la definición contenida en el párrafo 1 del artículo 3 de la presente Convención, salvo en la medida en que el artículo 5 de la presente Convención exija la participación de un grupo delictivo organizado.

3. Cada Estado Parte podrá adoptar medidas más estrictas o severas que las previstas en la presente Convención a fin de prevenir y combatir la delincuencia organizada transnacional.

Artículo 35

Solución de controversias

1. Los Estados Parte procurarán solucionar toda controversia relacionada con la interpretación o aplicación de la presente Convención mediante la negociación.

2. Toda controversia entre dos o más Estados Parte acerca de la interpretación o la aplicación de la presente Convención que no pueda resolverse mediante la negociación dentro

de un plazo razonable deberá, a solicitud de uno de esos Estados Parte, someterse a arbitraje. Si, seis meses después de la fecha de la solicitud de arbitraje, esos Estados Parte no han podido ponerse de acuerdo sobre la organización del arbitraje, cualquiera de esos Estados Parte podrá remitir la controversia a la Corte Internacional de Justicia mediante solicitud conforme al Estatuto de la Corte.

3. Cada Estado Parte podrá, en el momento de la firma, ratificación, aceptación o aprobación de la presente Convención o adhesión a ella, declarar que no se considera vinculado por el párrafo 2 del presente artículo. Los demás Estados Parte

no quedarán vinculados por el párrafo 2 del presente artículo respecto de todo Estado Parte que haya hecho esa reserva.

4. El Estado Parte que haya hecho una reserva de conformidad con el párrafo 3 del presente artículo podrá en cualquier momento retirar esa reserva notificándolo al Secretario General de las Naciones Unidas.

Artículo 36

Firma, ratificación, aceptación, aprobación y adhesión

1. La presente Convención estará abierta a la firma de todos los Estados del 12 al 15 de diciembre de 2000 en Palermo (Italia) y después de esa fecha en la Sede de las Naciones Unidas en Nueva York hasta el 12 de diciembre de 2002.

2. La presente Convención también estará abierta a la firma de las organizaciones regionales de integración económica siempre que al menos uno de los Estados miembros de tales organizaciones hay a firmado la presente Convención de conformidad con lo dispuesto en el párrafo 1 del presente artículo.

3. La presente Convención estará sujeta a ratificación, aceptación o aprobación. Los instrumentos de ratificación, aceptación o aprobación se depositarán en poder del Secretario General de las Naciones Unidas. Las organizaciones regionales de integración económica podrán depositar su instrumento de ratificación, aceptación o aprobación si por lo menos uno de sus Estados miembros ha procedido de igual manera. En ese instrumento de ratificación, aceptación o aprobación, esas organizaciones declararán el alcance de su competencia con respecto a las cuestiones regidas por la presente Convención. Dichas organizaciones comunicarán también al depositario cualquier modificación pertinente del alcance de su competencia.

4. La presente Convención estará abierta a la adhesión de todos los Estados u organizaciones regionales de integración económica que cuenten por lo menos con un Estado miembro que sea Parte en la presente Convención. Los instrumentos de adhesión se depositarán en poder del Secretario General de las Naciones Unidas. En el momento de su adhesión, las organizaciones regionales de integración económica declararán el alcance de su competencia con respecto a las cuestiones regidas por la presente Convención. Dichas organizaciones comunicarán también al depositario cualquier modificación pertinente del alcance de su competencia.

Artículo 37

Relación con los protocolos

1. La presente Convención podrá complementarse con uno o más protocolos.

2. Para pasar a ser parte en un protocolo, los Estados o las organizaciones regionales de integración económica también deberán ser parte en la presente Convención.

3. Los Estados Parte en la presente Convención no quedarán vinculados por un protocolo a menos que pasen a ser parte en el protocolo de conformidad con sus disposiciones.

4. Los protocolos de la presente Convención se interpretarán juntamente con ésta, teniendo en cuenta la finalidad de esos protocolos.

Artículo 38

Entrada en vigor

1. La presente Convención entrará en vigor el nonagésimo día después de la fecha en que se haya depositado el cuadragésimo instrumento de ratificación, aceptación, aprobación o adhesión. A los efectos del presente párrafo, los instrumentos depositados por una organización regional de integración económica no se considerarán adicionales a los depositados por los Estados miembros de tal organización.

2. Para cada Estado u organización regional de integración económica que ratifique, acepte o apruebe la presente Convención o se adhiera a ella después de haberse depositado el cuadragésimo instrumento de ratificación, aceptación, aprobación o adhesión, la presente Convención entrará en vigor el trigésimo día después de la fecha en que ese Estado u organización haya depositado el instrumento pertinente.

Artículo 39

Enmienda

1. Cuando hayan transcurrido cinco años desde la entrada en vigor de la presente Convención, los Estados Parte podrán proponer enmiendas por escrito al Secretario General de las Naciones Unidas, quien a continuación comunicará toda

enmienda propuesta a los Estados Parte y a la Conferencia de las Partes en la Convención para que la examinen y decidan al respecto. La Conferencia de las Partes hará todo lo posible por lograr un consenso sobre cada enmienda. Si se han agotado todas las posibilidades de lograr un consenso y no se ha llegado a un acuerdo, la aprobación de la enmienda exigirá, en última instancia, una mayoría de dos tercios de los Estados Parte presentes y votantes en la sesión de la Conferencia de las Partes.

2. Las organizaciones regionales de integración económica, en asuntos de su competencia, ejercerán su derecho de voto con arreglo al presente artículo con un

número de votos igual al número de sus Estados miembros que sean Partes en la presente Convención. Dichas organizaciones no ejercerán su derecho de voto si sus Estados miembros ejercen el suyo, y viceversa.

3. Toda enmienda aprobada de conformidad con el párrafo 1 del presente artículo estará sujeta a ratificación, aceptación o aprobación por los Estados Parte.

4. Toda enmienda refrendada de conformidad con el párrafo 1 del presente artículo entrará en vigor respecto de un Estado Parte noventa días después de la fecha en que éste deposite en poder del Secretario General de las Naciones Unidas un instrumento de ratificación, aceptación o aprobación de esa enmienda.

5. Cuando una enmienda entre en vigor, será vinculante para los Estados Parte que hayan expresado su consentimiento al respecto. Los demás Estados Parte quedarán sujetos a las disposiciones de la presente Convención, así como a cualquier otra enmienda anterior que hubiesen ratificado, aceptado o aprobado.

Artículo 40

Denuncia

1. Los Estados Parte podrán denunciar la presente Convención mediante notificación escrita al Secretario General de las Naciones Unidas. La denuncia surtirá efecto un año después de la fecha en que el Secretario General haya recibido la notificación.

2. Las organizaciones regionales de integración económica dejarán de ser Partes en la presente Convención cuando la hayan denunciado todos sus Estados miembros.

3. La denuncia de la presente Convención con arreglo al párrafo 1 del presente artículo entrañará la denuncia de sus protocolos.

Artículo 41

Depositario e idiomas

1. El Secretario General de las Naciones Unidas será el depositario de la presente Convención.

2. El original de la presente Convención, cuyos textos en árabe, chino, español, francés, inglés y ruso son igualmente auténticos, se depositará en poder del Secretario General de las Naciones Unidas.

EN FE DE LO CUAL, los plenipotenciarios infrascritos, debidamente autorizados por sus respectivos gobiernos, han firmado la presente Convención.

CONVENCIÓN DE LAS NACIONES UNIDAS CONTRA LA CORRUPCIÓN (31 de octubre de 2003)

Preámbulo

Los Estados Parte en la presente Convención,

Preocupados por la gravedad de los problemas y las amenazas que plantea la corrupción para la estabilidad y seguridad de las sociedades al socavar las instituciones y los valores de la democracia, la ética y la justicia y al comprometer el desarrollo sostenible y el imperio de la ley,

Preocupados también por los vínculos entre la corrupción y otras formas de delincuencia, en particular la delincuencia organizada y la delincuencia económica,

incluido el blanqueo de dinero,

Preocupados asimismo por los casos de corrupción que entrañan vastas cantidades de activos, los cuales pueden constituir una proporción importante de los recursos de los Estados, y que amenazan la estabilidad política y el desarrollo sostenible de esos Estados,

Convencidos de que la corrupción ha dejado de ser un problema local para convertirse en un fenómeno transnacional que afecta a todas las sociedades y economías, lo que hace esencial la cooperación internacional para prevenirla y luchar contra ella,

Convencidos también de que se requiere un enfoque amplio y multidisciplinario para prevenir y combatir eficazmente la corrupción,

Convencidos asimismo de que la disponibilidad de asistencia técnica puede desempeñar un papel importante para que los Estados estén en mejores condiciones de poder prevenir y combatir eficazmente la corrupción, entre otras cosas fortaleciendo sus capacidades y creando instituciones,

Convencidos de que el enriquecimiento personal ilícito puede ser particularmente nocivo para las instituciones democráticas, las economías nacionales y el imperio de la ley,

Decididos a prevenir, detectar y disuadir con mayor eficacia las transferencias internacionales de activos adquiridos ilícitamente y a fortalecer la cooperación internacional para la recuperación de activos,

Reconociendo los principios fundamentales del debido proceso en los procesos penales y en los procedimientos civiles o administrativos sobre derechos de propiedad,

Teniendo presente que la prevención y la erradicación de la corrupción son responsabilidad de todos los Estados y que éstos deben cooperar entre sí, con el apoyo y la participación de personas y grupos que no pertenecen al sector público, como la sociedad civil, las organizaciones no gubernamentales y las organizaciones de base comunitaria, para que sus esfuerzos en este ámbito sean eficaces,

Teniendo presentes también los principios de debida gestión de los asuntos y los bienes públicos, equidad, responsabilidad e igualdad ante la ley, así como la necesidad de salvaguardar la integridad y fomentar una cultura de rechazo de la corrupción,

Encomiando la labor de la Comisión de Prevención del Delito y Justicia Penal y la Oficina de las Naciones Unidas contra la Droga y el Delito en la prevención y la lucha contra la corrupción,

Recordando la labor realizada por otras organizaciones internacionales y regionales en esta esfera, incluidas las actividades del Consejo de Cooperación Aduanera (también denominado Organización Mundial de Aduanas), el Consejo de Europa, la Liga de los Estados Árabes, la Organización de Cooperación y Desarrollo Económicos, la Organización de los Estados Americanos, la Unión Africana y la Unión Europea,

Tomando nota con reconocimiento de los instrumentos multilaterales encaminados a prevenir y combatir la corrupción, incluidos, entre otros la Convención Interamericana contra la Corrupción, aprobada por la Organización de los Estados Americanos el 29 de marzo de 1996, el Convenio relativo a la lucha contra los actos de corrupción en los que estén implicados funcionarios de las Comunidades Europeas o de los Estados Miembros de la Unión Europea, aprobado por el Consejo de la Unión Europea el 26 de mayo de 1997, el Convenio sobre la lucha contra el soborno de los funcionarios públicos extranjeros en las transacciones comerciales internacionales, aprobado por la Organización de Cooperación y Desarrollo Económicos el 21 de noviembre de 1997, el Convenio de derecho penal sobre la corrupción, aprobado por el Comité de Ministros del Consejo de Europa el 27 de enero de 1999, el Convenio de derecho civil sobre la corrupción, aprobado por el Comité de Ministros del Consejo de Europa el 4 de noviembre de 1999 y la Convención de la Unión Africana para prevenir y combatir la corrupción, aprobada por los Jefes de Estado y de Gobierno de la Unión Africana el 12 de julio de 2003,

Acogiendo con satisfacción la entrada en vigor, el 29 de septiembre de 2003, de la Convención de las Naciones Unidas contra la Delincuencia Organizada Transnacional,

Han convenido en lo siguiente:

Capítulo I
Disposiciones generales

Artículo 1

Finalidad

La finalidad de la presente Convención es:

a) Promover y fortalecer las medidas para prevenir y combatir más eficaz y eficientemente la corrupción;

b) Promover, facilitar y apoyar la cooperación internacional y la asistencia técnica en la prevención y la lucha contra la corrupción, incluida la recuperación de activos;

c) Promover la integridad, la obligación de rendir cuentas y la debida gestión de los asuntos y los bienes públicos.

Artículo 2

Definiciones

A los efectos de la presente Convención:

a) Por "funcionario público" se entenderá: i) toda persona que ocupe un cargo legislativo, ejecutivo, administrativo o judicial de un Estado Parte, ya sea designado o elegido, permanente o temporal, remunerado u honorario, sea cual sea la antigüedad de esa persona en el cargo; ii) toda otra persona que desempeñe una función pública, incluso para un organismo público o una empresa pública, o que preste un servicio público, según se defina en el derecho interno del Estado Parte y se aplique en la esfera pertinente del ordenamiento jurídico de ese Estado Parte; iii) toda otra persona definida como "funcionario público" en el derecho interno de un Estado Parte. No obstante, a los efectos de algunas medidas específicas incluidas en el capítulo II de la presente Convención, podrá entenderse por "funcionario público" toda persona que desempeñe una función pública o preste un servicio público según se defina en el derecho interno del Estado Parte y se aplique en la esfera pertinente del ordenamiento jurídico de ese Estado Parte;

b) Por "funcionario público extranjero" se entenderá toda persona que ocupe un cargo legislativo, ejecutivo, administrativo o judicial de un país extranjero, ya sea designado o elegido; y toda persona que ejerza una función pública para un país extranjero, incluso para un organismo público o una empresa pública;

c) Por "funcionario de una organización internacional pública" se entenderá un empleado público internacional o toda persona que tal organización haya autorizado a actuar en su nombre;

d) Por "bienes" se entenderá los activos de cualquier tipo, corporales o incorporales, muebles o inmuebles, tangibles o intangibles y los documentos o instrumentos legales que acrediten la propiedad u otros derechos sobre dichos activos;

e) Por "producto del delito" se entenderá los bienes de cualquier índole derivados u obtenidos directa o indirectamente de la comisión de un delito;

f) Por "embargo preventivo" o "incautación" se entenderá la prohibición temporal de transferir, convertir, enajenar o trasladar bienes, o de asumir la custodia o el control temporales de bienes sobre la base de una orden de un tribunal u otra autoridad competente;

g) Por "decomiso" se entenderá la privación con carácter definitivo de bienes por orden de un tribunal u otra autoridad competente;

h) Por "delito determinante" se entenderá todo delito del que se derive un producto que pueda pasar a constituir materia de un delito definido en el artículo 23 de la presente Convención;

i) Por "entrega vigilada" se entenderá la técnica consistente en permitir que remesas ilícitas o sospechosas salgan del territorio de uno o más Estados, lo atraviesen o entren en él, con el conocimiento y bajo la supervisión de sus autoridades competentes, con el fin de investigar un delito e identificar a las personas involucradas en su comisión.

Artículo 3

Ámbito de aplicación

1. La presente Convención se aplicará, de conformidad con sus disposiciones, a la prevención, la investigación y el enjuiciamiento de la corrupción y al embargo preventivo, la incautación, el decomiso y la restitución del producto de delitos tipificados con arreglo a la presente Convención.

2. Para la aplicación de la presente Convención, a menos que contenga una disposición en contrario, no será necesario que los delitos enunciados en ella produzcan daño o perjuicio patrimonial al Estado.

Artículo 4

Protección de la soberanía

1. Los Estados Parte cumplirán sus obligaciones con arreglo a la presente Convención en consonancia con los principios de igualdad soberana e integridad territorial de los Estados, así como de no intervención en los asuntos internos de otros Estados.

2. Nada de lo dispuesto en la presente Convención facultará a un Estado Parte para ejercer, en el territorio de otro Estado, jurisdicción o funciones que el derecho interno de ese Estado reserve exclusivamente a sus autoridades.

Capítulo II
Medidas preventivas

Artículo 5

Políticas y prácticas de prevención de la corrupción

1. Cada Estado Parte, de conformidad con los principios fundamentales de su ordenamiento jurídico, formulará y aplicará o mantendrá en vigor políticas coordinadas y eficaces contra la corrupción que promuevan la participación de la sociedad y reflejen los principios del imperio de la ley, la debida gestión de los asuntos públicos y los bienes públicos, la integridad, la transparencia y la obligación de rendir cuentas.

2. Cada Estado Parte procurará establecer y fomentar prácticas eficaces encaminadas a prevenir la corrupción.

3. Cada Estado Parte procurará evaluar periódicamente los instrumentos jurídicos y las medidas administrativas pertinentes a fin de determinar si son adecuados para combatir la corrupción.

4. Los Estados Parte, según proceda y de conformidad con los principios fundamentales de su ordenamiento jurídico, colaborarán entre sí y con las organizaciones internacionales y regionales pertinentes en la promoción y formulación de las medidas mencionadas en el presente artículo. Esa colaboración podrá comprender la participación en programas y proyectos internacionales destinados a prevenir la corrupción.

Artículo 6

Órgano u órganos de prevención de la corrupción

1. Cada Estado Parte, de conformidad con los principios fundamentales de su ordenamiento jurídico, garantizará la existencia de un órgano u órganos, según proceda, encargados de prevenir la corrupción con medidas tales como:

a) La aplicación de las políticas a que se hace alusión en el artículo 5 de la presente Convención y, cuando proceda, la supervisión y coordinación de la puesta en práctica de esas políticas;

b) El aumento y la difusión de los conocimientos en materia de prevención de la corrupción.

2. Cada Estado Parte otorgará al órgano o a los órganos mencionados en el párrafo 1 del presente artículo la independencia necesaria, de conformidad con los principios fundamentales de su ordenamiento jurídico, para que puedan desempeñar sus funciones de manera eficaz y sin ninguna influencia indebida. Deben proporcionárseles los recursos materiales y el personal especializado que sean necesarios, así como la capacitación que dicho personal pueda requerir para el desempeño de sus funciones.

3. Cada Estado Parte comunicará al Secretario General de las Naciones Unidas el nombre y la dirección de la autoridad o las autoridades que puedan ayudar a otros Estados Parte a formular y aplicar medidas concretas de prevención de la corrupción.

Artículo 7

Sector público

1. Cada Estado Parte, cuando sea apropiado y de conformidad con los principios fundamentales de su ordenamiento jurídico, procurará adoptar sistemas de convocatoria, contratación, retención, promoción y jubilación de empleados públicos y, cuando proceda, de otros funcionarios públicos no elegidos, o mantener y fortalecer dichos sistemas. Éstos:

a) Estarán basados en principios de eficiencia y transparencia y en criterios objetivos como el mérito, la equidad y la aptitud;

b) Incluirán procedimientos adecuados de selección y formación de los titulares de cargos públicos que se consideren especialmente vulnerables a la corrupción, así como, cuando proceda, la rotación de esas personas a otros cargos;

c) Fomentarán una remuneración adecuada y escalas de sueldo equitativas, teniendo en cuenta el nivel de desarrollo económico del Estado Parte;

d) Promoverán programas de formación y capacitación que les permitan cumplir los requisitos de desempeño correcto, honorable y debido de sus funciones y les proporcionen capacitación especializada y apropiada para que sean más conscientes de los riesgos de corrupción inherentes al desempeño de sus funciones. Tales programas podrán hacer referencia a códigos o normas de conducta en las esferas pertinentes.

2. Cada Estado Parte considerará también la posibilidad de adoptar medidas legislativas y administrativas apropiadas, en consonancia con los objetivos de la presente Convención y de conformidad con los principios fundamentales de su derecho interno, a fin de establecer criterios para la candidatura y elección a cargos públicos.

3. Cada Estado Parte considerará asimismo la posibilidad de adoptar medidas legislativas y administrativas apropiadas, en consonancia con los objetivos de la presente Convención y de conformidad con los principios fundamentales de su derecho interno, para aumentar la transparencia respecto de la financiación de candidaturas a cargos públicos electivos y, cuando proceda, respecto de la financiación de los partidos políticos.

4. Cada Estado Parte, de conformidad con los principios fundamentales de su derecho interno, procurará adoptar sistemas destinados a promover la transparencia y a prevenir

conflictos de intereses, o a mantener y fortalecer dichos sistemas.

Artículo 8

Códigos de conducta para funcionarios públicos

1. Con objeto de combatir la corrupción, cada Estado Parte, de conformidad con los principios fundamentales de su ordenamiento jurídico, promoverá, entre otras cosas, la integridad, la honestidad y la responsabilidad entre sus funcionarios públicos.

2. En particular, cada Estado Parte procurará aplicar, en sus propios ordenamientos institucionales y jurídicos, códigos o normas de conducta para el correcto, honorable y debido cumplimiento de las funciones públicas.

3. Con miras a aplicar las disposiciones del presente artículo, cada Estado Parte, cuando proceda y de conformidad con los principios fundamentales de su ordenamiento jurídico, tomará nota de las iniciativas pertinentes de las organizaciones regionales, interregionales y multilaterales, tales como el Código Internacional de Conducta para los titulares de cargos públicos, que figura en el anexo de la resolución 51/59 de la Asamblea General de 12 de diciembre de 1996.

4. Cada Estado Parte también considerará, de conformidad con los principios fundamentales de su derecho interno, la posibilidad de establecer medidas y sistemas para facilitar que los funcionarios públicos denuncien todo acto de corrupción a las autoridades competentes cuando tengan conocimiento de ellos en el ejercicio de sus funciones.

5. Cada Estado Parte procurará, cuando proceda y de conformidad con los principios fundamentales de su derecho interno, establecer medidas y sistemas para exigir a los funcionarios públicos que hagan declaraciones a las autoridades competentes en relación, entre otras cosas, con sus actividades externas y con empleos, inversiones, activos y regalos o beneficios importantes que puedan dar lugar a un conflicto de intereses respecto de sus atribuciones como funcionarios públicos.

6. Cada Estado Parte considerará la posibilidad de adoptar, de conformidad con los principios fundamentales de su derecho interno, medidas disciplinarias o de otra índole contra todo funcionario público que transgreda los códigos o normas establecidos de conformidad con el presente artículo.

Artículo 9

Contratación pública y gestión de la hacienda pública

1. Cada Estado Parte, de conformidad con los principios fundamentales de su ordenamiento jurídico, adoptará las medidas necesarias para establecer sistemas apropiados de contratación pública, basados en la transparencia, la competencia y criterios objetivos de adopción de decisiones, que sean eficaces, entre otras cosas, para prevenir la corrupción. Esos sistemas, en cuya aplicación se podrán tener en cuenta valores mínimos apropiados, deberán abordar, entre otras cosas:

a) La difusión pública de información relativa a procedimientos de contratación pública y contratos, incluida información sobre licitaciones e información pertinente u oportuna sobre la adjudicación de contratos, a fin de que los licitadores potenciales dispongan de tiempo suficiente para preparar y presentar sus ofertas;

b) La formulación previa de las condiciones de participación, incluidos criterios de selección y adjudicación y reglas de licitación, así como su publicación;

c) La aplicación de criterios objetivos y predeterminados para la adopción de decisiones sobre contratación pública a fin de facilitar la ulterior verificación de la

aplicación correcta de las reglas o procedimientos;

d) Un mecanismo eficaz de examen interno, incluido un sistema eficaz de apelación, para garantizar recursos y soluciones legales en el caso de que no se respeten las reglas o los procedimientos establecidos conforme al presente párrafo;

e) Cuando proceda, la adopción de medidas para reglamentar las cuestiones relativas al personal encargado de la contratación pública, en particular declaraciones de interés respecto de determinadas contrataciones públicas, procedimientos de preselección y requisitos de capacitación.

2. Cada Estado Parte, de conformidad con los principios fundamentales de su ordenamiento jurídico, adoptará medidas apropiadas para promover la transparencia y la obligación de rendir cuentas en la gestión de la hacienda pública.

Esas medidas abarcarán, entre otras cosas:

a) Procedimientos para la aprobación del presupuesto nacional;

b) La presentación oportuna de información sobre gastos e ingresos;

c) Un sistema de normas de contabilidad y auditoría, así como la supervisión correspondiente;

d) Sistemas eficaces y eficientes de gestión de riesgos y control interno; y

e) Cuando proceda, la adopción de medidas correctivas en caso de incumplimiento de los requisitos establecidos en el presente párrafo.

3. Cada Estado Parte, de conformidad con los principios fundamentales de su derecho interno, adoptará las medidas que sean necesarias en los ámbitos civil y administrativo para preservar la integridad de los libros y registros contables, estados financieros u otros documentos relacionados con los gastos e ingresos públicos y para prevenir la falsificación de esos documentos.

Artículo 10

Información pública

Habida cuenta de la necesidad de combatir la corrupción, cada Estado Parte, de conformidad con los principios fundamentales de su derecho interno, adoptará las medidas que sean necesarias para aumentar la transparencia en su administración pública, incluso en lo relativo a su organización, funcionamiento y procesos de adopción de decisiones, cuando proceda. Esas medidas podrán incluir, entre otras

cosas:

a) La instauración de procedimientos o reglamentaciones que permitan al público en general obtener, cuando proceda, información sobre la organización, el funcionamiento y los procesos de adopción de decisiones de su administración pública y, con el debido respeto a la protección de la intimidad y de los datos personales, sobre las decisiones y actos jurídicos que incumban al público;

b) La simplificación de los procedimientos administrativos, cuando proceda, a fin de facilitar el acceso del público a las autoridades encargadas de la adopción de decisiones; y

c) La publicación de información, lo que podrá incluir informes periódicos sobre los riesgos de corrupción en su administración pública.

Artículo 11

Medidas relativas al poder judicial y al ministerio público

1. Teniendo presentes la independencia del poder judicial y su papel decisivo en la lucha contra la corrupción, cada Estado Parte, de conformidad con los principios fundamentales de su ordenamiento jurídico y sin menoscabo de la independencia del poder judicial, adoptará medidas para reforzar la integridad y evitar toda oportunidad de corrupción entre los miembros del poder judicial. Tales medidas podrán incluir normas que regulen la conducta de los miembros del poder judicial.

2. Podrán formularse y aplicarse en el ministerio público medidas con idéntico fin a las adoptadas conforme al párrafo 1 del presente artículo en los Estados Parte en que esa institución no forme parte del poder judicial pero goce de independencia análoga.

Artículo 12

Sector privado

1. Cada Estado Parte, de conformidad con los principios fundamentales de su derecho interno, adoptará medidas para prevenir la corrupción y mejorar las normas contables y de auditoría en el sector privado, así como, cuando proceda, prever sanciones civiles, administrativas o penales eficaces, proporcionadas y disuasivas en caso de incumplimiento de esas medidas.

2. Las medidas que se adopten para alcanzar esos fines podrán consistir, entre otras cosas, en:

a) Promover la cooperación entre los organismos encargados de hacer cumplir la ley y las entidades privadas pertinentes;

b) Promover la formulación de normas y procedimientos encaminados a salvaguardar la integridad de las entidades privadas pertinentes, incluidos códigos de conducta para el correcto, honorable y debido ejercicio de las actividades comerciales y de todas las profesiones pertinentes y para la prevención de conflictos de intereses, así como para la promoción del uso de buenas prácticas comerciales entre las empresas y en las relaciones contractuales de las empresas con el Estado;

c) Promover la transparencia entre entidades privadas, incluidas, cuando proceda, medidas relativas a la identidad de las personas jurídicas y naturales involucradas en el establecimiento y la gestión de empresas;

d) Prevenir la utilización indebida de los procedimientos que regulan a las entidades privadas, incluidos los procedimientos relativos a la concesión de subsidios y licencias por las autoridades públicas para actividades comerciales;

e) Prevenir los conflictos de intereses imponiendo restricciones apropiadas, durante un período razonable, a las actividades profesionales de exfuncionarios públicos o a la contratación de funcionarios públicos en el sector privado tras su renuncia o jubilación cuando esas actividades o esa contratación estén directamente relacionadas con las funciones desempeñadas o supervisadas por esos funcionarios públicos durante su permanencia en el cargo;

f) Velar por que las empresas privadas, teniendo en cuenta su estructura y tamaño, dispongan de suficientes controles contables internos para ayudar a prevenir y detectar los actos de corrupción y por que las cuentas y los estados financieros requeridos de esas empresas privadas estén sujetos a procedimientos apropiados de auditoría y certificación.

3. A fin de prevenir la corrupción, cada Estado Parte adoptará las medidas que sean necesarias, de conformidad con sus leyes y reglamentos internos relativos al mantenimiento de libros y registros, la divulgación de estados financieros y las normas de contabilidad y auditoría, para prohibir los siguientes actos realizados con el fin de cometer cualesquiera de los delitos tipificados con arreglo a la presente

Convención:

a) El establecimiento de cuentas no registradas en libros;

b) La realización de operaciones no registradas en libros o mal consignadas;

c) El registro de gastos inexistentes;

d) El asiento de gastos en los libros de contabilidad con indicación incorrecta de su objeto;

e) La utilización de documentos falsos; y

f) La destrucción deliberada de documentos de contabilidad antes del plazo previsto en la ley.

4. Cada Estado Parte denegará la deducción tributaria respecto de gastos que constituyan soborno, que es uno de los elementos constitutivos de los delitos tipificados con arreglo a los artículos 15 y 16 de la presente Convención y, cuando proceda, respecto de otros gastos que hayan tenido por objeto promover un comportamiento corrupto.

Artículo 13

Participación de la sociedad

1. Cada Estado Parte adoptará medidas adecuadas, dentro de los medios de que disponga y de conformidad con los principios fundamentales de su derecho interno, para fomentar la participación activa de personas y grupos que no pertenezcan al sector público, como la sociedad civil, las organizaciones no gubernamentales y las organizaciones con base en la comunidad, en la prevención y la lucha contra la corrupción, y para sensibilizar a la opinión pública con respecto a la existencia, las causas y la gravedad de la corrupción, así como a la amenaza que ésta representa. Esa participación debería reforzarse con medidas como las siguientes:

a) Aumentar la transparencia y promover la contribución de la ciudadanía a los procesos de adopción de decisiones;

b) Garantizar el acceso eficaz del público a la información;

c) Realizar actividades de información pública para fomentar la intransigencia con la corrupción, así como programas de educación pública, incluidos programas escolares y universitarios;

d) Respetar, promover y proteger la libertad de buscar, recibir, publicar y difundir información relativa a la corrupción. Esa libertad podrá estar sujeta a ciertas restricciones, que deberán estar expresamente fijadas por la ley y ser necesarias para:

i) Garantizar el respeto de los derechos o la reputación de terceros;

ii) Salvaguardar la seguridad nacional, el orden público, o la salud o la moral públicas.

2. Cada Estado Parte adoptará medidas apropiadas para garantizar que el público tenga conocimiento de los órganos pertinentes de lucha contra la corrupción mencionados en la presente Convención y facilitará el acceso a dichos órganos, cuando proceda, para la denuncia, incluso anónima, de cualesquiera incidentes que puedan considerarse constitutivos de un delito tipificado con arreglo a la presente

Convención.

Artículo 14

Medidas para prevenir el blanqueo de dinero

1. Cada Estado Parte:

a) Establecerá un amplio régimen interno de reglamentación y supervisión de los bancos y las instituciones financieras no bancarias, incluidas las personas naturales o jurídicas que presten servicios oficiales u oficiosos de transferencia de dinero o valores y, cuando proceda, de otros órganos situados dentro de su jurisdicción que sean particularmente susceptibles de utilización para el blanqueo de dinero, a fin de prevenir y detectar todas las formas de blanqueo de dinero, y en dicho régimen se hará hincapié en los requisitos relativos a la identificación del cliente y, cuando proceda, del beneficiario final, al establecimiento de registros y a la denuncia de las transacciones sospechosas;

b) Garantizará, sin perjuicio de la aplicación del artículo 46 de la presente Convención, que las autoridades de administración, reglamentación y cumplimiento de la ley y demás autoridades encargadas de combatir el blanqueo de dinero (incluidas, cuando sea pertinente con arreglo al derecho interno, las autoridades judiciales) sean capaces de cooperar e intercambiar información en los ámbitos nacional e internacional, de conformidad con las condiciones prescritas en el derecho interno y, a tal fin, considerará la posibilidad de establecer una dependencia de inteligencia financiera que sirva de centro nacional de recopilación, análisis y difusión de información sobre posibles actividades de blanqueo de dinero.

2. Los Estados Parte considerarán la posibilidad de aplicar medidas viables para detectar y vigilar el movimiento transfronterizo de efectivo y de títulos negociables

pertinentes, con sujeción a salvaguardias que garanticen la debida utilización de la información y sin restringir en modo alguno la circulación de capitales lícitos. Esas medidas podrán incluir la exigencia de que los particulares y las entidades comerciales notifiquen las transferencias transfronterizas de cantidades elevadas de efectivo y de títulos negociables pertinentes.

3. Los Estados Parte considerarán la posibilidad de aplicar medidas apropiadas y viables para exigir a las instituciones financieras, incluidas las que remiten dinero, que:

a) Incluyan en los formularios de transferencia electrónica de fondos y mensajes conexos información exacta y válida sobre el remitente;

b) Mantengan esa información durante todo el ciclo de pagos; y

c) Examinen de manera más minuciosa las transferencias de fondos que no contengan información completa sobre el remitente.

4. Al establecer un régimen interno de reglamentación y supervisión con arreglo al presente artículo, y sin perjuicio de lo dispuesto en cualquier otro artículo de la presente Convención, se insta a los Estados Parte a que utilicen como guía las iniciativas pertinentes de las organizaciones regionales, interregionales y multilaterales de lucha contra el blanqueo de dinero.

5. Los Estados Parte se esforzarán por establecer y promover la cooperación a escala mundial, regional, subregional y bilateral entre las autoridades judiciales, de cumplimiento de la ley y de reglamentación financiera a fin de combatir el blanqueo de dinero.

Capítulo III
Penalización y aplicación de la ley

Artículo 15

Soborno de funcionarios públicos nacionales

Cada Estado Parte adoptará las medidas legislativas y de otra índole que sean necesarias para tipificar como delito, cuando se cometan intencionalmente:

a) La promesa, el ofrecimiento o la concesión a un funcionario público, en forma directa o indirecta, de un beneficio indebido que redunde en su propio provecho o en el de otra persona o entidad con el fin de que dicho funcionario actúe o se abstenga de actuar en el cumplimiento de sus funciones oficiales;

b) La solicitud o aceptación por un funcionario público, en forma directa o indirecta, de un beneficio indebido que redunde en su propio provecho o en el de otra persona o entidad con el fin de que dicho funcionario actúe o se abstenga de actuar en el cumplimiento de sus funciones oficiales.

Artículo 16

Soborno de funcionarios públicos extranjeros y de funcionarios de organizaciones internacionales públicas

1. Cada Estado Parte adoptará las medidas legislativas y de otra índole que sean necesarias para tipificar como delito, cuando se cometan intencionalmente, la promesa, el ofrecimiento o la concesión, en forma directa o indirecta, a un funcionario público extranjero o a un funcionario de una organización internacional pública, de un beneficio indebido que redunde en su propio provecho o en el de otra persona o entidad con el fin de que dicho funcionario actúe o se abstenga de actuar en el ejercicio de sus funciones oficiales para obtener o mantener alguna transacción comercial u otro beneficio indebido en relación con la realización de actividades comerciales internacionales.

2. Cada Estado Parte considerará la posibilidad de adoptar las medidas legislativas y de otra índole que sean necesarias para tipificar como delito, cuando se cometan intencionalmente, la solicitud o aceptación por un funcionario público extranjero o un funcionario de una organización internacional pública, en forma directa o indirecta, de un beneficio indebido que redunde en su propio provecho o en el de otra persona o entidad, con el fin de que dicho funcionario actúe o se abstenga de actuar en el ejercicio de sus funciones oficiales.

Artículo 17

Malversación o peculado, apropiación indebida u otras formas de desviación de bienes por un funcionario público

Cada Estado Parte adoptará las medidas legislativas y de otra índole que sean necesarias para tipificar como delito, cuando se cometan intencionalmente, la malversación o el peculado, la apropiación indebida u otras formas de desviación por un funcionario público, en beneficio propio o de terceros u otras entidades, de bienes, fondos o títulos públicos o privados o cualquier otra cosa de valor que se hayan confiado al funcionario en virtud de su cargo.

Artículo 18

Tráfico de influencias

Cada Estado Parte considerará la posibilidad de adoptar las medidas legislativas y de otra índole que sean necesarias para tipificar como delito, cuando se cometan intencionalmente:

a) La promesa, el ofrecimiento o la concesión a un funcionario público o a cualquier otra persona, en forma directa o indirecta, de un beneficio indebido con el fin de que el funcionario público o la persona abuse de su influencia real o supuesta para obtener de una administración o autoridad del Estado Parte un beneficio indebido que redunde en provecho del instigador original del acto o de cualquier otra persona;

b) La solicitud o aceptación por un funcionario público o cualquier otra persona, en forma directa o indirecta, de un beneficio indebido que redunde en su provecho o el de otra persona con el fin de que el funcionario público o la persona abuse de su influencia real o supuesta para obtener de una administración o autoridad del Estado Parte un beneficio indebido.

Artículo 19

Abuso de funciones

Cada Estado Parte considerará la posibilidad de adoptar las medidas legislativas y de otra índole que sean necesarias para tipificar como delito, cuando se cometa intencionalmente, el abuso de funciones o del cargo, es decir, la realización u omisión de un acto, en violación de la ley, por parte de un funcionario público en el ejercicio de sus funciones, con el fin de obtener un beneficio indebido para sí mismo o para otra persona o entidad.

Artículo 20

Enriquecimiento ilícito

Con sujeción a su constitución y a los principios fundamentales de su ordenamiento jurídico, cada Estado Parte considerará la posibilidad de adoptar las

medidas legislativas y de otra índole que sean necesarias para tipificar como delito,

cuando se cometa intencionalmente, el enriquecimiento ilícito, es decir, el incremento significativo del patrimonio de un funcionario público respecto de sus ingresos legítimos que no pueda ser razonablemente justificado por él.

Artículo 21

Soborno en el sector privado

Cada Estado Parte considerará la posibilidad de adoptar las medidas legislativas y de otra índole que sean necesarias para tipificar como delito, cuando se cometan intencionalmente en el curso de actividades económicas, financieras o comerciales:

a) La promesa, el ofrecimiento o la concesión, en forma directa o indirecta, a una persona que dirija una entidad del sector privado o cumpla cualquier función en ella, de un beneficio indebido que redunde en su propio provecho o en el de otra persona, con el fin de que, faltando al deber inherente a sus funciones, actúe o se abstenga de actuar;

b) La solicitud o aceptación, en forma directa o indirecta, por una persona que dirija una entidad del sector privado o cumpla cualquier función en ella, de un beneficio indebido que redunde en su propio provecho o en el de otra persona, con el fin de que, faltando al deber inherente a sus funciones, actúe o se abstenga de actuar.

Artículo 22

Malversación o peculado de bienes en el sector privado

Cada Estado Parte considerará la posibilidad de adoptar las medidas legislativas y de otra índole que sean necesarias para tipificar como delito, cuando se cometan intencionalmente en el curso de actividades económicas, financieras o comerciales, la malversación o el peculado, por una persona que dirija una entidad del sector privado o cumpla cualquier función en ella, de cualesquiera bienes, fondos o títulos privados o de cualquier otra cosa de valor que se hayan confiado a esa persona por razón de su cargo.

Artículo 23

Blanqueo del producto del delito

1. Cada Estado Parte adoptará, de conformidad con los principios fundamentales de su derecho interno, las medidas legislativas y de otra índole que sean necesarias para tipificar como delito, cuando se cometan intencionalmente:

a) i) La conversión o la transferencia de bienes, a sabiendas de que esos bienes son producto del delito, con el propósito de ocultar o disimular el origen ilícito de los bienes o ayudar a cualquier persona involucrada en la comisión del delito determinante a eludir las consecuencias jurídicas de sus actos; ii) La ocultación o disimulación de la verdadera naturaleza, el origen, la ubicación, la disposición, el movimiento o la propiedad de bienes o del legítimo derecho a éstos, a sabiendas de que dichos bienes son producto del delito;

b) Con sujeción a los conceptos básicos de su ordenamiento jurídico: i) La adquisición, posesión o utilización de bienes, a sabiendas, en el momento de su recepción, de que son producto del delito; ii) La participación en la comisión de cualesquiera de los delitos tipificados con arreglo al presente artículo, así como la asociación y la confabulación para cometerlos, la tentativa de cometerlos y la ayuda, la incitación, la facilitación y el asesoramiento en aras de su comisión.

2. Para los fines de la aplicación o puesta en práctica del párrafo 1 del presente artículo:

a) Cada Estado Parte velará por aplicar el párrafo 1 del presente artículo a la gama más amplia posible de delitos determinantes;

b) Cada Estado Parte incluirá como delitos determinantes, como mínimo, una amplia gama de delitos tipificados con arreglo a la presente Convención;

c) A los efectos del apartado b) supra, entre los delitos determinantes se incluirán los delitos cometidos tanto dentro como fuera de la jurisdicción del Estado Parte interesado. No obstante, los delitos cometidos fuera de la jurisdicción de un Estado Parte constituirán delito determinante siempre y cuando el acto correspondiente sea delito con arreglo al derecho interno del Estado en que se haya cometido y constituyese asimismo delito con arreglo al derecho interno del Estado Parte que aplique o ponga en práctica el presente artículo si el delito se hubiese cometido allí;

d) Cada Estado Parte proporcionará al Secretario General de las Naciones Unidas una copia de sus leyes destinadas a dar aplicación al presente artículo y de cualquier enmienda ulterior que se haga a tales leyes o una descripción de ésta;

e) Si así lo requieren los principios fundamentales del derecho interno de un Estado Parte, podrá disponerse que los delitos enunciados en el párrafo 1 del presente artículo no se aplican a las personas que hayan cometido el delito determinante.

Artículo 24

Encubrimiento

Sin perjuicio de lo dispuesto en el artículo 23 de la presente Convención, cada Estado Parte considerará la posibilidad de adoptar las medidas legislativas y de otra índole que sean necesarias para tipificar como delito, cuando se cometan intencionalmente tras la comisión de cualesquiera de los delitos tipificados con arreglo a la presente Convención pero sin haber participado en ellos, el encubrimiento o la retención continua de bienes a sabiendas de que dichos bienes son producto de cualesquiera de los delitos tipificados con arreglo a la presente Convención.

Artículo 25

Obstrucción de la justicia

Cada Estado Parte adoptará las medidas legislativas y de otra índole que sean necesarias para tipificar como delito, cuando se cometan intencionalmente:

a) El uso de fuerza física, amenazas o intimidación, o la promesa, el ofrecimiento o la concesión de un beneficio indebido para inducir a una persona a prestar falso testimonio o a obstaculizar la prestación de testimonio o la aportación de pruebas en procesos en relación con la comisión de los delitos tipificados con arreglo a la presente Convención;

b) El uso de fuerza física, amenazas o intimidación para obstaculizar el cumplimiento de las funciones oficiales de un funcionario de la justicia o de los servicios encargados de hacer cumplir la ley en relación con la comisión de los delitos tipificados con arreglo a la presente Convención. Nada de lo previsto en el presente artículo menoscabará el derecho de los Estados Parte a disponer de legislación que proteja a otras categorías de funcionarios públicos.

Artículo 26

Responsabilidad de las personas jurídicas

1. Cada Estado Parte adoptará las medidas que sean necesarias, en consonancia con sus principios jurídicos, a fin de establecer la responsabilidad de personas jurídicas por su participación en delitos tipificados con arreglo a la presente Convención.

2. Con sujeción a los principios jurídicos del Estado Parte, la responsabilidad de las personas jurídicas podrá ser de índole penal, civil o administrativa.

3. Dicha responsabilidad existirá sin perjuicio de la responsabilidad penal que incumba a las personas naturales que hayan cometido los delitos.

4. Cada Estado Parte velará en particular por que se impongan sanciones penales o no penales eficaces, proporcionadas y disuasivas, incluidas sanciones monetarias, a las personas jurídicas consideradas responsables con arreglo al presente artículo.

Artículo 27

Participación y tentativa

1. Cada Estado Parte adoptará las medidas legislativas y de otra índole que sean necesarias para tipificar como delito, de conformidad con su derecho interno, cualquier forma de participación, ya sea como cómplice, colaborador o instigador, en un delito tipificado con arreglo a la presente Convención.

2. Cada Estado Parte podrá adoptar las medidas legislativas y de otra índole que sean necesarias para tipificar como delito, de conformidad con su derecho interno, toda tentativa de cometer un delito tipificado con arreglo a la presente Convención.

3. Cada Estado Parte podrá adoptar las medidas legislativas y de otra índole que sean necesarias para tipificar como delito, de conformidad con su derecho interno, la preparación con miras a cometer un delito tipificado con arreglo a la presente Convención.

Artículo 28

Conocimiento, intención y propósito como elementos de un delito

El conocimiento, la intención o el propósito que se requieren como elemento de un delito tipificado con arreglo a la presente Convención podrán inferirse de circunstancias fácticas objetivas.

Artículo 29

Prescripción

Cada Estado Parte establecerá, cuando proceda, con arreglo a su derecho interno, un plazo de prescripción amplio para iniciar procesos por cualesquiera de los delitos tipificados con arreglo a la presente Convención y establecerá un plazo mayor o interrumpirá la prescripción cuando el presunto delincuente haya eludido la administración de justicia.

Artículo 30

Proceso, fallo y sanciones

1. Cada Estado Parte penalizará la comisión de los delitos tipificados con arreglo a la presente Convención con sanciones que tengan en cuenta la gravedad de esos delitos.

2. Cada Estado Parte adoptará las medidas que sean necesarias para establecer o mantener, de conformidad con su ordenamiento jurídico y sus principios constitucionales, un equilibrio apropiado entre cualesquiera inmunidades o prerrogativas jurisdiccionales otorgadas a sus funcionarios públicos para el cumplimiento de sus funciones y la posibilidad, de ser preciso, de proceder efectivamente a la investigación, el enjuiciamiento y el fallo de los delitos tipificados con arreglo a la presente Convención.

3. Cada Estado Parte velará por que se ejerzan cualesquiera facultades legales discrecionales de que disponga conforme a su derecho interno en relación con el enjuiciamiento de personas por los delitos tipificados con arreglo a la presente Convención a fin de dar máxima eficacia a las medidas adoptadas para hacer cumplir la ley respecto de esos delitos, teniendo debidamente en cuenta la necesidad de prevenirlos.

4. Cuando se trate de delitos tipificados con arreglo a la presente Convención, cada Estado Parte adoptará medidas apropiadas, de conformidad con su derecho interno y tomando debidamente en consideración los derechos de la defensa, con miras a procurar que, al imponer condiciones en relación con la decisión de conceder la libertad en espera de juicio o la apelación, se tenga presente la necesidad de garantizar la comparecencia del acusado en todo procedimiento penal ulterior.

5. Cada Estado Parte tendrá en cuenta la gravedad de los delitos pertinentes al considerar la eventualidad de conceder la libertad anticipada o la libertad condicional a personas que hayan sido declaradas culpables de esos delitos.

6. Cada Estado Parte considerará la posibilidad de establecer, en la medida en que ello sea concordante con los principios fundamentales de su ordenamiento jurídico, procedimientos en virtud de los cuales un funcionario público que sea acusado de un delito tipificado con arreglo a la presente Convención pueda, cuando proceda, ser destituido, suspendido o reasignado por la autoridad correspondiente, teniendo presente el respeto al principio de presunción de inocencia.

7. Cuando la gravedad de la falta lo justifique y en la medida en que ello sea concordante con los principios fundamentales de su ordenamiento jurídico, cada Estado Parte considerará la posibilidad de establecer procedimientos para inhabilitar, por mandamiento judicial u otro medio apropiado y por un período determinado por su derecho interno, a las personas condenadas por delitos tipificados con arreglo a la presente Convención para:

a) Ejercer cargos públicos; y

b) Ejercer cargos en una empresa de propiedad total o parcial del Estado.

8. El párrafo 1 del presente artículo no menoscabará el ejercicio de facultades disciplinarias por los organismos competentes contra empleados públicos.

9. Nada de lo dispuesto en la presente Convención afectará al principio de que la descripción de los delitos tipificados con arreglo a ella y de los medios jurídicos de defensa aplicables o demás principios jurídicos que regulan la legalidad de una conducta queda reservada al derecho interno de los Estados Parte y de que esos delitos habrán de ser perseguidos y sancionados de conformidad con ese derecho.

10. Los Estados Parte procurarán promover la reinserción social de las personas condenadas por delitos tipificados con arreglo a la presente Convención.

Artículo 31

Embargo preventivo, incautación y decomiso

1. Cada Estado Parte adoptará, en el mayor grado en que lo permita su ordenamiento jurídico interno, las medidas que sean necesarias para autorizar el decomiso:

a) Del producto de delitos tipificados con arreglo a la presente Convención

o de bienes cuyo valor corresponda al de dicho producto;

b) De los bienes, equipo u otros instrumentos utilizados o destinados a utilizarse en la comisión de los delitos tipificados con arreglo a la presente Convención.

2. Cada Estado Parte adoptará las medidas que sean necesarias para permitir la identificación, la localización, el embargo preventivo o la incautación de cualquier bien a que

se haga referencia en el párrafo 1 del presente artículo con miras a su eventual decomiso.

3. Cada Estado Parte adoptará, de conformidad con su derecho interno, las medidas legislativas y de otra índole que sean necesarias para regular la administración, por parte de las autoridades competentes, de los bienes embargados, incautados o decomisados comprendidos en los párrafos 1 y 2 del presente artículo.

4. Cuando ese producto del delito se haya transformado o convertido parcial o totalmente en otros bienes, éstos serán objeto de las medidas aplicables a dicho producto a tenor del presente artículo.

5. Cuando ese producto del delito se haya mezclado con bienes adquiridos de fuentes lícitas, esos bienes serán objeto de decomiso hasta el valor estimado del producto entremezclado, sin menoscabo de cualquier otra facultad de embargo preventivo o incautación.

6. Los ingresos u otros beneficios derivados de ese producto del delito, de bienes en los que se haya transformado o convertido dicho producto o de bienes con los que se haya entremezclado ese producto del delito también serán objeto de las medidas previstas en el presente artículo, de la misma manera y en el mismo grado que el producto del delito.

7. A los efectos del presente artículo y del artículo 55 de la presente Convención, cada Estado Parte facultará a sus tribunales u otras autoridades competentes para ordenar la presentación o la incautación de documentos bancarios, financieros o comerciales. Los Estados Parte no podrán negarse a aplicar las disposiciones del presente párrafo amparándose en el secreto bancario.

8. Los Estados Parte podrán considerar la posibilidad de exigir a un delincuente que demuestre el origen lícito del presunto producto del delito o de otros bienes expuestos a decomiso, en la medida en que ello sea conforme con los principios fundamentales de su derecho interno y con la índole del proceso judicial u otros procesos.

9. Las disposiciones del presente artículo no se interpretarán en perjuicio de los derechos de terceros de buena fe.

10. Nada de lo dispuesto en el presente artículo afectará al principio de que las medidas en él previstas se definirán y aplicarán de conformidad con el derecho interno de los Estados Parte y con sujeción a éste.

Artículo 32

Protección de testigos, peritos y víctimas

1. Cada Estado Parte adoptará medidas apropiadas, de conformidad con su ordenamiento jurídico interno y dentro de sus posibilidades, para proteger de manera eficaz contra eventuales actos de represalia o intimidación a los testigos y peritos que presten testimonio sobre delitos tipificados con arreglo a la presente Convención, así como, cuando proceda, a sus familiares y demás personas cercanas.

2. Las medidas previstas en el párrafo 1 del presente artículo podrán consistir, entre otras, sin perjuicio de los derechos del acusado e incluido el derecho a las garantías procesales, en:

a) Establecer procedimientos para la protección física de esas personas, incluida, en la medida de lo necesario y posible, su reubicación, y permitir, cuando proceda, la prohibición total o parcial de revelar información sobre su identidad y paradero;

b) Establecer normas probatorias que permitan que los testigos y peritos presten testimonio sin poner en peligro la seguridad de esas personas, por ejemplo aceptando el testimonio mediante tecnologías de comunicación como la videoconferencia u otros medios adecuados.

3. Los Estados Parte considerarán la posibilidad de celebrar acuerdos o arreglos con otros Estados para la reubicación de las personas mencionadas en el párrafo 1 del presente artículo.

4. Las disposiciones del presente artículo se aplicarán también a las víctimas en la medida en que sean testigos.

5. Cada Estado Parte permitirá, con sujeción a su derecho interno, que se presenten y consideren las opiniones y preocupaciones de las víctimas en etapas apropiadas de las actuaciones penales contra los delincuentes sin que ello menoscabe los derechos de la defensa.

Artículo 33

Protección de los denunciantes

Cada Estado Parte considerará la posibilidad de incorporar en su ordenamiento jurídico interno medidas apropiadas para proporcionar protección contra todo trato injustificado a las personas que denuncien ante las autoridades competentes, de buena fe y con motivos razonables, cualesquiera hechos relacionados con delitos tipificados con arreglo a la presente Convención.

Artículo 34

Consecuencias de los actos de corrupción

Con la debida consideración de los derechos adquiridos de buena fe por terceros, cada Estado Parte, de conformidad con los principios fundamentales de su derecho interno, adoptará medidas para eliminar las consecuencias de los actos de corrupción. En este contexto, los Estados Parte podrán considerar la corrupción un factor pertinente en procedimientos jurídicos encaminados a anular o dejar sin efecto un contrato o a revocar una concesión u otro instrumento semejante, o adoptar cualquier otra medida correctiva.

Artículo 35

Indemnización por daños y perjuicios

Cada Estado Parte adoptará las medidas que sean necesarias, de conformidad con los principios de su derecho interno, para garantizar que las entidades o personas perjudicadas como consecuencia de un acto de corrupción tengan derecho a iniciar

una acción legal contra los responsables de esos daños y perjuicios a fin de obtener

indemnización.

Artículo 36

Autoridades especializadas

Cada Estado Parte, de conformidad con los principios fundamentales de su ordenamiento jurídico, se cerciorará de que dispone de uno o más órganos o personas especializadas en la lucha contra la corrupción mediante la aplicación coercitiva de la ley. Ese órgano u órganos o esas personas gozarán de la independencia necesaria, conforme a los principios fundamentales del ordenamiento jurídico del Estado Parte, para que puedan desempeñar sus funciones con eficacia y sin presiones indebidas. Deberá proporcionarse a esas personas o al personal de ese órgano u órganos formación adecuada y recursos suficientes para el desempeño de sus funciones.

Artículo 37

Cooperación con las autoridades encargadas de hacer cumplir la ley

1. Cada Estado Parte adoptará medidas apropiadas para alentar a las personas que participen o hayan participado en la comisión de delitos tipificados con arreglo a la presente Convención a que proporcionen a las autoridades competentes información útil con fines investigativos y probatorios y a que les presten ayuda efectiva y concreta que pueda contribuir a privar a los delincuentes del producto del delito, así como a recuperar ese producto.

2. Cada Estado Parte considerará la posibilidad de prever, en casos apropiados, la mitigación de la pena de toda persona acusada que preste cooperación sustancial en la investigación o el enjuiciamiento de los delitos tipificados con arreglo a la presente Convención.

3. Cada Estado Parte considerará la posibilidad de prever, de conformidad con los principios fundamentales de su derecho interno, la concesión de inmunidad judicial a toda persona que preste cooperación sustancial en la investigación o el enjuiciamiento de los delitos tipificados con arreglo a la presente Convención.

4. La protección de esas personas será, mutatis mutandis, la prevista en el artículo 32 de la presente Convención.

5. Cuando las personas mencionadas en el párrafo 1 del presente artículo se encuentren en un Estado Parte y puedan prestar cooperación sustancial a las autoridades competentes de otro Estado Parte, los Estados Parte interesados podrán considerar la posibilidad de celebrar acuerdos o arreglos, de conformidad con su derecho interno, con respecto a la eventual concesión, por el otro Estado Parte, del trato previsto en los párrafos 2 y 3 del presente artículo.

Artículo 38

Cooperación entre organismos nacionales

Cada Estado Parte adoptará las medidas que sean necesarias, de conformidad con su derecho interno, para alentar la cooperación entre, por un lado, sus organismos

públicos, así como sus funcionarios públicos, y, por otro, sus organismos encargados de investigar y enjuiciar los delitos. Esa cooperación podrá incluir:

a) Informar a esos últimos organismos, por iniciativa del Estado Parte, cuando haya motivos razonables para sospechar que se ha cometido alguno de los delitos tipificados con arreglo a los artículos 15, 21 y 23 de la presente Convención; o

b) Proporcionar a esos organismos toda la información necesaria, previa solicitud.

Artículo 39

Cooperación entre los organismos nacionales y el sector privado

1. Cada Estado Parte adoptará las medidas que sean necesarias, de conformidad con su derecho interno, para alentar la cooperación entre los organismos nacionales de investigación y el ministerio público, por un lado, y las entidades del

sector privado, en particular las instituciones financieras, por otro, en cuestiones relativas a la comisión de los delitos tipificados con arreglo a la presente Convención.

2. Cada Estado Parte considerará la posibilidad de alentar a sus nacionales y demás personas que tengan residencia habitual en su territorio a denunciar ante los organismos nacionales de investigación y el ministerio público la comisión de todo delito tipificado con arreglo a la presente Convención.

Artículo 40

Secreto bancario

Cada Estado Parte velará por que, en el caso de investigaciones penales nacionales de delitos tipificados con arreglo a la presente Convención, existan en su ordenamiento jurídico interno mecanismos apropiados para salvar todo obstáculo que pueda surgir como consecuencia de la aplicación de la legislación relativa al secreto bancario.

Artículo 41

Antecedentes penales

Cada Estado Parte podrá adoptar las medidas legislativas o de otra índole que sean necesarias para tener en cuenta, en las condiciones y para los fines que estime apropiados, toda previa declaración de culpabilidad de un presunto delincuente en

otro Estado a fin de utilizar esa información en actuaciones penales relativas a delitos tipificados con arreglo a la presente Convención.

Artículo 42

Jurisdicción

1. Cada Estado Parte adoptará las medidas que sean necesarias para establecer su jurisdicción respecto de los delitos tipificados con arreglo a la presente Convención cuando:

a) El delito se cometa en su territorio; o

b) El delito se cometa a bordo de un buque que enarbole su pabellón o de una aeronave registrada conforme a sus leyes en el momento de la comisión.

2. Con sujeción a lo dispuesto en el artículo 4 de la presente Convención, un Estado Parte también podrá establecer su jurisdicción para conocer de tales delitos

cuando:

a) El delito se cometa contra uno de sus nacionales;

b) El delito sea cometido por uno de sus nacionales o por una persona apátrida que tenga residencia habitual en su territorio; o

c) El delito sea uno de los delitos tipificados con arreglo al inciso ii) del apartado b) del párrafo 1 del artículo 23 de la presente Convención y se cometa fuera de su territorio con miras a la comisión, dentro de su territorio, de un delito tipificado con arreglo a los incisos i) o ii) del apartado a) o al inciso i) del apartado b) del párrafo 1 del artículo 23 de la presente Convención; o

d) El delito se cometa contra el Estado Parte.

3. A los efectos del artículo 44 de la presente Convención, cada Estado Parte adoptará las medidas que sean necesarias para establecer su jurisdicción respecto de los delitos tipificados con arreglo a la presente Convención cuando el presunto delincuente se encuentre en su territorio y el Estado Parte no lo extradite por el solo hecho de ser uno de sus nacionales.

4. Cada Estado Parte podrá también adoptar las medidas que sean necesarias para establecer su jurisdicción respecto de los delitos tipificados con arreglo a la presente Convención cuando el presunto delincuente se encuentre en su territorio y el Estado Parte no lo extradite.

5. Si un Estado Parte que ejerce su jurisdicción con arreglo a los párrafos 1 o 2 del presente artículo ha recibido notificación, o tomado conocimiento por otro conducto, de que otros Estados Parte están realizando una investigación, un proceso o una actuación judicial respecto de los mismos hechos, las autoridades competentes de esos Estados Parte se consultarán, según proceda, a fin de coordinar sus medidas.

6. Sin perjuicio de las normas del derecho internacional general, la presente Convención no excluirá el ejercicio de las competencias penales establecidas por los Estados Parte de conformidad con su derecho interno.

Capítulo IV
Cooperación internacional

Artículo 43

Cooperación internacional

1. Los Estados Parte cooperarán en asuntos penales conforme a lo dispuesto en los artículos 44 a 50 de la presente Convención. Cuando proceda y esté en consonancia con su ordenamiento jurídico interno, los Estados Parte considerarán

la posibilidad de prestarse asistencia en las investigaciones y procedimientos correspondientes a cuestiones civiles y administrativas relacionadas con la corrupción.

2. En cuestiones de cooperación internacional, cuando la doble incriminación sea un requisito, éste se considerará cumplido si la conducta constitutiva del delito respecto del cual se solicita asistencia es delito con arreglo a la legislación de ambos Estados Parte, independientemente de si las leyes del Estado Parte requerido incluyen el delito en la misma categoría o lo denominan con la misma terminología que el Estado Parte requirente.

Artículo 44

Extradición

1. El presente artículo se aplicará a los delitos tipificados con arreglo a la presente Convención en el caso de que la persona

que es objeto de la solicitud de extradición se encuentre en el territorio del Estado Parte requerido, siempre y cuando el delito por el que se pide la extradición sea punible con arreglo al derecho interno del Estado Parte requirente y del Estado Parte requerido.

2. Sin perjuicio de lo dispuesto en el párrafo 1 del presente artículo, los Estados Parte cuya legislación lo permita podrán conceder la extradición de una persona por cualesquiera de los delitos comprendidos en la presente Convención que no sean punibles con arreglo a su propio derecho interno.

3. Cuando la solicitud de extradición incluya varios delitos, de los cuales al menos uno dé lugar a extradición conforme a lo dispuesto en el presente artículo y algunos no den lugar a extradición debido al período de privación de libertad que conllevan pero guarden relación con los delitos tipificados con arreglo a la presente Convención, el Estado Parte requerido podrá aplicar el presente artículo también

respecto de esos delitos.

4. Cada uno de los delitos a los que se aplica el presente artículo se considerará incluido entre los delitos que dan lugar a extradición en todo tratado de extradición vigente entre los Estados Parte. Éstos se comprometen a incluir tales delitos como causa de extradición en todo tratado de extradición que celebren entre sí. Los Estados Parte cuya legislación lo permita, en el caso de que la presente Convención sirva de base para la extradición, no considerarán de carácter político ninguno de los delitos tipificados con arreglo a la presente Convención.

5. Si un Estado Parte que supedita la extradición a la existencia de un tratado recibe una solicitud de extradición de otro Estado Parte con el que no lo vincula ningún tratado de extradición, podrá considerar la presente Convención como la base jurídica de la extradición respecto de los delitos a los que se aplica el presente artículo.

6. Todo Estado Parte que supedite la extradición a la existencia de un tratado deberá:

a) En el momento de depositar su instrumento de ratificación, aceptación o aprobación de la presente Convención o de adhesión a ella, informar al Secretario General de las Naciones Unidas de si considerará o no la presente Convención como la base jurídica de la cooperación en materia de extradición en sus relaciones con otros Estados Parte en la presente Convención; y

b) Si no considera la presente Convención como la base jurídica de la cooperación en materia de extradición, procurar, cuando proceda, celebrar tratados de extradición con otros Estados Parte en la presente Convención a fin de aplicar el presente artículo.

7. Los Estados Parte que no supediten la extradición a la existencia de un tratado reconocerán los delitos a los que se aplica el presente artículo como causa de extradición entre ellos.

8. La extradición estará sujeta a las condiciones previstas en el derecho interno del Estado Parte requerido o en los tratados de extradición aplicables, incluidas, entre otras cosas, las relativas al requisito de una pena mínima para la extradición y a los motivos por los que el Estado Parte requerido puede denegar la extradición.

9. Los Estados Parte, de conformidad con su derecho interno, procurarán agilizar los procedimientos de extradición y simplificar los requisitos probatorios correspondientes con respecto a cualquiera de los delitos a los que se aplica el presente artículo.

10. A reserva de lo dispuesto en su derecho interno y en sus tratados de extradición, el Estado Parte requerido podrá, tras haberse cerciorado de que las circunstancias lo justifican y tienen carácter urgente, y a solicitud del Estado Parte requirente, proceder a la detención de la persona presente en su territorio cuya extradición se pide o adoptar otras medidas adecuadas para garantizar la comparecencia de esa persona en los procedimientos de extradición.

11. El Estado Parte en cuyo territorio se encuentre un presunto delincuente, si no lo extradita respecto de un delito al que se aplica el presente artículo por el solo hecho de ser uno de sus nacionales, estará obligado, previa solicitud del Estado Parte que pide la extradición, a someter el caso sin demora injustificada a sus autoridades competentes a efectos de enjuiciamiento. Dichas autoridades adoptarán su decisión y llevarán a cabo sus actuaciones judiciales de la misma manera en que lo harían respecto de cualquier otro delito de carácter grave con arreglo al derecho interno de ese Estado Parte. Los Estados Parte interesados cooperarán entre sí, en particular en lo que respecta a los aspectos procesales y probatorios, con miras a garantizar la eficiencia de dichas actuaciones.

12. Cuando el derecho interno de un Estado Parte sólo le permita extraditar o entregar de algún otro modo a uno de sus nacionales a condición de que esa persona sea devuelta a ese Estado Parte para cumplir la condena impuesta como resultado del juicio o proceso por el que se solicitó la extradición o la entrega y ese Estado Parte y el Estado Parte que solicita la extradición acepten esa opción, así como toda otra condición que estimen apropiada, tal extradición o entrega condicional será suficiente para que quede cumplida la obligación enunciada en el párrafo 11 del presente artículo.

13. Si la extradición solicitada con el propósito de que se cumpla una condena es denegada por el hecho de que la

persona buscada es nacional del Estado Parte requerido, éste, si su derecho interno lo permite y de conformidad con los requisitos de dicho derecho, considerará, previa solicitud del Estado Parte requirente, la posibilidad de hacer cumplir la condena impuesta o el resto pendiente de dicha condena con arreglo al derecho interno del Estado Parte requirente.

14. En todas las etapas de las actuaciones se garantizará un trato justo a toda persona contra la que se haya iniciado una instrucción en relación con cualquiera de los delitos a los que se aplica el presente artículo, incluido el goce de todos los derechos y garantías previstos por el derecho interno del Estado Parte en cuyo territorio se encuentre esa persona.

15. Nada de lo dispuesto en la presente Convención podrá interpretarse como la imposición de una obligación de extraditar si el Estado Parte requerido tiene motivos justificados para presumir que la solicitud se ha presentado con el fin de perseguir o castigar a una persona en razón de su sexo, raza, religión, nacionalidad,

origen étnico u opiniones políticas o que su cumplimiento ocasionaría perjuicios a la posición de esa persona por cualquiera de estas razones.

16. Los Estados Parte no podrán denegar una solicitud de extradición únicamente porque se considere que el delito también entraña cuestiones tributarias.

17. Antes de denegar la extradición, el Estado Parte requerido, cuando proceda, consultará al Estado Parte requirente para darle amplia oportunidad de presentar sus opiniones y de proporcionar información pertinente a su alegato.

18. Los Estados Parte procurarán celebrar acuerdos o arreglos bilaterales y multilaterales para llevar a cabo la extradición o aumentar su eficacia.

Artículo 45

Traslado de personas condenadas a cumplir una pena

Los Estados Parte podrán considerar la posibilidad de celebrar acuerdos o arreglos bilaterales o multilaterales sobre el traslado a su territorio de toda persona que haya sido condenada a pena de prisión u otra forma de privación de libertad por algún delito tipificado con arreglo a la presente Convención a fin de que cumpla allí su condena.

Artículo 46

Asistencia judicial recíproca

1. Los Estados Parte se prestarán la más amplia asistencia judicial recíproca respecto de investigaciones, procesos y actuaciones judiciales relacionados con los delitos comprendidos en la presente Convención.

2. Se prestará asistencia judicial recíproca en la mayor medida posible conforme a las leyes, tratados, acuerdos y arreglos pertinentes del Estado Parte requerido con respecto a investigaciones, procesos y actuaciones judiciales relacionados con los delitos de los que una persona jurídica pueda ser considerada responsable de conformidad con el artículo 26 de la presente Convención en el Estado Parte requirente.

3. La asistencia judicial recíproca que se preste de conformidad con el presente artículo podrá solicitarse para cualquiera de los fines siguientes:

a) Recibir testimonios o tomar declaración a personas;

b) Presentar documentos judiciales;

c) Efectuar inspecciones e incautaciones y embargos preventivos;

d) Examinar objetos y lugares;

e) Proporcionar información, elementos de prueba y evaluaciones de peritos;

f) Entregar originales o copias certificadas de los documentos y expedientes pertinentes, incluida la documentación pública, bancaria y financiera, así como la documentación social o comercial de sociedades mercantiles;

g) Identificar o localizar el producto del delito, los bienes, los instrumentos u otros elementos con fines probatorios;

h) Facilitar la comparecencia voluntaria de personas en el Estado Parte requirente;

i) Prestar cualquier otro tipo de asistencia autorizada por el derecho interno del Estado Parte requerido;

j) Identificar, embargar con carácter preventivo y localizar el producto del delito, de conformidad con las disposiciones del capítulo V de la presente Convención;

k) Recuperar activos de conformidad con las disposiciones del capítulo V de la presente Convención.

4. Sin menoscabo del derecho interno, las autoridades competentes de un Estado Parte podrán, sin que se les solicite previamente, transmitir información relativa a cuestiones penales a una autoridad competente de otro Estado Parte si creen que esa información podría ayudar a la autoridad a emprender o concluir con éxito indagaciones y procesos penales o podría dar lugar a una petición formulada por este último Estado Parte con arreglo a la presente Convención.

5. La transmisión de información con arreglo al párrafo 4 del presente artículo se hará sin perjuicio de las indagaciones y procesos penales que tengan lugar en el Estado de las autoridades competentes que facilitan la información. Las autoridades competentes que reciben la información

deberán acceder a toda solicitud de que se respete su carácter confidencial, incluso temporalmente, o de que se impongan restricciones a su utilización. Sin embargo, ello no obstará para que el Estado Parte receptor revele, en sus actuaciones, información que sea exculpatoria de una persona acusada. En tal caso, el Estado Parte receptor notificará al Estado Parte transmisor antes de revelar dicha información y, si así se le solicita, consultará al Estado Parte transmisor. Si, en un caso excepcional, no es posible notificar con antelación, el Estado Parte receptor informará sin demora al Estado Parte transmisor de dicha revelación.

6. Lo dispuesto en el presente artículo no afectará a las obligaciones dimanantes de otros tratados bilaterales o multilaterales vigentes o futuros que rijan, total o parcialmente, la asistencia judicial recíproca.

7. Los párrafos 9 a 29 del presente artículo se aplicarán a las solicitudes que se formulen con arreglo al presente artículo siempre que no medie entre los Estados Parte interesados un tratado de asistencia judicial recíproca. Cuando esos Estados Parte estén vinculados por un tratado de esa índole se aplicarán las disposiciones correspondientes de dicho tratado, salvo que los Estados Parte convengan en aplicar, en su lugar, los párrafos 9 a 29 del presente artículo. Se insta encarecidamente a los Estados Parte a que apliquen esos párrafos si facilitan la cooperación.

8. Los Estados Parte no invocarán el secreto bancario para denegar la asistencia judicial recíproca con arreglo al presente artículo.

9. a) Al atender a una solicitud de asistencia con arreglo al presente artículo, en ausencia de doble incriminación, el Estado Parte requerido tendrá en cuenta la finalidad de la presente Convención, enunciada en el artículo 1;

b) Los Estados Parte podrán negarse a prestar asistencia con arreglo al presente artículo invocando la ausencia de doble incriminación. No obstante, el Estado Parte requerido, cuando ello esté en consonancia con los conceptos básicos de su ordenamiento jurídico, prestará asistencia que no entrañe medidas coercitivas. Esa asistencia se podrá negar cuando la solicitud entrañe asuntos de minimis o cuestiones respecto de las cuales la cooperación o asistencia solicitada esté prevista en virtud de otras disposiciones de la presente Convención;

c) En ausencia de doble incriminación, cada Estado Parte podrá considerar la posibilidad de adoptar las medidas necesarias que le permitan prestar una asistencia más amplia con arreglo al presente artículo.

10. La persona que se encuentre detenida o cumpliendo una condena en el territorio de un Estado Parte y cuya presencia se solicite en otro Estado Parte para fines de identificación, para prestar testimonio o para que ayude de alguna otra forma a obtener pruebas necesarias para investigaciones, procesos o actuaciones judiciales respecto de delitos comprendidos en la presente Convención podrá ser trasladada si se cumplen las condiciones siguientes:

a) La persona, debidamente informada, da su libre consentimiento;

b) Las autoridades competentes de ambos Estados Parte están de acuerdo, con sujeción a las condiciones que éstos consideren apropiadas.

11. A los efectos del párrafo 10 del presente artículo:

a) El Estado Parte al que se traslade a la persona tendrá la competencia y la obligación de mantenerla detenida, salvo que el Estado Parte del que ha sido trasladada solicite o autorice otra cosa;

b) El Estado Parte al que se traslade a la persona cumplirá sin dilación su obligación de devolverla a la custodia del Estado Parte del que ha sido trasladada, según convengan de antemano o de otro modo las autoridades competentes de ambos Estados Parte;

c) El Estado Parte al que se traslade a la persona no podrá exigir al Estado Parte del que ha sido trasladada que inicie procedimientos de extradición para su devolución;

d) El tiempo que la persona haya permanecido detenida en el Estado Parte al que ha sido trasladada se computará como parte de la pena que ha de cumplir en el Estado del que ha sido trasladada.

12. A menos que el Estado Parte desde el cual se ha de trasladar a una persona de conformidad con los párrafos 10 y 11 del presente artículo esté de acuerdo, dicha persona, cualquiera que sea su nacionalidad, no podrá ser enjuiciada, detenida, condenada ni sometida a ninguna otra restricción de su libertad personal en el territorio del Estado al que sea trasladada en relación con actos, omisiones o condenas anteriores a su salida del territorio del Estado del que ha sido trasladada.

13. Cada Estado Parte designará a una autoridad central encargada de recibir solicitudes de asistencia judicial recíproca y facultada para darles cumplimiento o para transmitirlas a las autoridades competentes para su ejecución. Cuando alguna región o algún territorio especial de un Estado Parte disponga de un régimen distinto de asistencia judicial recíproca, el Estado Parte podrá designar a otra autoridad central que desempeñará la misma función para dicha región o dicho territorio. Las autoridades centrales velarán por el rápido y adecuado cumplimiento o transmisión de las

solicitudes recibidas. Cuando la autoridad central transmita la solicitud a una autoridad competente para su ejecución, alentará la rápida y adecuada ejecución de la solicitud por parte de dicha autoridad. Cada Estado Parte notificará al Secretario General de las Naciones Unidas, en el momento de depositar su instrumento de ratificación, aceptación o aprobación de la presente Convención o de adhesión a ella, el nombre de la autoridad central que haya sido designada a tal fin. Las solicitudes de asistencia judicial recíproca y cualquier otra comunicación pertinente serán transmitidas a las autoridades centrales designadas por los Estados Parte. La presente disposición no afectará al derecho de cualquiera de los Estados Parte a exigir que estas solicitudes y comunicaciones le sean enviadas por vía diplomática y, en circunstancias urgentes, cuando los Estados Parte convengan en ello, por conducto de la Organización Internacional de Policía Criminal, de ser posible.

14. Las solicitudes se presentarán por escrito o, cuando sea posible, por cualquier medio capaz de registrar un texto escrito, en un idioma aceptable para el Estado Parte requerido, en condiciones que permitan a dicho Estado Parte determinar la autenticidad. Cada Estado Parte notificará al Secretario General de las Naciones Unidas, en el momento de depositar su instrumento de ratificación, aceptación o aprobación de la presente Convención o de adhesión a ella, el idioma o idiomas que le son aceptables. En situaciones de urgencia, y cuando los Estados Parte convengan en ello, las solicitudes podrán hacerse oralmente, debiendo ser confirmadas sin demora por escrito.

15. Toda solicitud de asistencia judicial recíproca contendrá lo siguiente:

a) La identidad de la autoridad que hace la solicitud;

b) El objeto y la índole de las investigaciones, los procesos o las actuaciones judiciales a que se refiere la solicitud y el nombre y las funciones de la autoridad encargada de efectuar dichas investigaciones, procesos o actuaciones;

c) Un resumen de los hechos pertinentes, salvo cuando se trate de solicitudes de presentación de documentos judiciales;

d) Una descripción de la asistencia solicitada y pormenores sobre cualquier procedimiento particular que el Estado Parte requirente desee que se aplique;

e) De ser posible, la identidad, ubicación y nacionalidad de toda persona interesada; y f) La finalidad para la que se solicita la prueba, información o actuación.

16. El Estado Parte requerido podrá pedir información adicional cuando sea necesaria para dar cumplimiento a la solicitud de conformidad con su derecho interno o para facilitar dicho cumplimiento.

17. Se dará cumplimiento a toda solicitud con arreglo al derecho interno del Estado Parte requerido y, en la medida en que ello no lo contravenga y sea factible, de conformidad con los procedimientos especificados en la solicitud.

18. Siempre que sea posible y compatible con los principios fundamentales del derecho interno, cuando una persona se encuentre en el territorio de un Estado Parte y tenga que prestar declaración como testigo o perito ante autoridades judiciales de otro Estado Parte, el primer Estado Parte, a solicitud del otro, podrá permitir que la audiencia se celebre por videoconferencia si no es posible o conveniente que la persona en cuestión comparezca personalmente en el territorio del Estado Parte requirente. Los Estados Parte podrán convenir en que la audiencia esté a cargo de una autoridad judicial del Estado Parte requirente y en que asista a ella una autoridad judicial del Estado Parte requerido.

19. El Estado Parte requirente no transmitirá ni utilizará, sin previo consentimiento del Estado Parte requerido, la información o las pruebas proporcionadas por el Estado Parte requerido para investigaciones, procesos o actuaciones judiciales distintos de los indicados en la solicitud. Nada de lo dispuesto en el presente párrafo impedirá que el Estado Parte requirente revele, en sus actuaciones, información o pruebas que sean exculpatorias de una persona acusada.

En este último caso, el Estado Parte requirente notificará al Estado Parte requerido antes de revelar la información o las pruebas y, si así se le solicita, consultará al Estado Parte requerido. Si, en un caso excepcional, no es posible notificar con antelación, el Estado Parte requirente informará sin demora al Estado Parte requerido de dicha revelación.

20. El Estado Parte requirente podrá exigir que el Estado Parte requerido mantenga reserva acerca de la existencia y el contenido de la solicitud, salvo en la medida necesaria para darle cumplimiento. Si el Estado Parte requerido no puede mantener esa reserva, lo hará saber de inmediato al Estado Parte requirente.

21. La asistencia judicial recíproca podrá ser denegada:

a) Cuando la solicitud no se haga de conformidad con lo dispuesto en el presente artículo;

b) Cuando el Estado Parte requerido considere que el cumplimiento de lo solicitado podría menoscabar su soberanía, su seguridad, su orden público u otros

intereses fundamentales;

c) Cuando el derecho interno del Estado Parte requerido prohíba a sus autoridades actuar en la forma solicitada con respecto a un delito análogo, si éste hubiera sido objeto de investigaciones, procesos o actuaciones judiciales en el ejercicio de su propia competencia;

d) Cuando acceder a la solicitud sea contrario al ordenamiento jurídico del Estado Parte requerido en lo relativo a la asistencia judicial recíproca.

22. Los Estados Parte no podrán denegar una solicitud de asistencia judicial recíproca únicamente porque se considere que el delito también entraña cuestiones tributarias.

23. Toda denegación de asistencia judicial recíproca deberá fundamentarse debidamente.

24. El Estado Parte requerido cumplirá la solicitud de asistencia judicial recíproca lo antes posible y tendrá plenamente en cuenta, en la medida de sus posibilidades, los plazos que sugiera el Estado Parte requirente y que estén debidamente fundamentados, de preferencia en la solicitud. El Estado Parte requirente podrá pedir información razonable sobre el estado y la evolución de las gestiones realizadas por el Estado Parte requerido para satisfacer dicha petición. El Estado Parte requerido responderá a las solicitudes razonables que formule el Estado Parte

requirente respecto del estado y la evolución del trámite de la solicitud. El Estado

Parte requirente informará con prontitud al Estado Parte requerido cuando ya no

necesite la asistencia solicitada.

25. La asistencia judicial recíproca podrá ser diferida por el Estado Parte requerido si perturba investigaciones, procesos o actuaciones judiciales en curso.

26. Antes de denegar una solicitud presentada con arreglo al párrafo 21 del presente artículo o de diferir su cumplimiento con arreglo al párrafo 25 del presente artículo, el Estado Parte requerido consultará al Estado Parte requirente para considerar si es posible prestar la asistencia solicitada supeditándola a las condiciones que estime necesarias. Si el Estado Parte requirente acepta la asistencia con arreglo a esas condiciones, ese Estado Parte deberá cumplir las condiciones impuestas.

27. Sin perjuicio de la aplicación del párrafo 12 del presente artículo, el testigo, perito u otra persona que, a instancias del Estado Parte requirente, consienta en prestar testimonio en un juicio o en colaborar en una investigación, proceso o actuación judicial en el territorio del Estado Parte requirente no podrá ser enjuiciado, detenido, condenado ni sometido a ninguna otra restricción de su libertad personal en ese territorio por actos, omisiones o declaraciones de culpabilidad anteriores a la fecha en que abandonó el territorio del Estado Parte requerido. Ese salvoconducto cesará cuando el testigo, perito u otra persona haya tenido, durante quince días consecutivos o durante el período acordado por los Estados Parte después de la fecha en que se le haya informado oficialmente de que las autoridades judiciales ya no requerían su presencia, la oportunidad de salir del país y no obstante permanezca voluntariamente en ese territorio o regrese libremente a él después de haberlo abandonado.

28. Los gastos ordinarios que ocasione el cumplimiento de una solicitud serán sufragados por el Estado Parte requerido, a menos que los Estados Parte interesados hayan acordado otra cosa. Cuando se requieran a este fin gastos cuantiosos o de carácter extraordinario, los Estados Parte se consultarán para determinar las condiciones en que se dará cumplimiento a la solicitud, así como la

manera en que se sufragarán los gastos.

29. El Estado Parte requerido:

a) Facilitará al Estado Parte requirente una copia de los documentos oficiales y otros documentos o datos que obren en su poder y a los que, conforme a su derecho interno, tenga acceso el público en general;

b) Podrá, a su arbitrio y con sujeción a las condiciones que juzgue apropiadas, proporcionar al Estado Parte requirente una copia total o parcial de los documentos oficiales o de otros documentos o datos que obren en su poder y que,

conforme a su derecho interno, no estén al alcance del público en general.

30. Cuando sea necesario, los Estados Parte considerarán la posibilidad de celebrar acuerdos o arreglos bilaterales o multilaterales que contribuyan a lograr los fines del presente artículo y que lleven a la práctica o refuercen sus disposiciones.

Artículo 47

Remisión de actuaciones penales

Los Estados Parte considerarán la posibilidad de remitirse a actuaciones penales para el enjuiciamiento por un delito tipificado con arreglo a la presente Convención cuando se estime que esa remisión redundará en beneficio de la debida administración de justicia, en particular en casos en que intervengan varias jurisdicciones, con miras a concentrar las actuaciones del proceso.

Artículo 48

Cooperación en materia de cumplimiento de la ley

1. Los Estados Parte colaborarán estrechamente, en consonancia con sus respectivos ordenamientos jurídicos y administrativos, con miras a aumentar la eficacia de las medidas de cumplimiento de la ley orientadas a combatir

los delitos comprendidos en la presente Convención. En particular, los Estados Parte adoptarán medidas eficaces para:

a) Mejorar los canales de comunicación entre sus autoridades, organismos y servicios competentes y, de ser necesario, establecerlos, a fin de facilitar el intercambio seguro y rápido de información sobre todos los aspectos de los delitos

comprendidos en la presente Convención, así como, si los Estados Parte interesados lo estiman oportuno, sobre sus vinculaciones con otras actividades delictivas;

b) Cooperar con otros Estados Parte en la realización de indagaciones con respecto a delitos comprendidos en la presente Convención acerca de:

i) La identidad, el paradero y las actividades de personas presuntamente implicadas en tales delitos o la ubicación de otras personas interesadas;

ii) El movimiento del producto del delito o de bienes derivados de la comisión de esos delitos;

iii) El movimiento de bienes, equipo u otros instrumentos utilizados o destinados a utilizarse en la comisión de esos delitos;

c) Proporcionar, cuando proceda, los elementos o las cantidades de sustancias que se requieran para fines de análisis o investigación;

d) Intercambiar, cuando proceda, información con otros Estados Parte sobre los medios y métodos concretos empleados para la comisión de los delitos comprendidos en la presente Convención, entre ellos el uso de identidad falsa, documentos falsificados, alterados o falsos u otros medios de encubrir actividades vinculadas a esos delitos;

e) Facilitar una coordinación eficaz entre sus organismos, autoridades y servicios competentes y promover el intercambio de personal y otros expertos, incluida la designación de oficiales de enlace con sujeción a acuerdos o arreglos bilaterales entre los Estados Parte interesados;

f) Intercambiar información y coordinar las medidas administrativas y de otra índole adoptadas para la pronta detección de los delitos comprendidos en la presente Convención.

2. Los Estados Parte, con miras a dar efecto a la presente Convención, considerarán la posibilidad de celebrar acuerdos o arreglos bilaterales o multilaterales en materia de cooperación directa entre sus respectivos organismos encargados de hacer cumplir la ley y, cuando tales acuerdos o arreglos ya existan, de enmendarlos. A falta de tales acuerdos o arreglos entre los Estados Parte interesados, los Estados Parte podrán considerar que la presente Convención constituye la base para la cooperación recíproca en materia de cumplimiento de la ley respecto de los delitos comprendidos en la presente Convención. Cuando proceda, los Estados Parte aprovecharán plenamente los acuerdos y arreglos, incluidas las organizaciones internacionales o regionales, a fin de aumentar la cooperación entre sus respectivos organismos encargados de hacer cumplir la ley.

3. Los Estados Parte se esforzarán por colaborar en la medida de sus posibilidades para hacer frente a los delitos comprendidos en la presente Convención que se cometan mediante el recurso a la tecnología moderna.

Artículo 49

Investigaciones conjuntas

Los Estados Parte considerarán la posibilidad de celebrar acuerdos o arreglos bilaterales o multilaterales en virtud de los cuales, en relación con cuestiones que son objeto de investigaciones, procesos o actuaciones judiciales en uno o más Estados, las autoridades competentes puedan establecer órganos mixtos de investigación. A falta de tales acuerdos o arreglos, l as investigaciones conjuntas podrán llevarse a cabo mediante acuerdos concertados caso por caso. Los Estados Parte participantes velarán por que la soberanía del Estado Parte en cuyo territorio haya de efectuarse la investigación sea plenamente respetada.

Artículo 50

Técnicas especiales de investigación

1. A fin de combatir eficazmente la corrupción, cada Estado Parte, en la medida en que lo permitan los principios fundamentales de su ordenamiento jurídico interno y conforme a las condiciones prescritas por su derecho interno, adoptará las medidas que sean necesarias, dentro de sus posibilidades, para prever el adecuado recurso, por sus autoridades competentes en su territorio, a la entrega vigilada y, cuando lo considere apropiado, a otras técnicas especiales de investigación como la vigilancia electrónica o de otra índole y las operaciones encubiertas, así como para permitir la admisibilidad de las pruebas derivadas de esas técnicas en sus tribunales.

2. A los efectos de investigar los delitos comprendidos en la presente Convención, se alienta a los Estados Parte a que celebren, cuando proceda, acuerdos o arreglos bilaterales o multilaterales apropiados para utilizar esas técnicas especiales de investigación en el contexto de la cooperación en el plano internacional. Esos acuerdos o arreglos se concertarán y ejecutarán respetando plenamente el principio de la igualdad soberana de los Estados y al ponerlos en práctica se cumplirán estrictamente las condiciones en ellos contenidas.

3. De no existir los acuerdos o arreglos mencionados en el párrafo 2 del presente artículo, toda decisión de recurrir a esas técnicas especiales de investigación en el plano internacional se adoptará sobre la base de cada caso particular y podrá, cuando sea necesario, tener en cuenta los arreglos financieros y los entendimientos relativos al ejercicio de jurisdicción por los Estados Parte interesados.

4. Toda decisión de recurrir a la entrega vigilada en el plano internacional podrá, con el consentimiento de los Estados Parte interesados, incluir la aplicación de métodos tales como interceptar los bienes o los fondos, autorizarlos a proseguir intactos o retirarlos o sustituirlos total o parcialmente.

Capítulo V
Recuperación de activos

Artículo 51

Disposición general

La restitución de activos con arreglo al presente capítulo es un principio fundamental de la presente Convención y los Estados Parte se prestarán la más amplia cooperación y asistencia entre sí a este respecto.

Artículo 52

Prevención y detección de transferencias del producto del delito

1. Sin perjuicio de lo dispuesto en el artículo 14 de la presente Convención, cada Estado Parte adoptará las medidas que sean necesarias, de conformidad con su derecho interno, para exigir a las instituciones financieras que funcionan en su territorio que verifiquen la identidad de los clientes, adopten medidas razonables para determinar la identidad de los beneficiarios finales de los fondos depositados en cuentas de valor elevado, e intensifiquen su escrutinio de toda cuenta solicitada o mantenida por o a nombre de personas que desempeñen o hayan desempeñado funciones públicas prominentes y de sus familiares y estrechos colaboradores. Ese escrutinio intensificado deberá estructurarse razonablemente de modo que permita descubrir transacciones sospechosas con objeto de informar al respecto a las autoridades competentes y no deberá ser concebido de forma que desaliente o impida el curso normal del negocio de las instituciones financieras con su legítima clientela.

2. A fin de facilitar la aplicación de las medidas previstas en el párrafo 1 del presente artículo, cada Estado Parte, de conformidad con su derecho interno e inspirándose en las iniciativas pertinentes de las organizaciones regionales, interregionales y multilaterales de lucha contra el blanqueo de dinero, deberá:

a) Impartir directrices sobre el tipo de personas naturales o jurídicas cuyas cuentas las instituciones financieras que funcionan en su territorio deberán someter a un mayor escrutinio, los tipos de cuentas y transacciones a las que deberán prestar particular atención y la manera apropiada de abrir cuentas y de llevar registros o expedientes respecto de ellas; y

b) Notificar, cuando proceda, a las instituciones financieras que funcionan en su territorio, a solicitud de otro Estado Parte o por propia iniciativa, la identidad de determinadas personas naturales o jurídicas cuyas cuentas esas instituciones deberán someter a un mayor escrutinio, además de las que las instituciones financieras puedan identificar de otra forma.

3. En el contexto del apartado a) del párrafo 2 del presente artículo, cada Estado Parte aplicará medidas para velar por que sus instituciones financieras mantengan, durante un plazo conveniente, registros adecuados de las cuentas y transacciones relacionadas con las personas mencionadas en el párrafo 1 del presente artículo, los cuales deberán contener, como mínimo, información relativa a la identidad del cliente y, en la medida de lo posible, del beneficiario final.

4. Con objeto de prevenir y detectar las transferencias del producto de delitos tipificados con arreglo a la presente Convención, cada Estado Parte aplicará medidas apropiadas y eficaces para impedir, con la ayuda de sus órganos reguladores y de supervisión, el establecimiento de bancos que no tengan presencia real y que no estén afiliados a un grupo financiero sujeto a regulación. Además, los Estados Parte podrán considerar la posibilidad de exigir a sus instituciones financieras que se nieguen a entablar relaciones con esas instituciones en c alidad de bancos corresponsales, o a continuar las relaciones existentes, y que se abstengan de establecer relaciones con instituciones financieras extranjeras que permitan utilizar sus cuentas a bancos que no tengan presencia real y que no estén afiliados a un grupo financiero sujeto a regulación.

5. Cada Estado Parte considerará la posibilidad de establecer, de conformidad con su derecho interno, sistemas eficaces de divulgación de información financiera para los funcionarios públicos pertinentes y dispondrá sanciones adecuadas para todo incumplimiento del deber de declarar. Cada Estado Parte considerará asimismo la posibilidad de adoptar las medidas que sean necesarias para permitir que sus autoridades competentes compartan esa información con las autoridades competentes de otros Estados Parte, si ello es necesario para investigar, reclamar o recuperar el producto de delitos tipificados con arreglo a la presente Convención.

6. Cada Estado Parte considerará la posibilidad de adoptar las medidas que sean necesarias, con arreglo a su derecho

interno, para exigir a los funcionarios públicos pertinentes que tengan algún derecho o poder de firma o de otra índole sobre alguna cuenta financiera en algún país extranjero que declaren su relación con esa

cuenta a las autoridades competentes y que lleven el debido registro de dicha cuenta. Esas medidas deberán incluir sanciones adecuadas para todo caso de incumplimiento.

Artículo 53

Medidas para la recuperación directa de bienes

Cada Estado Parte, de conformidad con su derecho interno:

a) Adoptará las medidas que sean necesarias a fin de facultar a otros Estados Parte para entablar ante sus tribunales una acción civil con objeto de determinar la titularidad o propiedad de bienes adquiridos mediante la comisión de un delito tipificado con arreglo a la presente Convención;

b) Adoptará las medidas que sean necesarias a fin de facultar a sus tribunales para ordenar a aquellos que hayan cometido delitos tipificados con arreglo a la presente Convención que indemnicen o resarzan por daños y perjuicios a otro Estado Parte que haya resultado perjudicado por esos delitos; y

c) Adoptará las medidas que sean necesarias a fin de facultar a sus tribunales o a sus autoridades competentes, cuando deban adoptar decisiones con respecto al decomiso, para reconocer el legítimo derecho de propiedad de otro Estado Parte sobre los bienes adquiridos mediante la comisión de un delito tipificado con arreglo a la presente Convención.

Artículo 54

Mecanismos de recuperación de bienes mediante la cooperación internacional para fines de decomiso

1. Cada Estado Parte, a fin de prestar asistencia judicial recíproca conforme a lo dispuesto en el artículo 55 de la presente Convención con respecto a bienes adquiridos mediante la comisión de un delito tipificado con arreglo a la presente Convención o relacionados con ese delito, de conformidad con su derecho interno:

a) Adoptará las medidas que sean necesarias para que sus autoridades competentes puedan dar efecto a toda orden de decomiso dictada por un tribunal de otro Estado Parte;

b) Adoptará las medidas que sean necesarias para que sus autoridades competentes, cuando tengan jurisdicción, puedan ordenar el decomiso de esos bienes de origen extranjero en una sentencia relativa a un delito de blanqueo de dinero o a cualquier otro delito sobre el que pueda tener jurisdicción, o mediante otros procedimientos autorizados en su derecho interno; y

c) Considerará la posibilidad de adoptar las medidas que sean necesarias para permitir el decomiso de esos bienes sin que medie una condena, en casos en que el delincuente no pueda ser enjuiciado por motivo de fallecimiento, fuga o ausencia, o en otros casos apropiados.

2. Cada Estado Parte, a fin de prestar asistencia judicial recíproca solicitada con arreglo a lo dispuesto en el párrafo 2 del artículo 55 de la presente Convención, de conformidad con su derecho interno:

a) Adoptará las medidas que sean necesarias para que sus autoridades competentes puedan efectuar el embargo preventivo o la incautación de bienes en cumplimiento de una orden de embargo preventivo o incautación dictada por un tribunal o autoridad competente de un Estado Parte requirente que constituya un fundamento razonable para que el Estado Parte requerido considere que existen razones suficientes para adoptar esas medidas y que ulteriormente los bienes serían

objeto de una orden de decomiso a efectos del apartado a) del párrafo 1 del presente artículo;

b) Adoptará las medidas que sean necesarias para que sus autoridades competentes puedan efectuar el embargo preventivo o la incautación de bienes en cumplimiento de una solicitud que constituya un fundamento razonable para que el Estado Parte requerido considere que existen razones suficientes para adoptar esas medidas y que ulteriormente los bienes serían objeto de una orden de decomiso a efectos del apartado a) del párrafo 1 del presente artículo; y

c) Considerará la posibilidad de adoptar otras medidas para que sus autoridades competentes puedan preservar los bienes a efectos de decomiso, por ejemplo sobre la base de una orden extranjera de detención o inculpación penal relacionada con la adquisición de esos bienes.

Artículo 55

Cooperación internacional para fines de decomiso

1. Los Estados Parte que reciban una solicitud de otro Estado Parte que tenga jurisdicción para conocer de un delito tipificado con arreglo a la presente Convención con miras al decomiso del producto del delito, los bienes, el equipo u otros instrumentos mencionados en el párrafo 1 del artículo 31 de la presente Convención que se encuentren en su territorio deberán, en la mayor medida en que lo permita su ordenamiento jurídico interno:

a) Remitir la solicitud a sus autoridades competentes para obtener una orden de decomiso a la que, en caso de concederse, darán cumplimiento; o

b) Presentar a sus autoridades competentes, a fin de que se le dé cumplimiento en el grado solicitado, la orden de decomiso expedida por un tribunal situado en el territorio del Estado Parte requirente de conformidad con lo dispuesto en el párrafo 1 del artículo 31 y en el apartado a) del párrafo 1 del artículo 54 de la presente Convención en la medida en que guarde relación con el producto del delito, los bienes, el equipo u otros instrumentos mencionados en el párrafo 1 del artículo 31 que se encuentren en el territorio del Estado Parte requerido.

2. A raíz de una solicitud presentada por otro Estado Parte que tenga jurisdicción para conocer de un delito tipificado con arreglo a la presente Convención, el Estado Parte requerido adoptará medidas encaminadas a la identificación, la localización y el embargo preventivo o la incautación del producto del delito, los bienes, el equipo u otros instrumentos mencionados en el párrafo 1 del artículo 31 de la presente Convención con miras a su eventual decomiso, que habrá de ordenar el Estado Parte requirente o, en caso de que medie una solicitud presentada con arreglo al párrafo 1 del presente artículo, el Estado Parte requerido.

3. Las disposiciones del artículo 46 de la presente Convención serán aplicables, mutatis mutandis, al presente artículo. Además de la información indicada en el párrafo 15 del artículo 46, las solicitudes presentadas de conformidad con el presente artículo contendrán lo siguiente:

a) Cuando se trate de una solicitud relativa al apartado a) del párrafo 1 del presente artículo, una descripción de los bienes susceptibles de decomiso, así como, en la medida de lo posible, la ubicación y, cuando proceda, el valor estimado de los bienes y una exposición de los hechos en que se basa la solicitud del Estado Parte

requirente que sean lo suficientemente explícitas para que el Estado Parte requerido pueda tramitar la orden con arreglo a su derecho interno;

b) Cuando se trate de una solicitud relativa al apartado b) del párrafo 1 del presente artículo, una copia admisible en derecho de la orden de decomiso expedida por el Estado Parte requirente en la que se basa la solicitud, una exposición de los hechos y la información que proceda sobre el grado de ejecución que se solicita dar a la orden, una declaración en la que se indiquen las medidas adoptadas por el Estado

Parte requirente para dar notificación adecuada a terceros de buena fe y para garantizar el debido proceso y un certificado de que la orden de decomiso es definitiva;

c) Cuando se trate de una solicitud relativa al párrafo 2 del presente artículo, una exposición de los hechos en que se basa el Estado Parte requirente y una descripción de las medidas solicitadas, así como, cuando se disponga de ella, una copia admisible en derecho de la orden de decomiso en la que se basa la solicitud.

4. El Estado Parte requerido adoptará las decisiones o medidas previstas en los párrafos 1 y 2 del presente artículo conforme y con sujeción a lo dispuesto en su derecho interno y en sus reglas de procedimiento o en los acuerdos o arreglos bilaterales o multilaterales por los que pudiera estar vinculado al Estado Parte requirente.

5. Cada Estado Parte proporcionará al Secretario General de las Naciones Unidas una copia de sus leyes y reglamentos destinados a dar aplicación al presente artículo y de cualquier enmienda ulterior que se haga de tales leyes y reglamentos o una descripción de ésta.

6. Si un Estado Parte opta por supeditar la adopción de las medidas mencionadas en los párrafos 1 y 2 del presente artículo a la existencia de un tratado pertinente, ese Estado Parte considerará la presente Convención como la base de derecho necesaria y suficiente para cumplir ese requisito.

7. La cooperación prevista en el presente artículo también se podrá denegar, o se podrán levantar las medidas cautelares, si el Estado Parte requerido no recibe pruebas suficientes u oportunas o si los bienes son de escaso valor.

8. Antes de levantar toda medida cautelar adoptada de conformidad con el presente artículo, el Estado Parte requerido deberá, siempre que sea posible, dar al Estado Parte requirente la oportunidad de presentar sus razones a favor de mantener en vigor la medida.

9. Las disposiciones del presente artículo no se interpretarán en perjuicio de los derechos de terceros de buena fe.

Artículo 56

Cooperación especial

Sin perjuicio de lo dispuesto en su derecho interno, cada Estado Parte procurará adoptar medidas que le faculten para remitir a otro Estado Parte que no la haya solicitado, sin perjuicio de sus propias investigaciones o actuaciones judiciales, información sobre el producto de delitos tipificados con arreglo a la presente Convención si considera que la divulgación de esa información puede ayudar al

Estado Parte destinatario a poner en marcha o llevar a cabo sus investigaciones o

actuaciones judiciales, o que la información así facilitada podría dar lugar a que ese

Estado Parte presentara una solicitud con arreglo al presente capítulo de la Convención.

Artículo 57

Restitución y disposición de activos

1. Cada Estado Parte dispondrá de los bienes que haya decomisado conforme a lo dispuesto en los artículos 31 ó 55 de la presente Convención, incluidala restitución a sus legítimos propietarios anteriores, con arreglo al párrafo 3 del presente artículo, de conformidad con las disposiciones de la presente Convención y con su derecho interno.

2. Cada Estado Parte adoptará, de conformidad con los principios fundamentales de su derecho interno, las medidas legislativas y de otra índole que sean necesarias para permitir que sus autoridades competentes procedan a la restitución de los bienes decomisados, al dar curso a una solicitud presentada por otro Estado Parte, de conformidad con la presente Convención, teniendo en cuenta los derechos de terceros de buena fe.

3. De conformidad con los artículos 46 y 55 de la presente Convención y con los párrafos 1 y 2 del presente artículo, el Estado Parte requerido:

a) En caso de malversación o peculado de fondos públicos o de blanqueo de fondos públicos malversados a que se hace referencia en los artículos 17 y 23 de la

presente Convención, restituirá al Estado Parte requirente los bienes decomisados

cuando se haya procedido al decomiso con arreglo a lo dispuesto en el artículo 55 de la presente Convención y sobre la base de una sentencia firme dictada en el Estado Parte requirente, requisito al que podrá renunciar el Estado Parte requerido;

b) En caso de que se trate del producto de cualquier otro delito comprendido en la presente Convención, restituirá al Estado Parte requirente los bienes decomisados cuando se haya procedido al decomiso con arreglo a lo dispuesto en el artículo 55 de la presente Convención y sobre la base de una sentencia firme dictada en el Estado Parte requirente, requisito al que podrá renunciar el Estado Parte requerido, y cuando el Estado Parte requirente acredite razonablemente ante el Estado Parte requerido su propiedad anterior de los bienes decomisados o el Estado Parte requerido reconozca los daños causados al Estado Parte requirente como base para la restitución de los bienes decomisados;

c) En todos los demás casos, dará consideración prioritaria a la restitución al Estado Parte requirente de los bienes decomisados, a la restitución de esos bienes a sus propietarios legítimos anteriores o a la indemnización de las víctimas del delito.

4. Cuando proceda, a menos que los Estados Parte decidan otra cosa, el Estado Parte requerido podrá deducir los gastos razonables que haya efectuado en el curso de las investigaciones o actuaciones judiciales que hayan posibilitado la restitución o disposición de los bienes decomisados conforme a lo dispuesto en el presente artículo.

5. Cuando proceda, los Estados Parte podrán también dar consideración especial a la posibilidad de celebrar acuerdos o arreglos mutuamente aceptables, sobre la base de cada caso particular, con miras a la disposición definitiva de los bienes decomisados.

Artículo 58

Dependencia de inteligencia financiera

Los Estados Parte cooperarán entre sí a fin de impedir y combatir la transferencia del producto de delitos tipificados con arreglo a la presente Convención y de promover medios y arbitrios para recuperar dicho producto y, a tal fin, considerarán la posibilidad de establecer una dependencia de inteligencia financiera

que se encargará de recibir, analizar y dar a conocer a las autoridades competentes todo informe relacionado con las transacciones financieras sospechosas.

Artículo 59

Acuerdos y arreglos bilaterales y multilaterales

Los Estados Parte considerarán la posibilidad de celebrar acuerdos o arreglos bilaterales o multilaterales con miras a aumentar la eficacia de la cooperacióninternacional prestada de conformidad con el presente capítulo de la Convención.

Capítulo VI

Asistencia técnica e intercambio de información

Artículo 60

Capacitación y asistencia técnica

1. Cada Estado Parte, en la medida necesaria, formulará, desarrollará o perfeccionará programas de capacitación específicamente concebidos para el personal de sus servicios encargados de prevenir y combatir la corrupción. Esos programas de capacitación podrán versar, entre otras cosas, sobre:

a) Medidas eficaces para prevenir, detectar, investigar, sancionar y combatir la corrupción, incluso el uso de métodos de reunión de pruebas e investigación;

b) Fomento de la capacidad de formulación y planificación de una política estratégica contra la corrupción;

c) Capacitación de las autoridades competentes en la preparación de solicitudes de asistencia judicial recíproca que satisfagan los requisitos de la presente Convención;

d) Evaluación y fortalecimiento de las instituciones, de la gestión de la función pública y la gestión de las finanzas públicas, incluida la contratación pública, así como del sector privado;

e) Prevención y lucha contra las transferencias del producto de delitos tipificados con arreglo a la presente Convención y recuperación de dicho producto;

f) Detección y embargo preventivo de las transferencias del producto de delitos tipificados con arreglo a la presente Convención;

g) Vigilancia del movimiento del producto de delitos tipificados con arreglo a la presente Convención, así como de los métodos empleados para la transferencia, ocultación o disimulación de dicho producto;

h) Mecanismos y métodos legales y administrativos apropiados y eficientes para facilitar la restitución del producto de delitos tipificados con arreglo a la presente Convención;

i) Métodos utilizados para proteger a las víctimas y los testigos que cooperen con las autoridades judiciales; y

j) Capacitación en materia de reglamentos nacionales e internacionales y en idiomas.

2. En la medida de sus posibilidades, los Estados Parte considerarán la posibilidad de prestarse la más amplia asistencia técnica, especialmente en favor de los países en desarrollo, en sus respectivos planes y programas para combatir la corrupción, incluido apoyo material y capacitación en las esferas mencionadas en el párrafo 1 del presente artículo, así como capacitación y asistencia e intercambio mutuo de experiencias y conocimientos especializados, lo que facilitará la cooperación internacional entre los Estados Parte en las esferas de la extradición y la asistencia judicial recíproca.

3. Los Estados Parte intensificarán, en la medida necesaria, los esfuerzos para optimizar las actividades operacionales y de capacitación en las organizaciones internacionales y regionales y en el marco de los acuerdos o arreglos bilaterales y multilaterales pertinentes.

4. Los Estados Parte considerarán, previa solicitud, la posibilidad de ayudarse entre sí en la realización de evaluaciones, estudios e investigaciones sobre los tipos, causas, efectos y costos de la corrupción en sus respectivos países con miras a elaborar, con la participación de las autoridades competentes y de la sociedad, estrategias y planes de acción contra la corrupción.

5. A fin de facilitar la recuperación del producto de delitos tipificados con arreglo a la presente Convención, los Estados Parte podrán cooperar facilitándose los nombres de peritos que puedan ser útiles para lograr ese objetivo.

6. Los Estados Parte considerarán la posibilidad de recurrir a la organización de conferencias y seminarios subregionales, regionales e internacionales para promover la cooperación y la asistencia técnica y para fomentar los debates sobre problemas de interés mutuo, incluidos los problemas y necesidades especiales de los países en desarrollo y los países con economías en transición.

7. Los Estados Parte considerarán la posibilidad de establecer mecanismos voluntarios con miras a contribuir financieramente a los esfuerzos de los países en desarrollo y los países con economías en transición para aplicar la presente Convención mediante programas y proyectos de asistencia técnica.

8. Cada Estado Parte considerará la posibilidad de hacer contribuciones voluntarias a la Oficina de las Naciones Unidas contra la Droga y el Delito con el propósito de impulsar, a través de dicha Oficina, programas y proyectos en los países en desarrollo con miras a aplicar la presente Convención.

Artículo 61

Recopilación, intercambio y análisis de información sobre la corrupción

1. Cada Estado Parte considerará la posibilidad de analizar, en consulta con expertos, las tendencias de la corrupción en su territorio, así como las circunstancias en que se cometen los delitos de corrupción.

2. Los Estados Parte considerarán la posibilidad de desarrollar y compartir, entre sí y por conducto de organizaciones internacionales y regionales, estadísticas, experiencia analítica acerca de la corrupción e información con miras a establecer, en la medida de lo posible, definiciones, normas y metodologías comunes, así como

información sobre las prácticas óptimas para prevenir y combatir la corrupción.

3. Cada Estado Parte considerará la posibilidad de vigilar sus políticas y medidas en vigor encaminadas a combatir la corrupción y de evaluar su eficacia y eficiencia.

Artículo 62

Otras medidas: aplicación de la Convención mediante el desarrollo económico y la asistencia técnica

1. Los Estados Parte adoptarán disposiciones conducentes a la aplicación óptima de la presente Convención en la medida de lo posible, mediante la cooperación internacional, teniendo

en cuenta los efectos adversos de la corrupción en la sociedad en general y en el desarrollo sostenible en particular.

2. Los Estados Parte harán esfuerzos concretos, en la medida de lo posible y en forma coordinada entre sí, así como con organizaciones internacionales y regionales, por:

a) Intensificar su cooperación en los diversos planos con los países en desarrollo con miras a fortalecer la capacidad de esos países para prevenir y combatir la corrupción;

b) Aumentar la asistencia financiera y material a fin de apoyar los esfuerzos de los países en desarrollo para prevenir y combatir la corrupción con eficacia y ayudarles a aplicar satisfactoriamente la presente Convención;

c) Prestar asistencia técnica a los países en desarrollo y a los países con economías e n transición para ayudarles a satisfacer sus necesidades relacionadas con la aplicación de la presente Convención. A tal fin, los Estados Parte procurarán hacer

contribuciones voluntarias adecuadas y periódicas a una cuenta específicamente designada a esos efectos en un mecanismo de financiación de las Naciones Unidas.

Con arreglo a su derecho interno y a las disposiciones de la Convención, los Estados Parte podrán también dar consideración especial a la posibilidad de ingresar en esa cuenta un porcentaje del dinero decomisado o de la suma equivalente a los bienes o al producto del delito decomisados conforme a lo dispuesto en la Convención;

d) Alentar y persuadir a otros Estados e instituciones financieras, según proceda, para que se sumen a los esfuerzos desplegados con arreglo al presente artículo, en particular proporcionando un mayor número de programas de capacitación y equipo moderno a los países en desarrollo a fin de ayudarles a lograr los objetivos de la presente Convención.

3. En lo posible, estas medidas no menoscabarán los compromisos existentes en materia de asistencia externa ni otros arreglos de cooperación financiera en los ámbitos bilateral, regional o internacional.

4. Los Estados Parte podrán celebrar acuerdos o arreglos bilaterales o multilaterales sobre asistencia material y logística, teniendo en cuenta los arreglos

financieros necesarios para hacer efectiva la cooperación internacional prevista en la presente Convención y para prevenir, detectar y combatir la corrupción.

Capítulo VII
Mecanismos de aplicación

Artículo 63

Conferencia de los Estados Parte en la Convención

1. Se establecerá una Conferencia de los Estados Parte en la Convención a fin de mejorar la capacidad de los Estados Parte y la cooperación entre ellos para alcanzar los objetivos enunciados en la presente Convención y promover y examinar su aplicación.

2. El Secretario General de las Naciones Unidas convocará la Conferencia de los Estados Parte a más tardar un año después de la entrada en vigor de la presente Convención. Posteriormente se celebrarán reuniones periódicas de la Conferencia de los Estados Parte de conformidad con lo dispuesto en las reglas de procedimiento aprobadas por la Conferencia.

3. La Conferencia de los Estados Parte aprobará el reglamento y las normas que rijan la ejecución de las actividades enunciadas en el presente artículo, incluidas las normas relativas a la admisión y la participación de observadores y el pago de los gastos que ocasione la realización de esas actividades.

4. La Conferencia de los Estados Parte concertará actividades, procedimientos y métodos de trabajo con miras a lograr los objetivos enunciados en el párrafo 1 del presente artículo, y en particular:

a) Facilitará las actividades que realicen los Estados Parte con arreglo a los artículos 60 y 62 y a los capítulos II a V de la presente Convención, incluso promoviendo la aportación de contribuciones voluntarias;

b) Facilitará el intercambio de información entre los Estados Parte sobre las modalidades y tendencias de la corrupción y sobre prácticas eficaces para prevenirla y combatirla, así como para la restitución del producto del delito, mediante, entre otras cosas, la publicación de la información pertinente mencionada en el presente artículo;

c) Cooperará con organizaciones y mecanismos internacionales y regionales y organizaciones no gubernamentales pertinentes;

d) Aprovechará adecuadamente la información pertinente elaborada por otros mecanismos internacionales y regionales encargados de combatir y prevenir la corrupción a fin de evitar una duplicación innecesaria de actividades;

e) Examinará periódicamente la aplicación de la presente Convención por sus Estados Parte;

f) Formulará recomendaciones para mejorar la presente Convención y su aplicación;

g) Tomará nota de las necesidades de asistencia técnica de los Estados Parte con respecto a la aplicación de la presente Convención y recomendará las medidas que considere necesarias al respecto.

5. A los efectos del párrafo 4 del presente artículo, la Conferencia de los Estados Parte obtendrá el necesario conocimiento de las medidas adoptadas y de las dificultades encontradas por los Estados Parte en la aplicación de la presente Convención por conducto de la información que ellos le faciliten y de los demás

mecanismos de examen que establezca la Conferencia de los Estados Parte.

6. Cada Estado Parte proporcionará a la Conferencia de los Estados Parte información sobre sus programas, planes y prácticas, así como sobre las medidas legislativas y administrativas adoptadas para aplicar la presente Convención, según lo requiera la Conferencia de los Estados Parte. La Conferencia de los Estados Parte tratará de determinar la manera más eficaz de recibir y procesar la información, incluida la que reciba de los Estados Parte y de organizaciones internacionales competentes. También se podrán considerar las aportaciones recibidas de organizaciones no gubernamentales pertinentes debidamente acreditadas conforme a los procedimientos acordados por la Conferencia de los Estados Parte.

7. En cumplimiento de los párrafos 4 a 6 del presente artículo, la Conferencia de los Estados Parte establecerá, si lo considera necesario, un mecanismo u órgano apropiado para apoyar la aplicación efectiva de la presente Convención.

Artículo 64

Secretaría

1. El Secretario General de las Naciones Unidas prestará los servicios de secretaría necesarios a la Conferencia de los Estados Parte en la Convención.

2. La secretaría:

a) Prestará asistencia a la Conferencia de los Estados Parte en la realización de las actividades enunciadas en el artículo 63 de la presente Convención y organizará los períodos de sesiones de la Conferencia de los Estados Parte y les proporcionará los servicios necesarios;

b) Prestará asistencia a los Estados Parte que la soliciten en el suministro de información a la Conferencia de los Estados Parte según lo previsto en los párrafos 5 y 6 del artículo 63 de la presente Convención; y

c) Velará por la coordinación necesaria con las secretarías de otras organizaciones internacionales y regionales pertinentes.

Capítulo VIII
Disposiciones finales

Artículo 65

Aplicación de la Convención

1. Cada Estado Parte adoptará, de conformidad con los principios fundamentales de su derecho interno, las medidas que sean necesarias, incluidas medidas legislativas y administrativas, para garantizar el cumplimiento de sus obligaciones con arreglo a la presente Convención.

2. Cada Estado Parte podrá adoptar medidas más estrictas o severas que las previstas en la presente Convención a fin de prevenir y combatir la corrupción.

Artículo 66

Solución de controversias

1. Los Estados Parte procurarán solucionar toda controversia relacionada con la interpretación o aplicación de la presente Convención mediante la negociación.

2. Toda controversia entre dos o más Estados Parte acerca de la interpretación o la aplicación de la presente Convención que no pueda resolverse mediante la negociación dentro de un plazo razonable deberá, a solicitud de uno de esos Estados Parte, someterse a arbitraje. Si, seis meses después de la fecha de la solicitud de arbitraje, esos Estados Parte no han podido ponerse de acuerdo sobre la organización del arbitraje, cualquiera de esos Estados Parte podrá remitir la controversia a la Corte Internacional de Justicia mediante solicitud conforme al Estatuto de la Corte.

3. Cada Estado Parte podrá, en el momento de la firma, ratificación, aceptación o aprobación de la presente Convención o de la adhesión a ella, declarar que no se considera vinculado por el párrafo 2 del presente artículo. Los demás Estados Parte no quedarán vinculados por el párrafo 2 del presente artículo respecto de todo Estado Parte que haya hecho esa reserva.

4. El Estado Parte que haya hecho una reserva de conformidad con el párrafo 3 del presente artículo podrá en cualquier momento retirar esa reserva notificándolo al Secretario General de las Naciones Unidas.

Artículo 67

Firma, ratificación, aceptación, aprobación y adhesión

1. La presente Convención estará abierta a la firma de todos los Estados del 9 al 11 de diciembre de 2003 en Mérida, México, y después de esa fecha en la Sede de las Naciones Unidas en Nueva York hasta el 9 de diciembre de 2005.

2. La presente Convención también estará abierta a la firma de las organizaciones regionales de integración económica siempre que al menos uno de los Estados miembros de tales organizaciones haya firmado la presente Convención de conformidad con lo dispuesto en el párrafo 1 del presente artículo.

3. La presente Convención estará sujeta a ratificación, aceptación o aprobación. Los instrumentos de ratificación, aceptación o aprobación se depositarán en poder del Secretario General de las Naciones Unidas. Las organizaciones regionales de integración económica podrán depositar su instrumento de ratificación, aceptación o aprobación si por lo menos uno de sus Estados miembros ha procedido de igual manera. En ese instrumento de ratificación, aceptación o aprobación, esas organizaciones declararán el alcance de su competencia con respecto a las cuestiones regidas por la presente Convención. Dichas organizaciones comunicarán también al depositario cualquier modificación pertinente del alcance de su competencia.

4. La presente Convención estará abierta a la adhesión de todos los Estados u organizaciones regionales de integración económica que cuenten por lo menos con un Estado miembro que sea Parte en la presente Convención. Los instrumentos de adhesión se depositarán en poder del Secretario General de las Naciones Unidas. En el momento de su adhesión, las organizaciones regionales de integración económica declararán el alcance de su competencia con respecto a las cuestiones regidas por la presente Convención. Dichas organizaciones comunicarán también al depositario cualquier modificación pertinente del alcance de su competencia.

Artículo 68

Entrada en vigor

1. La presente Convención entrará en vigor el nonagésimo día después de la fecha en que se haya depositado el trigésimo instrumento de ratificación, aceptación, aprobación o adhesión. A los efectos del presente párrafo, los instrumentos depositados por una organización regional de integración económica no se considerarán adicionales a los depositados por los Estados miembros de tal organización.

2. Para cada Estado u organización regional de integración económica que ratifique, acepte o apruebe la presente Convención o se adhiera a ella después de haberse depositado el trigésimo instrumento de ratificación, aceptación, aprobación o adhesión, la presente Convención entrará en vigor el trigésimo día después de la fecha en que ese Estado u organización haya depositado el instrumento pertinente o en la fecha de su entrada en vigor con arreglo al párrafo 1 del presente artículo, si ésta es posterior.

Artículo 69

Enmienda

1. Cuando hayan transcurrido cinco años desde la entrada en vigor de la presente Convención, los Estados Parte podrán proponer enmiendas y transmitirlas al Secretario General de las Naciones Unidas, quien a continuación comunicará toda enmienda propuesta a los Estados Parte y a la Conferencia de los Estados Parte en la Convención para que la examinen y adopten una decisión al respecto. La Conferencia de los Estados Parte hará todo lo posible por lograr un consenso sobre cada enmienda. Si se han agotado todas las posibilidades de lograr un consenso y no se ha llegado a un acuerdo, la aprobación de la enmienda exigirá, en última instancia, una mayoría de dos tercios de los Estados Parte presentes y votantes en la reunión de la Conferencia de los Estados Parte.

2. Las organizaciones regionales de integración económica, en asuntos de su competencia, ejercerán su derecho de voto con arreglo al presente artículo con un número de votos igual al número de sus Estados miembros que sean Partes en la presente Convención. Dichas organizaciones no ejercerán su derecho de voto si sus Estados miembros ejercen el suyo y viceversa.

3. Toda enmienda aprobada de conformidad con el párrafo 1 del presente artículo estará sujeta a ratificación, aceptación o aprobación por los Estados Parte.

4. Toda enmienda aprobada de conformidad con el párrafo 1 del presente artículo entrará en vigor respecto de un Estado Parte noventa días después de la fecha en que éste deposite en poder del Secretario General de las Naciones Unidas un instrumento de ratificación, aceptación o aprobación de esa enmienda.

5. Cuando una enmienda entre en vigor, será vinculante para los Estados Parte que hayan expresado su consentimiento al respecto. Los demás Estados Parte quedarán sujetos a las disposiciones de la presente Convención, así como a cualquier otra enmienda anterior que hubiesen ratificado, aceptado o aprobado.

Artículo 70

Denuncia

1. Los Estados Parte podrán denunciar la presente Convención mediante notificación escrita al Secretario General de las Naciones Unidas. La denuncia surtirá efecto un año después de la fecha en que el Secretario General haya recibido la notificación.

2. Las organizaciones regionales de integración económica dejarán de ser Partes en la presente Convención cuando la hayan denunciado todos sus Estados miembros.

Artículo 71

Depositario e idiomas

1. El Secretario General de las Naciones Unidas será el depositario de la presente Convención.

2. El original de la presente Convención, cuyo texto en árabe, chino, español, francés, inglés y ruso es igualmente auténtico, se depositará en poder del Secretario General de las Naciones Unidas.

EN FE DE LO CUAL, los plenipotenciarios infrascritos, debidamente autorizados por sus respectivos Gobiernos, han firmado la presente Convención.

III. USO DE LA FUERZA

- Resolución 377 (V) Unión Pro-Paz (1950)
- Definición de la agresión (1974)
- Responsabilidad de proteger a las poblaciones del genocidio, los crímenes de guerra, la depuración étnica y los crímenes de lesa humanidad (2005)
- Derechos humanos y justicia de transición (2016)

RESOLUCIÓN 377 (V) UNIÓN PRO-PAZ (ADOPTADA POR LA ASAMBLEA GENERAL DE LA ONU, EL 3 DE NOVIEMBRE DE 1950)

"A"

La Asamblea General,

Reconociendo que los dos primeros propósitos afirmados por las Naciones Unidas son:

"Mantener la paz y la seguridad internacionales, y con tal fin tomar medidas colectivas eficaces para prevenir y eliminar amenazas a la paz y para suprimir actos de agresión u otros quebrantamientos de la paz ; y lograr por medios pacíficos, de conformidad con los principios de la justicia y del derecho internacional, el ajuste o arreglo de controversias o situaciones internacionales susceptibles de conducir a quebrantamientos de la paz", y "Fomentar entre las naciones relaciones de amistad basadas 'en el respeto al principio de la igualdad de derechos y al de la libre determinación de los pueblos, y tomar otras medidas adecuadas para fortalecer la paz universal",

Reafirmando que sigue siendo deber primordial de todos los Miembros de las Naciones Unidas, en caso de hallarse envueltos en una controversia internacional, buscar el arreglo de tal controversia por medios pacíficos siguiendo los procedimientos establecidos en el Capítulo VI de la Carta, y teniendo presentes los éxitos alcanzados por las Naciones Unidas a este respecto en varias ocasiones,

Encontrando que existe tensión internacional en grado peligroso,

Recordando su resolución 290 (IV) titulada "Bases esenciales de la paz", según la cual el menosprecio de los principios de la Carta de las Naciones Unidas es la causa principal de que continúe la tensión internacional, y deseando aportar una nueva contribución encaminada a la realización de los objetivos de dicha resolución,

Reafirmando cuán importante es que el Consejo de Seguridad desempeñe su responsabilidad primordial de mantener la paz y la seguridad internacionales, y el deber que tienen los miembros permanentes del Consejo de procurar que haya unanimidad entre ellos y de obrar con moderación en cuanto al ejercicio del derecho de veto,

Reafirmando que en la negociación de los convenios referentes al suministro de fuerzas armadas previstos en el Artículo 43 de la Carta, la iniciativa corresponde al Consejo de Seguridad, y deseando asegurar que, en espera de la conclusión de dichos convenios, las Naciones Unidas tengan a su disposición medios de mantener la paz y la seguridad internacionales,

Consciente de que el hecho de que el Consejo de Seguridad no cumpla con las responsabilidades que le incumben en nombre de todos los Estados Miembros, en particular las mencionadas en los dos párrafos precedentes, no exime a los Estados Miembros de la obligación que les impone la Carta, ni a las Naciones Unidas de la responsabilidad que tienen en virtud de la misma, de mantener la paz y la seguridad internacionales,

Reconociendo, en particular, que dicho incumplimiento no priva a la Asamblea General de los derechos que tiene en virtud de la Carta, ni la exime de las responsabilidades que le impone la misma respecto del mantenimiento de la paz y la seguridad internacionales,

Reconociendo que para que la Asamblea General pueda cumplir con sus responsabilidades al respecto, es preciso que exista la posibilidad de realizar una labor de observación que permita comprobar los hechos y desenmascarar a los agresores; que existen fuerzas armadas susceptibles de ser utilizadas colectivamente ; y que exista la posibilidad de que la Asamblea General dirija, en todo momento oportuno, recomendaciones a los Miembros de las Naciones Unidas con miras a emprender una acción colectiva que, para ser eficaz, debería ser rápida,

A

1. Resuelve que si el Consejo de Seguridad, por falta de unanimidad entre sus miembros permanentes, deja de cumplir con su responsabilidad primordial de mantener la paz y la seguridad internacionales en todo caso en que resulte haber una amenaza a la paz, un quebrantamiento de la paz o un acto de agresión, la Asamblea General examinará inmediatamente

el asunto, con miras a dirigir a los miembros recomendaciones apropiadas para la adopción 'de medidas colectivas, inclusive, en caso de quebrantamiento de la paz o acto de agresión, el uso de fuerzas armadas cuando fuere necesario, a fin de mantener o restaurar la paz y la seguridad internacionales. De no estar a la sazón reunida, la Asamblea General puede reunirse en período extraordinario de sesiones de emergencia dentro de las 24 horas siguientes a la presentación de una solicitud al efecto. Tal período extraordinario de sesiones de emergencia será convocado si así lo solicita el Consejo de Seguridad por el voto de siete cualesquiera de sus miembros, o bien la mayoría de los Miembros de las Naciones Unidas;

2. Aprueba con el propósito mencionado las modificaciones de su reglamento que se especifican en el Anexo a la presente resolución;

B

3. Establece una Comisión de Observación de la Paz que, en los años civiles de 1951 y 1952, estará compuesta de 14 miembros, a saber : Colombia, China, Checoeslovaquia, Estados Unidos de América, Francia, India, Irak Israel, Nueva Zelandia, Pakistán, Reino Unido de Gran Bretaña e Irlanda del Norte, Suecia, Unión de Repúblicas Socialistas Soviéticas y Uruguay, y que podrá observar la situación en cualquier región donde exista tensión internacional cuya continuación sea capaz de poner en peligro el mantenimiento de la paz y la seguridad internacionales, e informar al respecto. Por invitación del Estado a cuyo territorio haya de ir la Comisión, o con su consentimiento, la Asamblea General, o la Comisión Interina cuando no esté reunida la Asamblea, podrán utilizar los servicios de la Comisión si el Consejo de Seguridad no está ejerciendo las funciones que le asigna la Carta con respecto al asunto de que se trate. Las decisiones referentes a la utilización de la Comisión serán adoptadas por el voto afirmativo de dos tercios de los miembros presentes y votantes. El Consejo de Seguridad podrá también utilizar los servicios de la Comisión en conformidad con las facultades a él conferidas por la Carta;

4. Resuelve que la Comisión estará facultada para nombrar, a su discreción, subcomisiones y para utilizar los servicios de observadores que la ayuden en el desempeño de sus funciones;

5. Recomienda a todos los Gobiernos y autoridades que cooperen con la Comisión y la ayuden en el desempeño de sus funciones;

6. Pide al Secretario General se sirva proporcionar el personal y las facilidades necesarios, utilizando, cuando así lo disponga la Comisión, el Cuadro de Observadores de las Naciones Unidas previsto en la sección B de la resolución 297 (IV) de la Asamblea General;

C

7. Invita a cada uno de los Estados Miembros de las Naciones Unidas a estudiar sus propios recursos, a fin de determinar la naturaleza y el alcance de la ayuda que pueda estar en condiciones de prestar en apoyo de cualesquiera recomendaciones del Consejo de Seguridad o de la Asamblea General encaminadas a restaurar la paz y la seguridad internacionales;

8. Recomienda a los Estados Miembros de las Naciones Unidas que cada uno de ellos mantenga, dentro de sus fuerzas armadas nacionales, elementos entrenados, organizados y equipados de tal manera que sea posible destacarlos prontamente, de conformidad con los procedimientos constitucionales de los Estados respectivos, para prestar servicio como unidad o unidades de las Naciones Unidas, a recomendación del Consejo de Seguridad o de la Asamblea General, sin perjuicio del empleo de dichos elementos para el ejercicio del derecho de legítima defensa individual o colectiva, que reconoce el Artículo 51 de la Carta.

9. Invita a los Miembros de las Naciones Unidas a informar lo antes posible a la Comisión de Medidas Colectivas prevista en el párrafo 11, de las medidas que hayan tomado para poner en práctica las disposiciones del precedente párrafo;

10. Pide al Secretario General se sirva nombrar, con la aprobación de la Comisión prevista en el párrafo 11; un cuadro de expertos militares que puedan ser puestos a disposición, mediante solicitud al efecto, de los Estados Miembros que deseen obtener asesoramiento técnico respecto de la organización, entrenamiento y equipo necesarios a fin de que los elementos mencionados

en el párrafo 8 estén listos para prestar pronto servicio como unidades de las Naciones Unidas;

D

11. Establece una Comisión de Medidas Colectivas, compuesta de 14 Miembros, a saber: Australia, Bélgica, Birmania, Brasil, Canadá, Egipto, Estados Unidos de América, Filipinas, Francia, México, Reino Unido de Gran Bretaña e Irlanda del Norte, Turquía, Venezuela y Yugoeslavia, y encarga a la Comisión que, en consulta con el Secretario General y con los Estados Miembros que la Comisión considere adecuado consultar, haga un estudio, y presente un informe al Consejo de Seguridad y a la Asamblea General, a más tardar el 1o. de septiembre de 1951, sobre los métodos que podrían emplearse, inclusive los indicados en la sección C de la presente resolución, a fin de mantener y fortalecer la paz y la seguridad internacionales, conforme a los propósitos y principios de la Carta, tomando en consideración las disposiciones relativas a las medidas de legítima defensa colectiva y a los acuerdos regionales (Artículos 51 y 52 de la Carta) ;

12. Recomienda a todos los Estados Miembros que cooperen con la Comisión y que la ayuden en el desempeño de sus funciones;

13. Pide al Secretario General se sirva proporcionar el personal y las facilidades necesarios para el efectivo cumplimiento de los propósitos enunciados en las secciones C y D de la presente resolución;

E

14. Tiene plena conciencia, al aprobar las proposiciones precedentemente enunciadas, de que una paz duradera no se obtendrá solamente mediante acuerdos de seguridad colectiva contra los quebrantamientos de la paz internacional y los actos de agresión, y de que una paz verdadera y duradera depende también del cumplimiento de todos los principios y propósitos establecidos en la Carta de las Naciones Unidas, del cumplimiento de las resoluciones aprobadas por el Consejo de Seguridad, la Asamblea General y los demás órganos principales de las Naciones Unidas con objeto de lograr el mantenimiento de la paz y la seguridad internacionales, y especialmente del respeto y la observancia de los derechos del hombre y de las libertades fundamentales para todos, y del establecimiento y mantenimiento de condiciones de bienestar económico y social en todos los países; y, en consecuencia,

15. Insta a los Estados Miembros a conformarse plenamente a la acción conjunta y a intensificar esta acción en cooperación con las Naciones Unidas, a desarrollar y estimular el respeto y la observancia universal de los derechos del hombre y de las libertades fundamentales, y a intensificar los esfuerzos individuales y colectivos con miras a lograr condiciones de estabilidad económica y de progreso social, especialmente por medio del desarrollo de los países y regiones insuficientemente desarrollados.

ANEXO

El reglamento de la Asamblea General queda modificado de la siguiente manera:

1. El texto actual del artículo 8 pasará a ser párrafo a) de ese artículo, y se agregará un nuevo párrafo b) así concebido:

"En cumplimiento de la resolución 377 A (V), se convocará a períodos extraordinarios de sesiones de emergencia dentro de las 24 horas siguientes a la fecha en que el Secretario General haya recibido al efecto una petición del Consejo de Seguridad formulada por el voto de siete cualesquiera de sus miembros, o una petición de la mayoría de los Miembros de las Naciones Unidas, expresada mediante votación efectuada en la Comisión Interina o de otra manera, o la conformidad de la mayoría de los Miembros manifestada con arreglo a lo previsto en el artículo 9."

2. El texto actual del artículo 9 pasará a ser párrafo a) de ese artículo, y se agregará un nuevo párrafo b) así concebido:

"El presente artículo se aplicará también a una petición hecha por cualquier Miembro para que se celebre un período extraordinario de sesiones de emergencia, en cumplimiento de la resolución 377 A (V). En tal caso, el Secretario General comunicará la petición a los otros Miembros valiéndose de los medios de comunicación más rápidos de que disponga."

3. El artículo 10 queda modificado por la adición al final del mismo del siguiente texto:

"En caso de que, conforme al párrafo b) del artículo 8, se convoque a un período extraordinario de sesiones de emergencia, el Secretario General lo notificará a 'los Miembros de las Naciones Unidas por lo menos 12 horas antes de la apertura del período de sesiones."

4. El artículo 16 queda enmendado por la adición al final del mismo del siguiente texto:

"El programa provisional de un período extraordinario de sesiones de emergencia será comunicado a los Miembros de las Naciones Unidas simultáneamente con la convocatoria."

5. El artículo 19 queda enmendado por la adición al final del mismo del siguiente texto:

"Durante un período extraordinario de sesiones de emergencia se podrán agregar al programa temas concernientes a los asuntos tratados en la resolución 377 A (V), si así lo acuerda una mayoría de dos tercios de los Miembros presentes y votantes."

6. Se agrega, antes del artículo 65, un nuevo artículo así concebido:

"No obstante las disposiciones de cualquier otro artículo, y a menos que la Asamblea General decida otra cosa, en caso de celebración de un período extraordinario de sesiones de emergencia, la Asamblea se reunirá en sesión plenaria únicamente, y procederá a examinar directamente el tema cuyo examen se haya propuesto en la petición de convocación de tal período de sesiones, sin remisión previa a la Mesa ni a ninguna otra Comisión; en tal período extraordinario de sesiones de emergencia, el Presidente y los Vicepresidentes serán, respectivamente, los jefes de las delegaciones a las cuales pertenecían el Presidente y los Vicepresidentes elegidos en el período de sesiones anterior."

302a. sesión plenaria,

3 de noviembre de 1950.

"B"

A fin de mantener la paz y la seguridad internacionales, de conformidad con lo dispuesto en la Carta de las Naciones Unidas, y especialmente en los Capítulos V, VI y VII de la Carta,

La Asamblea General

Recomienda al Consejo de Seguridad que:

Tome las disposiciones necesarias para asegurar la aplicación de las medidas previstas en la Carta en caso de cualquier amenaza a la paz, quebrantamiento de la paz o acto de agresión, y para conseguir el arreglo pacífico de las controversias o situaciones que puedan poner en peligro el mantenimiento de la paz y la seguridad internacionales;

Prepare medidas encaminadas a la rápida aplicación de las disposiciones de los Artículos 43, 45, 46 y 47 de la Carta de las Naciones Unidas relativas a la obligación de los Estados Miembros de las Naciones Unidas de poner fuerzas armadas a disposición del Consejo de Seguridad y al funcionamiento eficaz del Comité de Estado Mayor.

Las disposiciones precedentes no podrán, en ningún caso, impedir que la Asamblea General cumpla las funciones previstas en la resolución 377 A (V).

302a. sesión plenaria,

3 de noviembre de 1950.

"C"

La Asamblea General,

Reconociendo que la función primordial de la Organización de las Naciones Unidas es la de mantener y promover la paz, la seguridad y la justicia entre todas las naciones,

Reconociendo la responsabilidad que tienen todos los Estados Miembros de promover la causa de la paz internacional en conformidad con las obligaciones que les impone la Carta,

Reconociendo que la Carta confiere al Consejo de Seguridad la responsabilidad primordial de mantener la paz y la seguridad internacionales,

Reafirmando la importancia de que haya unanimidad entre los miembros permanentes del Consejo de Seguridad respecto a todos los problemas que puedan poner en peligro la paz en el mundo,

Recordando la resolución 190 (III) de la Asamblea General, titulada "Llamamiento a las grandes Potencias a fin de que renueven sus esfuerzos por zanjar sus diferencias y establecer una paz duradera",

Recomienda a los miembros permanentes del Consejo de Seguridad:

Que se reúnan y examinen, colectivamente o de otra manera y, si fuere necesario, con otros Estados interesados, todos los problemas que puedan constituir una amenaza a la paz internacional y estorbar las actividades de las Naciones Unidas, con el fin de que hagan desaparecer las diferencias fundamentales y de que lleguen a un acuerdo conforme al espíritu y la letra de la Carta,

Que comuniquen a la Asamblea General y, cuando ésta no esté reunida, a los Miembros de las Naciones Unidas, tan pronto como sea conveniente, los resultados de sus consultas.

302a. sesión plenaria,

3 de noviembre de 1950.

DEFINICION DE LA AGRESIÓN
(Resolución 3314/XXIX de la Asamblea General de Naciones Unidas, de 14 de diciembre de 1974)

La Asamblea General,

Habiendo examinado el informe del Comité Especial sobre la cuestión de la definición de la agresión, establecido en cumplimiento de su resolución 2330 (XXII) de 18 de diciembre de 1967, que abarca la labor de su séptimo período de sesiones celebrado del 11 de marzo al 12 de abril de 1974, y que incluye el proyecto de Definición de la agresión aprobado por consenso por el Comité Especial y recomendado a la aprobación de la Asamblea General,

Profundamente convencida de que la aprobación de la Definición de la agresión contribuiría al fortalecimiento de la paz y la seguridad internacionales,

1. Aprueba la Definición de la agresión cuyo texto íntegro figura en el anexo de la presente resolución;

2. Expresa su reconocimiento al Comité Especial sobre la cuestión de la definición de la agresión por su labor, que ha culminado en la elaboración de la Definición de la agresión;

3. Insta a todos los Estados a que se abstengan de todo acto de agresión y de cualquier otro uso de la fuerza contrario a la Carta de las Naciones Unidas y a la Declaración sobre los principios de derecho internacionales referentes a las relaciones de amistad y a la cooperación entre los Estados de conformidad con la Carta de las Naciones Unidas.

4. Señala a la atención del Consejo de Seguridad la Definición de la agresión que se consigna más abajo, y recomienda que, cuando proceda, tenga en cuenta esa Definición como orientación para determinar, de conformidad con la Carta, la existencia de un acto de agresión.

2319ª. Sesión Plenaria

14 de diciembre de 1974

ANEXO
Definición de la agresión

La Asamblea General,

Basándose en el hecho de que uno de los propósitos fundamentales de las Naciones Unidas es mantener la paz y la seguridad internacionales y adoptar medidas colectivas eficaces para prevenir y eliminar amenazas a la paz y para suprimir actos de agresión y otros quebrantamientos de la paz.

Recordando que el Consejo de Seguridad, en conformidad con el Artículo 39 de la Carta de las Naciones Unidas, determinará la existencia de toda amenaza a la paz, quebrantamiento de la paz o acto de agresión y hará recomendaciones o decidirá qué medidas serán tomadas de conformidad con los Artículos 41 y 42 para mantener o restablecer la paz y la seguridad internacionales,

Recordando también el deber de los Estados, conforme a la Carta, de arreglar sus controversias internacionales por medios pacíficos de tal manera que no se pongan en peligro la paz, la seguridad y la justicia internacionales,

Teniendo presente que nada de los dispuesto en la presente definición podrá interpretarse en ningún sentido que afecte el alcance de las disposiciones de la Carta relativas a las funciones y poderes de los órganos de las Naciones Unidas,

Considerando también que, en vista de que la agresión constituye la forma más grave y peligrosa del uso ilegítimo de la fuerza y de que, con la existencia de armas de destrucción en masa de todo tipo, entraña la posible amenaza de un conflicto mundial con todas sus consecuencias catastróficas, debería definirse la agresión en la etapa actual,

Reafirmando el deber de los Estados de abstenerse de hacer uso de la fuerza armada para privar a los pueblos de su derecho a la libre determinación, libertad e independencia, o para alterar su integridad territorial,

Reafirmando también que el territorio de un Estado es inviolable y no podrá ser objeto, ni siquiera transitoriamente, de ocupación militar ni de otras medidas de fuerza tomadas por otro Estado en contravención de la Carta, y que no podrá ser objeto de adquisición por otro Estado como resultado de tales medidas o de la amenaza de recurrir a ellas,

Reafirmando además las disposiciones de la Declaración sobre los principios de derecho internacional referentes a las relaciones de amistad y a la cooperación entre los Estados de conformidad con la Carta de las Naciones Unidas,

Convencida de que la adopción de una definición de la agresión debería producir el efecto de disuadir a un agresor potencial, facilitaría la determinación de actos de agresión y la aplicación de medidas para suprimirlos, y permitiría asimismo proteger los derechos y legítimos intereses de la víctima y prestarle ayuda,

Estimando que, si bien ha de considerarse la cuestión de si se ha cometido un acto de agresión a la luz de todas las circunstancias de cada caso concreto, conviene, no obstante, formular principios fundamentales que sirvan de directrices para tal determinación,

Adopta la siguiente Definición de la agresión:

Artículo 1. La agresión es el uso de la fuerza armada por un Estado contra la soberanía, la integridad territorial o la independencia política de otro Estado, o en cualquier otra forma incompatible con la Carta de las Naciones Unidas, tal como se enuncia en la presente Definición.

Nota explicativa: En esta Definición el término "Estado":

a) Se utiliza sin perjuicio de las cuestiones de reconocimiento o de que un Estado sea o no Miembro de las Naciones Unidas.

b) Incluye el concepto de un "grupo de Estados", cuando proceda.

Artículo 2. El primer uso de la fuerza armada por un Estado en contravención de la Carta, constituirá prueba prima facie de, un acto de agresión, aunque el Consejo de Seguridad puede concluir, de conformidad con la Carta, que la determinación de que se ha cometido un acto de agresión no estaría justificada a la luz de otras circunstancias pertinentes, incluido el hecho de que los actos de que se trata o sus consecuencias no son de suficiente gravedad.

Artículo 3. Con sujeción a las disposiciones del artículo 2 y de conformidad con ellos, cualquiera de los actos siguientes, independientemente de que haya o no declaración de guerra, se caracterizará como acto de agresión:

a) La invasión o el ataque por las fuerzas armadas de un Estado del territorio de otro Estado, o toda ocupación militar, aun temporal, que resulte de dicha invasión o ataque, o toda anexión, mediante el uso de la fuerza, del territorio de otro Estado o de parte de él;

b) El bombardeo, por las fuerzas armadas de un Estado, del territorio de otro Estado, o el empleo de cualesquiera armas por un Estado contra el territorio de otro Estado;

c) El bloqueo de los puertos o de las costas de un Estado por las fuerzas armadas de otro Estado;

d) El ataque por las fuerzas armadas de un Estado contra las fuerzas armadas terrestres, navales o aéreas de otro Estado, o contra su flota mercante o aérea;

e) La utilización de fuerzas armadas de un Estado, que se encuentran en el territorio de otro Estado con el acuerdo del Estado receptor, en violación de las condiciones establecidas en el acuerdo o toda prolongación de su presencia en dicho territorio después de terminado el acuerdo;

f) La acción de un Estado que permite que su territorio, que ha puesto a disposición de otro Estado, sea utilizado por ese otro Estado para perpetrar un acto de agresión contra un tercer Estado;

g) El envío por un Estado, o en su nombre, e bandas armadas, grupos irregulares o mercenarios que lleven a cabo actos de fuerza armada contra otro Estadio de tal gravedad que sean equiparables a los actos antes enumerados, o su sustancial participación en dichos actos.

Artículo 4. La enumeración de los actos mencionados anteriormente no es exhaustiva y el Consejo de Seguridad podrá determinar qué otros actos constituyen agresión, con arreglo a las disposiciones de la Carta.

Artículo 5. 1. Ninguna consideración, cualquiera sea su índole, política, económica, militar o de otro carácter, podrá servir de justificación de una agresión.

2. La guerra de agresión es un crimen contra la paz internacional. La agresión origina responsabilidad internacional.

3. Ninguna adquisición territorial o ventaja especial resultante de una agresión es lícita ni será reconocida como tal.

Artículo 6. Nada de lo dispuesto en la presente Definición se interpretará en el sentido de que amplia o restringe en forma alguna el alcance de la Carta, incluidas sus disposiciones relativas a los casos en que es lícito el uso de la fuerza armada.

Artículo 7. Nada de lo establecido en esta Definición, y en particular en el artículo 3, podrá perjudicar en forma alguna el derecho a la libre determinación, la libertad y la independencia, tal como surge de la Carta, de pueblos privados por la fuerza de ese derecho, a los que se refiere la Declaración sobre los principios de derecho internacional referentes a las relaciones de amistad y a la cooperación entre los Estados de conformidad con la Carta de las Naciones Unidas, en particular los pueblos que están bajo regímenes coloniales y racistas u otras formas de dominación extranjera; ni el derecho de esos pueblos a luchar con tal fin y pedir y recibir apoyo, de acuerdo con los principios de la Carta y en conformidad con la Declaración antes mencionada.

Artículo 8. Por lo que respecta a su interpretación y aplicación, las disposiciones que anteceden están relacionadas entre sí y cada una de ellas debe interpretarse en el contexto de las restantes.

Responsabilidad de proteger a las poblaciones del genocidio, los crímenes de guerra, la depuración étnica y los crímenes de lesa humanidad

(Resolución 60/1 de la Asamblea General de la ONU de 16 de septiembre de 2005)

La Asamblea General

Aprueba el siguiente Documento Final de la Cumbre Mundial 2005:

[Omissis]

Responsabilidad de proteger a las poblaciones del genocidio, los crímenes de guerra, la depuración étnica y los crímenes de lesa humanidad

138. Cada Estado es responsable de proteger a su población del genocidio, los crímenes de guerra, la depuración étnica y los crímenes de lesa humanidad. Esa responsabilidad conlleva la prevención de dichos crímenes, incluida la incitación a su comisión, mediante la adopción de las medidas apropiadas y necesarias. Aceptamos esa responsabilidad y convenimos en obrar en consecuencia. La comunidad internacional debe, según proceda, alentar y ayudar a los Estados a ejercer esa responsabilidad y ayudar a las Naciones Unidas a establecer una capacidad de alerta temprana.

139. La comunidad internacional, por medio de las Naciones Unidas, tiene también la responsabilidad de utilizar los medios diplomáticos, humanitarios y otros medios pacíficos apropiados, de conformidad con los Capítulos VI y VIII de la Carta, para ayudar a proteger a las poblaciones del genocidio, los crímenes de guerra, la depuración étnica y los crímenes de lesa humanidad. En este contexto, estamos dispuestos a adoptar medidas colectivas, de manera oportuna y decisiva, por medio del Consejo de Seguridad, de conformidad con la Carta, incluido su Capítulo VII, en cada caso concreto y en colaboración con las organizaciones regionales pertinentes cuando proceda, si los medios pacíficos resultan inadecuados y es evidente que las autoridades nacionales no protegen a su población del genocidio, los crímenes de guerra, la depuración étnica y los crímenes de lesa humanidad. Destacamos la necesidad de que la Asamblea General siga examinando la responsabilidad de proteger a las poblaciones del genocidio, los crímenes de guerra, la depuración étnica y los crímenes de lesa humanidad, así como sus consecuencias, teniendo en cuenta los principios de la Carta y el derecho internacional. También tenemos intención de comprometernos, cuando sea necesario y apropiado, a ayudar a los Estados a crear capacidad para proteger a su población del genocidio, los crímenes de guerra, la depuración étnica y los crímenes de lesa humanidad, y a prestar asistencia a los que se encuentren en situaciones de tensión antes de que estallen las crisis y los conflictos.

[Omissis]

Derechos humanos y justicia de transición (Consejo de Derechos Humanos de la ONU, 23 de septiembre de 2016)

El Consejo de Derechos Humanos,

Guiado por los propósitos y principios de la Carta de las Naciones Unidas,

Reafirmando la Declaración Universal de Derechos Humanos, el Pacto Internacional de Derechos Económicos, Sociales y Culturales, el Pacto Internacional de Derechos Civiles y Políticos, los Convenios de Ginebra de 12 de agosto de 1949 y sus Protocolos adicionales de 8 de junio de 1977, otros instrumentos internacionales de derechos humanos y de derecho internacional humanitario pertinentes y la Declaración y el Programa de Acción de Viena,

Reafirmando también la importancia de la Convención para la Prevención y la Sanción del Delito de Genocidio y la Convención sobre la Imprescriptibilidad de los Crímenes de Guerra y de los Crímenes de Lesa Humanidad como instrumentos

internacionales eficaces para la prevención y la sanción del genocidio, los crímenes de guerra y los crímenes de lesa humanidad,

Recordando el conjunto de principios para la protección y la promoción de los derechos humanos mediante la lucha contra la impunidad, así como la versión actualizada de esos principios,

Recordando también la resolución 60/147 de la Asamblea General, de 16 de diciembre de 2005, en que la Asamblea aprobó los Principios y Directrices Básicos sobre el Derecho de las Víctimas de Violaciones Manifiestas de las Normas Internacionales de Derechos Humanos y de Violaciones Graves del Derecho Internacional Humanitario a Interponer Recursos y Obtener Reparaciones,

Recordando además las resoluciones de la Comisión de Derechos Humanos 2005/70, de 20 de abril de 2005, sobre los derechos humanos y la justicia de transición, 2005/81, de 21 de abril de 2005, sobre la impunidad, y 2005/66, de 20 de abril de 2005, sobre el derecho a la verdad, las resoluciones del Consejo de Derechos Humanos 9/10, de 24 de septiembre de 2008, 12/11, de 1 de octubre de 2009, y 21/15, de 27 de septiembre de 2012, sobre los derechos humanos y la justicia de transición, 9/11, de 18 de septiembre de 2008, 12/12, de 1 de octubre de 2009, y 21/7, de 27 de septiembre de 2012, sobre el derecho a la verdad, 10/26, de 27 de marzo de 2009, y 15/5, de 29 de septiembre de 2010, sobre la genética forense, y las decisiones del Consejo 2/105, de 27 de noviembre de 2006, sobre el derecho a la verdad, y 4/102, de 23 de marzo de 2007, sobre la justicia de transición, la resolución 68/165 de la Asamblea General, de 18 de diciembre de 2013, sobre el derecho a la verdad, y las resoluciones del Consejo 18/7, de 29 de septiembre de 2011, y 27/3, de 25 de septiembre de 2014, sobre el Relator Especial sobre la promoción de la verdad, la justicia, la reparación y las garantías de no repetición,

Recordando el Documento Final de la Cumbre Mundial 2005, en particular sus párrafos 138 y 139, en los que todos los Jefes de Estado y de Gobierno afirmaron que cada Estado tenía la responsabilidad de proteger a su población del genocidio, los crímenes de guerra, la depuración étnica y los crímenes de lesa humanidad, y que esa responsabilidad conllevaba la prevención de dichos crímenes,

Recordando también el informe del Secretario General sobre el estado de derecho y la justicia de transición en las sociedades que sufren o han sufrido conflictos y su informe de seguimiento sobre el mismo tema, en particular las recomendaciones pertinentes que en ellos figuran, y sus informes publicados en 2006, 2012, 2013 y 2014, en los que se presenta un programa de acción para aumentar la eficacia del apoyo del sistema de las Naciones Unidas a la promoción del estado de derecho en situaciones de conflicto y posteriores a los conflictos,

Haciendo notar la primera y segunda reuniones internacionales de Global Action Against Mass Atrocity Crimes, celebradas en San José, del 4 al 6 de marzo de 2014, y en Manila, del 2 al 4 de febrero de 2016,

Recordando la resolución 70/26 de la Asamblea General, de 27 de abril de 2016, sobre el examen de la estructura de las Naciones Unidas para la consolidación de la paz, y la resolución 2282 (2016) del Consejo de Seguridad, de 27 de abril de 2016, en las que la Asamblea y el Consejo, entre otras cosas, destacaron que un enfoque amplio de la justicia de transición, que incluyese la promoción de la recuperación y la reconciliación, un sector de la seguridad que fuera profesional, rindiese cuentas y fuera eficaz, en particular mediante su reforma, y programas incluyentes y eficaces de desmovilización, desarme y reintegración que abarcasen la transición de la desmovilización y el desarme a la reintegración, eran esenciales para consolidar la paz y la estabilidad, promover la reducción de la pobreza, el estado de derecho, el acceso a la justicia y la buena gobernanza, ampliar la autoridad legítima del Estado y evitar la caída o recaída de los países en un conflicto,

Tomando nota de la labor realizada por la Comisión de Derecho Internacional sobre el tema de los "crímenes de lesa humanidad",

Afirmando que la impunidad de las violaciones y los atropellos manifiestos de los derechos humanos y las violaciones graves del derecho internacional humanitario, como el genocidio, los crímenes de guerra, la depuración étnica y los crímenes de lesa humanidad, alienta a que se repitan y es un obstáculo fundamental para una paz sostenible a nivel nacional y también para el fomento de la cooperación entre los pueblos y la promoción de la paz y la seguridad internacionales, y que la lucha contra la impunidad de tales violaciones y crímenes es un importante factor para su disuasión y su prevención,

Observando con preocupación que los intentos de negar o justificar tales crímenes pueden socavar la lucha contra la impunidad, la reconciliación y los esfuerzos para impedir que se cometan,

Subrayando que las violaciones y los atropellos manifiestos de los derechos humanos y las violaciones graves del derecho internacional humanitario cometidos en épocas anteriores o en la actualidad, incluidos los que constituyen genocidio, crímenes de guerra, depuración étnica y crímenes de lesa humanidad, en particular en el supuesto de una temprana pauta de comportamiento, generan un riesgo de nuevas violaciones cuando no se hayan impedido o sancionado o no se hayan corregido adecuadamente,

Reconociendo que la lucha contra la impunidad y la puesta en marcha de procesos de justicia de transición, particularmente en relación con la promoción de la verdad, la justicia, la reparación y las garantías de no repetición, pueden impedir la repetición de las atrocidades cometidas anteriormente o violaciones similares,

Reconociendo que los procesos de justicia, incluidos los juicios públicos, los procesos de preservación de la memoria histórica y la conservación de archivos y otras pruebas veraces sobre las violaciones y los abusos manifiestos de los derechos humanos y las violaciones graves del derecho internacional humanitario, como el genocidio, los crímenes de guerra, la depuración étnica y los crímenes de lesa humanidad, sirven para que nunca se olviden esos crímenes y contribuyen a impedir su repetición o violaciones similares,

Reconociendo también la importancia de ayudar a los Estados que hayan sido anteriormente víctimas de atrocidades, cuando lo soliciten y en cooperación con ellos, a fin de elaborar una estrategia integral de justicia de transición de alcance nacional que tenga en cuenta las necesidades de las víctimas y su derecho a un recurso efectivo, impida la repetición de atrocidades o violaciones similares, evite la reaparición del conflicto u otras formas de violencia y garantice una paz sostenible y la reconciliación,

Condenando la impunidad de las violaciones y los atropellos manifiestos de los derechos humanos y las violaciones graves del derecho internacional humanitario, como el genocidio, los crímenes de guerra, la depuración étnica y los crímenes de lesa humanidad, y poniendo de relieve la responsabilidad de los Estados de cumplir sus obligaciones con arreglo a los instrumentos internacionales pertinentes para poner fin a la impunidad y, a tal efecto, investigar exhaustivamente y procesar a los responsables de esas violaciones y crímenes y tener en cuenta el derecho de las víctimas a un recurso efectivo a fin de evitar la repetición de violaciones similares y buscar una paz sostenible, la justicia, la verdad y la reconciliación y, a este respecto, destacando también la importancia de fortalecer la capacidad de las jurisdicciones nacionales y la cooperación entre los Estados,

Reconociendo el papel de la Corte Penal Internacional en un sistema multilateral tendiente a poner fin a la impunidad, establecer el estado de derecho, promover y alentar el respeto de los derechos humanos y el derecho internacional humanitario y lograr una paz sostenible, de conformidad con el derecho internacional y los propósitos y principios de la Carta,

Reconociendo también el papel fundamental que desempeña la sociedad civil, mediante su compromiso, su labor de promoción y su participación en los procesos de adopción de decisiones, a los efectos de impedir la comisión de violaciones y atropellos manifiestos de los derechos humanos y violaciones graves del derecho internacional humanitario, como el genocidio, los crímenes de guerra, la depuración étnica y los crímenes de lesa humanidad, o hacer frente a su legado promoviendo el derecho a la verdad y el derecho a la justicia, la reparación y las garantías de no repetición,

Subrayando que, al elaborar y aplicar estrategias, políticas y medidas para hacer frente a las violaciones y los atropellos manifiestos de los derechos humanos y a las violaciones graves del derecho internacional humanitario, como el genocidio, los crímenes de guerra, la depuración étnica y los crímenes de lesa humanidad, se debe tener en cuenta el contexto específico de cada situación a fin de impedir la repetición de las violaciones de los derechos humanos en lo sucesivo y garantizar la cohesión social, la construcción nacional, la implicación en el proceso y la inclusión de todos a nivel nacional y local con miras a promover la reconciliación,

Poniendo de relieve la importancia de aplicar a la justicia de transición un enfoque global que abarque toda la gama de medidas judiciales y no judiciales, como el procesamiento individual, la reparación, la búsqueda de la verdad, la reforma institucional, la investigación de los antecedentes de los empleados o funcionarios públicos, iniciativas de preservación de la memoria y procesos para lograr narrativas comunes o una combinación apropiada de esas medidas con el fin, entre otras cosas, de garantizar la rendición de cuentas, hacer justicia, brindar vías de reparación a las víctimas, fomentar la recuperación de la normalidad y la reconciliación, establecer entidades independientes que supervisen los sistemas de seguridad, restablecer la confianza en las instituciones del Estado y promover el estado de derecho de conformidad con el derecho internacional de los derechos humanos,

Acogiendo con beneplácito las actividades de las Naciones Unidas, incluidas las que se llevan a cabo a través de sus presencias sobre el terreno, para prestar asistencia a los Estados a los efectos de que proyecten, establezcan y pongan en marcha mecanismos de justicia de transición y promuevan el estado de derecho, así como su labor conceptual y analítica sobre la justicia de transición y los derechos humanos, y alentando a que se intensifiquen sus esfuerzos para integrar plenamente en todas estas actividades una perspectiva de género y un enfoque centrado en las víctimas, Tomando nota con aprecio de la labor y los informes del Relator Especial sobre la promoción de la verdad, la justicia, la reparación y las garantías de no repetición,

Tomando nota de la labor general realizada por la Oficina de los Asesores Especiales del Secretario General sobre la Prevención del Genocidio y sobre la Responsabilidad de Proteger, incluido el Marco de Análisis para Crímenes Atroces a modo de instrumento para evaluar el riesgo de genocidio, crímenes de guerra, depuración étnica y crímenes de lesa humanidad en una situación determinada,

1. Reitera la responsabilidad de cada Estado a título individual de proteger a su población contra el genocidio, lo que conlleva la prevención de ese crimen, incluida la incitación a cometerlo, por los medios que sean apropiados y necesarios;

2. Condena la impunidad de las violaciones y los atropellos manifiestos de los derechos humanos y las violaciones graves del derecho internacional humanitario, como el genocidio, los crímenes de guerra, la depuración étnica y los crímenes de lesa humanidad, pone de relieve la responsabilidad de los Estados de cumplir sus obligaciones con arreglo al derecho internacional para poner fin a la impunidad e insta a los Estados a buscar una paz sostenible, la justicia, la verdad y la reconciliación mediante estrategias integrales de justicia de transición, en particular para investigar exhaustivamente y procesar a los responsables de esas violaciones y crímenes, a fin de evitar su repetición y promover la reconciliación a nivel nacional;

3. Reconoce los importantes progresos realizados por la comunidad internacional, sobre todo dentro del sistema de las Naciones Unidas, en relación con el establecimiento de mecanismos y prácticas pertinentes para impedir que se incite al genocidio, los crímenes de guerra, la depuración étnica y los crímenes de lesa humanidad y que se cometan esos crímenes, la elaboración de estrategias integrales de justicia de transición que incluyan el castigo de las violaciones y los atropellos manifiestos de los derechos humanos y las violaciones graves del derecho internacional humanitario, y pone de relieve, en este contexto, la importante función de las actividades nacionales, subregionales, regionales e internacionales para prevenir y combatir el legado de esos crímenes y violaciones y, por lo tanto, la necesidad de fortalecer la capacidad de las actividades nacionales, las jurisdicciones y la cooperación entre Estados;

4. Exhorta a los Estados a que, cuando proceda, elaboren estrategias integrales de justicia de transición y establezcan mecanismos judiciales y no judiciales a fin de hacer frente a las atrocidades cometidas anteriormente, tener en cuenta las necesidades de las víctimas y su derecho a un recurso efectivo e impedir que vuelvan a producirse;

5. Alienta a los Estados y las organizaciones internacionales a reconocer y apoyar el papel fundamental que desempeña la sociedad civil en la prevención de las violaciones y los atropellos manifiestos de los derechos humanos y las violaciones graves del derecho internacional humanitario, como el genocidio, los crímenes de guerra, la depuración étnica y los crímenes de lesa humanidad, y, cuando resulta pertinente, en la promoción y supervisión de enfoques e iniciativas integrales en relación con la justicia de transición;

6. Reafirma el importante papel de la mujer en la prevención y solución de conflictos y en la consolidación de la paz, y destaca la importancia de su participación plena y en pie de igualdad en la concepción, el establecimiento y la aplicación de estrategias integrales de justicia de transición;

7. Exhorta a los Estados a trabajar para impedir situaciones que podrían dar lugar a violaciones y atropellos manifiestos de los derechos humanos y a violaciones graves del derecho internacional humanitario, en particular el genocidio, los crímenes de guerra, la depuración étnica y los crímenes de lesa humanidad, y, en los contextos pertinentes, a hacer frente oportuna y eficazmente al legado de las atrocidades cometidas anteriormente a fin de evitar su repetición, sobre todo mediante la cooperación con la Oficina de los Asesores Especiales del Secretario General sobre la Prevención del Genocidio y sobre la Responsabilidad de Proteger y el Relator Especial sobre la promoción de la verdad, la justicia, la reparación y las garantías de no repetición;

8. Solicita al Relator Especial sobre la promoción de la verdad, la justicia, la reparación y las garantías de no repetición y al Asesor Especial del Secretario General sobre la Prevención del Genocidio que preparen un estudio conjunto sobre la contribución de la justicia de transición a la prevención de las violaciones y los atropellos manifiestos de los derechos

humanos y las violaciones graves del derecho internacional humanitario, como el genocidio, los crímenes de guerra, la depuración étnica y los crímenes de lesa humanidad, y su repetición, que deberá presentarse al Consejo de Derechos Humanos en su 37º período de sesiones;

9. Solicita también al Relator Especial y al Asesor Especial que, en la preparación del estudio mencionado, recaben las opiniones de los Estados, los titulares pertinentes de mandatos de las Naciones Unidas, los organismos, fondos y programas pertinentes de la Organización y, en particular, la Oficina del Alto Comisionado de las Naciones Unidas para los Derechos Humanos, las organizaciones intergubernamentales, las instituciones nacionales de derechos humanos, las organizaciones no gubernamentales y otras partes interesadas pertinentes, incluidos especialistas;

10. Decide seguir ocupándose de la cuestión.

www.ingramcontent.com/pod-product-compliance
Lightning Source LLC
LaVergne TN
LVHW082023051026
849532LV00011B/3251
* 9 7 8 9 8 0 2 4 4 4 1 5 1 *